1,000,000 Books

are available to read at

www.ForgottenBooks.com

Read online
Download PDF
Purchase in print

ISBN 978-0-266-19838-3
PIBN 11047451

This book is a reproduction of an important historical work. Forgotten Books uses state-of-the-art technology to digitally reconstruct the work, preserving the original format whilst repairing imperfections present in the aged copy. In rare cases, an imperfection in the original, such as a blemish or missing page, may be replicated in our edition. We do, however, repair the vast majority of imperfections successfully; any imperfections that remain are intentionally left to preserve the state of such historical works.

Forgotten Books is a registered trademark of FB &c Ltd.
Copyright © 2018 FB &c Ltd.
FB &c Ltd, Dalton House, 60 Windsor Avenue, London, SW19 2RR.
Company number 08720141. Registered in England and Wales.

For support please visit www.forgottenbooks.com

1 MONTH OF
FREE
READING

at
www.ForgottenBooks.com

By purchasing this book you are eligible for one month membership to ForgottenBooks.com, giving you unlimited access to our entire collection of over 1,000,000 titles via our web site and mobile apps.

To claim your free month visit:
www.forgottenbooks.com/free1047451

* Offer is valid for 45 days from date of purchase. Terms and conditions apply.

English
Français
Deutsche
Italiano
Español
Português

www.forgottenbooks.com

Mythology Photography **Fiction** Fishing Christianity **Art** Cooking Essays Buddhism Freemasonry Medicine **Biology** Music **Ancient Egypt** Evolution Carpentry Physics Dance Geology **Mathematics** Fitness Shakespeare **Folklore** Yoga Marketing **Confidence** Immortality Biographies Poetry **Psychology** Witchcraft Electronics Chemistry History **Law** Accounting **Philosophy** Anthropology Alchemy Drama Quantum Mechanics Atheism Sexual Health **Ancient History Entrepreneurship** Languages Sport Paleontology Needlework Islam **Metaphysics** Investment Archaeology Parenting Statistics Criminology **Motivational**

FÜR

NATIONALÖKONOMIE UND STATISTIK.

HERAUSGEGEBEN

VON

BRUNO HILDEBRAND,

DOCTOR DER RECHTE UND DER PHILOSOPHIE, PROFESSOR DER STAATSWISSENSCHAFTEN UND
DIRECTOR DES STATISTISCHEN BUREAUS VEREINIGTER THÜRINGISCHER STAATEN ZU JENA.

VIERZEHNTER BAND.

JENA,
DRUCK UND VERLAG VON FRIEDRICH MAUKE.
1870.

HB
5
J35
Bd 14-15.

22490

Inhalt.

I. Abhandlungen.

Kius, O., Statistische Mittheilungen aus Thüringen und dem angrenzenden Franken aus dem 30jährigen Kriege. S. 1—35. 109—148.

Frantz, A., Die Haftbarkeit und Entschädigungspflicht bei den Verunglückungen des Bergbaus, besonders in Preussen. S. 36—77.

Conrad, J., Das Rentenprincip nach Rodbertus' Vorschlag und seine Bedeutung für die Landwirthschaft. S. 149—182.

Segnitz, Ed., Ueber die Berechnung der sog. Mittel, sowie deren Anwendung in der Statistik und anderen Erfahrungswissenschaften. S. 183—195.

Kluge, E., Die 7. Sitzungsperiode des internationalen statistischen Congresses im Haag. (I.) S. 253—302.

Horawitz, A., Zur Geschichte der volkswirthschaftlichen Verhältnisse Nieder-österreichs. S. 303—310.

Frantz, A., Bedeutung der Religionsunterschiede für das physische Leben der Bevölkerungen. Nachtrag zu Jahrbb. XI. 24 ff. S. 311—314.

Rodbertus, Zur Frage des Sachwerths des Geldes im Alterthum. (I.) S. 341—420.

II. Nationalökonomische Gesetzgebung.

Gesetz, betr. die Hannoversche Landes-Kreditanstalt. Vom 25. December 1869. S. 197—200.

Gesetz, betr. die Landes-Kreditkasse in Cassel. Vom 25. December 1869. S. 201—206.

Gesetz, betr. die Landesbank in Wiesbaden. Vom 25. December 1869. S. 206—213.

Gesetz über die Errichtung einer Landes-Kredit-Kasse im Grossherzogthum S.-Weimar vom 17. November, 1869. S. 213—218.

Preussisches Gesetz über die Handelskammern vom 24. Februar 1870. S. 315—320.

III. Litteratur.

Journal des Collegiums für Lebens-Versicherungs-Wissenschaft zu Berlin. Berlin 1868 und 1869. I. 1—3. S. 78—81.

Quetelet, A., Physique sociale etc. Bruxelles, Paris et St. Petersbourg 1869. S. 81—95.

Berens, Ed., Versuch einer kritischen Dogmengeschichte der Grundrente. Leipzig 1868. S. 219—223.

v. Hermann, Fr. B. W., Staatswirthschaftliche Untersuchungen. 2. Auflage. München 1870. S. 223—226.

Falke, J., Geschichte des deutschen Zollwesens. Leipzig 1869. S. 226—230.

Weber, W., Der deutsche Zollverein. Leipzig 1869 S. 226—230.
Klostermann, R , Das geistige Eigenthum an Schriften, Kunstwerken und Erfindungen u. s. w. 2. Bd. Berlin 1869. S. 321—323.
Walcker, C., Die Selbstverwaltung des Steuerwesens im Allgemeinen und die russische Steuerreform. Berlin 1869. S. 323—324.
Mayr, G., Zeitschrift des königlich baierischen statistischen Bureaus. 1. Jahrg. 1869. Nr. 1 und 2. S. 421—422.
Brasche, O., Beiträge zur Methode der Sterblichkeitsberechnung und zur Mortalitäts-Statistik Russlands. Mit einer lithogr. Tafel. Würzburg 1870. S. 122—424.
Weibezahn, E., Kritische Umschau auf dem Gebiete der Vorschläge zur deutschen Münzreform. Köln und Leipzig 1870. S. 424—426.
Die nationalökonomische Literatur in der periodischen Presse:
England. S. 324—336.

IV. Miscellen.

Kollmann, P., Die Einkommensteuer in Lübeck. S. 96—108.
Jahres-Bericht des nordamerikanischen Finanz-Ministers G. S. Boutwell vom 6. December 1869. S. 231—248.
Statistische Mittheilungen über das Fürstenthum Reuss ä. L. S. 248—251.
Die Bevölkerung der grösseren Städte der im Reichsrathe vertretenen Länder Oesterreichs. S. 337—339.
Auszug aus dem Bericht des nordamerikanischen Special-Steuer-Commissärs David A. Wells über Industrie, Handel, Gewerbe und Steuern in den Vereinigten Staaten von Nordamerika für das Jahr 1869. S. 427—467.
Rodbertus, Ein Problem für die Freunde der Ricardo'schen Grundrententheorie. S. 468.

Eingesendete Schriften. S. 252. 339—340.

I.
Statistische Mittheilungen aus Thüringen und dem angrenzenden Franken aus dem dreissigjährigen Kriege.

Von

Dr. **O. Kius** in Weimar.

Die vorliegende Abhandlung macht sich zur Aufgabe, einerseits die Grösse und Bedeutung der Verwüstung, welche der unselige dreissigjährige Krieg wie über ganz Deutschland, so namentlich auch über die thüringischen Länder in Bezug auf Verminderung der Bevölkerung und des Nationalvermögens herbeigeführt, gestützt auf die gleichzeitigen amtlichen in den Archiven[1]) niedergelegten Ermittelungen nachzuweisen; andererseits aber auch die theilweise übertriebenen Angaben mancher Chroniken und Zeitgenossen jener unglücklichen Periode, welche oft nur die augenblickliche und nicht die zuweilen sich schneller ausgleichende Calamität vor Augen hatten, auf das richtige Mass zurückzuführen[2]).

Thüringen hatte im ersten Decennium des langen Krieges, obwohl es von Durchzügen des Kriegsvolks nicht verschont blieb, im Vergleich

---

1) Als Quelle für die nachfolgende Darstellung diente dem Verfasser das grossherzogliche geheime Haupt- und Staatsarchiv zu Weimar, bei dessen Benutzung er durch die freundlichen Bemühungen der Herren Archivbeamten in dankenswerthester Weise unterstützt wurde. Einiges ist auch dem herzoglich gothaischen Haus- und Staatsarchiv entnommen.

2) Eine umfassende Darstellung wohl aller bis jetzt mitgetheilten localen und provinziellen Berichte aus allen Theilen Deutschlands über die durch den dreissigjährigen Krieg verursachten Verheerungen, über die Verminderung der Bevölkerung und des Nationalvermögens giebt möglichst ausführlich sammt der ganzen dahin gehörigen Literatur die Schrift: Deutschland nach dem dreissigjährigen Kriege. Von Karl Friedrich Hanser. Leipzig und Heidelberg 1862. — Hierher gehören auch die viel gelesenen und höchst interessanten Bilder aus der deutschen Vergangenheit von Gustav Freitag. 2. Theil. Leipzig.

zu anderen Landschaften nur mässig gelitten. Die sieben Prinzen des weimarischen Fürstenhauses waren auf protestantischer Seite lebhaft am Kriege betheiligt. Johann Ernst, der älteste der Brüder, und Friedrich fanden im Kriege frühzeitig den Tod; dieser diente unter dem Grafen von Mansfeld und fiel bei Fleury und jener starb als dänischer Generalfeldoberster 1626 zu St. Martin in Ungarn. Der nunmehr älteste Bruder Herzog Wilhelm, welcher das Ende des Krieges erleben durfte, focht für den Pfalzgrafen Friedrich tapfer bei Prag, diente dann den Parteigängern Ernst von Mansfeld, Georg Friedrich von Baden und Herzog Christian von Braunschweig, bis er schwer verwundet 1624 bei Stadtlohn nebst seinem Vetter Herzog Friedrich von Altenburg in kaiserliche Gefangenschaft gerieth und nach Neustadt in Steiermark gebracht wurde. Nach zwei Jahren vom Kaiser begnadigt, kehrte er nach Weimar wieder zurück, schloss sich aber als einer der ersten deutschen Fürsten dem Schwedenkönig an. Der jüngste der Brüder, Herzog Bernhard, kämpfte bis zu seinem Tode 1639 und erfullte die Welt mit seinem Kriegsruhme.

Zu Anfang des Jahres 1623 erhielt das Fürstenthum Weimar die erste Einquartierung. Natürlich würde die Herzöge von Weimar schon das eigene Interesse veranlasst haben, wenn sie sich auch nicht in einem besonderen Vertrage vom 22. März 1623 unter einander dazu verpflichtet hätten, ihre Lande durch Einquartierung fernerhin nicht zu beschweren. Wenn nun auch Thüringen auf diese Weise längere Zeit den Gräueln des Krieges entging, die andere Landschaften bis dahin schon furchtbar geeiselt hatten, so sah sich doch 1629 Herzog Wilhelm in die Nothwendigkeit versetzt, zur Unterhaltung einer Abtheilung einquartierten kaiserlichen Kriegsvolks eine extraordinäre Kriegscontribution in seinem Lande anzulegen. Die Geistlichkeit wurde aufgefordert, in ihren Predigten »mit gebührender Bescheidenheit zu Geduld und williger Erlegung der unvermeidlich und aus dringender Noth, auch zur Verhütung grösseren Unheils, landesverderblichen Schadens und äussersten Ruins angelegten Contribution zu ermahnen«. Niemand ahnte wohl, dass die Geduld und Bescheidenheit der armen Thüringer im Laufe des langen Krieges noch auf so harte Probe gestellt werden sollten.

Nach ihrem Anschlusse an Schweden, für welchen Tilly auf seinem Durchmarsche durch Thüringen Rache zu nehmen schien, da seine Schaaren trotz der mit Herzog Ernst zu Eisenach gewechselten äusserst höflichen[3] Briefe das Land bis Mühlhausen hin nicht wenig verheerten,

---

[3] Tilly schrieb ihm von Mühlhausen den 27. Juni 1631: — „Dass E. F. Gn. aus sonderbarer inclinirender affection mir etzlich Wildpret zu Behuf meiner Küche

griffen die weimarischen Fürsten wieder thätig in die Kriegsangelegenheiten ein. Als Gustav Adolf nach seinem Siege bei Breitenfeld durch Thüringen zog, machte er den Herzog Wilhelm zum Statthalter von Erfurt und ganz Thüringen und übertrug ihm die Anwerbung einer starken Armee sammt dem Commando über dieselbe.

Unter den eiligen Durchzügen des befreundeten Schwedenkönigs durch Thüringen im Herbst 1631 und 1632 hatte das Land wenig gelitten, überhaupt waren die früheren soldatischen Gewaltthätigkeiten verhältnissmässig erträglich und der Art gewesen, dass ihre Spuren durch nachfolgende Jahre der Ruhe grösstentheils wieder getilgt werden konnten. Von weit grösseren Dimensionen waren dagegen die Kriegsgräuel, welche nach der Schlacht bei Nördlingen mit dem Einfalle der Croaten über die südlich vom Thüringer Walde gelegenen Landstriche kamen. Im October 1634 erschien nämlich Isolani mit seinen Raubschaaren, steckte Städte wie Suhl und Themar nebst einer Anzahl Dörfer in Brand und erhob schwere Brandschatzungen. Für das eigentliche Thüringen begannen die furchtbarsten Kriegsdrangsale mit dem Herbste 1636. Erzürnt über den Abfall Sachsens, welches 1635 mit dem Kaiser zu Prag einen Separatfrieden abgeschlossen und sich zur gemeinsamen Vertreibung der Schweden verpflichtet hatte, brachen letztere nach ihrem Siege über das vereinigte Heer der Kaiserlichen und Sachsen bei Wittstock, um für die Treulosigkeit der Fürsten Rache zu nehmen, unter entsetzlichen Verwüstungen in Kursachsen und in Thüringen ein. Von jetzt ab in fast ununterbrochener Folge bis zum endlichen Ausgange des langen Krieges wurde das thüringer Land in erschrecklichster Weise bald von den Schweden, bald von den befreundeten kursächsischen, bald von kaiserlichen und bayerischen Kriegsschaaren ausgesogen und verwüstet. Schon von dem Einfalle der Schweden im Spätherbst 1636 datirt für die am meisten heimgesuchten weimarischen Aemter die völlige Unmöglichkeit der Leistung von Steuern und sonstigen Abgaben. Nur die Städte wussten sich durch schwere

---

wollen präsentiren lassen, dafür sage derselben unterthänigen fleissigen Dank und bleibe sothane gnädige Bezeigung auf alle Begebenheit mit möglich annehmlichen Diensten zu beschulden obligiret", und vom 8. Juli: „E. F. Gn. fernere liberalische gnädige Bezeigung mit Ueberschickung eines Stückes annehmlichen Wildprets verspüre mit sonderbarem gehorsamen Wohlgefallen, acceptire solche mit unterthäniger fleissiger Danksagung und will selbige keineswegs in Vergess stellen, sondern mich dieser und mehrmals bezeigter gutthätiger Prästationen auf alle Begebenheit zu erwiedern wissen und dieselbe nach Möglichkeit zu recompensiren mir angelegen sein lassen". Seinem Versprechen gemäss gab Tilly wohl da- und dorthin „lebendige salva guardia", ohne dass diese jedoch ausreichenden Schutz gewährte.

Geldzahlungen Schutzbriefe von den Heerführern zu verschaffen. Der unmittelbaren Verwendung des Fürsten gelang die Schonung Weimars, wie auch Jena wiederholt der Gunst einer salva guardia sich zu erfreuen hatte. In den Schutz dieser Städte flohen haufenweise die Einwohner der Dorfschaften, welche, der Soldateska preisgegeben, gräulich ausgeraubt wurden.

Nach vorausgegangener Verwüstung durch die Schweden im Winter von 1636—37 erschienen kaiserliche Völker, um das von den Schweden besetzte Erfurt zu blockiren, und verlangten von dem ausgeraubten Lande wöchentlich 2700 Scheffel Getreide; gleichzeitig wurden im Sommer kursächsische Truppen zu vollständiger Verpflegung in das Fürstenthum Weimar gelegt. Das Haugwitz'sche Reiterregiment veranlasste vom 22. August 1637 bis zum 16. Juli 1638 an Geld und Fourage einen Aufwand von 53,018 Thalern. Für das Reuschel'sche Regiment zu Pferd, welches vom 16. April bis 24. September 1638 im Fürstenthum lag, wurde der ganze Aufwand mit Einschluss dessen, was von demselben an Excessen und Verwüstungen verübt worden, auf 80,280 Fl. meissnisch oder 70,245 Rthlr. berechnet. Auch das Arnheim'sche Regiment lag noch dabei im Lande. Ueber die Erpressungen des Reuschel'schen Regiments wird von Buttelstedt geschrieben, »dass über die täglichen nassen vergossenen Thränen die Steine in der Erde zu erweichen und des kläglichen Zustandes sich erbarmen möchten«. Wie diese bundesgenössischen Truppen verfuhren, zeigen nachfolgende Beschwerdepunkte: 1) »Obschon jeder Reiter 2½ Rthlr. zum zehntägigen Unterhalt, den Officieren auch ihre hohe Verpflegung verordnet, lassen sich doch die Reiter damit nicht sättigen, sondern erpressen noch ein Grosses an Servisgeld, also auch die Officiere, und werden darüber die armen Leute geängstigt, geprügelt und an Leib und Leben beschädigt, ihnen Vieh und Pferde genommen und darum gebracht.« — 2) »Wird das Pferdestehlen dermassen gemein, dass auch ungescheut dieselben den Bauern aus den Ställen bei Tag und Nacht sowohl als auf dem Felde und von Strassen weggenommen und verpartiret werden. Gebet der arme Mann der Kundschaft nach, so ist er Leibs und Lebens nicht sicher; klagt er, so wird er nicht gehört; wird's bei den Officieren gesucht, so ist wenig oder gar keine Hülfe.« — 3) »Wenn die armen Leute etwas zu Markte bringen und zu Gelde machen wollen, dass sie die Löhnung geben können, wird es ihnen durch die Soldaten weggenommen und einer noch dazu an Leib und Leben beschädigt.« — 4) »Weil man in Mangel des Hafers bisher Korn zum Futter gegeben, nunmehr aber der Hafer geboten wird, wollten etliche denselben nicht annehmen, sondern noch feiner Korn haben, welches sie verkaufen und dagegen das Futter im Felde wegholen.« — 5) »In Summa, jedermann sagt, es sei niemals bei so vielfältiger Einquartierung von Freunden und Feinden so übel hergegangen, als bei diesem Regimente. Und ist unmöglich bei solcher üblen Disciplin mit dem Unterhalte feiner aufzukommen oder das Feld aus Mangel an Pferden und Samen zu bestellen und der gnädigen Herrschaft schuldige Frohn und Dienste zu leisten.« — 6) »Wollen etzliche schon die sechste und siebente Löhnung mit Gewalt erzwingen, da doch die fünfte Löhnung erst den 25. d. M. verfällt.« — 7) »Dass die Officiere das Wenige, so die Städte geben sollen, bei dem armen Bauersmann, welcher für sich schon genug zu geben hat, durch scharfe Executionsmittel suchen und die armen Leute auf dem Lande der Städte halben unschuldig leiden müssen.«

Herzog Wilhelm von Weimar wendete sich wiederholt vergebens um Abstellung solcher Missbräuche an den Obersten des Regiments und appellirte endlich, »weil unsere armen Leute ganz und gar bis auf das Blut auszumergeln und um Gut, Leib, Leben und Gesundheit bringen zu lassen unseres hohen tragenden Amtes wegen nicht verantwortlich sein will«, mit beweglichen Worten an den Kurfürsten von Sachsen, dass seine armen Unterthanen »an den meisten Orten in Mangelung Brods sich zur Speise des Grases gebrauchen müssen, inmassen deren viele verschmachtet und das Gras im Mund habend todt gefunden worden, die übrigen aber endlich, wie allbereit an vielen Orten geschehen, das Ihrige gänzlich verlassen und davon gehen«. Um die barbarischen Gäste los zu werden, vereinigten sich endlich die fürstlichen Brüder von Weimar in directer Verhandlung mit den Officieren des Reuschel'schen Regiments über dessen Abzug und wegen der noch prätendirten Löhnungs- und Verpflegungsreste zu einem Vergleiche, durch welchen sich die weimarischen Fürsten verpflichteten, noch vor dem Aufbruche des Regiments für die Stadt Weimar 2000 Rthlr. und für die Stadt Jena 1200 Rthlr. den dahin gewiesenen Officieren baar zu zahlen, über den Rest aber, welcher noch bleiben möchte, eine Obligation, auf die künftige leipziger Neujahrsmesse zahlbar, auszustellen. Was noch an den für Weimar und Jena festgesetzten Posten fehlen würde, dafür wollten sie so viel Silbergeschirr verpfänden. Dagegen sollte das Regiment sofort den 22. September mit guter Ordnung und Disciplin und ohne Verübung einiger Insolenz aus dem Fürstenthum Weimar aufbrechen und das Rendez-vous nicht im Fürstenthum, sondern ausserhalb desselben nehmen. Ferner sollte weder von hohen, noch niederen Officieren oder von gemeinen Reitern mehr als die siebente Löhnung gefordert und »eingefangen« werden. Da von Officieren oder Reitern dagegen gehandelt, und etwas von dem Landmann auf Strassen und in Dörfern mit Gewalt genommen werden würde, sollte es von dem verbliebenen Reste »defalciret werden« [4]).

Aus dem Fürstenthum Eisenach wird berichtet, dass vom März bis September 1639 laut der Liquidation die schwedische Soldateska exigiret und erhalten 64,000 Rthlr. und dass sie noch weitere 37,000 Rthlr. verlange. Bis zum Sommer 1640 erhoben die schwedischen Obersten v. Witzleben, Königsmark, Funk, Plettenberg, Tiedemann noch fortwährend Contributionen. — Der kaiserliche General Hatzfeld belagerte Erfurt, gab jedoch von Saalfeld aus einen Schutzbrief für Weimar und die nächst umliegenden Ortschaften, nachdem er freilich schon viele Dörfer ausgeraubt und den Rest der Heerden von der Weide weggetrieben hatte.

Es ist hier nicht die Aufgabe, alle die verschiedenen Einquartierungen und deren Contributionen aufzuzählen, vielmehr werden nur diejenigen herausgegriffen, welche als besonders unerträglich geschildert werden. Für die Löhnung der einquartierten Heere wurde zwar der letzte Groschen herausgepresst, und es wird später gezeigt werden, dass der Sold mit Rücksicht auf die damaligen Geldverhältnisse sehr bedeutend war, aber dennoch musste auch das Kriegsvolk, wenn ihm auch nicht das Geld fehlte, an den nothwendigsten Lebensbedürfnissen Mangel leiden. So schrieb Oberst v. Schleinitz von Ordruf den 22. März 1648 in seiner Verzweifelung über die Noth seiner Leute nach Gotha: »Die Reiter mögen sich nähren, wie sie können; ich bin nicht Gott im Himmel, aus Unmöglichkeit Möglichkeit und den Reitern Brod zu schaffen; es ist ein Elend, es möchte Gott im Himmel erbarmen, ist eine Klage über die andere da. Gott mag helfen, ich kann und weiss kein Mittel. Die Rittmeister sind heute alle bei mir gewesen und haben lamentiret, dass mir das Herz im Leibe weinen mögen«. Was mögen aber dabei erst die armen Unterthanen gelitten haben!

In den ersten Zeiten der Durchzüge vermochte ein Schutzbrief noch

---

4) Den Anspruch auf diesen Rest der Forderung der Officiere des Reuschel'schen Regiments erwarb von seinen Kameraden der Major Ottreich, genannt Retz, später Berghauptmann in Ordruf, konnte aber trotz vieler Mahnungen die geforderte Summe von Weimar nicht ausgezahlt erhalten, zumal nachdem der westfälische Friede abgeschlossen war. Erst nach Jahrzehnten (1668) gelang es der Vermittelung des Grafen von Hohenlohe, für die Wittwe und deren Gläubiger statt 1722 Rthlr. doch 300 Fl. herauszuarbeiten.

einigen Schutz zu gewähren, wenn gleich die Kosten für Erlangung eines solchen die Orte finanziell ruiniren mussten. Von Buttelstedt wird z. B. 1640 berichtet, die Leute wären schon längst verdorben, »wenn man nicht das äusserste Vermögen angestrecket und allen Vorrath auf Salvaguardien aufgewendet hätte, welches jährlich viel gekostet und länger nicht zu erschwinden sein will«. Ihre Aufbringung liess jedoch eine mehr regel- und ordnungsmässige Erhebung zu, als die plötzlichen und unmittelbaren Erpressungen des Kriegsvolks. Während übrigens diese Schutzbriefe [5]) einzelnen Städten Schonung verschafften, mussten die Dörfer um so mehr leiden.

Für die Unterthanen war es besonders drückend, dass, wo überhaupt noch landesherrliche Abgaben erhoben werden konnten, die Güter noch in demselben Werthe, wie sie vor Alters in Anschlag gebracht worden waren, versteuert werden sollten, da sie doch (1640) nicht die Hälfte oder den dritten Theil so viel galten. Daher die oft wiederholte Bitte, »den Steueranschlag zu mindern und auf jetzigen gemeinen Werth der Güter richten« zu lassen. Wie später gezeigt werden wird, hörten endlich Häuser und Güter überhaupt auf Objecte eines Kaufs zu sein.

Unter solchen Umständen waren natürlich auch die landesherrlichen Kassen vollständig leer, und die Fürsten waren, wie schon oben erwähnt worden, in die Nothwendigkeit versetzt, ihr Silbergeschirr anzugreifen und Kleinodien zu veräussern oder zu verpfänden. Erneuete Anfragen bei den betreffenden Beamten wurden mit Schilderungen des trostlosen Zustandes der Aemter beantwortet. Um indessen einen Ueberblick über die, wenn auch nur theilweise mögliche Erhebung von landesherrlichen Gefällen zu gewinnen, ergingen zu verschiedenen Zeiten »Patente« an alle Schösser und Vögte, an Städte und Gerichtsherren, darüber zu berichten, wie viel in den ihnen untergebenen Dörfern an Unterthanen (Familien), bewohnten Häusern und an Vieh vorhanden, desgleichen wie viel Acker bestellt und unbestellt wären. Und gerade diesen Berichten der genannten Beamten, welche die vorgelegten Fragen freilich oft nicht erschöpfend beantworteten, indem sie nach ihrer Auffassung der landesherrlichen Absichten bald mehr, bald weniger genau und ausführlich berichteten und Wichtiges, weil ihnen vielleicht die Beantwortung unmöglich war, übergingen, entnehmen wir die nachfolgenden statistischen Zusammenstellungen. Vorausgegangene ähnliche

---

5) Der schwedische General Baner ertheilte von Sandersleben den 12. Februar und von Freiberg den 14. April 1639 einen solchen für Weimar.

Ausschreiben aus früheren Jahren, z. B. von 1633 und 1637 [6]), hatten mehr das militärische, als das volkswirthschaftliche und finanzielle Interesse im Auge; jene finden sich nur spärlich und vereinzelt, geben auch nur Angaben über die wehrhafte Mannschaft, über den Vorrath an Waffen und über die vorhandenen Pferde.

Wir beginnen mit den Mittheilungen aus dem Jahre 1640, welche eine statistische Zusammenstellung ermöglichen, wobei hier zugleich erwähnt sein möge, dass in Folge der verschiedenen Auffassung der betreffenden Beamten hier weniger als bei einer zwei Jahre später angeordneten Berichterstattung ein einheitlicher Plan zur Durchführung gekommen ist. Voran stehe die Volkszählung der beiden wichtigsten Städte Weimar und Jena. Da nämlich in Folge der Durchzüge und Plünderungen eine unglaubliche, aus stundenweiter Ferne herbeigeeilte Menge der Landbewohner in die Städte und hauptsächlich in die Hauptstadt Weimar flüchtete, weil dem fürstlichen Hause die Schonung der Residenz gelungen war, so wurde für angemessen gefunden, eine »Visitation der einheimischen und fremden Personen« in Weimar und Jena vorzunehmen und hierzu der 20. und 21. April 1640 festgesetzt. Dazu Beauftragte (Viertelsmeister) notirten in den verschiedenen Stadtvierteln von Haus zu Haus die Einheimischen und Fremden nach den drei Rubriken: Männer und Weiber, Kinder, Gesinde.

Weimar.

Einheimische.				Fremde.			
Männer und Weiber.	Kinder.	Gesinde[7]).	Summa.	Männer und Weiber.	Kinder.	Gesinde.	Summa.
Im Neuenthor-Viertel I.							
95	52	41	188	156	116	40	312
Im Neuenthor-Viertel II.							
68	73	60	201	145	137	34	316
Im Neuenthor-Viertel III.							
95	86	62	243	225	177	31	433
Im Windischen Viertel.							
114	105	89	308	229	176	40	445
Im Marktviertel.							
68	78	70	216	94	78	25	197

---

6) In diesem Jahre wurde zum Bericht aufgefordert, „wie viel jedes Orts Ehemänner und daneben erwachsene junge starke ledige Mannspersonen, item wie viel Pferde und allerhand Vieh jetzo zu befinden".

7) Unter dem Gesinde sind Gesellen und Lehrjungen mit inbegriffen.

Statistische Mittheilungen aus Thüringen u. s. w.

	Einheimische.				Fremde.		
Männer und Weiber.	Kinder.	Gesinde.	Summa.	Männer und Weiber.	Kinder.	Gesinde.	Summa.

Vor dem Frauenthor I.

| 61 | 49 | 28 | 138 | 63 | 44 | 7 | 114 |

Vor dem Frauenthor II.

| 75 | 60 | 28 | 163 | 147 | 110 | 33 | 290 |

Vor dem Jacobsthor auf dem Sperlingsberg.

| 97 | 53 | 7 | 157 | 130 | 78 | 5 | 213 |

Vor dem Jacobsthor.

| 97 | 66 | 11 | 174 | 216 | 162 | 17 | 395 |

Vor dem Jacobsthor im I. Viertel.

| 133 | 72 | 17 | 222 | 167 | 49 | — | 216 |

Vor dem Jacobsthor im II. Viertel.

| 104 | 76 | 52 | 232 | 224 | 164 | 30 | 418 |

Im Jacobsviertel I. Theil.

| 97 | 94 | 71 | 262 | 115 | 158 | 43 | 316 |

Im Jacobsviertel II. Theil.

| 65 | 61 | 48 | 174 | 168 | 125 | 30 | 323 |

In des Herrn Hofrath Franke Behausung.

| 5 | 4 | 6 | 15 | 1 | 1 | 1 | 3 |
| 1174 | 929 | 590 | 2693 | 2080 | 1575 | 336 | 3991 |

Die Bewohner der Freihäuser [8]).

         170   112
Summa der Einheimischen 2863   Summa der Fremden 4103

Die Gesammtsumme der den 21. April 1640 in Weimar Anwesenden betrug somit 6966. Die Zahl der damals in Weimar einheimischen Bevölkerung verhält sich zur heutigen (Dezember 1867) von 14794 wie 1 : 5,17.

Weil Beschwerden darüber laut geworden waren, dass die Bürgerschaft von Weimar die mit ihrem Vieh, mit Getreide und Mobilien in die Stadt geflüchteten Landleute mit der Miethe allzu hoch übernahmen, dass sogar bei manchen Bürgern von jeder Person und jedem Stück Vieh des Tages ein Groschen und noch dazu von Kühen, Schafen und Ziegen die Milch, von jedem Malter Getreide aber ein Scheffel gegeben werden müsse: so schritt Herzog Wilhelm gegen dieses Verfahren ein, erinnerte daran, dass »in Nothfällen billig ein Christ mit dem andern

---

  8) In der Dienstwohnung des Superintendenten Kromeier, die zu den Freihäusern gehörte, fanden vier Pfarrer mit ihren Familien, der Calcant, zwei Drescher und einige Bauersleute Aufnahme. Das Haus bewohnten 37 Personen.

Leiden tragen und sich übermässigen Abzinsens enthalten« müsste und befahl zugleich, dass von Haus zu Haus Nachfrage gehalten werden solle, wie hoch Stuben, Kammern, Böden, Keller, Kuchen und Ställe nach Monaten, Wochen oder Tagen vermiethet worden wären. Bei dieser Untersuchung ergab sich jedoch, dass eine grosse Zahl der »eingeflicheten« Dorfbewohner bei verwandten und befreundeten Familien wohnte, ohne dass ihnen überhaupt etwas abverlangt würde; andere zahlten wenigstens nicht übertriebene Preise [9]). Rector und Professoren in Jena verwahrten sich entschieden gegen diesen Vorwurf, »und wollen wir nicht hoffen, dass von den fremden Leuten sich einiger Mensch über uns mit Fug zu beschweren gerechte Ursache haben könne, indem denselben nun etliche Jahre für sich und mit ihrem häuslichen Vorrath bei uns aus- und einzukehren vergönnt, aber von ihnen nichts begehret, sondern ihnen, ob sie etwas und wieviel geben wollten, freigelassen worden, inmassen auch die wenigsten unter uns von ihnen etwas empfangen oder genommen«.

In Jena wurde die bürgerliche Bevölkerung abgesondert von den »Universitätsverwandten« gezählt; die erstere betrug:

Stadttheile.	Männer und Weiber.	Einheimische.			Fremde.
		Kinder.	Gesinde.	Summa.	
Johannisgasse .	150	148	64	362	120
Leutragasse .	294	269	113	676	435
Johannisthor .	170	114	54	338	—
Löbderthor .	139	128	34	301	1
Saalthor . .	134	93	42	269	2
Pforte . . .	52	38	16	106	1
	939	790	323 [10])	2052	559
Die Universitätsangehörigen:					
	112	157	102	371	311
	1051	947	425	2423	870

Die Gesammtsumme der am 21. April 1640 in Jena Anwesenden (Einheimischen und Fremden) betrug also 3293. Die Zahl der damals in Jena einheimischen Bevölkerung verhält sich zur heutigen (3. Dez. 1867) von 7784 wie 1 : 3,21. Studenten waren nicht in Jena, ausser den sehr wenigen aus der Stadt gebürtigen.

---
9) Einige hatten wochen- oder monatweise, Andere gleich auf ein halbes Jahr gemiethet. Manche zahlten mit Naturalien, wie mit Gerste, Hafer, Butter, Milch; Andere gaben die Woche für eine Familie 2 Gr., ein Pfarrer auf ein halbes Jahr für Stube, Kämmerlein und Küche 5½ Fl.

10) Nämlich 151 Knechte, darunter Gesellen und Lehrjungen, und 172 Mägde.

Der Durchzug der Schweden unter dem General Baner im Dezember 1640, welcher mitten im Winter den zu Regensburg versammelten Reichstag überfallen und den Kaiser sammt allen Reichsfürsten gefangen nehmen wollte, hinterliess trotz der Schnelligkeit, mit welcher er ausgeführt wurde, Spuren grosser Verwüstung in Thüringen. Die Berichte aus den Aemtern sind voll Klagen; den Aemtern Jena und Burgau gab er Gelegenheit, neben dem verursachten Schaden an Vieh und Gebäuden, an gedroschenem und ungedroschenem Getreide, an Heu und Stroh, sowie an Hausrath auch die gegenwärtige Zahl der Einwohner, das vorhandene Vieh und Geschirr, die Anzahl der wüste liegenden und der mit Winterfrucht bereits bestellten, auch der mit Sommerfrucht noch zu bestellenden Aecker in nachfolgenden dreiunddreissig Ortschaften festzustellen.

Namen der Ortschaften.	Anschlag des Schadens.	Einwohner 1640.	Einwohner 1867.	Pferde.	Rindvieh.	Wüste Häuser.	Wüste Aecker.	Wintersaat 1640	Sommersaat —41.
	Fl.								
1. Wenigenjena	184	77	474	—	15	—	$4\frac{1}{2}$	$1\frac{1}{8}$	$\frac{3}{4}$
2. Golmsdorf	251	116	383	3	23	—	$70\frac{5}{8}$	$13\frac{1}{4}$	$12\frac{2}{3}$
3. Beutnitz und Naura	253	165	349	8	36	—	$40\frac{1}{4}$	25	$26\frac{1}{2}$
4. Löberschütz	240	102	223	1	19	5	$52\frac{1}{2}$	$11\frac{1}{4}$	11
5. Lasan	128	59	99	1	20	9	$77\frac{3}{4}$	$9\frac{1}{2}$	11
6. Rodigast	388	35	107	2	3	5	135	$6\frac{1}{2}$	$15\frac{1}{2}$
7. Beulbar und Ilmsdorf	411	79	187	3	11	—	$113\frac{1}{4}$	$19\frac{1}{8}$	$10\frac{1}{4}$
8. Wogau	12	21	104	—	3	5	36	$5\frac{1}{4}$	$6\frac{3}{4}$
9. Jenapriesnitz	258	98	236	2	18	8	$95\frac{1}{2}$	27	$26\frac{3}{4}$
10. Ziegenhain	231	77	325	1	29	3	87	$10\frac{1}{8}$	$11\frac{3}{4}$
11. Camsdorf	25	66	491	—	7	2	—	—	—
12. Wöllnitz	797	114	256	—	6	10	$68\frac{3}{8}$	11	7
13. Lobeda (Stadt)	3736	175	752	2	36	30	100	37	—
14. Rutha	523	58	120	1	9	—	$25\frac{3}{4}$	$12\frac{3}{4}$	$11\frac{1}{2}$
15. Burgau { Pachtleute	818	34	} 219	3	16	—	24	26	6
{ Unterthanen	447	68		1	13	8	10	17	18
16. Winzerla	464	124	222	4	24	9	39	$33\frac{1}{2}$	$24\frac{1}{2}$
17. Maua	446	99	227	—	26	28	$99\frac{1}{2}$	$36\frac{3}{4}$	$36\frac{1}{2}$
18. Rothenstein	1307	187	479	1	30	—	$363\frac{5}{8}$	$50\frac{1}{2}$	$51\frac{1}{2}$
19. Leutra	423	145	175	1	35	4	142	28	40
20. Kleinkröbitz	30	29	80	2	2	2	122	$7\frac{3}{4}$	$2\frac{3}{4}$
21. Schorba	127	34	126	2	2	10	172	14	—
22. Bucha	97	97	324	1	15	19	125	32	18
23. Nennsdorf	36	16	73	—	—	7	68	$\frac{3}{?}$	$\frac{1}{2}$
24. Ammerbach	1221	127	299	2	21	32	$142\frac{1}{2}$	$35\frac{1}{8}$	$26\frac{1}{2}$
25. Münchenroda	91	64	127	—	4	—	$359\frac{3}{4}$	$4\frac{1}{2}$	15
26. Kötschau	88	26	110	—	2	13	368	—	$11\frac{1}{2}$

Namen der Ortschaften.	Anschlag des Schadens.	Ein- woh- ner 1640.	Ein- woh- ner 1867.	Pferde.	Rind- vieh.	Wüste Häuser.	Wüste Aecker.	Win- ter- saat 1640	Som- mer- saat —41.
	Fl.								
27. Isserstedt	1116	90	292	2	6	19	773½	58¼	50½
28. Lützeroda	40	16	97	—	2	6	74½	—	—
29. Cospeda	326	88	223	1	10	14	268¼	23	28
30. Closewitz	86	69	167	—	—	6	212	—	—
31. Hainichen	269	66	198	2	12	8	—	13⅞	16
32. Löbstedt	1052	93	273	—	17	5	41½	28	40⅝
33. Göschwitz	536	49	124	—	20	—	28	24	21
Summa	16526	2763	7941	46	493	250	4339½	594¼	558

Die Summe des gesammten Schadens der Aemter Jena und Burgau wird um so bedeutender, als das Land nach mehrmals vorausgegangenen Ausplünderungen schon gänzlich verarmt und an die Möglichkeit des Ersatzes zunächst nicht zu denken war. Die Zahl der wüste liegenden Aecker begreift nur diejenigen, welche jüngst noch bebaut wurden, während die ferner liegenden und weniger fruchtbaren aus Mangel an Vieh und Saatgetreide schon längst öde lagen und nicht mit berechnet wurden. Einzelne Orte, wie Wenigenjena, Camsdorf und Ziegenhain, betrieben fast keinen Ackerbau, sondern die Bewohner arbeiteten als Tagelöhner in Jena und als Weinbergsarbeiter[11]). Manche Ortschaften waren bei früheren Durchmärschen schon theilweise niedergebrannt, Rutha sogar zweimal. Wie sehr die Einwohnerzahl schon durch die Kriegsjahre, durch Noth und Krankheiten geschwächt war, lässt sich leider nicht feststellen. Die Zunahme der Bevölkerung von 1640 bis 1867 beträgt 187,4 pro Cent. Unter jenen 2763 Einwohnern befanden sich 528 Ehepaare, 46 Witwer, 216 Witwen, 1320 Kinder, unter welchen auch die zwar erwachsenen, aber noch ledigen Personen mitgezählt sind, 64 Knechte und 61 Mägde. Die Zahl der Witwen, bei allen Volkszählungen aus jener Zeit sehr bedeutend, übersteigt hier sogar die der Witwer um 369 p. Cent.

Unter den 493 Stück Rindvieh befanden sich 55 Ochsen, 426 Kühe und 12 Kälber; manches Stück war nicht Eigenthum, sondern nur gemiethet[12]). Sämmtliche dreiunddreissig heute den Justizämtern Jena, Dornburg und Bürgel angehörigen Ortschaften haben jetzt neben 398 Pferden und 3250 Stück Rindvieh noch 7446 Schafe und 1403 Ziegen,

---

11) Unter den 18 Nachbarn Ziegenhains waren 11 Weinarbeiter, ein Schulmeister, ein Hopfenarbeiter, ein Böttcher, ein Hirte, ein Tagelöhner und ein Bettler.
12) Die jährliche Miethe für eine Kuh betrug 2 Fl. 6 Gr.

während sie im Jahre 1640—41 zusammen nur 127 Schafe und Ziegen zählten. Schweine fehlten gänzlich. In allen genannten Orten gab es nur noch 4 Wagen, 33 Karren und 53 Pflüge.

Nachstehende statistische Tabelle enthält vierundvierzig weimarische Orte, das preussische Dorf Ringleben und die zwei gothaischen Aemter Schwarzwald (Georgenthal) und Friedrichroda mit einundzwanzig Ortschaften.

Namen der Ortschaften.	Familien. 1640.	Familien. 1867.	Häuser, bewohnt.	Häuser, unbewohnt.	Häuser. 1867.	Pferde.	Rindvieh.	Acker, bestellt.	Acker, unbest.
34. Neumark (Stadt) ..	33	126	34	69	123	2	6	300	2210
35. Buttelstedt (Stadt) ..	92 [13])	224	117	35	203	8	48	338	
36. Hottelstedt	26	62	29	25	62	3	25	146	577
37. Ottmannshausen ..	32	71	39	35	68	10	9	148	626
38. Ballstedt .	5	48	5	32	48	—	—	3	617
39. Ulrichshalben ...	34	99	34	31	99	6	5	186	1452
40. Schwerstedt	40	93	19	37	82	1	5	39	548
41. Weiden .	13	26	13	21	26	1	5	64	296
42. Haindorf .	20	31	2	19	31	—	1	17	432
43. Krautheim	27 [14])	128	27	75	104	—	—	46	365
44. Denstedt .	4	57	11	7	56	—	1	105	128
45. Rödigsdorf	6	42	11	4	42	1	7	178	123
46. Schwabsdorf ...	4	31	7	5	29	1	1	200	36
47. Süssenborn	6	54	15	3	54	1	10	331	22
48. Kleincromsdorf ...	4	41	4	2	36	1	2	37	67
49. Daasdorf b. Buttelstedt .	3	52	3	5	51	—	2	17	89
50. Heichelheim ...	19	51	23	21	50	6	—	360	270
51. Ossmannstedt ...	22	134	31	45	121	4	13	240	1950
52. Wallichen	7	33	9	18	32	—	—	18	88
53. Kiliansrode	14	47	18	10	46	1	4	34	330

[13]) Buttelstedt hatte im Februar 1632 noch 635 Einwohner, 13 Pferde, 42 Kühe, 42 Schafe.

[14]) Krautheim hatte noch 70 Einw.; im vorhergegangenen Jahre waren 113 Menschen Hungers gestorben.

Namen der Ortschaften.	Familien. 1640.	1867.	Häuser, bewohnt.	Häuser, unbewohnt.	1867.	Pferde.	Rindvieh.	Acker, bestellt.	unbest.
54. Isserode	30	44	30	9	44	2	17	63	762
55. Bösleben	26	79	30	16	79	6	6[15])	316	1814
56. Thalborn	—	25		—	25	—	—	—	
57. Eberstedt	31	53	40	5	53	3	18	82	443
Amt Kapellendorf[16]).									
58. Kapellendorf	43	81	44	35	81	8	12	190	300
59. Hammerstedt	22	52	16	28	52	3	6	405	405
60. Frankendorf	7	61	7	16	52	2	3	60	660
61. Hohlstedt	10	25	9	25	25	3	3	210	420
62. Hermstedt	23	50	15	24	50	—	—	90[17])	930
63. Stobra	23[18])	53	18	22	51	—	—	50	300
64. Grossschwabhausen	18	65	14	40	65	—	—	18	1121
Amt Tonndorf[19]).									
65. Tonndorf	69	156	65	65	147	5	15	60	970

15) Hatzfeld'sches Kriegsvolk hatte 1639 aus Bösleben die ganze Rindviehheerde weggetrieben.
16) In den sechs Orten des Amtes Kapellendorf gab es noch 66 Schafe und 2 Ziegen.
17) Mit Menschen gepflügt und auf Brache, Ruhr oder Stoppeln gesäet.
18) Der Rest der Einwohner wollte nach dem Voigtlande wandern und dort seine Nahrung suchen.
19) Im Amte Tonndorf waren in dem vorausgegangenen Jahre 165 Personen theils zu Hause, theils ausserhalb gestorben, die meisten aber vor Hunger verschmachtet. Bauerngüter, deren Besitzer geflohen oder umgekommen waren, manche bis zu 180 Acker enthaltend, lagen schon seit mehreren Jahren unbebaut. Aus Tonndorf berichtete der Schösser: „Um das mir anbefohlene Amt hat es eine gar armselige und erbärmliche Beschaffenheit und einen solchen elenden Zustand, dass nicht allein dasselbe wegen der vielen Durchzüge und überhäuften Kriegsanlagen in Grund erschöpfet und verderbet, sondern es ist auch dabei zu besorgen, obgleich in Religionssachen noch zur Zeit keine öffentliche Reformation oder Verfolgung angestellt, es werde das Licht des heil. Evangelii verlöschen, weil Pfarrherren und Schuldiener auf dem Lande von dem armen ausgesogenen und ausgezogenen Bauersmann ihre Unterhaltung nicht haben; noch weniger können bei solcher Zeit die Leute ihre Kinder

Statistische Mittheilungen aus Thüringen u. s. w. 15.

Namen der Ortschaften.	Familien. 1640.	Familien. 1867.	Häuser, bewohnt.	Häuser, unbewohnt.	Häuser. 1867.	Pferde.	Rindvieh.	Acker, bestellt.	Acker, unbest.
66. Tiefengruben ...	26	54	27	23	53	—	7	15	817
67. Hohenfelden ...	28	48	28	30	48	—	2	17	222
68. Meckfeld .	7	23	7	17	23	—	—	—	529
69. Gutendorf	7	37	9	14	37	—	—	—	468
70. Klettbach	10	74	10	56	74	—	—	3	324
71. Göttern .	26	41	25	23	34	3	4	19	611
72. Ottstedt b. Magdala .	39	42			42	2	7	28	602
73. Kleinlohma	5	25	5	11	24	—	—	15	285
74. Kleinschwabhausen [20]) . .	20	45	13	18	43	1	1	18	552
75. Riethnordhausen . .	25	191	24	141	188	—	—	$\frac{1}{2}$[21])	4013
76. Mittelhausen [22]) . .	40	194	27	138	185	2	4	75	2790
77. Oldisleben [23]) . .	54	346	54	72	278	11	5	135	1785
78. Ringleben .	(24)		(23)	(54)		2	5	70	1270

zur Schule und noch viel weniger zum Studiren halten, dass bei den alten Priestern, die allgemach absterben, auch wohl aus Hungersnoth aus dem Lande ins Elend gehen müssen, junge erzogen werden möchten, wie ehedem geschehen."

20) In Kleinlohma sind Lichtmess 1637 gegen 11 und in Kleinschwabhausen 18 Häuser mit Scheunen und Ställen von den Soldaten abgebrannt worden.

21) Der halbe Acker war nur behackt worden; von Sommerbestellung ist bis auf einige Krautpflanzen keine Rede. In dem grossen Dorfe mit seiner ausgedehnten Flur war nicht ein einziges Stück Vieh vorhanden.

22) Die Dörfer in der Nähe Erfurts hatten zwar beim Durchmarsche Bauer's nicht gelitten, aber desto übler hatte die Erfurt blockirende Armee im Frühling 1640 gehaust und namentlich auch das grosse Dorf Mittelhausen gänzlich ruinirt, so dass selten nur noch über zehn Personen sich daselbst aufhielten. Die wenigen bebauten Aecker waren von Bürgern Erfurts oder von daselbst liegenden schwedischen Officieren bestellt worden.

23) Aus Oldisleben berichtet der Schösser, der Acker trüge nur „hochstöckelichte Disteln, Gras und anderes Geströde" und das Wenige, welches besamet wäre, frässen die Mäuse. An Pferden waren nur 11, meist unbrauchbare, vorhanden, während vor dieser Zeit die Besitzer an die 90 Pferde gehabt. Sonst hatte jeder „dienstbare" Bauer zwei Wagen, jetzt gab es im Ganzen nur noch zwei Wagen und drei Karren. Der Ort zählte ehedem 350 Stück Rindvieh, 400 Schweine und 250 Schafe.

Namen der Ortschaften.	Familien. 1640.	Familien. 1867.	Häuser, bewohnt.	Häuser, unbewohnt.	Häuser. 1867.	Pferde.	Rindvieh.	Acker, bestellt.	Acker, unbest.
Amt Schwarzwald.									
79. Georgenthal [24])	16	183	18	2	112	2	28	8	20
80. Tambach	206	482	123	57	333	27	201	124	200
81. Dietharz	56	156	56	48	107	3	33	4	16
82. Hohenkirchen	73	193	64	48	147	9	62	173	742
83. Herrenhof	34	116	36	14	103	9	55	91	217
84. Gräfenhain	51	259	51	19	168	13	65	72	151
85. Nauendorf	21	81	22	10	58	4	12	27	52
86. Catterfeld	41	167	43	29	121	1	34	14	11
87. Schönau	58	183	65	3	165	6	63	76	74
88. Cobstedt	18	48	17	23	46	2	—	65	456
Amt Friedrichrode.									
89. Friedrichrode	167	615	135	75	398	10	123	113	111
90. Ernstrode	75	138	62	30	120	21	28	191	
91. Wipperode	13	49	12	9	43	11	12	64	
92. Cumbach	17	33	13	3	33	3	20	32	
93. Rödichen	26	78	25	2	61	14	50	92	
94. Cabarz	69	173	64	5	136	18	96	78	
95. Tabarz	27	189	25	1	130	11	37	19	182
96. Finsterbergen	47	216	42	3	155	4	69	33	
97. Altenbergen	25	77	21	3	63	11	34	22	
98. Engelsbach	16	39	13	3	33	4	16	9	
99. Zella St. Blasii	147	509	126	22	335	6	133	28	
Summa	2079	7237	2001	1790	5916	288	1385	5753	34852

Mit Ausnahme des gänzlich verwüsteten und unbewohnten Dorfes Thalboin, des preussischen Dorfes Ringleben, dessen gegenwärtige Familienzahl dem Verfasser nicht zur Hand steht, hatten die übrigen vierundsechzig Ortschaften mit durchaus ländlicher Bevölkerung 2073 Familien. Diese Familienzahl ist jetzt auf 7273 gestiegen und hat sich

---

[24] In Georgenthal sammt den folgenden neun Orten dieses Amtes (Schwarzwald) befanden sich noch 462 Schafe und 70 Ziegen.

somit seit 1640 um 250,8 p. Cent vermehrt. Bei der vom Jahre 1640 angegebenen Familienzahl ist übrigens nicht zu vergessen, dass nur die zur Zeit der Zählung gerade in den Ortschaften noch sich aufhaltenden Familien, nicht aber die in die Städte oder in die Ferne geflüchteten, also immerhin noch lebenden, aufgezählt sind. Wollte man ferner von der Zahl der Familien nach einem sonst üblichen Durchschnitte auf die Kopfzahl der Bewohner einen Schluss machen, so darf nicht ausser Acht bleiben, dass, wie durch Krieg, Hunger und Elend die Zahl der Familien geschwächt, so auch der Gehalt derselben an Personen gewiss in gleichem Verhältnisse gemindert war.

Die Zahl der bewohnten Häuser mit Ausschluss von Thalborn, Ottstedt bei Magdala, dessen Häuser nicht angegeben sind, und Ringleben betrug 2001, die der unbewohnten, beziehungsweise zerfallenen und verbrannten 1790. Von der Gesammtsumme der Häuser — 3791 — waren also 47,2 p. Cent wüste und unbewohnt. Die jetzige Häuserzahl — 5916 — ist gegen die Gesammtzahl der im Jahre 1640 bewohnten und unbewohnten um 35,9 p. Cent gestiegen.

Bezüglich der Ackerbestellung ergeben die statistischen Feststellungen, dass mit Ausschluss Thalborns und der kleinen Stadt Buttelstedt, von welcher die Notizen über die Zahl der unbebauten Aecker fehlen, in den übrigen vierundsechzig Ortschaften 5753 Acker bestellt waren, dagegen 34,852, also 85,83 p. Cent öde und unbebaut lagen. Am wenigsten ungünstig waren die wirthschaftlichen Zustände in den einundzwanzig Ortschaften der gothaischen Aemter Schwarzwald (Georgenthal) und Friedrichroda, wo die Zahl der verödeten 409 zu den bewohnten 1033 Häusern nur wie 1:2,52 und die Zahl der bestellten 1335 zu den unbestellten 2232 Ackern sich wie 1:1,67 verhielt. Das Amt Friedrichroda hatte nämlich wegen seiner Lage an und auf dem Thüringer Walde weniger als die in der Ebene liegenden Orte durch Plünderung gelitten, wie schon aus dem Viehstande ersichtlich ist; es besass sogar noch 509 Schafe. Der aussergewöhnliche Pferdestand von 76 Stück für das Amt Schwarzwald und 113 für Friedrichroda stand nicht im Verhältniss zur Ackerzahl, sondern diente zum Transport der Walderzeugnisse, als Holz, Bretter, Kohlen, Eisen. Weil Stahl- und Eisenhämmer in den Aemtern Schwarzwald und Friedrichroda darnieder lagen, hatte aller Verkehr aufgehört, »daher Kohlenbrenner und andere Waldleute durch Hunger und Kummer bezwungen werden sich in Krieg und Fremde, an Harz, Frankenland und Rheinstrom zu begeben und müssen diejenigen, so noch zu Hause sind, meistentheils durch die Schubkarren sich und die Ihrigen ernähren«. Vor dem herannahenden

Kriegsvolk hatten die Leute Pferde und Rindvieh in die Schluchten des nahen Gebirges geflüchtet.

Im Jahre 1642 (10. Juni) wurden von Weimar aus von Neuem Veranstaltungen getroffen, die Steuerfähigkeit der einzelnen Orte zu ermitteln, und zu diesem Zwecke Commissarien mit der »Landesvisitation« beauftragt. Laut ihrer Instruction sollten diese vor allen Dingen die alten Steuerregister, nach welchen man seither die ordinar und extraordinar Steuern reguliret, vorlegen lassen und »mit Fleiss examiniren, ob darin bei einem oder dem andern etwas geändert und verfälscht, auch wie viel seit 1635 an den ordinar und extraordinar Steuern bis auf dato von den Einnehmern und Unterthanen, auch derer von Adel Erbgütern entrichtet worden«. In allen Städten, Aemtern und Dörfern sollten sie sich durch die Untereinnehmer, Zehentmeister und wer sonst die Einnahme gehalten, »nicht allein richtige Register und Verzeichnisse, sondern auch im Falle Vermerks einiger Unrichtigkeit oder Unterschlags von jedem Einnehmer seine Bekenntnisse, Zettel und Steuerbüchlein vorlegen lassen und gegen die Untereinnehmer und Zehentmeister Register halten und conferiren«. Die Commissarien sollten ferner unter Beiziehung der Schösser, Vögte und Bürgermeister über den Zustand der Grundstücke, der Häuser, die Zahl der Bewohner und des Viehstandes berichten. Eine eingehendere Specification schien besonders wünschenswerth. Bezüglich der Einwohner sollten Eheleute, Witwer, Witwen, erwachsene ledige Personen, Kinder und Gesinde gesondert angeführt, bezüglich der Häuser die bewohnten, unbewohnten und zerstörten getrennt, auch Winter- und Sommerbestellung einzeln angegeben werden. Dessen ungeachtet scheinen die damit beauftragten Beamten ihrer Aufgabe sich nicht gehörig bewusst worden zu sein; freilich war auch die Ermittelung sehr schwierig, indem sich die Verhältnisse oft schnell änderten. Die Bevölkerungsfrage war schon deshalb schwer zu beantworten, weil die Einwohner, um ihren Lebensunterhalt auswärts zu suchen, bald in die Fremde zogen, bald nach wochenlanger Abwesenheit wieder heimkehrten, ebenso wie die in die Städte Geflüchteten ab und zu nach ihrem heimathlichen Herde auf den Dörfern sahen. Diese Umstände mussten natürlich die Angabe der bewohnten Häuser erschweren; eben deshalb variiren auch die Angaben aus demselben Jahre oft nicht unwesentlich. Die meisten Gemeindebehörden berichteten daher nicht immer in völlig correcter Weise, liessen wohl auch manche Frage unbeantwortet, woraus sich die Lücken zumal auch in den früheren Tabellen erklären.

In der nachstehenden tabellarischen Uebersicht sind theils der

Kürze wegen, theils weil Kinder und erwachsene ledige Personen trotz der Vorschrift häufig nicht getrennt angegeben sind, die verschiedenen Bevölkerungsrubriken zusammengefasst; die zerstörten und abgebrannten Häuser sind den unbewohnten beigezählt, da letztere nach kurzer Zeit ohnedies der Zerstörung durch Wind und Wetter, sowie auch durch Menschenhand verfielen, so dass unbewohnt und zerfallen fast gleichbedeutend waren.

Nachfolgende Ortschaften, sämmtlich andere als die vom Jahre 1640 aufgeführten, liegen in einem Umkreise von etwa sechs Stunden um Weimar.

Namen der Ortschaften.	Einwohner. 1642.	Einwohner. 1867.	Häuser, bewohnt.	Häuser, unbewohnt.	Häuser. 1867.	Pferde.	Rindvieh.	Acker, bestellt.	Acker, unbest.
Amt Weimar.									
1. Taubach	163	461	25)		(90)	4	25	458	398
2. Mellingen	382	906	89	37	182	1	51	813	880
3. Lehnstedt	133	351			(73)	6	3	390	—
4. Wiegendorf	12	132	7	9	25	1	—	108	375
5. Tieffurt	136	380	29	29	66	4	20	184	118
6. Kleinobringen	76	217			(43)	5	4	216	—
7. Ettersburg	68	253			(48)	4	8	259	161
8. Gabernsdorf	219	463	54	22	100	15	61	438	201
9. Tröbsdorf	85	243	25	7	51	6	22	270	162
10. Daasdorf a. B.	37	136	10	18	27	4	2	277	67
11. Ulla	4	166	2	2	35			40	20
12. Ottstedt a. B.		(284)	8	22	60			43	207
13. Gelmeroda	101	208			(39)			271	—
14. Niedergrunstedt	132	310	39	14	59	1	25	378	427
15. Obergrunstedt	56	184	13	17	34	4	3	139	222
16. Troistedt	62	213	16	4	47	1	11	65	—
17. Schoppendorf	20	112			(26)	—	1	19	—
18. Possendorf	96	183			(41)	4	32	250	136
19. Legefeld	104	282	25	11	55	4	11	155	385
20. Buchfahrt	105	170	26	26	32	7	14	135	337
21. Grossobringen	178	580	54	56	112	10	13	496	716
22. Vollersroda	35	132	7	4	42	2	8	94	386
Amt Oberweimar [26]).									
23. Oberweimar	223	876	41	2	157	14	28	773	396

[25] Die unausgefüllten Stellen kommen von der mangelhaften Specification her.
[26] Im Jahre 1632 zählte das Dorf Oberweimar 292, Umpferstädt 316, Ehringsdorf 125 und das ganze Amt 733, im Jahre 1642 aber nur 430 Einwohner, folglich 41,3 p. Cent weniger.

Namen der Ortschaften.	Einwohner. 1642.	Einwohner. 1867.	Häuser, bewohnt.	Häuser, unbewohnt.	Häuser. 1867.	Pferde.	Rindvieh.	Acker, bestellt.	Acker, unbest.
24. Umpferstedt .	118	410	29	54	81	12	13	635	1094
25. Ehringsdorf	89	564	25	12	106	1	21	129	211
Voigtei Magdala.									
26. Magdala (Stadt)	141	792	37	21	149	2	20	255	888
27. Ottstedt b. Magdala . . .	64	180	19	6	42	3	8	200	457
28. Döbritschen .	56	207	18	15	44	3	1	55	431
Voigtei Gebstedt.									
29. Gebstedt[27]) . .	155	288	49	29	65	9	12	696	909
30. Neustedt . . .	53	133	15	12	25	5		247	379
31. Reisdorf . . .	43	398	14	46	83			71	951
32. Burghäseler .	(66)		(17)					4	26
33. Ködderitzsch .	36	131	13	8	29			123	432
Voigtei Schwansee[28]).									
34. Schwansee . .	7	237	3	21	43	—	—	—	516
35. Kleinrudestedt .	—	301	—	56	69	—	—	—	678
36. Grossrudestedt .	48	1008	14	156	211	3	—	40	2512
37. Grossmölsen[29])	93	289	25	69	66	15	16	565	941
38. Eberstedt . .	123	244	37	17	53	4	12	150	505
39. Marktvippach .	64	412	32	25	86	8	5	200	760
40. Buttstedt (Stadt)	735	2467	182	80	399	35	71	1155	1534
41. Rastenberg (Stadt) . . .	502	1269	132	49	234	28	91	887	815[30])

27) Die Bauern zu Gebstedt hatten jährlich 61 erfurtische Malter Getreidezins zu geben, was sie seit Jahren schon nicht mehr konnten, „und wenn man darauf dringen sollte, so müssten sie ihre Güter mit dem Rücken ansehen". — In der Voigtei Gebstedt hatte der Acker 168 Ruthen, und 30 Acker bildeten eine Hufe.

28) In der Voigtei Schwansee hatten die einzelnen Orte 1633: Schwansee 111 Einw. und 24 Häuser, Kleinrudestedt 187 Einw., Grossrudestedt 430 Einw. und 170 Häuser.

29) In Grossmölsen waren 232½ Acker Feld und 13½ Acker Wiesen ganz herrenlos.

30) Ein Acker zu Buttstedt und Rastenberg hatte 168 einfache Ruthen, die Ruthe zu 8 Ellen gerechnet.

Namen der Ortschaften.	Einwohner. 1642.	Einwohner. 1867.	Häuser, bewohnt.	Häuser, unbewohnt.	Häuser, 1867.	Pferde.	Rindvieh.	Acker, bestellt.	Acker, unbest.
Voigtei Biembach.									
42. Grossbrembach [31]) . . .	294	971	90	160	200	15	3	418	1490
43. Kleinbiembach	33	528	9	44	119	—	—	13	707
44. Vogelsberg [32]) .	113	868	78	61	190	4	—	123	1677
45. Spiötau . . .	33	382	15	78	82	1	—	30	2010
46. Vippachedelhausen . . .	135	585	39	89	122	10	16	263	1537
47. Olbeisleben . .	250	919	55	120	179	19	5	478	1883
48. Gutmannshausen [33]) . . .	74	665	29	68	145	2	—	75	825
49. Niedeileissen .	35	255	2	12	45	1	—	129	276
50. Rohibach . .	10	201	4	38	41	—	—	41	859
51. Neimsdoif . .	9	232	3	41	52	1	—	79	641
Amt Beika.									
52. Beika (Stadt) .	196	1527	62	72	290	3	55	270	841
53. Saalboin . . .	41	245	12	11	49	—	5	49	253
54. Hetschbuig . .	38	174	11	6	37	2	12	67	234
55. Maina . . .	20	107	4	13	23	1	1	18	340
Die Unteiheiischaft Krannichfeld.									
56. Krannichfeld (Stadt) halb .	99	743	24	14	128	—	3	114	86
57. Dienstedt . .	35	536	12	9	93	—	2	46	404
58. Ritteisdoif . .	44	315	9	14	56	—	4	57	443
59. Stedten (halb) .	28	58	6	4	11	—	4	28	272
60. Haufeld . . .	23	155	5	10	27	—	—	(8)	
61. Rettwitz [34]) . .	15	108	6	1	18	—	—	(41)	

31) In dem Dorfe Grossbrembach werden 6 Acker in einem jeden Feld auf eine jede Hufe gerechnet; der Acker hält 300 Ruthen zu 7 Ellen und verlangt zwei Scheffel Aussaat. — Die Pferde waren gleich nach geschehener Visitation alle weggenommen worden.

32) In Vogelsberg und Olbersleben hielt die Hufe wie in den meisten andern Orten 30 Acker zu 168 Ruthen.

33) In Gutmannshausen wurden 10 Acker in jedem Feld auf eine Hufe gerechnet; da der Acker 250 Ruthen zu 7½ Ellen enthielt, wurde er dem brembacher Acker gleich geachtet.

34) Rettwitz ist beim Bancr'schen Durchzug 1640 bis auf drei Häuser abgebrannt worden. Gleiches Schicksal hatte Tannroda.

Namen der Ortschaften.	Einwohner. 1642.	Einwohner. 1867.	Häuser, bewohnt.	Häuser, unbewohnt.	Häuser. 1867.	Pferde.	Rindvieh.	Acker, bestellt.	Acker, unbest.
62. Lengefeld [35]) .	3	268	4	22	52			(8)	
63. Krakendorf . .	21	173	5	20	36	—		(10)	
64. Tannroda (Stadt) [36]) . .	90	969	34	22	179	—	9	70	636
65. Eichelborn . . .	75	222	21	30	45	2	1	24	876
66. Saufeld . . .	6	290	6	20	62		—	21	438
Herrschaft Blankenhain.									
67. Blankenhain (Stadt) . . .	118	2155	43	97	322	—	1	70	637
68. Schwarza . .	8	173	2	22	37	—	—	7	627
69. Rottdorf . . .	14	215	5	13	36	—	—	35	759
70. Dörnfeld . .	6	66	2	8	15	—	—	12	93
71. Hochdorf . .	14	276	6	28	49	—	3	20	1177
72. Neckerode . .	20	243	6	18	47	—	1	56	1159
73. Lotschen . .	—	104	—	15	16	—	—	—	555
74. Grosslohma . .	21	138	7	15	27	1	1	54	615
75. Oettern . . .	61	194	18	1	36	—	12	80	297
76. Göttern . . .	74	237	18	26	34	1	12	142	499
77. Kleinlohma . .	8	139	2	10	24	—	—	15	345
78. Niedersynderstedt	31	163	12	7	27	—	1	74	104
79. Obersynderstedt	24	97	5	9	16	2	1	48	474
80. Söllnitz . . .	52	128	14	5	24	3	9	69	259
81. Trommlitz . .	23	148	7	14	27	2	1	75	195
82. Lossnitz . . .	11	38	3	3	5	—	—	30	135
Summa	6959	32498	1744	2226	5892	295	774	14783	44291

35) Lengefeld hatte sonst 14 Anspanner und 15 Hintersiedler. „Die Leute sind im J. 1638 mehrentheils hinweggestorben, zum Theil abgebrannt; das Dorf ist wüste geworden und wird gar schwerlich wiederum in seinen vorigen Stand gebracht werden; denn es haben sich die Zinsen also auf die Güter gehäuft, dass itzo die Güter nicht der Zinsen würdig, wird sich der Güter von Niemand angenommen, und obgleich sich Jemand mit guten Worten etwas zu kaufen locken lässt, so bleiben sie doch nicht beständig, und gehen die Häuser, so nicht abgebrannt, itzo vollends über den Haufen."

36) Der kleinere Theil von Tannroda gehörte nebst Eichelborn der Familie von Bünau, der grössere Theil nebst Saufeld, hodie Thangelstedt, der Familie von Gleichen.

Rücksichtlich der Bevölkerung muss hier wiederholt werden, dass die hier angegebene nur die in den verschiedenen Orten effectiv noch vorhandene begreift und also diejenigen nicht mit einschliesst, welche zwar noch Haus, Hof und Güter in ihren Heimathsorten besassen, aber theils in die benachbarten Städte geflüchtet, theils in die Fremde gezogen waren und erst ruhigere Zeiten zur Rückkehr abwarteten. Die Volkszählung in Weimar vom 20. und 21. April 1641 zeigt, welche Massen der Landbevölkerung in den Städten Schutz suchten und auch wirklich nothdürftig Platz fanden. Die Bevölkerung der oben aufgeführten zweiundachtzig[37]) Ortschaften einschliesslich sieben kleiner Landstädte betrug im Jahre 1642 nur 6959 Einwohner, also nur 21,2 p. Cent der bis 1867 auf 32,498 gestiegenen Einwohnerzahl. Die Zahl der Witwen übersteigt auch hier die der Witwer um das Dreifache, was sich durch den Krieg erklärt, dem selbst viele verheirathete Männer nachzogen.

Die Gesammtzahl der Wohnstätten, von denen 1744, also 43,9 p. Cent bewohnt und 2226, also 56,1 p. Cent unbewohnt, beziehungsweise zerfallen, zerstört oder niedergebrannt waren, betrug 3970 und verhält sich zu der heutigen Zahl von Wohnhäusern — 5892 — wie 1 : 1,48.

Da sich die Anzahl der Familien vor dem dreissigjährigen Kriege nicht ermitteln lässt, so ist die Bekanntschaft mit der Anzahl der Wohnhäuser um so wichtiger, weil sie uns einen ziemlich sicheren Anhaltspunkt für die Schätzung der Volks- oder wenigstens Familienzahl darbietet. Es ist nämlich nicht zu bezweifeln, dass in früheren Jahrhunderten die Zahl der ländlichen Familien gewiss weit weniger, als es in unseren Zeiten wirklich der Fall ist, diejenige der ländlichen Wohnhäuser überstieg, weil vordem bei der weit leichteren und weniger kostspieligen Herstellung der Wohnhäuser und bei den sicherlich geringeren Ansprüchen an Comfort jede Familie sich eher ihr eigenes Häuschen verschaffen konnte, als in unseren Tagen, wo die steigende Zahl der Familien selbst auf dem Lande, geschweige denn in der Stadt, eine gleiche Vermehrung der Wohnhäuser nicht bedingt. Vergleichen wir also von diesem Gesichtspunkt ausgehend die Gesammtzahl der Wohnhäuser, bewohnt und unbewohnt, von den in den statistischen Tabellen von 1640 und 1642 angegebenen 64 und 74 (zusammen 138) Ortschaften einschliesslich der kleinen Städte mit ländlicher Bevölke-

---

37) Ausgeschlossen sind hiervon jedoch das Dorf Ottstedt a. B. und der jetzt preussische Ort Burghäseler.

lung, so bekommen wir eine Wohnhäuserzahl von 7761. Nehmen wir ferner diese Häuserzahl zugleich als Zahl der Familien und vergleichen wir sie mit der heutigen Familienzahl jener 138 Ortschaften, welche 14,089 beträgt, so kommen wir zu dem Resultat, dass die Bevölkerung in ihrer Familienzahl um 81,54 p. Cent gewachsen ist, sich also noch nicht verdoppelt hat. Die oben auf sichere Grundlagen hin berechnete Bevölkerungszunahme der Städte Weimar und Jena kann natürlich als Massstab für die ländliche Bevölkerungszunahme nicht dienen, weil in diesen Städten ganz andere Verhältnisse das Zuwachsen der Bevölkerung begünstigten.

Die Gesammtsumme der in den vorgenannten Orten bestellten Felder beträgt 14,783 Acker, die der unbestellten 44,291 Acker, also die dreifache Zahl im Durchschnitt. Wie schon das Verhältniss der bewohnten zu den unbewohnten Häusern in den zunächst um Weimar gelegenen Orten als ein günstigeres erscheint, so ist es auch in Bezug auf die Aussaat. Im Amte Weimar überwiegt nämlich die Zahl der bestellten Felder jene der unbestellten, ja, es gab sogar einige Dörfer, welche das ganze zur Winter- und Sommersaat bestimmte Feld bestellen konnten, während in anderen Aemtern oder Voigteien sogar nur der zehnte Theil der Aecker bestellt werden konnte. Abgesehen von drei Orten, deren Fluren ganz verödet lagen, hatten sechzehn Ortschaften bei 579 bestellten Ackern 15,867 unbearbeitete. Die Nähe der Residenz, welche durch die Bemühungen des Landesherrn laut vielfacher Correspondenz [38]) mit Fürsten und Feldherren nach Möglichkeit geschont wurde, zumal seit 1641 durch Reichstagsbeschluss jedem

---

38) Wenn der Einmarsch von Kriegsschaaren nur erst zu befürchten stand, zumal aber wenn schon Plünderungen verübt worden waren, suchten die Fürsten, von allen Seiten mit Klagen von ihren Unterthanen bestürmt, hauptsächlich aber durch das eigene finanzielle Interesse bewogen, alle Wege der Connexion und Verwandtschaft auf, um durch befreundete einflussreiche Fürsprache auf die Kriegsherren oder Heerführer einzuwirken und Schonung ihres Gebiets zu erlangen. Da indessen diese Wege von so vielen Interessenten eingeschlagen wurden, so zeigten sie sich meistens wirkungslos; der Kaiser entschuldigte sich gewöhnlich mit der Unmöglichkeit einer Abänderung oder steckte sich hinter die Reichstagsbeschlüsse. Die verwitwete Herzogin Elisabeth von Altenburg, welche zu ihrem Witthume das Amt Dornburg erhalten hatte, wandte sich beim Heranrücken der Schweden an den ihr verwandten König von Dänemark, damit dieser durch seinen Gesandten in Stockholm einen Befehl an den schwedischen Feldherrn auswirke, der ihm Schonung des Amtes Dornburg auflege. Wirklich erreichte die Herzogin auf dem Umwege über Kopenhagen und Stockholm ihren Zweck. Beim Kaiser musste in derselben Angelegenheit der Kurfürst von Sachsen den Fürsprecher machen.

Reichsfürsten die Direktion der Einquartierung der kaiserlichen Reichstruppen in seinem eigenen Lande zugestanden worden war, kam den Bewohnern der zunächst umliegenden Dörfer sehr zu statten, da sie vor dem heranziehenden Kriegsvolk ihr Samengetreide und Vieh noch schnell in die Stadt flüchten und Beides sich auf diese Weise bewahren konnten. Dass manche Orte nach den statistischen Angaben mehr Feld bestellt hatten, als man bei dem geringen Viehstande annehmen sollte, erklärt sich damit, dass der Landmann, um wenigstens einen Theil seiner Saat zu bestellen, aus glücklicheren Gegenden Pferde lieh, die er dann nach der Aussaat wieder zurückgeben musste.

Unter dem Rindvieh war die Zahl der Ochsen sehr gering; die Kuh wurde als Nährquelle für eine ganze Familie hoch geschätzt. Schafe fanden sich nur in den drei Städten Buttstedt (80), Rastenberg (61) und Berka (40), sowie Schweine in den zwei erst genannten Städten zusammen 148 Stück. In vielen Dörfern war »weder Huf noch Klaue« zu finden, oft auch nicht einmal ein einziges Huhn. Am meisten vertreten unter den Hausthieren waren noch die Ziegen, welche dem Kriegsvolk freilich weniger begehrenswerth schienen als Rindvieh, Schafe, Schweine und Geflügel. Die wenigen noch übrigen Pferde mochten wohl den raublustigen Soldaten des Fortführens nicht werth sein; sie werden wenigstens meist als lahm oder blind bezeichnet und im Preise nicht höher als vier bis sieben Thaler geschätzt.

In Rücksicht auf den Hauptzweck der angeordneten Landesvisitation, die Untersuchung der Steuerfähigkeit der Aemter und Vogteien, geben die statistischen Ermittelungen ein höchst trauriges Resultat. Nachdem seit dem Jahre 1636, d. i. seit dem feindlichen Einfalle der Schweden eine ziemliche Anzahl von Gemeinden die Steuerzahlung gänzlich hatten einstellen müssen, von den andern auch die meisten wenige Jahre darauf in die gleiche Lage versetzt waren, so dass nur wenige übrig blieben, welche wenigstens einen Theil ihrer Abgaben aufbringen konnten, war auch jetzt noch keine Aussicht auf Besserung der Zustände, vielmehr sprach sich allgemeines Verlangen nach einer dem heruntergekommenen Werthe der Grundstücke entsprechenden Herabsetzung der Steueranschläge aus. Der Grundbesitzer musste befürchten, dass die Aufhäufung der Steuerreste zuletzt den ganzen Werth seines Besitzes übersteigen werde.

Unter solchen Umständen war auch an ein Verkaufen der Grundstücke nicht zu denken. »Für ein Viertel Landes, so vor diesem in der Steuer zu fünfzig Schock (à 20 Gr.) angeschlagen, ist Niemand da, der nur etwas darauf böte. daher die wenigen Leute, welche ziemlich viel Acker haben, bei ihrem Gute verhungern oder verschmachten müssen. Ein Haus, so in der Steuer vor vierzig Schock liegt, gilt nichts, sondern geht ein und fällt über den Haufen.« Der Amtmann von Schwansee berichtete, er hätte auf's Neue das Wenige, was noch vorhanden, »nach Möglichkeit taxiren und anschlagen wollen, weil aber alles unbeständig, die wenigen noch vorhandenen Völker alle ihrer Arbeit nachgehen, Mancher oft in drei, vier, sechs, acht Wochen nicht einmal nach Hause gelangt und grosser Armuth allenthalben gespürt wird, die Güter ganz vor nichts geachtet werden, denn in Wahrheit wer einen guten Acker hat, der vor diesem dreissig oder vierzig Gulden gegolten, ihn nicht um einen Gulden oder Thaler auszubringen weiss, daher dieser Zeit Eines und das Andere anzuschlagen ganz unmöglich«. Von 2500 im Amte Jena fälligen Scheffeln waren nur 200 Scheffel Getreide eingekommen.

In welchem Masse sich der Ertrag der Grundsteuer verringern musste, zeigt nebenstehende Tabelle über den früheren und den herabgesetzten Steueranschlag der Vogteien Brembach und Gebstedt.

(Siehe die Tabelle auf nebenstehender Seite.)

Als eine grosse Calamität war es ferner zu betrachten, dass an vielen Orten die Steuerregister verloren gegangen waren, wie vom Amtsschreiber in Jena berichtet wurde, dass die Verzeichnisse der Kriegssteuer, »weil die Vorsteher ihre Bücher und Register in dem continuirlichen Kriegswesen verloren, noch bis dato nicht alle erlangt wären«. Von der Unterherrschaft Kranichfeld meldete der Schösser, dass »die alten Dorf- oder Fundbücher aus allen Dörfern bei dem langwierigen Kriegswesen ruinirt oder weggenommen worden. Solche nunmehr zu erneuern ist ein impossibile zu effectuiren; denn in allen Dörfern die Leute verstorben und verdorben, dass Niemand, denen solche bewusst, mehr vorhanden, der in dem Einen oder dem Andern Nachricht geben könnte«. An anderen Orten, wie z. B. in Oldisleben, hatte der Schösser vor der drohenden Plünderung die Acten weggeführt und noch nicht wieder erlangen können.

Einen wesentlichen Bestandtheil der landesherrlichen Einkünfte bildete in guten Zeiten die Einnahme aus der Tranksteuer, die ebenso seit Jahren ausgeblieben war. Die Brauereien waren in allen Dörfern aus Mangel an Getreide eingegangen, die Brauhäuser verfallen, die Braupfannen von den plündernden Soldaten zerschlagen und mitgenommen worden. Alle List der Bauern hatte die Schlauheit der Plünderei vereitelt; gruben doch die Soldaten die auf den Gottesäckern zu Heimstedt und Eichelborn vergrabenen kupfernen Braukessel aus. Auch die

Tabelle

über die alten Steueranschläge und was die Steuer jedes Termins getragen, was davon abgegangen und was itzo noch gangbar gehalten wird.

Gefertigt den 28. Juli 1642.

Namen der Ortschaften.	Alter vollkömmlicher Anschlag. alte Schock zu 20 Gr.	Haben an Steuer getragen von jedem Schock 1 Pf. Fl.	Gr.	Pf.	Itzogangbarer Steuerschock. alte Schock zu 20 Gr.	Tragen an Steuer von jedem Schock 1 Pf. Fl.	Gr.	Pf.	Abgang an Steuerschocken. alte Schock zu 20 Gr.	Abgang an Steuergeldern. Fl.	Gr.	Pf.	[illegible] an Steuergeldern in p. Cent.
Voigtei Brembach.													
1) Grossenbrembach	39082	155	12	6	1 806½	78	12	6½	20275½	76	20	11½	51,87
2) Kleinbrembach	8907	35	7	3	177½	—	14	9	8729½	34	13	6	98,00
3) Vogelsberg	32293	127	3	1	2325	9	4	9	29968	117	19	4	92,80
4) Sprötau	20282	80	10	2	475	1	18	8	19808	78	12	6	97,66
5) Vippachedelhausen	16182	64	4	6	120½	16	16	6½	1 951½	47	8	11½	73,85
6) [illegible]n	31107	123	9	3	438½	21	11	4½	25678½	101	18	10½	82,54
7) Gutmannshausen	19348	76	16	4	—	—	—	—	19348	76	16	4	100
8) Niederreissen	11945½	47	8	1½	2700	10	15	—	9245½	36	14	1½	77,39
9) Bach	8959½	35	11	7½	—	—	—	—	8959½	35	11	7½	100
10) Nermsdorf	7850½	31	3	2½	—	—	—	—	7850½	31	2	2½	100
Voigtei Gebstedt.													
11) Gebstedt	5803½	23	7	½	2490	9	18	6	3313½	13	3	1½	5709
12) [illegible]stedt	2300½	9	2	8½	796	3	3	—	1504½	5	20	8½	65,39
13) Reisdorf	9000	35	15	—	1210½	4	16	10½	7789½	30	19	1½	86,99
14) Burghäseler	906	3	12	6	—	—	—	—	906	3	12	6	100
Smma	213966½	848	18	3½	38639½	160	6	—	175327	691	5	10½	81,94

Der Steuerertrag war also in den vierzehn Ortschaften der beiden Voigteien terminlich von 848 Fl. 18 Gr. 3½ Pf. auf 160 Fl. 6 Gr., d. i. um 81,94 pro Cent heruntergegangen. In andern Dörfern stand es sogar noch schlimmer.

Bauern zwang die Noth sich am Gemeindeeigenthum zu vergreifen. Weil der Regierung in Weimar viel daran gelegen war, dass die Tranksteuer möglichst bald wieder in Gang komme, so erklärte sie sich an verschiedenen Orten bereit, zur Wiederherstellung der Brauhäuser und zur Anschaffung von Braupfannen die Hand zu bieten. Dachte man zuerst an die Wiederherstellung der öffentlichen Gebäude, welche von materieller Productivität waren, so blieben dagegen Kirchen, Schulen und Pfarrhäuser gänzlich verwahrlost. Niemand bekümmerte sich um dieselben. Von den Thürmen waren oft die Glocken geraubt, die Bedachungen der Kirchen waren schadhaft geworden, die Kirchstühle herausgeholt und verbrannt. Von Hernstedt klagt der Pfarrer, die Gemeinde müsse in der Kirche auf Steinen sitzen, und er selbst könne auf der Kanzel nicht trocken stehen. »Weil die Bauern seit zwei Jahren kein Getreide haben bauen können, hatten sie kein Stroh, um die Dachung auszubessern, haben die starken Winde immer grösseren Schaden verursacht, hie und da aufgedeckt und ziemlich geöffnet, dass ich, wenn Nässe einfällt, nirgends trocken weder in Stuben noch Kammern mich behelfen kann, also dass auch für meine wenigen Bücher fast kein Räumlein unberegnet bleiben thut.«

Am härtesten hatte seit Jahren das Elend auf dem platten Lande geherrscht, der Bauer war schutzlos aller Barbarei des wilden Kriegsvolks ausgesetzt, während die Bewohner der Städte durch Schutzbriefe und durch fürstliche Vermittelung sich einigermassen vor dem gänzlichen Ruin zu retten wussten, wenn auch aller Wohlstand verfallen war. Aus Jena klagt der Rector der Universität in einem an den Landesherrn gerichteten Schreiben (4. März 1642): »So haben auch bisher die contributiones durch militärische Execution jeder Zeit herausgepresst werden müssen, dadurch aller Vorrath an Geschmeide, Kleidung, Baarschaft und Victualien aufgegangen, massen E. F. Gn. Kriegscommissare bezeugen werden, dass Ringe, Becher, Ketten und das schönste Schatzgeld etliche Jahre her geliefert worden und wir armen Leute auch die Trauringe, Malschatz und der Kinder Pathengeld hingeben müssen, welches gewisslich nicht geschehen wäre, wenn sonsten einiger Vorrath vorhanden gewesen und man sich hätte retten können.« Die Hülfe des Fürsten wurde nach allen Seiten hin in Anspruch genommen. Rath und Universität zu Jena bitten (den 5. Mai 1642) den Herzog Wilhelm dringend, er möge zu ihrem Schutze beim Heranrücken der einziehenden Regimenter nach Jena sich begeben, »dieweil auch sonderlich ein jeder Reichsfürst vermöge gemachten Reichsabschieds zu Regensburg bei dergleichen Einquartierungen in seinem Lande die Direction haben soll«.

Mit der Einquartirung in Jena blieben zwar die Professoren, der Lehnsecretär, der Protonatorius und die Geistlichen verschont, mussten aber dafür Contribution zahlen. Um die vier Regimenter (Gonzaga und Moncado zu Fuss, Wolframsdorf und Radovanowich zu Pferd) zur rechten Zeit zu befriedigen, gab der Herzog Wechsel auf Leipzig, die Herzogin eine goldene Kette von 248 Kronen.

In wunderbarem Contraste, der dem ausgeraubten Lande gleichsam Hohn zu sprechen schien, standen mit der allgemeinen Armuth die ungeheuren Ansprüche, welche die Officiere machten und zu denen sie selbst kaiserlicher Seits laut der zu Regensburg gemachten Verpflegung autorisirt waren. Bürger und Bauern hier dem Hunger und Elend preisgegeben, dort der Soldat im Ueberfluss schwelgend. Im Jahre 1639 liess Kaiser Ferdinand folgende Unterhaltungsordnung publiciren: — Und ist anfänglich den Ständen freigestellt, auf die Officiere und Soldaten, welche sich effective bei ihren Regimentern und Compagnien befinden, entweder die hernach beschriebene Verpflegung völlig in baarem Gelde oder den Officieren $^2/_3$ in Geld und $^1/_3$ in Brod, Fleisch und Wein, oder wo kein Wein, in Bier, den gemeinen Soldaten aber halb in Geld und halb in vorbemeldeten Proviantsorten zu reichen ausser den servitien an Holz, Licht, Salz, Liegerstatt und für die Reiter die Nothdurft von rauhem Futter, welches den hohen und niederen Officieren sowohl, als auch den gemeinen Soldaten absonderlich gebühret. Vorgemeldete Proviantsorten sollen den Soldaten nicht höher angeschlagen werden, als das ℔ Brod zu 1 Xr., das Maass Wein zu 6 Xr., Bier zu 3 Xr. Das ℔ Fleisch zu 3 Xr. Auf eines Obristen Stab zu Ross, so 10 bis 7 Compp. hat, soll für alles und jedes und für alle Stabspersonen gereicht werden monatlich 1200 Fl., dem aber, so 6 oder weniger Compp. hat, 700 Fl. Auf eine Compagnie Kürassiere monatlich

 dem Rittmeister . . . . 150 Fl.
 dem Lieutenant . . . . 60 -
 dem Cornet . . . . 50 -
 auf 4 Corp. Trompeter und andere Officiere . . . . 180 -
 einem gemeinen Reiter (täglich 30 Xr.) . . . . . 15 -

Den unberittenen Reitern gebührt nur halbe Verpflegung. Dem Rittmeister wird passirt das rauhe Futter auf 6 Pf., dem Lieutenant auf 4 Pf., dem Cornet auf 3 Pf., dem Corporal, Fourier, Musterschreiber, Feldscheerer zu 2 Pf., und einem gemeinen Reiter auf 1 Pf., und soll auf jedes Pferd täglich gegeben werden 6 ℔ Heu und wöchentlich 2 Bund Stroh.

 Einem Obristen zu Fuss von 10 bis 7 Compp. für alle Stabspersonen des Monats passirt 1102 Fl., dem aber, so 6 oder weniger Compp. hat, 700 Fl. Auf eine Compagnie zu Fuss monatlich einem

Hauptmann	150 Fl.
Fändrich	50 -
Lieutenant	35 -
Feldwebel	25 -
Feldschreiber	20 -
Feldscheerer	16 -
Fourier	18 -
Führer	18 -
auf 2 Trommelschläger à 8 Fl.	16 -
auf 2 Pfeifer à 8 Fl.	16 -
und auf einen gemeinen Knecht	6 -

Als im Winter 1641—42 Kais. Majestät mit dem Kurfürsten von Bayern sich verglichen, »den beiderseits travaillirten Armeen zu deren Rafräschirung die Winterquartiere zu assigniren und die kurbayrische Artillerie unter dem Oberstfeldzeugmeister v. Mercy nebst zweien Hagenbach'schen Regimentern in die Lande des Weimarischen Hauses assignirten«, erging vorher eine kaiserliche Verpflegungsordonnanz, welche namentlich an Naturalverpflegung und Fourage ungeheuere Anforderungen stellte. Die ausserordentliche Höhe der Gagen und des Soldes ergiebt nachstehendes »Verzeichniss aller hohen Artillerieofficiere und gemeinen Bedienten, wie solche monatlich besoldet, auch wie viel jedwedem portiones und Rosse passirt werden«.

	Fl.	Port.	Rosse
Seiner Excellenz dem Herrn Generalfeldzeugmeister	1400	100	100
dem Obristen	800	40	40
dem Oberstlieutenant	300	24	24
einem andern Oberstlieutenant	300	24	24
einem Obercommissar	300	24	24
einem Oberhauptmann	200	18	18
einem Ingenieur	200	12	12
9 Stückhauptleuten à 100 Fl. 12 Port. 12 Rosse	900	108	108
einem Minirhauptmann	100	8	8
einem Stückgiesser	100	8	8
einem Adjutanten	100	8	8
einem Secretärius	90	10	10
einem Schultheiss	240	30	30
3 Feldzeugwarts à 80 Fl. 10 Port. 10 Rosse	240	30	30
2 Feldkaplänen à 30 Fl. 6 Port. 6 Rosse	60	12	12

	Fl.	Port.	Rosse
3 Oberfeuerwerksmeistern à 60 Fl. 6 Port. 6 Rosse	180	18	18
einem Oberschirrmeister	60	6	6
4 Quartiermeistern à 60 Fl. 6 Port. 6 Rosse	240	24	24
einem Petardierer	60	6	6
einem Feldscheerer sammt Apothekersgesellen	100	6	6
3 Zeugdienern zu Ross	135	12	12
36 Zeugdienern zu Ross à 30 Fl.	1080	78	78
einem Baumeister	60	6	6
4 jungen Petardierern	120	12	12
3 Proviantmeistern	120	12	12
3 Zeugschreibern	90	9	9
einem Proviantschreiber	20	3	3
2 Feldscheerergesellen	50	6	2
4 Wegebereitern	120	12	12
4 Fourierern	120	12	12
14 Feuerwerkern	420	42	14
einem Profoss mit seinem Stabe	90	8	6
6 Fourierschützen	90	12	6
16 Zeugdienern zu Fuss	240	32	—
5 Büchsenmeister-Corporalen	150	15	5
50 alten Büchsenmeistern à 15 Fl.	750	100	—
50 jungen Büchsenmeistern à 12 Fl.	600	100	—
2 Pulverhütern à 15 Fl.	30	4	—
einem Handlanger-Corporal	12	2	—
einem Schmiedemeister	30	3	1
8 Schmiedemeistern à 18 Fl.	144	16	—
23 Schmiedegesellen à 9 Fl.	207	34½	—
einem Wagnermeister	30	3	1
4 Wagnermitmeistern à 18 Fl.	72	8	—
4 Wagnergesellen à 9 Fl.	36	6	—
2 Bruckmeistern à 40 Fl.	80	6	6
4 Zimmermeistern à 18 Fl.	72	8	—
16 Zimmergesellen à 9 Fl.	144	24	—
3 Schlossermeistern à 18 Fl.	54	6	—
2 Schlossergesellen	18	3	—
einem Sattlermeister	30	3	1
4 Sattlergesellen	36	6	—
einem Riemermeister	18	2	—
einem Riemergesellen	9	1½	—

	Fl.	Port.	Rosse
10 Wagenbauern	100	20	—
2 Bindermeistern	36	4	—
3 Bindergesellen	27	4½	—
einem Seilermeister	18	2	—
einem Minierlieutenant	60	6	6
einem Minierfeldwebel	30	3	1
einem Minierkorporal	18	2	—
10 Miniergesellen	160	20	—
einem Croatenfändrich	18	3	1
4 Croatencorporalen	48	8	—
30 gemeinen Croaten	270	45	—
2 Commissbäckern	24	4	—
2 Commissmetzgern	24	4	—
2 Trommelschlägern	18	4	—
einem Wagenmeisterlieutenant	30	3	3
einem Geschirrschreiber	20	2	1
26 Unterwagenmeistern à 18 Fl.	468	52	52
22 Geschirrknechten à 15 Fl.	330	44	22
500 Artilleriefuhrknechten à 7 Fl.	3500	500	—
	16436	1855	810

Also erforderte die Artillerie allein ohne die anderen Regimenter monatlich an Sold die baare Summe von 16436 Fl., dazu 1855 Portionen und Fouragelieferung für 810 Pferde. Es ist kaum denkbar, wie solche Forderungen in dem verödeten Lande, das seit einer Reihe von Jahren nur selten und auf kurze Zeit von Einquartierung befreit war, beschafft werden konnten.

Auf dem Regensburger Reichstage waren anfangs zur Unterhaltung der kaiserlichen und des heil. röm. Reichs Armeen 60 Monate des einfachen Römerzugs gewilligt, »solche aber nachgehend duppliret und auf 120 Monate gesetzt worden. Da nun nach der kaiserlichen Verpflegungsordre die Bequartierung sechs Monate continuiret, so müssen binnen gedachter Zeit — der Servis, welche zum wenigsten $1/3$ der Summe austragen, ungerechnet — die drei Theile des Fürstenthums Weimar entrichten: 441,145 ½ Fl., welches die wahre Unmöglichkeit ersteiget«. Gegen diese Anforderungen remonstrirend wandten sich die drei fürstlichen Brüder von Weimar am 30. Januar 1642 an den Kaiser und klagten, es sei »Alles wüste und wegen mit eingefallenen kalten Wetters abermals viele Rittersitze und andere Gebäude auf dem Lande abgetragen und verbrannt, unterschiedene schöne Dörfer bis auf den

Grund verheeret und nichts mehr als die blossen rudera vorhanden, dadurch die armen bis auf den höchsten Grad verderbeten Unterthanen vollends zu gänglicher Verzweifelung gebracht, die meisten ins bittere Elend vertrieben und davon gegangen, der übrigen aber viel verschmachtet und Hungers gestorben; ist auch schwerlich zu hoffen, dass sich die noch Lebendigen wegen mangelnder Wohnungen wieder herbei finden, sondern die Acker nunmehr verwildern und verrasen lassen werden«.

Wunderbar erscheint es in der That, wie sich die freilich durch Krankheit, Hunger und Krieg sehr decimirte Landbevölkerung überhaupt noch zu erhalten vermochte, da der Ackerbau wegen Mangels an Samengetreide und des zur Bestellung nöthigen Viehes fast gänzlich darniederlag. Hatte auch der arme Landmann unter den grössten Entbehrungen mit Mühe einen geringen Theil seines Feldes besäet, so lebte er in steter Furcht, dass neue Soldatenschwärme ihn der Früchte seines Fleisses beraubten. Der Besitz einer Kuh, als der Nahrungsquelle für eine Familie, war ein Schatz, dessen sich in vielen Dörfern nur wenige Glücklichen erfreuten und der nicht sorgfältig genug den Blicken der Plünderer entzogen werden konnte. Der Unterschied zwischen dem reichen Vollbauer und dem Hintersiedler war schier verschwunden, auch der reiche Ackerbesitzer konnte ohne Samengetreide und Zugvieh sein Feld nicht bestellen; verkaufen konnte er es aber ebensowenig, denn Haus, Hof und Grundstücke fanden keine Käufer. Was der Reiche an Gold und Kleinodien besessen, hatten die vielen Plünderungen geraubt, und was denselben entgangen war, hatte er allmälig während der Nothjahre zugesetzt. Am Betteln haftete nicht mehr die Schande und »nach dem lieben Brode zu gehen« war selbst der frühere Wohlhabende genöthigt. Geistliche und Lehrer, welche als des Schreibens kundig viele Aufzeichnungen aus jenen Tagen hinterlassen haben, befanden sich ganz mittellos in den kläglichsten Verhältnissen.

Glücklich, wer als Tagelöhner in den Städten seinen kärglichen Unterhalt erwerben konnte. Die wichtigste und allgemeinste Erwerbsquelle gewährte der Schubkarren. In dieser Zeit, da alle sonst üblichen Transportmittel, Wagen und Karren sammt Bespannung von den Kriegsvölkern mitfortgeführt worden waren, und der Fuhrmann sein Geschirr jeden Augenblick zu verlieren fürchten musste, wurde aller civile Transport durch Schubkarren bewirkt. Mit diesem Vehikel brachte der Bauer Holz, Stroh, Heu in die benachbarten Städte, und es lässt sich wohl annehmen, dass der Bedarf an Holz allein für eine Stadt wie Erfurt zahllose Schubkarren in Bewegung setzte. Das Stroh nahm er von den Dächern der vielen leer und wüste stehenden Häuser. Für das Gras und Heu der Wiesen, ihm selbst entbehrlich, fand er in der Stadt bereitwillige Abnehmer. Die Frauen trugen auf ihren Rücken die gleichen Ladungen in die Städte. Die leerstehenden Häuser boten noch weiteres Material zur Verwerthung. Trotz der Verbote schlich der Arme bei Nacht in die Dörfer und stahl aus dem eigenen oder aus dem fremden Hause, was er fortzuschaffen und zu verwerthen vermochte, wie Thüren, Fenster, Treppen, Bretter, Eisen und anderes Metall. Bis in die Gegenden am Harz, nach Nordhausen, in's Voigtland, nach Franken hinein fuhr der arme Schubkärner, wenn er sich dabei zu erhalten, ein wenig zu verdienen und den Seinen zu ihrem Lebensunterhalte etwas mitzubringen hoffen durfte. Frauen und Kinder sammelten auf dem Felde Salat- und Kohlpflanzen und trugen sie zum Verkaufe in die Städte, von wo aus den Dorfbewohnern durch Tagelohn noch Subsistenzmittel flossen. Kinder verliessen ihre Eltern und das heimathliche Dorf »um des lieben Brodes willen«; viele kamen nie wieder zurück, andere erst nach jahrelangem Umherirren. Junge Bursche, freilich auch Familienväter, gingen »in die Welt« oder zogen »dem Kriegswesen nach«. — So lauten die Berichte der Ortsvorstände über die »Handtierungen« der Dorfbewohner. Wenn sich aber auch durch diese Berichte eine gewisse Resignation hindurchzog, so sind ihre Verfasser doch fern von dumpfer Verzweiflung. Sie geben die Hoffnung auf dereinstige bessere Zeiten nicht auf, sondern bitten nur um weitere Stundung und theilweisen Erlass ihrer Abgaben, sowie um landesherrliche Förderung zum Anbau ihrer verödeten Fluren.

Ist diese unverwüstliche Elasticität und Lebenskraft dem deutschen Volke überhaupt angehörig, oder darf sich der Thüringer derselben ganz besonders rühmen: genug, mit wunderbarer Zähigkeit suchte er sich wieder zu erheben; seine Hoffnung belebte sich wieder, wenn die Heeresschwärme sich aus seiner Gegend verzogen. An einen endlichen Frieden glaubte der gemeine Mann kaum, hatte doch die ganze Generation von früher Jugend an sich an beständigen Krieg gewöhnt; aber mit Eifer und der grössten Entsagung sann er immer wieder auf die Bestellung seiner Felder. In vielen Dörfern war nicht ein Huf, nicht eine Klaue; aber die Nachbarn vereinigten sich und mietheten ein Pferd, schlimmsten Falls spannten sie sich selbst an den Pflug oder behackten den Boden mit dem Karst und streuten den oft mühsam erworbenen Samen, wenn es nicht anders sein konnte, in die Brache, in die Ruhren oder in die Stoppeln. »Wenn Gott in unserem Lande Frieden giebt, so hoffen wir wieder ein gut Stück Feld zu bestellen«[39]), das war ihre Antwort auf die Anfragen der Schösser und Vögte.

Auch die Mittel der Fürsten waren längst erschöpft; die Bittgesuche derselben an den Kaiser und die mächtigeren Reichsfürsten, die unmittelbar an die Heerführer gerichteten Vorstellungen um Abwendung der Durchzüge und Einquartierungen, die Schilderungen der bereits erlittenen Kriegsschäden und des trostlosen Zustandes des gänzlich ausgeraubten Landes blieben meist erfolglos. Für ihre Klagen und für die Schilderung des grössten Jammers und Elends fanden sie nur taube Ohren; alles Mitleid, alle Barmherzigkeit schien aus der Welt verschwunden; genug, wenn die Kriegsführer aus Respect den fürstlichen Residenzen Schonung gewährten.

Die letzte Kraft der Nation war endlich erschöpft und tödtliche Ermattung lag überall sichtbar auf dem Lande. Diese allgemeine Erschöpfung Deutschlands zeigte sich indessen allmälig auch in den Kriegsheeren, die nur noch in verminderter Stärke auftreten konnten. An eine Erhebung des Landes aus so tiefem Elende war jedoch bei der allgemeinen Unsicherheit der Zustände noch lange nicht zu denken, wenn sich auch die Kriegsheere zeitweilig verzogen hatten. Dieser trostlose Zustand dauerte vielmehr während der vierziger Jahre des siebzehnten Jahrhunderts fort, ob auch die Ueberlebenden immer wieder mit rastloser Thätigkeit an der Wiederherstellung besserer Verhältnisse arbeiteten. Auch der endliche Frieden musste noch mit den schwersten Opfern erkauft werden.

Ueber den Zustand der zahllosen verwüsteten und meist herrenlosen Grundstücke, über die Bemühungen für den Wiederanbau derselben und die Herbeiziehung von Ansiedlern, sowie über die nachmalige Bevölkerungszunahme und andere dahin einschlagenden Verhältnisse wird sich, nachdem in den nachfolgenden Blättern auch aus anderen Landschaften die statistischen Angaben mitgetheilt sein werden, die passende Gelegenheit zur Erörterung darbieten.

---

39) Wer erinnerte sich hierbei nicht der Worte, mit welchen Thibaut in Schiller's Jungfrau von Orleans seine Landsleute tröstet:
„Wir können ruhig der Zerstörung schauen,
Denn sturmfest steht der Boden, den wir bauen.
Die Flamme brenne unsre Dörfer nieder,
Die Saat zerstampfe ihrer Rosse Tritt,
Der neue Lenz bringt neue Saaten mit,
Und schnell ersteh'n die leichten Hütten wieder."

(Schluss folgt.)

II.
Die Haftbarkeit und Entschädigungspflicht bei den Verunglückungen des Bergbaus, besonders in Preussen.

Von

Dr. **Adolf Frantz.**

Die alten Weltelemente aristotelischen Begriffes: Feuer, Luft, Wasser, Erde, — spielen noch heute auf allen Gebieten der menschlichen Arbeit und Gewerbsamkeit eine grosse Rolle. Ebenso gemeinnützig als gemeingefährlich und schädlich bestätigen sie noch überall die Wahrheit des Dichterwortes:
— Die Elemente hassen
Das Gebild der Menschenhand.
Ueberall gewinnen sie wenigstens vorübergehend ihre Ur- und Naturkraft in voller Freiheit und Uebermacht wieder, und ihre Geister, die Elementargeister, spotten des Menschengeistes, der sie für immer in Bann und Fesseln geschlagen, unter das Joch menschlicher Dienst- und Nutzbarkeit gebracht zu haben glaubte. Die Siege, welche menschliche Wissenschaft, Kunst und Industrie über sie errungen, sind immer nur Waffenstillstandserfolge; wo die Siegerinnen irgend Blössen geben und Schwächen zeigen, bricht der alte Hass der Elemente gegen die Gebilde und Erzeugnisse der Menschenhand hervor und wirkt, „sinnlos waltend", Zerstörung und Vernichtung, Schaden und Unglück.

Diese Gemeingefährlichkeit der Elementarmächte in ihrer urkräftigen, naturgesetzlichen Wirksamkeit tritt uns auch entgegen bei allen jenen Unglücksfällen, für welche die Mortalitäts-Statistik eine eigene Rubrik zu führen genöthigt ist, bei den „Verunglückungen", deren Mehrzahl zu registriren gewisse Zweige menschlicher Gewerbsamkeit den traurigen Vorzug haben. Bekannt sind die zahlreichen Opfer, welche z. B. die Verwendung von Maschinen in allen Zweigen der

Industrie im engeren Sinne fordert, die Opfer der Dampfkessel-Explosionen und sonstiger mehr oder weniger verschuldeter und unverschuldeter Unfälle. Bekannt ist, dass vorzugsweise **Schifffahrt, Eisenbahnen** und **Bergbau** als opferreiche Unfallsstätten die Aufmerksamkeit der Politik und Gesetzgebung in neuester Zeit auf sich gezogen und die Stellung von Forderungen humanistischer und socialistischer Tendenzen veranlasst haben, — gewiss mit Recht, wo die Verunglückungen ihre Opfer nicht mehr nach Hunderten, sondern nach Tausenden zählen in fortschreitender Mehrung!

Die **Schifffahrt** mit ihren Opfern der Schiffsseuchen, des Ertrinkens, der Schiffbrüche, der Explosionen und Verbrennungen erhält ihre traurige Unfalls-Statistik in den Berichten der Auswanderungs-Vereine und Agenturen, der officiellen Schifffahrts-Register-Bureaus, der Vereine und Veranstaltungen für Rettung Schiffbrüchiger u. s. w. Das londoner Schifffahrts-Register-Bureau berichtete für 1867, dass auf Schiffen 5283 Menschen um das Leben kamen, und zwar 2370 durch Krankheiten, 1808 durch Schiffbruch, 1105 durch Ertrinken. Das pariser „Bureau Veritas" registrirte 3045 verlorene Schiffe, und zwar verloren durch Ansegeln 369, Scheitern 1433, Sinken 452, Explosionen 5, Verbrennen 79, im Eise 8, verschollen 203 u. s. w. Unter den 3045 Schiffen waren 1438 britische, 364 amerikanische, 273 französische, 212 holländische, 156 preussische. Wieviel Menschenleben gingen mit diesen Schiffen verloren? — Nimmt man pro Schiff durchschnittlich nur 3 Menschenverluste an, so erhebt sich die Zahl der menschlichen Schifffahrtsopfer für das einzige Jahr auf 9135! Und das ist nur die Opfer-Hekatombe der See-, und zwar der Handels-Seeschifffahrt!

Besonders **Grossbritannien** hat sich die genauere Feststellung der Verunglückungen bei der Seeschifffahrt angelegen sein lassen. Das englische „Blaubuch" von 1868[1]) gab zunächst eine Uebersicht der Schiffsunfälle an den **Küsten** Grossbritanniens. Nach derselben erlitten in den 14 Jahren 1855/68 im Ganzen 60,518 Personen lebensgefährliche Schifffahrtsunfälle; 49,975 wurden dabei gerettet, aber 10,543 kamen um das Leben. In den letzten 5 Jahren dieser Periode stellten sich die bezüglichen Ziffern:

Es wurden	1862.	1863.	1864.	1865.	1866.	1867.	1868.
gerettet .	4039	5096	3619	4162	4936	5845	4771
getödtet .	690	620	516	698	896	1333	824

---

1) Vergl. „Preuss. Handels-Archiv". 1868. I. S. 517 ff. 1869. II. S. 548.

Noch grösser waren die Verluste an fremden Küsten und auf hoher See. Nach dem „Blaubuche" für 1869 [2]) verunglückten im Jahre

	1865:	1866:	1867:
Schiffe	1,127	894	935
im Gehalt = Tonnen	199,698	355,850	344,678
Menschen	12,266	14,612	12,972
davon gerettet	11,008	12,708	11,312
- getödtet	1,258	1,904	1,660

Zu bemerken ist jedoch, dass diese Mittheilungen mangelhaft sind „insofern, als sie, soweit es sich um Unfälle auf hoher See handelt, nur der britischen Schiffe erwähnen und, soweit von Unfällen an fremden Küsten die Rede ist, sich lediglich auf die Berichte der britischen Consuln stützen, welche zum grössten Theile ebenfalls nur der britischen Schiffe Erwähnung thun und ausserdem meist nicht in der Lage sind, über die ausserhalb ihres Consulatsbezirks vorgekommenen Unfälle zuverlässige Mittheilungen zu geben". Immerhin liefern dieselben jedoch beachtenswerthes Material für die comparative Statistik und sind für den Gegenstand unserer Abhandlung von grösstem Interesse. Beziehen sie sich auch nur auf britische Schiffe, so lassen sie doch auf ähnliche Verhältnisse bei der Schifffahrt überhaupt schliessen.

Von den um's Leben gekommenen Menschen befanden sich auf hoher See 1865 = 619, 1866 = 1177, 1867 = 980 und von den geretteten resp. 2003 — 4918 — 3965. Von sämmtlichen verunglückten Schiffen des Jahres 1867 gehörten nur 28 mit 9594 Tonnen Gehalt, 265 geretteten und 6 umgekommenen Menschen fremden Ländern an; alle übrigen Unfälle passirten britischen Schiffen. Unter den um's Leben gekommenen Menschen des Jahres 1867 (= 1660) waren 1591 Schiffsleute, 19 Passagiere, 50 andere Personen. Die letzteren befanden sich auf gescheiterten, die Passagiere auf gestrandeten Schiffen. Die verlorenen Schiffsmannschaften vertheilten sich folgendermassen: 740 auf verschollene, 184 auf gescheiterte, 543 auf strandende Schiffe, 7 auf Schiffsbrände, 7 auf Hunger und Kälte, 27 fielen über Bord oder sind weggeschweift, 17 erschlagen durch Spieren u. s. w., 24 schlugen um mit den Fahrzeugen, 42 kamen durch andere Ursachen um. Setzt man die Mannschaftsverluste zur Gesammtbemannung der britischen Marine (1867 = 346,606 Mann) in Verhältniss, so kamen von je 10,000 Mann allein an fremden Küsten und auf offener See um das Leben 46.

---

[2]) Vergl. „Preuss. Handels-Archiv". 1869. II. S. 425 ff.

Mässiger, als die Schifffahrt, sind die Eisenbahnen in der Opferung von Menschenleben. Die betreffende Statistik leidet jedoch auch hier an Lücken und Mängeln, besonders unter den rechtlichen Folgen des Nachweises, ob die Verunglückung ihren Grund in Versehen des Eisenbahnbetriebes oder in eigener Verschuldung der Beschädigten hat. Trotzdem hatten die englischen Eisenbahnen in den 7 Jahren 1860/66 nicht weniger als 169 getödtete und 4468 verletzte Passagiere oder deren Angehörige zu entschädigen, und zwar mit einer Gesammtsumme von 1,372,624 Pfd. Sterl.! — In den nordamerikanischen Freistaaten sind die Eisenbahn-Unfälle noch häufiger. Der Staat New-York hatte im Jahre 1868 allein 302 Getödtete und 358 Verletzte auf seinen Eisenbahnen und Schadensersatz zu zahlen im Ganzen 528,310 Doll. — Die Statistik des „Vereins deutscher Eisenbahnverwaltungen" registrirt für 1857 im Ganzen 575 Beschädigte und 519 Getödtete, darunter „ohne eigenes Verschulden" resp. 100 und 62. Ob die „Unschuld" der Eisenbahnen bis auf diese Ziffern bei unparteiischer und gründlicher Untersuchung und Beweisaufnahme bestehen bliebe, ist sehr die Frage: die öffentliche Meinung schätzt auch in Deutschland die Zahl der schuldlosen Opfer des Eisenbahnbetriebes weit höher, als die desfallsigen „amtlichen" Ermittelungen ergeben. —

Besonderes Aufsehen hat die Massen-Verunglückung beim Bergbau erregt, und zu Beschuldigungen geführt, welche die elementaren Veranlassungen der Unfälle mehr oder weniger bestritten und die Schuld der letzteren hauptsächlich der Lässigkeit der betreffenden Fachwissenschaften und Fachbildungsanstalten sowie gewissen eigennützigen An- und Absichten der Bergbau-Unternehmer zur Last legten. Diese Beschuldigungen trafen namentlich den Steinkohlen-Bergbau, dessen neuestes Massenunglück im plauenschen Grunde (Königreich Sachsen) die öffentliche Meinung des In- und Auslandes wahrhaft aufschreckte. So begründet jene Beschuldigungen erschienen: bis jetzt haben sie weder hier, noch bei früheren Bergbau-Unfällen ihre Bestätigung und Rechtfertigung durch die berufenen Untersuchungs- und Urtheils-Organe gefunden, und fast überall sind die Unfälle auf eigene Verschuldung der Betroffenen oder auf elementare Ereignisse zurückgeführt, vor denen menschliches Wissen und Können seine Ohnmacht bekennen muss.

Mit dem ungeheueren Aufschwunge, den der Bergbau fast in allen Ländern, namentlich aber in Grossbritannien und Deutschland genommen hat, haben sich natürlich auch die demselben eigenthümlichen Unfälle vermehrt und verstärkt, ja scheinbar „in's Ungeheuere" gehoben für jeden, der die ein richtiges Urtheil begründenden Verhältnisse nicht genau erforscht. So viel lässt jedoch schon die betreffende Statistik erkennen, dass bei diesen Unfällen die Elemente, die Naturmächte und Naturgesetze eine Rolle spielen, die der Humanität ein angemessenes Mitleid und Mitgefühl mit den unglücklichen Opfern, aber auch Gerechtigkeit und Billigkeit gegen die schuldlosen Betheiligten zur Pflicht macht. Zudem übertrifft die Gemeinnützigkeit des Bergbaus und der Dienste, welche die Elemente bei ihm leisten müssen, die Gemeingefährlichkeit und Gemeinschädlichkeit, wie sie sich in den Bergbau-Unfällen darstellt, in weit höherem Masse, als bei allen anderen Unternehmungen und Gewerbszweigen, denen Unfälle der hier in Betracht gezogenen Art eigenthümlich und natürlich sind. Was wäre die jetzige Civilisation der Menschheit ohne Eisen und Kohlen, ohne die Producte des Bergbaus überhaupt? —

In ihrer ziffermässigen Erscheinung sind die bergbaulichen Unglücks-Katastrophen allerdings geeignet, die ganze Aufmerksamkeit des Humanisten, des Politikers und Gesetzgebers auf sich zu ziehen. Es genügt hiezu schon die Unfalls-Statistik des **Steinkohlen-Bergbaus**, und zwar in Ländern, in denen dieselbe sich durch Aufschwung und Leistung auszeichnet, in **Grossbritannien** und **Preussen**.

In **Grossbritannien** verloren in den 10 Jahren 1857/66 im Ganzen 9916 Arbeiter das Leben beim Steinkohlenbergbau, im Jahre 1866 1484, im Jahre 1867 1190. Stellen wir ältere und neuere Perioden neben einander, so zeigt sich allerdings eine Mehrung der Unfälle, die in ihren Verhältnisszahlen eine Minderung ebenso möglich als wünschenswerth erscheinen lässt. Wir entnehmen der bezüglichen officiellen Statistik[3]) zunächst folgende Zahlenverhältnisse:

Es haben im Jahres-Durchschnitt	Steinkohlen gefördert preuss. Tonnen[4]):		Arbeiterzahl:		Verunglückte Arbeiter:	
	Grossbrit.	Preussen.	Grossbr.	Preuss.	Grossbrit.	Preussen.
1851/9	331,091,964	37,457,523	224,930	52,605	990	104
1865/7	508,097,625	96,948,146	326,814	93,958	1219	263
also mehr . .	177.005,661	59,490,623	101,884	41,353	249	159
= Procent .	53,48	158,82	45,30	78,61	25,15	152,88
oder 1851/9 .	334,450	359,712	227	506	)durchschn. auf 1
- 1865/7.	416,815	368,624	268	357	)Verunglückten.

Die Anzahl der Verunglückten ist also in Grossbritannien wie Preussen beträchtlich gestiegen, wird aber von dem Aufschwunge der

---

[3]) Vergl. hierüber die „Zeitschrift des Oberschlesischen berg- und hüttenmännischen Vereins". Jahrg. 1869 Nr. 4 S. 133 ff.

[4]) 1 preuss. Tonne etwa = 3²/₃ Centner; 6 preuss. Tonnen = 1,1 engl. Tonnen.

Kohlenproduction noch überstiegen in ihrer Steigerung, so dass im Verhältniss zur Förderung die Verunglückung in neuerer Zeit seltener ist, als früher. Diese Abnahme zeigt sich in Grossbritannien auch im Verhältniss zur Dichtigkeit der Belegschaft; doch kommt hier 1 Verunglückter erst auf 268 Arbeiter, so steht dieser Durchschnitt in Preussen noch höher, nämlich 1 : 357, und diese Thatsache möchte für den preussischen Bergbau um so ungünstiger zeugen, als derselbe ein bei weitem weniger technisch vorgebildetes und erfahrenes Arbeitercorps hat, als der britische Steinkohlen-Bergbau, dessen Arbeiter in den Gruben gleichsam geboren und erzogen werden, indem sie zum grössten Theile von früher Jugend an ihren Vätern in die Gruben folgen.

Sehen wir nun weiter nach den Gründen der Verunglückung, so scheidet sich letztere nach denselben in folgende Haupt-Kategorieen: Im Jahre 1867 verunglückten tödtlich beim Steinkohlenbergbau in Grossbritannien überhaupt 1190, in Preussen 293 Arbeiter, nämlich

durch	in Grossbritannien		in Preussen	
	Zahl.	Procent.	Procent.	Zahl.
schlagende Wetter	286	24,03	13,31	39
Verschüttung, Steinfall u. s. w.	449	37,73	36,18	106
Unfälle in Schächten . . .	156	13,11	22,18	65
andere Unfälle unter Tage .	211	17,73	25,26	74
- - über - .	88	7,40	3,07	9

Das Jahr 1867 ist bezüglich der Unfälle ein Mitteljahr sowohl für Grossbritannien als auch für Preussen, so dass seine Verhältnisse massgebenden Anhalt bieten für die hier interessirende Beurtheilung [5]).

„Schlagende Wetter" fordern nach den obigen Zahlen einen grossen, aber doch nicht den grössten Theil der Menschenopfer des Steinkohlenbergbaus. Preussen zeichnet sich dabei vor Grossbritannien entschieden durch ein sehr günstiges Verhältniss aus, ein Umstand, der beweist, dass Wissenschaft, Vor- und Aufsicht hier leisten, was sich dem tückischen Feinde des Bergmannes gegenüber leisten lässt,

---

5) Um einen Massstab zur Vergleichung mit früheren Verhältnissen zu geben, führen wir noch an, dass in den 9 Jahren 1851/9 im Jahresdurchschnitt um das Leben kamen in Grossbritannien 990, in Preussen 104 Kohlenarbeiter, und zwar

durch	in Grossbritannien		in Preussen	
	Zahl.	Procent.	Procent.	Zahl.
schlagende Wetter	231	23,33	11,54	12
Verschüttung, Steinfall u. s. w. . .	374	37,78	44,23	46
Unfälle in Schächten	213	21,52	25,00	26
sonstige Ursachen	172	17,37	19,23	20

jedenfalls nicht verdienen, auf Grossbritanniens Beispiel verwiesen zu werden.

Auch bei der zweiten, der häufigsten Art der Verunglückung, der „Verschüttung", dem „Hereingehen von Gestein", dem „Falle von Steinen oder Kohlen" oder wie sonst diese Kategorie bergmännischer Unfälle rubricirt wird, sind es hauptsächlich elementare, naturmächtliche und naturgesetzliche Ursachen und Wirkungen, welche das Unglück des Bergmanns herbeiführen, und zwar um so leichter, je geringer seine Erfahrung, Vorsicht, Folgsamkeit, Gewissenhaftigkeit ist.

Dieses Verhältniss scheint besonders bei den übrigen Unfalls-Kategorien in Preussen wirksam zu sein, was der Thatsache entsprechen würde, dass das Arbeitercorps des preussischen Steinkohlenbergbaus nur zum kleinsten Theile aus technisch vorgebildeten und erfahrenen Leuten besteht und nur schwach durch solche sich ergänzen konnte bei dem rapiden ungeheuren Aufschwunge des Kohlenbergbaus. —

Immerhin sind die obigen statistischen Daten schon genügend, Fragen und Forderungen anzuregen, wie sie in neuster Zeit in der Presse und in den gesetzgebenden Versammlungen zu Ausdruck und Erwägung gekommen sind, wie sie namentlich ihre Zusammenfassung gefunden haben in der Petition, welche Professor Dr. Karl Biedermann als Vorsitzender des Ausschusses der national-liberalen Partei in Leipzig an den Reichstag des Norddeutschen Bundes gerichtet hat.

Die dadurch angeregten Fragen und Forderungen sind staats- und rechtswissenschaftlicher Natur und Tendenz, ragen in ihrer Tragweite aber vorzugsweise in die Disciplinen hinein, welche der philosophischen Facultät der deutschen Universitäten als Domanium anzugehören pflegen, namentlich in das Gebiet der Volkswirthschaft. Gehen wir nun auf unsern Gegenstand näher ein! —

I.

Die Petition des Dr. Biedermann[6] rügt, dass „im höchsten Grade unzureichend für Leben und Gesundheit aller der Menschen gesorgt sei, die in Fabriken oder Bergwerken der Verletzung durch Maschinen oder entfesselte Naturkräfte ausgesetzt sind, aller Derer, die sich der Eisenbahnen, Dampf- und Segelschiffe als Transport- und Verkehrsmittel bedienen. Hier scheine die Verpflichtung zum

---

[6] Vergl. Drucksachen des Reichstages des Norddeutschen Bundes. 1868. Nr. 56 (Erster Bericht der Petit.-Commission) S. 2—15. — Stenogr. Berichte. Anlagen S. 188 ff.

Schadensersatz auf Seiten der **Fabrikbesitzer, Bergwerks- und Eisenbahngesellschaften und des Staates selbst** fast in demselben Masse abzunehmen, als der öffentliche Charakter und der Wirkungskreis dieser Institute zunehme. Gegen **Fabrikbesitzer** schon könne der Arbeiter, den eine fehlerhafte Maschine seines Arbeitgebers zum Krüppel gemacht hat, selten Ersatz für die verlorene Arbeitskraft erstreiten. Für die Klage gegen **Eisenbahn- und Bergwerksdirectionen** auf Schadensersatz für den Verlust zahlreicher Menschenleben und für Verletzungen, die ein Versehen im Bau oder Betrieb herbeiführe, gebe es gar keine gesetzliche Grundlage. Ebenso wenig gegen den **Rheder**, der mangelhafte Auswandererschiffe ausrüste. — Den Beweis für die Mangelhaftigkeit unseres Rechtes in allen diesen Beziehungen liefere die Thatsache, dass bei all den grossen namhaften Unglücksfällen der letzten Zeit (Lugau, Neu-Iserlohn, „Leibnitz") keine einzige der verwaisten Familien eine Klage auf Schadensersatz eingereicht hat"[7]).

Im Einzelnen rügt dann die Petition als Mängel der heutigen Gesetzgebung:

1) „Für den Schaden mache das Gesetz nur den **allein** verantwortlich, der **direct und unmittelbar selbst** ihn veranlasst hat. Also z. B. bei einer Bahnzugsentgleisung den Weichensteller, bei einer durch Unreinlichkeit veranlassten Schiffsepidemie den Schiffscapitän, bei einem Bergwerkssturz den Schachtmeister u. s. w., lauter Personen, die höchst selten mit ihrem Vermögen für den durch sie allerdings zunächst verursachten Schaden leistungsfähig seien. Hieraus vermöge nur der Rechtsgrundsatz zu retten, **dass der Principal für das zu haften habe, was der Bevollmächtigte (Beamte) innerhalb des Kreises seiner Amtssphäre versieht oder pflichtwidrig unterlässt**".

---

[7]) Diese „Thatsache", auch glaubwürdig constatirt, möchte an sich gar nichts beweisen. Warum haben die vermeintlich Entschädigungsberechtigten nicht auf Schadensersatz geklagt? Weil ihnen der Nachweis einer Verschuldung und eines Entschädigungs-Verpflichteten unmöglich war. — Was namentlich den Fall „Neu-Iserlohn" betrifft, so hat der Reichstags-Abgeordnete Dr. Becker schon mit vollem Rechte diese thatsächliche Anführung der Petition als unbegründet und unrichtig gerügt und darauf hingewiesen, dass durch den Chef der preussischen Berg-Verwaltung, Ober-Berghauptmann Krug von Nidda, constatirt ist, dass nach sorgfältigster Untersuchung eine Fahrlässigkeit oder sonstige Verschuldung weder gegen einen Beamten, noch gegen einen Arbeiter, noch irgendwie gegen die Gewerkschaft sich hat nachweisen lassen. — Vergl. Stenogr. Berichte des Norddeutschen Reichstags. 1868. S. 175 f.

Die Reichstags-Commission, deren Vorberathung die Petition unterlegen hat, bestätigt die Richtigkeit dieser Ausstellung gegen die bestehende Gesetzgebung, namentlich auf Bluntschli's Autorität[8]) hin. Es seien in dieser Frage die engen Grundsätze des römischen Rechts durchaus gemeingültig, so dass der Principal für die culpa des Bevollmächtigten zwar ausnahmsweise und innerhalb des Bereichs der ursprünglichen vertragsmässigen Verbindlichkeit, niemals aber dann verantwortlich sei, wenn das Thun oder Unterlassen des Bevollmächtigten eine Delicts-Obligation nach Massgabe der lex Aquilia begründet. Und „diese ist fast in allen in Rede stehenden Fällen begründet; auch für sie den Principal haftbar zu machen, ist recht eigentlich das wirthschaftliche und rechtliche Hauptbedürfniss bei der ganzen Frage". —

In der Petition wird ferner behauptet:

2) Der Kreis der zur Klageerhebung berechtigten Personen sei über Gebühr beschränkt. Nicht einmal die Hinterlassenen eines fahrlässig Getödteten seien überall und unbedingt zur Klage berechtigt.

3) Das Mass des Ersatzes sei höchst unzureichend. Der wirklich positive Schaden (damnum emergens) schon pflege „knauserig" zugemessen zu werden. Die Forderung auf den entgangenen Gewinn, das Interesse (lucrum cessans), scheitere fast stets an den Schwierigkeiten des Schadenprocesses. Ueberall werde nur das Vermögensverhältniss des Geschädigten, nie das des Schädigers berücksichtigt.

Eine Abänderung dieser Mängel der deutschen Gesetzgebung sei „eine wirthschaftliche, sociale und politisch-sittliche Pflicht des Bundes". Dieser fehlerhafte Zustand laste am härtesten auf dem sog. Arbeiterstande, sei geeignet, gerechte Erbitterung zu erzeugen u. s. w. Das Material zur Reform biete die betreffende französische und englische Gesetzgebung. —

Diese Petition, welche gleichlautend auch an den Bundesrath gerichtet worden, hat der Reichstag in seiner Sitzung vom 24. April 1868 „zur thunlichsten Berücksichtigung" an den Bundeskanzler abgegeben. Im Bundesrathe hat dieselbe gleichfalls Annahme gefunden und zur Zeit ist sie, auf dessen Anlass, Gegenstand einer Enquête seitens der Bundesregierungen behufs Feststellung der thatsächlichen und rechtlichen Verhältnisse sowie der Lage der Landesgesetzgebungen,

---

8) S. Bluntschli, Verhandlungen des VI. Deutschen Juristentages. I. Bd. S. 45 ff. VI.

um auf das dadurch gewonnene Material dann die weitere legislatorische Behandlung zu veranlassen.

Im Sinne der Petition hat sich ferner ein Organ der öffentlichen Meinung ausgesprochen, dem wenn auch nicht fachwissenschaftliches Urtheil, so doch eine massgebende Stimme beigelegt wird: der **volkswirthschaftliche Congress**. Beide empfehlen, bei allen Unfällen den Principal (Unternehmer, Arbeitgeber, Auftraggeber) für den Schadensersatz an erster Stelle haften zu lassen, vorbehaltlich seiner Regressansprüche an den eigentlichen Verpflichteten. Namentlich in Bezug auf den Bergbau hat der volkswirthschaftliche Congress zu Mainz folgende Beschlüsse angenommen:

1) „Die in Betreff der Haftbarkeit industrieller Unternehmer für die Unfälle, welche durch den Betrieb eintreten, sowie in Betreff der gerichtlichen Geltendmachung der Schadensersatzforderung und der Beweisaufnahme über deren Betrag gegenwärtig in Deutschland bestehende Gesetzgebung ist reformbedürftig".

2) „Die Mängel des Civilrechts sind zu beseitigen mittelst Durchführung des Grundsatzes, dass der Unternehmer in Folge eines jeden durch ihn selbst oder durch seine Leute innerhalb des Geschäftskreises, in welchem sie von ihm verwandt werden, oder in Folge der Mangelhaftigkeit der Betriebseinrichtungen und Betriebsmittel veranlassten Unfalls dem Beschädigten oder dessen Hinterbliebenen für das volle Interesse haftet, und er sich von seiner Haftung nur durch den Nachweis der eigenen Schuld des Beschädigten oder eines nicht aus der Natur der Unternehmungen hervorgehenden Schadens durch höhere Gewalt befreien kann". —

In diesem Sinne hat sich im Allgemeinen die öffentliche Meinung auch sonst ausgesprochen und haben sich namentlich auch die Organe der liberalen und unabhängigen Tages-Presse obigen Beschlüssen ziemlich rückhaltslos und leicht angeschlossen. Nur einige mit den einschlagenden Sach- und Personen-Verhältnissen näher vertraute Fachorgane sind zurückhaltender in ihrem Beifalle gewesen und haben ihre Bedenken und Wünsche bezüglich gründlicherer Untersuchung der Sach- und Rechtslage nicht verschwiegen.

Von bedeutendstem Gewichte unter allen diesen Kundgebungen ist jedoch die Aeusserung, welche die preussische Regierung in ihrem officiösen Organe, der „Provinzial-Correspondenz", seiner Zeit hat verlauten lassen. Denn diese Andeutungen haben jedenfalls Quellenzusammenhang mit dem Sitze der die Bundesgesetzgebung vorbereitenden Behörden, dem Bundeskanzleramte und dem Bundesrathe, und geben vorläufig die allgemeine Richtung an, in welcher die Bundesgesetzgebung ihre vorbereitenden Schritte unternimmt und überhaupt vorzugehen gedenkt. Dies Organ der preussischen Regierung liess sich nämlich in einem längeren Artikel über „Die Verpflichtung zum Schadensersatze bei Unglücksfällen im Bergwerksbetriebe" schliesslich dahin vernehmen:

„Wenn aber in Betreff des Umfangs, welcher den Haftverpflichtungen der Bergwerksunternehmer zu geben ist, unter den Fachmännern noch Meinungsverschiedenheiten bestehen, so herrscht doch volle Uebereinstimmung wenigstens über zwei wichtige Punkte:

1) dass die Haftpflicht durch ein allgemeines Berggesetz zu regeln sei, um der Ungleichmässigkeit der gesetzlichen Einrichtungen in den verschiedenen Theilen des preussischen Staates und des Norddeutschen Bundes ein Ende zu machen, und
2) dass die Verbindlichkeit der Unternehmer mindestens für allen durch ihre Bevollmächtigten und Beamten herbeigeführten Schaden unbedingt festzustellen sei.

Die Bundesregierung hat, wie schon erwähnt, den Gegenstand ernstlich in die Hand genommen. Auch die einzelnen Bundesstaaten haben vorwiegend die Zweckmässigkeit einer bundesgesetzlichen Regelung anerkannt, und zunächst wird der Justiz-Ausschuss des Bundesraths nähere Vorschläge für eine solche Regelung zu machen haben. Es steht daher zu hoffen, dass die hier in Betracht kommenden Fragen eine Lösung erhalten werden, welche den Interessen der Betheiligten und den Forderungen der Billigkeit Genüge thut". —

Diese Aeusserung der preussischen Regierung schliesst sich dem Votum einer fachwissenschaftlichen und sachkundigen Autorität an, die als vollkommen stimmfähig in der vorliegenden Streitfrage anzuerkennen ist, nämlich dem Votum, das Herr Dr. H. Achenbach, Geheimer Ober-Bergrath und vortragender Rath im Handelsministerium zu Berlin, schon vor einiger Zeit auf Grund einer eingehenden Untersuchung und Beurtheilung der einschlagenden Gesetzgebung in dem von ihm mitredigirten Organe der Bergrechts-Wissenschaft abgegeben hat [9]. Derselbe stellt am Schlusse der bezüglichen Abhandlung die sächsische Berggesetzgebung als nachahmungswerthes Vorbild hin und empfiehlt, dass

---

[9] S. „Zeitschrift für Bergrecht. Redig. und herausgeg. von Dr. H. Brassert, Berghauptmann und Oberbergamtsdirector zu Bonn und Dr. H. Achenbach, Geh. Ober-Bergrath und vortr. Rath im Handelsministerium zu Berlin." IX. Jahrg. (1868) S. 104 ff. Die Abhandlung: „Ueber die Verbindlichkeit der Bergwerksbetreiber zur Entschädigung der beim Bergbau verunglückten Bergleute oder der Angehörigen derselben".

1) die Entschädigungsverbindlichkeit der Bergwerksbetreiber im Wege der Berggesetzgebung festgestellt, und
2) dieselbe für das Verschulden der Bergwerksbetreiber, ihrer Bevollmächtigten, Repräsentanten, Betriebsführer und Officianten ausgesprochen, dagegen jede Haftbarkeit für ein Verschulden der Arbeiter in dem hier erörterten Falle beseitigt wird.

Dieselbe Autorität betont wiederholt, dass „eine angemessene Haftung der Bergwerksbesitzer nur durch Specialgesetze, nicht durch Anwendung der gemeinen Regeln des Civilrechts herbeizuführen ist und zwar selbst dann nicht, wenn ein einheitliches Civilrecht in Preussen oder Deutschland hergestellt sein sollte". —

II.

Fassen wir die uns hier vorliegende Frage in ihrer sachlichen und rechtlichen Genesis, in ihrer rechts- und fachhistorischen Entwickelung scharf in's Auge, so muss uns, gegenüber der politischen und socialen Tendenz der ganzen Gesetzgebungs- und Verfassungs-Agitation in Deutschland, zunächst auffallen, dass man sich bezüglich der Volksklassen, deren man sich auch bei dieser Frage vorzugsweise in vermeintlich humanistischer Fürsorge anzunehmen für berufen und verpflichtet hält, in offenbaren Widersprüchen bewegt. Auf der einen Seite betont man stets die materielle, sittliche, geistige, politische Hebung und Befreiung der sog. unteren oder arbeitenden Volksklassen, auf der einen Seite streitet und raisonnirt man gegen „Bevormundung", gegen „Erniedrigung", gegen „Unterdrückung" des Volkes, insbesondere der bezeichneten Berufs- und Gewerbs-Klassen und Stände; man proclamirt überall das „Emancipationsprincip" in Gesetzgebung und Verwaltung; und andererseits fasst man wieder diese, durch die endlich glücklich errungene Particular- und Bundesgesetzgebung Deutschlands auf sich selbst angewiesenen und gestellten Staatsbürger, trotz ihrer allgemeinen Mündigerklärung durch das directe Wahlrecht, als Unmündige, der Curatel bedürftige Pflegebefohlene auf. Schon bei der jetzigen Lage der Gesetzgebung sind die arbeitenden, sind alle Volksklassen, deren sich die Biedermann'sche Petition in anerkennungswerther Humanität annimmt, so gestellt, dass sie einer Bevormundung nicht mehr bedürfen, dass sie überall selbst sich ihr Recht suchen und verschaffen können.

Es muss uns ferner auffallen, dass bei der vorliegenden Frage de lege ferenda Sachen und Personen confundirt werden, die sachlich und rechtlich gar nicht zusammengehören. Denn wie man Eisenbahn-Passagiere, Fabrikarbeiter, Seereisende, Grubenarbeiter u. s. w. bezüglich rechtlicher Verhältnisse und Ansprüche so zu sagen „in einen Topf werfen" kann, ist uns geradezu unbegreiflich. Wer sich nur einigermassen mit den bezüglichen Gesetzen und Vertragsverhältnissen vertraut gemacht hat, muss gegenüber solcher Begriffsconfusion, wie sie uns bei dieser „brennenden Tagesfrage" der Haftverbindlichkeit für Schadensersatz begegnet, ernste Zweifel hegen an dem Berufe der Personen, welche diese Tagesfrage zur Erörterung und Beschlussfassung gebracht haben. Urtheilsfähige Sachkenntniss muss sofort erkennen, dass es sich hier um ebensoviel verschiedene Rechts- und Gesetzgebungsfragen handelt, als die Gebiete und Gewerbe verschieden sind, deren Unfälle und Ersatzansprüche zur Beurtheilung und Entscheidung gestellt sind, und deshalb muss sie der Autorität, welche sich über die concurrirende Bergbau- und Bergrechtsfrage geäussert, dem Dr. Achenbach, von vornherein beistimmen, dass diese Frage nur durch ein **Specialgesetz, im Wege der Berggesetzgebung entschieden** und erledigt werden könnte und müsste. Denn sind die Verhältnisse des Bergbaus überhaupt so eigenthümlicher Art, dass derselbe von jeher seine besondere und für sich abgeschlossene Gesetzgebung und Rechtsordnung gehabt, fast bei allen allgemeinen Gesetzen seine Ausnahme- und Sonderbestimmungen erhalten hat, so legt schon dieser formelle Umstand auch die Zweckmässigkeit eines Specialgesetzes über die vorliegende Frage nahe, ja als unabweisbar dar.

Das stellt sich ganz ausser Zweifel, wenn man nur den Gegenstand und Grund der fr. Gesetzgebung, die Bergbau-Unfälle, selbst näher in's Auge fasst. Wollten und sollten diese sämmtlich dem zu erlassenden Gesetze unterliegen, so würde dies ebenso unzweckmässig als unbillig sein, und sollten dieselben hinwiederum sach- und zweckgemäss näher specificirt werden, so wäre damit auch das Specialgesetz, formell und materiell, gegeben. Die einfache Specificirung der Bergbau-Unfälle, wie sie deren officielle Statistik bietet, liefert hierüber den besten Beweis. Man sehe die folgende Uebersicht[10]). Dieselbe beziffert die in Preussen im J. 1867 beim Bergwerksbetriebe überhaupt vorgekommenen **Verunglückungen** mit Unterscheidung ihrer Veranlassung, Oertlichkeit u. s. w., soweit dieselben **tödtlich** waren. Weit grösser ist die Zahl der Unfälle, welche nur Verwundung und

---

10) S. die weiteren Specialien der Verunglückungen in der (amtl.) „Zeitschrift für das Berg-, Hütten- und Salinenwesen" Bd. XVI (Statistik) S. 136—143.

Krankheit zur Folge hatten, über welche aber genaue statistische Ermittelungen und Feststellungen nicht stattfinden und nicht vorliegen, so weit nicht die Sanitätsberichte der verschiedenen Knappschafts-Vereine unter den Rubriken der äusseren Krankheiten auch hierüber Auskunft geben und Schlüsse ziehen lassen. So führt der Sanitätsbericht des Oberschlesischen Knappschafts-Vereins für 1868 äussere Krankheiten der Arbeiter auf 4576, darunter allein Verletzungen 2473 und zwar: Knochenbrüche 326, Quetschungen 1033, Verbrennungen 264, Wunden 642; ferner ausser diesen Verletzungen noch 68 Vergiftungen und zwar 57 durch Hüttendämpfe, 8 durch Grubengas, 3 durch andere Gifte. Operationen werden 1108 beziffert, worunter 5 Trepanationen, 19 Amputationen, 12 Exarticulationen u. s. w. Schon diese Ziffern werden genügen, um nachzuweisen, dass die Unfälle beim Bergbau und Hüttenbetriebe eine Subsumirung unter ein allgemeines Gesetz, wie es die Petition Biedermann's fordert, gar nicht zulässt, und noch mehr tritt dies aus der Uebersicht der tödtlichen Verunglückungen beim Bergbau hervor. In Preussen kamen nämlich im J. 1867 um das Leben:

(Siehe die Tabelle auf folgender Seite.)

Ein Blick auf die verschiedenen Kategorieen der Unfälle muss Jeden, der genauere, wenn auch nur theoretische Kenntniss von dem Betriebe des Bergbaus und den dazu gehörigen Arbeiten und Anstalten besitzt, belehren, dass, wenn die Gesetzgebung in fraglicher Beziehung einschreiten soll, dies nur im Wege der **Specialgesetzgebung** geschehen könnte, wie dies denn bezüglich des Bergbaus überhaupt in allen Staaten Deutschlands, ja Europas und wo sonst der Bergbau bereits die Geltung eines selbstständigen Zweiges der Nationalindustrie errungen hat, geschehen ist und geschieht. Dem Specialgesetze wäre vorbehalten, von vornherein die Unfälle **über** und **unter** Tage zu unterscheiden, jene, da bei ihnen die Gründe der Haftbarkeit sich leicht feststellen lassen, gewissermassen „am Tage" liegen, der allgemeinen Gesetzgebung über Recht und Pflicht zu Schadensersatz zuzuweisen, dagegen die Unfälle **unter** Tage nach sachverständigem, technischem Gutachten in solche zu scheiden, die die Präsumtion der **Selbstverschuldung** zulassen, und solche, welche aus technischgutachtlicher Ueberzeugung das Gegentheil anzunehmen empfehlen, so dass ein Entschädigungsanspruch für die Beschädigten hinlänglich liquide gestellt ist, um die Klage sofort wenigstens **sachlich** für genügend substantiirt erachten zu können. Das ist eben bei allen Bergbau-Unfällen der schwierigste Entscheidungspunkt, dass sie sämmtlich mit

XIV.   4

und zwar Arbeiter bei folgenden Unfällen:	beim Bergbau überhaupt			insbesondere bei dem Bergbau auf								
				Steinkohlen			Braunkohlen			Erze		
	und zwar		pro Mille.	und zwar		pro Mille.	und zwar		pro Mille.	und zwar		pro Mille.
	bes.	zus.		bes.	zus.		bes.	zus.		bes.	zus.	
I. bei der Schiessarbeit	13	14	0,077	13	8	0,077	—	—	—	6	6	0,104
II. durch Stein- { beim Schrämen	8			3			—			—		
fall { abgebauter Pfeiler	155			90			31	31		33	34	
{ plötzlich stürzender Massen							4			1		
überhaupt		176	0,970		106	1,026		35	2,343		34	0,591
III. in Bremsbergen { durch Sturz	25			25			—			—		
und Brems- { durch Bremsapparat	13			13			—			—		
schächten { sonst	—			—			—			—		
überhaupt		38	0,209		38	0,209		—	—		—	—
IV. In Schächten { a. beim { auf der Fahrt	6			4			—			2		
Fahren { am Seile bei der Einfahrt	4			4			—			—		
desgleichen bei der Ausfahrt	3			3			—			—		
überhaupt		12	0,138		12	0,223	2	2		2	2	0,035
b. durch Sturz	39			26			—			11		
c. durch in den Schacht gefall. Gegenstand	7			4			—			3		
d. durch den Förderkorb	15			10			2			3		
e. auf sonstige Weise	3			2			—			—		
überhaupt		89	0,490		65	0,629		5	0,335		19	0,330
V. bei der { bei maschineller Seilförderung	1			—			1			—		
Strecken- { b. Förd. durch Mensch. od. Thiere	9			7			—			1		
förderung { überhaupt		10	0,055		7	0,068		1	0,067		2	0,035
VI. in schlagenden { durch Explosion	22			22			—			—		
Wettern { im Nachschwaden	—			—			—			—		
überhaupt		—	—		—	—		—	—		—	—
VII. in bösen Wettern		17	0,215		17	0,215		—	—		—	—
		39	0,215		39	0,215		—	—		—	—
VIII. durch Maschinen		15	0,083		9	0,087		4	0,267		2	0,035
IX. bei Wasserdurchbrüchen		10	0,055		4	0,039		1	0,067		5	0,087
X. über Tage		16	0,088		5	0,048		5	0,335		4	0,069
XI. durch sonstige Unglücksfälle		8	0,044		5	0,048		—	—		1	0,017
Summe		420	2,314		293	2,837		51	3,414		73	1,268
Gesammtzahl der Arbeiter		181,503	1000		103,276	1000		14,937	1000		57,571	1000

gleicher Wahrscheinlichkeit von dem Beschädigten und auch nicht durch ihn verschuldet sein können. Und mit Bezug hierauf kann jeder urtheilsfähige Betheiligte die Oberflächlichkeit und Einseitigkeit rügen, mit welcher man die Frage der Haftbarkeit der Bergbau-Unternehmer in der Presse und an andern Stellen, wo dieselbe verhandelt worden ist, erledigt oder gar nicht discutirt hat.

Die Verluste und Beschädigungen, welche die Bergbau-Unternehmer gerade durch die Unfälle erleiden, welche den Arbeitern oder sonstigen Opfern derselben die Sympathie der öffentlichen Meinung zugewandt hat, sind schon an sich bedeutend genug, um die Präsumtion zu begründen oder zu rechtfertigen, dass die Bergbau-Unternehmer in ihrem eigenen Interesse Alles thun, alle Mittel und Vorkehrungen, welche durch Wissenschaft und Kunst empfohlen und durch die Erfolge des Betriebes lucrativ gemacht werden, treffen, um solche Unfälle zu verhüten. Controle bei dieser Wahrnehmung ihres eigenen Interesse erfahren sie zudem durch die dem Bergbau eigenthümlichen, auf Gegenseitigkeit begründeten Institute der Selbsthülfe, durch die Knappschafts-Vereine, die jeden betheiligten Werksbesitzer ausschliessen würden, der durch eigene Verschuldung diesen Instituten Lasten aufbürden möchte.

Katastrophen, wie wir sie in neuster Zeit erlebt, sind so alt, wie der Bergbau selbst. Sie sind elementarische Ereignisse, wie Seestürme, Wolkenbrüche, Erdbeben, Hagelschlag u. s. w. Wenn dieselben in früheren Zeiten passirten, ohne Aufsehen und Aufregung zu erzeugen, so lag dies einerseits darin, dass sie natürlich, von der Wissenschaft und Menschenkraft unabwendbar erschienen, andererseits auch bei dem sehr unvollkommenen und beschränkten Betriebe des Berghaus nicht so viele Opfer forderten, wie heutzutage, wo der Bergbau mit seiner Aufgabe, dem gesammten National-Industriebetriebe in dessen colossaler Entwickelung die nothwendigsten Materialien zu liefern, in gleichem Massstabe extensiv und intensiv arbeiten und schaffen muss. Diese Aufgabe, dieser nationale Beruf ist nicht das Product des selbstsüchtigen, eigennützigen Interesse des Bergbaus; seine Entwickelung ist die ihm gewissermassen aufgedrungene Berufsaufgabe, deren gemeinnützige Lösung in ihren guten und ihren bösen Folgen zu vertreten und zu übernehmen ist von der Nation und National-Industrie, der die Leistung und Arbeit des Berghaus zu Gute kommt. Will die Nation National-Bergbau, so muss sie auch die Folgen dieses Willens übernehmen, sie muss ihren Beauftragten, den Bergbau-Unternehmern, die Garantie geben, dass sie nicht selbst und allein die grossen Katastrophen zu vertreten haben, welche die der Menschenarbeit unter Tage nun einmal missgünstigen Naturmächte, die Elemente, in ihrem „Hasse gegen die Gebilde der Menschenhand" bereiten. Die Nation, das Volk, ist in der Unmittelbarkeit seines Gefühls auch in dieser Richtung verständiger, als die Urheber jener Agitation, welche in jüngster Zeit die grosse Katastrophe im plauenschen Grunde so einseitig gegen die Bergbau-Unternehmer ausgebeutet hat; die Nation hat auch hier ihre Pflichten besser erkannt, als alle positive Rechtsweisheit und — technische Unwissenheit, die Nation ist den unglücklichen Opfern des gemeinnützigsten Zweiges der National-Industrie gerecht geworden durch einen ebenso grossartigen als anerkennungswerthen Beweis ihres Gerechtigkeits- und Billigkeits-Gefühles, das die Bestätigung seiner Richtigkeit gefunden hat in den Resultaten der Untersuchung, welche über die Verschuldung der denkwürdigen Katastrophe im plauenschen Grunde angestellt worden ist.

III.

Geht man einmal ein auf die Frage der Verschuldung der Bergbau-Unfälle und der daraus resultirenden Entschädigungspflicht, so darf man sich dabei nicht selbst Verschuldung aufbürden hinsichtlich der Richtung des Eingehens auf diese Frage. Nimmt man die Verschuldung der Bergbau-Unternehmer auch präsumtionsweise an, so schliesst man damit noch nicht den Beweis aus, dass die Präsumtion unrichtig und unbegründet ist, dass die Bergbau-Unternehmer nicht verbunden, sondern berechtigt zur Entschädigung sind. Es drängt sich die grosse Frage auf, von Wem die Bergbau-Unternehmer Entschädigung zu fordern und zu erwarten haben, wenn sie nachweisen, dass nicht sie, sondern diejenigen den Schaden und Unfall veranlasst haben, für deren Entschädigung man sie principaliter haftbar erklären will?

Es giebt Unfälle, welche nicht nur ihre Urheber zum Opfer fordern, sondern auch dem Bergbau-Unternehmer ganz unersetzlichen, ohne fremde Hülfe und Unterstützung ganz irreparablen Schaden zufügen, und bei denen sich unbestreitbar nachweisen lässt, dass nicht nur Fahrlässigkeit, sondern böser Wille von Arbeitern oder sonstigen zu Diensttreue verpflichteten Personen (Repräsentanten, Bevollmächtigten, Beamten u. s. w.) die Schadensursache ist. Wer tritt im Unvermögensfalle der Personen, welchen die Verschuldung nachgewiesen werden kann, für die Entschädigung der Bergbau-Unternehmer ein?

Hier zeigt sich die ganze Unhaltbarkeit der Präsumtion, welche man der principiellen Haftbarkeit der Bergbau-Unternehmer zu Grunde legen will. Bei zweiseitigen Rechtsverhältnissen ist jedenfalls auch die Entschädigungspflicht zweiseitig, und beim Bergbau kommt man über die Anerkennung dieser Beiderseitigkeit am allerwenigsten hinweg mit der sogenannten culpa in eligendo nach dem bestehenden preussischen Rechte.

Der Bergbau-Unternehmer soll nämlich die Verpflichtung haben, bei der Auswahl nicht nur seiner Vertreter, als: Repräsentanten, Bevollmächtigten, Beamten, sondern auch seiner Arbeiter, sowohl die erforderlichen technischen, als auch die nöthigen moralischen Eigenschaften derselben zu vertreten. Diese Verpflichtung könnte doch immer nur gegenüber Dritten angenommen und geltend gemacht werden, nicht aber seitens der ausgewählten Personen selbst, um ihrerseits Entschädigungsansprüche möglicherweise für dieselben Unfälle zu erheben, welche sie selbst durch ihre mangelhaften Eigenschaften veranlasst haben. Indem sie sich haben wählen und annehmen lassen seitens des Bergbau-Unternehmers, haben sie selbst auch die Vertretung der nöthigen Berufs- und Functions-Eigenschaften übernommen und ihrem Principal versprochen. Unter keinen Umständen lässt sich deshalb ihnen irgend ein Anspruch auf Entschädigung aus den von ihnen selbst veranlassten Unfällen herleiten, jedenfalls steht dem Bergbau-Unternehmer, bis zur Erbringung des Gegenbeweises, der schützende Einwand zur Seite, dass die Unfälle dolos oder culpos von den Beschädigten selbst veranlasst seien.

Diese Präsumtion wird noch verstärkt durch die preussische Berggesetzgebung. Nach §§ 67 f. des Allgem. Berggesetzes vom 24. Juni 1865 darf nämlich der Betrieb eines Bergwerkes nur auf Grund eines **Betriebsplanes** geführt werden, welcher durch die Behörde auf die im § 196 [11]) festgestellten polizeilichen Gesichtspunkte zu prüfen und zu genehmigen ist. Dies gilt auch von jeder Abänderung des Betriebsplanes (§§ 69 ff. a. a. O.). — Ist nun aber der Betriebsplan obrigkeitlich nach § 196 zu prüfen und zu genehmigen, so involvirt seine Ge-

---

11) § 196 lautet: „Der Bergbau steht unter der polizeilichen Aufsicht der Bergbehörden. — Dieselbe erstreckt sich auf die Sicherheit der Baue, die Sicherheit des Lebens und der Gesundheit der Arbeiter, den Schutz der Oberfläche im Interesse der persönlichen Sicherheit und des öffentlichen Verkehrs, den Schutz gegen gemeinschädliche Einwirkungen des Bergbaus. — Dieser Aufsicht unterliegen auch die in den §§ 58. 59 erwähnten Aufbereitungsanstalten, Dampfkessel und Triebwerke, sowie die Salinen."

nehmigung eben nach diesem Paragraphen die polizeiliche Bestätigung, dass das betreffende Bergwerk und sein Betrieb sicher ist bezüglich der Baue, sicher ist bezüglich des Lebens und der Gesundheit der Arbeiter, sicher ist auch bezüglich anderer Personen und des öffentlichen Verkehrs, endlich auch sicher ist bezüglich gemeinschädlicher Einwirkungen. Diese Bestätigung der vollkommenen und allseitigen Sicherheit des Bergwerksbetriebes bezieht sich auch auf die dabei mitwirkenden Personen. Denn nicht allein, dass sie natürlich selbst mit ihrer ganzen Thätigkeit im Bergwerke zum Betriebsplane gehören, dessen lebendige Ausführung sie gewissermassen schon an sich sind, hat das Gesetz auch noch ausdrücklich bestimmt, dass der Betrieb nur unter Leitung, Aufsicht und Verantwortlichkeit von Personen geführt werden darf, deren Befähigung hierzu anerkannt ist (§ 73 a. a. O.), und zwar von der staatlichen Bergbehörde, welche die betreffenden Personen auf den Nachweis der Befähigung zu prüfen (§ 74 a. a. O.), beim Mangel derselben vom Betriebe zu entfernen (§ 75 a. a. O.) und deshalb überhaupt bei ihren Functionen zu controliren hat. Das Gesetz macht ferner ausdrücklich die benannten Personen, denen auf Grund ihrer staatlich attestirten Befähigung der Bergwerksbetrieb obliegt, „verantwortlich für die Innehaltung der Betriebspläne sowie für die Befolgung aller im Gesetze enthaltenen oder auf Grund desselben ergangenen Vorschriften und Anordnungen" (§ 76 a. a. O.).

Unter Voraussetzung der nach § 196 a. a. O. bezeichneten Sicherung und Sicherheit des Bergwerksbetriebes steht auch nur die staatliche Zulassung der nach § 117 a. a. O. zu bestellenden und der Bergbehörde namhaft zu machenden „Repräsentanten" und „Grubenvorstände" anzunehmen. Auch gegen sie hat der Staat ein Einspruchsrecht, wenn sie nicht geeignet sind, den gesetzlichen und polizeilichen Vorschriften und Anordnungen überall und stets zu genügen und zu entsprechen. Dass sie hierzu geeignet und Willens sind, ist die gesetzliche Voraussetzung ihrer Wahl seitens der Bergbau-Unternehmer (Gewerken), und die gesetzliche Voraussetzung ihrer staatlichen Zulassung. Deshalb bestimmt das Gesetz auch ausdrücklich, dass Repräsentanten und Grubenvorstände, die ausser den Grenzen ihres Auftrages oder den Vorschriften des auf sie bezüglichen Gesetzabschnitts entgegen handeln, persönlich bez. solidarisch für den dadurch entstandenen Schaden (§ 126 a. a. O.) haften. „Ausser den Grenzen seines Auftrages" handelt doch aber gewiss jeder Repräsentant und Grubenvorstand, der sich irgendwie Handlungen erlaubt, welche, den Gesetzen zuwider, seinem Principal und Auftraggeber Schaden und Schadensersatzansprüche veranlassen und zuziehen, ausser den Grenzen seines Auftrags liegt offenbar jeder dolus und jede culpa, wodurch die Voraussetzung seiner Wahl und Zulassung, gesetzlich und polizeilich sicherer und unschädlicher Bergwerksbetrieb, nicht erfüllt würde.

Bei dieser Lage der Berggesetzgebung ist ferner die Prätension begründet, dass auch die Arbeiter hinsichtlich ihrer Brauchbarkeit und Befähigung sowie ihrer Handlungen, sobald sie einmal zur Theilnahme an dem Betriebe eines Bergwerks zugelassen sind, ohne speciellen Nachweis, die Annahme einer culpa in eligendo gegen den Werkseigenthümer nicht zulassen. Denn nach § 93 a. a. O. ist auf jedem Bergwerke über die daselbst beschäftigten Arbeiter eine Liste zu führen, welche der Bergbehörde auf Verlangen vorgelegt werden muss, dieselbe also auch in den Stand setzt, bergpolizeiliche Controle über jeden einzelnen Arbeiter zu üben. Diese Controle wird ermöglicht und erleichtert bezüglich der **technischen** und **moralischen** Qualification des Arbeiters durch die gesetzliche Vorschrift, dass jedem abkehrenden Bergmanne ein **Attest** über Art und Dauer und auf Verlangen auch über seine Führung auszustellen, und dass kein bereits beschäftigt gewesener Bergarbeiter ohne Vorlegung des Entlassungsattestes zur Arbeit anzunehmen ist (§§ 84. 85 a. a. O.). So treten denn auch die Arbeiter in den Bergwerksbetrieb ein unter der wohlgegründeten Präsumtion ihrer technischen und moralischen Qualification, unter einer Präsumtion, welche weder eine culpa in eligendo gegen den Bergwerks-Unternehmer oder dessen Repräsentanten u. s. w., noch dolus oder culpa gegen die Betriebsbeamten und Arbeiter bei einem Unfalle annehmen lässt.

Wenn eine Präsumtion bei dieser Lage der Gesetzgebung in irgend einer Richtung verantwortlich machend Platz greifen sollte, so könnte dies nur gegen die **staatliche Bergpolizei** sein, nämlich dahin, dass dieselbe ihre Aufsichts- und Controlpflichten und Functionen nicht vorschriftsmässig wahrgenommen und geübt habe. Diese Präsumtion bei Unglücksfällen erscheint um so gerechtfertigter, als der Bergpolizei nicht nur bei bereits erfolgten Unglücksfällen, sondern auch bei drohenden Gefahren die **Initiative** gesetzlich vorgeschrieben ist (§§ 198 ff. 204 ff. a. a. O.). — Auf der andern Seite steht dieser Präsumtion ganz gleich gerechtfertigt gegenüber die Annahme und Voraussetzung, dass die Bergpolizei vollkommen ihre Pflicht gethan habe und dass, wenn trotzdem ein Unglücksfall sich ereignet, dieser keinem bei dem Bergwerksbetriebe betheiligten Menschen, sondern allein der natürlichen Gefährlichkeit des Bergbaus überhaupt schuld zu geben sei und deshalb nach keiner Seite hin Entschädigungs-Ansprüche und Verbindlichkeiten begründe, so lange dieselben nicht durch den Nachweis einer vorliegenden Verschuldung einer bestimmten Person unterstützt werden.

Und diese Präsumtion, dass jeder Unfall in der natürlichen Gefährlichkeit des Bergbaus seinen Grund habe, scheint denn auch nach allen thatsächlichen Verhältnissen und Erfahrungen die richtigste und treffendste, die natürlichste und zweckmässigste zu sein. Denn bei allen Unfällen, namentlich bei den häufigsten und bedeutendsten, welche am meisten Menschenleben fordern, hat die Untersuchung und Ermittelung der Gründe in der Regel festgestellt, dass letztere entweder in der eigenen Verschuldung der Verunglückten und Beschädigten, oder in elementaren Ereignissen gelegen, wie sie Menschenmacht und Menschenwille nicht verhüten und beseitigen kann. Gerade bei den Katastrophen, welche die Agitation ausgebeutet hat, die Bergbau-Unternehmer zu beschuldigen und allgemein haftbar für Unfälle zu erklären, hat sich ergeben, dass dieselben elementarer Natur waren, dass, wie dies auch nach dem amtlichen Gutachten der mit der Untersuchung des Ereignisses im plauenschen Grunde betrauten Commission sich wieder herausgestellt hat, **weder einem Arbeiter, noch einem Grubenbeamten, noch der technischen Oberleitung eine vorschriftswidrige Handlung, Anordnung oder Unterlassung beizumessen, welche die Katastrophe veranlasst haben könnte.**

Unter solchen Umständen hiesse es denn aber den Thatsachen und Rechten Gewalt anthun, gesetzlich Haftbarkeit auszusprechen, wo sich keine Verschuldung auch nur präsumtiv annehmen lässt, es hiesse Recht und Billigkeit verletzen und Willkür zum Gesetz erheben, wenn das Biedermann'sche Petitum zum Gesetz erhoben und den Bergbau-Unternehmern eine Haftbarkeit auferlegt würde, die sich gesetzgeberisch in keiner Weise rechtfertigen liesse, am allerwenigsten sich rechtfertigen liesse zu Gunsten der Bergarbeiter.

Wie schon die statistische Ermittelung und Specificirung der Bergbau-Unfälle ergiebt, ist überall, wenn einmal eine Präsumtion der Verschuldung zugelassen werden und gesetzlicher Haftbarkeit präsumtive Begründung und Rechtfertigung geben soll, die Präsumtion der Verschuldung, des bösen Vorsatzes, der Fahrlässigkeit, des Versehens der Arbeiter sachgemässer und wahrscheinlicher, als eine die dem Bergwerksbetriebe selbst minder nahe stehenden Personen belastende Vermuthung.

Dazu tritt, dass jeder Arbeiter die Gemeingefährlichkeit der Bergbau-Arbeit kennen muss, oder bei seinem ersten Antritte durch die auf den Bergwerken angeschlagenen „Arbeits-, Gruben- oder Betriebs-Ordnungen" oder sonstigen Bekanntmachungen kennen lernt. Jedenfalls ist sein Antritt der Bergarbeit ein freiwilliger und, so weit er ohne Kenntniss und Warnung erfolgt, von der Bergpolizei zugelassen worden und von dieser zu verantworten (§ 196 des Allg. Berggesetzes, auch § 200). Das Vertrags-Verhältniss zwischen den Bergwerksbesitzern und den Bergarbeitern wird ferner nach den allgemeinen gesetzlichen Vorschriften beurtheilt (§ 80 a. a. O.). Und hier greifen in Preussen die folgenden Grundsätze des Allgem. Landrechts Th. I Tit. 11 Platz: Der Arbeiter ist schuldig, die Arbeit verabredetermassen, unter der Aufsicht oder nach der Vorschrift dessen, der ihn gedungen hat, zu verrichten (§ 895 a. a. O.). So lange er diese Vorschrift befolgt, darf er dem, welcher ihn gedungen hat, nicht für den Ausschlag der Arbeit stehen, oder die fehlgeschlagene Unternehmung vertreten (§ 896). Wie weit Arbeiter, durch die Anweisung oder den Befehl des Dingenden von dem Ersatze des einem Dritten entstandenen Schadens befreit werden, oder nicht, ist im 6. Tit. §§ 45 ff. bestimmt (§ 897). Handelt der Arbeiter wider die Vorschrift, so haftet er für allen dadurch entstandenen Schaden (§ 898). Ausserdem dürfen Arbeiter sowohl gegen den Dingenden als gegen einen Dritten nur ein grobes oder mässiges Versehen vertreten (§ 899).

Diese Grundsätze gelten im Allgemeinen auch in den preussischen Provinzen, in welchen gemeines deutsches oder französisches Recht besteht, und so ist es ausser Zweifel, dass auch der Bergarbeiter seinem Lohnherrn für jede nicht im Vertragsverhältnisse liegende Handlung oder Unterlassung schadensersatzpflichtig ist. Diese Pflicht hat natürlich auch der Lohnherr gegen den Bergarbeiter aus gleichem Rechtsgrunde; aber auf beiden Seiten beherrscht die ganze Haftbarkeit für Schaden der in den preussischen Rechten allgemein anerkannte, gesetzlich sanctionirte Grundsatz:

„Dass Jemand durch die Schuld eines Andern beschädigt worden, wird nicht vermuthet."

Dem Schadensersatz-Ansprüche des Arbeiters bei Unfällen wird zudem ein anderes thatsächliches Verhältniss präjudicirlich. Schon Adam Smith hebt hervor, dass „ein Schmidt, obgleich er ein erlerntes Handwerk treibe, doch selten so viel verdiene, wie ein „Steinkohlengräber," der eine blosse Tagelöhnerarbeit verrichte. Aber die Arbeit des Ersten sei nicht ganz so unreinlich, bei weitem nicht so gefährlich, und werde bei Tageslicht und über der Erde getrieben." Ueberhaupt erkennt die Nationalökonomie[12]) in der Gefährlichkeit der Arbeit ein Moment der Erhöhung des Lohnes, und in der That stehen die Löhne aller mit besondern Gefahren umgebenen Gewerbsarbeiten verhältnissmässig höher, als die übrigen Löhne; namentlich ergiebt eine Vergleichung der Lohnverhältnisse der Steinkohlen-Arbeiter und anderer Bergleute mit dem Erwerbe der übrigen Arbeiterklassen, dass jene sich in entschieden besserer Situation befinden, als diese. — Macht sich nun die Gefährlichkeit, Wahrscheinlichkeit und Wirklichkeit der Verunglückung in dem Lohne des Bergarbeiters bezahlt, erhält dieselbe gewissermassen ihre „Versicherungs-Prämie" schon in dem Lohnsatze: so ist es unbillig, dieselbe nocheinmal zu fordern in der dem Arbeitgeber gesetzlich aufzubürdenden Entschädigungspflicht gegen den verunglückten Arbeiter. Wenn der Arbeitgeber in dem vom Arbeiter frei bedungenen Lohnsatze Gefahr und Unfall im Voraus bezahlt; wenn er die Versicherungsprämie auch Tausenden und aber Tausenden von Arbeitern zahlt, die nie wirklich verunglücken oder, wenn sie verunglücken, doch keinen der Höhe der Versicherungsprämie entsprechenden Schaden leiden, so ist damit seitens des Arbeitsgebers geschehen, was billigerweise von ihm gefordert werden kann, und ist damit das beste Mittel geboten. dem Arbeiter und seiner Familie für den Fall der Verunglückung die ihm zukommende Entschädigung zu sichern und möglichst fruchtbar zu machen. Das Mittel der **Selbsthülfe** ist stets und überall das beste Mittel, Missverhältnisse, Nachtheile, Gefahren auf dem Gebiete der Industrie zu beseitigen, und nachdem die neue Bundesgesetzgebung Deutschlands die Hindernisse und Missverhältnisse. welche der Selbsthülfe der arbeitenden Klassen im Wege standen und etwa noch stehen, hinwegzuräumen beflissen war und noch im Begriffe ist, nachdem die Bundesgesetzgebung dem Arbeiter die ihm gebührende persönliche und gewerbliche Freiheit und Selbstständigkeit gewährt hat, erscheint es ebenso unbillig und ungerecht, als unpolitisch und unwirthschaftlich, durch Gesetze über Haftbarkeit und Entschädigungspflicht der Bergbau-Unternehmer zu disponiren, wie dies in der

---

12) S. Adam Smith, Nationalreichthum u s. w. Bd. I. Cap. 10 Abth. 1: Ungleichheiten des Lohnes, welche aus der Natur der Beschäftigungen selbst entstehen.

Ferner J. B. Say, National-Oekonomie (3. Ausgabe von Morstadt) Bd. II. S. 186.

Auch: K. H. Rau, Lehrb. der polit. Oekonomie (7. Ausgabe) Bd. I. S. 237 (§. 197) und S. 238 (Anm. 6).

Biedermann'schen Petition, in Achenbach's Abhandlung, vom volkswirthschaftlichen Congresse, in dem Artikel der preussischen „Provinzial-Correspondenz" verlangt wird: — es ist unbillig, weil die Gefährlichkeit des Bergbaus schon in der Höhe des Lohnsatzes ihre Entschädigung findet; es ist ungerecht, weil dem Bergbau-Unternehmer nicht ein in gleichem Masse realisirbarer Entschädigungsanspruch gegen die ihm von Dritten, seinen Repräsentanten, oder Beamten, seinen Arbeitern zugefügte Beschädigungen eingeräumt und gesichert werden soll und kann; es ist unpolitisch, weil dergleichen Unbilligkeiten und Ungerechtigkeiten Missstimmung gegen Staat, Gesetz, Obrigkeit, Justiz hervorrufen; es ist unwirthschaftlich, weil das Kapital von Bergbau-Unternehmungen durch so ausgedehnte Haftbarkeit zurückgeschreckt, der Bergbau beeinträchtigt, Lässigkeit und Leichtfertigkeit aller bei der Beaufsichtigung und dem Betriebe der Bergwerke betheiligten Personen, namentlich aber der Arbeiter, nur gefördert wird.

IV.

Zur Begründung der Haftbarkeit und Entschädigungspflicht der Bergbau-Unternehmer in dem fraglichen Umfange wird besonders auf die Gesetzgebung anderer Staaten und Nationen hingewiesen.

Abgesehen von der Misslichkeit und Unsicherheit, die Gesetzgebung anderer Länder per analogiam auf thatsächliche und rechtliche Verhältnisse des eigenen Landes anwendbar zu erachten, so lange man nicht die beiderseitigen thatsächlichen und rechtlichen Gründe und Vorbedingungen de lege ferenda genau untersucht hat; abgesehen von der Nichterledigung der hierauf bezüglichen, von jedem gewissenhaften Gesetzgeber nicht zu vernachlässigenden Vorfragen, mag auch hier sofort auf die in Bezug genommene fremde Gesetzgebung eingegangen werden.

An erster Stelle wird auf die französische Gesetzgebung hingewiesen und zwar auf den Code civil art. 1383: Chacun est responsable du dommage qu'il a causé, non seulement par son fait, mais encore par sa négligence ou par son imprudence.

Art. 1384: On est responsable non seulement du dommage que l'on cause par son propre fait, mais encore de celui qui est causé par le fait des personnes dont on doit répondre ou des choses que l'on a sous sa garde. — — Les maitres et les commettans du dommage causé par leurs domestiques et préposés dans les fonctions auxquelles ils les ont employés etc. [13]).

Geht man unbefangen und nach den technischen Regeln der Auslegung der Gesetze an die Auffassung dieser Bestimmungen, so kann man im Art. 1383 nur den Sinn finden: Verursachung oder Zufügung von Schaden macht verantwortlich, mag sie durch Handlung (mit Absicht und Vorsatz) oder durch Unterlassung (Fahrlässigkeit oder Versehen) bewirkt sein. In Art. 1384 fehlt aber schon die zweite Alternative (Fahrlässigkeit und Versehen), und es ist hier nur von absichtlich und vorsetzlich zugefügten Schaden die Rede. Nirgends ist aber eine Andeutung, dass eine Präsumtion Platz greifen soll, welche ohne förmlichen Beweis Entschädigungs-Verbindlichkeit begründete. Sowohl der Beweis der Handlung wie auch der der Unterlassung wird nach allgemeinen Rechtsregeln gefordert, um jene Verbindlichkeit herzustellen. Responsable wie répondre involvirt weiter kein Recht für den Beschädigten, als das, den Beschädiger vor Gericht „verantwortlich" zu machen. „Verantwortlich" und „verbunden" oder „verpflichtet" sind wesentlich verschiedene Rechtsbegriffe. Ist der Bergbau-Unternehmer auch responsable für seinen Vertreter, so ist damit noch immer nicht entschieden, dass er an [erster Stelle im Fall der Entschädigungs-Verbindlichkeit hafte; er kann vielmehr verlangen, dass der eigentliche Verpflichtete excussus, d. i. nachgewiesenermassen vermögenslos ist, ehe der Principal zur Schadensersatz-Leistung verbunden wird. Selbst wenn Art. 1384 dem beschädigten Arbeiter am günstigsten gedeutet wird, nämlich dahin, dass der Bergbau-Unternehmer in allen Fällen der Verschuldung seiner Beauftragten an erster Stelle hafte, ist immer erst der Beweis jener Verschuldung zu führen, und da ist der Punkt, wo auch das französische Recht dem Arbeiter weder leichter, noch schneller noch mehr Schadensersatz schafft, als die preussische Gesetzgebung. In allen wichtigeren Fällen der Verunglückung beim Bergbau hat sich her-

---

13) Die Uebersetzung, welche der Biedermann'schen Petition von diesen Artikeln des franz. Gesetzbuchs beigelegt ist, finden wir nicht ganz juristisch genau, négligence wird dort durch Nachlässigkeit und imprudence durch Unvorsichtigkeit übersetzt. Nach unserer Ansicht entsprechen diese Worte den juristischen Begriffen „Fahrlässigkeit" und „Versehen". — Ebenso wird in Art. 1384 „domestiques" durch „Bedienstete" und „préposés" durch „Angestellte" wiedergegeben; wir können dort nur „Gesinde" und hier nur die preussisch landrechtlichen „Hausofficianten" gemeint finden. — Was die französische Jurisprudenz, namentlich durch die Urtheile der Gerichtshöfe später in jene Ausdrücke hineingetragen hat, kann jedenfalls directe analoge Anwendung auf deutsche Verhältnisse nicht finden.

ausgestellt, dass eine Verschuldung derselben gegen Niemanden nachzuweisen war, und diese Beweisfälligkeit wird dem Arbeiter stets und überall bei seinen Entschädigungs-Forderungen entgegenstehen, wird auch die entschiedenste Haftbarkeit der Bergbau-Unternehmer illusorisch machen, wenn jener Beweis der Verschuldung eben nicht durch Präsumtion ersetzt wird. Eine solche gesetzliche Präsumtion zu Gunsten der Arbeiter zu schaffen, hiesse aber den Thatsachen der Wirklichkeit, wie sie durch hundert und aber hundert amtliche und sachverständige Untersuchungen festgestellt ist und die Regel für dergleichen Unfälle bildet, „in's Gesicht schlagen", hiesse dem Arbeiter mit Hülfe von Lüge und Unwahrheit zu ungerechtem Anspruche und Gewinne verhelfen, — und das um so mehr, jeweniger dieselbe Präsumtion und gleicher Entschädigungsanspruch dem Bergbau-Unternehmer gegen Arbeiter gewährt würde, durch deren Schuld Unfälle und Schäden in und an Bergwerken herbeigeführt werden. Die Fälle der Schuldbarkeit der Arbeiter an Verunglückungen und Beschädigungen sind weit häufiger und in dieser Häufigkeit mehr nachgewiesen, als die Schuldbarkeit der Bergbau-Unternehmer, ihrer Repräsentanten und Beamten, und deshalb wäre eine gesetzliche Präsumtion, dass Bergbau-Unfälle von Arbeitern veranlasst seien, mehr gerechtfertigt, als die entgegengesetzte. — Im Uebrigen darf neben der französischen Gesetzgebung, wie sie bezüglich der Fürsorge für verunglückte Arbeiter angerufen wird und oben zur Erläuterung gekommen ist, nicht übersehen werden, dass das deutsche Knappschaftskassen- und Bruderladenwesen, wie es seit Jahrhunderten ebenso fürsorglich als segensreich für die Bergarbeiter gewirkt hat, in Frankreich nur sehr unvollkommen und sporadisch zu Bestand und Wirksamkeit gelangt ist [14]). Was die fr. französische Gesetzgebung für den Arbeiter günstiger sein mag und sein kann, wird in Deutschland durch das Knappschaftskassenwesen mehr als ausgeglichen. —

Wie wenig übrigens eine Haftbarkeit und Belastung der Bergwerks-Eigenthümer, wie sie deutscherseits unter Anrufung der französischen Gesetzgebung gefordert und empfohlen wird, im Geiste derselben Gesetzgebung liegt, beweisen deren legislatorische Quellen. Unter den Materialien des französischen Bergwerksgesetzes vom 21. April 1810 sind besonders die Bemerkungen Napoleon's I. mass-

---

14) Vergl. hierüber: Achenbach, Das französische Bergrecht u. s. w. in der „Zeitschrift für Bergrecht von Brassert" u. s. w. Jahrg. I. (1860) S. 595. 596. Jahrg. VIII. (1867) S. 528.

gebend und beachtenswerth. In diesen finden sich nun z. B. folgende Stellen: Napoléon dit, que la législation doit être toujours en faveur du propriétaire; il faut qu'il ait du bénéfice dans ses exploitations parceque sans cela il abandonnera ses entreprises; il faut lui laisser une grande liberté, parceque tout ce qui gêne l'usage de la propriété déplait aux citoyens.

La législation doit être toujours en faveur du propriétaire! Das ist der Cardinalgrundsatz der französischen Gesetzgebung, denn Napoléon dit, que l'esprit de propriété rémedie à tout, — si les mines sont des propriétés dont on use comme de toutes les autres, il ne faut pas de règles particulières. So ist es auch in der vorliegenden Frage! Der Bergwerks-Eigenthümer wird auch ohne Specialgesetz über seine Haftbarkeit bei Unfällen am besten für sein Eigenthum und dessen Ausbeutung sorgen, er wird am besten und erfolgreichsten alle Fälle von Schuldbarkeit vermeiden, die fast niemals ohne Beschädigung seines Eigenthums, ohne Störung der Ausnutzung desselben sich ereignen. —

Nächst der französischen Gesetzgebung hat man dann weiter die englische angerufen, um den Bergbau-Unternehmer für Unfälle principaliter haftbar zu erklären und dem Arbeiter unter allen Umständen bereiteste und schnellste Entschädigung zu verschaffen.

Doch auch hier befinden die Petenten und Agitatoren sich im Irrthum, wenn sie meinen, die englische Gesetzgebung und Gerichtspraxis mache den Bergbau-Unternehmer in den Fällen und dem Umfange der Biedermann'schen Petition oder der Beschlüsse des volkswirthschaftlichen Congresses haftbar. Wir verweisen in dieser Beziehung auf Achenbach's diesen Gegenstand erörternde neueste Abhandlung[15]), wo unbestreitbar nachgewiesen wird, dass die Anrufung der englischen Gesetzgebung auf Illusion oder Unwissenheit beruht. Der berühmte Kenner der deutschen und fremden Bergrechte theilt dort auch eine der neuesten Zeit angehörige Entscheidung des Oberhauses mit, in welcher der Lordcanzler Coures die Lage der englischen Gesetzgebung erörtert und Folgendes ausspricht:

„Der Arbeitgeber sei nicht und könne nicht dem Arbeiter verantwortlich sein, ausser wenn Ersterer Etwas unterlassen habe, dessen Ausführung dem Arbeiter vertragsmässig zugesichert oder versprochen worden sei. Der Arbeitgeber habe sich aber nicht ver-

---

[15]) In der „Zeitschrift für Bergrecht" von Brassert. Jahrg. IX. (1868) S. 410—427.

pflichtet, persönlich ein mit seinem Geschäfte verbundenes Unternehmen auszuführen. Die Folge einer Verbindlichkeit des Arbeitgebers, ein mit seinem Geschäfte verbundenes Unternehmen persönlich auszuführen, würde auch, statt eine Wohlthat, — ein Unglück für die Arbeiter sein, da der Arbeiter unfähig sein würde, persönlich das Werk zu verrichten. Jedenfalls sei es Sache des Arbeiters, zwischen einem Arbeitgeber, welcher seine Geschäfte in Person wahrnehme, und einem, der dies nicht thue, zu wählen. Dagegen sei der Arbeitgeber, wenn er nicht persönlich das Unternehmen beaufsichtige und leite, dem Arbeiter gegenüber verbunden, geeignete und fähige Personen hierfür auszuwählen und diese mit angemessenen Materialien und Hülfsquellen für das Werk zu versehen. **Wenn dies der Arbeitgeber gethan habe, so habe er Alles gethan, wozu er verpflichtet gewesen sei, und wenn die also ausgewählten Personen eines Versehens schuldig seien, so sei dies nicht gleichzeitig ein Versehen des Arbeitgebers**, und wenn ferner heute ein Unglücksfall einen Arbeiter in Folge der Nachlässigkeit eines andern geschickten und geeigneten Arbeiters betreffen sollte, so würde der Arbeitgeber nach seiner Meinung nicht verantwortlich sein, selbst wenn die beiden Arbeiter im technischen Sinne nicht als Mitarbeiter bezeichnet werden könnten. Diese Gesichtspunkte auf den vorliegenden Fall anwendend, könne er zu keinem andern Schlusse kommen, als dass das erste Urtheil unrecht sei u. s. w." [16]).

Es wird dann weiter auf den Bericht eines durch Beschluss des Unterhauses eingesetzten Ausschusses verwiesen, der die Lage der Berggesetzgebung und die Beschwerden der Bergleute zu prüfen hatte. Der Bericht wurde am 23. Juli 1866 erstattet und auch nach diesem stellt sich die englische Gesetzgebung und Gerichtspraxis dahin fest, dass der Bergwerks-Eigenthümer nur dann haftbar und zur Entschädigung verunglückter Arbeiter verpflichtet ist, wenn er entweder selbs Betriebsführer und durch Versehen oder sonstige Handlungen an der Verunglückung nachgewiesenermassen schuldbar ist, oder einen nachgewiesenermassen unfähigen und ungeeigneten Betriebsführer oder sonstigen Vertreter für sich bestellt hat und diesem die Schuld der Verunglückung bewiesen wird. Es steht ferner

---

16) Das erste Urtheil hatte der Wittwe des verunglückten Arbeiters 100 Pfd. Sterl. Entschädigung zuerkannt. — Der ganze Rechtsfall ist in dem Mining Journal. 1868. Juni. No. 1711. S. 410. 411, mitgetheilt und dort von Achenbach übernommen worden.

nach dem Berichte fest, dass der Arbeitgeber nicht haftbar und entschädigungspflichtig bei Unfällen ist, welche Mitarbeiter verschuldet haben.

Aus der Ferne und auch für den Fremden in der Nähe sehen sich die englischen Verhältnisse nach dem Buchstaben der Gesetze überhaupt viel günstiger vom Standpunkte der Staatsmassregelung an, als sie in Wirklichkeit sind. Noch im Jahre 1860 schrieb Achenbach mit Recht:

„Grundzug englischer Einrichtungen wird es wohl noch lange bleiben, dass im Wesentlichen dem einzelnen Individuum die Sorge für sein Leben und sein Wohlergehen überlassen bleibt und der Staat nur von Weitem auf alle diese Verhältnisse einzuwirken sucht [17]."

Auch die Gesetze vom 28. August 1860 und 7. August 1862 haben an diesem „Grundzuge" nichts weiter geändert, als „anerkannt, dass insbesondere der Steinkohlen-Bergbau einer Ueberwachung seitens des Staates bedarf [18]." Beide Gesetze sind bergpolizeiliche Verordnungen, die Sicherungsmassregeln gegen Unglücksfälle einführen, die der Hauptsache nach in Preussen und Deutschland längst angeordnet und geübt waren; über Haftbarkeit und Entschädigungspflicht der Bergbautreibenden, der Werkseigenthümer, in dem Umfange, welchen derselben nach der Biedermann'schen Petition, den Beschlüssen des volkswirthschaftlichen Congresses und nach der preussischen „Provinzial-Correspondenz" gegeben werden soll, enthalten die Gesetze gar Nichts. — Art. XXV des Gesetzes vom 28. August 1860 bestimmt nur im Anschluss an die Festsetzung der Strafen: — and it shall be lawful for One of Her Majesty's Principal Secretaries of State to direct that any Penalty imposed for neglecting to send or cause to be sent Notice of any Accident, as required by this Act, or for any Offence against this Act which may have occasioned Loss of Life or personal Injury, shall be paid to or among any of the Family or Relatives of any Person or Persons whose Death may have been occasioned by such Accident or Offence, and not being a Person or Persons who occasioned or contributed to occasion the Accident, or to any Person or Persons, not being the Offender or Offenders, who may have sustai-

---

[17] Achenbach, Ueber englische Bergwerksgesetzgebung in der „Zeitschrift für Bergrecht." Bd. I. (1860) S. 206.

[18] S. beide erwähnten Gesetze in der „Zeitschrift für Bergrecht" Bd. I. (1860) S. 479 ff. und Bd. IV. (1863) S. 145 ff.

ned personal Injury occasioned by such Accident or Offence, as he may think fit[19]).

Auch die der Biedermann'schen Petition beigefügten Anlagen, die allgemeinen Grundsätze und Gesetze Englands über Schadensersatz bei Unglücksfällen, enthalten nirgends Spuren, welche eine praesumtio facti et juris rechtfertigen liessen, wie sie namentlich die Beschlüsse des volkswirthschaftlichen Congresses in das deutsche Recht einführen wollen, eine Präsumtion, welche den deutschen Bergbau in seiner Lebens- und Entwickelungskraft angreifen und lähmen würde. So lange von dem Bergbau und seinem ganzen Personal menschlicher Weise nur Menschliches gefordert und erwartet werden kann; so lange dem Bergbau-Personal technische und moralische Vorzüge billigerweise nicht in höherem Grade zuzumuthen sind, als jedem anderen Industriezweige, muss auch jede schärfere und höhere Rechtszumuthung bezüglich der Entschädigungspflicht um so mehr verworfen werden, als diese letztere bei der natürlichen Gefährlichkeit des Bergbaus eher Nachsicht und Milderung, als Strenge und Schärfung vom sachverständigen Gesetzgeber und Richter erwarten darf und muss, zumal die Berg-Polizei weit ausgedehntere und eingreifendere Befugnisse hat, als die Polizei jedes anderen Industriezweiges. Der weit präventivere und deshalb eine grössere Verantwortlichkeit begründende Charakter der Bergpolizei muss jeden andern Interessenten und Mitarbeiter des Bergbaus schützen vor Präsumtionen der Schuldbarkeit und deshalb auch vor Haftbarkeit. Greifen die Befugnisse der Bergpolizei tief und beschränkend ein in den Betrieb und die Ausnutzung des Bergwerks, so muss auch dessen Eigenthümer bewahrt werden vor Ansprüchen, die in ihren Consequenzen denselben zwingen würden, stets und überall selbst die Functionen der Bergpolizei wahrzunehmen, damit aber diese auch entbehrlich, überflüssig, ja unbillig erscheinen lassen müssten. Jene Ansprüche müssten ferner, so weit sie eine Entschädigungspflicht der

---

19) Nach Achenbach's Uebersetzung a. a. O.: „Auch soll einer Ihrer Majestät Haupt-Staats-Secretäre zu der Bestimmung befugt sein, dass die auf Unterlassung der nach dieser Acte vorgeschriebenen Einsendung der Anzeige eines Unglücksfalls oder auf eine Uebertretung dieser Acte, welche den Tod oder körperliche Verletzungen eines Menschen veranlasst hat, gesetzte Strafe an die Familie oder unter die Angehörigen der durch den Unglücksfall oder die Uebertretung getödteten Person oder Personen, vorausgesetzt, dass letztere den Unglücksfall nicht veranlasst oder zu dessen Eintritt beigetragen haben, oder an eine solche Person oder solche Personen, welche, selbst nicht die Uebertreter der Vorschriften, durch den Unglücksfall oder die Uebertretung körperliche Verletzungen erlitten haben, gezahlt werde."

Werkseigenthümer präsumirten, auch diesen gleiche Ansprüche und Entschädigung verschaffen und sichern gegenüber allen Beschädigungen, die ihnen zugefügt würden von ihren Vertretern oder Arbeitern, und hier kommt man wieder auf den Punkt, der bei allen im Interesse der beschädigten Arbeiter erhobenen Ansprüchen übersehen oder viel zu oberflächlich und gering angesehen und geschätzt wird, auf den Punkt der Beschädigungen, welche die Bergwerks-Eigenthümer durch ihre Beamten und Arbeiter leiden können und in weit beträchtlicherem Umfange leiden, als den Vertretern der Interessen der Arbeiter bekannt zu sein scheint. Soll der Entschädigungs-Anspruch der letztern gesetzlich anerkannt werden, so ist auch den Arbeitgebern ein solcher gegen die Arbeiter zu sichern in seiner rechtlichen Bestimmung und Verwirklichung. Wer will und kann aber die Entschädigungs-Ansprüche der Arbeitgeber des Bergbaus realisiren, wer will ihnen Ersatz leisten für die kostspieligen Bauten, Reparaturen und sonstigen Veranstaltungen, welche bei bedeutenderen Unglücksfällen in den Gruben auszuführen sind, wer will ihnen die Verluste ersetzen, die die Betriebsstörungen bei allen Grubenunfällen verursachen?

V.

Einen andern Gegenstand der Beschwerde bildet das bestehende Verfahren zur Geltendmachung von Entschädigungsansprüchen bei Verunglückungen.

Die Biedermann'sche Petition rügt zunächst bezüglich der Activ-Legitimation zur Klage, dass der Kreis der berechtigten Personen über Gebühr beschränkt sei. Den Massstab für diese Berechtigung möchte am besten und sichersten die gesetzliche Alimentationspflicht bieten. Allen Personen, welche nach den Landesgesetzen Alimentations-Ansprüche erheben können, ist auch ein gesetzlicher Entschädigungs-Anspruch gegen Denjenigen zu geben, durch dessen Schuld der Alimentationspflichtige um das Leben gekommen oder sonst zur Erfüllung seiner Pflicht untauglich geworden ist. Die rechtliche Voraussetzung der Entschädigungs-Ansprüche muss jedoch die sein, dass der Alimentations-Anspruch factisch begründet, wirklich existent ist, d. h. es muss nachgewiesen werden, dass der Beschädigte die Alimentation bereits wirklich geleistet hat[20]),

---

20) Nach preussischem Rechte haben Anspruch auf Alimentation Eltern, Kinder,

wobei es nicht darauf ankommen kann, ob der Alimentirte eigenes Vermögen hat oder nicht. Wenn in Sachsen z. B. der vermögenden Wittwe des Verunglückten ein Entschädigungsanspruch abgesprochen worden, so ist diese Beschränkung in so weit unbillig, als nicht nachgewiesen ist, dass die Wittwe bei Lebzeiten ihres Mannes von diesem Unterhalt nicht empfangen, dass sie von ihrem Vermögen gelebt hat. Der factische Schaden ist jedem Entschädigungsberechtigten zu ersetzen, auch wenn der Entschädigungsanspruch nicht auf bösen Vorsatz des Beschädigers zu gründen ist, auch wenn der Entschädigungsberechtigte der Alimentation oder Unterstützung nicht bedürfe.

Nach preussischem Rechte würden bei tödtlichen Bergbau-Unfällen die §§. 98 ff., bei nicht tödtlichen die §§. 111 ff., bei eingetretener Arbeits- und Erwerbs-Unfähigkeit die §§. 115 ff. Tit. 6 Th. I. des allgemeinen Landrechts zur Anwendung kommen.

Der zu Tode gekommene Arbeiter u. s. w. oder vielmehr dessen Hinterbliebene, jedoch nach dem Ausdruck des Gesetzes (§. 98 a. a. O.) zunächst Frau und Kinder des Getödteten, haben in allen Fällen Anspruch auf Ersatz der Kur-, Begräbniss- und Trauerkosten. Es wird dann ferner unterschieden, ob die Tödtung durch Vorsatz oder grobes Versehen erfolgt ist; in diesem Falle muss der Beschädiger der Wittwe und den Kindern, ausser den vorgedachten Kosten, „standesmässigen Unterhalt", den Kindern auch Erziehung und Ausstattung, wie sie von dem Verstorbenen nach dessen Stand und Vermögen erwarten konnten, gewähren (§. 99 a. a. O.). Dabei soll auf das von dem Getödteten hinterlassene Vermögen sowie auf Staats- oder sonstige Unterstützungen der Wittwe und der Kinder keine Rücksicht genommen werden (§. 100 a. a. O.). Diese Verbindlichkeit des Beschädigers soll jedoch nur so lange dauern, wie die Verpflichtung des Getödteten gegen die zu Entschädigenden gedauert haben würde (§§. 101. 102 a. a. O.)[21]. Ist die Tödtung durch mässiges

Geschwister, Eheleute gegen einander und zwar nach der gesetzlichen Erbfolge, d. h. zu der Alimentation ist der nächste Erbe verpflichtet und berechtigt. Allgemeine Voraussetzung des Alimentationsanspruchs ist auf Seiten des Berechtigten Hülfsbedürftigkeit (Armuth), auf Seiten des Verpflichteten Vermögen. Vergl.: „Das preuss. Armenwesen u. s. w. von Ad. Frantz" (Magdeburg. 1855) S 1—4. 89 ff.

21) So würde der Beschädiger von seiner Verbindlichkeit gegen die Wittwe durch deren Wiederverheirathung frei werden, gegen die Kinder des Getödteten aber nicht. Ebenso fragt es sich, ob die Wittwe entschädigungsberechtigt bliebe, wenn sie sich ausserehelich schwängern liess, da durch dies Ereigniss auch der verstorbene Ehemann von seiner Verbindlichkeit gegen sie frei geworden wäre.

Versehen erfolgt, so erstreckt sich die Entschädigungs-Verbindlichkeit nur auf eine „nothdürftige" Verpflegung der Wittwe und der Kinder und eine eben solche Erziehung der Letztern, und auch dies nur insoweit, als „die Kosten dazu aus den Einkünften des hinterlassenen Vermögens und den Beiträgen des Staats oder eines Dritten nicht geleistet werden können" (§. 103 a. a. O.), ferner ist den noch unversorgten Kindern, soweit ihnen selbst das Vermögen mangelt, eine nach gesetzlicher Nothpflicht des Verstorbenen zu bemessende Ausstattung zu geben (§. 104 a. a. O.). Die Verbindlichkeit hört auch hier in den oben bezeichneten Fällen auf gegen Wittwe und Kinder (§. 108), ebenso gegen andere alimentationsberechtigte Personen (§. 109), welche nämlich auch entschädigungsberechtigt sind. — Ist die Tödtung nur durch geringes Versehen erfolgt, so haben die Hinterbliebenen und Entschädigungsberechtigten nur Anspruch auf Kur-, Begräbniss- und Trauerkosten (§. 110).

Bei nicht tödtlichen körperlichen Verletzungen können Beschädigte nur Cur- und Heilungskosten verlangen (§. 111); im Fall völliger oder theilweiser Arbeits- und Erwerbsunfähigkeit haben dieselben Anspruch auf entsprechende Schadloshaltung nach Massgabe der §§. 115 ff. a. a. O. — Frauenzimmer, welche durch körperliche Verletzung verunstaltet sind, dürfen Ausstattung fordern vom Beschädiger (§§. 123 ff. a. a. O.).

Wie das allgemeine Landrecht im Allgemeinen, huldigt es auch in diesen Bestimmungen viel zu sehr der Casuistik, um als gute Norm für die hier in Rede stehenden Rechtsfragen, Fragen de lege ferenda für Deutschland, empfohlen werden zu können. Die Unterscheidung der Grade der Schuldbarkeit führt zu einem unabsehbaren Felde von Unsicherheiten, Streitigkeiten und Spitzfindigkeiten im Allgemeinen, wie im Besondern bei Gruben-Unfällen. Möchte hiernach auch für die Entschädigungsansprüche die Frage der Personenberechtigung, der activen Legitimation zur Klage, nach dem Allgemeinen Landrecht und entsprechenden Ergänzungsgesetzen zu entscheiden und zu bestimmen sein: die Subtilitäten des „Vorsatzes" und der verschiedenen Kategorien von „Versehen", sowie die sonstigen in den obigen Bestimmungen bezeichneten Modificationen der Entschädigung sind beiden interessirten Parteien, den Berechtigen wie den Verpflichteten, nicht rathsam und dienlich. Vorzuziehen wären allerdings hier die minder casuistischen Grundsätze des französischen und des englischen Rechts, nämlich dahin, dass der Entschädigungsanspruch auch bei Bergbau-Unfällen jeder zur Alimentation gesetzlich oder vertragsmässig gegen den Verunglückten berechtigten Person eingeräumt würde, natürlich stets und überall nur gegen Nachweis der Schuldbarheit des Entschädigungspflichtigen an dem Unfalle. Bei nicht tödtlichen Verunglückungen gebührte jedoch nur dem Verunglückten selbst die Legitimation zur Erhebung der Entschädigungsklage.

Mag man aber auch in dieser Richtung noch so glücklich sein in der Fassung der betreffenden Bestimmungen: wird nicht auch das **Verfahren** und **Urtheil** in dergleichen Processen glücklich geordnet, so werden die alten Uebelstände der Erledigung der Entschädigungsansprüche bestehen bleiben. Subjectiv und objectiv eignen sich zu letzterer nicht die ordentlichen Gerichte, sondern wie bei allen besondere' Fach- und Sachkenntniss erfordernden Streitigkeiten nur **Schiedsgerichte**, die auch am befähigtsten und geeignetsten sind, über die **Höhe der Entschädigung** zu entscheiden. Dies führt uns denn zum Schluss unserer Abhandlung.

VI.

Das „**Mass des Schadens-Ersatzes**" bildet am Ende den Hauptpunkt der ganzen Entschädigungsfrage. Denn ist dieses einigermassen klar gestellt, so sind eben auch alle übrigen Fragen entschieden, weshalb denn auch in Civil- wie in Strafprocessen die Erörterung und Entscheidung der Höhe des Schadensersatzes in der Regel gesetzlich oder richterlich „ad separatum" verwiesen und verhandelt wird. Das Separatverfahren ist bei allen ähnlichen Entschädigungsfragen ein **schiedsrichterliches**, nicht nur in Frankreich und England, sondern auch besonders in Preussen, in Deutschland. Durch Schiedsrichter werden hier entschieden Streitigkeiten in **Eisenbahn- und Actiengesellschafts-Angelegenheiten**, in Sachen der **Be- und Entwässerungs-, Deich- und Meliorations-Genossenschaften**, bei Gemeinheitstheilungen, Ablösungen, Lastenregulirungen, Pferderennen, bei Gewerkschaftsbeschlüssen, namentlich auch **Versicherungs-(Assekuranz-)Entschädigungen**.

Ob und wie nicht das Vermögen des Entschädigungsberechtigten, sondern das des Ersatzpflichtigen bei schliesslicher Erledigung des Ersteren zu berücksichtigen, würde sich ebenfalls am besten durch freigewählte Schiedsrichter entscheiden lassen, die beide Parteien aus Sach- und Fachverständigen zu berufen haben entweder für den einzelnen Fall, oder für alle Fälle derselben Kategorie in einem bestimmten Districte. Auf diese Weise werden insbesondere auch die Streitigkeiten der in Preussen bestehenden öffentlichen, communalen Feuerversicherungs-Societäten mit ihren Theilnehmern über die Höhe der zu leistenden Brandentschädigung u. s. w. erledigt.

In diesen Feuer-Societäten oder auch in den ihnen ähnlich organisirten land- und ritterschaftlichen Credit-Vereinen Preussens erblicken wir denn ein Analogon von auf Gegenseitigkeit und damit auf das Princip der Selbsthülfe basirten Vereinigungen, wie sie die so lebhaft discutirte Entschädigungsfrage bei Bergbau-Unfällen in das Leben rufen sollte. Alle dabei interessirenden Punkte könnten durch solche Organisation auf das Beste und Billigste, Sicherste und Befriedigendste Erledigung finden, ohne dass die Gesetzgebung auf einem Gebiete, das die Einmischung des Staates so wenig verträgt, anders einschritte, als sie bei jenen Societäten eingeschritten ist. Die Ideen, die uns dabei vorschweben, wären folgende:

1. Die Bergbau-Unfälle sind — (wie die Unfälle durch Feuersgefahr, Hagelschlag, Viehseuchen u. s. w.) — Gegenstand der Versicherung auf der Basis des Gegenseitigkeits-Princips.

2. Die deutsche Bergbau-Unfall-Societät umfasst in ihrem weitesten Umfange den deutschen Zollverein. Sie zerfällt in Staaten-Societäten, entweder in der Zahl der Bergbau treibenden Zollvereinsstaaten oder von Staaten-Verbänden, wie z. B. Preussens, der sächsisch-thüringischen Staaten, der norddeutschen Mittel- und Kleinstaaten, der Südstaaten. — Innerhalb der Staaten-Verbände organisiren sich Unter-Verbände je nach localem oder industriellem Bedürfnisse. In den Unter-Verbänden bestehen General- und Special-Agenturen, ähnlich wie bei den Versicherungs-Gesellschaften, um den Geschäfts-Verkehr mit den Oberstellen zu vermitteln.

3. Gegenstand der Unfall-Versicherung sind, getrennt gehalten, die persönlichen und die dinglichen Unfälle und Beschädigungen.

4. Bei den persönlichen Unfällen werden die tödtlichen und die nicht tödtlichen gesondert versichert. Bei beiden contribuiren die Arbeitgeber (Bergwerks-Besitzer, Gewerken) und die Arbeitnehmer (Bergbeamte, Arbeiter) zu gleichen Theilen, so dass die eine Hälfte der Beiträge (Prämien) von den Arbeitgebern, die andere von den Arbeitnehmern aufgebracht wird.

5. Die Unfälle werden nach der Schwere der Beschädigungen an Leib, Leben und Gesundheit sowie nach Beeinträchtigung der Arbeits- und Erwerbsfähigkeit, und damit nach der Höhe der Entschädigung und der zu leistenden Beiträge klassificirt.

6. Die dinglichen Unfälle umfassen die Beschädigung des Baues und Betriebes der Bergwerke. Zu ihren Entschädigungen contribuiren die Bergwerks-Eigenthümer (Gewerken u. s. w.) zu $^3/_4$, die Beamten und Arbeiter zu $^1/_4$. Auch sie werden klassificirt nach Ort und Ursache (Explosionen, Brände, Verschüttungen u. s. w.).

7. Die persönlichen Unfälle werden, so weit sie nicht Massen-Verunglückungen sind und wenigstens 10 Menschenleben fordern, in den Staaten- und Unter-Verbänden entschädigt. Die Massen-Verunglückungen dagegen sowie alle dinglichen Unfälle erhalten ihre Entschädigungen durch die Gesammt-Societät.

8. Die Beiträge (Prämien) sind ordentliche und ausserordentliche. Die ordentlichen Beiträge bestehen in einem bestimmten Procentsatze des Werthes der Brutto-Production am Ursprungsorte (an der Grube). Der Werth wird entweder nach etwa vorhandenen, zu Steuer- oder andern Zwecken dienenden Schätzungen oder nach Sachverständigentaxe festgestellt und angenommen. — Die ausserordentlichen Beiträge sind Zu- oder Nachschüsse, welche zu leisten sind, wenn die ordentlichen Beiträge nicht genügen, die fälligen Entschädigung zu decken.

9. Die Organisation der Verwaltung der Unfall-Societät schliesst sich den Einrichtungen der bestehenden Feuer-Societäten Preussens an. Als Aufsichtsbehörde fungiren die staatlichen Bergbehörden, denen die Unfall-Societäts-Verbände unterstellt werden wie die preussischen Feuer-Societäten den staatlichen Verwaltungsbehörden.

10. Abschätzungen behufs Feststellung der Beiträge und Entschädigungen erfolgen durch Sachverständige, welche die interessirten Personen, und zwar Arbeitgeber und Arbeitnehmer, durch directe Wahl auf längere Functions-Perioden wählen. Streitigkeiten werden durch Schiedsrichter geschlichtet, die in gleicher Weise zu wählen sind.

11. Den Unfall-Societäts-Verbänden können sich die Knappschafts-Einrichtungen für sonstige Kranken- und Invaliden-, Wittwen- und Waisen-Unterstützung anschliessen. Ebenso kann mit der Unfall-Versicherung jede andere den Bergbau betreffende und interessirende Versicherung (Feuer-, Lebens-, Renten- u. s. w. Versicherung) verbunden werden.

12. Die Unfall-Societät hat im Ganzen und in ihren Verbänden die Rechte einer juristischen Person, kann Lazarethe, Invaliden-, Wittwen-, Waisen-Häuser errichten und tritt bei diesen Anstalten in alle Privilegien der corpora pia.

Dies wären unsere Ideen über die Organisation eines Institutes, das für den deutschen Bergbau höchst segensreich werden und wirken könnte und eine Special-Gesetzgebung über Haftbarkeit, Entschädigungspflicht, Schuldbarkeit überflüssig machte, die bei jedem Sach- und Rechtskundigen die begründetsten Bedenken erregen muss. So lange die elementaren Einwirkungen, welche bei'm Bergbau ohne menschliches Zuthun und menschliche Berechnung eintreten können, nicht vollständig von der wissenschaftlichen Theorie und technischen Praxis beherrscht werden; so lange der Abbau der Mineralien durch anomale geognostische Verhältnisse beeinflusst werden kann, die auch der besten Sachkenntniss unfassbar, in ihren plötzlichen Einwirkungen unberechenbar sind: so lange entzieht sich auch die menschliche Verschuldung bei Bergbau-Unfällen der rechtlichen Bestimmung und Zurechnung, und alle Präsumtionen, wie sie namentlich die Beschlüsse des volkswirthschaftlichen Congresses empfehlen, schlagen mehr oder weniger zum Unrecht aus. Bei den Unfällen der Eisenbahnen, der Schifffahrt und auf jedem andern Unfallsgebiete lassen sich die Ursachen bestimmter nachweisen und folgern, als bei'm Bergbau, wo sie im Dunkel des unterirdischen Wirkens der Elemente dem menschlichen Auge entzogen sind. Hier empfiehlt sich nur die Annahme einer gewissen Solidarität aller thätigen Menschenkräfte bei Verantwortung und Entschädigung der Unfälle, einer Solidarität, wie sie in richtiger Auffassung schon in den **Knappschaftsvereinen** zur Anerkennung und Ausführung gekommen ist. Es handelt sich nur um eine den gegenwärtigen Verhältnissen und Bedürfnissen des Bergbaues entsprechende **Reform** der Knappschafts-Institute, um auch bezüglich der Bergbau-Unfälle zu dem zu gelangen, was Recht und Billigkeit, Staats- und Volkswirthschaft empfehlen und vertreten lassen. Diese Reform glauben wir am besten realisirt in den oben angedeuteten Versicherungs-Instituten und Societäten, in denen die Solidarität der Interessen aller bei'm Bergbau betheiligten Rechts-Subjecte und Objecte möglichst gerecht und wirthschaftlich in Wirksamkeit gesetzt werden kann.

Fragt man weiter, wie die vorgeschlagene Reform in's Leben gerufen werden soll, so glauben wir, den Bundesrath Norddeutschlands zunächst für ebenso berechtigt als verpflichtet annehmen zu können zur **Berufung einer Sachverständigen-Commission** aus allen Interessenten des Bergbaus, ähnlich, wie sie z. B. in der preussischen Commission zur Berathung der Gewerbe-Ordnungs-Reform berufen gewesen ist. Diese Commission hat sich zunächst über die Grundsätze zu einigen, nach welchen die Unfall-Versicherungs-Societät organisirt und in's Leben gerufen werden soll. Das zu den Commissions-Berathungen unentbehrliche statistische Material wäre vorher zu beschaffen aus den bereits vorhandenen statistischen Uebersichten der Bergbau-Production, der Knappschaftsvereine, der Unfall-Ermittelungen, der Betriebspläne und Wirthschaftsergebnisse der einzelnen Gruben. Der staatliche Bergbau kann namentlich auch gutes Material bieten für die finanzielle Seite der einzurichtenden Societäten, besonders bezüglich der „dinglichen Unfälle" und ihres Entschädigungs-Erfordernisses. Eine glückliche Organisation des von uns skizzirten Societätswesens müsste mit ihrem Segen alle Schächte des deutschen Bergbaus durchdringen!

Schliesslich wollen wir noch eines Punktes gedenken, der auch in der Tagespresse und den Sachverständigenkreisen berührt und erörtert worden ist: der Handhabung der Bergpolizei behufs Verhütung von Unglücksfällen. Uns will es scheinen, als fehle es keineswegs an gesetzlichen Verordnungen und administrativen Anordnungen[22]) bezüglich dieses Gegenstandes, wohl aber an der wirklichen und wirksamen Ausführung derselben und damit an der Erreichung der bezweckten Sicherheit und Sicherung des Bergbaues. Die Organe der Bergpolizei in den Bergrevieren sind in Preussen die Bergrevierbeamten (Berg-Geschwornen). Sie haben als solche ähnliche Aufgaben und Functionen, wie sie die oben erwähnten englischen Berggesetze den Berg-Inspectoren auftragen. Doch hat ihr Amtskreis durch andere Obliegenheiten einen solchen Umfang, dass ihnen bezüglich der Revision der Gruben, in der Controle der die Arbeit und Arbeiter beaufsichtigenden und leitenden Personen und hinsichtlich anderer für die Verhütung von Unglücksfällen wichtiger Einrichtungen nicht gut mehr zugemuthet werden kann, als ihnen bereits aufgelegt ist. Nach der officiellen Bergbau-Statistik vom Jahre 1867 waren in Preussen 2818 Gruben im Betriebe oder vielmehr an der Production „hauptsächlich betheiligt", wie es in der Statistik heisst. Die Anzahl der in der Anlage begriffenen und der fristenden

---

22) In Preussen disponirt das Allgemeine Berggesetz vom 24. Juni 1865 §§. 198 ff. über die präventive und §§. 204 ff. über die repressive Bergpolizei bezüglich der Unglücksfälle. Allgemeime Bergpolizei-Verordnungen bringen für die verschiedenen Berg-Districte und Reviere die nähere Ausführung jener gesetzlichen Bestimmungen. Lässt die repressive Bergpolizei (bei bereits eingetretenen Unglücksfällen) wenig vermissen und wünschen, so sind die Einrichtungen der präventiven Berg-Polizei minder vollkommen und erfolgreich.

Gruben ist also ausgeschlossen. Aber auch diese erfordern mehr oder weniger die Aufmerksamkeit der Revierbeamten. In allen Revieren wurden trotzdem nur ungefähr 70 Revierbeamte angestellt. Wie oft sollen und können dieselben auch nur die 2818 Gruben einer Revision und Controle unterwerfen, ohne dass ihre sonstigen Amtsobliegenheiten beeinträchtigt werden? —

Von verschiedenen amtlichen und nichtamtlichen Stellen ist die Vermehrung der die Arbeiter beaufsichtigenden Personen empfohlen, namentlich in Bergwerken, wo eine grosse Anzahl von Arbeitern thätig ist, oder wo zum Ersatz der Grubenarbeiten nicht kundige Arbeiter in verhältnissmässig grosser Menge herangezogen werden müssen. Die Organe der staatlichen Bergpolizei, wie sie jetzt bestehen, können nicht gut mehr leisten, als es bereits geschieht, ohne die Freiheit des Betriebs und der Entwickelung des Bergbaus mehr zu beeinträchtigen, als es in der Tendenz des allgemeinen Berggesetzes liegt. Es bleibt demnach nichts weiter übrig, als der Selbsthülfe des Bergbaus auch hier zu überlassen, was nützlich und nöthig ist, um Unglücksfälle zu verhüten. Der praktischste Vorschlag, der bis jetzt in dieser Richtung gemacht worden, ist, die zur Beaufsichtigung und Anweisung der Arbeiter bestellten Personen, als Steiger und Obersteiger, zu verpflichten, ihre Functionen während der ganzen Schicht der Arbeiter in der Grube selbst auszuüben und sich nicht nur zu begnügen, die Arbeiter in die Grube zu führen und anzustellen und dann wieder auszufahren. Werden daneben die Vorschriften über Herrichtung von zwei Ausgängen, den nöthigen Wetterzügen, der sichern Zimmerung, über Gebrauch von Sicherheitslampen, über sorgfältige Revision und Beobachtung der Gruben und Wetter u. s. w. u. s. w. befolgt, so werden sich die Unglücksfälle möglichst auf die unvermeidlichen, durch die Elementarmächte herbeigeführten Katastrophen beschränken, bei denen menschliche Schuldbarkeit nicht concurrirt. —

Im Begriff, unsere Erörterungen hiermit zu schliessen, erhalten wir von dem Berichte, welchen der Ausschuss des Bundesraths in Anlass der Biedermann'schen Petition erstattet hat, Kenntniss. Es werden in demselben folgende Grundsätze für das zu erlassende Gesetz vorgeschlagen:

Für allen Schaden, welcher beim Eisenbahnbetriebe entsteht, ist die Ersatzpflicht der Gesellschaften in umfassender Weise zu bestimmen, falls nicht der Nachweis geführt wird, dass der Schaden durch eigne Schuld des Beschädigten oder durch unabwendbaren Zufall veranlasst worden. Beim Bergbaue könne die Haftungspflicht der Unternehmer nicht so weit ausgedehnt werden, weil oft Unfälle durch Naturkräfte eintreten, welche sich der sorgfältigen Controle entziehen, und weil es sich um den Schutz der Arbeiter nicht blos gegen das Verschulden der Unternehmer, sondern auch der eigenen Mitarbeiter handle. Der Bergwerksbesitzer soll also nur für eigene Schuld und für die Verschuldung seiner Officianten, nicht aber für die seiner Arbeiter haften, und der Beweis der Verschuldung muss von dem Theile geführt werden, welcher Schadensersatz beansprucht. Aehnliche Grundsätze sollen für die Haftungspflicht der Fabrik-Unternehmer gelten, namentlich soll diese Pflicht angenommen werden, wenn die polizeilichen Vorschriften für den Betrieb nicht eingehalten worden sind.

Mit Befriedigung kann man zunächst das Zugeständniss annehmen, dass die Haftungspflicht der Bergbau-Unternehmer anders anzusehen und enger zu bestimmen sei, als die der Eisenbahn-Unternehmer, dagegen würde der Gesetzgeber die Haftungspflicht auch beim Bergbau nur einseitig und deshalb Recht und Billigkeit nicht entsprechend ordnen, wenn er dieselben auf die Bergbau-Unternehmer beschränkte und nicht gleichzeitig auch auf die Arbeiter ausdehnte, und zwar nicht nur formell ausdehnte, sondern auch deren Realisirung sicherte insofern, als er für wirklichen Schadensersatz seitens der Arbeiter sorgte, wenn dieselben erweislich Beschädigungen an dem Eigenthum ihrer Arbeitgeber verschuldet haben. Bei dem gewöhnlichen Unvermögen der Arbeiter ist der Arbeitgeber auch in der Regel des Schadensersatzes verlustig, dies um so mehr, als weder in dem Gesetze über Aufhebung der Schuldhaft, noch in dem Gesetze über Aufhebung der Beschlagnahme der Arbeits- und Dienstlöhne eine Ausnahme für Schadensersatz-Forderungen statuirt worden ist. Es ist somit dem Arbeitgeber gegen ersatzpflichtige Arbeiter jedes Executionsmittel zur Beitreibung der Entschädigung genommen worden.

Auch gegen die Haftbarkeit des Bergbau-Unternehmers für die Verschuldung seiner Officianten bleiben die Einwendungen, welche wir bereits oben angeführt haben, bestehen. Sind die Officianten einmal von der staatlichen Bergbehörde zugelassen und als qualificirt bestätigt, so nehmen dieselben ganz den Charakter der Staatsbeamten bezüglich ihrer Verschuldungen insofern an, als sie diese selbständig zu vertreten haben und der Staat nicht für sie haftet nach allgemeinen Rechtsgrundsätzen[23]). Es tritt hinzu noch die Bestimmung des Allgemeinen Berggesetzes vom 24. Juni 1865 §§. 75. 76, wonach die Officianten der Bergbau-Unternehmer persönlich verantwortlich sind für Befolgung der ihre Functionen und Leistungen ordnenden Vorschriften. Weder die Eisenbahn-, noch die Fabriks-Officianten sind einer solchen staatlichen Qualifications-Controle und Bestätigung unterworfen. Deshalb kann den Eisenbahn-Unternehmern und Fabrikanten auch die Ersatzpflicht für ihre Bediensteten ohne Bedenken und Beschränkung aufgelegt werden.

Der Bergbau-Unternehmer ist zudem selten im Stande, auf die Thätigkeit seiner Officianten unmittelbar einzuwirken und dieselbe unter ihn verantwortlich machender Aufsicht zu halten. Diese Aufsicht ist vielmehr wesentlich von der staatlichen Bergbehörde wahrzunehmen und zu üben, und so fällt auch dieser die Verantwortlichkeit für Verschuldungen der Gruben-Officianten näher und mit mehr Recht zu, als dem Bergbau-Unternehmer.

Nach und von allen Seiten empfiehlt es sich deshalb, von Staats- und Gesetzwegen nur für Anstalten zu sorgen, welche sowohl dem Bergbau-Unternehmer, als auch seinen Officianten und Arbeitern bei Unfällen die nöthige Fürsorge und wünschenswerthe Entschädigung sichern, Anstalten, wie wir sie eben in den oben bezeichneten Unfall-Versicherungs-Societäten erblicken.

Diesen Societäten wären dann auch leicht alle Organe anzuschliessen, denen die Feststellung der Ursachen der Unglücksfälle sowie die Bemessung der Entschädigung aufgetragen werden: schiedsrichterliche Collegien, die bei jedem Unfalle als Untersuchungs- und Urtheils-Commission in Function treten, und zwar in einer Zusammensetzung, wie sie auch ein Fachblatt, die berg- und hüttenmännische Zeitung für den Niederrhein und Westfalen „Glück auf" (1869 Nr. 49) erst jüngsthin vorgeschlagen und motivirt hat. Den dort geäusserten Anschauungen und Vorschlägen kann jeder Sach- und Fachkundige nur beistimmen und beitreten und namentlich bestätigen, dass die Revierbeamten allein nicht im Stande sind, bei Unglücksfällen von einiger Bedeutung gleichzeitig die nöthigen Rettungsarbeiten und die erforderliche Untersuchung der Ursachen und des Herganges zu leiten und zu bewirken. Auch wir meinen, „ausserordentliche Fälle erheischen auch aussergewöhnliche Mittel und Massregeln", können aber dem Vorschlage, dass bei Unglücksfällen

---

23) Vergl. z. B. das preuss. Allgemeine Landrecht Th. II. Tit §§. 89 ff. 127 ff.

der Staatsanwalt nur „befugt" sein solle, eine Commission von fachmännischen Gutachtern zu berufen, die sich ausschliesslich mit der Frage der Entstehung des Ereignisses zu beschäftigen und hierbei das etwa vorliegende Verschulden Dritter festzustellen habe, eine Commission, die aus dem localkundigen Revierbeamten und zur Hälfte aus Staats-, zur Hälfte aus Privat-Bergbeamten oder sachverständigen Gewerken bestehen solle, wir können diesem Vorschlage nicht unbedingt und völlig beistimmen, halten es vielmehr für praktischer, dass eine solche Commission in jedem Bergreviere ständig sein müsse, und zwar durch freie Wahl der Bergbau-Unternehmer, d. i. der Arbeitgeber und Arbeitnehmer, unter dem Vorsitze eines Commissars der Bergbehörde, nicht des Revierbeamten, der zudem stets sein näheres oder entfernteres persönliches Interesse als staatlicher Aufsichts- und Bergpolizei-Beamter bei dem Resultate der Untersuchung haben kann. Ob die Mitglieder der Schiedsrichter-Commission Staats- oder Privat-Bergbeamte oder Gewerken sind, ist gleichgültig: die Hauptsache ist, dass sie anerkannte Sach- und Fachverständige und bei dem Ergebnisse der Untersuchung auch nicht entfernt persönlich interessirt sind. —

Litteratur.

I.

Journal des Collegiums für Lebens-Versicherungs-Wissenschaft zu Berlin. Erster Band. Heft 1, 1868; Heft 2 und 3, 1869. in 8º. (Berlin bei W. Weber.)

Unter diesem Titel tritt ein neues Unternehmen auf, das vielleicht etwas bezeichnender hatte benannt werden können (etwa: Zeitschrift für die wissenschaftlichen Grundlagen des Versicherungswesens), das aber allen Betheiligten höchst erwünscht sein wird. Es verdankt seinen Ursprung jenem im Titel genannten Collegium, einer Gesellschaft von Sachverständigen, über die wir einige Bemerkungen vorausschicken wollen.

Das Jahr 1867 hat einige von einander unabhängige Versuche der Begründung oder Beförderung einer wissenschaftlich strengen Statistik aufzuweisen: theils mathematische Abhandlungen, die damals erschienen und deren Reihe noch nicht erschöpft zu sein scheint, theils und vor Allem jenes Collegium, das sein Statut unter dem 21. December 1867 veröffentlicht hat.

Die Gründer sind demnach folgende sieben zum Theil schon literarisch bekannte Männer: Heym aus Leipzig, Hopf aus Gotha, Lazarus aus Hamburg, Wiegand aus Halle, Busse, Kanner und Zillmer aus Berlin; der zuletzt genannte führt gegenwärtig den Vorsitz der in Berlin ansässigen Gesellschaft.

Mitglied kann nur werden, wer sich durch Beruf oder literarische Leistung so weit als Fachmann gezeigt hat, dass ihn eine Abstimmung der Mitglieder für würdig zum Eintritt erklärt, nachdem er vorgeschlagen ist; der erste Stamm von Mitgliedern wurde durch schriftliche Aufforderung gebildet. So entstehen die ordentlichen Mitglieder.

Daneben giebt es auch ausserordentliche, damit das Wohlwollen derjenigen, die als Fachleute sich anzumelden zu bescheiden sind, Spielraum der Bethätigung finde. Ihr Beitrag ist auf nur 2 Thlr. jährlich festgesetzt, und die übliche Unbescholtenheit bildet die einzige Bedingung.

Der Zweck der Gesellschaft ist: Förderung der wissenschaftlichen Grundlagen des Versicherungswesens, und sie sucht ihn, nach §. 3 der Statuten, durch folgende Mittel zu erreichen:

    durch Vorträge und freie Besprechung;

durch Beantwortung gestellter Fragen;
durch Gründung einer Fachbibliothek;
durch Veröffentlichung ihrer Sitzungsberichte und
durch alle geeigneten andern Mittel, unter welche (seit der vierten Sitzung) auch das Journal, dessen erste Hefte uns vorliegen, gerechnet wird.

Die streng gewahrte Grenze zwischen sachverständigen und blos wohlwollenden Mitgliedern scheint uns eine Bürgschaft zu bieten gegen die Gefahr jener Versandung und Verflachung, die man an gewissen Wander-Congressen, nicht blos statistischen, zuweilen mit Bedauern wahrnimmt. Eine andere Gefahr allerdings entsteht, während jene vermieden wird. Es könnte nämlich leicht geschehen, dass der „Geist der Zusammengehörigkeit" durch den Verein zu einem „Geist der Ausschliesslichkeit" herangezogen würde, so dass unwillkürlich nur die Collegen beachtet und fast immer gelobt, die übrigen schreibenden oder handelnden Leute aber als nicht vorhanden angesehen wurden. Nicht das geringste Anzeichen einer solchen Ausartung ist bis jetzt zu bemerken, und wir erwähnen die Gefahr blos, weil sie die einzige ist, welche durch die Form der Verfassung noch nicht an sich ausgeschlossen wird.

Die Wirksamkeit des Collegiums war bisher eine sehr wohl erwogene. Man hat einen Ausschuss niedergesetzt, um die Vorarbeiten zu erledigen für die grosse Aufgabe: das Material aller deutschen Versicherungs-Anstalten zur Herstellung einer Sterblichkeitstafel zu verwenden; der Bericht dieses Ausschusses wird unten noch einmal zu ewähnen sein. Man hat ferner eine Petition an das preussische Haus der Abgeordneten gerichtet, worin dasselbe gebeten wird, den vom Ministerium des Handels u. s. w. vorgelegten Gesetzentwurf, das Versicherungswesen betreffend, zu verwerfen, und dagegen den Erlass eines beigefügten Entwurfs der Staatsregierung zu empfehlen. An diese theils schaffenden, theils abwehrenden Bemühungen reiht sich die Gründung der Bibliothek und die des Journals als die wichtigste an.

Wer je in der Lage war, eine wissenschaftliche Arbeit dieser Richtung, z. B. eine mathematische, im Manuscript zu besitzen, der kennt die Verlegenheit bei der nun entstehenden Frage der Veröffentlichung. Die Redactionen unserer viel zu zahlreichen statistischen Zeitschriften dankten bestens und riethen ab, da ihr Publikum auf solche Darstellung nicht vorbereitet sei: ein Grund, dessen betrübende Wahrheit man nicht leugnen konnte. Die mathematischen Zeitschriften hatten unter ihren sämmtlichen Lesern, die der Darstellung mächtig sind, nur wenige, welche den Gegenstand selbst einiger Aufmerksamkeit werth hielten. Für ein selbständiges Buch war nicht jede Arbeit gross genug; und die es waren, fanden schwer einen Verleger, der Geduld mit ihnen hatte.

Diesem beträchtlichen Uebelstande ist nun, hoffentlich ein Mal für alle Male abgeholfen. Möchten nun auch die Schriftsteller sich der entstandenen Zeitschrift so regelmässig, als thunlich ist. bedienen, damit nicht auch hier jene im deutschen Zeitschriftenwesen übliche Zersplitterung einreisse.

Folgendes ist der Inhalt der vorliegenden Hefte:

Erstes Heft: Lazarus, Ein Satz aus der Wahrscheinlichkeitsrechnung. Der Verfasser unterscheidet, in der Form von Beispielen, zunächst folgende drei Aufgaben:

1. wie gross ist die Wahrscheinlichkeit mit einem Würfel unter 12000 Wurfen 2000mal die Zahl Eins, 10000mal eine andere Zahl zu werfen?
2. wie gross ist die Wahrscheinlichkeit unter 12000 Würfen die Zahl Eins öfter als 2000mal, also mindestens 2001mal zu werfen und höchstens — beispielsweise — 2030mal?
3. wie gross ist die Wahrscheinlichkeit unter 12000 Würfen die Zahl Eins seltener als 2000mal, also höchstens 1999mal zu werfen und mindestens etwa 1960mal?

Von diesen Aufgaben ist nur die unter 1. genannte gelöst; von den beiden andern hat der Verfasser, trotz eifrigster Nachforschungen in der Literatur, nicht gefunden, dass man sich unmittelbar damit beschäftigt hätte, und diese Lücke sucht er auszufüllen. Die Abhandlung bedient sich dazu sofort der nöthigen analytischen Hilfsmittel und erledigt ihren Gegenstand auf 20 Seiten.

Zillmer bietet die nächste Abhandlung: Ueber eine verallgemeinerte Ableitung der Formeln für Berechnung der Lebensversicherungs-Prämien (S. 21—28). Es folgen dann die Berichte über die Sitzungen und das Verzeichniss der ersten Bücher-Erwerbungen.

Zweites Heft: Lazarus, Ueber die Ermittlung der Sterblichkeit aus den Aufzeichnungen der Lebensversicherungs-Anstalten. Es ist erfreulich, schon in dieser Ueberschrift die Annahme eines reineren und deckenderen Sprachgebrauchs zu gewahren: denn wesshalb Mortalität? und vor Allem wesshalb fortwährend von Beobachtungen reden, was ganz dem Geist der Sprache widerstrebt und nur eine dürftige Analogie für sich hat, wenn Aufzeichnungen gemeint sind. Der Aufsatz selbst, der das ganze Heft einnimmt und gegen 60 Seiten lang ist, bildet den Bericht jenes oben erwähnten Ausschusses und besteht aus zwei Theilen. Der eine Theil bespricht die Sammlung und Anordnung des Materials, der andere die mathematische Ausbeutung desselben; letzterer in den §§. 5—7, ersterer in den §§. 1—4 und 8—12.

Die Vorschläge scheinen mir durchaus praktisch und nur der gute Wille der verschiedenen Anstalten dürfte noch erforderlich sein, um das angeregte Werk zu Ende zu führen. Man muss dem Verfasser für die gründliche und umfassende Erledigung seiner Aufgabe dankbar sein und könnte höchstens wünschen, dass die Theorie ganz abgesondert von der Technik behandelt und so in ihrer Entfaltung nicht verkürzt worden wäre.

Drittes Heft: Hopf, Ueber die allgemeine Natur des Geburts- und des Sterblichkeitsverhältnisses. 33 Seiten allgemeiner Betrachtungen, aus denen hervorgeht, dass der Verfasser auch jetzt noch bestrebt ist, eine wissenschaftliche Behandlung der Statistik zu befördern.

Den Schluss des Heftes bildet die bereits erwähnte Petition des Collegiums.

Begierig auf die künftigen Hefte möchten wir den Herausgebern noch einen Wunsch zu erkennen geben: nämlich womöglich laufende Nachrichten über erscheinende selbständige Schriften! Es mag schwer sein, dafür die regelmässig arbeitenden Vertreter zu finden, aber das Bedürfniss ist vorhanden. So z. B. das Buch von Scheffler, Sterblichkeit und Versicherungswesen, 1868; das Programm von Baumhauer zum statistischen Congress von 1868, das fast nur über Ermittlung der Sterblichkeit handeln soll (es liegt mir nicht vor); das Buch von Wittstein, Mathematische Statistik, 1867; das ganz neue Buch von Zeuner, Abhandlungen zur mathematischen Statistik, 1869: was denkt das Collegium über diese Werke? Es hat den Beruf, hierüber das grössere wissenschaftliche Publikum aufzuklären.

Auch jetzt schon ist alle Aussicht vorhanden, dass der Verein, welcher unsers Wissens im Ausland kein Vorbild hat, binnen kurzer Zeit den Deutschen die Führerschaft in den strengern Gebieten der Statistik verschaffe: möchte es ihm zugleich gelingen, dieser Richtung neue Anhänger zuzuwenden, deren sie bei der Fülle von Aufgaben so sehr bedarf.

Leipzig, den 10. Nov. 1869.   G. F. Knapp.

II.

Physique sociale ou Essai sur le developpement des facultés de l'homme par **A. Quetelet**. Bruxelles, Paris et St. Petersbourg 1869.

Vierunddreissig Jahre sind verflossen, seitdem die erste Auflage von Quetelet's Essai d'une physique sociale erschienen ist. In der Zwischenzeit haben die in diesem Werke niedergelegten und glanzend pointirten Ansichten eine Menge bedeutender und unbedeutender Anbeter und jedenfalls in dem ganzen Gebiete der Socialwissenschaften, in der Statistik insbesondere die höchste Beachtung gefunden. Ist ja noch heute der Streit nicht geschlichtet, ob die von Quetelet angebahnte Richtung eine ganz selbstständige Wissenschaft neben der alten materialsammelnden Statistik sei oder nicht — Beweis genug, dass seine Leistungen im höchsten Grade als bahnbrechend anerkannt worden sind, und der von ihm ausgestreute Samen auf fruchtbaren Boden gefallen ist.

Quetelet selbst begnügte sich nicht damit, eine Idee in die Welt zu werfen und dann auf seinen Lorbern zu ruhen. Er hat seit 1835 sich grosse Verdienste um die praktische Statistik in Belgien und durch Vermittelung der internationalen Congresse um die Statistik in allen civilisirten Ländern erworben. Er hat, abgesehen von vielen kleineren Abhandlungen und von Arbeiten im Gebiete der Mathematik, zwei grössere Werke: „Lettres sur la théorie des probabilités" und „Du Systeme social" geschrieben, deren ersteres ein unübertreffliches Muster allgemeinverständlicher Behandlung mathematischer Errungenschaften und ihrer Anwendung auf socialwissenschaftliche Untersuchungen ist, während das letztere die Grundgedanken Quetelet's über Anwendung der beobachtenden Methode auf die Wissenschaften vom Menschen in den äussersten Extremen durchgeführt enthält. Nun am Abend seines Lebens sehen wir den Nestor der Statistik sein erstes Hauptwerk noch einmal neu auflegen; es erscheint in erheblich vergrössertem Umfang noch einmal mit altbewährter Darstellungskunst die Ideen zusammenfassend, fur deren Verbreitung der grosse Mann in vier Decennien unermüdlich thätig war. Wir wären versucht, das Buch für Q.'s wissenschaftliches Testament zu halten, wenn er uns nicht selbst noch ein weiteres Werk „Anthropologie" verspräche. —

XIV.

Vergleichen wir zunächst äusserlich den Inhalt dieser zweiten Auflage mit dem der ersten, deren Titel unwesentlich verändert ist, so sind in der neuen Auflage zunächst alle Capitel und Paragraphen der alten mit ganz unerheblichen Weglassungen und noch unwesentlicheren Aenderungen wieder aufgenommen. Am Schlusse einzelner Paragraphen sind dann neue Zusätze von grösserem und geringerem Umfange angefügt und eine Reihe von Paragraphen ist ganz neu eingeschaltet — neu im Vergleiche mit der ersten Auflage, während diejenigen, welche Q.'s andere Werke gelesen haben, in den neuen Paragraphen meist dennoch alte Bekannte wiederfinden werden.

Die neuen Zusätze bestehen zunächst in einer Einleitung über die Theorie der Wahrscheinlichkeitsrechnung von Sir John F.-W. Herschel, die zwar eine sehr lesenswerthe Zugabe zu dem Werke darstellt, übrigens doch passender als Anhang, denn als Einleitung Platz gefunden hätte, wie denn überhaupt die neuen Zusätze vielfach an Stellen eingeschaltet sind, wo man gerade einen inneren Grund für ihre Einfügung an diesem Orte nicht einsieht. Aus dieser Einleitung scheint uns als für die Beurtheilung von Quetelet selbst besonders wichtig hervorzuheben, dass Herschel (S. 50) der Ansicht ist, man könne durch die Rechnung nicht die Ursachen der Erscheinungen entdecken, sondern nur „des tendences, agissant par des opportunités, qu'une philosophie ulterieure est appelée à lier aux causes éfficientes et formelles" — was ziemlich identisch mit der Behauptung ist, dass durch statistische Massenbeobachtung constatirte Regelmässigkeiten noch keine Gesetze in dem Sinne sind, dass wir einen naturnothwendigen Causalzusammenhang zwischen einer Wirkung und einer erkannten allgemeinen Ursache gefunden hätten.

Doch wir wollen der Kritik von Q.'s Ideen nicht vorgreifen! Der Einleitung folgt das erste Buch, entsprechend der Einleitung der ersten Auflage, wobei §. 3—6 neu eingeschaltet sind. Diese Paragraphen enthalten einiges sehr Kurzes und Unvollständiges über die Entstehung und die Fortschritte der wissenschaftlichen Statistik, über die Ausdehnung der praktischen Statistik, dann den bekannten auf dem Congress zu London proklamirten Plan einer allgemeinen internationalen Statistik, endlich einen Abschnitt aus der kosmischen Geographie über die periodischen Erscheinungen. Der nächste § enthält einen Zusatz gegenüber der alten Auflage. An neueren Messungen der Körpergrösse amerikanischer Freiwilligen wird das Gesetzmässige in den Abweichungen der Grösse der Einzelnen vom Durchschnitt nachgewiesen — wovon in der Introduction und in den lettres sur la theorie des probab. die Rede. Der §. 8 ist wieder neu; er handelt, unter Anlehnung an die „lettres", über Wahrscheinlichkeit und enthält ein langes Citat aus Buckle, wobei wir nicht umhin können, die Frage aufzuwerfen, warum Adolph Wagner und Alexander von Oettingen, welche Schriftsteller doch über die Anwendbarkeit der inductiven auf Massenbeobachtung begründeten Methode in Q.'s Sinne sehr gründlich und ausgedehnt theoretisirt haben, nirgends einer eingehenderen Berucksichtigung gewürdigt, sondern nur kurz citirt werden. Die zwei letzten §§. des Buchs sind, abgesehen von einer Erörterung über den mittleren Menschen, identisch mit §. 4—6 der alten Auflage.

Aehnlich, wie das erste, verhalten sich auch die übrigen Bücher gegenüber der alten Auflage. Manchmal erscheint der unveränderte Abdruck, wenn doch ein neues Werk geschrieben werden sollte, das auf der Höhe der Zeit steht, kaum zu rechtfertigen, z. B. l. 2 c. 2 §. 2 über den Einfluss der Moralität auf die Zahl der Geburten, wo die neueren Daten über uneheliche Kinder unberücksichtigt sind, oder l. 2 c. 7 §. 1, wo der Einfluss verschiedener Berufsarten auf die Sterblichkeit nur mit Hülfe einer ganz alten und dürftigen Statistik erörtert ist. Auch abgesehen davon, dass neuere statistische Zahlen selten in dem alten Texte mitverarbeitet sind und meist nur bei einzelnen Materien in besonders eingeschalteten Abschnitten nachgetragen werden, ist ein Fortschritt gegenüber der alten Auflage insofern zu vermissen, als sich nirgends eine Tendenz zeigt, an Stelle der altgewohnten, wenig beweisenden Quotienten umständlichere, aber dafur richtigere Berechnungen zu setzen. Es war gewiss ein für die Verbreitung von Q.'s Ideen günstiges Moment, dass der Mathematiker und Astronom niemals eine erdrückende Fülle von Zahlen bringt und noch weniger seine Leser mit langen mathematischen Berechnungen oder Beweisen ermüdet, die entweder ganz fehlen, indem Q. für mathematische Sätze Glauben fordert, oder die doch nur in den Noten angedeutet werden. Indessen ist es dennoch, nachdem seit Neuestem sich grössere Gewissenhaftigkeit bei statistischen Berechnungen geltend zu machen strebt, erstaunlich, wenn Buch 2 c. 1 §. 1 die Fruchtbarkeit noch nach den alten ganz unzuverlässigen Quotienten zwischen Geburten- und Bevölkerungs-Zahl und zwischen der Zahl der jährlichen Geburten und der Zahl der jährlich geschlossenen Ehen gemessen wird, wobei Q. das Trügerische dieser Quotienten selbst zugesteht, ohne deshalb auf ihren Gebrauch ganz zu verzichten oder etwas Besseres an ihre Stelle zu setzen. Noch mehr tritt dieser Mangel in l. 2 c. 5 und 6 hervor, wo von der Sterblichkeit die Rede ist und ungerechtfertigt häufig mit der alten Sterblichkeitsziffer operirt wird, während doch gerade in diesem Gebiete der Statistik über die Methoden zur Berechnung der Absterbeordnung in neuerer Zeit viel geleistet worden, und man zu der Erkenntniss gekommen ist, dass als Grundlage zu einer Reihe von Schlüssen nicht die Sterblichkeitsziffer, auch nicht die mittlere Lebensdauer, sondern nur eine gewissenhaft berechnete Absterbeordnung zu nehmen ist. C. 5 §. 1 werden Sterblichkeitsziffern verschiedener Länder verglichen und Q. selbst findet, dass eine hohe Geburtsziffer mit hoher Sterblichkeitsziffer zusammenzufallen pflegt, was er daraus erklärt, dass eine Tendenz besteht, die durch den Tod entstandenen Lücken durch reichliche Geburten auszufüllen. Hohe Geburtsziffer erscheint so als Folge hoher Sterblichkeitsziffer, während erstere doch zugleich Ursache der letzteren in Anbetracht der stärkeren Kindersterblichkeit ist — ein Moment, welches allein genügt, die Sterblichkeitsziffern in Ländern mit verschiedener Geburtenmenge als ein ganz unbrauchbares Mass zur Vergleichung der Sterblichkeit zu betrachten. Der dritte § dieses Capitels ist stark umgearbeitet und enthält allerlei Sterblichkeits-Tafeln und -Kurven, aber über die wichtige Frage, wie solche Tafeln berechnet werden müssen, ist kaum ein Wort verloren. Die resultirenden Zahlen einfach zu acceptiren, ist für den kritischen Leser doch eine starke Zumuthung! Ein anderer Fall, in welchem der Mangel eines mathematischen Beweises kaum erträglich ist, findet sich cap. 8 §. 1, wo das schon in der alten Auflage vorgetragene Gesetz ausgesprochen ist, dass die Summe der Hindernisse gegen die Bevölkerungsvermehrung sich verhält wie das Quadrat der Geschwindigkeit, mit welcher die Bevölkerung zu wachsen strebt. Den Beweis für diese Behauptung kann ein einigermassen denkender Leser dem Autor um so weniger erlassen, als man selbst bei grosser mathematischer Bildung ihn selbst zu führen nicht im Stande ist. Denn vor Allem ist unbekannt, wie man die Hindernisse gegen die Bevölkerungsvermehrung in messbare Grössen verwandeln soll.

Dergleichen Uebergehen von Schwierigkeiten kann auch nicht rein als ein Zugeständniss gegen die geringe Wissenschaftlichkeit des Lesers betrachtet werden, denn wenn Q. I. 2 c. 7 §. 3 eine Abnahme der Sterblichkeit beim Fortschritte der Civilisation und des Wohlstands behauptet und sich dabei auf verschiedene alte Sterblichkeitsziffern stützt, so ist man doch zu der Annahme berechtigt, dass er auch für sein eigenes Bewusstsein es nicht für nöthig hielt, seinen allgemeinen Schlüssen allzu gewissenhafte Berechnungen zu Grunde zu legen. Ueber Ab- und Zunahme der Sterblichkeit lässt sich etwas ganz Genaues nur auf Grund von gleichmässig und richtig berechneten Absterbeordnungen aus verschiedenen Perioden aussagen, etwas Annäherndes nur durch Heranziehung der Geburtsziffern zu den Sterblichkeitsziffern. So lässt sich z. B. im Allgemeinen eine Abnahme der Sterblichkeit bei abnehmender Sterblichkeitsziffer behaupten, wenn zugleich die Geburtenmenge mindestens nicht abgenommen hat, und es lässt sich bei gleichbleibender Sterblichkeitsziffer und gleichzeitig abnehmender Geburtenmenge annähernd richtig auf eine zunehmende Sterblichkeit schliessen. Auf letztere Weise hat Engel (Zeitschrift des pr. stat Bureaus 1861) die Sterblichkeit behandelt, und es lässt sich daraus eine Abnahme der Sterblichkeit in Preussen seit 1816 trotz zunehmender Civilisation nicht erkennen.

Das zweite Buch enthält zwei ganz neue Capitel, das 4., das von Geburten und Heirathen, und das 6., das von der Sterblichkeit unter Benutzung neuerer Zahlen handelt. Ausserdem enthält der Anhang des ersten Bandes noch eine schöne populäre Darstellung der Hauptgrundsätze der Wahrscheinlichkeitsrechnung. Das zweite Buch, welches den grössten Theil des ersten Bandes ausfüllt, umfasst diejenigen Untersuchungen, die man unter dem Namen Bevölkerungsstatistik zusammenzufassen pflegt. Trotz der neuen Zusätze, in denen sich die alte Kunst des Verfassers, ohne übermässiges Material eine Reihe gern acceptirter Schlüsse zu ziehen, wieder glänzend bewährt, können wir nicht behaupten, dass dieser ganze Abschnitt über Bevölkerungsstatistik an wissenswürdigen Thatsachen und an guten Berechnungen mehr böte und mehr auf der Höhe der neuesten Zeit stände, als das bekannte, leider seit 1861 nicht mehr neu aufgelegte Werk von Wappäus über allgemeine Bevölkerungsstatistik.

Der zweite Band mit dem 3., 4. und 5. Buch verbreitet sich über die physischen, moralischen und intellektuellen Eigenschaften des Menschen, um mit der schon vielfach anticipirten Theorie vom „mittleren Menschen" zu schliessen.

Das dritte Buch, welches Beobachtungen über Körpergrösse, Gewicht, Körperkraft, Zahl der Pulsschläge und Athemzüge enthält, ist gegen die alte Auflage um viele Bemerkungen allgemeinen Inhalts, sowie um verschiedene Betrachtungen über das Verhältniss dieser gemessenen menschlichen Eigenschaften zu einander vergrössert. Die Zahl der physischen Eigenschaften des Menschen, die überhaupt der Messung unterworfen sind, ist gegen die alte Auflage nicht vermehrt, und wenn man bedenkt, auf welch ungenügender Statistik die Messungen von Gewicht, Grösse, Pulsschlägen und Athemzugen beruhen, wie sehr ferner die Messung der Körperkraft durch ihre Wirkungen problematisch ist, so möchte dies allein die wirkliche Berechnung des mittleren Menschen als ein äusserst fern liegendes Ziel der menschlichen Wissenschaft erscheinen lassen. Das vierte Buch über die moralischen und intellektuellen Eigenschaften des Menschen bringt betreffs der intellektuellen Eigenschaften neben den bereits in der alten Auflage enthaltenen Untersuchungen über die Entwicklung des dramatischen Talents — die wohl nur als geistreiche Verirrung betrachtet werden konnen — und einiger Irrenstatistik, neue Angaben über Briefe und Telegramme, ferner eine vergleichende Berufsstatistik, bei welcher die Unvergleichbarkeit der Daten aus einzelnen Ländern den Verfasser von Vergleichen durchaus nicht abschreckt, und dann wieder ein Stück kosmische Geografie über die periodischen Erscheinungen, für dessen Einschaltung an dieser Stelle man keinen rechten Grund einsieht, und das zum Theile wörtlich aus dem ersten Bande S. 123 ff. wiederholt ist. Der Abschnitt über die moralischen Eigenschaften, welcher hauptsächlich Statistik der Selbstmorde und Verbrechen enthält, ist um ein langes Capitel mit neuerer Statistik vermehrt, während die alten Grundanschauungen ganz ohne Berücksichtigung der Arbeiten von Wagner, Mayr, Oettingen u. s. w. beibehalten sind. Auch das letzte zusammenfassende Buch über den homme-moyen ist um ein neues Capitel allgemeinen Inhalts vergrössert, ohne dass jedoch der mittlere Mensch auf Grundlage der Bevölkerungs- und Sitten-Statistik und einiger Messungen medicinischen Charakters wirklich construirt würde. Hier, wie anno 1835, ist er ein ideales Ziel, kein Resultat von Q.'s Wissenschaft. Schliesslich folgen in den Noten eine Reihe interessanter Briefe von verschiedenen Gelehrten an den Verfasser.

Aus dieser kurzen Inhaltsanzeige ist zu entnehmen, dass ein unveränderter Abdruck der alten Auflage der Welt denselben Dienst geleistet hätte, wie die neue vermehrte Ausgabe. Es ist selbstverständlich, dass ein Buch wie Q.'s Physique sociale im Buchhandel nicht vergriffen sein darf; diesen Dienst hätte aber ein unveränderter Abdruck ebenfalls geleistet, und wer sich über Q.'s Ideen und deren Entwicklung bei dem Verfasser selbst gründlich belehren will, wird noch heutigen Tages besser thun, die alte Auflage der physique sociale von 1835 sowie Q.'s spätere Werke zu studiren, da er in der neuen Auflage doch nichts Anderes findet, als den Text der alten nebst Zusätzen, die gegenüber den lettres und dem système social keine Weiterentwicklung der Gedanken enthalten. Ja, die Zusätze sind häufig ohne alle innere Nothwendigkeit eingeschaltet und zeigen theilweise — wie die oben erwähnte wörtliche Wiederholung — entschieden die Spuren der Flüchtigkeit. Wenn wir daher in dem Folgenden eine kurze Kritik der Q.'schen Grundgedanken versuchen, so haben wir es mit nichts Neuem, sondern einfach mit dem alten Quetelet vom Jahre 1835 zu thun, dessen Ideen längst die Runde der civilisirten Welt gemacht haben.

Q.'s grosses wissenschaftliches Verdienst lässt sich kurz dahin definiren, dass er allgemeines Interesse für die Idee anregte, aus zahlenmässigen Massenbeobachtungen über Erscheinungen im menschlichen Leben Schlüsse von allgemeinem wissenschaftlichen Werth zu ziehen, oder, um eine beliebte moderne Bezeichnung zu gebrauchen, dass er die Resultate der praktischen Statistik zur Anwendung induktiver Forschungsmethode bei socialwissenschaftlichen Studien zu verwerthen lehrte. Er war nicht der Erste, welcher Zahlen in solcher Weise überhaupt behandelte; es haben dies vor ihm alle politischen Arithmetiker bei einzelnen Fragen gethan, und wenn Halley schon im 17. Jahrh. eine Mortalitätstafel construirte, so muss er den Gedanken, dass es für grosse Massen von Menschen eine erkennbare Gesetzmässigkeit des Absterbens gebe, gekannt haben. Es hat dies vor Quetelet Süssmilch gethan, dem zwar äusserlich eine teleologische Auffassung anklebt und der von Sätzen der Bibel ausgeht. Aber was ist die „göttliche Ordnung in den Veränderungen des menschlichen Geschlechts" vom Jahre 1742 anders, als die „Gesetzmässigkeit in scheinbar zufälligen Erscheinungen", wenn wir bedenken, dass Süssmilch zwar die Möglichkeit und Nothwendigkeit einer Ordnung überhaupt aus dem geoffenbarten Willen Gottes ableitet, die Ordnung selbst aber aus zahlenmässigen Massenbeobachtungen erkennt? Unbedingt war es eine wissenschaftliche Leistung von grösserer Originalität, im Jahre 1742 alle Fragen der heutigen Bevölkerungsstatistik aufzuwerfen und nach einem einheitlichen philosophischen Grundgedanken zu behandeln, als im Jahre 1835 die Methode der Naturwissenschaften auf die Wissenschaft vom Menschen zu übertragen.

Aber nicht nur die politischen Arithmetiker und Süssmilch sind bedeutende Vorläufer von Q., mehr noch waren entschieden auf ihn die grossen Mathematiker von Einfluss, welche die Wahrscheinlichkeitsrechnung und das Gesetz der grossen Zahlen entdeckt und sich vielfach selbst mit der Anwendung ihrer mathematischen Theorie auf menschliche Verhältnisse beschäftigt haben. Wir wüssten in Q.'s Werken nirgends einen Satz zu finden, der an Grossartigkeit und Fruchtbarkeit die Ideen von Laplace überträfe, die derselbe in der Einleitung zu seiner Theorie der Wahrscheinlichkeitsrechnung niedergelegt hat.

Doch es ist ein müssiger Streit, über die Originalität der Gedanken bahnbrechender Schriftsteller zu rechten, die Schule gemacht haben. Quetelet hat Schule gemacht, Süssmilch hat dies seiner Zeit nicht vermocht, Pascal, Bernoulli, Poisson und Laplace haben wenigstens noch keinen bestimmenden Einfluss auf die socialen Wissenschaften und die Statistik insbesondere gewonnen. Quetelet hat dies erreicht, indem er zur rechten Zeit in der rechten Weise schrieb: er schrieb, als die alte Achenwall-Schlözer'sche Statistik trotz des Göttinger Streites zwischen der höheren Statistik und den Tabellenknechten das wissenschaftlich Ungenügende der reinen Beschreibung, insbesondere der Wortbeschreibung eingesehen hatte und sich nach Verwirklichung von Schlözer's „raisonnirender Statistik" zu sehnen begann. Er schrieb, als die amtliche Statistik ein massenhafteres Material zu liefern und zugänglich zu machen begonnen, und die Triumphe der Rechnung in den Naturwissenschaften den Gedanken allgemeiner Nachahmung nahe gelegt hatten. Niemand verstand es endlich besser, als er, das Wichtige vom Unwichtigen zu unterscheiden, die Hauptgedanken in scharfen, allgemein verständlichen Pointen hervorzuheben und selbst in Uebertreibungen mehr anregend, als abstossend, zu wirken.

Dadurch hat Quetelet gewirkt, und der Gewinn, der aus seiner Anregung entstanden ist, ist ein doppelter: zunächst für die Statistik, dann aber für alle socialen Wissenschaften. Die Statistik hat endgultig aufgehört, durch trockene Beschreibungen einzelne wissenswürdige Kenntnisse zu verbreiten und der Staatsregierung einzelne praktische Winke zu ertheilen. Das Sammeln und Gruppiren von Zahlen steht jetzt im Dienste von allgemein interessanten wissenschaftlichen Untersuchungen, die man wohl nicht mit Unrecht als das eigentliche Wesen der neueren Statistik („mathematische, analytische oder französische Schule") bezeichnet, und dadurch ist das Sammeln der Zahlen selbst ein ausgedehnteres und besseres geworden. In allen socialen Wissenschaften aber, insbesondere in der Nationalökonomie, hat man in erhohtem Grade die Zahlen zu verwerthen begonnen und Schlüsse aus exakten Massenbeobachtungen an Stelle des einfachen Raisonnements aus der Natur des Menschen oder sonstiger oberflächlicheren Beobachtung gesetzt, wodurch die Resultate dieser Wissenschaften an Sicherheit gewonnen haben. Zahlenmässige Beobachtungen aber zur ausschliesslichen Grundlage socialwissenschaftlicher Studien zu machen, dies ist noch nicht gelungen und dies wird auch gewiss niemals gelingen, wenngleich Q. selbst etwas Solches zu hoffen scheint. Wenn nämlich sein homme moyen, wie er hofft, wirklich construirt wurde, so wäre alles andere socialwissenschaftliche Studium nur noch eine Ausschmückung und unwesentliche Zugabe zu dem homme moyen.

Damit hätten wir Q.'s hervorragendeste Uebertreibung erwähnt. Es scheint zu der Verbreitung fruchtbringender Ideen unentbehrlich, dass sie zuerst in einem glänzenderen Lichte vorgetragen werden, als sie verdienen, und dass deren weitere Perspectiven eröffnen, welche selbst das Auge der spätesten Geschlechter niemals vollständig durchmessen wird. Bei Quetelet ist dies wenigstens in hohem Grade der Fall, und es verlohnt sich vielleicht der Mühe, drei Fragen näher zu prüfen, welche Quetelet auf Grundlage seiner lückenhaften Statistik und mit Hulfe seiner grossartigen Phantasie mehr oder minder einfach und sicher zu lösen sucht.

1) Welche Bedeutung haben die Regelmässigkeiten in dem zahlenmässigen Vorkommen gewisser Erscheinungen des menschlichen Lebens für die Frage nach dem freien Willen des Individuums?

2) Finden wir durch zahlenmässige Berechnungen die allgemeinen constanten Krafte, welche das Leben der Menschheit und des einzelnen Menschen beherrschen?

3) Können wir einen mittleren Menschen construiren, und wenn, wäre derselbe wirklich der Ausdruck des Schöpfer-Gedankens, der Typus und das Ideal des Menschlichen?

Ad 1). Wenn wir die Zahl der Geburten, Heirathen, Sterbefalle oder Verbrechen bei einer grösseren Anzahl Menschen, z. B. innerhalb eines grösseren Staates, Jahr aus, Jahr ein beobachten, dazu bei den Heirathen, Sterbefällen, Verbrechen u. dergl. nach Alter und Civilstand der betreffenden Personen unterscheiden, so bemerken wir in den Zahlen der einzelnen Jahre eine gewisse Regelmässigkeit, ja wir bemerken vielfach bei den scheinbar willkürlichen Handlungen, z. B. Heirathen, grössere Regelmässigkeit, als bei den sogenannten zufälligen (z. B. Sterbefällen). Wir bemerken sogar, dass gewisse Thatsachen sich auf der ganzen Erde jährlich fast gleich verhalten, z. B. das Verhältniss der Knaben- und Mädchengeburten. Wir beobachten endlich, dass auf die Häufigkeit des Vorkommens dieser Erscheinungen allgemeine natürliche Ereignisse wie der Wechsel der Tages- oder Jahreszeiten grösseren Einfluss haben, als der Wechsel socialer Verhältnisse in auf einander folgenden Jahren.

Gehen wir diese Regelmässigkeit bei einer Reihe von Erscheinungen — die Zahl der beobachteten Erscheinungen ist nicht gross — zu, obwohl die Regelmässigkeit ja oft übertrieben wird, und es sich selbstverständlich ja nur um die Wiederkehr annähernd gleicher Zahlen handelt. Gestehen wir auch zu, dass diese Regelmässigkeit etwas Ueberraschendes hat. Es würde zwar der gesunde Menschenverstand auch ohne alle Statistik von selbst annehmen, dass die Zahl der Heirathen nicht in einem Jahre zehnmal so gross ist, als in dem andern, dass aber z. B. auch die Zahl der Ehen zwischen über 70jährigen und unter 20jährigen regelmässig ist, wie dass die Zahl der Diebstähle in einzelnen Altersklassen annähernd constant bleibt, dies sind Thatsachen, die wir erst durch mühsame Beobachtung entdeckt haben, und die uns wesentlich zum Nachdenken reizen müssen. Wenn Q. (Bd. 1 S. 277) sagt: „on ne croira jamais que le hasard ait présidé à de pareils arrangements; il se passe là quelque chose de mysterieux qui confond notre intelligence", so wird dies Jeder gern unterschreiben, wenn er aber weiter geht und sagt (Bd. 2 S. 147 u. S. 320): „le libre arbitre de l'homme s'efface et demeure sans effet sensible quand les observations s'étendent sur un grand nombre d'individus", oder (Bd. 2 S. 36e): „L'expérience nous apprend que le libre arbitre de l'homme n'excerce son action que dans une sphère restreinte, et que, très-sensible pour les individus, il n'a pas d'action appréciable sur le corps social, où toutes les particularités individuelles viennent, en quelque sorte „se neutraliser et s'éteindre", — so möchten wir doch behaupten, dass hier eine äusserst schwierige philosophische Frage durch Berufung auf die statistische Erfahrung viel zu rasch gelöst wird.

Q. selbst leugnet die Existenz eines freien Willens noch nicht kurzweg, er wagt dies vielleicht nicht auszusprechen, aber Andere haben es unter Berufung auf die Statistik und unter rücksichtsloser Durchführung einer materialistischen Weltanschauung gethan, indem sie die bei Q. nahe liegenden, aber noch nicht offen ausgesprochenen Consequenzen zogen. Wir glauben — ohne diese Frage an sich beantworten zu können oder zu wollen — jedenfalls sagen zu können, dass die statistischen Zahlen zu einer negativen Antwort durchaus nicht zwingen.

Erstlich sehen wir, dass Aenderungen der Gesetzgebung und der socialen Gewohnheiten starke Aenderungen in der Zahl der Sterbefälle, der Verbrecher u. s. w. hervorbringen können, was Q. selbst zugesteht — und so sehen wir vor Allem, dass die freie That des Menschen auf die Zahlen einen bestimmenden Einfluss haben kann, nämlich durch Vermittlung der gesammten socialen Verhältnisse, die unser Werk sind. Dann aber, wenn wir selbst hiervon absehen und annehmen, die Verhältnisse einer Gesellschaft und damit die Zahlen der Heirathen u. s. w. blieben absolut gleich, so würde uns dies doch nicht mehr sagen, als dass die Vertheilung der Anlagen und Neigungen unter den Menschen trotz des Wechsels der Generationen gleicht bleibt, dass angeborene menschliche Eigenschaften im Laufe der Zeit stets in relativ gleicher Menge vorkommen und bei gleichbleibenden äusseren Verhältnissen gleich oft in gewissen Handlungen sich zeigen. Welches einzelne Individuum aber die betreffenden Eigenschaften besitzt, bleibt nach wie vor für uns Zufall, d. i. unberechenbar, und welches einzelne Individuum die betreffenden Handlungen begeht, erscheint uns immer noch als Willkür, d. h. weder der Handelnde selbst, noch Dritte, die ihn beobachten, kennen alle Kräfte, die ihn zu seiner Handlung bewegen. Fur die reine Beobachtung ist eine willkürliche Handlung eine solche, deren Motive wir nicht genau kennen, die Willensfreiheit ist die Unkenntniss des Zwangs, wobei die Frage, ob uberhaupt ein Zwang existirte oder nicht, offen bleibt. Letztere Frage kann nur die Philosophie durch Nachdenken über die Vorgänge im Inneren des Menschen selbst und keine Beobachtungswissenschaft erörtern. Die Philosophie aber kann und muss diesen Fragen durch Betrachtung des einzelnen Menschen als solchen nahe kommen und die Statistik kann die Philosophie nur anregen, nicht ihr dictiren. Wenn wir einen Menschen eine Handlung begehen sehen, so fragt es sich: war ausser den verschiedenen äusseren Beweggründen, ausser den angeborenen Anlagen und den anerzogenen Anschauungen des Menschen noch eine Kraft selbstständig in ihm thätig, die schliesslich entschied neben und trotz aller anderen Beweggründe, und die man freien Willen nennen kann, oder war der endgultig entscheidende Entschluss nur die Resultante aller anderen auf den Menschen wirkenden durch Beobachtung erkennbaren Kräfte? Ich glaube, diese Frage bleibt, trotz der Regelmässigkeit statistischer Ziffern, eine offene — und die Regelmässigkeit gewisser Handlungen bei grossen Zahlen von Menschen würde selbst, wenn die Regelmässigkeit eine unbedingte wäre, uns nur mit einer grossen Wahrscheinlichkeit, nie mit Sicherheit auf die Wiederkehr derselben Zahl schliessen lassen; fur die Vergangenheit, in welcher die Regelmässigkeit beobachtet worden ist, würde sie uns aber auch nie zur Leugnung des freien Willens, sondern nur zu der Annahme zwingen, dass auch die im Innern des Menschen vorhandene Willenskraft sich unter vielen Menschen derartig vertheilt, dass ihre Fähigkeit, anderen Kräften Widerstand zu leisten oder zu unterliegen, sich gleichmässig äussert. Wenn man die kindliche Auffassung verlässt, als ob der Akt des freien Willens eine Handlung ohne alle Beweggründe, das ausschliessliche Product einer ursprünglichen und selbstständigen Bewegung sei, — und diese Auffassung hatte ja die Philosophie ohne alle Statistik langst verlassen — so wird man zugestehen, dass unter den Kräften, welche den Menschen zum Handeln bewegen, noch Etwas ist, das wir nicht durch einfache Beobachtung unseres Inneren verstehen können und das auch die Statistik uns nicht erkennen lasst.

Q. war übrigens in dieser Frage nicht sehr bestimmt, scheint auch mehr vollständig klar, als er es wirklich ist. Er sagt, „die Willensfreiheit sei ohne merklichen Einfluss, sie verschwinde, wenn man eine grosse Zahl von Menschen beobachte." Entweder der freie Wille existirt beim Einzelnen, dann existirt er auch bei der Summe aller Einzelnen; oder wir erkennen bei der Beobachtung Vieler, dass er nicht existirt, dann existirt er überhaupt nicht. Obiger Satz kann nur einen Sinn haben, wenn wir ihn etwa also umgestalten: Betrachten wir Einen, so erscheint sein Handeln unberechenbar, und die Kräfte, die ihn treiben, sind unbekannt. Beobachten wir Viele, so können wir das Vorkommen gewisser Handlungen ihrer Häufigkeit nach vorhersehen und wir schieben dasselbe auf allgemeine unter Allen wirkende Ursachen, ob wir diese gleich nicht genau kennen. Unsere Unkenntniss der Kräfte und Beweggründe, die das Handeln des Menschen leiten, wird weniger empfindlich, wenn wir uns von der minutiösen Untersuchung des einzelnen Falls dispensiren, das Räthsel, wie der Entschluss zu einer inviduellen Handlung zu Stande kommt, bleibt aber an sich nicht minder unaufgeklart. Es ist bekannt, wie Buckle, Wagner u. A. die Frage schärfer angegriffen haben als Q., und dann von philosophisch gebildeten Schriftstellern, Drobisch, Oettingen u. s. w. theilweise bekämpft worden sind. Oettingen's neues Werk über Moralstatistik, welches auf einem christlichen Standpunkt steht, die Statistik aber nicht minder anerkennt und gewissenhaft benutzt, wie Süssmilch's Göttliche Ordnung, ware als neueste Arbeit über diese Frage besonders zu berücksichtigen. Ohne mit allen Ansichten des Verfassers übereinzustimmen, wird der Leser des sehr grundlichen und mit umfassender Bildung geschriebenen Werkes doch so viel mit Sicherheit daraus entnehmen, dass diese philosophische Frage durch Quetelet und seine unbedingten extremsten Anhanger nicht für alle Zeiten gelost ist.

Ad 2). Diese Frage wird gewöhnlich so gefasst, dass man von Gesetzen spricht, die durch statistische Beobachtung entdeckt werden und eine gleiche Sicherheit beanspruchen, wie die Gesetze in den Naturwissenschaften. Was man nun in der Wissenschaft überhaupt und in den socialen Wissenschaften insbesondere ein Gesetz nennen will, ist an sich willkurlich, es ist kein logischer Irrthum, eine entdeckte Regelmässigkeit ein Gesetz zu nennen. Dennoch macht man ausgesprochener oder stillschweigender Massen, wenn man von statistischen Gesetzen spricht, den Anspruch auch die zwingende Ursache der Regelmässigkeit zu kennen, oder man stellt das Forschen danach doch als ein erfolgreiches hin. Man denkt also, wenn man von Gesetz spricht, an den entdeckten zwingenden Zusammenhang zwischen einer Ursache und einer Wirkung, wobei Ursache sowohl als Wirkung klar und präcis beobachtet sind. Ich glaube auch, dass es zweckmässig ist — mit Neumann*) spreche ich nur von zweckmässigen, nicht von richtigen Definitionen — das Wort „Gesetz" nur in diesem Sinne zu gebrauchen, dagegen eine constatirte, wenngleich sehr regelmässige Thatsache allein, welche doch immer nur die Wirkung eines Gesetzes ist, auch nur Gesetzmässigkeit zu nennen. Wenn man diesen Sprachgebrauch acceptirt, so müssen wir zugestehen, dass die Statistik noch kein einziges grosses Gesetz, ja nicht einmal eine Gesetzmassigkeit entdeckt hat, welche unbedingt fur alle Zeiten und Orte gilt. Nehmen wir zwei Thatsachen, die man am ausgiebigsten beobachtet hat und noch mit dem grössten Rechte als unvermeidliche Wirkungen eines allgemeinen Gesetzes betrachten kann: die Thatsache, dass unter vielen Geburten ca. 106 Knaben auf 100 Mädchen kommen, und

---

*) Zeitschrift für die ges. Staatswissenschaft. Jahrg. 1869. III. Heft.

dass in der Gesammtbevölkerung die beiden Geschlechter so ziemlich einander gleich an Zahl sind. Die erste Regelmässigkeit ist doch immer derart, dass sie nach Ort und Zeit Schwankungen zeigt, und der Grund der Thatsache ist trotz Sadler und Hofacker nicht sicher constatirt — also jedenfalls kein Gesetz in unserem Sinne. Die letztere Thatsache ist noch weniger klar. Es ist noch nicht entschieden, ob nach rein naturlichen Verhältnissen die beiden Geschlechter sich an Zahl absolut gleich wären, oder ob sie vom Alter der Pubertät ab einander gleich sein mussen, oder aber ob die Natur einen kleinen Ueberschuss des weiblichen Geschlechtes verlangt. Sollten sociale Verbesserungen die stärkere Sterblichkeit des männlichen Geschlechtes wieder vermindern, so wäre nach der bisher beobachteten Ausgleichungstendenz auch eine Minderung in dem Verhältniss der Knaben- und Madchen-Geburten zu erwarten. Die Regelmässigkeit in den Zahlen ist also nicht ganz genau constatirt und ihr vollständiges Gleichbleiben in aller Zukunft nicht sicher — und die Ursache beider mit einander zusammenhängenden Erscheinungen ist noch gänzlich unbekannt. Hatten wir die nächstliegende physiologische Ursache, so entstände allerdings wieder die Frage nach der Ursache dieser Ursache, und es wäre dem unersättlichen Wissensdurst des Menschen doch nicht Genüge geleistet: immerhin aber hätten wir dann ein Gesetz, während wir jetzt nur eine annähernde Regelmässigkeit kennen.

Aehnlich ist es mit den Verbrechen und Heirathen, wo wir, um mit Q. zu sprechen, nur eine tendence apparente kennen, aber keine Ahnung davon haben, in welchem Masse die einzelnen denkbaren Ursachen: Anlagen des Menschen und sociale Verhältnisse zusammenwirken. Nur dann können wir die Ursachen speciell erkennen, wenn unter gewissen Umständen sich Abweichungen vom Durchschnitt constant ergeben. Theuerung vermindert Geburten und Heirathen, vermehrt die Verbrechen gegen das Eigenthum. Unehelicher Geschlechtsumgang begünstigt Mädchengeburten, das Frühjahr begunstigt die Conceptionen u. s. w. u. s. w. Hier haben wir denn Ursache und Wirkung, aber nur die Ursache einer Abweichung, d. h. wir wissen einen der Gründe, der uberhaupt auf die Erscheinung einwirkt, weil wir sehen, dass mit seinem stärkeren Eintreten das Ereigniss häufiger wird, aber wir wissen doch nicht die Gesammtheit der Grunde, welche das Ereigniss überhaupt bedingen. Wenn Theurung die Heirathen vermindert, so wissen wir, dass die Möglichkeit, bequem einen Hausstand zu gründen, eine der Ursachen, der Eheschliessung ist, aber wir wissen nicht, in welchem Verhältniss diese Ursache zu den anderen Kräften steht, die das Heirathen hervorrufen. Wir können nicht einmal zahlenmässig sagen: wenn die Brodpreise um a Procent wachsen, nehmen die Heirathen um b Procent ab.

Also nur bei Abweichungen können wir überhaupt Ursache und Wirkung neben einander stellen und selbst hier nicht beide ziffermässig. Grosse einfache Kräfte aber, welche das sociale Leben des Menschen im Allgemeinen unbedingt beherrschen, hat uns die Statistik nicht aufgeklärt.

Wenn Q. betreffs der Frage des Willens zu Uebertreibungen mehr angeregt, als solche selbst ausgesprochen, wenn er hier die philosophische Frage mehr angedeutet, als kuhn gelöst hat und eine materialistische Grundanschauung mehr verräth als ausspricht, so ist er betreffs der „Ursachen" kühner vorgegangen. Q. spricht von constanten, von variablen und von perturbirenden Ursachen. Variable und perturbirende Ursachen sind die einzigen, die er namhaft zu machen im Stande war; ihr Einfluss bemisst sich nach der Abweichung der Wirkung vom Durchschnitt, aber welcher Beweis ist vorhanden, dass der Durchschnitt gerade die Wirkung der constanten Ursache ist, und was lehrt uns der Durchschnitt uber die Natur der constanten Ursache? Kann man nicht ebenso gut annehmen, dass die durchschnittliche Wirkung die Consequenz einer Menge zusammenwirkender variabler Ursachen, und dass die eine constante Ursache ein Phantom ist?

Alle Erscheinungen des menschlichen Lebens, alle Eigenschaften des Menschen, die Q. beobachtet und misst, sind socialer Natur, selbst die Körpergrösse und Kraft hängt ab von der Lebensweise, die durch sociale Zustände bedingt ist. Gewiss liegen dem Geborenwerden und Sterben der Menschen allgemeine physische Ursachen zu Grunde, dass aber Menschen überhaupt eine monogamische Ehe eingehen und dass dies so und so oft geschieht, dass die Menschen auf diesem Wege eine bestimmte Anzahl Kinder bekommen, dass sie im Durchschnitt eine bestimmte Reihe von Jahren leben, und dass zur Zeit so und so viele Verbrechen begangen werden, dies erscheint mir als das Product unserer gesammten socialen Zustände, Gewohnheiten und rechtlichen Einrichtungen, und diese Zustände sind mir das Product einer langen historischen Entwicklung, die sich zusammensetzt aus unzähligen einzelnen menschlichen Thaten. Der gegenwärtige sociale Zustand ist mir die Resultante aus unzähligen einzelnen perturbirenden Ursachen, — denn dies ist identisch mit menschlichen Handlungen, — und dass hinter dieser historischen Reihe perturbirender Ursachen eine allgemeine Ursache stehe, welche die Aufeinanderfolge der ersteren zwingend bestimmte, gehört mir zu den Sätzen, die sich nicht beweisen lassen, deren Beweis aber, wenn er erbracht wäre, die richtige Anschauung von speciellen socialen Verhältnissen nicht fördern würde. Jedenfalls aber müssen wir darauf verzichten, aus dem Durchschnitt von der Gegenwart entnommenen statistischen Zahlen die allgemeinen constanten Ursachen der Erscheinungen im menschlichen Leben oder auch nur die Kraft von deren Wirksamkeit zu erkennen. Wer dies anstrebt, verwischt die Grenzen der socialen und der Naturwissenschaft. Wenn wir den Gesetzen nachforschen, welche sociale Verhältnisse bestimmen, so untersuchen wir Verhältnisse, davon wir selbst mit unserem ganzen Wirken und Denken ein lebendiges Glied sind, und wenn wir hoffen, hier zu einer zahlenmässigen Sicherheit und zu unbestreitbaren einfachen Wahrheiten ohne alle Möglichkeit verschiedener subjectiver Anschauungen zu gelangen, so wie wir die Verhältnisse bestimmen können, nach welchen sich Elemente chemisch verbinden, so hoffen wir jene übermenschliche Einsicht zu erlangen, von der Laplace sagt, dass sie mit einer Formel die Bewegungen der Körper des Weltalls und der kleinsten Atome umfasst, jene Einsicht, welche der Allwissenheit nahe verwandt wäre und bewirken würde, dass wir aufhörten, fühlende, hoffende und strebende Menschen zu sein.

Einfache allgemeine Gesetze des socialen Lebens finden wir nicht, so interessante Thatsachen auch die Statistik zu Tage fördern, so nützliche Winke in Bezug auf einzelne störende oder fördernde Einflüsse sie uns geben, so sehr sie uns zum Denken anregen mag. Eine völlige Verschmelzung der

Natur- und socialen Wissenschaften wird sie uns nicht bringen, und die Ursachen unseres socialen Lebens wird sie uns nie so vollstädig kennen lehren, dass wird die Zukunft sicher vorherbestimmen könnten. Daher übertreibt Q. z. B. in folgenden Aussprüchen:

(Bd. 2 S. 431) „Croirait on qu'il y-ait de la temérité de l'impiété même à regarder l'homme de même que les autres corps de la création comme soumis à des lois dont il doit necessairement subir les consequences?" — Es handelt sich nicht um den Glauben an die Existenz solcher Gesetze, sondern um die Möglichkeit, sie zu erkennen.

(Bd. 2 S. 438) „L'homme n' avait guère été étudié comme partie constituante de l'espèce humaine comme fraction minime de ce grand corps, qui est coordonné de la manière la plus uniforme et dont non seulement la partie physique mais dont les actions, les pensées, les passions se lient de la façon la plus uniforme." — Der Mensch kann und soll gewiss als Glied der ganzen Gesellschaft aufgefasst werden, aber die Gesetze, welche die Gesellschaft im Ganzen bewegen, lassen sich nicht so einfach, klar und vollständig erkennen wie die Gesetze, welche den Lauf der Planeten bestimmen.

(Bd. 2 S. 219) „On verra avec quelque étonnement, par exemple, la science des astres prendre place à côté de celles qui concernent notre terre et surtout les phénomènes qui ce rapportent à l'homme. — Nous possédons certainement des qualités qui nous distinguent, mais ces qualités intellectuelles ne nous exemptent pas d'être sujets aux lois physiques qni règlent la nature." — „A plusieures égards la vie des peuples tient à la classe des phénomènes périodiques. Malgré le peu de recherches faites à ce sujet on en reconnaît assez bien la durée; on peut établir les differentes phases de la période et en determiner l'énergie."

(Bd. 1 S. 127) „Non seulement dans ce qui tient à ses qualités physiques mais même dans ce qui se rapporte à ses actions, l'homme se trouve sous l'influence des causes dont la plupart sont regulieres et périodiques. On peut par une étude suivie, déterminer ces causes et leur mode d'action." — Dagegen: „les lois qui se rapportent à la manière d'être du corps social, ne sont pas essentiellement invariables; elles peuvent changer dans de certaines limites avec la nature des causes qui leur donnent naissance." S. 99: „Comme membre du corps social, l'homme subit à chaque instant la necessité des causes et leur paye un tribut régulier: mais comme homme usant de toute l'énergie de ses facultés intellectuelles, il maitrise en quelque sorte ces causes, modifie leurs effets et peut chercher à se rapprocher d'un état meilleur."

Es dürfte nicht nöthig sein, der Stellen noch mehr zu citiren; aus den letzten insbesondere geht deutlich hervor, dass Q. glaubt, es liessen sich allgemeine Naturgesetze für das sociale Leben entdecken, neben welchen alle anderen Einwirkungen weniger wichtig sind, dass er aber über die wirkende Kraft bei diesen Naturgesetzen nichts Näheres weiss und dass er den Umfang, in welchem variable und perturbirende Ursachen wirken können, nicht näher zu begrenzen im Stande ist — dass er endlich über die Frage, inwieweit die jetzt allgemein wirkenden Ursachen nur das Product vergangener menschlicher Handlungen, das Endresultat vieler perturbirenden Ursachen sind, sich keine Rechenschaft giebt. Er hat entschieden von vornherein die Tendenz, bei socialwissenschaftlichen Studien eine naturwissenschaftliche Anschauung an Stelle der historischen zu setzen, ohne für die Nothwendigkeit seiner Anschauung genügende und zwingende Beweise beizubringen.

Ad 3). Nach dem Gesagten wird es nicht nöthig sein, den homme moyen noch des Längeren zu kritisiren, um so mehr, als wir über diesen Punct schon an einem anderen Orte in diesen Jahrbüchern ausführlich gesprochen haben und als gerade diese Quetelet'sche Idee ihrem vollen Umfange nach am wenigsten acceptirt worden ist. Da Quetelet den Gedanken bis zu den äussersten Grenzen der Möglichkeit ausgebildet hat, so war eine weitere Uebertreibung von Seiten etwaiger Nachfolger kaum möglich.

Quetelet glaubt, dass es nur der fleissigen Vermehrung der Beobachgen bedarf, um schliesslich das Bild eines Menschen zu construiren, in dessen Eigenschaften und Handlungen sich das Wirken aller das menschliche Leben beeinflussenden Naturgesetze getreu wiederspiegelt, und der dann der Typus des Menschengeschlechts und damit zugleich das Ideal des Guten und Schönen wäre.

Einige Stellen mögen dies erläutern:

(Bd. 1 S. 149) „L'homme que je considère ici est, dans la société l'analogue du centre de gravité dans les corps: il est la moyenne autour de laquelle oscillent les éléments sociaux: ce sera, si l'on veut, un être fictif pour qui toutes les choses se passeront conformément aux résultats moyens obtenus par la société."

(Bd. 1 S. 154) „Le premier pas à faire dans la série de nos recherches serait de determiner l'homme moyen chez les différentes nations."

(Bd. 2 S. 37) „L'homme moyen type de notre espèce est aussi le type de la beauté."

(S. 151) „D'après tout ce qui vient d'être dit, je crois que non seulement il n'est pas absurde, mais même qu'il est possible de déterminer l'homme moyen d'une nation ou de l'espèce humaine."

(S. 369) „La détermination de l'homme moyen est de la plus grande utilité, elle doit necessairement précéder toute autre recherche relative à la physique sociale, puisqu'elle en forme pour ainsi dire la base."

Es hat gewiss in socialwissenschaftlicher und medicinischer Hinsicht einen grossen praktischen und theoretischen Werth, das Durchschnittsmass verschiedener menschlichen Eigenschaften zu kennen — und Q. hat ein grosses Verdienst, indem er statt einfachen gedankenlosen Anwendens von Durchschnittszahlen auf den tieferen Sinn der Durchschnitte aufmerksam und die Resultate der Theorie der Wahrscheinlichkeitsrechnung den Statistikern geläufig gemacht hat. Aber man darf die Durchschnittswerthe nicht kurzweg als den Ausdruck der einfachsten natürlichen Gesetze auffassen (s. oben), und man wird beim Menschen ewig darauf verzichten müssen, alle seine Eigenschaften überhaupt zu messen. Wird es bei einer grossen Anzahl von Worten, welche (innere) menschliche Eigenschaften bezeichnen, doch immer Sache subjectiver Anschauung bleiben, was eigentlich unter diesem Worte verstanden werden soll. Was ist Muth, Grossmuth, Egoismus u. s. w.? Selbst die physischen Eigenschaften können wir nicht immer direct messen, sondern wir müssen uns an die Wirkungen halten. Wir messen die Körperkraft am Dynamometer! Aber wie unzuverlässig ist dieser! und wenn er uns den hochsten Krafteffect, der durch Anstrengung bestimmter Muskeln erzielt werden kann, genau angeben würde, würde er die Körperkraft im Ganzen messen? Moralische Eigenschaften, wie den Hang zum Verbrechen, können wir immer nur aus äusseren Handlungen erkennen, und hat der innere Hang zur Rechtswidrigkeit allein Einfluss auf die Menge der wirklich begangenen Verbrechen? Es brauchen die Beispiele nicht vermehrt zu werden, um klar zu machen, dass die wirkliche Construction eines homme moyen ewig unmöglich sein wird, weil wir, abgesehen vom faktischen Mangel der Beobachtungen, vor allem Andern über die Natur und das eigentliche Wesen der meisten Eigenschaften, die wir messen sollen, uns nicht klar sind.

Wenn der ganze homme moyen Etwas ist, das die Wissenschaft nie zu verwirklichen im Stande sein wird, so ist noch weniger irgend ein Beweis dafür vorhanden, dass der mittlere Mensch, wenn wir ihn kennen wurden, der Ausdruck des eigentlichen ursprünglichen Schöpferwillens und der Typus des Schönen wäre. — Letztere Behauptung speciell widerstreitet aller künstlerischen Auffassung vom Begriff des Schönen.

Der homme moyen ist das unerreichbare von Q. glänzend dargestellte Endziel aller Bestrebungen, exakte naturwissenschaftliche Methode in das Studium vom Menschen einzuführen. Nach unsrem Dafurhalten ist die denkende Benutzung exakter Beobachtungen, soweit sie möglich, in der Socialwissenschaft vom höchsten Werthe und weil Q. dieser Thätigkeit einen besonderen Aufschwung verliehen hat, so verdient sein Wirken als epochemachend dankbar anerkannt zu werden. Wenn man aber nur auf Grundlage von Zahlen bei socialen Studien operiren will und von diesen die Entdeckung aller socialen Gesetze oder des Grundgesetzes des socialen Lebens erwartet, so strebt man nicht nur nach einem unerreichbaren Ziele, sondern man schadet auch den möglichen Detailuntersuchungen, indem man leicht — um nur überhaupt sich auf Zahlen berufen zu können — aus ungenügendem Zahlenmaterial voreilig schliesst, indem man zu messen und zu zählen versucht, was qualitativ nicht bekannt genug ist, um gemessen werden zu können, und indem man die auf anderem Wege gefundenen wissenschaftlichen Resultate unterschätzt.

Adolf Held.

Miscellen.

I.
Die Einkommensteuer in Lübeck.
Von
Dr. Paul Kollmann.

Die Reform der direkten Steuern bildet den Schlussstein einer Reihe von finanziellen Neugestaltungen, zu denen sich die Stadt Lübeck in Folge der Ereignisse des Jahres 1866 „behufs Herstellung des Gleichgewichts zwischen den ordentlichen Einnahmen und Ausgaben" genöthigt sah.

Der Grund zur bisherigen Steuerverfassung wurde im Jahre 1817 gelegt, wo unter Aufhebung aller vormals bestehenden direkten Abgaben eine einzige sog. „ordentliche direkte" Steuer eingeführt wurde. Dieselbe war anfänglich nur eine provisorische und auf drei Jahre bestimmt, ward aber durch Rath- und Burgerschluss vom 1. Decbr. 1819 einstweilen beibehalten und ist dann bis jetzt in Wirksamkeit geblieben. Als später die Anforderungen an die Staatskasse besonders durch die vermehrten Unterhaltungskosten des Bundeskontingents wuchsen, wurde mittelst Verordnung vom 3. Juni 1843 die Einsetzung einer zweiten, mit der ersteren fast durchgängig übereinstimmenden Abgabe, der „Militärsteuer," beschlossen. Der Grund zum Erlass einer neuen Steuer, an Stelle von Zuschlägen zur alten, lag darin, dass den in den Jahren 1793 und 1797 vom Domkapitel an die Stadt abgetretenen Dorfschaften durch ihre vormalige Herrschaft Befreiung von den ordentlichen Steuern erwirkt und ihnen lediglich eine jährliche Kontribution von 18 Thlrn. per Hufe auferlegt war. Die Militärsteuer ward nun als eine ausserordentliche Leistung dargestellt, welcher sich auch die Angesessenen dieser sog. Kapitelsdörfer unterwerfen mussten.

Die Organisation der beiden neben einander bestehenden Steuern war in Kurzem folgende. Erhoben wurden sie von allen Bürgern, sowie von Allen und Jeden, denen der Staat Schutz verlieh oder Quellen zum Erwerbe eröffnete. Die Befreiungen erstreckten sich in der letzten Zeit — abgesehen von den Unvermögenden — hauptsächlich auf die Mitglieder des Oberappellationsgerichts der freien Städte, die Geistlichen, die nicht im Besitze des Bürgerrechts befindlichen Erwerbsgehülfen und Dienstboten, sowie hinsichtlich der Militärsteuer auf die schon erwähnten Inhaber von Hufenstellen in den einstmaligen bischöflichen Dorfschaften. — Beide Steuern

Miscellen.

waren zu erlegen nach dem Verhältnisse des Einkommens oder Verbrauchs der betreffenden Pflichtigen. Es bestand somit ein doppelter Maassstab für die Beurtheilung der Steuerkraft. Welcher von denselben anzuwenden war, hing lediglich vom Ermessen der Einschätzungsorgane ab. Diese hatten nur darauf zu sehen, dass der Einzelne im Verhältniss seiner ganzen Steuerfähigkeit, mochte diese nun nach seinen Einkünften oder seinem Verbrauche bemessen werden, zu den offentlichen Lasten herbeizuziehen war. Die Einschätzung erfolgte durch die betreffenden Behörden in bestimmte Steuerklassen, für welche die Ansätze in progressiver Form normirt waren. Die Skala der Militärsteuer war geringer als die der sog. direkten; sie richtete sich nach den für diese festgestellten Steuerklassen in Procentsätzen des für die einzelnen Stufen angenommenen geringsten Einkommens. Durch das Gesetz waren 10 resp. 12 Klassen festgesetzt; bei einem diese überschreitenden Einkommen oder Verbrauch sollte mit der Besteuerung »in gerechtem Verhältnisse« fortgefahren werden. Ermässigte Ansätze waren denjenigen privaten Wohlthätigkeitsanstalten zuerkannt, deren Jahresbezuge 200 Thlr. nicht überstiegen. Ingleichem war zur Verminderung stets wiederkehrender Rückstände eine Vorklasse mit einer geminderten Abgabe eingerichtet. Die Höhe der Steuern und der sie bedingenden Klassen war folgende. Es betrug:

in der Klasse:	das steuerbare jährliche Einkommen oder der Verbrauch: Thlrn.	die sog. ordentliche direkte Steuer: Thlr. Sgr.	die Militärsteuer: Thlr. Sgr.	im Ganzen: Thlr. Sgr.
A	bis zu 40	— 6	— —	— 6
B	- - 80	— 12	— 6	— 18
C	- - 120	— 24	— 12	1 6
D	- - 160	1 6	— 18	1 24
Vorklasse	unter 200	— 24	— 24	1 18
I		1 18	— 24	2 12
II	bis zu 400	3 6	2 —	5 6
III, a	- - 600	6 12	5 —	11 12
III, b	- - 800	12 —	11 —	23 —
IV, a	- - 1000	20 —	14 —	34 —
IV, b	- - 1200	32 —	20 —	52 —
V	- - 1600	48 —	24 —	72 —
VI	- - 2400	80 —	32 —	112 —
VII	- - 3200	128 —	48 —	176 —
VIII	- - 4000	180 —	64 —	244 —
IX	- - 4800	240 —	80 —	320 —
X	über 4800	320 —	96 —	416 —

Durch diese beiden Abgaben, die doch eigentlich nur eine einzige unter zwei Benennungen waren, ist nun seit mehr als 50 Jahren die direkte Besteuerung im lübischen Freistaate allein erfolgt. Und darin bestand einer der gewichtigsten Vortheile derselben. Es ist dadurch eine ausserordentliche Vereinfachung im Steuerwesen erzielt worden. Ueberhaupt ist nicht zu verkennen, dass die Steuerverfassung zur Zeit ihrer Einfuhrung vor der der meisten deutschen Staaten sich hervorthat. Mochte sie daher auch in den ersten Jahren ihres Bestehens zumal gegenüber den früheren mannigfachen und lästigen Abgabenarten den Ansprüchen genü en, so barg sie doch so schwere Mängel in sich, dass sie sowohl aus volkswirthschaftlichem wie finanziellem Interesse auf die Dauer unerträglich und unhaltbar wurde.

In erster Linie gebrach es der Steuer an einer sicheren und gleichartigen Basis. Dadurch, dass sie als Maassstab zwei völlig verschiedene, sich schroff gegenüber stehende Momente, Einkommen und Verbrauch in voller Gleichberechtigung neben einander stellte, führte sie zu einer ungleichen und ungerechten Vertheilung der Abgaben. Sie verstiess mithin gegen einen der ersten Grundsätze jeder guten Besteuerung. Da das Gesetz es unterlassen hatte, bestimmte Vorschriften für die Abschätzung aufzustellen, so war die Ermittelung der Steuerkraft der Einzelnen lediglich in die Willkür der Einschätzungsbehörden gelegt. Diese sahen sich aber in den meisten Fällen genöthigt, ihre Schätzungen auf blosse Vermuthungen zu gründen. Die zur Umarbeitung der Steuergesetzgebung niedergesetzte Kommission spricht sich in ihrem Gutachten darüber folgendermassen aus[1]: „Es liegt auf der Hand, dass eine Schätzung des jährlichen Einkommens von Steuerpflichtigen, welche, wie dies hier in Lübeck der Fall ist, ihren Lebensunterhalt und ihre Revenuen meistentheils nicht aus einer festen Grundrente, aus Kapitalvermögen oder aus festen Anstellungen, sondern aus dem Betriebe von Handelsgeschäften, Gewerben und der Landwirthschaft beziehen, eine ausserordentlich schwierige und in vielen Fallen eine ganz fehlsame sein muss, da dieselbe aller festen Anhaltspunkte entbehrt und bald auf Muthmassungen der Behörde oder auf zufälliger oder vermeintlicher Kenntniss einzelner Mitglieder derselben, bald auf generellen Annahmen bezüglich der wahrscheinlichen Erträge gewisser Geschäfte, bald gar nur auf den oftmals trügerischen Rückschlüssen beruht, welche aus dem an die Oeffentlichkeit dringenden Verbrauche eines Steuerpflichtigen auf das Maass seiner Einkünfte gemacht werden." Um den möglichen Härten, zu welchen nach dieser Seite hin das Gesetz Raum bot, vorzubeugen, hatte sich eine ausserordentlich milde Praxis eingebürgert. Die Ansätze wurden so niedrig wie möglich gegriffen[2]. Dazu kam, dass die Vorstellungen darüber, was als reines Einkommen anzusehen sei, namentlich soweit es aus kaufmännischen Geschäften stammte, sehr von einander abwichen. Man begegnete öfters der Auffassung, dass der persönliche Aufwand zu den Produktionskosten zu rechnen sei. Unter solchen Bewandnissen waren natürlich alle diejenigen, deren Einkünfte klar zu Tage lagen und streng nach den Vorschriften des Gesetzes mit der Abgabe belegt werden mussten, besonders schwer betroffen.

Ein fernerer nicht minder empfundener Uebelstand der bestehenden Organisation lag in der ausserordentlich hohen Progression der Steuersätze. Wie dies die obige Nachweisung zeigt, fand eine solche bei der „ordentlichen direkten" Steuer noch in stärkerem Grade als bei der supplementären

---

[1] Schliesslicher Bericht der zu einer Revision der Steuergesetzgebung niedergesetzten gemeinsamen Kommission des Senats und der Bürgerschaft vom 12. April 1869. S. 8.
[2] Schliesslicher Bericht S. 5 u. 10.

Militärsteuer statt. Da man bald zur Erkenntniss dieser Nachtheile gelangt war, hatte man bei letzterer die Steigerung der Stufen etwas gemildert. Dieselbe belastete das Steuerkapital in der ersten Klasse mit 0,4 %, in der folgenden mit 1 %, erhebt sich in den drei nächsten Klassen um je $^1/_4$ %, in allen höheren gleichmässig um 2 %. Bei beiden Abgaben zusammen betrug, wenn man dabei die unterste Stufe jeder einzelnen Klasse zu Grunde legt, die Steigerung:

in der II. Klasse 2,60 %,
- - III, a - 2,80 -
- - III, b - 3,50 -
- - IV, a - 4,25 -
- - V. - 6,00 -
- - VI. - 7,00 -
- - VII. - 7,33 -
- - VIII. - 7,62 -
- - IX. - 8,00 -
- - X. - 8,50 -

Eine solche Skala war natürlich danach angethan, einen schweren Druck auf die Steuerzahler auszuüben. Nur durch die schonungsvollste Handhabung des Gesetzes traten die empfindlichen Folgen desselben weniger hervor. Würde demselben indessen in seiner ganzen Strenge Genüge gethan sein, so wäre man zu der Monstruosität gelangt, dass die Steuersumme das jährliche Einkommen, nach dem sie bemessen, überragt hätte. Der Wortlaut des Gesetzes verlangte, dass Einkommen, welche beträchtlich über die zehnte Klasse hinausragten, „in gerechtem Verhältnisse" höher belegt werden sollten. Da nun bis zu jener zehnten Stufe der Steuerbetrag sich um etwa 7 % erhebt, so müsste nach diesem Verhältnisse bei einem 70,000 Thlr. betragenden Einkommen bereits $99^1/_2$ % bezahlt werden. Wer also das Unglück gehabt hätte, 80,000 Thlr. jährlich zu beziehen, wäre mit 81,600 Thlr. zur Steuer herbeigezogen! Noch komischer würde es sich gestaltet haben, wenn man, anstatt die obige Progression beizubehalten, eine noch fortwährend steigende zu Grunde gelegt hätte. Dann würden schon bei 32,800 Thlrn. Einkommen und Steuer sich gedeckt haben. Wie sich hingegen die Praxis gestaltete, mögen die nachfolgenden zahlenmässigen Uebersichten darthun. Hier sei nur erwähnt, dass höhere Steuersätze, als sie die zehnte Klasse fordert, d. h. solche von 400 Thlrn. und 480 Thlrn., erst in den allerletzten Jahren vorgekommen sind [3]).

Zu der erheblichen Progression gesellte sich der weitere, sehr nachtheilige Umstand, dass der zwischen zwei Steuerklassen liegende Raum zu gross bemessen war. Während der Abstand in den unteren Klassen 200 Thlr. betrug, dehnte er sich in den höheren bis zu 800 Thlrn. aus. Damit entstand natürlich eine neue Ungleichheit der Belastung. Nach der sechsten Klasse z. B., welche ein Einkommen von 1600 bis 2400 Thlrn. umfasste, waren 112 Thlr. jährliche Steuer zu entrichten. Wer ein Einkommen gleich der Minimalgrenze bezog, zahlte 7 % desselben, wer 400 Thlr. mehr, also

---

[3] Schliesslicher Bericht a. a. O. S. 4 und H. Dettmer, Zur Steuerreform. Lübeck 1868.

2000 Thlr. zu versteuern hatte, bei dem gleichen Steuersatze 5,6 %, wer endlich mit 2360 Thlrn. eingeschätzt war, gab nur etwas über 4 %. Es ist freilich ein unvermeidlicher Fehler aller klassificirten Einkommensteuern, dass sie die verschiedenen Einkommen aus einer und derselben Klasse in höherem oder minderem Grade belasten. Der Nachtheil wird aber um so weniger empfunden, je kleiner der Umfang der Stufen ist. Ausdehnungen, wie sie die lübeckische Steuer besass, waren hingegen geeignet, einen sehr fühlbaren Druck auf alle diejenigen, deren Einkommen sich der Minimalgrenze näherte, zu äussern.

Das Zusammenwirken aller dieser ungünstigen Momente drängte mit Nothwendigkeit zu einer Reform hin. Ungleiche Belastung der Kontribuabeln auf der einen, unzulängliche Ergiebigkeit der Erträge auf der anderen Seite rief in allen Kreisen das Verlangen nach Neugestaltungen hervor. Denn auch das finanzielle Interesse war durch die Organisation der Steuer und ihre Handhabung schlecht gewahrt. Vermöge der allzu grossen Rücksichtnahme der Schätzungsbehörden schienen die Ansätze nicht den faktischen Verhältnissen zu entsprechen. Man hielt sich allgemein davon überzeugt, dass bei strengerer Abwägung der Steuerkraft ein günstigeres Resultat für die Staatskasse entspringen wurde.

In welchem Umfange nun die Abgaben die Bevölkerung zu den Staatslasten herbeizogen, wie sie sich auf die einzelnen Steuerklassen vertheilten und welche Erträge sie erbrachten, stellen die nachfolgenden statistischen Angaben dar. Diese liegen für die Jahre 1861 bis 1867 vor, berücksichtigen indessen nur den Stand am jedesmaligen Jahresschlusse. Mit Rücksicht auf den Raum werden wir uns vorzugsweise auf die Mittheilung der achtjährigen Durchschnittsergebnisse zu beschränken haben.

Die Anzahl der Steuerpflichtigen, von denen die oben geschilderten Abgaben erhoben wurden, betrug

1861 . . 9003 Personen,
1862 . . 9166 -
1863 . . 9348 -
1864 . . 9500 -
1865 . . 9650 -
1866 . . 9864 -
1867 . . 10191 -
1868 . . 10499 -

Im Durchschnitte der vorliegenden Jahre belief sich demnach die Anzahl der Kontribuabeln auf 9653; sie wuchs innerhalb der beiden Zählungsjahre[4]) 1862 und 1867 um 11,16 %, entsprach somit der Zunahme der Bevölkerung, welche 10,88 % betrug. Die Anzahl der Steuerpflichtigen selbst erscheint jedoch gering, wenn man ihnen die Ergebnisse anderer Länder gegenüberstellt. Dieselben machten von der Bevölkerung

1862 . . 20,66 %,
1867 . . 20,78 %

---

[4]) Die Volkszählungen fanden in Lübeck bis 1862 alle fünf Jahre und zwar am 1. September statt. 1867 ist zum ersten Male in Uebereinstimmung mit den Staaten des Zollvereins gezählt worden.

aus, während sich in den alten Provinzen Preussens[5]) das gleiche Verhältniss

1860 auf 39,96 %,
1867 auf 35,54 %,

d. h. also beinahe auf das Doppelte stellte. Der Grund lag darin, dass in Lübeck alle diejenigen, welche unverheirathet waren und kein eigenes Gewerbe betrieben, sondern in fremden Geschäften als Gehulfen mitwirkten, nicht zur Steuer herbeigezogen wurden. Es blieb mithin ein ansehnlicher Theil erwerbs- und dadurch auch steuerfähiger Personen von den Abgaben befreit.

Auf die einzelnen Einschätzungsklassen vertheilte sich die steuerpflichtige Bevölkerung im Durchschnitt der Jahre 1861 bis 1868 in folgender Weise. Es steuerten:

in den Klassen A—D	128	oder 1,32 %,
- der Vorklasse	879,4	- 9,15 -
- der Klasse I	4769	- 49,35 -
- - - II	1783,4	- 18,46 -
- - - III, a	818	- 8,48 -
- - - III, b	513,1	- 5,33 -
- - - IV, a	303,25	- 3,15 -
- - - IV, b	155,1	- 1,61 -
- - - V	127,25	- 1,32 -
- - - VI	97	- 1,00 -
- - - VII	47	- 0,49 -
- - - VIII	20,4	- 0,21 -
- - - IX	7,4	- 0,07 -
- - - X	4,2	- 0,04 -
- - - XI	2	- 0,02 -

Mit überwiegender Stärke tritt hier die erste Klasse hervor. Sie umfasst allein die Hälfte aller Zahler. Auch die folgende Stufe, welche ein Einkommen von über 200 bis zu 400 Thlrn. repräsentirt, stellt noch ein ansehnliches Kontingent, nahezu ein Fünftel der Gesammtheit. Von hieran aber nimmt der Procentsatz ausserordentlich ab. Einkommen von 800 bis 1000 Thlrn. (Kl. IV, a) sind bereits mit nur $1^1/_2$ % vertreten; von der siebenten Klasse an erhebt sich die Anzahl der Zahler nicht mehr bis zu einem Procent. In den einzelnen Jahren, aus denen diese Durchschnittsverhältnisse gezogen sind, war die Vertheilung eine durchaus dem entsprechende, so dass eine irgendwie merkliche Bewegung innerhalb dieses Zeitraums nicht vorliegt.

Auch hinsichtlich der Erträge der Steuer zeigen sich keine auffallenden Schwankungen, sondern ein ganz allmäliges Anwachsen. Dieselben erbrachten:

---

5) Vgl. Engel, Die Ergebnisse der Klassensteuer, der klassificirten Einkommensteuer und der Mahl- und Schlachtsteuer im preussischen Staate, in der Zeitschr. des k. preuss. statistischen Bureaus. 1868. Jahrg. VIII S. 83. Es ist oben auf die mahl- und schlachtsteuerpflichtige Bevölkerung Rücksicht genommen, welche nach Maassgabe der klassensteuerpflichtigen Bevölkerung berechnet worden ist.

```
1861  . .   90824,0 Thlr.,
1862  . .   93109,6   -
1863  . .   94493,6   -
1864  . .   95492,8   -
1865  . .   97396,8   -
1866  . .   99583,6   -
1867  . .  103042,4   -
1868  . .  103644,4   -
```

Im Durchschnitte war ihr Betrag demnach 97198,4 Thlr. Ihre Steigerung von 1862 bis 1867 beläuft sich auf 10,66 %, also nur um ein Weniges mehr, als die der Steuerzahler und der Bevölkerung im gleichen Abschnitte. Es ist jedoch zu bemerken, dass seit 1867 eine Erhöhung der Steuersätze zur Ausgleichung des Budgets eintreten musste. Berücksichtigen wir wieder die einzelnen Klassen, so ergeben sich folgende Durchschnittserträge:

```
in den Klassen A—D       64      Thlr. oder   0,07 %,
  - der Vorklasse       1405,8      -    -    1,45 -
  - -   Klasse  I      11442,6      -    -   11,77 -
  - -     -     II      9187,95     -    -    9,45 -
  - -     -    III, a   9276,55     -    -    9,54 -
  - -     -    III, b  10611,3      -    -   10,92 -
  - -     -    IV, a    9995,5      -    -   10,28 -
  - -     -    IV, b    7898,5      -    -    8,13 -
  - -     -     V       9018        -    -    9,28 -
  - -     -    VI      10748        -    -   11,06 -
  - -     -   VII       8250        -    -    8,49 -
  - -     -   VIII      4971        -    -    5,11 -
  - -     -    IX       2360        -    -    2,43 -
  - -     -    X        1456        -    -    1,49 -
  - -     -    XI        512        -    -    0,53 -
```

Wenn man diesen Resultaten die der Vertheilung der Steuerzahler auf die einzelnen Steuerstufen gegenüberstellt, so wird ersichtlich, dass das Ergebniss der Steuern im vorliegenden Falle weniger durch die von der Mehrzahl der Bevölkerung aufgebrachten kleinen Steuerbeträge, als durch eine geringere Anzahl Steuerzahler mit einem hoheren Abgabensatze bedingt worden ist. Die hinsichtlich der Steuerzahler zahlreichsten Klassen I und II, welche weit über die Hälfte aller Pflichtigen umschlossen, erbrachten nur 21 % der Gesammteinkünfte der Steuern; ebensoviel ergaben aber auch die fünfte und sechste Klasse, die aus noch nicht einmal $2^1/_2$ % der Kontribuabeln zusammengesetzt waren. —

Zur vollständigen Würdigung der Steuern ist nun noch schliesslich erforderlich, sie den übrigen Einkommenzweigen des Staates gegenüber zu stellen, um zu ersehen, in wie weit sie zu den öffentlichen Einkünften beigetragen und in welchem Grade sie die Bevölkerung belastet haben. Es sind zu dem Ende die nachstehenden Angaben den abgeschlossenen Staatshaushaltsrechnungen der Jahre 1862 bis 1865, deren arithmetisches Mittel sie bilden, entnommen worden. Unter der Position „direkte Steuern" figurirt hier das von den seitherigen sog. Schutzgenossen nach Analogie der direkten Steuer erhobene „Schutzgeld", wodurch sich ihr Betrag um ein Weniges mehrt. Es betrug das Einkommen aus

den Domanien, Forsten und Regalien . 287679,6 Thlr.,
- indirekten Abgaben . . . . . 217138,6 -
- direkten Steuern . . . . . . 92207,2 -
im Ganzen. . . . . 597025,4 -

Darnach machten

	% des Staatseinkommens.	Antheil auf den Kopf der Bevölkerung.
die Domanien, Forsten und Regalien .	48,19	6,28 Thlr.,
- indirekten Abgaben	36,37	4,74 -
- direkten Steuern	15,44	2,01 -

aus. Wie diese Zusammenstellung zeigt, gewährten bisher die direkten Steuern den kleinsten Theil zur Befriedigung der Staatsbedürfnisse. Die Erträge der indirekten Abgaben überragten die der direkten allein um das Doppelte.. Unter ihnen nahmen die Accise und das Mahlgeld, welche bereits 66,651 Thlr. im Durchschnitte der oben angenommenen Jahre erbrachten, den ersten Platz ein. Die direkten Steuern spielten sonach eine noch wenig hervorragende Rolle. Wenn man sie jedoch auf die Gesammtheit der Steuerpflichtigen, anstatt, wie vorstehend geschehen, auf die ganze Bevölkerung vertheilt, so belief sich ihre Höhe pro Kopf auf etwa 10 Thlr.

Wie bereits erwähnt, genügten die Erträgnisse dieser Abgaben gegenüber den gesteigerten Anforderungen an den Staat nicht mehr. Es musste deshalb, da bei der bestehenden Organisation der Steuer an eine Erhöhung der Abgabensätze auf die Dauer nicht zu denken war, ihre Umgestaltung in's Auge gefasst werden. Dass aber nicht schon früher die Hand daran gelegt wurde, eine Steuer, die so gröblich gegen die hauptsächlichsten Grundsätze der Besteuerungslehre verstiess, durch eine bessere zu ersetzen, lässt sich kaum anders erklären, als dass sie nur mit der grössten Milde gehandhabt wurde, welche die Härten, die sie barg, nicht vollständig hervortreten liess. Zum Theil mag ihr 50jähriges Bestehen wohl auch eine Folge des konservativen Sinnes der Hansestädter sein, welche sich nur schwer von den gewohnten Einrichtungen trennen, zumal wenn sie unter deren Schattenseiten nicht allzu schwer zu leiden haben. Bereits in den Jahren 1854 und 1857 wurde Seitens der Bürgerschaft die Frage einer Revision der Steuergesetzgebung angeregt. Die Sache verschleppte sich indessen, bis endlich unterm 19. Februar 1868 eine sog. gemeinsame, aus Mitgliedern des Senats und der Bürgerschaft bestehende Kommission eingesetzt wurde, um ein neues Steuergesetz vorzubereiten. Nachdem selbige im April dieses Jahres ihre Arbeiten beendigt und der eingebrachte Entwurf die verfassungsmässige Genehmigung erhalten hatte, ist er am 18. October vom Senate als Gesetz verkündet worden, um mit dem 1. Januar 1870 in Kraft zu treten.

Nach den neuen Vorschriften sind der „Einkommensteuer" unterworfen:
1) alle Angehörigen des lübeckischen Freistaates (also auch einschliesslich der Bewohner der sog. Kapitelsdörfer);
2) alle Fremden, welche im Staate eine Erwerbsthätigkeit ausüben und daselbst ein Geschäftslokal besitzen;
3) alle Privat-Wohlthätigkeitsanstalten und milden Stiftungen;

4) ungetheilte Erbmassen und zwar hinsichtlich ihres gesummten Einkommens. Es treten dann noch hinzu
5) Fremde, welche sich über ein Jahr in Lübeck, ohne dort ein Geschäft zu haben, aufhalten, wie die, welche, ohne dort zu wohnen, Grundeigenthum besitzen, sowie endlich diejenigen auswärts wohnenden Fremden, welche Inhaber oder Theilhaber lübischer Geschäfte sind und zwar diese hinsichtlich des Einkommens, welches sie entweder in Lübeck verbrauchen oder aus ihrem Grundeigenthum oder Geschäfte ziehen. Hinsichtlich der letzteren, der auswärtigen Theilhaber lübischer Firmen sind die inländischen Theilhaber für deren Steuer haftbar.

Die Verpflichtung zur Steuerzahlung erlischt: bei eintretenden Konkursen für die Konkursmasse mit Ablauf des Quartals, in dem die Insolvenz erfolgt ist; es bleibt jedoch der Gemeinschuldner einer seinen Verhältnissen entsprechenden Steuer unterworfen. Ferner und zwar ebenfalls mit Ablauf des entsprechenden Vierteljahrs hört die Nöthigung zur Zahlung auf: bei steuerpflichtigen Fremden nach ihrem Fortzuge und für Staatsangehörige nach Verlust ihrer Staatsangehörigkeit.

Befreit von der Steuer sind: Inhaber des lübischen Ehrenbürgerrechts, sofern sie im Inlande kein bürgerliches Gewerbe treiben — die Mitglieder des Oberappellationsgerichts der freien Städte, der Gutsherr des Gesammtguts Weissenrode[6]) — fremde Staatsangehörige auf Grund von Verträgen oder ihrer dienstlichen Stellung — Auswärtige, welche bei den in Lübeck garnisonirenden Bundestruppen stehen, nebst deren Familien — einheimische Subalterne der Landwehr sammt deren Familien für die Zeit, auf welche sie zur Fahne einberufen sind, sowie lübische Offiziere und Militärbeamte bei einem Einkommen bis 1000 Thlr. für die Dauer ihrer Mobilmachung — einheimische Subalterne beim stehenden Heere oder der Landwehr bei einem Einkommen unter 1000 Thlrn., wenn sie nebenher kein eigenes Gewerbe noch die Landwirthschaft betreiben — endlich Alle, deren Einkommen 120 Thlr. nicht übersteigt.

Die Steuer ist von dem reinen Einkommen zu entrichten, gleichviel ob dieses im Inlande oder im Auslande erworben ist. Dem Einkommen des Steuerpflichtigen ist das etwaige besondere Einkommen hinzuzurechnen, welches noch nicht selbstständige Mitglieder seines Haushaltes beziehen. In Abzug sind dagegen alle Ausgaben zu bringen, welche auf Erlangung, Führung und Erhaltung des Einkommens verwendet sind, nicht jedoch, wie ausdrücklich hervorgehoben ist, die, welche zum Nutzen, Unterhalte oder Vergnügen des Kontribuablen wie seiner Angehörigen bewirkt worden sind, zu welchen letzteren insbesondere auch Beiträge für Lebensversicherungen, zu Pensions- und Wittwenkassen gezählt werden sollen. Eine dem Gesetze beigegebene besondere Erklärung detaillirt die verschiedenen Arten des Einkommens und giebt dabei zugleich an, was als Produktionsaufwand abzuziehen ist. Dabei hat man namentlich auf die kommerciellen und landwirthschaftlichen Verhältnisse Rücksicht genommen. Unter diesen Subtrahenten figu-

---

6) Die Herrschaft Weissenrode ist die einzige Gutsherrschaft, welche ihre Ausnahmestellung — Abgabenfreiheit, Patrimonialpolizei, Antheil an dem Kollaturrechte des Ortsgeistlichen — noch theilweise im lübischen Staate bewahrt hat.

riren hinsichtlich der ersteren: Löhne und Gehalte, Kosten der Geschäftslokalitäten, Unterhaltung des Inventars, die sonstigen sog. Handlungsunkosten, die Schulden für eingekaufte Waaren, der Betrag der schlechten und eine sachgemässe Quote der dubiösen Forderungen, die Zinsen des im Geschäfte thätigen und angeliehenen Kapitals; hinsichtlich der letzteren: Löhne, Unterhaltungs- und Anschaffungskosten des Viehes und der Geräthe, Assekuranzprämien für Ernte und Vieh, Zinsen u. s. w. — Das Einkommen, sofern dieses kein festes, regelmässig in gleicher Höhe wiederkehrendes ist, wird nach dem Durchschnitte der drei letztvergangenen Jahre berechnet. Wenn eins oder zwei dieser Jahre hierbei, anstatt eines Einkommens, einen Verlust ausweisen, so fallen dieselben bei der Berechnung aus, indem nur die Einnahmen der Jahre, welche ein Einkommen ergeben haben, durch die Zahl drei zu dividiren sind.

Die Abgabe, welche von dem nach diesen Grundsätzen zu ermittelnden Einkommen erhoben wird, ist in doppelter Weise normirt worden. Für alle Einkommen bis zu 1200 Thlrn. sind für die einzelnen von 40 zu 40 Thlrn. (100 Mark lüb.) sich erhebenden Stufen die Steuersätze in folgender Weise festgesetzt. Es beträgt:

bei einem Einkommen von	der Steuersatz
über 120—200 Thlrn.	1 Thlr. 6 Sgr.,
über 240 -	2 - 6 -
- 280 -	3 - — -
320 -	3 - 18 -
360	4 - 6 -
- 400 -	4 - 24 -
440	5 - 18 -
480	6 - — -
- 520	6 - 21 -
- 560	8 - 3 -
- 600 -	9 - 15 -
640	10 - 15 -
680	11 - 21 -
720	13 - 6 -
760	14 - 21 -
800	16 - 6 -
840	17 - 21 -
880	19 - 6 -
920	20 - 21 -
- 960	22 - 15 -
- 1000	24 - 9 -
- 1040	26 - 3 -
- 1080	27 - 24 -
- 1120	29 - 18 -
- 1160	31 - 12 -
- 1200 -	33 - 27 -

Von allen Einkommen, welche den Betrag von 1200 Thlrn. übersteigen, sind jährlich 3% als Steuer zu entrichten. Sämmtliche Abgaben sollen vierteljährlich pränumerando gezahlt werden. Eine theilweise Minderung und zwar um ein Viertheil der obigen Sätze ist denjenigen Steuerpflichtigen zuerkannt worden, welche bei einem Einkommen bis zu 800 Thlrn. eine Familie mit mehr als fünf Kindern zu ernähren haben.

Die Veranlagung der Steuer geschieht theils durch Selbstschätzung, theils durch die Einschätzungen der beikommenden Schätzungskommission. Das Erstere hat bei allen Einkommen über 200 Thlr. statt. Hierzu wird den Kontribuabeln von der Steuerbehörde ein Formular zugefertigt, welches in der darauf angesetzten Zeit, gewissenhaft ausgefüllt, zu remittiren ist. Die Wirksamkeit der Schätzungskommission erstreckt sich zunächst auf die Einschätzung aller Steuerpflichtigen mit einem geringeren, als dem eben genannten Einkommen. Sodann hat sie in allen den Fällen, wo die zur Selbstschätzung ausgegebenen Formulare nicht rechtzeitig zuruckerfolgt sind, die Einschätzung ihrerseits vorzunehmen, ingleichem überall da, wo die Steuerzahlung erst in der Mitte eines laufenden Kalenderjahrs beginnt, für die Zeit bis zu dessen Ende. Endlich gebührt ihr die Prüfung sämmtlicher auf Grund der Selbstschätzung abgegebenen Deklarationen. In allen Fällen auch, wo Seitens der Kommission die Ermittelung der Steuerfähigkeit vorgenommen wird, ist jeder Steuerzahler gehalten, wenn diese Einschätzung sich als zu niedrig erweisen sollte, binnen 14 Tagen eine gewissenhafte Angabe über sein steuerpflichtiges Einkommen bei der Behörde einzureichen. Wer diesen Verpflichtungen nicht genügt, soll im Betretungsfalle nicht nur zur Nachzahlung, wie zu einer fünfprocentigen Verzinsung dieses Betrages angehalten, sondern kann auch unter Umständen noch in eine angemessene Geldstrafe durch die Steuerbehörde genommen werden. Sämmtliche Behörden sind auf Veranlassung der Steuerverwaltung dieser zur Auskunftsertheilung verpflichtet. Unrichtige, in betrügerischer Absicht oder gewissenlosem Leichtsinne gemachte Angaben in Bezug auf die Schätzung des Einkommens unterliegen der gerichtlichen Beurtheilung, welche geeigneten Falls auf eine Geldstrafe bis zum zehnfachen des für das betreffende Steuerjahr zu wenig gezahlten oder deklarirten Betrages — in Wiederholungsfällen unter Verschärfung bis zum Doppelten — wie auf Ersatz nebst 5 % Zinsen zu erkennen hat.

Dagegen steht es jedem nach seiner Ansicht zu hoch Besteuerten frei, bei der Centralsteuerbehörde binnen 14 Tagen zu reklamiren. Diese Eingabe, welche in der Regel mehr als einen Bogen nicht umfassen darf, ist nur auf Grund specieller Angaben zulässig, deren Bescheinigung dem Reklamanten obliegt, wobei jedoch nicht ausgeschlossen ist, dass die Behörde demselben eine eidliche Bestärkung seiner Angaben auferlegen kann.

Das Ergebniss der definitiv festgestellten Einschätzungen ist alljährlich, nach den Beträgen geordnet, durch die Steuerbehörde bekannt zu machen. —

Eine gleichzeitig mit dem Steuergesetze erlassene Verordnung über die Verwaltung der Steuer bestimmt hinsichtlich der hierbei in Frage kommenden Behörden Folgendes: Als leitendes Organ ist ein „Steuerdepartement" eingesetzt, welches aus zwei Senatoren und zwölf sog. „burgerlichen Deputirten" gebildet wird. Dasselbe fungirt gleichzeitig als Reklamationsinstanz. Mit dem Departement in Verbindung stehen die für fünf Bezirke berufenen „Schätzungskommissionen", die sich zusammensetzen aus einem der beiden Senatoren und einem oder zwei Deputirten des Steuerdepartements, sowie je nach dem Umfange des Bezirkes aus drei bis acht auf

Vorschlag des Bürgerausschusses[7]) vom Senate erwählten »Schätzungsburgern«.

Die nach den hier geschilderten Grundzügen durchgeführte Reform der direkten Besteuerung hat sich unverkennbar befleissigt, die Uebelstände, welche an dem bisherigen Zustande besonders tadelnswerth waren, zu beseitigen. Zunächst ist die Vertheilung der Abgaben unter die Einwohner eine allgemeinere geworden. Eine Reihe von Befreiungen, insbesondere die der Geistlichkeit, der bereits mehrfach erwähnten Hufenbesitzer der Kapitelsdörfer, der unverheiratheten Erwerbsgehülfen und des Gesindes sind in Wegfall gekommen. Durch die Besteuerung der in einer Handelsstadt zahlreich vertretenen Geschäftsgehülfen wird voraussichtlich der Staatskasse eine nicht unbedeutende Mehreinnahme zugeführt werden. Weniger bestimmt lässt sich dies hinsichtlich des Gesindes voraussagen, da Einkommen unter 120 Thlrn. von der Abgabe befreien. Es kommt dies vorzugsweise auf die Auffassung der Schätzungskommissionen darüber an, wie hoch sie die dem Gesinde gewährte freie Station in Anrechnung zu bringen gedenken. Da man diese aber kaum unter 100 Thlrn. ansetzen kann, so mag bei der in Lübeck bestehenden Lohnhöhe immerhin für manchen Dienstboten der unterste Steuersatz von 1 Thlr. 6 Sgr. zur Anwendung kommen.

Von grösster Bedeutung ist es weiter, dass die schwankenden Bestimmungen über die Grundlage der Steuer aufgehört haben. Das reine Einkommen ist, wie es die heutige Wissenschaft verlangt, als die einzige Quelle der Steuerzahlung aufgestellt worden. Eng hiermit im Zusammenhange steht das Abschätzungsverfahren. Da für die Ermittelung des häufig wechselnden jährlichen Einkommens in den meisten Fällen alle sicheren Anhaltepunkte abgehen, so ist die Einführung der Selbstschätzung der allein zweckentsprechende Weg, um zu richtigen Resultaten zu gelangen. Dass den Schätzungsbehörden eine Kontrole der Fassionen zusteht, ist eine Forderung der Billigkeit. Sie entspricht ebensowohl dem finanziellen Interesse des Staates, wie dem Interesse ehrlicher Fatenten gegenüber betrügerischen oder nachlässigen Angaben. Es ist demnach gleicherweise zu billigen, dass dort, wo auf Verzicht des Pflichtigen die Behörde die Abschätzung vorgenommen hat, jenem bei zu niedrig gegriffener Abmessung seinerseits eine entsprechende Berichtigung derselben obliegt. Eine Ausnahme macht hinsichtlich der Abschätzung das Gesetz, wie gezeigt, dadurch, dass es die Festsetzung der Abgabe bei Einkommen von muthmasslich weniger als 200 Thlrn. den Kommissionen zuweist. Es sind dies diejenigen Klassen, welche Mangels jeder Buchführung am wenigsten im Stande sind, ihre unregelmässigen, oftmals zum Theil in Naturalien bestehenden Einkünfte richtig anzugeben und nebenher am ehesten die Tendenz bezeigen, dieselben möglichst niedrig zu be-

---

[7]) Der Bürgerausschuss ist ein aus der Mitte der grösseren gesetzgebenden Versammlung, der „Bürgerschaft," gewählter Körper, von welchem die einer Zustimmung der letzteren bedürftigen Gegenstände einer vorhergehenden Berathung unterzogen und ihr zur Annahme oder Ablehnung empfohlen werden. Hinsichtlich gewisser kleinerer definitiver Bewilligungen ist der Ausschuss schon für sich allein kompetent. Ihm liegt es ferner ob, die in die verschiedenen Verwaltungskollegien zu berufenden bürgerlichen Deputirten dem Senate in doppelter Liste in Vorschlag zu bringen.

ziffern. Es war daher ein richtiger Takt des Gesetzgebers, solchen Nachtheilen von vorn herein vorzubeugen.

Endlich sehen wir in dem Gesetze jene Ungleichheiten, welche durch die progressive Skala wie durch den unverhältnissmässigen Umfang der einzelnen Steuerklassen begründet waren, im Wesentlichen vermieden. Zwar tritt ein gleicher Steuersatz erst bei Einkommen von 1200 Thlrn. ein, es sind jedoch für die niedrigeren Einkommen sowohl die Steuerstufen erheblich in ihrer Ausdehnung verringert, als auch die progressiven Ansätze bedeutend gemildert. Diese gehen von 1200 bis 800 Thlrn. allmälich bis auf 2 %, von hier bis zu 240 Thlrn. Steuerkapital bis auf 1 % zurück. Man hat auf diese Weise eine gewisse Billigkeit gegen die durch den in Lübeck bestehenden Octroi ohnehin hart getroffenen minder begüterten Klassen eintreten lassen wollen. Aus dem gleichen Principe der Billigkeit ist auch die Vergunstigung entsprungen, dass solche Familienväter, die bei einem Einkommen bis zu 800 Thlrn. mehr als fünf Kinder zu ernähren haben, ein Viertel ihrer Abgabe vergutet erhalten.

Wenn man sonach zum Schluss das Resultat der Reform zusammenfasst, so muss man anerkennen, dass dieselbe mit Einsicht und Verstand durchgeführt worden ist, dass die aufgestellten Grundsätze sich denjenigen zu entsprechen bemühen, welche die Wissenschaft an eine gute direkte Besteuerung stellt. Etwas Anderes ist es, ob mittelst der umgestalteten Steuer das gestörte Gleichgewicht zwischen Ausgaben und Einnahmen wieder hergestellt wird. Da anzunehmen ist, dass sich der Kreis der Steuerzahler ansehnlich ausdehnen und durch richtigere Abwägung der einzelnen Einkommen diesen entsprechendere, d. h. höhere Steuerbeträge eingehen werden, so darf man annehmen, dass das finanzielle Resultat ein befriedigendes sein werde. Hierüber wird uns bald die gesetzlich vorgeschriebene Publikation über die Ergebnisse der Einschätzungen und der eingegangenen Steuerbeträge belehren. Wir hoffen, aus jenen Thatsachen in diesen Jahrbuchern später entsprechende Mittheilungen machen und daran weitere Untersuchungen knüpfen zu können.

Intelligenz-Blatt

zu

Hildebrand's Jahrbüchern für National-ökonomie und Statistik.

Abonnements-Einladung
auf die
Zeitschrift des kön. preuss. statistischen Bureaus.

Redigirt von dessen Director Dr. Engel.

Verlag des kön. preussischen statistischen Bureaus in Berlin.

Gegründet 1860, beginnt diese Zeitschrift im Januar 1870 den **zehnten** Jahrgang. Ihr **Inhalt**, lediglich aus Originalarbeiten bestehend und aus den zuverlässigsten Quellen geschöpft, verbreitet sich, positiv und vergleichend, über sämmtliche Gebiete des Staatslebens **Preussens** und bez. des **Norddeutschen Bundes**. Die Rubrik „**Bibliographie**" giebt Auskunft über die der Bibliothek des königl. statistischen Bureaus einverleibten Bücher und ist, namentlich auch wegen des Nachweises sehr vieler amtlicher, gar nicht in den Buchhandel gelangender in- und ausländischer Publicationen, eine der vollständigsten ihrer Art. In den „**literarischen Besprechungen**" finden die bedeutendsten Erscheinungen der sachverwandten Literatur eingehende Würdigung.

Jährlich erscheinen **12** Monatsnummern von zusammen 50 Bogen Royal-Quart zum Preise von **Zwei Thaler fünfzehn Silbergroschen**. Hierfur ist der Jahrgang 1869 (einzelne Nummern werden nicht abgegeben) durch jede deutsche Postanstalt und Buchhandlung zu beziehen.

C. G. Lüderitz' Verlag in Berlin:

Fr. v. Holtzendorff: Die Principien der Politik. 1869. 1 Thlr. 18 Sgr.

A. Emminghaus: Hauswirthschaftliche Zeitfragen. 7½ Sgr.
Markt-Verkauf. — Productions-Einschränkung. — Das Einfamilienhaus u. s. w.

A. Lammers: Die geschichtliche Entwicklung des Freihandels. 8 Sgr.

Im Verlage von **Dunker & Humblot** in Leipzig erschien soeben und ist durch alle Buchhandlungen zu beziehen:

Die

Sterblichkeit in Sachsen.

Nach amtlichen Quellen dargestellt

von

G. F. Knapp,

Professor an der Universität Leipzig.

Lex.-8°.　VII u. 238 S.　Geheftet.　Preis 1 Thlr. 20 Sgr.

Tübingen. Im Verlage der H. Laupp'schen Buchhandlung ist so eben erschienen und in allen Buchhandlungen zu haben:

Politik.

Monographieen von

Robert von Mohl.

Zweiter Band.

Auch unter dem Titel:

Mohl, Rob. von, **Staatsrecht, Völkerrecht und Politik**. Dritter Band: **Politik II. Bd.** Lex.-8. brosch. fl. 7. 12 kr. oder Rthlr. 4. 10 Sgr.

Der erste Band: Staatsrecht und Völkerrecht, kostet ebenfalls fl. 7. 12 kr. oder Rthlr 4. 10 Ngr. Der 2. Band: Politik I. kostet fl 6. 48 kr Rthlr. 4. — mithin alle 3 Bände fl. 21. 12 kr. Rthlr. 12. 20 Sgr.

Dieser höchst interessante neue Band des berühmten Werkes enthält u. A. folgende Abhandlungen: I. Erziehungs-Politik: die Volksschule, das Verhältniss der Schule zur katholischen Kirche. Universitäten, das Prüfungswesen. — Erziehung des weiblichen Geschlechtes etc. II. Der Staatsdienst. III. Social-Politik: Volksfeste. Die Arbeiterfrage. Verbesserte Verkehrseinrichtungen. IV. Uebereiltes, Unbedachtes und Unfertiges in der Tagespolitik.

Verlag von J. Guttentag in Berlin.

Soeben sind erschienen:

Bremer, Dr. E. P., Die Rechtslehrer und Rechtsschulen im Römischen Kaiserreich. 102 S. Geh. 20 Sgr.

Koch, R., Zur Reform des Preußischen Concurs-Rechts. IV. 115 S. 20 Sgr.

Paristus, L., (Gardelegen), Das Genossenschaftsgesetz für den Norddeutschen Bund vom 4. Juli 1868. Ergänzungsschrift zu dem Buche über das Preußische Gesetz betreffend die privatrechtliche Stellung der Erwerbs- und Wirthschaftsgenossenschaften vom 27. März 1867. VIII. 50 S. Geh. 10 Sgr.

Ueber die Befugniß der ordentlichen Gerichte zur straf- und civilrechtlichen Verfolgung von Staatsbeamten aus Anlaß von Amtshandlungen nach Preußischem Recht. Von einem Preußischen Richter. 61 S. Geh. 12 Sgr.

In unserm Verlage erscheint soeben und ist in allen Buchhandlungen vorräthig:

Staatswirthschaftliche Untersuchungen

von

Dr. Friedr. Benedikt Wilh. von Hermann,

k. bayer. Staatsrath im o. Dienste, o. ö. Universitätsprofessor und Vorstand des statist. Bureaus ꝛc.

Zweite nach dem Tode des Verfassers erschienene **vermehrte** und **verbesserte Auflage**; herausgegeben von den Professoren Hofrath Dr. **Helferich** und Dr. **Mayr**. 40 Bogen gr. Octav.

Preis 6 fl. = 3 Thlr. 15 Ngr.

Inhalt: 1. Grundlegung (S. 1 bis 77). 2. Die Bedürfnisse. 3. Die Güter. 4. Die Wirthschaft. 5. Die Produktion. 6. Der Preis. 7. Der Lohn. 8. Der Gewinn. 9. Das Einkommen. 10. Der Verbrauch der Güter.

Die **Augsburger Allgemeine Zeitung** sagt in ihrer Abendausgabe vom 16. Juni 1869 von dem Erscheinen dieses Buches: „Dieses in den dreißiger Jahren erschienene Werk, welches seitdem gänzlich vergriffen war, erscheint nunmehr, nachdem der Verfasser bis zu seinem Lebensende an demselben unermüdlich gearbeitet hatte, in neuer Auflage. Die Herausgabe wird von den Professoren Dr. Helferich und Dr. Mayr besorgt, und es ist somit im Gebiete der Volkswirthschaft ein Buch zu erwarten, welches den ersten Rang einnehmen und in der Literatur als eines der geistvollsten und vorzüglichsten Werke dastehen wird. Die neue Auflage ist hauptsächlich durch eine große Einleitung bereichert, welche die Grundlegung der Volkswirthschaft umfaßt und den geistigen Werth des klassischen Buches nicht wenig erhöht."

E. A. Fleischmann's Buchhandlung in München.

Im Verlage der Jos. Kösel'schen Buchhandlung in Kempten erscheint und ist durch alle Postanstalten und Buchhandlungen zu beziehen:

L'Echo français.

Journal non politique, paraissant une foi par semaine.

Rédigé par D. Dornier.

Wöchentlich ein Bogen von 8 Seiten in Quart zum Preis von fl. 1. 45 pro Semester oder in monatlichen Lieferungen à 5 Sgr. oder 18 fr. rhein.

Diese Zeitschrift, welche nur Originalarbeiten der besten franz. Schriftsteller bringt und direkt von Paris aus redigirt wird, ist ebensowohl Lernenden zu empfehlen, welche Gelegenheit suchen, sich in der franz. Sprache fortwährend zu üben und weiter auszubilden, als Solchen, die derselben bereits vollkommen mächtig sind und gerne nach einer angenehm unterhaltenden und belehrenden, in reinem und elegantem Französisch geschriebenen Lektüre greifen werden. Den Inhalt bilden spannende Novellen und Erzählungen, Reisebeschreibungen, Bilder aus der Ethnographie, Pariser Briefe, Variétés und Faits divers, Pensées, Charades etc. und ist derselbe so sorgfältig gewählt, daß das Blatt unbedenklich der reiferen Jugend und jeder jungen Dame in die Hand gegeben werden darf; dabei ist der Preis ein äußerst niedriger.

Im Verlage von **Friedr. Mauke** in Jena ist als Neuigkeit erschienen und durch jede Buchhandlung zu erhalten:

Zur Erklärung und Abhülfe der
heutigen Creditnoth des Grundbesitzes
von Rodbertus-Jagetzow.
Zwei Theile.
I. Die Ursachen der Noth. II. Zur Abhülfe.
gr. 8. broch. Preis 2 Thlr.

Zu dem unterzeichneten Verlage sind erschienen:

Arnold (Professor **Wilhelm**), Cultur und Rechtsleben. 1865. gr. 8. geh. 2 Thlr. 15 Sgr.

Dieses Werk weist den Zusammenhang des Rechtes mit den übrigen Manifestationen des Völkerlebens nach.

Arnold (Professor **Wilhelm**), Cultur und Recht der Römer. 1868. gr. 8. geh. 2 Thlr. 20 Sgr.

Dieses Werk schließt sich dem vorhergehenden als weitere Ausführung der dort gegebenen einleitenden Betrachtungen an.

Böch (Richard), Die statistische Bedeutung der Volkssprache als Kennzeichen der Nationalität. 1866. gr. 8. geh. 25 Sgr.

Laspeyres (Etienne), Der Einfluß der Wohnung auf die Sittlichkeit. Eine moralstatistische Studie über die arbeitenden Klassen der Stadt Paris. Mit 42 Tabellen. 1869. gr. 8. 2 Thlr.

Richter (Dr. **Heinrich**), Das weströmische Reich, besonders unter den Kaisern Gratian, Valentinian II. und Maximus (375—388). 1865. gr. 8. geh. 3 Thlr. 20 Sgr.

Das Werk schildert in anziehender Darstellung den mächtigen Einfluß des Christenthums und der Germanen auf die Auflösung des römischen Reiches.

Voigt (Professor **F.**), Geschichte des brandenburgisch=preußischen Staates. Zweite verbesserte Auflage. Zwei Theile. 1867. 8. geh. 2 Thlr.

In dieser neuen Auflage ist das Werk bis auf die neueste Zeit fortgeführt. Die objektive Darstellung, die gründliche Behandlung des Stoffes, die besondere Berücksichtigung, die der Culturgeschichte gewidmet wird, sind anerkannte Vorzüge dieses Werkes.

Ferd. Dümmler's Verlagsbuchhandlung in Berlin.

15000

aus einer Concursmasse billig erstandene Bücher machen mir es möglich, **10 Romane**, enthaltend: die Geheimnisse von Paris, London, Berlin, Hamburg u. s. w., für nur **1 Thaler** gegen Einsendung des Betrages zu verkaufen.

Th. Laube'sche Buchhandlung in Frankfurt a/O.

III.
Statistische Mittheilungen aus Thüringen und dem angrenzenden Franken aus dem dreissigjährigen Kriege.

Von

Dr. **O. Kius** in Weimar.

(Schluss.)

Wenn die vorstehenden Blätter ein Bild der durch den dreissigjährigen Krieg geschaffenen Verhältnisse in Rücksicht auf Entvölkerung und Verarmung des Landes im eigentlichen Thüringen, der weiten Landschaft nordöstlich vom thüringer Walde, zu entwerfen versuchten, so führen uns die nachstehenden Mittheilungen theils auf den thüringer Wald, theils in die südwestlich und südlich davon abfallenden Bezirke, die heute dem Königreich Preussen, dem Grossherzogthum Sachsen und den Herzogthümern S.-Meiningen und S.-Coburg zustehen, politisch zwar noch als den thüringischen Staaten angehörig betrachtet werden, landschaftlich aber meistentheils schon zu Franken gerechnet werden müssen. Den bei Weitem grössten Theil der hiermit zu bezeichnenden Gebiete umfasste die vormalige Grafschaft Henneberg.

Vom Kamme des thüringer Waldes aus über dessen südwestlichen Abhang bis nach Franken hinein erstreckte sich einst die gefürstete Grafschaft Henneberg, zur Zeit ihrer grössten Ausdehnung im vierzehnten Jahrhundert über fünfzig Quadratmeilen umfassend. Nach wiederholten Theilungen, öfterem Besitzwechsel, nach mancherlei Verpfändungen und Veräusserungen und nachdem sich allmälig viele adelige Lehensträger reichsfrei zu machen gewusst hatten, war die Grafschaft nicht nur in ihrem Gebiete wesentlich verringert worden, sondern auch durch die Unwirthschaftlichkeit ihrer Herren in ansehnliche Schulden gerathen. Eben dieser Schulden wegen hatte einer der letzten Grafen, Wilhelm VI. von Henneberg, nachdem er zuvor schon dem Kurfürsten

Moritz die Erbfolge in seiner Grafschaft gegen eine bedeutende Baarzahlung angeboten, mit der S.-Ernestinischen Linie 1554 zu Kahla einen Erbverbrüderungsvertrag abgeschlossen, in Folge dessen gegen sofortige Uebernahme einer Schuldsumme von 130,470 Fl. 6 Gr. die Ernestiner nach dem Aussterben des hennebergischen Hauses dessen Lande erhalten sollten. Im Falle der Fortdauer des Hauses sollte der genannte Betrag bis zur Rückzahlung nicht nur verzinst werden und dafür die Grafschaft verpfändet bleiben, sondern es sollten auch selbst nach erfolgter Ablösung der Pfandschaft die hennebergischen Lande im Falle des Erlöschens ihrer Dynasten zunächst dem Ernestinischen Hause und nach dessen Aussterben dem Albertinischen oder Kurhause, event. dem Landgrafen von Hessen zufallen. Dieser Vertrag, welcher den Ernestinern sehr günstige Aussicht eröffnete, war von Kursachsen, Hessen und dem Kaiser bestätigt worden.

Wirklich starb schon im Jahre 1583 mit Georg Ernst das einst so mächtige Dynastengeschlecht der hennebergen Grafen aus; allein die Ernestiner sollten nicht in den vollen Genuss der gesammten durch den Vertrag von Kahla ihnen zugesicherten Erbschaft gelangen. Nach dem Tode nämlich Herzog Johann Wilhelm's von Weimar hatte Kurfürst August von Sachsen die Vormundschaft über dessen zwei unmündigen Söhne usurpirt und zum Nachtheil seiner Mündel — trotz des von ihm früher selbst genehmigten kahlaer Vertrags und trotz der kaiserlicher Seits ihnen zugesicherten Anwartschaft auf Henneberg — von dem ihm persönlich befreundeten Kaiser Maximilian II. einen Exspectanzbrief für sich erwirkt, der ihm fünf Zwölftel der hennebergischen Erbschaft zusicherte, so dass also nur sieben Zwölftel den eigentlich allein berechtigten Ernestinern verbleiben sollten [40]). Und obgleich 1583, zur Zeit des Aussterbens der hennebergischen Dynastie, Friedrich Wilhelm, der ältere Sohn Johann Wilhelm's, mündig geworden war, so legte doch Kurfürst August die Vormundschaft nicht nieder, behielt sie vielmehr widerrechtlich bis zu seinem Tode. Von den hennebergischen Landen kam die Herrschaft Schmalkalden an Hessen, verschiedene Le-

---

40) Nach einer historischen Darlegung der Ernestinischen Ansprüche auf die gesammten hennebergischen Lande (weim. geh. Haupt- und Staatsarchiv Nr. 2002 A. c.), in welcher das unredliche Verfahren des Kurfürsten August ausführlich und mit den Abschriften der betreffenden Originalbelege nachgewiesen wird, wurden an baarem Gelde 134,548. Fl. ausgezahlt, „auch sonsten an anderen Aufwendungen und hohen hennebergischen Schuldposten in die 539,492 Fl. (welche guten Theils von dem fürstlichen Hause annoch — 1659 — verzinset werden müssen) übernommen, welche beiden Summen insgesammt 673,040 Fl. austragen und zu 5 pro Centum gerechnet, auf 33,652 Fl. jährlicher Nutzung sich erstrecken".

hen fielen an das Bisthum Würzburg, welches überhaupt schon von früherer Zeit her einen ansehnlichen Theil der ehemals hennebergischen Besitzungen in Franken absorbirt hatte, die Stammlande aber blieben, da sich der Kurfürst mit seinen Mündeln über die Theilung nicht sogleich einigen konnte, in den Händen einer Gesammtadministration, die ihren Sitz in Meiningen hatte und bis 1660 währte.

In diesem Jahre erst vereinigten sich die Erbinteressenten zu einer definitiven Theilung. Da jedoch der vorausgegangene dreissigjährige Krieg die einzelnen hennebergischen Aemter mehr oder weniger verwüstet und somit deren Ertrag wesentlich verändert hatte, so galt es, zuvor neue Amtsbeschreibungen[41]), d. h. Beschreibungen des dermaligen Standes und Ertrages der Aemter festzustellen, auf Grund deren die Theilungsportionen mit möglichster Genauigkeit gemacht werden könnten.

Weil zur Zeit der Aufstellung dieser Amtsbeschreibungen von 1659 die Verhältnisse der Aemter bezüglich der Einwohnerzahl, der bewohnten Häuser und der Steuererträge von dem langen Kriege her noch in einem pathologischen Zustande sich befanden, so sind behufs einer richtigeren Taxation die normalen Verhältnisse vor dem Kriege vergleichsweise mit herbeigezogen, nämlich die Steuererträge von 1594 und 1631, in welchem letzteren Jahre der Krieg zwar schon länger als ein Decennium getobt hatte, ohne dass jedoch die Integrität der Steuerverhältnisse wesentlich hierdurch beeinträchtigt worden wäre. Auch in Bezug auf die Zahl der Familien und »Feuerstätten« wurde das Jahr 1631 als den »guten Zeiten« angehörig betrachtet.

Diese auf Grund möglichst genauer Untersuchungen angefertigten amtlichen Berichte aus verschiedenen Jahren sind um so wichtiger, weil sie uns die Möglichkeit eines Vergleichs der statistischen Verhältnisse zum Theil vor dem Kriege, hauptsächlich aber unmittelbar vor der kritischen Zeit, als eben die wildesten Verheerungen dieser Landschaften eintraten, dann unmittelbar nach dem endlichen Frieden darbieten,

---

41) Diese Amtsbeschreibungen enthielten folgende Capitel: Anschlag des Amtes und was für Orte dazu gehören, eigenthümliche Häuser und Güter, Fischwasser, Teiche (Streichteiche, Streckteiche, fischbare und wüste Teiche), Gehölze, Städte und Dorfschaften, Unterthanen und Feuerstätten von 1631 und 1659, Gerichte, Steuererträge von 1594, 1631 und 1659, Pfarrer und Lehrer, Besoldungen derselben, Patronatsrechte, adelige Güter, Söhn- und Töchterlehen, Erblehen, Reithöfe („welche einen reisigen Knecht in der Herrschaft Dienst stellen mussten"), Ritterdienste im Amte, Heerwagen. Jagden, Verzeichnisse derjenigen Stücke, „so caduk und wo keine Erben, noch Hoffnung vorhanden, dass sie wieder in Anbau zu bringen," Getreidezinsen, Amtsgebrechen, Grenzangaben, Grenzstreitigkeiten, etwaige Recesse.

schliesslich aber auch — und dies ist von besonderem Werthe — das Jahr 1659 mit herbeiziehen. Denn gerade die statistischen Feststellungen eines späteren Jahres, in welchem sich die Zustände einigermassen schon wieder geklärt, geordnet und befestigt hatten, scheinen mehr geeignet als die Zeit gleich nach beendigtem Kriege, eine richtige Schätzung des Verlustes an Menschen und Nationalvermögen zu ermöglichen. Für die Begründung dieser Behauptung wird sich an geeigneter Stelle die Gelegenheit darbieten [42]).

Die Grafschaft Henneberg umfasste in ihrer damaligen Ausdehnung gegen achtundzwanzig Quadratmeilen und bestand aus den Aemtern Schleusingen, Suhl, Kühndorf und Benshausen, die jetzt dem Königreich Preussen, aus den Aemtern Themar mit Behrungen, Meiningen, Massfeld, Wasungen, Sand und Frauenbreitungen, die jetzt dem Herzogthum Meiningen, und den Aemtern Kaltennordheim, Fischberg (Deimbach) und Ilmenau, welche heute dem Grossherzogthum Sachsen angehören [43]).

(S. Tabelle auf Seite 113 u. 114.)

Aus dieser statistischen Zusammenstellung ergiebt sich, dass die Familienzahl des preussischen Antheils an der Grafschaft Henneberg, des jetzigen Kreises Schleusingen [47]), von 1631 bis 1649 um 66,03 p. Cent sich gemindert, von da an aber in dem nächstfolgenden Jahrzehent wieder um 78,37 p. Cent sich erhöht hat. Diese schnelle Zunahme der

---

42) Man vergleiche hierzu „Statistisches aus der Zeit des dreissigjährigen Kriegs von G. Brückner" in dessen Denkwürdigkeiten aus Frankens und Thüringens Geschichte und Statistik. Hildburghausen 1852. S. 299—312 und „Beitrag zur Statistik und Geschichte des dreissigjährigen Krieges von G. Brückner" in der Zeitschrift für deutsche Kulturgeschichte von Müller und Falke. Nürnberg, Jahrgang 1857 S. 207—238. Der um die Geschichte, Statistik und Landeskunde Thüringens und Frankens hochverdiente Verfasser hat gleichfalls aus archivalischen Quellen seine Mittheilungen geschöpft. Wir erlauben uns, dieselben zu benutzen, soweit sie die unserigen, die in anderen Stücken wieder weiter gehen, ergänzen. Ein Vergleich der beiderseitigen Mittheilungen wird zeigen, dass sie in ihren Resultaten aus einander gehen, was bei den betreffenden Punkten erörtert werden wird.

43) In der Grafschaft Henneberg liegen zwar einige adelige Dorfschaften, aber es „hat, wie viel Einer oder der Andere von Adel Unterthanen und Feuerstätten besitzt, nicht in Erfahrung gebracht werden können". Da diese adeligen Ortschaften eine Steuer an die Herrschaften nicht zu entrichten hatten, so fanden die hennebergischen Beamten auch keine Veranlassung, die Zahl der Familien und Wohnhäuser zu eruiren.

47) Ueber alle möglichen statistisch darstellbaren Verhältnisse der Gegenwart belehrt die „Statistik des Kreises Schleusingen von Dr. Herold, königl. Kreislandrath. Schleusingen 1864", eine Arbeit, welche an Gründlichkeit, Ausführlichkeit, Klarheit und Uebersicht nichts zu wünschen übrig lässt.

Der preussische Antheil an der Grafschaft Henneberg.

Namen der Ortschaften.	Familien. 1631.	1649.	1659.	1867.	Wohnhäuser. 1631.	1649.	1659.	1867.	Zunahme an: Familien von 1631—1867 in Proc.	Häusern von 1631—1867 in Proc.
1. Stadt und Amt Schleusingen.										
1. Schleusingen (Stadt)	398	126	263	755	403	205	261	344	89,70	—14,64
2. Hinternahe . . .	98	36	42	172	86		48	120	75,51	39,53
3. Silbach	13	5	7	23	19		8	17	76,92	—10,53
4. Schleusinger-Neundorf	25	12	19	103	33		23	64	312,00	93,94
5. Frauenwald . . .	58	23	27	180	53		25	116	210,34	118,87
6. Stützerbach . .	2	4	4	162	2		3	98	8000,00	4800,00
7. Schmiedefeld . .	71	15	51	444	70		52	267	525,35	281,43
8. Vesser	7	7	7	52	7		7	34	642,86	385,71
9. Raasen	16	11	9	33	13		10	31	106,25	138,46
10. Breitenbach . .	103	40	61	180	102		69	98	74,76	— 3,92
11. Erlau	86	31	47	121	86		48	88	40,70	2,33
12. Hirschbach . . .	28	7	12	85	22		16	59	203,57	168,18
13. Altendambach . .	46	10	25	102	53		27	65	121,74	22,64
14. Suhler-Neundorf .	95	53	65	149	95		65	87	56,84	— 8,42
15. Treissbach . .	13	—	—	—	12		—	—	—	—
16. Fischbach . . .	10	6	8	32	10		9	22	220,00	120,00
17. Gethles . . .	28	12	17	48	21		21	35	71,43	66,67
18. Ziegelhof . . .	3	—	—	—	3		—	—	—	—
19. Neunhof	8	3	5	22	9		5	15	176,00	66,67
20. Ahlstedt . . .	8	4	5	14	11		6	10	75,00	— 9,09
21. Bischofrod . .	25	14	18	34	27		23	27	36,00	0,00
22. Eichenberg . .	24	1	2	35	23		5	26	45,83	13,04
23. Rappelsdorf . .	28	11	18	71	34		25	52	153,57	52,94
24. Geisenhöhn . .	22	6	16	29	25		21	25	31,82	0,00
25. Gottfriedsberg .	9	—	4	15	9		6	13	66,67	44,44
26. Neuendambach .	20	—	4	19	20		6	15	— 5,00	—25,00
27. Gerhardsgereuth .	36	8	11	56	36		22	45	55,56	25,00
28. Wiedersbach . .	40	9	18	70	40		35	47	75,00	17,50
29. Ralscher . . .	24	11	19	35	24		23	26	45,83	8,33
30. Heckengereuth .	12	6	8	15	12		10	12	25,00	0,00
31. Oberrod . . .	14	5	9	15	14		8	14	7,14	0,00
32. Waldau	49	10	24	126	48		24	73	563,16	52,08
33. Schönau . . .	36	12	18	62	45		23	39	72,22	—13,33
34. Langenbach . .	21	5	5	45	21		6	34	114,29	61,90
35. Steinbach . . .	22	6	6	51	23		4	41	133,33	78,26
36. Wickenhof . . .	(1)				(1)					
Summa	1498	509	854	3355	1511	707	944	2059	123,97	36,27
2. Stadt und Amt Suhla.										
37. Suhla (Stadt) mit den Hämmern[44])	1400	551	936	1996	800	508	816	982	42,57	22,75
38. Heinrichs (Flecken)	200	76	108	306	168	81	149	173	53,00	2,98
39. Albrechts mit Linsenbof	74	38	56	272	51	39	36	152	267,57	198,04
40. Goldlauter . . .	52	30	67	340	62	39	46	211	553,85	240,32
Summa	1726	695	1167	2914	1081	667	1047	1518	68,83	40,31

[44]) „Die eigentliche Anzahl der Unterthanen anno 1631 kann man wegen deren

Namen der Ortschaften.	Familien.			Wohnhäuser.			Zunahme an: Familien ; Häusern von 1631—1867	
	1631.	1649.	1659.	1867.	1631.	1649.	1659.	1867.	in Proc. in Proc.

3. Amt Kühndorf.

41. Kühndorf	156	26	71	216	143	43	61	159	38,64	11,19
42. Rohr	118	25	59	195	128	30	56	128	65,25	0,00
43. Dillstedt	90	16	55	136	95	16	51	105	51,11	10,53
44. Wichtshausen . .	45	5	10	108	45	4	11	76	140,00	68,89
45. Dietzhausen . . .	50	7	12	131	56	5	12	86	162,00	53,57
46. Mäbendorf . . .	26	5	10	79	34	6	8	50	203,85	47,06
47. Christes	43	13	19	112	41	13	22	71	160,47	73,17
48. Utendorf [45]) . .	56	22	32	56	57	22	33	46	0,00	—19,30
Summa	584	119	268	1033	599	139	254	721	76,88	20,37

4. Amt Benshausen.

49. Benshausen (Flecken)[46]) .	140	95	178	397	142	111	125	240	183,57	69,01
50. Viernau	95	58	108	296	85	64	78	198	211,58	132,94
51. Ebertshausen . .	32	6	15	67	30	6	10	51	109,38	70,00
Summa	267	159	301	760	257	181	213	489	184,64	90,27

Bevölkerung tritt besonders hervor bei den Aemtern Kühndorf mit 125,21 p. Cent und Benshausen mit 89,31 p. Cent. Beide Aemter zusammen zeigen eine Vermehrung von 104,68 p. Cent. Ihre Bevölkerung nährt sich vom Ackerbau, und es tritt uns schon hier die Wahrnehmung entgegen, dass die Ackerbau treibenden Districte sich alsbald nach dem Kriege schneller bevölkerten, als die unmittelbar an und auf dem thüringer Walde gelegenen Walddörfer, welche erst in späterer Zeit mit dem Aufblühen ihrer Industrie eine dann allerdings auch rasche Bevölkerungszunahme erfuhren.

Es gilt nun, zunächst die Frage zu beantworten, wie diese überraschende Zunahme der Bevölkerung von 1649 bis 1659 zu erklären ist. Die Beantwortung dieser Frage fällt genau zusammen mit der Begründung unserer oben aufgestellten Behauptung, dass gerade eine spätere

---

in dem anno 1634 geschehenen feindlichen kroatischen Einfälle und auch brandverdorbenen Register und Stadtbücher nicht haben. Es erinnern sich aber noch alte Leute, wie viel vor dem Einfalle an erbgehuldigten Unterthanen ungefähr gewesen seien."

45) Utendorf wurde erst einige Jahre nach erfolgter hennebergischen Theilung an die Ernestinische Linie herausgegeben und gehört jetzt zu Meiningen.

46) Die auffallende Bevölkerungszunahme vom J. 1659 gegen die Familienzahl von 1631 in den Orten Benshausen und Viernau erklärt sich durch den während des Kriegs erfolgten Zuzug von hennebergischen Unterthanen aus Dietzhausen, Mehlis, Herges, Stilla und Schwarza.

Zeit nach dem Kriege für die Schätzung des wirklichen Menschenverlustes von Bedeutung und mehr als das Jahr 1649, geschweige denn ein solches aus den schlimmsten Kriegsjahren hierzu geeignet sei. Es ist zu bedauern, dass aus dem Jahre 1655 nur von drei hennebergischen Aemtern statistische Notizen vorliegen; da diese nicht weiter reichen, so müssen wir zu den aus dem Jahre 1659 vorhandenen greifen, und obwohl der Bogen hierdurch etwas weit gespannt wird, indem sich bis dahin die Bevölkerung schon etwas aus sich selbst heraus vermehrt haben konnte, dürfte doch das Richtige eher gefunden werden, als durch den Bevölkerungsstand von 1649, wie eben dargethan werden soll.

Die ersten Jahre nach dem Frieden, an dessen Bestand man kaum zu glauben wagte, vermochten die Unruhe und Angst der Bevölkerung noch nicht zu verscheuchen. Unerschwingliche Kriegssteuern mussten erst noch aufgebracht werden, zu deren Erpressung die Heerhaufen noch in verschiedenen Ländern liegen blieben. Die Grafschaft Henneberg musste ihrer Seits zu der den Schweden zu zahlenden Kriegsentschädigung allein 26350 Fl. beitragen. Viele Tausende der aus der Heimath geflüchteten Bewohner hatten zum Theil in weiter Ferne ein vorläufiges Plätzchen zu ihrer Sicherheit gefunden, von wo aus sie erst nach und nach, nicht selten erst nach Jahren, als sich die Verhältnisse zu klären und zu befestigen angefangen hatten und als Sicherheit und Ruhe allmälig hergestellt schienen, in die alte Heimath zurückzukehren wagten. Andere schwärmten noch heimathlos umher. Diese freiwilligen Exulanten, dazu herrenloses Gesindel aller Art, welches »dem Kriegswesen nachgezogen«, ein Strom von Bettlern, Vagabunden, Gaunern und Räubern, die vom Bettel, von Betrug und Raub lebten, vermischt mit ehrlichen Leuten, bildeten neben dem entlassenen Kriegsvolke und dem ihm anhängenden Tross von Weibern und Kindern eine mobile Bevölkerung, die sich nicht sogleich nach dem Frieden dauernd niederliess. Auch viel ansässiges Gesindel, welches nichts zu verlieren, sondern nur zu gewinnen hoffte, sah sich in jenen Tagen, wo die schönsten Landschaften mit ergiebigem Boden verödet lagen und zur Niederlassung einluden, zum Wechsel des Wohnorts veranlasst.

Immerhin vergingen Jahre, bis sich diese mobilen Elemente der Bevölkerung da und dort dauernd ablagerten, und erst nachdem diese Ablagerungen, die aller Orten vorkamen, sich vollzogen hatten, liess sich übersehen, was an Menschen nach dem Kriege übrig geblieben war; denn jedes Land hatte seinen Beitrag zu dieser Klasse von Ansiedlern geliefert. Solche Elemente sind zu ihrem Theile natürlich auch der Grafschaft Henneberg zugeflossen, und es ist von derselben gewiss nicht zu behaupten, dass sie durch Fruchtbarkeit des Bodens oder durch den natürlichen Reichthum und den Reiz ihrer Landschaft mehr als den ihr zukömmlichen Antheil an der beweglichen Bevölkerung hätte an sich ziehen können.

Diese aus dem Kriege herrührenden Ablagerungen sind daher ebensowohl als die aus dem Kriege gerettete, sesshaft gebliebene Bevölkerung mitzuzählen. Und wenn wir die überraschende Zunahme der Bevölkerung von 1649 bis 1659 betrachten, welche sich in dem jetzt preussischen Antheile auf 78,37 p. Cent, in der ganzen Grafschaft auf 73,16 p. Cent, in einzelnen Aemtern aber, geschweige denn in einzelnen Ortschaften, noch viel höher beläuft, wie denn allein die drei an einander liegenden Aemter Wasungen, Sand und Frauenbreitungen schon in sechs Jahren, nämlich von 1649 bis 1655, einen Familienzuwachs von 100 p. Cent erfuhren: so vermögen wir auf die gewaltige Masse des Zuzugs zu schliessen, gleichviel ob dieser aus der früher geflüchteten Bevölkerung oder aus den oben bezeichneten Ablagerungen herrührte, während wir uns zugleich der Ueberzeugung nicht entschlagen können, dass die sesshafte Bevölkerung von 1649 aus sich allein heraus und in so kurzer Zeit nimmermehr eine Vermehrung der Familien um so viel Procente zu Stande gebracht haben konnte. Heirathen sollen zwar nach dem Kriege in Menge abgeschlossen worden sein, aber die heirathslustigen Leute stellten sich erst nach dem Kriege ein.

Ständen uns statistische Angaben über die Bevölkerung aus den unglücklichsten Zeiten des Kriegs von 1636 bis 1642 aus dieser Landschaft zu Gebote, so würde der Menschenverlust ungleich erschrecklicher erscheinen, aber auch nur scheinen; denn in Wirklichkeit war ein sehr ansehnlicher Volkstheil in der Fremde, der noch lebte und an eine einstige Rückkehr dachte. Die oben mitgetheilten Bevölkerungsverhältnisse von 138 Ortschaften in Thüringen aus den schlimmsten Zeiten von 1640 und 1642 liessen erkennen, wie viele Bewohner geflüchtet waren, wenn allein die Stadt Weimar notorisch über viertausend wohlgezählten Landleuten in ihren Mauern Zuflucht gewährte. Es würde also gegen die Wahrheit laufen, wenn wir die in loco gebliebenen Familien oder Einwohner als den ganzen Rest der früheren Bevölkerung betrachten wollten.

Wie bedeutend hiernach das Resultat des durch den dreissigjährigen Krieg verursachten Bevölkerungsverlustes differirt, jenachdem wir bloss die Familienzahl von 1649 berücksichtigen und den allmäligen Niederschlag jener eben geschilderten mobilen Bevölkerung ignoriren,

Statistische Mittheilungen aus Thüringen u. s. w.

oder aber nach unserer Ansicht diese Ablagerungen als zum Rest der Bevölkerung gehörig mit in Rechnung ziehen, — das wird sich, wenn wir am Schlusse die Summe ziehen, ganz augenscheinlich ergeben.

Die Anzahl der bewohnten Häuser verringerte sich natürlich proportional der verminderten Familienzahl, ohne dass darum die unbewohnten sämmtlich als nicht mehr vorhanden betrachtet werden müssten; daher stieg auch die Häuserzahl bis 1659 wieder um 47,01 p. Cent. Während aber die Familienzahl von 1659 bis 1867 um 211,25 p. Cent wuchs, stieg die Häuserzahl nur um 94,75 p. Cent, was indessen gewiss weniger in dem materiellen Unvermögen der Bewohner, als in der später mehr hervortretenden Neigung derselben zu einem engeren Zusammenschliessen seine Begründung finden dürfte.

Der S.-Meiningische Antheil an der Grafschaft Henneberg.

Namen der Ortschaften.	Familien.				Wohnhäuser.				Zunahme an:	
									Familien	Häusern
									von 1631—1867	
	1631.	1649.	1659.	1867.	1631.	1649.	1659.	1867.	in Proc.	in Proc.
Amt Themar mit Behrungen.										
52. Themar (Stadt) [48]	298	86	127	388	278	69	127	258	30,20	— 7,19
53. Grimmelshausen	34	6	15	38	35	6	20	35	11,76	0,00
54. Ehrenberg	44	7	14	39	33	7	18	39	—11,36	2,63
55. Siegritz	37	8	9	43	38	7	14	40	16,22	5,26
56. Reurieth	56	21	26	101	58	20	47	102	80,36	75,86
57. Dingsleben	70	10	24	64	74	8	25	59	8,57	—20,27
58. Beinerstadt	101	10	20	93	102	10	22	71	54,46	51,96
59. St. Bernhard				63				48		
60. Oberndorf	28	8	17	38	34	5	24	36	3,57	5,88
61. Exdorf	94	29	36	115	91	29	56	80	22,34	—12,09
62. Wachenbrunn	29	5	9	35	34	3	13	33	20,69	— 2,94
63. Lengfeld	69	24	37	85	72	21	49	75	23,19	4,17
64. Tachbach	16	10	11	24	16	8	11	24	50,00	5,00
65. Grub	18	3	7	30	19	3	7	30	66,67	57,89
66. Schmeheim	45	13	16	68	43	14	22	53	51,11	23,26
67. Behrungen (Flecken)	120	58	72	130	120	23	75	121	8,33	0,83
Summa	1059	298	440	1354	1052	243	530	1104	27,86	4,94

---

[48] Dass die Berichte der Zeitgenossen nicht ohne Vorsicht aufzunehmen sind, möge als Beispiel nachfolgende Relation des Stadtschreibers Kaspar Mai beweisen, welche die Grösse der von der Stadt Themar durch die Croaten erlittenen Verwüstung darstellen soll und deshalb von Brückner citirt wird. Dieser zeitgenössische Gewährsmann berichtet (vergl. Brückner in „Beitrag zur Stat. und Gesch. des 30jährigen Kriegs" in der Zeitschr. für deutsche Kulturgesch. Jahrg. 1857 S. 217 f.), die Stadt Themar habe vor der Katastrophe am 16. Oct. 1634 ausser an öffentlichen Gebäuden besessen „278 schöne Wohnhäuser und zweimal so viel Nebengebäude, die sammt fast allen öffentlichen Bauten bis auf 69 der geringsten Häuslein durch Feuer vernichtet wurden, und auch diese wären vernichtet worden, wenn die Croaten dieselben nicht für ihre Winterquartiere bewahrt hätten". Da jedoch heute die Stadt

Namen der Ortschaften.	Familien. 1631. 1649. 1659. 1867.	Wohnhäuser. 1631. 1649. 1659. 1867.	Zunahme an: Familien von 1631—1867 in Proc.	Häusern in Proc.

Stadt und Amt Meiningen.

68. Meiningen (Stadt)[49]	642	335	360	1592	612	352	389	607	147,98 — 0,82
69. Vachdorf	145	49	62	141	163	59	76	122	— 2,27 —25,12
70. Leutersdorf . . .	68	22	31	74	69	22	40	66	8,82 — 4,35
71. Queienfeld . . .	112	18	39	156	123	25	84	121	39,29 — 1,62
Summa	967	424	492	1963	967	458	589	916	103,00 — 5,27

Amt Massfeld[50].

72. Untermassfeld . .	81	12	21	163	75	—	16	101	101,23 34,40
73. Obermassfeld . . .	70	11	23	96	71	10	24	66	37,14 — 7,04
74. Einhausen	60	8	29	76	42	8	28	75	26,67 78,57
75. Belrieth	75	8	17	81	74	8	21	80	8,00 8,11
76. Ritschenhausen . .	48	10	18	59	35	9	18	54	22,92 54,21
77. Wölfershausen . .	36	—	12	65	53	—	13	62	80,56 16,98
78. Neubrunn	65	14	23	81	14	14	27	80	24,62 14,29
79. Jüchsen	190	21	55	210	184	21	52	179	10,53 — 2,72
80. Berkach	17	3	8	114	17	3	5	105	570,59 517,65
81. Sülzfeld	136	17	38	96	107	8	36	94	—29,41 —12,15
82. Henneberg . . .	76	10	30	128	79	10	27	99	68,39 25,32
83. Hermannsfeld . .	42	1	16	78	44	—	19	71	85,71 61,36
84. Stedtlingen . . .	96	8	38	65	54	6	30	64	—32,29 18,52
85. Wilmars[51] . . .	(32)		(12)		(33)		(12)		
86. Bettenhausen . .	} 186	27	76	171	158	27	56	125	8,06 — 1,90
87. Serba		10		30		10		30	
88. Herpf	150	26	48	118	120	26	44	118	—21,33 — 1,67
89. Stepfershausen . .	150	33	54	134	128	31	53	113	—10,67 —11,72
90. Solz	46	7	22	53	40	7	19	50	15,22 25,00
91. Dreissigacker . .	41	19	24	71	45	—	22	51	73,17 13,33
Summa	1565	245	552	1889	1475	198	510	1617	20,70 9,63

Themar (vergl. Brückner's Landeskunde des Herzogth. Meiningen Thl. II S. 234) nur 23 Hauptgebäude und 210 „meist zweistöckig kleine, wenig stattliche" Wohn- und 17 Werkhäuser in ihren Mauern einschliesst, so erscheint es ganz unbegreiflich, wie auf dem schon lange vor dem dreissigjährigen Kriege mit einer Mauer umgrenzten Stadtgebiete bis 1634 ausser den öffentlichen Gebäuden 278 schöne Wohnhäuser mit zweimal so viel Nebengebäuden Platz gefunden haben sollen. Dass aber von den schönen Wohnhäusern die Croaten gerade die geringsten Häuslein vor dem Brande geschützt haben sollen, um sie für ihre Winterquartiere zu bewahren, würde von einer Barbarenbescheidenheit zeugen, die den Croaten sonst wohl nicht nachgerühmt werden kann.

49) Nach einer anderen Angabe waren in der Stadt Meiningen 1631 an 811 Unterthanen und 616 Feuerstätten und 1659 an 365 Unterthanen. Was Meiningen während des dreissigjährigen Kriegs zu leiden hatte, schildert Prof. Dr. A. Emmrich's Geschichte der Stadt Meiningen im Osterprogramme der dortigen Realschule 1869.

50) Während im J. 1649 vom ganzen Amte Massfeld nur das Dorf Bettenhausen 40 Schafe hatte, befanden sich 1659 auf dem Kammergute zu Untermassfeld neben 22 Stück Rindvieh wieder 570 und in Jüchsen 360 Stück Schafvieh.

51) Das Dorf Wilmars gehört jetzt zu Bayern.

Mehr noch als der jetzt preussische Antheil an der ehemaligen Grafschaft Henneberg hatten die drei jetzt meiningischen Aemter Themar, Meiningen und Massfeld durch den Krieg gelitten. Im October 1634 nämlich nach der Schlacht bei Nördlingen erschien Isolani mit seinen Croaten, brannte Städte und Dörfer nieder und brandschatzte das Land, welches seine Schaaren bis zum Frühling 1635 unterhalten musste. Die Familienzahl der drei Aemter war bis 1649 sogar um 73,07, die Häuserzahl um 75,13 p. Cent gesunken; jene stieg bis 1659 nur wieder um 53,46, diese um 87,46 p. Cent. — Das an Ortschaften reiche Amt Massfeld hatte zwar 84,35 p. Cent seiner Bevölkerung und 86,58 p. Cent seiner Häuser verloren, stieg jedoch bezüglich seiner Familienzahl bis 1659 wieder um 125,31 p. Cent, d. h. auf wenig mehr als ein Dritttheil seiner früheren Höhe, während das Amt Themar und noch mehr Stadt und Amt Meiningen sich nur langsam erholten. Die Aemter Themar und Massfeld sind auch rücksichtlich der Jahre 1631 bis 1867 nur wenig an Familienzahl gestiegen, nämlich jenes um 27,86, dieses um 20,70 p. Cent; nur die Stadt Meiningen, obwohl sie sich nicht wieder zu ihrer industriellen Höhe vor dem Kriege schwingen konnte, hat als spätere Residenz und durch den Hinzutritt anderer Factoren bedeutend (148 p. C.) an Familienzahl (ohne Militär) gewonnen. Wenn die heutige Zahl der Wohnhäuser in der Stadt Meiningen sogar um 5 geringer ist als 1631, so deutet der Umstand, dass sie damals nur 642, jetzt aber 1592 Familien beherbergt, auf die Unansehnlichkeit jener gewiss meist dorfartigen Häuser[52]), die in der Regel nur einer einzigen Familie zur Wohnung dienten, gegenüber den jetzt einer Residenz würdigen Häuserreihen. Ueberhaupt haben gerade diese drei Aemter von 1631 bis 1867 nur den kleinen Zuwachs von 4,09 p. Cent ihrer Häuser erfahren, zeigen dagegen jetzt in den wohlhabenderen Orten gewiss auch weit stattlichere Gebäude.

(S. die Tabelle auf folgender Seite.)

Aus den vormaligen Aemtern Wasungen, Sand und Frauenbreitungen sind wir so glücklich umfassendere statistische Nachrichten zu besitzen. Im Dezember 1654 forderte nämlich die gemeinschaftliche Regierung in Meiningen die genannten Aemter (und wahrscheinlich die übrigen auch) zum Bericht auf, »wieviel bei Anfang des teutschen Krieges in Anno 1618 sich jedes Orts in Städten und Dorfschaften

---

52) Die Kleinheit der Häuser in der Stadt Meiningen um 1631 springt noch mehr in die Augen, wenn man erwägt, dass die damaligen 612 Häuser auf dem durch die Stadtmauer eng umgrenzten Gebiete Platz fanden, während die heutigen 607 Wohnhäuser sich weit über die Grenzen des alten Stadtgebiets hinaus erstrecken.

Namen der Ortschaften.	Familien. 1618.	1631.	1649.	1654.	1659.	Wohnhäuser. 1867.	1631.	1649.	1659.	1867.	Zunahme an: Familien von 1631—1867 in Proc.	Häusern von 1631—1867 in Proc.
						Das Amt Wasungen.						
92. Wasungen (Stadt)	354	264	130	165	204	557	215	136	148	323	110,98	50,23
93. Schwallungen	101	105	9	37	46	187	95	7	40	124	78,10	30,53
94. Metzels	77	90	27	37	43	93	97	25	42	70	3,33	—27,84
95. Wallbach	50	52	8	10	16	55	52	8	17	42	5,77	—19,23
96. Niederschmalkalden	38	36	5	16	20	83	31	5	19	50	130,56	61,29
97. Mehmels	42	42	9	17	16	90	29	9	18	59	114,29	103,45
98. Möckers	21	22	6	7	7	48	22	6	6	28	118,18	27,27
99. Melkers	7	6	4	6	7	36	6	4	7	36	500,00	500,00
Summa	690	617	198	295	359	1149	547	200	297	732	86,22	33,82
						Das Amt Sand.						
100. Friedelshausen	107	90	18	40	29	143	70	17	45	107	58,89	52,86
101. Hümpfershausen m. Kloster Sinnershausen	89	97	8	30	34	89	97	8	50	101	— 8,25	4,12
102. Kaltenlengsfeld	116	120	20	45	37	109	97	18	42	104	— 9,17	7,22
103. Oepfershausen	106	101	20	30	36	137	99	19	46	116	35,64	17,17
104. Oberkatz	90	82	12	41	44	92	64	12	40	81	12,26	26,56
105. Unterkatz	73	64	4	25	28	107	55	5	30	76	67,19	38,18
106. Wahns	41	38	4	11	11	109	32	4	11	80	186,84	150,00
107. Schwarzbach	64	51	6	18	15	103	53	6	16	71	101,96	33,96
108. Eckards	57	50	6	16	16	77	29	6	21	61	54,00	110,34
109. Rosa	51	60	2	10	10	64	60	2	12	49	6,67	—18,33
110. Bernshausen	38	33	3	11	8	33	18	3	11	29	0,00	61,11
111. Georgenzell	15	13	—	3	2	33	13	—	6	27	153,85	107,69
Summa	847	799	103	280	270	1096	687	100	330	902	37,17	31,30
						Das Amt Frauenbreitungen.						
112. Frauenbreitungen	81	79	21	23	27	137	62	10	22	91	73,42	46,77
113. Altenbreitungen	104	141	11	42	53	230	91	10	44	158	63,12	73,63
114. Wernshausen	83	90	13	30	40	193	58	13	33	131	114,44	125,86
115. Helmers	27	29	3	15	16	64	23	3	16	48	120,69	108,70
116. Hauenhof	1	2	—	1	1	3	2	—	1	3	50,00	50,00
117. Neuenhof	3	3	—	1	1	12	3	—	1	11	300,00	266,67
118. Beyeroda	3	3	—	3	3	17	3	—	3	16	466,67	433,33
119. Knollenbach	2	3	—	—	1	13	2	—	1	12	333,33	500,00
120. Meimers	5	6	—	5	5	41	6	—	5	31	583,33	416,67
121. Kraimer	1	1	—	—	1	3	1	—	1	3	200,00	200,00
122. Farnbach	2	3	—	2	3	2	3	—	3	2	—33,33	—33,33
Summa	312	360	48	122	151	715	254	36	130	506	98,61	99,21

Haushälte befunden, auch wieviel deren itzo jedes Orts seien«. Diese im Herzogl. S.-Goth. Staatsarchive noch vorhandenen Notizen lassen uns einestheils ersehen, dass von 1618 bis 1631 mit Ausnahme der Stadt Wasungen, welche aus unersichtlicher Ursache 90 Familien verloren hatte, die übrigen dreissig Ortschaften wenigstens in ihrer Gesammtheit nicht zurückgegangen waren, sondern sogar einen kleinen Familienzuwachs von 1,14 p. Cent erfahren hatten; anderer Seits zeigen sie, dass die durch den Krieg sehr hart mitgenommenen Aemter, welche 1649 auf 19,65 p. Cent reducirt waren, sich in der kurzen Zeit von 1649 bis 1655 wieder um 100 p. Cent Familien — darunter das Amt Sand um 171,85, Frauenbreitungen um 154,17, beide zusammen aber um 166,22 p. Cent — hinaufgeschwungen hatten. — Wenn nicht schon die oben angezogenen Vergleichungen der Familienzahlen von 1649 und 1659 zum Beweise der Behauptung, dass noch Jahre lang nach dem Kriege theils die früher geflüchtete Bevölkerung heimkehrte, theils aus dem Kriege abgelagerte Volkstheile sich niederliessen, hinlänglich genügten, so würden die zuletzt angeführten Procentzahlen bis zur Evidenz darthun, dass bei einer so enormen Familienzunahme an eine Vermehrung derselben aus sich allein heraus nicht zu denken ist. Dass der Strom der Ansiedler noch fortwogte und das Suchen nach Wohnsitzen selbst nach 1655 noch fortdauerte, geht ferner daraus hervor, dass von 1655 bis 1659 die Aemter Wasungen und Frauenbreitungen zwar um 22,30 p. Cent zunahmen, das Amt Sand aber in derselben Zeit 3,57 p. Cent verlor. In der Beschreibung dieses Amtes vom Jahre 1659 wird auch ausdrücklich erwähnt, es seien zwar Ansiedler dagewesen, aber wegen des vielen Sandes und Wildes wieder fortgezogen.

Die Bevölkerungszunahme der drei Aemter an Familien beträgt von 1659 bis 1867 zwar 279,49, die Zunahme der Wohnhäuser aber nur 182,69 p. Cent.

Der Sachsen-Weimarische Antheil an der Grafschaft Henneberg.

Namen der Ortschaften.	Familien. 1631.	1649.	1659.	1867.	Wohnhäuser. 1631.	1649.	1659.	1867.	Zunahme an: Familien von 1631—1867 in Proc.	Häusern von 1631—1867 in Proc.
Das Amt Kaltennordheim[53])										
123. Kaltennordheim (Flecken) . . .	217	26	65	327	223	35	61	248	50,69	11,21
124. Kaltenwestheim .	169	39	82	115	171	37	84	95	−31,95	−44,44
125. Erbenhausen . .	81	7	16	83	90	8	21	59	2,47	−34,44
126. Reichenhausen . .	63	8	26	52	61	4	24	50	−17,46	−18,03
127. Oberweid. . . .	114	33	54	127	116	39	57	122	11,40	5,17
128. Unterweid . . .	80	31	57	83	92	41	55	83	3,75	−9,78
129. Kaltensundheim .	26	26	26	225	38	28	26	154	765,38	305,26
Summa	750	170	326	1012	791	192	328	811	34,93	2,53

[53]) Bei der Erbhuldigung 1661 zeigte das Amt Kaltennordheim eine ungewöhnliche Vermehrung der Familien gegen 1659.

Namen der Ortschaften.	Familien.				Wohnhäuser.				Zunahme an: Familien von 1631—1867 in Proc.	Häusern von 1631—1867 in Proc.
	1631.	1649.	1659.	1867.	1631.	1649.	1659.	1867.		

Das Amt Fischberg (Dermbach) [54]).

130. Fischbach . . .	49	8	14	72	54	9	20	62	46,94	14,82
131. Diedorf	86	7	23	81	87	7	26	66	—5,81	—24,14
132. Klings	65	8	22	92	60	10	25	80	41,54	33,33
133. Empfertshausen .	51	}8	15	105	54	}9	18	75	105,88	38,89
134. Andenhausen . .	7		6	66	9		9	55	842,86	511,11
135. Brunnhardshausen.	66	7	14	51	62	7	13	45	—22,73	—27,42
136. Neidhardshausen .	60	8	30	71	59	12	32	62	18,33	5,08
137. Dermbach (Flecken)	139	9	22	254	143	13	33	171	82,73	19,58
138. Unteralba . . .	96	11	26	129	101	13	27	99	34,38	—1,98
139. Oberalba	30	8	12	57	34	8	18	46	90,00	35,29
140. Urnshausen . . .	123	11	28	157	124	16	38	127	27,64	2,42
141. Wiesenthal . . .	171	11	40	215	158	15	34	165	25,73	4,43
Summa	943	96	252	1350	945	119	293	1053	43,16	11,44

Das Amt Ilmenau [55]).

142. Ilmenau (Stadt) .	350	247	251	735	350	222	248	450	110,00	28,57
143. Roda	49	23	31	72	49	16	31	64	46,94	30,61
144. Unterpörlitz . . .	45	13	33	144	45	17	35	108	220,00	140,00
145. Oberpörlitz . . .	29	7	9	32	29	10	18	30	10,34	3,45
146. Wipfra (halb) . .	8	5	8	36	8	2	8	36	350,00	350,00
147. Kammerberg . .	9	4	7	41	9	4	7	27	355,56	200,00
148. Stützerbach . . .	2	1	2	89	4	3	4	60	4350,00	1400,00
Summa	492	300	341	1149	494	274	351	775	133,54	56,88

Die drei weimarischen Aemter Kaltennordheim, Fischberg (jetzt Dermbach) und Ilmenau weisen die grösste Verschiedenheit bezüglich der im Kriege erlittenen Verheerungen auf, was in der von den beiden

---

[54]) Auf Grund einer alten Pfandverschreibung an die Grafen von Henneberg vom J. 1511 wurde durch Vertrag von 1594 das „Pfandamt" Fischberg für 25,000 Fl. von Neuem dem Gesammthause Sachsen auf 31 Jahre eingeräumt, nach deren Ablauf dem Stifte Fulda die Wiedereinlösung gestattet sein sollte. Als dieses jedoch 1626 die Einlösung ankündigte, entstanden hierüber langwierige Erörterungen, welche weit über die Zeiten des dreissigjährigen Kriegs hinaus fortdauerten. Dass dieses Amt am meisten unter allen durch den Krieg verwüstet wurde, findet Brückner (Zeitschr. f. d. Kulturgesch. Jahrg. 1857 S. 227) dadurch veranlasst, „dass das Stift Fulda mit dem Beginne des Kampfes seine Kriegsschaaren wiederholt in diesen District einbrechen liess, um den durch die Grafen von Henneberg daselbst eingeführten und durch deren Erben geschützten Protestantismus zu entfernen". Es ist jedoch wenig wahrscheinlich, dass das Stift aus Religionshass dieses Amt habe verwüsten lassen, welches zum Theil noch katholisch war, dessen Landsteuer ihm vertragsmässig zur Hälfte gehörte und das es durch Einlösung wieder an sich zu bringen im Begriff stand.

[55]) Bei der Erbhuldigung von 1661 zählte das Amt Ilmenau wieder 403 Familien, also 12,90 p. Cent mehr als 1659.

ersten Aemtern weit entfernten und an und für sich geschützteren Lage des Amtes Ilmenau seine Erklärung findet. Die beiden erstgenannten Aemter, an dem Rhöngebirge liegend und dem damaligen Bisthum Fulda angrenzend, gehörten mit zu den am meisten geschädigten. Bis 1649 hatte Kaltennordheim 77,33 p. Cent seiner Bevölkerung und 75,85 p. Cent seiner Wohnhäuser verloren; die Bevölkerung stieg zwar bis 1659 um 91,77 p. Cent, zeigte aber immer noch einen wahren Verlust gegen 1631 von 56,53 p. Cent. Die Häuserzahl hob sich bis 1659 wieder um 64,82 p. Cent, betrug aber immer nur erst 58,53 p. Cent gegen 1631. — Das Amt Fischberg als das unglücklichste von allen hatte sogar bis 1649 an Familien 89,82 p. Cent verloren, erholte sich zwar bis 1659 um 162,50 p. Cent, blieb aber noch um 73,28 p. Cent gegen das Jahr 1631 zurück. Beide Aemter wuchsen von 1631 bis 1867 an Familien zusammen um 39,52, an Häusern aber nur um 7,37 p. Cent. — Glücklicher war das Amt Ilmenau, welches durch seine Lage theils auf dem thüringer Walde, theils an dem nördlichen Abhange desselben geschützt, am wenigsten unter allen hennebergischen Aemtern gelitten hatte. Es hatte nämlich bis 1649 an Familien nur 39,03 und an Häusern 44,53 p. Cent verloren, die Zunahme war daher auch 1659 entsprechend gering. Erst mit der später emporblühenden Industrie wuchs die Zahl der Familien und Wohnhäuser ansehnlich.

Zur Uebersicht des Verlustes an Familien und Häusern von 1631 bis 1659, ebenso der Zunahme beider von 1659 bis 1867, sowie zur Vergleichung der Familien- und Häuservermehrung von 1631, als der Zeit vor der Verwüstung, bis 1867 diene folgende Tabelle, welche Abgang und Zugang in Procentzahlen angiebt.

Namen der Städte und Aemter.	Abgang an Familien 1631 bis 1659.	Zugang an Familien 1659 bis 1867.	Abgang an Wohnhäusern 1631 bis 1659.	Zugang an Wohnhäusern 1659 bis 1867.	Zugang an Familien 1631 bis 1867.	Zugang an Wohnhäusern 1631 bis 1867.
1. Stadt und Amt Schleusingen	42,99	292,86	37,52	118,11	123,97	36,27
2. Stadt und Amt Suhl . . .	32,38	148,67	3,24	44,99	68,83	40,31
3. Amt Kühndorf	54,11	285,45	82,73	183,85	76,88	20,37
4. Amt Benshausen	—12,77	152,49	17,12	129,58	184,64	90,27
5. Stadt und Amt Themar . .	58,45	207,73	49,62	108,30	27,86	4,94
6. Stadt und Amt Meiningen .	52,37	298,98	39,09	55,52	103,00	—5,27
7. Amt Massfeld	64,73	242,21	65,49	217,06	20,70	9,63
8. Stadt und Amt Wasungen .	41,82	247,92	45,70	146,46	86,22	33,82
9. Amt Sand.	66,20	305,93	51,97	173,33	37,17	31,30
10. Amt Frauenbreitungen . .	58,06	373,59	48,82	289,23	98,61	99,21
11. Amt Kaltennordheim . . .	56,53	210,43	58,53	147,26	34,93	2,53
12. Amt Fischberg	73,28	435,71	68,99	259,39	43,16	11,44
13. Stadt und Amt Ilmenau . .	31,69	236,95	28,95	120,79	133,54	56,88
Summa	50,35	241,32	45,44	127,01	69,77	23,86

Um die Auslassung der Mittheilungen vom Jahre 1649 zu rechtfertigen, bedarf es wohl nicht weiterer Erklärung, da oben schon ausführlich aus einander gesetzt worden ist, wie dieses Jahr den wahren Verlust an Familien nicht angeben kann und von den Häusern auch nur die bewohnten, nicht aber die ausserdem noch bewohnbaren oder wenigstens einer Restauration leicht fähigen aufzählt. Und hierbei tritt die Differenz in den Resultaten ganz augenscheinlich zu Tage, indem der Verlust an Familien, wenn wir das Jahr 1649 mit 1631 vergleichen, sich auf 74,10 p. Cent stellt, wogegen sich, wenn wir die aus der Fremde erst allmälig zurückgekehrten Volkstheile, überhaupt die Massen der mobilen Bevölkerung mit in Berechnung ziehen und also, weil uns aus einem anderen, dem Ende des Krieges näher liegenden Jahre keine über das ganze hennebergische Gebiet sich erstreckenden Notizen zu Gebote stehen, das Jahr 1659 zur Grenze setzen, der ganze durch die Verwüstungen des dreissigjährigen Krieges veranlasste Familienverlust zwar immer noch auf 50,35 p. Cent, aber somit doch auf eine wesentlich mässigere Höhe sich beläuft.

Zwar soll dabei keineswegs in Abrede gestellt werden, dass in den zehn Jahren von 1649 bis 1659 die Bevölkerung auch aus sich allein heraus, d. h. aus den an Personenzahl jedenfalls auch geschwächten Familien verhältnissmässig bedeutend gewachsen sein mag; aber nehmen wir selbst eine möglichst schnelle Bevölkerungszunahme an, so bleibt uns die thatsächliche und unumstössliche Vermehrung der Familien von 73,16 p. Cent, beziehungsweise für einzelne Aemter und Orte von mehreren hundert Procenten dennoch ganz unfassbar. Die Familienzahl der ganzen Grafschaft betrug nämlich 1643 nur 3364; geben wir eine Vermehrung von 10 p. Cent zu, so würde sie sich auf 3700 belaufen haben; da sie aber in Wirklichkeit 5773 betrug, so bleibt immer noch eine Vermehrung von 56,03 p. Cent übrig, die wir nur durch den nachgewiesenen Maassen enormen Zuzug, wie er sich allenthalben aus den amtlichen Berichten kundgiebt, zu erklären vermögen. Dies aber ist der Punkt, in welchem sich die vorliegende Berechnung von anderen Angaben, welche nur den augenblicklichen Verlust, ohne die später folgende Ausgleichung, bei ihrer Untersuchung in Betracht ziehen, unterscheidet.

Der Verlust an Häusern von 1631 bis 1659 stellt sich mit 45,44 p. Cent etwas geringer als der Familienverlust, so dass sich noch ein kleiner Ueberschuss von Wohnhäusern ergiebt, weil eben die Menge der nicht ganz verwüsteten Häuser die Herstellung erleichterte.

Eine Vergleichung der Bevölkerung vor den unheilvollen Kriegsjahren mit der heutigen ergiebt eine Vermehrung an Familien von 69,77 p. Cent, jedoch mit grosser Verschiedenheit. Denn während die Aemter Benshausen, Ilmenau, Schleusingen und Meiningen — letzteres trotz seiner verminderten Häuserzahl — einen Zuwachs von 184,64 bis 103,00 p. Cent aufweisen, erreicht dieser bei Themar und Massfeld nur 20,70 und 27,86 p. Cent. Die Gesammtvermehrung kommt somit noch nicht dem Familienzuwachs der 138 thüringischen Ortschaften von 81,54 p. Cent (s. S. 24) gleich. — Die Häuserzahl hat sich von 1831 bis 1867 nur um 23,86 p. Cent vermehrt; darunter hatte Amt Breitungen einen Zuwachs von 99,21 und Amt Benshausen von 90,27 p. Cent. Meiningen mit seinen drei Amtsdörfern hatte sogar eine Abnahme von 5,27 p. Cent.

Es ist eine sehr verbreitete Ansicht, dass durch den dreissigjährigen Krieg eine nicht geringe Anzahl von Ortschaften eingegangen wäre, die unter dem Namen von Wüstungen noch in den Flurbüchern existiren, auch als besondere Gemeinden mit ihrem Schultheisen oder Vorstande noch fortgeführt werden. Es ist hier nicht der Ort, zu untersuchen, ob diese Wüstungen durch freiwilligen oder durch Elementarereignisse oder durch Krieg, wie in Thüringen durch den Bruderkrieg (1445—51), veranlassten Wegzug der Bewohner entstanden sind; gewiss ist indessen, dass in Folge des dreissigjährigen Krieges unter den oben angeführten thüringischen Orten, von denen mehrere gänzlich von ihren Einwohnern verlassen waren, nicht ein einziges Dorf zur Wüstung geworden ist. Auch unter den sämmtlichen hennebergischen Ortschaften sind nur das kleine Dörfchen Treissbach, welches 1631 noch 12 Wohnhäuser mit 13 Familien hatte, der Ziegelhof mit drei und der Wickenhof mit einer Familie eingegangen, Erscheinungen, welche mitten im Frieden eben so wohl beobachtet werden. Dagegen sind in ihrer Familienzahl zehn und in ihrer Häuserzahl sechsundzwanzig Ortschaften zurückgegangen[56]), während, wie die Tabellen ausweisen, nicht wenige Orte in Familien und Wohnhäusern eine Vermehrung von vielen hundert, ja sogar von mehreren tausend Procenten erfahren haben.

Die vergleichende Betrachtung der Zahl der Häuser und Familien bietet auch den Beweis für die Richtigkeit der Behauptung, welche bei Untersuchung der Familienzahl in den thüringischen Ortschaften

---

56) Dieselben sind in der Tabelle durch — (minus) als mit negativem Zugang bezeichnet.

(s. S. 23) aufgestellt wurde, dass sich aus der Zahl der Wohnhäuser auf diejenige der Familien schliessen lasse. Es belief sich nämlich in den dreizehn hennebergischen Aemtern im Jahre 1631 die Zahl der Wohnhäuser auf 10,660, die der Familien auf 11,627, welche Zahl nach Abzug der Städte — wie denn Suhl allein einen Ueberschuss von 600 Familien über seine Häuserzahl zeigt — sich noch so weit mindert, dass sie die Häuserzahl nur mehr um eine Kleinigkeit übertrifft. Das Amt Meiningen hatte 1631 genau so viel Wohnhäuser als Familien; das Amt Schleusingen sogar 13 Wohnhäuser mehr. Auch die Aemter Kaltennordheim, Fischberg und Ilmenau hatten sämmtlich einen Ueberschuss von zusammen 2,02 p. Cent an Häusern.

Schon aus dem Umstande, dass durchschnittlich jede Familie ihr besonderes Wohnhaus hatte, lässt sich schliessen, dass die Häuser in ihrer Mehrzahl einfach und klein waren, wenn nicht noch ausdrücklich in den Amtsbeschreibungen und zahlreichen Aktenstücken die vielen verlassenen und daher meist zerfallenen Wohnstätten fast sämmtlich als unansehnlich und dürftig geschildert würden. Daraus aber zu folgern, die wohlgebauten und stattlichen Wohnhäuser wären verwüstet oder niedergebrannt gewesen, liegt kein Grund vor, zumal die wohlhabendere Bevölkerung, d. h. die Besitzer der besseren Häuser, am wenigsten Haus und Hof zu verlassen geneigt war. Dass mit der Zunahme der Bevölkerung die Zahl der Wohngebäude nicht gleichen Schritt hält, ist eine Erfahrung, die zwar am meisten in den Städten, aber auch mehr und mehr auf dem Lande sich geltend macht; wohl aber wachsen mit der steigenden Bevölkerung intensiv auch die Wohngebäude; sie werden räumlicher und ansehnlicher, so dass sich die Annahme rechtfertigt, dass unsere heutigen Dörfer, wenn sich auch die Anzahl ihrer Häuser nicht wesentlich vermehrt hat, dennoch weit mehr das Gepräge der Wohlhäbigkeit zeigen als die Dörfer vor dem dreissigjährigen Kriege. Die verhältnissmässig geringere Vermehrung der Wohnhäuser gründet sich nicht auf ein materielles Unvermögen der Bewohner, vielmehr auf die Neigung derselben zu engerem Aneinanderschliessen.

Zur Beurtheilung des vor dem dreissigjährigen Kriege vorhandenen Wohlstandes giebt die Beschäftigung der Bewohner, welche sich fast ausschliesslich auf Ackerbau und Viehzucht erstreckte, einen ziemlich sicheren Anhaltspunkt. Da nämlich der Boden zwar in den Thälern fruchtbar, sonst aber theils von mittlerer Güte, theils steinig und wenig ergiebig ist, so lässt sich nicht annehmen, dass zu jener Zeit mehr Wohlstand geherrscht habe als in unseren Tagen, wo mit dem früher unbekannten Anbau der Futterkräuter, mit der durch Hebung der Viehzucht (Rindviehzucht)[57] vermehrten Düngerbereitung, der hierdurch gehobenen Fruchtbarkeit des Bodens und dem erhöhten Ertrage der Landwirthschaft, sowie in Folge des erweiterten und gewinnbringenderen Absatzes der landwirthschaftlichen Producte eine intensivere Bewirthschaftung des Bodens Platz gegriffen hat. Fügen wir noch hinzu, dass für die der Mehrzahl nach holzreichen Ortschaften der ehemaligen Grafschaft Henneberg sich inzwischen die Gelegenheit zu besserer Verwerthung ihres Holzreichthums geboten hat, dass die erhöhte Industrie (Schleusingen, Suhl, Ilmenau) der besitzlosen Klasse der Bevölkerung weit mehr Gelegenheit zu Broderwerb giebt, dass ferner in der den früheren Jahrhunderten unbekannten Kartoffel, einem Hauptproducte dieser Landschaft, ein höchst wichtiges Nahrungsmittel erwachsen ist: so werden wir nicht weit von der Wahrheit fehlen, wenn wir für die Gegenwart jenen Ortschaften einen höheren Grad von Wohlstand vindiciren, als ihn die Zeit vor dem dreissigjährigen Kriege aufzuweisen hatte.

Für Abschätzung des Verlustes an Nationalvermögen gewährt ferner einen ziemlich sicheren Maassstab die vergleichende Zusammenstellung

---

57) In dem oben angezogenen Artikel „Statistisches aus der Zeit des dreissigjährigen Krieges mit Bezug auf die Gegenwart" giebt G. Brückner neben der Häuser- und Familienzahl auch eine Vergleichung des Viehstandes, wie er im Jahre 1634 vor der Plünderung durch die Croaten in dem damaligen Amte Massfeld vorhanden war, mit demjenigen des Jahres 1849. Leider sind die Notizen aus dem Jahre 1634 nur unvollständig, doch ergiebt sich daraus, dass die Zahl der Kühe in 17 Dörfern um 42,23 p. Cent gestiegen, diejenige der Schafe in 12 Dörfern sich fast gleichgeblieben, die der Pferde in 13 Ortschaften dagegen um 77,94 p. Cent gesunken ist. Die Zahl der Ochsen von 7 Dörfern ist um 78,35 p. Cent, diejenige der Schweine (freilich nur von zwei Orten) um 88,02 p. Cent gestiegen. Ein Hauptreichthum der Bewohner der alten Grafschaft besteht heute in der Rindviehzucht, und das ansehnliche Wachsthum derselben wird um so gewichtiger, als sie sich auch intensiv bedeutend gehoben hat, so dass der gegenwärtige Viehstand ein verhältnissmässig weit grösseres Kapital repräsentirt als derjenige von 1634. Mit der Abnahme des Pferdebestandes stieg die Rindviehzucht; denn der fränkische Bauer weiss sehr wohl zu berechnen, dass er mit seinen Ochsen als Zugvieh weit vortheilhafter wirthschaftet als mit Pferden. Es ist Thatsache, dass in Franken bis in das Hennebergische herein der wohlhabende Bauer den Rindviehstall als seinen Stolz betrachtet, und dass daher in manchen reichen Dörfern sich kaum ein Pferd vorfindet. Die Schafzucht hat sich zwar nicht vermehrt, doch aber veredelt; auch die Schweinezucht, bei welcher freilich nur zwei Orte zum Beweise dienen können, ist bedeutend gestiegen. — Ueber die Verbesserung der Viehzucht nach allen ihren Zweigen in dem meiningenschen Antheile der ehemaligen Grafschaft Henneberg ist Ausführlicheres zu finden in der Landeskunde des Herzogthums Meiningen von G. Brückner, Professor. Meiningen 1851. Th. I S. 358 ff.

der Steuerertäge, »was ein jedes zu einer einfachen Landsteuer gegeben«, wie sich solche in den einzelnen Orten und ganzen Aemtern zu verschiedenen Zeiten herausstellten. Die leider nicht vollständigen Angaben aus dem Jahre 1594 geben, verglichen mit denjenigen aus dem Jahre 1631, die allmälige und fast stetige Zunahme, wie ferner aus dem Vergleiche der Erträge von 1631 und 1659 der eigentliche durch den Krieg herbeigeführte Verlust hervortritt. Bei letzterem Jahre wird noch besonders unterschieden, wie viel an Steuer bereits wieder gangbar ist und wie viel in nicht allzu ferner Zeit voraussichtlich noch gangbar werden kann. Der Steuergulden war der alte meissnische zu 21 Gr.

Namen der Ortschaften.	Anno 1594. Fl. Gr.	Anno 1631. Fl. Gr.	Anno 1659. Fl. Gr.	Davon gangbar. Fl. Gr.	ungangbar. Fl. Gr.	Abgang in Proc.
1. Stadt und Amt Schleusingen.						
1. Schleusingen (Stadt) . .	206 12	202 14	82 8	74 2	8 5	63,44
2. Hinternahe	38 8	35 1	19 18	19 7	— 10	44,85
3. Silbach	5 10	5 11	4 13	4 8	— 4	20,69
4. Schleusinger - Neundorf .	12 9	12 3	6 12	6 10	— 2	46,66
5. Frauenwald	15 15	19 6	10 1	9 10	— 12	56,17
6. Stützerbach	— —	— —	1 11	— 18	— 13	—
7. Schmiedefeld	13 20	17 —	12 14	12 10	— 4	26,61
8. Vesser	2 6	2 19	3 1	3 1	— —	—4,92 [58])
9. Raasen	— —	2 17	2 8	2 8	— —	15,25
10. Breitenbach	36 11	35 2	28 11	8 2	— 9	19,90
11. Erlau	26 10	30 15	24 10	24 5	— 5	21,08
12. Hirschbach	3 2	4 —	3 13	3 10	— 3	13,09
13. Altendambach	10 18	10 17	10 2	9 15	— 7	10,13
14. Suhler - Neundorf . . .	16 16	19 8	20 5	19 20	— 6	—0,49
15. Treissbach	2 —	2 —	— 13	— 10	— 3	76,19
16. Fischbach	5 17	5 14	5 4	5 4	— —	8,40
17. Gethles	13 1	10 18	11 6	11 6	— —	—3,94
18. Ziegelhof	— —	2 4	1 4	— 16	— 9	65,22
19. Neuhof	— —	5 2	5 9	5 9	— —	—6,54
20. Ahlstädt	4 20	4 15	3 3	3 3	— —	3,33
21. Bischofrod	12 2	8 1	9 17	9 14	— 3	—20,13
22. Eichenberg	6 17	6 19	8 3	— —	8 3	100,00
23. Rappelsdorf	21 11	21 15	15 17	15 4	— 12	30,04
24. Geisenhöhn	10 20	10 15	9 19	9 6	— 13	13,33
25. Gottfriedsberg	2 8	2 9	3 5	2 13	— 13	—7,84
26. Neuendambach . . .	4 2	4 19	2 15	1 17	— 19	61,36
27. Gerhardsgereuth . . .	16 9	15 2	14 13	12 2	2 11	19,87
28. Wiedersbach	20 4	19 20	17 17	16 3	1 14	19,09
29. Ratscher	17 9	17 15	13 19	13 19	— —	21,50
30. Heckengereuth . . .	6 20	7 2	5 9	5 9	— —	23,49
31. Oberrod	13 —	13 2	8 11	8 11	— —	34,90
32. Waldau	26 2	26 2	19 4	10 20	2 4	35,04
33. Schönau	14 1	14 11	9 12	9 10	— 2	34,75
34. Langenbach	5 7	5 1	2 15	2 11	— 4	50,00
35. Steinbach	8 11	8 8	4 8	4 4	— 4	50,00
Summa	— —	609 13	402 14	372 2	30 5	38,79

58) Der mit — (minus) bezeichnete Abgang ist als Zugang zu betrachten.

Statistische Mittheilungen aus Thüringen u. s. w.

Namen der Ortschaften.	Anno 1594. Fl. | Gr.	Anno 1631. Fl. | Gr.	Anno 1659. Fl. | Gr.	Davon gangbar. Fl. | Gr.	ungangbar. Fl. | Gr.	Abgang in Proc.
2. Stadt und Amt Suhl.							
36. Suhl (Stadt)	— | —	255 | 4	177 | 5	175 | 11	1 | 15	31,22
37. Heinrichs	54 | 14	64 | —	31 | 12	30 | 3	1 | 9	52,90
38. Albrechts	— | —	16 | 3	9 | 20	8 | 20	1 | —	44,54
39. Goldlauter	10 | 5	10 | 8	12 | 9	12 | 8	— | 1	−19,27
Summa	— | —	345 | 15	231 | 4	227 | —	4 | 4	34,34
3. Amt Kühndorf.							
40. Kühndorf	— | —	84 | 8	55 | 1	33 | 11	21 | 10	59,15
41. Rohr	— | —	76 | 4	47 | 15	41 | 2	6 | 13	46,06
42. Dillstedt	— | —	44 | 9	34 | 18	26 | 17	8 | 1	39,66
43. Wichtshausen	— | —	17 | 16	9 | 10	8 | 4	1 | 6	53,89
44. Dietzhausen	— | —	29 | 2	14 | 12	10 | 8	4 | 4	64,32
45. Mäbendorf	— | —	12 | 10	4 | 14	4 | 6	— | 8	65,65
46. Heinrichs	— | —	— | 12	4 | 17	3 | 16	1 | 1	−550,83
47. Christes	— | —	14 | 10	13 | 9	12 | 8	1 | 1	14,47
48. Utendorf	— | —	39 | —	23 | 2	22 | 17	— | 6	41,51
Summa	— | —	318 | 8	207 | 14	163 | 5	44 | 9	48,81
4. Amt Benshausen.							
49. Benshausen	— | —	58 | 12	42 | 16	39 | 10	3 | 6	32,60
50. Viernau	— | —	39 | 19	34 | 17	33 | 3	1 | 14	16,94
51. Albrechts	— | —	8 | 13	6 | 17	5 | 19	— | 19	31,49
52. Ebertshausen	— | —	11 | 2	6 | 15	4 | 18	1 | 18	56,22
53. Linsenhof	— | —	1 | 9	— | 5	— | 5	— | —	83,33
54. Dietzhausen	— | —	— | 10				
55. Mehlis	— | —	2 | 5	\} „sind itzo nach Benshausen und Viernau geschlagen".			
56. Herges und Stilla	— | —	2 | 10				
57. Schwarza	— | —	— | 6				
Summa	— | —	125 | 2	91 | 7	83 | 13	7 | 15	33,16
5. Stadt und Amt Themar.							
58. Themar (Stadt)	141 | —	158 | 7	60 | 6	49 | 8	10 | 19	68,81
59. Grimmelshausen	18 | 17	19 | 12	10 | 18	7 | 3	3 | 15	63,50
60. Ehrenberg	13 | 16	14 | 17	9 | 10	8 | 19	— | 12	43,09
61. Siegritz	13 | 7	14 | 12	11 | 5	10 | 2	1 | 3	30,72
62. Reurieth	31 | 7	33 | 16	21 | 15	18 | 15	3 | —	44,57
63. Dingsleben	37 | 13	39 | 13	28 | 11	22 | —	6 | 11	44,47
64. Beinerstadt	49 | 5	41 | 18	42 | 14	20 | 12	22 | 9	50,85
65. St. Bernhard	11 | 4	11 | 4	nachher mit Beinerstadt vereinigt.			
66. Obendorf	19 | 19	22 | 13	20 | 20	17 | 13	3 | 7	22,10
67. Exdorf	52 | 7	53 | 17	35 | —	29 | 1	5 | 20	46,02
68. Wachenbrunn	18 | 4	17 | 13	13 | 12	7 | 16	5 | 17	55,95
69. Lengfeld	31 | 5	33 | 4	26 | 3	25 | 19	— | 5	21,95
70. Tachbach	9 | 6	10 | 2	6 | 19	5 | 18	1 | 1	41,98
71. Grub	10 | —	9 | 9	5 | 20	5 | 1	— | 19	46,46
72. Schmeheim	29 | 17	30 | 10	21 | 10	20 | 19	— | 11	31,41
73. Behrungen	— | —	101 | 16	58 | 12	50 | 3	8 | 9	50,73
Summa	487 | 1	612 | 15	373 | 7	299 | 2	74 | 11	51,18
6. Stadt und Amt Meiningen.							
74. Meiningen (Stadt)	— | —	235 | 3	161 | 11	147 | 11	14 | —	37,26
75. Vachdorf	69 | 14	69 | 16	54 | 6	51 | 17	2 | 10	25,73
76. Leutersdorf	38 | —	38 | 18	23 | 16	22 | 10	1 | 6	42,16
77. Queienfeld	48 | 18	53 | —	43 | 18	36 | 11	7 | 7	31,09
Summa	— | —	396 | 16	283 | 9	258 | 7	25 | 2	34,89

Namen der Ortschaften.	Anno 1594. Fl. |Gr.	Anno 1631. Fl. |Gr.	Anno 1659. Fl. |Gr.	Davon gangbar. Fl. |Gr.	ungangbar. Fl. |Gr.	Abgang in Proc.
7. Amt Massfeld.						
78. Untermassfeld	41 17	42 11	14 6	10 16	3 11	74,69
79. Obermassfeld	45 19	52 6	24 5	18 20	5 6	63,75
80. Einhausen	32 12	42 10	25 19	24 2	1 17	43,27
81. Belrieth	42 14	43 2	25 2	12 20	12 3	69,99
82. Ritschenhausen	28 17	40 4	16 4	13 —	3 4	67,65
83. Wölfershausen	24 14	28 8	10 14	3 18	6 17	86,41
84. Neubrunn	43 2	46 3	28 —	13 7	14 14	71,10
85. Jüchsen	80 13	85 9	63 7	32 8	30 20	60,90
86. Berkach	4 17	7 16	2 19	2 19	— —	73,01
87. Sülzfeld	59 7	71 6	43 18	23 6	20 12	67,33
88. Henneberg	24 18	26 7	18 14	13 11	5 3	48,65
89. Hermannsfeld	18 7	35 9	22 1	11 10	10 12	67,71
90. Stedtlingen	41 10	52 5	39 1	21 9	17 13	58,98
91. Wilmars	9 17	10 12	4 5	4 —	— 5	62,16
92. Bettenhausen	64 8 }	87 3	61 5	44 20	16 6	48,42
93. Serba	10 17					
94. Herpf	57 17	70 2	61 19	44 20	16 20	35,87
95. Stepfershausen	73 10	78 4	51 —	36 7	14 14	53,53
96. Soltz[59])	29 20	34 4	16 8	12 7	4 1	63,93
97. Dreissigacker	15 15	17 19	15 5	13 15	1 11	23,40
Summa	750 19	871 14	544 5	358 5	186 —	58,90
8. Amt Wasungen.						
98. Wasungen	— —	155 10	68 1	59 2	2 20	61,99
99. Schwallungen	47 5	51 18	25 17	20 15	5 2	60,06
100. Metzels	50 7	57 14	36 5	34 2	2 —	40,88
101. Wallbach	22 10	22 12	11 20	8 15	3 5	60,97
102. Mehmels	20 13	22 —	12 —	6 6	5 15	71,43
103. Möckers	6 6	6 13	5 15	2 3	3 12	67,63
104. Niederschmalkalden	11 15	13 15	6 20	6 13	— 7	51,74
105. Melkers	— —	6 15	2 15	2 15	— —	59,50
Summa[60])	— —	336 13	169 9	140 8	22 19	58,30
9. Amt Sand.						
106. Friedelshausen	38 5	44 16	17 7	12 11	4 17	72,02
107. Hümpfershausen	34 11	37 7	12 3	7 10	4 14	79,97
108. Kaltenlengsfeld	45 14	52 16	29 13	21 15	7 19	58,84
109. Oepfershausen	38 6	44 16	18 9	15 15	2 15	62,76
110. Oberkatz	36 5	46 17	17 13	16 —	1 13	65,82
111. Unterkatz	33 10	35 14	13 1	7 10	5 12	79,04
112. Wahns	14 7	18 8	8 17	5 12	3 5	70,21
113. Schwarzbach	18 4	22 18	12 18	7 11	5 7	67,08
114. Eckardts	18 10	21 8	10 9	6 15	3 15	68,60
115. Rosa	23 14	22 15	11 17	3 19	7 19	82,81
116. Bernshausen	11 7	12 7	8 19	3 3	5 16	74,52
117. Georgenzell	3 6	4 17	2 13	— 16	1 18	84,16
118. Wüstung Dürrensolz	8 15	8 14	3 3	2 1	1 2	76,37
Summa	324 9	373 5	166 16	110 12	56 4	70,38

59) In Soltz waren noch 1659 an 107 Acker (in Stücken von 1 bis 8 Ackern), welche 6 Malter 5 Maas und 1¾ Metzen Korn und eben so viel Hafer Zins geben mussten, nicht an den Mann zu bringen.

60) In die Aemter Wasungen und Sand steuerten noch mit kleinen Beträgen die Wüstungen Grub, Reifendorf und Grimles.

Statistische Mittheilungen aus Thuringen u. s. w.

Namen der Ortschaften.	Anno 1594. Fl. | Gr.	Anno 1631. Fl. | Gr.	Anno 1659. Fl. | Gr.	Davon gangbar. Fl. | Gr.	ungangbar. Fl. | Gr.	Abgang in Proc.
10. Amt Frauenbreitungen.						
119. Frauenbreitungen	29 | —	31 | 1	} 43 | 14	40 | 11	3 | 2	56,58
120. Altenbreitungen	60 | 7	62 | 6				
121. Wernshausen	35 | 7	33 | 9	18 | 9	18 | 4	— | 5	45,58
122. Helmers	6 | 10	7 | 12	4 | 15	4 | 1	— | 14	46,54
123. Die neun Höfe zusammen	36 | 7	32 | 11	18 | —	10 | 20	7 | 1	66,34
Summa [61])	167 | 10	166 | 18	84 | 17	73 | 15	11 | 1	55,82
11. Amt Kaltennordheim.						
124. Kaltennordheim	109 | 3	122 | 10	35 | —	25 | 3	9 | 18	79,49
125. Kaltenwestheim	76 | 5	96 | 12	29 | 1	28 | 1	1 | —	70,96
126. Erbenhausen	31 | 14	39 | 9	15 | 18	11 | 6	4 | 12	71,38
127. Reichenhausen	28 | 17	34 | 20	11 | 3	10 | 20	— | 4	68,66
128. Oberweid	42 | 2	54 | 16	21 | 12	19 | 16	1 | 17	63,91
129. Unterweid	33 | 12	47 | 1	21 | 16	21 | 2	— | 14	55,16
130. Kaltensundheim	28 | 4	29 | 9	14 | 16	6 | —	8 | 16	79,29
131. Mittelsdorf	5 | 19	5 | 19	2 | 12	— | —	2 | 12	100,00
132. Andenhausen	— | —	2 | 8	2 | 15	2 | 15	— | —	—14,00
Summa	355 | 13	432 | 20	154 | 9	125 | —	29 | 9	71,13
12. Amt Fischberg (Dermbach).						
133. Fischbach	20 | 9	21 | 9	11 | 16	8 | 17	2 | 20	58,89
134. Diedorf	35 | 13	29 | 7	17 | 2	15 | —	2 | 2	48,86
135. Empfertshausen	19 | 14	23 | 1	12 | —	8 | 17	3 | 4	61,78
136. Klings	20 | 17	22 | 5	16 | —	13 | 18	2 | 3	37,69
137. Brunnhardshausen	19 | 19	21 | 7	9 | 10	6 | 8	3 | 2	70,09
138. Neidhardshausen	24 | 5	28 | —	17 | 19	17 | 6	— | 7	38,33
139. Wiesenthal	51 | 11	56 | 12	33 | 10	14 | 16	18 | 15	73,90
140. Urnshausen	39 | 17	46 | 20	29 | —	14 | 18	14 | 3	74,44
141. Unteralba	27 | 12	34 | 4	16 | 8	9 | 18	6 | 11	71,17
142. Dermbach	53 | 13	72 | 1	27 | 1	13 | 4	13 | 18	81,69
143. Oberalba	9 | 10	13 | 9	9 | 3	7 | —	2 | 3	48,24
Summa [62])	322 | 14	368 | 12	199 | 6	129 | 17	69 | 4	64,78
13. Amt Ilmenau.						
144. Ilmenau (Stadt)	121 | 16	155 | 15	82 | 7	75 | 7	7 | —	51,62
145. Mahlmühle zu Ilmenau	— | —	3 | 1	1 | 8	1 | 8	— | —	54,69
146. Roda	— | —	19 | 3	10 | 11	9 | 15	— | 16	49,25
147. Unterpörlitz	— | —	16 | 11	12 | 19	10 | 12	2 | 7	36,02
148. Oberpörlitz	— | —	7 | 15	7 | 7	5 | 9	1 | 19	29,63
149. Kammerberg	— | —	1 | 13	1 | 5	1 | 3	— | 2	29,41
150. Wipfra	— | —	5 | —	2 | —	2 | —	— | —	60,00
151. Maucbach	— | —	— | 7	— | 9	— | 9	— | —	28,57
152. Stützerbach	— | —	2 | 17	— | 20	— | 20	— | —	66,10
Summa [63])	121 | 16	211 | 19	119 | 2	106 | 20	12 | 2	49,53

---

61) In das Amt Frauenbreitungen steuerten die Dörfer Barchfeld und Immelborn 1631 noch 13 Fl. 2 Gr., später nichts mehr.

62) „Von solcher Steuer des Amtes Fischberg bekommt der Abt zu Fulda jedesmal die Hälfte."

63) Ausserdem steuerten noch in's Amt Ilmenau Buchenlohe und Langewiesen, Burg und Oberbehringen zusammen: 1631 1 Fl. 10 Gr. und 1659 20 Gr.

Zusammenstellung aus sämmtlichen Aemtern. „was ein jedes zur einfachen Landsteuer getragen," nach dem Steuerverluste geordnet.

Namen der Aemter.	Anno 1594. Fl. |Gr.	Anno 1631. Fl. |Gr.	Anno 1659. Fl. |Gr.	Davon gangbar. Fl. |Gr.	ungangbar. Fl. | Gr.	Abgang in Proc.
Benshausen	— | —	125 2	91 7	83 13	7 15	33,16
Suhl	— —	315 15	231 4	227 —	4 4	34,34
Meiningen	— —	396 16	283 9	258 7	25 2	34,89
Wasungen	— —	336 13	169 9	140 8	22 19	38,30
Schleusingen	— —	609 13	402 14	372 2	30 5	38,79
Kühndorf	— —	318 8	207 14	163 5	44 8	48,81
Ilmenau	— —|	211 19	119 2	106 20	12 2	49,53
Themar	487 1	612 15	273 7	299 2	74 11	51,18
Breitungen	167 10	166 18	84 17	73 15	11 1	55,82
Massfeld	750 19	871 14	544 5	358 5	186 —	58,90
Fischberg	322 14	368 12	199 6	129 17	96 4	64,78
Sand	324 9	373 5	166 16	110 12	56 4	70,38
Kaltennordheim	355 13	432 20	154 9	125 —	29 9	71,13
Summa	2408 3	5170 2	2927 14	2448 1	600 | —	52,65

Da bei den sieben erstgenannten Aemtern die einfache Landsteuer von 1594 nicht von allen Orten angegeben ist, so konnten die Beträge nicht summirt werden; allein schon die Angaben von den sechs letzten Aemtern zeigen genügend, wie mit Ausnahme des Amtes Breitungen der Ertrag der Steuer überall, im Ganzen aber um 17,35 p. Cent in den 37 Jahren gestiegen ist. Von 1631 bis 1659 sinkt der Ertrag, dem Abgang an Familien ziemlich entsprechend, um 52,65 p. Cent, wenn bloss die bereits gangbare Steuer in Anschlag gebracht wird; mit Hinzurechnung der 600 Fl. Steuer, welche voraussichtlich in nicht allzu später Zeit wieder gangbar werden würden, mindert sich der Abgang auf 41,05 p. Cent. Die drei letztgenannten Aemter zeigen über 100 p. Cent Steuerabgang mehr als die drei erstgenannten.

Zum Schlusse der Statistik der Grafschaft Henneberg folge der gesammte Ertrag des ganzen Ländchens, nachdem zuvor in Erinnerung gebracht worden, dass dasselbe im Jahre 1631 gegen 28 Quadratmeilen umfasste und in sechs Städten, fünf Flecken und (ohne die dem Adel gehörigen Ortschaften) 137 Dörfern und Weilern 11,627 Familien und 10,660 Häuser zählte.

(S. die Tabelle auf folg. Seite.)

Die Schwankungen in den Einkünften der Grafschaft, welche im Bruttoertrage bis nahe an 100 p. Cent, im Nettoertrage aber noch höher stiegen, mögen durch die schwankenden Getreidepreise, welche sich in früheren Jahrhunderten in einem weiteren Spielraum bewegten, zu erklären sein. Ein grosser Theil der Gefälle bestand in Getreidezins; die baaren Abgaben konnten nur wenig differiren.

Extract,
was die Grafschaft Henneberg in zwölf Jahren ertragen.

Anno.	Ganzer Ertrag.			Ausgabe.			Ueberschuss.		
	Fl.	Gr.	Pf.	Fl.	Gr.	Pf.	Fl.	Gr.	Pf.
1601	62,779	11	9½	15,776	10	1	47,003	1	8½
1602	63,526	15	6½	9,552	1	1	53,974	14	5½
1603	64,324	8	9¾	14,249	5	4½	50,075	3	5¼
1604	66,358	1	9½	10,706	6	9	55,651	16	½
1605	65,344	9	1½	11,286	6	2	54,058	2	11½
1606	59,428	16	10½	17,985	18	9½	41,442	19	1
1607	72,234	15	4	15,173	10	1	57,061	5	3
1608	115,875	11	4¼	14,349	17	4	101,525	15	¼
1609	60,774	1	2	17,642	5	10	43,131	16	4
1610	70,433	13	2¾	17,976	15	½	52,456	19	2¼
1611	64,008	16	1¾	13,246	1	4	50,762	14	9¾
1612	73,456	2	7	14,632	6	2¾	58,823	17	4¼
Summa	838,544	18	9	172,576	20	1¼	665,967	19	7¾
Durchschnittlich	69,878	15	6¾	14,381	8	8	55,497	6	6½

Wie schon vor dem endlich erreichten Frieden sowohl die fürstliche Regierung in Weimar, als auch die gemeinschaftliche hennebergische in Meiningen ihre Thätigkeit darauf gerichtet hatten, dem Ruin der Häuser und Güter Einhalt zu thun und den Wiederanbau zu fördern, so war noch mehr nach dem Kriege der landesherrlichen Fürsorge ein reiches Feld der Thätigkeit geboten. Tausende von Häusern auf dem platten Lande waren theils niedergebrannt, theils vom Winde eingeworfen, theils wegen der zusammengefallenen Bedachung unbewohnbar, obwohl noch Bewohner aus solchem »mit Stroh schlecht bedeckten alten Gemäuer krochen, wenn die executores« kamen. Mit diesem Zustande der Dörfer durch wiederholt eingeforderte Berichte der Schösser und Ortsvorstände hinreichend bekannt, suchte die Regierung theils die früheren Besitzer der Hofstätten und Grundstücke zu ermitteln und zur Wiederbearbeitung aufzufordern, theils Fremden die Niederlassung in den halb verlassenen Ortschaften annehmbar zu machen. Aber Häuser und Felder, seit Jahren unbenutzt und in gänzlich verkommenem Zustande, schienen wenig verlockend. Bei der Fülle der zur Ansiedlung sich darbietenden Gelegenheiten verlangte der Ansiedler noch besondere Vortheile. Manchem gefiel es, sein verfallenes Häuschen zu verlassen und sich unter günstigeren Bedingungen ein anderes Eigenthum zu erwerben. Der Thätigkeit und dem Unternehmungsgeiste, zumal wenn er von einem kleinen Kapitale, vielleicht aus der Kriegsbeute unterstützt wurde, war der freieste Spielraum geboten. Die Niederlassung eines Fremden, dessen Heimath vielleicht Niemand kannte, setzte nicht die Erfüllung jener Unzahl von Formalitäten voraus, welche die spätere Zeit erst hervorrief. Von einem Widerspruchsrecht der Gemeinde war keine Rede. Ansiedlungslustige kamen, besahen sich die Verhältnisse und blieben oder gingen wieder, wenn sich ihnen anderswo bessere Bedingungen boten.

In der Natur der Sache lag es, dass zunächst der Arme während des Kriegs den häuslichen Herd verliess, weil sich ihm zu Hause kein Verdienst mehr bot und weil er durch seinen Wegzug wenig oder nichts zu verlieren hatte. Der Wohlhabende dagegen fühlte sich an seinen Besitz gebunden und hielt aus, wenn auch mit Verlust seiner beweglichen Habe. Was sich also an Häusern und Aeckern nach dem Kriege herrenlos vorfand, waren theils geringe, theils mit schweren Schulden belastete Grundstücke. Abgesehen von den landesherrlichen Abgaben aller Art, als Amtszins, Landsteuer, Hufengeld, Frohngeld, Capitations-, Defensions-, Extraordinär- und Römerzugssteuern, Soldateskenanlagen, Contributionen und dergleichen, die allgemein seit vielen Jahren nicht entrichtet und zu grossen Summen aufgelaufen waren, fanden sich viele Grundstücke an Gläubiger verpfändet, die solche gewöhnlich nicht selbst annehmen wollten, sondern auf Käufer warteten, um wenigstens einen Theil ihres Geldes zu retten. Das Kapital schien mehr begehrenswerth als der Grundbesitz, dessen Bearbeitung jetzt doppelte Mühe kostete und von welchem im besten Falle erst nach Jahren eine Rente zu erwarten stand.

Der neue Ankömmling befand sich im Vergleiche mit dem sesshaft gebliebenen Landmanne insofern im Vortheil, als dieser die Continuität alter auf seinem Besitzthume ruhenden Lasten nicht bestreiten, jener aber zur Annahme von Grundstücken erst seine Bedingungen machen und sich dem Landesherrn oder etwaigen Gläubigern gegenüber Vortheile im Voraus sichern konnte.

Einen Einblick in diese Verhältnisse gewährt nachfolgendes Patent, welches 1647 von Weimar erlassen wurde:

— »Wir mögen Euch in Gnaden nicht bergen, dass wir bisher vielfältig gespüret, welcher Gestalt beides, die in unserem Fürstenthum und Land Eingesessenen sowohl, als Auswärtige, welche unter uns Haus, Hof, Güter und dergl. haben, uneractet den meisten der Allmächtige noch gute Mittel zum Anbau bescheeret, dennoch solche ihre Häuser und Güter und was dem anhängig, nur um deswillen, damit sie gleich Anderen die Landesbeschwerungen daran nicht tragen helfen dürfen, nicht wiederum in Bau und geniesslichen Stand bringen wollen, welches uns zu grossem Abbruch und Schmälerung unserer Intraden, auch den Anderen zu desto grösserer Beschwerung gereichet; daher wir solches keineswegs länger gestatten, noch dieser Unbilligkeit nachsehen können. Begehren wir demnach gnädig, es wolle eine jede Ohrigkeit an ihrem Orte sowohl Auswärtige, als eingesessene Eigenthumsherren der öde und wüste liegenden Häuser, Höfe und Güter und was denen anhängig, für sich erfordern, sodann denselben andeuten, entweder zwischen hier und künftig Martini solche wiederum in Bau und geniesslichen Stand zu bringen und dagegen nach Inhalt unseres jüngsten Landtagsabschieds zwei Jahre lang der Steuer frei zu sein, das dritte Jahr aber gleich anderen Unterthanen die Steuer und andere Gebührniss zu entrichten, oder aber dass solche eingezogen und Anderen zum Anbau untergeben werden sollten, unfehlbar zu gewarten. Für's Andere vernehmen wir auch zu sonderbarer Befremdung, dass etliche sich des unverantwortlichen Betrugs gebrauchen, weil sie vermerken, dass sie von den wüsten Gütern, welche sie innerhalb zweier Jahre angebauet, nunmehr die Steuer wieder geben sollen, liegen lassen und sich nun des Anbauens der wüsten Güter allein befleissigen. Derowegen ist unser ferneres gnädiges Begehren an obgesagte Obrigkeiten, sie wollen allen denen, so Betrug gebrauchen, auflegen, dass sie sich desselben gänzlich äussern und da sie befinden, dass nichts desto weniger von ihnen dawider gehandelt werde, von den bisher angebauten Gütern, als wenn sie solche fortbaueten, die Steuer und andere Schuldigkeit abzugeben sie durch ernstlichen Gerichtszwang anhalten; wo sie auch vermerken würden, dass einer oder der andere Unterthan sich unterwinden wollte, sich anders wohin zu wenden und die Güter liegen zu lassen, so soll ihnen solches ernstlich verboten und daneben angedeutet werden, wofern sie nichts desto weniger in ihrem Vorsatz beharren würden, dass sodann die Güter eingezogen und alsobald Anderen zum Anbau und Abstattung der darauf haftenden onera eingethan werden sollen.« —

In dem amtlichen Verfahren wurde dieser Gang eingehalten, dass zunächst die Eigenthümer der Häuser und Güter oder deren Erben auch die etwaigen Gläubiger sub poena praeclusionis vor Amt beschieden wurden, um ihre Erklärung abzugeben, ob sie die Grundstüke selbst annehmen oder hierzu Käufer schaffen, oder ob sie sich davon lossagen wollten. Gewöhnlich erschienen sie entweder nicht, oder ihre Antwort war ausweichend, weil sie sich erst Gewissheit darüber verschaffen wollten, welcher Nachlass an den darauf haftenden Schulden ihnen bewilligt werden sollte. Im Ablehnungsfalle wurde Termin zur Veräusserung am Brete bekannt gemacht und die Grundstücke wurden erst sub generali, dann sub speciali hasta auf öffentlichem Markte zu dreien verschiedenen Malen ausgerufen. Bei den Licitationen in den ersten Jahren fanden sich in vielen Ortschaften nicht einmal Liebhaber ein; später kamen mehr Verkäufe zu Stande. Stellten sich Käufer ein, so begannen die Unterhandlungen, welche öftere Anfragen bei der Regierung nöthig machten; denn so viel dieser an dem Anbau gelegen war, so wollte sie doch nicht auf die Nachzahlung der aufgelaufenen Zinsen verzichten, wenn sie sich auch zu einem Erlass der Steuern auf zwei bis drei Jahre bereit erklärte. Die kurfürstliche Regierung in Dresden, welche ihre Schösser zu schleuniger Versteigerung der herrenlosen Güter in den jetzt weimarischen Aemtern Weida, Neustadt a/O. und Auma drängte, pflegte auf die Vorschläge derselben, wie durch den Nachlass der aufgelaufenen Steuern die Güter wieder an den Mann zu bringen wären, nicht einmal zu antworten. Der Schösser von Weida berichtete: »Wenn kurf. Gn. die angeschwollenen Retardaten nicht gänzlich schwinden lassen, solche fort und fort unbemannet und unangebaut liegen bleiben dürften.« War keine Hoffnung, die Grundstücke wieder »gangbar« zu machen, so wurde wohl »von Gemeinde wegen gebeten, dass die Herrschaft solche zu sich nehmen möchte, damit nur alljährlich das Liquidiren und dahero entstehende Unkosten wegbleiben; wollte Einer oder der Andere dann heut' oder morgen solcher Hofstätten eine haben, so möchte der Herrschaft er den Rauch (Rauchhuhn) bezahlen«. Ein Herr von Lohma versicherte den Kurfürsten, dass er sich alle Mühe gebe, wieder possessores für die wüsten Güter zu bekommen, »und wollte gern meine auf viele Jahre darauf haftenden Resta oder rückständigen Frohnen, Erbzinsen, Lehengeld, wie hoch dieselben auch aufgeschwollen, gänzlich vergessen und solche Güter bloss um künftige praestationes den Leuten einräumen. Möchten sich zwar zumalen bei dem Gott Lob erhaltenen Landfrieden possessores dazu finden, massen sich denn welche bei mir angemeldet haben; allein einig und allein hält sie noch davon ab dieses, dass sie fürchten, es möchten dermaleinst die restirenden alten Steuern oder ins Amt Weida gehörige andere Gefälle künftig darauf bei den possessoren gesucht werden«. Er bekam nach wiederholter Anfrage nur die Antwort, man solle erst noch einmal die subhastation versuchen, obwohl die Versicherung schon gegeben war, dass ein »pinquior emtor« nicht zu erwarten sei.

Wie die Regierung noch bedeutende Steuerreste einzufordern hatte, so wurden auch Forderungen von Unterthanen an sie geltend gemacht. Als nämlich im Jahre 1631 Kursachsen zu seinem Schutze ein Heer aufbrachte, liessen sich viele gegen den versprochenen Sold von 5 Gr.

täglich anweisen; da aber der Sold rückständig blieb, so hatten Manche »Defensionsrestzettel«[64]), auf 70 und mehr Fl. lautend, in den Händen, die sie nach dem Kriege producirten. Als Kaufgeld für Güter wurden sie zwar abgewiesen, doch sollten sie nach Abschreibung der rückständigen Gefälle zur Cassation angenommen werden.

Der Adel war eifrig bedacht, den kleinen Rest seiner Unterthanen durch Herbeiziehung von Ansiedlern zu vermehren; auch die Geistlichkeit hatte ihr Interesse. Als in einem Dorfe auf einer Anzahl von wüsten Gütern ein Pfarr- und Kirchenkapital stand. so suchte der Ortspfarrer in der Absicht das Pfarr-, Gottesbaus- und Kastenkapital wieder gangbar zu machen, einen Käufer zu schaffen und liess den Kurfürsten durch den Schösser bitten, »als ein Landesvater und Säugamme der Kirchen und Schulen auf die herrschaftlichen Gefälle zu verzichten«.

Die an die kursächsischen Aemter angrenzenden Herrschaften boten den Ansiedlern günstigere Bedingungen; namentlich waren »die Herren Reusser« (Fürstenthümer Reuss) bereit, nicht nur die auf den wüsten Gütern aufgelaufenen Reste zu erlassen, sondern auch noch auf einige Jahre Abgabenfreiheit zu gewähren. Aus dem Reussischen und den oben genannten kurfürstlichen Aemtern lauten die Berichte freilich auch sehr kläglich. Dort waren während des »Stilllagers« zu Saalfeld 1640, als Erzherzog Leopold Wilhelm mit mehr als 50,000 Mann kaiserlicher Völker und ihm gegenüber der schwedische General Baner mit 40,000 Mann bei Saalfeld lag, zahllose Güter verwüstet worden. Ueber ein Jahrzehent unbebaut liegend, waren sie jetzt mit Buschholz und Birken bewachsen, so dass der Acker »unter einem Jahre nicht wieder zur Erde zu machen, noch weniger etwas davon zu nehmen« war. Auch die Wiesen waren durch Verwahrlosung deteriorirt.

Dieser jämmerliche Zustand vieler Aecker und Wiesen veranlasste noch nach Jahren (1659) Ortsvorstände, dass sie um Erlaubniss nachsuchten, diejenigen Aecker, welche voraussichtlich noch lange keine Anbauer finden würden, aber immer mehr mit Busch- und Strauchwerk verwuchsen, abbrennen zu dürfen, damit doch, wenn erst die Bewohner sich wieder gemehrt, der Anbau nicht allzu sehr erschwert würde.

---

64) Diese viel genannten und oft lange nach dem Kriege noch producirten Defensionsrestzettel waren von der Heimathsbehörde ausgestellt und enthielten die Angabe, auf wessen (Obersten) Ordre der genannte Inhaber einberufen, unter welchem Hauptmann, an welchen Orten und wie lange Zeit er im Dienst gestanden, welchen Sold er zu fordern hatte und welche Summe im Ganzen noch in Rest stehe. Diese Forderungen aus so alter Zeit erweckten meist unangenehme Erinnerungen und wurden, so wohl begründet sie auch waren, ungern respectirt, auch höchstens nur als Ausgleichung für die aufgelaufenen Steuerreste angenommen.

Um 1659 fanden sich noch bei Weitem nicht alle Güter an den Mann gebracht; freilich waren es die am meisten wüsten und die unfruchtbarsten, und von den Hofstätten diejenigen der Aermsten, welche nicht einmal ein Gärtchen hatten. Später verfuhr man strenger mit den Säumigen und suchte sie durch Drohungen zum Anbau zu zwingen. Hatten sie einige Mittel und stand ihnen die Hulfe erwachsener Kinder zu Gebote, so hielt man es für »Trotz, Frevel und Muthwillen«, wenn sie ihre Aecker wüste liegen und »dadurch Steuer, Zinsen, Frohnen und andere Gefälle ganz kaduk werden« liessen. Noch aus dem Jahre 1687 kamen dergleichen Beschwerden. Aber während noch lange Zeit hin viele Grundstücke der Wiederherstellung harrten, entspannen sich Prozesse über andere, die unter fleissigen Händen emporgekommen waren. Oft erwachte nämlich nach vielen Jahren noch in den Kindern und Enkeln der zur Kriegszeit Geflüchteten die Erinnerung an die väterliche Heimath und den dort zurückgelassenen Besitz. Die nicht seltenen Reclamationen zeigten, dass bei der Eile, mit welcher man die Güter wieder an den Mann zu bringen gesucht hatte, nicht immer alle Formen beobachtet worden waren.

Wenn es vom heutigen Standpunkt aus befremdend erscheint, dass in jenen Zeiten nicht schon die Speculation in Aussicht auf den voraussichtlich wieder steigenden Werth des Grundes und Bodens auf den Ankauf von Grundstücken, die unter so günstigen Bedingungen erworben werden konnten, gerichtet war, so ist nicht zu vergessen, dass es nicht nur an baarem Gelde fehlte, sondern dass auch der Käufer sich verpflichten musste, sofort die Hofstätten wieder in Stand zu setzen und die Güter wieder anzubauen. Dazu gehörten aber Arbeitskräfte, die eben auch mangelten. Für die erworbenen Grundstücke sollten gleichwohl, mochten sie auch nicht bebaut sein, nach der bestimmten Frist die Abgaben entrichtet werden.

Die Mühe und Arbeitskraft, welche die Herstellung der Felder, die oft »eher einem Walde als Aeckern« glichen, kostete, veranlassten nicht selten die aus der Fremde gekommenen Ansiedler nach kurzem, aber mühevollem Versuche des Anbaues den Stab wieder weiter zu setzen, zumal an den Orten, wo »der Ackerbau nicht austräglich und das Armuth gross« war. Fast überall hatte ferner der Wildstand in einer Weise zugenommen, dass sich der Bauer dessen kaum erwehren und seine Saaten nicht schützen konnte [65]).

---

65) Auf den damaligen Wildstand, der sich gerade während der Kriegszeit so ausserordentlich vermehrt hatte, lässt sich ein Schluss ziehen aus den Berichten

In jenen Zeiten des dreissigjährigen Krieges geschah es auch, dass der Weinbau an vielen Orten zu Ende ging, wo man heute kaum glauben würde, dass einstmals die Rebe gepflanzt worden. Im Amte Massfeld (Dreissigacker, Stepfershausen, Herpf, Bettenhausen), ja sogar auf den rauhen Höhen des Amtes Sand hatte sich der Weinbau bis in die Kriegsjahre erhalten. Von da ab fand die Arbeitskraft, damals doppelt werthvoll, in dem Getreidebau ein dankbareres Ziel ihrer Thätigkeit, als in der Cultur des Weinstockes, welche in jener Gegend wenigstens auch die späteren Generationen nicht wieder erneuerten.

Eine dritte Gruppe von Ortschaften bilden am südöstlichen Abhange des thüringer Waldes bis nach Franken hinein eine Anzahl der dem heutigen meiningischen Verwaltungsamtsbezirke Sonneberg und dem coburgischen Amte Neustadt an der Heide angehörigen Ortschaften. Aus dieser theils auf dem Gebirge, theils in der südlich daran anstossenden Ebene liegenden Landschaft finden sich statistische Aufzeichnungen aus der Zeit des dreissigjährigen Krieges vom Jahre 1638.

Schon in den ersten Kriegsjahren waren die damaligen Aemter Sonneberg, Neuhaus, Schalkau und Neustadt mit Durchzügen heimgesucht worden. Die Herzöge Adolf von Holstein und Franz Albrecht von Lauenburg, »ein gar ungestümer Herr«[66]), sowie der Oberst Colalto führten 1623 ihre Reiterschaaren auf dem Marsche nach Nürnberg durch diese Gegend. Die Croaten, welche im Werrathale heraufgezogen kamen, plünderten namentlich das Amt Schalkau; überhaupt verlief fast kein Jahr ohne Durchzüge[67]), wenn auch die Heere nur von mässiger Stärke und die Einquartierungen von nicht langer Dauer

über die jährliche Jagdbeute auf den herrschaftlichen Jagden. In der Grafschaft Henneberg wurden erlegt:

Im Jahre.	Hirsche.	St. Wild.	Wildkälber.	Rehe.	Wildschweine.	Wölfe.	Luchse.	Fischottern.
1644	79	82	36	87	105	15	—	26
1645	92	101	35	63	222	20	1	44
1648	65	68	42	52	66	6	1	18
1649	57	92	48	54	22	12	—	37
1650	57	44	43	49	3	18	4	21
1651	67	73	44	86	12	19	1	33

Eine nicht geringe Zahl von Hirschwild, Rehen und Schweinen wurde jährlich von den Wölfen „geworfen". Hirsche von 16 bis 20 Enden waren nicht selten

66) Ein zeitgenössischer Geschichtschreiber nennt ihn treffend „den Wetterhahn einheimischer Kriege, welcher bald auf diese, bald auf jene Seiten sich geschlagen".

67) Die sächsischen Fürsten Joh. Casimir und Joh. Ernst wandten sich deshalb um Vermittlung beim Kaiser an den Kurfürsten von Sachsen, welcher ihnen auch als Oberster des obersächsischen Kreises Salvaguardia-Briefe zustellte.

waren. Seit dem Siege der Kaiserlichen bei Nördlingen 1634 nahmen jedoch die Verheerungen mit jedem Jahre zu und hatten 1638 noch nicht den höchsten Grad erreicht, obwohl die Berichte schon von ungeheueren Verlusten zeugen. Wenn die folgenden statistischen Tabellen somit zwar noch nicht die ganze Verwüstung darstellen, so sind sie doch deshalb von nicht geringem Werthe, weil sie nicht nur den Vergleich mit den »guten Zeiten«, das heisst mit der Zeit vor dem Kriege gestatten, sondern auch die überraschend grosse Zunahme der Bevölkerung und des Nationalwohlstandes zwischen der Zeit vor dem dreissigjährigen Kriege und der Gegenwart erkennen lassen.

Die zunächst folgende Tabelle zeigt den bis 1638 durch den Krieg veranlassten Verlust an Familien, Wohnhäusern, Pferden, Rindvieh, Schafen, Schweinen, sowie Ernte und Aussaat des genannten Jahres.

Namen der Ortschaften.	Familien: in guten Zeiten.	1638.	Wohnhäuser: in guten Zeiten.	1638.	Pferde: in guten Zeiten.	1638.	Rindvieh: in guten Zeiten.	1638.	Schafe: in guten Zeiten.	1638.	Schweine: in guten Zeiten.	1638.	Ernte in guten Zeiten.	1638.	Aussaat in Simmern 1638.
Amt Sonneberg.																
1. Steinheid (Flecken)	80	25	42	27	1	—	70	16	—	—	—	—	—	—	—
2. Lauscha	9	9	9	9	—	—	9	9	—	—	—	—	—	—	—
3. Steinach	32	20	32	24	—	—	60	25	—	—	—	—	—	—	—
4. Hämmern	39	15	39	21	1	—	60	7	—	—	3	—	3	2
5. Forschengereuth	2	2	2	2	—	—	2	2	—	—	—	—	1	1
6. Mürschnitz	13	7	13	10	1	—	40	9	—	—	20	—	40	15
7. Bettelhecken	16	4	16	7	—	—	30	10	—	—	20	—	40	35
8. Hönbach	12	7	12	7	3	—	40	8	25	—	30	—	115	46
9. Heubisch	15	7	15	7	—	—	25	7	300	—	20	—	100	26
10. Unterlind	15	3	12	9	—	—	80	13	25	—	15	—	60	21
11. Oberlind	60	40	60	28	6	1	200	40	200	—	80	—	100	51
12. Mahlmerz	14	10	14	10	—	—	50	12	—	—	10	—	60	16
13. Köppelsdorf	35	4	34	—	—	—	70	10	—	—	20	—	9	5
14. Steinbach	28	8	28	8	—	—	70	12	25	—	10	—	15	9
15. Mönchsberg	8	—	10	3	—	—	12	—	—	—	4	—	—	—
16. Heinersdorf	47	25	47	25	—	—	400	20	200	25	65	1	147	18
17. Jagdshof	16	10	16	10	—	—	60	15	—	—	12	—	30	10
18. Judenbach	52	46	52	46	20	8	200	36	—	—	45	5	50	25
19. Neufang	8	5	8	5	—	—	20	6	—	—	3	—	20	5
Summa	501	247	461	258	32	9	1498	277	775	25	357	6	790	284½
Amt Neuhaus.																
20. Neuhaus (Flecken)	29	5	29	19	3	1	99	18	155	—	40	—	39	26
21. Schirschnitz	19	5	19	14	—	—	86	23	130	—	30	—	26	15
22. Sichelreuth	19	3	19	19	1	—	152	9	200	—	25	—	6	8
23. Gefell	26	1	26	13	—	—	135	2	150	—	15	—	4	2
24. Rottmar [1]	18	2	18	15	—	—	125	5	150	—	10	—	13	10
25. Weidhausen	10	2	10	7	—	—	100	3	—	—	9	—	6	5
26. Föritz	9	7	9	9	—	—	60	26	—	—	10	—	33	18
27. Eichitz	6	2	6	6	—	—	42	36	—	—	6	—	83	20
28. Schwärzdorf	5	4	7	—	—	—	30	10	—	—	4	—	13	9
29. Buch	7	5	7	—	1	—	25	6	100	—	3	—	16	7
Summa	148	36	150	102	5	1	854	138	885	—	152	—	239	120

Statistische Mittheilungen aus Thüringen u. s. w.

Namen der Ortschaften.	Familien: in guten Zeiten	Familien: 1638	Wohnhäuser: in guten Zeiten	Wohnhäuser: 1638	Pferde: in guten Zeiten	Pferde: 1638	Rindvieh: in guten Zeiten	Rindvieh: 1638	Schafe: in guten Zeiten	Schafe: 1638	Schweine: in guten Zeiten	Schweine: 1638	Ernte 1638	Aussaat in Simmern 1638
Gericht Neustadt (jetzt coburgisch).													
30. Neustadt (Stadt)	190	40	190	36	—	—	291	28	—	—	130	12	40	27
31. Haarbrücken	9	5	9	5	—	—	40	3	—	—	10	—	28	14
32. Thann	10	6	10	6	1	—	40	1	—	—	10	—	18	5½
33. Meilschnitz	10	4	10	4	4	—	40	3	—	—	10	—	12	3½
34. Wellmersdorf	11	2	11	2	4	—	62	1	25	—	16	—	20	6
35. Fechheim	20	3	20	3	—	—	25	—	300	—	35	—	19	10
Kloster Mönchröden.													
36. Mönchröden	12	5	20	8	6	—	80	6	—	—	50	—	75	21
37. Kemmaten	4	3	5	3	2	—	16	3	—	—	12	—	74	24
38. Boderndorf	4	2	4	2	2	—	14	2	—	—	10	—	7½	2
39. Kipfendorf	10	3	10	3	4	—	20	1	—	—	12	—	3	6
40. Weimersdorf	3	2	3	3	—	—	9	1	—	—	6	—	16	3
41. Rüttmannsdorf	3	1	3	3	3	3	9	1	—	—	6	—	2	½
42. Oberwasungen	9	2	9	3	2	—	30	—	—	—	25	—	2	1¼
Summa	295	78	304	81	28	3	676	50	325	—	332	12	309½	123¼
Zusammenstellung der drei Aemter.													
Amt Sonneberg	501	247	461	258	32	9	1498	277	775	25	357	6	790	284¼
Amt Neuhaus[68])	148	36	150	102	5	1	854	138	885	—	152	—	239	120
Amt Neustadt mit Kloster Mönchröden[69])	295	78	304	81	28	3	676	50	325	—	332	12	309½	123¼
Summa	944	361	915	441	65	13	3028	465	1985	25	841	18	1338½	529

Leider lassen die archivalischen Quellen die bezüglichen Verhältnisse des Hauptamtsortes Sonneberg[70]) nicht mit Sicherheit erkennen,

---

68) Im Amte Neuhaus gab es ausserdem noch acht Gült- und Halbhöfe, welche letzteren gegen den halben Ertrag „ausgethan" waren, nämlich in Neuhaus, Schirschnitz, Kaulsrod, Gefell, Mark, Gessendorf, Altenberg, Wacholtern (?), die zusammen in guten Zeiten 16 Familien, 9 Wohnhäuser, 14 Pferde, 129 St. Rindvieh, 655 Schafe und 25 Schweine, im Jahre 1638 aber nur noch 2 Familien, 5 Wohnhäuser, 8 St. Rindvieh und weder Pferde, noch Schafe oder Schweine halten. Die Ernte betrug 44, die Aussaat 29 Simmer und beides erstreckte sich nur auf die Halbhöfe in Neuhaus und in Mark; die anderen waren verödet.

69) In's Amt Neustadt gehörten noch zwanzig Höfe, meist Gült- und Halbhöfe, welche zusammen in guten Zeiten 25 Familien, 25 Wohnhäuser, 88 (?) Pferde, 145 St. Rindvieh, 670 Schafe und 94 Schweine, im Jahre 1638 aber nur noch 18 Familien, 2 Wohnhäuser, 3 Pferde, 1 St. Rindvieh, kein Schaf und kein Schwein mehr hatten.

70) Zur einfachen Landsteuer gab die Stadt Sonneberg nur 46 Fl. 14 Gr. 5 Pf., das Amt dagegen 440 Fl. 15 Gr. 6½ Pf. Die Tranksteuer, welche Jahre lang ausgefallen war, betrug in der guten Zeit (1630) zu Sonneberg für die drei Termine Quasim., Exaltat. cruc. und Luciae 151 Fl. 18 Gr. 9 Pf., was auf eine Bierproduction

weshalb diese Stadt in der Tabelle nicht mit aufgenommen werden konnte. Die übrigen Ortschaften des hiernach benannten Amtes hatten schon 1638 an Familien 50,69, an Wohnhäusern 44,03 p. Cent verloren. Pferde besass das Amt nur in geringer Zahl, weil die Waldorte, abgesehen von ihrer äusserst geringen Landwirthschaft, schon der Bodenbeschaffenheit wegen der Pferde sich nicht bedienen können, die in der Ebene liegenden Orte aber nach fränkischer Art zur Feldbestellung das Rindvieh vorziehen; aber auch die wenigen Pferde waren auf 34,37 p. Cent reducirt. Der Rindviehbestand war um 81,51, das Schafvieh um 96,77, die Zahl der Schweine um 98,32 p. Cent verringert. Eine Ernte war in den eigentlichen Walddörfern überhaupt nicht gemacht worden, in den übrigen Orten aber war sie so gering, dass 35,05 p. Cent der geernteten Simmer aller Fruchtgattungen zur nöthigen Wintersaat, soweit eine solche möglich war, verwendet werden mussten, und doch konnten überhaupt nur 284 Acker oder Tagewerk bestellt werden.

Noch grösser war der Verlust an Familien (75,68 p. Cent.), sowie an den verschiedenen Viehgattungen — Schafe und Schweine waren gänzlich verschwunden — im Amte Neuhaus. Hier waren mit Hinzurechnung der acht Halb- und Gülthöfe im Ganzen nur 231 Simmer Korn und eine äusserst geringe Quantität von allerlei Sommergetreide erwachsen; 149 Simmer wurden wieder über Winter bestellt, »jedoch theils auf Arth (?) und mit halbem Samen, und liegen noch unbestellt zu 3000 Simmer in diesem Amt; davon werden über Sommer bestellt 25 Simmer Feldes, bleiben demnach defect und öde 2975 Simmer oder Tagewerk«. — In einem gleich traurigen Zustande befand sich Neustadt[71]) mit Kloster Mönchröden, welches Amt bezüglich seiner Häuserzahl mit 73,36 p. Cent am meisten geschädigt war und seinen Viehbestand fast gänzlich verloren hatte.

---

von 797 Eimern schliessen lässt, weil das Gebräu zu 26 Eimern mit 5 Fl., also der Eimer mit 4 Gr. versteuert werden musste. Die Dorfschaften, welche Braugerechtigkeit hatten, versteuerten das Gebräu zu 15 Eimern mit 4 Fl., also den Eimer mit 5 Gr. 7 Pf.

71) Die Stadt Neustadt gab zur einfachen Landsteuer 220 Fl., das Gericht Neustadt 140 Fl. 8 Gr. 3 Pf. Die Tranksteuer betrug 1630 in dieser Stadt für alle drei Termine 611 Fl. 1 Gr. 9 Pf. Da das Gebräu zu 36 Eimern mit 6 Fl. 18 Gr., also der Eimer mit 4 Gr. versteuert wurde, so belief sich die Quantität des 1630 gebrauten Bieres auf 3203 Eimer.

Der Gesammtverlust der drei an einander grenzenden Aemter[72]) mit ihren zwei und vierzig Ortschaften betrug an Familien 61,76, an Wohnhäusern 51,80, an Pferden 80,00, an Rindvieh 84,64, an Schafen 98,75 und an Schweinen 97,86 p. Cent. Die für die drei Aemter so äusserst geringe Ernte und die entsprechend geringe Quantität des zur Aussaat verwendeten Getreides, 528 Simmern, welche auf die gleiche Anzahl von bestellten Tageweiken deuten würden, wenn nicht auf viele Aecker nur der halbe Samen gekommen wäre, lassen auf die Tausende von unbestellten Aeckern schliessen; hatte doch das kleine Amt Neuhaus allein nahe an drei Tausend öde Tageweike.

Die noch weiter folgenden Kriegsverwüstungen hatten endlich bis 1642 ihren Höhepunkt erreicht, wenn auch noch in späteren Jahren (1644 und 1645) durchziehende Truppen Spuren von Gewaltthaten zurückliessen. Nach dem traurigen Zustande der drei Aemter, wie er

---

72) Aus Schalkau berichtet der Centgraf (Nov. 1638) über den Verlust an Familien und Feuerstätten seiner Inspection, soweit die nachbenannten Orte sächsisch waren:

Namen der Ortschaften.	Familien: vor dem 30jährigen Kriege.	Familien: 1638.	Wohnhäuser: vor dem 30jährigen Kriege.	Wohnhäuser: 1638.
1. Schalkau (Stadt)	65	38	65	64
2. Heid	8	3	9	9
3. Görsdorf	2	1	2	2
4. Bachfeld	12	4	12	9
5. Truckendorf	2	2	3	3
6. Almerswind	6	6	6	6
7. Fossloch	3	3	3	3
8. Rückerswind	6	2	5	4
9. Mengersgereuth	9	1	9	1
10. Effelder	4	1	4	3
11. Blatterndorf	9	9	9	9
12. Seltendorf	8	3	8	8
13. Welchendorf	4	1	3	3
14. Truckenthal	10	6	10	10
15. Neundorf	5	4	4	4
Summa	153	84	152	138

Ausserdem begriff das Gericht Schalkau noch acht Dorfschaften, „die alle centbar, aber mit der Voigtei und Steuer" in andere sächsische Aemter oder dem Adel, namentlich dem Geschlecht von Schaumberg, das auch an den oben genannten fünfzehn Ortschaften Antheil hatte, gehörten. Die Landsteuer war hier seit 1634 in's Stocken gerathen, und die Tranksteuer, welche sich sonst jährlich auf 5—800 Fl. belief, trug kaum noch 40 Fl. Da von jedem Gebräu zu 60 Eimern 11 Fl. 9 Gr., also pr. Eimer 4 Gr. gezahlt wurden, so müssen in früheren Zeiten 2625 bis 4200 Eimer Bier in jedem Jahre gebraut worden sein.

sich schon 1638 feststellte, mögen die späteren Verheerungen ihre zerstörende Kraft meist auf Verminderung der Einwohner und Wohnhäuser gerichtet haben, da ausser einem kleinen Rest von Rindvieh sich kaum noch etwas zu Raub und Plünderung darbieten konnte.

Ein recht erfreuliches Bild gewährt dagegen nachstehende Tabelle, welche die Zunahme der Familien und Wohnhäuser, sowie des Viehbestandes an Pferden, Rindvieh, Schafen und Schweinen aus der Zeit vor dem dreissigjährigen Kriege bis zur Gegenwart illustrirt. Die Anzahl der Familien und Wohnhäuser ist der letzten Zählung von 1867 entnommen; leider stand dem Verfasser das Resultat dieser letzten Zählung für den Viehbestand nicht zu Gebote, weshalb er für die meiningischen Orte zum Jahre 1849 und für die coburgischen auf 1864 zurückzugreifen sich genöthigt sah. Ob nicht die neueste Zählung ein noch günstigeres Resultat ergeben hat, muss er dahin gestellt sein lassen; zur Annahme des Gegentheils liegt wenigstens kein Grund vor[73]).

Namen der Ortschaften.	Familien: v. d. 30j. Kr.	1867	Wohn- häuser: v. d. 30j. Kr.	1867	Pferde: v. d. 30j. Kr.	1849	Rindvieh: v. d. 30j. Kr.	1849	Schafe: v. d. 30j. Kr.	1849	Schweine: v. d. 30j. Kr.	1849
Amt Sonneberg.												
1. Steinheid (Flecken)	80	246	42	179	1	—	70	157	—	—	—	8
2. Lauscha	9	421	9	216	—	3	9	220	—	—	—	37
3. Steinach	32	716	32	351	—	6	60	343	—	8	—	129
4. Hämmern	39	243	39	235	1	2	60	98	—	—	3	20
5. Forschengereuth [74])	2	75	2	63	—	—	2	106	—	7	—	46
6. Murschnitz	13	40	13	28	1	—	40	141	—	153	20	32
7. Bettelhecken	16	55	16	32	—	—	30	135	—	229	20	28
8. Hönbach	12	45	12	33	3	—	40	289	25	54	30	54
9. Heubisch	15	68	15	52	—	8	25	486	300	107	20	143
10. Unterlind	15	64	12	45	—	—	80	281	25	64	15	67
11. Oberlind	60	222	60	162	6	6	200	622	200	44	80	211
12. Mahlmerz	14	33	14	26	—	2	50	90	—	5	10	25
13. Köppelsdorf	35	103	34	79	—	7	70	115	—	5	20	35
14. Steinbach	28	47	28	34	—	—	70	142	25	15	10	37
15. Mönchsberg	8	13	10	12	—	—	12	94	—	44	4	22
16. Heinersdorf	47	245	47	157	—	—	400	424	200	29	65	66
17. Jagdshof	16	41	16	25	—	—	60	140	—	22	12	17
18. Judenbach	52	288	52	165	20	—	200	430	—	22	45	81
19. Neufang	8	96	8	62	—	—	20	93	—	5	3	23
Summa	501	3061	461	1956	32	34	1498	5406	775	813	357	1081

---

[73]) Im Jahre 1849 war zufällig der Rindviehbestand etwas geringer als 1846.

[74]) Dass in Forschengereuth, wie in Hämmern auch noch einige der Herrschaft von Schaumberg zugehörige Familien sich befanden, alterirt zwar für diese Orte den Grad der Bevölkerungszunahme, ist aber für das Resultat des ganzen Amtes nicht von Bedeutung.

Namen der Ortschaften.	Familien: v. d. 30j. Kr.	1867.	Wohnhäuser: v. d. 30j. Kr.	1867.	Pferde: v. d. 30j. Kr.	1867.	Rindvieh: v. d. 30j. Kr.	1849.	Schafe: v. d. 30j. Kr.	1849.	Schweine: v. d. 30j. Kr.	1849.
Amt Neuhaus.
20. Neuhaus (Flecken)	29	197	29	103	3	—	99	195	155	47	40	60
21. Schirschnitz	19	48	19	36	—	5	86	156	130	97	30	31
22. Sichelreuth	19	49	19	38	1	—	152	229	200	133	25	51
23. Gefell	26	48	26	45	—	—	135	241	150	65	15	41
24. Rottmar	18	28	18	25	—	—	125	160	150	9	10	47
25. Weidhausen	10	14	10	12	—	—	100	85	—	30	9	11
26. Föritz	9	34	9	27	—	2	60	84	—	25	10	8
27. Eichitz	6	7	6	7	—	—	42	61	—	21	6	12
28. Schwärzdorf	5	33	7	24	—	—	30	133	—	106	4	25
29. Buch	7	19	7	12	1	—	25	52	100	2	3	12
Summa	148	477	150	329	5	7	854	1396	885	535	152	298
Gericht Neustadt mit Kloster Mönchröden.
30. Neustadt (Stadt)	190	635	190	275	—	9	291	456	—	32	130	472
31. Haarbrücken	9	24	9	20	—	2	40	157	—	72	10	61
32. Thann	10	14	10	14	1	—	40	117	—	181	10	39
33. Meilschnitz	10	15	10	15	4	—	40	145	—	78	10	39
34. Wellmersdorf	11	15	11	15	4	—	62	152	25	172	16	59
35. Fechheim	20	43	20	35	—	2	25	259	300	172	35	102
36. Mönchröden	12	145	20	79	6	10	80	181	—	323	50	137
37. Kemmaten	4	10	5	10	2	—	16	94	—	95	12	25
38. Boderndorf	4	13	4	13	2	2	14	109	—	175	10	43
39. Kipfendorf	10	23	10	18	4	—	20	80	—	9	12	45
40. Weimersdorf	3	11	3	9	—	—	9	26	—	3	6	22
41. Rüttmannsdorf	3	11	3	10	3	—	9	63	—	9	6	21
42. Oberwasungen	9	23	9	20	2	2	30	174	—	246	25	55
Summa	295	982	304	533	28	27	676	2013	325	1567	332	1120
Zusammenstellung der drei Aemter.
Amt Sonneberg	501	3061	461	1956	32	34	1498	5406	775	813	357	1081
Amt Neuhaus	148	477	150	329	5	7	854	1396	885	535	152	298
Gericht Neustadt mit Kloster Mönchröden	295	982	304	533	28	27	676	2013	325	1567	332	1120
Summa	944	4520	915	2818	65	68	3028	8815	1985	2915	841	2499

Wie die gesammten Orte des ehemaligen Amtes Sonneberg überhaupt die überraschende Bevölkerungszunahme von 510,98 p. Cent aufweisen, so zeichnen sich in dieser Beziehung besonders diejenigen Orte aus, welche ihr Emporwachsen der Industrie verdanken. Die rasche Bevölkerungszunahme einer Stadt wie Sonneberg, welche den Mittelpunkt für die ganze gewerbliche Thätigkeit der Umgebung bildet, ist weniger auffallend, als die Thatsache, dass das Dorf Lauscha von 9 Familien auf 421 (2106 Einw.) und der heutige Marktflecken Steinach von 32 auf 716 Familien (3343 Einw.) emporgewachsen ist. Aber auch die nur landwirthschaft betreibenden Dörfer dieses Amtes zeigen eine Bevölkerungszunahme von meist zwei- bis dreihundert Procent.

Dass die Häuserzahl nicht die gleiche Vermehrung erfahren hat, am wenigsten in den Orten mit industrieller Bevölkerung kann nicht auffallen; doch beträgt auch hier die Zunahme 324,29 p. Cent.

Den Hauptmaassstab für die Beurtheilung des vermehrten Wohlstandes in Amte Sonneberg giebt der um 260,88 p. Cent gestiegene allerdings meist dem Vorlande und der Ebene angehörende Rindviehbestand. Während nämlich in den grossen Waldorten Steinheid, Lauscha Steinach und Hämmern mit zusammen über 1600 Familien nur wenig über 800 Stück Rindvieh gehalten werden, so dass also auf zwei Familien erst ein Stück kommt, giebt es in der Ebene Dörfer, in denen auf eine Familie sechs bis acht Stück treffen. Die Schafzucht ist heute noch unbedeutend; denn auf dem Walde gedeiht das Schaf nicht und in dem Vorlande wird es aus Bewirthschaftungsrücksichten allmälig verdrängt; nur drei Dörfer hatten 1849 Heerden von mehr als hundert, doch nicht über 229 Stück. Dagegen ist die Zahl der Schweine, von denen freilich auf die stark bevölkerten Waldorte verhältnissmässig wenig kommen, um 188,57 p. Cent gestiegen.

Eine mässigere Zunahme zeigt das kleine (vormalige) Amt Neuhaus, nämlich rücksichtlich der Familien 222,23, der Wohnhäuser 117.40, des Rindviehes 63,47, der Schweine 96,05 p. Cent. Das Schafvieh ist hier sogar numerisch um 39,55 p. Cent zurückgegangen. — Das in seinem Wohlstande durch den dreissigjährigen Krieg so hart betroffene Amt Neustadt mit Kloster Mönchröden ist in Vergleiche zu der Zeit vor dem Kriege bedeutend emporgekommen. Die Bevölkerung wuchs um 232,88, die Häuserzahl um 75,33 p. Cent. Der Rindviehbestand stieg um 197,78, die Zahl der Schweine um 237,35 p. Cent, und auch die Schafzucht, für welche sich hier eine bessere Stätte findet, stieg um 382,16 p. Cent.

Das Gesammtresultat für die drei Aemter giebt eine Vermehrung der Familien um 379,87, der Wohnhäuser um 207,98, des Rindviehs um 191,11, der Schweine um 197,15 und der Schafe um 48,87 p. Cent, welches letztere schliesslich günstige Verhältniss durch Neustadt mit Mönchröden noch herbeigeführt wird. Pferde haben die drei Aemter mit ihren zwei und vierzig Ortschaften nur drei mehr als vor dem dreissigjährigen Kriege, nämlich 68 Stück, also nicht mehr als ein einziges mässiges Dorf in Thüringen.

Bei den vorgenannten vergleichenden Procentzahlen darf übrigens nicht übersehen werden, dass dieselben rücksichtlich des Viehbestandes nur die quantitative Vermehrung ausdrücken und dass der Wohlstand jener Aemter sich noch als weit grösser herausstellt, wenn die Qualität des heutigen Viehbestandes mit in Rechnung gezogen wird.

Um schliesslich zu einem Endurtheile über die Bevölkerungsdichtigkeit in der Zeit vor dem dreissigjährigen Kriege zu gelangen, werden die durch Vergleichung gewonnenen Resultate der letztgenannten drei Aemter wegen der besonderen hier obwaltenden Verhältnisse, insofern sich in Laufe der letzten Jahrhunderte eine so lebhafte Industrie daselbst etablirte, dass anfänglich unbedeutende Orte, denen alle Bedingungen der Agricultur versagt waren, zu grosser Bevölkerung heranwachsen konnten, nicht massgebend sein können. Aber auch auf die Bevölkerungs- und Productionsverhältnisse der in den Vorlande des Gebirgs liegenden Ortschaften, sowie auf ihren ganzen Wirthschaftsbetrieb musste das angrenzende Consumtionsgebiet, welches sich durch die in ner mehr anwachsende Industrie der Waldorte intensiv bedeutend vermehrt hatte, den grössten Einfluss ausüben. Daher auch hier sowohl die Bevölkerungszunahme, als auch die Vermehrung des Viehbestandes weit ansehnlicher ist als in der oben geschilderten thüringischen Landschaft und in der ehemaligen Grafschaft Henneberg.

Insofern die Bewohner der letztgenannten Districte nur zum kleineren Theile der Industrie die Förderung ihrer Bevölkerungszunahme verdanken, bei Weitem zum grösseren Theile aber der agrarischen Beschäftigung ihrer Vorfahren treu geblieben sind, gewähren sie uns eine zuverlässigere Basis für die Beantwortung der Frage nach der Volksdichtigkeit vor dem dreissigjährigen Kriege. Dieselbe scheint nämlich, da sie sich, durch äussere Veranlassung in ihrem Wachsthume nicht gehemmt, in einer Friedenszeit, welche nach Jahrhunderten zählte, ungestört und stetig entwickeln konnte, hinsichtlich des Raumes eine ziemlich dichte und mit Rücksicht auf die Agriculturverhältnisse damaliger Zeit mindestens gesättigte gewesen zu sein.

Um das Bevölkerungsverhältniss vor dem dreissigjährigen Kriege in Zahlen auszudrücken, erinnern wir daran, dass nach einer S. 24 begründeten Schätzung in den 138 thüringischen resp. weimarischen Ortschaften (einschliesslich der kleinen Städte, aber mit Ausschluss der Hauptstadt Weimar) die Familienzunahme 81,54 p. Cent betrug. Da ferner jetzt nach dem Ergebniss der letzten Volkszählung von 1867 im Grossherzogthum S.-Weimar auf der Quadratmeile 4288 Einwohner leben, so lässt sich zurückschliessen, dass vor dem dreissigjährigen Kriege auf denselben Raume 2362 Einwohner gewohnt haben. — Wenn ferner die Bevölkerungszunahme der 148 Orte, einschliesslich der nicht grossen Städte, in der ehemaligen Grafschaft Henneberg nach S. 125

69,77 p. Cent betrug und zur Zeit daselbst reichlich 4000 Seelen auf die Quadratmeile treffen, so muss sich die Bevölkerung vor den dreissigjährigen Kriege für den genannten Raum auf 2356 Einwohner belaufen haben. Wenn sie also in diesen 208 Jahren in Durchschnitt jährlich nur um 0,34 p. Cent zugenommen hat, so ist dabei nicht zu übersehen, dass eine vorzugsweise Ackerbau treibende Bevölkerung sich überhaupt langsamer vermehrt und dass sie in diesen langen Zeiträume in Folge von Krankheiten, theuren Zeiten und wiederholter Hungersnoth manchmal zum Stillstand gekommen oder auch wohl zeitweise zurückgegangen sein mag.

IV.
Das Rentenprincip nach Rodbertus' Vorschlag und seine Bedeutung für die Landwirthschaft.

Von
Dr. J. Conrad.

Nachdem wir in den letzten Jahrgängen[1]) eine kurze Darstellung der von Rodbertus ausgegangenen Vorschläge zur Durchführung des Rentenprincips bei Vererbung, Verkauf und Verpfändung von Grundbesitz gegeben und ausdrücklich auf die hohe Bedeutung derselben aufmerksam gemacht haben, wollen wir heute die Bedenken vorführen, welche uns gegen die theoretische Motivirung wie gegen die praktische Durchführung seiner Vorschläge zu sprechen scheinen.

R.'s Ausführungen stützen sich, wie wir sahen, auf folgende Hauptsätze, die wir zu prüfen haben:

1) Die Kapitalisirung des Reinertrages nach dem Zinsfusse bei Schätzung des Grundbesitzes ist rechtlich wie volkswirthschaftlich unzulässig.
2) Vom Grundbesitze wird bei der Verschuldung nur verlangt, dass er Kapital abgäbe, er erhält keines, der Landwirth bedarf daher des Kapitalisten nicht.
3) Die Fluctuationen des Zinsfusses sind es, welche die Creditnoth der Landwirthe herbeiführen; die den Reinertrag der Landwirthschaft bedingenden Factoren treten dagegen in den Hintergrund.
4) Nur die Durchführung des Rentenprincips vermag den nachtheiligen Einfluss der Zinsschwankungen resp. die Creditnoth zu beseitigen.

Nach Betrachtung dieser Kernpunkte der R.'schen Lehre bleibt uns schliesslich noch zu untersuchen, ob die Einrichtung von Creditanstalten, wie R. sie vorschlägt, die Durchführung zu erleichtern resp. zu ermöglichen im Stande.

---

1) 1868 Bd. XI S. 345 und 1869 Bd. XIII S. 274.

Betrachten wir zunächst also R.'s Einwendungen gegen das bisherige Kapitalisationsverfahren bei Besitzwechsel des Grund und Bodens. Er geht davon aus, der Grund und Boden sei nur Rentenfond und sein Werth dürfe daher nur in seinem Ertrage, in der Rente, die er liefere, zum Ausdruck gelangen, nicht aber in Kapital und ebenso wenig dürfe er für Kapital verpfändet werden. R. stellt es auf die gleiche Stufe, wenn man von einem Grundstücke, das hypothekarisch verpfändet ist, Kapital verlangt, als wenn man ein Ross zu fliegen zwingen wolle. Er bezeichnet es als eine Lüge, wenn ein Grundbesitzer sich in Hypothekenvertrage zur Zahlung eines Kapitals nach erfolgter Kündigung verpflichtet, da er es nicht aus dem Grund und Boden herausnehmen könne.

Man kann es indessen vollständig einräumen, dass der Grundbesitz Rentenfond sei, ohne darum die gemachten Schlüsse für gerechtfertigt zu halten, denn auch Rentenbriefe können verpfändet werden. Geschieht es doch alle Tage, dass ein Pfandbrief bei einer Bank deponirt wird, um darauf ein Kapitaldarlehen aufzunehmen und noch Niemand hat das für unsinnig erklärt, selbst wenn der Schuldner nicht die Absicht hatte, den Pfandbrief selbst zu verkaufen, um damit die Schuld zu decken. Wer ein Gut für 100,000 Thlr. mit nur 40,000 Thlrn. Anzahlung kauft, weiss, dass er in den nächsten 10—20 Jahren aus dem Ertrage des Guts die ganze Schuld nicht decken kann. Er übernimmt das Risiko der Kündigung in der Hoffnung, das Kapital dann erforderlichen Falls von einem Andern zu erhalten und vielleicht theilweise im Laufe der Zeit durch Erbschaft, durch Ersparnisse u. s. w. tilgen zu können. R. spricht von dem Grundbesitzer, als könne dieser nie auf eine Kapitalabzahlung rechnen; wer indessen aus seinem Gute 3—5000 Thlr. an reinem Einkommen bezieht, wird unter gewöhnlichen Verhältnissen alljährlich eine Summe zurücklegen und in 10 Jahren wohl einen Theil der Schuld abtragen können. Vielfach wird daher vom Käufer ausgemacht, dass die rückständigen Kaufgelder nicht vor 10 Jahren gekündigt werden dürfen, um Zeit zur Beschaffung derselben zu haben, sei es aus eigenen, sei es aus Anderer Mitteln. Es muss aber ausdrücklich hervorgehoben werden, dass es hier nicht das Gut ist, von dem man Heimzahlung verlangt, sondern der Besitzer, und ist dieser nicht dazu in Stande, so muss er das Feld einem Andern einräumen, der seiner pecuniären Lage nach der Situation mehr gewachsen. Das Gut geht ebenso wie der verpfändete Rentenschein in andere Hände über, wenn der ursprüngliche Inhaber seinen übernommenen Verpflichtungen nicht nachkommen kann. —

Man ist übrigens gegenwärtig allgemein bestrebt, die Gefahr der Kündigung von den Landwirthe abzuwenden und die Beschaffung des Ersatzes für Kapitalien, welche die Gläubiger zurückziehen wollen, die bisher der Schuldner übernommen hatte, einfach den Gläubiger selbst zu überlassen, so dass der Uebelstand, der den Landwirthe aus der Kündigung erwächst, wenn nicht ganz, so doch zum grossen Theile in der Zukunft beseitigt werden wird, ohne dass man zur Einführung des Rentenprincips greift.

R. behauptet aber, die Verschuldung in Kapitalform wäre deshalb eine unnatürliche, weil man von den Grundbesitze nur verlange, er solle Kapital abgeben, bei der Vererbung durch Eintragung der Erbantheile, bei Verkauf durch Eintragung der rückständigen Kaufgelder, während nur selten oder nie durch Aufnahme neuer Kapitalien den Grund und Boden ein Zuschuss gewährt werde. Es seien daher die Hypothekargläubiger nicht unter den verschiedenen Kapitalisten zu suchen, sondern eben unter den Miterben und den Vorbesitzern, welche Beide nicht Anspruch auf Kapital, sondern der Natur des Grundbesitzes gemäss auf Rentenantheil hätten. Er hält daher alle Verpfändungsgeschäfte für rein »häusliche Angelegenheit der Landwirthe«, mit der die eigentlichen Kapitalisten durchaus nichts zu thun haben.

Was zunächst den letzten Punkt anbetrifft, so hätte die Anschauung von der Entbehrlichkeit der Kapitalisten für den Landwirth eine gewisse Berechtigung, wenn sich nur Käufer und Verkäufer, Uebernehmer und Miterben gegenüber ständen; das ist indessen nur in den seltensten Fällen der Fall, meistens müssen Vermittler zwischen beide Parteien eintreten, und das sind die Kapitalisten. — Will der Verkäufer ein anderes Geschäft unternehmen, wozu er sein Geld in der Hand haben muss, so ist er genöthigt, eine hohe Anzahlung zu verlangen, und vermag der Kauflustige sie nicht aus eigenen Mitteln zu schaffen, so muss er einen Vermittler heranziehen, der ihn die entsprechende Summe vorschiesst, und je grössere Annehmlichkeiten denselben geboten werden, unter un-so günstigeren Bedingungen wird dieser sich seinerseits zu den Geschäfte bereit erklären.

Ein Gut von 5000 Thlrn. Reinertrag soll verkauft werden. Der Verkäufer braucht zu seinen Projecten 50,000 Thlr. Bei einem Zinsfusse von 5 Proc. wären 100,000 Thlr. für das Gut zu erlangen, resp. die betr. Rentenscheine über jene 5000 Thlr. wären für 100,000 Thlr. zu versilbern. Der Kauflustige besitzt entweder nur 30,000 Thlr. oder wünscht von seinen 50,000 Thlrn. noch 20,000 Thlr. als Betriebskapital in der Hand zu behalten. Es bleibt ihm daher nichts übrig, als die fehlende Summe vom Kapitalisten zu borgen, soll der Kauf nicht unterbleiben. In gleicher Weise wird ohne Zweifel der jetzige Verkäufer vorgegangen sein, als er seinerseits als Käufer auftrat und die 50,000 Thlr., welche auf dem Gute stehen blieben, gehörten nicht ganz seinen Vorgängen, sondern wiederum andern Kapitalisten, denn die meisten Kaufgeschäfte beanspruchen factisch solche Vermittler.

Was aber die Vererbung betrifft, so können wir dieselbe nicht anders ansehen als den Verkauf. Der Uebernehmer tritt einfach als Käufer auf und hat den Miterben wie Verkäufern gerecht zu werden. Auch dabei wird er sich meistens an Kapitalisten zu wenden haben, um mit ihrer Hülfe die Auseinandersetzung mit den Miterben zu bewirken, weil sonst zu befürchten steht, dass von den Betheiligten auf Verkauf gedrungen wird. — Aus dem Gesagten geht hervor, dass der Ausspruch R.'s (S. 71) nicht als richtig anerkannt werden kann: »die ursprünglichen Gläubiger des Grundbesitzers sind überhaupt keine Kapitalisten, sondern selbst Grundbesitzer, nämlich Mitbesitzer oder Vorbesitzer«, sondern dass derselbe einer wesentlichen Vervollständigung bedarf.

In den vorgeführten Fällen ist es allerdings nicht das Gut, welches Kapital empfängt, sondern der Besitzer; von ihm allein, wir wiederholen es, verlangt man aber auch dasselbe zurück. —

Anders scheint die Sache bei der zwangsweisen Amortisation zu stehen. Die Idee, von der man dabei ausgeht, ist offenbar in den meisten Fällen, dass der Besitzer, welcher hoch verschuldet ist, nicht den ganzen ihm verbleibenden Ertrag consumiren darf, sondern einen Theil davon zur Tilgung anwenden muss. Auch hier wäre es der Besitzer, nicht das Gut, von dem man erhöhete Leistung beansprucht. Nur wenn das Darlehn zu Meliorationen verwendet ist, hält man sich für berechtigt, die Rückzahlung vom Grundstücke selbst durch Steigerung des Reinertrags zu erwarten, und muss das thun, weil die Meliorationen keinen dauernden Charakter haben, sondern allmälig ihren Werth einbüssen und unter Aufwendung neuen Kapitals wiederholt werden müssen. —

R. nimmt nun an, die Verschuldung des Grundbesitzes werde herbeigeführt ausschliesslich durch Besitzwechsel. Die Fixirung des Kapitals an Grund und Boden finde nur allmälig, besonders aus dem Betriebskapitale, statt und erhöhe den Ertrag nur unbedeutend, sei daher überhaupt für die Verschuldung ohne Bedeutung.

In Bezug auf den ersten Punkt ist einzuräumen, dass die Verschuldung gewöhnlich bei dem Besitzwechsel eintritt und vorzüglich durch ihn veranlasst wird. Doch ist damit nicht gesagt, dass die Verschuldung allein behufs Uebernahme, also zur Ergänzung der Kaufgelder resp. zur Auszahlung der Erben geschieht, sondern in allen Gegenden mit neu aufblühender Landwirthschaft pflegt dabei stets ein Theil des aufgenommenen Kapitals zur Hebung des Gutes, theils allerdings zur Verbesserung des Inventars u. s. w., theils aber auch ausdrücklich zur Verbesserung des Bodens wie des Gehöftes reservirt zu werden. Ein Gut soll z. B. für 100,000 Thlr. gekauft werden; der Kauflustige disponirt nur über 50,000 Thlr. Es wird eine Anzahlung von 50,000 Thlrn. verlangt, womit das Vermögen des neuen Besitzers absorbirt wäre. Er sieht aber ein, dass er, um das Gut entsprechend zu heben, noch 20,000 Thlr. bedarf: 6000 Thlr. zur Verbesserung des gesammten Inventariums, 8000 Thlr. zu umfassenden Ent- und Bewässerungsanlagen, 6000 Thlr. zur Herstellung von neuen Stallungen, in Summa 20,000 Thlr. Er ist also genöthigt, noch 20,000 Thlr. über jene 50,000 Thlr. gegen hypothekarische Verpfändung aufzunehmen. Die Verschuldung hat also bei Besitzwechsel stattgefunden und ist durch denselben veranlasst. Sie hat aber nicht allein zur Vervollständigung der Anzahlung, sondern zur Hebung des Gutes selbst stattgefunden; dass aber derartige Fälle in den östlichen Provinzen häufig vorkommen, ja, dass sie zur Hebung des Landes sehr zu wünschen, wird Niemand bestreiten, der mit jenen Verhältnissen genau bekannt ist, und jenes Beispiel der 3 Güter, welches im vorigen Jahrgange erwähnt wurde und eine höhere Verwendung zu Meliorationen wie zum Ankauf nachwies, sollte nur den Beweis liefern, dass derartige Kapitalsanlagen factisch in noch weit stärkeren Masse, als hier angenommen wurde, vorkommen[2]).

R. fühlt sich nun veranlasst, erstens die Richtigkeit der Angaben anzuzweifeln, zweitens zu argwöhnen, dass die Verwendung keine rationelle gewesen und drittens dieselben als nicht massgebend zu verwerfen.

Für die Richtigkeit der Angaben, d. h. dass dieselben der Wirklichkeit entnommen und in richtiger Weise zusammengestellt sind, dass also nicht, wie R. verdächtigt, Reparaturkosten mit hinzugezogen, wo nur die Kosten für Neubau in Betracht kommen können, dafür bürgen wir. Weitere Beweismittel stehen uns dafür nicht zu Gebote. Die Namen der Güter zu nennen, sind wir nicht in der Lage; wir unter-

---

2) Wir fügen zur Ergänzung in der folgenden Tabelle noch die betr. Zahlen für 5 andere Güter hinzu, sämmtlich auf 1000 Morgen reducirt, um die Vergleichung zu erleichtern.

lassen es auch da, wo uns die Einwilligung der Besitzer dazu gewiss ist, da bei der weit verbreiteten Scheu der Herren, ihre Wirthschaftsresultate der Oeffentlichkeit zu übergeben, jede auch nur scheinbare Indiscretion die Sammlung weitern Materials, die wir fortdauernd im Auge behalten, bedeutend erschweren, wo nicht unmöglich machen würde. — Die Nennung der Namen ist ohnehin überflüssig, da Niemand eine Controle üben kann als die betreffenden Besitzer selbst, welche aus der geringen Zahl der Beispiele ihr Eigenthum leicht herauserkennen können. In den meisten Fällen, und das gilt zugleich für die noch später zu machenden Angaben ähnlicher Art, sind die Zahlen vom Verf. selbst aus den Wirthschaftsbüchern ausgezogen, wo das nicht der Fall war, war ihm doch das Gut und der Besitzer stets genau bekannt, so dass er ein Urtheil über die Zuverlässigkeit der Zahlen haben

Bezeichnung der Gegend, in der das Gut gelegen.	Die in Rede stehende Zeitdauer.	Grösse der nutzbaren Fläche.	Grundsteuer-Reinertrag mit 20 kapitalisirt.	Werth im Beginne der in Rede stehenden Zeit.	Werth am Schlusse der Periode.	Auf Neubau verwendete Summen.	Auf Meliorationen verwendete Summen.	Bemerkungen.
Westpreussen.								
1.	1833—69	1000	25,100	14,000	70,000	24,000	8,000	Der jetzige Werth ist bei sämmtl. Gütern nur arbiträr.
2.	1841—65	1000	27,700	24,000	80,000	11,200	8,400	
3.	1853—68	1000	15,000	25,000	60,000	18,700	12,500 incl. Inventar	
4.	1836—69	1000	37,500	700 Pacht	2,512 Pacht	17,500	3,950	ausserdem 4,150 Thlr. für Inventar.
5.	1841—69	1000	26,600	17,300	73,000	20,000		
6.	1856—69	1000	22,000	?	?	24,000	5,000	
7.	1862—69	1000	35,000	?	?	7,600	3,000	ausserdem 3,000 Thlr. für Inventar.
Pommern.								
8.	1850—69	1000	27,700	1,500 Pacht gezahlt	3,000 Pacht geboten	7,400	7,800	

Auf Nr. 7, welches mehr als 2000 Morgen umfasst, wurden in 7 Jahren gegen 30,000 Thlr. verwendet, die natürlich nicht dem Ertrage entnommen sind. Da nun bei dem Ankauf eine weit höhere Summe hypothekarisch aufgenommen wurde, so kann mit Recht gesagt werden, dass 30,000 Thlr. zur Fixirung am Boden geliehen wurden, und nur dadurch konnte das Gut in kurzer Zeit bedeutenden Aufschwung gewinnen.

konnte. — Wir müssen in gleicher Weise die Annahme zurückweisen. dass es sich dabei um extreme Luxusbauten u. s. w. handelte. Wenn bei den einen Gute, für das uns ganz detaillirte Ertragsangaben vorliegen, welches für 35,000 Thlr. gekauft war und in welchen für 80,000 Thlr. Neubauten und Meliorationen ausgeführt wurden, eine Steigerung des Reinertrags für den Durchschnitt der letzten Jahre auf 10,000 Thlr., etwa das Fünffache des ursprünglichen constatirt werden konnte, so ist damit angegeben, dass sich das Anlagekapital reichlich verzinste, die Verwendung also wohl nicht unrationell gewesen ist[3]. Dasselbe ist von den andern Gütern zu sagen, bei denen in weit kürzerer Zeit der Werth etwa auf das Drei- und Zweieinhalbfache gestiegen ist. —

Aber die Beispiele sollen nach R. nicht als massgebend anzuerkennen sein. — Fasst man dieselben so auf, wie es R. thut, als präcisen Nachweis, wie hoch sich in der ganzen Provinz die Kapitalsfixirung pr. Morgen in den letzten Jahren herausstellt, so ist das allerdings richtig. Es ist überhaupt ein Unding, von 3 Gütern auf das ganze Land schliessen zu wollen. Jene Güter sind nicht abnorm »herunter« gewesen. Die ganze Gegend befand sich auf derselben tiefen Stufe der Cultur. Jenen 3 Besitzern stand zur Seite, was andern Landwirthen allerdings vielfach fehlte: Intelligenz, Geld und Credit. Sie konnten daher in kurzer Zeit die nöthige Verwendung machen, welche sich sonst häufig auf die doppelte, ja drei- und vierfache Reihe von Jahren vertheilt. Sie haben damit in wenig Jahren ihre Besitzungen auf eine Höhe der Cultur ge-

---

[3] Um noch einen genaueren Einblick in die Verhältnisse jenes Guts, welches wir mit VIIIa bezeichnen wollen, zu gestatten, bemerken wir, dass es gegenwärtig 2500 Morgen nutzbarer Fläche, d. h. Acker- und Wiesenfläche, umfasst, dass diese Fläche von einem Hauptgute VIIIb und zwei Vorwerken aus bewirthschaftet wird, also 3 Gehöfte umfasst, deren Neubauwerth von 60,000 Thlrn. schwerlich als ein unverhältnissmässig hoher bezeichnet werden kann. Der Rohertrag ist in Folge jener Verwendung (Herstellung eines umfassenden Grabennetzes, Drainage, Mergelung, Moderung des Ackers, Ent- und Bewässerung, sowie Bekarrung von Wiesen) von 7916 Ctr. Kornwerth im Durchschnitt der Jahre 1833—40 auf 15,600 Ctr. Kornwerth von 1860—69 gestiegen. Wenn R. nun erschreckt ausruft: Wo soll das hinaus, wenn mit solcher Kapitalfixirung fortgefahren wird, der Werth muss ja schliesslich unerschwinglich werden? so ist darauf einfach zu erwidern, dass eben in Folge jener Fixirung, die in so kurzer Zeit durchgeführt wurde, es für eine längere Zeit unnöthig geworden, damit fortzufahren, bis die Gebäude wieder verfallen, die Mergelung unwirksam geworden, die Drainage trotz aller Reparaturen eine Erneuerung verlangt u. s. w. Wir sind aber gewiss, dass bis zu jenem Zeitpunkte das Kapital aus dem erhöheten Ertrage amortisirt sein wird.

bracht, welche Andere vielleicht erst in 20 bis 30 Jahren, überhaupt erst dann erreichen, wenn die nöthigen Mittel beschafft werden, um aus dem alten Schlendrian herausgehen und umfassende Verbesserungen in der Wirthschaft vornehmen zu können. Die Beispiele beweisen daher nicht, dass in der ganzen Provinz die Fixirung von Kapital in den letzten Jahren eine so hohe gewesen ist, sondern dass die Summen sehr bedeutend sind, welche mit dem Boden verbunden werden können und sogar verbunden werden müssen, um die Landwirthschaft auf die zeitgemässe Culturstufe zu bringen[4]), und wir fügen ausdrücklich hinzu, dass in den östlichen Provinzen noch vielfach jene Verwendungen nicht gemacht sind, sondern dies vielmehr der nächsten Zukunft vorbehalten bleibt, und wir wiederholen unsere Behauptung, dass eben hierzu wie zugleich zur Hebung des Betriebskapitals die Beschaffung der Geldmittel und zwar durch Besserung der Crediteinrichtungen zu bewirken ist.

Was aber das Betriebskapital anbetrifft, so ist es durchaus richtig, wenn R. sagt: dass in der Landwirthschaft die zu jeder Jahresrente erforderliche Bestellungsarbeit nichts als Fixirung von Arbeit (und Kapital) sei, die noch auf weitere Jahresernten hinauswirke. Wo nun eine solche Fixirung auf ein Mal in durchgreifender Weise vorgenommen wird, z. B. in der Vertiefung der Ackerkrume und ihrer Bereicherung an Düngestoffen u. s. w., da vergehen häufig mehrere Jahre, ehe eine volle Verzinsung jener Anlagen und eine weit grössere, ehe die Amortisation erfolgt. Ein Theil des Betriebskapitals resp. der Zinsen desselben ist in Boden abgelagert und kann nicht sofort zurückerlangt werden, während zugleich der Werth des Gutes dadurch gestiegen ist. Es wird daher vielfach günstig sein, wenn zur Vermehrung des Betriebskapitals Darlehen aufgenommen werden können und zwar dauernde, nicht auf Personal-, sondern Realcredit, wie wir das bereits in vorigen Jahrg. a. a. O. durch

---

4) **Wir können es uns nicht versagen, hier ausdrücklich hervorzuheben,** von welcher Bedeutung umfassende Detailaufnahmen über die Wirthschaftsverhältnisse der Güter verschiedener Gegenden sein würden; denn jetzt tappt man bei allen hierher gehörigen Fragen fast völlig im Dunkeln. Nur durch die Zusammenstellung einer grössern Zahl factisch vorliegender Wirthschaftsverhältnisse wird man der Erfahrung eines Einzelnen die nöthigen Anhaltepunkte geben, um für ein ganzes Land gültige Schlüsse aufzustellen. Leider reicht die Kraft eines Einzelnen nicht aus, das nöthige Material zu sammeln, zumal nur persönliche Bekanntschaft mit den Besitzern die Scheu überwinden kann, dasselbe mitzutheilen. Möchten die Landwirthe in nicht zu ferner Zeit erkennen, dass die Zusammenstellung derartiger detaillirter Localaufnahmen für sie selbst von Nutzen, und dass sie durch die Initiative ihrer landwirthschaftlichen Vereine mit verhältnissmässig geringen Kosten dieselben leicht herstellen können!

Beispiele darzulegen suchten. Das wird vielleicht nicht nöthig sein, wo die Landwirthschaft bereits auf einer hohen Culturstufe steht, wohl aber in Gegenden, welche der Zeit und den Nachbarn nachzueilen haben, wie das in den östlichen Provinzen der Fall.

Wenn aber R. darin eine besondere Gefahr erblickt, weil die so mit dem Boden verbundenen Gelder bei falscher Calculation unwiederbringlich verloren sind, so kann das in keiner Weise als gerechtfertigt anerkannt werden. Eine jede irrationelle Kapitalsanlage schliesst Verluste ein, gleichviel ob es bei industriellen, bei Handelsunternehmungen oder in der Landwirthschaft geschah. Wäre aber das Risiko bei der Landwirthschaft auch ein hervorragendes, so muss man doch davon ausgehen, dass es vom Betheiligten in seiner ganzen Grösse gewürdigt, und deshalb doppelte Vorsicht von ihm bei Vornahme derartiger Anlagen angewendet wird. Es genügt die Thatsache, dass den intelligenteren Wirthen derartige Hülfe zur entsprechenden Förderung der Landwirthschaft sehr nützlich, ja sogar nothwendig, um sie empfehlenswerth zu machen, selbst wenn die gleiche Gewährung einzelnen schlechten Oekonomen zum Verderben gereichen kann. Dergleichen Kehrseiten hat offenbar jede Crediterleichterung und doch wird man sie nicht ohne Weiteres als wirthschaftlich verwerflich bezeichnen können.

Von gleichen Anschauungen geht offenbar die westpreussische Landschaft aus, indem sie für derartige Darlehen, allerdings unter Verpflichtung zur Amortisation, selbst das Inventarium als passendes Pfandobject acceptirt, und es wäre für jene Provinz ohne Frage ein sehr beklagenswerther Rückschritt, wenn dies nach R.'s Vorschlage beseitigt, und der Landwirth in jenen Fällen auf den meist theurern und ungleich gefährlichern Personalcredit angewiesen würde.

R. kennt offenbar jene östlichen Gegenden nicht[5]), er beurtheilt ganz Norddeutschland nach den Mecklenburger Verhältnissen. Weil man sich in Mecklenburg begnügt, die Ersparnisse zu Meliorationen u. s. w. zu verwenden, nachdem die hauptsächlichste Arbeit schon frühere Generationen durchgeführt haben, wird das als ganz allgemein angenommen. Weil in Mecklenburg in den letzten Jahren die landwirthschaftliche Production nur wenig zugenommen hat, soll das in ganz Nord-

---

5) Ein Gutsbesitzer aus Westpreussen schreibt uns: „dass zur Drillcultur hier nicht alle Voraussetzungen, wie R. S. 16 meint, fehlen, davon könnte er sich leicht überzeugen, wenn er uns einmal mit seinem Besuche beehren wollte, denn nachdem vor etwa 6—7 Jahren die ersten Drills in diesem Theile (Graudenz) der Provinz eingeführt sind, haben sich dieselben so vermehrt, dass man sie jetzt auf jedem dritten, vierten Gute findet.

deutschland der Fall sein! Weil in Mecklenburg die Pacht- und Güterpreise mitunter zurückweichen, nimmt er einen solchen Rückgang überall an, und doch ist Alles dieses für die östlichen Provinzen entschieden unrichtig, wie namentlich Letzteres in den Berichten des L.-Oek.-Collegiums vom vorigen Jahre[6]) ausdrücklich ausgesprochen ist.

Wird uns nun eingewendet, dass auch wir ausschliesslich eine bestimmte Gegend vor Augen haben und diese einseitig vertreten, so machen wir darauf aufmerksam, dass R. den ganzen norddeutschen Bund mit seinen Vorschlägen beglücken will, dass sie sich also auch für jene von uns vertretenen Gegenden eignen müssen, und halten sie die Kritik nicht in dieser Hinsicht aus, lässt sich nachweisen, dass den Eigenthümlichkeiten der dortigen Landwirthschaft nicht genügend Rechnung getragen ist, so sind jene Einrichtungen eben nicht in der proponirten Allgemeinheit zu acceptiren.

Bevor wir auf die oben an die Spitze gestellten Sätze weiter eingehen, wollen wir mehr beiläufig R.'s Anschauungen über die Grundrente berühren; eine ausführlichere Erörterung derselben scheint uns hier nicht am Platze, denn unsere Meinungsdifferenz ist für die praktische Seite der Frage ohne jede Bedeutung. Auch Anhänger seiner Theorie können Gegner seiner praktischen Vorschläge sein, während die Gründe, welche gegen die Theorie sprechen, keineswegs zugleich seine Vorschläge über den Haufen werfen. Gerade in neuester Zeit ist ausserdem das Thema der Grundrente so vielfach und eingehend behandelt, der Standpunkt der Parteien so klar dargelegt, dass eine weitere Besprechung ohne unerspriessliche Wiederholung kaum möglich, und der ganze Streit in einen reinen Wortstreit auszuarten droht. Wir fürchten, durch näheres Eingehen darauf in den ächt deutschen Fehler zu verfallen, über den Streben recht gründlich zu sein, die Uebersichtlichkeit und Klarheit der Darstellung zu opfern. Daher nur wenige Bemerkungen.

R. will den gesammten Reinertrag eines Gutes nach Abzug der Zinsen für das Betriebskapital »Grundrente« nennen[7]) und dabei eine

---
6) S. Annal. der Landw. von v. Salviati. Berlin 1869. Heft Juli-August S. (91).

7) Wir hatten nach dem 1. Theil angenommen, dass R. unter „Grundrente" dasselbe versteht wie die Anhänger der sog. Grundrententheorie, da er eine besondere Erklärung darüber nicht abgiebt, uns seine andern Schriften erst nachträglich in die Hände gekommen sind, und seine Unterscheidung des städtischen und ländlichen Grundcredits die Annahme unbedingt zu bestätigen scheint, so dass wir auch nicht allein in den Irrthum verfallen sind, wie u. A. die im vorigen Jahrg. besprochene Schrift von Jachmann zeigt.

Scheidung zwischen der Verzinsung des mit den Boden verbundenen Kapitals und der sog. natürlichen Grundrente in keiner Weise gestatten; denn es habe jenes Kapital durch die Verbindung mit den Boden den Kapitalscharakter verloren, weil Grundbesitz unbeweglicher, Kapitalbesitz beweglicher Besitz sei, und was der Boden überhaupt an Ertrag abwerfe, wäre nur als Arbeitsproduct zu bezeichnen, weil die menschliche Arbeit die einzige Urkraft sei, mit der die menschliche Wirthschaft haushält.

Es unterliegt nun keinen Zweifel, dass das Kapital, welches in Bewässerungsanlagen, in Gebäuden u. s. w. am Boden fixirt ist, die bewegliche Natur verloren hat, sich davon nicht trennen lässt, also in vieler Beziehung anders behandelt werden muss, als vor der Fixirung. Das leuchtet auch den ein, welcher der alten Terminologie huldigt, wonach Kapital »Product menschlicher Arbeit« genannt wird, »welches zur weiteren Production verwendet wird«. — Ist aber durch R.'s Definition darum etwas gewonnen?

Er stellt es als ungereimt dar, die Ackerkrume als Product menschlicher Arbeit zu bezeichnen, während er es bei der Stahlfeder, den Schlüssel u. s. w. angemessen finden dürfte, obgleich doch die Stahlfeder, der Schlüssel Metall geblieben sind, wie die Ackerkrume Erde, das Material hier so wenig wie dort die ursprüngliche Natur eingebüsst hat.

Uns scheint die Fixirung von Arbeit und Kapital bei Meliorationen des Ackers, z. B. der Drainage, denselben Character zu haben, wie bei den Bau eines Hauses und können keinen Unterschied in dieser Hinsicht entdecken, ob es sich um Fundamentirung eines ländlichen oder städtischen Gebäudes handelt. R. behauptet dagegen, in ländlichen Gebäude ist das Kapital unbeweglich geworden, es wirft daher nicht mehr Kapitalgewinn, sondern Grundrente ab; das Fabrikgebäude, das städtische Haus hat dagegen den Kapitalcharakter behalten, weil das erstere leichter zu andern Zwecken verwendet werden kann, das letztere aber unmittelbar consumirt wird, während das ländliche zur Production dient. — Diese ganze Unterscheidung erscheint uns so durchaus gesucht und erkünstelt, dass wir in derselben der früheren gegenüber einen Vorzug in keiner Weise erkennen können.

Für die praktische Seite der Frage kommt es ferner auf dasselbe hinaus, wenn wir zwei »Arten« des Grundwerthes unterscheiden, die eine verschiedene Sicherheit als Creditbasis bieten, oder, wie R., zwei verschiedene »Abschnitte« von ungleicher Sicherheit. Denn dass bei der Taxation die natürliche Grundrente nicht genau festzustellen sei, haben auch wir nicht geleugnet. Aber nach R.'s eigener Auffassung S. 119 folgt daraus, dass beide fast ununterscheidbar in einander übergehen, noch nicht die Hinfälligkeit der ganzen Unterscheidung. Durch das Beispiel jener 3 Güter zeigten wir ausdrücklich, dass man bei der Schätzung der Grundrente meist zu andern Resultaten gelangt, als man beabsichtigt und das fixirte Kapital zu gering veranschlagt; wir griffen deshalb die Beschränkung der unkündbaren Darlehen auf den sog. reinen Grundrentenwerth als unzureichend an, können daher dabei zu denselben praktischen Resultat wie R. — R. schreibt ferner der Arbeit allein Productivität zu und nennt sie die allein productive Urkraft; er leugnet aber dabei natürlich nicht, dass sie durch die Natur verschieden unterstützt wird. Also unter gleichen volkswirthschaftlichen Bedingungen wird die gleiche Quantität Arbeit von verschiedenem Boden verschieden belohnt, während andrerseits derselbe Boden bei verschiedenen Arbeitsaufwande gleichfalls verschiedene Erträge liefert. Wir schliessen daraus, dass der Urkraft Arbeit eine andere Urkraft, die des Bodens, gleichberechtigt gegenüber steht. Die Frage: welcher von beiden eine grössere Bedeutung zuzuschreiben, scheint uns ebenso zu entscheiden, wie die, welches der beiden Geschlechter zur Fortpflanzung des Menschengeschlechts nothwendiger, das männliche oder das weibliche. Isolirt wird keiner der Factoren etwas hervorbringen, und auch A. Smith hat nicht gemeint, dass der Boden Rente abwerfen kann, wenn nicht Menschen da sind, die ihn benutzen und die erzielten Producte consumiren, und dass die Grundbesitzer Rente beziehen können, wenn nicht Pächter da sind, welche Arbeit auf den Grund und Boden verwenden. Wenn R. S. 161 fragt: »Ist denn nicht die fette Marsch in einem unbewohnten Lande von grösserer natürlicher Productivität, als das Sandland vor den Thoren Berlins?« so liegt die Gegenfrage nahe: Hat in der Nähe Berlins, also unter denselben volkswirthschaftlichen Bedingungen, ein Stück Sandboden denselben Werth, wirft es dieselbe Rente ab, wie ein eben so grosses Stück Weizenboden, auch wenn auf beide die gleiche Arbeit verwendet wurde, die Urkraft also in gleichem Maasse zur Anwendung kam? —

Der Umstand, dass der Ertrag einer Fabrik bisher nicht in der gleichen Weise eingetheilt ist, wie der der Landwirthschaft, was R. urgirt, ist offenbar kein Grund, darum jene Eintheilung für unmöglich oder unrichtig zu erklären. — Dass diese Eintheilung aber ihren Werth (obgleich viel Missbrauch mit ihr getrieben) zur Klarlegung der Bedeutung der einzelnen Productionsfactoren hat, zeigen die Verirrungen, wozu die Annahme jener einen Urkraft neuerdings geführt hat, und gegen welche R. selbst S. 168 und 292 zu Felde zieht.

Eingehender haben wir den dritten Hauptsatz zu betrachten, in
den R. den Schwankungen des Zinsfusses den vorzüglichsten Einfluss
auf die Creditnoth zuschreibt und damit den der anderen Factoren,
welche den Reinertrag der Landwirthschaft bedingen, unterschätzt.

Es soll die Creditnoth also dadurch herbeigeführt sein, dass seit
1855 der Zinsfuss um 1, in den östlichen Provinzen sogar um $1^1/_2$ %
gestiegen, und damit der Werth des Grundbesitzes entsprechend gefallen ist, da die Kapitalisation des Reinertrags nicht mehr mit 20,
sondern $16^2/_3$ und sogar nur mit $15^1/_2$ bei der Schätzung vorgenommen
werde, während die hypothekarisch als Kapital eingetragenen Schulden
die gleiche Höhe behalten, also einen höheren Procentsatz des Werthes
inne haben.

Wir wollen nun zunächst nachzuweisen suchen, dass die Höhe der
Productenpreise für den Werth des Grund und Bodens von grösserer
Bedeutung, als die Höhe des Zinsfusses ist und ein Beispiel, das sich
an die Wirklichkeit anlehnt, wird hiezu genügen.

Stellen wir die 5jährigen Durchschnittspreise der Perioden von
1851—55 und 1861—65 incl. gegenüber, so finden wir nach dem preuss.
Jahrbuch für amtliche Statistik II. Theil den Preis des Scheffels Roggen in der zweiten Periode auf 45,7 Sgr. = 56 Sgr. pr. Centner gegen
61 Sgr. pr. Scheffel = 75,3 pr. Centner in der ersten Periode; die
Differenz ist also 19,7 Sgr. Da sich bei dem Weizen dieselbe pro
Scheffel noch höher, nämlich auf 28 Sgr. ergiebt, so können wir für
unsere Berechnung die runde Summe von 20 Sgr. annehmen. Der
Rohertrag sei in beiden Perioden der gleiche, nämlich 15,000 Centner
Kornwerth, wovon 40 %, also 6000 Centner zum Verkaufe gelangten[8]).
Jene Preisreduction bewirkt also einen Ausfall von 4000 Thlr. in der
Einnahme und zwar, da die Wirthschaftskosten dieselben blieben, in
der Reineinnahme. Bei einem Zinsfuss von 5 % würde das eine
Werthsverringerung von 80,000 Thlrn. in sich schliessen. Wer nun
Anfangs der 50er Jahre den Fruchtpreisen gemäss mit nur 25 % Anzahlung ein Gut kaufte, wäre unfehlbar 1865 bankerott, selbst in
Fall der Zinsfuss stabil geblieben wäre, wenn sich nicht der Ertrag
des Gutes bedeutend gehoben hätte. Er wäre nicht in Stande, die
Zinsen aufzubringen[9]).

---

8) Bei dem schon mehrfach erwähnten Gute in Westpreussen VIIIa. wurden im
Durchschnitt der 4 Jahre von 1865—69 15,440 Ctnr. Kornwerth geerntet, wovon
46,3 %, nämlich 7154 Ctnr. verkauft wurden; ein Verhältniss, wie wir es bei einer
grösseren Zahl ähnlicher Wirthschaften gleichfalls gefunden haben.

9) S. 80 sagt nun R.: „Sie (die Grundbesitzer) würden dabei auch mit ihrem

Nehmen wir nun an, in dieser Zeit wäre wirklich der Zinsfuss von 5 auf 6 % in den östlichen Gegenden gestiegen, wie R. behauptet, was wir indess bestreiten, so würde das bei jenem Gute mit 10,000 Thlrn. Reinertrag eine Werthverminderung von 200,000 auf 166,000, also um 34,000 Thlr. in sich schliessen. Wären nun aber auf dem Gute für 70,000 Thlr. Pfandbriefe eingetragen, also der dritte Theil des Werthes damit belastet, so würde diese Schuld sich in gleichen Verhältniss verringert haben, d. h. der faktische Verlust würde sich auf $^2/_3$ obiger Summe, also etwa auf 23,000 Thlr. belaufen, eine Summe, die gegen die oben gefundene arg zurücksteht und die sich noch weit mehr verringern müsste, wenn, wie es ja vielfach der Fall, eine über die Pfandbriefe hinaus eingetragene Schuld für eine lange Zeit zu einem festen Zinsfuss, etwa 5 %, unkündbar eingetragen ist, die sich also an dem Steigen des Zinsfusses nicht betheiligt [10]).

Wird nun hiergegen eingewendet, ein 5jähriger Durchschnitt der Productenpreise sei für den Kaufwerth nicht maassgebend. In den 50er Jahren würde die Furcht vor einem Herabsinken derselben nicht ein Gebot haben aufkommen lassen, welches dem damaligen Reinertrage entspräche, und ebenso würde die Hoffnung auf eine Preiserhöhung des Getreides zur Zeit des niedrigen Standes eine entsprechend höhere Kaufsumme rechtfertigen, so räumen wir dies allerdings ein; aber in derselben Weise richtet sich auch kein Käufer genau nach den momentanen Zinsfusse. Die Meisten werden anerkennen, dass der jetzige hohe Zinsfuss durch Ueberspeculation so geschraubt ist, dass er sich auf die Dauer nicht halten kann, und einen niedrigeren bei dem Gebote in Aussicht nehmen. Die rationelle Speculation wird hier stets eine Ausgleichung herbeiführen und die Extreme abschwächen. —

Wir fügen hieran noch zur Vervollständigung obiger Angaben

Vermögen von 25—30 % ihres Kaufkapitals allen sonstigen nachtheiligen Chancen der landwirthschaftlichen Reinerträge, als Fluctuationen der Ernten und der Preise, zu begegnen vermocht haben, wenn der Zinsfuss stabil geblieben wäre oder das Rentenprincip gegolten hätte", und fügt später hinzu: „Trifft es also nicht besser den Nagel auf den Kopf, ist es nicht logischer zu schliessen, dass das Kapitalisationsprincip jene Grundbesitzer bankerott gemacht, als dass dies durch die Ankäufe mit Vermögen von nur 25—30 % des Kaufkapitals geschehen sei? Unsere Einbildung muss nur erst recht gewöhnt werden." Wir müssen nach dem oben Gesagten es dem Leser überlassen, zu beurtheilen, ob hier der Nagel getroffen oder unversehrt geblieben.

10) Wie z. B. bei dem in Rede stehenden Gute bei einem Anfangs der 60er eingetretenen Erbfalle Gelder der Miterben der testamentarischen Verfügung gemäss zu 4 % und auf 10 Jahre unkündbar eingetragen wurden.

einige Zahlen, um den Nachweis zu führen, dass in den Jahren, welche zunächst die Creditnoth der Landwirthe hervortreten liessen, eine nicht unbedeutende Preisreduction bei den landwirthschaftlichen Producten gegenüber den Vorjahren factisch stattgefunden hat. Wir entnehmen die betreffenden Ziffern den preuss. Jahrbuch für amtliche Statistik Bd. II.

	Weizen:		Roggen:	
	Ganzer Staat.	Provinz Preussen.	Ganzer Staat.	Provinz Preussen.
1851—55 incl.	90 Sgr.	103,5	71	61
1856—60	87,4	84,7	61	53,4
1861—65	78,2	71,6	54	45,7
davon				
1863	76,2	71,8	53,3	45,5
1864	66,8	58,3	44,3	35,3
1865	67,7	65,7	49,9	44,7

Noch grösser war der Rückgang der Preise bekanntlich bei Wolle und Spiritus. — Die Preissteigerung der letzten Jahre hat dagegen nicht ausgereicht, die allgemeinen Missernten auszugleichen und insbesondere von der Provinz Preussen sagt der Jahresbericht des K. Landesökonomie-Collegiums a. a. O. S. 90, dass seit 1865 die schlechten Ernten einen Stillstand, wenn auch noch keinen Rückgang der Güterpreise herbeigeführt haben. — Ist aber die letzte Angabe richtig, so kann die Creditnoth offenbar nicht dadurch herbeigeführt sein, dass das Verhältniss der Verschuldung zum Werthe durch die Steigerung des Zinsfusses ein ungünstigeres geworden; es hat vielmehr die Zinssteigerung bisher auf den Grundwerth keinen Einfluss gehabt. —

Die Wirkung des Steigens des Zinsfusses wird von R. noch in anderer Weise überschätzt, auch wenn es richtig wäre, dass die Kapitalisirung bei der Abschätzung sich stets genau dem allgemeinen Zinsfuss anschliesst, und wir müssen hier auf eine schon früher gemachte Bemerkung ausführlicher zurückkommen, da er die Richtigkeit derselben nicht anerkennen will. Jene Wirkung kommt bei nicht übermässig verschuldeten Besitzern nur bei Besitzwechsel zur Erscheinung. Ebenso wie der Inhaber von Staatsschuldscheinen durch die Coursschwankungen derselben keine Verluste erleidet, wenn er sie nicht veräussert, sondern abwartet, bis sie den alten Cours erlangt haben, wird auch der Inhaber eines Gutes von den Fluctuationen des Zinsfusses nichts bemerken, wenn er nicht verkaufen will, da der Bezug seiner Rente dadurch nicht modificirt wird. Ein häufiger Besitzwechsel dagegen wird die Verluste ausgleichen. Ein Gut von 5000 Thlrn. Reinertrag z. B. wird bei einem Zinsfuss von 4% für 125,000 Thlr. verkauft; darauf beginnt der Zinsfuss zu steigen in 15 Jahren auf 5 %. Der Werth des Gutes hat sich in 15 Jahren also um 25,000 Thlr. verringert; das Gut ist nach Ablauf jener Zeit nur noch 100,000 Thlr. werth. War der Käufer erst am Schlusse jener Zeit wieder Verkäufer, so verlor er allein die 25,000 Thlr. Hatten dagegen in den 15 Jahren 3 Verkäufe oder gar 5 stattgefunden, gleichviel ob durch Todesfall, Bankerotte u. s. w. veranlasst, so war bei jedem Verkauf der Zinsfuss erst um $\frac{1}{3}$ resp. $\frac{1}{5}$ gestiegen und jeder Besitzer participirte an dem Verluste nur mit 8300 resp. 5000 Thlrn. Es hat mithin eine Vertheilung des Verlustes stattgefunden. Fand andererseits nach Ablauf weiterer 15 Jahre wiederum ein Sinken des Zinsfusses auf 4 % statt und das Gut war in den 30 Jahren in derselben Hand geblieben, so war überhaupt jeder Verlust ungeachtet der Schwankungen des Zinsfusses vermieden.

Wie geht aber die Kapitalisirung bei der Schätzung von Grund und Boden in der Praxis vor sich, und welcher Zinsfuss findet dabei Berücksichtigung, da der Reinertrag in der Regel in verschiedene Hände fliesst, welche keineswegs denselben Zins erlangen? Wenn z. B. in Frankreich der hypothekarische Zinsfuss der mangelhaften Gesetzgebung wegen 7 % beträgt, während der allgemeine nur auf 4 % berechnet wird, so kann bei der Kapitalisirung offenbar weder der eine noch der andere, wenn man die Verschuldung als Regel annimmt, ausschliesslich zur Verwendung kommen, sondern der erstere für den Theil des Ertrags, welcher an die Hypothekengläubiger abgetreten werden muss, der zweite für den Rest.

In Norddeutschland werden ausserdem auch die verschiedenen Arten der Verschuldung besonders betrachtet werden müssen.

Man strebt jetzt in Preussen allgemein und vielfach mit Erfolg, die Verschuldung bis zur Hälfte des Ertrages durch Pfandbriefe eintreten zu lassen. Trotz des Sinkens der Course derselben in den letzten Jahren wird der Zinsfuss für diesen Theil allgemein auf 5 % anzunehmen sein. Es wird daher die Hälfte des Reinertrags in ner noch mit 20, mindestens mit 19 kapitalisirt werden müssen. Ein zweiter Theil richtet sich nach dem Zinsfuss für die Individualhypotheken und ist je nach der Sicherheit, nach der Grösse der Summe, der Gegend, selbst nach der Veranlassung der Verschuldung sehr verschieden.

In den testamentarischen Verfügungen wird derselbe für die hypothekarisch 'einzutragenden Gelder der Miterben sehr willkürlich angesetzt und bleibt häufig erheblich hinter den ortsüblichen zurück. Im Erbfalle sowie bei Verkauf u. s. w. ist es ausserdem sehr häufig, dass die hypothekarischen Darlehen für eine grössere Reihe von Jahren zu einen festen Zinsfuss unkündbar eingetragen werden, sich also nicht sofort den Schwankungen des Kapitalmarktes anschliessen, wie überhaupt die Hypothekenkapitalien in dieser Hinsicht eine grosse Schwerfälligkeit aufzuweisen haben.

Was aber den Rest des Ertrages, der den Besitzer verbleibt, betrifft, so wird auch dieser keineswegs immer nach den allgemeinen oder ortsüblichen Zinsfusse kapitalisirt. Bei Weiten die Meisten, welche sich gegenwärtig ankaufen, begnügen sich mit einer weit geringeren Verzinsung ihres Anlagekapitals. In den Berichte des Landesökonomiecollegiums wird dieser Umstand entsprechend gewürdigt. Der Provinzialverein für die Mark Brandenburg behauptet ausdrücklich, dass die Güterpreise sich besonders deshalb auf der alten Höhe erhalten, weil die Käufer vielfach keine höhere Verzinsung des Anlagekapitals als zu 3 % verlangten, für Westphalen werden in derselben Schrift sogar nur 2—3 % in denselben Falle angeführt. Auch in den östlichen Provinzen möchte schwerlich Jemand, der sich jetzt ankauft, auf eine Verzinsung seines Vermögens mit 6 % rechnen.

Die Nachfrage nach Grundbesitz hat das Angebot wol in ganz Norddeutschland so überstiegen, dass der Käufer auf Bezug des ortsüblichen Zinsfusses verzichten muss, und die Kapitalisation bei Schätzung der Güter richtet sich daher auch für den letzten Theil des Ertrages keineswegs genau nach den ortsüblichen Zinsfusse, sondern acceptirt ohne Frage einen niedrigeren. Da aber erst in der neueren Zeit in Preussen, Posen u. s. w. die übermässige Nachfrage nach Grundbesitz hervorgetreten ist, so kann auch dort für den Kauf in Bezug auf das Anzahlungskapital die Zinssteigerung nur spurlos vorübergegangen sein.

Aus den Gesagten geht hervor, dass bei der Schätzung des Grund und Bodens eine Menge Umstände Berücksichtigung finden, welche die Schwankungen des Zinsfusses nicht zur vollen Geltung kommen lassen, ihre Bedeutung also abschwächen.

Betrachten wir aber näher die Zinsschwankungen, welche die Neuzeit erfahren hat, und untersuchen, ob die Zeit der Zinssteigerung mit den Beginne der Creditnoth so zusammentraf, dass sich der Causalzusammenhang dabei nachweisen lässt, wie dies R. behauptet. —

Ueber den **allgemeinen** Stand des Zinsfusses geben die als unbedingt sicher anzusehenden Creditpapiere wie die preussischen Staatsobligationen und die Pfandbriefe genügenden Aufschluss. Wir stellen daher die durchschnittlichen Course einer Anzahl Papiere gegenüber. die theils den Jahrbuch für amtliche Statistik theils den Börsenberichten selbst, in denen die Course des Ersten jedes Monats ausgesucht wurden, entnommen sind[11]).

	Staats-schuldsch. 3½ %.	Westpreuss. Pfandbriefe 3½ %.	Kur- und Neumärk. Pfandbriefe 3½ %.	Staats-anleihe von 1852 4 %.	Rittersch. Westpreuss. Pfandbriefe 4 %.	Kur- und Neumärk. Pfandbriefe 4 %.
1836—40	102½	102	101½	—	—	—
1841—45	102½	100⅗	101½	—	—	—
1846—50	86⅗	88	94	—	—	—
1850—55	88	92	97⅖	—	—	—
					1858—60	1859—60
1856—60	84	81¾	87¼	94	90½	95
1861—65	89¾	85	90	97½	95½	100
1866—69	83⅛	75½	77	89	83	86¼

Es ist vor Allen bemerkenswerth, dass die preussischen Staatsschuldscheine von der zweiten zur dritten Periode den bedeutenden Rückschlag von nicht weniger als 16 %, was einer Zinsfussschwankung um ¾ % entsprechen würde, aufweisen, seitdem aber nur sehr unwesentliche Fluctuationen erfahren haben. Bedeutender sind dieselben bei jenen Papieren mit mehr provinziellen Charakter. — Auch dort bewirkte die Bewegung am Schlusse der 40er Jahre einen wesentlichen Rückgang, von dem sie sich nie wieder erholt haben. Der un-

11)

	Staats-schuldsch. 3½ %.	Westpreuss. Pfandbriefe 3½ %.	Kur- und Neumärk. 3½ %.	Staats-anleihe von 1852 4 %.	Westpreuss. Pfandbriefe 4 %.	Kur- und Neumärk. 4 %.
1851	87	92	96¼	—	—	—
1852	92⅓	96	99	—	—	—
1853	92⅓	95½	98½	—	—	—
1854	83¾	88½	95	—	—	—
1855	85	89½	98	—	—	—
1856	85½	85½	93½	96½	—	—
1857	83¼	81	85½	94⅙	—	—
1858	84¾	81	85	93½	90½	—
1859	82	79	82½	94	90⅓	92⅛
1860	84½	82½	89	93¼	90⅞	98
1861	88½	85	92½	98⅛	95⅛	101
1862	90¼	88	92¾	100	99	101½
1863	89½	85	91	97	97	101
1864	90	84	88¼	95½	94½	99
1865	90¼	82½	85¼	97½	92⅔	97⅛
1866	84¼	$77\frac{5}{12}$	$80\frac{5}{12}$	90	85	90⅓
1867	84	76⅜	77⅞	90	84	$88\frac{7}{12}$
1868	83⅓	76⅙	76¾	90⅓	82½	85¾
1869	81⅜	71⅔	73⅚	86	80½	82½

bedeutenden Steigerung der nächsten Periode folgt ein Sinken um 10%, doch darauf eine kurze Erhebung, um dann durch das Jahr 1866 allerdings bedeutend herabgestürzt zu werden. — Bis zu jenem bedeutungsvollen Jahre sind seit 1845 die Fluctuationen des Zinsfusses also höchst unbedeutend gewesen und können unmöglich auf die Güterpreise irgend welchen Einfluss gehabt haben. — Jedenfalls ist R.'s Annahme, dass seit den dreissiger Jahren bis zu den fünfziger ein Sinken des Zinsfusses um 1% und seitdem ein Steigen um ebensoviel stattgefunden habe, durchaus falsch; es fällt damit auch die Annahme, dass jener Umstand das Steigen der Gutspreise und deren häufigen Besitzwechsel hervorgerufen habe. Vielmehr ist für die ganze Zeit der letzten 30 Jahre ein allmäliges Steigen um 1% wahrzunehmen. — In zwei Abschnitten tritt eine durchgreifende Steigerung ein, das ist mit den Jahre 1848 und 1866. Während aber in der ersteren Zeit der Einfluss keineswegs in den Sinken der Güterpreise oder einer sonstigen landwirthschaftlichen Calamität verspürt wurde, war neuerdings dieselbe schon vorher, nämlich schon in Beginne der sechsiger Jahre constatirt, obwohl von 1856—65 von Hebung des Zinsfusses nichts zu bemerken ist[12]). —

In Gegensatz zu R.'s Behauptung war ausserdem eine noch schlimmere Grundcredit- ja Grundbesitzcrisis als gegenwärtig in den 20er Jahren in Preussen vorhanden, ohne dass zu gleicher Zeit ein Steigen des allgemeinen Zinsfusses wahrgenommen worden wäre. Heisst es doch in den Berichte des Landesökonomie-Collegiums a. a. O., dass in der Provinz Preussen damals der gesammte Grundbesitz fast völlig entwerthet war.

Was nun den Hypothekenzinsfuss betrifft, so geht aus vielfachen Angaben, die uns von Männern zukommen, deren Berufsthätigkeit sie zur Beurtheilung besonders befähigt, hervor, dass in Westpreussen seit den 30er Jahren für kleine Posten auf bäuerlichen Grundstücken 6% der allgemeine Zinsfuss gewesen, wozu damals wie jetzt ein Damnum zuzurechnen ist, sobald die Sicherheit als nicht zuverlässig angesehen wird. Selbst Sparkassen haben durch Vertheilung der Gelder bei sichern Hypotheken seit länger als 20 Jahren 6% erzielt (z. B. in Graudenzer Kreise), ohne darum jetzt noch weiter in die Höhe gegangen zu sein. Die Tendenz einer Zinssteigerung liegt gegenwärtig für den kleinen

---

12) So bemerkt der Bericht des Landes-Oekonomie-Collegiums a. a. O., dass in den östlichen Provinzen die Creditnoth nicht neu, wenn sie sich auch in den Jahren seit 1865 wesentlich verschärft hat. — Dasselbe ist mehrfach in der Enquête hervorgehoben. —

Grundbesitzer ohne Frage vor und erreicht bei mangelnder Sicherheit häufig eine ganz exorbitante Höhe. Bei grösseren Gütern und bedeutenderen Summen war bis zur Neuzeit hin der hypothekarische Zins seit lange 4½—5%. Wie früher 6% zu den Ausnahmen gehörten, so ist es jetzt mit 4% der Fall. Nach einstimmiger Aussage aller von uns befragten Orts- und Sachkundigen haben bei völlig sichern Hypotheken bis 1866 Zinsschwankungen von einschneidender Bedeutung seit den 30er Jahren nicht stattgefunden; erst seit jenen bedeutungsvollen Jahre beginnt die Zinssteigerung sich allgemeiner bemerklich zu machen, also erst nachdem die Creditnoth als vorhanden anerkannt war. Vorzugsweise sind es die unsichern Hypotheken, welche den Durchschnitt in die Höhe schrauben. Aehnlich wie es die östreichischen Staatsobligationen thun würden, wenn man den durchschnittlichen Zinsfuss der Staatspapiere Mitteleuropas berechnen wollte.

Auch für andere Gegenden, z. B. Altenburg, Braunschweig, Hannover, wurde bei der Enquête angegeben, dass erst seit 1866 die hypothekarischen Darlehen theurer geworden seien. Uebrigens ist die Behauptung von R., dass in den östlichen Provinzen der Zinsfuss mehr gestiegen sei als in den westlichen, so weit es die sichern Hypotheken betrifft, unbedingt zu bestreiten. Es hat vielmehr eine Ausgleichung stattgefunden. Schon vor 20 Jahren waren 5—6% in Westpreussen üblich, wo in Hannover, Mecklenburg und a. O. 3% allgemein waren. Je mehr jene östlichen Theile mit dem Weltverkehr in Verbindung traten, um so mehr wurden von hier die Producte dorthin, von dort das Kapital hierher geführt und ein Ausgleich in den Preisen der Producte wie des Geldes bewirkt.

Der Zinsfuss der sichern Hypotheken nähert sich im Allgemeinen dem der soliden Creditpapiere. In den westlichen Gegenden, wo die Hypotheken bei einem wohlhabenden Bauern- und Bürgerstande besonders beliebt sind, ist der erstere niedriger, weshalb dort die Creditinstitute nicht von besonderer Bedeutung sind, während in den östlichen Provinzen der Landwirth namentlich in früheren Jahren, zum grössten Theile aber noch jetzt, bei der Armuth des Landes durch Pfandbriefe das Geld billiger erhält.

Ist die Thatsache also auch nicht zu bestreiten, dass in neuester Zeit der Zinsfuss eine Steigerung erfahren hat, so geht doch aus dem Gesagten zur Genüge hervor, dass dieselbe nicht als die eigentliche Ursache der Verlegenheit der Landwirthe anzusehen ist, sondern theils eine mehr untergeordnete Begleiterin der verschiedenen Misshelligkeiten, welche die Neuzeit über die Landwirthschaft gebracht hat, theils eine

Folge der durch jene herbeigeführten Calamität ist. Durch die bedeutende Preisreduction der landwirthschaftlichen Producte in den ersten fünf der 60er Jahre, durch die Lasten des Kriegsjahres 1866 und die Missernten der folgenden Sonner wurde der Credit der Landwirthe bedeutend erschüttert und am meisten dort, wo die Verschuldung eine sehr hohe, selbst übertriebene war. Die Folge musste sein, dass viele hypothekarische Darlehen zurückgezogen wurden und der Zinsfuss derselben vielfach über den der Creditpapiere hinausgetrieben wurde.

Währand R. behauptet, weil der Zinsfuss stieg, sind die Güter entwerthet und dadurch die Creditnoth hervorrufen, — sagen wir: weil verschiedene Umstände eine Calamität der Landwirthschaft herbeiführten und ihren Credit gefährdeten, trat in den letzten Jahren eine übermässige Steigerung des Zinses für Hypothekardarlehen ein.

Die Hebung der landwirthschaftlichen Production hat nun, das bleibt schliesslich noch zu erwähnen, in neuester Zeit den Einfluss des steigenden Zinsfusses wirksam entgegengearbeitet und in höherem Masse, als es R. anzuerkennen scheint. Dieselbe lässt sich natürlich schon im Allgemeinen aus der Bevölkerungszunahme schliessen, welche noch fortdauernd einen bedeutenden Export von Cerealien gestattet. Doch wird die Bedeutung für die Landwirthschaft erst durch Detailaufnahmen klar gelegt. Wir geben hiermit die Wirthschaftsresultate von sämmtlichen Gütern, für welche wir überhaupt Angaben erlangen konnten, ohne Auswahl und zwar zusammengedrängt in einzelne Zahlen, um sie so übersichtlich als möglich zu machen und ihnen nicht mehr Platz einzuräumen, als ihrer Bedeutung entspricht, und ausserdem berechnet pr. 100 Morgen nutzbarer Fläche.

Die Reduction auf Kornwerth ist nach den auf den danziger Markte ermittelten Gewichte der Getreidearten und den Grouven'schen Reductionstabellen [13]) nach den Futterwerthe ausgeführt und es sind nur Früchte berücksichtigt, welche der Landwirth allgemein auf den Markt zu liefern pflegt, also kein Stroh, kein Grünfutter, kein Heu, sondern nur die gewöhnlichen Getreidearten und Wurzelgewächse.

Die Reduction auf einen gemeinsamen Nenner erscheint zur Vergleichung verschiedener Güter durchaus nothwendig, schliesst aber andererseits eine Ungleichheit vorzüglich zwischen den auf Kartoffelbau basirten und den vorzugsweisen Getreidewirthschaften ein, da bei dem Kartoffelbau ein verhältnissmässig höherer Rohertrag erzielt wird. Es hat ferner eine Berechnung des Ertrages pr. 100 Morgen und zwar

---

13) Vorträge über Agriculturchemie von Dr. H. Grouven. Köln 1862. S. 753.

nicht nur des Ackers, sondern der benutzten Acker- und Wiesenfläche stattgefunden, welche um so nöthiger war, da bei einzelnen Gütern in Laufe der Zeit Zu- oder auch Verkäufe von Ackerstücken, wie Urbarmachung von Unland u. s. w. die benutzte Fläche verändert haben. Die Wiesen durften nicht unberücksichtigt bleiben, da ihr Vorhandensein oder ihr Mangel die Ausdehnung des Futterbaues bedingt.

Durch die vorliegenden Zahlen ist aber der Fortschritt keineswegs genügend zum Ausdruck gelangt, welchen jene Güter factisch in der Production gemacht haben:

1) ist die gesammte Rohproduction in höheren Masse gestiegen. Der Futterbau in Klee, Luzerne, Mais, Wicken oder Gemenge zu Grünfutter absorbiren jetzt in jeden Jahre weit bedeutendere Flächen als früher, und das erzielte Futter repräsentirt grosse Massen, welche in jenen Zahlen nicht enthalten sind, und durch Mastung, Milcherei u. s. w. eine hohe und fortdauernd lukrativere Verwerthung finden, die hier nicht zur Erscheinung kommt;

2) muss man in Auge behalten, dass die erste grosse Zeitperiode, z. B. von 1830—40, in der betr. Zahl bereits das Resultat der ersten Anstrengung eines tüchtigen Wirthes und des Aufwandes von viel Kapital enthält; also jedenfalls der vorhergegangenen Periode von 1820—30 unter den vorigen Besitzer, welche den Kaufpreis bedingte, meist weit überlegen war;

3) ist der Anbau gerade der edleren Gewächse bedeutend vorgeschritten, besonders greift Weizen- und Oelfruchtbau in nen mehr da Platz, wo früher nur oder fast nur Roggen cultivirt wurde, und diese Früchte gelangen nach den Grouven'schen Reductionstabellen nicht so zur Geltung, als sie es den Preise nach den Roggen gegenüber verdienen, d. h. man bezahlt sie höher, als es der Futterwerth rechtfertigt [14]);

4) waren die pecuniären Resultate verhältnissmässig höher, als dies die allgemeinen Marktpreise erwarten lassen, weil vorzüglich in den 50er und 60er Jahren durch Eisenbahn und verschiedene Chausseen die Transportkosten der Absatzproducte zum Markte wesentlich verringert wurden. Daher finden wir zuweilen eine Vervielfachung des Reinertrages, wo obige Zahlen nur eine Verdoppelung erwarten lassen.

---

14) Auf dem als VIIIa bezeichneten Gute wurden z. B. 1868—69 1700 Scheffel Weizen und 840 Scheffel Rübsen gebaut, wo noch Anfangs der 50er Jahre der Boden für beide Früchte zu dürftig gehalten wurde.

Das Rentenprincip nach Rodbertus' Vorschlag u. s. w.

	1830 bis 1840.	1840 bis 1850.	1850 bis 1855.	1855 bis 1860.	1860 bis 1865.	Wo das Gut gelegen.	Bemerkungen.
I.	246	331	412		549	Provinz Westpreuss.	
II.	309	442	546		756	,,	
III.	355	550	607		749	,,	
IV.	415*	606	655	675	750	,,	*1836—40
V.	498	547	670	608	728	,,	
VI.	270	497	544	523	615	,,	
VII.	—	—	545	568	600	,,	
VIIIb.	304	465	501	466	614	,,	
IX.	—	371	460	361	530	,,	
X.	—	210	248	330	404	,,	
XI.	—	356	433	470	552*	,,	*1860—63
XII.	—	230*	330	375	449	,,	*arbiträr
XIII.	—	400*	527	536	557	,,	*1845—50
XIV.	—	335*	375	456	530	Provinz Ostpreussen	*1847—50
XV.	247	265	301	403	513	,,	
XVI.	386	390	434		514	Provinz Sachsen	
XVII.	—	210	233	315	292	Provinz Brandenb.	
XVIII.	—	—	445	433	500	Kur-Hessen	

Die vorliegenden 7 westpreussischen Güter zeigen von den 30er Jahren bis 1865 eine Verdoppelung des Ertrages, eine Steigerung von 342 Ctn. auf 680 pr. 100 Morgen. Das Verhältniss des davon zum Verkauf gestellten Theiles erreicht nach genauen Berechnungen im Durchschnitte der ersten Periode, welche allerdings bei den verschiedenen Gütern gewaltige Schwankungen zeigt, 35 %, in der zweiten 46 %, während sich dagegen die Productionskosten pr. Centner von ca. 14 auf 19 Sgr. gesteigert haben. — Es kamen danach in der ersten Periode 120 Ctn., in der zweiten 313 Ctn. zum Verkauf, und nehmen wir den Durchschnittspreis der ganzen Zeit, wie er für Preussen angegeben wird, mit 70 Sgr. pr. Ctn. Roggen an, so war der Roheitrag 280 und 730 Thlr., wovon in Abzug kommen 342 × 14 Sgr. = 160 Thlr. und 680 × 19 Sgr. = 430, bleibt Reinertrag 120 und 300 Thlr., eine Steigerung um 180 Thlr. unabhängig von den Getreidepreisen, welches einem Kapitalwerthe von 3600 Thlrn. pr. 100 Morgen entspricht, während die Erhöhung des Zinsfusses von 4 auf 5 % um 1 % bei der Annahme des gleichen Ertrages von 300 Thlrn. (7500 auf 6000 Thlr.) eine Werthsdifferenz von 1500 Thlrn., also etwa der Hälfte der obigen

Summe ergiebt, so dass in diesen Fällen eine doppelte Erhöbung des Zinsfusses durch die Ertragssteigerung ausgeglichen wäre.

Die hier vorgeführten Güter gehören zu den besser bewirthschafteten der betreffenden Gegend, sind aber keineswegs extreme Beispiele. Den Besitzern standen mehr Intelligenz und Geld zur Seite als namentlich den bäuerlichen Besitzern in Durchschnitte. — Die in gleicher Weise für die ganze Provinz gefundenen Zahlen würden daher nicht ganz dasselbe Wachsen der Ernten zeigen, unbedingt aber auch ein hinreichendes, um die Wirkung der Zinssteigerung allein mehr als auszugleichen. —

Aus dem Umstande, dass die Zinsschwankungen bisher nicht die Bedeutung für die Landwirthschaft erlangt haben, die R. ihnen zuschreibt, folgt aber noch nicht, dass dieselben ganz spurlos an ihr vorübergehen und nicht wesentlich nachtheilig wirken können. — Wir haben nun zu untersuchen, wie weit R.'s Vorschläge, diese Nachtheile zu beseitigen in Stande, und ob sie nicht neue Missstände in sich schliessen.

S. 95 behauptet R., dass durch das Rentenprincip die Gefahr eines Kapitalverlustes durch das Steigen des Zinsfusses vollständig beseitigt werde.

Wie das? Wird durch die Möglichkeit, die rückständigen Kaufgelder nur als Rentenansprüche eintragen zu lassen, die Kapitalisation nach dem Zinsfusse bei Schätzung und Kauf überhaupt beseitigt?

Ein Gut mit 5000 Thlrn. Reinertrag kann also, um uns sofort R.'s Vorschläge ganz anzueignen, mit einer entsprechenden Summe von Landrentenbriefen gekauft werden. Aber jene Landrentenbriefe müssen ihrerseits wiederum nach dem Course, also bei 4 % für 125,000 Thlr. an der Börse erstanden werden. Will nun der Käufer nach Ablauf einer beliebigen Zeit, in welcher der Zinsfuss auf 5 % gestiegen ist, das Gut wieder veräussern und zu irgend einem andern Geschäfte baares Geld in die Hand bekommen, so muss er die erhaltenen Rentenbriefe an der Börse versilbern und erhält jetzt nur 100,000 Thlr. dafür, d. h. er verlor 20 %, obgleich er jene von R. empfohlene Procedur vorgenommen. Die Gesammtsumme des Verlustes stellt sich natürlich geringer, wenn das Geschäft nur mit theilweiser Anzahlung geschah. Das ist aber auch gegenwärtig bereits der Fall, wo die mangelnden Kaufgelder wenn auch nach dem Kapitalisationsprincip von einem Pfandbriefinstitute entliehen wurden. Die Kapitalisation ist keineswegs unter allen Umständen zu verhindern und durch die Pfandbriefinstitute ist ihre Wirkung, soweit sie überhaupt bei Verkauf zu beseitigen ist, in der That aufgehoben. In jenen Bemerkungen, in welchen R. S. 55 gegen eine ähnliche Behauptung der Gemeinde-Zeitung zu Felde zieht, ist nichts enthalten, welches als Widerlegung angesehen werden könnte, und ausserdem zeigt er durch die Behauptung, dass die Pacht bei mecklenburger Gütern zurückgegangen sei, und zwar seiner Ansicht nach weil der Zinsfuss gestiegen, deutlich, dass er selbst nicht in allen Fällen durch das Rentenprincip die Nachtheile zu beseitigen glaubt, welche die Fluctuationen des Zinsfusses mit sich führen, denn das Kapital des Pächters bleibt auf alle Fälle von der Renteneinrichtung unberührt. Diese unmittelbare Wirkung der Zinsfusssteigerung, wie sie R. bezeichnet, wird durch das Rentenprincip nicht beeinträchtigt.

Noch schärfer tritt uns die Wirkungslosigkeit des Rentenprincips dort entgegen, wo Kapitalien an Grund und Boden fixirt sind. Wir verweisen nochmals auf jenes der Wirklichkeit entnommene Beispiel, wo auf einem Gute seit den 30er Jahren in solcher Weise 80,000 Thlr. zur Verwendung kamen. Soll das Gut nun durch Verkauf abgetreten werden, so wird bei einer Steigerung des Zinsfusses, selbst wenn der Ertrag entsprechend gehoben ist, eine Einbusse an Kapital stattfinden, sobald der Verkäufer sich zur Veräusserung der Rentenbriefe genöthigt sieht.

Auch kommt hier jene allmälige Fixirung von Arbeit und Kapital, wie sie in jeder guten Wirthschaft stattfindet, in gleichem Maasse in Betracht. Jahrelang begnügen sich viele Wirthe mit einer mässigen Verzinsung ihres Kaufkapitals, weil sie wissen, dass die Ertragsfähigkeit des Bodens und damit der Werth desselben durch eine so sorgsame Bestellung und so starke Düngung, wie sie nicht sofort in der Ernte Ersatz findet, fortdauernd gesteigert wird. Die Zinsen werden damit zum Kapital geschlagen und nichts natürlicher, als dass der Besitzer bei einer Veräusserung auch das Kapital wieder zurückverlangt, und doch können ihn durch die Zinssteigerung Verluste treffen bei dem Renten- ebenso wie bei dem Kapitalisationsprincip.

Die Kapitalisation ist aber bei Verkauf nicht zu verhindern und es wird deshalb durch die Einführung des Rentenprincips keineswegs so viel gewonnen, als R. annimmt. Es lässt sich nicht durch einen Federstrich, durch ein Gesetz ein alter Usus ohne Weiteres beseitigen, es ist unmöglich, den Grundbesitz aus dem geschäftlichen Treiben plötzlich auf eine Isolirbank zu setzen, wie dies geschehen müsste, wenn die Kapitalisation vermieden werden soll. — Dagegen räumen wir ein, dass bei einer Vererbung, wenn sich alle Theile dazu bereit erklären, dem Grundbesitz durch die Theilung allein nach den Erträge Vortheile gewährt werden. Wie verhält sich aber die Sache bei der Verpfändung?

Da das Rentenprincip die Kündbarkeit sowie die zwangsweise Amortisation ausschliesst, wird die Beleihung im Allgemeinen nicht so hoch sein können, als gegenwärtig, d. h. freiwillig wird Niemand sein Kapital ebenso hoch auf Grundstücke ausleihen, wenn ihm die Kündbarkeit und die Aussicht auf eine regelmässige Rückzahlung genommen wird.

Alle mit den Boden verbundene Arbeit, auf welche R. selbst ein hohes Gewicht legt, ist von den Boden nicht mehr zu trennen, aber zugleich in Gefahr, bei nicht rationeller Benutzung resp. Ergänzung fortdauernd an Werth zu verlieren. Die Be- und Entwässerungsanlagen gerathen leicht in Unordnung, der Düngerzustand kann sich verschlechtern, der Acker verwildern, die Gebäude verfallen. So weit der Ertrag des Grundstücks also durch jene Anlagen bedingt ist, wird er sich zu einer dauernden Verpfändung nicht eignen, gleichviel ob man die Gebäude als Gewinn abwerfendes Kapital (wie R. bei den städtischen) oder als Grundrente abwerfenden Rentenfonds (wie R. bei den ländlichen Gebäuden) bezeichnet, die Abnutzung und Entwerthung geht ebenso vor sich, die Unsicherheit als Creditbasis ist die gleiche. R.'s Citat aus den Shakespeare S. 113: »Was ist ein Name? — was uns Rose heisst u. s. w.« möchte auch hier am Platze sein.

Gegenwärtig werden aber bekanntlich von den Landschaften nicht nur die Gebäude, sondern mitunter sogar die Mobilien, das lebende und todte Inventarium als Pfand für unkündbare Kapitalien acceptirt, weil durch die zwangsweise Amortisation das Risiko fortdauernd vermindert wird und die Rückzahlung des Darlehns erfolgt, bevor das Pfandobjekt entwerthet ist. Das erscheint bei den Rentenprincip durchaus unmöglich. Es wird also die hypothekarische Verschuldung nicht eine solche Höhe erreichen können wie bei der jetzigen Einrichtung, es wird vielmehr weit früher zu den theureren und für den Landwirth ungleich gefährlicheren Personalcredit gegriffen werden müssen. Dass aber in einer Zeit der allgemeinen Creditnoth der Landwirthe die vorzüglich bei jenen letzten unsichern Theile der Darlehen vorhanden ist, wo nur durch eine Vermehrung resp. Unkündbarmachung desselben der Ruin einer grossen Zahl von Grundbesitzern vermieden werden kann, ein System undurchführbar ist, welches eine Reducirung der Hypotheken zur Folge haben müsste, erscheint unzweifelhaft.

R. stützt seine Vorschläge einerseits durch eine besondere Organisation der Creditinstitute; andererseits durch das Verlangen von gesetzlichen Bestimmungen, durch welche Verkäufer und Erben zur Gewährung der Darlehen, d. h. zur Annahme der betreffenden Rentenscheine, gezwungen sein sollen. Beide Punkte haben wir noch in's Auge zu fassen.

Der sichere »Abschnitt« des Reinertrages soll mit Landrentenbriefen belastet werden dürfen, für welche der gesammte Grundbesitz haftet; sie würden also den Pfandbriefen in dieser Beziehung gleich stehen. Ueber den Rest, also den unsichern Abschnitt, der jetzt nur den Individualhypotheken anheimfällt, wären dagegen Gutsrentenbriefe auszugeben, denen jede andere Bürgschaft, als die des verpfändeten Gutes selbst, fehlt.

Die Landrentenscheine werden aber sicher einen niedrigeren Cours haben als die Pfandbriefe oder ähnliche Creditpapiere und ebenso den Landwirthe Geld nicht billiger verschaffen, als es sichere Individualhypotheken thun: 1) weil der Geldmarkt erfahrungsgemäss sehr bedeutende Summen gleichartiger Papiere nicht verträgt, die sich vielmehr durch ein übergrosses Angebot selbst entwerthen; 2) weil die Individualhypothek bei einem grossen Theile des Publikums deshalb besonders beliebt ist, weil sie ein bestimmtes Kapital ausdrücklich garantirt, während bei den Rentenscheinen die Coursschwankungen die Möglichkeit eines Verlustes in sich schliessen, worauf wir gleichfalls bereits früher a. a. O. hinzuweisen Gelegenheit hatten.

Ganz besonders sind es die grösseren Institute, wie z. B. Versicherungsgesellschaften, dann Stiftungen, Gemeinden u. s. w., welche ihre Gelder, und es handelt sich dabei um bedeutende Summen, mit Vorliebe zu einem niedrigeren Zinsfusse, aber unter Garantie des vollen Kapitals anlegen. Aber auch der wohlhabende Bauer, wie der sparsame Bürger, welche in Westen Deutschlands über sehr bedeutende Kapitalien disponiren, ziehen die Individualhypotheken vor und begnügen sich mit geringen Zinsen, wenn ihnen jeder Verlust durch Coursdifferenzen erspart wird.

Bei der neuerdings in Weimar gegründeten Landescreditkasse hat man in Erwägung dieses Umstandes es vorgezogen, den auszugebenden Obligationen nicht den Charakter der unkündbaren Pfandbriefe, sondern der Individualhypothekenscheine zu geben, und sich zur Rückzahlung des vollen Kapitals nach erfolgter Kündigung verpflichtet. Indem man nach den Erfahrungen der Altenburger, Hannoveraner u. a. Banken hoffte, auf diese Weise das Geld zu einem niedrigeren Zinsfusse zu erhalten und den Landwirthen das Darlehen billiger zu verschaffen, wenn man ihn das aus den Coursschwankungen entspringende Risiko aufbürdete, als wenn man es den Kapitalisten zuschob.

Weit schlimmer ist es aber mit den Gutsrentenbriefen bestellt. Erscheint es nicht als ein Unding, ein ewiges Darlehn gegen ein unsicheres Pfand zu verlangen, ebenso wie zu gewähren? Kein Schuldner wird ohne Zwang die Gutsrentenbriefe gegen Landrentenbriefe einlösen, wie R. dies hofft, da für beide die gleichen Zinsen zu zahlen sind, dagegen die letzteren zu jeder Zeit zu annehmbarem Preise versilbert werden können, die ersteren aber nicht, der Vortheil des Grundbesitzers also ein zu grosser ist, die Gutsrentenbriefe coursiren zu lassen, selbst wenn er Landrentenscheine in der Kasse hat. Erst dann ist eine Einlösung jener zu erwarten, wenn sie durch irgend einen Umstand besonders entwerthet und wesentlich billiger einzukaufen sind, als die sich einer allgemeinen Garantie erfreuenden Schwestern; also nur wenn ein enpfindlicher Kapitalverlust für den Gläubiger damit verbunden ist, der nicht einmal in der allgemeinen Zinssteigerung seine Begründung findet. Oder sollte auch in diesem Falle von Kapitalsverlust nicht gesprochen werden dürfen?

Ohne Frage bietet die Einrichtung eines über das ganze Land verbreiteten Netzes von Kreisbanken, wie R. sie anempfiehlt, eine wesentliche Erleichterung der Circulation der Scheine, indem jene Banken sehr wohl die Zinszahlung übernehmen können und dadurch, dass sie auch die Befriedigung des Personalcredits übernehmen und Kassenverwalterinnen der Grundbesitzer werden, vorausgesetzt, dass die Landwirthe sich allgemein dazu entschliessen, auf den Vorschlag einzugehen, einerseits eine genaue Controle über die Vermögenslage der Schuldner gewinnen, andererseits diese zur pünktlichen Zinszahlung zwingen, um nicht den Personalcredit einzubüssen. Indessen was hilft die Controle, was das Bewusstsein, dass eine Entwerthung des Gutes stattfindet, wenn keine Kündigung eintreten darf, so lange die Zinszahlung ruhig fortgeht? Eine eintretende Subhastation kann leicht die ganze Forderung annulliren.

Sehen wir bei den unbedingt sichern Pfandbriefen durch jede Wolke am politischen Horizont den Cours sofort gedrückt und oft recht bedeutend; wie viel mehr wird das bei den jeglicher Garantie entbehrenden Gutsrentenscheinen der Fall sein, zu deren Einlösung der Schuldner niemals verpflichtet sein soll. Die Eröffnung irgend einer Eisenbahn nach Ungarn oder den südlichen Russland, welche den Getreidetransport aus jenen Gegenden auf unsere Märkte erleichtert, jede neue Erfindung zur Conservirung des Fleisches, wodurch

Südamerika und Australien in einen näheren Thünen'schen Kreis gerückt werden, muss die Furcht vor Preisreduction der landwirthschaftlichen Producte, also vor Ertragsverminderung und Entwerthung des betreffenden Gutes anregen, jene Scheine mithin in Course sinken lassen.

Es ist am Platze, daran zu erinnern, welche Werthsschwankungen der Grundbesitz schon in diesem Jahrhundert durchgemacht hat, wozu wenige Notizen[15]), die wir unten folgen lassen, genügen werden. Niemand ist sicher, dass noch einmal für eine Reihe von Jahren eine Entwerthung des Grund und Bodens eintreten kann, wie sie in den 20er Jahren stattgefunden hat, und dieselbe würde ohne Zweifel einen grossen Theil der Gutsrentenbriefe vernichten. R. selbst signalisirt ja bereits einen Rückgang der Pacht, also des Reinertrages. Eingedenk dieses Umstandes wird schwerlich Jemand anders als gezwungen jene Gutsrentenbriefe acceptiren.

R. meint nun, dass die Ausgabe von Landrentenbriefen über die jetzige Pfandbriefbeleihung hinausgehen könne, acceptirt aber dabei den Grundsteuerreinertrag als Grenze, wodurch in vielen Gegenden die Ausgabe jener garantirten Scheine im Gegentheil übermässig beschränkt werden dürfte.

Wir haben in Jahrg. 1868 a. a. O. eine Zusammenstellung der Grundsteuer und der landwirthschaftlichen Taxe für eine grosse Zahl von Gütern Westpreussens geliefert, und zwar sind die Taxen, wie wir nachträglich bemerken, nach den gleichen Principien in den Jahren

---

15) Das Gut Nr. VIII a. wurde 1801 für 73,000 Thlr. verkauft, 1806 für 80,000 1828 für 28,000, 1831 für 35,000. — Ein anderes uns bekanntes Gut wurde 1839 auf der Subhastation für 6105 Thlr. verkauft, während sich auf demselben 20,000 Thlr. hypothekarisch eingetragen befanden, und 1848 24,000 Thlr., 1856 42,000 dafür gezahlt wurden. — In dem westpreuss. Provinzialrecht, herausgeg. von v. Vegesack, 2. Bd. Danzig 1845 heisst es S. 184: „Wie die Pfandbriefe der anderen Provinzen standen auch die westpreussischen bis zum Jahre 1806 1—2% über dem Nennwerthe, in den nächsten Jahren fielen sie auf 20, erreichten 1813 mit 17% ihren niedrigsten Stand und haben noch 1828 nicht den Paricours erreicht. — Nach Aufhebung des allgemeinen Indults für die Gutsbesitzer (von Joh. 1807—15) musste der Kapitalienindult für die Landschaft durch Verordnung vom 13. Juni 1816 wiederholt und selbst noch 1831 verlängert werden, bis er den 26. Dec. 1832 aufgelöst wurde. — In den Jahren von 1807—15 hatte die Landschaft den Pfandbriefinhabern keine Zinsen gezahlt, noch 1821 konnte sie nicht neben den laufenden Zinsen vierteljährliche Raten dieser Zinsrückstände aufbringen und nachdem ausser den erwähnten Verordnungen noch die vom 12. Febr. 1825 der Landschaft neue Fristen bewilligt hatte, hat sie erst zu Weihnachten 1833 die letzten dieser Zinsrückstände gezahlt, so dass sie 26 Jahre lang ausser Stande gewesen ist, ihren Verpflichtungen gegen die Pfandbriefsinhaber in vollem Maasse nachzukommen.

1865 bis 68, also unmittelbar nach der Grundsteuer-Einschätzung, durchgeführt. Schon eine oberflächliche Betrachtung zeigt, dass das Resultat bei Durchführung von R.'s Vorschlägen dort ein ganz anderes sein würde, als er erwartet.

Gegenwärtig werden Pfandbriefe bei dem westpreuss. ritterschaftl. Institute bis zu $^6/_{10}$ der Taxe und zwar zum Theil 5procentige ausgegeben. Wo demnach die Taxe das 400fache der Grundsteuer nur wenig übersteigt, kann schon der ganze Grundsteuer-Reinertrag von den Zinsen für die Pfandbriefe absorbirt werden. Nun sind aber von den 17 Kreisen, welche hier in Betracht kommen, nicht weniger als 11, wo nach den oben angegebenen Zahlen die Taxe das 400fache der Grundsteuer übersteigt und in den einen Kreise sogar durchweg das 900fache. Jenen Districten wäre nun wahrlich wenig damit gedient, wenn durch die Realisirung von R.'s Projecten ein so bedeutender Procentsatz ihrer sichern Pfandbriefe in völlig unsichere Rentenbriefe verwandelt würde. Man vergegenwärtige sich die Sache an einem Beispiele, welches der Wirklichkeit entnommen ist. Ein Gut im Löbauer Kreise, welches von der Landschaft auf 103,000 Thlr. abgeschätzt ist, liefert also, da man dabei die Kapitalisation mit 20 festzuhalten hat, c. 5000 Thlr. Reinertrag. Die Landschaft bezieht jetzt schon — oder könnte doch beziehen — über 2000 Thlr. Zinsen. Eine weitere Verschuldung bis zu 3000 Thlr. würde nur gerechtfertigt erscheinen. Da dasselbe Gut nur 98 Thlr. Grundsteuer zahlt, so würden die Landrentenscheine nur bis 1000 Thlr. gehen. Der Besitzer wäre daher in der traurigen Lage, bei einer gesetzlichen Einführung des Rentenprincips weiteren 1000 Thlrn. entsprechende Pfandbriefe und denselben Betrag, der vielleicht in Individualhypotheken mit Unkündbarkeit auf 10 Jahre eingetragen ist, in Gutsrentenbriefe umwandeln zu müssen, welchen keine allgemeine Garantie zur Seite steht, welche unkündbar und keiner Amortisation unterworfen, dabei noch besonderen Coursschwankungen anheim gegeben sind, kurz, mit allen Eigenschaften versehen, welche ein solches Papier den Kapitalisten weniger angenehm machen, als irgend ein anderes Creditpapier und daher den Landwirthe das Geld weniger billig zuführen, als die Pfandbriefe und die Individualhypotheken.

Aber, sagt R., der Landwirth braucht die Kapitalisten gar nicht, der Verkäufer ist gar nicht berechtigt, für die rückständigen Kaufgelder, der Miterbe für sein Erbtheil Kapital zu verlangen, sondern beide müssen sich die Abfindung in Rente gefallen lassen. Wir haben aber bereits oben nachzuweisen gesucht, dass beide die Vermittler,

d. h. die Kapitalisten, nicht entbehren können, dass diese vielmehr ebenso nothwendig wie das Geld zur Vermittlung des Tausches, dass ohne sie eine Stockung in Verkehr eintreten muss. Der Kauflustige kann ohne ihre Hülfe nicht kaufen, der bisherige Besitzer nicht verkaufen, Ersterer, weil er nicht die nöthige Anzahlung leisten, Letzterer, weil er sie nicht erhalten kann. Da nun das Rentenprincip den Kapitalisten wenig Annehmlichkeiten bietet, so werden sie dadurch dem Grundbesitz noch mehr entfremdet als jetzt; die Folge davon ist, dass die Verkäuflichkeit des Grundbesitzes erschwert ist. Die Nachfrage nach Grund und Boden muss sich verringern. Wer aber von den jetzigen Besitzern gezwungen ist, zu verkaufen, wird es daher zu einem niedrigen Preise thun müssen, d. h. die Grundstücke sind entwerthet. In derselben Weise, wie die Einführung der französischen Hypothekengesetze hier den Grundbesitz entwerthen würde, müsste es auch durch die des Rentenprincips geschehen. —

Ebenso wie für die Verhinderung einer zu hohen Verschuldung sich Gründe anführen lassen, so wird man auch hier zur Vertheidigung sagen können, die Preise des Grund und Bodens sind gegenwärtig durch die Erleichterung der Verschuldung übermässig in die Höhe getrieben, eine Reduction derselben sei daher durchaus angemessen, ein geringer Druck zur Beschränkung der leichten Verkäuflichkeit sei ohne Schaden. Nach allen drei Richtungen mache das Rentenprincip den Grundbesitz solider und führe vielleicht zu einer grösseren Ausbreitung des Pachtsystems. Das aber ist wol unbestreitbar, dass der gegenwärtige Moment der ungünstigste von der Welt zur Durchführung derartiger Experimente, denn alle diejenigen, welche bei hoher Verschuldung gegenwärtig in Besitze von Gütern, würden dadurch beeinträchtigt und vielfach ruinirt, die ganze Calamität bedeutend vermehrt.

Wenn aber auch wirklich die jetzigen Gläubiger der Landwirthe sämmtlich auf Miterben und Vorbesitzer zurückzuführen wären, so ist das für die gegenwärtige Lage der Dinge doch insofern durchaus gleichgültig, als dieselben jetzt ohne Frage als Kapitalisten anzusehen sind, welche dem Grundbesitzer gegenüber stehen, und zum grossen Theile zur Zurückziehung ihrer Darlehen berechtigt sind. Werden denselben nun durch das Rentenprincip nicht dieselben Annehmlichkeiten geboten, die sie verlangen resp. die sie an andern Orten finden, so schreiten sie einfach zur Kündigung und würden dadurch gleichfalls die Verlegenheit der Landwirthe bedeutend vermehren.

Wenn R. hiergegen Möser's Ausspruch citirt: »Jeder wird gern Rente kaufen, wenn er nicht mehr auf Zinsen leihen kann«, also wenn die Individualhypotheken gesetzlich aufgehoben sind, so ist das ganz richtig. Doch ist damit noch nicht gesagt, dass sich das ganze Publikum an die in Rede stehenden Rentenscheine hält, sondern es wird sich an diejenigen Creditpapiere halten, die am billigsten sind, und das werden gegenwärtig noch die ausländischen sein. Tritt schon gegenwärtig die Neigung des Kapitals in für Norddeutschland nachtheiliger Weise hervor, sich vorzüglich dem Auslande zuzuwenden, so wird das noch mehr geschehen, wenn durch das Rentenprincip alle Annehmlichkeiten bei der Kapitalsanlage geraubt werden, die von dem heimathlichen Boden bisher gewährt wurden. Unbegreiflich erscheint es dabei, dass R. annimmt und fortdauernd dabei behart, die Summe des bisherigen Hypothekenkapitals sei viel zu gross, als dass sie ein anderes Unterkommen finden könnte. Denn es ist klar, dass nur ein kleiner Theil zu flüchten braucht, um den jetzigen Besitzerstand in Besorgniss erregender Weise zu gefährden. R.'s Anschauung kommt auf dasselbe hinaus, als wollte man die Unmöglichkeit behaupten, dass der londoner Markt die Weizenpreise in Deutschland beeinflussen könnte, da es ja undenkbar sei, dass aller Weizen Deutschlands nach London verschickt würde, und die verhältnissmässig geringe Quantität, welche factisch dorthin gelange, nicht massgebend für den viel grösseren zurückbleibenden Theil sei. —

Auf jener Annahme, dass der Landwirth den Kapitalisten nicht braucht, und die jetzigen Grundgläubiger sich willig einer Convertirung fügen werden und müssen, beruht aber die ganze Durchführbarkeit des Rentenprincips, mit ihr muss diese aufgegeben werden; wenigstens die obligatorische Durchführung in einer Zeit der Calamität. Denn wird auch von einer plötzlichen Convertirung aller Hypotheken abgesehen und nur bei Aufnahme neuer das Rentenprincip zwangsweise zur Anwendung gebracht, so würde der Effect ein ganz ähnlicher sein. Ist die Befürchtung vor Entwerthung des Grund und Bodens die Ursache der Kündigung von Hypotheken, so wird es nach dem Gesagten für den Landwirth unmöglich sein, durch Gutsrentenbriefe Ersatz zu schaffen und die Folge wäre sein Ruin. —

Selbst bei der Vererbung wird der Effect ein anderer sein, als R. erwartet.

Die Miterben werden sich so viel als möglich sträuben, die Gutsrentenbriefe zu acceptiren und lieber zur Theilung des Grundstücks selbst[16]) oder zur Veräusserung schreiten, um das zu vermeiden. Ein

---

16) Als in einem thüringer landwirthschaftlichen Vereine die Einführung des Rentenprincips zur Discussion gestellt wurde, sprachen sich die Vertreter des Bauern-

Gut von 5000 Thlrn. Reinertrag ist unter 4 Kinder zu theilen. Die ersten 3000 können mit Landrentenbriefen belastet werden, wovon bereits 2000 in andern Händen circuliren, die übrig bleibenden 1000 sowie die 2000 Thlr. in Gutsrentenbriefen gelangen zur Vertheilung. Jedes Kind erhält also, wenn wir R.'s Vorschlag richtig aufgefasst, über 250 Thlr. Landrentenbriefe und über 500 Thlr. Gutsrentenbriefe, wenn eines derselben als Uebernehmer auftritt. Wird dagegen das Gut zum Verkauf gestellt, so ist es nicht unmöglich, dass für jene 3000 Thlr. Rente, die den Erben verbleibt, volle Anzahlung geleistet wird, für 1000 Thlr. in Landrentenbriefen, für die weiteren 2000 vielleicht in baarem Gelde, und da hierbei der Käufer bei einem Zinsfusse von 5 % nur 40,000 Thlr. baar in der Hand zu haben braucht, um ein Gut von 100,000 Thlrn. Werth zu erlangen, der Rest in Landrentenbriefen stehen bleiben kann, so möchte ein derartiges Arrangement nicht zu den ungewöhnlichen gehören.

Wäre aber bei diesem Erbfalle noch anderweites Kapital vorhanden, so würde eine völlige Gleichstellung der Betheiligten erst durchgeführt, wenn auch dieses gleichmässig unter die Erben getheilt würde. Der Uebernehmer hätte demgemäss keine Verpflichtung, den Miterben seinen Kapitalsantheil abzutreten, welche vielmehr nur durch Verkauf des Gutes den Gutsrentenbriefen entgehen und niemals Aussicht haben, dieselben entsprechend los zu werden weder durch den Schuldner, der keine Verpflichtung hat, sie einzulösen, noch an einen Kapitalisten, wenn sie sich nicht mit einem sehr niedrigen Preise begnügen wollen.

Aus den Gesagten geht hervor, dass nach der Durchführung des Rentenprincips der Verkauf für die Miterben stets günstiger sein wird, als die Besitzantretung durch einen Erben, so dass auch der Verkauf die Regel bilden würde. —

Im Erbfalle würde mithin jeder Zwang undurchführbar sein, man kann sich ihm durch Verkauf entziehen. Bei Verkauf wird aber der Nachtheil der Zinsschwankungen durch Acceptirung des Rentenprincips für den Landwirth nicht beseitigt, dagegen der Grundwerth beeinträchtigt, bei Verpfändung schliesslich die Höhe der hypothekarischen Beleihung herabgedrückt. Die Einführung desselben kann daher nicht empfohlen werden. Ist R. dagegen von der Vortrefflichkeit überzeugt, so mag er es versuchen, ohne die Gesetzgebung zu Hülfe zu rufen, zunächst durch Errichtung einer Bank auf Grund des Rentenprincips,

---

standes einstimmig dahin aus, dass dadurch die Theilung des Grundbesitzes bei Erbfällen noch allgemeiner werden würde als bisher.

wie er sie in Auge hat, die Vorzüge in der Praxis zu beweisen, also einstweilen mit der Genugsamkeit C. v. Oven's auftreten. — Die Landwirthe würden sich ohne Zweifel freiwillig zum Anschluss resp. zur Nachahmung entschliessen, wenn der Beweis schlagend, denn für ihren Vortheil pflegen dieselben nicht blind zu sein. —

Es würde ohne Frage bei der Realisirung des Projectes bald dabei sein Bewenden haben, dass bei den garantirten Scheinen der Nominalwerth nicht zur Notirung gelangt, was als sehr unwesentlich erscheint, sobald hier die zwangsweise Amortisation und Ausloosung unterbleibt, die auch wir verwerfen. Die ungarantirten möchten dagegen nur gegen die ausdrückliche Verpflichtung, sie nach Ablauf einer bestimmten Zeit gegen garantirte einzutauschen, also unter zwangsweiser Amortisation in Cours zu setzen sein. Da nun jene nur gegen Kapitalzahlung an der Börse zu erlangen wären, so wäre die Abgabe von Kapital dem Grundbesitz nie erspart; und da ferner es für den Landwirth in vielen Fällen vortheilhafter wäre, selbst die Garantie des vollen Kapitals zu übernehmen, so müsste das wenigstens nicht untersagt werden. —

Mit dem Rentenprincip an sich ist aber die Organisation eines Bankennetzes nicht verworfen, wie es der wirklich geniale Entwurf von R. vorführt. Wenn überhaupt, so ist in dieser Weise, in kleinen Kreisbanken, die unter sich in Zusammenhang stehen, die Vereinigung von Personal- und Realcreditanstalten, die ohne Zweifel viel Vortheilhaftes bietet, durchzuführen. Nur durch die Lokalisirung wird die nöthige Controle der Schuldner möglich, nur durch die Vereinigung der Institute eines ganzen Landes die nöthige Sicherheit geboten. Die Förderung des Personalcredits, besonders die Verbreitung der Anwendung des Contocorrentes bei den Landwirthen ist eine Hauptaufgabe der Jetztzeit, und in dem hier vorgelegten Plane das vorzüglichste Mittel dazu geboten, weshalb derselbe nicht dringend genug der Beachtung aller Betheiligten empfohlen werden kann. —

V.
Ueber die Berechnung der sogenannten Mittel, sowie deren Anwendung in der Statistik und anderen Erfahrungswissenschaften.

Von

Professor Dr. **Ed. Segnitz**[*]).

In der Statistik wird bekanntlich ein sehr ausgedehnter Gebrauch von Mittelwerthen gemacht, ja sehr häufig ist es gerade der Hauptzweck statistischer Ermittlungen, zu solchen Durchschnittszahlen zu gelangen; selten pflegen jedoch die Schriftsteller in diesem Fach eine Definition davon zu geben, was man unter jener Bezeichnung zu verstehen habe, indem sie dies als bekannt voraussetzen. Es hat mir nun geschienen, dass man den fraglichen Begriff meistentheils in einem etwas zu beschränkten Sinne auffasst; sowohl in den wenigen Fällen, wo sich der Verfasser eines mehr theoretisch gehaltenen Werkes über Statistik in dieser Beziehung näher ausspricht, als auch in den zahlreichen Fällen der Anwendung habe ich gefunden, dass man sich vorzugsweise, wenn nicht ausschliesslich an das sogenannte arithmetische Mittel hält, welches doch nur für eine besondere Art der gedachten Gattung von Grössen gelten kann. Quetelet unterscheidet zwar [1]) *moyenne proprement dite* und *moyenne arithmétique*; die in der ersteren Weise bezeichnete Art von Mittelwerthen ist jedoch, näher betrachtet, nicht wesentlich verschieden von dem, was man gewöhnlich unter arith-

---

[*]) Verstorben am 6. October 1869 als Professor an der landwirthschaftlichen Akademie in Eldena.

[1]) Lettres sur la théorie des probabilités appliquée aux sciences morales et politiques. Bruxelles 1846. pag. 59 et suiv.

metischem Mittel versteht, und hat überdies wenig oder gar keine Bedeutung für die Statistik. Seine Definition: »la moyenne d'une série d'observations s'obtient en divisant la somme des valeurs observées par le nombre des observations« ist meiner Ansicht nach durch folgende zu ersetzen, nämlich:

    Mittel ist diejenige constante Grösse, welche, statt einer veränderlichen Grösse in die Rechnung eingeführt, das Endresultat der letzteren nicht abändern würde.

Aus dieser Erklärung lässt sich allerdings kein allgemein giltiges Rechnungsverfahren ableiten, um zu dem gesuchten Mittelwerth zu gelangen; ein solches existirt aber auch in der That nicht, sondern es hängt das einzuschlagende Verfahren in jedem einzelnen Falle von den Beziehungen ab, in welchen die fragliche veränderliche Grösse zu den übrigen hier in Betracht kommenden Grössen steht.

Eines der einfachsten Beispiele zur Erläuterung des Obigen bietet der Mittelpreis einer Waare, etwa des Roggens dar. Der einem gewissen Bezirk und Zeitraum entsprechende Mittelpreis ist nichts Anderes als der Preis, welcher für einen Scheffel Roggen hätte gezahlt werden müssen unter der doppelten Voraussetzung, dass einmal weder in Laufe der Zeit noch von einem Centrum andere Preisschwankungen vorgekommen wären, und dass zweitens die in Ganzen für Roggen ausgegebene Summe dieselbe geblieben wäre, wie die der wirklich gezahlten Preise. Wir erhalten somit den gesuchten Mittelpreis, indem wir diese Summe durch die Anzahl der verkauften Scheffel dividiren, oder wenn $p, p', p'', p''', \ldots$ die Preise sind, zu welchen beziehentlich die Quantitäten $q, q', q'', q''', \ldots$ verkauft worden sind, so ist der Mittelpreis

$$P = \frac{pq + p'q' + p''q'' + p'''q''' + \cdots}{q + q' + q'' + q''' + \cdots} \quad \ldots (1)$$

Da die zur vollständigen Durchführung einer solchen Rechnung erforderlichen Unterlagen selten vorhanden sind, so müssen wir uns meistentheils damit begnügen, die uns bekannt gewordenen Fälle in Rechnung zu ziehen; wenn wir aber hieran weiter die Vermuthung knüpfen, dass das auf solche Weise festgestellte Mittel wenigstens nahezu demjenigen gleichen werde, zu welchem wir gelangt sein würden, wenn uns vollständigere Data zu Gebote gestanden hätten, so ist dies nur unter gewissen Bedingungen zuzugestehen; dazu gehört namentlich eine genügende Anzahl bekannter Fälle, und eine entsprechende Aehnlichkeit derselben mit den übrigen, also Abwesenheit von Ursachen, welche die eine Gruppe von Fällen wesentlich anders zu gestalten in Stande sind, als eine zweite Gruppe, wogegen erhebliche Abstände in der Zeit und räumlichen Ausdehung jenen Schluss stets zu einen sehr unsichern machen. Bei Feststellung der mittleren Getreidepreise verfährt man häufig in der Weise, dass man zuvörderst das arithmetische Mittel zwischen den höchsten und niedrigsten Preise nimmt, welche an einem gegebenen Markt-Orte und Tage vorgekommen sind, und wiederum das arithmetische Mittel aus den während eines Jahres so entstandenen Zahlen als den Mittelpreis für den betreffenden Ort und Zeitraum ansieht. Dass dieses Verfahren sehr wenig Bürgschaft für Erzielung der wünschenswerthen Genauigkeit zu bieten vermag, liegt auf der Hand. Die Preisunterschiede an einem und demselben Markttage haben ihren Grund hauptsächlich in der verschiedenen Qualität der Waare; es ist daher anzunehmen, dass das Minimum des Preises der geringsten Qualität entspricht, welche vielleicht nur in einer ganz kleinen Quantität auf den Markt gekommen ist; dieses Minimum wird oft weit unter den wahren Mittelpreise liegen, dagegen glaube ich nicht, dass einzelne vorzügliche Posten in demselben Grade über den Mittelpreis bezahlt werden. Aus diesen Gründen halte ich vielmehr für wahrscheinlich, dass das arithmetische Mittel aus dem Maximum und Minimum in der Regel niedriger ausfallen wird, als der nach Formel (1) berechnete Mittelpreis. In Bezug auf die gewöhnliche Methode dagegen, aus den Tagespreisen das Jahresmittel abzuleiten, ist zu bemerken, dass aus naheliegenden Gründen die höchsten Preise im Jahre gewöhnlich mit denjenigen Preisen zusammenfallen werden, wo die Landwirthe am wenigsten Getreide auf den Markt bringen; das in dieser Beziehung übliche Verfahren wird daher auf einen höhern Mittelpreis führen, als die mit Berücksichtigung der verkauften Quantitäten angestellte Rechnung. Hierin liegt wohl auch der Grund, weshalb man in vielen Fällen, wo eine gewisse Classe von Interessenten durch die Annahme zu hoher Getreidepreise benachtheiligt werden würde, die gesetzliche Bestimmung getroffen hat, dass nicht das Jahresmittel, sondern die Martinipreise als Anhaltspunkt dienen sollen; wie man sieht, wirken die beiden hervorgehobenen Umstände in entgegengesetztem Sinne, und insofern ist ein gegenseitiges Aufheben der dadurch entstandenen Unrichtigkeiten wohl denkbar, aber, wenn es eintritt, offenbar rein zufällig und eine Garantie dafür in keiner Weise vorhanden.

In zahlreichen Fällen ist der auf die eine oder die andere Weise berechnete Mittelpreis einer gewissen Periode dazu bestimmt, als wahrscheinlicher Preis für die nächstfolgende zukünftige Periode zu gelten; hierzu erscheint ersterer jedoch nur dann geeignet, wenn sich keine fortschreitende Bewegung, sondern nur auf- und niederwogende Schwankungen, ähnlich den Oscillationen eines Pendels um seine Gleichgewichtslage, in den Preisen der gewählten Periode kund geben. Ist diese Bedingung erfüllt, so handelt es sich weiter um die zweckmässigste Länge des verflossenen Zeitraumes, welchen wir unserer Rechnung zu Grunde zu legen haben; man fühlt sofort, dass eine allzu kurze und eine allzu lange Periode gleich untauglich sind, hierzu zu dienen; eine bekannte Regel schreibt vor, dabei eine kleine Anzahl sowohl der theuersten als auch der wohlfeilsten Jahre auszuschliessen. Es liegt durchaus nicht in meinen Plane, die hier angeregten Gegenstände weiter auszuführen, oder wohl gar erschöpfen zu wollen; es liegt mir aber daran, die Brauchbarkeit und Berechtigung der vorangestellten Definition durch einige passende Beispiele darzuthun; ich wende mich daher zu einen zweiten solchen Beispiele.

Moreau de Jonnès, welcher von einen seiner Fachgenossen[2]) zu den bedeutendsten Vertretern der mathematischen Schule in der Statistik gezählt wird, berechnet **die jährliche relative Bevölkerungszunahme in Mittel einer mehre Jahre umfassenden Periode** in der aus folgenden Beispiel[3]) ersichtlichen Weise. In Jahre 549 nach Erbauung der Stadt Rom betrug die Anzahl der römischen Bürger und ihrer Angehörigen (ohne Sclaven) 1 Million 70,000, zehn Jahre später 1 Million 218,000; hieraus ergiebt sich eine Vermehrung um 148,000 Seelen bei einer mittleren Bevölkerung von 1 Million 144,000 und die jährliche relative Zunahme:

$$\frac{148000}{10 \cdot 1144000} = \frac{1}{77}$$

Bezeichnen wir, um dieses von den Verfasser wiederholt angewendete Verfahren durch eine algebraische Formel auszudrücken, die anfängliche Bevölkerung mit po, die Bevölkerung am Ende der i Jahre umfassenden Periode mit pi und die gesuchte relative Zunahme mit z, so haben wir zur Berechnung der letztern die Gleichung

$$z = \frac{2}{i} \cdot \frac{pi - po}{pi + po} \ldots (2).$$

Diese Formel ist keinenfalls genau; um zu einer solchen zu gelangen, sei z_1 das Verhältniss der Zunahme in ersten Jahre zur anfänglichen

---

2) **Jonák**, Theorie der Statistik S. 55 ff.
3) **Man sehe desselben Statistique des peuples de l'antiquité** tome II. p. 364 et 367.

Bevölkerung, z_2 das Verhältniss der Zunahme in zweiten Jahre zur Bevölkerung am Ende des ersten oder Anfang des zweiten Jahres u. s. f., so ist, wenn wir in Uebrigen die kurz vorher erwähnten Bezeichnungen beibehalten,

$$p_0 (1 + z_1)(1 + z_2)(1 + z_3)\ldots(1 + z_i) = p_i.$$

Ohne nun der bekannten Streitfrage vorzugreifen, ob in der Wirklichkeit der Fall vorkommt, dass die relative Bevölkerungszunahme eine längere Reihe von Jahren gleich bleibt, oder, mit anderen Worten, dass die Bevölkerung nach dem Gesetz einer geometrischen Reihe wächst, kann uns nichts hindern, zum Behuf der anzustellenden Rechnung einen Augenblick von dieser Hypothese auszugehen; in der That scheint die Frage nach einer mittleren Bevölkerungszunahme ohne eine solche Voraussetzung keinen Sinn zu haben. Setzen wir demnach

$$z_1 = z_2 = z_3 = \ldots = z_i = z,$$

so verwandelt sich die vorhergehende Gleichung in

$$p_0 (1 + z)^i = p_i$$

oder:

$$\log(1 + z) = \frac{1}{i} \log \frac{p_i}{p_0} \ldots (3)$$

und mit Hilfe dieser letztern Formel ist z leicht zu berechnen. Aus derselben lassen sich ferner verschiedene Ausdrücke herleiten, welche unter der Voraussetzung, dass die schliessliche Bevölkerungszunahme ($p_i - p_0$) in Vergleich zur anfänglichen Seelenzahl (p_0) nur klein ist, wenigstens genäherte Werthe für die gesuchte relative Zunahme (z) liefern. Die Basis der in Gleichung (3) vorkommenden Logarithmen ist willkürlich; denken wir uns unter denselben sogenannte **natürliche Logarithmen**, so ist bekanntlich für jeden beliebigen ächten Bruch z

$$\log(1 + z) = z - \tfrac{1}{2} z^2 + \tfrac{1}{3} z^3 - \tfrac{1}{4} z^4 + \ldots$$

Da nun

$$\frac{p_i}{p_0} = 1 + \frac{p_i - p_0}{p_0}$$

ist, so haben wir in analoger Weise:

$$\log \frac{p_i}{p_0} = \frac{p_i - p_0}{p_0} - \tfrac{1}{2}\left(\frac{p_i - p_0}{p_0}\right)^2 + \tfrac{1}{3}\left(\frac{p_i - p_0}{p_0}\right)^3 \ldots$$

Ist nun nicht nur z, sondern auch $\frac{p_i - p_0}{p_0}$ eine so kleine Grösse, dass wir bei dem ersten Gliede der vorstehend gefundenen unendlichen Reihen stehen bleiben können, so geht Gleichung (3) in die Näherungsformel:

$$z = \frac{pi - po}{i \cdot po} \ \ldots \ (4)$$

über. Unter Benutzung eines anderweiten genäherten Ausdrucks für den natürlichen Logarithmus eines Quotienten, dessen sich Poncelet[4]) bedient, erhalten wir dagegen:

$$z = \frac{1}{i} \left\{ \frac{1}{6} \frac{pi}{po} + \frac{1}{3} \frac{pi - po}{pi + po} - \frac{1}{6} \frac{po}{pi} \right\} \ldots (5).$$

Die von Moreau de Jonnès angewendete Berechnungsweise scheint sich hiernach nicht einmal als ein approximatives Verfahren rationell begründen zu lassen; demungeachtet liefert sie für kurze Perioden Resultate, welche mit den Ergebnissen einer genauern Rechnung recht gut übereinstimmen. In der That kommt sie auf die Methode hinaus, welche neuerlich von Babinet[5]) in Anwendung gebracht worden ist, um kleine Höhenunterschiede aus angestellten Barometerbeobachtungen zu berechnen. Setzen wir nämlich

$$\frac{pi}{po} = \frac{1 + \frac{pi - po}{pi + po}}{1 - \frac{pi - po}{pi + po}}$$

entwickeln sowohl den Logarithmus des Zählers, als den des Nenners in unendliche Reihen, und ziehen, da der Logarithmus eines Quotienten bekanntlich gleich ist dem Logarithmus des Dividendus minus Logarithmus des Divisors, beide Reihen von einander ab, so erhalten wir:

$$\log. \text{nat.} \frac{pi}{po} = 2 \left\{ \frac{pi - po}{pi + po} + \frac{1}{3} \left(\frac{pi - po}{pi + po} \right)^3 + \frac{1}{5} \left(\frac{pi - po}{pi + po} \right)^5 + \ldots \right\}$$

woraus, wenn wir auch hier wieder bei dem ersten Gliede der in Klammern eingeschlossenen Reihe stehen bleiben, sofort die Gleichung (2) hervorgeht.

Nach Kolb's vergleichender Statistik[6]) betrug die Bevölkerung des preussischen Staates in Jahre 1849

po = 16 Millionen 397,448 Einwohner,

wobei Hohenzollern schon mit inbegriffen scheint, da die in dem genannten Jahre veranstaltete Zählung ohne diese neue Erwerbung nur 16 Millionen 331,817 Einw. nachgewiesen hat; in Jahre 1852 aber belief sich die Bevölkerung auf

pi = 16 Millionen 935,420 Einwohner.

---

4) Lehrbuch der Anwendung der Mechanik auf Maschinen. Deutsch von Dr. Schnuse. Bd. II S. 16.
5) Man sehe dessen Calculs pratiques pag. 175, oder: Comptes rendus T. LII No. 6 (11 Février 1861) p. 221.
6) Erste Auflage. Zürich 1857. S. 111.

Hieraus ergiebt sich nach der strengrichtigen Formel (3)
$$z = 0{,}010819$$
oder eine jährliche Bevölkerungszunahme um 1,0819 Procent für die beispielsweise gewählte dreijährige Periode. Moreau de Jonnès würde bei seiner auf Formel (2) beruhenden Methode für diesen Fall gefunden haben:
$$z = 0{,}0107596$$
oder 1,07596 Procent. Die Näherungsformel (4) dagegen liefert
$$z = 0{,}010936$$
oder 1,0936 Procent; die Poncelet'sche Formel (5) endlich
$$z = 0{,}0107605$$
oder 1,07605 Precent. Die Abweichungen unter den Resultaten der verschiedenen Berechnungsweisen sind hier, wie man sieht, nicht bedeutend, aber doch schon merklich, und bei längeren Zeiträumen können sie sehr beträchtlich ausfallen. Andererseits ist zu beachten, dass, wenn wir anstatt der Formel (3) eine der angedeuteten approximativen Methoden in Anwendung bringen, wir lediglich an Genauigkeit opfern, ohne in Bezug auf Kürze der Rechnung irgend einen Vortheil zu erreichen. Die Division mit so grossen Zahlen als diejenigen, mit welchen wir es bei diesem Gegenstande zu thun haben, wird jedenfalls am schnellsten mit Hülfe der Logarithmen ausgeführt; wir werden daher ohnedies die Logarithmentafeln zur Hand nehmen; unter der Voraussetzung, dass wir die Division durch die Anzahl der Jahre (i) direct ausführen, haben wir zwei Logarithmen aufzuschlagen und zu einem Logarithmus die zugehörige Zahl zu suchen, wir mögen nun nach Formel (2) oder (3) rechnen; in ersteren Falle kommt aber noch eine Addition und eine Subtraction hinzu, welche wir in zweiten Falle ersparen. Uebrigens ist es sehr zweifelhaft, ob Moreau de Jonnès die vorstehenden, zur Rechtfertigung seines Verfahrens dienenden Betrachtungen mathematischer Natur wirklich angestellt hat; nach der Art und Weise zu schliessen, wie er die Bevölkerungszunahme der alten Juden während ihres Aufenthaltes in Aegypten berechnet, scheint dies nicht der Fall gewesen zu sein. Es ist leicht vorauszusehen, dass jene Näherungsformeln auf die grössten Abweichungen führen werden, wenn wir den extremen Fall betrachten, wo eine aus wenigen Individuen bestehende Familie während des fraglichen Zeitraumes zu einem zahlreichen Volke angewachsen ist, es sinkt dann in der Formel

$$z = \frac{2}{i} \cdot \frac{p_i - p_0}{p_i + p_0}$$

die anfängliche Bevölkerung p_0 zu einer gegen p_i verschwindend kleinen Grösse herab, und es verwandelt sich erstere in

$$z = \frac{2}{i}$$

d. i. eine Gleichung, aus welcher die schliessliche Bevölkerung p_i gänzlich eliminirt ist!

Der Verfasser scheint allerdings gefuhlt zu haben, dass das von ihm in analogen Fällen angewendete Verfahren hier nicht recht anwendbar ist; er sieht sich dadurch veranlasst, dasselbe diesmal zu modificiren, aber in einer Weise, dass er den Fehler, anstatt ihn zu verbessern, noch beträchtlich vergrössert. Er bringt nämlich in diesem Falle nicht wie gewöhnlich den Unterschied zwischen der schliesslichen und anfänglichen Bevölkerungszahl, sondern den Unterschied zwischen der schliesslichen und der mittleren Bevölkerungszahl als Gesammtzuwachs in Rechnung. Die Juden zählten bei ihrem Auszuge aus Aegypten 1½ Million Köpfe; die mittlere Bevölkerungszahl betrug mithin in runder Summe 750,000, und der in obiger Weise berechnete Gesammtzuwachs natürlich ebenfalls 750,000, während sich die Anzahl der Jahre i, welche sie in Aegypten zugebracht hatten, auf 436 belief. Ohne zu bemerken, dass, zu welcher Höhe auch die Bevölkerung der Juden angewachsen sein mochte, sein sehr wenig rationelles Rechnungsverfahren stets zu dem Resultat

$$z = \frac{1}{i} = \frac{1}{430}$$

führen musste, fügt Moreau de Jonnés[7]) die Bemerkung hinzu: »C'est un terme dont la connaissance est fort importante à l'étude de la race humaine; car il prouve que les choses se passaient alors comme actuellement, et qu'une effrayante accumulation de 3978 ans n'y a rien changé absolument.« Unter Zugrundlegung der von dem Verfasser gleichzeitig gemachten Angaben, dass die Juden als eine 70 Köpfe starke Familie in Aegypten eingewandert sind, berechnet sich deren jährliche mittlere Bevölkerungszunahme wohl zehnmal so gross als sie M. de J. findet, nämlich aus

$$\log.(1+z) = \frac{\log. 1500000 - \log. 70}{430}$$

erhält man

$$z = 0{,}02346\ldots = \frac{1}{42{,}626}.$$

---

7) Statistique des peuples de l'antiquité; tome I page 107.

Nehmen wir an, dass die gegenwärtige Bevölkerung der Erde von einem einzigen Paare abstammt, welches vor 6000 Jahren gelebt hat, so lässt sich, ohne die Höhe dieser Bevölkerungszahl auch nur annähernd zu kennen, leicht übersehen, dass der Verfasser der Statistique des peuples de l'antiquité nach seiner Methode die **jährliche relative Bevölkerungszunahme in Mittel aller Zeiten und Länder** gleich $\frac{1}{6000}$ gefunden haben würde; dagegen ergiebt sich, die Zahl der auf unserer Erde lebenden Menschen zu 1200 Millionen angenommen, mit Hülfe der Formel (3) für diesen Fall

$$z = \text{num. log.} \frac{\log. 600'000000}{6000} - 1 = 0{,}0033744$$

oder etwas mehr als $\frac{1}{3}$ Procent. Die entsprechende **Periode der Verdoppelung**, auf welche die Statistiker ein besonderes Gewicht zu legen pflegen, erhält man nach der Formel

$$y = \frac{\log. 2}{\log. (1+z)} = \frac{0{,}3010300}{\log. \text{vulg.} (1+z)} \quad \ldots (6)$$

gleich $205\frac{3}{4}$ Jahre; die Zahl der Juden aber hat sich während ihres Aufenthaltes in Aegypten in Zeiträumen von durchschnittlich nicht ganz 30 Jahren verdoppelt.

Ein drittes Beispiel endlich für die Berechnung und Anwendung von Mittelwerthen wollen wir der Meteorologie entlehnen. Man ist neuerlich von verschiedenen Seiten bemüht gewesen, die nicht zu verkennenden **Beziehungen zwischen der Temperatur und Entwicklung der Pflanzen** durch eine mathematische Formel auszudrücken. Boussingault stellt in dieser Beziehung den Satz auf, dass die **Summe der täglichen Wärmemittel**, vom Erwachen der Vegetation im Frühling bis zu einer gewissen Entwicklungsstufe gerechnet, für jede Pflanzenart eine **constante Grösse** sei, während Quetelet dasselbe von der **Summe der Quadrate jener Wärmemittel** behauptet; von Beiden sind nicht zu verwerfende Belege in der Form zahlreicher Beobachtungen für ihre Behauptungen beigebracht worden; Andere haben noch verschiedene weitere, von den obigen mehr oder weniger abweichende Ansichten ausgesprochen. Ohne auf diese, in vieler Beziehung interessante Frage hier näher einzugehen, will ich nur beiläufig bemerken, wie die Divergenz zwischen Boussingault und Quetelet vielleicht darin ihre Erklärung findet, dass Ersterer vorzugsweise auf die Reife der Samen, Letzterer auf die Entwicklung der Blüthe sein Augenmerk gerichtet hat. Adoptiren wir aber das

Quetelet'sche Princip, und sehen es mit dem berühmten Brüsseler Astronomen als ein Naturgesetz, oder wenigstens als den genäherten Ausdruck eines solchen an, dass die Entwicklung der Pflanzen nicht einfach der herrschenden Temperatur, sondern ihren Quadrate proportional fortschreitet, so scheint es nicht ganz consequent, wenn wir uns bei den zu diesem Behufe anzustellenden Rechnungen der in der gewöhnlichen Weise festgestellten täglichen Wärmemittel bedienen. Dieses Mittel kann als die Höhe AB (Fig. 1) eines Rechteckes ABQR angesehen werden, welches mit der von den drei Geraden LA, AR, RP und der Curve LMNOP eingeschlossenen Figur die gleiche Basis und gleichen Flächeninhalt hat, wobei wir uns die bezeichnete Curve in der Weise entstanden zu denken haben, dass in den Endpunkten der von A nach R gezählten und der Zeit proportionalen Abscissen senkrechte Ordinaten errichtet worden seien, welche die zu den betreffenden Zeiten beobachteten Thermometerangaben nach einem beliebigen Maassstabe darstellen.

Figur 1.

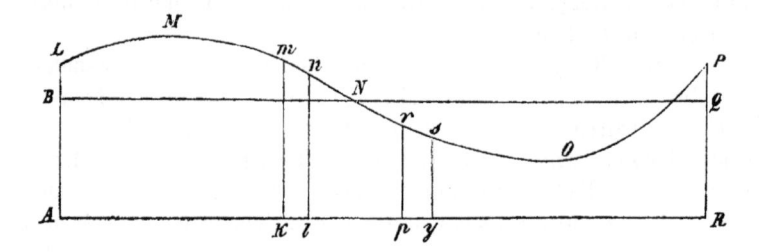

Der Flächeninhalt derselben, auf den Zeitraum eines Tages bezüglichen Figur drückt nun nach der Theorie von Boussingault gleichzeitig sowohl die Wärmemenge aus, welche der Vegetation während des betreffenden Tages zu gut gekommen ist, als auch die Fortschritte, welche die Entwicklung der Pflanzen inzwischen gemacht hat; beide Grössen dürfen wir aber nicht mehr als proportional gelten lassen, sobald wir die Ansicht von Quetelet hierüber theilen; die Voraussetzung, dass die Vegetation an allen Tagen, wo sich eine und dieselbe mittlere Temperatur, in dem gewöhnlichen Sinne des Wortes genommen, herausstellt, auch gleich grosse Fortschritte machen werde, ist dann nicht mehr statthaft. So lange das Minimum der an einem Tage vorgekommenen Temperaturen nicht unter eine gewisse Grenze sinkt, bei welcher die Pflanze geradezu leidet und bereits gebildete Organe wieder gestört werden, ist vielmehr — das Quetelet'sche Princip als richtig vorausgesetzt — eine um so raschere Entwicklung der Pflanzen zu erwarten, je grösser der Unterschied zwischen den Maximum und Minimum der Temperatur an einem Tage ausfällt. Ist das fragliche Gesetz wirklich dasjenige, nach welchem die Entwicklung der Pflanzen erfolgt, so wird es sich nicht nur in längeren Perioden, sondern auch in kürzeren Abschnitten, ja in jedem noch so kleinen Bruchtheil eines Tages geltend machen. Obschon die obige bildliche Darstellung hierauf nicht passt, so lässt sich die von Quetelet aufgestellte Beziehung zwischen der Wärme und den Fortschritten der Vegetation doch ebenfalls durch ein, den veränderten Umständen angepasstes, graphisches Verfahren ausdrücken. Es bedarf hierzu weiter nichts als, dass wir die vorhin benutzten rechtwinkligen Parallelcoordinaten durch sogenannte Polarcoordinaten ersetzen. Theilen wir nämlich die Peripherie des Kreises in beliebig viele — etwa den 24 Stunden des Tages entsprechend in 24 — gleiche Theile, schneiden auf den nach den Theilungspunkten gezogenen Radien vom Mittelpunkt C (Fig. 2) aus, Stücke CL, LM u. s. w. ab, welche den jedesmaligen Temperaturen proportional sind, und ziehen die Curve LMNO,

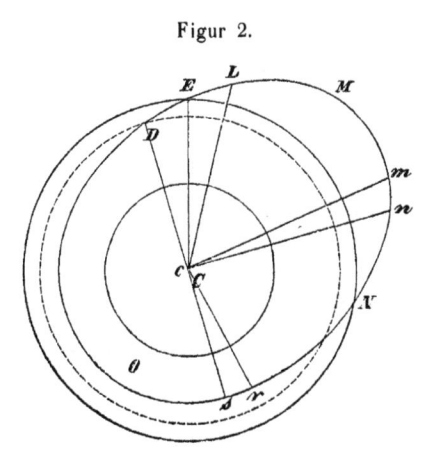

Figur 2.

so ist die von derselben eingeschlossene Fläche das Maass für die Entwicklung der Vegetation während des betreffenden Tages, denn wählen wir zwei beliebige Elemente (Cmn und Crs) dieser Fläche, welche gleichen, aber so kleinen Zeitintervallen entsprechen, dass während derselben keine merkliche Temperaturänderung eintritt, so verhalten sich dieselben in der That, wie die Quadrate der zugehörigen Temperaturen, während die analogen Elemente (klmn und pysr Fig. 1) bei der ersteren Darstellungsweise einfach den Tenperaturen selbst proportional sind. Fragen wir nun nach derjenigen constauten Temperatur, welche, wenn sie gleichmässig den ganzen Tag hindurch geherrscht hätte, die Vegetation in derselben Weise gefördert haben würde, als es die wechselnden Temperaturen wirklich gethan haben, so erhalten wir als mittlere Temperatur in Sinne des Quetelet'schen Gesetzes offenbar den Radius (CE Fig. 2) eines Kreises, welcher mit der von der Temperaturcurve LMNO eingeschlossenen Figur gleichen Flächeninhalt besitzt. Es lässt sich leicht nachweisen, dass diese mittlere Temperatur stets grösser ausfallen muss als das gewöhnliche arithmetische Mittel.

Denken wir uns, dass der bewegliche Punkt n (Fig. 2) in Laufe eines Tages die Curve LMNO beschreibt, so dass derselbe nach Verlauf von 24 Stunden, wenn auch nicht gerad wieder in Punkte L anlangt, doch die Gerade CL von Neuen schneidet; bezeichnen wir ferner den der augenblicklichen Temperatur proportionalen Radius vector Cm durch ϱ und den der verflossenen Zeit proportional wachsenden Winkel LCm durch φ, so haben wir zur Berechnung des gesuchten Mittelwerthes die Gleichung

$$\frac{1}{2}\int_0^{2\pi}\varrho^2\delta\varphi = \pi r^2 \ldots (7).$$

Die hier angedeutete Integration lässt sich natürlich nur ausführen, wenn die zwischen den Radius vector ϱ und den Winkel φ, d. h. zwischen Temperatur und Zeit bestehende Relation bekannt ist. Da sich nun, wie man gefunden hat[8]), diese Relation am besten durch eine Gleichung von der Form

$$\varrho = \vartheta + u_1 \sin(\varphi + v_1) + u_2 \sin(2\varphi + v_2)$$
$$+ u_3 \sin(3\varphi + v_3) + \ldots$$

ausdrücken lässt, wobei

$$\vartheta = \frac{1}{2\pi}\int_0^{2\pi}\varrho\delta\varphi$$

---

8) Siehe: Kämtz, Lehrbuch der Meteorologie, Band 1 Seite 66.

die mittlere Temperatur des Tages in dem gewöhnlichen Sinne des Wortes bedeutet, so ergiebt sich dasjenige Wärmemittel, von welchem Gebrauch zu machen ist, wenn man die von Quetelet aufgestellte Hypothese annimmt,

$$r = \sqrt{\vartheta^2 + \frac{1}{2}\left(u_1^2 + u_2^2 + u_3^2 + \ldots\right)} \ldots (8).$$

Die Construction eines Apparates, welcher die gewünschte Temperaturcurve selbst zeichnet, würde bei den gewählten Polarcoordinaten keine grösseren Schwierigkeiten haben, als bei den sonst üblichen Parallelcoordinaten; mit Hilfe eines der unter den Namen Planimeter bekannten Instrumente liesse sich dann der fragliche Flächeninhalt feststellen und hieraus der Halbmesser r leicht berechnen.

Eine andere Methode, um zu dem gesuchten Wärmemittel zu gelangen, besteht bekanntlich in der Combination der Resultate, welche einige wenige, zu passend gewählten Stunden angestellte Beobachtungen geliefert haben. Dieses Verfahren ist auf das neue Wärmemittel ebenfalls anwendbar; es sind jedoch dann andere Beobachtungsstunden zu wählen. Wie gesagt ist das neue Wärmemittel (r) stets grösser als das alte (ϑ); ziehen wir nun zwei Kreise mit den Radien CD $= \vartheta$ und CE $= \varrho$, so wird der letztere Kreis die Temperaturcurve LMNO in zwei Punkten schneiden, welche den täglichen Maximum der Wärme näher liegen, als die Durchschnittspunkte derselben Curve und des mit dem Radius CD beschriebenen Kreises, d. h. mit andern Worten: am Vormittag tritt zuerst ein Zeitpunkt ein, wo die augenblickliche Temperatur dem arithmetischen Wärmemittel des Tages gleichkommt; indem erstere fortwährend steigt, erreicht sie etwas später das Wärmemittel im Sinne der Quetelet'schen Theorie; am Nachmittag geht umgekehrt der Zeitpunkt, wo die Temperatur mit dem letzteren Mittel übereinstimmt, denjenigen voraus, wo das Thermometer das arithmetische Wärmemittel zeigt. Wollte man, um den einen oder den andern der beiden Mittelwerthe zu erhalten, seine Beobachtungen zu den beiden Zeitpunkten selbst anstellen, wo die gedachte Uebereinstimmung stattfindet, so würde dies den Uebelstand haben, dass die Beobachtungsstunden mit den Jahreszeiten wechseln; jedenfalls aber darf der hervorgehobene Umstand bei der Wahl dieser Beobachtungsstunden nicht unbeachtet bleiben, wenn es uns darum zu thun ist, die Quetelet'sche Hypothese auf dem Wege der Beobachtung einer Prüfung zu unterwerfen, und es sich mithin nicht um das gewöhnliche, sondern um das vorstehend besprochene Wärmemittel handelt.

Nationalökonomische Gesetzgebung.

I.
Gesetz, betreffend die Hannoversche Landes-Kreditanstalt*).
Vom 25. Dezember 1869.

§. 1. Mit dem 1. Januar 1870 gehen die gesammten Rechte und Verbindlichkeiten des Staates hinsichtlich der durch das Hannoversche Gesetz vom 18. Juni 1842 gegründeten Landes-Kreditanstalt zu Hannover mit Einschluss der etwaigen Ansprüche der Staatskasse auf den Reservefonds (§. 55 der Statuten) auf den durch die Verordnung vom 22. August 1867 (Gesetz-Samml. S. 1349) gebildeten provinzialständischen Verband der Provinz Hannover über.

Von diesem Zeitpunkte ab wird die Landes-Kreditanstalt als eine ständische Anstalt unter Aufsicht und nach den Beschlüssen des Provinzial-Landtages verwaltet.

Die Beamten der Landes-Kreditanstalt übernimmt der provinzialständische Verband mit denselben Rechten und Pflichten, unter welchen sie angestellt sind, ihre Besoldungen, sowie die Pensionen der in den Ruhestand tretenden oder bereits getretenen Beamten werden nach wie vor aus dem Fonds der Anstalt entrichtet.

§. 2. Die im §. 56 der Statuten der Landes-Kreditanstalt festgestellte Garantie dauert für die gegenwärtigen und künftigen Verpflichtungen der Anstalt in der bisherigen Höhe von 500,000 Thlr. in nachfolgender Weise fort.

Für die zur Zeit des Uebergangs der Landes-Kreditanstalt an den provinzialständischen Verband bestehenden Verbindlichkeiten bleibt die Staatskasse bis zur Summe von 500,000 Thlr. in Gemässheit des §. 56 der Statuten der Hannoverschen Landes-Kreditanstalt vom 18. Juni 1842 verhaftet; der provinzialständische Verband übernimmt jedoch die Vertretung der Staatskasse für alle aus dieser Verhaftung herzuleitenden Ansprüche und ist verbunden, bis zum 31. Dezember 1879 die Staatskasse vollständig ausser Verbindlichkeit zu setzen, oder durch Deposition einer baaren Summe von 500,000 Thlr. oder von preussischen diesen Betrag deckenden Staatspapieren bei der Staatskasse dieselbe derart sicher zu stellen, dass, im Fall die Staatskasse zu Zahlungen

---

*) Die herrschende Antipathie gegen sogenannte Staatshülfe auf wirthschaftlichem Gebiete hat in Deutschland ein ungerechtfertigtes Vorurtheil gegen staatliche hypothekarische Creditanstalten erzeugt, trotzdem, dass diese Anstalten überall wo sie für kleine politische Gebiete bis jetzt bestanden, nur segensreich gewirkt haben. Wir haben uns deshalb schon mehrfach mit der Geschichte dieser Anstalten beschäftigt und theilen jetzt auch die neuen gesetzlichen Bestimmungen mit, welche für dieselben in den annectirten Provinzen Preussens von nun an gelten. Wären in jeder preussischen Provinz ähnliche Anstalten vorhanden gewesen, so würde schwerlich von einer hypothekarischen Creditnoth die Rede sein.

veranlasst werden möchte, dieselbe befugt ist, diese Summe ohne Weiteres aus dem deponirten Betrage zu entnehmen.

Für die Erfüllung derjenigen Verpflichtungen, welche nach dem 1. Januar 1870 entstehen, übernimmt der provinzialständische Verband allein diese Garantie. Eine Verhaftung der Staatskasse findet nicht statt.

Diese ständische Garantie muss in den vom 1. Januar 1870 auszugebenden Schuldverschreibungen der Landes-Kreditanstalt ausdrücklich erwähnt werden.

Die durch §. 56 der gedachten Statuten begründete Verpflichtung des Staats, der Landes-Kreditanstalt Vorschüsse bis zur Höhe von 100,000 Thlr. zu gewähren, findet vom 1. Januar 1870 ab nicht ferner statt, die Anstalt hat vielmehr die erforderlichen Betriebsmittel, soweit die von ihren Schuldnern zu leistenden Rückzahlungen, sowie die Belegungen von gerichtlichen Depositaigeldern hierzu nicht ausreichen, vorbehaltlich der künftig an Stelle des Staats von den Provinzialständen bis zur Höhe von 100,000 Thlr. in Nothfällen zu gewährenden Vorschüsse (§. 56 der Statuten) lediglich durch Aufnahme verzinslicher Darlehne zu beschaffen.

§. 3. Die Forderungen, welche der Staatskasse aus etwa geleisteten Vorschüssen am 1. Januar 1870 gegen die Landes-Kreditanstalt zustehen, müssen derselben bis zum 31. Dezember dieses Jahres nebst 4 pCt. Zinsen zurückgezahlt werden.

§. 4. Die Verpflichtung der Gerichte, die disponiblen Depositalgelder bei der Landes-Kreditanstalt zu belegen, hört mit dem 1. Januar 1870 auf.

Die Verbindlichkeit der Anstalt, diese Gelder unter den bisherigen Bedingungen annehmen zu müssen, wird hierdurch nicht berührt.

§. 5. Mit demselben Zeitpunkte erlischt die Befugniss und die Verpflichtung der Anstalt, Darlehne zur Ablösung von grund- und gutsherrlichen Lasten u. s. w. in Gemässheit des §. 2, Nr. 1 der Statuten vom 18. Juni 1842 zu gewähren; dagegen wird ihr vom 1. Januar 1870 ab das Recht beigelegt, alle Güter, Höfe und Grundstücke zu beleihen, ohne Unterschied, ob dieselben bei den in der Provinz Hannover sonst bestehenden Kreditinstituten aufnahmefähig sind oder nicht.

Die Vorschriften des §. 21, Nr. 1 der Statuten vom 18. Juni 1842 und des §. 1 des Gesetzes vom 9. Juni 1848 treten hiernach ausser Kraft.

§. 6. Unter Abänderung der Vorschriften des §. 29 der Statuten vom 18. Juni 1842 und des §. 2 des Gesetzes vom 9. Juni 1848 wird die Direktion der Landes-Kreditanstalt ermächtigt, von einem von ihr zu bestimmenden Zeitpunkte ab die jährlichen Beiträge der jetzigen und künftigen Schuldner der Anstalt allgemein bis auf $4^3/_4$ Prozent, oder auch über diesen Satz hinaus der Art zu erhöhen, dass durch dieselben gedeckt werden: 1) die Zinsen des bewilligten Darlehns nach dem Durchschnittsprozentsatz der Zinsen, welche die Anstalt im nächstvorhergegangenen Jahre ihren Gläubigern hat entrichten müssen; 2) die Beiträge zu den Administrationskosten mit $^2/_{12}$ Prozent und zu dem Reservefonds mit $^1/_{12}$ Prozent jedes bewilligten Darlehns; 3) die Beiträge zu dem Tilgungsfonds mit $^1/_2$ Prozent von jedem bewilligten Darlehne.

Wegen dieser erhöhten Beiträge soll die Landes-Kreditanstalt dieselbe Sicherheit geniessen, welche ihr für die ursprünglichen Beiträge zustand.

Jede Aenderung dieser Art darf von der Direktion der Anstalt nur verfügt werden, wenn sie von den Provinzialständen oder dem Verwaltungsausschusse derselben beschlossen worden ist und dieser Beschluss die Genehmigung des Ober-Präsidenten der Provinz erhalten hat. Sie ist in dem Amtsblatte der Provinz Hannover bekannt zu machen, und wird für die bereits vorhandenen Darlehne mit dem zweiten, auf die Bekanntmachung folgenden Zinstermine wirksam, falls dieselben nicht vor diesem Zeitpunkte zur Rückzahlung an demselben von den Schuldnern gekündigt und spätestens zu diesem Zeitpunkte auch zurückgezahlt worden sind. Die Stipulationen der Schuldurkunden oder sonstige Verabredungen schliessen diese Kündigungsbefugniss der Schuldner nicht aus.

Besondere Benachrichtigungen an die einzelnen Schuldner und anderweite öffentliche Bekanntmachungen hängen von dem Ermessen der Direktion ab.

§. 7. Aus den Beiträgen der Schuldner, welche die Anstalt bezieht, sind die Zinsen, welche sie ihrerseits zu entrichten hat, und sämmtliche Verwaltungskosten zu bestreiten.

Die Ueberschüsse des Administrationsfonds, die besonderen Beiträge (§. 6), sowie die ausserordentlichen Einnahmen fliessen in den Reservefonds, welcher mindestens bis zur Höhe von fünf Prozent der Verbindlichkeiten der Anstalt zu bringen ist, und welcher dazu dient, etwa rückständige Amortisationsbeiträge, Zinsen und Kosten vorzuschiessen, und etwaige Ausfälle zu decken.

Dieser Fonds, welchem, bis er diese Höhe erreicht hat, seine eignen Zinsen zuwachsen, darf nur in verzinslichen preussischen Staats- oder vom preussischen Staate garantirten Papieren, in verzinslichen Papieren des Norddeutschen Bundes, in Schuldverschreibungen der Landes-Kreditanstalt, in verzinslichen Schuldverschreibungen der Provinzialstände, der ritterschaftlichen Kreditinstitute der Provinz Hannover und in Pfandbriefen der in Preussen bestehenden Landschaften belegt werden.

§. 8. In derselben Weise ist die Direktion ermächtigt, diejenigen Gelder zeitweilig zu belegen, welche zwar nicht dem Reservefonds angehören, deren Verwendung aber nicht nahe bevorsteht. Auch ist sie befugt, die §. 7 bezeichneten Papiere und solche Papiere, welche bei der Preussischen Bank und deren Kommanditen die Beleihungsfähigkeit haben, mit diesen Geldern, allenfalls gegen Hinterlegung von Wechseln, und der Regel nach auf drei Monate und mit einem Abschlage von mindestens zehn Prozent des Courswerthes, jedoch nie über den Nominalwerth gegen Verzinsung zu beleihen. Die hierdurch gewonnenen Zinsen fliessen dem Amortisationsfonds zu.

§. 9. Die Darlehne, zu deren Gewährung die Landes-Kreditanstalt in Gemässheit des §. 5 vom 1. Januar 1870 ab allein befugt ist, dürfen von diesem Zeitpunkt an nur unter Innehaltung der Vorschriften dieses Gesetzes und der durch dasselbe nicht aufgehobenen Bestimmungen der Statuten vom 18. Juni 1842 und der dieselben ergänzenden Gesetze bewilligt werden.

§. 10. Hypothekarische Darlehne können nur bewilligt werden auf Grundstücke, mit Ausschluss von Bergwerks-Eigenthum, welche in der Provinz Hannover belegen sind. Sie müssen in der Regel zur ersten Stelle eingetragen werden und dürfen die Hälfte des Schätzungswerthes nicht übersteigen.

§. 11. Darlehne an Gemeinden, Körperschaften und Verbände (§. 1 des hannoverschen Gesetzes vom 12. August 1846), mit Einschluss der Wegeverbände, sind nur zulässig, wenn dieselben der Provinz Hannover angehörig sind.

§. 12. Die Anstalt ist nur befugt, Darlehne in Courant (§§. 10 und 11) und gegen Verzinsung zu gewähren.

Darlehne unter 200 Thlr. werden nicht gewährt, überschiessende Beträge müssen mit 50 abgerundet werden.

§. 13. Fur die Darlehne, welche die Anstalt in Gemässheit des §. 2 aufnimmt, stellt sie, und zwar in Höhe von 50, 100, 200, 500, 1000 und 5000 Thlr. auf jeden Inhaber oder nach dem Verlangen des Darleihers auf den Namen desselben lautende Schuldurkunden nach dem beigefügten Formulare A. oder A. 1 in Courant aus. Dieselben werden mit Zins-Coupons auf höchstens fünf Jahre nach dem Formulare B. und mit einem Talon zur Erhebung der neuen Coupon-Serie versehen (Formular C.). Diese Urkunden geniessen bis zur anderweiten gesetzlichen Regelung die Stempelfreiheit.

§. 14. Die Zinsen werden gegen Einreichung der fälligen Coupons nach Verabredung entweder jährlich am 2. Januar oder am 1. Juli, oder halbjährlich am 2. Januar und am 1. Juli bezahlt. Bei welchen Kassen, ausser der Hauptkasse und den Nebenkassen der Landes-Kredit-Anstalt, die Einlösung der Coupons erfolgt, hängt von dem Ermessen der Direktion ab.

§. 15. Die Mortifikation der Schuldverschreibungen erfolgt nach den vor dem Erlasse des Gesetzes vom 29. Februar 1868 (Gesetz-Samml. S. 169) gultig gewesenen Vorschriften über die Mortifikation der hannoverschen Landes-Obligationen, eine Mortifikation der Zinscoupons und Talons ist nur in Verbindung mit der Schuldurkunde selbst zulässig. Die ersteren verjähren zu Gunsten des Reservefonds der Landes-Kreditkasse nach Ablauf von vier Jahren, von dem letzten Tage des Jahres an gerechnet, in welchem sie fällig geworden sind. Kann der Talon nicht vorgelegt werden, so ist die Verabfolgung der neuen Coupons-Serie nur statthaft gegen Vorlegung der betreffenden Schuldverschreibung.

Streitigkeiten zwischen dem Inhaber des Talons und dem Inhaber der Schuldverschreibung entscheidet der Richter; bis zu dieser Entscheidung werden die Coupons nicht verabreicht.

§. 16. Die Kündigung der Schuldverschreibungen Seitens der Landes-Kreditanstalt erfolgt durch Bekanntmachung in dem Amtsblatt der Provinz Hannover.

Diese Bekanntmachung ist nur dann wirksam, wenn zwischen dem Tage ihrer Veröffentlichung und dem Tage, an welchem die Rückzahlung erfolgen soll, mindestens ein die bedungene Kündigungsfrist umfassender Zeitraum liegt.

Ausserdem muss sie enthalten die Littera, Nummer und den Betrag der gekündigten Schuldverschreibung. Bei Kündigung der auf Namen lautenden Schuldverschreibungen ist neben der öffentlichen Bekanntmachung eine schriftliche Benachrichtigung an den in den Büchern der Anstalt eingetragenen Gläubiger nothwendig, welche durch die Post zugefertigt wird.

§. 17. Die Kündigung der Schuldverschreibung Seitens des Inhabers kann nur bei der Hauptkasse der Landes-Kreditanstalt erfolgen. Sie ist nur gültig, wenn mit derselben die betreffende Schuldverschreibung vorgelegt wird und mindestens die bedungene Kündigungsfrist innegehalten ist.

Die Legitimation des Präsentanten einer auf Namen ausgestellten Schuldverschreibung muss der Direktion der Anstalt in glaubhafter Weise geführt werden.

Gicht die Kündigung in Gemässheit dieser Vorschriften zu Bedenken keinen Anlass, so wird die Schuldverschreibung mit dem Kündigungsvermerke, welcher zugleich den Tag der Rückzahlung enthalten muss, versehen und dem Präsentanten zurückgegeben.

§. 18. Die gekündigten Schuldverschreibungen (§§. 16 und 17) müssen bis zum Rückzahlungstage im coursfähigen Zustande und mit den an diesem Tage noch nicht fälligen Coupons eingeliefert werden, wonächst dann die Zahlung des Kapitals gegen Quittung des Präsentanten auf der Schuldverschreibung und zwar bei Schuldverschreibungen auf den Inhaber ohne Prüfung seiner Legitimation erfolgt.

Ist die Schuldverschreibung nicht coursfähig, so darf die Zahlung erst nach Beseitigung des Hindernisses geleistet werden. Bis zu diesem Zeitpunkte bleibt der Betrag bei der Kasse zinslos.

Wird die Schuldverschreibung bis zum Zahlungstage nicht eingereicht, oder kann sich der Präsentant einer auf Namen lautenden bis zu diesem Tage nicht legitimiren, so hört von diesem Tage ab die Verzinsung auf.

Der Betrag der fehlenden, nicht fälligen Coupons wird jedenfalls von der Zahlungsvaluta in Abzug gebracht.

§. 19. Die Ein- und resp. Rücksendung der Schuldverschreibungen, gleichviel ob zum Behufe der Kündigung oder zum Zwecke der Rückzahlung, erfolgt auf Gefahr und Kosten des Gläubigers.

§. 20. Die Stempelfreiheit der Anstalt, soweit sie nicht in diesem Gesetze ausdrücklich anerkannt ist, und die Portofreiheit derselben erlischt mit dem 1. Januar 1870.

§. 21. Bis zur anderweiten Organisation der Landes-Kredit-Anstalt in Gemässheit der Beschlüsse des Provinzial-Landtages (§. 1), jedoch höchstens bis zum 1. Januar 1872, behält es bei der bisherigen Funktion der mittelbaren und unmittelbaren Staatsbeamten im Interesse der Anstalt sein Bewenden. Ob und in welchem Umfange diese Beamten von da ab für die Kasse mitzuwirken haben, hängt von der Bestimmung der Königlichen Staatsregierung ab.

§. 22. Die Direktion der Landes-Kreditanstalt ist verpflichtet, jedes Jahr mindestens einmal den Vermögenstand des Instituts in dem Amtsblatte der Provinz Hannover bekannt zu machen.

§. 23. Der §. 42 der Statuten vom 18. Juni 1842 wird dahin geändert, dass die Beschwerde-Instanz fortan von dem ständischen Verwaltungsausschusse, und in eiligen Fällen von dem Landesdirektorium gebildet wird.

§. 24. In dem §. 58 der gedachten Statuten tritt die Aenderung ein, dass fortan bei den Ausfertigungen der Direktion zwei Unterschriften der Mitglieder derselben nur noch erforderlich sein sollen: 1) bei den Schuldverschreibungen, den Coupons und den Talons, 2) bei den in Gemässheit des §. 41 der Statuten auszustellenden Quittungen.

Die in den bisherigen Gesetzen und Verordnungen u. s. w. enthaltenen Vorschriften über die Organisation und die Geschäftsformen der Landes-Kreditanstalt können, unbeschadet der Bestimmungen dieses Gesetzes, jederzeit mit Genehmigung des Ober-Präsidenten durch den Provinzial-Landtag oder mit dessen Zustimmung durch den Ausschuss geändert werden.

Alle diesem Gesetz entgegenstehenden Bestimmungen sind aufgehoben.

II.
Gesetz, betreffend die Landes-Kreditkasse in Cassel.
Vom 25. Dezember 1869.

§. 1. Mit dem 1. Januar 1870 gehen sämmtliche Rechte und Verbindlichkeiten des Staates hinsichtlich der durch das kurhessische Gesetz vom 23. Juni 1832 errichteten Landes-Kreditkasse zu Cassel, vorbehaltlich der Bestimmungen im 1. 2 des gegenwärtigen Gesetzes, auf den kommunalständischen Verband des Regierungsbezirks Cassel uber.

Von diesem Zeitpunkt ab wird die Landes-Kreditkasse neben Ausdehnung ihres Geschäftsbereichs auf den gesammten Bezirk der Regierung zu Cassel als eine ständische Anstalt fur Rechnung des kommunalständischen Verbandes unter der Oberaufsicht des Staates und, soweit es in diesem Gesetz ausdrücklich vorgeschrieben ist, unter Mitwirkung der Staatsbehörden, im Uebrigen aber unter Aufsicht und nach den Beschlussen des Kommunal-Landtags verwaltet.

Die Beamten der Landes-Kreditkasse übernimmt der kommunalständische Verband; ihre Besoldungen, sowie die Pensionen in den Ruhestand tretender Beamten, werden fortan aus dem Fonds der Anstalt entrichtet.

§. 2. Fur die zur Zeit des Ueberganges der Landes-Kreditkasse an den kommunalständischen Verband bestehenden Verbindlichkeiten bleibt die Staatskasse verhaftet.

Sollten diese Verbindlichkeiten in höherem Betrage geltend gemacht werden, als die Kapital-Rückzahlungen und Kapital-Abträge auf die vor dem 1. Januar 1870 bewilligten Aktivdarlehne ergeben, auch alle bei der Landes-Kreditkasse nach Erfullung ihrer sonstigen Rechtsverbindlichkeiten noch verfügbaren neuen Einzahlungen zur Deckung dieser überschiessenden Ruckforderungen nicht ausreichen, so hat die Staatskasse auf Grund der gesetzlichen Garantie der Landes-Kreditkasse auf Verlangen den erforderlichen Vorschuss zu leisten.

Der Kommunalverband ist zur Ruckzahlung dieses Vorschusses sammt Zinsen, und zwar der letzteren zum Fusse der getilgten Schuldverschreibungen verbunden, sobald und soweit die im vorigen Absatz erwähnten Kapital-Abträge und Ruckzahlungen den Betrag der Rückforderungen wieder uberschreiten oder die neuen Einzahlungen bei der Landes-Kreditkasse hierzu verfügbar sind.

Die Zinsen ruckständiger Vorschüsse sind der Staatskasse am 31. Dezember jeden Jahres zu zahlen.

Auch ist der Kommunalverband verpflichtet, zur Deckung eines solchen Vorschusses auf Anfordern des Ober-Präsidenten die Kapital-Abträge der bis zum 1. Januar 1870 bewilligten Darlehne nach Massgabe des §. 5 dieses Gesetzes zu erhöben, oder aus dem Bestande dieser Darlehne der Staatskasse entsprechende Forderungsbeträge zuruck zu überweisen und deren Einziehung für dieselbe zu bewirken.

Jedenfalls hat der kommunalständische Verband die Staatskasse bis zum 1. Januar 1895, sowohl wegen des etwa geleisteten Vorschusses sammt Zinsen vollständig zu befriedigen, als auch bezuglich ihrer Garantie überhaupt gänzlich ausser Verbindlichkeit zu setzen.

§. 3. Für die Erfüllung derjenigen Verpflichtungen, welche nach dem 1. Januar 1870 entstehen, übernimmt der kommunalständische Verband des Regierungsbezirks Cassel allein die Garantie; eine Verhaftung der Staatskasse findet nicht statt. Diese ständische Garantie muss in den vom 1. Januar auszugebenden Schuldverschreibungen der Landes-Kreditkasse ausdrücklich erwähnt werden.

Auf die Ablieferung von Staatsgeldern und auf Zuschüsse aus dem Staatsvermögen (§§. 18 und 24 des Gesetzes vom 23. Juni 1832) hat die Landes-Kreditkasse fernerhin keinen Anspruch.

§. 4. Das Guthaben der Staatskasse aus den in Gemässheit des §. 18 des kurhessischen Gesetzes vom 23. Juni 1832 an die Landes-Kreditkasse abgegebenen Ablösungs- und Laudemialgeldern bleibt bis zu anderweiter gesetzlicher Bestimmung, und zwar zum Zinsfusse von 4 pCt., bei der Landes-Kreditkasse angelegt. Ohne besondere Vereinbarung mit den Kommunalständen kann jedoch eine Rückzahlung dieser Gelder keinenfalls zu einem höheren Betrage angeordnet werden, als von den der Landes-Kreditkasse überlassenen Ablösungskapitalien Seitens der Pflichtigen wirklich eingegangen ist. Dieser Betrag wird nach dem Verhältnisse, in welchem die wirklichen Einnahmen der vorausgegangenen Jahre aus Ablösungskapitalien sich auf den Laudemialfonds und den verbleibenden Bestand des Ablösungsfonds vertheilen, ermittelt. Der Zinsfuss kann nur so weit erhöht werden, dass der Landes-Kreditkasse zur Deckung der Verwaltungskosten mindestens ein halbes Prozent von demjenigen Zinssatz verbleibt, welchen sie selbst von den Pflichtigen bezieht.

§. 5. Durch Beschluss des Kommunal-Landtages oder des Ausschusses desselben und mit Genehmigung des Ober-Präsidenten können für die bis zum 1. Januar 1870 ausgegebenen Schuldverschreibungen die Zinsen jederzeit erhöht, sowie überhaupt andere Zins- und Rückzahlungsbedingungen mit den Inhabern derselben vereinbart werden.

Unter denselben Voraussetzungen können für die bis zum 1. Januar 1870 gewährten Darlehne sowohl die Amortisationsbeträge als auch der Zinsfuss erhöht werden, letzterer jedoch nur bis zu einem halben Prozent über den höchsten Zinssatz, welchen die Kasse selbst für die vor dem 1. Januar 1870 von Privaten entliehenen Gelder (§. 15 Pos. 4 des kurhessischen Gesetzes vom 23. Juni 1832) jeweilig zu zahlen hat.

Das Pfandrecht, welches der Landes-Kreditkasse wegen der Zinsen zusteht, erstreckt sich auch auf die späteren Zinserhöhungen.

Jede dieser vorerwähnten Aenderungen ist in dem Amtsblatt des Regierungsbezirks Cassel bekannt zu machen. Soweit es sich dabei um die Aktivdarlehne (Absatz 2) handelt, beginnt die Wirksamkeit mit dem zweiten auf die Bekanntmachung folgenden Zinstermin.

§. 6. Die Schuldner der Landes-Kreditkasse sind berechtigt, das Darlehn jederzeit ganz oder theilweise zuruckzuzahlen.

Sie mussen jedoch zuvor der Direktion der Landes-Kreditkasse Anzeige machen, damit dieselbe der betreffenden Kasse die vorgeschriebene Annahme-Ermächtigung ertheilt. Ohne diese Ermächtigung ist die Zahlung unwirksam.

Auch werden solche Zahlungen, wenn sie ausserhalb eines Zinstermins erfolgen, bei der Zinsberechnung erst vom nachfolgenden Zinstermine an berücksichtigt.

Umfasst die Rückzahlung nicht den ganzen Betrag der Schuld, so muss für die Umrechnung des Amortisationsplanes und die neuen Ausfertigungen desselben eine Gebühr von 20 Sgr. an die Kasse entrichtet werden, wogegen die bisherige Erhebung von 2 Prozent Zinsen für die nächsten 3 Monate (§. 13 des kurhessischen Gesetzes vom 23. Juni 1833) wegfällt.

§. 7. Auch vom 1. Januar 1870 an bleibt die Landes-Kreditkasse dazu bestimmt, gegen spezielle Verpfändung im Regierungsbezirk Cassel gelegener Grundbesitzungen, mit Ausschluss von Bergwerkseigenthum, Darlehne zu gewähren.

Die Hypothek muss innerhalb der ersten Hälfte des Schätzungswerthes ihre Stelle finden.

Nur an Gemeinden des Regierungsbezirks, deren Haushalt dazu die geeignete Grundlage bietet, können, wie bisher, auch ohne Bestellung einer Spezialhypothek, Darlehne bewilligt werden.

Darlehne zum Abtrag von Ablösungs- oder Entschädigungskapitalien, für welche lediglich das aufgehobene Realrecht als Sicherheit dient, werden in Zukunft nicht mehr bewilligt.

§. 8. Der Kommunal-Landtag oder dessen Ausschuss ist mit Genehmigung des Ober-Präsidenten berechtigt, für die vom 1. Januar 1870 an zu bewilligenden Darlehne die bisher geltenden Vorschriften über den Zinsfuss, die Rückzahlungsbedingungen (siehe jedoch §. 6), über Inhalt und Form der auszustellenden Schuld- und Pfandverschreibungen anderweit festzustellen.

§. 9. Die erforderlichen Betriebsmittel hat sich die Landes-Kreditkasse durch Aufnahme verzinslicher Darlehne gegen Schuldverschreibungen auf den Inhaber oder gegen Schuldscheine zu beschaffen.

Der Kommunal-Landtag oder dessen Ausschuss hat mit Genehmigung des Ober-Präsidenten die Zins- und Rückzahlungsbedingungen, soweit nicht in diesem Gesetz ausdrückliche Vorschriften enthalten sind, nach freiem Ermessen festzustellen.

Bei Ausgabe solcher Schuldverschreibungen, welche seitens der Inhaber unkündbar sind, werden die Rückzahlungs-Modalitäten mit Genehmigung des Ober-Präsidenten in dem Emissionsbeschluss dergestalt festgestellt, dass mindestens alljährlich derjenige Betrag der ausgegebenen Schuldverschreibungen zur Einlösung kommt, welcher in dem vorausgegangenen Kalenderjahr auf die mit den Schuldverschreibungen bewerkstelligten Darlehne durch ordentlichen oder ausserordentlichen Abtrag baar eingegangen ist und jederzeit mindestens Ein Prozent der Emission betragen muss.

§. 10. Bezüglich der Gelder der Haupt-Depositenkasse (§. 16 des kurhessischen Gesetzes vom 23. Juni 1832) hat es bis auf Weiteres bei den bisherigen Bestimmungen sein Bewenden.

Ueber die Annahme, Verzinsung und Rückzahlung von Sparkassengeldern (§§. 17 und 19 des cit. Gesetzes) soll fortan lediglich die Vereinbarung mit den betreffenden Verwaltungen massgebend sein.

Die bisherige Verpflichtung, von Vormündern und Kuratoren Gelder im Betrage von 25 Thlr. zu drei Prozent anzunehmen (§ 9 des kurhessischen Gesetzes vom 31. Oktober 1833, Zusätze zu dem Gesetz über die Landes-Kreditkasse betreffend), wird aufgehoben.

§. 11. Die auf den Inhaber lautenden Schuldverschreibungen werden vom 1. Januar 1870 an, und zwar in Höhe von 50, 100, 200, 500 und 1000 Thlr. nach den beigefügten Formularen A. oder A. 1 ausgestellt. Dieselben werden mit den erforderlichen Zinscoupons nach dem Formular B. und mit einem Talon zur Erhebung der neuen Coupons-Serie Formular C. versehen. Diese Urkunden geniessen bis zur anderweiten gesetzlichen Regelung die Stempelfreiheit.

Für die in Gemässheit des §. 15 des Gesetzes vom 16. August 1867 (Gesetz-Samml. S. 1460) von der Direktion der Landes-Kreditkasse umgeschriebenen älteren Schuldverschreibungen kommt das bisherige Formular zur Anwendung und wird an dem rechtlichen Charakter derselben durch die Umschreibung nichts geändert.

§. 12. Aus den Zinsen, welche die Kasse bezieht, sind die Zinsen, welche sie ihrerseits zu entrichten hat, und sämmtliche Verwaltungskosten zu bestreiten.

Aus den Ueberschüssen, sowie aus den etwaigen ausserordentlichen Einnahmen ist ein Reservefonds zu bilden, welcher bis zur Höhe von fünf Prozent der Verbindlichkeiten der Kasse zu bringen ist, und welcher dazu dient, etwaige rückständige Amortisationsbeträge, Zinsen und Kosten vorzuschiessen und etwaige Ausfälle zu decken. Dieser Fonds, welchem, bis er die angegebene Höhe erreicht hat, seine eigenen Zinsen zuwachsen, darf nur in verzinslichen preussischen Staats- oder vom preussischen Staate garantirten Papieren, in verzinslichen Papieren des Norddeutschen Bundes, in Schuldverschreibungen der Landes-Kreditkasse oder in verzinslichen Schuldverschreibungen der Kommunalstände belegt werden.

§. 13. In derselben Weise ist die Direktion ermächtigt, diejenigen Gelder zu belegen, welche zwar nicht dem Reservefonds angehören, deren Verwendung aber nicht nahe bevorsteht. Auch ist sie befugt, die §. 12 bezeichneten Papiere mit diesen Geldern gegen Hinterlegung von Wechseln, jedoch höchstens auf drei Monate, und mit einem Abschlage von mindestens 10 Prozent des Courswerthes, jedoch nie über den Nominalwerth, zu beleihen. Die hierdurch gewonnenen Zinsen fliessen dem Reservefonds zu, so weit derselbe nicht die in dem vorigen Paragraphen festgesetzte Höhe bereits erreicht hat.

§. 14. Eine Amortisation von Zinscoupons und Talons findet nicht statt. Die ersteren verjähren zu Gunsten des Reservefonds der Landes-Kreditkasse nach Ablauf von vier Jahren, von dem letzten Tage des Jahres an gerechnet, in welchem sie fällig geworden sind.

Kann der Talon nicht vorgelegt werden, so ist die Verabfolgung der neuen Couponsserie nur statthaft gegen Vorlegung der betreffenden Schuldverschreibung.

Streitigkeiten zwischen dem Inhaber des Talons und dem Inhaber der Schuldverschreibung entscheidet der Richter; bis zu dieser Entscheidung werden die Coupons nicht verabreicht.

§. 15. Bei welchen Kassen, ausser der Landes-Kreditkasse, die Einlösung der Zinscoupons erfolgt, hat die Direktion mindestens acht Wochen vor dem Fälligkeitstermine durch das Amtsblatt der Regierung zu Cassel bekannt zu machen.

§. 16. Die Kündigung der Schuldverschreibungen Seitens der Landes-Kreditkasse erfolgt durch Bekanntmachung in dem Amtsblatte der Königlichen Regierung zu Cassel.

Diese Bekanntmachung ist nur dann wirksam, wenn zwischen dem Tage ihrer Veröffentlichung und dem Tage, an welchem die Rückzahlung erfolgen soll, mindestens ein die bedungene Kündigungsfrist umfassender Zeitraum liegt. Ausserdem muss sie enthalten die Serie, Nummer und den Betrag der gekündigten Schuldverschreibung.

§. 17. Die Kündigung der Schuldverschreibungen Seitens des Inhabers erfolgt bei der Landes-Kreditkasse oder an den von der Direktion bezeichneten und durch das Amtsblatt bekannt gemachten Stellen. Sie verpflichtet die Kasse nur, wenn mit derselben die betreffende Schuldverschreibung vorgelegt wird.

Giebt die Kündigung zu Bedenken keinen Anlass, so wird die Schuldverschreibung mit dem Kündigungsvermerke versehen und dem Vorzeiger zurückgegeben.

§. 18. Die gekündigten Schuldverschreibungen (§§. 16 und 17) müssen bis zum Rückzahlungstage im coursfähigen Zustande und mit den an diesem Tage noch nicht fälligen Coupons eingeliefert werden, wonächst dann die Zahlung des Kapitals gegen Rückgabe der Schuldverschreibung und ohne Prüfung der Legitimation erfolgt.

Der Betrag der fehlenden Coupons wird in Abzug gebracht.

Ist die Schuldverschreibung nicht coursfähig, so darf die Zahlung erst nach Beseitigung des Hindernisses geleistet werden. Bis zu diesem Zeitpunkte bleibt der Betrag bei der Kasse zinslos.

Wird die Schuldverschreibung bis zum Zahlungstage nicht eingereicht, so bleibt der Betrag bei der Kasse ebenfalls zinslos liegen.

§. 19. Eine etwaige Ein- beziehungsweise Rücksendung der Schuldverschreibungen, gleichviel ob zum Behufe der Kündigung oder zum Zwecke der Rückzahlung, erfolgt auf Gefahr und Kosten des Gläubigers.

§. 20. Bis zur anderweiten Organisation der Landes-Kreditkasse in Gemässheit der Beschlüsse des Kommunal-Landtages (§. 1), jedoch höchstens bis zum 1. Januar 1872, behält es bei der bisherigen Funktion der mittelbaren und unmittelbaren Staats-Beamten im Interesse der Kasse sein Bewenden.

§. 21. Die Direktion der Landes-Kreditkasse ist verpflichtet, jedes Jahr mindestens einmal den Vermögensstand der Anstalt in dem Amtsblatte der Königlichen Regierung zu Cassel bekannt zu machen.

§. 22. Die durch die kurhessische Verordnung vom 22. Dezember 1848 (kurhessische Gesetz-Sammlung S. 277) der Direktion der Landes-Kreditkasse übertragenen Geschäfte der Haupt-Depositenkommission werden nicht ferner von dieser Direktion, sondern von einer unmittelbaren Staats-Behörde mit der Firma „Königliche Direktion der Haupt-Depositenkasse" geführt und verwaltet.

§. 23. Alle diesem Gesetze entgegenstehenden Bestimmungen sind aufgehoben.

Die in den bisherigen Gesetzen und Verordnungen u. s. w. u. s. w. enthaltenen Vorschriften über die Organisation und die Geschäftsformen der Landes-Kreditkasse können, unbeschadet der Bestimmungen dieses Gesetzes, jederzeit mit Genehmigung des Ober-Präsidenten durch den Kommunal-Landtag oder dessen Ausschuss geändert werden.

III.
Gesetz, betreffend die Landesbank in Wiesbaden.
Vom 25. Dezember 1869.

Abschnitt I.

§. 1. Mit dem 1. Januar 1870 gehen die gesammten Rechte und Verbindlichkeiten der durch das Herzoglich nassauische Gesetz vom 16. Februar 1849 errichteten Landesbank in Wiesbaden, — ausschliesslich der Forderungen der Landesbank an die Staatskasse und der Gegenforderungen der letzteren, über deren Ausgleichung in den folgenden §§. 2 und 3 Bestimmung getroffen wird, — auf den durch die Verordnung vom 26. September 1867 (Gesetz-Sammlung S. 1659) gebildeten kommunalständischen Verband im Regierungsbezirk Wiesbaden über. Von diesem Zeitpunkte ab wird in Gemässheit der Bestimmungen dieses Gesetzes neben der Landesbank eine für sich bestehende Sparkasse gegründet.

Beide Anstalten werden unter Ausdehnung ihres Geschäftsbereichs auf den gesammten Bezirk des kommunalständischen Verbandes für Rechnung des letzteren unter der Aufsicht und nach den Beschlüssen des Kommunal-Landtages unter den Benennungen „Nassauische Landesbank" und beziehungsweise „Nassauische Sparkasse" verwaltet. Für die zur Zeit des Uebergangs an den Kommunalverband bestehenden Verbindlichkeiten der jetzigen Anstalt bleibt die Staatskasse mit verhaftet; der Kommunalverband ist jedoch gehalten, die Staatskasse gegen alle aus dieser Mitverhaftung herzuleitenden Ansprüche zu vertreten und die eben erwähnten Verbindlichkeiten, — mit Ausnahme derer, welche aus der Aufnahme des Landes-Kreditkassen-Anlehens von drei Millionen Gulden vom 22. Juni 1840 und 22. September 1842 herrühren, und bezüglich derer der bis zum Jahre 1886 reichende Tilgungsplan einzuhalten ist, — längstens bis zum 31. Dezember 1877 zu tilgen, oder den Staat auf andere Weise von seiner Mitverhaftung zu befreien. Für die Erfüllung der von der Nassauischen Landesbank und der Nassauischen Sparkasse vom 1. Januar 1870 ab einzugehenden Verbindlichkeiten übernimmt der kommunalständische Verband des Regierungsbezirks Wiesbaden allein die Garantie, eine Verhaftung der Staatskasse findet nicht statt.

Die Beamten der Landesbank übernimmt der Kommunalverband; ihre Besoldungen, sowie die Pensionen der in Ruhestand versetzten Beamten der Landesbank werden aus dem Fonds der Anstalt fortgezahlt.

§. 2. Von der Ueberweisung an den Kommunalverband bleiben ausgeschlossen die Forderungen der Landesbank an die Staatskasse, und zwar sowohl diejenige, welche ihr aus dem Konto-Korrentverkehr zusteht, wie die Forderungen wegen der von Zehnt-Ablösungskapitalien abgeschriebenen $^7/_{25}$ und wegen des Darlehns zur Ablösung der Gräflich von Bassenheim'schen Entschädigungsrente. Diese Forderungen erlöschen mit dem 1. Januar 1870, dagegen erloschen andererseits mit demselben Zeitpunkte die Forderungen der Domänenkasse aus Zehnt- und Grundzins-Ablösungskapitalien, welche bei der Landesbank stehen geblieben sind, sowie der Anspruch der Staatskasse auf Ersatz für die nach Massgabe des Gesetzes vom 29. Februar 1868 (Gesetz-Sammlung S. 169) von ihr seither bewirkten und bis auf Höhe von 1,407,653 Thlrn. noch ferner zu bewirkenden Einlösung der Landesbanknoten. Auch wird der Landesbank das in dem Stockbuche der Gemeinde Wiesbaden unter Artikel 689 mit den Nummern 10,708, 10,199f., 330a., 311a., 312a. auf den Namen des Landessteuer-Fiskus eingetragene Grundstück mit den darauf stehenden Gebäuden an der Ecke der Rhein- und Adolphstrasse (Landesbankgebäude) als Eigenthum überwiesen.

§. 3. Mit dem 1. Januar 1870 werden die nassauische Landesbank und die nassauische Sparkasse Schuldnerin der Staatskasse in Höhe von 1,300,000 Thlrn. Dieser Betrag, welcher diesen beiden Instituten bis Ende des Jahres 1877 zinsfrei belassen wird, ist vom 1. Januar 1878 ab in zwanzig gleichen Jahresraten unter Verzinsung des jedesmaligen Rückstandes mit vier Prozent jährlich an die Staatskasse zu zahlen.

In welchem Verhältnisse zu diesen Zahlungen jedes der beiden Institute beizutragen hat, bleibt dem Beschlusse des Kommunal-Landtages überlassen, die Staatskasse ist berechtigt, jedes derselben in Höhe ihrer ganzen Forderung in Anspruch zu nehmen.

§. 4. Sämmtliche Rückzahlungen bisheriger Schuldner der Bank- und Sparkasse müssen zur Abbürdung der bisherigen kündbaren oder sonst fälligen Schuldverbindlichkeiten der Bank- resp. der Sparkasse verwandt werden.

Abschnitt II.

§. 5. Die Nassauische Landesbank hat fortan die ihr ausser dem vorhandenen Vermögen erforderlichen Betriebsmittel, soweit die von ihren Schuldnern zu leistenden Rückzahlungen hierzu nicht verwendbar sind (§. 4) oder hierzu nicht ausreichen, lediglich durch Aufnahme verzinslicher Darlehne zu beschaffen.

§. 6. Mit Genehmigung des Ober-Präsidenten der Provinz Hessen-Nassau, welche jedoch nur unter Zustimmung des Kommunal-Landtages oder des Ausschusses desselben ertheilt werden darf, ist die Direktion der Landesbank befugt, in den von der Landesbank bereits ausgegebenen und künftig auszugebenden Schuldverschreibungen den Zinsfuss und die Bedingungen der Rückzahlungen nach ihrem Ermessen und nach Vereinbarung mit den Gläubigern festzusetzen. Ebenso wird derselben mit Genehmigung des Ober-Präsidenten, welche jedoch ebenfalls nur unter Zustimmung des Kommunal-Landtages oder des Ausschusses desselben ertheilt werden darf, die Befugniss beigelegt, den Zinsfuss für die fortan aus der Landesbank zu gewährenden, sowie für die aus derselben bereits gewährten kündbaren Darlehne so weit zu erhöhen, dass die Zinsen, welche sie ihrerseits zu zahlen, sowie die Verwaltungskosten, welche sie zu bestreiten hat, mindestens vollständig gedeckt werden, und soll der Landesbank wegen dieser erhöhten Zinsen dasselbe Pfandrecht zustehen, welches ihr für die sonstigen Zinsen gebührt. Endlich erstreckt sich diese Befugniss, vorbehaltlich der unter denselben Voraussetzungen zu ertheilenden Genehmigung des Ober-Präsidenten, auch auf die Erhöhung der Amortisationsbeiträge.

Jede Aenderung dieser Art ist in dem Amtsblatte des Regierungsbezirks Wiesbaden bekannt zu machen; sie wird für die bereits vorhandenen Darlehne mit dem zweiten, auf die Bekanntmachung folgenden Zinstermine wirksam, falls dieselben nicht vor diesem Zeitpunkte zur Rückzahlung an demselben von den Schuldnern gekündigt, und spätestens zu diesem Zeitpunkte auch zurückgezahlt worden sind.

Die Stipulationen der Schuldurkunde oder sonstige Verabredungen schliessen diese Kündigungsbefugniss der Schuldner nicht aus.

§. 7. Aus den Zinsen, welche die Bank bezieht, sind die Zinsen, welche sie ihrerseits zu entrichten hat, und sämmtliche Verwaltungskosten zu bestreiten.

Aus den Ueberschüssen, sowie aus den etwaigen ausserordentlichen Einnahmen ist ein Reservefonds zu bilden, welcher mindestens bis zur Höhe von drei Prozent der Verbindlichkeiten der Bank zu bringen ist, und welcher dazu dient, etwa rückständige Amortisationsbeiträge, Zinsen und Kosten vorzuschiessen, und etwaige Ausfälle zu decken. Dieser Fonds, welchem, bis er die angegebene Höhe erreicht hat, seine eigenen Zinsen zuwachsen, darf nur in verzinslichen preussischen Staats- oder vom preussischen Staate garantirten Papieren, in verzinslichen Papieren des Norddeutschen Bundes, in Schuldverschreibungen der Landesbank oder in verzinslichen Schuldverschreibungen der Kommunalstände belegt werden.

Sofern der Reservefonds die erforderliche Höhe erreicht hat, haben die Kommunalstände zu bestimmen, wie die jährlichen Ueberschüsse verwendet werden sollen.

§. 8. In derselben Weise ist die Direktion ermächtigt, diejenigen Gelder zu belegen, welche zwar nicht dem Reservefonds angehören, deren Verwendung aber nicht nahe bevorsteht.

Auch ist sie befugt, die §. 7 bezeichneten Papiere mit diesen Geldern gegen Hinterlegung von Wechseln, jedoch höchstens auf drei Monate, und mit einem Abschlage von mindestens zehn Prozent des Courswerthes, jedoch nie über den Nominalwerth zu beleihen. Die hierdurch gewonnenen Zinsen fliessen dem Reservefonds zu.

§. 9. Die Landesbank ist vorbehaltlich der Vorschrift des §. 8 foltan nur befugt, die folgenden Darlehne zu gewähren: 1) Zur Abtragung der Ablösungskapitalien, welche für die Ablösung der aus dem Erbleih-, Landsiedelleih-, Erbzins- und Erbpachtsverhältnisse herrührenden Leistungen und der nach der Gemeinheitstheilungs-Ordnung vom 5. April 1869 (Gesetz-Samml. S. 526) ablösbaren Dienstbarkeiten rechtsverbindlich festgestellt sind. Darlehne dieser Art müssen, soweit die Mittel der Bank reichen, und im Falle der Konkurrenz mit denen zu 2 und 3 vorzugsweise gewährt werden. Im Uebrigen findet auf dieselben die Vorschrift des §. 7 des nassauischen Gesetzes vom 16. Februar 1849, die Errichtung einer Landesbank betreffend, Anwendung. 2) Hypothekarisch sicher gestellte Darlehne. 3) Darlehne an Gemeinden und staatlich genehmigte Meliorationsverbände.

§. 10. Hypothekarische Darlehne können nur bewilligt werden auf städtische und landliche Grundstücke, mit Ausschluss von Bergwerkseigenthum, welche im Regierungsbezirke Wiesbaden belegen sind; sie müssen zur ersten

Stelle eingetragen werden und dürfen die Hälfte des Schätzungswerthes nicht übersteigen.

§. 11. Darlehne an Gemeinden und Meliorationsverbände sind nur zulässig, wenn die Gemeinden und Verbände dem Regierungsbezirke Wiesbaden angehörig sind. Sie (die Gemeinden u. s. w.) bedürfen der Genehmigung der zuständigen Aufsichtsbehörde.

§. 12. Die Bank ist nur befugt, Darlehne (§§. 9 und 10) gegen Verzinsung zu gewähren. Diese Zinsen müssen mindestens um $1/2$ Prozent denjenigen Zinsfuss übersteigen, welchen die Kasse ihren Gläubigern zu zahlen verpflichtet ist. Ob das Kapital durch Amortisation oder in Raten, zu einem bestimmten Termine oder nach vorgängiger Kündigung zurückzuzahlen ist, bleibt der Vereinbarung überlassen.

Darlehne unter 50 Thalern werden nicht gewährt, überschiessende Beträge müssen mit 10 abgerundet werden.

§. 13. Auch ausser dem Falle des §. 6 ist jeder Schuldner eines gegen Amortisation oder Ratenzahlung gegebenen Darlehns berechtigt, dasselbe ganz oder theilweise zurückzuzahlen. Die Bank ist aber nur verpflichtet, diese Rückzahlung anzunehmen, wenn dieselbe mindestens sechs Monate vorher angekündigt ist, an einem hiernach zu bemessenden Zinszahlungstermine geleistet wird, und wenn sie, falls sie nicht den ganzen Betrag des noch schuldigen Darlehns umfasst, mindestens die Summe von 50 Thalern beträgt oder, wenn sie diese Summe übersteigt, in der im §. 12 bestimmten Weise abgerundet ist.

§. 14. Die Zinsen der Darlehne, sowie die Amortisationsraten, sind halbjährlich, am 30. Juni und am 31. Dezember jeden Jahres, zu entrichten. Diese beiden Termine, resp. einer derselben, müssen auch bei etwaigen Ratenzahlungen inne gehalten werden.

§. 15. Für die Darlehne, welche die Bank in Gemässheit des §. 5 zu ihrem Betriebsfonds sich beschafft, stellt sie, und zwar in Höhe von 50, 100, 200, 500 und 1000 Thlrn., auf jeden Inhaber lautende Schuldurkunden nach den beigefügten Formularen A. oder A. 1 aus. Dieselben werden mit Zinscoupons auf höchstens fünf Jahre nach dem Formular B. und mit einem Talon zur Erhebung der neuen Coupons-Serie versehen (Formular C.). Diese Urkunden geniessen die bisherige Stempelfreiheit, bis durch Gesetz hierüber anders bestimmt wird.

§. 16. Die Zinsen werden gegen Einreichung der fälligen Coupons jährlich am 2. Januar oder nach Verabredung halbjährlich am 2. Januar und 1. Juli bezahlt.

Bei welchen Kassen ausser der Landesbank die Einlösung der Coupons erfolgt, hängt von dem Ermessen der Direktion ab.

Sie hat diese Zahlstellen mindestens acht Wochen vor dem Fälligkeitstermine durch das Amtsblatt der Königlichen Regierung zu Wiesbaden bekannt zu machen.

§. 17. Eine Amortisation von Zinscoupons und Talons findet nicht statt. Die ersteren verjähren zu Gunsten des Reservefonds der Landesbank nach Ablauf von vier Jahren, von dem letzten Tage des Jahres an gerechnet, in welchem sie fällig geworden sind.

Kann der Talon nicht vorgelegt werden, so ist die Verabfolgung der neuen Coupons-Serie nur statthaft gegen Vorlegung der betreffenden Schuldurkunde.

Streitigkeiten zwischen dem Inhaber des Talons und dem Inhaber der Schuldurkunde entscheidet der Richter; bis zu dieser Entscheidung werden die Coupons nicht verabreicht.

§. 18. Die Kündigung der Schuldscheine Seitens der Landesbank erfolgt durch Bekanntmachung in dem Amtsblatte der Königlichen Regierung zu Wiesbaden.

Diese Bekanntmachung ist nur dann wirksam, wenn zwischen dem Tage ihrer Veröffentlichung und dem Tage, an welchem die Rückzahlung erfolgen soll, mindestens ein die bedungene Kündigungsfrist umfassender Zeitraum liegt. Ausserdem muss sie enthalten die Littera, Nummer und den Betrag des gekündigten Schuldscheins.

§. 19. Die Kündigung der Schuldscheine Seitens des Inhabers kann nur bei der Landesbank erfolgen. Sie ist dieser gegenüber nur verbindlich, wenn mit derselben der betreffende Schuldschein vorgelegt wird und mindestens die bedungene Kündigungsfrist innegehalten ist.

Giebt die Kündigung in Gemassheit dieser Vorschriften zu Bedenken keinen Anlass, so wird der Schuldschein mit dem Kündigungsvermerke, welcher zugleich den Tag der Rückzahlung enthalten muss, versehen und dem Präsentanten zurückgegeben.

§. 20. Die gekündigten Schuldscheine (§§. 18 und 19) müssen bis zum Rückzahlungstage im coursfähigen Zustande und mit den an diesem Tage noch nicht fälligen Coupons eingeliefert werden, wonächst dann die Zahlung des Kapitals gegen Quittung des Präsentanten auf dem Schuldscheine und ohne Prüfung seiner Legitimation, jedoch nur so weit erfolgt, als die baaren Mittel der Bank hierzu ausreichen.

Ist der Schuldschein nicht coursfähig, so darf die Zahlung erst nach Beseitigung des Hindernisses geleistet werden. Bis zu diesem Zeitpunkte bleibt der Betrag bei der Kasse zinslos.

Wird der Schuldschein bis zum Zahlungstage nicht eingereicht, so bleibt der Betrag bis nach Ablauf eines Jahres bei der Bank zinslos, wonächst er bei dem Kreisgerichte zu Wiesbaden auf Gefahr und Kosten des Gläubigers Behufs Aufgebots und Amortisation des Schuldscheins deponirt wird.

Der Betrag der fehlenden Coupons wird jedenfalls von der Zahlungsvaluta in Abzug gebracht.

§. 21. Die Ein- und resp. Rücksendung der Schuldscheine, gleichviel ob zum Behufe der Kündigung oder zum Zwecke der Rückzahlung, erfolgt auf Gefahr und Kosten des Glaubigers.

Abschnitt III.

§. 22. Mit dem 1. Januar 1870 hört die Eigenschaft der Landesbank als Sparkasse auf. Mit diesem Tage wird vielmehr und kraft dieses Gesetzes eine besondere, auf den kommunalständischen Verband des Regierungsbezirks Wiesbaden (§. 1) sich erstreckende kommunalständische; von dem kommunalständischen Verbande garantirte Sparkasse gegründet, welche von der Direktion der Landesbank als besonderes Institut, welchem hiermit die Rechte der juristischen Person beigelegt werden, verwaltet und geleitet wird.

Die Rechte und Verbindlichkeiten der bisherigen Sparkasse gehen auf diese Sparkasse über. Zu diesem Behufe mussen ihr von der Landesbank liquide Aktiva in solchem Betrage überwiesen werden, als erforderlich ist, um die Passiva der Kasse vollständig zu decken und sicher zu stellen.

§. 23. Lediglich von dem Beschlusse der Kommunalstände oder des Ausschusses ist es abhängig: 1) welche Beträge mindestens und höchstens von der Sparkasse angenommen werden mussen; 2) in welcher Höhe diese Einlagen zu verzinsen sind, ob diese Verzinsung gleichmässig ohne Rücksicht auf den Betrag der Einlage und die Dauer derselben, oder je nach dem Betrage und der Dauer der Einlage verschieden zu normiren, sowie wann und unter welchen Umständen Zins von Zins und in welcher Höhe zu gewähren ist; 3) welche Kündigungsfristen Seitens der Einleger, wie Seitens der Kasse überhaupt, oder unter Berücksichtigung der Höhe der gekündigten Summe innezuhalten sind; 4) wann die Zinsen der Einlagen bezahlt, oder falls sie nicht eingefordert werden, von welchem Tage ab sie verzinst werden; 5) wann die Verzinsung beginnt, und wann sie aufhört.

Diese Beschlüsse, sowie die jederzeit zulässigen Aenderungen derselben sind durch das Amtsblatt des Regierungsbezirks Wiesbaden öffentlich bekannt zu machen.

Werden die ursprünglichen Anleihebedingungen durch Aenderungen erschwert, so werden dieselben gegen den Einleger erst von dem Zeitpunkte ab wirksam, an welchem die ihm zustehende Kündigungsfrist abgelaufen ist, ohne dass er von der Kündigung Gebrauch gemacht hat.

§. 24. Ueber jede Einlage wird ein Sparkassenbuch unter Siegel und Unterschrift der Direktion ausgefertigt. Dasselbe muss enthalten: 1) die Nummer, unter welcher die Einlage in den Büchern der Kasse eingetragen ist; 2) den Betrag der Einlage, so wie die Höhe der für dieselbe zu gewährenden Zinsen in Zahlen und Buchstaben; 3) die Kündigungsfristen der Kasse und des Einlegers; 4) den Tag, an welchem die Verzinsung beginnt und an welchem sie im Falle der Kündigung aufhört; 5) den Namen des Einlegers; 6) die ausdrückliche Bestimmung, dass die Kasse zwar berechtigt, aber nicht verpflichtet ist, die Legitimation des Präsentanten zu prüfen, und sie also befugt ist, an jeden Präsentanten mit voller Wirkung Zahlung an Kapital und Zinsen ganz oder theilweise zu leisten.

Auf den Inhaber dürfen Sparkassenbücher fortan nicht ausgestellt werden.

§. 25. Zinsen und Kapitalzahlungen werden nur gegen Vorlegung des Sparkassenbuches geleistet. Sie werden in dem Sparkassenbuche vermerkt. Umfasst die Zahlung nicht das ganze Kapital, so wird das mit dem Vermerke versehene Buch dem Präsentanten zurückgegeben; bei gänzlicher Rückzahlung muss das Buch quittirt der Kasse belassen werden. Bei jeder Theilzahlung werden die bis dahin nach den Bestimmungen des §. 23 fälligen Zinsen der ganzen beziehungsweise der Resteinlage gezahlt, so dass die Verzinsung sich nur noch auf die Resteinlage erstreckt.

§. 26. Die Kündigungen Seitens der Kasse werden unter Angabe der Nummern und des Betrages des Sparkassenbuches unter Innehaltung der Kündigungsfrist durch das Amtsblatt der königlichen Regierung zu Wiesbaden öffentlich bekannt gemacht. Die Kündigung Seitens der Einleger erfolgt unter Vorlegung des Sparkassenbuches bei der Sparkasse, wonach ist das Buch, mit dem Kündigungsvermerke versehen, dem Präsentanten zurückgegeben wird.

§. 27. Die gekündigten und zur Verfallzeit nicht abgehobenen Beträge werden bis zu ihrer Auszahlung nicht verzinst.

Die Ein- und Rücksendung der Sparkassenbücher bei der Kündigung und bei der Rückzahlung erfolgt auf Gefahr und Kosten der Inhaber.

§. 28. Die Bestände der Sparkasse müssen, soweit nicht ein Baarbestand disponibel gehalten werden muss, so bald wie möglich verzinslich derartig angelegt werden, dass durch diese Zinsen bestritten werden können:
1) die Zinsen, welche die Kasse ihren Gläubigern zu zahlen verpflichtet ist;
2) die Verwaltungskosten; 3) ein nach und nach anzusammelnder Reservefonds, über dessen Höhe die Kommunalstände unter Genehmigung des Ober-Präsidenten zu bestimmen haben.

Sofern der Reservefonds die erforderliche Höhe erreicht hat, haben die Kommunalstände zu bestimmen, wie die jährlichen Ueberschüsse verwendet werden sollen.

§. 29. Die Belegung dieser Bestände mit Einschluss des Reservefonds darf nur erfolgen: 1) durch Ausleihung und zwar: a) gegen hypothekarische Verpfändung innerhalb der ersten Werthshälfte von ländlichen oder städtischen Grundstücken mit Ausschluss von Zechen und Bergwerken. Diese Darlehne können auf Amortisation, Ratenzahlung oder auf bestimmte Zeiten mit oder ohne vorgängige Kündigung bewilligt werden; b) gegen spätestens nach drei Monaten fällige Wechsel, wenn ausser dem eigentlich Verpflichteten zwei sichere und solide Verpflichtete wechselmässig und solidarisch für Kapital, Zinsen und Kosten die Verhaftung übernehmen; c) gegen Beleihung von preussischen Staats- oder vom preussischen Staate garantirten Papieren, von Papieren au porteur des Norddeutschen Bundes, von Papieren dieser Art, für welche der Kommunalverband die Garantie übernommen hat, von Pfandbriefen, welche von altländischen Kreditverbänden emittirt worden sind, und endlich, was jedoch nur bis zum Ende des Jahres 1879 zulässig, von Papieren au porteur, welche von den Staaten Hessen, Baden, Bayern und Wurttemberg direkt oder unter Garantie dieser Staaten emittirt sind. Darlehne dieser Art dürfen höchstens auf die Dauer von drei Monaten und stets nur so gewährt werden, dass ihr Betrag mindestens fünfzehn Prozent hinter dem Nominalwerth, oder wenn der Courswerth niedriger ist, hinter diesem zurückbleiben muss. Ueberdies muss das Darlehn durch Wechselverbindlichkeit des Darlehnsnehmers gesichert sein; d) gegen Verpfändung von Hypotheken, welche in der unter a. bezeichneten Weise sicher gestellt, und welche eventuell der Sparkasse zu cediren sind, höchstens auf die Dauer von drei Monaten; e) gegen Schuldschein langstens auf ein Jahr mit dem Rechte gegenseitiger einviertel-jährlicher Kündigung, wenn zwei sichere und solide Einwohner des Regierungsbezirks Wiesbaden unter Verzicht auf die Einreden der gegen den Hauptschuldner zu erhebenden Vorausklage und der Theilung unter Mitbürgen für Kapital, Zinsen und Kosten solidarisch Bürgschaft leisten; f) vorübergehend in laufender Rechnung an kommunalständische Anstalten oder an wohlthätige Anstalten, Institute und Vereine, soweit bei denselben der kommunalständische Verband interessirt ist, unter der Voraussetzung, dass die Stände hierfür die Garantie übernehmen; 2) durch Ankauf der unter 1c. bezeichneten Papiere, jedoch mit Ausschluss der hessischen, badischen, bayerischen und württembergischen; 3) durch zinsbare Belegung bei der preussischen Bank.

Der von dem Ober-Präsidenten zu genehmigende, periodisch zu fassende Beschluss der Kommunalstände resp. des Ausschusses derselben bestimmt, in welchem Verhältniss diese verschiedenen Arten der Belegungen stattzufinden haben.

§. 30. Bis durch das Gesetz ein Anderes bestimmt wird, ist die Sparkasse verpflichtet, die gerichtlichen Geld-Depositen unter den in §. 20 des Gesetzes vom 16. Februar 1849 und in den erläuternden Bestimmungen desselben aufgestellten Bedingungen anzunehmen, und finden die vorstehenden Vorschriften, soweit diese von den gedachten Bestimmungen abweichen, auf diese Belegung keine Anwendung.

Die Berechtigung und Verpflichtung der Landesbank zur Annahme dieser Depositen hört mit dem 1. Januar 1870 auf.

Abschnitt IV.

§. 31. Bis zur anderweiten Organisation der Landesbank in Gemässheit der Beschlüsse des Kommunal-Landtages (§. 1), jedoch höchstens bis zum 1. Januar 1872, behält es bei der bisherigen Art der Geschäftsführung, insbesondere der Funktion der mittelbaren und unmittelbaren Staatsbeamten, im Interesse der Bank und der Sparkasse sein Bewenden. Ob und in welchem Umfange diese Beamten von da ab für die Kassen mitzuwirken haben, hängt von der Bestimmung der Königlichen Staatsregierung ab.

§. 32. Die Direktion der Landesbank-Kasse ist verpflichtet, jedes Jahr mindestens einmal den Vermögensstand der Landesbank und der Sparkasse in dem Amtsblatt der Königlichen Regierung zu Wiesbaden bekannt zu machen.

Alle diesem Gesetze entgegenstehenden Bestimmungen sind aufgehoben.

§. 33. In Betreff der administrativen Exekutionsbefugniss für die Landesbank behält es bei den bisherigen gesetzlichen Bestimmungen sein Bewenden.

IV.

Gesetz über Errichtung einer Landes-Kredit-Kasse im Grossherzogthum Sachsen-Weimar vom 17. November 1869.

§. 1. Für das Grossherzogthum Sachsen-Weimar-Eisenach wird eine Landes-Kredit-Kasse errichtet, welche den Zweck hat, zu Förderung des Real-Kredits Geld verzinslich auszuleihen, zugleich aber auch verzinslich aufzunehmen.

Dieselbe hat ihren Sitz in Weimar.

§. 2. Die Landes-Kredit-Kasse ist eine unter dem Ministerial-Departement des Innern stehende Staatsanstalt. Der Staat haftet für die Verbindlichkeiten derselben. Die Anlegung vormundschaftlicher Gelder bei derselben ist erlaubt.

§. 3. Die Landes-Kredit-Kasse wird von einem Vorstand geleitet, welcher aus drei Mitgliedern zusammengesetzt ist.

Dem Vorstand ist
   ein Kassirer, ein Buchhalter und nach Bedarf ein Kontroleur, sowie
   das sonst nöthige Hülfs-Personal
beizugeben.

Die Mitglieder des Vorstandes, der Kassirer, Buchhalter und Kontroleur werden von Uns ernannt, das Hülfs-Personal wird von dem Staats-Ministerium (§. 2) angenommen.

§. 4. Der Landtag ernennt zwei ständige Kommissare zu Ueberwachung der Landes-Kredit-Kasse und ihrer Organe. Diesen Kommissaren steht das Recht zu, jederzeit Einsicht von den Büchern und Akten der Anstalt zu nehmen, von dem Vorstand Auskunft über den Stand der Geschäfte im Allgemeinen und über einzelne Geschäftsgegenstände zu erfordern, den Kassen-Revisionen beizuwohnen, etwaige Ordnungswidrigkeiten bei dem Staats-Ministerium zur Anzeige zu bringen und in Gemeinschaft mit letzterm die jährlich zu legende Rechnung abzuhören und zu justifiziren.

Die justifizirte Rechnung ist demnächst dem Landtag mitzutheilen.

§. 5. Die Grossherzoglichen Rechnungsämter, mit Ausnahme des am Sitz der Landes-Kredit-Kasse befindlichen Rechnungsamtes, bilden die Agenturen der Landes-Kredit-Kasse und sind insoweit dem Vorstand der letztern untergeordnet. In dem Disziplinar-Verhältniss derselben zum Finanz-Departement des Staats-Ministeriums wird hierdurch etwas nicht geändert.

Disciplinar-Massregeln gegen dieselben sind daher auch von der Landes-Kredit-Kasse bei dem Finanz-Departement zu beantragen.

Die Rechnungsämter empfangen für ihre im Interesse der Landes-Kredit-Kasse stattfindende Muhwaltung eine von dem Ministerial-Departement des Innern im Einvernehmen mit dem Finanz-Departement festzustellende Remuneration. Die Bezirks-Direktoren und Gemeindevorstände haben die Landes-Kredit-Kasse auf Angehen thunlichst zu unterstützen.

§. 6. Die Ueberschüsse der Landes-Kredit-Kasse dienen zunächst zur Bestreitung des Verwaltungsaufwandes bei derselben, im Uebrigen aber bis auf weitere Vereinbarung mit dem Landtag zu Ansammlung eines Reserve-Fonds, welcher den Zweck hat, etwaige Verluste zu übertragen.

§. 7. Die Landes-Kredit-Kasse leiht an Angehörige des Grossherzogthums gegen Bestellung genügender Sicherheit durch im Grossherzogthum belegene Grundbesitzungen oder den Grundstücken gleichgestellte Berechtigungen, sowie an inländische Gemeinden unter den für vormundschaftliche Gelder geltenden gesetzlichen Bestimmungen Kapitale, jedoch nicht unter 50 Thalern, verzinslich mit der Bedingung aus, dass in der Regel nicht unter $^3/_4$ Prozent jährlich, neben dem Ueberschuss des fortlaufenden, vom ganzen ursprünglichen Kapital zu zahlenden Zinsenbetrags, zur Tilgung des Kapitals verwendet werde.

§. 8. Der jährliche Zins für die verliehenen Kapitale beträgt regelmässig ein halbes Prozent mehr, als von der Landes-Kredit-Kasse für die von ihr aufgenommenen Kapitale verwilligt wird (§. 15).

Derselbe ist bis auf Weiteres zu $4^3/_4$ Prozent festgesetzt und ist zugleich mit der Tilgungs-Rate bei Kapitalen von 2000 Thalern und darüber in einvierteljährigen, bei Kapitalen unter 2000 Thalern in halbjährigen Terminen, bezüglich am 2. Januar, 1. April, 1. Juli und 1. Oktober zu entrichten. Die auf die Zwischenzeit vor diesen Tagen, für welche eine Tilgungs-Rente nicht zu zahlen und zu berechnen ist, fallenden Zinsen sind bei der Auszahlung des Kapitals an den Schuldner zu kürzen.

Eine Erhöhung des Zinsfusses findet nur mit Unserer Genehmigung statt, erstreckt sich dann aber auch auf die bereits vorher verliehenen Kapitale dergestalt, dass bei den letzteren die Erhöhung von dem sechs Monate nach Bekanntmachung der diesfallsigen Verfügung eintretenden ersten allgemeinen Zinszahlungs-Termin ab erfolgt.

Im Fall einer Zinserhöhung ist der Schuldner nicht verpflichtet, neben dem erhöhten Zins die volle stipulirte Amortisations-Rate zu zahlen, sondern kann eine verhältnissmässige Reduktion derselben, jedoch höchstens bis auf $1/2$ Prozent des schuldigen Kapitals, verlangen.

Eine Ermässigung des Zinsfusses kann von dem Vorstand der Anstalt allein beschlossen werden, jedoch gehört zu einem solchen Beschluss Einstimmigkeit der Vorstandsmitglieder; sie hat auf die bereits verliehenen Kapitale denselben Einfluss wie eine Erhöhung.

§. 9. Die Kapitale sind von Seiten der verleihenden Kasse in der Regel unkündbar.

Die Zurückziehung derselben ist jedoch nach vorausgegangener dreimonatlicher Kündigung gestattet:

a) sofern der Schuldner seine vertragsmässigen Verbindlichkeiten nicht gehörig und punktlich erfüllt,

b) wenn der Schuldner in Konkurs verfällt.

Von Seiten des Erborgers sind die Kapitale jeder Zeit einer, jedoch nur am 2. Januar und 1. Juli zulässigen, sechsmonatlichen Kündigung unterworfen, sofern nicht bei der Erborgung etwas Anderes bedungen worden.

§. 10. Die zu bestellende Sicherheit soll regelmässig der für Ausleihung vormundschaftlicher Gelder geordneten gleich sein. Die Landes-Kredit-Kasse darf indess ein Fünftheil des Unterpfandes nachlassen, wenn die besondere Zuverlässigkeit und wirthschaftliche Tüchtigkeit des Erborgers nachgewiesen ist, das Unterpfand zur ersten Hypothek eingesetzt wird und wenigstens in der Höhe des Darlehns aus Feld-, Wiesen- und Garten-Grundstücken besteht.

§. 11. Die Gesuche um Verwilligung von Anlehen sind von den Betheiligten bei dem Grossherzoglichen Rechnungsamt, in dessen Bezirk die dargebotenen Unterpfandstücke belegen sind, und was den Bezirk des Rechnungsamtes Weimar betrifft, bei der Landes-Kredit-Kasse unmittelbar unter Ueberreichung der von den verpflichteten Orts-Taxatoren ausgefertigten und von dem Gemeindevorstand legalisirten Würderungsscheine über die zum Unterpfand bestimmten Gegenstände, so wie der Erwerbsurkunden, Steuer-Kataster-Auszüge und — bei Gebäuden — der Brandversicherungs-Scheine anzubringen, unter gleichzeitiger Erklärung über die Höhe der zu übernehmenden Tilgungs-Rente, demnächst aber von dem Rechnungsamt nach Massgabe einer zu ertheilenden Instruktion gehörig vorbereitet an die Landes-Kredit-Kasse zur Schlussfassung einzusenden.

§. 12. Unter sonst gleichen Verhältnissen sind, wenn es in dem Augenblick an Mitteln gebricht, um alle Darlehnsuchenden zu befriedigen, die nachgesuchten kleineren Darlehne vorzuziehen.

§. 13. Die Landes-Kredit-Kasse ist zu Ablehnung von Darlehnsgesuchen ohne weitere Angabe von Gründen berechtigt.

§. 14. Wird dagegen die Gewährung des Darlehns von der Landes-Kredit-Kasse beschlossen, so ist auch hiervon das betreffende Rechnungsamt behufs der Bescheidung des Darlehnsuchers zu benachrichtigen.

Die Auszahlung des Kapitals und die demnächstige Einzahlung der Zinsen, sowie die Rückzahlung des Darlehns findet, sofern und solange nicht etwas Anderes bestimmt ist, in den Geschäftsräumen der Landes-Kredit-Kasse oder der Agenturen derselben (§. 5) statt.

§. 15. Die Landes-Kredit-Kasse nimmt zu Gewinnung der Mittel für ihre Ausleihungen mit 25 theilbare Kapitale, jedoch im Betrag von nicht unter 100 Thalern, gegen Schuldverschreibungen anlehnsweise auf, welche nach Wunsch des Gläubigers entweder auf den Namen oder auf den Inhaber ausgestellt werden.

Die Schuldverschreibungen, welche auf den Namen lauten, können jederzeit in Schuldverschreibungen, welche auf den Inhaber lauten, und die auf den Inhaber lautenden Schuldverschreibungen in Schuldverschreibungen auf den Namen lautend umgewandelt werden. Die Umwandlung der auf den Inhaber lautenden Schuldverschreibungen erfolgt ohne weitere Prüfung der Legitimation des Inhabers. Bei der Umwandlung der auf den Namen lautenden Schuldverschreibungen in Obligationen auf den Inhaber ist die Kredit-Kasse zwar berechtigt, aber nicht verpflichtet, über die Identität der die Umwandlung beantragenden Person mit der in den Büchern der Anstalt als Inhaber der Kapital-Forderung eingetragenen Person Nachweisung zu verlangen.

Die der Landes-Kredit-Kasse für solche Umwandlungen zu vergütenden Kosten werden von der Verwaltung festgestellt.

Die Anlehen sollen regelmässig und bis auf Unsere weitere Bestimmung mit $4^{1}/_{4}$ Prozent auf das Jahr, und zwar bei Posten von 1000 Thalern und darüber in halbjährigen Terminen, bei Posten unter 1000 Thalern in jährlichen Terminen, verzinst werden und in der Regel einer, beiden Theilen freistehenden halbjährigen, jedoch nur am 2. Januar und 1. Juli zulässigen Kündigung unterliegen.

Auf Grund eines einstimmigen Beschlusses des Vorstandes der Landes-Kredit-Kasse darf unter Umständen eine andere Kündigungsfrist vereinbart werden. Auch steht es der Landes-Kredit-Kasse frei, die Unkündbarkeit des Kapitals von Seiten des Darleihers auf die nächsten zwei Jahre von Zeit der Einzahlung an zu bedingen.

Die Zinszahlungs-Termine sind je der 2. Januar, 1. April, 1. Juli und 1. Oktober; die auf die Zwischenzeit fallenden Zinsen sind bei der Einzahlung des Kapitals durch den Gläubiger auszugleichen.

Den Schuldverschreibungen sind, unbeschadet der festgestellten Kündigungsfristen, Zinsscheine, vorerst bis zum Jahr 1874, beizugeben, welche nach Ablauf jener Zeit von vier zu vier Jahren gegen Vorzeigung des Schuldbriefs erneuert werden.

Aus der Haupt-Staatskasse an die Landes-Kredit-Kasse geleistete Vorschüsse werden wie die von Privaten aufgenommenen Kapitale verzinst.

§. 16. Zur Giltigkeit der Schuldverschreibungen ist erforderlich, dass dieselben von zwei Mitgliedern des Vorstandes der Landes-Krdit-Kasse eigenbändig vollzogen, mit dem Stempel der letztern bedruckt, auch von dem Kassirer und Buchhalter bezüglich deren vorher bekannt gemachten Stellvertretern mit dem Zeugniss der erfolgten Einzahlung und Buchung versehen sind.

Zur Giltigkeit der Zinsscheine genügt die im Druck nachgebildete Unterzeichnung eines Direktors und die Beidruckung eines Stempels der Landes-Kredit-Kasse.

§. 17. Cessionen der auf den Namen lautenden Schuldverschreibungen erhalten für die Landes-Kredit-Kasse erst durch die Ueberschreibung der Schuldbriefe auf den neuen Besitzer in den Buchern der Anstalt und auf den Schuldbriefen selbst verbindliche Kraft.

Abhanden gekommene, auf den Namen lautende Schuldurkunden können für ungiltig erklärt und durch neue ersetzt werden, wenn auf eine von der Landes-Kredit-Kasse nach Vorschrift des §. 22 in einem Zeitraum von vierzehn Tagen erlassene zweimalige Bekanntmachung innerhalb dreissig Tagen nach dem Erscheinen des letzten Aufrufs ein Widerspruch nicht erfolgt.

Hinsichtlich der auf den Inhaber lautenden Schuldverschreibungen der Landes-Kredit-Kasse, sammt den dazu gehörigen Talons und Koupons, finden die Bestimmungen des Gesetzes zur Sicherstellung des Eigenthums an den auf den Inhaber lautenden Staats-Schuldurkunden des Grossherzogthums vom 19. April 1833 und des Gesetzes über die Verjährung zum Besten derjenigen, welchen Staats-Schuldurkunden auf den Inhaber lautend abhanden gekommen sind, vom 26. April 1839, Anwendung.

Die abhanden gekommenen Zinsscheine unterliegen der Amortisation nicht.

§. 18. Die fälligen Zinsscheine werden an deren blossen Inhaber ohne Prüfung der Legitimation desselben ausgezahlt.

Dieselben sollen nicht nur bei allen Grossherzoglichen Kassen als Zahlung angenommen, sondern auch bei den Grossherzoglichen Rechnungsämtern, soweit deren Baarbestände solches gestatten, eingelöst werden.

§. 19. Die vier Jahre nach dem Anfall unerhoben gebliebenen Zinsbeträge sind zu Gunsten der Landes-Kredit-Kasse verjährt.

§. 20. Die Rückzahlung der Kapitalien findet bei Schuldscheinen, die auf den Namen lauten, gegen gerichtlich oder notariell rekognoszirte Quittungen der Gläubiger, bei Schuldscheinen, welche auf den Inhaber lauten, gegen Ruckgabe der Obligationen ohne Prüfung der Legitimationen des Inhabers an Letztern in den Geschäftsräumen der Landes-Kredit-Kasse oder deren Agenturen statt.

Bei der Rückzahlung sind die zu der betreffenden Schuldverschreibung gehörigen, noch nicht angefallenen Zinsscheine mit zurückzugeben. Soweit dies nicht geschieht, sind die diesfallsigen Beträge von dem Kapital abzuziehen.

Für die gerichtlichen Rekognitionen der Quittungen der Glaubiger mit Einschluss der Bescheinigung über die Legitimation der Nachfolger ursprünglicher Gläubiger sollen von den Grossherzoglichen Behörden Sporteln nicht berechnet werden.

§. 21. Anerbietungen von Darleihungen können unmittelbar bei der Landes-Kredit-Kasse oder bei dem Grossherzoglichen Rechnungsamt, in dessen Bezirk der Betheiligte wohnt, geschehen.

Wird das Anerbieten angenommen und für den einzelnen Fall etwas Anderes nicht verabredet, so erfolgt die Annahme des Kapitals und beginnt die Verzinsung desselben nach Vorschrift des §. 15 zu Ende des dritten Monats nach der Annahmeerklärung. Auf den Wunsch des Darleihers kann indess bis auf Weiteres auch die alsbaldige Annahme des Kapitals gegen eine dreiprozentige jährliche Verzinsung für die Zeit der ersten drei Monate geschehen.

Ist die Anmeldung in dem einen wie in dem andern Fall bei einem Grossherzoglichen Rechnungsamt erfolgt, so hat dieses sofortige Anzeige bei der Landes-Kredit-Kasse zu machen und nach Befinden die Ermächtigung zu Empfangnahme des Kapitals gegen Ausstellung einer Interims-Quittung zu gewärtigen.

§. 22. Die Bekanntmachungen der Landes-Kredit-Kasse in den offiziellen Nachrichtsblättern des Grossherzogthums (jetzt die Weimarische Zeitung) gelten auch hinsichtlich der mit dem Institut in Vertragsverhältnissen stehenden Personen als genügend erlassen. Namentlich gelten die in diesen Blättern erlassenen Kündigungen der von der Landes-Kredit-Kasse aufgenommenen Kapitalien als verbindlich für den Gläubiger, sofern nur hinsichtlich der auf den Inhaber lautenden Schuldverschreibungen deren Bezeichnung nach Serie und Nummer angegeben ist.

§. 23. Die Landes-Kredit-Kasse ist berechtigt, zu dem Reserve-Fonds (§. 6) gehörige Baarbestände auf Prioritäts-Obligationen und Stamm-Prioritäts-Aktien solcher Eisenbahnen, welche im Gebiet des Norddeutschen Bundes gelegen und hinsichtlich der gesammten Zinsen staatlich bedingungslos garantirt, oder deren Stamm-Aktien in den letzten beiden Kalender-Jahren an der Berliner Börse über ihren Nennwerth bezahlt worden sind, und solche den Staaten des Norddeutschen Bundes angehörige Staats-Schuldbriefe, welche an der Börse zu Berlin regelmässig einen Kurs haben, sowie auf Renten-Briefe und landschaftliche Pfandbriefe innerhalb des Norddeutschen Bundes anzulegen, andere Baarbestände jedoch, welche nicht im Sinn des Zwecks der Anstalt zeitige Verwendung finden, in eben solchen Papieren nur bis zur Höhe von $1/10$ des Betriebs-Kapitals und überhaupt höchstens bis zum Betrag von 20,000 Thalern, ausserdem für kürzere Zeit auf pupillarisch sichere hypothekarische Schuldverschreibungen ohne Feststellung einer Tilgungs-Rente.

Ueber jeden vollzogenen Ankauf von Werthpapieren ist den ständigen Kommissaren des Landtags sofort Mittheilung zu machen.

§. 24. Das Staats-Ministerium ist mit der Ausführung des Gesetzes beauftragt.

Litteratur.

III.
Versuch einer kritischen Dogmengeschichte der Grundrente. Von **Eduard Berens**. Leipzig 1868. 399 Seiten.

Eine 1866 von der historisch-philologischen Facultät der Universität zu Dorpat gekrönte Preisschrift, deren Resultat die vollstandige Festhaltung der Ricardo'schen Grundrententheorie in jeder wesentlichen Beziehung ist. Bei einem Rückblicke — S. 268 — auf eine grosse Reihe von Schriftstellern findet Berens, dass auch keinem einzigen Gegner es nur im Mindesten gelungen sei, das Princip der Ricardo'schen Lehre zu erschüttern; die Meisten haben sogar nur gegen die praktische Gültigkeit des in ihr gelehrten Naturgesetzes polemisirt; es konnte also nur der Moment des Fortschrittes Ricardo gegenüber betont werden, während doch grade Ricardo es ist, der dies am ersten berucksichtigte; seine Theorie bleibe unwiderlegt, „so lange es nicht erwiesen wird, dass es entweder gar keine Rente gebe oder diese auf eine andere Weise als durch die Differenz der Productionskosten bei gleichbleibendem Preise gebildet werde".

Eingeleitet wird die Berens'sche Abhandlung durch ein Vorwort A. Wagner's, welches, abgesehen von einer unbedeutenden formalen Bemängelung, in jeder Beziehung ein Lob der Ricardo'schen Arbeit ist. Die äussere Gliederung des Buches ist folgende: Einleitung — ältere Ansichten über die Grundrente — Grundrentenlehre der Physiocraten — weitreichender Einfluss der physiocratischen Lehre — Darlegung der Ricardo-Thünen'schen Theorie — deren Erweiterung und bedeutende Anhänger — der Antagonismus gegen diese Theorie — als Anhang statistische Notizen. —

Die Einleitung zu diesem weit angelegten Werke will wenig befriedigen: sie giebt keinen allgemeinen, noch weniger einen präcisen Ueberblick der sachlichen Verschiedenheiten der Grundrententheorie in wissenschaftlicher oder socialer Bedeutung, sondern ein mit oft weit abschweifenden Bemerkungen versehenes Tableau der Leidenschaften, welche die oft diametral aus einander gehenden Anschauungen uber die Natur der Grundrente erregt haben. Muss es auch geboten erscheinen, auf die Wichtigkeit der qu. Theorie hinzuweisen, so geschieht dies sicherlich am geeignetsten durch eine klare Darlegung ihrer inneren Bedeutung, keinesfalls aber verdient eine Methode Billigung, welche einleitungsweise ohne irgendwelche systematische Behandlung an den verschiedensten Stellen kritische Bemerkungen einflicht. Den ganz speciell in die Frage Eingeweihten mag dies weniger stören, jeder Andere aber muss einen unklaren verwirrenden Eindruck erhalten. — Ziemlich oder ganz überflüssig erschien uns der 2. Abschnitt der Einleitung. Hier handelt es sich nämlich um Lösung der allgemeinen Frage: was erzeugt und bestimmt den Werth? Der einfache Satz, dass nur die Arbeit Werth erzeuge oder dass die Natur blos naturire — zeuge —, der Mensch dagegen producire, soll die Basis der ganzen Abhandlung bilden. Zuvörderst drängt sich hiergegen die Bemerkung auf, dass nach dieser Darlegung es scheinen muss, als ob die Frage: was ist Grundrente und welchen Gesetzen unterliegt dieselbe? auf Grund allgemeiner philosophischen Raisonnements gelöst werden könne, während gerade die Grundrentenfrage rein praktisch, wie technisch aufgefasst sein will. Was aber die Art der Ausführung obigen Satzes in Bezug auf die Grundrente betrifft, so scheint uns dieselbe nicht glücklich zu sein. Da, wo Berens von dem Unterschiede zwischen Stoffgewährung und Production handelt, behauptet er, dass die Natur nach allgemeinen Gesetzen unentgeltlich wirke, dass an sich die grössere oder geringere Unterstützung der Natur nicht dem einzelnen Producenten und auch nicht dem einzelnen Erwerbszweige, sondern nur dem Ganzen zu Gute komme. Ein Satz der zugegeben werden muss, sobald die Wirkung der Naturkräfte unbeschränkt ist, — ein Satz, der die Bedeutung verliert, sobald das Gegentheil eintritt. Da nun diese Beschränkung in der Erzeugung landwirthschaftlicher Producte besteht, — in welchen Satz sich die Worte auflösen: »dass die Natur bei ihrer Mannigfaltigkeit auch in einem Wirthschaftszweige verschieden mitwirken kann«, — so wird die gegebene Losung der aufgestellten Frage bedeutungslos. Auch kann nicht unerwähnt gelassen werden, dass Ricardo vor B. in dieser Frage mit Unrecht als Autorität für seine Behauptung angefuhrt wird; denn Ricardo behauptet wohl im Gegensatze zu A. Smith, dass der Tauschwerth eines Gutes sich nicht nach der Summe der damit eintauschbaren Arbeit bestimme, sondern im Allgemeinen nach der zu dessen Hervorbringung nöthigen Arbeit, nirgends aber fuhrt er aus, dass ein bestimmtes Tauschobject seinen Werth durch die auf dasselbe wirklich verwendete Arbeit erhalte. Schlagender Beweis ist grade die Existenz der Bodenrente, da der Tauschwerth der betreffenden Producte zwar durch die Hervorbringungsarbeit bestimmt wird, aber durch die Arbeit, welche zur Erlangung der unter den schwierigsten Verhältnissen noch zu erzeugenden Producte erforderlich ist.

Nach dieser zum Theil sehr speciellen, zum Theil sehr allgemeinen Einleitung kömmt B. zur Darlegung seiner kritischen Dogmengeschichte. Referent schwankte anfänglich bei Abfassung seiner in diesen Jahrbüchern erschienenen Abhandlung über die Grundrente, ob er Geschichte und Kritik einander durchdringen lassen oder von einander getrennt, auf einander folgend zur Darstellung bringen solle. Im Gegensatze zu B. kam ich zu dem Resultate, dass es der Klarheit förderlich ist, ja dass deren Interesse unbedingt die Einschlagung des letzteren Weges fordert. Man erreicht dann zweierlei Vortheile, die bei Einhaltung des anderen Weges verloren gehen mussen. Zunächst ist es dem Leser möglich, den Entwicklungsgang der Theorie ohne fremde, vielleicht subjective Einstreuungen kennen zu lernen; es wird sich demnach in seinem Geiste ein klares, mit keinen fremden Farben versetztes

Gemälde der allmäligen Entwicklung, also auch des gegenwärtigen Standes der Theorie bilden. Erfolgt aber das Gegentheil, werden alle Augenblicke kritische Zuthaten eingestreut, ehe der Leser zu einem vollständigen Ueberblick gelangt ist, so kann dies nur störend wirken; in vielen Fällen werden moderne Anschauungen den älteren schroff, unvermittelt gegenüberstehen, selbst die Richtigkeit der kritischen Betrachtungen angenommen. Aus jenem ersten Vortheil resultirt zugleich auch der zweite. Hat der Leser einen klaren Einblick erlangt, so wird man bei Erfüllung der kritischen Aufgabe freier und sachentsprechender zu Werke gehen können; man kann, ja muss schon Vieles voraussetzen und wird deshalb, ohne Unklarheit oder Störung befürchten zu müssen, Streiflichter werfen, Parallelen ziehen können u. s. w. — Man wende gegen diese Polemik nicht ein, dass eine wissenschaftliche Abhandlung nicht für Anfänger bestimmt sei. Das ist selbstverständlich; trotzdem wird es jedem National-Oeconomen, der nicht ganz speciell in die betr. Frage eingeweiht ist, erwünscht sein, eine scharfe Darlegung des geschichtlichen Entwicklungsganges zu erhalten. Grade das muss man von Monographieen verlangen: Zeitersparniss für Andere durch gehörige Reproduction eines complicirten Stoffes.

In der vorstehenden Ausführung sind die Mängel angedeutet, die sich durch das B.'sche Werk hinziehen. Bei dieser Gelegenheit kann, um mit der allgemeinen Charakteristik zum Schlusse zu kommen, ein ähnlicher durchlaufender Uebelstand beregt werden. Er besteht darin, dass B. sehr damit zu kämpfen hat, die wesentlichsten Hauptgedanken scharf und nackt hervorzuheben, ebenso mit der nöthigen Präcision deren Kritik zu vollziehen; vielmehr liebt er eine gewisse Breite, die sehr geeignet ist, den Leser zu ermüden. Dagegen ist gern anzuerkennen, dass B. mit rühmlicher Ausdauer bemüht gewesen ist, alle Schriftsteller von Bedeutung in den Kreis seiner Dogmengeschichte aufzunehmen, ebenso dieselben in oft gelungener Weise zu kritisiren. Dass freilich einer der bedeutendsten Schriftsteller, Rodbertus, nicht mit behandelt worden, ist eine empfindliche Lücke, da grade in ihm viele originelle Anschauungen, scharfe Durchführungen strittiger Punkte, wie in einem Brennpunkte zusammenlaufen, doch darf man dem Verf. wohl kaum einen Vorwurf machen, da nach einer Stelle in der Vorrede demselben „ein Einblick in die „socialen Briefe" nicht verstattet war".

Bei einem Referate über ein Werk wie das vorliegende, das ja selbst nur eine Reproduction und Kritik der Theorieen einer fortlaufenden Reihe von Schriftstellern ist, kann es sich nicht um eine detaillirte Betrachtung der einzelnen Abhandlungen handeln, wir werden uns vielmehr mit einem allgemeinen Ueberblick begnügen müssen.

Weiter oben wurde zur vorläufigen Orientirung die äussere Gliederung der B.'schen Abhandlung reproducirt. Von grösserer Wichtigkeit ist die Frage, welche Grundideen B. in die Entwicklung der Theorieen hineinlegt, nach welchen leitenden Gedanken er eine Gruppirung derselben vornimmt? Diese lernen wir kurz aus folgenden, je an der Spitze der einzelnen Abhandlungen stehenden Sätzen kennen:

    a. Nur die Natur ist productiv (Grundgedanke der Physiocraten).
    b. Der Mensch producirt, aber auch die Natur, und das Product derselben ist die Rente (Smith, Say u. s. w.).

c. Allein der Mensch producirt, da aber die Mitwirkung der Natur verschieden ist, so sind es auch die Kosten. Daher die Rente ein Ergebniss der Distribution (Ricardo-Thünen'sche Theorie).

d. Alles in Allem der Mensch, Nichts die Natur, abgesehen von ihrer selbstverständlichen passiven Mitwirkung (Carey).

Diese Eintheilung ist vollständig geeignet, die ganze Grundrentenfrage in eine falsche, mindestens schiefe Beleuchtung zu setzen. Wir kommen hier wieder auf die Eingangs beregte Frage, nach welcher es den Anschein hatte, als ob die Lösung des Problems wesentlich philosophischen Characters sei, während das absolute Gegentheil der Fall ist. Wo ist in der That irgend ein wesentlicher Unterschied zwischen b und c? Bei c ist von der verschiedenen Mitwirkung der Natur im Productionsprocesse die Rede, bei b davon, dass auch die Natur producire. Wirkt nun aber die Naturkraft einmal mehr, einmal weniger, so kann derselben das Prädicat „productiv‘ nicht abgesprochen werden, um so weniger, als es Fälle in Fülle giebt, wo die Natur ohne irgend eine Mitwirkung des Menschen producirt; man müsste denn die Arbeit des Einsammelns als wesentlichstes Moment betonen, so dass erst hierdurch der Begriff „produciren" entstände. Eine Anschauung freilich, die so naiv wäre, dass man sich der Mühe der Widerlegung für enthoben erachten könnte. — Wird die Sachlage nicht unendlich klarer, wenn man die aus den Anschauungen über die Natur der landwirthschaftlichen Verhältnisse entspringenden Unterschiede greifbar hinstellt! Darnach würde der Unterschied der Smith'schen und Ricardo'schen Theorie einfach in folgenden Sätzen liegen: nach Ricardo entspringt die Rente aus der Differenz der Grundstückserträge und ist lediglich Folge abnehmender Fruchtbarkeit; nach Smith dagegen wird die Landwirthschaft productiver, die trotzdem bestehende Rente ist das Resultat starker Nachfrage. — Die Nationalökonomie würde sicherlich nichts verlieren, wenn die Ueberfülle philosophischer Abstractionen in Misscredit käme, wenn man vielmehr die Dinge selbst reden liesse, die ihnen zukommenden Eigenschaften klar und nackt hinstellte. Ist es doch eine nicht seltene Erscheinung, dass die hitzigsten Debatten auf philosophische Spitzfindigkeiten hinauslaufen, während im Wesentlichen und dann, wenn das Gebiet müssiger Speculation verlassen wird, in Fragen praktischer Natur — und diese sind schliesslich doch von alleiniger Bedeutung — Uebereinstimmung herrscht. — Im vorliegenden Falle ruht der Schwerpunkt in der Frage: welchen Einfluss hat die Vermehrung der Menschheit und die daraus folgende Consumtionssteigerung auf die Productivität des Landbaues? Das ist die Frage, von deren Beantwortung der Standpunkt in der Grundrentenfrage wesentlich bestimmt wird. Ausserdem sind noch von Bedeutung verschiedene nationalökonomische Sätze über den Einfluss der Nachfrage, der Macht des Eigenthums u. s. w.; sie sind aber im Verhältnisse zur vorangestellten Frage von nebensächlicher Wichtigkeit, sie verhalten sich gewissermassen wie die Form zum Inhalte. Die Untersuchung wird daher von selbst auf das Gebiet der Statistik geführt; hier ist der einzige Schlüssel zur endgültigen Lösung der Frage verborgen. B. hält die Schwierigkeiten in solchem Masse überwiegend, dass er erst am Schlusse der Abhandlung einige statistische Notizen mittheilt, jedoch ohne dass er unternimmt, ein bindendes Ergebniss zu erzielen. Und doch ist ohne ein solches eine definitive Entscheidung der Grundrentenfrage nicht zu ermöglichen, — ein positiver Standpunkt kann nur durch die Hülfe der Statistik erlangt werden. In welcher Weise Referent versuchte, einen solchen zu gewinnen, wird den Lesern seiner Abhandlung erinnerlich sein.

Dass die oben besprochene B.'sche Eintheilung das Wesen der Sache nicht erschöpft, geht ferner noch daraus hervor, dass er Carey als denjenigen bezeichnet, welcher der Mitwirkung der Natur fast keine, eben nur eine passive Mitwirkung beimesse. „Alles in Allem ist der Mensch." Wenn auch Carey einen Hauptnachdruck auf die fortschreitende, auf die mehr und mehr erstarkende Associationskraft des Menschen legt, so betont grade er auf der anderen Seite mehr als irgend ein anderer Schriftsteller die damit Hand in Hand gehende Mitwirkung der Naturkräfte. Beruht doch seine vermeintliche Widerlegung Ricardo's nur auf dem Satze, dass der Mensch nicht gezwungen werde, seine Arbeitskraft auf die Bebauung unfruchtbareren Bodens zu verschwenden. Es liegt hier also der Nachdruck gleichmässig auf dem Einflusse der Menschen- und der Naturkraft.

Noch ein Wort über die B.'sche Kritik der Carey'schen Theorie sei gestattet. Sie gehört zu den weniger gelungenen Theilen. Das Streben, die Auslassungen jenes originellen Denkers als ausnahmslos verfehlt hinzustellen, sind unfruchtbar; es ist manches Korn Wahrheit darin enthalten, wofür die Wissenschaft Dank schuldet, wenn auch in letzter Linie die Carey'sche Kritik der Grundrententheorie weit über sich, in's Schattenhafte hinausgreift.

Weimar. Dr. Trunk.

IV.

Staatswirthschaftliche Untersuchungen von Dr. **Friedrich Bened. Wilh. v. Hermann,** k. bayer. Staatsrath im o. Dienste, o. ö. Universitätsprofessor und Vorstand des statist. Bureaus u. s. w. Zweite nach dem Tode des Verfassers erschienene, vermehrte und verbesserte Auflage. München 1870. E. A. Fleischmann'sche Buchhandlung.

Dieses Buch erschien zuerst im Jahre 1832 und fand damals unter der deutschen Gelehrtenwelt wegen der scharfsinnigen Genauigkeit und umsichtigen Gründlichkeit, womit die darin enthaltenen Abhandlungen gearbeitet waren, allseitigen Beifall. Um die Mitte der vierziger Jahre vergriffen, wie die Vorrede der jetzigen Ausgabe berichtet, wurde es vom Verfasser, welcher in dem dazwischen liegenden langen Zeitraume zu mannichfaltigen und wichtigen Amtsstellungen berufen wurde, erst in den letzten Jahren zu neuer Auflage umgearbeitet, jedoch von diesem selbst, da ihn der Tod nach kurzer Krankheit aus einem reichen und langen Leben hinwegnahm, nicht zum Abschluss gebracht. Es ist somit ein unvollendetes Werk, welches von den Herausgebern, Dr. Helferich und Dr. Mayr, dem Publikum zugänglich gemacht wird; indessen ergiebt die Vorrede, dass der Verfasser selbst die Absicht hatte, die im Ganzen unbearbeitet aus der ersten Ausgabe herübergenommenen Abschnitte in der Hauptsache unverändert wieder abdrucken zu lassen. Es sind dies die Abhandlungen über den Gewinn, das Einkommen und den Verbrauch der Güter; ungefähr das Gleiche gilt auch von der Abhandlung über den Preis. Die Abhandlung über den Lohn ist formell neu, jedoch unvollendet; es fehlt die Erörterung der Einwirkung, welche der Lohn von Seiten des Ausgebots der Arbeit oder von den Arbeitern selbst erfährt. Die ersten fünf Abschnitte dagegen — Grundlegung, Bedürfnisse, Güter, Wirthschaft, Production — sind vom Verfasser durchgehends neu gearbeitet und auch in der Hauptsache druckfertig hinterlassen worden. In ihnen concentrirt sich daher vorwiegend die Verschiedenheit der zweiten Auflage von der ersten, insbesondere die Vermehrung des Gesammtumfanges, der, ohne Anrechnung des grösseren Formats der zweiten, von 374 auf 637 Seiten gestiegen ist. Endlich ist auch der jetzigen Ausgabe ein schätzenswerthes Verzeichniss der Werke, Abhandlungen und Recensionen Hermann's beigegeben.

Wir müssen unser gerade durch die Lectüre des Buches, insbesondere des vom Verfasser selbst besorgten Theiles bestätigtes Bedauern darüber aussprechen, dass derselbe nicht seine wissenschaftliche Musse zur Abfassung eines Werkes von mehr praktischem Inhalte verwandte, wozu gerade er bei dem grossen Reichthum seiner praktischen Kenntnisse, bei seiner reichen Geschäftserfahrung und bei der sorgsamen Gründlichkeit seines Wesens ganz besonders berufen gewesen wäre; ein Werk von Hermann, etwa wie Porters Progress of the nation, über die Entwicklung und die Zustände des deutschen Wirthschaftslebens wäre sicherlich allgemein erwünscht gewesen und würde zu dem Vortrefflichsten gehört haben, was in dieser Art erschienen ist. Das vorliegende Werk ist rein theoretisch; es behandelt mit ungemeiner Ausführlichkeit die allgemeinen Grundbegriffe und Grundlehren der Wirthschaft und es sind nur in die theoretische Untersuchung als Beispiele und zur Belehrung praktische Bemerkungen und Ausführungen eingeflochten, wobei wir bemerken müssen, dass, abgesehen von der Grundlegung, gerade in jenen letzteren hauptsächlich die Umgestaltung der neuen Auflage zu suchen ist. Dieser Theil der Arbeit bietet aus den Erfahrungen des täglichen Lebens und aus verschiedenen, insbesondere technischen Wissensgebieten ein mannichfaltiges, höchst schätzbares Material der Belehrung dar und muss in nicht geringem Grade das Interesse der Leser gewinnen. Von dieser Seite betrachtet ist das Werk eine höchst werthvolle Leistung, die dem Verfasser bei der einsichtsvollen und beharrlichen Art seines Wesens besonders gelingen musste.

Wir wurden jedoch unserer Pflicht schlecht genügen, wenn wir über der Bewunderung dieser Vorzüge die Frage vergassen, ob das Werk auch seinem theoretischen und principiellen Inhalte nach dem jetzigen Standpunkte der Wissenschaft entspricht und einen Fortschritt derselben begründet? Diese Frage muss verneint werden. Vor nahezu 40 Jahren waren die subtilen Untersuchungen Hermann's eine hervorragende Erscheinung; jetzt dagegen verlangt das Leben Leistungen anderer Art. In dem letzten Decennium besonders ist die moderne Kultur und damit die Theorie des socialen Lebens in ein neues Stadium eingetreten, in welches Hermann, wie sein Werk zeigt, nicht mit eingetreten ist. Hermann war kein Mann der grossen Ideen, wohl aber von klug rechnendem Verstande und nüchterner Erwägung des Privatnutzens; eine Untersuchung der grossen gesellschaftlichen Verhältnisse, welche in geschichtlicher Entwicklung das Wirthschaftsleben der

Völker bestimmen, lag ihm fern. Sein Standpunkt ist der des gebildeten Praktikers und Geschäftsmannes, der die grossen Verhältnisse als gegeben annimmt und in der geschäftlichen Sphäre die Regeln der Oekonomie buchhälterisch zu durchdringen strebt. Sein Werk enthält mit einem Worte nicht staats- oder volks-, sondern privatwirthschaftliche Untersuchungen.

Hermann hatte keinen richtigen Begriff von der Wirthschaft; wir weisen darauf besonders hin, weil gerade auf dieser irrthümlichen Grundlage neuerdings von gewisser Seite weiter zu bauen versucht wird. Er definirt die Wirthschaft als die quantitative Ueberwachung der Herstellung und Verwendung der Güter in einem gesonderten Kreise von Bedürfnissen; das gilt zunächst für die Einzelwirthschaft, allein die Volkswirthschaft ist nach ihm nur ein Aggregat von Einzelwirthschaften. Hier ist nun zuvörderst zu bemerken, dass Hermann keinen Massstab angiebt für jene quantitative Bemessung; offenbar kann dies nur der Werth sein, allein den Werth leitet er aus der Brauchbarkeit ab, welche aber, wie er selbst einräumt, keinen allgemeinen Massstab abgiebt. Seine „Grössenlehre der Güter", was nach ihm wie nach Anderen die Wirthschaftslehre sein soll, schrumpft daher zur Anwendung der banalen Regel zusammen, mit vorhandenen Mitteln möglichst viel auszurichten. Diese Regel ist freilich nicht unwahr, aber sie trifft so wenig das besondere Princip der Wirthschaft, dass sie vielmehr nur ein Ausdruck der allgemeinen, das ganze Universum durchziehenden Wahrheit ist, wozu Alles nach Mass und Zahl geordnet erscheint. Es mangelt daher der Theorie Hermann's an einem klaren und sicheren Fundamente; und dadurch erklärt sich wohl auch die auffallende Kürze, mit der er den Werth behandelt, während vielen minder wichtigen Dingen die sorgfältigste Ausführlichkeit gewidmet wird. Ebenso ungenügend ist, was über den Begriff der Volkswirthschaft gesagt wird. Er spricht zwar mehrfach von einer durch Verbindung von Arbeit und Vermögen in unzähligen Einzelwirthschaften mittelst des Tausches hervorgebrachten einheitlichen Gesammtthätigkeit; allein hier ist nicht nur der radicale Irrthum hervorzuheben, dass zwischen Vermögen und Arbeit ein Tauschverhältniss bestehen soll, sondern es wird auch nicht angegeben, worauf denn jene lebensvolle Einheit beruht, ja es wird sogar die Erörterung der socialen Verhältnisse, welche die Wirthschaftsthätigkeit eines Volkes oder Culturverbandes einheitlich gestalten, ausdrücklich abgelehnt. Daher meint der Verfasser auch, es lasse sich nicht einsehen, dass es für den ökonomischen Verkehr zwischen zwei Ländern eine wesentliche Differenz bilde, ob sie Provinzen desselben Staates oder verschiedene Staaten sind; eine Meinung, welche im Grunde darauf zurückzuführen ist, dass es nach dem System der Smithianisten eine eigentliche Volkswirthschaft gar nicht giebt, weil sie die einzelnen Theile nur aus sich selbst und nicht aus dem Ganzen erklären.

Da der Verfasser seine früheren Ansichten im Wesentlichen unverändert beibehalten hat und dieselben längst allgemein bekannt sind, so ist es nicht nöthig, darüber noch des Näheren zu referiren. Man kann zwar mit vielen seiner Anschauungen nicht einverstanden sein; insbesondere erscheint das, was er über die Arbeit (als Lebensaufopferung), über die Bedürfnisse, die Güter, über Preis, Lohn, Einkommen und Kapital vorträgt, vielfach in hohem Grade bedenklich und irrthümlich; seine Polemik gegen das deutsche

Schulwesen und die deutsche Bildung zeigt, dass er für die Bedürfnisse des deutschen Geistes kein volles Verständniss hatte; überhaupt kann seine ganze Methode, die überall mehr den rechnenden Geschäftssinn, als den universellen Geist der Wissenschaft verräth, nicht recht befriedigen. Auch ist es nicht zu billigen, dass in dem ganzen Werke auf die Literatur fast gar keine Rücksicht genommen wurde; eine Nachahmung ausländischer Originalwerke, die weder der deutschen wissenschaftlichen Sitte, noch dem Inhalte des Werkes angemessen scheint. Trotz alledem bleibt Hermann eine hervorragende Erscheinung unter den Oekonomisten der letzten Periode und sein Buch wird in der Bibliothek der Gelehrten fortdauernd eine ehrenvolle Stelle behaupten. Wir wollen nicht mit ihm darüber rechten, dass an die Wissenschaft des socialen Lebens neue Aufgaben herangetreten sind, denen sein Werk fremd geblieben ist. Wir finden nur an ihm die Wahrheit bestätigt, dass die Wissenschaft unendlich ist und unaufhaltsam auch über bedeutende Persönlichkeiten hinwegschreitet. Kr.

V.
Neueste Literatur zur Geschichte des deutschen Zollwesens.

Johannes Falke, Geschichte des deutschen Zollwesens. Von seiner Entstehung bis zum Abschluss des deutschen Zollvereins.

W. Weber, k. bayer. Staatsrath, Der deutsche Zollverein. Geschichte seiner Entstehung und Entwicklung.

(Beide Werke sind erschienen im Verlag von Veit & Comp. Leipzig 1869.)

Die volle Bedeutung des Zollwesens hat erst die neuere Zeit zur Erkenntniss gebracht. Während dasselbe bis zum 18. Jahrhundert überall nur als ein untergeordnetes Mittel der Finanzwirthschaft des Staates erscheint und sich gegenüber der Volkswirthschaft nur als Fessel und Hemmniss herausbildete, versuchte das 18. Jahrhundert mit dem staatswirthschaftlichen einen volkswirthschaftlichen Zweck zu verbinden, schlug aber, da jener noch der beherrschende blieb, einen Weg ein, auf dem der eine nicht erreicht und der andere verfehlt wurde. Das 19. Jahrhundert machte auf Grundlage einer besseren Erfahrung eine gleichgemessene Vereinigung beider Zielpunkte zur Thatsache, durch die Bildung eines Zollwesens, das die Volkswirthschaft in erster Linie, die Einnahmen des Staates aber in zweiter Linie in Rucksicht stellte, ein Verhältniss, das in seiner Symmetrie zu bewahren, als Aufgabe jetzt dem deutschen Zollparlament zugewiesen ist. Noch ein weiteres Moment ist zu dieser Bedeutung des Zollwesens hinzugetreten, durch die politische Gesammtlage Deutschlands hervorgerufen und bestimmt, mit der weiteren Entwickelung dieser als ein ursprünglich fremdartiges Element wieder in den Hintergrund zu treten. Neben den wirthschaftlichen Zwecken hat das deutsche Zollwesen den politischen in sich aufgenommen. Während im 18. Jahrhundert das Sperrzollsystem, im Anschluss an die herrschende Politik im Reiche, die Trennung zwischen den Gliedern desselben vervollständigte, ist das Schutzzollsystem der Gegenwart das einzige staatsrechtliche Band geblieben, welches das politisch getrennte Deutschland noch verbindet.

Diese vielseitige, weit in die Zukunft reichende Bedeutung des gegenwärtigen deutschen Zollwesens spiegelt auch wieder in unserer historisch-politischen Literatur. Während jedoch die Zeit des Zollvereins, seine Geschichte und seine Vorgeschichte, schon eine ziemliche Anzahl Schriften hervorgerufen hat und man von allen Seiten sich bemüht, hier die Lücken der Erkenntniss auszufüllen, hat die ältere Geschichte des deutschen Zollwesens bis zum 19. Jahrhundert seit v. Ulmenstein's im Jahre 1798 erschienenen und nur noch für Fachgelehrte bemerkenswerthen „pragmatischen Geschichte der Zölle" u. s. w. keine Bearbeitung im Ganzen und nur in kleineren Abschnitten eine gelegentliche Erforschung und Darstellung gefunden. Und doch bietet schon längst das seit der Mitte des 18. Jahrhunderts und besonders durch den gründlicheren Fleiss der Gegenwart herausgearbeitete geschichtswissenschaftliche Material für die ältere Zeit die umfassende Grundlage und für die Erforschung der neueren Zeiten die zugänglicher gewordenen Archive eine dankenswerthe Gelegenheit. Beide Arten von Quellen, die Urkundenwerke und quellenmässig gearbeiteten Geschichtsdarstellungen wie die Acten der letzten vier Jahrhunderte hat Johannes Falke bei dem oben angeführten Werke benutzt, um mit genauer Nachweisung der Quellen den ganzen Umfang der deutschen Zollgeschichte in vier, aus der Entwicklung des deutschen Zollwesens selbst hervorgegangenen Zeitabschnitten darzustellen.

Der erste Zeitraum, gleichsam die Einleitung zu einem deutschen Zollwesen, umfasst die Zeit des Frankenreiches unter der Herrschaft des merovingischen und karolingischen Hauses, da das Zollwesen, wie es war, aus dem zerrütteten Römerreiche übernommen und in dem überkommenen Zustand als ein dem Gesetze nach nur vom absoluten königlichen Willen abhängiges, in Wirklichkeit aber demselben mannichfach entstrebendes Besteuerungsmittel des Handels und der Frachtfuhr fortgeführt wurde. Die Stellung der verschiedenen Herrscher aus diesen Geschlechtern zu dem Zollwesen, sein Entwachsen aus dem Zustande absoluter Gebundenheit, seine Zertrennung in eine ganze Anzahl Ab- und Unarten, sein Ursprung im Römerreich und seine hier schon vollendete überkünstelte Ausbildung bilden den Inhalt dieses ersten Abschnittes. Der zweite Zeitraum erstreckt sich von der Begründung des deutschen Reiches bis zum Verschwinden des Reichszollwesens, von Anfang des 10. bis zu Anfang des 16. Jahrhunderts. Während dieser Zeit entschlupfte das reichsgesetzlich zuerst an das Reichsoberhaupt als seine einzige Rechtsquelle gebundene Zollwesen den Händen der Kaiser mit und ohne ihre Schuld, die Oberhoheit im Zollwesen ging in der Hauptsache auf das kurfustliche Collegium und der Zollbesitz ganz und gar in die Gewalt der Landesherren und Reichsstände über. Diese Entwicklung wird in drei Abschnitten, „das Reichszollwesen", „das Zollwesen der Landesherren", „das Zollwesen der Stadte", und in einem vierten, „die Zollverwaltung und Einrichtung bis zum 16. Jahrhundert" dargestellt. Den Schluss dieses Zeitraums bildet der bekannte Versuch des Reichsoberhauptes, zu Anfang des 16. Jahrhunderts ein Reichszollwesen in neuer Form wieder herzustellen. Einen ersten Versuch dazu machte Kaiser Friedrich IV. (III.), indem er den gesammten deutschen Grosshandel auf den Messen zu Frankfurt a. M. zum Vortheil des Reichs zu besteuern beabsichtigte. Unter Karl V.

um das Jahr 1522 wurde dieser Plan in der Weise erneuert, dass eine solche Besteuerung nun durch eine die Grenzen des Reichs umgebende Linie von neuen Zollstätten sollte erhoben werden. Wie Falke S. 59 ff. ausführt, wäre damit wohl eine bis dahin neue Grenzzolllinie, aber weder eine Besserung des Zollwesens noch ein dauernder Vortheil für das Reich gewonnen worden, da für jenes keinerlei Erleichterung geboten wurde und die neuen Zollstätten gleich den alten unter den damaligen politischen Verhältnissen doch nur den Landesherren anheim gefallen wären.

Der dritte Zeitraum umfasst die Zeit der „kurfürstlichen Praeminenz in Zollsachen" vom Jahre 1523—1648, da der Kurfürstenrath auf diesem Gebiete wie in allen Fragen der Reichspolitik die Oberhand gewonnen hatte, den Willen des Kaisers in den Reichsangelegenheiten band, dafür aber auch in fast eben so vielen Fällen von diesem an jeder durchgreifenden Wirksamkeit behindert wurde. Die Absicht der Kurfürsten war, dem überhandnehmenden Zollunwesen eine bleibende Schranke zu bauen, eine Absicht, die auch auf allen Reichstagen und in allen Reichsabschieden mit Hartnäckigkeit wiederholt und festgehalten wurde, der aber die thatsächlichen Verhältnisse so wenig wie diesen die über diesen Zeitraum bei Historikern und Staatsrechtslehrern bis jetzt herrschenden Ansichten entsprachen. Auf Grundlage der Acten des dresdener Hauptstaatsarchivs weist dieser Abschnitt nach, dass, während auf der einen Seite das kurfürstliche Colleg bis zum Eigensinn hartnäckig jede Erlaubniss einer Zollaufrichtung und Steigerung versagte, sich dasselbe doch auf der andern Seite keineswegs jeder solchen Erlaubniss entziehen konnte und theils aus Rücksicht auf die Mitglieder im Colleg, theils und besonders aber aus Ohnmacht und Unlust zu einem thatkräftigen Auftreten überall im Reiche ein gesetzwidriges Entstehen neuer Zölle und immer höherer Zollsteigerungen zulassen musste, so dass gerade diese allgemeine Steigerung der Zolltarife auf das Drei- und Vierfache diesen Zeitraum kennzeichnet.

Der vierte Zeitraum, vom Jahre 1648—1834 entwickelt, wie aus diesem durch den westfälischen Frieden bestätigten und bestärkten Wirrwarr des deutschen Zollwesens, da jeder Landesherr sich in den innern Angelegenheiten vollständig unabhängig von jeder überragenden Reichsgewalt fühlte und der Kaiser sowohl wie die mächtigsten Reichsfürsten ein allgemeines Interesse des Reichs auch bei so tief einschneidenden Schädigungen, wie bei der Sperrung des Rheins und der Elbe durch die Nachbarn, in ihrer Politik thatsächlich nicht anerkannten, in den grösseren Reichsländern allmählich die Sperrzollsysteme emporwuchsen und sich Hand in Hand mit dem Streben jener nach politischer Selbständigkeit in einer für die einzelnen Glieder wie die Gesammtheit des Reichs gleich rücksichtslosen Weise entwickelten. Während im Süden des Reiches Oesterreich zuerst durch Aufrichtung eines solchen Zollsystems zu seiner volkswirthschaftlichen Trennung vom Reiche den Grund legte, enspann sich in der nördlichen Hälfte zwischen Preussen und Sachsen mit dem Ringen um das politische Uebergewicht auch ein mit den Mitteln des Sperrzollsystems durchgeführter wirthschaftlicher Kampf, der alle Mittel und Folgen desselben in der eindringlichsten und lehrreichsten Weise zur Darlegung brachte. Diesen Kampf stellt ein besonderer Abschnitt (S. 269—320) in seinem ganzen Verlauf aus den Acten dar. — Die französischen Kriege unterbrachen die wirthschaftliche Entwicklung des deutschen Reichskörpers. Als nach schweren Leiden in glänzenden Siegen der Friede für Deutschland zurückkehrte, war ein anderes Geschlecht aufgewachsen, das statt der früheren Zertrennung die Vereinigung, statt der Fesselung an allen Gliedern Befreiung nach allen Richtungen, statt der Unterdrückung überall eine ungehinderte Entfaltung aller ihm innewohnenden Kräfte verlangte. Im Gegensatz zu solchem Volkssinn und Volkswillen waren aber die inneren politischen und wirthschaftlichen Verhältnisse Deutschlands um nichts gebessert und auch das deutsche Zollwesen in so viele von einander unabhängige Theile zerschnitten, als es noch deutsche Staaten gab. In diesem Zustand der Trennung gab es zwei Gruppen, denen freilich jeder Zusammenhang der einzelnen Glieder wieder fehlte, Gruppen, deren eine die mehr oder minder schroffen Sperrsysteme des 18. Jahrhunderts, die andere aber das systemlose Zollwesen des Mittelalters mit allen Ausschweifungen beibehalten hatten. Wie beide, trotz alles Widerstrebens im Einzelnen, durch die Nothwendigkeit an einander gezogen wurden, wie Preussens zuerst von allen Seiten bekämpftes neues Zollsystem vom Jahre 1819 den Kern für eine nach und nach weiter greifende Crystallisation der deutschen Bundesländer bildete, bis sich im Jahre 1834 dieser wirthschaftlich-politische Umgestaltungsprocess durch den Abschluss des Zollvereins vollzogen hatte, schildern uns diese beiden letzten Abschnitte, welche insbesondere noch Preussens sogleich von Anfang an ausgesprochene Absichten auf Erstreckung seines Zollsystems über andere Bundesglieder (S. 354 ff.) sowie die Verhandlungen wegen Sachsens Anschluss durch Beibringung neuen Materials klarer stellen. —

Die Ueberzeugung, die sich in diesem Buche überall zu Tage legt, dass das deutsche Zollwesen, je weiter das deutsche Reich sich in seinen eigenthümlichen Verfassungsverhältnissen entfaltet, in eine um so engere und wirkungsvollere Wechselbeziehung zu den politischen Verhältnissen tritt, findet auch durch das zweite Werk, die Geschichte des deutschen Zollvereins von W. Weber, seine Bestätigung. Und trotz dieses Verfassers schliesslicher Einrede ist es in der That nicht anders. Neben der ursprünglichen staatswirthschaftlichen Bedeutung hat das deutsche Zollwesen durch den auf ein gemässigtes Schutzzollsystem begründeten Zollverein für Deutschland eine hervorragend volkswirthschaftliche und zu gleicher Zeit in Folge einer politisch machtlosen Bundesverfassung und noch mehr der Umwälzungen im Jahre 1866 auch eine steigende politische Bedeutung erhalten, die, so fremdartig dieselbe einem Zollwesen von Anfang an sein mag, für Deutschland seine Wirkung nicht verlieren wird, so lange nicht die Verfassungsverhältnisse den politischen Bedürfnissen der Nation in derselben Weise entsprechen wie der Zollverein den volkswirthschaftlichen, so lange nicht dieser durch jene überflüssig gemacht ist. — Weber's Werk hat alle die Vorzüge, die Schriftstellern eigen zu sein pflegen, welche den Gegenstand ihrer Darstellung mit thätiger Theilnahme durchlebt haben, die Lebhaftigkeit und Schärfe der Auffassung, die Beherrschung und richtige Vertheilung des Stoffes, die wirkungsvolle Hervorhebung der eigentlichen Kernpunkte der Verhandlungen und Handlungen bei kurzer Berührung nebensächlicher, wenn auch stets wieder vordrängender Umstände. Aber auch ihre Nachtheile hat diese Stellung des Schriftstellers zu seinem Gegenstand, deren einer darin besteht, dass oft das Urtheil genügen soll, wo durchaus Belege nöthig sind. Die ersten zehn Kapitel des Werkes geben eine gedrängte Darstellung von der Vorgeschichte des Zollvereins, woran die nächstfolgenden den Anschluss der später hinzugetretenen Bundesstaaten, die erste innere Entwicklung des Vereins und seine ersten Handels- und Schifffahrtsverträge knüpfen. Eine bemerkenswerthe Bereicherung in der Erkenntniss dieser Verhältnisse giebt dieser Abschnitt durch eine bestimmtere und tiefer eingehende Kennzeichnung der Stellung Bayerns zu der Bildung des Zollvereins, eine Stellung, deren historische Bedeutung nie mehr verkannt werden, und künftig in einer entsprechenden politischen Stellung Bayerns zu den deutschen Verfassungsverhältnissen eine ebenso nothwendige wie dankenswerthe Nachfolge finden möge. Bei dem Urtheil über die Stellung Badens und seines Vertreters Nebenius vermissen wir eben die Belege, die nothwendig gegeben sein mussten, um die herrschende Ansicht in ihr grades Gegentheil verwandeln zu können. Hier ist eine von den dunkeln Stellen in der Vorgeschichte des Zollvereins und darum lebhaft zu wünschen, dass von Baden selbst, wo die politische Bedeutung des Zollvereins einer lebhaften Anerkennung nicht ermangelt, die Klarung mit Hülfe unbestreitbarer Belege bald versucht werden möge.

Der zweite Abschnitt des Werkes, vom 21. Kapitel bis zum Schluss, die Darstellung der „zweiten Vereinsperiode" vom Jahre 1842 bis 1867 übertrifft den ersten weit in der eingehenden Behandlung der Einzelheiten. Mit wachsendem Interesse folgt man der Darstellung eines Mannes, der mit fertiger Geschäftskenntniss die lebhafteste Theilnahme und mit dieser eine im Ganzen unbefangene und unparteiische Auffassung vereinigt. Der Kampf zwischen Schutzzoll und Freihandel, der aber doch wohl noch lange nicht seinen Abschluss gefunden hat, die Verhältnisse Oesterreichs zum Zollverein, deren Schilderung die ungetrubte Anschauungsweise des Verfassers am klarsten darlegen, die Verhandlungen mit Belgien und den Niederlanden, mit Hannover und Oldenburg, die beiden Krisen des Zollvereins mit den parallel laufenden preussischen Verhandlungen mit Oesterreich und Frankreich, von denen jene durch den in seinen Folgen kraftlosen Vertrag vom 19. Februar 1853 einen nur scheinbaren, diese durch den Handelsvertrag mit Frankreich vom August 1862 einen folgenreichen Abschluss erhielten, und endlich die innere Entwicklung des Vereins bis zu der nach den neuesten Erschütterungen im Jahre 1867 zu Stande gekommenen jüngsten Organisation — alles dies wird uns hier in spannungsvoller Darstellung, mit scharfer Zeichnung der drei politischen Parteien des deutschen Bundes, deren Gegeneinanderstellung die Katastrophe vom Jahre 1866 unvermeidlich machte, mit Anziehung des Wichtigsten aus den Verhandlungen und Verträgen wie mit klarer Kennzeichnung der wirthschaftlichen Bedeutung derselben vorgeführt. Was im Einzelnen an Lucken und dunkeln Stellen geblieben sein mag, wird erst ausgefüllt und geklärt werden können, je mehr das, was jetzt noch als wirkungsvolle Begebenheit uns beherrscht, unter die Reihe der abgeschlossenen historischen Thatsachen zurücktritt. —

Miscellen.

II.
Jahres-Bericht des nordamerikanischen Finanz-Ministers George S. Boutwell vom 6. December 1869.

Auch für das Jahr 1869 liegen wieder zwei Jahresberichte der höchsten Finanzbeamten der nordamerikanischen Union vor, die vom allgemeinsten nationalökonomischen Interesse sind, der Bericht des Finanzministers und der Bericht des Specialsteuer-Commissars. Der erstere steht zwar an Gehalt denen des früheren Finanzministers nach, giebt aber nicht nur über die Finanzverwaltung der Union, sondern auch über die gegenwärtigen Tendenzen des Finanzministeriums Aufschluss und beweist, wie weit der praktische Amerikaner von einem principiellen Festhalten des Grundsatzes des „laissez faire" entfernt ist. Er schlägt sogar den Erlass eines Gesetzes vor, welches den Banken die Verzinsung der Depositen verbietet. Der letztere Bericht enthält ein sehr reichhaltiges Bild der wirthschaftlichen Zustände Nordamerika's und entwickelt die nachtheiligen Einflüsse, welche die gegenwärtige extreme Schutzzollpolitik auf diese ausgeübt hat. Im Nachfolgenden theilen wir zunächst den ersteren nach der Beilage zu Nr. 1032 der New-Yorker Handelszeitung mit.

Steuer- und Zollwesen.

Der Bericht des Bundes-Steuer-Commissärs ist der Beachtung des Congresses achtungsvollst empfohlen; seit Ernennung des jetzigen Commissärs hat sich die Verwaltung dieses Departements fortwährend gebessert. Die Vermehrung der Einnahmen während der ersten fünf Monate des laufenden Fiscaljahres um D. 14,431,333 06 gegen den, in den Parallelmonaten des Vorjahrs eingegangenen Betrag ist ein höchst befriedigender Beweis für die Fähigkeit und Integrität der in diesem Departement des Staatsdienstes beschäftigten Personen. Die für Erhebung der Zölle ausgestellten Zahlungs-Anweisungen im Fiscaljahr, beendet am 30. Juni 1868, beliefen sich auf D. 6,378,385 43 gegen D. 5,376,738 13 im Fiscaljahr, beendet am 30. Juni 1869, mithin für das letztere Fiscaljahr eine Abnahme von D. 1,001,647 30 ergehend. Die Abnahme in den Erhebungskosten der Bundes-Einkünfte hat den Dienst im Departement selbst in keinerlei Weise beeinträchtigt. Andrerseits ist man überzeugt, dass die Mittel für Entdeckung von Schmuggel besser sind als je zuvor und dass der Zolldienst sich ebenfalls fortwährend bessert.

Incompetente Abschätzungs-Beamte.

Es sollte bekannt sein, dass die Hauptmittel für Erhebung der Bundes-Einkünfte und strengste Ausführung der Steuergesetze in der Verwaltung des „Appraiser"-Departements (Departement für steuer- und zollamtliche Abschätzung von Waaren) zu finden sind. Die aus thatsächlichem Schmuggel resultirenden Betrügereien und Verluste sind unbedeutend im Vergleich zu den Verlusten, welche durch incompetente und unehrliche Examinatoren und Abschätzungsbeamte (Appraisers) verursacht werden. Angenommen, dass ehrliche Leute für diese wichtigen Posten zu dem gegenwärtigen Gehalte gefunden werden können, so ist es doch unzweifelhaft, dass ein incompetenter Appraiser oder Examinator der Regierung täglich Verluste bereiten kann, die sein Gehalt bei Weitem übersteigen. Unter den jetzt in Kraft befindlichen Gesetzen sind gewisse Steuerbeamte und andere Personen, welche als Denuncianten auftreten, zu einem Antheil an den Strafgeldern und dem Erlös aus den confiscirten Waaren berechtigt. Während des Fiscaljahrs 1868 bis 1869 zahlte das Schatzamts-Departement an solche Beamte und Denuncianten die Summe von D. 286,073 61 in den verschiedenen, aus Verletzung der Zoll- und Steuergesetze entstandenen Processen, aus. Eine weitere bedeutende Summe wurde durch das Bundessteuer-Departement ausgezahlt.

Abschaffung des Denunciations-Systems empfohlen.

Die derartige Denunciations-Gebühren betreffenden Gesetze basiren sich auf die Voraussetzung, dass Regierungsbeamte dadurch zu grösserem Eifer in der Entdeckung von Betrügereien angefeuert werden und die Schuldigen um so sicherer die Strafe ereilt. Es kann kein Zweifel darüber herrschen, dass solches die Wirkung dieser Politik ist, doch hat mich die Erfahrung, die ich im Schatzdepartement gehabt, überzeugt, dass die Uebel, mit denen ein solches System behaftet ist, grösser sind, als die aus demselben entspringenden Vortheile. Es kommt häufig vor, dass Steuerbeamte veranlasst wurden, Ansprüche Seitens der Regierung geltend zu machen, welche sowohl jeder rechtlichen als auch der thatsächlichen Begründung der respectiven Fälle entbehren und wenn wirklich begründete Ansprüche existiren, ist es oft im Interesse der Denuncianten und der Beamten, welchen ein Antheil an den Strafgeldern zufällt, den Fall der Regierung fälschlich so vorzulegen, dass sie für ihre eigene Person grösseren Vortheil geniessen. Aber ein noch ernstlicherer Uebelstand ist in der ziemlich allgemeinen Gewohnheit zu suchen, dass man Personen Schleichwege und Betrug gestattet, bis ein Resultat erreicht ist, welches den Beamten und Denuncianten Nutzen abwirft, statt gleich beim Beginn solch' strafbaren Handlungen hindernd in den Weg zu treten. Es ist unmöglich, mit Worten genau die Uebel zu characterisiren, die aus dem jetzigen System entspringen; ich bin jedoch völlig davon überzeugt, dass die Regierung von ihren Staats-Beamten eine getreuliche Erfüllung ihrer Pflichten erwarten sollte, auch ohne dieselben durch irgend welche Neben-Emolumente dazu anzufeuern. Ich habe an anderer Stelle eine Gehalts-Erhöhung für Zollbeamte vorgeschlagen und die Abschaffung des Systems, durch welches denselben ein Antheil an den Strafgeldern und dem Erlös aus confiscirten

Waaren gewährt wird, ist ein weiterer Grund für eine Erhöhung der Gehalte in diesem Departement des Staatsdienstes.

Eingeschlichene Missbräuche.

Es hat sich der Missbrauch eingeschlichen, dass Unterbeamte und andere Personen, welche im Finanz-Departement angestellt waren, als Agenten oder Anwälte für Personen functionirten, welche Ansprüche gegen das Departement geltend zu machen hatten, und es ist Grund zu der Annahme vorhanden, dass dieselben in manchen Fällen die Information, welche sie sich während ihrer Beschäftigung im Staatsdienst verschafften, zu Gunsten der, solche Ansprüche geltend machenden Personen verwandten. Ohne alle Einwendungen gegen diesen Missbrauch aufzuzählen, mache ich achtungsvoll den Vorschlag, dass ein Gesetz erlassen werde, welches Personen verbietet, vor dem Finanz-Departement als Agenten oder Anwälte aufzutreten in Processen, welche anhängig waren zu der Zeit, als solche Personen im Departement angestellt waren.

Zahl der Subaltern-Beamten.

Im März d. J. waren im Finanz-Departement in Washington 2848 Subaltern-Beamte, Boten und Arbeiter mit einem Monatsgehalt von D. 285,921 51 angestellt; gegenwärtig beläuft sich die Zahl der Angestellten auf 2441 und deren monatliches Gehalt auf D. 238,280 84, was einer Verminderung der jährlichen Ausgaben um D. 571,688 04 gleichkommt. Es stellte sich jedoch während der erwähnten Perioden die Nothwendigkeit ein, die Zahl der Subaltern-Beamten im Bundessteuer-Bureau und im Bureau des ersten Comptrollers zu vermehren, wodurch eine jährliche Mehr-Ausgabe von D. 80,440 veranlasst wurde. Dies bezieht sich jedoch nicht auf das im Graveur- und Druck-Bureau beschäftigte Personal.

Spezial-Agenten.

Im März d. J. befanden sich zwei und sechzig Spezial-Agenten im Dienst des Departements, welche zusammen eine Remuneration von D. 371 10 pro Tag empfingen. Jeder dieser Agenten sandte dem Departement seine Berichte ein und handelte nach direct empfangenen Ordres; gegenwärtig sind vier und fünfzig Spezial-Agenten im Dienste und deren Remuneration beträgt D. 368 85. Die Bezahlung dieser Agenten wurde durchgehends erhöht in der Hoffnung, bessere Dienstleistungen zu empfangen. Die Meeresküste und die Grenzen des Landes wurden in sechszehn Spezial-Agentur-Districte getheilt und jeder District unter einen Superintendenten gestellt. Assistenten wurden ernannt und zum Dienst unter den verschiedenen Districts-Agenten beordert. Die Ordres des Departements werden in allen Fällen dem Agenten, unter welchem der betreffende District steht, übersandt und dessen Assistenten haben an ihn Bericht zu erstatten. Der Agent hat allmonatlich einen Bericht einzureichen über das, was er selbst und seine Subaltern-Beamten gethan; die bereits bis jetzt erzielten Resultate scheinen die Einführung dieses neuen Dienstzweiges zu rechtfertigen.

Herstellung von Regierungs-Papier.

Es wurden Arrangements getroffen, um das für Papiergeld und andere papierne Zahlungsversprechen der Ver. Staaten nothwendige Papier herzustellen und zu bedrucken, wodurch die Regierung vor ungesetzlichen Emissionen von Abdrücken von echten Platten mehr geschützt ist. Unter Section 11 des Gesetzes vom 30. Juni 1864, betreffend die Beschaffung von Mitteln und Wegen für den Unterhalt der Regierung und für andere Zwecke, wurde eine besondere Art Papier als „Regierungs-Papier" (government paper) bezeichnet und durch dasselbe Gesetz wird es als strafbares Vergehen für irgend eine Person erklärt, irgend welches ähnliche Papier im Besitz zu haben oder zu behalten, welches geeignet ist zur Herstellung irgend einer Bundes-Obligation oder eines Werthpapieres der Ver. Staaten, ausser wenn sie vom Finanzminister oder einem andern competenten Bundesbeamten dazu ermächtigt ist. Für Herstellung dieses Papiers wurden mit den Herren Wilcox & Co. in der Nähe von Philadelphia Arrangements getroffen und die von dieser Firma geeigneten Papiermühlen, welche ausschliesslich für diesen Zweck arbeiten, wurden unter Ober-Aufsicht eines Bundes-Beamten gestellt und derartige Vorsichtsmassregeln für die Bewachung von Theilen der Maschinen ergriffen, dass die Erlangung dieses besonders zubereiteten Papiers auf betrügerische Weise unwahrscheinlich ist. Es wird von einem an den Papiermühlen stationirten Bundesbeamten in Empfang genommen und auf Requisition des Departements an die National-Bank-Note-Company, die American-Bank-Note-Company und das Druck-Bureau des Schatz-Departements, je nach Erforderniss, versandt. Arrangements wurden ferner mit jeder der oben erwähnten beiden Compagnien getroffen, um für jede Emission von Papiergeld oder anderer papierner Werthzeichen je einen Satz von Platten herzustellen; das Gravir- und Druck-Bureau in Washington liefert den dritten Satz von Platten und auf jedes papierne Werthzeichen hat jedes dieser drei Etablissements einen Abdruck zu machen. Die Meldung über Absendung des Papiers vom Agenten an den Papiermühlen und über Empfang bei den verschiedenen Etablissements, über Ablieferung von diesen an das Siegel-Bureau im Schatz-Departement und endlich über Ablieferung an den Ver. Staaten-Schatzmeister wird täglich auf telegraphischem oder brieflichem Wege gemacht, und am nächstfolgenden Tage haben die Rechnungsführer des Schatz-Departements eine Aufstellung anzufertigen, in welcher über Verwendung eines jeden Bogens des hergestellten Papiers Auskunft ertheilt ist. Im Monat November wurde das Papier in den Papiermühlen und in jedem der verschiedenen Druck-Etablissements sorgfältig gezählt und das Resultat mit den Belegen im Schatz-Departement verglichen. Bei einer Gesammtsumme von ca. sieben Millionen Bogen, welche der an den Mühlen stationirte Agent empfangen, stellte es sich heraus, dass sechszig Bogen für Kleingeldnoten bestimmtes Papier fehlten, für deren vollen Werth die Compagnien, von welchen die Arbeit ausgeführt wurde, haftbar sind.

Man hält sich überzeugt, dass diese Arrangements grössere Sicherheit als bisher gewähren gegen betrügerische Emission von Papiergeld und anderen papiernen Werthzeichen der Regierung durch Gebrauch der Originalplatten und Stempel, und das System häufiger Examinationen der verschiedenen Etablissements, denen die Arbeit übergeben wurde, wird sofort irgend welche Abweichungen von den Belegen an's Licht bringen. Es ist nicht wahrscheinlich, dass die eingeführten Veränderungen eine Verminderung der Ausgaben verursachen werden, im Gegentheil sind thatsächlich die Kosten grösser, als sie sein würden, falls die Arbeit in allen Zweigen vollständig im Schatz-Departement selbst verrichtet würde. Meiner Ansicht nach jedoch ist die vermehrte Sicherheit für die Regierung von grösserer Wichtigkeit, als das geringe Geld-Ersparniss in den Gravir- und Druckkosten.

Marine-Hospitäler.

Der Marine-Hospital-Dienst des Landes im Allgemeinen ist in einem unbefriedigenden Zustand. Verschiedene Hospitäler sind an Punkten errichtet, wo dieselben augenblicklich nicht erforderlich sind, während grosse Handelsplätze, wie New-York, Philadelphia und Baltimore kein derartiges Institut zur Aufnahme kranker und verkrüppelter Seeleute besitzen. Diese Institute wurden durch Dr. Stewart, einen Agenten des Schatz-Departements und Dr. Billings von der Ver. Staaten Armee einer sorgfältigen Prüfung unterworfen. Das Resultat derselben beweist, dass die Leitung einiger Hospitäler zu wünschen uhrig lässt, dass andere geschlossen und dass Hospitäler in New-York, Baltimore und Philadelphia errichtet werden sollten. Maassregeln behufs Verkauf von Hospitälern an Plätzen, wo dieselben nicht erforderlich, sind ergriffen worden. Das Hospital in New-Orleans wird in Folge unpassender Lage und anderer Umstände als unzulänglich geschildert. Das Kriegs-Departement besitzt in New-York wie in New-Orleans passende Hospitäler, welche, wie ich höre, nicht länger nothwendig sind. Ich empfehle daher, dass diese an das Schatzamt übertragen werden.

Zoll-Cutter-Dienst.

Das System der Zoll-Cutter ist ein wichtiger und kostspieliger Zweig des Zoll-Systems. Im Ganzen gehören dem Departement sechs und dreissig Schiffe, nämlich zwölf Segelschiffe und vier und zwanzig Dampfer. Ihr Tonnengehalt variirt zwischen vierzig bis vierhundert und achtzig Tons Zur Bemannung dieser Schiffe sind 173 Officiere und 824 Seeleute erforderlich deren Unterhaltungskosten sich auf ca. D. 865,000 pro Jahr belaufen. Während sie fortwährend an Werth verlieren, betragen ihre jährlichen Unterhaltungskosten ca. D. 70,000. Die jetzt im Dienste befindlichen Schiffe sind zu verschiedenen Zeiten gekauft und gebaut worden, und soweit, wie ich ersehen kann, ohne spezielle Rücksicht auf den von ihnen zu verrichtenden Dienst, sicherlich aber ohne jede vorherige reifliche Ueberlegung. Die Hälfte, ja fast drei Viertel derselben sind für den Dienst nicht passend. Der Congress appropriirte kürzlich D. 300,000 für den Bau vier weiterer Schiffe; es wurde kraft der dem Finanzminister übertragenen Autorität zur Einreichung von Geboten aufgefordert, doch bis jetzt auf die eingelaufenen Offerten keine Contracte zugeschlagen. Eine Prüfung dieses Gegenstandes hat mich uberzeugt, dass es nicht rathsam ist, zu der Verausgabung zu schreiten, bis das Departement sich im Besitz genauerer und vollständigerer Information befindet. Ich werde daher das Gutachten eines Comité's competenter Officiere uber folgende Punkte einfordern: Erstens, welche Grösse und Eigenschaften erfordert der zu verrichtende Dienst von diesen Schiffen? zweitens, sollten dieselben aus Eisen oder Holz oder aus beiden zusammen construirt sein? Sobald der Bericht der Commissäre sich in meinen Händen befinden wird, werde ich zu Offerten für den Bau von vier Schiffen, wie autorisirt, auffordern.

Münze und Zweigmünzen.

Ausser der in Philadelphia bestehenden Haupt-Münze sind sechs Zweig-Münzen in verschiedenen Theilen des Landes, eine in San Francisco, eine in New-Orleans, eine in Charlotte, N. C., eine in Dahlonega, Ga., eine in Denver, Colorado, und eine in Portland, Oregon, etablirt worden.

Seit Beginn des Krieges sind die Zweig-Münzen in New-Orleans, Dahlonega und Charlotte geschlossen gewesen. Ein Münz-Wardein's-Bureau wird wahrscheinlich den Anforderungen der Minen-Interessen Colorado's genügen, und in Portland für den Augenblick nur ein beschränktes Geschäft stattfinden. Ich bin in der That der Ansicht, dass in Folge des Baues von Eisenbahnen und der daraus erwachsenen Communications-Erleichterungen das Münzen der Edelmetalle grösstentheils in einer Münze an der pacifischen und in einer Münze an der atlantischen Küste geschehen wird. Gemäss Congress-Gesetz vom 23. Juli 1866 werden Vorbereitungen zum Verkauf der Münzen in Charlotte und Dahlonega getroffen. Der Gewinn und das Münzen edler Metalle bilden jetzt ein so grosses nationales Interesse, dass sie mehr Aufmerksamkeit als bisher verdienen. Augenblicklich befindet sich im Schatz-Departement zu Washington kein Bureau oder Beamter, welcher mit der Leitung dieses grossen Interesses speciell betraut ist. Ich empfehle daher, dass Maassregeln zur Ernennung eines geeigneten Beamten, welchem dieser Zweig des öffentlichen Dienstes unter Anweisung des Finanzministers zu übertragen wäre, getroffen werden.

Der Betrag des von den Ver. Staaten gemünzten Geldes hat in Folge der geringeren Münzkosten in England und Frankreich abgenommen. Es würde unzweifelhaft darauf hinwirken, den Export von Edelmetallen zu verhindern, wenn die Münzkosten reducirt oder gänzlich abgeschafft würden.

Pacht-Contract zu annulliren.

Ein Contract wurde am 11. Februar 1869 zwischen dem Finanzminister als Repräsentanten der Ver. Staaten einerseits und gewissen Personen in Californien andererseits über ein Stück Land in San Francisco, bekannt als das Zollhaus-Geviert, für den Zeitraum von fünf und zwanzig Jahren abgeschlossen. Dieser Pachtcontract ist der Bestimmung unterworfen, dass er ungültig sein soll, falls der Congress am oder vor dem 1. Januar 1870 demselben seine Sanction verweigert. Angesichts des langen Zeitraums des Pachtcontractas und da ich der Ansicht bin, dass die Regierung die Controlle über Eigenthum behalten sollte, welches zu öffentlichen Zwecken erforderlich ist, halte ich es für rathsam, dass der Congress diesen Pachtcontract annullire.

Neue Post- und Schatzamts-Gebäude.

Das Fundament des Postgebäudes in New-York und des Postgebäudes und unabhängigen Schatzamtes in Boston hat bedeutende Fortschritte gemacht. Der besichtigende Architect des Schatzamts ist der Ansicht, dass das Mauerwerk sowie die Bedachung dieser Gebäude im nächsten Jahre vollendet sein können, falls hinreichende Appropriationen hierzu gemacht werden. Da die Arbeit einmal unternommen ist, so bin ich der Ansicht, dass aus ökonomischen Rücksichten die nothwendigen Appropriationen behufs deren schneller Vollendung gemacht werden sollten.

Handels-Marine.

Im Laufe des Monats December wird das Departement im Stande sein, einen Bericht über den Stand unserer Handelsmarine vorlegen zu können. Aus diesem Bericht wird ersichtlich sein, dass die maritimen Interessen des Landes sich noch nicht von den Verlusten erholt haben, welche sie während des Krieges erlitten, und dass geeignete Massregeln behufs ihrer Wiederherstellung ergriffen werden sollten.

Gehalte der Beamten des Departements.

Ich kann nicht unterlassen, den Congress auf die unzureichenden Salaire der Beamten des Schatzamtes aufmerksam zu machen; die Regierung ist für die Handlungsweise derselben verantwortlich und durch sie werden direct die Ausgaben und die Einziehung der Revenuen besorgt. Einige Salaire wurden festgestellt bei der Organisation der Regierung, andere sobald neue Stellungen creirt wurden und nur wenige sind seitdem in der letzten Zeit erhöht worden. Es ist unbestreitbar wahr, dass Personen, welche gleiche Fähigkeiten besitzen und mit derselben Verantwortlichkeit betraut sind, eine bedeutend höhere Vergütung für ihre Dienste von Individuen und Corporationen empfangen und obgleich viele Beamte, welche sich jetzt im Staats-Dienste befinden, darin verbleiben werden und zwar weil sie durch ihre jetzige Stellung dem gewöhnlichen Geschäftsleben entfremdet, so empfehle ich doch auf's Wärmste, als einen Act der Gerechtigkeit und im Interesse der Regierung, eine Erhöhung der Salaire. Im Allgemeinen gesprochen sollte diese Erhöhung der Salaire auf Zoll- und Steuerbeamte wie Collectors, Surveyors, Zoll-Marine-Beamte und besonders auf Abschätzer und Examinatoren im Abschätzungs-Departement ausgedehnt werden. Sollte die Empfehlung, die Gesetze zu widerrufen, welche öffentlichen Beamten einen Antheil an auferlegten Strafen und confiscirten Gütern zukommen lassen, adoptirt werden, so wird es nothwendig sein, die Salaire von Collectoren, Zoll-Marine-Beamten und Surveyors an allen Haupt-Häfen des Landes zu erhöhen. Es ist nur Wahrheit, dass die Regierung nicht mit Recht die Dienste solcher competenten Leute wie Abschätzer und Examinatoren zu den jetzigen unzureichenden Salairen erwarten kann. In grösseren Städten sind dieselben für den Unterhalt einer Familie nicht ausreichend und unter solchen Umständen trägt die Regierung eine gewisse Verantwortlichkeit, wenn sie ihre Beamte so situirt, dass sie zwischen Unredlichkeit einerseits und Mangel andererseits zu wählen haben. Die Salaire der Assistenz-Schatzmeister und anderer Haupt-Beamten sollten ebenfalls und zwar aus denselben Gründen erhöht werden. Es war während der letzten Jahre nur dann möglich, die tüchtigsten Clerks des Schatzamts im Dienste zu behalten, wenn ihre gesetzlichen Salaire, aus einer Appropriation, welche dem Finanzminister zu diesem Zweck zur Verfügung gestellt war, erhöht wurden.

Die Vertheilung dieser Appropriation ist eine unangenehme Pflicht für den Finanzminister und kann nicht erfüllt werden, ohne Eifersüchteleien und Unzufriedenheit unter den Beamten des Departements hervorzurufen. Im Allgemeinen kann gesagt werden, dass die Bureau-Chefs, Haupt-Clerks und Clerks, welche den verschiedenen Abtheilungen vorstehen, eine unzureichende Vergütung für die von ihnen geleisteten Dienste erhalten. Das laufende

Geschäft des Departements kann in zufriedenstellender Weise durch Clerks, welche das jetzt durch das Gesetz bestimmte Salair erhalten, besorgt werden, aber Männer, auf deren Discretion und gesundes Urtheil sich die Regierung behufs gehöriger Verrichtung der Geschäfte des Landes verlässt und deren Arbeiten nicht durch die gewöhnlichen Geschäftsstunden limitirt werden, sollten eine hinreichende Vergütung für ihre Dienste erhalten.

Vorgeschlagene Reformen.

Zwei Aenderungen in der Organisation des Finanz-Departements halte ich für äusserst wichtig. Die erste Veränderung, die ich hier meine, ist die Anstellung eines Ober-Controlleurs des Schatzamtes, welcher die Befugniss haben soll, das System der Rechnungsführung durch die verschiedenen Auditeurs und Controlleurs zu überwachen und an welchen alle Reclamationen zu richten sind, die durch Streitigkeiten in den Rechnungs-Bureaux hervorgerufen werden. Durch die Anstellung eines solchen Beamten, bekleidet mit den erwähnten Machtvollkommenheiten, wird in das Rechnungs-System Gleichförmigkeit gebracht und, wie ich fest glaube, der betreffende Beamte dadurch in den Stand gesetzt werden, dieses System zu vereinfachen und die Ausgaben des Departements wesentlich zu verringern.

Die zweite Aenderung, auf welche ich hinweise, ist meiner Meinung nach noch wichtiger. Augenblicklich existiren im Bureau des Finanz-Ministeriums acht Abtheilungen, deren Arbeiten sich ausschliesslich auf das Einfuhrzoll-System beziehen. Bis jetzt ist der Finanz-Minister die einzige Persönlichkeit, welche durch das Gesetz autorisirt ist, in Streitigkeiten, die aus der Handhabung der, die Einfuhrzölle betreffenden Gesetze entspringen, ein endgültiges, oder überhaupt entscheidendes Urtheil zu fällen. Gegenwärtig ist das Einkommen aus den Einfuhrzöllen ebenso bedeutend, wie was aus dem Bundessteuer-System. Die Zahl der in jener Branche angestellten Beamten ist beinahe ebenso gross wie in dieser. Es ist für den Finanzminister eine Unmöglichkeit, allen den verschiedenen Fragen, die in der Administration jener Branche ihren Ursprung haben, die Aufmerksamkeit zu widmen, welche für den öffentlichen Dienst nothwendig ist. Die Pflichten, welche aus der Oberaufsicht über die Collectirung der Einfuhrzölle entspringen, sind so mannigfaltig, so delicater Natur und so wichtig, dass sie die ausschliessliche Aufmerksamkeit einer der fähigsten Persönlichkeiten, deren Dienste gesichert werden können, rechtfertigen und erfordern.

Bundes-Zoll-Commissär.

Die Erfahrung dieses Jahres in der Verwaltung und der Collectirung der Bundes-Steuern berechtigt zu der Ansicht, dass die Creirung des Amtes eines Commissärs der Einkünfte aus den Import-Zöllen, dessen Machtbefugnisse und Stellung denen des Commissärs der Einkünfte aus den Bundessteuern entsprechend sind, und die Ernennung eines fähigen Commissärs die Handhabung der auf die Einfuhrzölle bezüglichen Gesetze viel wirksamer und übereinstimmender machen würde, als dies bisher der Fall war, während die Einkünfte wahrscheinlicherweise um viele Millionen jährlich vergrössert, die Ausgaben hingegen kaum ersichtlich vermehrt werden würden.

Reduction der Bundes-Schuld

Einschliesslich fälliger noch nicht bezahlter Zinsen und abzüglich des Cassenbestandes im Schatz betrug die Schuld der Ver. Staaten am 1. März dieses Jahres D. 2,525,463,260 01 und unter gleichen Bedingungen wie oben bei Beginn des laufenden Monats D. 2,453,559,735 23, demnach eine Abnahme von D. 71,903,524 78 ergebend. Diese hier sich zeigende Abnahme ist geringer als die wirkliche. Beträchtliche Summen sind bezahlt worden, herrührend noch aus dem Krieg und von anderen alten Ansprüchen, welche bisher nicht festgestellt und desshalb in keinem Schuldausweis aufgeführt worden waren. Die Rechnung vom 1. März, nach der Dringlichkeit des Falles, schloss nur die aufgelaufenen, doch zu jener Zeit nicht fälligen Zinsen ein, während gleichzeitig, wie natürlich, überfällige Zins-Coupons noch ausstanden, und diese, im Belauf von vielen Millionen, sind seitdem aus den gewöhnlichen Einkünften bezahlt worden. Früher, vor dem 1. März, wurden für die verschiedenen Anleihen keine Zinsen-Conti geführt, seitdem sind jedoch die erforderlichen Maassnahmen getroffen, um den genauen Betrag der fälligen Zinsen jeder Zeit ermitteln zu können. Die Obligationen, welche von den Ver. Staaten zur Unterstutzung von Eisenbahnen emittirt wurden, im Gesammtbetrage von D. 62,625,320, ihrer Natur nach ein Darlehen, sind nicht in obiger Aufstellung eingeschlossen.

Verwendung des Ueberschusses in den Einnahmen.

Während des am 30. Juni 1869 beendeten Fiscal-Jahres ergaben die Einnahmen über die Ausgaben, einschliesslich der Zinsen auf die öffentliche Schuld, einen Ueberschuss von D. 49,453,149 46; von diesem Ueberschuss kommen, so genau sich jetzt ermitteln lasst, D. 12,992,370 03 auf die Zeit vom 1. Juli 1868 bis zum 1. März dieses Jahres, die restirenden D. 36,460,779 43 auf die Zeit vom 1. März bis 30. Juni. Dieser Ueberschuss wurde von Zeit zu Zeit zum Ankauf von Fünf-Zwanziger Obligationen verwandt; der seit dem 1. Juli erzielte Ueberschuss in den Einnahmen wurde in gleicher Weise angelegt. Die Gesammt-Ankäufe bis zum 30. November beliefen sich auf D. 75,476,800. Da ein grosser Theil dieses Ueberschusses aus Gold bestand, so wurde von Zeit zu Zeit Gold verkauft und der Erlös daraus zum Ankauf von Obligationen benutzt.

Gold-Verkäufe.

Mit Ausnahme des Verkaufs mässiger Beträge von Gold in Chicago, New-Orleans, St.-Louis und Baltimore, wurden sämmtliche Gold-Verkäufe und Obligations-Ankäufe gleichförmig durch das Ver. Staaten Unter-Schatzamt in New-York besorgt, ohne irgend welche andere Unkosten für die Regierung, als den verhaltnissmässig kleinen Betrag für Aufforderung zur Einreichung von Offerten durch Zeitungs-Annoncen. Das Durchschnitts-Agio auf das seit 1. März verkaufte Gold war $32^{8}/_{10}\%$, auf die angekauften Obligationen $16^{68}/_{100}\%$, so dass für letztere, obige Gold-Verkäufe und Obligations-Ankäufe als Basis angenommen, der Durchschnitts-Preis von $88^{55}/_{1000}$ in Gold bezahlt worden ist.

Amortisations-Fond.

Durch das Gesetz vom 25. Februar 1862 wurde bestimmt, dass von dem für Einfuhrzölle eingenommenen Gold so viel zur Bildung eines

Amortisations-Fonds zurückgelegt werden solle, wie ein Procent der Gesammtschuld der Ver. Staaten beträgt. In Uebereinstimmung mit den Anforderungen dieses Gesetzes habe ich Obligationen im Belauf von D. 20,044,800 angekauft und dieselben als zum Amortisations-Fond gehörig bezeichnet. Diese Ankäufe sind eine thatsächliche Ausführung des Statuts vom 4. März 1869.

Ich für meine Person war weder berechtigt, noch auch fühlte ich das Verlangen, für die Zeit, die seit dem Erlass obigen Gesetzes bis zum Beginn der gegenwärtigen Administration verstrichen ist, für den zur Verfügung stehenden Ueberfluss an Mitteln Vorkehrungen zu treffen. Ich habe Obligationen ausser den, für den Amortisations-Fond bestimmten, im Belauf von D. 55,432,000 angekauft. Diese stehen als ein Spezial-Fond zur Verfügung des Congresses, und erlaube ich mir, anzuempfehlen, dass dieselben für den Amortisations-Fond bestimmt werden, und dass irgend welche fernere Ankäufe gleicherweise verwandt werden, bis der Brutto-Betrag einen Fond von der Höhe bildet, welche derselbe erreicht haben würde, wenn in der Ausführung des Gesetzes keine Verzögerung eingetreten wäre.

Entwerthung des Papiergeldes.

Die Entwerthung des Papiergeldes hat ihren Grund in zwei Ursachen. Erstens in einer übermässigen Emission, zweitens in dem Mangel an Vertrauen in die Regierung. In wie weit die erstgenannte Ursache Einwirkung hat, lässt sich nicht eher feststellen, als bis die zweite Ursache beseitigt ist; mit anderen Worten, wir werden genauer über die Ausdehnung einer Ueber-Emission von Papiergeld urtheilen können, wenn unser Credit, im Inland wie im Ausland, so weit gekräftigt ist, dass Inhaber unserer Obligationen geneigt sind, dieselben auch dann zu behalten, wenn die öffentliche Meinung über finanzielle Fragen aufgeregt ist. Es ist gleichfalls sehr wahr, dass der genaue Betrag, welcher für das Geschäft des Landes erforderlich ist, sich nicht mit Sicherheit bestimmen lässt. Seit Beendigung des Krieges sind die Bedürfnisse der Süd-Staaten grösser geworden, folglich sind grosse Summen Papiergeld aus anderen Landestheilen weggezogen worden, um dem dortigen Bedarf zu genügen. Der Betrag, welchen der Süden nöthig hat, wird für die nächsten zwei Jahre noch in stetigem Wachsen begriffen sein.

Der Bau der Pacific-Eisenbahn dürfte zur Folge haben, dass auch bei der Bevölkerung an der Küste des Stillen Oceans Papiergeld für Münze substituirt wird. Es ist anzunehmen, dass der hierzu erforderliche Betrag von Papiergeld nicht hinter D. 30,000,000 zurückstehen wird. Als eine Folge würde ein sehr bedeutender Betrag von Goldmünze dort aus der Circulation zurückgezogen und so in Wirklichkeit der Betrag von Gold an der Küste des Atlantischen Oceans vermehrt und die Papiergeld-Circulation in den östlich von den Rocky Mountains gelegenen Staaten erheblich vermindert werden. Diese Veränderungen werden zur Folge haben, die Differenz zwischen Papier und Gold zu verringern.

Wann Baarzahlung aufzunehmen ist.

Die Fähigkeit des Landes, Baarzahlung aufzunehmen, wird von keiner auf diesen Gegenstand gerichteten Gesetzgebung abhängig sein, sondern von dem Stande seiner Industrie und finanziellen Beziehungen zu anderen Ländern. Letztere, natürlicherweise, werden durch die allgemeine Politik der Regierung bedingt. Der Krieg erschöpfte den Reichthum des Landes und die Süd-Staaten waren buchstäblich verarmt. Eine nothwendige Bedingung für Wiederaufnahme der Baarzahlung war die Entwickelung der Industrie der Nation, im Norden wie im Suden, und die daraus hervorgehende Anhäufung von transportirbaren Producten der Industrie in solcher Ausdehnung, dass deren Export unserem Import im Wesentlichen gleichkommt. So lange es nöthig ist, für die hier importirten Waaren durch Aussendung von Bundes-Obligationen und anderen Schuld-Obligationen an andere Länder Zahlung zu leisten, so lange wird eine Wiederaufnahme und Beibehaltung der Baarzahlung unausführbar sein. Wenn die von hier exportirten Industrie-Erzeugnisse im Wesentlichen im Werthe den von anderen Ländern importirten Producten gleichkommen, dann wird sich kein Bedarf für Gold zeigen, um dasselbe auszuführen; ausgenommen etwa aus dem Umstand, dass unsere Obligationen, die im Auslande gehalten sind, zurückgesandt und hier verkauft werden und für den Erlös in Gold remittirt wird. Wenn der Credit unseres Landes in Europa völlig hergestellt sein wird und man keinen Zweifel weder an unserer Fähigkeit, noch an unserem Entschluss hegt, alle unsere Verbindlichkeiten zu erfüllen, dann werden Obligationen, die sich jetzt in grosser Ausdehnung in Händen von Kaufleuten und Banquiers befinden, von Capitalisten zu dauernder Anlage benutzt werden. Wenn diese Veränderung eingetreten sein wird, dann ist die Wahrscheinlichkeit, dass man unsere Obligationen, unter dem Einfluss politischer oder finanzieller Wirren in Europa, zurücksendet, sehr gering, und wenn dann unser Export, mit Ausnahme von Bundes-Obligationen, dem Import gleichkommt, dann kann die Baarzahlung aufgenommen werden, ohne auch nur vorübergehende Störungen im Geschäfte des Landes zu verursachen.

Hebung der Schifffahrts-Interessen.

Eines der wichtigsten Mittel, um das Land in seinen finanziellen Beziehungen zu anderen Nationen zu kräftigen, ist die Entwickelung unserer Handelsflotte. Die Listen des Zollamtes zeigen, dass ein sehr bedeutender Theil des fremden Handels sich in englischen Händen befindet. Wir sind in Folge davon nicht allein auf die fremde, mit uns rivalisirende Nation für die Geschäfte des Handels angewiesen, welche in unseren eigenen Händen sein sollten; auch unsere Fähigkeit, die Baarzahlung wieder aufzunehmen, wird nicht wenig dadurch geschwächt. Befände sich der ganze fremde Handel, sowohl Export wie Import, im Besitze americanischer Schiffe, so wurde der Verdienst derselben nicht weniger als D. 75,000,000 pro Jahr betragen. Gegenwärtig betragen die Frachtgelder americanischer Schiffe im fremden Handel nur D. 28,000,000. Befände sich das Geschäft ausschliesslich in americanischen Händen, so würde ein bedeutender Theil der Differenz von D. 47,000,000 americanischen Bürgern aus fremden Ländern zukommen. Dieser Betrag würde dann um so mehr unsere Fähigkeit vergrössern, aus fremden Ländern bezogene Waaren zu bezahlen. Kauft z. B. ein americanischer Burger in New-York 1000 Fass Mehl für D. 6000 und exportirt sie nach Liverpool in einem americanischen Schiffe, und wird das Mehl daselbst für D. 7000 verkauft, so kann eine Tratte für den ganzen Betrag gezogen und mit dieser Tratte eine Factura in England gekaufter Waaren von D. 7000 bezahlt werden, obgleich dann die Bücher des Zollamtes in New-York eine Differenz von D. 1000 gegen das Land ergeben würden. Gehen auf der anderen Seite die 1000 Fass Mehl in einem englischen Schiffe nach Liverpool, so würde der dafur in New-York realisirte Betrag, welcher zur Bezahlung englischer Waaren verwandt werden kann, nur D. 6000 sein, und die Differenz gegen das Land würde nicht blos anscheinend, sondern in Wahrheit D. 1000 betragen. Dieses einfache Beispiel zeigt die ganze Wichtigkeit einer Wiederherstellung unserer kaufmännischen Macht auf dem Ocean, und ich betrachte es desshalb als höchst wichtig für unsere Prosperität, dass die Schifffahrtsinteressen gekräftigt werden, nicht blos als eine Schule für Seeleute, sondern als eine grosse Macht in den Handen der Regierung, Baarzahlung wieder aufzunehmen und zu behaupten. Die Entwickelung dieses Interesses ist eben so wichtig für die Staaten, welche entfernt von der Kuste, wie für die, welche derselben nahe liegen. Jede neue Erleichterung für den Export der Producte des Innern ist ebenso vortheilhaft für die Producenten, wie für die Kaufleute und Schiffsbauer der Kuste. Und wenn ich auch nicht erwarte, dass es nothwendig sein wird, die Wiederaufnahme der Baarzahlung zu verzögern, bis wir unsere alte Stellung auf dem Ocean wieder eingenommen, so bin ich doch überzeugt, dass die Entwickelung der Schiffsbau- und Schifffahrt-Interessen den Credit des Landes verbessern und den Reichthum rasch vermehren wird. Die Andeutungen, welche ich gemacht, zeigen, dass es meiner Meinung nach nicht angerathen wäre, die Baarzahlung wieder aufzunehmen, so lange ein so bedeutender Theil der 5-20er Bonds in Handen europäischer Kaufleute, Banquiers und Fabrikanten sich befindet. Fragen, welche aufgekommen sind über die Art der Verbindlichkeiten, welche die Regierung bei Ausgabe der Bonds übernommen hat, haben ohne Zweifel viele Personen abgeschreckt, sie als permanente Anlage zu kaufen, und werden die Bonds in Folge davon in grossen Beträgen, sowohl in Europa wie hier, von Speculanten gehalten, die sie wieder auf den Markt werfen werden, sobald sie einen angemessenen Nutzen erzielen können, oder sobald politische oder finanzielle Ereignisse eine Frage nach Geld für andere Zwecke hervorrufen. Es ist wahrscheinlich, dass zwischen 700 und 900 Millionen dieser Bonds jetzt in Europa gehalten werden und grossentheils von Leuten, die sie wieder verkaufen werden, wenn die angedeuteten Grunde eintreten sollten. Dies geschah zum Beispiel in Europa im Jahre 1866 im Beginne des Oesterreich-Preussischen Krieges und würde ein ähnlicher Zustand auch für die Zukunft zur Folge haben, dass ein genügender Betrag Bonds von Europa zurückgesandt wird, um hier die geschäftlichen Zustände zu verwirren und um, wenn bereits die Wiederaufnahme der Baarzahlung stattgefunden haben sollte, von Neuem die Banken zur Einstellung ihrer Zahlungen zu zwingen.

Verminderung des Ver. Staaten Papiergeldes.

Es ist desshalb meiner Ansicht nach wichtig, dass ein grosser Theil der Funf-Zwanziger Bonds zurückgezogen und durch andere Bonds ersetzt werde, deren Emissions-Bedingungen so klar sind, dass sie keinen Zweifel zulassen. Mit einem Worte, die wirkliche Frage beschränkt sich nicht blos auf die Wiederaufnahme der Baarzahlung — als eine Maassregel für sich ist dies nicht schwierig —; die Schwierigkeit liegt aber darin, unter welchen Verhältnissen die Zahlungen wieder aufzunehmen, dass man sie auch beibehalten kann, nicht bloss in ruhigen, sondern auch in bewegten und gefährlichen Zeiten. Unser Weg scheint mir desshalb klar zu sein. Jeder Schritt, den die Regierung thut, sollte darauf gerichtet sein, den Werth unseres Papiergeldes zu heben. Es ist wahrscheinlich, dass dazu schliesslich eine Verminderung in dem Volumen desselben nothwendig sein wird, und ich erlaube mir daher, vorzuschlagen, dass dem Finanzminister das Recht ertheilt werde, die Circulation von Ver. Staaten Noten bis nicht über zwei Millionen in einem Monat zu vermindern. Das Land wird dadurch allmälig und ohne ruinirt zu werden in eine Lage gebracht, in welcher die Wiederaufnahme der Baarzahlung nicht allein leicht, sondern vielleicht unvermeidlich sein wird.

Amortisation der Bundes-Schuld.

Am 1. December 1869 betrug die Schuld der Ver. Staaten, ohne Abzug der disponiblen Bonds und baaren Gelder, D. 2,605,286,789 82. Davon bestehen D. 356,113,258 50 in Noten, die keine Zinsen tragen. Der grösste Theil derselben wird für die Circulation gebraucht, der Betrag kann aber aus den gewöhnlichen Revenuen reducirt werden, wenn der Congress dies für angemessen erachten sollte. Der Betrag des circulirenden Kleingeldes ist D. 38,885,564 68 und dürfte keine Veranlassung vorliegen, die darüber bestehenden Gesetze zu verändern. Ausserdem stehen aus Certificate für im Schatze deponirtes Gold bis zum Betrage von D. 36,862,940. Diese Certificate sind bei Präsentation einlösbar. Diese drei Posten betragen zusammen D. 431,861,763 18 und brauchen nicht berücksichtigt zu werden bei etwaigen Maassregeln für die Tilgung der öffentlichen Schuld. Von der Anleihe vom 1. Januar 1861 sind D. 7,022,000 noch ausstehend und am 1. Januar 1871 fällig. Die Anleihe von 1858 von D. 20,000,000 ist fällig 1873. Die sogenannten Zehn-Vierziger Bonds, D. 194,567,300 betragend, sind nicht vor 1874 rückzahlbar. Die sechsprocentigen Bonds, zahlbar 1881, betragen D. 283,677,600. Da die sogenannten 1881er und Zehn-Vierziger Bonds, zusammen D. 478,244,900 betragend, nicht fällig sind und nicht vor 1874 resp. 1881 bezahlt werden können, so brauchen auch sie bei einer neuen Anleihe nicht berücksichtigt zu werden. Die Fünf-Zwanziger Bonds, zusammen D. 1,602,671,100 betragend, sind entweder fällig oder werden bald fällig sein, und es ist diese Classe, und diese Classe allein, worauf die Aufmerksamkeit gerichtet sein sollte. Von dem letztgenannten Betrage sind seit März D. 75,477,800 gekauft worden und jetzt in Händen der Regierung. Ehe irgend eine Maassregel, die Fünf-Zwanziger Bonds zu fundiren, durchgeführt werden kann, wird die Regierung wenigstens D. 75,000,000 mehr gekauft haben. Es werden also am 1. Juli 1870 ungefähr D. 1,450,000,000 Fünf-Zwanziger Bonds in den Händen der öffentlichen Gläubiger sein, und würde von der gesammten Schuld nur der geringe Betrag von D. 27,000,000 vor anno 1874 fällig.

Fundirung der Bundes-Schuld durch Emission einer neuen Anleihe.

Unter diesen Umständen scheint es mir nicht rathsam zu sein, die Fundirung des ganzen Betrages von 5—20 Bonds zu autorisiren, welcher der Wahrscheinlichkeit nach am nächsten 1. Juli ausstehen wird; es sollten wenigstens D. 250,000,000 ausstehend gelassen werden, um vor 1874 eingelöst oder aufgekauft zu werden. Sollte dieser Betrag für einen ähnlichen Zweck zurückgelassen werden, so befände sich die ganze Schuld in einer Position, die leicht ihre Einlösung gestattete. Zwischen 1874 und 1881 könnten die 10—40er Bonds bezahlt und ebenso Anstalten getroffen werden, um die Bonds einzulösen, welche im Jahre 1881 fällig sind. Es wäre vielleicht angemessen, die proponirte Anleihe auf D. 1,000,000,000 zu beschränken, was dann zur Einlösung vor 1881 den Betrag von ungefähr D. 670,000,000 liesse, oder kaum D. 60,000,000 per Jahr. Angenommen, dass die proponirte Anleihe einen Betrag von nicht über D. 1,200,000,000 umfasste, würde ich vorschlagen, sie in drei Classen von je D. 400,000,000 anzubieten; die erste von D. 400,000,000 fällig in 15 Jahren und zahlbar in 20 Jahren; die zweite Classe von D. 400,000,000 fällig in 20 Jahren und zahlbar in 25 Jahren und die dritte Classe von D. 400,000,000 fällig in 25 und zahlbar in 30 Jahren. Die Hauptbedingungen der neuen Anleihe scheinen mir die folgenden zu sein: Erstens, Capital und Zinsen sind in Gold zahlbar zu machen; zweitens, die sogenannten 5—20er Bonds sind für die neuen Bonds in Zahlung zu nehmen; drittens, das Capital ist zahlbar in den Vereinigten Staaten und die Zinsen zahlbar entweder in den Vereinigten Staaten oder in Europa, wie die Käufer es wünschen; viertens, der Zinsfuss darf $4^{1}/_{2}\%$ p. a. nicht übersteigen; fünftens, der Käufer in Europa erhalten ihre Zinsen in London, Paris, Berlin oder Frankfurt a. M, wie sie es vorziehen; sechstens, die Obligationen, Capital und Zinsen, sind frei von allen Steuern, Abgaben oder Verkürzungen irgend welcher Art, wenn es nicht angemessen erachtet werden sollte, Bürgern der Ver. Staaten eine gleiche Steuer auf ihr Einkommen von diesen Obligationen aufzuerlegen, wie sie nach den Gesetzen der Ver. Staaten auf ihr Einkommen von anderen Geld-Anlagen zu bezahlen haben. Es giebt zwei Gründe, und beide scheinen mir von grösstem Gewicht zu sein, wesshalb die Obligationen der Ver. Staaten frei von Staats- und Local-Abgaben sein sollten. Sind sie nicht frei davon, so wird der Betrag der Abgaben, die von den Local-Behörden auferlegt werden, den Zinsen hinzugefügt werden mussen, welche die Bundes-Regierung zu bezahlen haben wird, und dies wird die letztere zwingen, Anschaffungen für die von den Local-Behörden auferlegten Abgaben zu machen. Zweitens, in Anbetracht, dass die Fähigkeit, Anleihen zu machen, unter manchen Verhältnissen von grosser Wichtigkeit für die Erhaltung der Regierung sein durfte, sollte die Macht, diese Fähigkeit selbst in Zeiten des Friedens und der Prosperität auszuüben nicht beschränkt werden durch Concessionen, durch welche einzelne Staaten das Recht erhalten, die Mittel zu besteuern, durch welche die Bundes-Regierung erhalten wird. Das Recht, alle ihr zustehenden gesetzlichen Gewalten ohne eine Bedingung, Einschränkung oder Einspruch eines Anderen auszuüben, ist ein wichtiger Bestandtheil der Souverainität, und sollte die Bundes-Regierung nie in dieser Hinsicht ihre Macht in Frage ziehen oder aufgeben.

Bei der Emission dieser neuen Anleihe sollten den Bürgern und Unterthanen anderer Länder die stärksten Versicherungen gegeben werden, dass die Zinsen und das Capital in gemünztem Gelde, in Uebereinstimmung mit den Bedingungen der Anleihe ohne irgend eine Kürzung oder einen Abzug bezahlt werden. Ebenso empfehle ich, um der Nothwendigkeit, Agenten für den Verkauf der Anleihe anzustellen, überhoben zu sein, dass Subscribenten eine angemessene Provision erhalten, und dass Diejenigen, welche zuerst zeichnen, des Recht haben, die Classe Bonds zu wählen, in denen ihre Subscription ausgeführt werden soll. Ich empfehle ferner in Verbindung mit dieser Anleihe, dass die unter dem Gesetze, „ein nationales Circulationsmittel zu grunden", etablirten Banken aufgefordert werden, die neuen Bonds gegen die alten umzutauschen, welche jetzt als Sicherstellung für ihre Banknoten deponirt sind. Sollte sich eine Bank weigern, diese neue Bedingung anzunehmen, so sollten Bestimmungen getroffen werden, dass die sich weigernde Bank ihres Freibriefs verlustig wird und sollte dann das Recht, neue Banken an Stelle der so aufgelösten zu gründen, gegeben werden.

Eine Hauptbedingung für den Erfolg der neuen Anleihe ist das Fortbestehen des gegenwärtigen Steuergesetzes. Der Hauptbeweggrund, der angewandt werden kann, um die gegenwärtigen Inhaber von 5—20er Bonds zu veranlassen, ihre alten Bonds aufzugeben und neue zu einem geringeren Zinsfuss und mit einem längeren Zahlungstermin dafür zu nehmen, ist die durch den grossen Umfang der National-Revenuen gebotene Gewissheit, dass die Bonds bald werden eingelöst werden. Wir müssen bereit sein, ihnen die Alternative zu stellen, entweder den neuen Bond mit einem geringeren Zinsfuss oder Zahlung des Capitals der alten Bonds zu nehmen.

Sobald die 5—20 Bonds bis zum Betrage von D. 1,000,000,000 oder D. 1,200,000,000 fundirt sind, können die Revenuen bedeutend vermindert und doch noch genügende Einkünfte erzielt werden, die gewöhnlichen Ausgaben der Regierung zu bestreiten, die Zinsen auf die öffentliche Schuld zu bezahlen und einen Tilgungs-Fond von D. 25—50,000,000 jährlich anzulegen. Sollte der Erfolg in dem Verkaufe der neuen Anleihe meinen Erwartungen entsprechen, welche letztere auf das Factum basirt sind, dass die Fähigkeit und der gute Wille des Volkes der Ver. Staaten, seine Schulden zu bezahlen, genügend sind, um anzunehmen, dass die Bonds der Ver. Staaten den höchsten Preis an den Börsen der Welt bedingen, so werden wir beim Beginn nächster Congress-Sitzung in der Lage sein, das Werk der Reduction der Steuern zu beginnen.

Einlösung der dreiprocentigen Certificate.

Am 30. Juni 1868 war der Betrag der ausstehenden 3 % Certificate und convertirbaren Zinseszinsnoten in 3 % Certificate D. 71,604,890, am 30. Juni 1869 standen aus D. 54,991,410, was mithin eine Verminderung von D. 16,-613,480 dieser Classe der Schuld ist. Am 1. December 1869 war der Betrag weiter auf D. 49,716,150 vermindert, mithin eine Reduction von D. 21,888,740 im Ganzen für 17 Monate. Die 3 % Certificate sind in bedeutendem Maasse ein Ersatzmittel für Ver. Staaten Noten, daher sie grösstentheils von den Banken als Theil ihrer Reserve gehalten werden, und dadurch indirect, wenn auch nicht für ihren vollen Betrag das Volumen der Circulationsmittel vergrössern. Ich empfehle daher, dass Anstalten getroffen werden, die 3 % Certificate innerhalb einer angemessenen Zeit einzulösen und als Ersatzmittel für die so geschaffene Verminderung des circulirenden Geldes den Banken in den Staaten, wo das Bank-Capital geringer ist, als der Betrag, zu dem der Staat berechtigt sein würde, eine Vermehrung der Circulation zu gestatten, welche jedoch zusammen D. 35,000,000 nicht übersteigen sollte.

Die Einlösung der 3% Certificate und die Vermehrung des Bank-Capitals könnte so eingerichtet werden, dass dadurch keine bedeutende Umwälzung in den Finanzen oder in dem Geschäft des Landes entstände; dadurch würde ein vergrössertes Bank-Capital den Theilen des Landes gesichert, die desselben bedürfen, und dies geschähe ohne irgend eine Vermehrung in dem Volumen der Circulationsmittel.

Uebel des jetzigen Bank-Systems.

Das gegenwärtige Banksystem hat zwei Uebel, denen prompte und durchgreifende Abhülfe Noth thut. Das erste ist die Gewohnheit der Banken, auf Depositen Zinsen zu zahlen. Die Folge dieser Gewohnheit ist, dass Gelder in Händen von Privaten, die sonst für kaufmännische oder sonstige Geschäftszwecke würden ausgeliehen werden, jetzt den Banken übergeben werden auf Grund der Annahme, dass, wenn die dafür erlangte Sicherheit auch nicht besser ist, so doch das Geld jeden Augenblick zurückgezogen werden kann. Banken im Innern des Landes oder fern von den Centralpunkten des Geschäftes, die Geld auf Depositen nehmen und Zinsen dafür vergüten, übertragen diese Fonds an andere Banken, von denen sie einen gleichen oder höhern Zinsfuss erhalten. Sie sehen in der Hauptsache nur darauf, ihre Fonds in einer solchen Lage zu haben, dass sie zu allen Zeiten darüber verfügen können. Hieraus folgt, dass stets grosse Summen auf Depositen in den Banken der grösseren Städte liegen, namentlich der Stadt New-York, des grossen Centralpunkts für Finanz-Geschäfte an der Atlantischen Küste. Schon im gewöhnlichen Verlaufe der Dinge hat das Geld eine Neigung, nach den Städten zu fliessen, und es ist nicht vernünftig, diese Tendenz durch künstliche Mittel zu vergrössern. Das Uebel endet aber nicht blos mit der Verarmung des Landes. Da die Banken in den Städten zu irgend einer Zeit gezwungen werden können, die Tratten ihrer Depositoren zu bezahlen, so müssen sie refusiren, die ihnen so zugeflossenen Fonds zum Discontiren von Geschäftswechseln zu verwenden, die nicht à vista zahlbar sind, und müssen vielmehr darauf bestehen, sogenannte „call loans" mit Regierungs-Obligationen oder anderen Fonds als Sicherheit zu machen. Kaufleute borgen in der Regel nicht grosse Summen, die „on call" rückzahlbar sind.

Die Folge ist, dass die so in den Stadtbanken angehäuften Gelder an Personen ausgeliehen werden, die sie für Speculationen gebrauchen. Der Umfang dieses Uebels kann aus dem Factum ersehen werden, dass von den Darlehen der Banken in der Stadt New-York im October 1868 D. 98,000,000 auf kaufmännische Wechsel und D. 68,000,000 „on call" gegen Sicherheit in Obligationen gegeben wurden; im October 1869 D. 99,000,000 auf Wechsel und D. 59,000,000 „on call". Im ersteren Jahre waren also 41% und im letzteren 37% aller Darlehen „on call". Eine weitere Folge ist, dass Personen, die Geld auf Wechsel für legitime Geschäftszwecke leihen wollen, 3—6% mehr Zinsen zahlen, als Personen, die Geld für Speculationszwecke gebrauchen.

Ich empfehle desshalb, ein Gesetz zu erlassen, das den Banken absolut verbietet, Zinsen für Depositen zu bezahlen, das ebenso den Betrag aller Darlehen „on call" gegen Sicherheit auf 10% ihres Capitals limitirt. Ich bin ferner überzeugt, dass die Gewohnheit, Checks zu certificiren, selbst

Miscellen.

wenn der Aussteller Fonds in der Bank für den Betrag hat, mit grossem Nachtheil verbunden ist, und dass dies gänzlich verboten werden sollte.

Bundes-Einnahmen und Ausgaben während des am 30. Juni 1869 beendeten Fiscaljahres.

Einnahmen.

Zölle . . . . D.	180,048,426 63
Bundessteuern	158,356,460 86
Ländereien	4,020,344 34
Directe Steuern	765,685 61
Diverse Quellen	27,752,829 77
Gesammt-Einnahmen, excl. Anleihen . . . . . . D.	370,943,747 21

Ausgaben.

Civildienst . . . . D.	56,474,061 53
Pensionen und Indianer	35,519,544 84
Departement des Krieges	78,501,990 61
Departement der Marine	20,000,757 97
Zinsen auf die Bundesschuld . . .	130,694,242 80
Prämien auf 7-30er Schatzamts-Noten	300,000 00
Gesammt-Ausgaben, excl. Anleihen . . . . D.	321,490,597 75
Ueberschuss der Einnahmen über die Ausgaben . . . D.	49,453,149 46

Bundes-Einnahmen und Ausgaben während des am 30. September 1869 beendeten Quartals.

Einnahmen.

Zölle . . . . D.	52,598,921 86
Bundessteuern	47,926,352 51
Ländereien	893,864 08
Diverse	7,412,483 57
Gesammt-Einnahmen, excl. Anleihen . . . . . . D.	108,831,622 02

Ausgaben,
nach Abzug der von Ver. Staaten Zahlmeistern und Anderen gemachten Rückzahlungen.

Civildienst . . . . D.	15,102,202 05
Indianer und Pensionen	13,547,942 79
Departement des Krieges	13,595,468 05
Departement der Marine . . .	5,782,630 96
Zinsen auf die Bundesschuld . . .	37,452,270 74
Gesammt-Ausgaben, excl. Anleihen . . . . D.	85,480,514 59
Ueberschuss der Einnahmen über die Ausgaben . . . D.	23,351,107 43

Voranschlag der Einnahmen und Ausgaben für die letzten drei Quartale des am 30. Juni 1870 beendeten Fiscaljahres.

Einnahmen.

Zölle . . . . D.	135,000,000 00
Bundessteuern	127,000,000 00
Ländereien	4,000,000 00
Diverse Quellen	20,000,000 00
Gesammt-Einnahmen . . . . D.	286,000,000 00

248 Miscellen.

Ausgaben.

Civildienst	D. 40,000,000 00
Pensionen und Indianer	21,000,000 00
Departement des Krieges	40,500,000 00
Departement der Marine	14,000,000 00
Zinsen auf die Bundesschuld	93,750,000 00
Gesammt-Ausgaben	D. 209,250,000 00
Veranschlagter Ueberschuss der Einnahmen üb. die Ausgaben	D. 76,750,000 00

Voranschlag der Bundes-Einnahmen und Ausgaben für das am 30. Juni 1871 beendete Fiscaljahr, basirt auf jetzt bestehende Gesetze.

Einnahmen.

Zölle	D. 185,000,000 00
Bundessteuern	175,000,000 00
Ländereien	5,000,000 00
Diverse Quellen	28,000,000 00
Gesammt-Einnahmen	D. 393,000,000 00

Ausgaben.

Civildienst, fremde Gesandtschaften und Diverse	D. 60,000,000 00
Departement des Innern, Indianer und Pensionen	36,000,000 00
Departement des Krieges	50,000,000 00
Departement der Marine	18,000,000 00
Zinsen auf die Bundesschuld	127,000,000 00
Gesammt-Ausgaben	D. 291,000,000 00
Veranschlagter Ueberschuss der Einnahmen üb. die Ausgaben	D. 102,000,000 00

Bei vorstehendem Voranschlag der Einnahmen wurde angenommen, dass die jetzt in Kraft befindlichen Zoll- und Steuer-Gesetze nicht derartig verändert werden, um die Bundes-Einkünfte wesentlich zu afficiren, während der Voranschlag für die Ausgaben auf die Erwartung basirt ist, dass keine extra-ordinairen Appropriationen werden gemacht werden.

III.
Statistische Mittheilungen über das Fürstenthum Reuss älterer Linie.

Das Fürstenthum Reuss ä. L. hat nur einen Umfang von 4,99 ☐Meilen und ist, wenn man vom Gebiet der Hansestadt Bremen mit 4,67 ☐Meilen absicht, der kleinste Staat im norddeutschen Bunde.

Dennoch nimmt es in wirthschaftlicher Beziehung eine sehr beachtenswerthe, ja hervorragende Stellung ein. Es ist trotz seiner ausgedehnten Waldungen eine der bevölkertsten und industriereichsten Gegenden Deutschlands, es ist der Sitz der deutschen Tibetfabrikation.

Schon 1861, als die letzten gewerblichen Erhebungen im Zollverein gemacht wurden, gab es hier nicht weniger als fünf Kammgarnspinnereien mit 10,448 Feinspindeln, 42 Fabrikanten für wollene Gewebe, 4863 Webstühle für wollene und 1236 für baumwollene und halbbaumwollene Stoffe und endlich 3087 selbstständige Webermeister mit 2859 Gehülfen. Seitdem hat diese Industrie sich bedeutend erweitert. Nach zuverlässigen Quellen werden gegenwärtig dort auf circa 7000 Handstühlen und einigen mechanischen Webstühlen jede Woche durchschnittlich 1000 Centner wollenes Kammgarn zu Tibet verwebt und dafür eine Summe von 12,000 Thlrn. als Arbeitslohn ausgezahlt. Da das verwebte Kammgarn einen Durchschnittspreis von 40 Sgr. hat, so beträgt der Werth des verarbeiteten Kammgarns wöchentlich 133,000 Thlr. oder jährlich 6,650,000 Thlr. und der jährliche Arbeitslohn 600,000 Thlr. Unter diesen Umständen erscheint es nicht unwichtig, die Bevölkerungsverhältnisse dieses Ländchens und ihre Bewegung näher kennen zu lernen, zumal dadurch in der Bevölkerungsstatistik Thüringens[*] und Deutschlands eine bisher schmerzlich empfundene Lücke ausgefüllt wird.

Nach amtlichen Quellen ergab die Volkszählung im Jahre 1837 eine Zollabrechnungsbevölkerung des Fürstenthums von 31,500, im Jahre 1867 dagegen von 44,172 Köpfen. Die Einwohnerzahl war demnach in 31 Jahren um nicht weniger als 40,2 % gewachsen, d. h. stärker als in allen übrigen Staaten Thüringens. Diese Zunahme ist aber in sehr ungleichen Progressionen vor sich gegangen, wie eine Vergleichung der dreijährigen Zählungsresultate ergiebt.

Sie betrug:

von 1837 bis 1840 (33,062 Einw.) 4,96 %
- 1840 - 1843 (33,803 -) 2,24 -
- 1843 - 1846 (35,159 -) 4,01 -
- 1846 - 1849 (36,274 -) 3,17 -
- 1849 - 1852 (37,752 -) 4,07 -
- 1852 - 1855 (39,202 -) 3,84 -
- 1855 - 1858 (39,397 -) 0,49 -
- 1858 - 1861 (42,130 -) 6,93 -
- 1861 - 1864 (43,924 -) 4,26 -
- 1864 - 1867 (44,172 -) 0,56 -

Wir sind gegenwärtig nicht in der Lage, diesen Wechsel der Volksvermehrung mit dem Gange der Ernten und der industriellen Erfolge des Ländchens zu vergleichen und die Ursachen zu erforschen, welche ihn hervorgerufen haben. Aber die geringe Zunahme in dem letzten hier in Betracht gezogenen Triennium stimmt so überein mit dem gleichzeitigen Gange der Bevölkerung in den übrigen thüringischen Staaten, dass man hier ebenso wie dort ohne Zweifel die Wirkung des Kriegs- und Cholerajahrs 1866 zu erkennen hat. Einen Beweis dafür bietet auch die ausnahmsweise starke Sterblichkeit der Jahre 1865—1867. Im Durchschnitt der 30 Jahre von

---

[*] Bekanntlich ist Reuss ä. L. der einzige thüringische Staat, welcher sich nicht an dem statistischen Bureau vereinigter thüringischer Staaten in Jena betheiligt hat, so dass die amtlichen Publikationen dieses Bureaus namentlich „Die Statistik Thüringens. Jena 1867." dieses Ländchen nicht mit berührt.

1838—1867 starben jährlich von 1000 lebenden Menschen nur 28,01, in diesem letzten Triennium dagegen 30,37 und im Jahre 1867 sogar 32,24.

Die Dichtigkeit der Bevölkerung ist weitaus die stärkste in Thüringen und wird im ganzen Zollverein nur von der im Königreich Sachsen und in dem preussischen Regierungsbezirk Dusseldorf übertroffen. 1837 wohnten 6313 und 1867 8852 Menschen auf der ☐Meile.

Politische Gemeinden umfasst das Ländchen 78, nämlich die beiden Städte Greiz mit 10,661 Einw. und Zeulenroda mit 6585 Einw. und 76 Landgemeinden. Auf der ☐Meile existiren demnach dort durchschnittlich 15,63 politische Gemeinden, und eine politische Gemeinde zählt durchschnittlich 563 Einwohner.

Ueber die Bewegung der Bevölkerung liegt uns der nachfolgende amtliche Auszug aus den Kirchenbüchern für die drei Jahrzehnte von 1838 bis 1867 vor. Zieht man aus den dort aufgereihten Jahressummen der Trauungen, Geburten und Sterbefälle die Durchschnitte für jedes der drei Decennien und vergleicht dieselben mit der durchschnittlichen Bevölkerung dieser Decennien, so ergiebt sich eine erhebliche Verbesserung sämmtlicher Factoren der Bevölkerungszunahme: Getraut wurden

1838—1847 bei einer Durchschnittsbevölkerung von 33,381 256 Paare
          oder 7,67 auf 1000 Einwohner,
1848—1857 bei einer Durchschnittsbevölkerung von 37,743 315 Paare
          oder 8,34 auf 1000 Einwohner,
1858—1867 bei einer Durchschnittsbevölkerung von 42,406 355 Paare
          oder 8,38 auf 1000 Einwohner.

Die Trauungen sind also hier mit der zunehmenden Dichtigkeit der Bevölkerung um 0,71 $^0/_{00}$ gewachsen. Ebenso hat sich die Geburtsziffer um 0,73 $^0/_{00}$ vergrössert. Während im ersten Jahrzehnt 1355 Kinder jährlich im Durchschnitt oder auf 1000 lebende Menschen 40,59, im zweiten 1536 Kinder oder 40,69 per 1000 Menschen geboren wurden, betrug im dritten Decennium die Geburtsziffer 41,32 per 1000 Lebende, da durchschnittlich 1752 jährlich geboren waren. Dagegen hat sich sowohl die Sterblichkeit als auch die Zahl der Todtgebornen vermindert.

Im 1. Decennium starben 977 jährlich oder 29,27 per 1000 Lebende
- 2.   -   -   1025   -   - 27,16 -   -   -
- 3.   -   -   1162   -   - 27,41 -   -   -

Allerdings ist die Sterblichkeitsziffer des letzten Decenniums nur im Vergleich mit der des ersten Decenniums von 29,27 auf 27,41 gesunken, aber im Vergleich mit der des zweiten Jahrzehnts wieder etwas gestiegen, allein diese Steigerung ist nur eine Wirkung der ausnahmsweise grossen Sterblichkeit des einen Jahres 1867. Lässt man dieses Jahr aus der Rechnung, so ergiebt sich für die übrigen neun Jahre 1858 bis Ende 1866 eine durchschnittliche jährliche Sterblichkeit von 1133 Personen oder von 26,71 per 1000 Einwohner, also eine Verringerung der Sterblichkeitsziffer im Vergleich mit der des zweiten Jahrzehnts von 0,45 $^0/_{00}$. Die absolute Zahl der Todtgebornen ist fast constant geblieben, sie betrug im ersten Jahrzehnt 71 und in jedem der beiden letzten Jahrzehnte 72 und sank im Vergleich mit der Bevölkerung in den drei Decennien von 2,13 auf 1,90 und 1,70 per 1000 Lebende oder im Vergleich mit der Zahl sämmtlicher Geburten ausgedrückt von 5,24 $^0/_0$ auf 4,69 $^0/_0$ und 4,11 $^0/_0$ der Geburten.

Miscellen.

Nur in einem Punkte ergiebt sich eine Verschlechterung der Bevölkerungszustände, nämlich in der Zahl der unehelichen Geburten. Sie stiegen von 12,17 % sämmtlicher Geburten im ersten Decennium auf 13,47 % im zweiten und 14,04 % im dritten Decennium, indessen ist im Jahre 1867 wieder eine rückgängige Bewegung bis auf 13,3 % eingetreten, wie die hier folgende Uebersicht der absoluten Zahlen nachweist.

Jahr.	Getraute Paare.	Geborene einschliesslich der Todtgeborenen: männlich.	weiblich.	überhaupt.	Todtgeborene insbesondere: männlich.	weiblich.	überhaupt.	ausserehelich Geborene insbesondere: lebend geborene.	todtgeborene.	überhaupt.	Sterbefälle mit Einschluss der Todtgeborenen: männlich.	weiblich.	überhaupt.
1838	255	639	660	1299	25	33	58	129	9	138	481	446	927
1839	223	675	599	1274	34	35	69	142	13	155	480	410	890
1840	240	650	659	1309	31	25	56	139	9	148	484	496	980
1841	232	705	660	1365	38	33	71	146	9	155	484	472	956
1842	315	725	695	1420	37	36	73	176	13	189	522	476	998
1843	269	700	613	1343	38	25	63	154	12	166	559	537	1096
1844	276	733	618	1351	44	29	73	136	10	146	472	451	923
1845	252	751	665	1416	50	38	88	153	19	172	521	465	986
1846	269	731	713	1444	43	41	84	179	16	195	557	520	1077
1847	232	711	646	1357	43	34	77	166	20	186	482	459	941
zehnjähriger Durchschnitt	256	702	653	1355	38	33	71	152	13	165	504	473	977
1848	268	730	664	1394	40	36	76	153	14	167	467	387	854
1849	316	771	716	1487	37	32	69	208	12	220	509	508	1017
1850	382	807	786	1593	51	33	84	189	18	207	559	502	1061
1851	317	910	735	1645	42	33	75	224	13	237	561	499	1060
1852	304	820	723	1543	41	31	72	228	8	236	510	513	1023
1853	270	778	742	1520	37	25	62	181	6	187	536	454	990
1854	301	751	698	1449	42	31	73	203	6	209	490	463	953
1855	279	714	696	1410	29	29	58	156	13	169	474	474	948
1856	327	855	777	1632	41	38	79	199	14	213	585	519	1104
1857	387	900	789	1689	38	35	73	212	13	225	654	594	1248
zehnjähriger Durchschnitt	315	803	733	1536	40	32	72	195	12	207	534	491	1025
1858	367	909	789	1698	36	28	64	202	10	212	592	558	1150
1859	305	886	818	1704	35	40	75	232	13	245	576	575	1151
1860	320	883	811	1694	40	31	71	225	16	241	460	458	918
1861	299	902	818	1720	39	34	73	212	11	223	571	538	1109
1862	369	908	767	1675	40	32	72	213	8	221	575	509	1084
1863	364	977	860	1837	43	22	65	260	13	273	602	511	1113
1864	386	923	884	1807	36	26	62	275	10	285	553	528	1081
1865	376	907	852	1759	43	40	83	241	16	257	671	625	1296
1866	385	946	944	1890	41	44	85	255	19	274	678	618	1296
1867	382	865	872	1737	32	37	69	220	12	232	763	661	1424
zehnjähriger Durchschnitt	355	911	841	1752	39	33	72	233	13	246	604	558	1162

Eingesendete Schriften.

Die schon unter „Litteratur" angeführten Schriften sind hier ausgeschlossen; auf die mit einem * bezeichneten werden wir in einem der folgenden Hefte zurückkommen.

O. Hase, Die Koburger Buchhändlerfamilie zu Nürnberg. Eine Darstellung des deutschen Buchhandels in der Zeit des Uebergangs von der scholastischen Wissenschaft zur Reformation. Leipzig 1869.

Eine belehrende, auf gründlichen Quellenforschungen beruhende Darstellung der Entwickelung des deutschen Buchhandels, nachgewiesen an der bekannten Buchhändlerfamilie der Koburger in Nürnberg, über deren Geschäftsbetrieb, namentlich über die Druckerei, den Verlag, den Vertrieb interessante Aufschlüsse gewährt werden.

Erwin Nasse, Ueber die mittelalterliche Feldgemeinschaft und die Einbegungen des sechszehnten Jahrhunderts in England. Bonn 1869. 71 S. 4º.

Vorstehende Abhandlung zeigt den wichtigen Entwickelungsgang von den alten wirthschaftlichen Gemeinschaften bis zur Bildung eines völlig frei benutzbaren Grundeigenthums in England, welche letztere hier wesentlich zur Beseitigung oder starken Verminderung des kleinen Grundeigenthums beigetragen hat. Denn verschwunden ist es noch nicht, ja es leben noch Dorfschaften in der mittelalterlichen Gemeinschaft der Dreifelderwirthschaft verbunden (common fields). Zur Zeit der Angelsachsen war indessen diese Wirthschaftsform allgemein; nur Haus und Hof war eingehegt, mit einem tun (wovon town) umgeben. Ebenso war es in der normannischen Periode, nur dass hier die Frohnhöfe die freien Bauernschaften überwuchert hatten. Die dienstpflichtigen Bauern standen aber in einem engen Verbande. Da die einzelnen Besitzungen sehr klein waren und nicht auf jeder derselben das nöthige Arbeitsvieh gehalten werden konnte, so war eine gemeinsame Bestellung üblich; nebenbei bestand auch hier Gemenglage und durch Flurzwang geregelte Bewirthschaftung des — damals sehr parcellirten — Ackerlandes. Auch die Weiden waren gemeinschaftliche für die Gutsunterthanen. Hier hatte aber der Grundherr erhebliche Anrechte; er durfte Theile in Sondernutzung nehmen, während die Bauern für ihre Benutzung ihm Abgaben schuldig waren. In dieser bevorrechtigten Stellung des Grundherrn zur Weide liegt das Moment, welches für die agrarischen Umwandlungen bedeutungsvoll wurde. Der Umstand, dass die Bauern nicht mit ihm zu gleichen Rechten an der Weide Theil nahmen, brachte es mit sich, dass er auch kein Interesse an dem Fortbestand der Unterthanen hatte. Zu dem kam, dass er in der Viehhaltung und Viehzucht der Herr ausserordentlich gegen letztere begünstigt war; er hatte das Recht, eine Schafheerde zu halten und die Hürden auf seinen eigenen Feldern zu ihrer Düngung aufzuschlagen, wobei die Bauern ihre Schafe mit den gutsherrlichen einpferchen lassen mussten. Als dann schon früh im 14. Jahrhundert die Geldwirthschaft sich in England entwickelte, begann sich auch die naturalwirthschaftliche Einheit des Frohnhofs und der Ortsgemeinde aufzulösen und es kam zu einem Zeitpachtverhältnisse, bei dem sich anfänglich die Lage der Bauern verbesserte, das aber mit dem Anfang des 16. Jahrhunderts für sie verderblich zu werden begann. (Beiläufig sei hier die interessante Thatsache bemerkt, dass die Geldwirthschaft damals schon so weit gediehen war, dass man bei Aufnahme der Grundbücher für alle Bestandtheile der Höfe den jährlichen Reinertrag oder Pachtzins angeben konnte.) Dieser nachtheilige Umschwung leitet sich mit dem Bestreben der grösseren Grundbesitzer ein, ihre Grundstücke aus der Feldgemeinschaft auszuscheiden. Hiermit beginnen denn die Einhegungen und das Uebergewicht der Weidewirthschaften, wenn gleich, wie der Verfasser nachzuweisen sucht, die Ackerwirthschaft auf dem Lande noch zum Theil fortbestand. Mit diesen Ausscheidungen und Einhegungen der grösseren Güter und der Ausdehnung der Vieh- und namentlich Schafzucht war der Untergang des kleinen Grundbesitzes besiegelt. Er verschwindet zusehends, die Kleinbauern gerathen in Armuth, es erheben sich aller Orten Klagen, gegen welche alle Massregeln der Regierung keine Hülfe und eine Zurückführung in die frühere agrarische Lage erwirken können. Die Arbeit zeugt von grossem Fleisse und eifrigem Quellenstudium, welchen sich der Verfasser an Ort und Stelle gewidmet hat.

VI.
Die 7. Sitzungsperiode des internationalen statistischen Congresses im Haag.

Von
E. Kluge,
Mitglied des Ehstländischen statistischen Comité's.

Bis zum Jahre 1848 gab es in den meisten Staaten noch keine eigentliche Administrativ-Statistik, sondern nur schwache Ansätze derselben. Da brach die Revolution herein. Sie erschütterte die meisten europäischen Staaten in ihren Grundfesten, setzte schlummernde Staatskräfte in Bewegung und selbst nach ihrer Unterdrückung machten sich heilsame Prinzipien geltend. Die Regierungen suchten die Ruhe mit Hülfe von Reformen auf dem Gebiete der materiellen Entwickelung des Staats wiederherzustellen. Freilich konnte man nun nicht mehr probiren, wie während des philosophischen Zeitalters; hierzu fehlte es an Geld. Man durfte ebensowenig Massregel auf Massregel häufen, um nicht von Neuem chaotische Zustände herbeizuführen. Ein dauerhafter Neubau that mindestens für sämmtliche wirthschaftlichen Lebensgebiete Noth. Er erforderte eine genaue Kenntniss der thatsächlichen Verhältnisse sowie der zeitigen Bedürfnisse, zu welcher nur die Statistik die Hand bot. Zu dem Zweck wurden die in einzelnen Staaten vorhandenen statistischen Centralstellen (Bureau's) erweitert, in anderen wo sie noch fehlten, gegründet. Diese neuen Schöpfungen erwiesen sich sehr nützlich. Sie beschäftigten sich mit allen für sie fassbaren, vorzüglich mit den gegenwärtigen Zuständen des Staats und schufen so erst in Wirklichkeit die administrative Statistik, die sich bald zur wichtigsten Branche dieser Disciplin erhob. Doch rasch sah man ein, dass die blosse Kenntniss eines einzigen Staates nicht ausreichte, sondern dass man einer Vergleichung der wichtigsten Kräfte sämmtlicher Staaten unter einander dringend bedurfte, um den Werth der eignen richtig abschätzen zu können. Bei derartigen Versuchen ergaben sich viele und grosse Mängel. Kaum eine der hauptsächlichsten statistischen Branchen wurde in allen Staaten ohne Ausnahme bearbeitet; man verwendete vielmehr willkürlich hier auf die einen, dort auf die andern Aufmerksamkeit. Zudem waren die denselben Gegenstand betreffenden Aufnahmen von verschiedener Ausführlichkeit und zeigten bald grössere, bald geringere Lücken. Aber selbst die vorhandenen wenigen Zahlen aus sonst völlig übereinstimmenden Gebieten entbehrten in der Regel der Conformität, woran die Verschiedenheit der zu ihrer Gewinnung angewandten Methoden die Schuld trug. Alle diese und manche andere Uebelstände wurden schwer empfunden. Der Wunsch nach vergleichbaren statistischen Daten wurde immer allgemeiner. Da verfiel Adolph Quetelet auf den Gedanken eines internationalen statistischen Congresses, dessen Aufgaben 1) die Herbeiführung gemeinsamer Aufnahmen in allen civilisirten Staaten und 2) die Bearbeitung der durch diese Aufnahmen gewonnenen Daten nach ein und derselben Methode sein sollten. Erstere bezweckt die Beseitigung der bisherigen Lückenhaftigkeit sowie der Wiederholung der statistischen Arbeiten in jeden einzelnen Staate, die zweite suchte eine Gleichförmigkeit der statistischen Angaben aus den verschiedenen Staaten anzubahnen zur Umgehung zeitraubender Umrechnungen und weitläufiger Umarbeitungen. — Inwiefern diese Absichten des berühmten Altmeisters der Statistik in Betreff der statistischen Congresse, namentlich des jüngst in Haag stattgefundenen, erreicht worden sind, werden wir am Schluss dieses Aufsatzes sehen.

A. Allgemeine Vorbemerkungen.

Nach den anfänglichen Bestimmungen sollte der internationale statistische Congress alle zwei Jahre tagen. Kriegs- und andere Ereignisse hatten jedoch öfters den Termin verschoben. Der vom 3. bis 13. Sept. 1869 dauernden Sitzungsperiode in Haag waren sechs vorausgegangen, nämlich: 1853 in Brüssel, 1855 in Paris, 1857 in Wien, 1860 in London, 1863 in Berlin, 1867 in Florenz. Hier hatte sich die italienische Vorbereitungscommission — denn den Herkommen gemäss obliegt derjenigen des vergangenen die Bestimmung des Vereinigungsortes für den nächsten Congress — unter selbstverständlicher Berücksichtigung des inzwischen verlautbarten Wunsches am 30. Juni 1868 für den Haag entschieden. In Folge dessen ernannte König Wilhelm III. der Niederlande durch ein Decret vom 17. October 1868 Se. Königliche Hoheit, den Prinzen von Oranien, zum Ehrenpräsidenten der siebenten Sitzungsperiode des Congresses und beauftragte den Minister des Innern, C. Fock, als wirklichen Präsidenten mit der Bildung einer aus den Spitzen der Staatsbehörden und durch ihre wissenschaftlichen Verdienste hervorragenden Männern zusammengesetzten Organisationscommission, welcher auch M. M. v. Baumhauer, Director der allgemeinen Statistik des Königreichs der Niederlande, angehörte und deren Secretär H. Jacobi, Chef des statistischen Bureaus der Provinz Nordholland, war. Der Minister übertrug S. Vissering, Professor der juristischen Facultät der Universität Leyden, unter den Titel eines Vicepräsidenten seine Stellvertretung.

Die Berathungsgegenstände für die siebente Sitzungsperiode waren durch drei Schriften vorbereitet worden. Herr v. Baumhauer hatte auf Anregung des Ministers des Innern am 3. November 1868 eine Broschüre: »Idées-mères ou plan motivé d'un programme pour la septième session du congrès international de statistique. La Haye.« (82 S. 8°) verfasst, in welcher er leitende Gesichtspunkte für einige Fragen aufstellte, die er auf die Tagesordnung des nächsten Congresses gesetzt zu sehen für geeignet hielt. Diese Baumhauer'schen Grundideen nahm die Organisationscommission zur Basis ihrer Arbeiten und gab, indem sie noch eine Anzahl Gegenstände hinzufügte, zu Anfang des Jahres 1869 ein »Projet du programme« (18 S. gr. 8°) heraus, welches die zu verhandelnden Themata in allgemeinen Umrissen skizzirte. Er enthielt zugleich in der Absicht, »eine Entnationalisirung des Programmes«[1] herbeizuführen, auf Baumhauer's Anregung die Aufforderung an die auswärtigen Forscher, ihre Bemerkungen über ihn bis zum 15. April 1869 der Commission einzusenden. In August 1869, etwa drei Wochen vor Eröffnung des Congresses, erschien das definitive »Programme« (IV und 200 S. gr. 4°), welches mit Ausnahme der »Verhältnisse der ehelichen Geburten zu den Trauungen« sämmtliche Gegenstände des Programmentwurfes in meist ziemlich ausführlicher Behandlung wiederholt, der sich die motivirten Propositionen anreihen. An Schluss jedes Abschnittes stehen als Anhang die von den Statistikern des Auslandes eingelaufenen Bemerkungen, welche beinahe in allen Theilen des Programms von Mayr, sowie für einzelne von Valpy, David, Balchen, Max Wirth, Riecke und Yvernès gemacht worden waren.

Die Betheiligung an den Congress war eine sehr bedeutende. Nicht nur hatten die verschiedenen Regierungen in üblicher Weise ihre

---

[1] Vgl. (M. M. von Baumhauer) Idées-mères pag. 81.

Vertreter entsendet, sondern es waren auch eine Menge Privatstatistiker und Gelehrter den an sie ergangenen Einladungen gefolgt und die Holländer selbst hatten von den ihnen zustehenden Rechte, sich gegen eine Gebühr von 5 Fl. niederländisch unter die Congressmitglieder aufnehmen zu lassen, in grosser Zahl Gebrauch gemacht. Im Ganzen besuchten den Congress der officiellen Liste zufolge 471 Personen, unter denen die adhärirenden[2]) Mitglieder nicht mitinbegriffen sind. Selbstredend bestand das Gros jener aus den 360 Holländern; ferner waren aus Baden 2, Baiern 1, Belgien 16, Dänemark 2, Frankreich 13, Griechenland 1, Grossbritannien 19, Hamburg 1, Hessen 1, Italien 8, Mecklenburg-Schwerin 2, Nord-Amerika 4, Norwegen 1, Oesterreich (cisleithanische Reichshälfte) 5, Preussen 7, Rumänien 2, Russland 10, den Königreich Sachsen 1, Schweden 3, der Schweiz 4, Serbien 1, Spanien 2, Ungarn (transleithanische Reichshälfte) 3 und Württemberg 2 Theilnehmer eingetroffen. Somit war der Grad der Internationalität der in Haag abgehaltenen Sitzungsperiode ein entschieden günstiger, da von der Gesammtzahl 76,43% einheimische auf 23,57% fremde Mitglieder kamen, während letztere in Florenz nur 11,8%[3]) betrugen. Als officielle Delegirte[4]) hatte abgeordnet: Baden den Legationsrath Dr. Haideck; Baiern den Professor Dr. Mayr; Belgien den Director der königlichen Sternwarte und Präsidenten der statistischen Central-Commission Quetelet, den Secretär derselben Commission Heuschling und den Bergrath Visschers; Dänemark den Finanzminister a. D. David; Frankreich Legoyt, den Chef des statistischen Bureaus beim Ministerium der Justiz und des Cultus Yvernès, das Mitglied der

---

[2]) Mit diesem Namen werden diejenigen Statistiker bezeichnet, welche, aus mannigfachen Gründen an der Reise zum Congress verhindert, demselben brieflich ihre Sympathieen ausdrücken und daher in dem Mitgliederverzeichniss des später erscheinenden „Compte rendu" des Congresses ebenfalls aufgeführt zu werden pflegen.

[3]) Die Angaben für die übrigen Congresse finden sich ebenfalls in einer Abhandlung von Dr. Engel: „Der internationale statistische Congress in Florenz." In der von Dr. Ernst Engel redigirten Zeitschrift des königlich preussischen statistischen Büreau's. 8. Jahrgang, Berlin 1868. Nr. 1, 2 u. 3, S. 84.

[4]) Wir geben hier keineswegs ein vollständiges Verzeichniss derselben, sondern führen nur diejenigen auf, welche entweder schon von früheren Congressen her bekannt sind, oder die an den Verhandlungen im Haag hervorragenden Antheil nahmen. Dasselbe gilt in noch höherem Maasse von den Vertretern der Communen, der wissenschaftlichen Vereine und den Gelehrten. Zugleich verweisen wir den Leser für die Folge auf diese Uebersicht, da wir später den Namen der Redner keine weitere Erklärungen hinzuzufügen beabsichtigen. Die bei jedem Lande zuerst genannten Delegirten ohne Bezeichnung ihrer amtlichen Stellung sind mit Ausnahme des Herrn Ruggles Directore der stat. Büreaus ihrer Staaten.

Akademie der Wissenschaften Wolowski und den Professor Woins; Griechenland den Divisionschef Mansolas; Grossbritannien für England den Chef der statistischen Abtheilung des allgemeinen Registrirantes (Registrar-general Office) Dr. Farr und den Chef der statistischen Abtheilung des Handelsamtes (Board of Trade) Valpy, für Irland Donnelly; Hamburg den Senator Dr. Versmann; Hessen den Obersteuerrath Fabricius; Italien den Dr. Maëstri, dessen Sectionschef Anziani, das Mitglied des statistischen Centralcomités Staatsrath Correnti und für das Finanz-Ministerium den Dr. Castiglioni; Mecklenburg-Schwerin den Oberzollrath Boccius und den Kanzleirath Faull; Nordamerika Samuel B. Ruggles; Norwegen Kjaer; Oesterreich (und die Stadt Wien) den Regierungsrath Dr. Ficker; Preussen den Geheimen Ober-Regierungsrath Dr. Engel; Rumänien A. Pencovich und den General-Inspector des Ackerbaus Jonesco; Russland den Director des statistischen Centralcomités, wirkl. Staatsrath v. Semenow, das Mitglied des statistischen Centralbureaus v. Blarambeig, für Finnland den Dr. Ignatius, für das Finanz-Ministerium den wirkl. Staatsrath v. Buschen und den Gesandtschafts-Attaché zu Berlin v. Kumanin, für das Ministerium der Reichsdomainen den Vice-Director des Ackerbau-Departements und wirkl. Staatsrath v. Weschnjakow; das Königreich Sachsen Dr. Petermann; das Grossherzogthum Sachsen-Weimar in Verbindung mit Sachsen-Coburg und Gotha, mit Sachsen-Altenburg und mit den Schwarzburgischen und Reussischen Fürstenthümern den Director des statistischen Bureaus vereinigter thüringischer Staaten, Professor Dr. Hildebrand in Jena, der aber durch Erkrankung von der Theilnahme am Congress abgehalten wurde; Schweden den Geheimrath Dr. Berg und den Secretär des statistischen Centralbureaus Balchen; die Schweiz Dr. Max Wirth; Serbien Jakschitsch; Spanien Balaguer; Ungarn den Regierungsrath Keleti und den Professor Hunválvy; Würtenberg den Oberfinanzrath Riecke. An Städten waren ausser Wien noch vertreten Paris durch Dr. Maurice Block, Berlin durch Dr. Schwabe und Brüssel durch Dr. Janssens. Die Londoner statistische Gesellschaft wurde durch ihren Präsidenten M. Newmarch, den Präsidenten des »institute of Actuaries« Samuel Brown, J. F. Hammick und noch einige Mitglieder; die Pariser durch den Dr. Boudin repräsentirt. Von bekannten Statistikern und sonstigen Gelehrten nennen wir den Herausgeber der »Revue de droit international« und Advocaten Rollin Jacquemins aus Gent, Pascal Duprat und den Arzt Dr. Juglar aus Paris, den früheren Chef des »Board of Health« Edwin Chadwick aus London, die Professoren der Statistik Bodio aus Venedig und Dr. Jonák aus Prag, den Herausgeber des »statistischen Centralarchivs« und Director der preussischen Hypothenversicherungsgesellschaft Dr. Otto Hübner aus Berlin. Mehrere grössere Blätter, z. B. das »Journal officiel« in Paris, die »Indépendance Belge« in Brüssel und die »Vossische Zeitung« in Berlin, hatten eigene Correspondenten abgeschickt. Zur Aufzeichnung der Verhandlungen waren von der Organisationscommission aus Brüssel fünf französische Stenographen herbeigerufen worden.

Hier muss noch Einiges über das äussere Ceremoniell bemerkt werden. Jede Sitzungsperiode des internationalen statistischen Congresses zerfällt in zwei Hauptabschnitte: 1) den Vorcongress (Avant-Congrès), an welchen nur die officiellen Delegirten und die speciell eingeladenen Gelehrten, d. h. mit verhältnissmässig unbedeutenden Ausnahmen sämmtliche Statistiker von Fach, theilzunehmen berufen sind, sowie 2) den Congress selbst, dessen Plenum vorzüglich Gelehrte aller übrigen Disciplinen und die sehr grosse Zahl derjenigen Personen angehören, welche den Congress mehr wegen gesellschaftlicher als wegen wissenschaftlicher Zwecke mitmachen. Für die Sitzungsperiode in Haag war noch ein Nachcongress (Après-Congrès) in Vorschlag gebracht, der übrigens dieses Mal noch nicht zu Stande kam. Der eigentliche Congress zerfällt wiederum in die Sitzungen der Plenarversammlung (Assemblée générale), welche ihn einleiten und beschliessen, und in diejenigen der Sectionen, mit denen die wirklichen Arbeiten des Congresses erst beginnen. Was die Zeiteintheilung anlangt, so waren entsprechend der in Holland üblichen Lebensweise zu den Verhandlungen die Stunden von 9 oder 10 Uhr Morgens bis 12 oder 1 Uhr Mittags und von 1 oder 2 bis 4 oder $4^1/_2$ Uhr Nachmittags angesetzt. Zwischen den Vor- und Nachmittagssitzungen pflegte eine 1- bis 2stündige Pause einzutreten. Die Nachmittage von $4^1/_2$ Uhr ab sowie die Abende waren den vielen Festen gewidmet, welche die mannichfaltigste Abwechslung und Unterhaltung boten. Unter ihnen sind besonders hervorzuheben: das von der Stadt Haag den officiellen Delegirten und den speciell Eingeladenen Sonntag den 5. September im Saal der königlichen Acclimatisirungsgesellschaft dargebrachte Bankett, die vom Minister des Aeussern Roest van Limburg am Dienstag Abend 7. September zu Ehren derselben Personen gegebene Soirée; sämmtliche Congressmitglieder konnten sich hingegen Mittwoch 8. September am Nachtfest der »Societeit« mit Musik und Illumination in berühmten Haager-Bosch (Park), ferner gegen 12 Fl. Entrée am Subscriptionsdiner in grossen Badehaus zu Scheveningen Donnerstag 9. September und an der von dieser Stadt selbst veranstalteten Festfahrt nach Amsterdam betheiligen, welche nach dem Schluss des Congresses Sonntag 12. September zum Abschied der Fremden vom gastfreien Holland stattfand. Von Erholung konnte unter solchen Umständen schwerlich die Rede sein. Weit weniger Sympathieen bezeugten dem Congresse der König, die Königin und der Prinz von Oranien, welche keiner einzigen Sitzung beiwohnten, sondern sich blos auf den Empfang der officiellen Delegirten (und — gegen alle Traditionen — nicht ebenfalls wenigstens der speciell eingeladenen Ausländer) beschränkten.

Litterarische Gaben wurden den Congressmitgliedern zahlreiche und verschiedenartige dargeboten. Beinahe täglich erschien während der Sitzungsperiode ein »Bulletin«, im Ganzen 8 Nummern, das neben einem kurzen Resumé sämmtlicher Verhandlungen auch Bekanntmachungen sowie allerlei nützliche Nachweise und Anzeigen enthielt. Einen von der Organisationscommission in Programmentwurf kundgegebenen Wunsche um Zusendung der besonders in den beiden letzten Jahren erschienenen Publicationen statistischen Inhalts und von Kartenwerken hatten fast sämmtliche Staaten und viele Privatpersonen entsprochen. Diese Eingänge waren bei einer sehr geeigneten Anordnung in zwei Sälen zur Ansicht der Congressmitglieder ausgestellt worden, unter welche zu dem Zweck ein »Catalogue de l'exposition« nebst einem »Premier supplément«[5]) desselben zur Vertheilung gelangte. Seit dem Berliner Congress war der durchaus zweckmässige, leider bisher von wenigen officiellen Delegirten beobachtete Brauch aufgekommen, mit den Berichten über die Entwickelung der amtlichen Statistik in ihren Staaten nicht bis zum Erscheinen des »Compte rendu« zu warten, sondern sie bereits während des Congresses allen Mitgliedern gedruckt überreichen zu lassen. Diese lobenswerthe Sitte wurde auch in Haag von den Vertretern Baiern's, Finnland's, des grossbritannischen Handels-Amtes, Norwegen's, Oesterreich's, Rumänien's, des Königreichs Sachsen, Spanien's und Ungarn's befolgt. Nicht unerwähnt bleiben soll die Freigebigkeit mancher Staaten und Privatpersonen, welche ihre statistischen Veröffentlichungen häufig in zahlreichen Exemplaren zur Verfügung der Theilnehmer des Congresses gestellt hatten. In dieser Beziehung gebührt besonders Holland, dem Verein für niederländische Statistik, Oesterreich und Finnland, sowie den Herren v. Baumhauer, van

---

5) Weitere Ergänzungs-Cataloge sind nicht erschienen. Die während des späteren Verlaufs des Congresses überreichten Werke und Karten sollen den Intentionen der Organisationscommission zufolge übrigens in dem in den „Compte rendu" aufzunehmenden vollständigen Verzeichnisse mit aufgeführt werden.

den Bergh van Eysinga, de Gruyter, Baron Sloet van de Beele, Gebrüder van Stolk, Mayr, David, Wolowski, Freiherr v. Czörnig, Ficker und v. Weschnjakow Dank. Eine internationale Versammlung bot natürlich auch zur Verbreitung von allerlei Flugschriften die beste Gelegenheit. Hierin zeichnete sich namentlich die »ligue internationale et permanente de la paix« aus, welche den Congress mit verschiedenen Pamphleten mit schreckenerregenden Titeln. z. B. »la guerre s'en va«, förmlich überschüttete.

Freitag 3. September 7 Uhr Abends fand in geschmackvoll decorirten Saale der Gesellschaft »de Vereeniging« der Empfang der officiellen Delegirten und der speciell eingeladenen Gelehrten statt. Der Minister des Innern Fock und der Finanzen van Bosse sowie der Bürgermeister des Haag Jonkher (Junker) Gevers Deynoot, umgeben von der Organisationscommission, bewillkommneten die fremden Gäste durch mit lebhaften Beifall aufgenommene Reden, welche Namens jener unter warmer Anerkennung der ihnen seitens der Regierung und des Volkes der Niederlande gewordenen herzlichen Aufnahme Wolowski und Lord Houghton, Peer von England, erwiederten. Nach wechselseitigen Begrüssungen zwischen alten Bekannten, von denen sich manche nach Jahren wiedersahen, und einer sehr animirten Unterhaltung, an welcher sich bald auch die zum ersten Male auf dem Congress Erschienenen betheiligten, trennte man sich gegen 10 Uhr. An Sonnabend 4. September um 10 Uhr Morgens versammelten sich dieselben Personen in nämlichen Saale zum Vorcongress. Dieser besitzt insofern eine gewisse Bedeutung, als er, sämmtliche tonangebenden Mitglieder umfassend, den eigentlichen Congress durch vorläufige, von letzteren stets acceptirte Entscheidung von Personalien und der Geschäftsordnung so zu sagen seine Directive giebt. Ausserdem werden auf ihm allerlei ausschliesslich die amtliche Statistik betreffende Angelegenheiten besprochen und erledigt. Auf Vissering's, der den Minister des Innern vertritt, und den Vorschlag verschiedener Anwesender wird das Bureau aus Quetelet als Präsidenten, Vissering, Wolowski, Farr, Engel, Maëstri, Legoyt, Ficker, von Senenow und Ruggles als Vicepräsidenten, sowie Woins, Mayr, Jacobi und van Soest, einen Beamten des holländischen Ministeriums der Colonieen. als Secretären durch Acclamation gebildet. Nach einigen geschäftlichen Mittheilungen Vissering's und zwei kurzen, von Kjaer und Quetelet angeregten, aber zu keinem Ergebniss führenden Debatten geht man zu der (in Programm S. 5 und 6 enthaltenen) Tagesordnung über. David hatte folgenden von der Organisationscommission unterstützten Antrag gestellt:

»1) Die Berichte der Sectionen sollen in der Generalversammlung vorgetragen und erörtert werden; jedes Mitglied darf Verbesserungsvorschläge zu den Schlussfolgerungen der Berichte machen, welche Verbesserungsvorschläge auch von der Generalversammlung erörtert werden können; aber sie ist keineswegs abzustimmen oder Beschlüsse zu fassen berufen. 2) Die Delegirten der verschiedenen Länder und die Gelehrten, welche durch die Organisationscommission eingeladen worden sind, bleiben zwei Tage lang nach dem Schluss der Verhandlungen am Sitz des Congresses vereinigt, um die Schlussfolgerungen der Berichterstatter der Sectionen und die durch sie veranlassten Erörterungen in den Sitzungen der Generalversammlung in ernste Erwägung zu ziehen, und jene Versammlung giebt nach neuen Debatten über alle in Schoosse des Congresses behandelten Fragen ein endgültiges Votum ab. Diese Voten werden als die Entscheidungen des Congresses betrachtet und durch die Vermittelung der officiellen Delegirten vorgestellt sowie der Zustimmung der resp. Regierungen ihrer Länder empfohlen«. Ohne Zweifel war dieser Antrag von grösster Tragweite, weil seine Annahme das ganze Wesen der Congresse verändert und ihnen anstatt ihres bisher mehr allgemein wissenschaftlichen einen ziemlich exclusiv officiellen Charakter verliehen hätte. So war es denn kein Wunder, dass sich über denselben eine zweieinhalbstündige, sehr erregte Discussion entspann. David selbst motivirt ihn, worauf Legoyt, von Baumhauer, Farr, v. Semenow, Mayr und Houghton für ihn Partei ergreifen, während Wolowski, Visschers, Maëstri und Worms ihn mit aller Entschiedenheit bekämpfen. Vier erheblich aus einander gehende Amendements werden von Visschers, Ruggles, v. Semenow und Heuschling eingebracht, ohne dass auch nur ein einziges durchgängigen Beifall gefunden hätte. Vissering sieht sich durch Aeusserungen gewisser Redner hinsichtlich des Eintrittsrechtes zur Bemerkung veranlasst, dass die eingeladenen Privatgelehrten dieselben Rechte wie die officiellen Delegirten besässen. Maëstri protestirt energisch gegen jegliche wissenschaftliche Aristokratie, welche die einzuführenden Neuerungen bezweckten. Sie involvirten Vorwürfe gegen den Congress zu Florenz, welcher in keiner Beziehung den Eingebungen der Politik gehorcht habe, sondern vielmehr bemüht gewesen sei, den Bedürfnissen der Wissenschaft in weitesten Umfange Genüge zu leisten. Schliesslich erklärt Engel: es lasse sich nicht so leicht entscheiden, wer als officieller Delegirter anzusehen sei. Er beantragt, dass über diesen Begriff eine Enquête von der Organisationscommission des gegenwärtigen Congresses angestellt und derjenigen des künftigen unterbreitet werden solle. Nach den Auslassungen einiger von den vorigen Rednern kommt es zu einem derartigen Beschluss. Es blieb also Alles beim Alten und der in Programm nach den Schluss des Congresses eventuell auf Montag 13. und Dienstag 14. September angesetzte Nachcongress war zu Wasser geworden. In der Nachmittagssitzung ergreift Legoyt das Wort, nicht sowohl um auf den David'schen Vorschlag zurückzukommen, als vielmehr um die Delegirten zu einer freiwilligen Vereinigung nach den Schluss des Congresses behufs einer Prüfung der in den Generalversammlungen getroffenen Entscheidungen einzuladen. Die Zusammenkunft solle einen rein berathenden Charakter haben und keine Revision der Congressbeschlüsse erstreben, sondern bloss den Delegirten geeignet scheinende Bemerkungen zulassen. Diese von Berg unterstützte, von v. Buschen und Engel angegriffene Proposition gelangt in folgender Fassung zur Annahme: »**Die zum Vorcongress vereinigten officiellen Delegirten bestimmen, sich nach der Vollendung der Arbeiten des Congresses zu versammeln, um eine Specialuntersuchung der Entscheidungen der Generalversammlung anzustellen und damit solche Bemerkungen zu verbinden, welche sie für geeignet erachten werden. Diese Bemerkungen werden den betheiligten Regierungen gleichzeitig mit den Congressbeschlüssen übermittelt.**« Alsdann werden die einzelnen Punkte des Geschäftsordnungsentwurfes für die 7. Sitzungsperiode rasch erledigt. Nur Punkt 3 Alinea 2, welcher zugleich die Berichte der Delegirten über die Organisation und die Fortschritte der amtlichen Statistik ihrer Länder betrifft, giebt zu einer etwas längeren Debatte Anlass. Auf den früheren Congressen waren dieselben meist in den Generalversammlungen von ihren Verfassern verlesen worden. Da in Folge dessen viel kostbare Zeit und ausserdem das in ihnen enthaltene Detail beim mündlichen Vortrage verloren ging, so wurde vorgeschlagen, ihn zu entsagen und sich mit den Abdruck derselben am Schluss des Rechenschaftsberichtes des Congresses zu begnügen. Für diese Ansicht sprechen sich aus v. Baumbauer, Wolowski, Engel und Vissering, während Legoyt, Jonesco und Ficker für den bisherigen Usus eintreten. Nachdem v. Weschnjakow einen Vermittelungsvorschlag gemacht, nämlich dass die Delegirten ihre Berichte gleich gedruckt in einer hinlänglichen Anzahl von Exemplaren mitbringen und unter die Congressmitglieder vertheilen möchten, wie es schon in Berlin geschehen sei, und Visschers unter Anrathen möglichster Kürze sich ebenfalls in diesem Sinne geäussert, wird das Verlesen der Berichte in der Generalversammlung abgelehnt und sie werden in die Rechenschaftsberichte allein verwiesen. Auf den von Farr unterstützten Vorschlag Wolowski's wird ferner die jedem Redner eingeräumte Frist von 15 auf 10 Minuten herabgesetzt. Zu bemerken ist noch, dass die französiche Sprache zur officiellen dieser Sitzungsperiode erhoben, obgleich die deutsche und englische auch zugelassen wurde[6]). Der letzte Punkt der Tagesordnung bezieht sich auf die Portofreiheit für den Austausch statistischer Documente. Bei dieser Gelegenheit machen verschiedene Bemerkungen oder geben zustimmende Erklärungen ihrer Regierungen v. Baumhauer, Mayr, Maëstri, Berg, Visschers, David, Worms, Legoyt, Ficker, Keleti und Farr ab. Hiermit waren die Berathungsgegenstände des Vorcongresses erschöpft und die in Programm auf den Sonntag anberaumte Sitzung desselben überflüssig geworden.

Die erste, hauptsächlich allerlei Formalien gewidmete Sitzung der Generalversammlung fand Montag 6. September statt. In grossen schön geschmückten Saale der Ritter von St. Jacob hatte sich eine zahlreiche Versammlung zusammengefunden, an welcher sich die elegante Damenwelt stark betheiligt hatte. Sie wird durch den Minister des Innern in Vertretung des Prinzen von Oranien mit einer feierlichen Rede eröffnet, welche sich über die früheren Sitzungsperioden, die historische Entwickelung der Statistik in den Niederlanden und die Aufgaben des gegenwärtigen Congresses sehr eingehend verbreitet. Zunächst fungiren die Mitglieder der Organisationscommission als provisorisches Bureau. Vicepräsident Visseling bringt den Geschäftsordnungsentwurf zur Verhandlung, dessen Artikel ohne weitere Discussion einzeln der Reihenfolge nach genehmigt werden. Es folgt die Verlesung der Liste der Delegirten der fremden Staaten. Visseling fordert die Versammlung auf, ein definitives Bureau zu ernennen. Unter lebhaften Beifall stimmt dieselbe Farr's Vorschlage, die Organisationscommission dazu zu erklären, bei. Visseling dankt in deren Namen für dieses Zeichen des Vertrauens; aber er erinnert zugleich an das Herkommen, dass alle officiellen Delegirten geborene Ehren-Vicepräsidenten des Congresses seien. Viele derselben entsprechen

---

[6]) Von dieser Erlaubniss machten übrigens nur ganz wenige Redner Gebrauch, so dass das Französische im Haag entschieden dominirte. Obwohl die Holländer den Traditionen des Congresses zufolge berechtigt gewesen wären, die Zulassung ihrer Landessprache für die 7. Sitzungsperiode zu beanspruchen, so verzichteten sie doch hierauf aus freien Stücken, indem die Kenntniss des Französischen unter ihren gebildeten Ständen seit den Zeiten Ludwig's XIV. allgemein verbreitet ist.

dieser Aufforderung, indem sie auf der für das Bureau errichteten
Estrade Platz nehmen. Auf Vissering's Antrag werden ferner die
beiden ehrwürdigen ältesten Congressmitglieder, Quetelet und David,
unter einmüthigem Applaus zu Ehrenpräsidenten sowie Mayr, Worms,
Samuel Brown, Bodio, v. Buschen und Petermann zu Secretären
erwählt. Nach verschiedenen Mittheilungen und getroffenen Bestimmungen erinnert Vissering die Generalversammlung an die schmerzliche Pflicht, das Andenken der seit der letzten Sitzungsperiode dahingeschiedenen ehemaligen Congressmitglieder und bedeutenden Fachgenossen zu ehren. Es erstatten Ficker über den wirklichen Geheimen
Rath Freiherrn v. Hock zu Wien, Mayr über den Staatsrath, Universitätsprofessor und Vorstand des statistischen Bureaus F. B. W.
v. Hermann zu München, Visschers über den Generalinspector der
Gefängnisse und Wohlthätigkeits-Institute Belgiens Ed. Ducpétiaux
zu Brüssel, Engel über den Geheimerath, Universitätsprofessor Schubert zu Königsberg, Max Wirth über den Professor Cherbuliez
am Polytechnikum zu Zürich und Legoyt über den Dr. Boudin die
üblichen Nekrologe. Hieran schliessen sich noch Lobreden auf mehrere
namhafte, am Congress aus verschiedenen Gründen theilzunehmen verhinderte Statistiker sowie auf während des verflossenen Bienniums erschienene verdienstliche statistische Werke, worauf sich die Versammlung behufs der inzwischen in den Sectionen vorzunehmenden Arbeiten
bis Freitag vertagt. Die Ergebnisse der beiden am 10. und Sonnabend
11. September stattgefundenen Sitzungen der Generalversammlung werden
wir in folgenden Abschnitt kennen lernen.

B. Arbeiten und Beschlüsse des Congresses.

Der Schwerpunkt des ganzen Congresses liegt in den Sectionen.
In ihnen erfolgt die Durcharbeitung der einzelnen in Program enthaltenen Berichte nebst den an diese sich knüpfenden Schlussfolgerungen
und Vorschläge. Mit scharfem Blick hatte v. Baumhauer eines der
Hauptübel der früheren Sitzungsperioden erkannt, welches in den übereilten, ebenso schädlichen wie nichtssagenden en-bloc-Abstimmungen
wegen Ueberladung an Vorlagen bestand, und die Beschränkung sowohl der Zahl der letzteren als auch der Sectionen bewirkt. Er hoffte
dadurch eine grössere Gründlichkeit und mehr wirkliche Resultate der
Verhandlungen zu ermöglichen[7]). Die Organisationscommission hatte
seinen Intentionen gewillfahrtet und sich mit 5 Sectionen, welche zu-

---

7) Vgl. (M. M. v. Baumhauer) Idées-mères pag. 3 et 4.

sannen 19 Fragen untersuchen sollten, zufrieden gegeben. — Bevor wir auf die Arbeiten des Congresses näher eingehen, müssen wir noch der Montag 6. September Nachmittags geschehenen Constituirung der Sectionen mit zwei Worten gedenken. Die erste für »Theorie der Statistik und Anwendung statistischer Daten« ernannte Quetelet zum Ehrenpräsidenten, v. Baumhauer zum Präsidenten — Beide unter Anerkennung ihrer grossen Verdienste um den statistischen Congress und die gegenwärtige Sitzungsperiode — alle anwesenden Delegirten der Regierungen zu Ehren-Vicepräsidenten, sowie Boudin, Brown, Mayr, Petermann und Bodio zu Secretären. Die zweite Section für »Civil- und Handels-Justiz-Statistik« bildete ihr Bureau aus dem Rathe des obersten Gerichtshofes der Niederlande Jolles als Präsidenten, Visschers und Yvernès als Vicepräsidenten, den Beisitzer im französischen Staatsrathe Anéline und den Advocaten van Geuns in Haag als Secretären. Die dritte Section für »Finanzen« wählte Wolowski zum Präsidenten, den Staatsrath Bachiene und den Finanzminister a. D. Dr. Vrolick zu Vicepräsidenten, den Vorsteher des Secretariats der niederländischen Bank zu Amsterdam Baert zum Secretär; die drei Letzteren sind Holländer. Die vierte Section für »Fischerei und Handel« entschied sich für Block als Präsidenten, Versmann, Bodio und v. Weschnjakow als Vicepräsidenten, den ausserordentlichen Staatsrath und Professor an der Juristenfacultät zu Leyden Buys und den Abtheilungschef im niederländischen Finanz-Ministerium Verkerk Pistorius als ihren Berichterstattern. Die fünfte Section für »die Statistik der überseeischen europäischen Besitzungen« übertrug den Vorsitz dem Secretär der englischen Gesandtschaft in Haag Hovell Thurlow, den stellvertretenden Vorsitz dem holländischen General-Lieutenant van Swieten, den Chef des ostindischen Sanitätswesens Dr. Dumontier und den Professor am indischen Collegium zu Leyden Veth, das Schriftführeramt dem Secretär und Bibliothekar der indischen Gesandtschaft in Haag Boudewynse, die Berichterstattung van Soest. Diese Sectionen hielten von Montag 6. bis Freitag 10. September in den Sälen des Palais der zweiten Kammer der General-Staaten täglich ein bis zwei Sitzungen, die wir übrigens nicht getrennt aufführen, sondern deren Ergebnisse wir wegen der grösseren Uebersichtlichkeit in Zusammenhange betrachten werden. Wir befolgen hierbei die Anordnung, dass wir die Arbeiten der Sectionen nicht in chronologischer Aufeinanderfolge, sondern nach Materien behandeln. Bei jedem Gegenstande giebt der erste Absatz einen Auszug aus dem Programm, der zweite aus den Sectionsverhandlungen

nebst einer kurzen Bemerkung über die Entscheidung der Generalversammlung. Die von letzterer gefassten definitiven Resolutionen.
welche theils aus den Programmen,' theils aus den Sectionsberathungen
stammen, sind an der betreffenden Stelle durch gesperrte Schrift hervorgehoben worden.

I. Section. Theorie der Statistik und Anwendung statistischer Daten.

1. Grenzen der Statistik.

Visse ring erörtert die so oft ventilirte Frage, ob die Statistik eine selbstständige Wissenschaft oder eine Methode oder ob
sie Beides zugleich sei und welche Objecte man ihr zuertheilen
müsse. — Zu den Zweck schickt er eine historische Auseinandersetzung der verschiedenen in der Statistik herrschenden Richtungen seit
Conring, mit welchen die verschiedensten Definitionen dieser Wissenschaft Hand in Hand gehen, voraus. Von letzteren hange natürlich
auch Inhalt und Umfang der Statistik ab und zwar schliesst er sich
der Moreau de Jonnès'schen an: »Die Statistik ist die Wissenschaft der in Zahlenangaben ausgedrückten socialen Thatsachen». Aber
ihr erster Theil ist ihm zu unbestimmt, der zweite zu beschränkt, obgleich er völlig mit den Grundgedanken: »dass die Statistik die Wissenschaft der natürlichen Thatsachen sei«, übereinstimmt. Präciser sei
schon die Ausdrucksweise von Ch. de Brouckère: »Die Statistik beschreibt das, was ist; sie hat zum Object die ganze menschliche Gesellschaft«. Darauf giebt er folgende vollständigere eigene Definition:
»Die Statistik ist die Wissenschaft der durch die Action der Kräfte
der Natur und des menschlichen Lebens innerhalb eines socialen Cen-
trums hervorgebrachten Thatsachen, der Resultate dieser combinirten Handlung für die Gesellschaft und der beständigen oder periodischen Natur-
erscheinungen, welche sich, bestimmt durch diese Handlung, in socialen Systen erzeugen.« Auf Grundlage derselben verwirft er die Ansicht, als ob die Statistik, welche sich freilich der Ziffern als Darstellungsmittel bediene, aber keineswegs in einfachen Gruppiren von Einheiten
bestehe, eine Methode wäre; sie sei vielmehr eine durchaus selbständige
Wissenschaft. Er schildert die verschiedenen Functionen der Statistik,
nach denen sie in ebensoviel Zweige zerfällt, nämlich die individuelle,
vergleichende und philosophische oder Moral-Statistik sowie die Theorie
der Wahrscheinlichkeiten, welche sich sämmtlich mit den das sociale

Leben des Menschen betreffenden Thatsachen beschäftigen. Nach einer Auseinandersetzung der Beziehungen der Statistik zu den descriptiven Wissenschaften, d. h. zu der Geschichte, Geographie, Ethnographie und den Naturwissenschaften, verbreitet er sich über ihr Verhältniss zu den speculativen Wissenschaften und zur Mathematik. Zum Schluss formulirt er seine Vorschläge folgendermassen: »Die Statistik ist keineswegs einfach eine Methode: sie ist berechtigt, einen Rang unter den Wissenschaften einzunehmen. Ihr Nutzen, ja sogar ihr vorzüglichster Nutzen beschränkt sich nicht darauf, andern Wissenschaften, welche in ihren Darlegungen die unrahten Ziffern und die Tabellen gebrauchen, als Hülfsmittel zu dienen. Sie hat ihre unabhängige Existenz, ihren eigenen Gegenstand und ihren besonderen Zweck. Indem sie in verschiedenen Richtungen wirkt und bestimmte Namen in Anspruch nimmt, ist sie nicht ein Gemisch mehrerer Wissenschaften. Durch ihren Gegenstand und ihren Zweck ist sie eins und untheilbar. Ihr Gegenstand und ihr Zweck, welche ihre Natur, ihre individuelle Lage und ihre Grenzen bestimmen, ist die gründliche Kenntniss der Thatsachen des socialen Lebens eines Volkes und der Völker überhaupt. Sie bildet einen Theil der Gruppe der beobachtenden Wissenschaften. Aber ihre mehr oder minder intimen Beziehungen zu andern Wissenschaften, mögen es nun Natur-, speculative oder exacte Wissenschaften sein, rühren nur von dem gemeinsamen Zusammenhange her, welcher alle Zweige des menschlichen Wissens unter einander verbindet.«

In der 1. Section entspinnt sich eine langwierige Debatte über das Wesen der Statistik, an welcher nur von Interesse ist, dass Heuschling für die Trennung der Statistik in zwei Schulen eintritt, während Quetelet eine solche Eintheilung einer Wissenschaft, welche noch nicht einmal existire, bekämpft. Von anderer Seite wird betont, dass die Statistik sich an die Praxis und nicht an die Theorie zu halten habe. Man möge den Regierungen Sorgfalt in der Wahl der mit der Statistik betrauten Personen empfehlen, welchen man durch den Austausch der Beamten unter den verschiedenen Staaten eine grössere Erfahrung verschaffen könne. Nachdem die Discussion eine Weile gedauert, ohne irgend ein Resultat zu ergeben, erklärt Engel, dass er eine Definition der Statistik für unmöglich halte; er allein habe bei der Lectüre statistischer Werke bereits 180 verschiedene angetroffen. Die Statistik sei, vom höchsten Gesichtspunkt aus betrachtet, die Physik der menschlichen Gemeinschaften. Da aber diese Gemeinschaften variiren, so müssten auch die Definitionen je nach dem Standpunkte, den man einnehme, von einander abweichen. Man könne noch lange über diese Frage verhandeln, ohne zu einem praktischen Ergebniss zu gelangen, weshalb er folgenden Vorschlag mache: »Die 1. Section, inden sie Herrn Visseiing ihre grösste Erkenntlichkeit für eine Arbeit über den Gegenstand und die Grenzen der Statistik, welche durch ihre Klarheit und Gelehrsamkeit bemerkenswerth sei, ausdrückt, ist der Meinung, dass weder der eine noch der andere dieser Punkte sich zu einer Verhandlung oder zu Beschlüssen für irgend eine Versammlung eigne. Das Object und die Grenzen der Statistik sowie die Stellung dieser Wissenschaft gegenüber den übrigen Wissenschaften müssen der freien Forschung aller Derer überlassen bleiben, welche sich mit ihnen beschäftigen.« Dieser von Legoyt, Farr und Senenow unterstützte Antrag, den sich Visseiing ebenfalls anschloss, wurde angenommen und sein Urheber zum Berichterstatter für die Generalversammlung ernannt, welche nach einigen Bemerkungen Wolowski's ihn ebenfalls zustimmte.

2. Methodologie der Statistik.

M. M. v. Baumbauer nennt die Methodologie die praktische Seite der Frage oder die Geschichte der statistischen Arbeit. Es sei dies ein Cardinalpunkt, von dem alle übrigen abhängen und welche in Zusammenhange sowie in allen ihren Details während keiner Sitzungsperiode des Congresses zur Verhandlung gekommen sei. Er stellt die Behauptung auf, dass die Kunst, die Thatsachen oder die Daten zu sammeln und zu gruppiren, ebenso wie die Anfertigung von Tabellen die schwierigste Arbeit in der Statistik sei. Ein handwerkmässiger Bureaubeamter addire die Reihen ihm zuvor vorgelegter Zahlen; er ziehe Linien für die Tabellen, inden er maschinenmässig den vorgeschriebenen Modelle folge. Der statistisch gebildete Bureaubeamte hingegen erfinde die Gruppirung der Ziffern, nachdem er den Stoff in allen seinen Einzelheiten studirt habe; er entwerfe seine Modelle und Tabellen, nachdem sie reiflich verabredet und unter allen Gesichtspunkten diskutirt worden sind. Die Anfertigung eines einzigen Modelles, einer einzigen Tabelle, welche die Elemente zur Lösung mehrerer Probleme umfassen soll, erfordere oft das Zusammenwirken mehrerer Specialitäten und mache die Nothwendigkeit der Centralisirung der statistischen Arbeit und der Errichtung von Central-Commissionen einleuchtend. Hieran knüpft er folgende Vorschläge: »a) Indem der Congress die in einem gegebenen Augenblick ohne wissenschaftlichen Zweck verlangten Ausweise missbilligt, ist er der Meinung: 1) dass die statistischen Ausweise und Documente sowohl der Wissenschaft als auch der Verwaltung dienen. 2) **dass die Regierungen eingeladen würden, zur Zeit des Entwurfs der statistischen Modelle oder der Tabellen sowohl das Interesse und die Bedürfnisse der Verwaltung als auch diejenigen der Gesellschaft und der Wissenschaft in ernste Erwägung zu ziehen.«** Er fordert, dass die Zahlen in den statistischen Tabellen ein treues Bild der Wirklichkeit der Thatsachen geben sollen. Folglich müsse man jede überflüssige, sogenannte statistische Arbeit vermeiden, welche gar keine oder bloss solche Resultate ergäbe, welche durch die in socialen Leben beobachteten Thatsachen widerlegt würden. Mit lobenswerthem Eifer sei man bemüht gewesen, die Tabellen zu vervollständigen, und schon der Londoner Congress habe deshalb die Bevölkerungsdaten für einen jeden Staat in unerlässliche und erlässliche getheilt. Er geht zur Bemerkung über, dass sich der statistische Congress mit der physischen Statistik, welche Fragen aus der Climatologie, Orographie, Pflanzengeographie u. s. w. untersuche, nicht zu beschäftigen habe, sondern dass er sich seinem ursprünglichen Zweck gemäss auf die Beobachtung der socialen Thatsachen oder auf die Physiologie des Menschengeschlechts und der Gesellschaft beschränken müsse. Als Beobachtungswissenschaft bediene sich die Statistik, ebenso wie die andern Beobachtungswissenschaften, namentlich die Naturwissenschaften, der Zahlen oder der Ziffern als Darstellungsmittel. Letztere seien wohl unerlässliche Werkzeuge der Statistiker, jedoch keineswegs ausschliessliches Erkennungszeichen der Statistik, deren Gebiet vielmehr die Gesellschaft in ihren natürlichen, socialen, intellectuellen und moralischen Gesetzen (Ordnungen) bilde. Die Naturwissenschaften hätten zum Ausgangspunkt das Gesetz, zum Zweck die Bewegkräfte, welche das Gesetz veranlassen, kennen zu lernen. Der Ausgangspunkt der Statistik seien die Einheiten oder unzusammenhängenden, isolirten Thatsachen, deren Massenbeobachtung die Entdeckung einer regelmässigen Reihenfolge, einer Theorie der Beständigkeit, einer Periodicität, einer motivirten Veränderlichkeit bewirke. Er weist den Vorwurf, als ob die Statistik bloss eine Hulfswissenschaft anderer Wissenschaften wäre, zurück; zu diesem Irrthum sei man durch eine Verwirrung der Methode mit den Principien gelangt und habe so missbräuchlicherweise eine physische, mathematische, medicinische, Moral-Statistik u. s. w. gebildet. Er schlägt folgende Resolution der Section vor: »b) Der Congress ist in Anbetracht der Berathungen während der vorhergehenden Sitzungsperioden über einige wissenschaftliche Gegenstände, von denen er nicht glaubt, dass sie in sein Gebiet und zum Ziel seiner Stiftung gehören, der Ansicht, dass es vorzuziehen wäre, von jetzt an nur solche Fragen zu den Programmen zuzulassen, die in directer Beziehung zu der Physiologie des Menschen und der Gesellschaft stehen«. Hierauf kommt er zu den Methoden selbst, deren es 3 gebe: die materielle, die praktische und die wissenschaftliche Operation. 1) Die materielle Operation sei die Kunst, die Thatsachen zu sammeln und zu ermitteln, und erfordere nicht nur eine peinliche Sorgfalt und ein richtiges Gefühl im Entwerfen der Tabellen, sondern auch eine genaue Kenntniss der gesammelten Daten und besonders eine systematische Organisation der Arbeit in den untern Verwaltungs-Instanzen. Er unterbreitet daher der Section folgenden Vorschlag: »c) Der Congress ist in Anbetracht dessen, dass für die Ermittelung der Thatsachen, für die Genauigkeit und Vervollkommnung der statistischen Angaben die vorbereitende Arbeit der subalternen Verwaltungsbeamten von der grössten Wichtigkeit sei, der Ansicht, dass es den Regierungen besonders darauf ankomme, sich der Fähigkeit und des Eifers dieser Beamten zu versichern und die Mittel an die Hand zu geben, um ein directes und fortdauerndes Band herzustellen zwischen den Beamten und den statistischen Centralbureau oder der Centralverwaltung, von welcher sie nothgedrungen ihre Instructionen und ihre Tabellen oder Modelle für jeden Stoff, welcher die statistischen Daten betrifft, empfangen müssen.« Hiermit verbindet er den Wunsch, dass der Congress »eine fortwährende Controle der von den unteren Behörden gesammelten socialen Thatsachen zur Constatirung der Genauigkeit und des Grades der Vollkommenheit für unerlässlich erkläre«. 2) Die praktische Operation oder die Methode der Anwendung umfasse die Arbeit der verschiedenen statistischen Bureaus. Sie setze die Thatsachen neben einander, vergleiche, kritisire, discutire den Werth der bereits gesammelten und ziehe aus ihnen Resultate. Diese Arbeit sei nicht nur eine der schwierigsten, sondern auch der wichtigsten, weil sie die Regierungen über die Lage des socialen Lebens aufkläre, den Gesetzgebern über die Wirksamkeit der Gesetzesbestimmungen Aufschluss gebe und die Wissenschaft in ihren socialen Untersuchungen zum Nutzen der Menschheit unterstütze. Er beantragt folgende Resolution: »d) Der Congress ist in Anbetracht der hohen Wichtigkeit der Genauigkeit und der Deutlichkeit in den statistischen Documenten sowohl in Interesse der Wissenschaft als auch wegen eines die Regierungen betreffenden und internationalen Zweckes der Ansicht, dass eine deutliche und übersichtliche Auseinandersetzung der den Stoff regelnden Gesetzgebung, der administrativen Instruktionen, der Modelle und Tabellen in der Erklärung, welche diesen Tabellen vorangehe, ein unerlässlicher Bestandtheil eines jeden officiellen statistischen Documents sei.« Man fände ferner in den statistischen Publikationen der verschiedenen Länder die absoluten Zahlen bald auf Procente, bald auf Verhältnisszahlen reducirt, wodurch häufig behufs von Vergleichungen langwierige Umrechnungen erforderlich würden. Er selbst erklärt sich für die Angaben in Procenten und schlägt vor: »e) dass der Congress sich über die Nothwendigkeit ausspreche, in den statistischen Documenten die Berechnung der Elemente nach Procenten anzunehmen, indem er jedoch die Möglichkeit offen lässt, dass man sich gleichzeitig des Elements als Einheit bediene, indem man das Ganze oder die Gesammtheit durch das Element theilt.« Hieran knüpft er den Vorschlag: »f) Der Congress richtet in Anbetracht des grossen Einflusses der Verhältnisszahlen (rapports) auf die Ableitung der Resultate die Aufmerksamkeit auf die hohe Wichtigkeit, die Genauigkeit und die Identität der Verhältnisszahlen.« Er hebt dann ein Beispiel hervor, nämlich die bisher übliche Methode der Berechnung der Fruchtbarkeit der Ehen, welche er verwirft, und macht zum Behuf einer von ihm mitgetheilten besseren folgenden Vorschlag: »g) Der Congress drückt den Wunsch aus: dass in jedem Geburtsregister das Alter der Mutter des Kindes angegeben werde und dass man diese Daten in monatlichen Tabellen dem Alter nach sammle, indem man die verheiratheten Frauen von den unverheiratheten Müttern trennt.« — 3) Die wissenschaftliche Operation beschäftige sich mit der Ermittelung der mehr oder minder gleichmässigen Regeln, welche das sociale System beherrschen. Die nationalen Thatsachen unterscheiden sich sowohl durch ihre Anzahl (Quantität), als auch durch ihren innern Werth (Qualität). In der Anwendung der Theorie der Wahrscheinlichkeitsrechnung auf die statistischen Daten gingen diese beiden Hauptelemente mit einander Hand in Hand. Die grossen Zahlen hätten in der Statistik einen sehr relativen Werth. Sie dienten nur den physischen Untersuchungen als Prüfstein, während der Werth oder die Qualität der Zahlen für die moralischen und humanitarischen Bestrebungen massgebend sei. Aus diesem Grunde genügt den naturwissenschaftlichen Forschungen eine einfache Theorie der Wahrscheinlichkeitsrechnung; die Statistiker und Moralisten hingegen müssten sich von einer zusammengesetzten leiten lassen. Nach einer näheren Ausführung, Begründung und Veranschaulichung dieses Gedankens durch Beispiele, wobei er der von Prof. A. v. Oettingen[8]) entwickelten Methode, die Abweichungen und Schwankungen vom Mittel zu berechnen, vor allen übrigen den Vorzug giebt, räth er der Section zu folgenden Beschlusse: »b) 1) In allen statistischen Untersuchungen kommt es darauf an, sowohl die Zahl der Beobachtungen als auch die Qualität und die Natur der beobachteten Thatsachen kennen zu lernen. 2) In einer Reihe grosser Zahlen misst sich der qualitative Werth durch die Berechnung der Abweichung dieser Zahlen, sowohl unter einander als auch von der aus dieser Reihe abgeleiteten mittleren Zahl.«

Die Wahl des zweiten Gegenstandes, mit welchem die 1. Section sich zu beschäftigen hatte, war ebenfalls keine glückliche. In Folge der soeben gemachten Erfahrungen sah man gänzlich von seiner Erörterung in theoretischer Beziehung ab und beschränkte sich bloss auf die von Herrn v. Baumhauer an verschiedenen Stellen seiner Arbeit gemachten praktischen Vorschläge. Nach einer Discussion zwischen Heuschling, Semenow, Vissering, Farr, v. Baumhauer, Hunvalvy und David wird die in obigem Auszuge mit a) bezeichnete Proposition nach Streichung ihres 1. Punktes angenommen und desgl. noch zwei neue, nämlich eine von Legoyt: »Es ist zu wünschen, dass in den Ländern, wo keine Central-Commission oder kein Central-Bureau für Statistik besteht, die Erhebungen (enquêtes) über diese Gegenstände in nen durch das statistische Bureau unter Mitwirkung der interessirten Verwaltungs-Bureaus geschähen« und die andere von Semenow: »Es ist wünschenswerth, dass keine Zählung oder periodische Erhebung in einem Lande, das eine statistische Central-Commission besitzt, geschehe, ohne dass diese zuvor wegen der statistischen Modelle und Tabellen, welche von den Regierungen gefordert würden oder für die sie sich ent-

---

[8]) Derselbe ist Professor der lutherischen Dogmatik an der Universität Dorpat und machte in seiner rasch berühmt gewordenen Moralstatistik einen höchst geistvollen Versuch, der neuerdings durch die Naturwissenschaften und Moralstatistik hart angefochtenen christlichen Sittenlehre mit Hülfe der letzteren neue Stützen zu verleihen.

schieden hätten, um Rath gefragt würde.« Der Vorschlag b) des Berichtes wird nach den zwischen Engel, Semenow, Quetelet und Mayr gepflogenen Erörterungen abgelehnt, weil es unstatthaft sei, das Programm der zukünftigen Congresse zu begrenzen, und weil man den Organisationskommissionen die Sorge überlassen müsse, zu untersuchen, ob sie es für zweckmässig halten, den von Herrn v. Baumhauer geäusserten Wunsche Rechnung zu tragen. Auf den Antrag Semenow's wird die Resolution c) unter Aenderung des Ausdrucks »subalterne Verwaltungsbeamte« in »Beamte der Communal- und Provinzial-Verwaltungen« genehmigt. Ebenso findet allgemeine Zustimmung Heuschling's Vorschlag, an dieser Stelle der Congressbeschlüsse einen Satz aus den (sogleich folgenden) Obreen'schen Memoire über die graphische Methode, nach dem er durch das Amendement von Bourdin folgende Redaction erhalten hat: »Die Einführung der statistischen Unterweisung in den Schulen aller Lehrstufen vom Elementarunterricht an bis zu den Universitätsstudien ist sehr zu wünschen«, einzuschalten. Hierauf wird der Vorschlag d) angenommen und auf Antrag der Herren Berg und Legoyt folgender angeschlossen: »Der Congress äussert gleichzeitig den Wunsch, dass die die verschiedenen statistischen Documente begleitenden Erklärungen und Einleitungen, wenn sie in einer wenig verbreiteten Sprache verfasst sind, ebenso wie die Köpfe der Colonnen, in einer der verbreitetsten Sprachen, wie z. B. das Deutsche, Französische, Englische, übersetzt werden möchten.« Die Section stimmt auch den Vorschlägen e) und g) zu, streicht aber aus letzteren das Wort: »monatlichen« und fügt nach: »das Alter der Mutter« hinzu: »und für die ehelichen Kinder auch dasjenige des Vaters«. Desgleichen nimmt sie die Proposition h) und einen Zusatz Mayr's an, dahin lautend: »Es sei zu wünschen, dass man nicht nur die Mittel, sondern auch die Zahl der Schwankungen berechne, um die mittlere Abweichung der Zahlen einer Reihe vom Mittel dieser Reihe selbst kennen zu lernen.« — Auf die Befürwortung des Berichterstatters Semenow wurden die hier mitgetheilten Sectionsbeschlüsse von der Generalversammlung gebilligt.

3. Die graphische Methode.

Diese Frage hat J. M. Obreen, Director des Kartendepots, in aller Kürze behandelt. Sie bildet eine Erbschaft aus früheren Sitzungsperioden des Congresses, der über dieselbe noch nicht schlüssig geworden ist, obwohl die Nothwendigkeit, Regeln für die graphischen Darstellungen aufzustellen, von den meisten Personen, welche sich mit ihnen beschäftigten, anerkannt wurde. — Die Tabellen, welche allein die nöthige Genauigkeit besässen und aus deren absoluten Zahlen man alle erforderlichen Verhältnisse ableiten könne, würden sie der Ansicht des Referenten zufolge nicht ersetzen. Aber sie seien von grossen Nutzen, wenn man die Resultate in ihren Zusammenwirken übersehen wolle. Weil die Zeichnung zu den Augen rede und sich leicht dem Gedächtniss einpräge, sei die graphische Methode zur allgemeinen Verbreitung der Statistik sehr geeignet. Mit ihrer Hülfe sollte Letztere ein Hauptbelehrungsmittel von dem Elementarunterricht an bis herauf zu den Universitätsstudien werden. Die statistischen Karten müssten von den geographischen oder topographischen alle Daten entnehmen, welche der darzustellende statistische Gegenstand zulasse, z. B. die Grenzen des Staats, der Provinzen, Cantone, den Lauf der Flüsse. Indess dürften diese Entlehnungen nicht übermässig sein und es wäre wünschenswerth, dass sie mit einem Maassstabe unter Angabe der officiellen Karte versehen wären, welcher man die Daten entnahm. Eine Reihe derartiger brauchbarer, in gleichmässigen Zwischenräumen wiederholter statistischer Karten über denselben Gegenstand und für dieselbe Gegend würde eine kostbare Sammlung von Documenten zum Studium der Schwankungen in den statistischen Daten bilden. Sei keine so grosse Genauigkeit erforderlich, so könnten die Karten durch Skizzen (croquis) ersetzt werden, welche als temporäre oder provisorische Documente sehr nützlich wären und in wenig Augenblicken und mit geringen Kosten hergestellt werden könnten. — Die graphischen Tabellen (diagrammes), obgleich viel einfacher als die graphischen Karten, erforderten doch keine mindere Genauigkeit und Sorgfalt in der Ausführung. Die statistischen, meteorologischen und anderen Thatsachen, welcher man sich oft gleichzeitig in ein und demselben Diagramme bediene, seien durch grade Linien (lignes droites), meist mit Beziehung auf die Zeit, darzustellen. Für diese verschiedenen unabhängigen Grössen könne man beliebige Einheiten wählen; doch wäre ein Uebereinkommen über die Länge dieser Einheiten zur Erleichterung der Vergleichung der Diagramme über denselben Gegenstand wünschenswerth. Der Berichterstatter meint, dass die gebrochenen Linien (lignes brisées), welche sich den Curven (lignes courbes) mehr oder minder nähern und den Lauf einer physischen oder statistischen Begebenheit vorstellen, womöglich in Farben ausgeführt werden könnten dergestalt, dass jede Farbe eine unveränderliche Bedeutung hätte. Zur Vermeidung der grossen Kosten des Farbendrucks könnte man nach einem geistreichen Vorschlage Babbage's die Farben durch unterbrochene Linien (lignes tracées) mit verschiedenartiger Combination ihrer Elemente je nach Bedürfniss ersetzen. Die Darstellungsmittel für die graphische Statistik seien die Farben, die Risse (tracés) und die statistischen Zeichen. In Betreff ihrer Anwendungsmethoden verweist er auf die bezüglichen Verhandlungen in den vorangegangenen Sitzungsperioden des Congresses. Da manche Personen die Farbennüancen schwer unterscheiden, scheint es nothwendig, eine Farbenleiter aufzustellen und zur graphischen Darstellung desselben Gegenstandes stets die nämlichen Farben anzuwenden. Die statistischen Zeichen könnten theils bildliche, theils durch Uebereinkommen festgestellte (conventionels) sein. Jene hätten den Vorzug, dass sie an die darzustellende Sache erinnern; aber sie seien bei einem kleinen Maassstab schwer verständlich. Deshalb müsse man sich für diese entscheiden, deren eine grosse Zahl aus den meteorologischen, hydraulischen und geologischen in die statistischen Karten zu entnehmen wären. Dazu kämen noch die ebenfalls anwendbaren einfachen geometrischen Figuren.

Der Umstand, dass man obiges Thema auf die Tagesordnung des Congresses gesetzt, hatte die Einsendung von zahlreichen kartographischen und graphischen Darstellungen aus den verschiedensten Gebieten der Statistik aller Staaten zur Folge gehabt. Sie waren zur Orientirung der Congressmitglieder sehr zweckmässig in einem besondern Zimmer ausgestellt und gewährten ein vortreffliches Bild der in Bezug auf sie in den letzten Jahren gemachten bedeutenden Fortschritte. Neben den meist gelungenen liessen freilich auch manche verfehlte Versuche erkennen, wie man diese Methode nicht zur Ausübung bringen dürfe und wo sie überhaupt nicht gut anwendbar sei. — Dessenungeachtet erklärt der Verfasser des soeben in Auszuge mitgetheilten Berichtes Obreen in der Sectionsberathung, dass diese Frage seiner Ansicht nach noch nicht hinlänglich gezeitigt sei; er habe bloss Erklärungen Derjenigen, welche sich mit dieser Methode beschäftigt, hervorrufen wollen. Indessen, von dem Nutzen ihres Gebrauches überzeugt, mache er folgenden Vorschlag: »Der Congress drückt in Anbetracht dessen, dass die graphische Methode zur Unterweisung und Verallgemeinerung der statistischen Wissenschaft sehr geeignet sei, den Wunsch aus, dass die wichtigsten officiellen statistischen Documente von Karten und Diagrammen begleitet sein mögen.« Derselbe wird nach einigen interessanten

Bemerkungen von Mayr, Engel, Janssens, Quetelet und Senenow angenommen; desgleichen ein zweiter von Engel: »Der Congress drückt den Wunsch aus, dass die Organisationscommission des künftigen Congresses eine Denkschrift[9]) über die in der Statistik gebrauchten verschiedenen graphischen Methoden und über die geeigneten Mittel, um die Darstellungen gleichförmig und unter einander vereinbar zu machen, vorbereiten möge.« — Die Generalversammlung tritt nach Anhörung des Berichtes des Herrn Janssens beiden Sectionsbeschlüssen bei.

4. Die Frage der Todtgebornen in ihren Beziehungen zur Bevölkerungsbewegung.

Sie ist in Programm von J. A. Boogaard, Prof. extraord. der medicinischen Facultät zu Leyden, und L. J. Egeling, Inspector des Sanitätswesens von Süd-Holland, vollkommen in Einklange mit den gegenwärtigen Standpunkt der Wissenschaft bearbeitet. — Die grosse Verschiedenheit der Registrirung der Todtgeburten in den verschiedenen Ländern und häufig sogar der Mangel an Gleichförmigkeit in ein und demselben Lande fälsche die Verhältnisse zwischen den Geburten, Todtgeburten und Sterbefällen. In den Ländern des Code Napoléon, nämlich in den Niederlanden, Belgien, Frankreich, Italien und einigen Theilen Deutschlands, obläge die Eintragung der Geburten und Todesfälle den Civilstandsofficieren, vor welchen die Erklärung der Geburt innerhalb der drei ersten Tage nach derselben geschehen müsse. Eine Unterscheidung der wirklich Todtgebornen — nämlich der vor oder während der Geburt gestorbenen Kinder — von den lebend geborenen aber vor der Geburtserklärung gestorbenen Kindern sei in diesen Registern nicht erlaubt. In Folge dessen ergebe sich in den erwähnten Ländern ein zu ungünstiges Verhältniss der Todt- zu den Lebendgeborenen, während in andern Ländern, z. B. in Oesterreich, wo das Civilrecht jedes Kind, dessen Tod in Augenblick der Geburt nicht erwiesen sei, als lebendgeboren betrachte, das Gegentheil stattfände.

---

9) Sicherem Vernehmen nach steht das Erscheinen einer solchen, vom Dr. jur. H. Schwabe, Director des statistischen Bureaus der Stadt Berlin, verfassten demnächst bevor und würde wohl als geeignetste Unterlage für die Berathungen des nächsten Congresses, um diese Frage zum Abschluss zu bringen, dienen. Dr. Schwabe hat nicht nur sein unzweifelhaftes Geschick in der Handhabung der graphischen Methode in seinen „Resultaten der Berliner Volkszählung vom 3. Dec. 1867, Berlin 1869" hinlänglich bewiesen, sondern auch während des Congresses selbst die erwähnte Ausstellung zum Gegenstande der eingehendsten Studien gemacht.

In Baiern befolge man die beste Methode: Die Todtgeborenen würden apart notirt und sowohl den Geburten als auch den Todesfällen hinzugefügt. In der ersten Sitzungsperiode des Congresses 1853 zu Brüssel sei der Beschluss gefasst worden: »als Todtgeborene alle Diejenigen anzusehen, welche vor, während oder unmittelbar nach der Geburt gestorben seien.« Diese Bestimmung entscheide die Frage in keiner Weise. Als todtgeboren mussten diejenigen Kinder gelten, welche während einer Epoche der Schwangerschaft zur Welt kamen, in der man die Kinder im Allgemeinen als lebensfähig ansehen kann, und vor oder während der Geburt starben. Eine Unterscheidung dieser beiden Kategorieen sei zwar nicht ohne wissenschaftliches Interesse; jedoch ohne Autopsie würde man keine zuverlässigen Daten hierfür erhalten und eine solche wäre namentlich in den Landgemeinden unausführbar. Alle lebendgeborenen, aber bald nach dem Verlassen des Mutterschoosses noch vor der Geburtserklärung vor den Civilstandsofficier gestorbenen Kinder seien ohne Rücksicht auf die Kürze des extrauterinen Lebens selbstverständlich als lebendgeborene zu betrachten[10]). Nur durch eine derartige präcise Definition der Todtgeborenen gelange man zu einer genauen Kenntniss der Bevölkerungsbewegung. Letzterer ständen die in den verschiedenen Ländern abweichenden, gegenwärtigen gesetzlichen Bestimmungen, welche zwei heterogene Elemente confundiren, entgegen. Sollte das sociale Interesse ihre Aufrechthaltung erfordern, woran die Berichterstatter zweifeln, so machen sie in wissenschaftlichen Interesse folgende Vorschläge. In den Staaten mit französischem Recht könnte die Verwaltung die Civilstandsofficiere zur Führung eines Separatregisters 1) der wirklich Todtgeborenen und 2) der nach der Geburt, aber vor der Declaration Gestorbenen verpflichten. Die Eintragung in dieses Register sollte nur auf die schriftliche Declaration eines autorisirten Arztes oder einer Hebeamme, welche bei der Geburt zugegen war, geschehen. Diese Declaration müsse constatiren: 1) ob das für todt erklärte Kind vor der Geburt gelebt habe und 2) im Bejahungsfalle, wie lange es gelebt und welches die wahrscheinliche Ursache des Todes gewesen. Habe die Entbindung ohne Assistenz eines Geburtshelfers oder einer Hebeamme stattgefunden und sei das Kind vor seinem Tode von keinen Arzt besichtigt worden, so scheine die Besichtigung der Leiche durch einen Arzt, ausgenommen bei zu vorgeschrittener Fäulniss, unerlässlich

---

10) Vgl. E. Kluge, Biostatik der Stadt Reval und ihres Landkirchsprengels für die Jahre 1834—1862. Reval 1867, I. S. 23 u. ff.

un zu ermitteln, ob das Kind schon vor der Geburt todt war. Der Bericht schliesst mit den Vorschlage, die Regierungen zum Erlass nachstehender Maassregeln einzuladen: 1) „dass man in den Ländern, wo das Gesetz auf die Todtgeborenen nicht achtet, sondern bloss die leblos Vorgestellten oder Erklärten kennt, und wo man das Gesetz zu ändern nicht für geeignet hält, die Civilstandsofficiere mit einer getrennten Einzeichnung der wirklich Todtgeborenen und der nach der Geburt, aber vor der Declaration Gestorbenen in ein besonderes Register beauftrage. 2) dass man sich in den Ländern, wo das Gesetz sich in diese Materie nicht hineinmische, auf das Verzeichnen der Todtgeborenen in ein besonderes Register beschränke und alle Lebendgeborenen, aber vor der Declaration Gestorbenen, wie kurz oder wie momentan auch ihre Lebensdauer sei, sowohl in die Geburts- als auch in die Sterberegister eintrage."

Kein Element der Bevölkerungsbewegung bedurfte vielleicht dringender einer Reform seiner Erhebungen als die Todtgeborenen. Wie schon bemerkt, hatte der Brüsseler Congress leider die Sache ganz verfahren und den Begriff der Todtgeborenen, anstatt ihn durch eine einfache Scheidung der Letzteren von den lebendgeborenen, bald nach der Geburt gestorbenen Kindern zu präcisiren, vielmehr durch die Aufstellung der bekannten drei Kategorieen noch mehr verwirrt. Zugleich musste sich die intendirte Trennung der »vor und während der Geburt Todtgeborenen" nothgedrungen als absolut unzuverlässig erweisen. Die deutsche Statistik hatte sich glücklicherweise nie sonderlich nach jenem Beschlusse gerichtet, welcher für sie ein offenbarer Rückschritt gewesen wäre. Derselbe äusserte jedoch in den romanischen Staaten die wohlthätige Wirkung, dass man den Aufnahmen der Todtgeborenen mehr Aufmerksamkeit zuzuwenden begann, und da konnte es nicht ausbleiben, dass man sich mit zunehmender Vollständigkeit des Erhebungsobjectes immer entschiedener von der Unzweckmässigkeit der angeordneten Maassregel überzeugte. Diese Erkenntniss war eine so allgemeine, dass sich kein Redner während der sehr eingehenden Verhandlungen der Section über diesen Gegenstand für den früheren Beschluss eine Lanze zu brechen gemüssigt fand. — Die Berathung in der Section nahm die von beiden Verfassern zum Schluss ihres Berichtes beantragten zwei Resolutionen zum Ausgangspunkt. Legoyt erklärt sich gegen die erste, deren Anwendung in Frankreich und in Geltungsbereiche der Länder des Code Napoléon unmöglich sei, welcher aus civilrechtlichen Erwägungen festzustellen verbiete, ob das todt präsentirte gelebt habe oder nicht. Ferner zeigt er, wie die Ermittelung ob ein Kind vor oder während der Geburt gestorben sei, so bedeutende Schwierigkeiten verursache, dass sie seitens einer grossen Zahl von Praktikern für unausführbar angesehen werde. Bouidin bemerkt, dass die Schwierigkeiten, welchen man in den Gesetzgebungen und auch sonst begegne, den Congress an einem Votum nicht hindern dürften, da sein Zweck in deutlicher Aufklärung der Regierungen und Bevölkerungen sowie in ihrem Antriebe zum Fortschritt bestände. Um den Einwande der Schwierigkeit in Betreff der Ermittelung der Todtgeborenen zu begegnen, unterbreitet er der Section folgende Vorschläge: »Für Kinder müssen diejenigen Erzeugnisse des Empfängnisses angesehen werden, deren Geschlecht erkennbar ist. Als todtgeboren werden die leblos aus dem Mutterschooss hervorgegangenen Kinder erklärt. Die Todtgeborenen werden nur in das Register der Sterbefälle eingetragen; man wird den Tag und die Stunde des Todes angeben. Die lebend geborenen Kinder müssen, wie kurz auch immer ihre Lebensdauer sei, in das Register der Geburten und in das Register der Sterbefälle eingetragen werden. In beiden Fällen wird der Civilstandsofficier das Datum und die Stunde der Geburt und des Todes erwähnen.« Auf Legoyt's Verlangen kommt es unter den Repräsentanten der verschiedenen Länder zu einer Art Enquête über die Gesetzgebung ihrer Heimath in Betreff der Ermittelung der Todtgeborenen. Dergleichen Auskünfte ertheilen David für Dänemark, Huválvy für Oesterreich und Ungarn, Hardeck für Baden, Mayr für Baiern, Janssens für Belgien, Farr für England, Mansolas für Griechenland, Anziani für Italien, Faull für Mecklenburg-Schwerin, Pencovitz für Rumänien, von Senenow für die Angehörigen der griechisch-russischen Kirche Russlands, Kluge für die protestantischen Glaubensbekenntnisse in Russland, Kjaer für Norwegen, Engel für Preussen, Petermann für Sachsen, Jakschitsch für Serbien, Berg für Schweden. Ausserdem sucht Kluge, Mitglied des Ehstländischen statistischen Comités, die Aufmerksamkeit der Versammlung auf die todtgefundenen Kinder zu lenken, deren Zahl in manchen Ländern bis zu $1/_5$ sämmtlicher Todtgeborenen erreicht, ohne dass man häufig wegen zu vorgeschrittener Fäulniss constatiren könne, ob sie lebend oder todt zur Welt gekommen seien. Es wird jedoch auf diese, obwohl zu einer genauen Statistik der Todtgeborenen in nächster Beziehung stehenden Frage nicht weiter eingegangen. Nach einigen feineren Bemerkungen zieht Boudin seinen zuvor gestellten Antrag zurück. Hierauf gelangen die beiden Schlusssätze des Programmberichts in veränderter Ausdrucksweise zur Annahme, und zwar der erste in folgender von Legoyt: »Die Regierungen der in Bezug auf die Erklärung der Civilstands-Acten vom Code Napoléon beherrschten Länder werden aufgefordert diejenigen Massregeln zu ergreifen, welche ihnen am Geeignetsten erscheinen, um die Zahl 1) der todt zur Welt gekommenen und 2) der lebend geborenen, aber vor Erklärung der Geburt gestorbenen Kinder zu erforschen: als todtgeboren wird ein Kind betrachtet, welches wenigstens sechs Monate fötalen Lebens besitzt." Der zweite Satz lautet in der Fassung David's: »Für die übrigen Länder, wo das Gesetz die wirklichen Todtgeborenen anerkennt, mögen die Civilstandsofficiere dazu angehalten werden, die Todtgeborenen getrennt von den Lebendgeborenen, zu welcher Zeit des Lebens sie auch gestorben seien, wie kurz es auch inner gewesen, in die Register als solche einzutragen[11]).« Schliesslich stimmt die Section noch einer dritten von Heuschling und Janssens beantragten und von Legoyt veränderten Anordnung zu: »Der Congress drückt den Wunsch aus, dass die Todtgeburten in den officiellen Erhebungen der Bevölkerungsbewegung eine besondere Abtheilung bilden möchten und weder unter den Geburten noch unter den Sterbefällen auftreten.« — Nach vernommener Motivirung des Berichterstatters Mayr pflichtet die Generalversammlung diesen drei Resolutionen bei.

5. Die Constructionsmethoden und die Berechnung der Vitalitäts- und Mortalitäts-Tafeln.

Auch diesen Bericht verdankt der Congress Herrn v. Baumhauer, einem der competentesten und ausgezeichnetsten Forscher gerade auf diesem Gebiete. — In der Theorie verursache die Construction von Vitalitäts- und Mortalitäts-Tafeln keine Schwierigkeit. Auf die Zahl der gesammten Bevölkerung und diejenige ihrer verschiedenen Alters-Classen üben jedoch mehrere Nebenursachen, wie Epidemieen, zeitweilige Versetzungen, einen Einfluss aus. Die Beweglichkeit einer Bevölke-

---

[11] Es ist höchst eigenthümlich, dass diese Massregeln in Betreff der Todtgeborenen erst so spät angeordnet werden konnten, obwohl sich die Ueberzeugung von ihrer Nothwendigkeit längst Bahn gebrochen. Der Verfasser dieses Aufsatzes hat die sowohl in dem Programmbericht entwickelten, als auch endlich vom Congress adoptirten Prinzipien für die Statistik der Todtgeburten bereits in seiner Biostatik (vgl. das vorige Citat) aufgestellt und durchgeführt.

rung oder die grosse Zahl ihrer Wohnungs- oder Wohnortsveränderungen verhindere, jeden Individuum von seiner Geburt bis zu seinen Tode zu folgen. Die Vitalitäts- und Mortalitäts-Tafeln hätten zun Zweck, für jedes Alter das mittlere Verhältniss der Gestorbenen zu den dem Sterben ausgesetzten Lebenden kennen zu lernen. Die Geburten, die Bevölkerungen und die Sterbefälle nach den Alter seien die Elemente der Construction, und zwar hätten sich die Methoden bald eines, bald zweier, bald gleichzeitig aller dreier derselben bedient. Er geht nun kurz die Methoden von Halley, Moser, Guillard, Hermann und Quetelet, welchen Letzteren sich auch Berg und Farr angeschlossen, durch und erwähnt bei jeder die ihr anhaftenden Mängel. Keine von ihnen erfülle die an eine wirkliche Mortalitätstafel zu richtende Anforderung, dass die Zahl der Gestorbenen in alle den Tode Ausgesetzten getheilt würde. Zwischen den Gezählten und den Gestorbenen, d. h. zwischen einer Bevölkerung nach den Alter an einen bestinnten Tage und den Gestorbenen nach den Alter während eines ganzen Jahres, könne es kein identisches Verhältniss geben. Hierauf setzt er seine eigene, für die Niederlande construirte Mortalitätstafel aus einander. Sie beruhe auf der Unterscheidung der vor und nach den Zählungstage Gestorbenen und auf der Hinzufügung der ersteren nach den Alter (da sie, obwohl einen Theil der Bevölkerung bildend, welcher während eines grösseren oder geringeren Theils des Jahres gelebt habe, in der Zählung nicht mitbegriffen wären) zur gezählten Bevölkerung, indem man schliesslich für jedes Alter diese vermehrte Bevölkerung durch die Todesfälle theile. Bei der Substituirung der Totalität der in jedem Alter in Laufe des ganzen Jahres dem Sterben ausgesetzten Bevölkerung für die gezählte Bevölkerung nach den Alter adoptire man die bei den Tafeln der Versicherungsgesellschaften befolgte Methode, in welchen man, un die Verhältnissmässigkeit der Gestorbenen zu den Versicherten kennen zu lernen, die Gestorbenen in die Gesammtzahl der vereinigten lebenden und gestorbenen in die Register eingetragenen Versicherten, und nicht bloss in die zur Zeit der Berechnung noch lebenden theile. Ebenso ermittele man die Sterblichkeit der Gefängnisse, Hospitäler u. s. w. Nach dieser Methode sollte man auch das jährliche Verhältniss der Gestorbenen zur Bevölkerung berechnen. Der Dr. Bertillon sei durch die Entwickelung einer mathematischen Formel zu denselben Resultat in seiner Memoire über: »das Maass des menschlichen Lebens in Frankreich und der Gironde«. gelangt. Herr von Baumhauer zeigt alsdann, wie eine jede Bevölkerung aus einer primitiven Ziffer zusammengesetzt sei, welche sich durch Geburten und Einwanderungen als Zu- und durch Todesfälle und Auswanderungen als Abgängen veränderte. Um die wahre Zahl der den Sterben während einer Reihe von Tagen oder Jahren ausgesetzten Personen kennen zu lernen sei die richtige Abschätzung des Einflusses jedes dieser beiden Elemente auf die Bevölkerung von höchster Wichtigkeit. Zur Vereinfachung der Lösung dieser Frage schlägt er vor, alle z. B. in Januar Geborenen oder Gestorbenen als in der Mitte des Januar geboren oder gestorben anzusehen. so dass sie $^{23}/_{24}$ des Jahres dem Tode ausgesetzt gewesen wären. Nachdem er die Anwendung seiner Methode in dieser Weise auf die Bevölkerungsbewegung für den Zeitraum eines ganzen Jahres illustrirt und seine Formel $\frac{P + da}{D}$ entwickelt hat, welche die durch die vor der Zählung Gestorbenen vermehrte Bevölkerung oder die dem Tode Ausgesetzten dividirt durch die Sterbefälle ausdrucke, bemerkte er, dass man bei einer Theilung der Sterbefälle sowohl in die Bevölkerung an einem bestimmten Tage als auch in die halbe Summe der Bevölkerung am ersten und am letzten Tage des Jahres eine in Mittel um ein halbes Procent zu grosse Sterblichkeit erhalte. Obgleich er eine Einigung über die wahre Constructions-Methode der Vitalitäts- und Mortalitäts-Tafeln für wenig wahrscheinlich hält, schlägt er dem Congress doch in Betreff derselben folgende Grundprincipien vor: »a) 1) Ein gründliches Studium der Identität der Verhältnisse ist zu einer richtigen Schätzung der Grundsätze (éléments) der Construction der Vitalitäts- und Mortalitäts-Tafeln unerlässlich. 2) Die Gestorbenen nach Altersklassen, welche in der Tabelle die Gestorbenen eines jeden Alters während des ganzen Jahres oder während der ganzen Reihe von Tagen, aus denen das Jahr zusammengesetzt ist, vorstellen, müssen mit allen dem Sterben Ausgesetzten eines jeden correspondirenden Alters während der ganzen Reihe von Tagen, aus denen das Jahr sich zusammensetzt, aber keineswegs mit einer Bevölkerung nach Altersklassen an einem bestimmten Tage in Beziehung gesetzt werden.« Er macht noch auf einen Uebelstand aufmerksam, der darin läge, dass man in den Tabellen die Geburten nach dem Jahre und Monat des Kalenders, während man die Gestorbenen nach dem Alter, d. h. nach Monaten oder Jahren ihrer Lebensdauer, zur Zeit des Todes eintrage. Zur Beseitigung des hierdurch entstandenen Fehlers müsse man jede Alterscolonne in zwei theilen, nämlich in eine für die Eintragung der Gestorbenen, welche in vorhergehenden, und in eine andere für diejenigen, welche in denselben Jahre geboren sind. Als einziges praktisches Mittel, um die Sterbefälle jeder Generation, wenigstens für die Kinder in niedrigen Alter, kennen zu lernen, schlägt er vor, »b) dass sich der Congress für die Nothwendigkeit, in den Todtenlisten nicht nur das Alter, sondern auch das Geburtsjahr der Gestorbenen anzugeben, ausspreche.« Ausser einer genauen Eintragung der Geburten und Sterbefälle in die Civilstandsregister käme es bei der Construirung der Mortalitätstafeln auf die mittlere Bevölkerung nach Altersklassen an, deren Ermittelung grosse Schwierigkeiten verursache. Letztere geschehe, indem man die Daten zweier oder mehrerer periodischer Volkszählungen den Alter nach addire und alsdann durch die Anzahl der addirten Volkszählungen dividire. Jedoch abgesehen von den den Bevölkerungsaufnahmen anhängenden Auslassungen seien die auf diese Weise gewonnenen Bevölkerungsmittel von sehr zweifelhaftem Werthe, weil eine Zählung nach oder während einer Epidemie stattfinden könne, welche vorzüglich Personen eines gewissen Alters fortraffe und für dasselbe eine Lücke in der gezählten Bevölkerung zurücklasse. Schliesslich betont er die Nothwendigkeit, dass man sich für die Construction der Vitalitäts- und Mortalitäts-Tafeln nach Geschlecht und Civilstand, für die Unterscheidung der Sterblichkeit der dicht und zerstreut lebenden Bevölkerung, sowie für die Berücksichtigung des Einflusses von Klima und Boden auf die Sterblichkeit eines jeden Alters entscheide.

Die vorliegende Frage ist im gesammten Gebiete der Bevölkerungs-Statistik unbedingt die schwierigste. Sie erheischt nicht nur eine vorzügliche Vollständigkeit und ausserordentliche Sorgfalt bei der Erhebung der Daten über die Geborenen, Gestorbenen und Bevölkerung, sondern sie lässt auch verschiedene Lösungen zu. Dazu kommt noch, dass bis heute keine der mannigfachen, von einander oft sehr abweichenden Absterbeordnungen ein unbestrittenes Ansehen erlangte, so dass sie sich allgemein eingebürgert hätte. An allen werden vielmehr mit Fug und Recht bald grössere, bald geringere Ausstellungen gemacht. Auch der Baumhauer'schen hat es, obwohl sie mit bedeutenden Scharfsinn entworfen ist und zu den besten gehört, an solchen nicht gefehlt. Herr v. Baumhauer urtheilte daher ganz sachgemäss, wenn er gegen den Schluss seines Berichtes die Vereinbarung einer definitiven Constructionsmethode der Vitalitäts- und Mortalitäts-Tafeln auf diesem Congresse bezweifelte und sich, anerkennenswerthen praktischen Sinnes, mit der Förderung der ihm von jeher am Herzen liegenden Sache, insoweit sie zur Zeit überhaupt möglich war, begnügte. Die von ihm unter a) beantragten beiden Grundprinzipien veranlassten in der Section eine sehr lange, eifrige Debatte, an welcher sich von Blarambeig, Mayr, Quetelet, Berg, Samuel Brown, Farr, Balchen, Senenow, Kjaer, Legoyt, Engel, Maëstri und noch einige Andere betheidigten. Zuletzt zieht von Baumhauer in Veranlassung verschiedener ihn widerfahrener Einwendungen aus den Satze 2) seiner Motion die Worte »aber keineswegs mit einer Bevölkerung nach Altersklassen an einem bestimmten Tage« zurück, worauf sie angenommen wird. Ein von Berg gemachter und von Legoyt amendirter Vorschlag: »Der Congress äussert den Wunsch, dass in Zukunft jedes Land, welches officielle Mortalitätstafeln veröffentliche, in der Publication selbst die Methode, nach welcher diese Tafeln berechnet worden sind, zur Kenntniss bringe«, sowie ein zweiter von Kjaer: »dass man in den zukünftigen Volkszählungen die Einwohner nach den Geburtsländern, nach dem Geschlecht und Alter sondern möge« werde hinzugefügt. Auch der Antrag b) des Programmberichts wird gut geheissen. — Nach Anhörung des Vortrages von Samuel Brown bestätigt die Generalversammlung die erwähnten Sectionsbeschlüsse.

II. Section. Civil- und Handels-Justiz-Statistik.

1. Unentgeltliche Rechtshülfe.

Diese Materie hat J. A. Jolles sehr sachgemäss bearbeitet. — Sie sei für die Niederlande durch die Artikel 855—875 der Civilprocess-Ordnung geregelt. Ihr Grundprincip bestände darin, dass Kläger wie Beklagte, welche den Beweis liefern, sie seien ausser Stande, die Kosten eines Processes zu bezahlen, vom Richter, welcher den Gegenstand desselben kennen muss, die Ermächtigung unentgeltlich zu plaidiren erhalten können. Von dieser Vergünstigung blieben nur die dürftigen Fremden sowie die Verwaltungen der Kirchen- und Wohlthätigkeits-Institute ausgeschlossen, wofern es nicht durch ausdrückliches Uebereinkommen anders festgesetzt sei. Hierauf geht der Berichterstatter die gegenwärtig für die unentgeltliche Rechtshülfe massgebenden Bestimmungen einzeln durch und schliesst ihnen noch eine Uebersicht der in Entwurf der neuen (niederländischen) Processordnung im Titel 12 des 1. Buches, welcher vom Recht der Armen handelt, enthaltenen reformirten an. Nach einigen flüchtigen, Frankreich, Hannover und Baiern betreffenden Bemerkungen erklärt er, seine obige Darstellung zeige die Nothwendigkeit, die bezügliche Gesetzgebung der übrigen Staaten ebenfalls kennen zu lernen. Betrachte man die unentgeltliche Rechtshülfe vom Gesichtspunkte der unter den Bewohnern verschiedener Länder stattfindenden Beziehungen, so werde dieselbe zu einer internationalen Frage, deren Lösung ein vergleichendes Studium sowohl der legislativen Verordnungen als auch der statistischen Belege erheische. Sie gäbe Veranlassung zu folgenden Fragen: »a) Entsprechen die gesetzgebenden Bestimmungen über die Rechtshülfe den Bedürfnissen der dem Gerichtsstande Unterworfenen (justiciables), bieten sie besonders den Armen eine genügende Garantie, ihre Interessen in Betreff der Rechtspflege gehörig vertreten zu sehen? b) Sind nicht die durch mehrere Gesetzgebungen gewährten Rechtswohlthaten ausschliesslich zu Gunsten der eigentlichen Armen? Wäre es nicht statthaft, sie auf die wenig bemittelten Personen auszudehnen? Auf welchen Wege oder durch welche statistische Daten könnte man in diesen letztern Falle den Vermögensstand dieser Personen ermitteln? Nach welchen gleichmässigen Grundlagen und unter welchen Einschränkungen könnte man, wenn man ihn kennt, diesen Stoff vom gesetzgebenden Gesichtspunkte aus regeln? c) Ist es zweckmässig, diese Rechtswohlthaten Fremden nur vermittelst Gegenseitigkeit zuzugestehen? d) Empfiehlt sich das Princip, welches den Richtern, die später von der Angelegenheit Kenntniss nehmen müssen, das Urtheil über die Eingaben um unentgeltliche Rechtshülfe beilegt, durch die Erfahrung? Benachtheiligt seine Anwendung nicht die Entscheidung des Hauptprocesses? e) Kann man dafür Thatsachen beibringen, dass eine zu freigebige Gewährung der Rechtswohlthat den Interessen der dem Gerichtsstande Unterworfenen schädlich geworden wäre? f) Darf man den in Betreff der unentgeltlichen Rechtshülfe getroffenen Entscheidungen den Weg der Berufung zugestehen? g) Darf man in Princip zulassen, dass die mildthätigen Institute oder die Kirchenverwaltungen, um diese Rechtswohlthat zu erlangen, ihre Bedürftigkeit nachweisen müssen? h) Muss die Wohlthat des unentgeltlichen Verfahrens durch das Gesetz denjenigen Personen zugestanden werden, welche in der Eigenschaft von Vormündern oder Verwaltern thätig sind, wenn die pecuniäre Lage ihrer Verwaltung eine wenig günstige ist?« Es folgt eine Tabelle der von den Provinzial-, den Bezirks- und Kreisgerichtshöfen der Niederlande während der zehn Jahre 1857—66 bewilligten und zurückgewiesenen Gesuche um unentgeltliche Rechtshülfe sowie um unentgeltliche Ermächtigungen. Mittheilungen über den Gegenstand von David für Dänemark und von Mayr für Baiern, welche letzteren von statistischen Angaben für die Pfalz während der 7 Jahre 1861—68 begleitet sind, schliessen den Bericht.

Zu Beginn der Verhandlungen stellt der Verfasser Letzteren der 2. Section mit einigen besonders die Niederlande betreffenden Erwägungen vor. Da der Gegenstand für diesen Staat von grosser Wichtigkeit ist, so betheiligen sich die Holländer an der Debatte sehr lebhaft. Zunächst loben die Jolles'sche Arbeit Visschers sowie Yvernès und dieser giebt eine lange Auseinandersetzung der einschlägigen französischen Gesetzgebung. Jonkher de Witte van Citters, Advocat in Haag, ist der Ansicht, dass die Mehrzahl der in Berichte enthaltenen Fragen durch den statistischen Congress nicht entschieden werden könnte; dieselben gehörten vielmehr zum Gebiete eines Congresses der socialen Wissenschaften. Die Hauptsache wäre, zu erforschen, ob die unentgeltliche Rechtshülfe den Interessen der dem Gerichtszwange Unterworfenen schädlich sei (Frage e). Ihm tritt Professor Asser aus Amsterdam entgegen. Die 2. Section habe sich allerdings mit vergleichender Gesetzgebung zu beschäftigen und für dieselbe Tabellen aufzustellen, welche der Statistik als Basis dienen könnten. Visschers[12]) zufolge befinden sich die Congressmitglieder nicht in der Lage von Bureaubeamten, sondern von Rechtsgelehrten und Meistern der Wissenschaft, welche damit betraut seien, Belehrung zu geben und nicht zu empfangen. Durch Untersuchung der Ergebnisse der Statistik und Befragung der Gesetzgebungen würden sie eine reiche Erndte von Thatsachen zur Verbesserung der Gesetzgebung der einzelnen Länder machen. Coninck Liefsting, Richter am Bezirkstribunal zu Leyden, stellt in Abrede, dass die unentgeltliche Rechtshülfe dem Rechte der Armen zum Siege verhelfe (Fr. a) und befürchtet, dass dieselbe nur die Möglichkeit zu Missbräuchen gewähre, welche er näher entwickelt. Diese Besorgnisse werden von Yvernès nicht getheilt; aber sein Vorredner besteht auf ihnen, worauf Anéline für die unentgeltliche Rechtshülfe, wie sie in Frankreich organisirt sei, Partei ergreift. Nachdem Dr. Waddlowe, Abgeordneter der Abtheilung für Jurisprudenz der englischen Gesellschaft für die Beförderung der socialen Wissenschaften zu London, erwähnt, dass in England die Berechtigung der unentgeltlichen Rechtshülfe nur diejenigen hätten, welche überhaupt nicht mehr als 5 L. besässen, und Rollin Jacquemins die bezügliche belgische Gesetzgebung dargelegt, beklagt sich de Witte van Citters, dass ihm noch nicht gesagt wäre,

---

12) Es verdient hervorgehoben zu werden, dass sich dieses Congressmitglied, obwohl germanischer Abstammung, vor allen übrigen durch ein äusserst elegantes Französisch auszeichnete.

wie man sich vermittelst der Statistik vergewissern könne, ob es zweckmässig sei, die Vergünstigung der unentgeltlichen Rechtshülfe den Fremden zuzugestehen (Fr. c). Er erhält von Asser die gewünschte Auskunft. Jolles kann sich die grosse Verschiedenheit, welche zwischen der Statistik der Stadt Paris und denjenigen anderer Länder hinsichtlich der unentgeltlichen Rechtshülfe bestehe, nicht erklären, worüber Yvernès ihm einige Erklärungen giebt. Um der internationalen Statistik einen grösseren Einfluss auf die vergleichende Gesetzgebung zu verleihen, schlägt van Hanel, Advocat zu Leyden, die Beschränkung des Gegenstandes auf einige Hauptprincipien vor. In Uebereinstimmung mit ihm meint Visschers, dass die 2. Section der Generalversammlung in 3, 4 oder 5 Artikeln die Angabe der wesentlichen Thatsachen unterbreiten solle, welche in jeden Lande gesammelt werden können und müssen. Coninck fordert Aufschlüsse wegen des Unterschiedes der Zahl der Eingaben um unentgeltliche Rechtshülfe in Frankreich von derjenigen in andern Staaten. Der Chef des statistischen Bureaus in Haag Voorduin hält die Entscheidung der Gesuche durch die Richter (Fr. d) für unbedenklich. Herr van Eck, Mitglied der zweiten Kammer der General-Staaten, will nicht, dass die milden Stiftungen von der Beweisführung ihrer Bedürftigkeit ausgenommen werden sollen (Fr. g) und redet ferner von den Fristen. Auf Visschers' Antrag wird Yvernès zum Berichterstatter ernannt und es werden ihm die obigen Bemerkungen von Rollin Jacquemins, welche dieser nochmals kurz wiederholt, auf Befürwortung des Vorsitzenden zur Berücksichtigung überwiesen. Beide sollen sich mit einander mündlich benehmen. Das Ergebniss waren nachstehende, von Yvernès aufgesetzte, von der Section und Generalversammlung genehmigte Resolutionen: »Der Congress drückt den Wunsch aus, dass die amtlichen Statistiken in einer, den auf die unentgeltliche Rechtshülfe bezüglichen Tabellen vorausgehenden Notiz in Gemässheit der Gesetzgebung des Landes die Antworten auf folgende Fragen liefern möchten: 1) Welches sind die Personen, die den Beistand verlangen können? 2) Welche Bedingungen sind nothwendig, um den Beistand zu erlangen? (Besonders müsste man anzeigen, ob die Armuth eine absolute oder relative ist.) 3) Können die Fremden, die mildthätigen Institute, die Kirchenverwaltungen, die Vormünder, die Curatoren die Rechtswohlthat des Beistandes geniessen und, im Bejahungsfalle, unter welchen Bedingungen? 4) Von wem und unter welcher Form muss die Rechtshülfe gesucht werden?

5) Welcher Obrigkeit ist die Entscheidung über den Beistand anvertraut? 6) Welches ist das vorschriftsmässige Verfahren? 7) Gicht es Hülfsinstitutionen (unentgeltliche Berathungsbureaux u. s. w.)? 8) Welches sind die Wirkungen der Zulassung zur Wohlthat der Rechtshülfe? 9) Kann diese Wohlthat zurückgezogen werden? auf wessen Forderung und in welchen Fällen? In Betreff der Tabellen wäre es nützlich, in denselben für jede Instanz der Gerichtsbarkeit zu finden: a) die Anzahl der Gesuche un Beistand zusannengestellt nit derjenigen der abgeurtheilten Sachen, b) das Ergebniss dieser Gesuche verglichen nit der Natur der Streitfrage, c) den Stand und wonöglich die Nationalität der Person, welche un Beistand ansucht, d) die Lage dieser Person in den künftigen Processe (anders ausgedrückt: wird der Empfänger der Rechtshülfe als Kläger oder Beklagter auftreten?), e) das Ergebniss des Processes vor der competenten Gerichtsbarkeit nit Unterscheidung der Processe, in welchen der Unterstützte wegen sachlicher Erwägungen (par des considérations sur le fond), unterlag von denjenigen, in welchen in Gegentheil das Urtheil durch formelle Erwägungen (par des c. sur la forne) begründet war, f) die Zahl der Zurückziehungen der zuerkannten Rechtshülfe mit Angabe der Personen, welche un dieselbe einkamen, und der Gründe, welche sie rechtfertigen«.

2. Die todte Hand.

Baron J. B. van Hugenpoth tot den Berenclaauw, Rath des Provinzial-Gerichtshofes von Nord-Brabant, hat diese Vorlage nehr ausführlich als leicht fasslich betrachtet. Derselbe versteht unter der todten Hand »alle Institutionen, Stiftungen und Gemeinschaften, sowohl geistliche als weltliche, welche ewige sind und welche durch Substituirung von Personen, die angesehen werden, als ob sie stets dieselben wären, keine Veränderung durch Todesfälle erleiden.« Die sachliche wie auch die persönliche todte Hand hätte ihren Ursprung in Faustrecht. Er schildert die historische Entwickelung der herrschaftlichen todten Hand (Mainmorte seigneuriale) bis zu ihrer Abschaffung durch die französische Revolution von 1789 und der Aufhebung der Leibeigenschaft in Russland durch den Ukas Alexander II. vom 2. März 1864. Mit ihr sei die lehnsherrliche (féodale), d. h. die stufenweisen, nach einander folgenden, ewigen und untheilbaren Fideicommisse von ehemals nicht zu verwechseln, die unter den Namen der Majorate bekannt wären. Von diesen und den Ritteroiden, welche beide, ihres politischen Charakters beraubt, nunmehr zum Gebiete des Privatrechts gehörten, existirten noch in einigen Ländern Reste und nur in England beständen erstere unverändert fort. Um sich ein richtiges Urtheil über den Unterschied der todten Hand der Vergangenheit von derjenigen der Gegenwart zu bilden, müsse man sich die Antithese vergegenwärtigen: dass die Gesellschaft des Mittelalters, in welchen sich die todte Hand entwickelte, vom Princip **gut zu sterben** ausging, während die moderne Gesellschaft durch den Grundsatz **gut zu leben** in Thätigkeit gesetzt werde. Daher rühre die Tendenz jener, Menschen und Sachen ausser Umlauf zu setzen, sowie das Bestreben dieser, durch deren Belebung die Vervollkommnung des socialen Lebens zu begünstigen. Die Statistik müsse die Wirkung der todten Hand auf Letzteres erforschen und es käme dabei auf 4 Punkte an: 1) **Die Stiftungen, Corporationen und Gemeinschaften**, welche Güter zur todten Hand besässen. Dies seien, so zu sagen, die an Stelle der früheren getretenen Personen der todten Hand unserer Zeit, welche den Interesse der Gesellschaft und den sie veranlassenden Bedürfnissen Rechnung tragen. Sie könnten nicht ohne gesetzliche Bestätigung existiren, und das Gesetz sie, wenn es ihm gefalle, durch Rücknahme derselben wieder aufheben. Die Institutionen der todten Hand zerfielen in öffentliche, welche in directer Beziehung zum Staate ständen und zu administrativen oder Staatszwecken geschaffen, ihr Bestehen dem Gesetze verdanken, sowie in private, die den Nutzen von Privatpersonen dienten und welchen das Recht ihres Daseins auf Grundlage von Stiftungen oder Uebereinkünften vom Gesetz bewilligt würde. Hiermit fielen alle Schwierigkeiten bei der Unterscheidung dieser zwei Kategorieen fort. Die erstere besässe Eigenthum sowohl vermöge des öffentlichen, als auch des Privat-Rechtes. Beide Besitztitel seien wegen der Erfordernisse des Fiscus aus einander zu halten; denn die den öffentlichen Institutionen gehörigen Staatsdomänen müssten steuerfrei sein, während die beweglichen und unbeweglichen Güter derselben privatrechtlicher Natur und diejenigen der privaten Institutionen billigerweise den gleichen Abgaben wie Privatpersonen für ihr Besitzthum zu unterwerfen wären. 2) **Die civilrechtliche Personification** (personnification civile) verleihe den genannten Institutionen alle Rechte von wirklichen Personen. In dieser Hinsicht müsse man die Gemeinschaften oder Gesammtheiten von Personen trennen von den Stiftungen oder Gemeinschaften von Sachen, welchen letzteren in Gegensatz zu den ersteren — wenigstens nach der französischen und niederländischen Gesetzgebung — die Eigenschaft von juristischen Personen nicht innewohne. Die Privatgemeinschaften, d. h. die eigentlichen Gesellschaften, deren Mitglieder in Todesfalle ihre Rechte und ihren Antheil am Gesellschaftsvermögen ihren natürlichen Erben übertrügen, von denen der Fiscus aus diesem Grunde wie für alles übrige Eigenthum des Gestorbenen die Erbschaftssteuer (droit de nutation) erhebe, gehörten hingegen nicht in den Rahmen der todten Hand; es sei denn, dass bei ihnen ebenfalls eine dauernde Substituirung von Personen einträte. 3) Bei Bestimmung des Charakters von Gemeinschaften sowie von Stiftungen käme es bloss auf den Hauptzweck an, da der Nebenzweck nur ihre Wirkung etwas modificiren könnte. Dennoch wäre es nothwendig, auch nach diesen zu forschen, weil sie zur Beurtheilung der Nützlichkeit und Gesetzmässigkeit der privaten Institutionen wesentlich beitrügen. Der die factischen moralischen Körperschaften (corps moraux de fait), welche unter der Form eines Gesellschaftsvertrages ihren Hauptzweck zu verheimlichen trachten um einem Verbot durch das Gesetz vorzubeugen oder auf einem Unwege die Wohlthaten der civilrechtlichen Personification zu erlangen, verhüllende Schleier müsste zur Verhütung des Vorwandes für Abgabenfreiheit und eine dauernde Existenz gelüftet werden. 4) Viele derartige Institutionen übertrügen ihre Güter, um eine zu grosse Kundbarkeit zu vermeiden und sich gegen alle Eventualitäten zu schützen, untergeschobenen Personen — bald Mitgliedern der Gemeinschaft, bald Dritten. Selbstredend sei bei solchen Besitzungen eine specielle Werthangabe wünschenswerth. In einigen Staaten, wie in den Niederlanden und Belgien, zahle die todte Hand keinerlei Gebühr, welche die auf den Besitzveränderungen lastenden Auflagen ersetzten; in anderen, z. B. Frankreich und Italien, habe man die Ungerechtigkeit dieses Privilegiums eingesehen und den Grundbesitz jener mit einer Taxe belegt. Nachdem der Referent mehrere den Gegenstand betreffende statistische Daten und Tabellen beigefügt, spricht er sein Bedauern darüber aus, dass das bewegliche Vermögen zur todten Hand bisher in keinem einzigen Lande einer Besteuerung unterliege. Diese Unbilligkeit rühre wohl von der Schwierigkeit her, den Werth von dergleichen Eigenthum in Erfahrung zu bringen. Als geeignetstes Mittel zur Erhebung der für die Statistik der todten Hand erforderlichen Daten räth er an, dem Vorgange Kaiser Carl V. und Maria Theresia's folgend, die Institutionen der todten Hand selbst um die Ausdehnung ihrer Besitzungen zu befragen. Einer Verweigerung von Auskünften könnte durch derselben zuvorkommende gesetzliche Massregeln begegnet werden, die in Staatsinteresse vollkommen gerechtfertigt wären. Der Genauigkeit wegen müsste die Arbeit in den Communen oder doch nur für ziemlich beschränkte territoriale Umgrenzungen angefertigt werden, da zu derselben Localkenntniss unerlässlich sei. Die Controle der Angaben könnte mit Hülfe der Staatsbeamten, der Reirnal-Steuerrollen, der Grundsteuer-, der Bevölkerungs- und anderer öffentlicher Register geschehen. Auf denselben Wege würde auch die Frage der Besteuerung des beweglichen Vermögens zur todten Hand gelöst. Baron Hugenpoth lässt seinen Auseinandersetzungen, denen zwei umfangreiche, zu den betreffenden Aufnahmen bestimmte Tabellenschemata beigefügt sind, als Nutzanwendung einen Abriss der Statistik der todten Hand für Holland folgen. Er schliesst seinen Bericht mit den Antrage: »dass der Congress die Kenntniss der todten Hand für dringlich erkläre und den Wunsch ausspreche: dass die Regierungen die Daten zu einer officiellen Statistik (sc. derselben) sammeln mögen.«

Ueber obiges Thema entsteht ebenfalls eine langandauernde Discussion. Der Berichterstatter unterwirft es einer weitläufigen Betrachtung, in welcher er denjenigen Institutionen der todten Hand, welche sich mit dem Zeitgeiste unseres Jahrhunderts nicht vertragen, den Krieg erklärt und auch in Uebrigen keine neuen Gesichtspunkte entwickelt. Hierauf dankt ihm Newmarch für seine interessante Arbeit und bemerkt, dass in England die öffentliche Meinung der todten Hand nicht minder feindlich gegenüber stehe. Desgleichen rühmt Heemskerk, holländischer Minister des Innern a. D., den Hugenpoth'schen Aufsatz, welchen er jedoch in verschiedenen Punkten bekämpft. In den vorgeschlagenen Massregeln, deren Dringlichkeit ihm nicht genugsam bewiesen ist, erblickt er eine Beeinträchtigung der religiösen und der Handelsfreiheit; das gegenwärtig für einen Jeden unbeschränkte Belieben, sein Testament zu machen, könne nicht ohne grosse Gefahren abgeändert werden. Baron Hugenpoth vertheidigt seine Darlegungen: die religiöse Freiheit knüpfe sich nicht an etliche Thaler. Wenn dem Staat das Recht zukäme, die unbeweglichen Güter zu kennen, so habe er es ebenso in Betreff der beweglichen. Warum solle eine durch eine gesetzliche Handlung geschaffene Person andere Rechte besitzen als eine gewöhnliche bürgerliche? Die beiden eben geäusserten, einander gegenüberstehenden Ansichten werden von Rollin Jacquemins nicht völlig getheilt. Stifte der Staat civilrechtliche Personen, so habe er auch das Recht, seiner Schöpfung Grenzen zu setzen und die todte Hand müsse wegen der Bedürfnisse der lebenden Bevölkerung eingeschränkt werden. Eine Statistik sämmtlicher Güter der todten Hand anfertigen, heisse, eine unmögliche Sache wollen; man sollte vielmehr eine Statistik der Processe aufstellen, welche das Vorhandensein von eingebildeter todter Hand bewiesen. Dies veranlasst van Hugenpoth zu einigen Aufklärungen über seine vorigen Ausführungen, in denen er namentlich alle inquisitorischen Massregeln verwirft. Nach Visschers ist die ehemals gefährliche todte Hand jetzt zu einen Gespenst geworden; je mehr gesetzliche Institutionen derselben es gebe, um so geringer sei die Gefahr. Ihre Immobilien können nicht verborgen bleiben. Baron de Bieberstein, Gerichtsbeamter am Bezirkstribunal zu Eindhoven, glaubt, dass die Frage der todten Hand mehr zum Gebiete der Finanz- als zu dem der Justiz-Section gehöre. Der Delegirte der Londoner statistischen Gesellschaft Heywood macht Mittheilungen über den Stand der Frage in England. Sie ist Lord Houghton zufolge, welcher Bieberstein's Aeusserung bekämpft, freilich Sache der Section. In England bestimme ein Gesetz die bei den Institutionen der todten Hand zu beobachtenden Vorschriften und eine besondere Commission überwache deren Ausführung. Asser will eine leichte Verwirrung beseitigen, welche sich in die Debatte eingeschlichen habe. Man dürfe nämlich die civilrechtlichen (civiles) und Handelsgesellschaften nicht unter die Institutionen der todten Hand miteinbegreifen, obwohl unter diesen solche existiren, die sich als jene verkleidet hätten. Um nun die Thatsachen so vollständig wie möglich zu ermitteln, müsse man die die erste Kategorie von Institutionen betreffenden statistischen Daten, soweit dieselben ohne inquisitorische Nachforschungen zu beschaffen seien, sammeln, während zu einer Statistik der andern in der Gestalt von Gesellschaften mit einer Gesammtfirma (en nom collectif) die Oeffentlichkeit der Gründungsverträge mehrere Elemente liefere. Es handele sich bloss um die Entscheidung, ob diese Angaben in die Statistik der todten Hand oder in die der Gesellschaften aufgenommen werden sollen. Auch Rollin Jacquemins, der den Anschauungen des Vorredners beipflichtet, erklärt sich für einen Anhänger sämmtlicher statistischer Daten, welche man ohne Verletzung der Freiheit sammeln könne, nach dem Spruche: »Amica statistica sed magis amica veritas.« Indem er auf die Mittel zur Herstellung einer Statistik der todten Hand eingeht, erkennt er keine Nothwendigkeit, sich für die (am Schlusse des Berichtes geforderte) Dringlichkeit der Sache zu entscheiden. Er beantragt: »Der Congress äussert den Wunsch, dass die Regierungen die Angaben für eine officielle Statistik sowohl der Gesetzgebung, welche [die todte Hand beherrscht, als auch des gegenwärtigen Standes derselben sammeln mögen.« Nach einigen Bemerkungen des Lord Houghton macht er noch darauf aufmerksam, dass die Kenntniss der einschlägigen Gesetzgebung für die Beurtheilung der Zahlen unentbehrlich sei, und kommt auf seine vorhin gethane Aeusserung zurück, dass die Statistik der Processe ein vortreffliches Mittel abgebe, um den Stand der todten Hand zum Theil kennen zu lernen. Unter dem Wunsche einer Abänderung schliesst sich Heemskerk seinem Vorschlage an. Hugenpoth verzichtet auf die Dringlichkeitserklärung, besteht aber auf der Annahme der übrigen von ihm formulirten Schlussfolgerungen. Dennoch macht die Section die Proposition Rollin's zu ihrigen und ernennt ihn auf Vorschlag des Präsidenten zum Berichterstatter. — Derselbe motivirt in der Generalversammlung seine Resolution, zu welcher jedoch Baron Hugenpoth, Pascal Duprat und Bourdin verschiedene Amendements stellen. Der Erste und Letzte treten nach einer erhitzten Debatte denjenigen Pascal Duprat's bei, welches nach einer Abstimmung in folgender Fassung angenommen wurde: »D.er Congress ladet in Anbetracht, dass es bei dem gegenwärtigen Zustande Europa's von der höchsten Wichtigkeit ist, eine so genaue Kenntniss der Institutionen der todten Hand als möglich zu besitzen, die Regierungen ein, vergleichende Tabellen der Institutionen der todten Hand aufstellen zu lassen und deren gegenwärtigen Stand unter allen Formen mitzutheilen.«

3. Fallissements und Bankerotte.

Sie wurden mit Bezug auf die bei ihnen sich ergebenden hauptsächlichsten Gesichtspunkte von A. de Vries, Rath des Provinzial-Gerichtshofes von Nord-Holland, nur ganz im Allgemeinen geprüft. Nach einer Auseinandersetzung der Dienste, welche die Statistik bei der Werthschätzung der für die Fallissements zur Anwendung gelangenden Rechtsgrundsätze leistet, führt derselbe diejenigen Fälle auf, wo jene ungeachtet aller Genauigkeit der Daten dazu ausser Stande ist. Man käme z. B. zu ganz falschen Schlussfolgerungen, wenn man das grössere oder geringere Gedeihen des Handels nach einer Statistik der Fallissements beurtheilen wolle, weil sie nur über die Massen von geringerem Umfange durch richterliches Urtheil ausgesprochen werde, während die Angelegenheiten in Betreff der beträchtlicheren ohne ein solches zu endigen pflegen. Er befürwortet die Frage, welche Länder

Statistiken über die Fallissements besässen sowie nach den Zweck derselben, den auf dem Congresse anwesenden Delegirten vorzulegen und hält namentlich seitens dieser eine kurze und klare Angabe der Reformen ihrer heimischen Gesetzgebungen über die Fallissements, die man der Aufklärung durch statistische Daten verdanke, für wünschenswerth. Zwei Vorbedingungen seien zur Anbahnung einer internationalen Statistik der Fallissements nöthig: 1) dürfe man bei den statistischen Ausweisen nicht zu sehr in's Detail gehen, weil man sich durch eine ängstlich genaue, öfters völlig nichtssagende Individualisirung der Thatsachen von deren Zusammenhange unter einander entferne und 2) müsse man die Einheit der Principien und Formen der betreffenden Gesetzgebung in den einzelnen Ländern begünstigen. Die Lösung der letzteren Erforderniss entgegenstehenden Schwierigkeiten wurde durch die Durchführung des ersteren wesentlich unterstützt, da durch Beseitigung überflüssiger Einzelheiten die Zahl der in Betracht kommenden Materien sich verringere und man, je mehr man sich auf die allgemeinen Grundzüge beschränke, auch desto mehr Coincidenzpunkte in den scheinbar sehr auseinandergehenden Fallissementsgesetzen der verschiedenen Staaten entdecke. Sie wären nämlich alle dem lebhaft gefühlten Bedürfniss entsprungen, sich der Activa des Schuldners als eines Unterpfandes in gemeinsamen Interesse der Gläubiger zu versichern, indem man Jenen die Begünstigung zugestehe, sich von seinen Verpflichtungen entweder durch Uebergabe und Liquidition der Activa oder durch gerichtlich bestätigten Vertrag befreit zu sehen. Obwohl die Statistik das vergleichende Rechtsstudium nicht ersetzen könne, so seien doch ihre Daten als ebensoviele Prüfsteine für die Abschätzung der in den gesetzlichen Bestimmungen zum Ausdruck gelangenden Rechtsgrundsätze von unbestreitbaren Nutzen. Zur vollständigen Gewährung desselben müssten jedoch die Tabellen von einem ausführlich erklärenden Texte, d. h. (mit Anwendung auf den vorliegenden Fall) von einer kurzen und deutlichen Auseinandersetzung der in vorgeschriebenen Gesetze sich kundgebenden Principien sowie der Tragweite seiner Hauptformen begleitet sein. — Nach diesen und ähnlichen Variationen eines und desselben Thema's kommt der Berichterstatter endlich zur Sache, der er einige Bemerkungen widmet. Er schlägt vor, bei den beregten statistischen Erhebungen besonders drei Punkte zu berücksichtigen: a) Die Zahl der Fallissements-Erklärungen diene dieser Materie als Basis. Um einen Conflict mit Rechtstheorieen von grösster Wichtigkeit zu vermeiden, müsse man in den Tabellen von einer Unterscheidung der fallirt habenden Individuen und Gesellschaftsfirnen absehen. Obwohl es feinei logisch richtigei sei, die Zahl der anhängigen, d. h. der bereits vor den 1. Januar erklärten (und der in Laufe des Jahres neu hinzugetretenen) Fallissements zu ermitteln, so spricht er sich doch, zumeist aus dem piaktischen Grunde der besseru Veigleichbaikeit der Daten für verschiedene Jahre unter einander, für die alleinige Aufnahme der vom 1. Januar bis zum 31. December stattgefundenen aus. Das Verzeichnen der auf Einspruch oder Berufung aufgehobenen, das Fallissement erklärenden Erkenntnisse anlangend, sei es vom juristischen Standpunkte freilich weit angemessener, dieselben von den übrigen abzuziehen; da aber die in einem Jahre erlassenen richterlichen Liquidationsbefehle häufig noch in folgenden cassirt werden könnten, so empfehle es sich mehr, die Annullirung als einen Modus der Beendigung des Fallissements anzusehen. Auch die Eintheilung der Fallissements nach den Berufsarten der Schuldner verwirft er, weil sich einerseits, wenn man jeder eine besondere Colonne anweise, wegen des nothwendigen Wechsels der letzteren kein bleibendes Schema festhalten lasse und man andrerseits durchaus keine Bürgschaft für die Genauigkeit der erforderlichen Angaben habe. Eine solche Classification sei zudem vollständig gleichgültig. b) Die verschiedenen Phasen des Verfahrens in Bezug auf die Fallissements und eine Anzahl der sie betreffenden Einzelheiten. Hier käme es vorzüglich auf die Proportion der durch gütliche Vereinbarung und durch Insolvenzerklärung beendeten Fallissements an. Jene liefere anscheinend günstigere pekuniäre Ergebnisse, weil die Verträge durch fremde finanzielle Hülfsmittel unterstützt würden, während die gesetzmässige Liquidation nur da einzutreten pflege, wo die Activa in Vergleich zur Schuldenmasse zu geringfügige seien. Unter Berücksichtigung dieser Thatsache müsse man auch bei beiden Modalitäten das Verhältniss der Gerichtskosten zu der unter den Gläubigern zur Vertheilung gelangenden Dividende beurtheilen. c) Die Wiedereröffnung des Fallissements. Sie biete den Gläubigern eine Sicherheit für die redliche Ausführung des Vertrages von Seiten des Schuldners, welcher im Falle künftiger Solvenz die Zahlung der Dividenden oder Reste derselben zu leisten habe. Aus diesem Grunde bilden die statistischen Daten über die Ungültigkeitserklärungen der Uebereinkommen wegen Betruges oder nicht erfüllter Bedingungen ebenso viele Zeugnisse für die grössere oder mindere Zuverlässigkeit der durch das Gesetz in Bezug auf die Vollziehung der Verträge gewährten Garantieen. — Schliesslich räth er noch zu den in keiner Hinsicht schwierigen Erhebungen der stattgehabten Rehabilitirungen sowie der Verfolgungen und Verurtheilungen wegen Bankerottes, welche

man mit der Anzahl der Fallissements vergleichen müsse und den
Grad der auf Letztere einwirkenden restringirenden Gewalt der Bankerottgesetzgebung zu ermessen.

In der Section beleuchtet zuerst der Verfasser des Berichtes an
die Vorbereitungscommission denselben sehr eingehend. Ueber die
jährlich in Frankreich üblichen statistischen Erhebungen zu Gunsten
der Statistik der Fallissements verbreitet sich Yvernès. Sie gäben
Rechenschaft über den Rückstand, die Zahl der durch Vertrag, vereinbarte Verwaltung (régime de l'union), wegen Unzulänglichkeit der
Activa u. s. w. beendigten Fallissements und gestatteten, den Verlauf
derselben für jedes Tribunal zu verfolgen; es wäre schwierig, dass sie
genau deren Ursachen bezeichneten, dennoch lieferten sie sogar hierfür einige brauchbare Fingerzeige. Worms würde die Unmöglichkeit,
in die Ursachen der Fallissements tiefer einzudringen, sehr bedauern,
weil eine derartige Enthüllung von grossen Nutzen wäre. Belgien
veröffentlicht nach Visschers alle zehn Jahre einen Ausweis über
die Fallissements und Rollin Jacquemins setzt die Aufgabe der
Curatoren der Masse daselbst aus einander. Vor Allen, meint der
Präsident, käme es auf die Feststellung der Zahl der Insolvenzerklärungen an. Mit der Section übereinstimmend verlangt de Vries,
dass die Staaten in ihren amtlichen Statistiken bei den Fallissements
über deren Ursachen und nähere Umstände soviel Erläuterungen als
möglich hinzufügen möchten. Rollin Jacquemins hält ähnliche
Angaben wegen zu grosser Unsicherheit und Lückenhaftigkeit für unmöglich und Worms pflichtet ihm bei. Auf den Vorschlag von de
Vries erachtet die Section es für zweckmässig, dass die Statistiken
die Erkenntnisse und die Personen, über welche das Fallissement verhängt ist, zugleich umfassen sollen. Jonkher van den Velden,
Vicepräsident des hohen Gerichtshofes der Niederlande, hält die Aufnahme des Berufes der Schuldner für sehr interessant, wenn man nur
etwaige Unverständlichkeiten durch erklärende Anmerkungen beseitige.
Hinsichtlich der Dauer des Verfahrens wünscht die Section, dass dieselbe ebenfalls in den officiellen statistischen Publicationen enthalten
sei. Nach einer Discussion zwischen de Vries, Worms, Visschers,
Yvernès und Jolles wird beschlossen, die Schemata so einzurichten,
dass sie eine Vergleichung der erwähnten Statistiken der verschiedenen Länder gestatten. Eine lange Debatte entspinnt sich zwischen
den nämlichen Rednern noch über die Frage, ob man die Ursachen
der Fallissements aufzählen solle, und diese wird verneint. — Die
Section vertraut den Bericht Worms an, welcher in ihren Namen

der Generalversammlung den nachstehenden, von derselben gutgeheissenen Beschluss unterbreitet: »Ausser den bereits gebräuchlichen verschiedene andere Colonnen einzurichten, um in ihnen der Reihe nach unter Anderem die Zahl der Fallissements und der Fallirten, den Charakter des Liquidationsbefehles, die persönliche Lage des Fallirten, die Art des betroffenen Handels, die Dauer der den Fallissement folgenden Verwaltung, die Theilung der Activa und Passiva, die Verurtheilungen für einfachen Bankerott, die Verurtheilungen für betrügerischen Bankerott, die Ursachen dieser Verurtheilungen, insofern sie aus der Angabe der Strafverfügung hervorgehen, und die Zahl der in Folge völliger Freisprechung des Fallirten erkannten Rehabilitirungen aufzunehmen.«

4. Actiengesellschaften.

T. M. C. Asser, Professor des Civil- und Handelsrechts am Athenaeum illustre zu Amsterdam, hatte dieselben einer äusserst präcisen und gediegenen Untersuchung unterzogen. Eins der charakteristischsten Symptome unserer Zeit sei die ungeheure Entwicklung der Handelsverbindungen in Gestalt der Actiengesellschaften. Vom juristischen Gesichtspunkte aus unterschieden sie sich unter einander durch die Begrenzung der Verantwortlichkeit eines jeden Mitgliedes und durch die Uebertragbarkeit der Actien, d. h. des Theilnehmerrechtes. Die in mehrfacher Hinsicht nützliche Statistik der Actiengesellschaften müsse umfassen: 1) die sogenannten anonymen Gesellschaften, welche nur eine begrenzte Haftbarkeit gegen Dritte bis zum Betrage des Gesellschafts-Capitals gewähren, und 2) die Commandit-Gesellschaften auf Actien, welche neben derjenigen dieses Capitals noch die persönliche, unbeschränkte Verantwortlichkeit der geschäftsführenden Theilhaber festsetzen. In Bezug auf die Uebertragbarkeit zerfielen die Actien in solche, die auf einen bestimmten Namen oder auf den (jeweiligen) Inhaber lauten. Nachdem der Berichterstatter einerseits entschieden für das System der begrenzten Haftbarkeit eingetreten, weil es die freie Entwicklung der für Handel und Industrie unentbehrlichen Actiengesellschaften fördere, und andererseits die Frage, ob das Abfassen des Statuts der Commanditgesellschaften ohne Feststellung von Normativbestimmungen allein den Uebereinkommen der Mitglieder anheimzustellen sei, offen gelassen, erklärt er sich für die Nothwendigkeit der Aufnahme auch solcher Actiengesellschaften in eine Statistik derselben, welche ohne den Handelszweck bloss deren Form besitzen und sich z. B. mit den Erwerb von Immobilien zum Wiederverkauf oder mit der Ausbeutung von Bergwerken, Gruben und Steinbrüchen befassen. Denn derartige Operationen tragen das Gepräge der Speculation und die wesentlichen Merkmale des Handels an sich. Aus der in Anregung gebrachten Statistik wären auszuschliessen: 1) Die nicht handeltreibenden Verbindungen und Corporationen, sei es, dass sie die äussere Gestalt von Handelsgesellschaften angenommen haben während ihre Einkünfte, nicht als Dividende unter den Mitgliedern vertheilt, vielmehr wissenschaftlichen, künstlerischen, religiösen, mildthätigen und andern Interessen dienen, oder sei es, dass sie bei analogen Zwecken nicht einmal jene Form besitzen und zum Gebiet der todten Hand gehören. Ferner müssten die neuerdings spärlich in Frankreich, England und Deutschland in's Leben getretenen Arbeiter-, Erwerbs- und Wirthschaftsgenossenschaften den Gegenstand einer besonderen Statistik bilden, mit welcher sich der Congress bereits zu Berlin[13]) beschäftigt habe. 2) Die gegenseitigen Versicherungs- und ähnliche Gesellschaften, welche nicht vermittelst eines Gesellschaftscapitals in Actien einen Gewinn erzielen, sondern bloss die Gefahr von Verlusten für jeden Einzelnen vermindern wollen. Dafür wären jedoch die in Auslande gegründeten Gesellschaften, welche ihre Haupt-, Nebenetablissements oder irgend einen Sitz in den die bezeichneten statistischen Erhebungen veranstaltenden Lande hätten, ebenfalls zu berücksichtigen, weil sie dessen commercielle und industrielle Bewegung mit beeinflussen. Nach dieser Feststellung des Umfanges und der Grenzen der statistischen Ausweise für die Actiengesellschaften auf Grundlage der wichtigsten einschlägigen Gesetze der hauptsächlichsten Staaten bringt er für dieselben auch ein Schema in Vorschlag. Man müsse sie eintheilen: 1) »nach ihren Gegenstande (Banken, Versicherungs-, Eisenbahn-Gesellschaften u. s. w.); 2) nach ihrer gesetzlichen Beschaffenheit (Commandit-Gesellschaften und Gesellschaften mit begrenzter Verantwortlichkeit für alle Mitglieder).« Es käme vor Allen darauf an, zu erfahren: »a) den Betrag des Gesellschafts-Capitals; b) den Betrag einer jeden Actie; c) den Betrag der geleisteten

---

[13]) Vgl. Dr. Engel, Rechenschaftsbericht über die 5. Sitzungsperiode des internationalen statistischen Congresses zu Berlin. 2 Bde., Berlin 1865, die 1. Abtheilung der V. Section über „sociale Selbsthülfe" im Bd. I S. 140—153 und die vielen betreffenden Stellen im Bd. II, namentlich S. 560—569.

und noch zu leistenden Einzahlungen; d) den Betrag der Dividenden und das Verhältniss zwischen diesen Beträge und demjenigen des Gesellschaftscapitals; e) die Zahl der constituirten Gesellschaften; f) die Zahl der aufgelösten Gesellschaften, indem man diese Rubrik in Columnen theilt, nach den Ursachen der Auflösung, wie: Ablauf des durch den Gesellschaftsvertrag bestimmten Termines — specieller Beschluss der Mitglieder — Verlust eines gewissen Theiles des Capitals, welcher die Auflösung der Gesellschaft herbeiführt, sei es kraft des Gesetzes, oder sei es kraft einer besondern Klausel der Statuten — Fallissement — Auflösung durch einen Act der Regierung in denjenigen Ländern, wo die Regierung dieses Recht besitzt u. s. w.« — In einem Anhange bemerkt er, dass die von den Gesetzgebungen vieler Länder den Actiengesellschaften vorgeschriebene obligatorische Oeffentlichkeit, deren Hauptpunkte er nach den Handelsgesetzbüchern der Niederlande, Deutschlands, Italiens, Englands und Frankreichs angiebt, nicht nur ein wirksameres Palliativ als das System der administrativen Bevormundung gegen etwaige Missbräuche bilde, sondern dass sie auch die für diese Branche der Statistik erforderlichen Elemente liefere.

Da die Verhandlungen über die vorangegangenen, namentlich über die beiden ersten Materien fast sämmtliche, der Section zugemessene Zeit absorbirt hatten, so musste man sich bei den zwei letzten sehr kurz fassen. Glücklicherweise machte sich dieser Uebelstand nicht so fühlbar, weil die durchaus nicht schwierige Erledigung derselben durch treffliche Vorlagen vorbereitet war. Asser erläutert die seinige, wobei er nach einander drei Hauptpunkte behandelt, nämlich: den Nutzen, die Grenzen der Statistik der Actiengesellschaften und die Mittel zur Erlangung der benöthigten Ziffern. Es entwickelt sich über den Gegenstand eine kleine Debatte zwischen ihm, de Vries, Visschers, den Präsidenten, dem Abtheilungschef im niederländischen Justiz-Ministerium de Pinto, den Advocaten van Gigch und Jacobson aus dem Haag, dem Professor der Statistik Laspeyres aus Dorpat und Jonkher Beelaerts van Blokland aus dem Haag, welche keine bemerkenswerthen Momente bietet. — Auch für die Generalversammlung zum Berichterstatter ernannt, beginnt Asser seinen Vortrag in derselben folgendermassen: »Die 2. Section hat, nachdem sie sich mit der unentgeltlichen Rechtshülfe — der Statistik der Armen, mit der todten Hand — der Statistik der Reichen und den Fallissements — der Statistik der arm gewordenen Reichen beschäftigt, sich der Frage der Actiengesellschaften — der Statistik der nach Reichthum strebenden Armen sowie oft, ach! der Reichen, welche auf dem Wege sind, arm zu werden, genähert«. Hierauf weist er auf den Nutzen einer Statistik der Actiengesellschaften, nicht nur als eines Elementes der allgemeinen Handels-Statistik, sondern auch zur Aufklärung der Gesetzgeber, hin und giebt mit aller Schnelligkeit eine Auseinandersetzung der Principien, auf welchen die gegenwärtigen Gesetzgebungen beruhen. Hoffentlich werde die Beredsamkeit der Zahlen zur Annahme des liberalen Princips beitragen, welches in der Ersetzung der Regierungs-Controle durch die der Betheiligten bestehe. Redner erwähnt, dass Frankreich bereits die Initiative zu einer Statistik der Actiengesellschaften ergriffen habe, welche als der erste Schritt zur vollständigen Erreichung dieses Zieles angesehen werden könne. Seine zuletzt verlesenen und von der Generalversammlung genehmigten Propositionen, welche sich genau an den Inhalt des Programmberichtes anschliessen, lauten: »1) **Eine Statistik der Actiengesellschaften aufzustellen.** 2) **In dieser Statistik zu umfassen: a) die Gesellschaften mit begrenzter Verantwortlichkeit, b) die Commandit-Gesellschaften auf Aktien.** 3) **Darin mit einzuschliessen die diesen beiden Kategorieen angehörenden Gesellschaften, selbst wenn es nicht ihr Zweck ist, Handelsunternehmungen im Sinne der Handelsgesetzbücher zu machen.** 4) **In diese Statistiken nicht miteinzubegreifen: a) die Verbindungen und die Corporationen, welche nicht den Nutzen der Theilnehmer zum Zweck haben, b) die gegenseitigen Versicherungs- und andere Gesellschaften.** 5) **In eine besondere Rubrik die in Auslande errichteten Actiengesellschaften aufzunehmen, welche jedoch ihren Hauptsitz oder ein Nebenetablissement in dem Lande haben, welches die Statistik aufstellen lässt.«** Punkt 6, welcher zunächst die Classification der Actiengesellschaften betrifft, stimmt genau mit den obigen Sätzen in gesperrter Schrift überein. Dasselbe gilt auch hinsichtlich des Schemas mit der einen Ausnahme, dass die Rubrik »**a) das Jahr der Gründung**« neu hinzugekommen ist (worauf die übrigen um einen Buchstaben weiter fortgerückt wurden), sowie mit der andern, dass c (früher d) modificirt wurde in: »**den Betrag des Reingewinns mit Angabe der Dividende und der an die Reservekasse abgeführten Summen«.**

5. Die Justizorganisation.

Auch diesen, in den einzelnen Ländern abweichenden Gegenstand hatte J. A. Jolles vorbereitet. Derselbe giebt zuerst eine sehr treffende Uebersicht der Gerichtsorganisation der Niederlande, auf welche wir nicht näher einzugehen brauchen, da die ihr zu Grunde liegenden **Hauptprincipien** sich nicht sehr wesentlich von denen anderer Staaten, z. B. Frankreichs oder Preussens, unterscheiden. In Anschluss hieran theilt er die Formulare der vier ersten Tabellen[14]) für die Statistik der Civilrechtspflege in den Niederlanden mit; die drei letzten beziehen sich auf die Fallissements. Die erste behandelt die Jurisdiction des hohen Gerichtshofes mit Eintheilung nach den Gerichtshöfen und Tribunalen, welche die angefochtenen Urtheile gefällt haben, und umfasst die am 1. Januar zu richten verbliebenen und die in Laufe des Jahres hinzugekommenen Sachen, die Resultate der eingelegten Berufungen, die Colonial-Angelegenheiten, die Rechtssprüche erster Instanz, die Revisionen, die Verzichtleistungen auf fernere Ansprüche, die am 31. December zu richten verbliebenen Sachen. Die elf Provinzial-Gerichtshöfe mit Unterscheidung nach den Gerichtshöfen und Tribunalen, welche die angegriffenen Entscheidungen erliessen, betrifft die zweite Tabelle. Sie enthält die am 1. Januar seit drei oder mehr Jahren, die seit weniger als drei Jahre zu richten verbliebenen sowie die während des Jahres neu angemeldeten Sachen, die Bescheide in Folge einer Appellation, die Urtheile erster Instanz, die in Laufe des Jahres beendigten, die am 31. December zu richten verbliebenen Sachen und die Beschlüsse auf Bittschriften. Der nach Tribunalen geordneten Gerichtsbarkeit der 123 Bezirkstribunale dient die dritte Tabelle, welche die am 1. Januar zu richten verbliebenen, die in das Verzeichniss seit drei Jahren und darüber oder seit weniger als drei Jahre eingetragenen Sachen, die, ohne in die Liste eingeschrieben zu sein, zur Verhandlung gebrachten Sachen, die auf Appellation erfolgten Bescheide, die Rechtssprüche erster Instanz, die in Laufe des Jahres erledigten und nicht erledigten Sachen, die Urtheile gesondert nach Materien, die Entscheidungen auf Gesuche, die Sprüche auf kurze Frist und die in der Gerichtscanzlei niedergelegten Entscheidungen der Schiedsrichter aufführt. Nach Kreisen wird die Thätigkeit der Kreisgerichte in der vierten Tabelle zusammengestellt, welche sich über die zu richten verbliebenen sowie die während des Jahres neu angemeldeten

---

14) Selbstredend müssen wir uns hier auf die Hauptrubriken beschränken und verweisen wegen deren Unterabtheilungen auf das Programm.

Sachen, die Rechtssprüche, die beendigten sowie die am 31. December abzuurtheilen verbliebenen Sachen, die endgültigen Entscheidungen auf Eingaben, die Verhöre und gerichtliche Verhandlungen verschiedener Art verbreitet. Referent endigt mit den Moynier zu Genf entlehnten, vollkommen zutreffenden Hinweis, »dass die ausserordentliche Verschiedenheit der Civil- und Handelsgesetzgebungen den Entwurf von Formularen vereitele, welche für alle Staaten anwendbar seien. Man dürfe sich nicht schmeicheln, von jetzt ab eine internationale Statistik der Civil- und Handels-Justiz zu erhalten. Das sei vielmehr Aufgabe der Studien der vergleichenden Gesetzgebung, welche die Gesetze der verschiedenen Länder gleichförmig zu machen streben, worauf man gegenwärtig hinzielen müsse«. Um also eine brauchbare internationale Justiz-Statistik anzubahnen, beantragt er beim Congress: »dass synoptische Tafeln aufgestellt würden, welche die Einrichtungen der Gerichtsverfassung in den verschiedenen Staaten anzeigten.«

Ueber den letzten Berathungsgegenstand wird ebenfalls in der Section eigentlich gar nicht verhandelt. Nach einem Resumé desselben seitens des Referenten geben die von ihm gezogenen Schlussfolgerungen zu einer rasch endenden Debatte zwischen ihm, Visschers, Yvernès, Eyssell aus dem Haag, de Witte van Citters und van Eck Anlass. Hierauf gelangen seine Anträge, nachdem sie verschiedene Abänderungen erfahren, in nachstehenden Wortlaut zur Annahme: »1) Die Regierungen zu ersuchen, den Rechenschafts-Berichten, welche sie über die Verwaltung der Civil- und Handels-Justiz veröffentlichen, eine Uebersicht oder summarische Darstellung der Gerichts-Verfassung vorangehen zu lassen; 2) in dieser Uebersicht besonders die Zahl der Gerichtshöfe und Tribunale, ihre Zusammensetzung und ihre Competenz für jede Gerichtsbarkeit, die territoriale Ausdehnung und die Bevölkerung, den Betrag der Grundsteuer, die Zahl der Beamten des Ministeriums u. s. w. zu erwähnen.« — Die Generalversammlung tritt, nachdem er Bericht erstattet, denselben bei.

(Schluss folgt im nächsten Heft.)

VII.
Zur Geschichte der volkswirthschaftlichen Verhältnisse Niederösterreichs.

Von
Dr. **Adalbert Horawitz** in Wien.

I.

Mein Freund Sailer veranlasste mich noch kurz vor seinem Tode, Forschungen in den wohlgeordneten Archive der Städte Krems und Stein anzustellen, um ihn über die nationalökonomischen Verhältnisse dieser gewiss bedeutenden österreichischen Handelsstädte Material herbeizuschaffen. Ich war aber bei einer Durchsicht der Archive trotz aller entgegenkommenden Freundlichkeit der Vorstände nicht sehr glücklich, da ich von den werthvollen Acten des Schlüsselamtes nichts wusste. Um so willkommener sind mir die reichen Stoffmittheilungen der eben erschienenen Chronik von Krems, Stein und Umgebung. Herausg. von Josef Kinzl, Superior in der Besserungsanstalt zu Stein-Krems 1869. Es ist kaum zu denken, dass dieses fleissig gearbeitete, aber etwas dickleibige Werk (637 Seiten) weit über Niederösterreichs Grenzen Verbreitung finden werde, um so mehr mag es sich rechtfertigen, wenn ich es in Folgenden unternehme, die Resultate meines Suchens nach volkswirthschaftlichen Notizen darzulegen, wobei ich nicht umhin kann, mit lebhaften Danke des Interesses zu gedenken, mit den Kinzl u. A. die Rollen der Zünfte beobachtete, die er denn auch abdrucken liess (Seite 532—612).

Krems und Stein waren bis zum dreissigjährigen Krieg reiche Städte, ihr Wohlstand hob sich namentlich in fünfzehnten Jahrhunderte, er entstand durch Weinbau und Handel. Schon in einem Privileg Rudolf III. (24. Juni 1305) wird für den Weinbau, als der Hauptlebensquelle der Bürger, ein besonderer Schutz versprochen, und gewünscht, dass Niemand mit unbilligen Gebühren belastet werde, damit er seinen Grund bei Bau erhalten könne. Eifersüchtig wachen die Bürger darüber, dass Niemand ausser den Berechtigten Wein schenken dürfe[1]), und jammern über schlechten Wein, so z. B. 1392 und 1465 über den »Zirnlzett« und »Reifbeisser«. Um 1548 scheint der Weinbau etwas verfallen zu sein, wol erklärlich, wenn man weiss, wie die Spanier um 1532 als »Freunde« hausten u. s. w., »sie schnitten nicht allein die Frucht, sondern auch das Holz sammt den Früchten ab und verdarben somit die Ernte auf viele Jahre.« Aber auch in anderen Verhältnissen sieht man den Verfall, wie die Weingartenordnung Kaiser Ferdinand I. von 1548 anzeigt. Darin nämlich, dass so viele Ledige und Fremde, die nichts verständen oder sich nicht recht der Sache annehmen, Weingärten bebauen, man setzt deshalb den Ledigen einen Jahres-Termin; sind sie danach nicht verheirathet, so wird ihr Weingarten mit Beschlag belegt. Andererseits scheinen viele Hauerknechte ihrer Pflicht ungetreu, mitten in der Arbeit derselben überdrüssig geworden zu sein und lieber sich beim Kegelspiel oder anderswo herumgetrieben haben. Dem gegenüber bestimmt die Ordnung die Arbeitszeit von früh bis Abends mit zwei Raststunden. Neue Weingärten auszusetzen, ist verboten, weil die Aecker, Weiden und die alten Weingärten dadurch leiden. Auch die Hauer und Herrn der Weingärten unterstehen einer Controle, die darauf zu sehen hat, dass der Herr den Weingarten gut und verständig bebaue[2]). Hie und da bot der fleissige Betrieb des Weinbaus freilich so wenig, dass die Ausfuhr desselben verboten werden musste, wie gross die Fechsung in einem guten Jahre war, zeigt z. B. die Notiz zum Jahre 1589, nach der 13,725 Eimer und zum Jahre 1590, in welchem 21,000 Eimer in Krems gefechst wurden. Wie schlecht es übrigens noch mit dem Vertrieb des Weines stand, ersieht man daraus, dass um das Jahr 1681 vor Ueberfluss an Wein in den Kellern kein Platz mehr war und die Bürger mehrere 1000 Eimer alten Wein auf die Strasse schütten mussten.

Der Handel war sowohl activ als passiv. Wir hören von Böhmen, die Waaren einführen, von krakauer Kaufleuten, die um 1587 neunzig Centner Stahl nach Krems bringen u. s. w., ebenso auch von

---

1) Wer ungarischen Wein nach Krems bringt, dem lässt man denselben auf dem Markte auslaufen (um 1305).

2) Ein eigenes Verbot des Bieres als Handelsartikel beschränkte dessen gefährliche Concurrenz mit dem Weine (um 1453 und 1588).

Eisenexport nach Polen (um 1566); die Unschlittausfuhr wird in selben Jahre strengstens verboten. Offenbar lag die Sache so, dass die Krenser die Eisenproducte der steirischen Gewerke oder den Wein den böhmischen Kaufleuten verkauften, welche hinwider Tuchwaaren mitbrachten. Doch um 1574 wird auch der Eisenexport in's Ausland verboten, man fürchtet, dass es durch Polen in die Türkei gehe. »Die eigenen Landsleute« sagt der k. Befehl, »leiden Mangel, das Eisen soll übrigens auch nicht mehr nur nach Buschen, sondern nach dem Gewichte verkauft, Niemand aber wie bisher gezwungen werden, zu jedem Colli Eisen auch eine Quantität Stahl abzunehmen. Mehr erfahren wir über den Handel in den Städten selbst, auf das Innigste — wie natürlich — hängt er mit den Mauth- und Zollwesen zusammen, und es lassen sich auch hier gute Beiträge zu Johannes Falke's vortrefflicher Geschichte des deutschen Zollwesens liefern. Schon in dem Streite zwischen Stein und Krems um 1493 wird auch die Mauthfrage berührt. Da Stein an der Donau liegt, hatte es die günstigere Position, die es auch — wenn man die Gravamina der Krenser glauben darf — unbillig ausnützte. Sie liessen nämlich den Kremsern nur den Kleinhandel mit Salz und Getreide, gestatteten es nicht, dass grössere Quantitäten zu den letzteren kämen, küffelweise mussten sie u. A. das gmundner Salz aus Stein holen, sie hinderten den Verkehr auf alle Weise, liessen kein Schiff Nachmittags mehr nach Krems passiren, was die letztere Stadt dagegen nach Wien führen wollte an Käse, Schmalz und Oel, musste man an die Mauth von Stein bringen, die mehr eintrugen, als die kremser Jahr- und Wochenmärkte. Nicht einmal die Lohe konnten die kremser Lederer auf ein Mal aus Stein fortführen, sondern mussten es kleinweis thun und was dergleichen kümmerliche Vexationen mehr waren. — Es gab verschiedene Mauthen, landesherrliche und städtische. Schon um 1277 besitzt Krems die Mauth der Brücke unter dem Stein, 1308 gewinnen beide Städte die Wagenmauth in Stein, als altes Kammergefäll wird um 1392 die Brodmauth auf dem kremser Markt genannt, um 1349 wird auf Bitte der Kremser die Mauth an der langen Brücke über den Kamp aufgehoben, um 1492 die Stadt Krems von der Brückenmauth zu Stein befreit, 1487 erhielt sie die Mauthfreiheit für ihre Weine und Waaren in allen Erbländern. Um 1539 zahlt man in Krems einen Durchgangszoll namentlich für Wein, desshalb, wie die Bürgerschaft sagt, weil der Magistrat die Wege und Strasse zur Lesezeit in Ordnung haben und das Pflaster alljährlich ausbessern muss, welches durch die grosse Zahl der Wein- und Maischwägen schadhaft werde. Da war es denn begreiflich, dass um das Jahr 1565 eine eigene Bruck- und Pflastermauth zu Kreins bestand, die von jeden Wagen 1 ₰., von jeden Pferde 1 ob. begehrte und dafür jährlich 100 Pf. Schatzsteuern zahlte. Der Ausfuhrzoll auf Wein betrug, um 1458 per Fuder 1 Pf. Höchst wichtig ist nun der Zolltarif von 1523 (S. 102 ff.). Für Specereien, Sammt, Atlas, Taffet, gesponnen Gold und Silber, Seidentücher, Schiesspulver u. s. w. zahlt man pr. Centner 2 ₰., für Hanf und Haar 2 ₰., für Leinbat per Stück 1 ₰., für beheimbisches Tuch vom Stuckh 4 ₰., von Stahl und Eisen, so man nach Böheimb führt (Schweiter, Messer, eingefasste Klingen, Hufeisen, Pflugeisen u. s. w.) p. Ctnr. 2 ₰., vom Hundert Härnel, Fuchspälg, Elteispälg, Khünigl, Aichhorn 4 ₰., von einen nürnberger Fass 8 ₰., von einen Stockfisch 16 ₰., von einen Wagen Kotzen 8 ₰., von einer Thonnen Hönig, Häring, Höchten, Allen 4 ₰., von einer Truchen Pameräntschen oder Margaran Aepfel 9 ₰., von einer Truchen mit Messgewandt, Creitzen und dergleichen 16 ₰., von einem Wagen Nuss, Kletzen 16 ₰., mit lebendigen Vischen 7 ₰. Von einen Kramer, der die Khramb auf einen Ross fuert und am Wochenmarkt feil hat, 4 ₰., von einen Khörbl Kramer, der den Khorb auf den Ruggen tregt, 2 ₰. Ein Thündl Bier 2 ₰., ein einer Prandwein 4 ₰., ein Mülstein 2 ₰., ein Schliefstein 1 ₰. Durchfuhrszoll für die Behaimb und die von Lintz 4 ₰. vom Stuck, von einen Oxen 2 ₰., von einen Ross 4 ₰., von einer Khue, Schwein, Kalb, Khitz, Schof, Lamp, Spensau, Gannss, 10 jungen Hienern, 10 Päntl Vögl, 1 Hasen 1 ₰., von einer Oxen-, Khue-, Hirschen- oder Elendshaut, sie sei geworcht oder ungeworcht, 1 ₰., von 10 Fellen 1 ₰. Als Standgeld für die Jarmärkte werden in Allgemeinen 8 ₰. verlangt, die Sailer, Hueterer, die Ständ mit helzernen Schisseln, Perchtholdsgadnerarbeit und Dräxlwerch, frende Hafner, Buechfürer zahlen pr. Stand — 32 ₰. Von allen Getreid, so man auf Schiffen führt, giebt man von einen Metz 2 gehaufte Mässl und dazu 4 ₰. (4 Mässl machen eine Metze und 16 Gupf auch eine Metze). Von 1 Metze Mell, hier verkauft oder an der Müll gekauft, gibt man Mellrecht 30 ₰. Von Arbeiss (Erbsen) Voglhanif oder Magen (papaver) gibt 1 Mutz ein Castenmassl und 4 ₰. Für die Einheimischen gewährte Ferdinand I. 1546 die wichtige Zollbefreiung von den zum Hausbedarf gehörigen Producten, eine Maassregel, die auf Kosten der Regierung zu bedeutenden Missbräuchen geführt hat. Die Vorkäufer liefen nämlich den böhnischen Händlern und den Bauern vor das Thor entgegen, kauften ihnen Alles ab und boten es dann am Markte feil, wofür sie als Einheimische keinen Zoll zu geben brauchten. Die Bürger kauften auch in Gey (rus, in's gey gehen = aus Städten auf das platte Land gehen. Schmeller, Bayerisches Wörterbuch II. 2), Weizenmehl auch um billigere Preise, weil sie den Bauer dafür bedeutende Vorräthe von Producten zollfrei zum Verkaufe in die Stadt schwärzten, was sie auch für die fremden Kaufleute thaten, um ihnen den Durchgangszoll zu ersparen u. s. w. Ja, eigene Händler entstanden, die Fleischhauerknechte z. B kauften in den Fasten Häringe, Aale u. s. w. und hatten sie auf dem Wochenmarkt feil, ohne Zoll zu zahlen. Man suchte durch strengere Controle an den Thoren dieser Beeinträchtigung entgegenzuwirken. Ueber den Markt selbst erfahren wir, dass um 1598 auf den Korngriess die Körnerfrüchte, die Kupferwaaren und Gwäntler, auf dem hohen Markte die Tuchhändler, auf dem Haarmarkt die Hafner, auf dem Dominikanerfreythof die Leinwandhütten sich befanden. Um 1655 standen die Getreidewägen auf dem Korngriess in Winter von 7—9, Sommer von 5—8, Niemand durfte mehr als 1 Muth kaufen, Holz-, Latten-, Schindl-, Kraut- und Rubenwägen stehen vor dem Prukner- und Höllthor; was nicht verkauft wird, darf nicht mehr ausgesetzt werden. Um 1662 stockte plötzlich der kremser Handel, da für jeden Gulden Werth von den Kaufleuten 4 d. Aufschlag bezahlt werden musste. Dadurch abgeschreckt wandten sich die Kaufleute auf den znaimer Markt, die Stadt aber kaufte endlich diese drückende Abgabe um 65,000 Fl. ab. Um 1701 hatte die Stadt wieder mit den nähmischen Juden Weiterungen, die eine Reihe von Klagen gegen die Stadt vorbrachten, den Bann über sie aussprachen [3]) und von den Märkten wegblieben, die Stadt vertheidigte sich in einer 6 Bogen starken Schrift, aus der zu sehen, dass die Juden häufig die Stadt um das Schutzgeld u. A. betrogen und überhaupt die Solidität des Handels arg gefährdeten. —

Noch um 1573 nennt Kaiser Maximilian II. Krems und Stein die bedeutendsten Städte Niederösterreichs nach Wien, Städte, in denen sehr viele wohabende Leute wohnen, der dreissigjährige Krieg, der auch sie heimsuchte u. A. mit wiederholter Belagerung, die entsetzlichen Einquartierungen und Strafgelder wegen des treuen Festhaltens an der augsburgischen Confession brachten sie später sehr herab. Um 1551 aber war das Einkommen der Stadt Krems nach einer Grundbuchaufzeichnung folgendes: Das Waghaus brachte zwischen 82 und 172 fl. ein, die Gewölbe im Rathhause und die neuerbaute Stadtkuchel

---

[3]) Bestand darin, dass kein Jude mit einem Gebannten Handel trieb.

251—300 Fl., der Brodladen in Rathhause (da jeder der 11 Bäcker 1 Fl. zahlte) 11 Fl., dreizehn Prälaten zahlten Dienst (wie viel ist leider nicht angegeben), viele Andere, die keinen Dienst zahlten, gaben dagegen von jeden Dreyling Most, den sie hereinführten und pressen liessen, 2 β. Jeder der 14 Fleischhauer musste von jeden Bestandploch am Sanstag vor den Osteitage 6 β geben. Die übrigen Dienste, die angegeben sind, betragen summirt 82 Fl. 3 β. Es ist aber offenbar noch nicht Alles. Betrachten wir dagegen die Steuern, soweit wir von ihnen Kunde haben. Un 1359 fuhrt Herzog Rudolf das verhasste Ungeld[4]) ein (es ist ein Fehler, dass die in kreiser Archive befindliche Quittung von 1414 über bezahltes Ungeld nicht abgedruckt ist), un 1448 erhält die Stadt nebst Gericht Thormauth und Zoll, auch den Ungeldkasten un 1500 Pfund jährlich auf 4 Jahre in Bestand. Un 1559 trug das Ungeld jährlich 700 Pfund, der Magistrat zahlte dafür 690 Pfund Bestand.

Unter den übrigen Steuern wird zun Jahre 1431 eine Hussitensteuer in Belaufe von 300 Pfund genannt, un 1566 betragen die Steuern der Stadt Krems 3956 Pfund 5 β. 4 δ., ausserdem mussten sie 4000 Pfund ohne Interessenauf 3 Jahre an die Regierung leihen. Der Steueranschlag von 1599 liefert folgendes Ergebniss der Haussteuer: Prukner Viertl 102 Häuser 2780 Fl., Höll V. 50 Häuser 1696 Fl., Hülber V. 57 Häuser 1700 Fl., Wartberg V. 87 Häuser 664 Fl. Also für 296 Häuser 6840 Fl. Beiläufig erwähne ich noch einer 1697 ausgeschriebenen Luxussteuer, die für die Erlaubniss, Gold und Silber zu tragen, 10 Fl. forderte, 9 Personen nachten davon Gebrauch. Wenden wir uns zu den wichtigen Kapitel der Preise, so ist diess nicht so vollständig und reich, wie es sein müsste, wenn Kämmereirechnungen benützt worden wären, es fragt sich, ob solche in Krems aufbewahrt wurden, in Oesterreich scheinen nur die Klöster diese löbliche Gewohnheit gehabt zu haben. Doch mag in nerhin folgen, was sich zusammenstellen liess. 1313 kostete der Metzen Getraide 6 δ., Korn 4 δ., Hafer 2 δ. (Wohlfeilheitspreise). Dagegen war un 1402 der Metzen Getraides nur un 7 Pfund zu haben, also hoher Theuerungspreis, un 1433 musste der Getreideverkauf wegen der Theuerung sogar verboten werden. Auch un 1551 waren Getreide, Wein und Fleisch so theuer geworden, dass der gemeine Mann sich kaum des Hungers erwehren

---

[4]) Ungelt heisst eigentlich jede ausserordentliche Auflage, wird aber im späteren MA. und namentlich in Oesterreich als eine Auflage auf „essende und trinkende speise" und meist als Tranksteuer aufgefasst.

konnte«. Um 1565 kostet das Pfund Fleisch 6 ₰., der Eimer Wein 2 Fl. Theuerungen und ihren Folgen sucht die Regierung um 1573 so zu begegnen, dass man, so lange wohlfeil zu kaufen ist, einkauft, um dann immer hinlänglich Getreide auf den Kasten zu haben, Krems hielt damals 200 Muth bereit. — Der fleissige Herausgeber hat den Preisen nicht viel Interesse zugewendet, erst zum Jahre 1712 kommt wieder eine Raittung, aus der ich folgende Preise heraushebe: 2½ ℔ Karpfen 22 Kr. 2 ₰.); 4 Mass Weinmuth 16 Kr.; 1 Ctr. 20 ℔ Rindfleisch à 4½ Kr., 1 ℔ Schweinfleisch 5 Kr., 10 ℔ Kalbfleisch 1 Fl. 11 Kr., 11 ℔ Schoffleisch 44 Kr., 46 Pratwirst 1 Fl. 32 Kr., 15 ℔ Leber 45 Kr., 14 ℔ Hasenbraten 42 Kr., 6 Genss à 42 Kr., 4 Fl. 12 Kr., 2 Spanfärkl 1 Fl. 9 Kr., ¾ ℔ Baunöl 17 Kr. 3 Mass Salz 24 Kr., ⅛ Schmalz 57 Kr., 1 Färtl Holz 1 Fl. 24 Kr., 3 Eimer fertiger Wein 9 Fl., 3 Eimer heuriger 6 Fl., 18 Mass Weinmuth 1 Fl. 12 Kr. Eine Klafter weiches Holz kostet um 1722 drei Gulden 20 Kr. — Zinsfuss um 1658 sechs Percent. Kärglich sind auch die Notizen über Arbeitslohn und Besoldung. Um 1497 klagt der kremser Magistrat, dass die Arbeiter lieber in die Herrenhöfe und Klöster laufen, weil sie dort besser bezahlt werden, denn wenn sie vom Magistrate 4 ₰. Taglohn bekämen, erhielten sie dort 5—6 ₰. Als fester Taglohn wird um 1516 vom Magistrate für den Löser 6 ₰., den Buttenträger 8 ₰. taxirt, um 1722 betrug er bei den Hauern bis Michaeli 15 Kr. und ½ Wein, von Michaeli bis Georgi 12 Kr. und 1 Seitl Wein, bei den Maurern von Michaeli bis Georgi 6 Groschen, von Georgi bis Michaelis 7 Groschen; der Tagwerker erhielt das ganze Jahr hindurch denselben Taglohn von 4 Groschen. Der Pfarrer des Spitals erhielt um 1610 ausser freien Quartier und Kost zu jeder Malzeit 3 Seitl Wein und wöchentlich 1 Fl., der Stadtmedicus bekommt um 1614 jährlich 60 Fl. baar, 20 Gulden Quartiergeld, 10 Eimer heurigen Wein und 6 Klafter Holz. (Damals waren 2 Apotheker in Krems.) Der um 1724 aufgenommene Advocat beider Städte erhält 60 Fl. Wenig findet sich auch für die Populationistik, ich mache hierbei zugleich aufmerksam, welche wichtige Quelle dafür die sogenannten Geschäftsbücher bilden, aus denen sich neben den Vermögensverhältnissen der Bürgerschaft auch die Anzahl der Sterbefälle, der Familienglieder u. s. w. bestimmen lässt. Eine einzige Notiz aber kann ich in dieser Hinsicht aus der Chronik geben; um 1587 wurden jährlich 60 Geburten notirt, 1862 jährlich 248! Dass es schon früh auch Proletariat gegeben, versteht sich von selbst, um 1588 äussert sich aber erst die Besorgniss der gemain Pöfl werde sich erheben (vergl. zum Jahre 1347 eine

Stelle beim Anonymus Leobiensis Pez Scriptores Rerum Austriacarum I. S. 971, in welcher von den Juden nordenden pofel von Stein und Krems die Rede ist), um 1590 ersehnt man »zur Dempfung des frechen Gesindels tüchtige Obrigkeit, denn die Frechheit, Trutz, Muetwill und Ungehorsam bey den gemainen Leuten nimnt so überhand, dass sogar schon Entlaibungen vorgekommen.« Den immer stärker werdenden Bettel begegnet man einerseits durch das Austheilen der Armensuppe u. s. w. im Spital (1563), andererseits durch Ausweisung aller Eremiten, Pilgrime und vom Türken Gefangenen, die Ausländer sind (1695). Dennoch blieben, nachdem diese 95 fremden Bettler abgeschafft waren, noch 84 Einheimische übrig, denen man erlaubte, alle Freitag von Haus zu Haus betteln zu gehen, einmal im Monat ging auch ein Sammler für sie in der Stadt herum. Ein solcher Vorgang minderte freilich nicht den Pauperismus, im Jahre 1724 wurden täglich 19 Männer mit 4 Kr., 48 Weiber mit 3 Kr. und 13 Kinder mit 2 Kr. auf städtische Kosten unterstützt, und ausserdem gab es noch so Viele, dass die Sammlungen weitaus nicht ausreichten. Für die Verbrecherstatistik bieten nur die Jahre 1687—89 Anhaltspunkte, es werden nur zehn Verbrecher aufgewiesen, darunter drei Frauen. Die Verbrechen sind die des Kindesmordes, Diebstahls, körperlicher Beschädigung, falscher Münze, unter den Gravirten sind übrigens drei Wiener. — Schliesslich mag noch erwähnt werden, dass der Magistrat aus sehr zureichenden Gründen um 1593 gegen die Errichtung eines Glückshafens protestirte, er erklärte ihn für Betrug, der die Liederlichkeit des Volkes nur vermehre. Neben dieser modernen Auffassung sei auch einer moderneren Massregel Erwähnung gethan; die Schuhmachergesellen nämlich machen um 1713 eine Art Strike, werden aber ausserordentlich bestraft. — So viel Interessantes das Buch Kinzl's geboten, so ist denn doch in Hinsicht auf statistische Verwerthung die Kenntniss des vollständigen archivalischen Materiales sehr wünschenswerth; hoffen wir, dass sich auch für etwa vorhandene Kämmereirechnungen, Geschäfts- und Grundbücher ein Herausgeber oder besser noch ein mit den volkswirthschaftlichen Theorieen vertrauter Bearbeiter finde.

VIII.
Bedeutung der Religionsunterschiede für das physische Leben der Bevölkerungen.

(Nachtrag zu Jahrbücher Bd. XI. Seite 24 ff.)

Von

Dr. **Adolf Frantz.**

In der mit Nr. 10, 11, 12 Jahrg. 1869 der »Zeitschrift des kgl. Preuss. Statistischen Bureaus« als Beilage ausgegebenen Umarbeitung der Abhandlung: »Beiträge zur Kenntniss der Bewegung der Bevölkerung innerhalb der evangelischen und der katholischen Landeskirche des preussischen Staats in den Jahren 1859 bis 1867. Vom Privatdoc. Dr. j. et ph. A ph. C. Hilse u. s. w.« (S. 305 ff. Jahrg. 1869 derselben Zeitschrift) — sind die früher von mir gegen die dortigen Schlussfolgerungen bezüglich der Mehrungs- und Entwicklungsfähigkeit des Katholicismus in Preussen vorgebrachten Einwendungen in einer Weise kritisirt, die mich zu folgender Erwiderung und Berichtigung veranlasst.

Zunächst habe ich nicht, wie S. 306 Anmerk. 6 a. a. O. gesagt wird, den Dr. Hilse vorgeworfen, dass er die in der neunjährigen Periode 1859—67 vorgekommenen störenden Einflüsse nicht berücksichtigt habe. Vielmehr ging mein Einwand, — nicht »Vorwurf«, — nur dahin, dass die Schlussfolgerungen des Dr. H. schon aus der dreijährigen Periode 1865—67 hergeleitet und einzig und allein auf die Ergebnisse der Volkszählung von Ende 1867 gestützt werden. Für die Annahmen und Behauptungen des Dr. H., dahin gehend, »der Katholicismus besitze nicht mehr die überwiegende Zunahmefähigkeit wie zu Beginn unserer Periode, stelle also ein künftiges Zurückbleiben gegen den Protestantismus in sichere Aussicht«, sprechen nur die Minderungsziffern der Katholiken in der Periode 1865—67, festgestellt durch die Ergebnisse der Zählung von 1867, in den Provinzen Preussen, Pommern, Sachsen, Rheinland und Westfalen, in den drei letzten Provinzen auch die Ziffern der beiden Vortriennien. Doch ist diese Minderung der drei westlichsten Provinzen durch die Mehrung in den übrigen ausgeglichen, so dass also von einer Minderung des Katholicismus im Allgemeinen bis 1864 nicht die Rede sein kann und den Dr. H. für seine Annahme nur die kurze dreijährige Periode von 1865—67 übrig bleibt.

Diese Periode, behaupten wir wiederholt, genügt nicht, um den Beweis der Minderung der Zunahmefähigkeit der Katholiken für alle Zukunft in sichere Aussicht zu stellen, weil in dieser kurzen Periode so viele und so störende ausserordentliche Ereignisse und Verhältnisse auf die Bevölkerungs-Bewegung eingewirkt haben, wie sonst nicht in neunjährigen und längeren Perioden vorgekommen sind.

Der Behauptung, dass diese Ereignisse u. s. w. beide Confessionen gleichmässig betroffen haben, widerspricht die Thatsache, dass beide Confessionen in den einzelnen Provinzen in ganz verschiedenen Verhältnisse vertheilt und dass die einzelnen Provinzen in ganz verschiedenen Grunde und Umfange von jenen ausserordentlichen Störungen afficirt sind. Es ist erst noch nachzuweisen, dass Missernte, Cholera, Krieg, Militär-Reorganisation und Dislocation, Gesetzgebungs-Reformen, Annexion neuer Provinzen u. s. w. auf alle Provinzen und in ihnen auf beide Confessionen, trotz der verschiedenen Vertheilung, gleichmässig eingewirkt haben. Bis zu diesem statistischen Nachweise ist die Annahme des Dr. H., der Katholicismus habe an Mehrungskraft verloren, eine grundlose Hypothese.

Die Grundlosigkeit derselben schon jetzt anzunehmen, berechtigt die **Thatsache, dass die Katholiken selbst im Triennium 1865—67 im Geburtsüberschuss den Evangelischen überlegen waren**, und zwar überlegener, als in den beiden Vortriennien. Es betrug nämlich (nach der Angabe des Dr. Hilse):

im Jahre	der Evangelischen			der Katholiken		
Triennium	Anzahl	Geburtsüberschuss		Anzahl	Geburts-überschuss	
1858—61	10,848,510	447,815	4,13	6,618,979	285,957	4,32
1862—64	11,298,294	471,517	4,17	6,906,988	291,031	4,21
1865—67	11,736,734	319,417	2,72	7,201,911	229,952	3,19
gegen 1858—61	weniger	128,398	1,48	weniger	56,005	1,13

Die Evangelischen haben also 1865—67 einen um 1,48, die Katholiken dagegen einen nur um 1,13 schwächeren Geburtsüberschuss als im Anfang des ganzen Zeitraums 1858—67. Der Geburtsüberschuss der Katholiken übersteigt denjenigen der Protestanten 1858—61 um

0,19, 1862—64 un 0,04, dagegen 1865—67 sogar um 0,47, also fast 2½mal so stark als 1858—61. Wie man solchen Thatsachen gegenüber von Abnahme, von stetiger Abnahme der Zunahmefähigkeit der Katholiken als Statistiker reden kann, weiss ich nicht. Will Dr. H. in unserer confessionell erregten Zeit bezüglich confessioneller Lebens-Verhältnisse so unhaltbare Hypothesen vorbringen, macht er sich beiden Confessionen gegenüber verantwortlich. — Der Statistiker hat stets und überall Thatsachen, nicht die Täuschungen der Wünsche zu sich reden zu lassen.

Was den Dr. H. zu seiner Anschauung der Bewegung innerhalb der beiden Hauptconfessionen Preussens hauptsächlich veranlasst zu haben scheint, ist die bedeutende Differenz zwischen den durch officielle Berichte der Geistlichen u. s. w. bekundeten Convertiten. Die Ungenauigkeit der bezüglichen Ermittelungen giebt aber Dr. H. selbst zu, und ausserdem ist es bekannt, dass die Uebertritte evangelischer Einwohner (namentlich auch Kinder) zur katholischen Kirche häufiger sind, als hier im Inlande bekannt wird. Wie häufig aber auch die Uebergänge von Katholiken zu den Evangelischen sein mögen, so zeigt eben der Geburtsüberschuss der Katholiken selbst in der für die Volksmehrung im Allgemeinen höchst ungünstigen Periode 1865—67, dass dieselben ohne alle Bedeutung sind, wenn und so weit es sich um eine **stetige Abnahme der »Zunahmefähigkeit« der Katholiken** handelt. Dieser Geburtsüberschuss und seine Stetigkeit ist vom Dr. H. einerseits nicht genügend gewürdigt, andererseits nicht, wie es sehr zu wünschen gewesen, in seinen Gründen untersucht worden, eine Untersuchung, die um so interessanter war, da der Geburtsüberschuss der Katholiken neben einer grossen Anzahl von katholischen Cölibatären und gegenüber der weit geringern Zahl der Mehrgeburten auf Seiten der Evangelischen auffallen muss.

Die Zeit, welche Dr. H. für seine Untersuchungen gewählt hat, ist zudem höchst ungünstig für Schlüsse und Vermuthungen bezüglich der Zukunft. Die zahlreichen und tiefeingreifenden Reformen der Gesetzgebung in Preussen und Deutschland seit 1866 würden allein genügen, Schlüsse über künftigen Stand und künftige Aenderungen der Bevölkerung und ihrer Confessionsgenossenschaften zu widerrathen.

Jedenfalls wird die Freizügigkeit sowie die in Folge von Coalitionen und obligaten Strikes der Arbeiterklassen eintretende Bewegung der Bevölkerung nicht ohne Einfluss auf das numerische Verhältniss der Confessionen bleiben. Ebenso wird das Ergebniss der Volkszählung von Ende 1867 überhaupt noch der Bestätigung nachfolgender Zählungen bedürfen. Als Statistiker, der eine praktische Erfahrung von fast zwei Decennien der Beschäftigung mit der preussischen Statistik hat, muss ich die Annahmen und Schlussfolgerungen des Dr. H. in den fraglichen Aufsatze für ebenso unsicher als gewagt erklären[1]).

---

[1] Mit Bezug auf die oben gegebenen Procentsätze des Geburtsüberschusses beider Confessionen ist zu beachten, dass Dr. Hilse für die Evangelischen dieselben höher, nämlich (S. 313 a. a. O.) auf 4,20 — 4,19 — 2,90 für die drei Perioden, angiebt, — wie die Berechnung beweist, unrichtig.

Nationalökonomische Gesetzgebung.

V.
Preussisches Gesetz über die Handelskammern.
Vom 24. Februar 1870.

§. 1. (Bestimmung und Errichtung der Handelskammern.) Die Handelskammern haben die Bestimmung, die Gesammtinteressen der Handel- und Gewerbetreibenden ihres Bezirkes wahrzunehmen, insbesondere die Behörden in der Förderung des Handels und der Gewerbe durch thatsächliche Mittheilungen, Anträge und Erstattung von Gutachten zu unterstützen.

§. 2. Die Errichtung einer Handelskammer unterliegt der Genehmigung des Handels-Ministers.

Bei Ertheilung dieser Genehmigung wird zugleich über die Zahl der Mitglieder und, wenn die Errichtung für einen über mehrere Orte sich erstreckenden Bezirk erfolgt, über den Sitz der Handelskammer Bestimmung getroffen.

§. 3. (Wahlberechtigung und Wählbarkeit.) Zur Theilnahme an der Wahl der Mitglieder sind diejenigen Kaufleute und Gesellschaften berechtigt, welche als Inhaber einer Firma in dem für den Bezirk der Handelskammer geführten Handelsregister eingetragen stehen.

Mit Genehmigung des Handels-Ministers kann jedoch für einzelne Handelskammern nach Anhörung der Betheiligten bestimmt werden, dass das Wahlrecht ausserdem durch die Veranlagung in einer bestimmten Klasse oder zu einem bestimmten Satze der Gewerbesteuer vom Handel bedingt sein soll.

§. 4. Zur Theilnahme an der Wahl der Mitglieder sind ferner berechtigt die im Bezirke der Handelskammer den Bergbau treibenden Alleineigenthümer oder Pächter eines Bergwerkes, Gewerkschaften und in anderer Form organisirten Gesellschaften — einschliesslich derjenigen, welche innerhalb der in den §§. 210, 211 des Allgemeinen Berggesetzes vom 24. Juni 1865 (G.-S. S. 749), im §. 1 des Gesetzes vom 22. Februar 1869 (G.-S. S. 401) und im Artikel XII der Verordnung vom 8. Mai 1867 (G.-S. S. 603) bezeichneten Landestheile Eisenerz-, beziehungsweise Stein- oder Braunkohlen-Bergbau betreiben, — insoweit die Jahresproduktion einen von dem Handels-Minister nach den örtlichen Verhältnissen für die einzelnen Handelskammern zu bestimmenden Werth oder Umfang erreicht.

Die fiskalischen Bergwerke sind von der Theilnahme an der Wahl ausgeschlossen.

§. 5. Die Wahlstimme einer Aktiengesellschaft oder einer Genossenschaft darf nur durch ein im Handelsregister eingetragenes Vorstandsmitglied, die jeder anderen im §. 3 bezeichneten Gesellschaft nur durch einen ebendaselbst eingetragenen persönlich haftenden Gesellschafter, die einer Gewerkschaft oder anderen im §. 4 bezeichneten Gesellschaft nur durch den Repräsentanten oder ein Vorstandsmitglied, die einer Person weiblichen Geschlechts, oder einer unter Vormundschaft oder Kuratel stehenden Person nur durch den im Handelsregister eingetragenen Prokuristen abgegeben werden.

§. 6. Wer nach vorstehenden Bestimmungen (§§. 3—5) in demselben Handelskammerbezirke mehrfach stimmberechtigt ist, darf gleichwohl nur eine Wahlstimme abgeben und hat sich, wenn er gleichzeitig in mehreren Wahlkreisen des Handelskammer-Bezirks (§. 10) stimmberechtigt ist, vor Ablauf der zu Einwendungen gegen die Wählerliste bestimmten Frist (§. 11) zu erklären, in welchem Wahlkreise er seine Stimme ausüben will.

§. 7. Zum Mitgliede einer Handelskammer kann nur gewählt werden, wer 1) das fünfundzwanzigste Lebensjahr zurückgelegt hat, — 2) in dem Bezirk der Handelskammer seinen ordentlichen Wohnsitz hat, — 3) a. in dem für den Bezirk der Handelskammer geführten Handelsregister entweder als Inhaber einer Firma oder als persönlich haftender, zur Vertretung einer Handelsgesellschaft befugter Gesellschafter, oder als Mitglied des Vorstandes einer Aktien-Gesellschaft oder Genossenschaft eingetragen steht, b. oder bei einer der im §. 4 bezeichneten Bergbau-Unternehmungen im Bezirke der Handelskammer als Allein-Eigenthümer, Repräsentant oder Vorstandsmitglied betheiligt ist.

§. 8. Mehrere Gesellschafter oder Vorstandsmitglieder einer und derselben Gesellschaft dürfen nicht gleichzeitig Mitglieder derselben Handelskammer sein.

§. 9. Diejenigen, über deren Vermögen der Konkurs (Falliment) eröffnet ist, sind bis nach Abschluss dieses Verfahrens, und diejenigen, welche ihre Zahlungen eingestellt haben, während der Dauer der Zahlungseinstellung weder wahlberechtigt noch wählbar.

§. 10. (Wahlverfahren.) Mit Genehmigung des Handels-Ministers kann ein Handelskammerbezirk zum Zwecke der Wahl der Mitglieder in engere Bezirke eingetheilt werden, insofern sich aus den örtlichen Verhältnissen hierzu ein Bedürfniss ergiebt.

§. 11. Für jeden Wahlbezirk ist bei Einrichtung einer Handelskammer von der Regierung, sonst von der Handelskammer selbst eine Liste der Wahlberechtigten aufzustellen. Dieselbe wird zehn Tage lang öffentlich ausgelegt, nachdem die Zeit und der Ort der Auslegung in den letzten zehn Tagen vorher öffentlich bekannt gemacht sind.

Einwendungen gegen die Liste sind unter Beifügung der erforderlichen Bescheinigung bis zum Ablauf des zehnten Tages nach beendigter Auslegung, wenn die Handelskammer eingerichtet werden soll, bei der Regierung, sonst bei der Handelskammer selbst anzubringen. Rekurs gegen die Entscheidung der Handelskammer ist innerhalb zehn Tagen bei der Regierung einzulegen. Letztere entscheidet in allen Fällen endgültig.

§. 12. Nach erfolgter Feststellung der Wählerliste hat für jeden Wahlbezirk bei Einrichtung der Handelskammer ein von der Regierung, sonst ein von der Handelskammer aus der Zahl ihrer Mitglieder zu ernennender Kommissarius den Wahltermin zu bestimmen und öffentlich bekannt zu machen.

§. 13. In der Wahlversammlung führt der ernannte Kommissarius (§.12) den Vorsitz. Es wird ein Wahlvorstand gebildet. Zu demselben gehören, ausser dem Vorsitzenden, ein Stimmensammler und ein Schriftführer, welche von den anwesenden Wahlberechtigten aus ihrer Mitte gewählt werden.

§. 14. Die Wahl erfolgt nach absoluter Stimmenmehrheit durch geheime Abstimmung mittelst Stimmzettel, welche, ausser den im §. 5 erwähnten Fällen, von den Stimmberechtigten persönlich abzugeben sind. Bei Stimmengleichheit entscheidet das Loos. Ergiebt sich bei einer Wahl in der ersten Abstimmung weder eine absolute Stimmenmehrheit, noch Stimmengleichheit, so werden diejenigen, welche die meisten Stimmen erhalten haben, in doppelter Anzahl der zu Wählenden auf die engere Wahl gebracht. Falls mehr Personen als die doppelte Anzahl der zu Wählenden die relativ meisten Stimmen erhalten, entscheidet bei Feststellung der Liste der auf die engere Wahl zu Bringenden unter denen, welche gleichviele Stimmen haben, das Loos. Ueber die Gültigkeit der Wahlzettel entscheidet der Wahlvorstand. Das Wahlprotokoll ist von dem Wahlvorstande zu unterzeichnen.

§. 15. Die Handelskammer hat das Ergebniss der Wahl öffentlich bekannt zu machen.

Einspruche gegen die Wahl sind binnen zehntägiger Frist bei der Handelskammer anzubringen und von der Regierung endgültig zu entscheiden.

§. 16. (Dauer der Funktion und Wechsel der Mitglieder.) Die Mitglieder der Handelskammern versehen ihre Stellen in der Regel drei Jahre lang. Am Schlusse jeden Jahres werden durch Neuwahl zunächst die durch den Tod oder sonstiges Ausscheiden vor Ablauf der gesetzlichen Zeit erledigten Stellen wieder besetzt. Im Uebrigen scheiden von den Mitgliedern am Schlusse jeden Jahres so viele aus, dass im Ganzen der dritte Theil sämmtlicher Stellen zur Wiederbesetzung gelangt. Die Ausscheidenden bestimmt das höhere Dienstalter und bei gleichem Alter das Loos.

Geht die normale Gesammtzahl der Mitglieder einer Handelskammer bei einer Theilung durch drei nicht voll auf, so wird die nächst höhere Zahl, welche eine solche Theilung zulässt, der Berechnung des ausscheidenden Drittheils zu Grunde gelegt.

Die Ausscheidenden können wieder gewählt werden.

§. 17. Jeder in der Person eines Mitgliedes eintretende Umstand, welcher dasselbe, wenn er vor der Wahl vorhanden gewesen wäre, von der Wählbarkeit ausgeschlossen haben würde, hat das Erlöschen der Mitgliedschaft zur Folge.

§. 18. Die Handelskammer kann ein Mitglied, welches nach ihrem Urtheile durch seine Handlungsweise die öffentliche Achtung verloren hat, nach Anhörung desselben durch einen mit einer Mehrheit von wenigstens zwei Drittheilen ihrer Mitglieder abzufassenden Beschluss aus ihrer Mitte entfernen, es steht jedoch dem Betheiligten gegen einen solchen Beschluss der Rekurs an die Regierung offen.

§. 19. In derselben Art (§. 18) kann die Handelskammer ein Mitglied, gegen welches ein gerichtliches Strafverfahren eröffnet wird, bis nach Ahschluss desselben von seinen Funktionen vorläufig entheben.

§. 20. (Kostenaufwand.) Die Handelskammer beschliesst über den zur Erfüllung ihrer gesetzlichen Aufgabe erforderlichen Kostenaufwand und ordnet ihr Kassen- und Rechnungswesen selbständig.

Sie nimmt die von ihr für erforderlich erachteten Arbeitskräfte an, setzt die Vergütungen für dieselben fest und beschafft die nöthigen Räumlichkeiten.

§. 21. Die Mitglieder versehen ihre Geschäfte unentgeltlich. Nur die durch Erledigung einzelner Aufträge erwachsenden baaren Auslagen werden ihnen erstattet.

§. 22. Die Handelskammer hat alljährlich einen Etat aufzustellen, öffentlich bekannt zu machen und der Regierung mitzutheilen.

§. 23. Die etatsmässigen Kosten werden auf die sämmtlichen Wahlberechtigten nach dem Fusse der Gewerbesteuer vom Handel veranlagt und als Zuschlag zu dieser erhoben.

Die nicht zur Gewerbesteuer vom Handel veranlagten Wahlberechtigten werden von der Handelskammer alljährlich nach dem Umfange ihres Geschäftsbetriebes im vorhergehenden Jahre auf einen fingirten Satz der Gewerbesteuer vom Handel eingeschätzt und in diesem Verhältnisse zu den Kostenbeiträgen herangezogen. Die Betheiligten werden Seitens der Handelskammer von dieser Einschätzung benachrichtigt. Beschwerden darüber sind binnen zehntägiger Frist bei der Handelskammer anzubringen und unterliegen der endgültigen Entscheidung der Regierung.

Die Erhebung der Beiträge geschieht auf Anordnung der Regierung.

§. 24. Einer vorgängigen Genehmigung der Regierung bedarf es, wenn die Beschaffung des Aufwandes für ein Jahr einen zehn Prozent der Gewerbesteuer vom Handel übersteigenden Zuschlag zu derselben erfordert, oder wenn der vorgelegte Etat überschritten werden soll.

Im ersteren Falle kann die Regierung die etatsmässigen Kosten in der Gesammt-Summe so weit herabsetzen, dass der zu ihrer Deckung erforderliche Zuschlag nicht mehr als zehn Prozent der Gewerbesteuer vom Handel beträgt.

§. 25. Die Kostenbeiträge können unter Genehmigung der Regierung auf Antrag der Handelskammer der Gemeindekasse oder der Staatssteuerkasse am Sitze der Handelskammer überwiesen werden. Die betreffende Kasse hat alsdann in den Grenzen des Etats auf die Anweisungen der Handelskammer die Zahlungen zu leisten und darüber Rechnung zu legen.

Die Rechnungen werden von der Handelskammer geprüft und abgenommen.

§. 26. (Geschäftsgang.) Zu Anfang jeden Jahres wählt die Handelskammer aus ihrer Mitte einen Vorsitzenden und einen Stellvertreter desselben. Im Falle des Ausscheidens des Vorsitzenden oder seines Stellvertreters vor der gesetzlichen Zeit erfolgt eine Neuwahl für den Rest dieser Zeit.

§. 27. Die Handelskammern können die Oeffentlichkeit ihrer Sitzungen beschliessen. Jedenfalls sind sie verpflichtet, den Handel- und Gewerbetreibenden ihres Bezirks durch fortlaufende Mittheilung von Auszügen aus den Berathungs-Protokollen, ferner am Schlusse jeden Jahres in einer besonderen Uebersicht von ihrer Wirksamkeit und von der Lage und dem Gange des

Handels und der Gewerbe, sowie summarisch von ihren Einnahmen und Ausgaben durch die öffentlichen Blätter Kenntniss zu geben.

Ausgenommen von der öffentlichen Berathung und Mittheilung bleiben diejenigen Gegenstände, welche in einzelnen Fällen den Handelskammern als für die Oeffentlichkeit nicht geeignet von den Behörden bezeichnet oder von ihnen selbst zur Veröffentlichung nicht geeignet befunden werden.

§. 28. Die Beschlüsse der Handelskammern werden — ausser den in den §§. 18, 19 bestimmten Fällen — durch Stimmenmehrheit gefasst. Bei Stimmengleichheit entscheidet die Stimme des Vorsitzenden. Bei Wahlen findet das im ersten Absatze des §. 14 bestimmte Verfahren statt. Zur Abfassung eines giltigen Beschlusses ist die Ladung aller Mitglieder unter Mittheilung der Berathungsgegenstände und die Anwesenheit von mindestens der Hälfte der Mitglieder erforderlich.

Ueber jede Berathung ist ein Protokoll aufzunehmen.

§. 29. Die Handelskammern führen ein den heraldischen Adler enthaltendes Siegel mit der Umschrift: „Handelskammer zu (für) . . . . ."

Ihre Ausfertigungen werden ausser von dem Vorsitzenden oder dessen Stellvertreter noch von mindestens einem Mitgliede vollzogen.

§. 30. Die näheren Bestimmungen über den Geschäftsgang werden von der Handelskammer in einer der Regierung mitzutheilenden Geschäftsordnung getroffen.

§. 31. (Geschäftskreis.) Der Geschäftskreis der Handelskammern wird im Allgemeinen durch ihre Bestimmung (§. 1) begrenzt.

§. 32. Alljährlich bis spätestens Ende Juni haben die Handelskammern über die Lage und den Gang des Handels während des vorhergegangenen Jahres an den Handels-Minister zu berichten.

Auch in anderen Fällen ist ihnen gestattet, ihre Berichte unmittelbar an die Central-Behörden zu erstatten.

In allen Fällen haben sie von den an die Centralbehörden erstatteten Berichten derjenigen Provinzial-Behörde, in deren Geschäftskreis der Gegenstand fällt, Mittheilung zu machen.

§. 33. An denjenigen Orten, an welchen Handelskammern ihren Sitz haben, werden von diesen die Handelsmäkler — unter Vorbehalt der Bestätigung der Regierung — ernannt.

§. 34. Börsen und andere für den Handelsverkehr bestehende öffentliche Anstalten können unter die Aufsicht der Handelskammer gestellt werden.

§. 35. (Uebergangs- und Schlussbestimmungen.) Die Verfassungen und Einrichtungen der bestehenden Handelskammern sind mit diesem Gesetze in Uebereinstimmung zu bringen. Der Handels-Minister hat die hierzu erforderlichen Anordnungen, insbesondere auch über den Sitz, die Bezirke und die Zahl der Mitglieder der einzelnen Handelskammern zu treffen. Bis zu den in Verbindung mit diesen Anordnungen zu bestimmenden Zeitpunkten bleiben für die bestehenden Handelskammern die über ihre Verfassungen und Einrichtungen ergangenen Gesetze, Verordnungen und sonstigen Bestimmungen in Kraft.

§. 36. Auf die zu Berlin, Stettin, Magdeburg, Tilsit, Königsberg, Danzig, Memel und Elbing bestehenden kaufmännischen Korporationen und auf das Kommerzkollegium zu Altona, findet dieses Gesetz keine Anwendung.

§. 37. Die in diesem Gesetze den Regierungen zugewiesenen Funktionen werden von den Bezirksregierungen, und wo diese nicht bestehen, von den ihnen entsprechenden Landespolizeibehörden ausgeübt.

§. 38. Unbeschadet der Bestimmung des § 35 treten ausser Kraft: die Verordnung über die Errichtung von Handelskammern vom 11. Februar 1848 (G.-S. für die Königlich preussischen Staaten S. 63), — die Verordnung über die Errichtung von Handelskammern vom 7. April 1866 (G.-S. für das Königreich Hannover S. 99), — die Verordnung vom 17. Oktober 1863 (Verordnungsblatt des Herzogthums Nassau S. 307), — die Verordnung über die Organisation der Handelskammer der freien Stadt Frankfurt vom 20. Mai 1817 (Ges. und Stat. Samml. 1. S. 113) — so wie die sämmtlichen, zur Vollziehung und Ausführung dieser Verordnungen ergangenen Bestimmungen, — endlich alle allgemeinen und besonderen, den Vorschriften des gegenwärtigen Gesetzes entgegenstehenden Gesetze und Verordnungen.

Litteratur.

VI.

Das geistige Eigenthum an Schriften, Kunstwerken und Erfindungen nach Preussischem und internationalem Rechte dargestellt von Dr. **R. Klostermann**, Oberbergrath. II. Band. Patentgesetzgebung. — Musterschutz. — Waarenbezeichnungen. Berlin bei I. Guttentag 1869.

Von diesem zweiten Bande gilt im Allgemeinen dasselbe, was wir bereits über den ersten Band geäussert haben: Mangelhafte Erfassung und Durchführung der Principien, aber schätzbare Klarheit und Vollständigkeit in der Darstellung des Materials. Mit besonderer Ausführlichkeit ist die Patentgesetzgebung aller Länder aufgeführt und dadurch erlangt dieser zweite Band gerade für die Gegenwart ein hervorragendes Interesse.

Der Verfasser stellt sich in dem Streit für oder gegen die Erfindungspatente auf die erstere Seite, und ist der Ansicht, dass die hervorgetretenen Uebelstände des Patentwesens durch Reformen, insbesondere durch Anwendung gemeinsamer Grundsätze der Patentgesetzgebung Seitens sämmtlicher gewerbtreibender Staaten sich heben lassen. Letzteres dürfte seine Schwierigkeiten haben, da gleiche Gesetzgebung auch gleiche Verhältnisse voraussetzt. Wir glauben, dass der Verfasser den Erfindungspatenten einen zu absoluten Rechtscharakter beilegt und mit seinen Argumenten für die Fortdauer der Erfindungspatente zu abstract verfährt. Das Patent ist eine administrative Berechtigung und in gewisser Beziehung dem Zollschutz zu vergleichen; es ist daher wohl denkbar, dass der Patentschutz zu einer Zeit angemessen und erwünscht, und zu anderer Zeit lästig und hemmend werden kann. Auch ist es unrichtig, wenn der Verfasser die Erfindungspatente als eine Species des geistigen Eigenthums bezeichnet; zwischen beiden bestehen vielmehr die wesentlichsten Verschiedenheiten, obgleich sie zusammen unter eine gewisse allgemeine Rechtskategorie, aber nicht die des geistigen Eigenthums gebracht werden können. Es ist daher wohl möglich, dass das geistige Eigenthum fortdauert, während die Patente allmählich verschwinden.

Hinsichtlich des Verfahrens bei der Patentertheilung schlägt Verfasser eine umständliche Combination des amerikanischen, englischen und preussischen Rechtes vor mit dem Endresultate der Unanfechtbarkeit der ertheilten Patente. Wir halten das Anmeldungssystem für richtiger und glauben, dass es den

Betheiligten überlassen werden kann, die Berechtigung eines behaupteten Patents zu bestreiten, wurden jedoch, abermals im Gegensatz zum Verfasser, da das Patent kein Privatrecht ist, die Gültigkeit eines gegen den Patentinhaber erlangten Urtheiles nicht blos auf die streitenden Parteien beschränken. —

Der Muster- und Formenschutz bezieht sich nicht auf alle Arten der industriellen Gebilde, sondern nur auf gewisse, bei denen ein höherer Aufschwung der betreffenden Industriezweige hauptsächlich durch die Vollendung der Form bedingt ist, nämlich insbesondere auf die Muster für Gewebe und andere Textilien und sodann auf die tectonischen Formenmuster. Die Gesetzgebung hierüber ist noch schwankend; doch besteht dieser Schutz fast allenthalben, mit Ausnahme des Zollvereins, wenn man von der preussischen Rheinprovinz absieht, wo die französische Musterschutzgesetzgebung Geltung behalten hat. Der Verfasser findet die Berechtigung des Musterschutzes zweifelhaft; wir wussten aber nicht, was dagegen eingewendet werden könnte, wenn man einmal das Princip eines Industrieschutzes im Inneren, wie es auch in den Erfindungspatenten u. s. w. enthalten ist, zugiebt. Allerdings unterscheiden sich industrielle Formen von Erfindungen und reinen Geistesproducten, allein dieser Unterschied beweist eben nur, dass die Natur der Sache für die Ausführung des Princips verschiedene rechtliche Verzweigungen erfordert. Besonders für die deutsche Industrie, welche auf die Form im Vergleich mit anderen Industrieen noch viel zu wenig Sorgfalt verwendet, würde uns die Einführung dieses Schutzes höchst zweckmässig dunken. — Wieder anderer Art ist der Schutz der Fabrikzeichen und Marken, der unseres Erachtens nicht sowohl aus dem Recht der Firma und der Persönlichkeit, als vielmehr aus dem allgemeinen Princip eines Industrieschutzes abzuleiten ist für solche Waaren, die nach den Grundsätzen des Patent- und Formenschutzes u. s. w. nicht geschützt wären. Der Schutz bezieht sich freilich nur auf den Gebrauch des Zeichens, nicht auf die Fabrikation der Waare selbst; allein es ist genügend, wo eben gerade der individuelle Ursprung der Waare den Absatz bedingt. — Um diese gesammte Rechtsbildung genügend zu verstehen, muss von dem Anschauungen des Privatrechts, insbesondere dem Standpunkte des Eigenthums abgegangen werden, obgleich unzweifelhaft eine Erstreckung der Eigenthumsidee, jedoch über das Gebiet des Privatrechts hinaus, in ihr enthalten ist. Isolirt und ohne inneren Zusammenhang mit dem System, wohin sie gehören, sind diese Erzeugnisse der neueren Rechtsentwicklung dem Missverständniss und der schiefen Behandlung nur zu leicht ausgesetzt. Andererseits liegt gerade in ihnen ein Beweis dafür, wie wenig der den Eckstein der bisherigen Nationalökonomie bildende Satz, dass freie Concurrenz auf dem Boden des Privatrechts für Alles ausreiche, begründet ist und wie sehr vielmehr die Concurrenz bestimmter Rechtsformen bedarf, um überhaupt in positiver Gestalt auftreten zu können. Gerade auf diesem Gebiete zeigt es sich, dass Jurisprudenz und Nationalökonomie, von einander getrennt, für sich allein den Gegenstand nicht beherrschen. Wir sind weit davon entfernt, den Verfasser für diese viel tiefer liegende und weiter zurückreichende Trennung verantwortlich zu machen; es ist aber zu wünschen, dass gerade so tüchtige und kenntnissreiche Schriftsteller, wie er, mit zur Aufhebung dieser Trennung beitragen.

Wir müssen uns es hier versagen, auf das reichhaltige Detail seines vortrefflichen Werkes einzugehen, und die Leser in dieser Beziehung auf dieses selbst verweisen. Wir kennen keine Arbeit, welche die angegebenen Materien auf Grund des positiven Materials mit solcher Anschaulichkeit und Klarheit behandelt und die Kenntniss des bestehenden Rechtszustandes so grundlich ermöglicht, und sind überzeugt, dass der Erfolg dieses höchst brauchbaren, in gewisser Beziehung unentbehrlichen Buches allenthalben gesichert ist.

VII.
Die Selbstverwaltung des Steuerwesens im Allgemeinen und die russische Steuerreform. Zugleich ein Beitrag zur Kenntniss innerrussischer Zustände und Parteien von Dr. **Carl Walcker**, Privatdocenten der politischen Oekonomie an der Universität Dorpat. Berlin 1869 Verlag von W. Peiser.

Der erste Theil dieser Schrift, welche richtiger Steuerwesen und Selbstverwaltung betitelt wäre, soll, wie die Vorrede sagt, ein kurzes, dem gegenwärtigen Stande der Wissenschaft entsprechendes Lehrbuch des Steuerwesens sein, welches sowohl für Studirende als für gebildete Leser uberhaupt bestimmt sei. Man muss indess sehr ernstlich bezweifeln, dass die Schrift diese Bestimmung zu erfüllen fähig ist. Nicht nur entbehrt sie die richtige Haltung und gründliche Umsicht, die man für ein Lehrbuch verlangt; sondern sie setzt auch beim Leser viel zu viel, insbesondere eine viel zu eingehende Kenntniss der verschiedensten in Zeitschriften und sonst zerstreuten monographischen Arbeiten voraus, und zeigt nach allen Seiten, dass es dem Autor nicht um Belehrung des Lesers, sondern vielmehr um öffentliches Eintreten für gewisse Parteiprincipien, zu denen er sich bekennt, zu thun ist. Obgleich manche der darin ausgesprochenen Ansichten, die übrigens nicht neu sind, beachtenswerth erscheinen, so können wir doch dieser Art von Arbeiten keinen wissenschaftlichen Werth beilegen. Die Wissenschaft soll die Gesetzmässigkeit der Dinge darlegen, und sich nicht zum Werkzeug der Parteien machen. Wer, wie der Verfasser, so rücksichtslos ohne tiefere und unbefangene Prufung für die Parteiforderungen des Tages die Stimme der Wissenschaft erhebt, wer so parteilich den Ansichten der Einen beitritt, und uber Andere, die er als feudal oder pseudoliberal u. s. w. bezeichnen zu müssen glaubt, so ungenirt abspricht, wer die wichtigsten Verwaltungsprobleme in so aphoristischer und oberflächlicher Weise abmacht, dessen Arbeit kann der Wissenschaft und dem Publikum keinen Nutzen bringen. Was soll z. B. die absurde Analogie der Steuertheorieen mit den Strafrechtstheorieen? Was ist gewonnen, wenn die Steuerpflicht der Einzelnen aus ihrer unendlichen Verpflichtung gegen die Menschheit deducirt wird und hiermit ein besonders ethisches Steuerprincip entdeckt sein will? Was soll es heissen, wenn alle indirecten Steuern einfach verworfen und durch eine einzige Einkommensteuer ersetzt werden sollen, die noch dazu in der Hauptsache eine communale sein und die Staatsbedürfnisse nur durch Zuschläge decken soll? Bei der Berechnung der im Einkommen liegenden Steuerfähigkeit sollen die Schulden principiell zum Abzug kommen, als ob der Staat bei der Ausmessung öffentlicher Pflichten sich um Privatverhältnisse zu kümmern hätte und als ob nicht auch andere Privatverhältnisse gleichen Anspruch auf Berücksichtigung erheben könnten; der Verfasser sieht nicht, dass damit die ganze Steuerpflicht überhaupt umgeworfen werden könnte. Ueber Selbstverwaltung wird viel herumgeredet, doch ohne Verständniss ihres Wesens, denn sie ist nicht, wie der Verfasser meint, aus einem Auftrag von Staatspflichten herzuleiten, eine solche Verleitung hebt vielmehr das Wesen der Selbstverwaltung geradezu auf. Wenn ferner so viel von Ehrenämtern als Ergänzung der Steuerleistungen die Rede ist, so müsste doch vorher entschieden sein, ob das Ehrenamt in die modernen gesellschaftlichen Zustände passt und ob die reichen, zur Ruhe gelangten Rentiers, die in allen Städten anzutreffen sein sollen, auch dazu die geeigneten Persönlichkeiten sein würden. Es wäre zu wunschen gewesen, dass statt der vielen Fragen, die in dem Buche cursorisch und ohne Gewinn abgemacht werden, lieber einige wenige, aber grundlich und unbefangen behandelt worden wären. Es ist nicht zu verkennen, dass, wie die Nationalökonomie, so auch die Finanzwissenschaft in Stagnation gerathen ist und eines lebendigen Fortschreitens im Anschluss an die Probleme der Gegenwart dringend bedarf; ebenso wird nicht zu läugnen sein, dass die allgemeinen Besteuerungsgrundsätze statt wie bisher aus dem dürren Satze über das reine Einkommen wesentlich aus dem principiellen Wesen und System der Verwaltung abgeleitet werden müssen. Auch das vorliegende Buch zeigt, dass Finanz-, insbesondere Steuerfragen ohne Eingehen auf die Aufgaben und Grenzen der Verwaltung nicht mehr bearbeitet werden können und dass die Wissenschaft des Verwaltungsrechts ein unerlässliches Bedürfniss ist. Bestände diese, dann könnte das journalistische Besprechen grosser Fragen wenigstens nicht den Anspruch wissenschaftlicher Leistungen erheben. — Ueber den zweiten Theil der Schrift, der von russischen Steuerverhältnissen handelt, enthalten wir uns des Urtheils, da wir die bezüglichen Ausfuhrungen nicht zu kontroliren im Stande sind.

Rr.

VIII.

Die nationalökonomische Litteratur in der periodischen Presse.

England.

Commercial history and review of 1869. Supplement to the Economist of March 12. 1870.

Wir schlossen die Uebersicht uber die ökonomische Geschichte des Jahres 1868 mit den Worten: „Man geht in England offenbar einer aufsteigenden Periode entgegen. Die Anzeigen lassen sich bereits sammeln." Dies ist eingetroffen, denn die wirthschaftliche Bewegung des Jahres 1869 ist für England eine erfreuliche.

Wir ziehen in den Kreis der nachstehenden Uebersicht auch einige wirthschaftliche Daten anderer Länder aus dem Jahre 1869. Später gelingt es uns vielleicht, nach dem Muster und Vorgang der Jahresubersichten, welche der Londoner Economist seit einer Reihe von Jahren gewöhnlich im März zu bringen pflegt, einen allgemeinen Ueberblick über die wirthschaftlichen Ereignisse der hauptsächlichsten Länder in Europa und der Vereinigten Staaten von Nordamerika für das nächst rückliegende Jahr entwerfen zu können. Nur genau constatirte Thatsachen haben für solche Uebersichten wirklichen Werth, noch aber fehlt für die meisten Länder die zeitige Publication derselben. Nur England und die Vereinigten Staaten liefern reichliches Material zur Zeit.

Im Nachstehenden sprechen wir:
1) von den Ernteergebnissen von 1869, den Weizenpreisen und der Zufuhr von Weizen;
2) den Resultaten der Agriculturstatistik für Grossbritannien und Irland im Jahre 1869;
3) von den Engrospreisen der Hauptwaaren;
4) von der Baumwolle und ihrer Industrie;
5) von der Eisenindustrie;
6) von den Banken;
7) von der Ausfuhr und Einfuhr von Gold und Silber;
8) von den Eisenbahnen von Grossbritannien und den Vereinigten Staaten;
9) vom Geldmarkt;
10) von den Staatseinnahmen und der Staatsschuld.

1) Die Ernteergebnisse für 1869. Weizenpreise und Weizeneinfuhr.

Während die Ernte von 1868 für England eine ausnehmend günstige war, fiel die Weizenernte für 1869 auf 10—15 % unter eine gewöhnliche Durchschnittsernte. Gegen die von 1868 war sie um 25—30 % geringer.

Die stärkste Zufuhr kam diesmal aus den Vereinigten Staaten. Trotz der geringeren Ernte in England fiel der Weizenpreis bis zum 26. October 1869 auf 46 s. 2 d. der Quarter. Am 23. April 1870 war er herunter gekommen bis auf 42 s. 7 d. Der Economist nahm Anfang 1869 den Durchschnittspreis des Weizens für's Jahr 1869 auf 50 s. den Quarter an, wir schätzten denselben auf 45 s. Es ergab sich ein Durchschnittspreis von 48 s. 2 d. für's Kalenderjahr 1869.

Die Preise des Weizens unmittelbar nach der Ernte und die Durchschnittspreise eines jeden Kalenderjahres.

	Nach der Ernte.			Durchschnitt für's ganze Jahr.	
		s.	d.		s.	d.
1869	26. October	46	2	1869	48	2
1868	„	53	4	1868	63	9
1867	„	70	8	1867	84	6
1866	„	52	6	1866	49	11
1865	„	42	4	1865	41	10
1864	„	38	6	1864	40	2
1863	„	40	—	1863	44	9

Der Mehrbetrag der Weizeneinfuhr für das Kalenderjahr 1869 gegenüber dem Vorjahr fällt allein auf die Vereinigten Staaten von Nordamerika.

Es beträgt die Weizeneinfuhr von

	1868.	1869.
Russland	Ctr. 10,053,617	9,158,331
Dänemark	„ 654,419	549,811
Preussen	„ 4,584,742	4,635,111
Schleswig, Holstein und Lauenburg	„ 45,412	57,454
Mecklenburg	„ 647,205	690,147
Hansestädte	„ 756,654	736,134
Frankreich	„ 56,414	468,274
Illyrien, Croatien und Dalmatien	„ 1,004,701	1,030,563
Turkei, Wallachei, Moldau	„ 3,049,088	2,361,878
Egypten	„ 3,219,536	1,004,479
Vereinigte Staaten	„ 5,908,149	13,181,507
Britisch Nordamerika	„ 557,443	2,723,053
Andere Länder	„ 792,813	531,979

Trotzdem aber kostete der Mehrbedarf Englands an Weizen vom Ausland weniger, als im Jahre 1868 der geringere Bedarf. Während sich die Weizeneinfuhr 1868 auf die Gesammtsumme von 22,069,353 L. beziffert, kommen auf's Jahr 1869 nur 19,515,758 L. So viel trug der Preisabfall aus. Das Jahr 1869 eröffnete mit einem Preis von 51 s. 11 d. und schloss mit 43 s. 9 d. Für den englischen Farmer war daher das Jahr 1869 ein höchst ungünstiges, niedrige Preise bei geringer Ernte. Man berechnet, dass der Ernteausfall 1869 2 Millionen Quarter unter einer Durchschnittsernte betrug.

Der Economist räth den Landeigenthümern und Pächtern, sich den Verhältnissen zu fügen und den Weizenbau auf den für ihn günstigen Boden zu beschränken. Er weist namentlich auf die unbeschränkte Nachfrage nach Vieh hin. Beachtet er aber auch, dass die Landwirthschaft nicht mit einem Male umgestaltet werden kann, und dass sie ausserdem unter ihren eigenen Gesetzen und Regeln steht? Noch empfindet der Farmer ausserdem die Folgen der Rinderpest, namentlich durch das Tödten jungen Viehs, spem gregis.

Der Wegfall des letzten Ueberbleibsels von Kornzöllen in England im Jahre 1869 ist für den Getreidepreis in England von kaum irgend welcher Bedeutung.

2) **Agriculturstatistik auf's Jahr 1869.**

Nach den Berichten des Handelsamts betrug die Gesammtsumme von Aeckern mit allen Arten von Getreide, Brachen und Gras 46,100,153 Acker im Jahre 1869 gegen 45,652,545 Acker im Jahre 1868, was einen Mehranbau zu Gunsten von 1869 gegen 1868 ergiebt von 447,608 Acker Land. Von dem Totalbetrag des bebauten Landes, was im Jahre 1869 aufgenommen wurde, waren mit Getreide bestanden (einschliesslich Bohnen und Erbsen) 12,000,111 Acker, wovon auf Grossbritannien 9,758,037 und 2,207,970 auf Irland fallen. Mit Grünfrucht (green crops), einschliesslich Kartoffeln, bestanden waren 5,065,933 Acker, wovon 3,575,067 in Grossbritannien und 1,468,895 in Irland. Unter reiner Brache waren 761,369 Acker, wovon 738,836 in Grossbritannien und 20,981 in Irland waren, und mit Klee und anderen gesäeten Grasarten bestanden 5,149,552 Acker, wovon

3,448,726 in Grossbritannien und 1,669,800 in Irland. Von bleibender Weide, welche sich im Gesammtbetrag auf 22,811,284 Acker bezifferte, kamen auf Grossbritannien 12,735,897 Acker, auf Irland allein 10,046,877 Acker Land.

Nach den statistischen Aufnahmen für 1869 vertheilte sich das mit Getreide bestellte Land in Grossbritannien im Gesammtbetrage von 9,758,037 Acker auf

Weizen	3,688,357 Acker oder nahezu	38 %
Gerste	2,251,480 „ „ „	23 „
Hafer	2,782,720 „ „ „	28 „
Roggen	64,099 „ „ „	0,6 „
Bohnen	575,204 „ „ „	6 „
Erbsen	396,177 „ „ „	4 „

In Irland ist für die Getreidearten ein ganz anderes Verhältniss, der Weizenbau tritt ganz zurück. Von der Gesammtsumme von 2,207,970 Acker Getreideland wird gebaut:

Weizen	auf 218,117 Ackern oder ungefähr	13 %
Gerste	„ 223,338 „ „ „	10 „
Hafer	„ 1,684,788 „ „ „	76 „
Roggen, Bohnen und Erbsen zusammen nur	„ 18,727 „ „ „	1 „

Was die Grünfrüchte anbelangt, so kommen in Grossbritannien von einer Totalsumme von 3,575,067 Ackern 585,211 oder 16 % auf Kartoffeln, in Irland von einer Totalsumme von 1,468,895 Ackern im Jahre 1868 1,041,837 odei 71 % auf Kartoffeln.

Vergleicht man die Uebersichten von 1869 mit denen von 1868, so zeigt der Gesammtackergehalt von Getreideland in Grossbritannien einen Zuwachs von 324,505 Ackern. Für Irland ist gegen 1868 für den Getreidebau nur eine unbedeutende Steigerung eingetreten.

Flachs wurde in Grossbritannien im Jahre 1869 auf 20,923 Ackern gebaut gegen 17,543 im Jahre 1868. Dagegen in Irland im Jahre 1869 auf 229,000 Ackern.

Bezüglich des Viehstandes zeigen die statistischen Aufnahmen für's Jahr 1869 für Grossbritannien einen Rückgang. Mangel an Herbst- und Winterfutter, theueres Getreide und Viehkrankheiten sind die Gründe der Reduction des Viehstandes. Das Rindvieh in Grossbritannien zeigt für 1869 gegen das Vorjahr einen Minderbetrag von 110,000 Stück. Die Zahl der Schafe sinkt um 1,173,000. Schweine sind in Grossbritannien im Jahre 1869 um 378,000 Stuck weniger als 1868 aufgezeichnet worden. Irland, dessen Viehstand im Jahre 1868 sehr gesunken war, zeigt ein anderes Bild. Auch an Schafen werden 1869 hier 174,000 weniger vorgefunden als 1868. Dagegen steigt die Zahl des Rindviehs, und die Zahl der Schweine ist um 217,000 Stuck grösser im Jahre 1869 gegen das Vorjahr. Die Differenz in der verhältnissmässigen Anzahl von Schafen und Rindvieh in Grossbritannien und Irland ist sehr gross. Auf jedes Stück Rindvieh in Grossbritannien kommen ungefähr $5^{1}/_{2}$ Schafe. In Irland nur $1^{1}/_{4}$ Schaf.

Man sagt, dass in Irland die Schweine sehr zahlreich sind, aber die Durchschnittszahl der Schweine auf je 100 Acker bebautes Land ergiebt nur einen geringen Unterschied zwischen England und Irland.

3) **Die Engrospreise der Hauptwaaren.**

Der Unterschied zwischen den Waarenpreisen am 1. Januar 1870 und 1. Januar 1869 sind nur unbedeutend. Wir geben nachstehend
die Engrospreise in London. Vergleichung derselben vom 1. Januar 1869 mit drei früheren Daten, wobei in Procenten angegeben ist, um wie viel die Preise am 1. Januar 1869 höher oder niedriger waren, als die Preise zu den aufgeführten drei früheren Zeiten:

Artikel.	Höher als 1. Jan. 1868. Proc.	Niedriger als 1. Jan. 1868. Proc.	Höher als 1. Jan. 1867. Proc.	Niedriger als 1. Jan. 1867. Proc.	Höher als 1. Jan. 1864. Proc.	Niedriger als 1. Jan. 1864. Proc.	Höher als 1. Juli 1857. Proc.	Niedriger als 1. Juli 1857. Proc.
Kaffee	5	—	—	10	—	12	—	12
Zucker	12	—	24	—	—	5	—	35
Thee	—	3	—	—	—	—	—	—
Weizen	—	17	—	33	6	—	—	35
Fleisch	5	—	1	—	5	—	15	—
Indigo	1	—	3	—	20	—	28	—
Oel	—	1	—	10	—	3	—	10
Bauholz	2	—	5	—	—	3	—	4
Talg	—	5	—	1	12	—	—	35
Leder	—	6	—	—	—	4	—	24
Kupfer	—	7	—	14	—	30	—	35
Eisen	5	—	—	—	—	15	—	27
Blei	—	—	—	4	—	10	—	24
Zinn	10	—	40	—	4	—	—	17
Baumwolle	4	—	—	20	—	80	50	—
Flachs und Hanf	—	6	—	—	—	15	—	4
Seide	—	4	—	5	25	—	—	15
Wolle	—	8	—	35	—	60	—	50
Tabak	—	—	—	16	—	50	—	20
Baumwollenstoffe	4	—	—	30	—	55	25	—
Die gesammte Banknotencirculation von Grossbritannien	1	—	1	—	8	—	9	—

Die Veränderung der Preise, wie diese Uebersicht ergiebt, ist gering zwischen dem 1. Januar 1870 und dem 1. Januar 1869. Der Fall ist aber beträchtlich, wenn man drei Jahre mit einander vergleicht, 1. Januar 1870 mit 1. Januar 1867. Der Fall wird noch beträchtlicher, wenn man

6 Jahre zurückgeht, bis 1. Januar 1864, und im höchsten Fall merkwürdig ist die Vergleichung, wenn man 13 Jahre mit einander vergleicht und vom 1. Januar 1870 bis zum 1. Juli 1857 zuruckgeht. Hier zeigt sich durchschnittlich ein Preisrückgang von ungefahr $1/3$ (33 %), wenn man die exceptionellen Baumwollen- und Indigopreise ausser Ansatz lässt. Nur allein in den Fleischpreisen findet eine fortwährende Steigerung statt.

4) **Die Baumwolle und ihre Industrie.**

Die Baumwollenindustrie leidet im Jahr 1869 fast noch mehr als im Jahr zuvor. In unserm vorjährigen Bericht wiesen wir bereits darauf hin, dass „die Spindel-Macht nicht Schritt hielt mit dem Verbrauch". Noch stärker tritt dies im Jahr 1869 hervor. Während dieses Jahres war daher die Lage der Lancashirer Industrie noch bedrängter und unheilvoller.

Es sinkt der Verdienst an gefertigten Producten, und zuletzt gegen Ende des Sommers wird die kurze Arbeitszeit als alleiniges Mittel angewendet, um noch grössere Verluste zu vermeiden. Der Gewinn an Fabrikaten wird so unbedeutend, dass nur Spinnereien der neuesten Construction, versehen mit den besten Maschinen und in Händen von reichen und erfahrenen Männern den Druck der Zeit aushalten können. Aeltere und kleinere Spinnereien und selbst nicht wenige von den besseren verändern ihre Besitzer mit grossen Verlusten derselben, Erscheinungen, wie sie 1869 häufig auch in Deutschland vorkamen. Es werden Fälle erzählt, wo Spinnereien für 6- oder 7000 Pfund verkauft werden, die 40,000 gekostet haben. Der Hauptgrund ist der zu hohe Preis der Roh-Baumwolle, dieser ist durchschnittlich für 1869 um 15 % höher als 1868.

Wir geben zunächst eine Uebersicht des jährlichen Durchschnittspreises der Baumwolle, des jährlichen Geldwerthes und der Jahresconsumtion derselben.

Jahre	Durchschnitts-Import-Preis	Jährlicher Werth der consumirten Baumwolle	Gesammte jährliche Consumtion
1869...	$11^{1}/_{16}$ pr. lb.	44 Mill. L.	940 Mill. lbs.
1868...	$9^{5}/_{8}$ ”	41 ”	996 ”
1867...	$10^{1}/_{8}$ ”	41 ”	954 ”
1866...	$13^{1}/_{2}$ ”	52 ”	891 ”
1865...	$15^{3}/_{4}$ ”	47 ”	718 ”
1864...	22 ”	52 ”	561 ”
1863...	$20^{1}/_{8}$ ”	41 ”	476 ”
Durchschnitt auf 5 Jahre 1856—1860	$6^{1}/_{2}$ ”	25	900

Im Jahre 1869 beträgt die gesammte Einfuhr von Rohbaumwolle in England nur 10,903,813 Ctnr. gegen 11,857,893 Ctnr. im Jahre 1868. Die Mindereinfuhr aus den Vereinigten Staaten veranlasste den Ausfall, denn während noch 1868 aus den Vereinigten Staaten 5,128,971 Ctnr. eingeführt werden, gehen von da 1869 nur 4,083,562 Ctnr. ein. Es betrugen

die amerikanischen Baumwollen-Ernten
1866—1867 bis 1868—1869 (in 1000en von Ballen)!

	1869–1870 Schätzung	1868–1869	1867–1868	1866–1867
Gesammte Ernte . .	2,665	2,414	2,577	2,204
Ausfuhr nach Grossbritannien	1,275	990	1,229	1,216
Ausfuhr nach Frankreich	—	225	198	198
Ausfuhr nach andern Ländern	—	233	230	130
	—	1,448	1,657	1,544
Consumtion in den Nordstaaten	—	839	819	723
Consumtion in den Südstaaten	—	153	146	128
	—	2,440	2,622	2,401
Vorrath am Ende der Saison	—	11	37	82

Die Baumwollen-Ernten und Baumwollen-Consumtion in den Vereinigten Staaten vor dem Kriege und der Export nach Grossbritannien in dieser Zeit war, wie folgt:

(in 1000en von Ballen)

Jahre	Ernteertrag	Consumtion in den Vereinigten Staaten	Ausfuhr nach England	Preis in Liverpool
1856–1857 . .	2,939	702	1,428	$7\frac{1}{2}$
1857–1858 . .	3,113	469	1,809	$6\frac{3}{8}$
1858–1859 . .	3,851	771	2,049	$6\frac{1}{2}$
1859–1860 . .	4,675	810	2,669	$6\frac{1}{8}$
1860–1861 . .	3,656	669	2,175	$7\frac{3}{8}$

Wir geben nun im Nachstehenden zunächst eine Uebersicht der Factoreien im Vereinigten Königreich und der in ihnen beschäftigten Personen, nach den officiellen Aufnahmen für 1856, 1861 und 1868.

Art der Manufactur	Jahr.	Factoreien.			Beschäftigte Personen.		
		England und Wales.	Schottland.	Irland.	Gesammtzahl.	England und Wales.	Schottland.	Irland	Gesammtzahl
Baumwolle	1856	2,046	152	12	2,210	341	35	3	380
	1861	2,715	163	9	2,887	407	41	3	451
	1868	2,405	131	13	2,349	357	40	4	401
Wolle, Worstad u Shoddy	1856	1,793	204	33	2,030	156	10	1	166
	1861	1,968	201	42	2,211	160	13	1	173
	1868	2,211	207	47	2,465	233	18	1	253
Flachs Hanf u. Jute	1856	139	168	110	417	20	32	29	80
	1861	143	192	105	440	20	39	34	94
	1868	155	169	148	472	25	52	58	135

Die nächste Uebersicht zeigt die Vermehrung der Spindeln.

Factoreien im Vereinigten Königreich. Officielle Aufnahmen auf die Jahre 1856, 1861 und 1868 über die **Spindel-Macht** (spindle power). (000e weggelassen, 25,818 lies 25,818,000.)

Art der Manu-factur.	Jahre.	Spindeln. England und Wales. Zahl.	Schott-land. Zahl.	Irland. Zahl.	Gesammt-betrag. Zahl.	Vermehrung oder Vermin-derung pro Cent.
Baumwolle	1856	25,818	2,041	150	28,010	—
	1861	28,352	1,915	120	30,387	8
	1868	30,478	1,397	124	32,900	6
Wolle, Worstad und Shoddy	1856	2,798	293	20	3,111	—
	1861	3,092	356	23	3,471	12
	1868	6,045	385	26	6,455	9
Flachs, Hanf und Jute	1856	441	278	567	1,288	—
	1861	345	312	594	1,252	3
	1868	448	331	900	1,670	30

In England und Wales vermehrten sich die Baumwollen-Factoreien in den Jahren 1856—1861 um 669 mit 2½ Millionen Spindeln.

Zwischen 1861 und 1868 minderten sich die Baumwollen-Factoreien zwar um 310, trotzdem aber nahm die Zahl der Spindeln um weitere 2 Millionen Spindeln zu, was beweist, dass viele ältere Spinnereien aufgegeben wurden und neuere entstanden mit vollkommenerer Maschinerie und bedeutenderer Grösse.

Die Verluste rechnen sich nach Millionen auf.

Nach einem Bericht von Ellison und Haywood in Liverpool, einer der ersten Autoritäten im Baumwollengeschäft, wollen wir in wenigen Zügen die innere Geschichte und die Gründe der jeweiligen Bedrängnisse der Baumwollenindustrie zu skizziren versuchen. In Folge der Theuerung der Baumwolle fiel der Wollen- und Leinenindustrie namentlich in England die Befriedigung eines Theils der Bedürfnisse zu, die bei wohlfeileren Baumwollenproducten der Baumwollenindustrie zu Gute gekommen wäre. In die Periode seit dem amerikanischen Krieg fällt merkwürdiger Weise die Periode wohlfeiler Wollenpreise namentlich in den letzten Jahren.

Die wunderbare Blüthe der Baumwollenmanufactur vor dem amerikanischen Krieg war das Resultat reichlicher Zufuhr des Rohmaterials zu niedrigen Preisen. Der Rückgang dieses Aufschwungs war die Folge verminderter Einfuhr und bedeutend erhöhter Preise. Für die ersten sechzig Jahre des gegenwärtigen Jahrhunderts verdrängte der Fortschritt der Baumwollenindustrie die der andern Gewebe; so ersetzte Kattun in grossem Maassstabe sowohl Leinen- als Wollenstoffe. Der relative Fortschritt in der Zufuhr der Rohstoffe für die drei Arten von Geweben zeigt sich in den folgenden Zahlen, welche die durchschnittliche Einfuhr von Baumwolle und Flachs und die durchschnittliche Einfuhr und heimische Erzeugung von Wolle während der fünf Jahre, endend mit 1825, und der fünf Jahre, endend mit 1860, geben. Die heimische Production von Wolle wird angenommen als 100 Millionen Pfunde in 1821—1825, und als 143 Millionen in 1856—1860.

Jährliche Einfuhr und Production.

	Baumwolle Mill. Pfd.	Wolle Mill. Pfd.	Flachs Mill. Pfd.
1820—1825	169	134	78
1856—1860	1,102	274	173
Gesummt-Vermehrung	933	140	95
Gesammt-Procente	552	104	122

Der Krieg indessen veränderte vollständig die relative Stellung der Gewebe, und Baumwolle wurde aus dem wohlfeilsten der theuerste Kleidungsartikel. Wollene Kleider ersetzten die Kattune, Wollen- und Worstad-Anzüge nahmen die Stelle ein von baumwollenen Drucksachen, und obschon der Preis der Baumwolle merklich gesunken ist vom höchsten Punkt, so ist er doch noch mit 50 Procent über der Stufe, welche ihm vorher das vollständige Uebergewicht gab über die andern Gewebe. Wie vollstandig die Revolution in dieser Beziehung gewesen ist, das zeigt die nachtstehende Uebersicht, welche eine Zusammenstellung giebt von der durchschnittlichen Production und Consumtion von Baumwollen-, Wollen- und Leinenfabrikaten während der vier Jahre, welche dem amerikanischen Kriege vorhergingen und der vier Jahre nach Schluss desselben. Die Zahlen über die Wolle sind ausschliesslich der Shoddy-Artikel und der Wolle von geschlachteten Thieren, wovon man keine genaue Statistik hat. Die heimische Woll-Production wird angenommen zu 145 Mill. Pfd. in der Periode 1858—1861 und zu 180 Mill. Pfd. in der Zeit von 1866—1869. Die Production von Flachs in Irland wird zu 62 Mill. Pfd. in der ersten Periode gesetzt und zu 122 Mill. Pfd. in der zweiten.

Von dem Gesammtverbrauch von Wolle sind 27 Procent und von dem von Flachs 20 Procent für den Verlust während des Processes der Bearbeitung angenommen.

Durchschnittliche jährliche Production.

	1858—1861 Gesammtbetrag Mill. Pfd.	Procent	1866—1869 Gesammtbetrag Mill. Pfd.	Procent.
Baumwolle	888	71,8	827	63,6
Wolle	179	14,5	241	18,5
Leinen	169	13,7	232	17,9
Gesammtbetrag	1,237	100,0	1,300	100,0

Durchschnittliche jährliche Ausfuhr.

Baumwolle	689	78,2	684	70,4
Wolle	106	12,1	162	16,7
Leinen	84	9,7	125	12,9
Gesammtbetrag	881	100,0	971	100,0

Durchschnittliche heimische Jahresconsumtion.

Baumwolle	198	55,6	142	43,5
Wolle	73	20,6	78	23,9
Leinen	84	23,8	106	32,6
Gesammtbetrag	356	100,0	328	100,0

Diese Zahlen zeigen, dass, während die Production von baumwollenen Gütern, verglichen mit der Gesammtproduction aller Gewebe, ungefähr um 8 % zurückblieb, die wollenen und leinenen Güter ungefähr 4 % gewannen. Sie zeigen ebenso, dass, während die Erzeugung von baumwollenen Gütern eine Verminderung von 7 % erfuhr, die von wollenen eine Vermehrung von 45 % und die von leinenen eine Vermehrung von 31 % zeigt. Zum Schluss geben wir noch eine Zusammenstellung der Wollen- und Baumwollenpreise am 1. Januar der letzten zehn Jahre.

Preise am 1. Januar.

	1861	1862	1863	1864	1865	1866	1867	1868	1869	1870
	d.	d.	d.	d.	d.	d.	d.	d.	d.	d.
Baumwolle — middling New-Orleans	$7^3/_8$	12	24	28	27	$21^1/_4$	$15^3/_8$	$7^1/_4$	11	$11^3/_4$
Wolle — englische gewaschen	21	20	$21^1/_2$	24	28	$25^1/_2$	20	14	16	$14^1/_2$
Ostindien, gewöhnliche gelbe	$7^3/_4$	8	10	10	$9^3/_4$	$10^1/_4$	$7^3/_4$	$7^1/_2$	8	$6^1/_2$
Australien Durchschnittspreis, gewaschen	24	22	23	$23^1/_2$	$22^1/_2$	$24^1/_2$	$22^1/_2$	$20^1/_2$	$19^1/_2$	18

Man berechnet, dass die Minderung der Consumtion von Baumwolle in Europa ungefähr 5 % betrug. In England war der Fall ungefähr $5^3/_4$ %, in Deutschland ungefähr $4^3/_4$ und in andern Districten zwischen $1^3/_4$ und $2^3/_4$ %. Die Klagen der deutschen Spinner sind ein Wiederhall der englischen, nur dass man in Deutschland solchen Erscheinungen weniger Beachtung schenkt, und handelte es sich auch um den Verlust von Millionen.

5) Die Eisenindustrie.

Nach den Handelsberichten zeigt das Jahr 1869 eine allmählige, aber stetige Besserung des Eisengeschäfts. Die vermehrte Nachfrage nach Eisenbahnschienen, welche bereits im Jahre 1868 begann, nahm immer grössere Dimensionen an und führte gegen den Schluss des Jahres zu höheren Preisen.

Die Handelsamtstabellen zeigen eine merkwürdige und fast noch nicht dagewesene Vermehrung des Eisenexports. Während der ersten 11 Monate von 1869 wurden 2,397,710 Tonnen exportirt, gegen 1,798,690 Tonnen im Vorjahre in derselben Periode. Die Vermehrung bestand in 300,000 Tonnen Eisenbahnschienen und 300,000 Tonnen Blöcken, Stangen u. s. w.

Die stärksten Abnehmer für Schienen waren Russland mit 251,104 Tonnen (1868: 101,286 Tonnen) und die Vereinigten Staaten 277,765 Tonnen (1868: 248,246 Tonnen).

6) Die Banken.

Wir beschränken uns für den gegenwärtigen Bericht auf die schottischen Banken.

Die elf schottischen Bankgesellschaften mit Notenemissionsbefugniss, deren Capital $9^1/_2$ Mill. L. beträgt, erzielten im Jahre 1869 einen Gewinn von 1,141,000 L. oder 12 Procent. Ihre sämmtlichen Depositen stiegen bis auf $63^1/_2$ Millionen. Die schottischen Banken geben, abweichend von den grossen englischen Banken, Zinsen sowohl von den Depositen als beim Contocurrent. Daher bilden sie denn noch in weit höherem Masse als in England die Sammelplätze des flüssigen Capitals. Sie ruhen bekanntlich auf dem Princip der unbeschränkten Haftverbindlichkeit der Gesellschaften. Ihre Notenausgabe ist beschränkt. Weitere Notenausgabe über die durch das Gesetz bestimmte Summe erheischt Hinterlegung in Gold zum vollen Betrag der weiteren Ausgabe.

7) **Aus- und Einfuhr von Gold- und Silberbullion und Specie.**

Es betrug die Einfuhr nach England in den beiden Jahren 1868 und 1869, wobei 000e weggelassen (410 lies 410,000 L.).

Gold.

	1868.	1869.
Australien	6,985	7,889
Vereinigte Staaten	6,972	1,827
Andere Länder	3,174	4,050
	Zusammen 17,131	Zusammen 13,766

Silber.

	1868.	1869.
Mexico	3,200	2,530
Brasilien	222	121
Continent	1,678	2,892
Andere Länder	2,711	1,182
	Zusammen 7,811	Zusammen 6,725

Dagegen die Ausfuhr:

Gold.

	1868.	1869.
Continent	8,049	4,530
Indien und Egypten	1,496	1,524
Brasilien und Südamerika	1,459	802
Andere Länder	1,701	1,597
	Zusammen 12,705	Zusammen 8,463

Silber.

	1868.	1869.
Indien und Egypten	1,336	2,360
Vereinigte Staaten	—	2
Continent	5,358	4,321
Andere Länder	815	1,233
	Zusammen 7,509	Zusammen 7,916

Es sind die beiden Ziffern des Exports nach Indien und Egypten an Gold und Silber im Jahre 1869 auffällig. Es übersteigt die Ausfuhr dahin für 1869, trotzdem dass der abessynische Krieg vorüber, noch die des Vorjahrs.

8) **Die Eisenbahnen von Grossbritannien und den Vereinigten Staaten von Nordamerika.**

Die Gesammteinnahmen der englischen Eisenbahnen betrug im Jahre 1869 41,025,661 L. gegen 1868: 39,223,286 L., eine Vermehrung von 1,802,363 L.; 1868 gegen 1867 war der Zuwachs nur 903,728 L.

Die Meilenzahl der bis zum Schluss 1869 eröffneten Bahnen war 14,414 Meilen (1868: 14,223 M., 1867: 14,020 M., 1850: 6,753 M., 1842: 1,630 M.).

Staunenerregend ist die Entwicklung der amerikanischen Eisenbahnen. Wir geben nur wenige Ziffern.

Am 1. Januar der nachstehenden Jahre betrug die Meilenzahl der eröffneten Bahnen in den **Vereinigten Staaten**:

	Meilenzahl.		Meilenzahl.
1850	. . 7,475	1867	. . 36,896
1855	. . 17,385	1868	. . 38,822
1860	. . 28,771	1869	. . 42,272
1865	. . 34,442	1870	. . 48,862
1866	. . 35,351		

Grossbritannien baute in den letzten 15 Jahren noch nicht so viel Bahnen wie die Vereinigten Staaten im letzten Jahre!

9) **Der Geldmarkt.**

Der Discontsatz bei der englischen Bank im Jahre 1869 hält sich zwischen 3 und 4 %, der niedrigste Stand war vom 19. August bis 3. November $2^{1}/_{2}$ %, der höchste Stand $4^{1}/_{2}$ % vom 6. Mai bis 10. Juni. Die Durchschnittshöhe $3^{1}/_{8}$ %, während sie in Paris und Brüssel nur $2^{1}/_{2}$ %, in Frankfurt 3 % betrug. Bei der preussischen Bank war sie $4^{1}/_{4}$ %, in Wien $4^{3}/_{8}$ %, in Petersburg $6^{3}/_{8}$ %. Bereits in unserem vorjährigen Berichte erlaubten wir uns, auf das stetige Sinken der englischen Staatspapiere hinzuweisen. Das Jahr 1869 giebt uns weitere Bestätigung der Beobachtung. Die Consols fallen im Januar von $92^{7}/_{8}$ auf $92^{1}/_{8}$ im December, die neueren Dreiprocentigen von $93^{1}/_{4}$ auf $91^{7}/_{8}$. Auch die Bankstocks gehen von 243 auf 236 am Schlusse des Jahres zurück. Dagegen fahren die Colonialsicherheiten auch im Jahre 1869 fort zu steigen. Von 12 aufgezeichneten Stocks sinkt nur ein einziges, Kap der guten Hoffnung 6 % von 104 auf 102, während eins, Ceylon 6 %, auf dem Stand von 110 verbleibt, alle übrigen steigen, und zwar die meisten um mehrere Procente.

10) **Die Staatseinnahmen und die Staatsschuld.**

Für das am 31. März 1870 abgelaufene Fiscaljahr ergiebt sich eine Staatseinnahme von 75,434,252 L. gegen eine Einnahme im Vorjahr, mit 31. März 1869 endigend, von 72,591,991 L. Es sind die Ziffern der einzelnen Einnahmen:

336 Litteratur.

	Jahr endend 31. März 1870.	Jahr endend 31. März 1869.
Zölle	21,529,000 L.	22,424,000 L.
Accise	21,763,000 „	20,462,000 „
Stempel	9,248,000 „	9,218,000 „
Abschätzungssteuern	4,500,000 „	3,494,000 „
Einkommensteuer	10,044,000 „	8,618,000 „
Post	4,670,000 „	4,660,000 „
Telegraphendienst	100,000 „	— „
Kronland	375,000 „	360,000 „
Verschiedene	3,205,252 „	3,355,991 „
Zusammen	75,434,252 L.	72,591,991 L.

Es zeigt eine Vermehrung gegen das Vorjahr besonders die Accise 1,301,000 L., ferner Abschätzungssteuern 1,006,000 und die Einkommensteuer 1,426,000. Neu dazu gekommen ist die Einnahme aus dem Telegraphendienst. Im Jahre 1869 übernahm der Staat für ungefähr 7 Mill. L. die Telegraphenlinie von der British und Irish Magnetic, Telegraph Company, Reuter's Telegramm Company u. s. w. Der Telegraphendienst ging Ende Januar 1870 an die Post über. Die Einnahmen beweisen, dass das Jahr 1866 völlig überwunden ist. Bereits giebt sich das englische Volk der Hoffnung hin, nun baldigst in ähnlichen Progressionen wie die Vereinigten Staaten die Nationalschuld abstossen zu können und wir werden demnächst, wenn kein Krieg eintritt, Vorschläge mancherlei Art deshalb hören.

K — n.

Miscellen.

IV.
Die Bevölkerung der grösseren Städte der im Reichsrathe vertretenen Länder Oesterreichs.
Nach den Ergebnissen der Volkszählung vom 31. December 1869.

Bekanntlich hat am Schlusse des vorigen Jahres in Oesterreich eine Volkszählung stattgefunden, deren allgemeinste Ergebnisse uns durch die Freundlichkeit der statistischen Centralcommission in Wien zugekommen sind. Indem wir uns über die Methode dieser Volkszählung und ihre speciellen Resultate näheren Bericht vorbehalten, theilen wir in der nachfolgenden Zusammenstellung zunächst die Bevölkerung der Städte mit, welche über 10,000 Einwohner zählen, und fügen eine Vergleichung derselben mit den Ergebnissen der vorhergehenden Volkszählung vom Jahre 1857 hinzu.

Städte.	Einwohner: 1857.	Einwohner: 1869.	Zunahme: absolut.	Zunahme: in %.
Oesterreich unter der Enns.				
Wien (Stadt)	476,222	622,087	145,865	30,63
Vororte Wien's.				
Hernals	14,437	33,189	18,752	129,89
Funfhaus	13,639	27,065	13,426	98,42
Rudolfsheim	15,211	22,814	7,603	49,98
Ottakring	12,468	21,269	8,801	70,58
Währing	5,107	16,023	10,916	213,74
Unter-Meidling	5,882	13,776	7,894	134,21
Simmering	6,467	11,900	5,433	84,01
Gaudenzdorf	8,750	11,692	2,942	33,62
Sechshaus	7,529	11,050	3,521	46,77
Neulerchenfeld	9,052	10,068	1,016	11,22
Die übrigen 8 Vororte	15,388	24,232	8,844	57,47
Summa der Vororte	113,930	203,078	89,148	78,25
Sonstige Gemeinden.				
Wiener-Neustadt	14,544	18,077	3,533	24,29

Städte.	Einwohner: 1857.	1869.	Zunahme: absolut.	in %.
Oesterreich ob der Enns.				
Linz	27,628	30,519	2,891	10,46
Steier	10,752	13,392	2,640	24,55
Salzburg.				
Salzburg	17,253	19,325	2,072	12,01
Steiermark.				
Gratz	63,176	80,732	17,556	27,79
Marburg	6,294	13,085	6,791	107,90
Kärnthen.				
Klagenfurt	13,479	15,200	1,721	12,77
Krain.				
Laibach	20,747	23,032	2,285	11,01
Triest, Görz und Gradisca, Istrien.				
Triest (sammt Gebiet)	104,707	120,050	15,343	14,65
Görz	13,297	16,823	5,326	26,52
Tirol und Vorarlberg.				
Innsbruck	14,224	16,810	2,586	18,18
Trient	14,347	17,000	2,653	18,47
Böhmen.				
Prag	142,588	157,275	14,687	10,30
Pilsen	14,269	23,681	9,412	65,96
Reichenberg	18,854	22,394	3,540	18,78
Budweis	14,811	17,465	2,654	17,92
Smichow	9,147	15,401	6,254	68,37
Warnsdorf	11,977	14,400	2,423	20,23
Eger	11,012	13,441	2,429	22,06
Karolinenthal	12,048	13,387	1,339	11,11
Kuttenberg	12,727	12,764	37	0,29
Kladno	5,499	11,066	5,567	101,24
Aussig	6,956	10,933	3,977	57,17
Teplitz	6,854	10,174	3,320	48,44
Leitmeritz	7,488	10,023	2,535	33,86
Mähren.				
Brunn	58,809	73,464	14,655	24,92
Iglau	17,427	20,112	2,685	15,41
Prossnic	12,542	15,717	3,175	25,31
Olmütz	13,997	15,231	1,234	8,82
Sternberg	12,665	13,479	814	6,43
Znaim	8,676	10,600	1,924	22,18

Städte.	Einwohner: 1857.	Einwohner: 1869.	Zunahme: absolut.	Zunahme: in %.
Schlesien.				
Troppau	13,861	17,134	3,273	23,61
Bielitz	8,699	11,059	2,360	27,13
Galizien.				
Lemberg	70,384	87,105	16,721	23,76
Drohobycz	11,324	16,884	5,560	40,91
Przemysl	9,806	15,400	5,594	56,53
Jaroslaw	8,773	11,166	2,393	27,28
Sniatyn	10,663	10,598	— 65	—0,69
Horodenka	8,451	10,000	1,549	18,33
Bukowina.				
Czernowitz	26,345	34,000	7,655	29,05

Eingesendete Schriften.

Die schon unter „Litteratur" angeführten Schriften sind hier ausgeschlossen; auf die mit einem * bezeichneten werden wir in einem der folgenden Hefte zurückkommen.

Lotterieen und Prämienanleihen nach volkswirthschaftlichen Grundsätzen und Erfahrungen von Dr. V. Böhmert. Berlin (Stilke und van Muyden) 1869. 63 SS.
 Ein sehr beachtenswerthes zeitgemässes Schriftchen, in welchem der nachtheilige Einfluss aller öffentlichen Glücksspiele auf die sittlichen Grundlagen des Volkswohlstandes beleuchtet wird. In den Anlagen ist auch der Wortlaut der Gesetze mitgetheilt, welche in Frankreich und England alle Lotterieen verbieten.

W. Besobrasof, Études sur les revenus publics. Impots sur les actes. I u. II. St. Petersburg 1866 u. 1867. 4. 50 u. 48 SS.
— — Revenus des mines. I. St. Petersburg 1870. 4. 36 SS.
 In der ersteren Schrift giebt der Verfasser und zwar in ihrem ersten Abschnitte einen Ueberblick über die heutige Stempelgesetzgebung in den vorzüglichsten Staaten wie über die Erträge, welche sie denselben einbringen; im zweiten Abschnitte wendet er sich vorzugsweise der russischen Stempelgesetzgebung zu, legt ihren Entwicklungsgang dar und stellt sie anderen Staaten gegenüber.
 Die zweite Schrift, über die Einkünfte aus den Bergwerken, welche erst in ihrem ersten Theile vorliegt, beschränkt sich vollständig auf russische Verhältnisse und gewährt neben den entsprechenden sachlichen Erläuterungen eine detaillirte statistische Uebersicht über die Ausbeute der im Besitze der Krone befindlichen Bergwerke, sowohl ihren Roh- wie Reinerträgen nach.

G. Eberty, Die Gewerbe-Gerichte und das gewerbliche Schiedsgerichtswesen in ihrer gesetzlichen Entwickelung und ihrem gegenwärtigen Stande. Berlin 1869. 8. 49 SS.
 Diese kleine Schrift zeigt in übersichtlicher Weise den Entwickelungsgang der Gesetzgebung und Institutionen hinsichtlich der schiedsrichterlichen Behörden in Gewerbesachen in Preussen, dem Norddeutschen Bunde, Oesterreich, England und Frankreich.

C. M. Wittich, Grundsätze zur Werthschätzung des der landwirthschaftlichen Benutzung unterworfenen Grund und Bodens der grösseren und kleineren Landgüter der Provinz Schlesien mit Gegenüberstellung des wirthschaftlichen Werthes zu dem Reinertrage der nach dem Gesetze vom 21. Mai 1861 erfolgten Steuerveranlagung. Ein unentbehrliches Handbuch für Gutskäufer, Kapitalisten, Hypotheken-Inhaber und Communalbehörden. Breslau 1870. 8. 95 SS.

Eine sehr fleissige und gründliche Arbeit, welche es sich zur Aufgabe macht, Mangels neuerer staatlicher Erhebungen über den Bodenwerth Anhaltepunkte zu geben, denselben berechnen zu können. Der Verfasser hat seinen Untersuchungen über die Steigerung des Bodenwerthes die Aufzeichnungen über die Preise von Weizen, Roggen, Gerste und Hafer in der Stadt Liegnitz während der Jahre von 1830 bis 1867 zu Grunde gelegt.

C. v. Czörnig, Die Besteuerung der Wechsel und anderer dem kaufmännischen Verkehre dienenden Privaturkunden in den europäischen Staaten. Ein Beitrag zur vergleichenden Finanzgesetzkunde. Triest 1870. 8. 33 SS.

Wir hatten schon im vorigen Jahre der verdienstlichen Zusammenstellung des Verfassers über die Abgaben der Uebertragungen des unbeweglichen Eigenthums zu gedenken; in der vorliegenden reiht er ihr eine ähnliche Uebersicht über die Besteuerung der Wechsel in der Mehrzahl der europäischen Staaten an. Er hat hierdurch sowohl für die vergleichende Statistik schätzbares Material geliefert, wie dem kaufmännischen Publikum Gelegenheit geboten, sich über diesen, dasselbe stark interessirenden Gegenstand leicht zu orientiren.

Vierteljahrs-Hefte des Königlich Preussischen Staats-Anzeigers. II. Jahrg. Berlin 1869. Heft 3 u. 4.

Dieselben fahren fort, aus den verschiedenen Gebieten des Wissens kurze, aber zum Theil recht gediegene Aufsätze zu bringen. Doch haben in den vorliegenden Heften neben den Originalaufsätzen eine ziemliche Reihe von Excerpten, namentlich aus historischen und statistischen Werken, Aufnahme gefunden.

Wesentlicher Inhalt: Heft III. Die bürgerliche Armenpflege im Mittelalter. Die Schifffahrt auf der Elbe und Oder im 16., 17. und 18. Jahrhundert. Die Bevölkerungs- und Wohnungsverhältnisse von Hamburg. Die preussische Landwirthschaft im Jahre 1868. Die Kreise Pless und Kreuzburg. Statistische Mittheilungen über den Regierungsbezirk Danzig. Die Industrie im ehemaligen Fürstenthum Osnabrück. Beiträge zur Geschichte der Einführung der Dampfwagen in den preussischen Landen. Der Bergbau- und Hüttenbetrieb in der Grafschaft Mansfeld. Der Betrieb der Bergwerke und Salinen im Oberbergamtsbezirke Clausthal im Jahre 1868. Preussens Steinkohlenbergbau. Zur Geschichte des Clevischen Bergbaus.

Heft IV. Der Entwurf eines Strafgesetzbuches für den norddeutschen Bund. Das bürgerliche Wohnhaus und seine geschichtliche Wandlung. Die Bevölkerung von Berlin am 3. December 1867. Die Wohnungsverhältnisse in Berlin. Zur Statistik der preussischen Universitäten. Motive zu dem Entwurfe eines Unterrichtsgesetzes. Die directen Steuern in Preussen 1870. Die Revision der Gemeinde- und Kreis-Synodalverfassung u. s. w.

*H. Weibezahn, Kritische Umschau auf dem Gebiete der Vorschläge zur deutschen Münz-Reform. Köln und Leipzig 1870. 80 SS.

IX.
Zur Frage des Sachwerths des Geldes im Alterthum.

Von
Rodbertus.

In 1. Bande des III. Jahrgangs dieser Jahrbücher — S. 377 — sage ich, »dass der Sachwerth des Geldes im Alterthum bekanntlich weit höher als heute gewesen«.

Den tritt Friedländer in 1. Bd. des VII. Jahrg. — S. 306 — entgegen, unter Berufung auf den Engländer Jacob und den Franzosen Dureau de la Malle, die der Ansicht seien, »dass der Preis des Brodkorns zur Zeit des ältern Plinius in Italien derselbe oder ein wenig niedriger gewesen als im 19. Jahrhundert in London.« — Fr. selbst glaubt, »in der Zeit von Nero bis Trajan den Preis des Modius Weizen in Rom und Italien mit ziemlicher Sicherheit auf 4 bis 5 Sesterzen bestimmen zu können«, vergleicht dann diesen Preis mit den Preise des Roggens in den Zeitraum von 1861—65 in Königsberg, der zwischen 32¼ und 60 Sgr. geschwankt habe und kommt danach zu dem Schluss, »dass der Sachwerth des Geldes dort und damals« — also in Römischen Alterthum in der Zeit von Nero bis Trajan — »nicht nur nicht höher, sondern sogar geringer gewesen sei, als gegenwärtig in Ostpreussen und in Norddeutschland überhaupt.«

Ich glaube, dass sich gerechte Ausstellungen gegen die Beweisführung Fr.'s machen lassen und halte daher meine Behauptung aufrecht.

Fr. beginnt: »Die einzige mir bekannte Art, den Sachwerth des Geldes zu bestimmen, ist eben die Ermittlung seines Verhältnisses zum Brodkorn.«

In so fern — wie es scheint — die Ermittlung dieses Verhältnisses zum Geldpreise des Brodkorns verstanden werden soll, ist schon diese Behauptung nur unter Voraussetzungen zuzugeben.

Der Stand oder die Veränderung des Geldpreises einer Waare kann sowohl von dem Stande oder der Veränderung des Sachwerths des Geldes, als auch von dem Stande oder der Veränderung des Sachwerths der Waare beeinflusst sein. Im Allgemeinen ist der Geldpreis der Waare hoch resp. niedrig, wenn der Sachwerth des Geldes niedrig resp. hoch ist; ebenso aber auch, wenn der Sachwerth der Waare selbst hoch resp. niedrig ist. Wenn also der Geldpreis einer Waare hoch resp. niedrig ist, darf man noch nicht in nur schliessen, dass der Sachwerth des Geldes niedrig resp. hoch gewesen sei; es kann der Sachwerth der Waare selbst hoch resp. niedrig gewesen sein.

Es giebt Fälle, in denen es sofort einleuchtet, auf welcher Seite — ob der Waare oder des Geldes — die Ursache des Standes des Geldpreises zu suchen ist.

Wenn nach ein Paar sehr reichen Ernten ein sehr niedriger Getreidepreis eintritt, wird Niemand sofort auf einen hohen Sachwerth des Geldes schliessen. Es ist der Sachwerth des Getreides, der in diesem Falle niedrig ist. — Ebenso wenig wird man, wenn ein Pfund Seide im Alterthum ein Pfund Gold galt, oder in Jahre 43 v. Chr. in Laodicea, wo Dolabella eingeschlossen war, der Medimnus Weizen auf 12 Drachmen stieg — Marquardt, Röm. Alterth. III. 2. Anm. 424 — sagen dürfen, dass der Sachwerth des Geldes niedrig, sondern, dass der der Seide und des Weizens hoch gewesen sei.

In diesen oder ähnlichen Fällen springt es auch sofort in die Augen, dass die Ursache des niedrigen oder hohen Geldpreises der Waaren am Sachwerth der Waaren selbst und nicht des Geldes gelegen hat.

Allein es giebt Fälle, in denen dies nicht gleich auf den ersten Blick einleuchtet, in denen es aber eben so falsch sein würde, aus dem hohen Geldpreis der Waare sofort auf einen niedrigen Sachwerth des Geldes zu schliessen.

Solche Fälle bieten Länder, in denen, wie man zu sagen pflegt, das Leben theuer ist. In solchen Ländern finden wir stets die Preise der landwirthschaftlichen Producte und namentlich des Getreides hoch. Man würde aber auch hier irren, die Höhe dieser Preise auf den niedrigen Sachwerth des Geldes allein zu schieben; zum bei weiten grösseren Theil rührt sie von dem hohen Sachwerth dieser Producte selbst her.

Diese Behauptung bedarf aber eines ausführlichen Nachweises.

Länder, in denen das Leben theuer ist, sind bisher in der Geschichte noch immer die »reichen« Länder gewesen.

Reiche Länder sind wieder, so lange die Gesellschaft auf der

Basis des bisherigen Eigenthums wirthschaftet und zugleich ihren Tauschverkehr durch Edelmetall vermittelt, auch in ner geldreiche Länder, selbst dann, wenn sie keine eigenen Minen besitzen. Dass reiche Länder, selbst dann, wenn sie keine eigenen Minen besitzen, geldreiche Länder sind, kann verschiedene Gründe haben und hat in der Geschichte verschiedene Gründe gehabt. — Im Alterthum waren es Eroberung und Plünderung, die den Geldreichthum in solchen Ländern aufhäuften. — Heute, wo der Reichthum eines Landes nicht mehr auf Eroberung und Plünderung fremder Völker, sondern auf der eignen nationalen Arbeit beruht, werden solche Länder dadurch geldreich, dass sie in der Productivität derjenigen Waaren, die auf den Weltmarkt kommen, andern Ländern, die ebenfalls noch den Weltmarkt damit versorgen, voraus sind. Sie machen also einen höheren Gewinn und dieser bemisst sich und wird schliesslich eingenommen in Gold und Silber. — Dieser grössere Geldreichthum solcher Länder, mag er nun aus Plünderung oder Productivität herrühren, bewirkt nun allerdings, dass auch der Sachwerth des Geldes etwas niedriger in ihnen steht, als gleichzeitig in andern Ländern und dass deshalb auch der Geldpreis aller Waaren die Neigung haben muss, etwas höher zu gehen; es geschieht hier dasselbe, was in den Productionsländern des Edelmetalls zu geschehen pflegt, wo auch der Sachwerth des Geldes niedriger und der Geldpreis der Waaren höher steht als anderswo.

Allein diese Thatsache, dass in solchen Ländern, in denen das Leben theuer ist, deshalb, weil sie als reiche Länder auch zugleich geldreiche Länder sind, der Sachwerth des Geldes etwas geringer ist und daher die Preise der Waaren Neigung zu steigen haben, genügt noch nicht, die Preise dieser Länder vollständig zu erklären. Wir finden sogar, dass in den Ländern, die ihren Geldreichthum durch grössere Productivität gewonnen haben, die Preise der Fabrikate, ungeachtet des gefallenen Sachwerths des Geldes, doch gleichfalls gesunken sind und noch niedriger als anderswo stehen, wo der Sachwerth des Geldes etwas höher ist, die Preise der landwirthschaftlichen Producte und namentlich des Getreides aber noch in weit höherem Maasse gestiegen sind, als der Sachwerth des Geldes gefallen ist, — während in den Ländern, die ihren Geldreichthum durch Plünderung erlangt haben, die Preise aller Waaren — von Fabrikaten wie von landwirthschaftlichen Producten — noch über das Maass des gefallenen Sachwerths des Geldes gestiegen sind.

Die eine Erscheinung, dass in den Ländern, die ihren Geldreichthum durch einen Vorsprung in der Productivität gewonnen, der Preis der Fabrikate doch noch mehr als der Sachwerth des Geldes gefallen ist, liegt daran, dass eben der Sachwerth der Fabrikate selbst noch mehr als der des Geldes gefallen ist, weil jene die Waaren sind, in denen eben diese Länder in der Productivität voraus sind, in denen sie gleichsam ihre Silberbergwerke besitzen. Die in solchen Ländern aus den Fallen des Sachwerths des Geldes entspringende Neigung der Preise aller Waaren, zu steigen, ist daher in diesen Ländern bei den Fabrikaten wirksam paralysirt worden. In den Ländern hingegen, die ihren Geldreichthum durch Plünderung erlangt, hat solche Gegenwirkung bei keiner Waare stattgefunden — ausgenommen vielleicht dann und wann bei den Sklaven — und deshalb steigen hier auch die Preise der Fabrikate in Verhältniss des Fallens des Sachwerths des Geldes.

Die andere Erscheinung aber, dass in den Ländern beiderlei Art die Preise der landwirthschaftlichen Producte und namentlich des Getreides noch weit höher steigen, als der Sachwerth des Geldes gefallen ist, hat schwerer zu erkennende Ursachen, für deren Erklärung ich mir aber dennoch den Raum erbitten muss, weil dadurch mit über die Frage entschieden wird, wie viel in den Getreidepreisen, die Friedländer aus der Zeit von Nero bis Trajan zur Bestimmung des Sachwerths des Geldes gebrauchen will, **auf das Steigen des Sachwerths des Getreides selbst zu setzen und also vom Sachwerth des Geldes abzuziehen ist.**

Bei dieser Erscheinung können zwei Ursachen in Betracht.

Die eine ist, dass solche reiche Länder, in denen das Leben theuer ist, auch immer volkreiche Länder gewesen sind.

Dass reiche Länder auch immer volkreiche Länder gewesen sind, findet darin seinen Zusammenhang, dass diese Länder nur dadurch das Ansehen von Reichthum gewinnen, dass es eine Menge grosser und hervorragender Einzelvermögen in ihnen giebt. Solches Einzelvermögen producirt sich aber kein Besitzer durch seine eigne Thätigkeit allein. Sie entstehen immer nur aus der zusammenwirkenden Arbeit anderer Producenten. Weil diese aber auch leben wollen und solche Vermögen also nur durch die Productüberschusse über den eignen Unterhalt der Producenten entstehen können — in Wege der Rente, sei es der Grund- oder Capitalrente — gehört auch immer eine grosse Summe solcher Productüberschüsse anderer Producenten und deshalb eine Menge Producenten dazu, um auch nur ein einziges grosses Einzelvermögen zu bilden. Wenn also, damit ein Land das Ansehen von Reichthum gewinne, sich viele grosse und hervorragende Einzelvermögen darin finden müssen und aus dem oben berührten Grunde zu jeden grossen Einzelvermögen auch eine Menge von Menschen, die es herstellen, gehören, so muss auch ein sogenanntes reiches Land immer ein volkreiches Land sein. Je volkreicher aber ein Land ist, desto mehr Nahrungsmittel und namentlich Getreide braucht ein solches Land, da Getreide ein Hauptnahrungsmittel der Menge ist, die die grossen Einzelvermögen herstellt.

Die andere Ursache ist verwickelterer Art, denn sie liegt in der Vertheilung des Nationaleinkommens und der dadurch bedingten Gestaltung des Nationalbedürfnisses und der Nationalproduction in solchen Ländern.

Bisher nämlich in der Geschichte ist, so lange es reiche Länder gegeben hat, die Vertheilung des Nationalreichthums auch noch immer die Lebensfrage der Gesellschaft gewesen. Sie wird dies deshalb, weil in demselben Maasse, als die Summe des Nationalreichthums zunimmt, auch noch immer die Ungleichmässigkeit der Vertheilung desselben sich gesteigert hat. Würde sich in solchen Ländern die Kluft zwischen Arm und Reich nicht zugleich immer mit der Steigerung des Nationalreichthums erweitern, würde vielmehr die Proportion zwischen den höheren und niederen Individualeinkommen dieselbe bleiben; vertheilte sich also der jährliche nationale Reichthumszuschuss immerfort gleichmässig zwischen Arm und Reich, so würde bei der althergebrachten Gewohnheit eines solchen Abstandes des Güterbesitzes in der Gesellschaft die Zunahme des Nationalreichthumes auch niemals eine Beunruhigung oder Zerrüttung der Gesellschaft nach sich ziehen. Aber jetzt entbehrt eben die Gesellschaft solcher Gleichmässigkeit der Vertheilung des jährlichen Reichthumszuschusses. Uebergrosses und noch immerwährend steigendes Einkommen auf den Höhen der Gesellschaft und zunehmend unzureichendes Einkommen in ihren Niederungen, — das ist schliesslich die immer deutlicher hervortretende volkswirthschaftliche Signatur noch aller reichen Länder gewesen, sie mochten nun, wie im Alterthum, auf der Rechtsbasis des Menscheneigenthums wirthschaften und durch Plünderung oder, wie in unserer Zeit, auf der Rechtsbasis des Grund- und Kapitaleigenthums wirthschaften und durch Productivität der nationalen Arbeit reich geworden sein. Die unseligen Folgen dieser merkwürdigen Erscheinung liegen auf der Hand. Die Laster der steigenden Genusssucht auf der einen und die Leidenschaften der zunehmenden Entbehrung, des Neides und des Hasses auf der anderen Seite, zerrütten dann gleichen Maasses die Denk- und Empfindungsweise der Nation und stellen sie schliesslich als das Bild eines haltungslosen Menschen hin, der, mit einen eben so schwachen als leidenschaftlichen Charakter, die Kämpfe des Lebens — hier der Geschichte — bestehen soll.

Bisher hat auch die Staatskunst, wie gesagt, diese Lebensfrage aller reichen Länder noch nicht zu lösen vermocht. Die praktischen Socialisten der alten Welt, namentlich die energischeren, Moses und Lykurg, versuchten es auf Kosten der Zunahme des Nationalreichthums und schliesslich doch ungenügend. Die gemässigteren, Solon und die socialistischen Gesetzgeber Roms, letztere in ihrer Zins- und agrarischen Gesetzgebung, ihren Alimentations- und Frumentationsmaassregeln und vor Allen ihren novae tabulae, gingen von Anfang an nur mit Palliativen vor. — In Mittelalter und der spätern germanischen Zeit ruhte die Frage. Hier hatte, ebenfalls auf Kosten der Summe des Nationalreichthums, Jedermann in seinem Stande sein rechtlich unfriedetes Einkommen. Seit die rechtlichen Schranken der Stände und damit auch die wirthschaftlichen Hemmnisse der nationalen Productivkräfte gesprengt sind, seit die Nationalproduction sich frei in der Fülle ihres productiven Vermögens äussern und ergiessen darf, taucht sie auch sofort wieder von Neuem auf. Was indessen die modernen socialistischen Theorieen zu ihrer Lösung vorgeschlagen, ist bis jetzt noch in ihrer schon in Entwurf als unbrauchbar verworfen worden und so tritt diese Lebensfrage der Gesellschaft heute, wo das Smith'sche System seine Unfähigkeit gezeigt, ja offen bekannt hat, diese grösste aller nationalökonomischen Fragen auch nur fassen, geschweige lösen zu können, als das Problem eines neuen nationalökonomischen oder vielleicht socialen Systems auf.

Wie dem sein mag, für unsere Frage ist nachzuweisen, wie diese inner ungleicher werdende Vertheilung des Nationalreichthums auf die Vertheuerung des Lebens, d. h. auf die Steigerung des Sachwerths aller Bodenproducte, namentlich des Getreides, und damit auch die Steigerung der Geldpreise dieser Producte wirkt, ohne zugleich den Sachwerth des Geldes zu erhöhen. —

Es muss zuvörderst einleuchten, dass der Gang, den diese inner ungleichere Vertheilung eines steigenden Nationalreichthums nimmt, das ganze Nationalbedürfniss in seinem Marktbegehr, und in Folge dessen auch die ganze Nationalproduction in ihrer Marktzufuhr nach und nach vollständig umgestalten muss. Denn die Production richtet sich lediglich nach den wirksamen Begehr — nach denjenigen Begehr, der auch die Mittel zu zahlen besitzt — und dieser wirksame Begehr hängt wieder von den Einkommen ab, über das Jemand zu gebieten hat. Einen Nationaleinkommen, das sich in viele Individualeinkommen mittlerer und mässiger Grösse vertheilt, wird nothwendig eine anders gestaltete Nationalproduction gegenüber stehen wie einem Nationaleinkommen von im Ganzen gleicher Grösse, das sich aber in wenig übermässig hohe und in eine Menge sehr geringer Einkommen vertheilt. Dort werden hauptsächlich Güter **mittleren Comforts**, hier **des raffinirtesten Luxus und des miserabelsten Ausschusses** zu Markt gebracht werden.

Dieser Einfluss der Vertheilung des Nationaleinkommens auf die Gestaltung der Nationalproduction ist es nun, der sich vorzüglich in der Steigerung des Sachwerths der Bodenproducte selbst, und deshalb auch einer Steigerung der Geldpreise derselben, noch weit über das Maass des gefallenen Sachwerths des Geldes hinaus, bemerklich macht. In solchen Gesellschaftszuständen, wie die bezeichneten, greifen nämlich Luxus und Schlemmerei tiefer ein, als man auf den ersten Blick zu glauben geneigt ist. Es werden Producte begehrt, die entweder die gewöhnlichen menschlichen Nahrungsmittel der unmittelbaren Verwendung zu menschlicher Ernährung entziehen, weil sie als Mittel zur Erzeugung luxuriöser Gegenstände dienen, oder die auch den Nahrungsmitteln den Platz zum Anbau selbst beschränken¹). Zugleich werden die Nahrungsmittel, die

---

1) Der Zusammenhang leuchtet nicht immer sofort ein, aber er besteht. Ein Beispiel: Bekanntlich werden heute überall grosse Flächen zu Rapsbau und Kartoffelspirituserzeugung verwandt. Diese Producte beschränken natürlich um eben so viel die Herstellung von Nahrungsmitteln, sei es, dass sie diesen den Platz zum Anbau rauben, sei es, dass sie dem Boden die Stoffe entziehen, die sonst zu menschlicher Nahrung geworden wären. Verfolgt man nun weiter, in der Technologie oder auch in der unmittelbaren Consumtion, wozu Oel und Spiritus verwandt werden, so wird man leicht finden, dass die Nachfrage, durch welche in dem gegenwärtigen Umfang die Erzeugung von Raps und Spiritus veranlasst und den Nahrungsmitteln der Anbauraum entzogen wird, zum grossen Theil der bestehenden immer ungleicher werdenden Einkommensvertheilung entspringt. Einleuchtender wird allerdings die Sache, wollten die Grundeigenthümer eines Landes die Hälfte ihrer Besitzungen plötzlich zu Wildparks einschonen. Auch dann würde der Anbauraum für die Nahrungsmittel um so viel beschränkt werden. Setzt man nun auch in diesem Fall einen gewissen Grad von Volksdichtigkeit voraus, wie er bei einer ungleicher werdenden Vertheilung des Nationalreichthums immer besteht, so ist klar, dass in dem einen wie in dem andern Fall die Nahrungsmittel ausserordentlich vertheuert werden müssen, da der verbliebene Anbauraum nicht mehr zu hinreichender Ernährung der gestiegenen Volksmenge genügt. Sie müssen daher fortan mit grossen Kosten von auswärts herbeigeschafft werden. Die Einschonung zu Wildparks und der Anbau zu Luxusartikeln haben also in der vorliegenden Beziehung denselben

gebaut werden, zum grossen Theil in einer Vorzüglichkeit begehrt, die nur durch die grösste und mühsamste Arbeit hervorzubringen ist.

Erfolg. Der Unterschied besteht nur darin, dass der Genuss eines Wildparks wenig fremde Arbeit in Bewegung setzt, der Genuss anderer Luxusartikel aber in der Regel viel Arbeit kostet, und dass also im letztern Fall die Arbeiterbevölkerung sich an diesen Luxusproductionen den Lohn verdient, um die vertheuerten Nahrungsmittel — wohl oder übel, aber meistens sehr übel — selbst kaufen zu können. — Zufällig lese ich auch noch in der Ostseezeitung, Nr. 2 1870, folgenden Artikel, der den Gedanken, den ich habe ausdrücken wollen, sehr gut klar macht. Er lautet: „Indien. Der Bombay Guardian giebt in seiner Nummer v. 21. Nov. die folgenden bemerkenswerthen Mittheilungen über die Baumwollencultur und ihre Beziehungen zu der Nahrungsfrage in Indien: „„Zu unserem Leidwesen lernen wir aus einem amtlichen Berichte, dass das unter Baumwollencultur befindliche Areal im westlichen Indien dieses Jahr um fast eine Million Acres grösser ist, als im vorigen. Zu unserem Leidwesen hören wir's, weil Ausdehnung der Baumwollencultur Hungersnoth bedeutet. Eine Million Acres mehr für Baumwolle heisst eine Million Acres weniger für Cerealien. In Getreide ist das Gleichgewicht zwischen Vorrath und Bedarf hier in Indien immer so delicater Natur gewesen, dass die geringste Störung eine Hungersnoth in irgend einem Theile des Landes mit sich bringt. Mit dem Antriebe, welcher der Baumwollencultur vor 7 Jahren gegeben wurde, haben wir Fälle von Hungersnoth in Madras, Orissa, den mittleren und den nordwestlichen Provinzen, sowie in der Radschputana gehabt. Es wird uns deutlich gesagt, dass eine Ursache für die schreckliche Hungersnoth, welche die Bevölkerung von Radschputana nicht decimirt, sondern testirt, die Verdrängung des Getreidebaus durch die Baumwollcultur war, und das Nämliche wurde uns gesagt, als anderthalb Millionen Menschen in Orissa vor Hunger umkamen. Die guten Leute von Manchester halten Meetings ab und fassen Resolutionen, dahin lautend, dass es die Pflicht der Regierung sei, ihnen alle die Baumwolle zu verschaffen, deren sie bedürfen; und die indischen Regierungen messen sich die Mahnungen der Leute von Manchester mit Ehrfurcht; aber es ist nur zu viel Grund zu der Furcht vorhanden, dass die Einmischung der Regierung Indien mehr kostet als den Gewinn, der den Baumwollhändlern hier und in England zufällt. Hier zu Lande können die Leute sich besser ohne Baumwollenwaaren als ohne Nahrung behelfen."" — So der Bombay Guardian. — Aber warum sollten die Leute in Bengalen und Madras nicht hungern können, da unsere Damen theuere Mullkleider bezahlen können! Indessen die Manchesterschule beweist, dass so schlimm die Sache gar nicht steht. Sie beweist, dass es ein nationalökonomischer Irrthum sei, wenn die Leute dort hungerten oder gar Hungers stürben. Denn — deducirt sie — die Cerealienproducenten in Ostindien würden ja gar nicht zur Baumwollenproduction übergehen, wenn sie nicht grösseren Vortheil davon hätten, Baumwolle statt Reis oder Mais zu bauen. In dem grösseren Vortheil ist aber auch der Ersatz für die Vertheuerung der Cerealien vorgesehen, die dadurch entsteht, dass das aus der Ausdehnung der Baumwollencultur entspringende Manco an Nahrungsmitteln aus entfernteren Gegenden herbeigeschafft werden muss; sonst würden sie beim Cerealienbau bleiben. Der Cerealienproducent isst allerdings jetzt etwas theureres Brod, aber er hat auch aus der Baumwollenproduction mehr Einkommen, um das theurere Brod bezahlen zu können. Er kann also gar nicht hungern. — Leider schleicht

Alles das wirkt aber zusammen, dass entweder Getreide und andere Nahrungsmittel ihren besten Boden verlieren, oder, anstatt unmittelbar den menschlichen Hunger zu stillen, zu ausgesuchtester Fleischproduction, Mästung des feinsten Geflügels u. s. w. dienen, oder auch selbst Gegenstand eines wählerischen Feingeschmacks werden und deshalb an sich mehr Mühe und Arbeit kosten.

<hr>

sich aber in diese Argumentation der sonst so nüchternen Manchesterschule eine mythische Figur ein. Der Cerealienproducent, der bisher Cerealien baute, diese verkaufen konnte und nun zur Baumwollenproduction übergeht, weil die Preise der Baumwolle ihm gestatten, theuerere Cerealien kaufen zu können und doch noch mehr übrig zu behalten, — dieser einheitliche Besitzer-Producent existirt nur in der Phantasie der herrschenden Schule. In der Wirklichkeit fällt Ein solcher phantastischer Cerealienproducent in Einen Landbesitzer, dem Cerealien und Baumwolle allein gehören, und tausend Arbeiter, die die Cerealien und die Baumwolle gegen Lohn produciren, **auseinander**. Der Eine Besitzer hat allerdings den gerühmten Vortheil aus dem Uebergange von der Brodstoff- zur Kattunstoffproduction und kann deshalb auch allerdings das theuerere Brod für sich und seine Familie bezahlen und behält noch etwas übrig, was ihn eben zu jenem Uebergange verlockte, — hingegen die tausend Arbeiter, die zwar Cerealien und Baumwolle produciren, aber selbst weder vor dem Uebergange Cerealien, noch nach dem Uebergange Baumwolle zu vertauschen haben, sondern nur „Lohn" bekommen, um sich Brod zu kaufen, erhalten gleichzeitig mit diesem Uebergange noch nicht den höheren Lohn, der den fortan gesteigerten Preis des zu ihrem Unterhalt nothwendigen Quantums Cerealien zu decken vermöchte, — sie müssen erst so lange hungern und insoweit verhungern, bis ein hinlänglicher Mangel an Arbeitern auch den Geldlohn angemessen steigert. — — Aber wie dem sein mag: Unstreitig wird aus solchem Uebergange von der Cerealienproduction zur Baumwollenproduction eine dauernde und durchschnittliche Preiserhöhung der Cerealien in Ostindien hervorgehen; — würde nun wohl ein späterer Schriftsteller aus diesen gehobenen Durchschnittspreisen auf ein Fallen des Sachwerths des **Geldes** in Ostindien schliessen dürfen? — — Selbst in den Hungersnöthen, passt dies Beispiel auf Rom. — Bekannt ist aus Sueton und Tacitus, dass grade im Zeitalter des Augustus und Tiberius Italien unter öftern Hungerjahren zu leiden hatte, während doch Tiberius dem Senat nachwies, wie er weit mehr Getreide jährlich in Rom einführen lasse, als je vorher geschehen sei. Aber Varro — der bekanntlich sein Buch d. r. r. im spätesten Alter, als sich Augustus Herrschaft schon befestigt hatte, schrieb — und Columella erklären uns die Sache. Aus beiden geht hervor, dass, wie heute in Ostindien zur Baumwollencultur, so damals zu einer Menge Luxusculturen Getreideland überging, und die allgemeinen volkswirthschaftlichen Verhältnisse besagen auch, warum dies geschah. Die hohen Cerealienpreise und die Hungersnöthe in Italien, unter Augustus und Tiberius, sind also, in Ursache und Wirkung, die hohen Cerealienpreise und die Hungersnöthe in Madras, Orissa und der Radschputana in unseren Tagen, und die damaligen hohen Getreidepreise in Italien hatten so wenig mit einem Fallen des Sachwerths des Geldes etwas zu thun, als die heutigen höheren Cerealienpreise in Ostindien.

So wirken also in solchen Ländern zwei Ursachen zusammen. Die eine ist, dass reiche Länder auch immer volkreiche Länder sind und deshalb viel Nahrungsmittel, namentlich Getreide bedürfen; die andere, dass, in Folge der Ungleichheit der Vertheilung des Nationaleinkommens, doch wieder die geringe Zahl der Reichen den grössten Theil des Bodens zu ihren Luxusproductionen in Beschlag genommen hat und deshalb die Production der Nahrungsmittel für die Menge im eignen Lande allzu sehr beschränkt wird. Das Resultat dieses unseligen Widerspruchs ist natürlich, dass diese Nahrungsmittel für die zahlreiche Menge, und namentlich das Getreide, aus entfernten Ländern herbeigeschafft werden müssen, dass deshalb natürlich auch die Kosten dieser Producte, mit den Kosten auch deren Sachwerth, und mit dem Sachwerth auch endlich deren Geldpreise noch in weit höherem Maasse gesteigert werden müssen, als es durch den in Folge des Geldreichthums dieser Länder gefallenen Sachwerth des Geldes allein geschehen würde.

In solchen Ländern also, in denen, wie man zu sagen pflegt, das Leben theuer ist, besitzen wir die Erscheinung, dass die Getreidepreise hoch sind, dass aber deren Höhe nicht allein aus dem niedrigen Sachwerth des Geldes, der allerdings in Folge des Geldreichthums dieser Länder hier etwas gefallen ist, sondern noch weit mehr aus dem hohen Sachwerth des Getreides selbst herrührt, der seiner Seits noch weit mehr gestiegen, als der Sachwerth des Geldes gefallen ist. Sie springt nach Ursache und Wirkung nur nicht so deutlich in die Augen, wie die Preissteigerung in Laodicea, denn sie wird nicht durch eine ausnahmsweise, vorübergehende Veranlassung, sondern durch die sociale Entwicklung selbst erzeugt. Sie kann daher Jahrhunderte hindurch bestehen, ja so lange, bis der Staat selbst an ihren Ursachen zu Grunde geht, was auch schliesslich immer geschieht, wenn diesen Ursachen nicht abgeholfen wird [2]).

---

2) In meinem dritten socialen Brief habe ich bei dieser Frage „Weshalb in reichen Ländern das Leben so theuer ist" das erstere Moment, das Fallen des Sachwerths des Geldes, zu sehr, und das letztere Moment, das Steigen des Sachwerths der Bodenproducte in Folge der ungleichmässigen Vertheilung des Reichthums, zu wenig hervorgehoben. Aber jedenfalls wäre es unrichtig, zu sagen, dass, wo solche Verhältnisse obwalten, die Rohproduction und namentlich die Landwirthschaft unproductiver geworden wäre. Der Begriff der Productivität bezieht sich auf die Quantität des Products. Die Arbeit wird productiver oder unproductiver, jenachdem mit derselben Quantität Arbeit eine grössere oder geringere Quantität Product derselben Qualität hergestellt wird. Wird aber Product erzeugt, das seiner verän-

Solche Länder, wie die skizzirten, sind heute England mit London und war damals Italien mit Rom, Ausgangs der Republik und die ersten Jahrhunderte der Kaiserzeit. Beide waren und sind reiche Länder, beide auch geldreiche Länder, nur dass England zu seinem Geldreichthum durch Productivität, Rom durch Plünderung gekommen ist. Beide sind auch volkreiche Länder und in beiden bestimmt die ungleichmässigste Vertheilung des Nationalreichthums die Nationalproduction. In beiden Ländern sehen wir daher den Sachwerth des Geldes etwas niedriger als zu gleicher Zeit in andern Ländern und müssen aus diesem Grunde die Preise aller Waaren Neigung zu steigen haben. Allein, weil England seinen Geldreichthum durch Productivität erworben, wird hier bei den Fabrikaten diese Neigung wirksam paralysirt, denn deren Sachwerth ist noch mehr gefallen, als der des Geldes, während dies in Rom nicht der Fall war. In beiden müssen aber die Preise der landwirthschaftlichen Producte noch über den gefallenen Sachwerth des Geldes hinaus steigen, da deren Sachwerth noch mehr gestiegen, als der des Geldes gefallen ist. **In Rom war mithin seiner Zeit das Leben verhältnissmässig noch theuerer als heute in England**, weil dort auch nicht einmal die Fabrikate wohlfeiler geworden waren.

England mit seinen Bevölkerungs- und Geldverhältnissen; seinen Privatreichthümern à la Marquis von Westminster und seinem Hungertyphus selbst bei guten Ernten; seinen Fabrikatpreisen, mit denen es auf den Markt der ganzen Welt drückt und seinen Getreide- und Fleischpreisen, die eine fortgesetzte Einfuhr dieser Producte aus der ganzen Welt veranlassen; — England liegt uns vor Augen.

Ein gleiches Bild vermögen wir uns aber auch in den detaillirtesten Zügen von Rom und Italien aus den Quellen zusammenzusetzen. Auch hier ein Geldreichthum, dass, wenn plötzlich einmal die Beute in Rom zusammenströmte, auch plötzlich alle Grundstücke in Italien im Preise stiegen und der Zinsfuss eben so reissend herabging! Auch hier eine gedrängte Bevölkerung und dabei die schärfste Zersetzung des Nationalreichthums in wenig colossale Privatvermögen und die zunehmend verarmenden »Tribus«! Auch hier der höchste Luxus neben der tiefsten Noth! Die Couverts des Vitellius kosteten zu jeder Mahlzeit über 20,000 Thlr. — 400,000 Sest. —; aber ebenso konnte man

---

derten Qualität wegen mehr Arbeit erfordert oder werden gar einem Product die Anbaumittel entzogen, so kann man nicht von unproductiverer Arbeit sprechen. — Ich füge dies gegen einige Einwendungen hinzu, die an einem andern Ort gegen meine Grundrententheorie erhoben sind.

auch zu 6 Pf. in Rom speisen — »cibo uno asse venali«! — Da Plinius an derselben Stelle sagt, Obst und Gemüse wären für die Armen zu theuer — »in his quoque aliqua sibi nasci tribus negant« — so muss das Essen eines Couverts zu 6 Pf. danach gewesen sein. — Auch hier Uebergang des Bodens zu Luxusproductionen — Wildparks, Pferdezucht, feinster Fleischproduction u. s. w.! Auch hier das ganze Land eine Gartencultur, »ut tota pomarium videatur«! Obst und Gemüsebau in einer Vollkommenheit, dass wahre Küchenwunder — »heu prodigia ventris!« — gezogen wurden! Aber demgemäss auch hier die **entsprechende Beschränkung des Anbaus der Nahrungsmittel der Menge, namentlich des Getreidebaus!** In Folge dessen eine regelmässige colossale Getreideeinfuhr aus allen übrigen Ländern des Mittelmeers und eine Vervollkommnung der noch betriebenen Landbauproductionen. Mithin eine enorme **Vertheuerung aller Bodenproducte**, selbst des Obstes — »ut nec poma pauperibus nascerentur« — und des Gemüses — »ut pauperis mensa non capiat« —; aber natürlich eine Vertheuerung **nicht aus dem gefallenen Sachwerth des Geldes, sondern dem gestiegenen Sachwerth der Producte selbst!** — Und zur Krönung dieser Zustände denn endlich auch der socialistische Hass: »Mirum esset non licere pecori carduis vesci, non licet plebi!«[3]).

Es ist auch annähernd zu erkennen, **wie gross** in solchen Ländern derjenige Theil des Preises dieser Producte ist, der nicht mehr auf Rechnung des niedrigeren Sachwerths des Geldes, sondern des hohen Sachwerths der Producte selbst zu setzen ist. Er beträgt beinahe so viel, wie der Unterschied in den Preisen dieser Producte in den Import- und den Exportländern beträgt. Vollständig **deshalb** nicht so viel, weil eben ein geringer Theil jener hohen Productpreise auf den etwas geringeren Sachwerth des Geldes in den Importländern zu setzen ist, aber dieser Theil kann wieder niemals mehr betragen,

---

3) Den blossen Nachweis der Stellen darf ich mir wohl sparen, während deren Abdruck in einiger Vollständigkeit zu viel Raum fortnehmen würde. — Das gezeichnete Bild weicht allerdings von der bisher ziemlich allgemein angenommenen Ansicht, dass schon mit dem letzten Jahrhundert der Republik die **Landwirthschaft**, und namentlich der **Ackerbau**, in Italien in **Verfall** gekommen wäre, ab. Allein diese abweichenden Züge glaube ich schon in meiner Abhandlung „Zur Geschichte der agrarischen Entwicklung Roms — Jahrg. II. Bd. 1. 3. und 4. Heft dieser Jahrbücher — ausführlich begründet zu haben und verweise also darauf. — Landwirthschaft und Ackerbau verfallen noch nicht, wenn die Nachfrage bewirkt, dass der Getreidebau beschränkt wird und dafür das Land einen Gartencharakter annimmt.

als höchstens die Transportkosten des **Edelmetalls** aus jenen Importländern zu den Exportländern der Producte betragen würde, und dieser Transportkostenbetrag des Geldes selbst wird **heute** noch wieder durch den Wechselcurs niedrig gehalten. Aber jedenfalls ist der **Unterschied** zwischen den **Productpreisen** solcher Import- und Exportländer, aus dem — vorbehaltlich der Reduction desjenigen geringen Theils, der auf den niedrigern Sachwerth des Geldes in den Importländern der Producte zu setzen ist — auf den Sachwerth der Producte selbst in den Importländern geschlossen werden kann, ausserordentlich bedeutend, selbst dann, wenn nicht Landwege, sondern Wasserstrassen das Import- und Exportland mit einander verbinden, und obwohl Wasserfracht zu allen Zeiten die billigste Fracht gewesen ist.

Ueber die Bedeutung dieses Unterschiedes belehrt folgende Tabelle, die ich den »tabellarischen Uebersichten« zu »von **Gülich's** Geschichtlicher Darstellung des Handels« u. s. w. entnehme:

Uebersicht der Weizenpreise in London und Danzig von 1700—1826, nach englischem Gelde und Quarter.

Jahre.	In London.		In Danzig.	
	sh.	pence.	sh.	pence.
Von 1700—1709	34	9	21	10
- 1710—1719	43	5	26	3
- 1720—1729	37	4	20	2
- 1730—1739	31	7	19	3
- 1740—1749	31	10	23	2
- 1750—1759	37	9	22	5
- 1760—1769	41	5	24	3
- 1770—1779	45	3	28	3
- 1780—1789	45	9	28	5
- 1790—1799	55	11	37	3
- 1800—1809	77	6	56	5
- 1810—1819	75	—	45	3
- 1820—1826	57	4	27	1

Das danziger Getreide geht grössten Theils nach England. Damit es nach Danzig kommt, hat es schon bedeutende Transportkosten verursacht, da viel Landfracht mit unterläuft. Danzig und London sind durch Schifffahrt verbunden; die Transportkosten, die auf diese Weise das Getreide vertheuern, sind die billigsten der Welt. Dennoch besteht fortgesetzt ein Unterschied in den Preisen der Import- und Exportstadt, der, in erstem Orte, in jedem Jahrzehnt mehr als die Hälfte des Preises in der Exportstadt, im letzten Decennium der angeführten

Periode mehr als das Doppelte beträgt. Da die gleitende Zollscala, die in diesem Jahrhundert längere Zeit hindurch das Korn in England vertheuerte, erst nach dem allgemeinen Frieden eingeführt ward, so können solche Prohibitivmassregeln auch nur in jenem letzten Jahrzehnt auf Erhöhung des Preises gewirkt haben. Der Unterschied im Sachwerth des Geldes in London und Danzig kann aber nicht allein die grosse Preisdifferenz an beiden Orten erzeugt haben, denn dann würde Danzig von London aus mit Geld überschwemmt worden sein, da unmöglich die Transportkosten des Geldes selbst so viel wie jene Differenz betragen haben würden. Bleibt also nur der Schluss übrig, dass fast die ganze Differenz, um welche die Getreidepreise in London höher als in Danzig stehen, nicht auf Rechnung des geringeren Sachwerths des Geldes, sondern des höheren Sachwerths des Weizens selbst in London zu setzen ist.

Ebenso wird es sich seiner Zeit mit den Getreidepreisen in Rom und Italien verhalten haben. — Der Schiffsweg von Spanien und Afrika nach Ostia ist zum Theil kürzer als der von Danzig nach London, aber auch die Kunst der Schifffahrt stand damals viel niedriger als in neuerer Zeit, und es hat sicherlich — Schiffsbau und Schifffahrt zusammengerechnet — damals mehr Mühe und Arbeit gekostet, 1000 Quarter von den Ufern des Iberus nach Rom, als heute von Danzig nach London zu bringen. Zwischen den Weizenpreisen der ungeheuren Importstadt Rom und den Weizenpreisen der Exportstädte Alexandrien, Carthago und Tarraco wird also auch keine minder grosse Differenz bestanden haben als heute zwischen denen Danzigs und Londons, und auch von dieser Differenz wird also damals der grösste Theil nicht auf den niedrigeren Sachwerth des Geldes in Rom, sondern den höheren Sachwerth des Weizens alldort zu setzen sein. — —

Alles in Allem sind also auch die Getreidepreise aus solchen Ländern und Zuständen, wie ich soeben skizzirt habe, nicht ohne Weiteres zur Bestimmung des Sachwerths des Geldes ihrer Zeit zu gebrauchen. Sie würden zwar etwas besser dazu dienen, als der Seidenpreis im Alterthum oder der Belagerungspreis von Laodicea, denn jene Zustände sind keine ausnahmsweisen, sondern tragen eine längere Dauer in sich. Sie würden sogar, wenn Umfang und Schwierigkeit des Imports stationär blieben, dazu dienen, die etwaige Veränderung des Sachwerths des Geldes in den verschiedenen Perioden solcher Zustände selbst erkennen zu lassen. Z. B., würde sich bei einer gleich grossen und gleich schwierigen Zufuhr und bei gleichgebliebenen Consumverhältnissen nach und nach dennoch der Geldpreis des Getreides ändern, so würde man mit Sicherheit schliessen können, dass sich der Sachwerth des Geldes, umgekehrt wie der Preis, verändert hätte. Allein zur Erkenntniss des damaligen Sachwerths des Geldes an sich und deshalb zur Vergleichung desselben mit dem Geldsachwerth anderer Zeiten und anderer Länder können dieselben nur mit grosser Vorsicht und unter grossen Reductionen angewendet werden. — -- —

In der That ist der Sachwerth des Geldes nicht an den Getreidepreisen überhaupt, sondern nur an denjenigen Getreidepreisen zu erkennen, welche durch die (landwirthschaftlichen) Productionskosten des Getreides bestimmt werden, an dem natürlichen Preise des Getreides. Denn nur deshalb kann man überhaupt den Getreidepreis und z. B. keinen Fabrikatpreis zum Maasse des Sachwerths gebrauchen, weil man zum Maasse eines Veränderlichen ein Festes haben muss, Fabrikate aber in ihren Productionskosten rasch wechseln, Getreide hingegen auf die Dauer noch stetiger darin ist, als das Edelmetall selbst. Deshalb würde man auch keinen Brodpreis dazu nehmen können, weil Brod, zu einem grossen Theil seiner Productionskosten, Fabrikat ist. Ja, genau genommen, müsste man noch die agrarischen Verhältnisse in Anschlag bringen, unter denen producirt wird, weil auch dadurch die Productionskosten des Getreides bedeutend beeinflusst werden. Ich meine hier nicht sowohl die Fruchtbarkeit des Bodens und die Segnungen des Himmelsstrichs als vielmehr das landwirthschaftliche System, unter dem producirt wird und verweise dieserhalb auf die berühmten Untersuchungen Thünens über die Verschiedenheit der Productionskosten des Getreides unter dem Dreifeldersystem, der Koppelwirthschaft und der Fruchtwechselwirthschaft. Die Römer hatten nun gar noch Drillwirthschaft und lernten die breitwürfige Saatbestellung, wie ich anderswo nachgewiesen, erst zu des älteren Plinius Zeit bei den Deutschen kennen. Der Unterschied in den Getreideproductionskosten der Dreifelderwirthschaft und der Drillwirthschaft dürfte aber kaum weniger bedeutend sein, als die durch die Transportkosten erzeugte Differenz der Getreidepreise in Tarraco und Rom. Zu vergleichender Bestimmung des Sachwerths des Geldes in verschiedenen Zeiten und Ländern würden also auch nicht einmal die natürlichen Getreidepreise, die, welche hier und dort durch die Productionskosten bestimmt werden, unbedingt genügen, man müsste sogar noch zusehen, ob nicht verschiedene Anbausysteme einen Unterschied auch in diesen natürlichen Preisen erzeugt haben und, wenn dies der

Fall, die grösseren Productionskosten des einen Systems ebenso in Anschlag und Abzug bringen wie die Transportkosten aus dem Exportland[4]). Aber wenn wir auch von diesem letztern Moment absehen wollten, — jedenfalls leuchtet ein, dass uns nur die **natürlichen Getreidepreise**, nur Preise, die durch keine andern Momente, wie die **landwirthschaftlichen Productionskosten** bestimmt werden, zum Maase des Sachwerths des Geldes dienen können, denn, wollten wir noch die **Transportkosten des Getreides** oder die **Brodfabrikationskosten** mit zu jenen Preisen ziehen, so würden wir, weil wir ein weit veränderlicheres Preiselement, als landwirthschaftliche Productionskosten sind, mit hineinzögen, **den grossen Fehler begehen, mit einem veränderlichen Maassstab zu messen** und würden nicht viel richtiger handeln, als wenn wir den Sachwerth des Geldes an reinen Fabrikatpreisen messen wollten.

Aber solche **natürliche** Getreidepreise zu ermitteln, hat grosse Schwierigkeiten, und zwar, weil wir sie, wenn uns nicht ganz genaue Productionsrechnungen vorliegen, nur durch das Medium der Marktpreise zu erkennen vermögen, auf die Marktpreise aber auch **regelmässig und dauernd** — nicht blos vorübergehend wie in Laodicea — Umstände einwirken können und einzuwirken pflegen, die einen natürlichen Preisstand gar nicht aufkommen oder erscheinen lassen. Ausser dem Wechsel der Erndten können dies noch besondere volkswirthschaftliche und wirthschaftspolizeiliche Umstände sein. Deshalb können uns zur Erkenntniss natürlicher Preise nicht blos nur **langjährige Durchschnittspreise** nützen, in denen die aus dem Wechsel der Erndten herrührenden Preisschwankungen sich ausgleichen, sondern wir müssen auch noch bei diesen Durchschnittspreisen den Einfluss solcher etwaiger regelmässiger und dauernder volkswirthschaftlicher und wirthschaftspolizeilicher Umstände, die auch noch ihrer Seits eigene Preisschwankungen erzeugen oder den natürlichen Preisstand alteriren, in Anschlag bringen. Erst, wenn das geschehen, werden wir den **natürlichen** Getreidepreis ermittelt und damit einen brauchbaren Maassstab für die Bestimmung des Sachwerths des Geldes gewonnen haben.

---

4) In welchem **Verhältniss** — nach **Arbeit gemessen** — die landwirthschaftlichen Productionskosten des Getreides im Alterthum und der Neuzeit zu einander stehen, würde sich aus den landwirthschaftlichen Schriftstellern der damaligen und der heutigen Zeit ermitteln lassen, allein mir gebrach es an Zeit, diese nicht uninteressante Arbeit, die auch nicht einmal zur Bestimmung des Sachwerthes des Geldes in beiden Zeiten dienen könnte, hier vorzunehmen.

Allein, wenn das schon für die Neuzeit grosse Schwierigkeiten hat, so sind diese für das Alterthum geradezu **unüberwindlich.** Und zwar aus folgenden Gründen:

I. **Ein in den Quellen selbst ausdrücklich als Durchschnittspreis anerkannter Getreidepreis ist uns aus dem ganzen römischen Alterthum nicht aufbewahrt; ja, wir besitzen sogar aus keiner Periode desselben auch nur die kleinste zusammenhängende Reihe von Jahrespreisen, aus denen wir überhaupt irgend einen Durchschnittspreis zu ziehen vermöchten; wir besitzen vielmehr aus einer fast tausendjährigen Periode kaum drei Dutzend Preisnotizen, die uns noch dazu, fast sämmtlich, als Ausnahmepreise ausdrücklich überliefert werden.**

II. **Es giebt im Alterthum besondere ökonomische Umstände — ökonomische im antiken Sinne — die heute nicht existiren, die aber die aus dem Wechsel der Erndten herrührenden Preisschwankungen noch in hohem Grade steigern.**

III. **Es bestehen im Alterthum wirthschaftspolizeiliche Einrichtungen, die, unausgesetzt, in jeder der grossen Ackerbürgercommunen, in welche die antike Gesellschaft zerfällt, die Getreidepreise noch weit stärker, als dies heute etwa durch eine Zollgesetzgebung geschieht, beeinflussten, und deshalb auch das Aufkommen eines natürlichen Preisstandes überhaupt verhinderten.**

Zu I. ergeben für das Alterthum die Notizen, die mir zur Hand sind, folgende Preise, die ich nach der Zeitfolge hier aufführe:

1) I. J. d. St. (?) Manius Marcius primum frumentum populo in modios assibus donavit; Pl. H. N. 18, 4.

2) I. J. d. St. 314 Minutius Augurinus in trinis nundinis pretium ad assem redegit. Ibid.

3) Im Jahr d. St. (?) Trebius assibus populo frumentum praestitit. Ibid. Diese 3 Preise waren Staatspreise.

4) I. J. d. St. 504 — assibus singulis farris modios fuisse. Ibid. — Dies war ein Marktpreis nach gesegneten Ernten; nach Mommsen R. G. I S. 816 4 gr. der preussische Scheffel.

5) I. J. d. St. 542 der Modius 10 Sest.; also der preussische Scheffel nach heutigem Metallwerth 3 Thlr. 6 Gr. Polyb. IX, 44.

6) I. J. d. St. 552: Annonae vilitas fuit, — weil die Aedilen magnam vim frumenti ex Hispania missam quaternis aeris vicatim populo descripserunt. Liv. XXX, 26. — Hier werden Staats- und Marktpreis gleich gestanden haben; also jetzt, der Ass zu $^1/_{16}$ Denar angenommen, 12 gr. der preussische Scheffel.

7) I. J. d. St. 552 heisst es wieder von den Aedilen: frumenti vim ingentem, quod ex Africa P. Scipio miserat, quaternis aeris populo diviserunt. Liv. XXI, 15.

8) I. J. d. St. 554 heisst es: Annona pervilis fuit. Frumenti vim magnam ex Africa advectam aediles binis aeris in modios populo diviserunt. Liv. XXI, 50. Also 6 Gr. der preussische Scheffel und wahrscheinlich der Marktpreis wie der Staatspreis.

9) I. J. d. St. 558 wurde abermals sicilisches Korn zu 2 Ass der Modius vertheilt. Mommsen, R. G. 2. Aufl. I S. 814.

10) Um's Jahr d. St. 600 galt im cisalpinischen Gallien der Modius oft nur $1^7/_9$ Ass; der preussische Scheffel $3^1/_3$ Gr. Polyb. II, 15. Mommsen a. a. O. S. 816. — Das waren Marktpreise.

11) I. J. d. St. 632 kommt der Gracchische Staatspreis von $^5/_6$ Ass vor; Böckh, Metrol. Unters. S. 419. Mommsen, Die römischen Tribus S. 179 nimmt hier indessen $6^1/_3$ Ass an. Ich komme unten auf diesen Preis zurück.

12) I. J. d. St. 654 hat die lex Apuleja wieder den Staatspreis von $^5/_6$ Ass.

13) Kurz vor Verres' sicilischer Proprätur, also in den 70er Jahren, des 7. Jahrhunderts Roms, war vor der Ernte der Marktpreis in Sicilien 20 Sest. der Modius; der preussische Scheffel also 6 Thlr. 12 Gr.

14) Ebenfalls kurz vor dieser Proprätur hatte die lex Terentia et Cassia den Preis für die alterae decumae in Sicilien auf 3 Sest.; für das frumentum emtum auf $3^1/_2$ Sest.; und hatte ein Senatsbeschluss den Preis für das dem Verres ad cellam zu liefernde Getreide auf 4 Sest. festgesetzt; ward also der preussische Scheffel den Siciliern zu resp. 28 Gr., 1 Thlr. 3 Gr., 1 Thlr. 8 Gr. vergütet[5]).

---

5) In dem Satz von $3^1/_2$ für das frum. emt. folge ich Zumpt zu Verres III §. 163. Nicht bloss, weil nach ihm zu §. 179 alle Handschriften HS. XXI haben und diese Zahl auch für §. 163 $3^1/_2$ ergiebt, sondern auch, weil es billig war, dass das ad cellam imperirte Korn oder frum. aestimatum höher als das nach Rom imperirte oder frum. emt. vergütet ward, denn es hatte sich, wie Cic. a. a. O. §. 170 aus einander setzt, der usus eingeschlichen, dass die Gouverneure, weil sie die Lie-

15) Unter Verres — also Anfang der achtziger Jahre des 7. Jahrhunderts — war der Marktpreis in Sicilien 2—3 Sest., Cic. in Verr. III, also der preussische Scheffel 18 bis 28 Gr.
16) In einem Theuerungsjahr unter Augustus stieg der Preis auf 7 Thlr. 8 Gr. Mommsen, R. Gesch. I S. 816 Anmerk.
17) I. J. n. Chr. 65 unter Nero kommt ein Staatspreis von 3 Sest. für den Modius vor; Tac. Annal. XV, 39. Ich komme auf diesen Preis unten ausführlich zurück.
18) In einem Epigramm Martial's — s. Friedländer a. a. O. — also unter Titus oder Domitian, kommt wieder ein Marktpreis von 4 Ass vor, also wieder 12 Gr. der preuss. Scheffel. Friedländer ist der Ansicht, dass dies Epigramm in Bilbilis verfasst und also spanische Marktpreise verstanden seien. Ich lasse das dahin gestellt. Allein Bilbilis lag im cantabrischen Gebirge in dem von Strabo III. 14 rauh und unfruchtbar geschilderten Keltiberien. Wäre jener Preis von Bilbilis verstanden, so müsste er in dem benachbarten und fruchtbaren Tarracona Str. III. 7 seq., noch weit wohlfeiler gewesen sein. Dieser Landestheil war auch vom Iberus durchströmt, den Pl. H. N. amnis navigabilis commercio dives nennt; auch ging durch diese Gegenden die grosse Römische Heerstrasse, die Strabo ibid. 14 beschreibt. Unter allen Umständen konnte also Getreide von allen Seiten aus diesen Gegenden billig an's Meer kommen und von hier leicht nach Italien verschifft werden, denn von den Säulen bis Tarraco fehlten zwar die Häfen, aber von hier an war die Küste sehr hafenreich, Strabo ibid. 8. — Wenn also auch Martial von einem Marktpreise in Bilbilis sprechen sollte, was doch noch nicht erwiesen ist, das Getreide, das aus Spanien nach Rom kam, muss damals an seinen Productions-

---

ferung des ad cellam imperirten Korns nach jedem beliebigen Ort ihrer Provinz ausschreiben durften, um von den Liefernden zu erpressen, den für diese entlegensten und theuersten Ort wählten. In andern Provinzen als dem kleinen Sicilien war deshalb der Unterschied zwischen den Vergütungspreisen des frum. emt. und des aest. noch grösser, denn Cic. sagt §. 194, auf den sicilischen Marktplätzen differirten die Getreidepreise höchstens um 1 S, in andern Provinzen weit mehr. Hierin scheint auch der Grund gelegen zu haben, weshalb der Preis für die alterae decumae und dasjenige frumentum emtum, das nach Rom ging, durch die lex Terentia et Cassia selbst festgesetzt oder „constitutum" war, des ad cellam imperirten Korns aber durch Senatusconsult festgesetzt ward, und „aestimatum" war. Es kam bei diesem letzteren Lieferungsquantum eben noch auf wechselndere Umstände an. Vergl. Cic. a. a. O. §§. 163, 174, 188.

orten noch billiger als in Bilbilis gewesen sein und konnte durch den Transport nach Italien niemals um das Doppelte vertheuert werden. Es hätte sonst auch nicht die magna vis frumenti ex Hispania missa im Jahre 552 (s. oben Nr. 6) zu 4 Ass in Rom abgegeben werden können. Jedenfalls müsste also um diese Zeit der Marktpreis in Rom wieder viel billiger gewesen sein, als der s. Nr. 17 erwähnte Neronische Staatspreis.

19) Aus dieser späteren Zeit findet sich auch noch eine Inschrift — Grut. 434. 1. — nach welcher einem L. Mävius Rufus ein Denkmal errichtet wird von den municipes et incolae ob merita ejus, quod annona cara frument. denario modium praestitit. Friedländer a. a. O. Die Einwohner dankten also dem Rufus, dass er in einem Theuerungsjahr den preussischen Scheffel zu 1 Thlr. 3 Gr. abliess. Auch hier liegt ein amtlicher Preis vor[6]).

20) Aus dem Jahre 368 n. Chr. erwähnt Ammian. Marc. XXVIII. 1. 18. neben einander eines Preises von $^1/_{30}$ solid. und von $^1/_{10}$ solid. für den Modius, also 24 Gr. und 2 Thlr. 12 Gr. für den preussischen Scheffel, mit folgenden Worten: Cum Africam pro consule regeret (Hymetius), Carthaginiensibus victus inopia jam lassatis ex horreis Romano populo destinatis frumentum dedit: paulloque postea, cum provenisset segetum copia, integre sine ulla restituit mora. Verum, quoniam denis modiis singulis solidis indigentibus venumdatis, emeret ipse tricenos interpretii compendium ad Principis aerarium misit. Itaque Valentinianus per nundinationem parum, quam oportuerat, missum, cum bonorum parte multavit. Mommsen Ed. d. Dioclet. s. v. W. schliesst daraus: $^1/_{30}$ sol. sei »ein mittlerer oder niedriger«, $^1/_{10}$ sol. ein hoher Preis gewesen. Dass der Preis von $^1/_{10}$ sol. ein hoher Preis gewesen, wenn auch der Marktpreis noch höher gewesen sein muss, da sonst den Carthagern keine Wohlthat erwiesen wäre — ist richtig. Dass aber der Preis — und wahrscheinlich doch des

---

6) Mommsen. Das Edict Diocletian's s. v. Weizen hat noch für das Jahr 363, bei dem Rückzug aus Persien, einen Preis von $^1/_{10}$ sol. angemerkt. Ammian. Marc. XXV 8, 15 heisst es aber: Die Noth sei so gross gewesen, dass, wenn nicht das gefallene Vieh verzehrt worden wäre, die Menschen sich selbst verzehrt haben würden, und dann: Adeo enim atroci tabuimus fame, ut, si usquam modius unus farinae fuisset repertus (quod raro contigeret) aureis decem mutaretur ut minus. Hier ist also von einem unerhört hohen Mehlpreise die Rede, der, wenn auch damals die Mehlfabrikation sehr theuer war — s. Plin. H. N. XVIII. 20. 2 — doch noch auf einen höheren Kornpreis als $^1/_{10}$ sol. schliessen lässt. Jedenfalls war dies aber ein ganz exceptioneller Preis, den ich deshalb nicht mit aufnehme. —

Jahres vorher — von $^1/_{30}$ sol. »ein mittlerer oder niedriger« gewesen wäre, ist nicht ersichtlich, denn Ammian sagt nur, dass Hymetius dafür eingekauft habe. Dieser Preis kann also immer noch ein mehr als mittlerer gewesen sein. Auch macht ja der Kaiser dem Hymetius den Process, weil ihm die Marktpreise nicht mit dessen Gewinnberechnung übereinzustimmen scheinen.

21) »Julian verkaufte in theurer Zeit, als gleich nach der Ernte der Scheffel $^1/_{10}$ sol. stand und für den Winter gar leicht auf $^1/_5$ solidus hätte zu stehen kommen können, den Antiochiern das Korn billig zu $^1/_{15}$ sol. den Scheffel«. Mommsen a. a. O. Unter Scheffel ist hier Modius zu verstehen; die Preise für den preussischen Scheffel waren also resp. 2 Thlr. 12 Gr. und 1 Thlr. 20 Gr. Dass der letztere Preis billig gewesen sei, ist natürlich nur verhältnissmässig zu verstehen.

22) Nach Chr. Geb. 443 soll der Soldat in Afrika den Modius mit $^1/_{40}$ sol. bezahlen, Nov. Valent. III de trib. fisc. tit. XVIII 1 u. 4, was für den pr. Scheffel 18 Gr. machen würde. Mommsen a. a. O. fügt hinzu: »was ein Spottpreis ist«. Die betreffende Stelle heisst: Ne vero necessitatis occasione, in expeditione militi constituto, carioris cuiquam vendere liceat pretia necessariarum rerum sub hoc modo quo annonam adveramus jubemus inferri: id est tritici ad singulos solidos Italicos modios quadraginta — und begründet also die Ansicht, dass dies ein Spottpreis gewesen, nicht. Der ungefähre damalige Marktpreis war es jedenfalls. denn nach dem Marktpreis wurden die Naturalanweisungen möglichst immer adärirt. Vergl. die Tit. des cod. Th. de erogat. milit. und de publ. comparat.

23) Zu Theodorich's Zeit galt der Modius $^1/_{60}$ sol., Mommsen a. a. O., der preussische Scheffel also 12 Sgr.

24) Basilius Macedo (866—886) gab in theurer Zeit den Modius zu $^1/_{12}$ sol. ab; — Mommsen a. a. O. — den preussischen Scheffel also zu 2 Thlr.

25) Desgleichen Nikephorus Phokus (963—969) zu $^1/_2$ sol., als er auf dem Markte 1 sol. kostete. Mommsen a. a. O.

Allgemeine Andeutungen über die Preisschwankungen im Alterthum enthalten endlich noch: Cic. Verr. III. 92, 214 und 215, wo vor der Ernte der sub Nr. 13 notirte Preis von 5 Denar für den Medimnus erwähnt wird, nach der Ernte aber gleich summa vilitas eintritt, also vielleicht wieder ein einassiger Preis galt, wie sub Nr. 8, wo die annona pervilis war; und: Cic. ibid. § 216, wo von 2 auf einander folgenden

Jahren gesagt wird, dass alter annus in vilitate, alter in summa caritate gewesen sei[7]).

Vorstehend werde ich so ziemlich alle Getreidepreise aufgeführt haben, die wir aus dem römischen Alterthum besitzen. Es sind, wie man sieht, zum Theil höchste Theuerungspreise, zum Theil künstliche durch die Staatsgewalt gemachte Preise, zum Theil, wo sie von einiger Dauer gewesen zu sein scheinen, wie die von Cicero in den Verrinen erwähnten, doch unter so eigenthümlichen Umständen geltende Preise, wie nur die Verwaltung eines Verres mit sich führen konnte. Als Durchschnittspreis ist keiner anzusehen. Sie bieten auch keine zusammenhängende Reihe, um daraus einen Durchschnitt ziehen zu können. Sie sind, fast sämmtlich, nicht einmal als natürliche Jahres-Preise anzusehen. Nur die von Polybius sub Nr. 10 und von Martial sub Nr. 18 angeführten Preise sind solche, die nicht unmittelbar durch ungewöhnliche oder künstliche Umstände hervorgebracht, die nur das natürliche Ergebniss reicher Erndten gewesen zu sein scheinen. Sie sind aber sehr niedrige Preise gewesen, und ob sie einen hinreichenden Anhalt zu annähernder Ermittlung eines natürlichen Durchschnittspreises abgeben, möchte ich dahin gestellt lassen. Wollte man sie indessen solcher Ermittlung zum Grunde legen, und zwar nach Maassgabe, wie sich in der neuern Zeit, in einer Periode von über 250 Jahren, in England, — doch das Land, das noch am ersten mit Rom, zur ersten Kaiserzeit zu vergleichen wäre — die Durchschnittspreise über die niedrigsten Preise gestellt haben, so würde man zu einem Resultat kommen, das von dem von Fr. für die Zeit von Nero bis Trajan angenommenen Durchschnittspreise ausserordentlich abweicht. Nach diesen englischen Preistabellen nämlich, auf die ich unten noch näher eingehe, zeigt sich, dass die höchsten Jahrespreise in dem Zeitraum

> von 1594 bis 1764 nur viermal,
> von 1764 bis 1826 nur dreimal,
> von 1826 bis jetzt nur doppelt

so viel betragen haben, als die niedrigsten derselben Perioden. Der **Durchschnittspreis** liegt natürlich noch inmitten dieser

---

7) Auf den mittleren Mehlpreis, den Plinius H. N. XVIII 89 u. 90 mittheilt, und denjenigen Getreidepreis, den Friedländer a. a. O. aus den Alimentationsstiftungen Trajan's und der Macrina folgern zu dürfen glaubt, komme ich unten ausführlich zurück.

beiden Extreme. Er beträgt selbst in dem Zeitraum von 1594 bis 1764, wo die Schwankung das Vierfache beträgt, nicht das Doppelte des niedrigsten Preises; in den beiden folgenden Perioden viel weniger. Wollte man also, nach Maassgabe dieser der Neuzeit entlehnten Preisschwankung, aus dem von Polybius mitgetheilten niedrigen Preise den damaligen Durchschnittspreis berechnen, so würde dieser noch ein äusserst geringer sein, nämlich nicht 2 Sgr. für den Modius betragen. Wollte man den so gefundenen damaligen Durchschnittspreis dann auch noch, von Polybius bis Nero, so steigen lassen, wie sich in den letzten 200 Jahren die Durchschnittspreise in England gesteigert haben, so würde er auch dann noch nicht einmal 2 Sest. zu Nero's Zeit betragen haben.

Zu einem ähnlichen Resultat gelangt man, wenn man den von Martial, etwa aus der Zeit Domitian's mitgetheilten Preis zu Grunde legt, mag er nun für Italien oder Bilbilis gegolten haben. Um für die neuere Zeit den ungefähren Durchschnittspreis einer längeren Periode zu bekommen, dürfen wir nicht mehr als 50 % dem niedrigsten Jahrespreise hinzufügen. Aber nehmen wir auch hier das Doppelte an, ziehen aber dann, wenn der Preis für Italien gilt, 30 % Transportkosten ab, um den natürlichen Getreidepreis zu erhalten, so kommen wir auch dann noch nicht über einen Durchschnittspreis von 2 Sest. für Italien hinaus. Gilt aber der Preis für Bilbilis, so muss er an den Ufern des Iberus, in dem fruchtbaren Tarragonien, von wo nach Rom ausgeführt ward, noch weit billiger gewesen sein; wir werden also auch unter dieser Voraussetzung zu ungefähr demselben Resultat gelangen.

Zu II. bezweifelt freilich Mommsen, Römisch. Gesch. 2. Aufl. B. III C. 12 S. 816 Anm., dass im Alterthum die Getreidepreise stärker als in der Neuzeit geschwankt hätten. Indessen lässt sich dafür ein mathematischer Beweis beibringen.

Zuvörderst wird man Schwankungen in einer fortlaufenden Reihe von jährlichen Durchschnittspreisen von Schwankungen innerhalb desselben Jahres, vor und nach der Erndte, unterscheiden müssen. Indessen werden beiderlei Schwankungen durch alle diejenigen Umstände gefördert und gesteigert werden, die nach Ort oder Zeit die Ausgleichung des Preises verhindern.

Hier spielen zunächst die Communicationsmittel eine entscheidende Rolle; denn bei der Verschiedenheit der Erndten auf dem Erdkreise bewirkt eine Verhinderung oder Erschwerung des Transports, dass die Erndte da, wo sie reichlich ausgefallen, der Preis um so mehr drückt, da, wo sie spärlich ausgefallen, um so mehr steigert. Man mag also in der einen oder der andern Gegend die Preise verfolgen, sie werden in beiden immer grössere Schwankungen zeigen, als wenn der Transport die Ausgleichung von Gegend zu Gegend gestattet hätte.

Vergleichen wir nun unter dem Gesichtspunkt der Communicationsmittel das Alterthum mit dem **Mittelalter**, so fällt der Vergleich unzweifelhaft zu Gunsten des römischen Alterthums aus, denn dies Mittelmeerreich, in welchem alle Küstenländer des ungeheueren Binnensees die fruchtbarsten Kornländer waren, besass nicht bloss ein weit grösseres Communicationsgebiet, sondern auch in seiner ausgedehnten Wasserfracht weit leichtere Communicationsmittel als irgend ein gleich grosses Getreidehandelsgebiet im **Mittelalter**, — mochten auch Piraten und widrige Winde noch so oft die römischen Kornflotten hindern. — Ganz anders aber bei einem Vergleich des Alterthums mit der **Neuzeit**. — Heute, wo auch schon Amerika in den europäischen Getreidemarkt — und oft beherrschend — eingreift, und Dampfschifffahrt und Eisenbahnen auch den Einfluss widriger Winde und der Landentfernungen aufheben, halten römisches Communicationsgebiet und Transportwesen auch nicht im Entferntesten den Vergleich mit den unsrigen aus. Schon aus diesem allgemeinen Grunde (des Transportationsgebiets und der Transportationsmittel) müssen also die Getreidepreise in römischer Zeit mehr geschwankt haben, als bei uns.

Aber es kommen nun noch besondere, dem Alterthum eigenthümliche, **volkswirthschaftliche und landwirthschaftliche**, Gründe hinzu, die eben einen **Zahlenbeweis** liefern, dass — auch gleiche Erndten und gleiche Bevölkerungen vorausgesetzt — dennoch im Alterthum sowohl die Schwankungen in den jährlichen Durchschnittspreisen, wie innerhalb des Jahrespreises vor und nach der Erndte, bedeutend grösser waren und sein mussten, als heute bei uns.

Um die Preisbewegung, die im Alterthum durch diese volkswirthschaftlichen Verhältnisse beherrscht ward, genügend zu würdigen, muss man bis auf den Oikos zurückgehen.

In der antiken Volkswirthschaft wurden bekanntlich in **Einer Oekonomie** Landwirthschaft, Fabrication und Handel betrieben und der Besitz von Grund und Boden, Kapital und selbst Arbeitern fiel in dem Einen Oikenbesitz des Hausherrn zusammen. Dies wirthschaftliche Grundverhältniss führte wichtige Folgen für den Marktverkehr mit sich. Die erste war, dass immer zuerst **für das Haus** producirt ward und nur die verschiedenartigen Productüberschüsse auf den Markt kamen; die zweite, dass die ganze arbeitende — ackerbauende, fabricirende und transportirende — Bevölkerung von der freien Mitbewerbung auf dem Markt ausgeschlossen war und **im Hause Naturalverpflegung** erhielt; die dritte, dass die ganze Consumtion dieser ausscheidenden Bevölkerung nach den Grundsätzen von Productionskosten geregelt ward und deshalb Jahr für Jahr ein gleiches Quantum, nämlich so viel um die Arbeiter bei Kraft zu erhalten, betrug.

Diese Folgen wären auch von dem entschiedensten Einfluss auf den **Getreideverkehr**.

Zuerst ist hier die grosse Bedeutung der **penus**, des Hausvorraths, hervorzuheben, den deshalb auch der religiöse Sinn der Römer der Vorsehung eigner Götter, der Penaten, empfahl. Die penus enthielt alle Vorräthe »quae esui potuique sunt« und zwar »quantum ad **annuum usum** sufficeret«; enthielt diesen Jahresbedarf für **alle** antiken Familienglieder — Freigelassene und Sklaven des Hauses — ja selbst für die Thiere des Kutschstalles, »jumenta quae dominici usus causa parata sunt«; enthielt also Vorräthe, die in Folge der Grösse der antiken Hausstände auch sehr grosse Quantitäten betrugen und sich deshalb auch von denen, »quae in promptuario sunt« — die sich eher mit unseren heutigen Keller- und Speisekammervorräthen vergleichen lassen — bedeutend unterscheiden[8]). Dass wieder unter diesen verschiedenartigsten Vorräthen frumentum der Hauptbestandtheil war, leuchtet ein. —

Auf dem Vorhandensein dieses jährlichen Hausbedarfs beruhte damals noch weit mehr die wirthschaftliche Wohlfahrt der Nation, als auf hinreichender und regelmässiger Marktzufuhr. Denn der Theil der

---

8) Man sehe den Digestentitel „de penu legata". Welches moderne Civilrecht enthält wohl Vorschriften über Vermächtnisse von Speiskammervorräthen! Aber eine vermachte penus war, wie man sich aus jenem Titel überzeugt, ein Vermächtniss von sehr beträchtlichem Umfange, das auch dieses Umfangs wegen Anlass zu vielen Rechtsstreitigkeiten gab. — Man mag von hier aus auch noch einen Blick auf den Grundriss des römischen Hauses werfen. Wir sind geneigt, uns über die Menge gesonderter Gelasse und Räumlichkeiten zu wundern, die rings den Hof eines antiken Hauses einschliessen. Würdigt man die Bedeutung der penus, so muss die Verwunderung aufhören. — In dem Baustil jeder Zeit spiegeln sich in der That die Grundzüge des volkswirthschaftlichen Lebens wieder. Das römische Haus, das mittelalterliche städtische Bürgerhaus mit seinen Speicherräumen unter dem Giebeldach und das moderne Familien- und Salonhaus sind bezeichnende Marksteine einer dritthalbtausendjährigen volkswirthschaftlichen Entwicklung, denn keine Kunst steht in grösserer Abhängigkeit von den socialen Verhältnissen als die Baukunst, und man hat daher mit Recht gesagt: einen neuen charakteristischen Baustil erhalten wir erst mit neuen socialen Grundlagen.

Bevölkerung, der auf die penus angewiesen war, war nicht bloss bedeutend grösser, als der, der auf den Markt angewiesen war — für die Nationalproduction war er auch noch weit wichtiger, denn er enthielt den ganzen Arbeiterstand, d. h. die nationale Productivkraft selbst, die erhalten sein will, wenn die Nationalproduction nicht geschmälert werden soll. Fehlte es daher an der Marktzufuhr, so war nur annona cara, es litt nur der verhältnissmässig kleine Theil der Bevölkerung, der auf den Markt angewiesen war. Fehlte es aber an der penus, so war penuria — der Ausdruck für das denkbar grösste wirthschaftliche Elend im Alterthum. Das spricht der Klimax sehr gut aus, den Cicero in seiner frumentarischen Rede gegen Verres — c. 54 §. 126 — dem Bericht des Metellus entlehnt: »Clamat Metellus: nisi litteras misissem! Non est satis: nisi praesens confirmassem! Ne id quidem satis est: reliquos, inquit, aratores! Reliquos! prope lugubri verbo calamitatem provinciae, Siciliae significat. Addit: aratorum penuria«! Dass Verres die ganze ackerbauende Bevölkerung Siciliens decimirt hat, ist in Cicero's Augen eine geringere Schuld als dass der Rest sich in penuria befindet, was jeder Kammerredner bei uns umkehren würde. —

Die Ansammlung dieser Vorräthe, und namentlich des darin begriffenen jährlichen Getreidequantums war daher auch die erste Sorge der antiken Oekonomie.

Dies in der penus jeder Haushaltung reservirte und natürlich auch in natura an die Mitglieder des Hausstandes ausgetheilte Getreidequantum war aber, wenn nicht etwa die Erndte total fehlschlug, so dass eben penuria eintrat, ein **festes, gleich grosses**, die Erndte mochte besser oder schlechter ausfallen. Denn die Mitglieder der Familie selbst, in dem heutigen beschränkten Sinne, die eigentlichen Eigenthümer, werden bei schlechteren Erndten ohnehin nicht weniger consumirt haben; diejenigen Familienmitglieder aber, die die Arbeiter bildeten, zählten zum **Kapital und wurden eben aus Rücksicht auf ihre Kapitalnatur nach schlechten Erndten nicht schlechter und nach guten Erndten nicht besser gehalten,** — ebenso wie wir heute unsere Pferde gleich stark füttern, die Erndte mag gut oder schlecht gewesen sein, oder unsere Maschinen jedes Jahr gleich gut schmieren, das Oel mag billig oder theuer sein [9]). —

---

9) Der Vergleich klingt furchtbar genug, ist aber deshalb nicht weniger wahr. Die Sterblichkeit unter unsern Pferden ist in gewöhnlichen Theuerungsjahren nicht merklich grösser als sonst; unter unserer arbeitenden Bevölkerung hingegen, die

Bekanntlich betrug das feste Quantum Jahr für Jahr 4—5 Modius pro Kopf und Monat.

Demzufolge kam auch im Alterthum, was hier festzuhalten ist, immer nur dasjenige Getreidequantum auf den Markt, das, gleiche Bevölkerungsverhältnisse vorausgesetzt, die von Jahr zu Jahr gleich grosse penus von den wechselnden Erndteerträgen übrig liess, und stand diesem nach dem Wechsel der Erndten selbst wechselnden Quantum derjenige sich gleichbleibende Theil der Bevölkerung mit ihrem Marktbegehr gegenüber, der eben nicht in den grossen Hausständen des Alterthums eine immer gleiche Naturalverpflegung erhielt. —

Ganz andere Productions-, Vertheilungs- und Consumtionsverhältnisse bestehen heute.

Heute geht die Production ausser dem Hause vor, und die Hauswirthschaft ist nur noch Consumtionswirthschaft. Ausserdem werden Rohproduction, Fabrikation und Handel von verschiedenen Besitzern betrieben und die Arbeiter sind frei. In Folge dessen wird in allen Productionswirthschaften nicht mehr zunächst für das Haus, sondern von vorneherein für den Markt producirt, und hat jeder Arbeiter und jeder Besitzer — und der eine antike Oikenbesitzer hat sich jetzt noch wieder in den Grundbesitzer, den Fabrikbesitzer und den Kaufmann gespalten — sein Geldeinkommen, mittelst dessen er sich seine Bedürfnisse auf dem Markte einkauft. Von Aufspeicherung einer penus in den Familien kann daher heute nicht mehr die Rede sein; unsere penus liegt in den tausend Speichern, Lagerräumen und Läden unserer Kaufleute. Wie das von allen Producten gilt, so auch namentlich vom Getreide. Der ganze Erndteertrag mit verhältnissmässig geringer Ausnahme kommt auf den Markt und fast die ganze Bevölkerung kauft hier auch ihren Bedarf ein. Das hat aber in Bezug auf das Quantum, das nun Jedermann consumirt, einen eigenthümlichen Erfolg, der von dem der Vertheilungsweise des Alterthums sehr abweicht. Nach gesegneten Erndten, wenn die Preise niedrig sind, consumirt Jedermann mehr; nach spärlichen Erndten, wo die Preise hoch sind,

---

nicht mehr durch das Interesse des Capitals geschützt ist, sondern mit einem beschränkten Geldeinkommen auskommen und ihr Brod auf dem Markte einkaufen soll, ist sie bedeutend grösser. Der Grund ist natürlich, dass der Eigenthümer der Pferde das Futterquantum nicht mindert, die Arbeiter aber ihre Nahrungsquantität bis zur Ungenüge einschränken müssen. Erst wenn wir wegen mangelhafter Erndte unser Vieh schlachten müssten, würde eine der penuria ähnliche Noth eingetreten sein.

schränkt sich Jedermann in seiner Consumtion ein [10]). — Bei der antiken Vertheilungsweise kam also nur ein Theil des jedesmaligen

[10] Wenn es richtig ist, dass im Alterthum der Privathandel, namentlich in Getreide, ausser durch „das Naturalsteuersystem, das hauptsächlich Getreide erhob und deshalb dem Privathandel nicht viel übrig liess" noch durch die Concurrenz „des Staats", wie Hirschfeld: „Die Getreideverwaltung in der römischen Kaiserzeit" S. 23 Anm. 33 sagt, beeinträchtigt ward, so dürfte die penus und überhaupt die Naturalwirthschaft des antiken Hauses wohl noch als ein dritter und vielleicht der Hauptconcurrent in dieser Schmälerung des Privathandels zu betrachten sein. Die antiken und die modernen Privatwirthschaften, je in ihrem Zusammenhange, verhalten sich wie aus grossen Stücken gefügtes lockeres Conglomerat und feinkörniges, aber festes Gestein. Die Intensität unseres Handels ist die starke Attractionskraft, die die aufgelösten Elemente des Oikos zu unserm feineren wirthschaftlichen Gefüge so fest wieder an einander bindet, während im Alterthum der innere Handel zwischen den grossen Hauswirthschaften, mit ihrer verhältnissmässigen Autarkie, fast unserm internationalen Handel ähnlich sieht, der bei aller scheinbaren Grösse doch gegen unsern innern Handel weit zurücksteht. Und ebenso hält auch wieder der internationale Handel im Alterthum, da er Zug um Zug betrieben und durch Nichts, was unserm internationalen Wechselverkehr ähnlich sieht, unterstützt ward, den Vergleich mit der Intensität unseres internationalen Handels nicht im Entferntesten aus. In dieser Beziehung ist charakteristisch für das Alterthum, dass der erste Handelsvertrag, der in der Geschichte abgeschlossen ward, negativen Inhalts ist Polyb. III. 22: Römer und Carthager vereinigten sich über eine Demarcationslinie im Mittelmeer, die kein Handelsschiff der andern Nation überschreiten durfte. Das Alles lag eben am Oikos. Nach der Natur dieses wirthschaftlichen Elementarorganismus der antiken Gesellschaft, mit dessen Beleuchtung und Begründung Aristoteles daher auch sein Werk über Politik beginnt, lag es in der absoluten Unmöglichkeit, dass der damalige Privathandel die heutige Blüthe erreichen konnte und alle Schilderungen, die wir in den Quellen über solche Blüthe finden, sind nur relativ zu nehmen. Aus dem Oikos floss dann auch wieder das ganze Naturalsteuersystem, das den Staat zum Getreidehändler machen musste. Die Beschränktheit des antiken Privathandels — auch des Getreidehandels — und die Concurrenz des Staats darin scheinen mir daher mehr eine gemeinschaftliche Wurzel zu haben, als dass die erstere der letzteren entsprungen wäre. Deshalb, weil der Privathandel im Alterthum überhaupt nicht die Bedeutung hatte und haben konnte, die er heute hat, kann ich mich auch nicht davon überzeugen, dass es hauptsächlich der Staatskornhandel und überhaupt die res frumentaria Rom's gewesen sei, die die italische Bauerschaft ruinirt hätte, denn bei keinem Besitzer im Alterthum, auch den kleineren nicht, ging der Haupttheil des Einkommens durch die Geldform. Gerade für die Besitzer war also der Stand der Marktpreise unerheblicher. Heute allerdings ist der Landmann ruinirt, wenn er seine Producte nicht gehörig bezahlt bekommt, denn auch alle seine Ausgaben gehen wieder durch die Geldform, aber es ist eben nur diese Vorstellung, die wir irrthümlich aus unsern ganz andern volkswirthschaftlichen Verhältnissen auf das Alterthum übertragen, die uns den damaligen Staatskornhandel und überhaupt das ganze Frumentationswesen Rom's so verderblich für den damaligen Grundbesitz erscheinen lassen. Es hatte vielmehr seine rein „frei-

Erndteertrags auf den Markt und nur ein Theil der Bevölkerung trat ihm gegenüber; für den grössten Theil derselben ging von vornherein Jahr für Jahr ein bei guten und schlechten Erndten gleich grosses Quantum des Erndteertrags von der Marktzufuhr ab. Bei der modernen Vertheilungsweise hingegen kommt immer der ganze jedesmalige Erndteertrag auf den Markt, die ganze Bevölkerung tritt ihm hier gegenüber, und auch derjenige Theil der Bevölkerung, der im Alterthum nach guten und schlechten Erndten mit einem gleich grossen Verbrauchsquantum vorabging, gebrauchte nach guten Erndten mehr, nach schlechten weniger.

Es ist aber klar, dass jede dieser verschiedenen Vertheilungsweisen — selbst bei gleichen Erndteerträgen und gleichen Bevölkerungen — ein ganz verschiedenes Verhältniss von Angebot und Nachfrage begründet, von welchem Verhältniss doch zunächst allein der Stand des Marktpreises abhängt. Denn, wenn nach guten wie nach schlechten Erndten stets ein gleich grosses Quantum von Getreide für einen bestimmten Theil der Bevölkerung abgeht und mit diesem zugleich vom Markte ausscheidet, so müssen Rest der Erndte und Rest der Bevölkerung eine andere Proportion bilden, als wenn immer der ganze Erndteertrag und die ganze Bevölkerung die Marktzufuhr und den Marktbegehr ausmachen und auch jener, im Alterthum ganz und stets mit demselben Verbrauchsquantum ausscheidende Theil nach guten Erndten mehr, nach schlechten Erndten weniger consumirt. Und zwar muss nothwendig diese Veränderung der Proportion dahin ausschlagen, dass bei der antiken Vertheilungsweise nach guten Erndten das Marktangebot im Verhältniss zum Marktbegehr grösser, nach schlechten Erndten geringer wird als heute, dass also auch nach guten Erndten sich die Marktpreise niedriger, nach schlechten höher stellen als bei der modernen Vertheilungsweise. Im Alterthum hätte also schon **dieserhalb** der Marktpreis nach guten Erndten mehr sinken und nach schlechten Erndten mehr steigen, also auch schon deshalb die Differenz der Getreidemarktpreise um so viel grösser sein müssen als in der Neuzeit.

Aber damit nicht genug! Es ist ein **unumstösslicher wirthschaftlicher Erfahrungssatz, dass der Marktpreis von Getreide in stärkerem Verhältniss sinkt resp. steigt,**

---

händlerischen" Gründe, dass, wie heute das kleine Capital vom grossen aufgesogen wird, so damals der kleine Grundbesitz vom grossen verschlungen ward.

als das Angebot im Verhältniss zum Begehr grösser oder kleiner wird.

Nach Georg King's bekannter Berechnung stellt sich diese Veränderung der Proportion so:

Wenn fehlen

an der Erndte 10%, steigt der Preis um 30%,
- - - 20 -, - - - - 80 -,
- - - 30 -, - - - - 160 -.
- - - 40 -, - - - - 280 -.
- - - 50 -, - - - - 450 -.

Angenommen also, 10 Scheffel wäre die gewöhnliche Durchschnittsconsumtion pro Kopf, aber auf eine Million Bevölkerung würden nur 9 Millionen Scheffel geerndtet, so würden unter unsern Verhältnissen noch immer 9 Scheffel pro Kopf zu Markt gebracht werden; das Angebot wäre nur um $1/_{10}$ gefallen, der Preis würde also nur um $3/_{10}$ steigen. Hingegen, wenn unter den antiken Verhältnissen $3/_4$ der Bevölkerung mit der Durchschnittsconsumtion von 10 Scheffeln vorabgegangen wäre, so würden nur noch $1^1/_2$ Million Scheffel für 250,000 Köpfe übrig bleiben, das Angebot wäre um $4/_{10}$ gefallen, der Preis müsste also um $2^8/_{10}$ steigen. So gewiss also die hervorgehobene Verschiedenheit der Vertheilungsweisen Alterthum und Neuzeit charakterisirt, so gewiss mussten bei gleichem Bevölkerungsstande und gleichem Erndteertrage die Schwankungen der Getreidepreise im Alterthum grösser als in der Neuzeit sein [11]).

---

[11] Deshalb konnten damals auch aus einer einzigen rechtzeitigen Speculation mit dergleichen Producten so enorme Gewinne abfallen, wie sich deren in Petronius' Satiren, Cap. 76, Trimalchio rühmt: Uno cursu centies Sestertium corrotundavi; obgleich uno cursu hier auch heissen kann: in Einem Anlauf, ohne Unterbrechung. Er schliesst die Erzählung seiner erfolgreichen „Jagd nach dem Glück" mit den Worten: Credite mihi: assem habeas, assem valeas; habes, habeberis. Sic amicus vester, qui fuit rana, nunc est Rex! — Passen diese Worte nicht buchstäblich auch auf unsere Zeit und so manchen unserer Börsenkönige? — Der Anfang von Trimalchio's Carriere war allerdings etwas anders, als wie es heute unsere Sitten zulassen. Er erzählt: Tamen ad delicias femina ipse mei Domini annos quatuor decim fui; nec turpe est, quod Dominus jubet. Ego tamen, et ipsi meae Dominae satisfaciebam. Doch würden sich heute in dem „Eine Hand wäscht die andere" auch zu solchem Anfang die Analogieen finden lassen. — Uebrigens kannte Augustus sehr wohl den Einfluss der penus auf eine summa caritas, denn den grossen Theuerungen, die gegen das Ende seiner Regierung eintraten, suchte er dadurch zu begegnen, dass er partem servitiorum, also einen Theil derjenigen Bevölkerung, die gerade von der penus lebte und dadurch die Marktzufuhr schmälerte, aus der Stadt entfernte; Dio 55. 26 und Suet. Oct. 42. — Ich komme hier noch einmal

Dies sind die **volkswirthschaftlichen** Gründe, welche im Alterthum weit grössere Getreidepreisschwankungen nach sich ziehen

---

auf die Ursachen der vielen Theuerungsjahre zurück, die um diese Zeit und unter Tiberius die römische Bevölkerung drückten. Ihre Erklärung liegt allein in jener **volkswirthschaftlichen** Entwicklung Roms und Italiens um diese Zeit, von welcher schon oben, wo ich das „theuere Leben" in Rom beleuchte, die Rede gewesen ist. Nach dem Aufhören der Bürgerkriege vermehrten sich Reichthum und Bevölkerung in Rom und Italien ausserordentlich; damit auch die Sklavenschaaren, denn der Haupttheil des antiken Reichthums bestand in Sklaven. In Folge des sich aufhäufenden Reichthums veränderte sich also einer Seits der Begehr nach landwirthschaftlichen Producten: der Kornbau musste Gartenculturen und Luxusbauen Platz machen. Anderer Seits nahm wieder in den ungeheuren Hausständen dieser Reichen die penus um so grössere Getreidevorräthe vorweg. Jede Missernde musste also auch fortan um so unheilvoller wirken und dies in immer grösseren Theuerungen sich äussernde Unheil musste so lange andauern, bis die Kaiser begriffen, dass es keine vorübergehenden Ursachen seien, welche diese zunehmenden Theuerungen erzeugten, und demnach auf eine regelmässige Versorgung Roms durch Einrichtung der classis Africana und der cl. Aegyptiaca Bedacht nahmen. Aber die Neuern irren, wenn sie diese Theuerungen auf den **Verfall** der italischen **Landwirthschaft** schieben, denn die Landwirthschaft verfällt noch nicht, wenn statt Brodstoffe mehr Fleisch, Geflügel, Gemüse, Oel und Wein producirt wird. Wenn auch nach **Sueton** a. a. O. Augustus geäussert haben soll: impetum se cepisse, **frumentationes publicas in perpetuum obolendi, quod earum fiducia cultura agrorum cessaret,** neque tamen perseverasse quia certum haberet, posse per ambitionem quandoque restitui, so liegt darin noch kein **Verfall** der Landwirthschaft angedeutet, denn unter dem „agrorum" sind eben nur **Getreideäcker** zu verstehen, und in dieser Stelle wird also nur gesagt, dass der **Kornbau** sich in Italien verminderte, was eben mit der oben bezeichneten **volkswirthschaftlichen** Entwicklung Italiens nothwendig zusammenhing. Aber freilich auch Augustus irrte, wenn er diese Verminderung des Kornbaus auf die Frumentationen schob. Wir sehen ja in England dieselbe Erscheinung ohne Frumentationen. In der That hätte auch Augustus den Vorsatz, die Frumentationen aufzuheben, gar nicht ausführen können, denn **diese** waren mit dem **Staatskorn**, das Staatskorn mit dem **Zehnten**, der Zehnte mit dem **Naturalsteuersystem**, das Naturalsteuersystem mit der **Naturalwirthschaft**, die Naturalwirthschaft mit dem **Oikos** und der Oikos mit der **Sklaverei** **nothwendig** gegeben, einer Sklaverei, die nicht blos, wie jüngst noch in Amerika, Plantagensklaven, sondern alle artifices umfasste. Der antike Staat hätte also mit diesen seinen Getreidemassen, wenn er sie nicht zum Theil zu Frumentationen hätte anwenden wollen, **handeln müssen**, wie ein gewöhnlicher privativer Kornspeculant, was aber die Bürgerschaft, die doch der Staat war, gar nicht ertragen haben würde. Augustus kam denn auch von seinem Vorsatz zurück, denn **Sueton** berichtet weiter: Atque ita posthac rem temperavit, ut non minorem aratorum ac negotiantium, quam populi rationem duceret. Das heisst aber nicht, wie **Casaub.** will, er hätte fortan auch Landleute und Gewerbtreibende zu den Frumentationen zugelassen; und auch nicht, wie **Baumgarten-Crusius** will, er hätte die Frumentationen eingeschränkt und dadurch den Publicanen, die die Domänen-

mussten, als wie in neuerer Zeit bei uns vorkommen. Und natürlich mussten sich diese Schwankungen sowohl in den durchschnittlichen Jahrespreisen wie auch in den Preisen desselben Jahres, vor und nach der Erndte, bemerklich machen. Nun kamen aber auch noch **landwirthschaftliche** Gründe hinzu, welche wenigstens die Schwankungen der letztern Art noch bedeutend steigern mussten.

Diese **landwirthschaftlichen** Gründe lagen in der **Erndteweise** der Alten.

Im Alterthum wurde gleich die ganze Erndte im Freien auf ein Mal ausgedroschen [12]). Scheuren, das Getreide **im Stroh** aufzubewahren, gab es also nicht; es gab nur cellae und horrea für die Körner. Wenn aber Scheuren vorhanden sind, so macht die Aufbewahrung des Getreides **im Stroh** gar keine Kosten weiter, die in Körnern dagegen noch fortgesetzte sehr bedeutende Bearbeitungskosten. Diese mussten noch dazu in den heissen Ländern des Mittelmeerreichs weit grösser sein, als bei uns. Wenn nun schon dadurch, dass wir den grössten Theil unserer Erndte noch mindestens sechs Monate in Stroh liegen lassen und nur allmählich ausdreschen, schon eine gleichmässigere Marktzufuhr bewirkt wird, so mussten im Alterthum die grossen Kosten der Körneraufbewahrung wieder ein Motiv sein, sich des Ueberschusses über den eigenen Bedarf baldigst zu entledigen, — ein Motiv, das offenbar die Preisschwankungen innerhalb desselben Jahres noch steigern, zu äusserst billigen Preisen **nach**, und weit theureren Preisen **vor** der Erndte führen musste [13]).

äcker gepachtet hätten, Arbeiter zum Kornbau verschafft. Sondern die Stelle heisst: Augustus sei von der ersten Absicht, die Frumentationen ganz einzustellen, zurückgekommen, weil er die Ueberzeugung gewonnen, die **Concurrenz** (per ambitionem) werde mit der Zeit alles gut machen, und er habe daher nur solche Massregeln getroffen, die den Interessen der **Kornbauer** (aratorum) und der Kornhändler (negotiantium) eben so viel Rechnung getragen, wie denen des Volks, sc. dem er die Frumentationen ferner zukommen liess. Worin diese Begünstigungen der aratorum in Italien bestanden, wissen wir nicht; vielleicht hat **Suet.** das tribut. soli im Sinn, das Aug. bekanntlich zuerst auch in Italien einführen wollte, während er sich nachher mit der Erbschaftssteuer begnügte. Die Begünstigungen der negotiantium werden aber ähnliche gewesen sein, wie später Claudius — **Suet.** 18 — und Nero — **Tac.** Ann. XIII. 51 — ihnen zukommen liessen.

12) Das benulzte z. B. Verres zu einem Erpressungsmanövre; III. 14.

13) Uebrigens haben sich, seit Einführung der Dreschmaschinen in Norddeutschland, die hier berührten Verhältnisse auch bei uns schon nach dieser Richtung hin verändert. — Schon die Pferdedreschmaschinen machten es möglich, vor und während der Herbstsaatzeit, weit grössere Quantitäten Getreide auf den Markt zu bringen, als dies sonst beim Handdreschen geschehen konnte. Seit einigen Jahren arbeiten

Diese allgemeine Ausführung findet auch ihre Bestätigung, wenn wir die Getreidepreise des Alterthums, des Mittelalters und der Neuzeit, bezüglich ihrer Schwankungen, mit einander vergleichen.

Aus dem römischen Alterthum sind uns freilich nur die oben angeführten wenigen Preise bekannt geworden, indessen, wenn wir deren mehrere besässen, so könnten doch die Schwankungen, die schon jene wenigen Preise zeigen, nur grösser, aber nicht kleiner werden.

Aus dem Mittelalter besitzen wir die Fleetwood'sche Tabelle, die Adam Smith mittheilt, die den Zeitraum von 1202—1601 mit 84 Jahrespreisen umfasst [13a]. Ferner die sog. Blasianische Fruchttaxe der Stadt Braunschweig.— v. Gülich's Geschichtl. Darstellung des Handels u. s. w. Tabell. Uebers. Heft I. —, die mit 1325 beginnt und die fortlaufenden fünfjährigen Durchschnittspreise bis zum Jahre 1819 enthält.

Aus der neueren Zeit erwähne ich die Windsortabelle, die ebenfalls A. Smith mittheilt, die die ununterbrochenen Jahrespreise von 1595—1764 enthält. Auch für diesen Zeitraum ist der betreffende Abschnitt der Blasianischen Tabelle zu vergleichen. Endlich aus noch neuerer Zeit, namentlich vom Jahre 1764 bis zum Jahre 1826, und für England beziehe ich mich auf die Preisliste, die ebenfalls v. Gülich a. a. O. »für London und die Nähe der Stadt« bringt, für den Zeitraum von 1700 bis 1826 und die »wichtigsten europäischen Seestädte« auf die ebenfalls a. a. O. gebrachte Liste der 10jährigen Durchschnittspreise.

Vergleicht man die Preislisten dieser verschiedenen Perioden mit einander, so bestätigt es sich, dass im Alterthum die Schwankungen sowohl in den Preisen desselben Jahres vor und nach der Erndte, als auch in den Jahrespreisen höchst bedeutend waren. In dem etwa

---

aber auch in Norddeutschland eine Menge Dampfdreschmaschinen. Man fährt das Getreide, dass für dieselben bestimmt ist, nicht mehr in die Scheuren, sondern in „Miethen" auf dem Felde zusammen und drischt diese dann auf dem Felde möglichst bald aus, natürlich um das Getreide gleich zu verkaufen, wozu auch immer mehr die Noth den Landmann drängt. Viele hunderttausend Scheffel kommen auf diese Weise wieder früher in den Handel, als sie selbst beim Pferdemaschinendrusch, geschweige beim Handdrusch gekommen wären. Dass dies Verfahren grössere Preisschwankungen im Laufe desselben Jahres zur Folge haben muss, dass die Preise nach der Erndte rascher und tiefer fallen müssen, um dann wieder gegen die Zeit der neuen Erndte um so mehr zu steigen, leuchtet ein. Auch darf man das bedeutende Sinken der Getreidepreise in Norddeutschland nach der Erndte von 1869 zum Theil auf Rechnung des Maschinendreschens setzen.

[13a] Um 4 Jahre ergänzt sie A. Smith selbst.

50jährigen Zeitraume, der die oben sub 5 und 10 mitgetheilten Jahrespreise enthält, finden wir eine Schwankung um das 28fache. In dem etwa 5jährigen Zeitraume, der die Preise sub 13 und 15 enthält, eine solche um etwa das 11fache. In dem Zeitraum, der die sub 13 und 16 umfasst, eine um das 12fache.

Das Mittelalter übertrifft jedoch in dieser Beziehung das Alterthum noch bedeutend. Aus der Fleetwood'schen Tabelle ergiebt sich

aus dem 13. Jahrh. eine Schwankung um das 192fache
- - 14. - - - - - 25 -
- - 15. - - - - 16 -
- - 16. - - - - - 10⅔ -

Es sind entschieden die mangelhafteren Communicationsmittel des Mittelalters, die diese grösseren Schwankungen zur Folge haben. Zugleich erkennt man, wie in dem Verhältniss, in welchem sich die geldwirthschaftlichen Zustände der germanischen Zeit von Jahrhundert zu Jahrhundert mehr entwickeln, die Stärke der Schwankungen abnimmt. In der Blasianischen Tabelle gleichen sich dieselben, weil nur 5jährige Durchschnittspreise gegeben sind, von 1325—1601, etwas mehr aus. Die höchste ist eine 42fache, zwischen den Preisen des Jahres 1353 und 1600. Die nächstbedeutende ist eine 21fache zwischen den Jahren 1450 und 1600.

Was die neuere Zeit betrifft, so ist unter den auf einander folgenden 169 Jahrespreisen der Windsortabelle der höchste Preis pro Quarter 4 Pfd. 5 Sh., der niedrigste 1 Pfd. 4 Sh. 10 p. Die Schwankung beträgt also in diesem Zeitraume nur noch das 4fache. — In dem Zeitraume von 1764—1826 fällt der niedrigste Preis in das Jahr 1779 mit 1 Pfd. 3 Sh. 8 p., der höchste in das Jahr 1801 mit 5 Pfd. 7 Sh. 9 p. Die Schwankung beträgt wenig mehr als das 3fache. — Endlich fällt in die neueste Zeit, seit dem allgemeinen Frieden, das grosse Nothjahr 1847, aber — vergl. »Die Nationalökonomie der Gegenwart und Zukunft« von B. Hildebrand S. 191 — der Fruchtpreis ist nirgends über das 4fache des bisherigen niedrigsten Preises, und in England sogar nicht über das Doppelte gestiegen[14]). Eben so wenig haben wir, wie Jedermann weiss, in der neuesten Zeit, in

---

14) Das Werk ist 1848 erschienen. Wir haben aber seitdem keine höheren Preise gehabt. — Dass auf dem Continent der Preis um das Vierfache, in England kaum um das Doppelte geschwankt hat, kann nur daran liegen, dass die Zustände in England noch geldwirthschaftlicher, als wenigstens bei uns in Norddeutschland sind, wo die ländlichen Arbeiter doch vielfach mit Naturalien, und zwar nach guten und schlechten Erndten gleich, gelohnt werden.

demselben Jahre, nach und vor der Erndte, so bedeutende Schwankungen wie im Alterthum und Mittelalter. Die Regelmässigkeit und Gleichmässigkeit des heutigen Getreidehandels lässt den Preis weit allmählicher steigen oder fallen.

Dass also die Getreidepreise im Alterthum bei Weitem mehr schwankten, und auch, wegen der eigenthümlichen damaligen ökonomischen Verhältnisse, mehr schwanken mussten, als in der neueren und neuesten Zeit, scheint mir unwiderleglich dargethan zu sein. — —

Zu III. In diesen in der That durch die antike Volkswirthschaft selbst bedingten ausserordentlichen Schwankungen der Getreidepreise lag natürlich noch ein Grund mehr für die **Frumentationsmassregeln** Roms, die, weil sie sich in jeder Municipalstadt wiederholten, auch ihrer Seits einen natürlichen Durchschnittspreis kaum aufkommen liessen, geschweige uns heute einen solchen erkennen lassen.

Auf die Geschichte des römischen Frumentationswesens, scheint mir, übertragen wir noch immer zu sehr die aus unsern wirthschaftlichen Gemeinschaftsformen geschöpften Vorstellungen und nehmen deshalb für blosse Künste der Demagogie, was die nothwendige Consequenz der wirthschaftlichen und staatsrechtlichen Verhältnisse der damaligen Zeit war[15]). Ich bin daher gezwungen, auf das Frumentationswesen Roms tiefer einzugehen.

Unter den Kaisern, wissen wir, theilte sich die res frumentaria in die eigentliche **cura annonae**, d. h. die Massregeln, die den Schwankungen des Getreidepreises entgegenwirkten und einen mässigen Marktpreis herstellen sollten, und die **publicae frumentationes** oder die Gratis-Getreidevertheilungen an die Armen Roms. Allein in dieser ausgebildeten Gestalt trat das Frumentationswesen nicht sofort in's Leben. Es hat vielmehr seine mehrhundertjährige Entwicklungsgeschichte, in der sich drei charakteristische Perioden unterscheiden lassen: 1) bis C. Gracchus, 2) von da bis Clodius, 3) von da ab die ganze Kaiserzeit hindurch. —

Ursprünglich knüpft sich, nach meiner Ansicht, die res frumentaria an das **Naturalsteuersystem** Roms — namentlich an den **Getreidezehnten**, den die eroberten Länder entrichten mussten — und hatte zuerst nicht sowohl die Absicht als den Erfolg, auf die Getreidepreise zu wirken. Denn die naturalen Ausgaben, die Rom an Getreide zu machen hatte — Verpflegung der Heere, der öffentlichen

---

15) Vergl. O. Hirschfeld, Die Getreideverwaltung in der römischen Kaiserzeit, Philologus Bd. XXIX H. 1, dem ich hier in vielen Punkten folge.

Sklaven u. s. w. — waren, unter sonst gleichen Verhältnissen, in ihren Beträgen feststehende Ausgaben, 4—5 Modii für den Kopf, der Zehnte indessen lieferte ein nach dem Wechsel der Erndten wechselndes Quantum. Nach guten Erndten blieb also Getreide übrig, und da Getreide sich nicht lange aufbewahren lässt, auch in den älteren Zeiten Roms, bei den damaligen Besitzverhältnissen, ein Magazinirungssystem für Nothjahre noch gar nicht geboten war, so blieb nichts zu thun übrig, als dass der Staat, dem der Zehnte gehörte, den jedesmaligen Getreideüberschuss verkaufte. Dies konnte aber wieder nur zu »Spottpreisen« geschehen, denn gerade dann, wenn diese Verkäufe geschahen, waren die Erndten ja reichlich gewesen, der Getreidepreisstand dann ohnehin niedrig, und, wenn dann noch die Zehntüberschüsse auf den Markt kamen, musste der Preis um so mehr gedrückt werden. Wenn also das Naturaltributsystem[16]) eine politische Nothwendigkeit war, weil die Naturalwirthschaft im Alterthum eine sociale Nothwendigkeit war, so war es auch eine finanzielle Nothwendigkeit, dass der Staat zu Zeiten zu billigsten Preisen Korn verkaufte. Daraus ist denn auch zu erklären, weshalb diese Staatsgetreideverkäufe bis in die ältesten Zeiten, bis Servius Tullius, hinaufreichen und — wie Mommsen, Die röm. Trib. S. 179 Anm. 2 sagt — »das Korn nie umsonst, sondern immer nur zu Spottpreisen weggegeben wird«. Diese Staatsverkäufe waren eben gerade so alt, wie die Zehnteinrichtung selbst, d. h. wie die Eroberungen Roms, und geschahen nicht umsonst, sondern mussten zu Spottpreisen geschehen, weil einer Seits damals noch kein civiler Pauperismus Gratisvertheilung nothwendig machte, und anderer Seits die Verkäufe von selbst in die Zeit billiger Preise fielen.

Allein, was ursprünglich nur ein natürliches, factisches Verhältniss war, musste bald die Tendenz einer wirthschaftspolizeilichen Massregel annehmen. Und hiezu trugen wiederum antike Volkswirthschaft und antikes Staatsrecht gleicher Massen bei.

In wirthschaftlicher Hinsicht war es die, mit den zunehmenden Wirkungen des Freihandels auch zunehmende Besitzlosigkeit römischer Bürger, welche die mit der penus ohnehin verbundenen starken Getreidepreisschwankungen desto empfindlicher machen musste und also die in den Umständen selbst gegründeten Staatsgetreideverkäufe nunmehr unter einen wirthschaftspolizeilichen Gesichtspunkt

---

16) Siehe meine Abhandlung „Zur Geschichte der römischen Tributsteuern seit Augustus" in diesen Jahrbüchern.

auffassen liess. — Die Zehntüberschüsse konnten offenbar dazu benutzt werden, um die annona zu reguliren.

In rechtlicher Hinsicht war es die von der abstracten Staatsidee der Neuzeit durchaus abweichende, leiblich und fassbar in dem herrschenden römischen Volksstamm sich verkörpernde Staatsidee, welche diese aus den Eroberungen entspringenden Getreideüberschüsse auch als das Eigenthum — eben nicht eines die Gesellschaft repräsentirenden abstracten Staatswesens — sondern eben dieses leiblichen Staatsvolks, Mann für Mann, erscheinen liess. So lange die nationalen Besitzverhältnisse günstig waren und die Meisten selbst ihr Brodkorn bauten, mochte die Obrigkeit dieses den Staat repräsentirenden Volksstammes das überschüssige Tributgetreide zu Preisen verkaufen, wie sie eben waren; hingegen von da, wo sich die Besitzverhältnisse in der angedeuteten Weise änderten, musste sich nicht blos die Rechtsidee vordrängen, dass dies Getreide diesem leiblichen Staat, Mann für Mann, gehörte, und also auch, wenn erforderlich, zu vertheilen sei, sondern auch der Gesichtspunkt, dass diese Vertheilungen nach der wirthschaftlichen Rücksicht vorzunehmen seien, um der Noth jenes verarmten und aus Gründen der beschriebenen antiken Marktverhältnisse jetzt um so öfter darbenden und zu jenen Getreideüberschüssen doch wieder so voll berechtigten Bevölkerungstheil wirksam zu begegnen. — Wie bedeutend auch die Mittel waren, die in dieser Beziehung den Aedilen zu Gebote standen, zeigt am besten die Intrigue, die zwischen Sp. Manlius und Minutius Augurinus spielte — Pl. H. N. XVIII. 4 — und die mit einem Wucherinteresse der grossen Grundbesitzer in weit näherer Beziehung zu stehen scheint als mit einem Streben des Manlius nach der Königskrone. Sp. Manlius zwang nämlich durch seine Handelsoperationen den Minutius Augurinus, in noch nicht drei Wochen einen Theuerungspreis zu einem Marktpreis von 1 Ass herabzumindern, wofür er freilich mit dem Leben büsste.

Indessen machten es die grossen Eroberungen des 4. und 5. Jahrhunderts, die massenhaften Kornsendungen, welche die glücklichen Feldherrn aus Sicilien, Spanien und Afrika nach Rom schickten und endlich die Erweiterung des Zehntgebiets, welche noch rascher zunahm als die Besitzlosigkeit in Rom, einstweilen noch nicht nöthig, System in die Frumentationen zu bringen. Vielmehr scheinen Marktoperationen zur Regulirung der Preise und Vertheilungen des vorräthigen Quantums an alle Bürger, »populo«, Reiche wie Arme, umsonst oder zu einem niedrigen Preise, in dieser Zeit noch bunt durch einander gelaufen zu sein.

C. Gracchus war der Erste, der das Frumentationswesen gesetzlich regulirte und zwar so: ut semisse et triente frumentum plebi daretur, Liv. epit. 60. — Drei Neuerungen enthielt danach entschieden diese erste l. frumentaria. Der Preis für das Staatsgetreide ward der Willkür der Aedilen entzogen und sollte fortan ein immer gleicher und zwar $^5/_6$ Ass sein; zu diesem Preise sollte fortan nur noch an die plebs vertheilt werden; — es wurde ein regelmässiges Quantum — 5 Modius monatlich — für den plebejischen Bürger festgesetzt, das in dieser Weise zur Vertheilung kam[17]).

Mochten die Motive des Gracchus zu diesem Gesetz sein, welche sie wollten, gegen den Inhalt desselben war rechtlich und wirthschaftlich nicht viel zu sagen. Wirthschaftlich, war entschieden eine regelmässige, in Quantität und Preis gesetzlich bestimmte Vertheilung

---

17) Anderer Ansicht Mommsen, Die Röm. Trib und Hirschfeld a. a. O. — Was, erstens, den Preis betrifft, so nimmt hier M., gegen die bisherige Annahme, $6^1/_3$ Ass an. Indessen, dass die lex Apuleja später wieder $^5/_6$ Ass hat, ist kein Grund, dass die l. frumentaria des C. Gracchus nicht auch diesen Preis gehabt haben sollte, da inzwischen letztere wieder aufgehoben war. Auch wäre Getreide zu $6^1/_3$ Ass wohl kaum ein „Geschenk", um die Plebs zu gewinnen, zu nennen gewesen, wie Plinius allerdings die einässigen Preise des 4. Jahrhunderts nennt. Denn um's Jahr 600 standen dieselben im cisalpinischen Gallien oft nur auf $1^7/_9$ Ass, und es ist nicht erwiesen, dass der Preis von 3 Sest. zu Cic. Zeit „ein niedriger gewesen". — Was, zweitens, die Beschränkung auf die Plebs betrifft, so hat Liv. bis dahin bei den Getreidevertheilungen immer „populo". Auch findet sich keine weitere Spur in den Quellen, zu welcher Zeit sonst die unter Cäsar und August schon feststehende Ausgeschlossenheit der Patricier und des Ritterstandes von den Getreidevertheilungen hätte eingeführt sein können. Zudem stützte sich ja die ganze Gracchische Bewegung noch auf den Gegensatz von Patriciern und Plebejern. Dass sich der Consular Piso persönlich bei der Getreidevertheilung einfand — Cic. Tusc. III. 20. 48 — ist kein Grund dagegen — wie Mommsen a. a. O. S. 180 Anm. 8 meint — denn die Calpurnier waren plebejisch; s. Drumann unter Calpurnii. Einen ausdrücklichen und positiven Beweis scheint mir aber Cic. Sext. 48 zu enthalten. Hier stellt Cic. der l. agraria des T. Gracchus die l. frumentaria des C. Gracchus gegenüber. Von jener sagt er: grata erat populo; von dieser: jucunda res plebi Romanae. Die l. agraria bezog sich aber auf das ganze Volk, patricischen oder plebejischen Standes; es rechtfertigt sich also auch der Gegensatz, dass die frumentaria nur die Plebejer betroffen hätte. — Endlich ward natürlich auch, wenn der Vertheilungspreis fixirt und die Empfangsberechtigung näher bestimmt war, noch die Festsetzung des auf den Kopf kommenden Vertheilungsquantums nothwendig, und höchst wahrscheinlich schon in dem Sempronischen Gesetz auf 5 Modii angenommen, wie mir namentlich aus den von Mommsen a. a O. S. 181 citirten sich auf die Aufhebung der Frumentationen durch Sulla beziehenden Stelle des Sallust: populus Romanus exutus imperio gloria jure agitandi, inops despectusque ne servilia quidem alimenta reliqua habet, hervorzugehen scheint.

desjenigen Getreidequantums, das nun einmal dem Staat zufloss, richtiger, als die bisherigen Willkürmassregeln der Aedilen; und rechtlich, war es nur eine billige Compensation, dass die plebs, die eben so gut mit ihrem Blut den ager publicus erkauft hatte wie die Patricier, aber nicht die Mittel besass, ihn zu occupiren und zu cultiviren, dafür vom ager decumanus durch ein bestimmtes wohlfeiles Getreidequantum entschädigt ward.

Welchen Wechselfällen diese frumentarische Gesetzgebung dann weiter in den Sullanischen Burgerkriegen unterlag, gehört nicht hierher, aber klar ist, dass, wenn auf die vorerwähnte Weise regelmässige Getreidevertheilungen an den grössten Theil der Bevölkerung Roms gesetzlich angeordnet waren, es auch, bei dem Wechsel der Erndten, vorkommen konnte, dass der Zehnte keinen dazu genügenden Ueberschuss darbot. Dann musste also der Staat, der bis dahin vorzugsweise Getreide verkauft hatte, nunmehr Getreide kaufen. Diese Einkäufe regelte im Jahre 681 die lex Terentia et Cassia. Sie bestimmte, vorkommenden Falls, den Ankauf einer alterae decumae und auch noch eines weiteren jährlichen Einkaufsquantums, frum. emtum, zu festgesetzten Preisen von den Provinzialen. Cic. Verr. III. 98 §. 227 enthält die angedeuteten Motive des Gesetzes ausdrücklich in den Worten: Totae autem res rusticae ejusmodi sunt, ut eas non ratio neque labor, sed res incertissimae venti tempestatesque, moderentur. Hinc cum unae decumae lege et condicione detrahantur; alterae novis institutis propter annonae rationem imperentur; ematur praeterea frumentum quotannis publice; postremo etiam in cellam magistratibus et legatis imperatur! — Ich komme auf dies Gesetz noch zurück. —

Allein, wenn einmal so weit auf diesem Wege vorgegangen war, so war es doch eine Ungeheuerlichkeit, auch noch reiche Leute, blos weil sie Plebejer waren, wie der Consular Piso, zu Vertheilungen zuzulassen, die unter Umständen jetzt den grössten Staatsaufwand verursachten. **Das Clodische Gesetz von 696 remedirte in dieser Beziehung.** Fortan wurden die Getreidevertheilungen ganz umsonst gegeben, **aber nur an arme Bürger**[18]). Aber es ist sicher-

---

18) Dio hat ausdrücklich τοῖς ἀπόροις. Ebenso tritt von jetzt an in fast allen anderen Schriftstellern die Dürftigkeit der Empfangsberechtigten hervor. — Dass erst von diesem Clodischen Gesetz an sich die res frumentaria so aus einander zweigte, dass ein Theil des Staatskorns umsonst vertheilt ward, während bis dahin immer noch der niedrige Gracchische Preis gegolten; ein anderer Theil aber noch fortgesetzt zur Regulirung der Marktpreise durch verhältnissmässig billigen Verkauf diente, geht, zum ersten Theil, unwiderleglich aus Cic. Sext. 25 hervor; zum

lich kein Zufall, dass nun in dem folgenden Jahre eine lex Cornelia et Caecilia dem Pompejus eine cura annonae überträgt. Wenn auf

andern Theil bedarf es keiner besonderen Beweisstellen, da die ganze Kaisergeschichte dafür zeugt. — Aus Cic. Sext. 25 — ut remissis semissibus et trientibus, quinta prope pars vectigalium tolleretur — würde, beiläufig gesagt, auch noch annähernd zu ermitteln sein, wie viel Naturalgetreide Rom damals in seinem Zehnten einnahm. Denn vectigalium scheint sich hier nur auf das Zehntgetreide — auf die Staatsfuder — zu beziehen und die Stelle will also nicht sagen, dass der Staat durch Aufhebung des $^5/_6$ Asspreises den fünften Theil seiner Einnahme verloren habe, sondern dass, nachdem Clodius den $^5/_6$ Asspreis aufgehoben, ein Fünftel des ganzen Staatskorns auf die Gratisvertheilung aufgegangen sei. Nehmen wir dann weiter an, dass Clodius, der doch sicherlich, um sich Anhang zu verschaffen, mit der Vertheilung nicht kargte — wie ihm das auch von Cic., pr. dom. 10, vorgeworfen wird — an so viele wirkliche oder vermeintliche Arme, wie Cäsar bei seinem recensus vorfand — nämlich 320,000 Köpfe — Gratiskorn austheilte — so betrug damals die Naturalkorneinnahme Roms 320,000 $\times$ 60 $\times$ 5 = 96 Millionen Modii, ungefähr 16 Millionen preuss. Scheffel und wären also etwa 3 Millionen Scheffel unter Clodius auf Armenkorn aufgegangen. — Dass diese Gratisvertheilung fortan nur an Arme geschah, dafür scheint auch weiter noch die Theuerung zu sprechen, die, nachdem Clodius sein Gesetz durchgebracht, während Cicero's Verbannung, in Rom herrschte — pr. dom. 2—10. Sie endigte bekanntlich mit jener ausserordentlichen Vollmacht, durch welche dem Clodius die Annonenverwaltung entwunden und dem Pompejus übertragen ward; und war entstanden theils durch die Missverwaltung des Cl., der auch an Andere als blos Arme, namentlich auch an seine Banden, Staatskorn vertheilte, theils durch die Intriguen der optimates oder locupletes selbst, die auf ihren, Quadratmeilen grossen Provinzialpossessionen hinreichende Vorräthe besassen, aber, um eben dem Clodius jene gefährliche Waffe der Gunstbuhlerei zu entwinden, sie nicht zu Markt brachten, — denn sowie Pompejus seinen Auftrag bekommen hatte, hörte auch die Hungersnoth auf. Dies geht aus den Vorwürfen hervor, mit denen sich Cicero und Clodius gegenseitig in dieser Angelegenheit überschütten. Nun müssen aber doch die Klagen über diese Theuerung, die in der That Senat und Volk bewogen, dem Pompejus die ausserordentliche Vollmacht zu ertheilen, noch von Andern gekommen sein, als denen, die eben durch Clodius Armenkorn erhielten. — Dass übrigens eine Intrigue, dem Pompejus eine ausserordentliche Macht zuzuwenden, mitspielt, thut meiner Auffassung, dass von diesem Auftrag an die res frumentaria in zwei Branchen zerfiel, die Armenkornverwaltung und die Marktpreisverwaltung, keinen Eintrag, denn, wenn auch in Folge jenes ausserordentlichen Auftrages die Verwaltung beider Zweige in Pompejus' Hände allein gelegt wurde, hörten doch die materiellen Bestimmungen des Clodischen Gesetzes nicht wieder auf. Vielmehr blieb unter und nach Pompejus,— bis zum Untergange des Reichs selbst — die Einrichtung bestehen, dass in der Staatskornverwaltung ein Theil des Staatskorns zur Vertheilung an die Armen und ein anderer Theil zur Regulirung des Marktpreises verwendet wurde. Bei der strengen Etatisirung des Staatshaushalts unter den Kaisern wurde diese Verwaltung nur noch dahin geordnet, dass den grösseren Hauptstädten ein gesetzliches Deputat — Canon — überwiesen ward, mit dem die Verwaltung beide Zwecke

der einen Seite aus den frumentarischen Massregeln ein reines Armengesetz geworden war, so blieb auf der andern Seite die eigentliche cura annonae eben neu einzurichten, — und so sehen wir denn auch von dieser Zeit ab sich die res frumentaria Roms in die beiden oben erwähnten Zweige spalten: die publicae frumentationes oder Armenkornvertheilungen, zu denen die Zahl der Empfangsberechtigten in der Regel wechselte, und die cura annonae, die, durch Handelsoperationen und dergl., auf den Marktpreis einwirkte.

Diese Eintheilung der res frumentaria in zwei Branchen finden wir also von jetzt an bleibend das ganze Kaiserreich hindurch. Die eine hat es mit der Verwaltung des Gratis- oder Armenkorns, die andere mit der cura annonae im engern Sinne zu thun. Beide Verwaltungszweige sind seit Clodius — und namentlich unter den Kaisern — immer aus einander zu halten, sowohl was die Personen der Betheiligten, als auch was die Art und Weise der Vertheilung betrifft.

Was die Armenkornverwaltung — das eigentliche frum. publicum — betrifft, so wird dasselbe seit Clodius immer umsonst gegeben. — Empfangsberechtigt sind nur die Armen, und zwar nur die Armen der plebs urbana, also nicht die Mitglieder des senatorischen oder Ritterstandes, aber auch nicht einmal die Vermögenderen der pl. urbana, sondern nur der dürftige und vom Staat wirklich als dürftig anerkannte Theil dieser städtischen Plebs. Nur dieser Theil der pl. urbana heisst pl. frumentaria oder pl. quae frumentum publicum accipit. Plebs frumentaria und plebs urbana sind also nicht Inbegriffe, die sich numerisch decken[19]). Die Bürgerzahl der ganzen plebs urbana war bedeutend

---

zu verfolgen hatte, ein Deputat, das z. B. bei Rom täglich 75,000 Modii betrug — Spartian, Sever 23 —; und das auch bei Konstantinopel und Alexandrien erwähnt wird, wenn wir auch hier die Summe nicht kennen.

19) Ich versuche einen ausführlichen Beweis dafür in dieser Anmerkung zu liefern.

Dass das Gratis- oder Armenkorn — oder die tesserae seit August — nur an römische Bürger, auch nur an Stadtbürger, auch nur an Stadtbürger plebejischen Standes vertheilt ward, darüber sind jetzt die Meisten einig. Dagegen hat in neuerer Zeit die Meinung Boden gewonnen, dass sämmtliche plebejische Stadtbürger dies Gratiskorn empfangen hätten und ist dadurch die ältere Ansicht, dass nur die Dürftigen in der pl. urb. mit dieser Austheilung bedacht gewesen, fast verdrängt worden. Ich folge indessen wieder der älteren Ansicht und nehme an:

1) dass plebs urbana und plebs frumentaria oder plebejische Stadtbürger und städtische Gratiskornempfänger sich nicht numerisch deckten, dass also z. B., wenn Cäsar in seinem Recensus — Suet. 41 — die auf 320,000 Köpfe ge-

grösser als die Bürgerzahl der pl. frumentaria, denn sie begriff

stiegene Zahl der Armenkornempfänger, nicht auf, sondern um 150,000 (wie Oudendorp, Ruhnken, Wolff, Baumgarten-Crusius die Stelle richtig verstehen) herabsetzte, er damit noch nicht die Zahl der pl. urbana so weit herabsetzte;
2) dass nur die wirklichen Bedürftigen in der pl. urb. das Armenkorn erhielten.

Und zwar bestimmen mich folgende Gründe zu diesen beiden Annahmen.

Zu 1. bemerke ich, dass Cäsar's recensus anerkannter Maassen kein ordentlicher census, sondern eine, nach einer ganz andern Methode (vicatim per dominos insularum) vorgenommene Musterung war, von welcher nichts weiter erzählt wird, als dass Cäsar die Zahl der „frumentum publicum accipientium" — wie Sueton ausdrücklich sagt — um 150,000 herabsetzte. Davon, dass dieser recensus eine Revision des allgemeinen Bürgercensus gewesen wäre und dass also C. die Zahl der pl. urbana so weit herabgesetzt habe, sagt Sueton kein Wort. Man folgt hier nur einer vorgefassten Ansicht, die durch die missverstandenen Stellen Plut. Caes. 25 und Appian. Cic. 2 102 und endlich durch die doch keines Falls von Livius selbst herrührenden Epitom. des Livius, CXV, wo es heisst: Recensum egit quo censu sunt civium capita CL millia, sowie durch Freinsheim's Ergänzungen zu begründen versucht wird. Aber dabei wird schon von vornherein angenommen, was erst zu beweisen gewesen wäre, und auch noch irrthümlich 150,000 statt 170,000 gesetzt. Auch Dio, der 43. 21 von derselben Massregel spricht, hat nicht die entfernteste Andeutung, aus der sich diese Ansicht schöpfen liesse; im Gegentheil, aus dem ganzen Zusammenhange, in welchem D. zuerst mittheilt, dass Cäsar grosse Getreide- und Oelvertheilungen vorgenommen, und dann fortfährt, er hätte aber nicht blos freigebig sein, sondern auch Strenge üben wollen und hätte deshalb die Liste der Kornempfänger einer Revision unterworfen und ungefähr auf die Hälfte reducirt — geht deutlich genug hervor, dass es sich um keinen eigentlichen Censusact, um keine Revision der plebejischen Bürgerrolle, sondern eben nur der Liste der Kornempfänger innerhalb der plebejischen Bürgerrolle, handelte. Die andere Auslegung hat in der That auch zu viele Gründe gegen sich — Sueton — a. a. O. — fährt nämlich fort: „Achtzigtausend Bürger hatte Cäsar damals in überseeischen Provinzen angesiedelt" — Sollte sich unter diesen nur italische und nicht auch städtische Plebs befunden haben? Wenn aber doch gewiss letzteres der Fall war, wie das weitere Urbi exhaustae bezeugt, so wurde ja eben nicht die Bürgerliste, sondern nur die Empfängerliste herabgesetzt, denn von den Kornempfängern werden keine zu Colonisten abgenommen sein. — Ferner: Sollte Cäsar nur die städtische Bürgerliste so unnachsichtlich purificirt haben, und nicht zugleich die ganze italische Bürgerliste, in allen Municipien? Ein Census, in welchem über das Bürgerrecht entschieden wurde, umfasste ja immer die ganze civile Bevölkerung, auch ausserhalb Roms. Es wäre dies in der That wenig staatsklug von Cäsar gewesen; und doch ist nur von einer städtischen Ausmerzung bei Sueton und Dio die Rede. — Weiter: Wie kann man glauben, dass Cäsar, wenn er auch, als erstes administratives Genie der Welt, Ordnung in die Kornverwaltung bringen wollte, da er doch seine Herrschaft befestigen und auf das Volk sich stützen musste, — durch einen ganz oberflächlichen, formlos durch die Hauseigen-

noch diejenige grosse Bürgerzahl, die zwar nicht das zum Rittercensus

---

thümer, vicatim, gehaltenen Census 150,000 Männern in Rom das Bürgerrecht hätte entziehen können und wollen? Aber, dass die domini insularum — in welchen letzteren casernenartigen Gebäuden das arme Volk zur Miethe wohnte — bei Feststellung der Armenliste Hülfe leisteten, lag nahe. — Endlich: wenn sich die Ansicht nicht abweisen lässt, dass nur bei einem regelrechten Lustrum eine solche Entziehung des Bürgerrechts gewagt werden konnte, so geht ja aus dem Mon. Ancyr. II. v. 3 hervor, dass das letzte Lustrum vor Augustus in's Jahr 683 fiel. — In der That, wie sich in den Quellen keine ausdrückliche Notiz findet, die für diese neuere Ansicht spricht, so finden sich deren viele, die so gut wie ausdrücklich für die ältere sprechen. — Zuerst ist klar, dass bei einem recensus der Bürger, sei er zu einem Zwecke angestellt, zu welchem er wolle, sich immer die Gelegenheit finden musste, im Armenkornwesen Vorkehrungen zu treffen, wie denn, nach Sueton Octav. 40, auch Augustus bei Gelegenheit eines recensus, den er ebenfalls vicatim vornimmt, die Einrichtung der Vertheilung von Kornmarken auf je 4 Monate traf, womit sich natürlich von da an dreimal im Jahre wie von selbst eine Revision der Empfangsberechtigten auf dem Grunde der Bedürftigkeit verband. — Aber, ich möchte behaupten, dass beide recensus überhaupt zu keinem andern Zwecke als der Revision der **Armenkorn**empfängerliste angestellt gewesen seien, da wir nichts weiter bei ihnen als solche Revision erwähnt finden, ja, stelle die Vermuthung auf, dass recensus oder recensio, seit Clodius, gerade die technischen und staatsrechtlichen Ausdrücke lediglich für die Ausmusterung der Armen aus der städtischen Plebs Behufs der Empfangnahme des Gratiskorns waren.

Die Gründe, die mich zu dieser Muthmassung bestimmen, sind eben, dass das Wort recensus oder recensio nirgends in den Quellen klar und deutlich in der Bedeutung von census, im Sinne von Aufnahme der Bürgerrollen, oder, wie man wohl der Sylbe re- wegen angenommen hat, von Revision dieser Rollen, bezüglich des Bürgerrechts, vorkommt. Die Epit. des Livius zähle ich nicht zu den unverdächtigen Quellen. In den beiden angeführten Stellen des Sueton kommt es nur, wie gesagt, bei Gelegenheit oder zum Zweck eines frumentarischen Actes vor: — Suet. Vesp. 9 hat allerdings recenso oder recensito senatu et equite; aber Bürger blieben diejenigen doch auch, die nicht mehr den Rittercensus erfüllten; also auch hier steht das Wort nur für eine Revision in Bezug auf die Vermögensverhältnisse, wenn auch zum Zweck der Legitimation zur Ritterwürde. — Eine recensio servorum kommt in einem ganz andern Sinne in dem Digestentitel Ad exhibendum vor. — Dagegen findet sich eine für meine Ansicht sprechende Spur bei Cicero — pr. Milon. 27. — Er sagt hier von Clodius, dem Urheber des Gesetzes, dass Staatskorn gratis an die Armen vertheilt werden sollte: eum, qui aedem Nympharum incendit, ut memoriam publicam recensionis tabulis publicis impressam, extingueret. Diese Stelle scheint mir für meine Muthmassung wichtig. Jetzt wird sie allerdings so verstanden — Marquardt, Röm. Alt. II. 2 S. 206 — dass die tabulae censoriae, die „in früherer Zeit jedenfalls" in dem Atrium Libertatis aufbewahrt wurden, später, „wie sich aus der obigen Erwähnung schliessen lasse" in dieser aedes Nympharum befunden hätten. Wäre dieser Schluss der Uebersiedelung des Censorischen Archivs aus dem Atrium Libertatis in die aedes

nöthige Vermögen von 400,000 Sest., aber doch mehr besass, als um für des Armenkorns bedürftig zu gelten.

Nymph. richtig, so würde man auch aus dieser Stelle abnehmen dürfen, dass, weil sich hier der Ausdruck recensio mit den tabulae censoriae verbindet, derselbe auch in der Bedeutung einer Revision der Bürgerrollen aufzufassen sei. Allein ich halte es für äusserst gewagt, lediglich aus dieser Stelle auf eine solche Umsiedlung des censorischen Archivs aus einem Tempel in einen andern zu schliessen. Die Römer wechselten nicht gern solche Einrichtungen und Gewohnheiten und dann, was hätte die Zügellosigkeit selbst eines Clodius davon gehabt, das ganze censorische Archiv und damit die Bürgerrollen von ganz Italien zu verbrennen! Ein solches Verbrechen würde denn doch noch von Cicero zu gewaltigerer Deklamation benutzt worden sein, als zu diesem kurzen Vorwurf. Ich stelle daher eine andere Combination auf. — Clodius setzte bekanntlich als Volkstribun seine bekannten vier Rogationen durch, deren eine, nach Uebereinstimmung der meisten Schriftsteller, eben die war, an die **Armen** der städtischen Plebs fortan umsonst Staatskorn auszutheilen Aus Cic. pr. dom. 10 wissen wir denn auch, dass Clodius, als Volkstribun, dieser ganzen Staatskorn-Verwaltung und Vertheilung selbst vorstand. Diese wäre auch überhaupt nicht Sache der Censoren, sondern im regelmässigen Gange der Staatsgeschäfte der Aedilen gewesen. — Aber wie sollte es Clodius, in diesem seinem ausserordentlichen Auftrage, machen, um aus der ganzen städtischen Plebs die Armen, die fortan zu Gratiskorn berechtigt waren, herauszufinden? Er musste offenbar eine Durchmusterung der plebs zu diesem besondern Zweck der Gratisfrumentation vornehmen. Dies geschah nun durch eine „**recensio**", eine recensio in demselben Sinne, wie Cäsar Suet. 41 und Augustus Suet. 40 sie vornahmen, und **so**, meine ich, wurde denn auch diese Ausmusterung von Anbeginn an ohne weitern Zusatz fortan genannt. Sie war offenbar, wenn Clodius sie zu diesem Zweck vornahm, keine Revision der Bürgerrollen bezüglich des Bürgerrechts (dazu hatte er weder Recht noch Auftrag), sondern sie war eben nur die Durchmusterung der Bürgerschaft bezüglich des Armenrechts, zur Erfüllung des neuen Vertheilungsgesetzes. Dass mit dem Clodischen Gesetz — wenn die Mehrzahl der alten Schriftsteller darin Recht hat, dass den Armen das Staatskorn fortan gratis vertheilt werden sollte — eine solche Ausmusterung nothwendig war, versteht sich ja von selbst, und dass dieselbe sehr wohl kurzweg recensus oder recensio genannt werden konnte, ist auch nicht zu bestreiten. — Gehen wir aber auf dieser Spur, dass eine recensio dieser Art zur Erfüllung des Clodischen Gesetzes nothwendig war, weiter vor, so kommen wir auch darauf, weshalb wohl Clodius die aed. Nymph. anzündete. Er wollte seine Recensionsregister, die Liste derer, denen er Armenkorn ausgetheilt, vernichten. Denn, die Annonenverwaltung wurde, wie wir gesehen, bald darauf wieder, wegen der entstandenen Hungersnoth, dem Pompejus in ausserordentlichem Auftrage überwiesen; — dem Clodius wird l. c. von Cicero vorgeworfen, dass durch seine schlechte Armenverwaltung die Hungersnoth entstanden sei; — dass Clodius, um sich Anhang zu verschaffen, Staatskorn an eine Menge Unberechtigter vertheilt und dadurch zur Entstehung der Hungersnoth mit beigetragen habe, lässt sich auch annehmen; — dass die Zahl und wahrscheinlich auch die Namen der Empfänger solcher Austheilungen imprimirt oder incidirt und die Register der impressi oder

Ja, wir dürfen aus den Daten, die uns über die Zahlen der Em-

---

incisi in öffentlichen Gebäuden bewahrt wurden, ist auch bekannt; — dass endlich diese **Armen**register nicht in das Ressort censorischer Verwaltung, sondern nur der ädilicischen Verwaltung — wenn nicht etwa eines ausserordentlichen Magistrats — fiel, wissen wir ebenfalls; — warum sollte es also nicht nahe liegen, aus dieser Stelle zu schliessen, dass Clodius nur seine **Recensions**register, d. h. die Dokumente seiner Armenverwaltung vernichten wollte, um sich bei seiner sinkenden Macht einer Verantwortung zu entziehen? Ist aber dieser Schluss gerechtfertigt so ist es auch der weitere, dass die tab. censoriae bei diesen Recensionsregistern gar nicht in's Spiel kamen und dass also auch, weil nur diese Recensionsregister in den aed. Nymph. aufbewahrt wurden und Clodius diese hier verbrennen wollte, noch kein Grund vorliegt, daraus zu schliessen, dass das censorische Archiv, das, wie wir wissen, „jedenfalls" früher im Atrium Libert. aufbewahrt ward, später in die aed. Nymph. übergesiedelt worden wäre? Wenn aber die Schlussfolgerung, der ich hier das Wort rede, plausibler ist, als die angefochtene, so wäre auch ein gewichtiger Grund mehr für meine Muthmassung, dass recensus oder recensio in den vorliegenden Beziehungen nur der technische Ausdruck, nicht für **Bürger**nachmusterung, sondern für **Armen**ausmusterung war, geliefert.

Sodann liefert aber auch das Monum. Ancyr. einen schlagenden positiven Beweis, dass die plebs urbana und die Armenkornempfänger sich nicht numerisch deckten. Hier zählt nämlich Augustus — Tab. III — die Congiarien auf, die er der städtischen Plebs schenkte. Bei ihnen heisst es stets, er habe sie der pl. viritim gegeben, das heisst, jeder plebejische Bürger habe das Geschenk erhalten. Von der letzten viritim-Vertheilung heisst es dann V. 15: Tribuniciae potestatis duodevicesimum, Consul XII, trecentis et viginti millibus plebei urbanae sexagenos denarios viritim dedi; und bald darauf V. 19: Consul tertium decimum sexagenos denarios plebei, quae tum frumentum publicum acceperunt, dedi: ea millia hominum paulo plura quam ducenta fuerunt. Durch diesen Gegensatz: Plebs viritim und plebei, quae tum, frumentum publ. acceperunt, und den dabei angeführten Zahlen scheint mir die Ansicht Mommsen's — Die Röm. Tribus, S. 189 — vollständig widerlegt zu werden. Hier heisst es: „Zu der grossen Geldspende (nämlich Cäsar's) an die Bürger in der Stadt (Dio 43, 21), die unmittelbar dieser Revision vorherging, hatten sich 320,000 angebliche Bürger gemeldet; von diesen waren aber nur 150,000 wirklich berechtigt und die übrigen 170,000, also die (grössere) Hälfte (Dio 43. 21 fin.) in Folge der Unruhen und des seit „24 Jahren unterbliebenen Census in die Bürgerrolle ohne Berechtigung eingedrungen". Diese Ansicht ist aber mit jenen beiden Stellen des M. A. schwer zu vereinigen. Denn in diesen sagt Augustus: In seinem 12. Consulat habe er ein Geldgeschenk von 60 Denar an 320,000 Köpfe der plebs urbana gegeben; in seinem 13. Consulat habe er ein Geldgeschenk von 60 Denar derjenigen plebs, die damals Gratiskorn empfangen (frum. publicum), gegeben, und dies seien etwas mehr als 200,000 Köpfe gewesen. Nun kann man aber nicht glauben, dass sich in 4 Jahren, von 749 bis 752 i. J. d. St., die Zahl der pl. urbana um beinahe 120,000 Köpfe vermindert gehabt haben sollte. Denn auch Dio 55. 10 erzählt grade ausdrücklich von dieser Zeit, Augustus habe die Zahl der Gratiskornempfänger auf 200,000 beschränkt. — Oder will man auch

pfangsberechtigten aufbewahrt sind, annehmen, dass es über die zum

hier in den 320,000 Köpfen der ersten Stelle, die nach August's eignen Worten plebs urbana sind und das Geldgeschenk von ihm erhalten, "angebliche Bürger" erblicken, die sich nur melden. — Gewiss nicht! — Für Augustus' Zeitalter kann es also gar keinen überzeugenderen Beweis dafür geben, dass sich plebs urbana und plebs frumentaria nicht numerisch deckten, als dass es nach der ersten Stelle 320,000 Köpfe pl. urbana, und nach der zweiten 200,000 Köpfe pl frumentaria sind, denen das Geldgeschenk gegeben wird. Nun ereignet sich zwar der von Mommsen hervorgehobene Fall in Cäsar's und der von mir beleuchtete in August's Zeitalter; aber beide Fälle sehen sich so sprechend ähnlich, dass man, was von dem letzteren wahr ist, auch auf den ersteren übertragen darf. — Eben so spricht Dio 55. 26 gegen die Identität der pl. urbana und der pl. frumentaria. In dieser Stelle werden ausdrücklich solche, die das Korn unentgeltlich empfangen, von der Menge derer unterschieden, die an Frumentationen zu niedrigeren Preisen theilnahmen. Nun wird man aber unter den letzteren nicht bloss Senatoren und Ritter verstehen wollen; also gehörte auch noch der vermögendere Theil der plebs urbana dazu und demnach dieser Theil auch nicht zur pl. frumentaria, die das Korn umsonst bekam. — Vergleicht man die oben angeführte Stelle aus Dio mit Sueton Octav. 41, so ergiebt sich ein neuer Beweis. Die erstere heisst: καὶ προσέτι καὶ ἄνδρες ὑπατευκότες ἐπί τε τοῦ σίτου καὶ ἐπὶ τοῦ ἄρτου κατέστησαν, ὥστε τακτὸν ἑκάστῳ πιπράσκεσθαι. ἐπέδωκε μὲν γὰρ καὶ προῖκα ὁ Αὐγουστος τοῖς σιτοδοτουμένοις τοσοῦτον ἕτερον ὅσον ἀεὶ ἐλάμβανον. Die zweite lautet: Frumentum quoque in annonae difficultatibus saepe levissimo interdum nullo pretio, viritim admensus est, tesserasque nummarias duplicavit. — Was den Namen tesserae nummariae betrifft, so braucht derselbe nicht viele Schwierigkeiten zu machen. Es sind dies nicht Marken, auf die Geld zu bekommen, sondern, welche Anweisungen vorstellten, die so gut wie Geld waren, geldartige Marken, nach dem Ausdruck nummos signare. Dass diese Marken vorliegend auf Korn anwiesen, ist bekannt, dass sie nur zur Empfangnahme des Armen- oder Gratiskorns legitimirten, also auch an Niemand anders als die zum Armenkorn Berechtigten, d. h. an die pl. frumentaria, vertheilt wurden, geht aus dem vorangegangenen Kapitel Sueton's und aus der Vergleichung der hier beleuchteten Stelle und der Dio's hervor, die beide von derselben Begebenheit sprechen. Aus der Nachricht Sueton's, dass August die Zahl der Armenkornmarken verdoppelte, geht nun aber auch hervor, dass obige Stelle Dio's nicht so zu übersetzen ist, als ob August jedem Armenkornempfänger eine doppelte Portion hätte reichen lassen, sondern nur so, dass er das Getreidequantum, das für Armenkornempfänger bestimmt war, verdoppelte und also nun doppelt so viel Bedürftige als bisher dasselbe erhielten; — denn, es ist nicht anzunehmen, dass, da die Marke, wie man allgemein glaubt, auf 4—5 Modii anwies und diese Portion als der Getreidebedarf eines Erwachsenen angesehen ward, Augustus, noch dazu in einer Theurung, die Portion jedes Empfängers unnöthig verdoppelt haben sollte. Dann leuchtet aber auch sofort ein, dass, indem Augustus die Zahl der tesserae verdoppelte, er dies Mal **mehr** plebejische Stadtbürger zum Armenkorn zuliess, und dass also auch bis dahin **mehr** pl. urbana als frumentaria dagewesen war. Denn aus welchem Stande hätte er sonst die Zahl verdoppeln können? Nimmt man die damalige gewöhnliche Zahl der publ. frum. accipient. auf etwa 200,000 Köpfe an, wie Augustus selbst

Armenkornberechtigten noch eine sehr ansehnliche Zahl von Bürgern

im M. A. sagt, so erhöhte er sie jetzt auf 400,000, auf noch 80,000 mehr, als Cäsar bei seinem recensus vorfand. Senatoren und Ritter zusammen betrugen nur einen kleinen Bruchtheil dieser Zuwachszahl. Aus den Sklaven, deren einen Theil er bei dieser Gelegenheit sogar aus der Stadt trieb, wird er die Verdoppelung nicht vorgenommen haben. Bleibt also nur die pl. urbana übrig und ist damit auch der deutlichste Beweis geliefert, dass, ehe die Theuerung eintrat, die pl. urb. die pl. pl. frum. mindestens um das Doppelte überstieg, denn fraglich bleibt auch dann noch, ob A. bei den gleichzeitigen andern Frumentationsmaassregeln, von denen Dio und Sueton übereinstimmend berichten, alle Mitglieder der pl. urbana in's Armenkorn mit aufgenommen, auch die, welche nur eben nicht den Rittercensus erfüllten, also noch etwa 27,000 Thlr. Vermögen hatten. —

Dieser Auslegung des duplicavit stehen auch nicht die Ziffern der plebejischen Bürgerschaft, so weit wir dieselben aus dem recensus des Cäsar und dem Mon. Ancyr. III kennen lernen, entgegen. Cäsar findet 320,000 Armenkornempfänger vor; die ganze pl. urbana hat also noch mehr Köpfe gezählt. Nach beendigtem Bürgerkriege — a. 725 — beim ersten Congiarium findet freilich Augustus nur noch eine Gesammtzahl von 250,000 Köpfen vor; dergestalt hatten die Kämpfe des zweiten Triumvirats die männliche Plebejerzahl gelichtet. Aber wir sehen auch aus dem M. A., wie sich unter Augustus die Zahl wieder vermehrt: a. 749 beträgt sie schon wieder 320,000 Köpfe. Das Theuerungsjahr, in welchem A die Zahl der Kornmarken verdoppelt, fällt keinen Falls vor 759 — unter oder nach dem Consulat des Aemilius Lepidus und Lucius Arruntius. — In einem solchen Jahre konnte leicht die Zahl der Gratiskornempfänger an die Gesammtzahl der pl. urbana nahe heranreichen. Aber es ist auch die Annahme erlaubt, dass von 749 bis 759 sich die plebejische Bürgerzahl auf über 400,000 Köpfe gehoben hatte, da wir aus Sueton wissen, wie massenhaft grade unter Augustus die Freilassungen — also die Bürgerrechtsertheilungen — statt fanden, grade zu dem Zwecke, an den Acten der kaiserlichen Liberalität theilzunehmen.

Zu weiterer Bestätigung des Erwiesenen mag auch noch die Tabul. Heracleens. lin. 10—19 — siehe Marquardt, Röm. Alterth. III. 2. S. 97 Anm. 458 — dienen, wo von einer professio römischer Bürger die Rede ist, welche nicht Getreide bekommen; denn zu den Frumentationen der Annonenverwaltung, versteht sich von selbst, hatten auch sie Theil, diese Frumentationen mochten zu irgend welchen Preisen, wenn selbst umsonst, ausgetheilt werden. Die „Exspectantenliste" Mommsen's scheint mir doch auch hier gesuchter, als die Erklärung, die durch so viele Stellen glaubwürdig gemacht wird, dass pl. urbana und pl. frumentaria numerisch verschiedene Begriffe waren. — Endlich steht die Ansicht, dass die ganze pl. urbana Armenkorn empfangen, mit der andern, in der Regel damit verbundenen Ansicht, dass Cäsar die Zahl der Empfänger mit 150,000 geschlossen habe, auf die ich ausführlich zurückkommen werde, in directestem Widerspruche, denn wenn sich auch damals schon die pl. urbana wahrscheinlich nicht mehr durch Geburtszuwachs vermehrte, so doch entschieden durch Zuzug und Freilassung. Es hätten aber Freizügigkeit und Freilassung aufgehoben sein müssen, was doch nicht der Fall war, wenn die Armenkornempfängerzahl geschlossen gewesen sein und doch immer die städtische Plebszahl gedeckt haben sollte. Und dieser Widerspruch wird auch nicht

der pl. urbana gab, wenn auch die Rechnung von Höck, im 2. Ex-

durch die Anordnung Cäsar's — Suet. 42 — dass quotannis in demortuorum locum ex iis, qui recensiti non essent, subsortitio a Praetore fieret — gehoben, vielmehr geht aus der subsortitio klar hervor, dass noch plebejische Bürger zurückbleiben, die nicht Armenkorn empfingen. — Ja, weshalb **subsortitio** und nicht blos sortitio, da doch Sueton sonst mit Worten und Sylben kargt? — Weil nicht aus dem ganzen Rest der pl. urbana die Nachloosung stattfand, sondern aus den Dürftigen, die bei der vorausgegangenen sortitio noch nicht so glücklich gewesen waren, in die Empfangsliste hinein zu kommen. Denn eine **subsortitio** Armer setzt eine vorangegangene sortitio derselben voraus, wie die subsortitio judicum eine erste sortitio derselben voraussetzt — und, da Cäsar nur 170,000 Armenkornstellen haben wollte, ein freihändlerischer Gesellschaftszustand sich aber nicht an eine fixirte Armenzahl kehrt, auch damals der Dürftigen schon weit mehr waren, so blieb auch, der Natur der Sache nach, nichts übrig, als die 170,000 Freistellen auszuloosen, anstatt ihre Vertheilung der Willkühr der Magistrate zu überlassen. Ausser den wirklichen Empfängern, der eigentlichen pl. frumentaria, gab es also unter Cäsar sogar noch städtische arme Plebs, die nicht recensirt war, weil eben C. nur 170,000 Freistellen offen gelassen, aus der nur jährlich, bei Abgang aus den 170,000, nachgeloost wurde, und gab es dann **über diese hinaus** natürlich noch pl. urbana, die zwar noch nicht den Rittercensus erfüllte, aber doch bei 10,000, 15,000, 25,000 Thlr. Vermögen nicht für ortsarm gelten konnten, wenn sie auch von den Vortheilen der Annonenverwaltung so gut und gern profitirten, wie Senatoren und Ritter.

Wird die Ansicht, dass alle Mitglieder der städtischen Bürgerplebs Gratiskorn empfangen, wie mir scheint, durch die Quellen selbst zurückgewiesen, so macht sich auch:

ad 2 von selbst die weitere Ansicht geltend, dass die, welche Armenkorn empfangen, nur die Bedürftigen in der pl. urb. gewesen. Damit wird also abermals bestätigt, dass, wenn wir lesen, dass bei einem recensus die Zahl der Kornempfänger herabgesetzt wird, deshalb noch nicht die Zahl der pl. urbana herabgesetzt wird, sondern innerhalb dieser blos jene Zahl; entweder, weil, wie Cäsar wollte, der Hülfsfonds überhaupt beschränkt werden sollte, oder, weil die fortan Zurückgewiesenen nicht mehr als hülfsbedürftig angesehen waren. In einer ungeheuren Stadt, in welcher vollständige Verkehrsfreiheit herrscht, ist ja die Zahl der Unterstützungsbedürftigen die schwankendste, die man sich denken kann. Die bei einem recensus Zurückgewiesenen brauchten sich also gar nicht mit Unrecht in die Armenkornempfänger-Listen eingeschlichen zu haben, noch viel weniger hatten sie, wie gesagt, sich in die Bürgerlisten eingeschlichen, — ihr Vermögensstand hatte sich einstweilen blos verbessert. Appian, Dio und Andre, wie ich schon angeführt, sprechen bei diesen Gratisvertheilungen auch immer nur ausdrücklich von den ἀπόροις und πένησι. — Was soll aber dagegen die Einwendung bedeuten: „Diese Schriftsteller hätten nur die factischen Zustände im Auge gehabt". Welche factischen Zustände? Dass nur die wirklich Dürftigen sich das Korn geholt, die dazu berechtigten Vermögenden es aber unterlassen? Das hätte den Römern nicht ähnlich gesehen. Ich will gar nicht an den Consular Piso erinnern, dem C. Gracchus vorwarf, nicht dass er sich als reicher Mann Staatskorn

curs seiner Röm. Gesch. sich allerdings auf ein unrichtiges Verständniss der betreffenden Stelle des Mon. Ancyr. gründet [20]).

Natürlich war auch damals in Rom die Armenzahl so wandelbar, wie sie es heute in jedem Kirchspiel von London ist. Deshalb ist gar nicht daran zu denken, dass, wenn auch Cäsar wirklich zuerst die Absicht gehabt haben sollte, den Armenetat für immer auf 170,000 Freistellen abzuschliessen, diese Einrichtung schon **damals**, so zwingenden Thatsachen, wie einer fortgesetzten Zunahme der Bevölkerung und des Pauperismus, gegenüber, hätte Bestand haben sollen, wenn auch später, um die Zeit der Severe, wo die Bevölkerung schon zurückging, in einem Theil des Getreidecanons der Stadt eine solche Einrichtung getroffen gewesen zu sein scheint und auch getroffen werden konnte. Vielmehr sollte auch wohl Cäsar's fester Etat von 170,000 Empfängern nur bis zum nächsten census oder recensus gelten, womit sich immer noch in der Zwischenzeit eine jährliche subsortitio verbinden liess. Wenigstens finden wir nach dem Mon. Ancyr., einige Decennien später, schon wieder ganz andre Etatzahlen, **die dann auch veränderlich bleiben.** —

Ueber das nähere Verfahren bei Aufnahme der Listen und der

---

holte, sondern dass er es thue, da er sich doch der betreffenden lex widersetzt, — wir wissen ja aus Dio und Sueton, dass die reichen Römer schaarenweise ihre Sklaven freiliessen, um, bei dem bestehenden Clientelverhältniss, von vortheilhaften Frumentationen desto mehr zu profitiren. Wenn die factischen Verhältnisse nicht die rechtlichen gewesen wären, hätten sich Appian und Dio gar nicht so ausdrücken dürfen, denn ein Bürger von etwa 380,000 Sesterz. wäre noch nicht arm zu nennen gewesen.

20) Die Stelle heisst nämlich nach Zumpt und Franz: Quae mea congiaria pervenerunt ad (homi)num millia nunquam minus quinquaginta ac ducenta. Höck liest, statt hominum, nach Churchill sestertium, versteht unter „sestertium millia quinquaginta ac ducenta" eine Summe von bis millies et quingenties und berechnet nun danach die Bürgerzahl der ganzen pl. urbana. Nach dem Werth der betreffenden Handschriften zu urtheilen, würde sich in der That das Wort sestertium mehr empfehlen als hominum, denn nur die schlechte Bosbequianische Handschr. hat . . . NUN, aber gleich hinterher etwas Verderbtes, während die andern bessern Handschrftn. . . UM oder . . JUM und gleich hinterher das richtige millia haben. Auch dürfte nicht zuzugeben sein, was Zumpt gegen Höck einwendet: Denique consuetum est Latine, ut pecunia ad homines perveniat, non pecunia, hominibus divisa, ad summam aliquam; denn, so gut wie Cäsar bell. civ. I, 52 sagen kann: annona ad denarios quinquaginta pervenerat, würde auch Augustus haben sagen können, congiaria mea pervenerunt ad die Summe von u. s. w.; aber freilich, wie Mommsen die röm. Trib S. 191 hervorhebt, 250 Millionen Sest., die Höck zur Grundlage seiner Berechnungen annimmt, sind auf Lateinisch nicht quinquaginta millia et ducenta sestertium, sondern eben bis millies et quingenties.

Legitimation der Empfänger sind wir aus der ersten Zeit der Einrichtung nicht unterrichtet, allein, da das Armenkorn monatlich vertheilt ward, scheint die monatliche Legitimation ebenso den Behörden wie den Empfängern viel Zeit, Mühe und Arbeit gekostet zu haben. Augustus führte daher in seinen späteren Regierungsjahren die Getreidemarken ein. Dreimal im Jahr, also gleich für 4 Monate, wurden von jetzt an solche Getreidemarken an die, welche, als bedürftig, am Armenkorn theil haben sollten, vertheilt. Jeder Berechtigte erhielt also 4 Marken, auf deren eine er dann, nach wie vor monatlich, seine Portion Korn erhob. So flossen in 4 Monaten die Marken an das Kornmagazin zurück, um dann wieder an eine vielleicht ganz andere Zahl von Bedürftigen, resp. Empfangsberechtigten vertheilt zu werden[21]).

21) Auch diese Auffassung der Markeneinrichtung bedarf einer genaueren Begründung. Es wird durch die Zahlen, die in den Quellen vorkommen, unwiderleglich bestätigt, dass die Zahl der pl. frumentaria oder der frumentum e publico accipientium — die der Armenkornempfänger — wechselte. — Cäsar — Suet. 41 — reducirt sie zuerst um 150,000. — Wiederum wäre, wenn die Gelehrten, deren Ansichten ich hier bekämpfe, darin Recht hätten, dass Congiarienempfänger auch immer Armenkornempfänger sind, in Aug. früheren Regierungsjahren, bei allen Congiarien — Mon. Ancyr. Tab. III v. 7—14 — die Zahl der Armenkornempfänger niemals unter 250,000 gewesen, hätte aber, wie aus dieser Ausdrucksweise hervorgeht, verschiedentlich darüber gestanden. — Später findet sich unter Augustus — N. A. III v. 21 — eine Empfängerzahl von 200,000, wie auch Dio 53. 10 sie herabsetzen lässt. Zu allen Malen, wo sie herabgesetzt wird, war sie also auch vorher grösser gewesen. — In der grossen Theurung gegen das Ende seiner Regierung erhöhte sie Augustus einmal auf über 400,000, — denn so ist, wie ich oben gezeigt, das duplicavit in der betreffenden Stelle nur zu verstehen — Unter Septimius Severus bestand sie wieder, entweder aus 200,000 — Marquardt a. a. O. — oder aus 160,000 Köpfen, — O. Hirschfeld a. a. O. S. 4. — Da wir aber eine so wechselnde Zahl finden, so kann dieselbe niemals eine dergestalt geschlossene gewesen sein, „dass sie für die Folgezeit unverändert bleiben und nur die vacanten Stellen hätten besetzt werden sollen". Wie ich schon oben berührt, kann auch die Einrichtung Cäsar's so verstanden sein, dass nur von einem recens. zum andern die Zahl geschlossen sein sollte. Denn wie soll man sich solche für immer geschlossene Armeneinrichtung vorstellen? Etwa so, dass diese Zahl zwar nicht hätte überschritten werden, aber doch nur wirklich Dürftige hätte enthalten sollen? Dass also, wenn einer wieder zu Vermögen gekommen wäre, er hätte ausscheiden müssen, um einem Andern den Platz zu räumen? Oder so, dass er dennoch hätte darin bleiben dürfen, und dass also die Möglichkeit gegeben gewesen wäre, dass die Vermögenden von der pl. urbana Armenkorn und die Armen nichts bekommen hätten? Eine solche Einrichtung hätte sich, wie schon angedeutet, einer damals noch stark wachsenden (durch Zuzug und Freilassung) städtischen Bürgerzahl und zugleich stark flottirenden Armenzahl gegenüber gar nicht aufrecht

Die **Annonenverwaltung** im speciellen Sinne war diejenige

erhalten lassen; erst bei stark zurückgehender Bevölkerung und deshalb, wenn auch relativ, doch nicht mehr absolut zunehmender Armenzahl würde eine solche geschlossene Einrichtung möglich sein. Deshalb scheinen mir auch die betreffenden Stellen, aus denen man eine solche hat folgern wollen, falsch verstanden. Die Hauptstelle ist die schon erwähnte S u e t. Jul. 41. Es heisst hier zuerst: Recensum populi, nec more, nec loco solito, sed vicatim per dominos insularum egit: atque ex viginti trecentisque millibus ancipientium frumentum e publico, ad centum quinquaginta retraxit. So weit ist diese Stelle schon oben beleuchtet. Dann heisst es weiter: **Ac ne qui novi coetus recensionis causa moveri quandoque possent, instituit, quotannis in demortuorum locum ex iis qui recensiti non essent, subsortitio a praetore fieret.** Das heisst: Und damit doch nicht wieder (novi) der Armenaufnahme wegen sich die Volksmenge zu versammeln veranlasst werden könnte, traf er die Einrichtung, dass jährlich aus denen, die noch keine Aufnahme gefunden, eine Nachloosung für die durch Tod Abgegangenen erfolgen solle". — Um sich nun ein klares Bild von dieser Einrichtung Cäsar's zu machen, muss man sich erst den richtigen Begriff von recensus und von subsortitio vergegenwärtigen. — Eine **Herab- setzung** der Armenzahl liegt durchaus nicht in dem Begriff **r e c e n s u s**. Es liegt im Allgemeinen nur der Begriff der **Durchmusterung** darin, wer wohin gehört, hier der Durchmusterung, ob Jemand zu den Armen gehört. Dabei kann so gut aufgenommen als ausgestossen werden, konnte also die Armenzahl vermehrt und vermindert werden. So bei dem recensens, bei dem Augustus die Kornmarken einführte, wie er diese denn auch — D i o 55. 26 — bei der grossen Theurung verdoppelte. In der Stelle S u e t. Vesp. 9: recenso Senatu et Equite geht unmittelbar voran **suplevit- que** und folgt unmittelbar summotis indignissimis et honestissimo quoque Italicorum ac provincialium allecto. In unserer obigen Hauptstelle kommt das Wort recensiti sogar nur in der Bedeutung von **Aufnahme** unter die Zahl der Armenkornempfänger vor. — Der Begriff subsortitio setzt dann, wie schon oben angeführt, eine sortitio voraus, und **nicht Alle** kommen wieder zur subsortitio, sondern **nur die, welche vorher bei der sortitio herausgekommen waren**. — Hält man diese Bedeutungen von recensus und subsortitio fest, so ergiebt sich, dass die Einrichtung Cäsar's höchst wahrscheinlich folgende war. — Von Clodius, von dem ja die Einrichtung des recensus in diesem Sinne überhaupt erst datirt, bis zu dieser neuen Anordnung Cäsar's, war es mos solitus gewesen, die Armenaufnahme in coetus zu veranstalten. Cäsar, in dessen Sinn, seitdem er Dictator war, solche coetus nicht mehr waren, schlug ein andres Verfahren zur **Ermittlung der Armenzahl** ein, nämlich vicatim, per dominos insularum. Bei dieser Aufnahme der **Armen- zahl** fielen also schon die coetus fort. Cäsar wollte aber auch nicht länger Armenkorn nach einer jede Woche schwankenden Zahl austheilen, sondern nur ein bestimmtes Quantum Armenkorn jährlich. Aus der vicatim ermittelten **Armenzahl** erhielten also nur so viele Köpfe **Armenkorn**, als der Divisor von 4 oder 5 Modius in jenes Quantum monatlich ergab. Wie war nun, da sich zeigte, dass die bisherige Armenkornempfängerzahl (320,000) weit grösser war als zu der Cäsar's Etat hinreichte (170,000), das Verfahren, um aus der vicatim ermittelten Armenzahl die kleinere Zahl der glücklichen Empfänger herauszuziehen? Es fand unter den vicatim ermittelten Armen eine **sortitio** statt (noch keine **subsortitio**, wohl aber geht es aus diesem von Sueton gebrauchten Wort hervor, dass jene sortitio vorausging).

Staatseinrichtung, die auf die Regulirung mässiger Preise einzuwirken

Da nun aber doch jährlich von den 170,000 Empfängern viele starben und also Armenkornportionen vacant wurden, so traf er, damit auch, dieser Nachaufnahme wegen, keine novi coetus veranlasst würden, die weitere Einrichtung, dass unter den früher vicatim unter die Armenzahl Aufgenommenen, aber nicht durch die sortitio zur Perception Gelangten, eine subsortitio vorgenommen würde. — Zeitweilig wurde also von Cäsar allerdings — im Etat — ein bestimmtes Armenkornquantum festgesetzt und damit auch während der Zeit des laufenden Etats die Empfängerzahl fixirt und beschränkt, aber entfernt nicht als eine für immer geschlossene Zahl, sondern nur bis zum nächsten recensus, resp. nächster Etatisirung, wie eben die nach dem M. A. so wechselnde Armenzahl unter Augustus mir deutlich zu beweisen scheint. —

Cäsar's Einrichtung scheint so lange bestanden zu haben, bis Augustus in seinen späteren Regierungsjahren die tesserae nummariae einführte. Dass dies erst jetzt geschah, scheint mir daraus hervorzugehen, dass wir diese Markeneinrichtung früher nicht erwähnt finden, und dass sie Cäsar's sortitio und subsortitio verdrängte, daraus, dass wir diese Loosungen später nicht mehr erwähnt finden. — Ueber die Bedeutung der t. nummariae, die später, in den Rechtsquellen, speciell beim Armenkorn, immer frumentariae heissen, da in der That t. nummariae, als allgemeiner Begriff solcher Anweisungsmarken, auch auf andere Geschenke als auf Korn lauten und anweisen konnten, habe ich schon oben gesprochen. — Aus Suet. Octav. 40 lernen wir dann auch die Einrichtung, wie ihr Motiv, im Allgemeinen kennen. Die Stelle heisst: Populi recensum vicatim egit; ac, ne plebs frumentationum causa frequentius a negotiis avocaretur, ter in annum quaternum mensium tesseras dare destinavit: sed desideranti consuetudinem veterem concessit rursus, ut sui cujusque mensis acciperet. Zu übersetzen: „Die Armenausmusterung hielt er vicatim ab" (also insofern behielt er Cäsar's Einrichtung bei); „indessen, damit das Volk nicht so oft von seiner Arbeit abgerufen werde, bestimmte er es so, dass dreimal auf's Jahr, für je 4 Monate, Marken ausgetheilt werden sollten; da aber das Volk die alte Vertheilungsweise beizubehalten wünschte, gab er wieder so weit nach, dass Jeder allmonatlich seine Portion sich holen konnte". Ich verstehe also die Stelle nicht, wie Andere, so, dass A. in der Markenvertheilung auf je 4 Monate nachgegeben habe, sondern so, dass dies nur in der monatsweisen Kornaustheilung geschehen sei. Zuerst scheint nämlich A. die Absicht gehabt zu haben, dass, damit das Volk nicht zu oft von seiner Arbeit abgerufen würde, Jeder sich auf seine Marke gleich eine Viermonatsrate holen solle. Aber gleich 20 Modios Weizen auf ein Mal aufzubewahren, hätte doch viele Arme in Verlegenheit gesetzt — denn die wohlthätige Einrichtung Alexander Sever's, öffentliche horrea für die Aufnahme von Privatvorräthen zu bauen, war damals noch nicht getroffen — und A. gab also wenigstens darin nach, dass, wenn auch die Markenvertheilung auf je 4 Monate blieb, doch die Kornvertheilung allmonatlich statt fand. Damit wurde doch noch immer zum grossen Theil der Zweck erreicht, dass das Volk nicht unnöthig viel in seiner täglichen Beschäftigung gestört ward, denn ohne solche Markenaustheilung musste ja jeder Arme zur Empfangnahme persönlich, seiner Legitimation wegen, kommen, und dies mussten durchschnittlich 250,000 Menschen monatlich thun; nachdem aber die Marken eingeführt waren, konnte, wenn A. auch

hatte, die also zum Besten aller Consumenten getroffen war und von der die Senatoren und Ritter so gut profitirten wie die ganze pl. urbana.

in den Monatsraten nachgab, doch Einer gleich für Funfzig holen, denn die Marken wurden natürlich bei der Kornempfangnahme abgeliefert. — Aber auch noch eine andere Folge hatte diese Nachgiebigkeit. Hätte A. seine ursprüngliche Absicht festgehalten, so hätte jede Marke auf eine Viermonatsrate gelautet, jeder Arme hätte bei der dreimaligen Vertheilung im Jahre immer nur Eine Marke bekommen; jetzt, wo zwar die dreimalige Markenaustheilung im Jahre beibehalten, aber die Kornerhebung in Monatsraten nachgegeben ward, musste auch jeder Arme vier, je auf eine Monatsrate lautende Marken erhalten. Nach vier Monaten waren dann die Kornmarken an die Magazine zurückgeflossen und eine neue Vertheilung fand statt. Dass aber wirklich diese Marken immer abgeliefert und nicht blos vorgezeigt wurden, liegt sowohl in den Worten Sueton's, wie in der Natur solcher Einrichtung, und deshalb auch, dass jedes Dritteljahr eine neue Austheilung statt fand.

Daran knüpfen sich aber wieder mehrere nothwendige Folgerungen.

Es geht daraus hervor, dass, wie niemals gegen blosse Vorzeigung der tessera das Armenkorn gegeben ward, auch Niemandem, damals wenigstens, eine solche auf Lebenszeit gegeben wurde, dass also auch eine tessera nicht den unbestimmten Kornbetrag einer nicht vorauszusehenden Lebensdauer repräsentirte. — Dennoch konnte sich ein Handel an die tessera knüpfen. Wer eine tessera hatte, war natürlich Mitglied einer Stadttribus, denn nicht ein civ. Rom. schlechthin, sondern nur ein in Rom domicilirender plebejischer Bürger konnte zu einer Marke berechtigt sein und darauf Gratiskorn erhalten. Aber die Mitgliedschaft einer Stadttribus verlieh noch nicht eo ipso die tessera; das that nur der recensus unter den römischen Stadtbürgern, die Armenausmusterung. Mit der Mitgliedschaft einer Stadttribus waren aber auch noch mehr commoda und principales liberalitates — l. 35 pr. D. 32 — verbunden, als die eventuelle Empfangnahme einer tessera, wenn man als Armer recensirt war, z. B. billigeres Getreide, seit Trajan dafür Mehl bei den Staatsmüllern; billigeren Wein, Oel und Fleisch bei den Staatsschenken und den Staatsfleischern; seit Aurelian Schweinefleisch umsonst. Natürlich waren die Portionen pro Kopf bestimmt, denn sonst hätte ein Armer einen vortheilhaften Handel mit diesen Producten treiben können. — Wer also im Besitz einer tessera und damit auch jedenfalls Mitglied einer Stadttribus war, genoss auch diese andern Emolumente. Die tessera also war, weil auf sie, wenn auch nur von einem recensus zum andern, ein Quantum Armenkorn, und daneben auch die andern commoda fielen, eine geldwerthe Sache, die sich für diesen bestimmten Zeitraum taxiren liess. Sie liess sich also auch in so weit übertragen und verkaufen. — Und zwar konnte dieser Handel doppelter Art sein. — Entweder verkaufte ein Stadtbürger Roms, weil er in die Provinz ziehen wollte, seine Recensusmarken an einen fremden civ. Roman., der fortan in Rom domiciliren wollte, oder auch an einen von einem Stadtbürger Roms Freigelassenen. Dadurch schied der Verkäufer aus der Stadttribus aus und der Provinziale (nach Ertheilung des allgemeinen Bürgerrechts) oder der Neubürger traten ein, denn die tessera in diesem Sinne konnte nur von einem in Rom domicilirenden Stadtbürger und in Rom selbst realisirt werden; dieser Handel hiess deshalb auch bald tesseram emere, bald tribum emere. — Oder — die andere

Die Art und Weise dieser Preiseinwirkung war natürlich mannig-

Art Handel — ein Stadtbürger verkaufte an einen andern Stadtbürger eine einzelne oder ein Paar einzelne Monatsmarken. Ein Fall dieser letztern Art liegt Juvenal VII. „171" vor: summula, qua vilis tessera vaenit frumenti. In diesem Fall war nicht die Mitgliedschaft einer Stadttribus mitgekauft — die besass vielleicht der Käufer schon und jedenfalls war der Verkäufer nicht ausgeschieden — sondern es waren nur die 5 Modii einer Monatsmarke verkauft. — Fälle der ersteren Art sind die ll. 52 §. 1 D. 5. 1; 49 §. 1 u. 87 pr. D. 30; 35 pr. D. 32. Der Handel dieser Art kann aber, wenn man bedenkt, dass ca. 200,000 Personen in Rom tesseras empfingen, und dass nicht blos rechtlich — damals noch — volle Freizügigkeit bestand, sondern auch factisch ein immerwährendes Hin- und Herfluthen der Bevölkerung aus der Stadt Rom in die Provinzialstädte und umgekehrt vorkam, nicht unbedeutend gewesen sein. Bekanntlich kommt das tribum emere oder tesseram emere dieser Art hauptsächlich bei Freilassungen und als Gegenstand eines Vermächtnisses vor. Der Freigelassene selbst, wenn der Patron nicht etwa in der Provinz lebte, wurde nicht blos civ. Rom., sondern gleich Stadtbürger Roms, was, abgesehen vom Kornwerth der tessera bis zum nächsten recensus und den übrigen mit dem Stadtbürgerthum verbundenen Emolumenten, nicht allein für ihn selbst werthvoll war, sondern, bei dem dauernden, mit Rechten und Pflichten ausgestatteten Gegenseitigkeitsverhältniss zwischen Patron und Freigelassenen — ein Verhältniss, das, seit Augustus es neu geordnet, von so tiefer Bedeutung für die Gesellschaft des römischen Kaiserreichs ist, dass man es in vielen Beziehungen dem modernen Communalverbande gleichstellen könnte, das mir aber leider noch keine genügende Behandlung gefunden zu haben scheint — auch für denjenigen Possessor, der seine grössten Besitzthümer in den Provinzen hatte und in Rom Institoren zum Verkauf seiner Producte haben wollte, grosse Vortheile mit sich brachte.

Wenn also auch tesserae verkauft und vermacht wurden und in dem einen Fall werthvolle Accessorien damit verbunden waren, so muss man dagegen wieder zweierlei festhalten; erstens, dass die Namen derer, welche auf tesserae Gratiskorn empfingen, diese noch immer flottirende Armenzahl, **nicht** imprimirt oder incidirt waren; zweitens, dass niemals, wenigstens keinen Falls vor der Zeit der christlichen Kaiser, eine Marke eine immerwährende „Freistelle" oder an den Besitz dieser Marke geknüpftes immerwährendes Recht auf eine bestimmte Quantität Freikorn bezeichnete, ein Recht, das mit dem Besitz dieser Marke, wenn sie nicht zufällig verkauft worden, wie jedes andere Vermögensstück auf die Nachkommenschaft übergegangen wäre. Ich wenigstens habe keine klare und überzeugende Stelle für das eine oder das andere finden können.

Dass, erstens, bis zu der Einrichtung der tesserae die Namen der Armenkornempfänger imprimirt wurden, bin ich überzeugt; was ich oben über die aedes Nympharum gesagt, die Clodius ansteckte, um die Kenntniss der impressi, die unter seiner Annoneüverwaltung Armenkorn empfangen, zu vernichten, macht es sogar ziemlich gewiss; allein bei der Markeneinrichtung war diese Art der Registrirung der einzelnen Namen offenbar nicht mehr nöthig, ja, um die damit verbundenen Legitimationsschwierigkeiten zu vermeiden, traf ja Aug. diese Einrichtung. Dagegen wurden alle diejenigen Kornempfänger namentlich registrirt, d. h. imprimirt oder incidirt, die nicht aus dem Armentitel, sondern aus irgend einem andern dauernd

fach, bestand aber — bis Diokletian, der zuerst versuchte zu gewissen

frumentationsberechtigt waren. Und dieser andern Titel gab es viele — ich komme gleich unten und noch öfter auf dieselben zurück — und die Empfänger dieser Art konnten das Korn ebenfalls umsonst oder auch zu einem billigeren Preise zu empfangen berechtigt sein; es kommen in den Quellen Fälle der einen und der andern Art vor.

Zweitens vererbten nicht die tesserae in der Nachkommenschaft des Besitzers. — Wenn eine tessera Jemand vermacht wurde, so war ihm damit allerdings in dem einen der oben von mir hervorgehobenen Fälle auch die Mitgliedschaft der römischen Stadttribus erkauft und damit auch die verschiedenartigen Emolumente eines römischen Stadtbürgers; diese Mitgliedschaft c. commod. dauerte allerdings so lange, als der Betreffende lebte oder in Rom wohnen blieb; allein das auf die tessera fallende Armenkorn erhielt er nur, so lange er recensirt war und deshalb tesseras empfing. Andern Falls, wenn eine tessera, also das Recht auf ein bestimmtes Quantum Freikorn, in der Familie fortgeerbt hätte, wie hätte sie taxirt werden sollen? Wie will man sich dann den Verkauf vorstellen? Namentlich wenn die Marke auf zwei Augen stand? Genug, die Ansicht, dass die tessera in der Familie vererbt worden, scheint mir ein Abweg, der in unauflösliche Schwierigkeiten führt. In dem Fall l. 35 pr. D. 32 wird nicht die tessera weiter vererbt, sondern der Betrag der Nutzung, welche dem, dem eine tessera vermacht, aber noch nicht verschafft worden, auf Grund dieser tessera bis zu seinem Tode zugefallen wäre. — Anders scheint freilich Mommsen, Die Röm. Trib. S. 201, diese Stelle zu verstehen. — Die Vererbung eines Rechtes auf Gratisbrod in der Nachkommenschaft beginnt erst mit Aurelian — Vopisc. 35 —, der bei einer speciellen Gelegenheit für die damaligen Stadtbürger Roms und deren Nachkommenschaft — nicht als Arme, sondern als Zeitgenossen jener asiatischen Siege — eine bestimmte Quantität Freibrod in einer bestimmten Form stiftete. Diese Stiftung beschränkt sich auch nur auf dieses Brod und diese Familien. Dies Freibrod bezogen mithin auch reiche Plebejerfamilien. Aehnlich stiftete bekanntlich Constantin der Gr., um den Häuserbau in Konstantinopel zu heben, Freibrodberechtigungen, die mit einem Hausbesitz verbunden waren und die auch nur mit dem Hause verkauft werden konnten. Aus solchen und ähnlichen Stiftungen gingen die panes civicae et gradiles hervor, die aber an sich mit der Armenkorneinrichtung nichts gemein haben. Die Berechtigten dieser Art empfingen auch Behufs der Erhebung keine tesseras, sondern waren incidirt. Was Salmasius zu Vopisc. Aurel. 35 und Gothofred zu tit. 16 l. 14 C. Th. von dieser Ansicht Abweichendes vorbringen, indem sie fortwährend die Armenkorn- resp. Tesseraeinrichtung in die Frumentationsstiftungen der obigen Art hineinziehen, halte ich für unbewiesen und falsch, wenn es auch wahrscheinlich ist, dass, wann und wo die Austheilungen der einen Art statt fanden, auch die der andern Art vorgenommen wurden und möglicher Weise Armenkorn ebenfalls zuletzt Armenbrod wurde. L. 2 C. Th. 14. 26, wo von der annona gratuita die Rede ist, werden, als ein Kaiser einmal das Armenkorn der Stadt Alexandrien vermehrt oder den Armenetat erhöht, auch neue tesserae dazu ausgegeben; und l. 5 C. Th. 14. 17, wo einer ganz bestimmten Gattung und Anzahl von Frumentationsberechtigten eine Erleichterung im Preise gewährt wird, sollen deren Namen incidirt werden, so dass sich also noch in spätester Zeit die Armen-

Zeiten und zu einem bestimmten Zweck — ich komme auf das bekannte Edict zurück — den Marktpreis unmittelbar festzusetzen — der **Hauptsache nach darin, und konnte auch der Hauptsache nach nur darin bestehen, Staatskorn an den Markt zu werfen**. Im Besitz solchen an den Markt zu werfenden Getreides musste sich unter den Kaisern, bei einer einiger Maassen guten Wirthschaft, der Staat immer befinden, da ja in allen Provinzen der Zehnte, in Egypten und Palästina sogar der Fünfte vom Getreide erhoben ward. — **Wie dies an den Markt gebrachte Staatskorn in die Hände der Consumenten überging, hing wieder von den Umständen ab.** Der gewöhnliche Weg war wohl, dass der Staat als Verkäufer zu herabgesetztem Preise [22]) con-

einrichtung von den übrigen Frumentationseinrichtungen unterscheidet uud als Eigenthümlichkeit der ersteren immer noch die tesserae auftreten.

Aber auch Verfall ist Entwicklung. Keine politische oder polizeiliche Einrichtung erhält sich vier Jahrhunderte hindurch ganz unverändert, und so werden auch die vierhundert Jahre des Kaiserreichs nicht spurlos an der Armenkorneinrichtung vorübergegangen sein. Hier sind **vier Momente** hervorzuheben, die von entscheidendem Einfluss sein mussten. **Erstens** wurde mehr und mehr, bei der genauen Etatswirthschaft der Kaiser, von der es Beispiele giebt, die kaum der actenmässige Schematismus des heutigen „grünen Tisches" erreicht, für die grossen Städte, zum Zweck der Annonenverwaltung, ein **canon frument.** festgesetzt und auch möglichst in der festgesetzten Summe beibehalten, aus dem die Armen versorgt und zugleich das Stiftskorn abgegeben und der Marktpreis ermässigt ward; **zweitens** verringerte sich in den letzten Jahrhunderten des Kaiserreichs, nimmt man einige neue grosse Gouvernementsstädte aus, überall die **Bevölkerung**, namentlich auch die Roms; **drittens** räumte der Freihandel, gerade wie heute, immer mehr unter den Mittelvermögen auf und nahm deshalb der **Pauperismus immer mehr zu**, jedenfalls also auch die **relative Armenzahl**, während dennoch die **absolute Armenzahl**, der stark sinkenden Bevölkerung wegen, schon wieder abnahm; **viertens** endlich trat im Laufe der Kaiserzeit, und gerade **nach der allgemeinen Bürgerrechtsertheilung**, der Unterschied zwischen cives (im Sinne von Municipal- oder Stadtbürgern) und incolae von blos im Orte domicilirenden römischen Bürgern, bezüglich der Theilnahme an den Municipalmuneren und Municipalpräcipuen, immer stärker hervor. Die in diesen vier Momenten ausgesprochenen Thatsachen halte ich für erwiesen, obwohl ich hier von ihrem Beweise absehe. Erwägt man aber, bei einem **feststehenden Getreidecanon**, die Mitwirkung der letzteren **drei Momente**, so **konnte es nicht blos, sondern musste es dahin kommen, dass zuletzt die ganze Stadtplebs Gratiskorn auf tesserae empfing**, und diesen Eindruck machen denn auch die Berichte der spätesten Zeit.

22) Dies geht überzeugend aus Tac. Ann. 15. 17 hervor: Quibus perpetratis Nero, et concione militum habita, bina nummum millia viritim manipularibus divisit addiditque sine pretio frumentum, quo ante **ex modo annonae** utebantur. Hier wird das frum. sine pretio dem ex modo annonae scharf entgegengesetzt, woraus offenbar erhellt, dass das frum., das ex modo annonae ausgegeben ward, wenn auch oft levissimo pretio, doch nicht sine pretio ausgetheilt ward.

currirte und Jedermann bei ihm nach Belieben kaufen konnte. Für den Augenblick musste dadurch natürlich der Marktpreis herabgedrückt werden, obwohl er, wenn nun die Privatverkäufer, die doch wohl den jedesmaligen Staatskornbestand kannten, darin richtig speculirten, sich einstweilen vom Markt zurückzuziehen, hinterher um so mehr in die Höhe schnellen musste; — die Theuerung, die Veranlassung ward, dem Pompejus ein ausserordentliches Mandat zu übertragen und deren Entstehungsgründe ich schon beleuchtet habe, illustrirt das. — In grösseren Theuerungszeiten ward aber auch so verfahren, dass von der Quantität Korn, die zur Zeit zur Regulirung der annona bestimmt war, jeder römische Bürger, auch andere als die plebs frumentaria, das pro Kopf bestimmte Quantum in Empfang nahm, wieder entweder zu einem festgesetzten niedrigen Preise, oder, aber wohl selten, umsonst. Frumentationen dieser Art, die allerdings mitunter auch aus eignen Mitteln der Aedilen und natürlich um so mehr auch der Kaiser geschahen, und also Geschenken, Congiarien gleich zu achten waren — wie z. B. die im Mon. Ancyr. erwähnten zwölf Frumentationen des Aug. — hatten mit dem Armenkorn nichts zu thun, sondern griffen in die Annonenverwaltung ein und wurden deshalb auch nicht auf Getreidemarken verabfolgt, sondern, wie es von jeher geschehen, unter Aufsicht eigens dazu bestellter Beamten vorgenommen. — Die Kaiser bedienten sich aber auch oft noch anderer Mittel, auf den Marktpreis zu wirken, als dieses gewöhnlichen, Staatskorn billig zu verkaufen. — Tiberius zahlte einmal den Privatverkäufern 2 Sest. auf den Modius zu. — Claudius übernahm einmal umsonst die Assecuranz der Kornschiffe. — Auch Nero gewährte den Kornhändlern Steuererleichterungen und sonstige lockende Vortheile. —

Jedenfalls aber lässt sich von Clodius bis zum Untergange des weströmischen Reichs, innerhalb der allgemeinen Annonenverwaltung, der Unterschied dieser beiden neben einander bestehenden Einrichtungen — der Armenverwaltung und der Annonenverwaltung im besondern Sinne, welche letztere in Massregeln zur Regulirung des Marktpreises bestand — verfolgen und nachweisen, wenn auch natürlich eine halbtausendjährige Geschichte beide Einrichtungen nach und nach modificiren musste. — Die Abzweigung einer solchen eignen Armenverwaltung aus der allgemeinen Annonenverwaltung durch Clodius, glaube ich, habe ich oben wahrscheinlich gemacht. — Zur Zeit des Augustus finden wir dann beide Einrichtungen neben einander, Dio 55. 26 und Suet. Oct. 41, erwähnt. Denn beide Schriftsteller sprechen in diesen einander ergänzenden Stellen, die ich oben schon ausgelegt, von zwei verschiedenen Operationen, einem Staatsverkauf und einer Gratisvertheilung, aber von beiden bei ein und derselben Veranlassung, nämlich der Theuerung in den letzten Regierungsjahren des Augustus. — Für die Zeit der Severe geht das Nebeneinanderbestehen beider Einrichtungen aus Spart. Sever. 23 hervor, wo die Grösse des jährlichen römischen Canons auf 27,375,000 Mod. angegeben wird. Marquardt a. a. O. III. 2 sagt dazu: »Da unter demselben Severus die Zahl der Getreideempfänger nur 200,000 betrug, der genannte disponible Vorrath aber für 450,000 Personen ausreichte, so muss ein grosser Theil des als Abgabe eingehenden Getreides für Rechnung des Staats verkauft sein.« Zwölf Millionen Modii gingen also damals in der Armenverwaltung darauf und über 15 Millionen dienten der zweiten Einrichtung, den Marktpreis zu reguliren; — natürlich, so lange, wie dies mit diesem Vorrath anging, denn, wenn nach Josephus Rom jährlich 60 Millionen brauchte, so genügten, wenn annona cara oder gar penuria war, 15 Millionen nicht, diesen Dienst zu leisten und die Kaiser konnten damit zwar in etwas auf die Preise einwirken, aber nicht aus Theuerungspreisen niedrige machen. — Endlich sind für das Nebeneinanderbestehen beider Einrichtungen noch in den letzten Jahrhunderten der Kaiserzeit die schon mehr angezogenen Titel des 14. Buchs des C. Th. beweisend.

Wieder etwas Anderes als diese beiden Zweige der allgemeinen Annonenverwaltung — die Armenverwaltung und die Marktpreisregulirung — waren die, meistens von den Kaisern eingeführten besonderen **Frumentationsstiftungen**. Sie enthielten **Korn-Freistellen zu einem bestimmten Zweck, z. B. zur Erziehung oder Salarirung. Sie sind aber zu unterscheiden von den Alimentationsstiftungen, welche Freistellen für den ganzen Unterhalt enthielten**. Ich komme auf diesen Unterschied unten zurück, wo ich nachzuweisen suche, dass die Schlüsse, die Friedländer aus dem Betrage einer solchen Alimentationsfreistelle auf den durchschnittlichen Weizenpreis ziehen will, unrichtig sind. Die Inhaber solcher Freikornstellen des Staats erhielten ebenfalls keine tesserae, sondern waren nach ihren Namen incidirt.

Endlich sind, wie schon erwähnt, die **Congiarien** — gelegentliche Geschenke an die pl. urban. und zwar Geschenke aller Art, aber meistens doch Geldgeschenke — sowohl von dem regelmässigen Armenkorn, wie von den Frumentationen zur Regulirung des Marktpreises, wie endlich von dem Stiftungskorn zu unterscheiden. Sie waren **nicht** ausserordentliche Zulagen zu den Getreidevertheilungen. Die angeführten beiden Stellen des M. Ancyr. III. v. 15 u. 19 scheinen diese Ansicht zurückzuweisen, denn das erstere Congiarium erhalten 320,000 Köpfe, bei denen nicht gesagt ist, dass sie auch Getreideempfänger gewesen, das zweite erhalten die Getreideempfänger, deren Zahl etwas über 200,000 betragen habe; zwischen beiden Congiarien liegen aber nur 4 Jahre [23]).

Man muss also in der res frumentaria unter den Kaisern unterscheiden:
1) die Armenkorneinrichtung;
2) die Frumentationsmassregeln zur Regulirung der Marktpreise;
3) die Alimentations- und Frumentationsstiftungen;
4) die Congiarien.

Keine dieser Einrichtungen deckt die andere, weder numerisch, noch nach Art oder Zweck, wenn auch zufällig einmal 1 und 4 zusammenfielen und die Einrichtung ad 2 insofern auch noch den Personen ad 1 zu gut kam, als auch diese zu den wohlfeileren Staatspreisen kaufen konnten, wenn sie Geld hatten.

Aber wie sehr nun auch die Meinungen über die Einzelheiten der res frumentaria auseinandergehen mögen, darüber werden Alle einig sein, dass, weil dies constante Einrichtungen des antiken Staats waren, auch die Marktpreise im Alterthum durchweg nur künstliche waren, noch ganz andere waren, als sie, bei gleichen Erndten und Bevölkerungen, selbst bei gleichen haus- und landwirthschaftlichen Verhältnissen, wie die unsrigen gewesen sein würden, wenn keine solche fortwährende Einmischung der Staatsgewalt statt gefunden hätte. Es tritt damit offenbar noch ein neues Moment hinzu, das abermals die Erkenntniss des natürlichen Getreidepreises aus den Marktpreisen des Alterthums noch mehr erschwert.

Man darf auch nicht glauben, dass diese künstlichen Marktpreise, welche die res frumentaria zur Folge hatte, durchschnittlich niedriger gewesen wären, als die freien Marktpreise gewesen sein würden, dass man also, hätten solche Massregeln nicht bestanden, noch höhere Getreidepreise in Rom gefunden haben würde, und dass also die freien Marktpreise auf einen noch niedrigeren Sachwerth des Geldes würden haben schliessen lassen. Ich bestreite das sogar bei den Localpreisen derjenigen einzelnen Stadt, zu deren Besten solche Massregeln getroffen wurden. Denn, wenn Privateigenthum existirt, hat doch kein Staat für eine Localität wie Rom den Marktpreis Tag aus

---

23) Anderer Ansicht Mommsen a. a. O. S. 195 und Hirschfeld a. a. O. S. 9.

Tag ein in seiner Gewalt, und zwar, weil der Staat unter jener Voraussetzung nimmermehr den ganzen Privathandel an sich reissen kann, sondern diesem immer noch einen verhältnissmässigen Platz neben sich einräumen muss. Nun kennen die Kornhändler das Kingsche Gesetz aus Instinct und sind deshalb schon oft Kornwucherer genannt worden. Indem sie sich also einstweilen bis zu dem Moment vom Markt zurückziehen, wo die Staatsvorräthe gering werden, bekommen sie plötzlich den Getreidepreis in ihre Gewalt — gleich wie die »Bullen« das Goldagio in New-York — und dann dictiren sie ihr vae victis. Der Kornpreis steigt dann wieder um so viel höher; um so schwerer wird es wieder dem Staat, ihn zu drücken, und endlich ist der **durchschnittliche** Localpreis durch jene Massregel eher höher als niedriger geworden. Aber würde selbst dieser Localpreis durch solche Staatsmassregeln etwas niedriger gehalten, so wenig wie sich aus einem einzelnen Jahrespreis eines ganzen Landes auf den Sachwerth des Geldes schliessen lässt, so wenig auch aus dem Durchschnittspreis einer einzelnen Localität, die durch Staatspreise beeinflusst wird. Der Getreidepreis in Rom konnte ja nur dadurch niedrig gehalten werden, dass man andern Theilen des Reichs das Getreide fortnahm, um in Rom den Preis damit zu drücken. In diesen andern Theilen musste also auch der Preis um so viel steigen. In dem **Durchschnittspreise des Landes** wäre also der niedrigere Localpreis doch wieder aufgewogen worden. — — —

Durch alles Bisherige dürfte also die Unmöglichkeit erwiesen sein, aus den Nachrichten, die uns aus dem Alterthum über die Getreidepreise zugekommen sind, auf den damaligen Sachwerth des Geldes zu schliessen. Um für solchen Sachwerth einen Maassstab zu erlangen, bedarf es des **natürlichen Getreidepreises**, eines Preises, in welchem weder die Mehl- und Brodfabrikationskosten überhaupt, noch die Transportkosten zu einem bedeutenden Theil eine Stelle einnehmen, m. a. W. des Productionskostenpreises. Unmittelbar nach dem Betrage dieser Productionskosten den natürlichen Preis des Getreides zu bestimmen, ist überhaupt schwer; ihn im Alterthum danach zu berechnen, dazu fehlen uns die meisten Daten. Wir vermögen überhaupt und vermöchten auch im Alterthum höchstens aus den Marktpreisen darauf zu schliessen. Dazu könnten aber wieder nur **freie**, von der Staatsgewalt unbeeinflusste Marktpreise dienen. Diese müssten uns dann auch noch in einem langen ununterbrochenen Zusammenhange vorliegen, damit die aus der natürlichen Verschiedenheit der Erndten entspringenden Schwankungen ausgeglichen werden könnten. Im Alterthum gab es aber noch andere Schwankungselemente, für die uns ein genauerer Maassstab fehlt, weil wir das numerische Verhältniss von Freien und Sklaven, und unter den Freien von Vermögenden und Unvermögenden nicht kennen. — Nun besitzen wir aber aus dem römischen Alterthum, aus einem tausendjährigen Zeitraum, kaum drei Dutzend Preisnotizen und die Marktpreise waren im Alterthum überall keine freien. Wie will man durch ein solches Dunkel hindurch den natürlichen Getreidepreis des Alterthums aus den überlieferten Geldpreisen entnehmen können? — —

Wenn es also schon für jede Zeit seine grossen Schwierigkeiten hat, aus den blossen Marktpreisen den natürlichen Getreidepreis, der doch nur allein zum Maassstab des Sachwerths des Geldes dienen kann, herauszukennen; wenn diese Schwierigkeiten für das Alterthum aus den so umständlich entwickelten Gründen an Unmöglichkeit grenzen, — so erhöhen sich diese Schwierigkeiten noch bedeutend, wenn man die Getreidepreise dazu benutzen will, um den Sachwerth des Geldes in zwei weit auseinanderliegenden Zeitaltern und durchaus verschiedenen Socialzuständen mit einander zu vergleichen. Und nicht blos deshalb, weil sich für zwei solche Perioden die Schwierigkeiten verdoppeln, — es treten bei solcher Vergleichung noch neue, anderartige Schwierigkeiten hinzu. — Ich glaube, gezeigt zu haben, einen wie grossen Einfluss der sociale Entwicklungsgrad auf die Höhe der Getreidepreise hat; — um also zu einem einiger Maassen richtigen Ergebniss zu kommen, müssen auch die Getreidepreise zweier solcher Perioden unter zutreffende Vergleichungsmomente gestellt sein. Man darf z. B. nicht Durchschnittspreise aus einer kurzen mit solchen aus einer langen Durchschnittsperiode, nicht Nahrungsmittel von grösserem Nahrungswerth mit solchen von geringerem, nicht Preise aus einem dünn, mit solchen aus einem dicht bevölkerten Lande, nicht Preise aus einem Exportland mit solchen aus einem Importland, überhaupt nicht Preise aus volkswirthschaftlichen Zuständen mit einander vergleichen, die einen sehr verschiedenen socialen Entwicklungsgrad an sich tragen. Man muss m. e. W. aus verschiedenen Zeitaltern nur Preise aus möglichst analogen Zuständen mit einander vergleichen. Um dies sofort einleuchtend zu machen, bedarf es nur des Fingerzeigs, dass alle eben hervorgehobenen Momente den grössten Einfluss auf den Marktpreis des Getreides haben, ohne in gleichem Grade den natürlichen Preis desselben zu beeinflussen. Wollten wir also jene Vorsicht, die Getreidepreise nur unter analogen Verhältnissen zu vergleichen, nicht anwenden, so würden wir auch den Sachwerth des

Geldes in zwei verschiedenen Zeitaltern mit ungleichem Maass und Gewicht messen. — — —

Alles dies vorausgeschickt, gehe ich jetzt zu der Frage über, ob **Friedländer** den Beweis geführt hat:

> »dass der Sachwerth des Geldes in Italien in der Zeit von Nero bis Trajan nicht nur nicht höher, sondern sogar geringer gewesen ist, als gegenwärtig in Ostpreussen und in Norddeutschland überhaupt.«

Diese Frage löst sich offenbar in die beiden andern Fragen auf:

A. **Sind die Getreidepreise, die Fr. zur Bestimmung des Sachwerths des Geldes für die damalige Zeit anwendet, solche, die als natürliche anzusehen sind?**

und:

B. **Sind die Vergleichungspunkte, unter denen Fr. diese für das Alterthum gefundenen Getreidepreise mit unseren heutigen zusammenstellt, so richtig getroffen, dass man an den verglichenen Getreidepreisen einen gleichen Maassstab für den Sachwerth des Geldes in beiden Zeitaltern besitzt?**

A. Was die **erstere** Frage betrifft, so glaubt Fr. aus mehreren Preisnotizen für die Zeit von Nero bis Trajan den Durchschnittspreis des Modius Weizens »mit ziemlicher Sicherheit auf 4 bis 5 Sest. bestimmen« zu können. Diesen vermeintlichen Durchschnittspreis hält er denn auch zum Maassstab für den damaligen Sachwerth des Geldes geeignet.

Ich behaupte dagegen,

1) dass sich aus jenen Notizen **kein** so hoher Durchschnittspreis entnehmen lässt;
2) dass, wäre dies selbst der Fall, ein solcher Durchschnittspreis immer noch **nicht der natürliche** Getreidepreis sein und deshalb nimmermehr, ohne bedeutende Reduction, zum Maassstab des Sachwerths des Geldes würde dienen können.

Zu 1. Die Notizen, aus denen Fr. auf jenen Durchschnittspreis schliessen will, sind folgende:

a) Tacit. Ann. 15. 39. — Die Neronische Feuersbrunst hat Rom in Asche gelegt und nun heisst es vom Kaiser: Sed solatium populo exturbato et profugo campum Martis ac monimenta Agrippae, hortos quin etiam suos patefecit, et subitaria aedificia exstruxit, quae multitudinem inopem acciperent: subvectaque utensilia ab Ostia et propinquis municipiis, **pretiumque frumenti minutum usque ad ternos nummos.**

Diese Stelle verschuldet in der That die meisten falschen Vorstellungen über die römischen Getreidepreise der damaligen Zeit. — Sie hat Garnier in seiner Histoire des Monnaies, und in Folge dessen auch Say in den späteren Ausgaben seines bekannten Werks, bestimmt, 3 Sesterzen für den mittleren Durchschnittspreis für diese Zeit zu nehmen. — Sie giebt Dureau de la Malle sogar die Bemerkung ein: Tac. regarde comme une munificence extraordinaire, d'avoir abaissé le prix du blé pour le peuple jusqu'à 3 sesterces. — Sie veranlasst Böckh — Metrolog. Unters. S. 420 — zu dem Ausspruch: »Im Jahr der Stadt 818 galt der Preis von 3 Sest. für den Modius zu Rom als besonders gering.« — Ebenso Mommsen — d. Ed. des Diocletian s. v. Weizen —: »Zu Nero's Zeit war der Preis von 3 Sest. = $^3/_{100}$ eines Neronischen Aureus von 6 Thlr. 11 Sgr. = $5^1/_2$ Sgr. ein niedriger.« — Sie lässt auch Marquardt sagen: »Zu Nero's Zeit war 3 HS = $^3/_{100}$ eines Neronischen aureus = $5^1/_2$ Sgr. (der preussische Scheffel etwa 1 Thlr.) **ein niedriger** Preis.« — Sie lässt auch Fr. schliessen: »Wenn nach dem Brande Roms im Jahre 64 (unter andern zu augenblicklicher Linderung der Noth ergriffenen Massregeln) der Preis des Getreides für den Modius auf 3 Sest. herabgesetzt wurde, **so muss der damalige Marktpreis mindestens jene Höhe gehabt haben.**«

Aber ich frage: Wenn der Ausnahmepreis, den unzweifelhaft unmittelbar nach dem Brande das Getreide in Rom haben musste, 6 Sest., der gewöhnliche Durchschnittspreis aber nur 1, $1^1/_2$ oder 2 Sest. betragen hätte, würde, wenn der Kaiser nun den Preis auf 3 Sest. gemindert, Tacitus nicht doch haben sagen können und müssen: pretiumque frumenti minutum usque ad ternos nummos? Tacitus berichtet also nur die einfache Thatsache, dass der Kaiser damals in der Noth den Preis auf 3 Sest. herabgemindert habe. Aber was berechtigt, diesen für den gewöhnlichen mittleren Preis oder gar für einen niedrigen Preis anzunehmen? Der »damalige« momentane Marktpreis muss allerdings bedeutend höher gewesen sein, denn er war ja eben ein Nothpreis, aber dass der **damalige gewöhnliche durchschnittliche Marktpreis mindestens jene Höhe gehabt haben sollte,** ist schlechterdings nicht aus der Stelle abzunehmen. Nothpreise auch nur zu mindern, hat schon seine Schwierigkeiten, und jede erkleckliche Minderung wird auch schon als Wohlthat empfunden werden, allein solche Preise gleich auf den gewöhnlichen Durchschnittspreis oder gar auf einen niedrigen Preisstand herabzusetzen, überstieg — namentlich um diese Zeit — doch auch die Omnipotenz der römischen Kaiser, sowie die Kunst jeder Annonenverwaltung. Das hatte Tiberius schon empfunden. Dessen Regierung ward durch eine Reihe von schlechten Erndten heimgesucht; Tac. Ann. II. 87, IV. 6, VI. 13. Oben habe ich die allgemeinen Gründe erörtert, weshalb im Alterthum auf den Marktverkehr Missernten verderblicher wirken mussten als heute und weshalb dies namentlich unter Augustus' und Tiberius' Regierung der Fall sein musste. Tib. griff daher schon in seinen ersten Regierungsjahren zu der Massregel, den Preis dadurch zu mindern, dass er den Getreidehändlern aus Staatsfonds 2 Sest. auf den Modius zulegte. Aber dass auch damit noch kein mittlerer Durchschnittspreis oder gar ein niedriger Preis zu erzielen war, ja dass dies bei aller ungeheuren Getreideaufspeicherung in Rom doch gänzlich ausserhalb der Macht des Kaisers lag, und in solchen Jahren auch liegen musste, geht eben aus VI. 13 hervor, wo die Bevölkerung Roms durch die Theuerung fast zum Aufstand getrieben wird und der Kaiser gewisser Maassen sein Unvermögen, derselben abzuhelfen, bekennt, indem er dem Senat nachweist: quibus e provinciis et quanto majorem quam Augustus rei frumentariae copiam advectaret. Aber es half nicht: Herabmindern konnte er wohl die Theuerungspreise, aber nicht aufheben. Mich dünkt, Kaufleute und Nationalökonomen müssen das fühlen.

b) Aus demselben Grunde beweisst auch die von Fr. angezogene Inschrift Grut. p. 424. 1. »von den municipes et incolae ob merita ejus, quod annona cara frument. denario modum praestitit« nichts für seine Ansicht. Fr. fügt zwar hinzu: »Hier muss dahin gestellt bleiben, ob der Preis von einem Denar = 4 Sest. der Durchschnittspreis war oder noch unter diesem stand.« Aber weshalb sollte man nicht auch sagen können: »Hier muss dahin gestellt bleiben, wie hoch dieser Preis von einem Denar noch über dem Durchschnittspreis blieb.« Denn, wenn der Theuerungspreis nur annähernd dem von Polybius mitgetheilten Preis von 221 v. Chr. gleich kam, welche Wohlthat für die Bevölkerung, wenn die Behörde denselben auf 4 Sest. regulirte, mochte er dann auch noch 100 % über dem Durchschnittspreis stehen! In den Worten der Inschrift selbst liegt nichts, das diese meine Auslegung nicht eben so gut zuliesse, wie die von Fr.; die allgemeinen Gründe aber, die ich eben erörtert, geben ihr den Vorzug, denn es übersteigt eben die Macht der Menschen, Theuerungspreise auf niedrige oder auch nur auf Durchschnittspreise herabzusetzen, wenn man sie auch durch künstliche Mittel auf allgemeine Unkosten an einem Ort in Etwas erniedrigen kann [24]).

c) Ein Hauptgewicht legt Fr. auf die **Alimentationsstiftungen Trajan's**, von monatlich 16 Sest. für den Unterhalt eines Knaben und 12 für den eines Mädchens, und der **Macrina**, von monatlich 20 Sest. für den Knaben und 16 Sest. für ein Mädchen. Aus diesen **Geldrenten** glaubt Fr. einen Weizendurchschnittspreis von 4 bis 5 und von 5 Sest. abnehmen zu können.

Wäre es richtig, dass solche zur Alimentation bestimmte Geldrenten nur frumentum hätten gewähren sollen, so wäre allerdings aus obigen Stiftungsurkunden ein triftiger Schluss auf verhältnissmässig hohe Durchschnittspreise des Getreides für die Zeit Trajan's zu ziehen. Allein es ist ein Irrthum, **Alimentation** und **Frumentation** für gleichbedeutende Begriffe zu nehmen und demnach in den **Geldrenten** einer **Alimentationsstiftung** nur einen hinlänglichen Betrag für das Brodkorn zu erblicken. Die Römer unterschieden vielmehr sehr scharf alimenta und frumentum. Nur im frumentum ist Brodkorn allein begriffen; in den alimenta aber, ausser frumentum, auch noch sal, vinum, oleum, überhaupt cibaria, vestitus und selbst habitatio. Demnach hatten die Römer auch zweierlei Stiftungen: **Alimentationsstiftungen** und **Frumentationsstiftungen. Jene gewährten eine Rente für den gesammten Lebensunterhalt, diese nur den nothwendigen Getreidebetrag.**

Dafür giebt es hinreichende Beläge in den Quellen.

Vor Allem die beiden Digestentitel de alimentis vel cibariis legatis und de transactionibus. Hier sagt Javolenus l. 6 des ersteren Tit.: Legatis **alimentis**, cibaria et vestitus et habitatio debebitur, quia sine his ali corpus non potest; caetera, quae ad disciplinam pertinent, legato non continentur. Ebenso Paulus l. ult. ej. tit. So ferner l. 8 §. 24 d. transact., wo der Begriff des alimentarius klar wird und selbst der Gegensatz zwischen den allgemeinen alimenta und dem besondern frumentum in den Worten hervorgehoben wird: Si cui non **nummus ad alimenta, sed frumentum atque oleum fuerint relicta.**

Eben so scharf wurde frum. aufgefasst. Auch noch von fruges wird es unterschieden. Frumentum autem id esse, quod arista se teneat recte Gallum definisse: lupinum vero et fabam fruges potius,

---

[24]) Deshalb machen schon Böckh und vor ihm Letronne, den ich nicht zur Hand habe, darauf aufmerksam, dass man aus solchen gelegentlichen Getreideverkäufen und Preissfestsetzungen keinen Mittel- oder Durchschnittspreis entnehmen kann.

quia non arista, sed siliqua continentur, — heisst es l. 77 D. de verb. sign. Deshalb bedeutet auch frumentatio in der Rechtssprache nichts als Getreidevertheilung — l. 12 §. 2 D. 10. 3.

Eben so deutlich geht der Gegensatz von Alimentation und Frumentation aus Capit. Ant. Ph. 11 hervor. Hier heisst es: De alimentis publicis multa prudenter invenit, omnique frumentariae rei consuluit. Die alimenta publica und die res frumentaria werden hier als zwei besondere Verwaltungszweige genau unterschieden. Aus l. 8 D. 12. 15 sicht man auch, welche neuen Einrichtungen Antonin im Alimentationswesen traf. Stiftungen dieser Art spielten damals eine grosse Rolle im socialen Leben Itoms und M. Aurel stellte alle Privatstiftungen dieser Art unter Oberaufsicht des Staats[25], und veranlasste dadurch eine Menge Specialbestimmungen.

Dieselbe Bedeutung hat denn auch noch alimenta in der Constantinischen Zeit, wie tit. 27 lib. XI Cod. Th. zeigt.

Zu solchen Alimentationsstiftungen, die in ihren Geldrenten nicht blos frum., sondern den ganzen Lebensunterhalt gewähren wollten, gehörten denn auch die Stiftungen Trajan's und der Macrina. Dafür zeugt eben, dass diese Stiftungen auf Landgütern radicirte Geldrenten abwarfen, dass in den betreffenden urkundlichen Stellen nur von alimenta im Allgemeinen die Rede ist, dass alimenta, wie gezeigt, ein technisch-juristischer Begriff war, und dass also auch nicht anzunehmen ist, dass die Römer, in Stiftungsurkunden, welche doch Rechte und Pflichten zuwiesen, diesen Ausdruck anders, wie in juristischem Sinne genommen haben sollten. Auch in den Geldrenten der obigen beiden Stiftungen war also nicht blos Brodkorn, sondern der ganze Lebensunterhalt gegeben. Deshalb heisst es auch Ael. Spart. Adrian.: Pueris ac puellis, quibus etiam Trajanus alimenta detulerat, incrementum liberalitatis adjecit. Dass der Kaiser nur das frumentum erhöht, steht nicht da, sondern es heisst im Allgemeinen, er erhöhte die Dotation.

Ich weiss nun zwar, dass man schon seit lange, jedenfalls seit Casaubon. her, die Frumentation und die Alimentation identificirt, und dass auch heute noch einige unserer besten Philologen und Historiker dies thun, — ich nenne eben Friedländer, Marquardt, Hirschfeld, Mommsen — allein, jenen klaren gesetzlichen Be-

---

25) Deshalb ist es auch nicht nöthig, wie Casaub., mit Bezugnahme auf den angeführten Digestentitel, will, in der Stelle des Capit. zu lesen: De alimentis publicis et privatis. Zu Capitol. Zeit waren sie durch diese Oberaufsicht sämmtlich publica geworden.

stimmungen gegenüber, müssten doch die schlagendsten Gründe vorhanden sein, wenn man dennoch Alimentationsstiftungen für blosse Frumentationsstiftungen nehmen und namentlich in den mit Geldrenten ausgestatteten, ausdrücklich auf Alimente anweisenden Stiftungen Trajan's und der Macrina dennoch Stiftungen erblicken wollte, die nur auf frum. hätten anweisen sollen.

Die Philologen glauben nun auch allerdings, Gründe für diese ihre Ansicht zu haben, allein, bei näherer Prüfung, scheinen mir dieselben so wenig haltbar zu sein, dass sie vielmehr eine neue schlagende Bestätigung für meine Ansicht enthalten dürften.

Die Gründe, welche darthun sollen, dass Alimentationsstiftungen dennoch nur auf eine frumentarische Perception anwiesen, sind folgende. — Capitol. Ant. Pius 8 heisst es: Puellas alimentarias, in honorem Faustinae, Faustinianas constituit. — Ferner heisst es Capit. Ant. Philos. 7: Ob hanc conjunctionem pueros et puellas novorum nominum (nach der richtigen Lesart des Salmasius) frumentariae perceptioni ascribi praeceperunt. — Dann heisst es 26 ibid. von Ant. Philos.: Novas puellas Faustinianas instituit in honorem uxoris mortuae. — Endlich finden sich in der Inschrift Orel. 3365 die Schlussworte Inc. Fr. Publ. Div. Faust. Junior — zu lesen Incisae [26]) frumento publico Divae Faustinae Junioris, sowie noch andere Inschriften, die sowohl von Alimentations- als auch von Frumentationsberechtigten herrühren [27]).

Was die erste Stelle — Ant. Pius 8 — anbelangt, so handelt es sich hier unzweifelhaft von einer Alimentationsstiftung — puellae alimentariae — die der Kaiser zu Ehren seiner Gemahlin Faustina einsetzte. Es kommt auch keine Stelle in den Quellen vor, dass diese Alimentationsstiftung nur Frumentation gewährt hätte, denn, wie ich gleich unten zeigen werde, die Faustinische Stiftung

---

26) Ich folge hier Hirschfeld a. a. O. S. 10 Anm. 13, der statt Ingenuae, wie Orelli und Henzen lesen, Incisae setzt.

27) So sagt Marquardt III. 2 S. 115 von den Aliment.-Stift. Trajan's: „Von diesen Zinsen wurde einer bestimmten Anzahl von Knaben und Mädchen der Commune monatlich freies Getreide oder statt dessen eine bestimmte Geldsumme, in Velleja den Knaben 16, den Mädchen 12, anderswo (nach der Stiftung der Macrina) den Knaben 20, den Mädchen 16 Sest. verabfolgt"; und fügt Anm. 589, mit Bezugnahme auf Capit. Ant. Phil. 7, hinzu: „Die alimenta bestehen in einer perceptio frumentaria. Die puellae Faustinianae erhielten nur Getreide Or. 3365; und Anm. 590, zum Testament der Macrina: „In Terracina hatte wahrscheinlich das Getreide wegen der Nähe Roms einen höheren Preis."

der Inschr. Or. 3365 ist eben eine andere, ist eine Stiftung zu Ehren der Gemahlin M. Aurel's, die auch Faustina hiess, und diese andere ebenfalls Faustinische Stiftung, ist allerdings, wie wir sehen werden, eine blosse Frumentationsstiftung.

Was dann die zweite Stelle — Ant. Phil. 7 — betrifft, so ist hier allerdings von Stiftungen die Rede, die nur auf frumentarische Perception anwiesen, allein bei dieser kommt wieder kein Wort vor, dass sie Alimente gewährt hätten. Vielmehr geht aus den Worten der Stelle selbst hervor, dass M. Aurel eben eine neue Gattung blos frumentarischer Stiftungen schuf. — In dieser Beziehung ist zuerst das novorum nominum zu erwägen. — Nomen steht hier nicht in der Bedeutung von Eigenname, so dass das novorum nominum auf die Namen der pueri und puellae ginge. Es geht auch nicht einmal auf etwaige neue Namen der neuen Stiftungen, — dieser Sinn wäre von Capitol. noch schlechter so ausgedrückt worden. Sondern nomen steht hier im Sinne l. 6 pr. D. de verb. sign.: Nominis appellatio ad omnem contractum et obligationem pertinet, wie es im Corp. Jur. unzählige Male vorkommt. Das novorum nom. bedeutet hier also: Der Kaiser stiftete pueros et puellas mit einer neuen Art von Dotationsansprüchen. — Worin diese neuen Dotationsansprüche bestanden, sagen dann ausdrücklich die Worte: frumentariae perceptioni; sie enthielten das Recht zum Bezug von Getreideraten aus dem öffentlichen Getreidefonds Roms. Denn perceptio ist der juristische Ausdruck für den Bezug von Gehalt jeder Art, bestehe dasselbe in Geld oder Naturalien. Perceptio frumentaria ist daher nichts als ein Getreidebezug aus den betreffenden Kassen, resp. Magazinen. Auch ist es ja bekannt, dass bei dem grossartigen Magazinirungssystem des römischen Reichs alle verschiedenen Naturalgüter, die in Gehältern oder sonstigen Bezügen vom Staate verausgabt wurden, ihre besondern Etats hatten, auf welche die Berechtigten speciell angewiesen wurden. — Die Stelle erzählt also nur, dass, in Abweichung von den vielen vorangegangenen alimentarischen Kinderstiftungen, M. Aurel eine neue Gattung derselben, nämlich frumentarische, schuf. — Anders scheint die Stelle nicht zu verstehen zu sein. — Namentlich kann, wie hervorgehoben, weder das nov. nominum auf die Namen der neu aufgenommenen pueri und puellae gehen, noch ist es denkbar, obschon Salmasius diesen Irrthum theilt, dass es die frumentarische Perception der bisherigen Alimentationsstiftungen sei, der die pueri und puellae novorum nominum zugeschrieben worden. — Denn zur Zeit M. Aurel's existirten ja die Namen der alten Empfänger unter Trajan sämmtlich nicht mehr, vielmehr traten von jeher in vacante Stellen neue Namen ein, und eben so wenig würde man, wenn es sich hier um eine Vermehrung der Stiftsstellen hätte handeln sollen, die neuen Stellen nach den Namen der Neuaufgenommenen bezeichnet haben, da ja eben die Namen bei jeder Vacanz wechselten. Das novor. nom. auf die Namen der puer. und puell. zu beziehen, hat also keinen Sinn. — Und was die Ansicht des **Salmasius** betrifft, diese neuen puer. und puell. seien der **frumentarischen** Perception jener **Alimentationsstiftungen** zugewiesen, so melden die Quellen von einem Getreideaustheilungsfonds **dieser Stiftungen kein Wort**, wie es denn auch eine willkürliche Annahme ist, die Berechtigten hätten »monatlich freies Getreide **oder statt dessen Geld**« empfangen, sondern diese Stiftungen bestanden **urkundlich** in auf Landgütern radicirten Kapitalien, deren **Zinsen** unter die Stiftsstellen nach einem bestimmten Satz vertheilt wurden.

Was die **dritte** Stelle — Ant. Phil. 26 — betrifft, so wird darin mitgetheilt, dass M. Aurel, also derselbe Kaiser, der die frumentarischen Stiftungen, nach der ersten Stelle, überhaupt erst schuf, zu Ehren seiner verstorbenen Gemahlin, die, wie die Gemahlin des Ant. Pius, ebenfalls Faustina hiess, eine **neue Faustinianische Mädchenstiftung** gründete. Aber diese **zweite** Faustinianische Stiftung war, im Gegensatz der älteren von Ant. P. gegründeten, die ausdrücklich als **Alimentarstiftung** erwähnt ward, eine **Frumentarstiftung** der neuen Gattung. Dies geht aus dem **novas puell.** hervor. Denn novas steht hier in demselben Sinne, wie oben novorum nominum — wie schon **Salmasius** zu dieser Stelle sagt, nur dass dieser das nominum nicht richtig versteht, nicht als die neue Gattung von Stiftungen mit Korndotationen auffasst.

Dies Letztere — dass nämlich die von M. Aur. gegründete **neue** Faustinianische Stiftung eine **Frumentarstiftung** war — wird denn auch durch die **vierte** Stelle — die letzten Worte der Inschrift Or. 3365 — ausdrücklich bestätigt. Diese Worte sind zu lesen: Incisae frumento publico Divao Faustinae **Junioris**. Es handelt sich also in dieser Inschrift nur um die **jüngere**, aber **nicht die ältere** Faustinianische Stiftung, nur um jene **novae puellae** Faustinianae des M. Aurel, der eben auch die pueros et puellas novorum nominum schuf, die nur der **frumentarischen** Perception adscribirt waren, aber keine Geldrenten zur Alimentation bezogen. Aus dieser Inschrift aber auch auf eine blos frumentarische Perception der älteren, ausdrücklich als **alimentarisch** bezeichneten Faustinianischen Stiftung, und dann wieder weiter von dieser auf alle Alimentarstiftungen, und namentlich auch die Trajan's und der Macrina, zu schliessen und zu sagen, »die alimenta bestanden nur in einer frumentarischen Perception«, ist nicht im Entferntesten gerechtfertigt. Vielmehr bestätigt, umgekehrt, der Zusammenhang dieser vier Stellen und namentlich das Zeugniss der Inschrift, die nur von der jüngern Faustinianischen Stiftung spricht und nur von dieser den Bezug von frum. publicum erwähnt, dass eben jene novae puellae und jene novorum nominum pueri et puellae, bei welchen letzteren auch nur ein Getreidebezug hervorgehoben wird, dass diese Stiftungen, abweichend von den früheren Alimentationsstiftungen, nur Frumentarstiftungen waren, bestätigt also nur, was aus den angeführten Rechtsquellen ohnehin als selbstverständlich hätte angesehen werden sollen, dass Alimentationsstiftungen, wie die Trajan's und der Macrina, in ihren Geldrenten auch auf mehr als blos frum. anweisen sollten.

Es giebt, behaupte ich, auch keine andere Inschrift, die der vorstehenden Ausführung widerspräche, obwohl mir augenblicklich nur die Orelli-Henzen'sche Sammlung zur Hand ist. Hier finden sich, wie es solche Kinderstiftungen zweierlei Art giebt, auch Inschriften sowohl von Solchen, die sich als Alimentationsberechtigte, als auch von Solchen, die sich nur als Frumentationsberechtigte bezeichnen. So gehören zu den ersteren Or. 3364 und 3366, Henzen 6664 und 6669; zu den zweiten eben Or. 3365. Aber wie hier in den Inschriften der Alimentationsberechtigten nicht frumentum, und in denen der Frumentationsberechtigten nicht alimenta vorkommt, so bezweifele ich auch, dass es überhaupt eine Inschrift giebt, aus der unzweifelhaft hervorginge, dass der Alimentationsberechtigte nur frum. empfangen habe oder das Benefiz der nur Frumentationsberechtigten als alimenta bezeichnet sei.

Eine genauere Untersuchung lässt also aus den Geldrenten der Alimentationsstiftungen Trajan's und der Macrina auf einen ganz andern Durchschnittspreis des Weizens schliessen, als wie Fr. annimmt. Muss man festhalten, dass resp. 16 und 20 Sest. für den Knaben und 12 resp. 16 Sest. für das Mädchen nicht blos zu Brodkorn, sondern zur gesammten Alimentation eines Monats hinreichte, so werden sich höchstens 2 Sest. als Durchschnittspreis des frumentum herausstellen und jene Stiftungsurkunden sind ein schlagender Beweis für die »Wohlfeilheit« des Lebens und also den hohen Sachwerth des Geldes im Alterthum, wenn dabei auch immer noch bestehen bleibt, dass, wie ich oben ausgeführt habe, verhältnissmässig — d. h. im Vergleich zu andern Gegenden des römischen Reichs —, in Rom und Italien, das Leben doch so »theuer« war, dass die Menge kaum »Obst und Gemüse essen konnte«.

d) Den Preis von 4 Ass, den Martial angiebt und den Fr. ebenfalls für seine Ansicht anzieht, habe ich schon oben beleuchtet.

e) Friedländer sagt endlich noch: »Vielleicht sind Sachverständige auch im Stande, aus den von Pl. H. N. XVIII. 89 und 90 angegebenen Durchschnittspreisen des Weizenmehls (similago) auf den des Weizens zu schliessen.« — Indessen dürfte dies unmöglich sein.

Die gewöhnlichsten drei Getreidearten, von denen sich die Römer nährten, waren far, siligo und triticum, Pl. H. N. XVIII. 19. Von diesem glich nur far unserm Weizen. Siligo und triticum waren Spelzarten, wie daraus hervorgeht, dass nur sie beide auch als castratae vorkommen, was so viel heisst, als dass die Körner abgeputzt oder »kurz« gemacht wurden, eben so wie wir durch sogenanntes »Bakern« die Hülsenspitzen der Gerstenkörner abstumpfen und die Gerste »kurz« machen. Es gehen dann bedeutend mehr Körner in den Scheffel; dieser hat ein grösseres Gewicht und giebt mehr und besseres Mehl. Weizen lässt sich aber nicht bakern oder kurz machen, denn er hat keine Hülsenspitzen.

Siligo wurde in folgender Weise gemahlen: Aus einem Modius kamen $1/2$ Modius Flos; ausserdem, wenn der siligo castrirt war, 4, wenn uncastrirt 5 Sextaren feinstes Mehl, ebenfalls siligo genannt; dann 4 Sextaren einer zweiten Sorte Mehl; endlich 4 Sextaren Kleie.

Aus dem Modius Triticum wurden gemahlen: $1/2$ Modius similago; 5 Sextaren pollen; 4 Sextaren zweiter Sorte; 4 Sextaren Kleie.

Man sieht also, das similago-Mehl des triticum entsprach dem flos-Mehl des siligo, — von beiden nämlich $1/2$ Modius; das pollen-Mehl des triticum dem siligo-Mehl des siligo; endlich betrugen bei beiden Spelzsorten die zweiten (secundären) Sorten und die Kleien je 4 Sextaren. Alles dies geht aus Pl. H. N. 18. 20 hervor. — Alsdann, nachdem gesagt worden, Panis vero e modio similaginis CXXII, e floris modio CXVII, heisst es unmittelbar weiter: Pretium huic, annona media, in modios farinae XL asses similagini castratae duplum.

Friedländer bezieht das huic blos auf similago, aber es scheint eben so sehr auf das vorangehende flos zu gehen und ist daher zu übersetzen: Bei mittleren Marktpreisen gelten similago- und flos-Mehl der Modius 40 Ass, ist das similago-Mehl von castrirtem Korn, so gilt der Modius 8 Ass mehr. Siligo-Mehl von castrirtem Korn gilt aber sogar das Doppelte. Ein Modius similago-Mehl, der aus 2 Modius triticum, und ein Modius flos-Mehl, der aus 2 Modius siligo gewonnen wird, galten also je 10 Sesterzen, ein Modius siligo-Mehl aus castrirtem Korn über 24 Sesterzen. Denn, wie wir gesehen haben, gab der Modius castrirten Siligo's nur 4 Sextaren siligo-Mehls. Dieses Mehl war also das feinste und theuerste, weil 4 Modius castrirten Siligo's dazu gehörten, um einen Modius solchen Mehls zu liefern.

Wüssten wir nun, wie sich die damaligen Fabrikationskosten des Mehls stellten, so könnten wir aus den von Pl. mitgetheilten mittleren Mehlpreisen allerdings den durchschnittlichen Kornpreis bestimmen. Allein, wir wissen nur, dass dieselben ausserordentlich viel höher gewesen sein müssen, als heute, da es noch nicht einmal Windmühlen gab. Hier kann daher eine Vergleichung auch zu keinem, der Wahrheit nur entfernt annäherndem Resultat führen. Wollte man sie aber dennoch, ungeachtet des überaus dürftigen Materials, anstellen, so **würde selbst jener ausserordentlich hohe Mehlpreis des Plinius doch auf einen sehr niedrigen Getreidepreis hindeuten.**

Im Herbst 1869 wurde in meiner Kreisstadt der Sack feinstes Weizenmehl, zwei Centner, mit $9^2/_3$ Thlr. bezahlt, der Centner also mit 4 Thlr. 25 Sgr.; der Scheffel Weizen, à 90 Pfund, kostete 3 Thlr., der Centner Weizen hätte also 3 Thlr. 10 Sgr. gekostet. Die Fabrikationskosten haben also diese Art Mehl noch nicht um die Hälfte des Getreidepreises vertheuert.

Andererseits liefert aber M. Chevalier in seinem Cours d'Economie politique Deux. Leçon p. 63 sqq. eine Vergleichung der antiken und der modernen Mehlfabrikationskosten. Er sagt: Im Alterthum hätte es Eines Menschen bedurft, um für 25 Menschen das Getreide zu mahlen; heute, bei dem vorgeschrittenen Mahlverfahren bedürfe es nur Eines Menschen, um für 3600 das nöthige Mehl zu liefern[28]. Er berechnet also den Fortschritt in der Mehlfabrikation auf 1 : 144. Wollte man also dies Verhältniss dem mittleren Mehlpreis des Plinius zum Grunde legen, würde ein Modius siligo-Korn sogar nur $1^1/_3$ Ass gegolten haben, was indessen für diese Zeit nicht denkbar ist. — Chevalier's Rechnung kann also nicht ganz richtig sein[29]. Wenn

---

28) Chevalier meint, wenn man in der Kaiserzeit die Bevölkerung Roms auf 1 Million annehmen wolle, so hätte es Tag aus Tag ein der Arbeit von 40,000 Sclaven bedurft, um das Mehl für diese Bevölkerung zu mahlen.

29) Ich habe hier freilich angenommen, dass die Mehlfabrikationskosten sich stets in einer Quote des Getreidewerthes ausdrücken, was auch bei unsern Windmühlen, welche immer den 12. Theil „metzen", richtig ist. Bei unsern grossen Wasser- und Dampfmühlen wird dies indessen nicht zutreffen, da hier die Fabri-

sie aber auch nur annähernd richtig ist, so ist doch auch aus dem Mehlpreis, den Plinius als einen mittleren angiebt und der in der That sehr hoch ist, doch jedenfalls auf einen weit niedrigeren mittleren Getreidepreis zu schliessen, als wie Fr. annimmt. Der Schluss würde den verhältnissmässig niedrigen Getreidepreis bestätigen, der aus dem Alimentenbetrag der Stiftungen Trajan's und der Macrina zu folgern ist.

Zu A. 1. glaube ich es also wahrscheinlich gemacht zu haben, dass sich aus den Preisnotizen, die Friedländer für die Zeit von Nero bis Trajan bringt, kein Durchschnittspreis von 4—5 und 5 Sest. entnehmen lässt, dass vielmehr die Notiz, auf die Fr. das meiste Gewicht zu legen scheint, der Alimentenbetrag der Trajansstiftung auf einen kaum halb so hohen Preis schliessen lässt.

Zu A. 2. kann ich mich kürzer fassen, nachdem ich Eingangs dieser Abhandlung weitläufig ausgeführt, dass nur der natürliche Getreidepreis einen Maassstab für den Sachwerth des Geldes abgeben kann, dass aber selbst die Durchschnittspreise Roms und Italiens um die Zeit Nero's und Trajan's, wenn sie auch keine immerfort durch die Staatsgewalt erkünstelte und dabei noch den eigenthümlichsten Schwankungen ausgesetzte Preise gewesen wären, wie sie es doch in der That waren, — bei den hohen Transportkosten, die in ihnen enthalten sind, die Eigenschaft, zu einem solchen Maassstab zu dienen, vollständig verloren hatten. Wäre also selbst Fr.'s Durchschnittspreis richtig — es müsste noch viel davon abgezogen werden, ehe er zu solchem Maassstab brauchbar würde. Wie viel, — dürfte aber nicht zu ermitteln sein.

B. Mir scheint aber auch, dass Fr. in den Vergleichungspunkten der damaligen und der heutigen Kornpreise fehlgegriffen hat.

Zur Erlangung eines gemeinschaftlichen Maassstabes für den Sachwerth des Geldes für das Alterthum und die Neuzeit vergleicht Fr. mit einander die Preise

    a) von Weizen und Roggen;
    b) aus einem 63jährigen und einem 4jährigen Zeitraum;
    c) in einem korneinführenden und einem kornausführenden Lande;
    d) für die Zeit der höchsten materiellen Blüthe des einen Staats, wo Bevölkerung, Reichthum, Productpreise verhältniss-

---

kationskosten bei hohen und niedrigen Getreidepreisen gleich berechnet werden dürften. Aber auch dann kommt keinenfalls bei den hohen Mehlpreisen des Plinius ein hoher Getreidepreis, bei media annona, heraus.

mässig hoch stehen, und die Zeit einer **untergeordneteren Entwicklungsstufe** des andern Staats, wo Bevölkerung, Reichthum, Productpreise verhältnissmässig niedrig stehen.

Ich glaube indessen, dass, **zu dem beabsichtigten Zweck, eine solche Vergleichung, in jeder der hervorgehobenen Beziehungen, unzulässig ist.**

a) Zu der Vergleichung von **Weizen und Roggen** sagt Fr.: »Zur Bestimmung des relativen Geldwerths müssen aber die Preise der Getreidearten verglichen werden, die das Brodkorn liefern, weil nur so sich ergiebt, an welchem Ort, resp. zu welcher Zeit mit derselben Geldsumme eine grössere Anzahl von Menschen ernährt werden kann; das Brodkorn ist aber bei uns nicht Weizen sondern Roggen.« Ich glaube nicht, dass das richtig ist, — denn man würde, bei diesem Grundsatz, für die Kartoffel in Irland und den Reis in Bengalen zu unzutreffenden Resultaten gelangen — allein ich will es hier zugeben. Aber jedenfalls ist dann, und nur deshalb, »weil nur so sich ergiebt, an welchem Ort und mit welcher Geldsumme eine grössere Anzahl von Menschen ernährt werden kann«, **vorher noch der Nahrungswerth von Weizen und Roggen auszugleichen.** Das wird dann ebenfalls zuzugeben sein. — Nach unserer »Technischen Instruction für Oekonomie-Commissarien«, nach welcher alle unsere Separationen und Ablösungen geregelt werden — §. 18 — verhält sich aber der Werth von Roggen und Weizen wie 12 zu 16. Der von Fr. angenommene Roggenpreis würde also schon aus diesem Grunde um $33^1/_3 \%$ zu erhöhen sein.

b) Es dürfte auch unzulässig sein, 4jährige Durchschnittspreise mit solchen zu vergleichen, die einer 63jährigen Periode entnommen sind. Denn in einem kurzen Zeitraum können zufällige und vorübergehende Umstände, sei es, den Preis steigernd, sei es, ihn erniedrigend, einwirken, die sich in einem langen Zeitraum ausgleichen. Man darf daher nur Preise aus gleich langen Perioden gegen einander überstellen. Dreiundsechzigjährige Durchschnittspreise aus der neuesten Zeit, oder auch nur höchster und niedrigster Preis aus einem 63jährigen Zeitraum, würden sich aber ganz anders stellen, als die von Fr. herausgegriffenen Preise des Zeitraums von 1861 bis 1865. Für einen so langen Zeitraum liegt mir für Königsberg augenblicklich das Material nicht vor. Aber es bedarf dessen auch nicht. Schon eine andere kurze Bemerkung wird zum Beweise genügen, dass die Periode von 1861—65 zu keiner richtigen Vergleichung mit den Preisen jener römischen 63jährigen Periode geeignet ist. Die Jahre 63 und 64 waren nämlich die wohlfeilsten Kornjahre, die Norddeutschland seit 1850 gehabt hat. Die vorangehenden beiden Jahre 61 und 62 hatten zwar hohe Preise. Aber Fr. hätte nur noch drei Jahre, nämlich bis 1867, weiter zu greifen brauchen, um einen noch viel höheren Roggenpreis für Königsberg zu finden, als den von 60 Sgr. fur November 1861. Die Zeitschr. des Königl. Preuss. Stat. Bureaus von Engel 1867 Nr. 7, 8 und 9 giebt nämlich für 1867 den Roggenpreis in Königsberg für Mai auf 70 Sgr., Juni 71 und Juli 80 Sgr. an. Wollte man von 1865 bis 1855 zurückgehen, so würde sich aus diesem 11jährigen Zeitraum noch ein weit höherer Preis, als 80 herausstellen. Nimmt man aber auch nur die siebenjährige Periode von 1861 bis 1867 an, so steht auch dann schon der höchste Roggenpreis in Königsberg nicht »erheblich tiefer«, sondern erheblich höher (ungefähr 15 %) als der von Fr. auf 68 Sgr. angenommene höchste römische Weizenpreis in der Zeit von Nero bis Trajan. Dass aber von 1865 bis 1867 der Sachwerth des Geldes um 15 % gesunken sei, wird man nicht behaupten wollen. Zu den 33 %, die man schon wegen des höheren Nahrungswerths des Weizens zu dem von Fr. zu Grunde gelegten Roggenpreis hinzurechnen musste, würden noch abermals 15 % zuzuschlagen sein.

c) Unzulässig zu dem beabsichtigten Zweck scheint ferner, die Preise aus einem kornausführenden und einem korneinführenden Lande zu vergleichen. — Rom war eine der grössten Importstädte, die es je gegeben; setzen wir statt Königsberg Danzig, was keinen grossen Unterschied ausmacht, so ist Danzig eine der grössten Exportstädte, die es je gegeben. Lediglich der Transportkosten, der Versicherungskosten und aller Handelsspesen wegen, die die Ueberführung von Getreide aus einem getreidereichen Exportland in ein getreidebedürftiges Importland verursacht, aber nicht der Verschiedenheit des Sachwerths des Geldes wegen, werden die Getreidepreise in dem einen Lande höher stehen, als in dem andern. Wie sich in der neueren Zeit diese Differenz zwischen der grössten Importstadt — London — und dieser grossen Exportstadt — Danzig — stellt, habe ich oben für einen 125jährigen Zeitraum gezeigt. Sie beträgt mindestens 50 % des Preises der Exportstadt. Im Alterthum waren Schifffahrtskosten, Asseruranz und Spesen — wegen des niedrigen Standes der Nautik und des höheren Standes des Zinsfusses — sicherlich nicht niedriger, sondern höher als heute — natürlich im Vergleich zum Kornpreise. Die Differenz zwischen den Preisen von Rom einer Seits, und von Alexandrien, Carthago und Tarraco anderer Seits wird also noch eher mehr als 50 % des Preises der Exportstadt als weniger betragen haben. Von dem von Fr. für Rom berechneten Weizenpreis müssten also danach mindestens 33% abgezogen, oder, um dem bisherigen Rechnungsmodus treu zu bleiben, müssen abermals 50% zu dem angenommenen Königsberger Roggenpreis zugeschlagen werden. Damit haben wir aber, um auch nur annähernd einen richtig vergleichenden Maassstab des Sachwerths des Geldes für die heutige Zeit zu gewinnen, schon eine Erhöhung von zusammen ca. 100% eintreten lassen müssen.

d) Endlich, scheint mir, darf man zu dem vorliegenden Zweck, nur aus **analogen Entwicklungsphasen** verschiedener Staaten die Getreidepreise mit einander vergleichen, aber nicht aus der Zeit der Blüthe des einen und einer niedrigeren Entwicklungsstufe des andern. Denn oben ist weitläufig ausgeführt, dass unter den bisherigen Eigenthumsverhältnissen das Leben **mit steigender socialer Entwicklung theuerer** wird, was sich namentlich in den Preisen aller landwirthschaftlichen Producte ausspricht. **Der Sachwerth des Geldes** kann aber ganz unberührt von **dieser** Kornpreissteigerung bleiben, denn, wenn die Minen zur Zeit der Blüthe des Staates noch zu gleichen oder gar geringeren Productionskosten Edelmetall liefern, wie auf jener niedrigeren Entwicklungsstufe, so ist der Sachwerth des Geldes in der Regel gleich geblieben oder sogar noch gefallen, und nur der **Sachwerth des Getreides ist gestiegen**. Auch aus diesem Grunde ist also die Vergleichung **ostpreussischer** Preise, selbst aus der heutigen Zeit, mit den **römischen** Preisen der Nero-Trajanischen Zeit unzulässig. Die Provinz Preussen ist diejenige Provinz Norddeutschlands, in welcher die sociale Entwicklung, die hier in Rede steht, am wenigsten fortgeschritten ist, in der das Leben, im obigen Sinne, am wohlfeilsten ist. Das erkennt man schon bei einer Vergleichung **ihrer** Preise mit denen der **Rheinprovinz**, wo die Entwicklung in dieser Richtung schon weiter vorgeschritten ist. Die Differenz ist nicht unbedeutend, denn die ostpreussischen Getreidepreise sind immer die niedrigsten im ganzen preussischen Staat. Nach den mir zur Hand befindlichen Notizen — Dieterici, Statist. Uebers. 1. Th. S. 268 und Engel a. a. O. S. 249 — betrugen sie für Roggen pro Scheffel und in Silbergroschen:

$$\begin{array}{lcccccccc}
 & 1831. & 1832. & 1833. & 1834. & 1835. & 1836. & 18\tfrac{45}{46}. & 18\tfrac{46}{47}. \\
\text{in der Prov. Preussen} & 42\tfrac{8}{12} & 39\tfrac{9}{12} & 33\tfrac{7}{12} & 32\tfrac{1}{2} & 33\tfrac{6}{12} & 23\tfrac{8}{12} & 52\tfrac{1}{12} & 58\tfrac{1}{12} \\
\text{in der Rheinprovinz} & 68\tfrac{7}{12} & 65\tfrac{7}{12} & 43\tfrac{3}{12} & 36\tfrac{5}{12} & 37\tfrac{9}{12} & 38\tfrac{10}{12} & 56 & 73\tfrac{11}{12}
\end{array}$$

Der Durchschnitt ergiebt — mit Weglassung der Pfennige jedes Jahrespreises:

für die Provinz Preussen 39 Sgr.,
für die Rheinprovinz . . 52 Sgr.,
also abermals $33^1/_3\%$, um die der ostpreussische Roggenpreis erhöbt werden müsste, um nur den Unterschied der socialen Entwicklung, der schon zwischen Ostpreussen und Rheinland in dieser Beziehung besteht, auszugleichen. Aber zur Aufhebung dieses Unterschiedes zwischen Königsberg und Rom würden $33^1/_3\%$ noch lange nicht genügen. denn die Rheinprovinz führt noch nach Holland und Belgien aus. — Es giebt in der That heute nur ein Land, das mit dem damaligen Rom in Parallele zu stellen wäre, — das ist England. London mit England verhält sich heute und in vorliegender Beziehung zu den übrigen Ländern der Erde ungefähr so, wie damals Rom mit Italien zu seinem orbis terrarum. Hier in London und England allein sind die betreffenden Zustände den damaligen und dortigen analog. Hier findet eine ähnliche Aufhäufung von Bevölkerung und Reichthum statt; hier ist derselbe Gegensatz von Pauperismus und Opulenz; hier besteht ein analoges Anbauverhältniss des Bodens in Beschränkung der Production von Brodstoffen und Ausdehnung von Fleischproduction und Luxusculturen; hier werden deshalb gleichfalls Getreide- und Landbauproducte aus allen Theilen der Welt importirt; hier herrscht, mit einem Wort, dasselbe theuere Leben, wie damals verhältnissmässig in Rom. Deshalb übersteigen auch noch die englischen Preise die höchsten norddeutschen sehr bedeutend. Dieterici a. a. O., Erste Fortsetzung, enthält S. 204 eine vergleichende Uebersicht der Weizenpreise in Berlin — der grössten Consumstadt Norddeutschlands — und England, aus dem funfzigjährigen Zeitraum von 1791 bis 1840. Der Durchschnitt mit Weglassung der Pfennige der Jahrespreise ergiebt für den preuss. Scheffel und in Silbergroschen einen Preis für Berlin von 2 Thlrn. 7 Sgr., für England von 4 Thlrn. Deshalb durften von Fr., um Preise aus nur einiger Maassen analogen Zuständen einander gegenüberzustellen, nur Getreidepreise aus London und England zum Maassstab für den heutigen Sachwerth des Geldes genommen werden. Um so mehr, da auch in England Weizen das Hauptbrodkorn ist. Auch dann muss man noch, wenn man für Rom einen 63jährigen Durchschnitt annimmt, für England einen 63jährigen Durchschnitt annehmen, aber darf nicht, wie Jacob und Dureau de la Malle thun, einer blos zehnjährigen Periode, — von 1820 bis 1830 — in welcher die Preise niedriger waren, als 30 Jahre vorher und 30 Jahre nachher, das Maass entnehmen. Ich komme auf diese Preise unten, wo ich J. und D. d. l. M. zu berichtigen suche, zurück. Genug,

jedenfalls wird man zugeben müssen, dass, wenn selbst der von Fr. für Rom und die Nero-Trajanische Zeit statuirte Weizenpreis richtig wäre — was mir ganz unbewiesen zu sein scheint — man doch ungleiches Maass und Gewicht anwendet, wenn man diesem Weizenpreise, zur Ermittlung des verhältnissmässigen Sachwerths des Geldes bei uns, einen vierjährigen Roggenpreis in Königsberg gegenüberstellt. — Aber wer verbürgt nun gar die Richtigkeit des von Fr. angenommenen Weizenpreises? — — —

In der That, bei der bis zur Unmöglichkeit schwierigen Ermittlung des natürlichen Getreidepreises im Alterthum, muss man zur Beurtheilung des verhältnissmässigen Sachwerths des Geldes in der damaligen und heutigen Zeit zu andern Mitteln seine Zuflucht nehmen als zur Vergleichung der Getreidepreise.

Diese andern Mittel können nur darin bestehen, dass man den Werth des Edelmetalls, je im Alterthum und in der Neuzeit, an sich selbst prüft und dann mit einander vergleicht; mit andern Worten, dass man die Gründe untersucht, die damals wie heute die Verkehrenden bestimmten, dem Edelmetall einen hohen oder niedrigen Werth beizulegen, d. h. verhältnissmässig wenig oder viel Metall für alle anderen Waaren hinzugeben.

Hierüber — ob man wenig oder viel Metall für andere Waaren hingiebt — werden zwei Momente entscheiden:

erstens, die Productionskosten des Edelmetalls,

zweitens, das Bedürfniss nach Edelmetall.

Dass die Productionskosten ein durchschlagendes Element des Tauschwerths jeder Waare und also auch des Edelmetalls sind, namentlich wenn Freiheit des Verkehrs besteht und zugleich kein natürliches Monopol die Production beschränkt, leuchtet ohne Weiteres ein, denn weder producirt Jemand in irgend einer Branche immerfort zu seinem Schaden, noch gestatten die Andern, dass er es immerfort in seiner Branche mit grösserem Vortheil, als sie in den ihrigen, thut.

Beim Bedürfniss, als dem andern bestimmenden Moment des Edelmetalls, ist mehr hervorzuheben.

Bei einer Waare, die, wie das Edelmetall, als Geld fungirt, kommen zwei verschiedenartige Bedürfnisse in Betracht, die zu dieser Bestimmung mitwirken: einmal, das Bedürfniss Behufs eines consumtiven Gebrauchs, als eines Genussmittels, wie anderer Genussmittel, zweitens, das Bedürfniss Behufs seiner Circulation zum Waarenumtausch.

Zur Frage des Sachwerths des Geldes im Alterthum. 419

Nach der Zusammenwirkung jener beiden Elemente — der Productionskosten und dieses doppelten Bedürfnisses — wird die Entscheidung über den Sachwerth des Geldes ausfallen.

Tritt ein verhältnissmässig starkes Bedürfniss nach Edelmetall zu verhältnissmässig hohen Productionskosten hinzu, so muss dies jedenfalls bewirken, dass der Werth des Edelmetalls hoch steht, dass man also für verhältnissmässig kleine Quantitäten Metall verhältnissmässig viel andere Waaren bekommt, dass also auch der Sachwerth des Geldes hoch steht. Umgekehrt natürlich, wenn zu einem verhältnissmässig geringem Bedürfniss auch geringe Productionskosten treten.

Das eine Element kann aber auch das andere paralysiren.

Ein starkes Bedürfniss nach Edelmetall kann den Werth desselben über den Productionskostenbetrag hinaus steigern, und also verhältnissmässig niedrige Productionskosten in Bezug auf den Werth des Products unwirksam machen. Dagegen kann ein geringes Bedürfniss nach Edelmetall nicht wohl dessen Werth auf die Dauer unter die Productionskosten hinabdrücken, denn man würde aufhören, es zu produciren.

Wiederum können niedrige Productionskosten des Edelmetalls und damit verbundene vermehrte Ausbeute der Minen dem aus einem starken Bedürfniss entspringenden Impulse zur Werthsteigerung mit Erfolg entgegenwirken und also dennoch den Werth niedrig halten. Dagegen können wieder hohe Productionskosten dem aus einem schwachen Bedürfniss nach Edelmetall entspringenden Werthdruck desselben nicht wirksam entgegentreten, die Minenbesitzer würden Edelmetall auf dem Lager behalten oder werden es unter dem Kostenpreis abgeben müssen.

Nach diesen allgemeinen Grundsätzen muss sich auch für verschiedene Zeitalter klar herausstellen, in welchem der Sachwerth des Geldes grösser oder geringer ist.

Ist das Bedürfniss nach Edelmetall in dem einen Zeitalter nicht schwächer als in dem andern, sind aber die Productionskosten dort höher als hier, so muss dort ganz entschieden auch der Sachwerth des Geldes höher sein, als hier. Und ist in dem andern Zeitalter das Bedürfniss nach Edelmetall nicht stärker, als in dem ersteren, sind aber dabei die Productionskosten viel niedriger, so muss in diesem andern Zeitalter der Sachwerth des Geldes auch viel niedriger stehen. Bei ungefähr gleicher Intensität des Bedürfnisses nach Edelmetall entscheiden also über den Sachwerth des Geldes immer die Productionskosten des Edelmetalls. Und zwar entscheiden sie über diesen Werth um so mehr nach ihrer eigenen Richtung hin, je mehr ihre

Höhe mit der Stärke des Bedürfnisses übereinstimmt, zu hohen Productionspreisen ein starkes Bedürfniss, zu niedrigen Productionspreisen ein schwaches Bedürfniss tritt. —

Ich behaupte nun — wenn auch in den vorliegenden Beziehungen für das Alterthum die Quellen noch so dürftig fliessen — wir besitzen doch der allgemeinen Daten genug, um zu erkennen:

I. dass die Productionskosten des Edelmetalls im Alterthum ausserordentlich viel höher als in der Neuzeit gewesen sind;

II. dass auch das Bedürfniss nach Edelmetall im Alterthum eher stärker als schwächer denn in der Neuzeit gewesen ist.

(Schluss folgt im nächsten Bande.)

Litteratur.

IX.
Zeitschrift des königlich bairischen statistischen Bureaus. Redigirt von dessen Vorstand Dr. **Georg Mayr.** Erster Jahrgang. 1869. Nr. 1 und 2.

Die Veröffentlichungen des königlich bairischen statistischen Bureaus haben, auch seitdem die Anstalt nicht mehr unter Hermann's Leitung steht, nicht aufgehört, den soliden und bedeutenden Charakter zu bewahren, welchen dieser unvergessliche Mann der ganzen bairischen Statistik aufgedrückt hat. Und gerade ist Hermann's Tod in eine Zeit gefallen, in welcher sich ein neuer Aufschwung der bairischen Statistik vorbereitete. Dieser hat sich seitdem vollzogen durch die Einsetzung einer statistischen Centralcommission, die bessere Dotirung des Bureaus, die Gründung neuer Publikationsorgane. Die statistische Centralcommission ist im Januar 1869 in's Leben gerufen und besteht gegenwärtig aus acht ordentlichen Mitgliedern (den Vertretern der Ministerien und dem Bureauvorstande) und einem ausserordentlichen. Sie soll sich regelmässig ein Mal im Monat versammeln und hat folgende Befugnisse: 1) neue statistische Erhebungen, sowie Ergänzungen der Beschränkungen der bisherigen zu beantragen; 2) vorzuschlagen, welchen Antheil an den allgemeinen statistischen Erhebungen jedes Staatsministerium zu übernehmen, dann: ob und wie weit die letzten Zusammenstellungen das statistische Bureau oder das betr. Staatsministerium zu machen hat; 3) die Formulare zur Ermittelung der statistischen Daten zu berathen und im Einverständniss mit den bezüglichen Staatsministerien festzustellen; 4) darüber zu wachen, dass das eingehende Material im statistischen Bureau gesammelt, geprüft, bearbeitet und veröffentlicht werde; 5) den Staatsministerien die ihnen benöthigten statistischen Aufschlüsse auf kürzestem Wege und in möglichster Vollständigkeit zu liefern, die von denselben in dieser Beziehung ihr zukommenden Aufträge zu vollziehen und über vorgelegte Fragen Gutachten zu erstatten; 6) in jeder Richtung dahin zu streben, dass ein einheitliches Zusammenwirken zwischen den verschiedenen Zweigen der Staatsverwaltung und der administrativen Statistik Statt finde. Diese der Commission vorgezeichneten Zwecke werden gewiss erreicht werden, wenn die Theilnahme der Behörden an den Arbeiten des Bureaus eine den bisherigen Leistungen desselben entsprechende ist. Und diese Leistungen sind um so mehr hervorzuheben, als sie mit Mitteln ausgeführt wurden, welche offenbar nur bei sehr energischer und geschickter Arbeitsanwendung dazu ausreichen konnten. Mit 5500 Fl. hätten Wenige Aehnliches geschaffen, und auch die jetzige Dotation von 9500 Fl. erscheint den Leistungen und Aufgaben des Instituts noch wenig entsprechend. Aber wenigstens zeugt doch die Einsetzung der Centralcommission und die Erhöhung der Dotation von einer Werthschätzung der Statistik an massgebender Stelle, welche das

Beste hoffen lässt. Diese Veränderungen, und namentlich die nunmehr hergestellte engere Verbindung des statistischen Bureaus mit den sämmtlichen Ministerien, haben dasselbe nun auch bewogen und in den Stand gesetzt, eine Erweiterung seiner Publikationen eintreten zu lassen. Zu den bisherigen zwanglosen Heften (auch in diesen Jahrbüchern schon öfter besprochen; s. namentlich 1866 Bd. VI) werden sich fortan 1) ein jährlich herauszugebender statistischer Abriss für das Königreich Baiern und 2) eine alle drei Monate erscheinende Zeitschrift des königlichen statistischen Bureaus gesellen. Die ersten beiden Hefte für das zweite Halbjahr des Vorjahres haben uns den Titel zu dieser Besprechung geliefert und wir freuen uns, constatiren zu können, dass der Inhalt derselben ganz den Erwartungen entspricht, welche wir von bairischen Veröffentlichungen zu hegen gewohnt sind. Das bairische Bureau hat sich von jeher nicht nur durch die Güte, sondern auch die Schnelligkeit seiner Publikationen ausgezeichnet und der grösste Theil der Beiträge, welche in den vorliegenden Heften geliefert werden, kann sich dieses Vorzuges gleichfalls im höchsten Maasse rühmen. Was die auf den 140 Folioseiten behandelten Gegenstände selbst betrifft, so sind dieselben natürlich dem Zweck einer solchen Zeitschrift gemäss zu verschieden, um sich zu einer zusammenfassenden Besprechung zu eignen. Wir müssen uns deshalb begnügen, den Inhalt der hauptsächlichen Artikel hier anzuführen. Im ersten Hefte findet sich unter Anderem Folgendes: Die Eheschliessungen 1862—1868; Mobiliarfeuerversicherung 1865—1868; die Urwahlen zur baierischen Kammer und zum Zollparlament; Bierbrauereien, Branntweinbrennereien u. s. w. 1868; Ein- und Auswanderungen 1860 bis 1868. Im zweiten Heft: Die Bevölkerung von München nach Alter und Civilstand bei der letzten Volkszählung; das Armenwesen in Baiern 1868; Sparkassen 1868; Immobiliarfeuerversicherung 1843—1868; Bergwerks-, Hutten- und Salinenbetrieb 1858—1868; Tabakbau 1868 und 1869; und in beiden Heften: der Verkauf von Getreide auf den bairischen Schrannen nach Mengen und Durchschnittspreisen für die ersten 9 Monate 1869. — Wir haben diesem Allen nur noch den Wunsch hinzuzufügen, dass es dem königlich bairischen statistischen Bureau gelingen möge, so erfolgreich wie bisher seine Arbeiten fortzusetzen. H. v. S.

X.

Dr. Otto Brasche, Beitrag zur Methode der Sterblichkeitsberechnung und zur Mortalitäts-Statistik Russlands. Mit einer lithographischen Tafel. Würzburg 1870. 8°. 60 Seiten.

Das Heft, welches zwei Abhandlungen, eine theoretische und eine praktische, enthält, verdient einige Beachtung, weil hier zum ersten Mal ein Schriftsteller, der nicht Mathematiker ist, dennoch Rücksicht nimmt auf die so leicht fassbaren Ergebnisse der mathematischen Untersuchungen. Es ist nicht die Absicht des Verfassers, etwas Neues zu bieten (S. 3), er scheint vielmehr nur eine Probe seiner Sachkenntniss ablegen zu wollen und in diesem Sinne hat er mehr als das Gebräuchliche geleistet.

Die erste Abhandung, „Zur Methode der Sterblichkeitsberechnung", soll den Process der Bevölkerungsbewegung klar machen. Es wird daher auseinandergesetzt, dass in jedem Zeitpunkt Geborene in die Bevölkerung eintreten und dass in jedem Zeitpunkt Sterbefälle jedes Alters vorkommen können. Daraus folgt, dass sich die sog. drei Hauptgesammtheiten der Verstorbenen wesentlich von einander unterscheiden. Der Verfasser betrachtet nur den Fall, wo die Strecken, welche zur Bestimmung einer Gesammtheit dienen, gleich lang sind (nämlich immer 1 Jahr lang) und zeigt:

1. dass die aus einem Geburtsjahr stammenden, in einer einjährigen Altersclasse Verstorbenen zu suchen sind in zwei auf einander folgenden Sterbejahren;
2. dass die aus einem Geburtsjahr stammenden in einem Kalenderjahr Verstorbenen sich in zwei einjährige auf einander folgende Altersclassen vertheilen;
3. dass die in einem Kalenderjahr Verstorbenen einer einjährigen Altersclasse herstammen aus zwei auf einander folgenden Geburtsjahren.

Es wird dann das Formular mitgetheilt, wonach allein es möglich ist, die Sterbefälle so zu erheben, dass man zugleich die aus einer Generation Verstorbenen nach Altersclassen erhalt. Hieran schliesst sich die Erläuterung durch eine Zeichnung, und die Anleitung, wie man so entstandenes Material zur Berechnung der Sterblichkeit einer Generation zu verwenden habe.

Ausser den Schriften, die der Verfasser im Vorwort erwähnt hat, wäre noch zu nennen gewesen: Zeuner, Abhandlungen aus der mathem. Statistik. Leipzig 1869, worin auf S. 45 ff. dieselben Entwickelungen in strengerer Fassung gegeben werden, und wo sogar die Grundzuge der graphischen Darstellung des Verfassers bereits vorkommen (vergl. a. a. O. S. 51 die Figur, insbesondere die XV-Ebene). Uebrigens soll die Selbständigkeit des Verfassers nicht in Frage gestellt werden.

Vielleicht ist es dem Verfasser angenehm, nachträglich auf diesem Wege zu erfahren, dass auch das von ihm mit Recht in Erinnerung gebrachte Formular bereits einmal praktisch angewendet ist; Herr Reg.-Rath Dr. A. Lange hat in Anhalt den Versuch gemacht (vergl. Knapp, Sterblichkeit in Sachsen. Leipzig 1869. S. 115 ff.), so dass es ein Leichtes gewesen wäre, die allgemeinen Beispiele durch Zahlenbeispiele zu vervollständigen.

In derselben, soeben angeführten Schrift, worin noch weniger Gebrauch von den „unpopulären" mathematischen Zeichen gemacht wird, als in dem vorliegenden Heft, ist (S. 12 ff.) dargelegt, dass man nicht ausreicht, wenn man nur das Problem „Sterblichkeit einzelner Generationen nach dem Alter" zulässt; sondern dass vielmehr noch andere Probleme, insbesondere „Sterblichkeit in einzelnen Zeiträumen" selbständig daneben bestehen. Nur dadurch dürften die Unklarheiten zu vermeiden sein, welche sich in der zweiten Abhandlung unseres Werkleins finden.

Sie ist überschrieben „Zur Mortalitäts-Statistik Russlands" und giebt zunächst Material aus den Gemeinden Ober- und Nieder-Bartau in Curland, welche etwa 10,000 Einwohner zählen, und zwar:

Auszüge über die in jedem Kalenderjahr Geborenen vom Jahr 1737 bis 1861; ferner:

Auszüge über die im Zeitraum 1834 bis 1861, zusammengenommen, Verstorbenen nach einjährigen Altersclassen.

Ein so beschaffenes Material würde geeignet sein zur Lösung folgender Aufgabe: Aus welcher Sterblichkeit erklären sich die im Zeitraum 1834 bis 1861 Verstorbenen? und als Hilfsmittel bietet sich die sog. Anhaltische

Methode dar, welche in Knapp, Ermittelung der Sterblichkeit. Leipzig 1868. S. 86 ff. gegeben ist.

Anstatt sich aber einer festen Stütze zu bedienen, rechnet der Verfasser an dem Material herum — man verzeihe den Ausdruck — wobei er zwar nicht sinnlos verfährt, aber doch in allerlei Dunkelheiten und Zweifel verstrickt wird. Die Ergebnisse entsprechen anfangs seinen Erwartungen nicht, und werden daher zum zweiten Mal „umgerechnet"; zuletzt wird noch die von Fischer allerdings empfohlene Ausgleichung angewendet, und so eine „Mortalitätstafel" hergestellt.

Aus eigener Erfahrung weiss der Referent, dass sogar bei vollkommenster Bekanntschaft mit den Methoden der Messung gleichwohl das Verarbeiten eines gegebenen Materials sehr schwierig ist; und insofern dürfte Nachsicht am Orte sein, wenn man sich nicht fragen müsste: warum hat der Verfasser, der noch dazu die indirecten Methoden der Messung nicht ganz beherrschte — warum hat er überhaupt den Versuch gewagt?

Und dies Bedenken möchte man noch stärker empfinden, wenn neben der mathematischen Seite noch die physikalische Seite des Gegenstandes erwogen wird. Was bedeutet eine Sterblichkeitstafel für Bartau? Während wir wissen, dass die Sterblichkeit so verschieden ist nach den Eigenschaften der Individuen und auch nach den Zeiträumen, was bedeutet da eine — wenn auch noch so gebräuchliche — Tafel der mittleren Sterblichkeit überhaupt? Der Referent ist der Ansicht, dass die physikalische Fragestellung bei den Untersuchungen über Sterblichkeit ebenso unentwickelt ist, als es früher die mathematische Fragestellung war, und gerade die hier zur Klärung dienenden Arbeiten sind dem Verfasser unbekannt geblieben.

Es dürfte sich hiernach das Urtheil herausstellen, dass die Schrift, soweit darin die Verarbeitung von Material geboten wird, nicht genügt, ja nicht einmal leistet, was nach Vorbildern hätte geleistet werden können; soweit aber im ersten Theil der Process der Bevölkerungsbewegung und die directe Ermittelung der Sterblichkeit dargestellt werden, ist die Arbeit vielleicht nicht scharf genug, aber doch im Ganzen richtig und klar.

Jedenfalls ist hier der willkommene Beweis geliefert, dass es auch für das nicht mathematisch gebildete Publikum möglich ist, die Ergebnisse der Theoretiker zu verstehen und zu benutzen; möchte diese Erfahrung endlich für die statistischen Bureaus fruchtbar werden.

Leipzig. G. F. Knapp.

XI.

H. Weibezahn, Kritische Umschau auf dem Gebiete der Vorschläge zur deutschen Münzreform. Köln und Leipzig 1870. 80 Seiten. 8⁰.

Das vorliegende Heft ist polemischen Inhalts und verfolgt einen doppelten Zweck. Bekanntlich hatte im Jahre 1867 der bleibende Ausschuss des deutschen Handelstages eine Preisfrage darüber ausgeschrieben, welche Vorbereitungsmassregeln bei einem Uebergange von der Silber- zur Goldwährung in Beziehung auf die Erfüllung bestehender Zahlungsverbindlichkeiten zu ergreifen sein würden. Zu den gekrönten Schriften gehörte auch die unseres Verfassers (Zur deutschen Münzreform), der seine Ansichten alsdann in einer weiteren Broschüre (Der Goldgulden als die demnächstige deutsche Rechnungs-münze) näher ausführte. Die Beurtheilung seiner Arbeit seitens des Preisrichteramtes war aber eine solche, dass sie — obschon sie „wegen des energischen Denkprocesses, aus welchem sie hervorgegangen" als preiswurdig erklart — doch als auf einem Grundirrthum beruhend bezeichnet wurde. Der Vorwurf der Preisrichter und speciell des Referenten Meyer-Breslau stutzte sich darauf, dass der Verfasser als Gonsequenz seines an die Spitze gestellten Satzes: Geld ist Waare, dahin gelangt sei, Geld mit dem in einem Lande circulirenden Edelmetall für identisch zu halten. Hiergegen legt nun der Letztere in vorliegender Schrift Verwahrung ein, indem er nachweist, wie er diese Behauptung weder dem Wortlaute noch dem Sinne nach aufgestellt habe. Dies der eine Zweck seiner Abhandlung.

Der andere und jedenfalls interessantere ist, wie schon der Titel andeutet, einen kritischen Ueberblick über die Literatur zu geben, welche auf eine bevorstehende Münzreform in Deutschland Bezug hat und entweder dem Ausschreiben des bleibenden Ausschusses des Handelstages ihre Entstehung verdankt und von ihm veröffentlicht ist (Grote, Millauer) oder in Folge der schwebenden Frage einer Neugestaltung hervorgerufen wurde (Xeller, Augspurg, Nothomb, Schultz, Prince-Smith, Faucher, Soetbeer, Mosle). Der Verfasser versucht hier nun, den in seinen oben angeführten Schriften vertretenen Standpunkt den übrigen Schriftstellern gegenüber aufrecht zu halten und die ihm widerstreitenden Ansichten zu entkräften. Man wurde daher irren, wenn man in seiner Arbeit eine ausführliche, motivirte Darstellung seiner Grundsätze erwartete. Dieserhalb verweist er auf seine beiden voraufgegangenen Arbeiten, die hier eine werthvolle Ergänzung erhalten. Sein Standpunkt gegenüber den anderen namhaft gemachten Autoren ist im Kurzen folgender.

Wie sämmtliche Schriftsteller ist er von der Reformbedürftigkeit unserer dermaligen Munzzustände durchdrungen. Es genügt ihm jedoch nicht, blos zwei freilich sehr fuhlbare Mängel: den Abgang eines einheitlichen Systems und einer decimalen Gliederung gehoben zu sehen. Den Kern des zeitweiligen Uebelstandes erkennt er mit Recht in der Silberwährung und zwar wegen der übergrossen Menge papierener Circulationsmittel und dem zeitweiligen Abgange der für den gewöhnlichen Tagesverkehr erforderlichen Courantmünzen, wie sie diese Wahrung mit sich bringt, namentlich aber deswegen, weil von den vier ersten Handelsstaaten der Welt nur Deutschland noch das Silber als Werthmesser und Hauptzahlungsmittel verwendet, wodurch der Verkehr Deutschlands mit den übrigen Ländern nicht nur belästigt, sondern unter Umständen ausserordentlich vertheuert wird. Sein Zielpunkt ist daher der Uebergang zur Goldwährung. Hinsichtlich der Grundlage, welche dem neuen Munzsystem zu geben ist, bestehen aber Meinungsverschiedenheiten: die einen und unter ihnen der Verfasser empfehlen den Anschluss an den französischen Geldmünzfuss, von anderer Seite (Nothomb) wird befürwortet, durch einen Vertrag zwischen Deutschland, England und Nordamerika eine Uebereinstimmung ihrer Münzsysteme auf der Grundlage von 1 Gramm Feingold herbeizuführen. Erscheint unserem Verf. dieser Vorschlag auch als der theoretisch rationellste, so glaubt er doch, dass er praktisch unerreichbar sein würde. Er selbst fordert, wie gesagt, Anschluss an das französische Münzsystem und zwar bezeichnet er den zehnten Theil des goldenen 25-Frankenstücks unter dem Namen „Goldgulden" als künftige Rechnungsmünze. Der

Goldgulden sollte alsdann in 100 Kreuzer $=$ 20 Sgr. zerfallen. Es wurde hiernach die Reduction eine sehr einfache und leichte sein, da genau 50 Kr. $=$ 10 Sgr., 20 Kr. $=$ 4 Sgr. und 10 Kr. $=$ 2 Sgr. und aufsteigend 3 Goldgulden $=$ 2 Thlr. oder 6 Goldgulden $=$ 7 Fl. süd. W. ausmachten. Der Verf. glaubt deshalb auch die andern Vorschläge hinsichtlich der Rechnungsmunze, wie sie namentlich von Grote (1 Guinee $=$ 5 Goldfranken) und von Augspurg (Goldfranken) aufgestellt sind, verwerfen zu müssen.

Eine weitere Streitfrage, die die Schrift berührt, ist die, „ob der Gesetzgeber eine Zwangs-Conversion sämmtlicher bestehender Zahlungsverbindlichkeiten auszusprechen und weiter auch einen für alle Forderungen gültigen Convertirungsmaassstab aufzustellen habe". Die Grote'sche Preisschrift stellt hier die Forderung auf, dass, weil die Einführung der Goldwährung eine finanzielle und nationalökonomische Massregel sei, mit welcher juristische, auf privatrechtliche Verpflichtungen bezügliche Folgen an sich gar nicht verbunden scien, der Staat auch keine Veranlassung habe, Zwangsbestimmungen eintreten zu lassen, sondern dass die Regelung dieser privatrechtlichen Verhältnisse dem Uebereinkommen der Betheiligten vorbehalten bleiben müsse. Dem gegenuber und zwar in Uebereinstimmung mit der Mehrzahl der Autoren vertheidigt H. Weibezahn die Zulässigkeit einer gesetzlichen Regelung des Convertirungsmaassstabes. Gleich wie bei der Ablösung von Zins, Zehnt und sonstigen Abgaben die Intervention des Staates unumgänglich nothwendig war und als gerechtfertigt anerkannt wurde, so hält er sie auch hier erforderlich, wenn nicht die schreiendsten Missstände und Benachtheiligungen herbeigefuhrt werden sollen. Sind nun auch die Mehrzahl der Schriftsteller hinsichtlich einer Zwangsconvertirung einig, so gehen sie doch wieder in ihren Vorschlägen über das zu Grunde zu legende Verhältniss von Silber zu Gold aus einander. Eine Reihe von Autoren hat sich für die Werthrelation von 1 : 15,$_5$, andere von 1 : 15,$_{65}$ ausgesprochen. Herr Weibezahn will den Durchschnitt der letzten 20 Jahre als Maassstab angelegt wissen, wonach sich das Verhältniss von 1 : 15,$_{32}$ herausstellt. Er hält dies um so empfehlenswerther, weil bei dieser Relation der Thaler als der süddeutsche Gulden vermöge der günstigen Verhältnisszahlen von 2 : 3 resp. von 7 : 6 in den Goldgulden ($= \frac{1}{10}$ des goldenen 25-Frankenstücks) umgewerthet werden könne.

Was nun den Vollzug des Ueberganges betrifft, so sei hier nur noch hervorgehoben, dass von der Mehrzahl der von Herrn Weibezahn besprochenen Autoren als Vermittelungsstadium einer Misch- oder Doppelwährung befurwortet wird, dass aber von jedem derselben wieder hierbei besondere Modalitäten in Vorschlag gebracht werden. Herr Weibezahn will dagegen den directen Uebergang zur Goldwährung. Wir verweisen besonders auf diesen Theil seiner Abhandlung, als denjenigen, in welchem er mit Scharfsinn die Nachtheile, welche die Doppelwährung im Gefolge hat, darstellt und die Irrthümer seiner Gegner am gründlichsten widerlegt. Ueberhaupt hat die vorliegende kleine Schrift das unverkennbare Verdienst, jedem Leser einen klaren Ueberblick über die streitenden Ansichten zu geben, welche sich in Bezug auf die bevorstehende deutsche Münzreform in der jüngsten Zeit geltend gemacht haben.   X.

Miscellen.

V.

Auszug aus dem Bericht des nordamerikanischen Special-Steuer-Commissärs David A. Wells über Industrie, Handel, Gewerbe und Steuern in den Vereinigten Staaten von Nordamerika für das Jahr 1869.

Nach der Extra-Beilage zu Nr. 1086 der New-Yorker Handelszeitung.

Rückblick auf die Fortschritte der Nation im Jahre 1869.

Dieselbe rasch und unaufhaltsam fortschreitende Entwickelung, welche mit Ausnahme der Kriegs-Periode das letzte Viertel-Jahrhundert der Geschichte unserer Nation kennzeichnet, characterisirt auch das letzte Jahr derselben. Die Steuer-Einnahmen haben, wie in den letzten Jahren, so auch in diesem die Ausgaben der Nation weit überstiegen; eine arbeitskräftige und Wohlstand schaffende Einwanderung strömte vom Osten und Westen zu; reicher Erntesegen, der Lohn ausgebreiteter Bodencultur, wurde uns zu Theil; das Netz unserer Eisenbahnen zeigt eine weitgreifendere Entwickelung als je zuvor und lebendiger täglicher Verkehr pulsirt zwischen den beiden Oceanen; der Wohlstand des Südens hat sich mächtig gehoben; an unseren Grenzen herrscht Friede; Arbeit und Erwerb bieten sich Jedem: kurzum, die grossartige Lebenskraft der Nation, ihre enormen, in stetiger Entwickelung begriffenen Hilfsquellen und ihr rastloser Unternehmungsgeist versprechen eine baldige gänzliche Heilung der durch den Krieg geschlagenen Wunden und garantiren eine segensreiche Zukunft.

Das Verhältniss der Bundes-Einnahmen zu den Bundes-Ausgaben

zeigt nachstehende Tabelle für die

Fiscaljahre:	Einnahmen.	Ausgaben.	Surplus.
1865—66 ...	D. 558,032,620 06	D. 520,750,940 48	D. 37,281,679 58
1866—67 ...	490,634,010 27	346,729,129 33	143,905,880 94
1867—68 ...	405,638,083 32	377,340,284 86	28,297,798 46
1868—69 ...	370,943,747 21	321,490,597 75	49,453,149 46

Verminderung der Bundes-Schuld.

Die Bundes-Schuld betrug am 1. September 1865, wo sie ihren Höhepunkt erreichte, abzüglich Cassenbestand im Schatze, D. 2,757,689,571 43, dagegen am 1. December 1869, abzüglich Cassenbestand im Schatze und Amortisations-Fond, D. 2,453,559,735 23, hat mithin seit jenem Datum um

D. 304,129,836 20 abgenommen; die Abnahme der Schuld im laufenden Kalenderjahr betrug D. 87,147,466 02.

Die Gesammtkosten des Krieges

ergiebt folgende, thunlichst genaue Aufstellung:

Bundesschuld am 7. März 1861	D. 76,455,299 28
Total-Einnahmen während der vier Kriegsjahre, vom 1. April 1861 bis zum 1. April 1865	675,799,691 94
Total-Einnahmen vom 1. April 1865 bis zum 30. Juni 1869, in welcher Periode der grösste Theil der Ausgaben direct durch den Krieg veranlasst wurde . .	1,908,567,625 09
Bundesschuld am 30. Juni 1869 excl. Cassenbestand im Schatze und Amortisations-Fond	2,489,002,480 58
Abzüglich der beim Ausbruch des Krieges ausstehenden Bundesschuld, D. 76,455,299 28, ergiebt sich als die, für Kriegszwecke angeliehene und nicht aus vorstehenden Einnahmen zurückgezahlte Summe	2,412,547,181 30
Mithin Gesammt-Ausgabe (von Anleihen und Bundes-Einnahmen) für 8¼ Jahre seit Ausbruch des Krieges	D. 4,996,914,498 33
Abzüglich der im Falle des Friedens wahrscheinlich während derselben Periode von der Regierung gemachten Ausgaben auf D. 100,000,000 pro Jahr veranschlagt	825,000,000 00
bleibt .	D. 4,171,914,498 33

welche Summe die Gesammtkosten des Krieges bis zum 30. Juni 1869 repräsentirt. Hierzu kommen noch die anlässlich des Krieges gezahlten Pensionen, die einer Capitalschuld von ca. D. 200,000,000 entsprechen. Ferner sind in Vorstehendem nur die der Bundesregierung durch den Krieg erwachsenen Kosten veranschlagt; ausser diesen aber sind noch dem Volke direct enorme Verluste erwachsen, die sich ohne Uebertreibung folgendermassen specificiren lassen:

Zunahme der Schulden der Einzel-Staaten in Folge des Krieges	D. 123,000,000 00
Zunahme der Schulden der Counties und Städte in Folge des Krieges (schätzungsweise)	200,000,000 00
Kriegs-Ausgaben der Einzel-Staaten, Counties und Städte, die in deren fundirter Schuld nicht inbegriffen (schätzungsweise)	600,000,000 00
Verlust der Nord-Staaten durch Hemmung von Handel, Industrie und Schifffahrt in Folge des Krieges (schätzungsweise)	1,200,000,000 00
Directe Ausgaben und Verluste der Süd-Staaten in Folge des Krieges (schätzungsweise)	2,700,000,000 00

Dies Alles zusammengefasst ergiebt als Totalkosten des Krieges die Summe von nahezu Neuntausend Millionen Dollars, also mehr als die officiell festgestellte Vermehrung des Eigenthums der ganzen Nation während des Jahrzehents von 1850 — 1860.

Miscellen.

Die Einwanderung

in die Ver. Staaten ergiebt für die letzten 14 Jahre nachfolgende Zahlen:

1856	 200,436	1863	 176,282
1857	 251,306	1864	 193,418
1858	 123,126	1865	 248,120
1859	 121,282	1866	 318,554
1860	 153,640	1867	 298,358
1861	 91,920	1868	 297,215
1862	 91,987	1869	 352,569

Zusammen 2,918,213

Davon kommen auf die mit 30. Juni 1869 beendeten 5 letzten Jahre 1,514,816 Personen. Die Einwanderung von Chinesen stieg von 4733 im Jahre 1856 auf 12,874 in diesem Jahre und beträgt für die letzten 14 Jahre 78,817 Personen. Die Zunahme der Bevölkerung durch Fortpflanzung und Immigration zusammen muss auf mindestens 1,100,000 Seelen pro Jahr veranschlagt werden.

Eisenbahnen.

Es wurden in diesem Jahre gegen 5000 Meilen, seit Beendigung des Krieges ca. 13,000 Meilen Eisenbahnen gebaut; nimmt man an, dass eine Bahn 15 Meilen Landes an jeder Seite oder pro Meile 30 Quadratmeilen Landes dem Verkehr und der Cultur eröffnet, so sind durch die in den letzten 5 Jahren gebauten Eisenbahnen. nicht weniger als 390,000 Quadratmeilen Landes — mehr als das ganze Areal Frankreichs und über dreimal mehr als das von Grossbritannien — für allgemeine Productionszwecke als hinzugewonnen zu betrachten.

Die Telegraphen

der Union haben im letzten Jahre einen Zuwachs von mindestens 7000 Meilen Drähten erhalten, gegen 6000, 3000 und 2000 Meilen in den drei Vorjahren.

Die Wiederbelebung und Entfaltung des Südens

liefert den schlagendsten Beweis für den Reichthum dieses Landes und die Thatkraft seiner Bewohner. Der Süden repräsentirte 1860 fast ein Drittel der Gesammt-Bevölkerung und, abgesehen vom Werthe der Sclaven, fast zwei Siebentel des Gesammt-Eigenthums der Union. Das den Krieg beendende Jahr 1865 sah den Süden in einem Zustande vollständiger Vernichtung, in jeder Beziehung gelähmt, ohne Kraft, ohne Muth, ohne Mittel, ohne Verfassung. Die beiden folgenden Jahre waren wegen der enormen Umwälzungen in den Arbeitsverhältnissen fast resultatlos; erst 1868 zeigten sich Symptome der Wiederbelebung; die Ernte dieses Jahres hatte einen Werth von wenigstens 300 Millionen Dollars und dieser grossartige Segen ermuthigte das Volk des Südens zu neuem Streben und Schaffen und entriss es seiner Lethargie. Dem Ackerbau, den Eisenbahnen, der Industrie, der Schifffahrt wurde die ganze Aufmerksamkeit zugewandt und mit wunderbarer Schnelligkeit erblühte neues Leben überall aus den Trümmern. Das gegenwärtige Jahr endlich hat eine noch viel reichere Ernte und lohnende Preise gebracht; die diesjährige Production von Reis in Georgia und Nord- und Süd-Carolina beträgt z. B. 55,000 Tierces gegen 35,000, von Zucker 80,000 Oxh. gegen 37,647

Oxh. im Vorjahre. Noch fehlt es dem Süden an hinreichender Arbeitskraft zur Ausbeutung seiner reichen Naturgaben, aber dieselbe beginnt jetzt, von Europa und China mächtig hereinzuströmen. Und selbst wenn dies nicht der Fall, so würde dennoch der Süden aus eigener Kraft, durch den Gewinn aus dem jährlich zunehmenden Export seiner Producte und die diesem auf dem Fusse folgenden Fortschritte, sich binnen Kurzem wieder zu Wohlstand und Macht heraufzuarbeiten vermögen. Die aus den grossen Ernten realisirten und nicht mehr wie früher zur Unterhaltung der Sclaven nöthigen Mittel werden ausser auf den Ackerbau auch auf alle Zweige der Industrie belebenden Einfluss üben und besonders bald ein reges Fabrikwesen entstehen lassen.

Untrügliche Anzeichen wahren Gedeihens.

Nach dem Vorhergesagten liegt es nahe, zu fragen: „Wenn aber das Alles Wahrheit und nicht übertrieben ist, wenn die Productions- und Restaurationskraft des Landes wirklich eine so enorme, was bedarf's da einer Prüfung und Reform des Steuer-Systems, was brauchen wir da von den Uebeln einer uneinlösbaren Papierwährung zu sprechen?" Statt der Antwort weise ich auf Thatsachen. Die Gesammt-Production der vierzig Millionen starken Bevölkerung eines fruchtbaren und reich gesegneten Landes muss nothwendig eine sehr grosse sein; dahingegen dehnt sich aber auch der jährliche Zuwachs, verstärkt noch durch eine durchschnittliche Einwanderung von 300,000 Seelen, mit Nothwendigkeit über das cultivirte Areal des Landes hinaus, macht eine verstärkte Production von Lebensmitteln nöthig, vermehrt die Arbeitskraft und folgeweise das Capital des Landes; und letzteres Moment findet in Errichtung von Wohn- und Handelshäusern und der Ausdehnung der Communicationsmittel seinen Ausdruck.

Die Fragen des Augenblicks.

Stillstand ist Rückschritt auf unserem Gebiete; wir dürfen uns desshalb nicht damit begnügen, die einzelnen Daten unserer Production lediglich festzustellen und aufzuzählen, sondern wir haben zu fragen: 1) In welchem Verhältniss steht die Production zu dem Consum oder den Ausgaben der Nation? 2) Sind die Hilfsquellen und Vorzüge, welche Boden, Klima, Abstammung und Verfassung bieten, von der Nation bestmöglichst benutzt worden? — 3) und ganz besonders: Hat die bestehende Gesetzgebung das Ziel im Auge, die jährliche Production von Arbeit und Capital auf eine, dem Gesammtinteresse des Volks möglichst förderliche Weise zu vertheilen? Die sorgfältige Beantwortung dieser Fragen ist für eine gründliche Untersuchung des National-Wohlstandes unerlässlich; eine Auslassung derselben würde dem Versuche gleichstehen, aus dem Credit-Conto allein den Stand eines Geschäftshauses feststellen zu wollen; und nur zu oft geben die Schwächen allein den richtigen Massstab für die Stärken. — Die erste Frage bietet selbstredend dem Forscher wenig Gelegenheit zu einer genügenden und erschöpfenden Beantwortung. Den Uebergang zur zweiten Frage bildet folgende Betrachtung:

Gegenwärtiger Werth des Grund- und beweglichen Eigenthums der Nation.

Derselbe wurde nach dem Census von 1860, worin der Werth der Sclaven nicht in Anschlag gebracht, auf D. 14,183,215,628 geschätzt, ferner der Werth der jährlichen Production auf D. 3,804,000,000, die Durchschnitts-Production pro Kopf der Bevölkerung auf D. 121 03 und das Durchschnitts-Eigenthum pro Kopf auf D. 451 26. Vergleichsweise beträgt nach genauesten Schätzungen in England der Gesammtwerth alles Eigenthums D. 30,000,000,000, die jährliche Brutto-Einnahme D. 4,070,000,000, die Netto-Einnahme gegen D. 3,000,000,000, die Durchschnitts-Production pro Kopf D. 134 und das Durchschnitts-Eigenthum pro Kopf gegen D. 1000. Nimmt man die jetzige Bevölkerung der Ver. Staaten auf 39 Millionen und das Durchschnitts-Eigenthum pro Kopf auf D. 451 26 Gold im Jahre 1860 oder D. 600 Papier im Jahre 1869—1870 an, so wurde der gegenwartige Werth des Eigenthums der Ver. Staaten D. 23,400,000,000 betragen, mithin seit 1860 eine Zunahme von D. 9,216,784,370 oder 65 8 Procent ergeben. Der Zuwachs des National-Eigenthums von 1850 (D. 6,174,000,000) bis 1860 (D. 14,183,000,000) betrug 129 Procent, wovon jedoch Viel auf Rechnung sorgfältigerer und eingehenderer Zählungen zu schreiben ist. Eine genaue Vergleichung des Census von 1850 mit dem von 1860 ergiebt eine Zunahme von etwa 65—80 Procent; unter Annahme derselben Verhältnisse würde der Gesammtwerth des Eigenthums im Jahre 1870 D. 25,529,000,000 Gold oder (Gold à 130 angenommen) D. 33,188,000,000 Papier betragen; nach Abzug der als Gesammtkosten des Krieges angenommenen D. 9,000,000,000 würde die Vermehrung des Gesammt-Eigenthums für jenes Jahrzehend auf D. 24,188,000,000 anzuschlagen sein.

Verzögerung der nationalen Entwickelung.

Die Fortschritte der nationalen Entwickelung im letzten Jahrzehend waren im Allgemeinen nicht befriedigend und entsprechen durchaus nicht den hochfliegenden Träumen des oberflächlich Unterrichteten. Zum Belege Dieses beziehe ich mich auf nachstehende, aus officiellen Statistiken entnommene

Aufstellung

der Wähler- und Häuserzahl, des beweglichen und Grundeigenthums und der Besteuerung von Massachusetts vom 1. Mai 1861 bis 1. Mai 1868.

	Wähler.	Häuser.	Bewegliches Eigenthum.	Grund-Eigenthum.	Gesammt-Werth.	Besteuerung.
1861	280,855	178,194	D. 309,397,669	D. 552,087,749	D. 861,485,418	D. 7,600,501
1862	276,443	178,450	315,311,213	543,669,113	858,980,326	8,605,511
1863	275,758	183,528	343,500,267	553,650,716	897,150,983	10,599,097
1864	281,220	185,232	324,584,847	577,298,256	901,883,103	12,876,850
1865	287,655	188,005	386,079,955	605,761,946	991,841,901	16,800,332
1866	306,993	190,439	430,272,298	651,043,703	1,081,316,001	15,694,039
1867	315,742	195,388	457,728,296	708,165,117	1,165,893,413	19,104,074
1868	332,759	200,267	469,775,322	750,723,617	1,220,498,939	16,056,193

Für die von mir aufgestellte Behauptung spricht am deutlichsten das aus dieser Tabelle ersichtliche Factum, dass die Zunahme von Häusern nicht gleichen Schritt hält mit der Zunahme der Bevölkerung; so kamen 1861 auf je 100 Häuser 157 Wähler, dagegen nach 8 Jahren 166 Wähler, oder m. a. W. es waren während jener Periode 9 Wähler, vielleicht Familienväter, aus industriellen Ursachen der Unabhängigkeit und Bequemlichkeit, welche ein eigener Haushalt bietet, beraubt worden; der arme Theil der Bevölkerung war also ärmer geworden, einerlei wie reich die Reichen. Die in obiger Tabelle gegebenen Resultate sind um so erstaunlicher, wenn man bedenkt, dass der Hauptreichthum von Massachusetts in Fabriken besteht, und der Uneingeweihte vermuthen sollte, sein Wohlstand sei desshalb in hohem Grade durch den bestehenden sog. „Schutz"-Tarif gefördert, den drückendsten und rigorösesten, der jemals zum Wohle einer mannigfaltigen Industrie ersonnen worden. Ich beabsichtige hier nicht, irgendwelche Befürchtungen oder Zweifel betreffs der Nation wachzurufen, sondern ich will nur constatiren, dass die Entwickelung der Nation, genau betrachtet, nur sehr langsame Fortschritte gemacht hat. Zu dem Ende verweise ich noch auf folgende

Tabelle.

Staaten.	Gesammtwerth des beweglichen und Grund-Eigenthums nach Ausweis der Staatskataster: 1861.	1865	1868.	Procentsatz d. Zunahme seit 1861.	Als Basis angenom. Goldagio.
Rhode Island	D.121,118,126	....	D.187,697,591	55	35
Connecticut .	224,962,514	....	312,574,408	39	35
Ohio.	892,850,084	....	1,143,461,386	28	35
Indiana . . .	441,562,339	....	587,970,549	33	35
Pennsylvania	569,049,867	D.595,591,994	....	4½	35
New-York .	1,441,769,430		1,766,089,140	22½	35

Wie man sieht, erreicht in nur zwei der aufgeführten Staaten der Procentsatz der Eigenthums-Zunahme das angenommene Gold-Agio, dessen Durchschnitt für 1868 sich ausserdem sogar auf 39,6 stellt. Wollte man die, hier unberücksichtigte, Vermehrung der Bevölkerung jener Staaten noch in Betracht ziehen, so wurde sich wohl für keinen eine Zunahme des steuerbaren Eigenthums herausstellen. Diese, lediglich in der oben ausgesprochenen Absicht gemachten Angaben haben indessen wenig Anspruch auf Correctheit wegen der Mangelhaftigkeit des americanischen Kataster-Systems und weil unendlich viel Privat-Eigenthum der Besteuerung gänzlich entzogen wird.

Factoren, welche eine rasche Zunahme des National-Reichthums hindern.

Unter dieser Rubrik ist aufzuführen

1) **Die Lage unseres Handels mit dem Auslande.**

Beim Ausbruch des Krieges wurden aus Misstrauen in die Zukunft dieses Landes fast sämmtliche in anderen Ländern gehaltenen americanischen Securitäten — des Bundes, der Einzel-Staaten und der Corporationen — fast zu jedem Preis retournirt, so dass im Jahr 1863 fast keine mehr im Auslande gehalten wurden. Seit jener Zeit sind von den Ver. Staaten Obligationen im Betrage von annähernd D. 1,400,000,000 wieder in's Ausland gegangen, die sich etwa folgendermassen classificiren lassen:

Bundes-Obligationen.

Ueber den Betrag der seit 1862—1863 in's Ausland gegangenen Bundes-Obligationen weichen europäische und americanische Bauquiers stark von einander ab; als Minimum wird jedoch von beiden sieben bis acht hundert Millionen angegeben. Nachstehende Aufstellung ist mir von dem New-Yorker Hause Jay Cooke & Co. geliefert und hat gegrundeten Anspruch auf Richtigkeit.

Fünfprocentige Obligationen pro 1871 und 1874 . . .	D.	15,000,000
Sechsprocentige - pro 1881		90,000,000
Fünf-Zwanziger von 1862		380,000,000
do. von 1864		30,000,000

Miscellen.

Fünf-Zwanziger von 1865 (Coupon fällig Mai u. November)	D. 120,000,000
do. von 1865 (Coupon fällig Januar u. Juli)	200,000,000
do. von 1867	120,000,000
Zehn-Vierziger	25,000,000
Registrirte Obligationen aller Emissionen	20,000,000
Total	D. 1,000,000,000

Andere Obligationen.

Der Betrag der im Auslande gehaltenen Obligationen von Einzel-Staaten ist nach meinen Forschungen über D. 100,000,000. Durch die betr. Staatsbehörden positiv festgestellt sind nur folgende Zahlen:

Alabama	D. 1,483,260
Georgia	72,000
Illinois	1,400,000
Louisiana	5,235,933
Massachusetts	12,277,500
Michigan	800,000
Missouri	1,500,000
New-York	2,440,999
Ohio	3,500,000
Pennsylvania	9,458,600
Virginia	7,523,500
Total	D. 45,691,792

Diese Zahlen umfassen jedoch nur die ursprünglich durch bestimmte Staats-Agenturen an fremde Märkte gebrachten Obligationen, nicht aber die vielen im Laufe der Zeit hinausgeschickten, so dass meine Schätzung jedenfalls nicht übertrieben ist. Von Eisenbahn-Obligationen und Actien werden nach meiner, zum grössten Theil auf authentische Angaben basirten Ueberzeugung D. 130,000,000, resp. D. 113,000,000, zusammen also D. 243,000,000 im Auslande oder für ausländische Rechnung gehalten. Von diversen Securitäten hält das Ausland folgende, theils constatirte, theils geschätzte, Posten:

Stadt-Obligationen	D. 7,500,000
Canal-Obligationen	5,063,967
Minen-Obligationen und Actien	10,000,000

Hinzuzufügen sind noch: europäisches Capital, wegen der dortigen niedrigen Zinsrate hier in Wechseln, Credit-Saldi etc. angelegt, D. 50,000,000; cubanisches, wegen der Revolution zeitweilig transferirtes Capital, D. 25,000,000, und fremdes Geld in hiesigen Hypotheken etc. D. 25,000,000.

Recapitulation.

Obligationen der Einzelstaaten	D. 100,000,000
Eisenbahn-Obligationen	130,000,000
Eisenbahn-Actien	113,000,000
Minen-Obligationen und Actien	10,000,000
Stadt-Obligationen	7,500,000
Diverse Obligationen und Actien	5,000,000
Zeitweilig hier angelegtes fremdes Capital	50,000,000

Cubanisches Capital . . . . D. 25,000,000
Hypotheken 25,000,000
Total . . . . D. 465,500,000
Zuzüglich der oben angeführten Bundes-Obligationen 1,000,000,000
beträgt die Gesammtschuld der Nation an das Ausland D. 1,465,000,000 worauf nach der Durchschnittsrate von 6 % jährlich D. 87,930,000 Zinsen zu entrichten sind und circa D. 80,000,000 regelmässig gezahlt werden.

Unser Debet-Conto mit dem Auslande für das Jahr 1868—1869.

So enorm schon vorstehende Summe ist, steigert sich doch unsere Verschuldung dem Auslande gegenüber fortwährend, wie aus folgender Tabelle für das mit dem 30. Juni 1869 beendete Fiscaljahr ersichtlich:
Import von Waaren (Goldwährung) . . . . D. 417,371,765
Export (Goldwährung) . . . . . . D. 275,611,591
Re-Export . . . . 10,907,753 — 286,519,344
D. 130,852,421
Abzüglich Ueberschuss unverzollter fremder Waaren im Jahre
1869 gegen 1868 14,702,079
Bleibt Debet für Waaren für 1868—1869 . . . . . D. 116,150,342

Import und Export gemünzten und ungemünzten Edelmetalls.

Export . . . . D. 42,915,966
Re-Export 14,222,414
Zusammen . . . . D. 57,138,380
Import 19,654,776
Mithin Verlust an gemünztem und ungemünztem Edelmetall D. 37,483,604

Angenommen selbst, letzterer Posten könnte ausschliesslich auf Rechnung des Waaren-Contos geschrieben werden, so bliebe doch noch ein **Debet** von D. 78,666,738.
Hierzu kommen noch folgende Posten:
Zinsen auf amerikanische Papiere im Besitz des Auslandes
(schätzungsweise) . . . . D. 80,000,000
Mehrbetrag der durch fremde Schiffe verdienten Fracht*) . 24,000,000
Ausgaben von Amerikanern im Auslande (25,000 mehr im
Auslande reisende Amerikaner als Amerika besuchende
Ausländer angenommen zu durchschnittlich D. 1000) „ 25,000,000

Angenommen, dass Schmuggel und Betrügereien beim Import und Export sich gegenseitig aufheben, würde demnach das Gesammt-Debet-Conto der Union sich jetzt auf annähernd D. 210,000,000 pro Jahr belaufen. Diesem stets wachsenden Schulden-Conto kann nur durch Ausstellung von Schuld-Certificaten — des Bundes, der Einzelstaaten wie der Corporationen — begegnet werden, und dies geschieht auch zweifelsohne Monat für Monat, Jahr für Jahr. Zu untersuchen, wohin dies zuletzt führen wird, ist hier nicht meine Aufgabe; ich will hier nur constatiren, dass wir vor dem Kriege unsern ganzen Import mit unserer eigenen Production nicht nur völlig deckten, sondern sogar nur so viel Gold in's Ausland sandten, als für uns nutzlos

---

*) Die in unserem Gesammthandel verdiente Fracht betrug 1859 D. 695,557,592, dagegen 1869 D. 876,364,060, davon kamen auf amerikanische Schiffe resp. D. 465,741,381 und D. 288,916,927.

oder sogar schädlich gewesen wäre; jetzt aber steht unsere **Gesammt-Production** nicht mehr in dem Verhältniss zu unserem **Gesammt-Consum**. Ferner sei noch bemerkt, dass Ausstellung von Obligationen nur Aufschiebung der Zahlung ist, und dass wir also mit der Production späterer Jahre den Import nicht nur jener, sondern auch früherer Zeit werden zu decken haben. Product gegen Product, das ist die einzig gesunde Basis internationalen Handels-Verkehrs.

Zersplitterung und Entartung unserer Industrie.

Ein anderer Beleg für das Aufhören des früheren gesunden Verhältnisses zwischen der Production und dem Consum der Nation ist der Umstand, dass in den letzten Jahren ein grosser Theil der Bevölkerung, geblendet durch die während der Periode des Papiergeld-Ueberflusses erzielten grossen Gewinne auf mercantilem Gebiete, seine frühere, direct Reichthum producirende Beschäftigung (als z. B. Handwerker) aufgegeben und sich dem Handel und der Speculation zugewandt hat; die Geschäfte der Banken, Makler, Versicherungs-Gesellschaften, ferner Commissions-Geschäfte, Agenturen und alle Branchen der Speculation sind desshalb überfüllt mit Kräften. Dieses, fast ausschliesslich auf eine voluminöse, aber entwerthete Papierwährung zurückzuführende Symptom ist aber durchaus kein Zeichen gesunder Entwickelung. Die nationale Production leidet darunter: direct durch Entziehung grosser Arbeitskräfte von productiver zu weniger oder gar nicht productiver Beschäftigung, und indirect durch Erzeugung eines Geistes der Unzufriedenheit unter Denen, die beim Handwerk oder Ackerbau zurückgeblieben sind, welche die Quantität wie die Qualität ihrer Production beeinträchtigt. Sorgfältige, von competenten Männern in den verschiedensten Theilen der Union eingezogene Erkundigungen ergeben, dass durchschnittlich der Arbeiter (Handwerker) von heute quantitativ zwischen 10 und 30 Procent weniger producirt als der von 1860, bei ungefähr gleicher Qualität der Arbeit. Nur ein Beispiel für Tausende: In den "Morgan Iron Works" in New-York wurde 1858 eine Dampfmaschine gebaut, die inclusive Profit des Fabrikanten D. 23,000 kostete und 2323 Arbeitstage in Anspruch nahm; 1869 erforderte eine Maschine genau derselben Arbeit und Grösse 3538 Arbeitstage und kostete D. 40,000, wobei die Fabrik noch D. 5000 Schaden erlitt. Der Arbeiter verdient nicht mehr in dem Grade seinen Lohn und er hat nicht mehr das Interesse an seiner Arbeit wie früher. Fragte man mich nach dem Grunde dieser Erscheinung, so würde ich antworten: "Der Grund ist, dass ein entwerthetes Papiergeld und eine ungleichmässige Besteuerung dem Arbeiter einen Theil des Resultates seiner Arbeit entzieht, ohne ihm ein Aequivalent zu geben. Der Arbeiter fühlt dies, aber er sieht nicht den wahren Grund, und er sucht in Ausständen, Achtstundengesetzen und dergleichen eine künstliche Abhülfe, während die natürliche einfach sein würde, ihm gutes Geld, einen gesunden Werthmesser, zu geben und ferner Gesetze, welche eine gleichmässige Vertheilung des, aus dem Ueberschuss der Production über den Consum resultirenden jährlichen Surplus sichern."

Die Abnahme des Viehstands in einzelnen Regionen

ist ein ferneres Beleg für das oben angeführte Zurückbleiben unserer Production gegenüber dem Consum und der Bevölkerung. Nach officiellen Berichten zählte man z. B. im Staate Ohio in diesem Jahre **1,416,205 Schafe**,

356,629 Schweine, 19,085 Rinder und 391 Maulthiere weniger als im Vorjahre; die auf die ganze Union sich erstreckende Abnahme der Schafe wird von Sachkundigen auf 4,000,000 Stück im letzten Jahre, auf 25% des ganzen Bestandes während der letzten 2 Jahre geschätzt.

Verhältniss zwischen Capital und Product.

Ein weiterer Factor, der die Productivität dieses Landes lähmt, ist der erhöhte Preis aller, für industrielle Zwecke erforderlichen Geräthe, Instrumente und andere hier einschlagenden Requisiten, der, wie jeder Geschäftsmann weiss, seit 1860 auf das Doppelte gestiegen ist. In der Baumwollspinnerei z. B. kostete 1860 die Maschinerie pro Spindel D. 15—17 Gold, jetzt dagegen D. 30—33 Papier, was bei einem Agio von 25 einer Preissteigerung von 50% gleichsteht. Dazu kommt noch, dass das somit erforderliche grössere Capital sich mehr und mehr der Industrie entzieht und auch dadurch deren Entwickelung hemmt; 1858 kostete eine Kiste fertiger Stiefel D. 27 25, sechs Monate Ziel; jetzt hingegen wird, obgleich durch verbesserte Maschinerien etc. die Productionsfähigkeit des einzelnen Arbeiters in diesem Zweige um mindestens 25% erhöht ist, für dieselbe Kiste D. 41 pro Cassa, mithin 50% mehr, bezahlt. Indirect hat der erhöhte Preis aller industriellen Requisite die weitere üble Folge, dass er die Arbeit mehr dem Capital unterordnet und es dem Arbeiter weit schwieriger macht, sich zur Stellung eines unabhängigen Producenten emporzuschwingen. Die Industrie concentrirt sich unter diesem Drucke mehr und mehr in enorme Etablissements, die in gewisser Ausdehnung allerdings ihre Vortheile haben, in ihrem jetzigen Umfange aber, weil die Noth, nicht der freie Wille des Arbeiterstandes sie geschaffen, nur schädliche Einflüsse üben. Und dies Uebel erhöhter Productionskosten schadet nicht nur der Gegenwart, es trägt auch eine schwere und stets wachsende Bürde auf die Zukunft hinüber. Ein anderer Beleg für obige Behauptungen drängt sich auf. Das für einen grossen Waarenladen erforderliche (importirte) Fensterglas kostet D. 29,000 Papier; ein Viertel dieser Summe repräsentirt die Entwerthung unserer Valuta, ein Drittel des Restes den darauf erhobenen Zoll, so dass als Preis des Artikels am ausländischen Markt incl. Transportkosten, Profite etc. D. 14,500 bleiben; diese 100% betragende Vertheuerung wird naturlich, so lange jener Laden besteht, die in ihm verkauften Waaren ebenfalls entsprechend, wenn nicht mehr, vertheuern und ausserdem noch andere Industriezweige durch grössere Capitalsentziehung schädigen.

Die Nutzbarmachung unserer natürlichen Hülfsquellen und Vortheile

lässt, abgesehen von einzelnen durch die Natur oder unseren Erfindungsgeist besonders begünstigten Artikeln, wie Baumwolle, Petroleum, Edelmetalle, Nähmaschinen und Feuerwaffen, Vieles zu wünschen übrig. Der Transport roher Baumwolle, deren Hauptquelle die Ver. Staaten früher waren und bald wieder sein werden, nach ausländischen Spinnereien kostet fast ebenso viel Arbeit und Capital, wie die einheimische Manufactur dieses Welt-Stapelartikels; der Export einheimischer Baumwollstoffe ist trotzdem seit 1860 auf ein Viertel zusammengeschrumpft. Die Union würde in einheimischen Webstoffen erfolgreich mit allen Nationen concurriren können, wenn die Fabrikationskosten sich ca. 15% reduciren liessen; das ist aber bei den gegenwärtigen Preisen von Nahrung, Kleidung, Wohnung und Feuerung, wo der Fabrikarbeiter nur grade sein Leben fristen kann, nicht möglich, wenn nicht die Gesetzgebung durch die schon oft betonten Mittel jene Lebensbedürfnisse billiger macht. Es ist ferner der Wunsch des Volkes, die Wollindustrie zu beleben und auszudehnen; aber eine fürsorgliche Regierung hält es für gut, den americanischen Fabrikanten gerade des Vortheils zu berauben, den alle seine ausländischen Concurrenten vollständig geniessen, nämlich eine unbeschränkte Zufuhr aller Varietäten des Rohmaterials; so liegt unsere Wollspinnerei natürlich danieder und unser Export von Wollstoffen hatte im letzten Fiscaljahr den lächerlichen Werth von D. 160,000, während der vom kleinen Grossbritannien D. 129,000,000 betrug. Ferner: ein americanischer Stiefel war im Jahre 1858 der billigste und beste der Welt; jetzt aber, trotz verbesserter Maschinen und Erfindungen, kostet er mehr als damals; in Folge dessen haben die übrigen Nationen sich anderen Märkten dieses Artikels zugewandt und unser Rheder verliert dadurch seine Fracht, unser Fabrikant seinen Profit, unser Arbeiter seine Beschäftigung. Dieser Industriezweig ist also unterdrückt, anstatt gehoben zu werden, und der Werth des Exports ist seit 1863 von D. 1,329,000 auf D. 475,050 i. J. 1869 gesunken Schon diese Beispiele, deren ich noch viele geben könnte, zeigen zur Genüge, dass die natürlichen Ressourcen dieses Landes, Dank der Einsicht unserer gesetzgebenden National-Oeconomen, nicht, wie sie könnten und sollten, ausgebeutet und nutzbar gemacht werden. Auf die Exportfrage kann nicht Gewicht genug gelegt werden; denn da ein Export nur denkbar, wenn der betr. Artikel so billig geliefert werden kann, wie irgend eine andere Nation ihn liefert, so ist die Fähigkeit eines Staates zu exportiren, der sicherste Maassstab für seine Fähigkeit, den einheimischen Markt zu versorgen.

Vertheilung des jährlichen Reingewinns von Arbeit und Capital.

Ich gehe zu der dritten Frage über: „Hat die bestehende Gesetzgebung das Ziel im Auge, den jährlichen Gewinn aus Arbeit und Capital auf eine, dem Gesammtinteresse des Volks möglichst förderliche Weise zu vertheilen?" Zuvor jedoch ein kurzer Blick auf die Entwickelung der menschlichen Gesellschaft, die ich in Producenten und Nicht-Producenten eintheile: Jene Eigenthum schaffend, Diese einen möglichst grossen Theil davon ziehend, Jene in grösserer Anzahl, aber weniger intelligent, Diese in kleiner Zahl, aber thätigeren Geistes. Im ersten Stadium der Gesellschaft existirt Eigenthum gar nicht oder nur als Gemeingut; im zweiten treten individuelle Rechte auf, aber es herrscht Faustrecht, der Stärkste ist der Besitzer; im dritten wird zwar die Gewalt unterdrückt, aber an ihre Stelle tritt Diebstahl und Betrug; im vierten Stadium endlich wir — und in diesem leben wir — verschwinden jene groben Mittel, Eigenthum zu übertragen, und die Nicht-Producenten, jetzt die grössere Classe, greifen zu unendlichen Listen und Kniffen. Zwar widersetzt sich der Producent instinctmässig, so gut er kann, wie er früher der Gewalt und dem Diebstahl sich widersetzte; aber sein Gegner macht die Gesetze des Landes und spinnt seine Anschläge auf des Andern Habe so fein, dass Jener sie nicht durchschaut. So geht der alte, seit dem ersten Dämmern der Civilisation alle Nationen durchziehende Kampf weiter, der Producent sucht festzuhalten, sein Gegner an sich zu raffen, und dieser wird reich, jener aber ärmer. — Ich will das Gesagte practisch illustriren. Armuth in America ist nicht der umfassende Begriff wie in Europa, wo ihre letzte

Stufe der Hungertod; Armuth bedeutet hier nur das Entbehren von Bequemlichkeit und Luxus. Mit den Worten: "unsere Armen werden ärmer," will ich sagen, dass heutzutage ihre absoluten Lebensbedurfnisse eine grössere Quote ihres Erwerbes erfordern als früher; die Kosten des Unterhalts haben sich verdoppelt, der Erwerb aber ist nur um die Hälfte gestiegen. Hier nur einige Beispiele. In Massachusetts, wie schon oben gezeigt, kamen 1868 auf je hundert Häuser 9 Wähler mehr als 1861. Die Baumwollspinnerei und die Fabrikation von Stiefeln, Schuhen und Hüten haben nicht nur abgenommen, sondern auch der einheimische Consum jener Artikel hat nachgelassen. Der Umstand, dass ein Fallen der Baumwollpreise selbst die grössten Läger räumt, beweist, dass bei gewöhnlichen Preisen Millionen unseres Volkes sich diesen unentbehrlichsten und billigsten Kleidungsstoff versagen müssen. Die Gehalte unserer Prediger und Lehrer sind seit 1861 zwar gestiegen, aber nicht im Verhältniss zu der Vertheuerung aller Lebensbedurfnisse. Die Ausweise der Sparbanken, dem oberflächlichen Beobachter einen erfreulichen Fortschritt zeigend, bekräftigen bei genauer Prüfung nur die Wahrheit meiner Behauptung. In Massachusetts betrugen die Depositen 1860 D. 45,000,000, 1869 D. 71,000,000, die Zunahme also in acht Jahren D. 26,000,000 oder sechs Millionen weniger, als die Depositen von 1860 mit Zinseszinsen zu 7% jetzt betragen würden. Die Depositen der Sparbanken im Staat New-York betrugen 1861 D. 67,000,000, und 1869 D. 127,000,000, also für 8 Jahre nur 12 Millionen mehr, als die Depositen von 1861 mit Zinseszinsen wurden betragen haben; steht dies im Verhältniss mit der Zunahme der Bevölkerung dieses Staates während jener Periode? Noch drastischer würden diese Facta hervortreten, wenn ich anstatt der angenommenen Einheit des Papier-Dollars das Aequivalent desselben in Lebensbedürfnissen für die Jahre 1860 und 1869 gesetzt hätte. Die Hauptdepositoren der Sparbanken waren früher die für Tages- und Wochenlohn hart arbeitenden Leute, jetzt grade das Gegentheil. Ferner ist zu erwagen, dass die Sparbanken einen grossen Theil ihres Zuflusses den durch entwerthetes Papier und unvernünftige Besteuerung enorm angewachsenen Preisen von Grundbesitz und Häusern verdanken, die dem Arbeiter verwehren, sich und den Seinen einen eigenen Herd zu gründen; das in ihnen ruhende Capital wartet nur auf bessere Zeiten — niedrigere Preise und geregelte Werthe: wahrlich, kein Zeichen gesunder Zustände! Ich schliesse diese Betrachtung mit folgender

Tabelle der von Gemeinden des vierten Districts von Maine in den Jahren 1861 und 1868 für Armenpflege verausgabten Gelder im Vergleich zur Zahl ihrer Wähler.

Gemeinden.	Verausgabte Summen. 1861.	1868.	Wähler. 1861.	1868.
1. Brewer . . .	D. 577 45	D. 1,573 00	532	609
2. Dover	782 00	1,367 00	401	421
3. Cornish . . .	610 42	1,057 10	Nicht angegeben.	Nicht angegeben.
4. Dexter . . .	476 16	1,166 74	314	536
5. Orono	1,000 00	1,500 00	Nicht angegeben.	Nicht angegeben.
6. Honiton . . .	613 32	1,630 97	387	431
7. Lincoln . . .	600 00	800 00	Nicht angegeben.	Nicht angegeben.
8. Presque Isle . .	45 00	300 96	Nicht angegeben.	Nicht angegeben.
9. Oldtown . . .	1,636 83	4,087 30	645	688
10. Bangor . . .	11,204 05	13,931 62	3,335	3,336
Total . .	D. 17,545 23	D. 27,417 69		

Factoren, welche eine gleichmässige Vertheilung des National-Reichthums hindern, sind zwei, nämlich **eine voluminöse, entwerthete, uneinlösbare Papierwährung und eine übertriebene, ungleichmässige Besteuerung.** Bis jetzt sind die colossalen, durch den, eine nationale Verarmung drohenden, Krieg herbeigeführten Verluste durch den Ueberfluss von Papiergeld und eine gesteigerte industrielle Regsamkeit dem Auge des grossen Publikums mehr oder weniger verhullt gewesen; jetzt aber, bei allmäliger Rückkehr zu normalen Verhältnissen, beginnen Einflüsse sich geltend zu machen, die bislang unbeachtet geblieben. Eine forcirte Sparsamkeit beschränkt den Consum und lässt folgeweise unsere Märkte mit den verschiedensten Artikeln uberfullt; dieser Umstand ubt wiederum einen Druck auf die Production, die in grosser Ausdehnung aufgehört hat, gewinnbringend zu sein. Ich will nun im Folgenden untersuchen, wie jene beiden Factoren eine ungleichmässige Vertheilung des National-Reichthums herbeiführen; wie sie die Massen verarmen lassen, die natürliche Entwickelung der Industrie hemmen und alle segenbringenden commerziellen Beziehungen zum Auslande zerstören.

Nachtheile einer entwertheten, uneinlösbaren Papierwährung und ungleichmässiger Besteuerung für den Farmer.

Die Production von Brodstoffen in den Ver. Staaten, wo die Farmer mit ihren Familien die Hälfte der Bevölkerung ausmachen, übersteigt den heimischen Consum bei Weitem; der enorme Ueberschuss muss also an das Ausland verkauft werden. Aber wegen der nahen Concurrenz der Ostseeländer und Süd-Russlands kann der Farmer nicht seine Preise bestimmen, sondern die Preise bestimmen ihn; Versuche, durch Zuruckhalten dieses Ueberschusses vom Markte die Preise zu forciren, sind nicht nur stets erfolglos gewesen, sondern haben noch grösserere Verluste herbeigeführt; denn wo, wie hier, die Farmer nach Hunderttausenden zählen, ist einmuthiges Zusammenwirken in dieser Richtung eine Unmöglichkeit. Es muss also verkauft werden und zwar zu jedem, von den grossen Stapelplätzen des Auslandes dictirten Preise.

Verhältniss des Ackerbaus zu einzelnen Industriezweigen.

Es ist eine irrige Ansicht, dass ein günstiger einheimischer Markt für die Producte des Ackerbaus durch die Bluthe einzelner specieller Industriezweige bedingt sei. Nach einem sehr liberalen Anschlage consumiren alle, in den Baumwoll- und Wollspinnereien und den Eisenwerken dieses Landes beschäftigten Leute zusammen 4,1% der Gesammtproduction von Brodstoffen; einen weit grösseren Consum repräsentiren dagegen die gewöhnlichen Arbeiter, die Künstler und Diejenigen, welche bestimmten Professionen folgen, mit ihren Familien. Da aber schon der Staat Illinois allein, wenn völlig cultivirt, die ganze Bevölkerung der Union genügend mit Brodstoffen zu versorgen vermag, so liegt es auf der Hand, dass selbst von unseren Mittelernten der grössere Theil auf ausländische Märkte angewiesen ist; und da ein und derselbe Artikel auch nur einen und denselben Preis haben kann, so ist der Exportpreis hier stets massgebend für den am einheimischen Markt. Aber dieser zu exportirende Ueberschuss würde mehr werth sein, wenn wir eine geregelte Valuta und geringere, gleichmässige Besteuerung hätten. Die Transport- und Lagerkosten etc. des Artikels sind wenigstens 10% höher, als sie bei normaler Valuta und Besteuerung sein wurden; da der Exporteur nicht weiss, wie hoch nach 60 oder 90 Tagen das Gold-Agio sein wird, so sichert er sich gegen Verluste, welche die Fluctuationen des Goldes drohen, durch einen Aufschlag von 1—4%; da aber ferner das Ausland den Preis dictirt, so fällt dieser Aufschlag als Verlust auf den Producenten zurück, und zwar, nach dem eben aufgestellten Principe, nicht nur für den zu exportirenden Theil des Products, sondern für die ganze Ernte. So steht der americanische Farmer beim Verkauf; sehen wir nun, wie er einkauft. Er will für sein Product nicht Geld, sondern das, was er mit dem Gelde kaufen kann, haben, z. B. Salz, Kohlen, wollene Decken. Das Salz könnte er in Liverpool oder Cadix für 15—20 C. pro Bushel kaufen, aber Dank unserem Papiergelde und unserem Tarif steht er sich besser, wenn er americanisches für 40—45 C. pro Bushel kauft, d. h. die halbe Quantität für dasselbe Geld und ohne dass die Regierung einen erheblichen Vortheil daraus zöge. Von Kohlen könnte er, wenn er z. B. in Maine lebte, 20 Tons aus Nova Scotia für D. 100 bekommen, aber die auf dem Import lastende Steuer von D. 1 25 Gold pro Ton macht es ihm billiger, D. 1 50 pro Ton Transportkosten für Kohlen aus Pennsylvania zu bezahlen; so werden D. 30 für unnöthigen Transport ausgegeben, die Regierung hat nicht mehr Einnahmen, aber der Farmer weniger Kohlen. Die wollenen Decken würden ihn in Liverpool gerade die Hälfte von dem kosten, was Papiergeld und Tarif ihn in New-York dafür bezahlen lassen; will er sich dann mit dem Gedanken trösten, dass der Regierung sein Geld zu Gute kommt und seine Opfer die Tilgung der Bundesschuld näher bringen, so findet er die Zolleinnahmen auf wollene Decken unter gegenwärtigem Tarif wie folgt verzeichnet:

1862 D. 612,283; 1866 D. 485,978; 1867 D. 207,598; 1868 D. 25,288.

Kurzum, wo immer er für sein Product andere Bedürfnisse eintauschen will, da zwingt ihn die Regierung, zu nehmen, was er nicht will, oder aber weniger zu nehmen, als er sonst bekommen könnte.

Der Farmer als Producent.

Es bleibt uns noch übrig, die Stellung, welche der Farmer als Producent einnimmt, eingehend zu betrachten. Er zieht seine Producte unter einer Papier-Währung, welche Arbeit und sonstige Productions-Bedingungen vertheuert und Speculanten täglich Gelegenheit giebt, ihn zu plündern; unter einem Steuer-Tarif, der, anstatt ihm irgendwelche Compensation dafür zu gewähren, seine nöthigsten Lebensbedürfnisse auf einen enormen Preis stellt. — Weizen, unter solchen Bedingungen gezogen, kostet mehr, als der in anderen, von solchen Hindernissen befreiten Ländern gebaute, ohne sich desshalb theurer zu verkaufen. Gewiss giebt es dem Producenten keine Genugthuung, zu sehen, dass, während er die Concurrenz anderer Länder zu bekämpfen hat, ausserdem seinen Theil zu den Steuern beiträgt, er auch noch gezwungen ist, für seine nöthigsten Lebensbedürfnisse viel grössere Opfer zu bringen, und dies nicht etwa zum Besten der Staats-Einkünfte, sondern für den Nutzen einer begünstigteren Industrie, als die seinige ist, damit dieselbe vor der Concurrenz, die er zu ertragen hat, beschützt bleibe.

Verhältniss der Steuern zu den Netto-Einkünften des Landes.

Es ist nicht nöthig, für solche Betrachtungen, wie obige ist, einzelne Punkte auszuwählen; das Uebel ist allgemein; die Darstellungen können desshalb auch allgemein gehalten werden. — Wie wir oben zeigten, beträgt der jährliche Netto-Ueberschuss nicht über D. 600,000,000. Es ist interessant, zu beobachten, welche Einflüsse bei Vertheilung desselben in Betracht kommen. — Nehmen wir zuvörderst Roheisen an. Der gegenwärtige jährliche Verbrauch dieses Artikels in den Ver. Staaten ist ca. 1,837,000 Tons. Wäre der Preis des einheimischen Productes geringer als der des fremden incl. des Zolles von D. 9 Gold, so brauchten wir keines zu importiren; in Wirklichkeit ist dies der Fall, denn der ganze Import von fremdem Eisen blieb auf 112,000 Tons geringerer Qualität beschränkt, das seiner grösseren Schmelzbarkeit wegen, als das hiesige sie besitzt, für Industrie-Zwecke unentbehrlich ist. Es folgt daraus, dass americanisches Eisen D. 9 Gold oder D. 11 Papier theurer bezahlt wurde, als fremdes sich herstellen lässt, wodurch eine Summe von D. 20,000,000 in die Hände der verhältnissmässig geringen Anzahl von Eisenhütten-Besitzern geflossen ist. Dieser Betrag repräsentirt $3\frac{1}{4}\%$ des gesammten Netto-Gewinnes der Nation, aus den Händen Derer, die ihn wirklich erzeugt haben, in den Besitz von ca. tausend Eisenhütten-Besitzern übergegangen. — Ein gleiches Verhältniss besteht bei Salz, worauf ein Importzoll von 18 Cents Gold pro 100 Pfund ruht. Der Preis für diesen Artikel, wovon ca. 39,000,000 Bushel pro Jahr consumirt werden, ist dadurch von 20—23 Cents in 1860 auf 40—50 Cents in 1869 gesteigert worden. Haben wir so durch Auflegung einer Steuer von 80—108% den Kostenpreis pro Bushel nur um 10 Cents erhöht, so werden dem Netto-Gewinn der Nation fernere D. 3,900,000 entzogen. — So ist es mit fast allen Artikeln ohne Ausnahme. Die Wirkungen dieses Systems lassen sich weder ableugnen, noch durch Bezugnahme auf Einzelheiten verringern. Es ist sicher, dass der Kostenpreis einer einzelnen Tasse Caffee durch die höhere Besteuerung kaum erwähnenswerth zugenommen hat, doch wenn eine jede Kleinigkeit theurer bezahlt werden muss, als früher, so wird die Gesammtlast eine äusserst drückende und fast unerträgliche. — Die häufigen Ausbrüche der Unzufriedenheit der wirklich producirenden Classe gegen die Bedrückungen des Capitals während der letzten Jahre sind von vielen Seiten als unbegründet und ungerechtfertigt betrachtet worden, indem man die Erhöhung der Arbeitslöhne dagegen hält. Doch wenn wir bedenken, wie klein im Verhältniss der Netto-Gewinn einer Nation im Vergleich zu ihren Brutto-Einnahmen ist, so können wir leicht verstehen, wie schwer es für einen ohne Capital beginnenden Producenten sein muss, seine ersten Ersparnisse zu machen. — Zu verwundern ist daher weniger, dass die Arbeit, sich bedrückt fühlend und die Ursache ihres Leidens nicht deutlich einsehend, instinctmässig revoltirt und das Capital anklagt, als dass diese Revolution und Anklagen nicht heftiger und drohender gewesen sind. — Als Antwort auf ein Circulär, in welchem ich um vergleichende Aufstellung von Ausgaben in den Jahren 1860 und 1869 bat, wurde mir von einem Vorsteher eines Gelehrten-Seminars mitgetheilt, dass sich jetzt alle seine Ausgaben vergrössert haben, während die einzige Zunahme in seinen Einnahmen aus den höheren Pensions-Preisen der bei ihm logirenden Studenten entspringen. Um 1869 auf gleichen Fuss mit 1860 zu bringen, müsse er eher anfangen und später aufhören zu arbeiten und jedem früher genossenen Luxus, als Blumen, Bücher, Reisen während der Ferien etc. entsagen.

Die Besprechung der Heilmittel

dieses Zustandes der Dinge zeigt, dass die Hauptursachen der herrschenden Calamität in der Papier-Währung und dem gegenwärtigen Steuer-System zu suchen sind und dass nur durch Reformen auf diesem Gebiete sich Abhülfe des Uebels erwarten lässt.

Geldverhältnisse.

Die Meinungen hinsichtlich der betreffs unserer Geldverhältnisse einzuschlagenden Schritte sind so mannigfaltig, dass es wünschenswerth ist, auf die allgemeinsten Grund-Principien überhaupt zurückzugehen. — Geld hat seinen Ursprung in der Arbeitstheilung. Ein Mann allein kann seine sämmtlichen Bedürfnisse nicht selbst befriedigen und in seiner Zufluchtsnahme zu Anderen und vice versa beginnt der Waarenaustausch. Dieser ist in grösserer Ausdehnung nur so lange möglich, als die gesellschaftlichen Beziehungen noch in ihrer frühesten Kindheit sind; mit dem ersten Vorwärtsschreiten der Civilisation machte sich die Nothwendigkeit eines gleichmassigen Tauschmittels fuhlbar und dies führt uns zu einem Schluss, der zu irgend einer correcten Idee über diesen Gegenstand unumgänglich nöthig ist. Geld ist ein Mittel zum Zweck; dieser Zweck ist nicht in sich abgeschlossen, sondern es ist der Austausch von Bedarfs-Artikeln. — Sonach ist Geld nichts Anderes als ein Werkzeug, als eine Arbeit sparende Maschine. Der Nutzen, den es für die Gesellschaft hat, ist demnach auf die Arbeit beschränkt, die es vollbringt, und ist daher, wie von irgend einem anderen Instrument, auch davon nicht mehr nöthig, als zu der zu leistenden Arbeit gebraucht wird.

Verhältniss des Geldes zum Handel.

Es wird vielfach behauptet, dass der Zuwachs von Geld den Handel von selbst schafft; doch da Handel nichts Anderes ist, als der Austausch vorhandener Artikel, je nach den Bedürfnissen der Gesellschaft, so kann eine Vermehrung des Geldes keine Vergrösserung des Volumens der umzutauschenden Artikel zur Folge haben, sondern höchstens einen öfteren Umtausch nach sich ziehen. Der einzige Zweck des Umtausches aber ist, das Product vom Producenten auf den Consumenten zu übertragen; dasselbe durch unnöthige Hände passiren zu lassen, ist nichts Anderes, als die Unkosten darauf zu vergrössern.

Nöthiger Betrag von Circulationsmitteln.

Wenn behauptet wird, dass augenblicklich nicht mehr Geld im Lande circulirt, als nöthig ist, um das bestehende Geschäft fortzuführen, so ist dies eine unbestreitbare Wahrheit; und was noch mehr ist, dies wird immer so sein. Wenn das gegenwärtige Volumen der Circulationsmittel erhöht wurde, so würde die relative Sachlage dieselbe bleiben, indem höhere Preise und vermehrter Umsatz jeden Ueberschuss absorbiren wurden. — Es darf ferner nicht vergessen werden, dass uneinlosbares Papiergeld im eigentlichen Sinne des Wortes kein Geld ist, dass demnach durch Emission irgend eines Betrages uneinlösbaren Papiergeldes dem Volumen wirklichen Geldes kein Cent zugeführt wird. Im Gegentheil wurde die Wirkung einer übermässigen Emission uneinlösbaren Papiergeldes die sein, den Betrag des wirklichen Geldes durch Speculation zu vermindern. Hieraus folgt die Erklärung des scheinbaren Paradoxons, dass in den Ver. Staaten Geld gerade zu einer Zeit knapp ist, in der das Volumen der Circulationsmittel eine so bedeutende Vergrösserung erfahren hat; sowie des Factums, das sich in allen, mit dem Fluche eines uneinlösbaren Papiergeldes belasteten Landes zeigt, dass der Zinsfuss der höchste dann ist, wenn der grösste absolute Betrag von „Geld" in Circulation ist.

Uebermässiges Volumen der gegenwärtigen Circulationsmittel.

Dass das gegenwärtige Volumen unserer Circulationsmittel ein übermässiges ist, wird bewiesen: 1) Durch die unbestreitbare Thatsache, dass die Preise einheimischer Artikel viel höher sind, als in anderen Ländern und ausser allem Verhältniss zu den Preisen vor dem Kriege stehen. — Die ziemlich allgemeine Ansicht, dass dieser Aufschlag in Preisen in gewissem Grade der vermehrten Gold-Production zuzuschreiben sei, wird durch die Erfahrung zur Genüge widerlegt. 2) Durch das Factum, dass der Betrag der Circulationsmittel während der letzten acht Jahre willkurlich mehr als verdoppelt ist, während Bevölkerung, Production und allgemeiner Wohlstand in viel geringerem Maasse zugenommen haben. Es wird ferner behauptet, dass, im Fall man das gegenwärtige Volumen der Circulationsmittel unverändert lässt, die Zunahme des Geschäfts und die Entwickelung des Landes den bestehenden Ueberschuss nach und nach absorbiren würde. Hierauf ist zu erwidern, dass in diesem Fall nur die Speculation gefördert werden wurde, welche die wirkliche Entwickelung nur hemmen kann. In den 25 Jahren von 1835 bis 1860 wurde die Papiergeld-Circulation von 103 Millionen auf 207 Millionen, oder 4,36 Procent pro Jahr erhöht; sollte der zukünftige Bedarf in gleichem Grade steigen, so würde es einen Zeitraum von 40 Jahren erfordern, um das Bedürfniss des Landes mit der gegenwärtigen Circulation in Uebereinstimmung zu bringen; in der Zwischenzeit würde das Papiergeld wahrscheinlich uneinlösbar bleiben.

Reduction und ihre Folgen.

Als einfaches, vernunftgemässes Heilmittel gegen die Nachtheile der Ueber-Emission erscheint uns daher eine reine, rückhaltlose Reduction. Man widersetzt sich derselben wegen der unmittelbaren, nachtheiligen Folgen, die dieselbe, wie man meint, nach sich ziehen muss. Doch diese gefürchteten Uebelstände sind unvermeidlich und müssen über kurz oder lang doch eintreten. Der Unterschied ist, dass wir auf der einen Seite durch vorübergehendes Ungemach dauernde Erleichterung erzielen, während wir auf der anderen Seite zwecklos leiden und die Wurzel des Uebels ungestört und ungeschwächt bleibt. — Wie wir bereits gesehen haben, hat unsere Verschuldung an das Ausland im verflossenen Jahre um mehr als D. 200,000,000 zugenommen. Seit dem Kriege waren wir gewohnt, unsere Unter-Bilanzen durch Aussendung von Werthpapieren zu decken, doch ist leicht begreiflich, dass diese Art der Deckung nicht in's Unendliche fortgesetzt werden kann. Wenn sie aber aufhören muss, dann können nur zwei Dinge eintreten: entweder der Import muss abfallen, oder wir müssen für den Ueberschuss in anderer Weise als bisher bezahlen. Nun aber besteht unser Import hauptsächlich aus Luxus-Artikeln und aus Rohmaterialien. Der Einfuhr der letzteren aber Hindernisse zu bereiten, hiesse einen gleichen Betrag unserer Industrie brach legen, während der gegenwärtige Zustand der Dinge es dem Reichen gestattet, sich jene selbst auf Kosten der ärmeren Classen zu verschaffen. Ein Abfall der Einfuhr ist demnach nicht zu erwarten, während eine Fortdauer derselben auf ihrem jetzigen Fusse eine baldige Erschöpfung der auszusendenden Werthpapiere und Edelmetalle nach sich zieht, der eine empfindliche Entwerthung aller Preise für einheimische Producte und vollständige Umwälzung in den Handelsverhältnissen auf dem Fusse folgen muss: gerade die Ursachen, aus denen man sich einer Reduction widersetzt.

Was wir durch Wiederaufnahme der Baarzahlung erreichen.

Ueber die Wirkungen der Wiederaufnahme der Baarzahlung scheinen durchschnittlich sehr irrige Ansichten zu herrschen. Wenn dieselbe nicht mit Reduction verbunden ist, kann sie nur einem kleinen Theil der herrschenden Uebelstände abhelfen; wenn wir für die jetzt circulirenden D. 700,000,000 Papier D. 700,000,000 Gold substituiren und letztere immer im Lande behalten könnten, so würde dieselbe Vertheuerung aller Preise, derselbe Unterschied zwischen Import und Export, dieselbe Unmöglichkeit existiren, einheimische Producte an fremden Märkten zu placiren. Gold wurde immer bleiben, was es ist: das billigste Tauschmittel, das wir besitzen und das von fremden Ländern, in denen es theurer ist, als hier, vorzugsweise gern genommen wird. Die sehr verbreitete irrige Ansicht, dass England uns mit fremden Waaren von allen Ländern am meisten überfluthet, findet ihre Widerlegung im Bericht des „British Board of Trade", nach welchem der Export von den Ver. Staaten nach England zu dem Import nach den Ver. Staaten von England im Verhältniss wie 2 : 1 steht; dagegen kommt hier in Betracht, dass wir unsere Schulden an andere Länder, die unsere Producte wegen ihrer hohen Preise nicht nehmen, in Wechseln auf England, oder in englischen Producten, die in englischen Fahrzeugen über See gebracht werden, zu bezahlen haben, und so durch ersteren Umstand Banquier-Commissionen, durch letzteren Waarenverdienst und Fracht verlieren. — So lange dies abnorme Verhältniss besteht, ist an eine Wiederaufnahme und Fortsetzung der Baarzahlung nicht zu denken, da über kurz oder lang der letzte Gold-Dollar exportirt sein würde. Wir müssen desshalb unsere Preise so weit reduciren, dass es fremde Länder in ihrem Interesse finden, Product gegen Product umzutauschen, und dieses Ziel ist einzig durch Reduction zu erreichen.

Der zur Wiederaufnahme der Baarzahlung erforderliche Betrag von Gold

hängt lediglich von dem Umfang der Reduction des Papiergeldes ab. D. 700,000,000 Papiergeld könnten mit nicht weniger als D. 700,000,000 Gold eingelös't werden, da Papiergeld in solchem Betrag unausbleiblich entwerthet sein müsste und Gold in Folge dessen mit einem Agio bezahlt werden würde. Bei D. 400,000,000 Papiergeld dagegen würden D. 100,000,000 Gold voraussichtlich genügend sein, da jenes, indem es die Bedürfnisse des legitimen Geschäfts nicht überschreitet, voraussichtlich keiner Entwerthung ausgesetzt sein würde. Ebenso unhaltbar ist die Ansicht, dass irgend ein Schritt zur Baarzahlung dadurch gethan wird, dass die Regierung das Capital der öffentlichen Schuld durch Ankäufe von Bundes-Obligationen reducirt. Es ist nicht der Credit einer Nation, der das Vorhandensein und den Stand eines Gold-Agio's bedingt, wie das Beispiel von Italien, Oesterreich und Russland beweist, sondern das Verhältniss seiner Papiergeld-Emission. — In Erwägung alles oben Gesagten bin ich daher, so unpopulär die Erklärung sein mag, der festen Meinung, dass directe, rückhaltslose Reduction das ist, was die Sachlage gebieterisch erfordert: das einzige Heilmittel für die bestehenden Uebelstände, in so fern als die Papierwährung deren Ursache ist; dass sich die Nation nicht aus ihren Verlegenheiten und Schwierigkeiten befreien kann, ehe nicht die Gesetzgebung und die Verwaltung das Ehrgefühl und den Muth besitzen, die Einfuhrung der Reduction auf sich zu nehmen und zu Ende zu führen.

Besteuerung

ist selten so sehr von freier Wahl, als von der Nothwendigkeit abhängig; nicht das Vernunftgemässe der Sache, sondern die zwingenden Bedürfnisse der Regierung entscheiden die Frage von Steuerauflagen. Glücklicherweise sind die Ver. Staaten jetzt in den Stand gesetzt, zwischen den Steuern zu wählen und auf rein öconomische Principien hin zu entscheiden, welche Steuern abgeschafft und welche beibehalten werden sollen. Mit einem Ueberschuss von D. 50,000,000, nachdem für Reduction der Schuld reichlich gesorgt ist, der auf Reduction der Steuern verwendet werden kann, würde es unentschuldbar sein, wenn nicht sehr grosse Vortheile für die Industrie gesichert und die Lasten des Volkes in etwas erleichtert werden würden.

Der Ueberschuss

der Einnahmen über die Ausgaben betrug während des am 30. Juni 1869 beendeten Fiscal-Jahres in runder Summe D. 94,000,000 und darf für das laufende Jahr ebenso hoch veranschlagt werden; hierzu kommen noch zwei Ausgabe-Posten des Jahres 1868—1869, die in das diesjährige Budget nicht aufgenommen sind, nämlich: D. 13,000,000 für Bounties, die jetzt ziemlich geordnet sind, und D. 7,200,000 Gold (gleich D. 9,350,000 Papier) als Kaufsumme für Alaska.

Elasticität der Einnahmen.

Die Elasticität, d. h. die Expansionskraft der Einnahmen ist ein anderer wichtiger Factor bei Bestimmung des künftigen Ueberschusses. Wiewohl der Anwachs des zur Reproduction geeigneten Capitals nicht so bedeutend sein dürfte, wie in England, so erlaubt doch die gleichere Vertheilung des Reichthums in den Ver. Staaten einen grösseren Consum derjenigen Artikel, welche die höchsten Steuersätze tragen können. Die Einnahmen Englands haben in dem Zeitraum von 1860 bis 1866 jährlich um $2^1/_2\%$ zugenommen, welcher Zuwachs auf Verminderung der Steuern, hauptsächlich der Einkommen-Steuer verwendet worden ist. Haben wir nun ziemlich gleich grosse jährliche Einnahmen in beiden Ländern, und einen bestimmten Grad der Zunahme derselben in dem einen, so kommen für Beantwortung der Frage, ob wir in dem andern Lande eine gleiche Zunahme erwarten dürfen, vorzüglich zwei Gesichtspunkte in Betracht. Erstens, ist die gegenwärtige Besteuerung hier druckender als dort? und zweitens, ist für beide Länder eine Zunahme der Bevölkerung in gleichem Maasse zu erwarten? — Beide dieser Punkte begünstigen hier die Erwartung einer freieren und weiteren Entwickelung. Die gegenwärtige Scala der Besteuerung drückt hier weniger schwer auf das Volk als in England, wo sich der Reiche in Folge der aristokratischen

Regierungsform noch für lange Zeit hin dem, ihm gebührenden Antheil an den öffentlichen Lasten entziehen wird. Gleichzeitig ist es eine anerkannte Thatsache, dass der Zuwachs der Bevölkerung hier weit bedeutender ist, als in England. Alles in Allem genommen bin ich daher der Ansicht, dass der jährliche Zuwachs unserer gegenwärtigen Einnahmen den von England übertreffen und ca. D. 12,000,000 bis D. 15,000,000 betragen wird. Tritt dieser Fall wirklich ein, so ist es in Folge einer freieren Entwickelung des Verkehrs, der besseren Vertheilung des Reichthums des Landes und der grösseren Rate der Zunahme der Bevölkerung zu einer Zeit, in welcher die disponiblen Arbeitskräfte nur ganz vorübergehend den Bedarf überstiegen. Dies findet seine Bestätigung dadurch, dass seit 1865, wenn immer Steuern abgeschafft oder vermindert worden sind, der Ausfall in den Einnahmen nie im Verhaltniss zur Reduction gestanden hat.

Gewinn aus der Reform der Steuer-Verwaltung.

Nehmen wir die niedrigste, als Zuwachs der Einnahmen von uns zu Grunde gelegte Summe an, so wird dadurch der Ueberschuss um D. 12,000,000 vergrössert. Ein fernerer Gewinn entspringt aus der wirksameren Handhabung der Gesetze und Eincassirung der Steuern, und wird derselbe vom „Commissioner of Internal Revenue", jedenfalls viel zu niedrig, auf D. 15,000,000 geschätzt. Da die Steuer-Einnahmen während des verflossenen Fiscaljahres gleichfalls einen sehr bedeutenden Zuwachs erfahren haben, so kann man vielleicht mit ziemlicher Sicherheit zur Beurtheilung des Ueberschusses in Bezug auf Ermässigung der Steuern, die Einnahmen aus dieser Quelle auf D. 180,000,000 annehmen. Die Erfahrungen der letzten fünf Monate lassen diese Annahme eher als zu niedrig erscheinen.

Verminderung der Ausgaben.

Der Gewinn aus dieser Quelle, einschliesslich der Verminderung der Zinsenlast in Folge der Reduction des Capitals der Staatsschuld, wird vom Finanzminister auf D. 26,000,000 veranschlagt.

Total-Ueberschuss.

Wenn wir alle obigen Summen zu dem Ueberschuss des letzten Jahres hinzufügen, so stellt sich der Gesammtbetrag nach genauester Berechnung auf D. 124,000,000, vorausgesetzt, dass unsere Steuer- und Industrie-Verhältnisse dieselben bleiben.

Verwendung des Ueberschusses.

Der Besitz eines so bedeutenden Ueberschusses führt zu der Frage: Sollen wir denselben ungeschmälert auf Abtragung der Bundesschuld, oder wenigstens theilweise auf Erleichterung der Lasten des Volkes verwenden? Ich schliesse mich unbedingt der letzteren Ansicht an und halte dieselbe von der Nothwendigkeit dringend geboten. Meiner Meinung nach sollten die Steuern in Höhe von D. 50,000,000 reducirt und sollte dabei darauf Rucksicht genommen werden, dass die Industrie in den Stand gesetzt wird, sich die nöthigen Rohmaterialien möglichst billig anschaffen zu können, ferner, dass die Vertheuerung der nöthigsten Lebensbedürfnisse in etwas gehoben wird. In dieser Beziehung haben wir zunächst in Betracht zu ziehen, welche von den directen Steuern am besten abgeschafft oder ermässigt werden kann. Die drei Haupt-

Einnahmequellen aus den directen Steuern sind die Steuern auf geistige Getränke, auf Taback und die Einkommensteuer; die beiden erstgenannten haben sich bisher als sehr gewinnbringend erwiesen und können keine Veränderung erleiden, ohne die Interessen des Staatsschatzes wenigstens vorubergehend zu schädigen.

Die Einkommen-Steuer

dagegen ist verschiedenen Characters und erfordert wesentliche Modificationen. Ich würde vorschlagen, schon von der nächsten Erhebung an die jetzige Rate von 5 % auf 3 % herabzusetzen; erstere Rate betrachte ich als unbedingt zu hoch und würde dieselbe von anderen Nationen nie, ausser im Fall ausserordentlich dringender Anforderungen erhoben werden. Ausserdem würde die Steuer von 3 % dem Schatz wahrscheinlich eine beinahe ebenso grosse Summe einbringen, wie die bis jetzt erhobene; denn bisher haben Viele sich der Zahlung der Steuer gänzlich zu entziehen gewusst, Andere ihr Einkommen zu niedrig angegeben, was bei einer Herabsetzung der Rate wenn nicht gänzlich wegfallen, so doch in geringerem Maasse stattfinden würde. Ferner empfehle ich, dass, während die absolute Steuerfreiheit fur Einkommen bis zu D. 1000 beibehalten bleibt, fur Steuerfreiheit auf Grund von Hausmiethe ein bestimmter Satz angenommen werden sollte, bis zu einem Betrag, der die Hausmiethen der arbeitenden Classen steuerfrei lässt. Durch diese Maassregel würde dem Schatz meiner Ansicht nach eine Einnahme erwachsen, die den Unterschied, welcher aus der Herabsetzung der Steuer von 5 % auf 3 % völlig ausgeglichen wurde. — In Bezug auf die von vielen Seiten empfohlene gänzliche Abschaffung der Steuer weise ich darauf hin, dass aus der ganzen Bevölkerung der Ver. Staaten nur 250,000 Personen, mit ihren Familien höchstens ca. 1,000,000 Seelen repräsentirend, mit einem Gesammt-Einkommen von D. 800,000,000 die Steuer bezahlten. Diese allein sind in der Abschaffung der Steuer interessirt, während für den aus $38^{1}/_{2}$ Millionen Köpfen bestehenden Rest der Bevölkerung die Beibehaltung derselben nur wunschenswerth sein kann.

Diverse Steuern.

Es bleibt noch eine Anzahl kleinerer und minder wichtiger directer Steuern übrig, die im Jahre 1868 weniger als D. 50,000,000 einbrachten. Von diesen empfehle ich die Abschaffung der Steuer auf Uhren, Silbergeräth, Piano's, Billards und Wagen; dieselben sind inquisitorischen Characters und anstössig bei Eincassirung, während ihr Ertrag nur unbedeutend ist. Ich empfehle ferner die Abschaffung folgender Steuern:

1) Aller sogenannten Specialsteuern oder Licenzen, ausgenommen der von Banken, Banquiers und Fabrikanten und Händlern in Spirituosen, Bier oder Taback erhobenen. Der Ausfall würde nicht über D. 10,000,000 betragen.
2) Der auf die Brutto-Einnahmen von Eisenbahnen, Omnibus-Linien, Versicherungs-, Telegraphen- und Express-Compagnien, Canälen, Fährböten, See-, Fluss- und Dampfschiffen erhobenen Abgaben. Ausfall höchstens D. 7,000,000.
3) Der Steuern auf den Verkauf aller nicht anderswo besteuerter Artikel; Ausfall ca. D. 8,000,000.

Durch Annahme aller dieser Veränderungen würden dem Volk also ca.
D. 26,000,000 erspart werden

Der Tarif.

Wir kommen zunächst zu der Betrachtung des Nutzens, welchen Veränderungen des Tarifs dem gegenwärtigen Stande der Industrie gegenüber mit sich bringen. Diese Fragen haben bisher nie zur Discussion gelangen können, da das Geschrei derjenigen Industriellen, zu deren speciellem Nutzen die meisten Steuern erhoben werden, alle Verhandlungen verhinderte. Die zu beantwortenden Fragen sind rein practische und beziehen sich blos auf die Brauchbarkeit individueller und specifischer Steuern.

Es handelt sich in jedem Falle um den wirklichen oder eingebildeten Nutzen, welcher aus der Beibehaltung einer Steuer entspringt und um die Erleichterung, welche deren Abschaffung gewährt. Was auch dafür oder dagegen gesagt werden mag, es ist unumstösslich wahr, dass irgend eine Steuer, die zur Beschützung eines Industrie-Zweiges wirklich nothig war, vorzüglich wenn dieser Industrie-Zweig viele Arbeiter beschäftigte und Artikel directen und unmittelbaren Consums in hinreichender Quantität producirte, zu jeder Zeit vom amerikanischen Volk stets günstig aufgenommen ist. Doch ist es andererseits ebenso unbestreitbar wahr, dass während der letzten zwei Jahre die Kenntnisse des amerikanischen Volkes sich so vergrossert und verändert haben, dass es bei einer, unnöthigerweise, nur zum Schutze bevorzugter Industrien erhobenen Steuer sein Recht, über dieselbe zu denken und zu sprechen, ausüben, und ein unparteiisches Urtheil darüber abgeben wird, wie weit eine Steuer reducirt werden soll, unbekümmert um die fein organisirten Gesellschaften von Capitalisten.

Die vernunftgemässen Grundlagen für Tarif-Reformen.

Die Erfahrungen der letzten Jahre haben bewiesen, dass es practisch unausführbar ist, den ganzen Tarif in seiner Gesammtheit auf einer und derselben Basis zu reconstruiren. Nach demselben Princip sollte der Satz als Grundlage festgehalten werden, **dass die Aufrechterhaltung eines Durchschnittszolles von 47%, wie unter dem gegenwärtigen Tarif, auf alle steuerbaren Importen, übermässig und unnöthig ist und ebenso sehr den Interessen der Civilisation, wie dem gesunden Wachsthume heimischen Handels und heimischer Industrie widerstreitet, und dass von jetzt ab unter keinen Umständen eine Steuererhöhung bewilligt werden sollte, es sei denn, um gewisse Mängel im Wortlaut von bestehenden Gesetzen zu ergänzen, oder einzig und allein zur Erhöhung des Einkommens.** Auf einer solchen Basis würde das Werk der Reform in zwei Classen zerfallen: 1) in Reformen im Interesse des Einkommens und der Verwaltung; 2) in Reformen, die die Erleichterung der Industrie zum Zweck haben. In Bezug auf die erstere Classe können nicht viel verschiedene Ansichten herrschen, da die einzige Frage, die über irgend einen Vorschlag erhoben werden kann, sich nur auf dessen Vollständigkeit und Gründlichkeit beziehen kann. Als Grundbedingung für diesen Punkt ist ferner festzuhalten, dass die Anzahl der verschiedenen Auflagen so beschränkt werden sollte wie möglich.

Das Volk der Ver. Staaten kann keine Steuerauflage tragen, die weniger als eine halbe Million jährlich ergiebt, indem dieselbe die Unkosten, die dem Verkehr erwachsen, sowie die Schwierigkeiten und Ausgaben der Eintreibung nicht decken würde. Andererseits sollte die Regierung möglichst vermeiden, irgend welche Gelegenheit zum Schmuggel zu geben, wodurch der ehrenhafte Importeur dem gewissenlosen gegenüber in Nachtheil geräth. Den Handel durch kleinliche Hindernisse, wie der bestehende Tarif so viele darbietet und die zu amerikanischer Industrie oder den allgemein anerkannten staatsökonomischen Grundsätzen in keiner Beziehung stehen, zu stören und zu hindern, ist nutzlos und nachtheilig. Die Erfahrung jeden Jahres liefert neue Beweise, dass in fast jedem Fall, in welchem Artikel, die in kleinem Volumen importirt werden, unverhältnissmässig hoch besteuert wurden, der Verkehr darin aus den Händen des legitimen Geschäfts in die Hände von Schmugglern übergegangen ist. Von den ca. zweitausend als steuerpflichtig bezeichneten Artikeln könnte ohne grossen Schaden für den Schatz, dagegen zum grössten Nutzen für Geschäft, Industrie und Moral, wenigstens ein Drittel sofort auf die Freiliste gesetzt werden. — Die Inauguration und Durchführung von Reformen erster Classe würde, wie gesagt, wenig Meinungsverschiedenheiten hervorrufen; anders ist es bei den Reformen zweiter Classe, die eine Reduction der Preise heimischer Producte in ihrem Gefolge haben würde; jedes Sonderinteresse, das sich in irgend einer Weise geschädigt glaubte, würde sich dagegen erheben; und der Satz wird offen hingestellt, dass irgend ein Gesetz, was für einige Wenige vortheilhaft ist, für die Mehrzahl wenigstens keine Nachtheile in sich schliesst. Und gerade die Folgen einer, auf diesen Grundsatz basirten Gesetzgebung seit 1862 sind es, von denen das Land jetzt Erleichterung verlangt. Und obgleich dies eine durch vielfache, von mir bereits früher beigebrachte Beweise festgestellte Wahrheit ist, so ist dieser Gegenstand doch zu wichtig, als dass ich hier nicht die im Laufe des letzten Jahres gemachten Erfahrungen in Nachstehendem mittheilen sollte.

Einfluss der Erhöhung des Zolles auf Kupfer.

Einen schlagenden Beweis für den schädlichen Einfluss, welchen die Begünstigung einer Branche unter mehreren zusammenhängenden und verwandten Industrien ausübt, liefert die Erhöhung des Importzolls auf Kupfer von 10 auf 25 %. Der Artikel „Dutch metal" oder „Florence leaf", der hier in ausgebreitetem Maassstab zur Tapetenfabrikation verwandt wird, ist eine werthlose Legirung von Kupfer und Zink, die mit der Hand ausgeschlagen wird. Es kann der hohen Arbeitslöhne wegen hier nicht fabricirt werden und wird zum grössten Theil von Deutschland importirt. Die Vertheuerung dieses an und für sich werthlosen Artikels hat im Tapeten-Geschäft eine empfindliche Stockung herbeigeführt und so einen Industrie-Zweig gelähmt, der im Jahre 1860 über ein Fünftel mehr Arbeiter beschäftigte, als der Kupferbergbau.

Stellung des Tarifs zur Leder-Manufactur.

Eine ähnliche, doch ausgedehntere Illustration des schädlichen Einflusses, welchen die ursprüngliche und später aufrecht erhaltene Besteuerung ausübt, liefert die Leder-Manufactur und ihre hauptsächlichsten Producte. — Im Jahre 1868 betrug der Werth der Leder-Production in ihren verschiedenen Branchen in den Ver. Staaten D. 124,000,000; ca. D. 10,000,000 dieser Summe haben ihren Ursprung in der Besteuerung des Rohproductes und der Zubereitungsmaterialien, während die Steuereinnahmen aus dieser Quelle D. 2,500,000 betrugen, so dass der Consument eines unentbehrlichen Artikels gezwungen worden ist, für jede D. $2^1/_2$ festgesetzter Steuer noch indirect D. $7^1/_2$ zu bezahlen; dabei ist die Lederfabrikation in den Ver. Staaten so weit fortgeschritten und die Zubereitungsmaterialien sind in solcher Fülle vorhanden, dass eine fremde Concurrenz nicht zu befürchten ist; vor dem Kriege wurde amerikanisches Leder in grosser Menge exportirt; seit der hohen Besteuerung jedoch hat dieser Export fast aufgehört. — Wenden wir unsere Aufmerksamkeit jetzt der Schuh- und Stiefel-Fabrikation zu. Im Jahre 1868 wurden 51,500,000 Paar Männer- und Knabenschuhe im Gesammtwerth von D. 129,750,000 angefertigt; auf denselben lastet ein Zoll von $7^1/_2\%$, oder von mehr als D. 900,000; Kinder-, Frauen- und Mädchenschuhe wurden 47,000,000 Paar fabricirt, im Werthe von D. 98,500,000; nehmen wir für dieselben eine gleiche Besteuerung an, so ergiebt das eine Summe von D. 7,387,500 oder im Total eine Belastung der Consumenten von Schuhwerk in den Ver. Staaten von mehr als D. 16,000,000. — Angesichts dieser Thatsachen würde ich empfehlen, 1) in Zukunft auf alle Arten von Häuten, Fellen und Leder, mit Ausnahme von Luxus-Leder, den Einfuhrzoll aufzuheben, indem, abgesehen von der Erleichterung der auf dem Volke ruhenden Last nur hierdurch der fast gänzlich erloschene Export wieder in's Leben gerufen werden kann; um so mehr, als die Herstellungskosten von Leder hier verhältnissmässig gering und Gerbestoffe im Ueberfluss vorhanden sind. Ich würde 2) empfehlen, den Einfuhrzoll auf alle Arten von Lohe, auf Sumach und auf Lasting und Serge, wenn dieselben zur Schuhfabrikation schon vorbereitet importirt werden, aufzuheben.

Einfluss des Tarifs auf den Preis von Eisen.

Dieser Artikel liefert eine Anzahl von Beispielen, wie eine unnöthige und übertriebene Besteuerung den Preis von Artikeln vertheuert, die zur Betreibung anderer Industrie-Zweige unentbehrlich sind und letztere dadurch unnöthig erschwert und zwar in einem Maasse, dass der dadurch verursachte Schaden irgend welchen aus der Maassregel entspringenden Nutzen weit überwiegt. Roheisen liefert davon ein hervorragendes Beispiel. Die Herstellungskosten einer Ton Roheisen belaufen sich, vielen Zeugnissen zufolge, in den Ver. Staaten höchstens auf D. 24—26 Papier. Der Durchschnittspreis des besten Roheisens in England für das Jahr 1867—1868 war L. 4 3 s. 9 d. gleich D. 27 12 Papier (Gold à 133); der Durchschnittspreis aller Arten Roheisen in den Ver. Staaten war von D. 35 25—D. 38; es ist demnach der Preis von Roheisen für den Consumenten unnöthiger Weise um D. 8—10 vertheuert worden, so dass, während die Herstellungskosten hier geringer sind, als in irgend einem Theile Europa's mit alleiniger Ausnahme von England, wir doch für Roheisen einen höheren Preis bezahlen, als man in irgend einem andern Theil der civilisirten Welt bezahlen muss. Auf die gewöhnliche und einzige Einwendung, die diesen Aufstellungen gemacht wird, erwidere ich lediglich, dass eine Herabsetzung oder Abschaffung der gegenwärtigen Steuer die Eisen-Manufactur in keiner Weise beeinträchtigen kann, sondern nur den daraus gezogenen Gewinn in Uebereinstimmung mit dem aus anderen Industrie-Zweigen gezogenen bringen müsste; dass eine solche Reduction keine grössere Importation fremden Eisens zur Folge haben würde, indem der amerikanische Producent seine Preise herabsetzen, und sich dadurch die Herrschaft über den Markt sichern würde.

Es wird oft gefragt: warum wird, wenn die Eisen-Production so gewinnreich ist, nicht mehr Capital darin angelegt? Hierauf antworte ich: Es wird so viel Capital in der Eisen-Production verwandt, wie in Rücksicht auf den gegenwärtigen Stand derselben möglich ist, und zwar verhältnissmässig mehr, als auf irgend einen anderen Industrie-Zweig. Die gegenwärtige Zunahme des Consums von Roheisen ist ca. 10 % oder 170,000 Tons pro Jahr, zu deren Gewinnung nicht allein sämmtliche bestehenden Hochöfen in Betrieb gehalten, sondern jährlich noch 28 neue von einer Capacität von je 6000 Tons gebaut werden mussen, d. h. mit anderen Worten, es müssen jährlich D. 5—7,000,000 neues Capital darin angelegt werden; irgend ein Abfall in diesen Proportionen der Production würde Mangel verursachen. Welche Zunahme des Consums wir noch zu erwarten haben, mag daraus hervorgehen, dass der Consum in England und Belgien 189 Pfd. pro Kopf beträgt, hier dagegen nur 100 Pfd. — In Anbetracht aller dieser Thatsachen empfehle ich eine Herabsetzung des Einfuhrzolles auf Roheisen von D. 9 auf D. 3 und bin fest überzeugt, dass dieser Vorschlag bei allen Eisenhüttenbesitzern, die nicht direct bei der Gewinnung von Roheisen betheiligt sind, vollen Beifall findet.

Salz, Kohlen und Holz.

Ich wiederhole meinen Vorschlag, den Zoll auf Salz zu erniedrigen und auf Kohlen und zubereitetes Holz gänzlich abzuschaffen.

Salz. Dass dieser Artikel übermässig hoch besteuert wird, geht am einfachsten daraus hervor, dass, wenn die Steuer in natura erhoben würde, ein Schiff mit Salz von einem anderen Fahrzeug von gleicher Tragfähigkeit und von einem dritten kleineren von ca. 50 % der Tragfähigkeit des ersteren begleitet sein müsste, um die Abgaben zu transportiren. Dieser hohe Zoll ist nicht erforderlich, um die heimische Salz-Industrie zu schützen, wie daraus hervorgeht, dass die Ver. Staaten jährlich, aller Concurrenz zum Trotz, über 500,000 Bushel nach den Brittischen Besitzungen exportiren. In einem der Gradirwerke am Ohio betrugen die Gewinnungskosten eines Bushels im Jahre 1868 22,95 Cents; im Jahre 1860 betrugen die Kosten in demselben Gradirwerke 13,38 Cents Gold, zum Cours von $133 = 17,84$ Cents Papier. Der Durchschnittsmarktpreis für Salz im Jahre 1860 war 20—23 Cents Gold, zum Cours von $133 = 26^1/_3 - 33^2/_3$ Cents Papier; im Jahre 1868 war der Preis von Salz 48 C.; während also seit 1860 die Productionskosten um 5 Cents zugenommen haben, ist der Marktwerth in demselben Zeitraum um 17—22 Cents in die Höhe gegangen; der Leser kann sich daraus einen Begriff machen, welchen Gewinn unsere Salzwerke auf Kosten der Gesammtheit realisiren.

Holz. Folgende Tabelle zeigt den Aufschlag der Holzpreise in Chicago pro Ladung in dem Zeitraum von 1861—1868.

Jahr endend am:	Durchschnittspreis:
31. December 1861	D. 6 50 pro 1000 Fuss.
31. März 1866	14 80 pro 1000 Fuss.
31. März 1867	17 70 pro 1000 Fuss.
31. März 1868	15 10 pro 1000 Fuss.

Folgende von William G. Thomas in Albany, N.-Y., angefertigte Tabelle zeigt den relativen Werth von Tannenholz am dortigen Markt vom Jahr 1859 bis 1868 incl.:

Per N. Fuss.		Per M. Fuss.
1859 . . . . D. 15 94	1864	D. 31 21
1860 . . . . 16 23	1865	22 12
1861 . . . . 14 46	1866	29 83
1862 . . . . 15 02	1867	27 42
1863 . . . . 23 69	1868	25 95

Diese Tabelle beweist die Richtigkeit der in meinem früheren Bericht für das Jahr 1867—1868 aufgestellten Behauptung, „dass die Steigerung der Preise von Bauholz seit Beginn des Krieges bei Weitem grösser war als die Steigerung der Arbeitslöhne oder der Preise für andere Lebensbedürfnissse". Aus obiger Tabelle erhellt ferner, dass Preise wesentlich stiegen, als im Frühjahr 1866 der Reciprocitäts-Vertrag mit Canada aufhörte und ein Eingangszoll von 20 Procent auf Bauholz erhoben wurde. Da aber in Canada Preise ebenfalls in die Höhe gingen und die Umsätze von Jahr zu Jahr bedeutender wurden, ist es einleuchtend, dass der amerikanische Consument den Zoll ausschliesslich zu bezahlen hat.

Kohlen. Ich erneuere hier meinen Vorschlag, den Zoll auf Kohlen gänzlich aufzuheben, da derselbe nicht zu rechtfertigen ist oder doch nur in solchen Ausnahmsfällen zu rechtfertigen wäre, wo ein Zoll auf Brotstoffe und andere Lebensmittel des Volkes ebenfalls gerechtfertigt ist. Solch' ein Ausnahmsfall kann eintreten, doch nur von kurzer Dauer sein. Die Einwendungen gegen Erhebung eines Zolles auf Kohlen sind kurz folgende: Kohlen sind ein Lebensbedürfniss — für unser Klima ebenso nothwendig wie Lebensmittel, da ohne beides das Leben nicht erhalten werden kann. Das allgemein anerkannte Princip der Besteuerung, dass nur entbehrliche Artikel zu besteuern sind, verbietet, Dasjenige zu besteuern, was für den Armen wie den Reichen in gleichem Grade unentbehrlich nothwendig ist. Kohlen aber gehören nicht nur zu den Lebensbedürfnissen, sie sind zur Dampf-Erzeugung unentbehrlich; eine Besteuerung der Dampfkraft, in allen Zweigen der Industrie das Element des Schaffens, „um heimische Industrie zu fördern", scheint — das Gegentheil von Weisheit zu sein. Wurde die im Jahr 1862 auf Kohlen gelegte Steuer von $3^1/_2$, später 5 und dann 6 Cents sobald als thunlich und als eine der ersten abgeschafft, so liegt kein Grund vor, warum der Eingangszoll nicht ebenfalls abgeschafft werden sollte, zumal derselbe nur von den wenigen Staaten, welche selbst arm an Kohlen oder Waldungen, wie New-York, die New-England-Staaten und die Staaten an der Küste des atlantischen Oceans, bezahlt wird und somit im Widerspruch steht mit dem Grundsatz, dass eine Steuer ungerecht ist, welche nur auf einem Theil des Landes lastet, während die anderen Theile gänzlich davon befreit sind. Berücksichtigt man, dass Eisen-Industrie und andere Fabrikzweige, bei denen Kohlen in bedeutenden Quantitäten verbraucht werden, in New-York und den New-England-Staaten erfolgreich mit diesen Industriezweigen in kohlenreichen Staaten concurriren, so wird die Ungerechtigkeit einer Steuer auf die Productionskraft ausschliesslich eines Theiles des Landes noch einleuchtender. Ein Zoll auf Thee, Caffee oder Gewürze wird gleichmässig vom ganzen Lande getragen; würde der jetzige Zoll auf Kohlen (D. 1 25 Gold pro Ton) von jeder Tonne, die verbraucht wird, erhoben, so wurden die Einnahmen aus dieser Steuer D. 25,000,000 pro Jahr betragen und mit dieser ungeheueren Steuer sind thatsächlich die kohlenarmen industriellen Staaten am atlantischen Ocean belastet. Auch als Schutz-Zoll ist der Zoll nicht zu rechtfertigen, denn von einem Schutz der heimischen Industrie kann füglich nicht die Rede sein, wenn die Industrie einzelner Staaten hart besteuert wird, um einen speciellen Industriezweig anderer Staaten scheinbar profitabler zu machen. Scheinbar desshalb, weil der durch den Schutzzoll bedingte höhere Preis der Kohlen nicht den Grubenbesitzern und Arbeitern in Pennsylvanien zu Gute kommt, sondern die Kosten des Transports deckt, eines Transports, der bei dem billigeren Bezug von fremden Kohlen, falls der Zoll aufgehoben wäre, unnütz würde; der höhere Preis repräsentirt daher nicht einen Profit, sondern nur die Kosten einer unnöthigen Arbeit — ist mithin vergeudetes Geld. Die Protectiv-Theorie, auf Kohlen angewandt, lässt sich somit kurz wie folgt definiren: Um amerikanische Industrie zu fördern, ist das Element der Dampfkraft zu vertheuern, die Production in demselben Grade zu verringern — damit nutzlose Arbeit bezahlt werde! Kann es irgend etwas Widersprechenderes geben?

Wolle und wollene Webstoffe.

Im März 1867 passirte der Congress ein Gesetz, durch welches der Zoll auf Wolle und wollene Webstoffe in einem beispiellosen Grade und weit über das Verhältniss der Durchschnittsraten des damals bestehenden Zolltarifs erhöht wurde. Man bezweckte eine Förderung der Interessen der Woll-Producenten und Woll-Spinnereien; das erzielte Resultat aber entsprach den gehegten Erwartungen so wenig, dass ein näheres Eingehen auf die Gründe als ein Beitrag zur Staats-Oekonomie als Wissenschaft von höchstem Interesse ist, da hierdurch auf's Neue der schlagendste Beweis geliefert wird, wie unklug und unpolitisch es ist, den oft erneuten Versuch zu wiederholen, Handel und Industrie durch Gesetzgebung in unnatürlicher Weise beeinflussen zu wollen.

Bei Ausbruch des Krieges im Jahr 1861 stieg der Preis für Wolle und wollene Webstoffe im Verhältniss zu der immensen Preissteigerung der Baumwolle hier sowie in Europa höchst bedeutend und Fabrikanten, welche grosse Vorräthe hatten, zogen aus denselben während der ersten Kriegsjahre einen colossalen Nutzen. Als bei Schluss des Krieges Woll-Preise wesentlich wichen, fassten Wollzuchter oder besser gesagt Schafzuchter die Idee, Kriegspreise dadurch aufrecht zu erhalten, dass der Import fremder Wollen praktisch zur Unmöglichkeit gemacht würde. Besitzer von Wollspinnereien, durch die in Aussicht stehende Verminderung der Zufuhr alarmirt, schlossen sich den Wollzüchtern an, um ausschliesslich für ihre Privatzwecke die Legislatur zu beeinflussen. Dies gelang nur zu gut, wie der jetzt in Kraft befindliche

Prohibitivzoll beweist, der auf wollene Webstoffe durchschnittlich fünfzig Cents*) pro Pfund und fünf und dreissig Procent ad valorem beträgt. Fast zwei Jahre sind diese Schutz-Massregeln in Kraft, hinreichend lange, um das Princip auf die Probe zu stellen; was aber hat heut' die Erfahrung gelehrt?

1) Der Schafzüchter empfängt niedrigere Goldpreise für seine Wolle als jemals früher; in den Jahren 1827 bis 1862 war der Durchschnittspreis für gewaschene amerikanische Mittelwollen $42^8/_{10}$c Gold pro Pfund, während der Durchschnittspreis für Ohio Wollen im Jahre 1868 auf Gold reducirt nur $35^{21}/_{100}$c beträgt, welcher Preis niedriger ist als im Jahre 1858 nach der verhängnissvollen Crisis von 1857, welche einen grossen Theil der Woll-Spinnereien des Landes zur gänzlichen Einstellung des Betriebes zwang. Im Jahre 1869 galten Ohio Mittelwollen durchschnittlich 43c Papier.

2) Eine Abnahme in der Zahl der in den Ver. Staaten gezüchteten Schafe nach Angabe des Agricultur-Commissärs um vier Millionen allein im Jahr 1868, nach anderen Autoritäten um volle 25 Procent seit Passirung des Woll-Tarifs. Selten lautete für einen amerikanischen Industriezweig ein Bericht entmuthigender als der Bericht des Agricultur-Departements für die Monate März und April 1869; auf sieben Seiten wird von der Schafzucht in 170 Counties von 21 Staaten ein höchst trauriges Bild entworfen und nur in dem einzigen Staat Missouri erfreut sich dieser Industriezweig einer, obwohl höchst mässigen Prosperität. In den meisten Counties wurde ein grosser Theil der Schafe, manchmal der dritte Theil der Heerden, geschlachtet — um Talg und Vliesse zu gewinnen.

3) Ein Verkommen der Woll-Industrie wie, mit alleiniger Ausnahme des Schiffsbau's, bei keinem anderen Industriezweig in den Ver. Staaten eingetreten. Geringer Profit für einige Wenige, schwere Verluste für Viele und zahlreiche und fortwährende Fallissements. Im November 1869 wurde eine Woll-Spinnerei, welche mit einem Capital von D. 700,000 begründet worden war, für D. 105,000 verkauft, musste also nach vier- bis funfjährigem Betriebe mit fünf und achtzig Procent Verlust losgeschlagen werden.

4) Eine Zunahme des Imports wollener Webstoffe; im Fiscaljahr 1868 betrug derselbe nach zollamtlicher Aufstellung D. 32,458,884, im Fiscaljahr 1869 dagegen D. 34,620,943.

5) Ermuthigung des Schmuggelhandels und dessen systematische Betreibung. Bezeichnend hierfür ist der Umstand, dass im Jahre 1867, dem ersten Jahre, in welchem erhöhter Woll-Tarif in Kraft war, von England nach Canada für D. 8,012,439 wollene Webstoffe importirt wurden gegen D. 5,489,039 im Jahr 1865, sowie ferner, dass die Bostoner Handelskammer in ihrem Bericht für Januar 1869 darauf hinweist, „dass Kleiderhändler in Canada sich öffentlich zur Lieferung von billigen Kleidern erbieten." Endlich hat auch der Import von Cap-Wolle, welcher unter dem jetzigen Tarif in Ver. Staaten Häfen zur Unmöglichkeit geworden, nach Canada in höchst bedeutendem Maasse zugenommen; ein Beweis, dass die hier ertödtete Industrie jenseits

---

*) Als wichtiger Präcedenzfall für eine gewisse Classe amerikanischer Staats-Oekonomen ist zu erwähnen, dass im Jahre 1519 Karl V. von Spanien eine ähnliche Steuer von resp. 50 Cents auf alle nach Spanien importirten Tuche legte und dass unter dem Einfluss dieser und ähnlicher Massregeln die Wollproduction und Tuchfabrikation Spanien's nach und nach zur Unbedeutendheit herabsank.

der Grenze wieder auflebt; die Fabrikate dieser Industrie aber werden, wie Sachkenner versichern, ihren Weg nach den Ver. Staaten finden, ohne irgend welchen Zoll zu bezahlen.

Wie gerechtfertigt meine frühere Behauptung war, dass eine weitere Erhöhung des Zolles auf Cap-Wolle den Verkehr mit dem Cap der guten Hoffnung und Neu-Seeland wesentlich beeinträchtigen wurde, erhellt aus folgender vergleichenden Zusammenstellung des Gesammtwerths des Imports und Exports während des Fiscaljahres 1859—1860 und 1867—1868, welche die an dem Handel mit dem Cap der guten Hoffnung und Neu-Seeland hauptsächlich betheiligten amerikanischen Firmen lieferten:

Artikel.	1859—1860.		1867—1868.	
Importen.	Quantität.	Werth	Quantität.	Werth.
Wolle	Ballen 9,226	L. 137,197	Ballen 2,749	L. 34,464
Schaffelle	- 4,625	44,076	- 577	3,841
Ziegenfelle	- 1,958	34,394	- 298	9,024
Häute	- 17,249	18,322	- 1,381	318
Hörner	- 945	20	—	—
Aloë	—	532		
Weinstein	Pfd. 13,062	442		
Arrowroot	- 3,763	90		
Straussenfedern	—	365	—	—
Gesammtwerth des Imports	—	L. 271,438	—	L. 47,647
Exporten.				
Ackergeräthe und Werkzeuge	—	D. 66,527	—	D. 75,497
Kleider und Tuche	—	56,649	—	—
Baumaterial und Möbel	—	85,763	—	28,553
Holzwaaren		4,017		9,974
Fabrikate aus Holz und Eisen		21,993		7,135
Provisionen und Brodstoffe		182,987		23,476
Schiffsbedürfnisse		7,778	—	1,763
Tabak		103,876	—	15,715
Diverse	—	3,848	—	1,434
Gesammtwerth des Exports	—	D. 533,438	—	D. 163,547

Die Ursachen, wesshalb der jetzige exorbitante Zoll auf fremde Wollen eine Ausdehnung der heimischen Woll-Industrie verhindert und Preise für heimische Wolle erniedrigt, liegen in dem Umstand, dass in den Ver. Staaten hauptsächlich nur Merino-Wollen, und zwar zu einem Kostenpreis, der jede fremde Concurrenz unmöglich macht, gezogen werden, dass der Woll-Spinner sich in Folge dessen in seiner Auswahl des Rohmaterials beschränkt sieht und hierdurch gezwungen wird, ausschliesslich eine Art von Stoffen zu fabriciren, welche, weil der Markt damit überfüllt, unnatürlich niedrige Preise bringen. Mit vollem Recht weisen die Ver. Staaten-Commissäre zur pariser

Welt-Ausstellung im Jahr 1867 in ihrem Bericht über „Wolle und wollene Webstoffe" „auf den unberechenbaren Vortheil hin, den die europäische Woll-Industrie dadurch geniesst, dass ihr Rohmaterial jeder Art in unbeschränkten Massen zollfrei zu Gebote steht. Europäische Regierungen richten ihr Haupt-Augenmerk darauf, die Fabrik-Industrie in ihren Staaten zu heben und deren Methode, dieser Schutz angedeihen zu lassen, ist zollfreie Einfuhr von Rohmaterial und Brodstoffen." Entweder muss der Woll-Industrie der Ver. Staaten dieser „unberechenbare Vortheil" geboten werden, — oder dieselbe muss bei Beibehaltung des Tarifs mit „unberechenbaren Nachtheilen" kämpfen und stets eine armselige Existenz fristen; dass man sich aber für Letzteres entscheiden sollte — geht völlig über mein Begriffsvermögen.

Doch man kann die Frage aufwerfen: hat der Woll-Producent keinen Anspruch auf Schutz? Die Antwort hierauf ist sehr einfach: Es ist Thatsache, dass 1) Preise für amerikanische Wollen unter dem jetzigen, von den Woll-Producenten selbst empfohlenen Tarif einen niedrigeren Punkt erreicht haben als jemals früher und 2) die höchsten Goldpreise für Wolle in den Jahren erzielt wurden, in welchen die Zölle am niedrigsten waren, wie z. B. vom Jahr 1858 bis 1860. Letzterer Umstand findet darin seine Erklärung, dass amerikanische Fabrikanten billig einkaufen und daher billig verkaufen konnten, wodurch sich der Consum in gleichem Verhältniss steigerte, so dass die Production einheimischer Wollen für den Bedarf nicht mehr ausreichte. Die Abschaffung des Zolles auf importirte Wollen in England, gegen welche s. Z. die englischen Woll-Producenten auf's Heftigste opponirten, hat, wie Jedermann weiss, die englische Woll-Industrie von Jahr zu Jahr gehoben. Eine Reduction der Zölle in Frankreich hat nach dem Bericht Baudrillard's an den Kaiser ebenfalls wesentlich zur Hebung der französischen Woll-Industrie beigetragen. Dieser Bericht schliesst mit den beherzigenswerthen Worten: „Hohe Zölle bedingen niedrige Preise, mässige Zölle oder gänzliche Befreiung von Zöllen hohe Preise für einheimische Wollen."

Wie ich in meinem früheren Bericht für das Jahr 1866 mit wahrerer Prophetengabe voraussagte, hatte der im März 1867 in Kraft getretene Zolltarif zur Folge, dass von diesem Zeitpunkte an Preise für fremde Wollen in Europa anhaltend fielen, wodurch Fabrikanten sich in den Stand gesetzt sahen, durch billigeren Einkauf des Rohproductes ihren Import nach hier in ungeschwächtem Maasse fortzusetzen. Der französische Commissär der pariser Welt-Ausstellung giebt in seinem officiellen Bericht den Ausschluss fremder Wollen von den amerikanischen Märkten als einen der Hauptgründe für das Weichen der Wollpreise an und Herr Helmuth Schwartze in London, einer der grössten Woll-Makler der Welt, ist, wie aus dessen letztem Marktbericht ersichtlich, derselben Ansicht, insofern er dagegen erhobene Einwendungen mit den Worten widerlegt:

„Es wird von einigen Seiten behauptet, dass die in die Ver. Staaten importirte Quantität von Wolle im Vergleich zu der in Europa verkauften so unbedeutend sei, dass Preise dadurch hier nicht afficirt werden können; solche Leute vergessen, dass es die letzte Million Pfund ist, welche Mangel oder Ueberfluss verursacht."

In welchem Grade Preise in den Productionsländern wichen, erhellt beispielsweise aus den Preisen, welche fur Cap- oder süd-afrikanische Wollen im Exporthafen bezahlt wurden: Im Jahr 1861 galten dieselben 19,4C. pro Pfd., in Folge der Erhöhung des Zolles im Jahre 1868 10,9C. pro Pfd., wodurch europäische Fabrikanten in den Stand gesetzt wurden, diese Wollen zu einem billigeren Preise einzukaufen, als der Zoll in den Ver. Staaten beträgt, welcher im Frühjahr 1867 auf 10C. pro Pfd. und 11 % ad valorem erhöht wurde.

Während Preise für wollene Webstoffe bei gleichzeitiger Erhöhung der Arbeitslöhne in den Fabriken mindestens zwanzig Procent niedriger sind, als im Jahre 1860, hat der amerikanische Consument dieselben und zum Theil wesentlich höhere Preise zu zahlen.

Zur Wiederbelebung der Woll-Industrie ist es daher in kurzen Worten nothwendig, alle Zölle auf fremde Wollen und Färbepräparate abzuschaffen und die Zölle auf wollene Webstoffe aller Art auf 25 Procent ad valorem zu reduciren; auf dieser Basis ist nach Ansicht der erfahrensten Fabrikanten des Landes eine Hebung der Woll-Industrie durch gesteigerten Consum allein möglich.

Durch Concurrenz hervorgerufene Reduction der Preise.

Eine Classe amerikanischer Staats-Oekonomen ist der Ansicht, dass eine durch Gesetzgebung künstlich hervorgerufene verstärkte Production eines bestimmten Artikels durch die dadurch bedingte Preisreduction dem Lande zum Vortheile gereiche. Dass diese Ansicht eine vollständig irrige, wird nach einiger Ueberlegung Jedem einleuchten. Sobald die Production eines Artikels durch Gesetzgebung, wie z. B. Erhöhung der Zölle, plötzlich profitabler gemacht wird, streichen Diejenigen, welche bedeutende Vorräthe und ihre Fabriken im Gange haben, einen grossen Profit ein. Hierdurch angelockt, werfen sich Viele, oft mit ungenügendem Capital, auf die Production desselben Artikels; in Folge dessen wird der Markt überfüllt, Preise niedriger und die Qualität schlechter, während Arbeitslöhne bei dem in Amerika stets fuhlbaren Mangel an geschickten Arbeitern steigen, bis endlich die grössere Anzahl der Fabriken sich zur Arbeitseinstellung gezwungen sieht. Hierauf tritt naturgemäss eine Reaction ein; Diejenigen, welche die schlimmsten Zeiten glücklich überstanden haben, streichen abermals ihren Profit ein und derselbe Kreislauf beginnt von Neuem. Eine naturgemässe Entwickelung wird auf diese Art gehemmt und was das Volk als Consument durch die vorübergehend niedrigern Preise gewinnt, geht durch Verlust von Capital und Vergeudung an Arbeitskraft in einer, sich jeder Berechnung entziehenden Weise verloren. Durch diese übel angebrachte Gesetzgeberei sind amerikanische Fabrikanten dahin gekommen, dass sie im Gegensatz zu europäischen von einer Special-Gesetzgebung Hulfe erwarten und die Idee gänzlich aufgegeben zu haben scheinen, sich durch Herstellung billigerer und besserer Arbeit selbst zu helfen. Ausser für Woll-Industrie, wie in Vorhergehendem gezeigt, gilt dies namentlich von der Papier-Fabrikation und zwar in einem solchen Grade, dass sich bei Gelegenheit des im October 1869 herrschenden Regensturmes, in Folge dessen eine Ueberschwemmung eintrat, die viele Papierfabriken zerstörte, eine in den Papier-Fabrik-Districten der Neu-England-Staaten erscheinende Zeitung zu der Bemerkung veranlasst sah:

„Wir zweifeln nicht, dass die Fabriken, welche stehen blieben, in Folge der verminderten Production ein besseres Geschäft machen werden."

Mit anderen Worten heisst dies: Die Lage dieses Artikels ist eine derartig gedrückte, dass selbst ein grosses Unglück und Zerstörung von Eigenthum in ausgedehntestem Maassstabe von Einigen als Segen betrachtet wird.

Vorschläge im Interesse der heimischen Industrie im Allgemeinen.

Auf Roheisen ist der Zoll auf D. 3 00 pro Ton zu ermässigen. Bei dem jetzigen Zoll von D. 9 00 pro Ton gingen im Fiscaljahr 1867—1868 D. 1,011,109 96 ein.

Auf Eisenabfall ist der Zoll auf D. 3 00 pro Ton zu ermässigen; bei dem jetzigen Zoll von D. 8 00 pro Ton betrugen die Einnahmen im Fiscaljahr 1867—1868 D. 640,294 69.

Auf Salz, offen (in bulk) 9 C. pro 100 Pfd., auf Salz in Säcken 12 C. pro 100 Pfd.; jetziger Zoll 18 resp. 24 C.; Einnahmen im Fiscaljahr 1867—1868 D. 395,955 17 resp. D. 740,270 59, zusammen D. 1,136,225 76.

Die Reduction des Zolles auf Roheisen würde die Zolleinnahmen um ca. D. 750,000 vermindern, aber bei einem heimischen Verbrauch von D. 1,800,000 Tons würde eine Preisreduction von D. 6 00 pro Ton die Steuerlast des Landes um jährlich D. 10,800,000 verringern. Die Reduction des Zolles auf Eisenabfall würde in den Zolleinnahmen einen Ausfall von D. 400,000 verursachen, jedoch durch die ermöglichte billigere Herstellung von Stabeisen die Eisen-Industrie wesentlich heben. Der Verlust, den die Zolleinnahmen durch Reduction des Zolles auf Salz erleiden werden, beträgt schätzungsweise D. 600,000; bei einem heimischen Verbrauch von 39,000,000 Bsh. Salz pro Jahr und einer Preisreduction von 10 C. pro Bsh. würde die Steuerlast des Landes jährlich um D. 3,900,000 vermindert werden.

Bauholz aller Arten ist gänzlich zollfrei einzuführen; bei dem jetzigen Zoll von 20 Procent betrugen die Einnahmen im Fiscaljahr 1867—1868 D. 1,262,020 47; ganz abgesehen von den Schranken, welche der sinnlosen Zerstörung der amerikanischen Waldungen hierdurch gesetzt werden würden, ist der directe Gewinn der Nation durch Verminderung der Kosten von Bauholz auf jährlich D. 16,000,000 anzuschlagen.

Kohlen — zollfreie Einfuhr; jetziger Zoll auf Anthracit 40 C. pro Ton, auf bituminöse D. 1 25 pro Ton; Zoll-Einnahmen im Fiscaljahr 1867—1868 von Anthracit D. 30 40, von bituminöser D. 492,526 56.

Brennholz — zollfreie Einfuhr; jetziger Zoll 20 Procent, Einnahmen im Fiscaljahr 1867—1868 D. 42,605 12.

Kupfererz — zollfreie Einfuhr; jetziger Zoll 3 C. pro Pfd. reinen Kupfers, welches darin enthalten; der Zoll wirkt auf den Import thatsächlich prohibitiv. Eine Folge dieses Schutz-Zolles ist Einstellung des Betriebs in zwei grossen Schmelzhütten in Baltimore und Boston, eine Beschränkung in der Fabrikation von Papiertapeten durch erhöhte Preise für sog. „holländisch Metall" und schliesslich ein Weichen der Preise für Ingot-Kupfer von 26 à 27 C.

vor Passirung der Kupferbill auf den jetzigen Preis von 22 à 23 C. *). Kupfer ist für die Ver. Staaten eher ein Export- als ein Import-Artikel und der Versuch einer Regulirung der Preise durch Zölle musste demnach naturgemäss gänzlich fehlschlagen. Ausserdem tritt aber an Stelle von Kupfer in den Künsten und Handwerken immer mehr der Gebrauch billigerer Metalle wie Eisen u. s. w. und der Versuch, ein theures für ein billiges Metall zu substituiren, muss der Natur der Sache nach fehlschlagen. Special-Gesetzgebung, um den Preis zu reguliren, hat daher gerade die entgegengesetzte Wirkung, als beabsichtigt wurde. Eine Reduction des Zolles auf Kupfer-Fabrikate von 45 Procent ad valorem auf 25 Procent ad valorem wird ebenfalls in Vorschlag gebracht, da die jetzigen Zölle prohibitiv wirken. Bei einem Zoll von 35 Procent ad valorem betrugen im Fiscaljahr 1867—1868 die Zoll-Einnahmen volle fünf und dreissig Cents, da der Zoll jetzt auf 45 Procent ad valorem erhöht ist, dürfte selbst dieser Betrag nicht mehr eingehen. Ich muss ferner darauf aufmerksam machen, dass die Preise für Kupfer und Kupfer-Fabrikate in New-York um 10 à $10^1/_2$ C. pro Pfd. höher sind als in England.

Jute und „Sun" Hanf — zollfreie Einfuhr; jetziger Zoll D. 15 pro Ton, Einnahme im Fiscaljahr 1867—1868 D. 57,542 75. Die Abschaffung der Zölle wird empfohlen, um zu einer Industrie zu ermuthigen, welche in Europa bereits eine sehr bedeutende Ausdehnung erreicht hat, hier aber noch fast gänzlich schlummert. Im Jahr 1868 betrug der Import von Jute nach England 218 Millionen Pfund, während in den Ver. Staaten nur 8 Millionen Pfund verbraucht wurden. Die Jutefaser ist nur zur Anfertigung von groben Stoffen zum Verpacken u. s. w. verwendbar, kann also dem einheimischen Flachs oder Hanf, welcher eine bedeutend feinere Faser besitzt, keinerlei Concurrenz machen.

Vorschläge im Interesse der Schuh- und Stiefel-Industrie und der Leder-Fabrikation.

Häute und unverarbeitete Felle aller Art — zollfreie Einfuhr; jetziger Zoll 10 Procent, Zoll-Einnahmen im Fiscaljahr 1867—1868 D. 977,325 12.

Leder — zollfreie Einfuhr, ausgenommen von Marocco-, japannirtem und lackirtem Leder; jetziger Zoll 25 und 35 Procent; Einnahmen im Fiscaljahr 1867—1868 D. 1,363,481 51.

Baumrinde aller Art, Tannen, Eichen u. s. w., welche zum Gerben von Leder verwandt wird — zollfreie Einfuhr; jetziger Zoll 10 Procent.

Sumach — zollfreie Einfuhr; jetziger Zoll 10 Procent; Einnahmen 1867—1868 D. 53,608 56.

Lastings und Serge, Fabrikate aus Wolle oder Haaren, bekannt unter dem Namen „Lastings" und „Serge", welche ausschliesslich für Schuhe oder Stiefeletten verwendbar und nicht mit Gummi elasticum vermischt sind — zollfreie Einfuhr; jetziger Zoll 50 C. pro Pfd. und 35 Procent ad valorem. Einnahmen im Fiscaljahr 1866—1868 geschätzt auf D. 1,157,000.

---

*) Die Kupfer-Industrie liegt jetzt ebenso und noch mehr darnieder als im Februar 1869 und mussten die damaligen Befürworter einer Erhöhung des Zolles, falls sie sich consequent bleiben wollten, beim Congress um eine abermalige Erhöhung der Zölle nachsuchen, da die jetzigen Zölle, vom Standpunkt ihrer Wirksamkeit betrachtet, „so niedrig sind, dass sofortige Abhülfe Noth thut".

Die Verminderung der Zoll-Einnahmen (durch Aufhebung obiger Zölle) um D. 3,500,000 wird bei Weitem aufgewogen durch eine Erleichterung der Steuerlast, wie bereits nachgewiesen, um ca. D. 18,000,000 pro Jahr.

Vorschläge im Interesse der Papier-Tapeten-Fabrikation.

Bronce, „holländisch Metall" oder „Florence leaf", in Blattern oder Pulver — zollfreie Einfuhr; jetziger Zoll 45 Procent ad valorem. Einnahmen im Fiscaljahr 1868—1869 geschätzt auf D. 20,000. Die Aufhebung dieses Zolles würde die Kosten der Fabrikation der besseren Qualität Papier-Tapeten um 5 bis 25 C. pro Rolle ermässigen.

Vorschläge im Interesse diverser Industriezweige.

Roher Schwefel — zollfreie Einfuhr; jetziger Zoll D. 6 00 pro Ton und 25 Procent; Einnahmen im Fiscaljahr 1867—1868 D. 108,903 30. — Ferner wird vorgeschlagen eine Reduction des Zolles auf Schwefelblüthe von D. 20 pro Ton und 15 Procent ad valorem auf D. 10 pro Ton, auf raffinirtem Schwefel in Stangen von D. 10 pro Ton auf D. 5 pro Ton; der Grund für diese Vorschläge ist, dass die gegenwärtigen Zölle übermässig hoch sind und die Bundes-Einkünfte schmälern; die Gesammt-Einnahmen von beiden Artikeln beschränkten sich im Fiscaljahr 1867—1868 auf D. 1,119 20.

Soda-Asche — zollfreie Einfuhr; jetziger Zoll $^1/_2$ C. pro Pfd.; Einnahmen im Fiscaljahr 1867—1868 D. 545,228 83.

Chlorsaure Kalkerde oder Bleichpulver — zollfreie Einfuhr; jetziger Zoll 30 C. pro 100 Pfd; Einnahmen im Fiscaljahr 1867—1868 D. 73,486 78.

Papier-Abfall oder irgend welcher Abfall, der ausschliesslich für Papier-Fabrikation geeignet — zollfreie Einfuhr; jetziger Zoll 10 Procent.

Esparte oder spanisches Gras, ein Rohmaterial für Papier-Fabrikation — zollfreie Einfuhr; jetziger Zoll 20 Procent.

Gerste — zollfreie Einfuhr; jetziger Zoll 15 C. pro Bushel; Einnahmen im Fiscaljahr 1867—1868 D. 566,547 39. Die einzig verlässliche Bezugsquelle von Gerste guter Qualität für unsere Brauereien, die ein Capital von D. 56,856 000 repräsentiren und 9,814 Arbeitern Beschäftigung geben, ist Canada; ungerecht und unweise ist es von der Regierung, die jährlich eine Steuer von über sechs Millionen von diesem Industriezweig erhebt, die Productionskosten durch Erhebung eines Zolles auf Gerste zu steigern und auf diese Weise die Ausdehnung dieses Geschäftszweiges zu hemmen.

Felle für Hut- und Kappenmacher — zollfreie Einfuhr; jetziger Zoll 20 %; Einnahmen im Fiscaljahr 1867—1868 D. 282,976 40.

Seiden-Plüsch, Futterseide und seidene Hutbänder, ausschliesslich für Hut-Fabrikation verwendbar — zollfreie Einfuhr; jetziger Zoll 60 %; Einnahmen im Fiscaljahr 1867—1868 geschätzt auf D. 600,000.

Dieser höchst wichtige Fabrikationszweig, in dessen Pelz- und Filzhut-Departement allein ein Betriebs-Capital von D. 20,000,000 angelegt ist, liegt in Folge des hohen Zolles auf Rohmaterial in bedauerlicher Weise danieder und hat der Consum während der letzten drei Jahre um mindestens 25 Procent abgenommen.

Im Interesse der heimischen Industrie im Allgemeinen empfehle ich gänzlich zollfreie Einfuhr folgender Artikel, resp. Classen von Artikeln:

Artikel.	Jetziger Zoll.	Einnahmen im Fiscaljahr 1867—1868.
Elfenbein, rohes, direct aus dem Productionsland importirt	10 %	D. 42,117 40
Elfenbeinnüsse, vegetabilische	10 %	1,217 20
Thiere, lebende, aller Art	20 %	466,404 01
Borsten	15 %	79,199 40
Kreide, weisse	D. 10 pro Ton.	105,714 13
Annato, Samen oder Extract	20 %	188 40
Weinstein, roher oder zum Theil raffinirt	6 C. pro Pfd.	126,739 11
Rinden, alle medicinischen	20 %	82,246 80
Antimon, rohes oder Regulus Antimonii	10 %	8,382 20
Camphor, roher	30 C. pro Pfd.	59,803 20
Catechu	10 %	10,623 60
Korkholz, unverarbeitet	30 %	48,260 10
Federn und Bettfedern	30 %	4,373 61
Leim	10 %	1,266 50
Gummi aller Art, unverarbeitet und nicht raffinirt, verwandt zur Fabrikation von Firniss	10—50 C. pr. Pfd.	439,039 30
Guttapercha, rohe	10 %	2,121 80
Gummi elasticum, rohes	10 %	196,911 40
Kryolit	20 %	13,726 40
Bambus	10 %	579 90
Weiden oder Flechtwerk, unverarbeitet	30 %	8,661 60
Cudbear	10 %	4,324 60
Knochen, roh und unverarbeitet	10 %	—
Hörner	10 %	6,234 30
Lithographische Steine	20 %	2,651 60
Total		D. 1,710,876 56

Gunny-Tuch und Gunny-Säcke — Reduction des jetzigen Zolles von 3 Cents (Gold) pro Pfd. (fast 100 % des gegenwartigen Marktwerthes) auf einen Cent pro Pfd. als Maximalsatz. Der jetzige Zoll wirkt fast prohibitiv, da der Import von 75,000 B. im Jahr 1860 auf 5000 B. im Jahr 1869 reducirt wurde. Unser Handel mit Ostindien leidet darunter auf höchst fühlbare Weise, da Schiffe von dort ohne Gunnies selten eine volle Ladung nach den Ver. Staaten einnehmen können. Ausserdem ist dieser Artikel als Packmaterial für unsern Baumwoll-Handel u. s. w. unumgänglich nothwendig.

Die vorgeschlagene Ermässigung und gänzliche Aufhebung der Zölle auf sämmtliche vorbenannte Artikel würde die Zoll-Einnahmen jährlich um ca. 12 Millionen Dollars reduciren, die Steuerlast, welche auf dem Lande liegt, aber um mindestens 60 Millionen Dollars verringern; während die Anregung, welche dadurch der heimischen Industrie zu Theil wird, durch eine weit höhere Ziffer ausgedrückt werden müsste.

Um die Bundes-Einkünfte zu steigern oder die Erhebung der Zölle zu erleichtern und zu vereinfachen, bringe ich folgende Modificationen des Zolltarifs im Vorschlag:

Weine. — Auf alle Weine, ohne Unterschied der Qualität (ausgenommen

Champagner oder andere moussirende Weine) wird ein specifischer Zoll von fünfzig Cents pro Gallone vorgeschlagen. Die Erhebung eines Zolles ad valorem ist nachtheilig für das legitime Geschäft und die Bundes-Einkünfte, sowie eine unversiechbare Quelle von Streitigkeiten und Processen zwischen der Bundes-Regierung und den Importeurs. Unter den jetzigen ad valorem Zöllen betrugen die Gesammt-Einnahmen im Fiscaljahr 1867—1868 auf 6,102,479 Gallonen (gegen 9,476,814 Gallonen importirt im Fiscaljahr 1865—1866) D. 2,155,524 oder durchschnittlich 35 Cents pro Gallone. Nicht mehr als 203,452 Gallonen oder weniger als vier Procent des 6,102,479 Gallonen betragenden Gesammt-Imports wurden als Wein im Werth von über einem Dollar pro Gallone zollamtlich einclarirt. Ein specifischer Zoll von fünfzig Cents pro Gallone würde alle unrichtigen Einclarirungen unmöglich machen und die Bundes-Einkünfte, wie aus Obigem ersichtlich, erhöhen, zumal mit Sicherheit anzunehmen ist, dass der Import wiederum seine frühere Ausdehnung erreichen wird, so dass sich die Bundes-Einkünfte jährlich um $2^1/_2$ Millionen Dollars steigern würden.

Auf Mineral- und Medicinal-Wasser beträgt der jetzige Zoll drei Cents pro Flasche und 25 Procent ad valorem; ich empfehle eine Verwandlung dieses ad valorem Zolles in einen specifischen und zwar 75 Cents für jedes Dutzend Flaschen oder Steinkrüge, welche nicht mehr als ein halbes Quart enthalten und D. 1 75, falls dieselben mehr als ein halbes und weniger als ein Quart enthalten.

Sardinen zahlen jetzt einen Zoll von 50 Procent ad valorem und wird dessen Umwandlung in einen specifischen Zoll nach Cubik-Inhalt der Kisten vorgeschlagen, so dass sardines à l'huile in 1/1 Buchsen, nicht über 5 Zoll lang, 4 Zoll breit und $3^1/_2$ Zoll tief, 14 Cents, in $^1/_2$ Büchsen, nicht über 5 Zoll lang, 4 Zoll breit und $1^1/_2$ Zoll tief, 7 Cents und in $^1/_4$ Büchsen, nicht über $4^3/_4$ Zoll lang, $3^1/_2$ Zoll breit und $1^1/_8$ Zoll tief, 4 Cents pro Büchse zahlen.

Regen- und Sonnenschirm-Gestelle werden hauptsächlich aus England importirt und unterliegen einem Zoll von 35 Prozent ad valorem, dessen Umwandlung in einen specifischen Zoll wie folgt vorgeschlagen wird: Stählerne und eiserne Schirmgestelle, nicht über 12 Zoll lang, 50 Cents pro Dutzend, über 12 Zoll und nicht über 21 Zoll lang 70 Cents pro Dutzend; Schirmgestelle aus Messing, Stahl oder anderem Metall, nicht über 12 Zoll lang, 70 Cents pro Dutzend, über 12 und nicht über 21 Zoll lang, 90 Cents pro Dutzend. Auf Regen- und Sonnenschirm-Stäbe und Spanner aus Eisen oder Stahl angefertigt 90 Cents pro Dutzend Satz; auf Schirm-Tüllen und Läufer und anderes Zubehör zu Gestellen ausser Schirmstäben, wenn aus Eisen oder Stahl angefertigt, 50 Cents pro Gross Stücke, wenn aus anderem Material als Eisen- oder Stahl angefertigte D. 1 50 pro Gross Stücke.

Chinesische Strohmatten, ausschliesslich aus China importirt, kosten im Exporthafen 18 Cents pro Quadrat-Yard; statt des jetzigen ad valorem Zolles von 30 Procent wird ein specifischer Zoll von 3 Cents pro Quadrat-Yard vorgeschlagen.

Maccaroni und Vermicelli, ausschliesslich aus Italien importirt, kosten im Exporthafen 9 Cents pro Pfund; statt des jetzigen Zolles von 35 Procent ad valorem wird ein specifischer Zoll von 3 Cents pro Pfund vorgeschlagen.

Leim, nicht raffinirter, wird in grossen Massen in den Ver. Staaten fabricirt und in mässiger Ausdehnung aus Deutschland importirt; derselbe unterliegt einem Zoll von 20 Procent ad valorem bei einem Kostenpreis von 10 Cents pro Pfund in Deutschland; ich empfehle daher eine Umwandlung dieses Zolles in einen specifischen Zoll von 2 Cents pro Pfund, da eine Erhöhung des Zolles wahrscheinlich prohibitiv wirken wurde.

Leim, raffinirter, und Gelatine, hauptsächlich aus Deutschland importirt, kostet daselbst 20 Thaler (D. 13 80) pro 100 Pfund; die Umwandlung des jetzigen ad valorem Zolles von 35 Procent in einen specifischen Zoll von $4\frac{1}{4}$ Cents pro Pfund wird vorgeschlagen.

Korke, hauptsächlich aus Spanien und Portugal importirt, unterliegen jetzt einem Zoll von 50 Procent ad valorem und betrugen die Einnahmen im Fiscaljahr 1867—1868 D. 84,426. Ausgedehnte Zoll-Defraudationen und zwar dadurch, dass gute und schlechtere Qualität nicht assortirt importirt und die ganze Sendung als von geringerer Qualität einclarirt wird, machen eine Umwandlung in einen specifischen Zoll besonders wunschenswerth. Ich schlage desshalb einen Zoll von 60 Cents pro Mille auf Korke bis $1\frac{1}{8}$ Zoll im Durchmesser und von 2 Dollars pro Mille auf Korke uber $1\frac{1}{8}$ Zoll im Durchmesser vor.

Handschuhe. Der Durchschnittspreis der nach den Ver. Staaten importirten pariser Glacé-Handschuhe ist 35 Francs pro Dutzend Paar; schliesst man jedoch besonders feine Qualitäten aus, die wegen des Bufes der Fabrikanten Extra-Preise bedingen, so dürfte der Durchschnittswerth der nach den Ver. Staaten importirten Handschuhe auf unter 30 Francs (D. 6 00 Gold) pro Dutzend Paar sinken. Der jetzige Zoll auf Glacé-Handschuhe beträgt 50 Procent ad valorem; ich empfehle daher eine Umwandlung dieses Zolles in einen specifischen von 3 Dollars pro Dutzend Paar Lederhandschuhe aller Art. Im Fiscaljahr 1867—1868 wurden 379,302 Dutzend Paar Lederhandschuhe aller Art importirt und dafur an Zoll D. 1,260,558 oder durchschnittlich D. 3 32 pro Dutzend Paar eingenommen.

Eingemachter chinesischer Ingwer und Chow-Chow, ausschliesslich aus China importirt, kostet im Exporthafen D. 4 25 pro Kiste, welche stets 6 Krüge enthält; der jetzige Zoll beträgt 50 Procent ad valorem und mache ich den Vorschlag, einen specifischen Zoll von 2 Dollars pro Kiste, welche nicht über 75 Pfund Brutto wiegen darf, zu substituiren.

Corsets werden hauptsächlich aus Deutschland importirt und ist der Durchschnittspreis für leinene und baumwollene 12 Gulden oder D. 4 80 pro Dutzend; der jetzige Zoll beträgt 35 Procent ad valorem, was einem specifischen Zoll von D. 1 68 pro Dutzend gleichkommt; ich empfehle hierfür einen Zoll von D. 1 50 pro Dutzend auf Corsets, angefertigt aus jedem Material, mit Ausnahme von Seide.

Baumwollene Hosenträger, die aus England importirt, 16 Shillings pro Dutzend, und aus Frankreich importirt 16 Francs pro Dutzend kosten, unterliegen einem Zoll von 35 Procent ad valorem; ich bringe hierfür einen specifischen Zoll von D. 1 25 pro Dutzend, angefertigt aus Baumwolle in Verbindung mit Gummi elasticum in Vorschlag.

Elastische Gewebe aus Gummi elasticum, Baumwolle und Seide — hauptsächlich in der Schuh- und Stiefel-Fabrikation gebraucht und in bedeutenden Quantitäten aus England und Deutschland importirt, unterliegen jetzt einem Zoll von 35 Procent ad valorem, für baumwollenes und 50 Procent ad valorem für seidenes, Gummi elasticum enthaltendes Fabrikat. Da Zoll-Defraudationen durch zu niedrige Werthangabe häufig stattfinden und eine Entdeckung derselben schwierig ist, schlage ich folgenden, von Sachverständigen empfohlenen specifischen Zoll vor:

Auf Fabrikate aus Gummi elasticum und anderem Material, ausser Seide, beim Stück nicht schmäler als $1/2$ Zoll und bis 1 Zoll breit 3C. pro Yard Länge, bis $2^1/_2$ Zoll breit 6 C., bis 4 Zoll breit 12 C., bis $5^1/_8$ Zoll breit 18 C., bis 7 Zoll breit 25 C. und für jeden weiteren Zoll Breite 5 C. pro Yard Länge. Auf baumwollene Gummischnüre u. s. w. schwächer als $1/2$ Zoll D. 1 pro 144 Yards. Auf Fabrikat aus Gummi elasticum und Seide, nicht schmäler als $1/2$ Zoll und bis $1^1/_2$ Zoll breit, 6 C. pro Yard Länge, bis $2^1/_2$ Zoll breit 12 C., bis 4 Zoll breit 24 C., bis 5 Zoll 40 C. und für jeden weiteren Zoll Breite 8 C. pro Yard Länge. Auf seidene Gummischnüre u. s. w. D. 2 75 pro 144 Yards.

Gestrickte oder schottische Mützen — ausschliesslich in Schottland von Frauen und Kindern gestrickt und fast ausschliesslich von Matrosen, Fischern und den ärmeren Classen getragen, unterliegen jetzt einem Zoll von 50 C. pro Pfund und 35 Procent ad valorem, welcher einem specifischen Zoll von D. 2 25 pro Dutzend bei einem Kostenpreis von 16s Sterling (D. 4 Gold) gleichkommt; eine Reduction des Zolles auf D. 1 25 pro Dutzend wird im Interesse der ärmeren Classen in Vorschlag gebracht.

Zinn — in Blöcken, hauptsächlich aus England, und zwar durchschnittlich 4000 Tons (nahe an neun Millionen Pfund) pro Jahr importirt, unterliegt einem Zoll von 15 Procent ad valorem und wird dessen Umwandlung in den entsprechenden specifischen Zoll von 3 C. pro Pfund vorgeschlagen. Ferner wird die Aufhebung des Differentialzolls auf Malacca-Zinn, falls über Holland importirt, empfohlen, da hierdurch der directe Handel mit Holland einen bedeutenden Aufschwung nehmen würde. Auf alles Zinn in Blöcken u. s. w., ohne Rücksicht auf die Bezugsquelle, wird daher ein gleichmässiger Zoll von 3 C. pro Pfund in Vorschlag gebracht.

Zinnblech — wird in den Ver. Staaten nicht fabricirt; der Gesammtwerth des Imports dieses Artikels im Fiscaljahr 1867—1868 betrug D. 6,893,072 Gold und bei einem Zoll von 25 Procent ad valorem betrugen die Einnahmen D. 1 723,200; ein gleich hoher specifischer Zoll würde ca. $1^1/_4$ C. pro Pfund Brutto betragen; da jedoch wegen Seebeschädigung während des Transports nach hier fortwährend ein Zollnachlass gefordert wird, der in den meisten Fällen gewährt werden musste, wird, um diesem Uebelstand abzuhelfen, vorgeschlagen, den Zoll auf verzinntes Eisenblech, bekannt als Zinnblech, auf 1 C. pro Pfund Brutto zu reduciren, aber fernerhin keinen Zollnachlass wegen erlittener Beschädigung mehr zu gewähren.

Getrocknete Früchte — als Rosinen, Corinthen, Pflaumen, Zwetschen u. s. w., unterliegen einem Zoll von 5 C. pro Pfund; derselbe ist jedenfalls zu hoch, da diese Artikel nur in einem beschränkten Grade als Luxusartikel zu betrachten sind; eine Ermässigung auf 2 C. pro Pfund wird vorgeschlagen, unter der ausdrücklichen Bedingung, dass keinerlei Abzug für seebeschädigte Waare mehr gestattet werde, da dies zu ausgedehntem Missbrauch Veranlassung gegeben. Die Reduction des Zolles ist genügend, um den Importeur in Stand zu setzen, seine Waaren gegen jede Seebeschädigung zu versichern.

Frische Fruchte — zahlen jetzt 25 Procent ad valorem; da jedoch bei fast jeder Schiffsladung ein bedeutender Nachlass des Zolles bewilligt werden musste, mache ich den Vorschlag, dass der Zoll auf 10 Procent ad valorem reducirt werde mit der Bedingung, dass kein Abzug für seebeschädigte Frucht gestattet wird.

Stahl — Um allen Streitigkeiten gewisser Importeurs und der Regierung ein Ende zu machen, wird gänzliche Abschaffung der ad valorem und Substituirung folgender rein specifischer Zollsätze als Basis vorgeschlagen: Stahlabfall $1/4$ C. pro Pfund, Bruchstahl $1 1/2$ C., deutscher Stahl in Stangen 2 C., Pflugschar-Stahl in Stangen $2 1/2$ C., roher Gussstahl 1 C., bearbeiteter Gussstahl, gebohrt, kalt gehämmert $1 1/4$ C., Gussstahl in Stangen $2 1/2$ C., Stahlplatten bis No. 16 Drahtmaass incl. 2 C. bis No. 24 $2 1/2$ C., über No. 24 3 C., Stahldraht und Blech in kaltem Zustand gezogen oder gewalzt, bis No. 16 Drahtmaass incl. 3 C., unter No. 16 $3 1/2$ C., gussstählerne Flanschen für Eisenbahn-Waggon- und Locomotiv-Räder 2 C., gussstählerne Achsen, Kolbenstangen und andere nach Modellen angefertigte Gussstücke 1 C., wenn vollständig für sofortigen Gebrauch fertig 2 C., Kurbeln $1 1/4$ C., abgedrehte Gussstücke nicht fertig für Gebrauch $1 1/2$ C., do. fertig für Gebrauch $2 1/2$ C. stählerne Eisenbahnschienen $1 1/2$ C. und auf alle anderen nicht specificirten Stahlfabrikate 2 C. pro Pfund.

Droguen und Chemicalien.

Die gänzliche Aufhebung des Zolles auf folgende Artikel wird hauptsächlich aus dem Grunde empfohlen, weil die Zoll-Einnahmen aus denselben zu unbedeutend sind im Vergleich zu den Erhebungskosten und den Hindernissen, welche das legitime Geschäft durch deren Verzollung zu erleiden hat:

Asphalt; Eiweiss; Kreide aller Art; Säuren (acidum benzoic., carbolic., citric., gallic., muriatic., nitric., oxalic., sulphuric., tannic.); essigsaur. Ammonium, Baryterde, Eisenoxyd, Kupferoxyd, Magnesia, Kali, Natron und Strontianerde; Aloë; Ammoniak und dessen Salze; Anilinfarben oder Färbepräparate; Arsenik; Asa foetida; Balsam aller Art; Perurinde und andere medicinische Rinden; Bucchublätter; roher Camphor; Canthariden; im bestehenden Tarif nicht specificirte chemische Präparate; Brechweinstein; Cubeben; Ossa sepia; Drachenblut; alle anderen in dem gegenwärtigen Tarif nicht specificirten Droguen und Färbestoffe; Algen; Halymonia edulis; Mutterkorn; sämmtliche in gegenwärtigem Tarif nicht specificirte medicinische Blumen, Blatter und Pflanzen; Indigo-Extract; Jod, rohes, Sublimate oder Salze; Ipecacuanha; Jalappe; Lack; Krapp-Extract und Garancine; Magnesia und dessen Salze; Manna, Moschus; medicinische Präparate, nicht aufgeführt in dem gegenwärtigen Tarif; salpetersaures Natron, Gallapfel; Phosphor; chlorsaures Kali; Rhabarber; Salpeter; Kali-Chlorid; Rosenblatter; Safflor; Santonin; Sassaparilla; Strychnin und dessen Salze; Baryt und dessen Salze; Bittersalz; Zink-Sulphate; Thon und Töpferthon aller Art; Moose, Seetang und andere ähnliche vegetabilische Substanzen; alle nicht speciell aufgeführten flüchtigen, ätherischen und Leucht-Oele; Oliven-, Palm- und Cocosnuss-Oel; Theer; Terpentin; Kalkmilch; Cobalt; alle nicht speciell aufgeführten Sämereien und Wurzeln. Der Ausfall, der durch zollfreie Einfuhr dieser Artikel in den Bundes-Einkünften verursacht werden würde, dürfte kaum D. 2,000,000 übersteigen.

Der Commissär führt einige Beispiele aus dem jetzt in Kraft befindlichen Tarif an, welche dessen Unzulänglichkeit und Planlosigkeit, um nicht zu sagen Unvernünftigkeit, klar darlegen. So zahlt z. B. roher Camphor dreissig Cents pro Pfund und raffinirter vierzig Cents pro Pfund; das Raffiniren kostet jedoch kaum drei Cents pro Pfund und die Folge davon ist, dass der Import raffinirten Camphors unmöglich gemacht und einem einzigen Raffineur in New-York dadurch ein Monopol verliehen wird. Ricinusöl unterliegt einem Zoll von D. 1,00 Gold, wenn direkt, und D. 1 10, wenn nicht direkt von Ostindien importirt; die Schoten, aus welchen dieses Oel gewonnen wird, sind mit 60 Cents pro Bushel zu verzollen, was einem Zoll von ca. 35 Cents pro Gall. auf das darin enthaltene Oel gleichkommt. In Folge dessen hat die Cultur dieser Pflanze in den Ver. Staaten rasch zugenommen und zwei oder drei Firmen besitzen ein Monopol in diesem Fabrikationszweige, wodurch den Ver. Staaten an Steuer zwei Cents pro Gall. eingeht, während der Zoll D. 1 00 pro Gall. betragen würde, was bei einem jährlichen Bedarf von ca. 200,000 Gall. einen entsprechenden Ausfall in den Zoll-Einnahmen verursacht. Das Nämliche gilt von den Zöllen auf Borax, Morphin, doppelt chromsaures Kali und Bleizucker, deren Fabrikation für einige Fabrikanten ein lohnendes Monopol, für die Masse des Volkes und die Bundeseinkunfte jedoch ein entsprechender Verlust ist.

Nachdem der Commissär dargelegt, dass die vorgeschlagene Reduction der Zölle in einer Gesammthöhe von ca. vierzehn Millionen Dollars die Bundes-Einkünfte durch erhöhte Steuern sowie ausgedehnten Import um eine weit grössere Summe steigern würde, und ferner Industrie nnd Verkehr einen bedeutenden Aufschwung nehmen würden, der sich in Ziffern gar nicht ausdrücken lässt, definirt er einen

Revenue - Tarif

dahin, dass Vereinfachung und niedrige Zölle auf möglichst wenig Artikel dessen Grundzüge sein müssen und rubricirt dieselben mit Veranschlagung der Zoll-Einnahmen auf Basis der Einkünfte im Fiscaljahr 1868—1869 wie folgt:

Classe I. — Essbare und trinkbare Artikel	Einnahmen auf der Basis der Einkünfte im Fiscaljahr 1868—69.
Bier, Ale und Porter	D. 250,000
Chocolade und Cacao	100,000
Getrocknete Früchte à 2 Cents pro Pfund und frische Früchte à 10 Procent ad valorem ohne Abzug für Seebeschädigung	3,000,000
Cigarren à D. 2 pro Pfund	5,000,000
Tabak, nicht verarbeiteter, à 25 Cents pro Pfund	1,250,000
Caffee und Caffee-Surrogate	12,000,000
Molasses und Melado	5,000,000
Zucker	33,000,000
Thee	10,000,000
Spirituosen à D. 2 pro „proof" Gall.	4,000,000
Weine, excl. moussirende à 50 Cents pro Gall.	4,000,000
Moussirende Weine à D. 6 pro Dutzend	1,000,000
Gewürze	2,000,000

Reis	1,150,000
Sardinen, Confituren u. s. w.	150,000
Nüsse	450,000
Maccaroni, Vermicelli, Sago, eingemachte Früchte u. s. w.	150,000
Summa	D. 82,500,000

Classe II. — Webstoffe, soweit als möglich nach der beigefügten specifischen Zollrate.

Seide, 35 Procent als Maximalsatz	D. 10,000,000
Wollene und gewirkte Waaren 15—35 % durchschnittlich, 25 % specifisch	10,000,000
Baumwollene Webstoffe, 15—35 % durchschn., 25 % spec.	5,000,000
Leinene Webstoffe, 15—35 % durchschn., 25 % spec.	5,000,000
Hanf- und Jute-Fabrikate, 15—35 % durchschn., 25 % spec.	2,000,000
Handschuhe, Herren- und Damenhüte	1,000,000
Papier und Papierfabrikate 10 %	500,000
Pelze und Pelzwerk aller Art	500,000
Irdene Waaren, Steingut, Porcellan und Glas 25 % specifisch	4,000,000
Summa	D. 38,000,000

Classe III. — Metalle.

Eisen, Stahl, Blei, Zinn und Fabrikate aus denselben 25 % nach specifischer Rate	D. 15,000,000

Classe IV. — Galanteriewaaren, 35 Procent nach specifischer Rate.

Uhren, Taschenuhren, Stickereien, Spielwaaren, musikalische Instrumente, Pfeifen, Parfümerien, Schmucksachen, Federn, Feuerwerksgegenstände u. s. w.	D. 4,000,000
Spitzen, Gimpen und andere Besatzartikel	1,000,000

Classe V. — Droguen und Chemicalien.

Lakritzen, Opium, Oele, alkoholhaltige Präparate und Patent-Medicinen	D. 1,500,000

Classe VI. — Diverse Artikel 15 bis 35 Procent nach specifischen Raten.

Besen, Bürsten, Matten, Putzwaaren, Fabrikate aus Gummi elasticum, Marmor, Kork, Haare, Seife, Hopfen u. s. w.	D. 2,000,000

Recapitulation.

Ess- und trinkbare Artikel	D. 82,500,000
Webstoffe	38,000,000
Metalle	15,000,000
Galanteriewaaren	5,000,000
Droguen, Chemicalien und Oele	1,500,000
Diverse Artikel	2,000,000
Total	D. 144,000,000

Zuzüglich Strafgelder in Höhe von ca. D. 1,000,000 würden demnach die Zolleinkünfte D. 145,000,000 betragen, wobei zu bemerken, dass die durch vernunftgemässe Reduction hervorgerufene grössere Thätigkeit im Verkehr und in den Industriezweigen, sowie bei der raschen Zunahme der Bevölkerung und des Wohlstandes des Landes eine jährliche Steigerung von D. 5,000,000 eher zu niedrig als zu hoch angeschlagen ist.

VI.
Ein Problem für die Freunde der Ricardo'schen Grundrententheorie.

Nehmen wir eine von aller Welt abgesonderte kreisförmige Insel an, — auch einen „isolirten Staat", — in welchem das heutige Grund- und Capitaleigenthum herrscht.

Im Centrum der Insel liegt die Stadt, in der alle Fabrikation betrieben wird; der Umkreis, das Weichbild der Stadt, dient ausschliesslich der Rohproduction.

Der Staat ist nicht gross. Der Halbmesser vom Mauerring der Stadt bis zum Meeresufer ist nur so lang, dass jeder der nebeneinanderliegenden landwirthschaftlichen Gutscomplexe von der Stadtmauer bis zum Ufer reicht. Die Güter mögen — wie unsere grösseren norddeutschen Latifundien — 5000 M. M. enthalten und werden je von einem Wirthschaftshofe aus bewirthschaftet.

Der Acker ist überall von gleicher Bonität.

Die Rohproducte werden an die Städter verkauft und die Fabricate von den Landwirthen wieder zurückgekauft.

Der Werth, sowohl des Rohproducts wie des zusätzlichen Fabricationsproducts, soll sich genau nach der auf ihnen haftenden Productionsarbeitssumme richten — d. i. der aufgewendeten Quantität unmittelbarer Arbeit der nach Maassgabe der Abnutzung der Werkzeuge hinzuzurechnenden Quantität mittelbarer Arbeit — und nach diesem Werth sollen Rohproduct und Fabricationsproduct gegen einander vertauscht werden.

Die nationale Productivität ist, sowohl im Ganzen, wie je in der Rohproduction und Fabrication, so gross, dass über Capitalersatz und Arbeitslohn hinaus noch ein bedeutendes nationales Einkommen übrig bleibt, das natürlich dem Besitz zufällt, oder richtiger, ihm verbleibt, da das Grund- und Capitaleigenthum es mit sich bringt, dass alles Arbeitsproduct von seiner Entstehung an den Besitzern gehört.

Der Satz des städtischen Capitalgewinns ist natürlich das Ergebniss einer Proportion — derjenigen Proportion, die durch den Werthbetrag, der als Gewinn dem Fabrikbesitzer übrig bleibt, und dem Werthbetrage, den er zur Erzielung dieses Gewinns hat auslegen müssen, gebildet wird.

Dieser Satz bestimmt natürlich auch den Satz des Capitalgewinns, nach welchem die Grundbesitzer sich vom Gutsertrage einen Theil als Gewinn von ihrem aufgewendetem Capital berechnen müssen.

In der vorliegenden Hypothese sind mithin — um die Frage rein zu erhalten — alle Momente ausgeschlossen, die in Bezug auf Absatz und Werth der Rohproducte, den einen Grundbesitzer vor dem andern zu begünstigen geeignet sind: sowohl die Verschiedenheit der Güte der Aecker, wie die Entfernung vom Absatzorte, wie die sogenannte zunehmende Unproductivität des Bodens. Selbst der Werth, sowohl des Rohproducts wie des Fabricationsproducts, ist hier als der denkbar normalste vorausgesetzt, denn, lässt man diesen Werth, bei einem oder dem andern Product, willkürlich steigen oder fallen, so ist es leicht, Grundrente oder Capitalgewinn verschwinden zu lassen.

Man kann auch aus dieser abgesonderten Insel ein grosses isolirtes Land machen, das ganz und gar aus solchen kreisförmigen Fabrikations- und Ackerbaucommunen besteht, und sich vorstellen, dass die zwischen ihnen liegenden Ausschnitte — die „Subseciven" dieses agrarischen Zustandes — mit Holz bestanden wären. —

Auf dieser Insel nun oder in solchem Lande, in welchem, wie man sieht, keine der Voraussetzungen, die, nach Ricardo, allein erst die Grundrente zu erzeugen im Stande sind, existiren, behaupte ich,

fällt dennoch Grundrente ab,

weil den Grundbesitzern **jedenfalls** noch ein ihren Capitalgewinn überschiessender Reinertrag verbleibt.

Weshalb fällt hier dennoch Grundrente ab?

Die Antwort auf diese Frage enthält nach meiner Ansicht allein das sogenannte Grundrentenprincip, denn man verwechselt dann nicht mehr accidentelle und wesentliche Erscheinungen, nicht mehr die Grundrente mit der Differenz der Grundrenten.

Rodbertus.

JAHRBÜCHER

FÜR

NATIONALÖKONOMIE UND STATISTIK.

HERAUSGEGEBEN

VON

BRUNO HILDEBRAND,

DOCTOR DER RECHTE UND DER PHILOSOPHIE, PROFESSOR DER STAATSWISSENSCHAFTEN UND
DIRECTOR DES STATISTISCHEN BUREAUS VEREINIGTER THÜRINGISCHER STAATEN ZU JENA.

FÜNFZEHNTER BAND.

JENA,
DRUCK UND VERLAG VON FRIEDRICH MAUKE.
1870.

Inhalt.

I. Abhandlungen.

Emminghaus, A., Die Murgschifferschaft in der Grafschaft Eberstein im unteren Schwarzwalde. S. 1—96.

Weibezahn, H., Deutschland's Uebergang zur Goldwährung vermöge der französischen Kriegs-Entschädigung. S. 145—181.

Rodbertus, Zur Frage des Sachwerths des Geldes im Alterthum. (Schluss.) S. 182—234.

Horawitz, A., Zur Geschichte der volkswirthschaftlichen Verhältnisse Oesterreichs. II. S. 235—244.

Kautsch, J., Die niederösterreichische Escompte-Gesellschaft in Wien, ihre Entwickelung und ihre Wirksamkeit. S. 289—323.

Koch, C. F., Ueber die Verbreitung der wichtigsten Social-Krankheiten im Regierungsbezirk Merseburg, nämlich: des Armen-, Verbrecher-, Vagabunden- und Ziehkinderwesens. S. 324—388.

II. Nationalökonomische Gesetzgebung.

Gesetz des Norddeutschen Bundes über die Erwerbung und den Verlust der Bundes- und Staatsangehörigkeit. Vom 1. Juni 1870. S. 97—100.

Gesetz des Norddeutschen Bundes über den Unterstützungswohnsitz. Vom 6. Juni 1870. S. 100—111.

Erlass, betr. die Zusammensetzung, Stellung und Geschäftsführung der statistischen Centralkommission im Königreich Preussen. Vom 21. Febr. 1870. S. 111—113.

Gesetz, betr. die Kommanditgesellschaften auf Aktien und die Aktiengesellschaften im Norddeutschen Bunde. Vom 11. Juni 1870. S. 245—254.

III. Litteratur.

Wagner, A., Die Abschaffung des privaten Grundeigenthums. Leipzig 1870. S. 114—115.

Lange, Fr. A., Die Arbeiterfrage. 2. Aufl. Winterthur 1870. S. 115—116.

Baltzer, E., Das Buch von der Arbeit oder die menschliche Arbeit in persönlicher und volkswirthschaftlicher Beziehung. 2. Aufl. Nordhausen 1870. S. 116—117.

Mémoire explicatif présenté par S. Exc. M. le controleur de l'empire au conseil d'état de Russie sur l'exécution du budget pour l'exercice 1868. St. Petersbourg 1870. S. 117—122.

Kubel, F. E., Die soziale und volkswirthschaftliche Gesetzgebung des Alten Testamentes unter Berücksichtigung moderner Anschauungen dargestellt. Wiesbaden 1870. S. 255—257.
Meitzen, A., Der Boden und die landwirthschaftlichen Verhältnisse des preussischen Staates nach dem Gebietsumfange vor 1866. Berlin 18⁶⁸/₆₉. S. 257—262.
v. Rittershain, G. Ritter, Rückblick auf die Ergebnisse der k. böhmischen Landes-Findelanstalt in den Jahren 1865—1869. Wien 1870. S. 262.
Fabricius, C. A., Beiträge zur Statistik des Grossherzogthums Hessen. Bd. 10: Die Bewegung der Bevölkerung in den Jahren 1816—1865. Darmstadt 1870. S. 262—267.
Schäffle, A. E. F., Kapitalismus und Sozialismus. Tübingen 1870. S. 389—397.
Thornton, W. Th., Die Arbeit, ihre unberechtigten Ansprüche und ihre berechtigten Forderungen, ihre wirkliche Gegenwart und ihre mögliche Zukunft. A. d. Engl. übertragen sowie durch Anmerkungen erläutert und vermehrt von H. Schramm. Leipzig 1870. S. 397—401.
Kühn, J., Die Prostitution im 19. Jahrhundert vom sanitätspolizeilichen Standpunkte aus betrachtet. Leipzig 1871. und
Huppé, S. E., Das soziale Deficit von Berlin in seinem Hauptbestandtheil. Berlin 1870. S. 401—405.

IV. Miscellen.

Blochmann, R., Beiträge zur Geschichte der Armenpflege in Thüringen. S. 123 bis 143.
Preisfragen der fürstlich Jablonowski'schen Gesellschaft in Leipzig aus dem Gebiete der Geschichte und Nationalökonomie für die Jahre 1871, 1872 und 1873. S. 143—144.
Schmoller, G., Ein Wort über den neuen Organisationsplan für die preussischen Provinzial-Gewerbeschulen. S. 268—274.
Kollmann, P., Die russischen Eisenbahnen. S. 274—278.
Die Bierbrauereien in Thüringen von 1867—1869. Mittheilung des statistischen Bureaus vereinigter thüringischer Staaten. S. 278—282.
Kollmann, P., Die ökonomischen Zustände des Königreichs Norwegen. S. 282 bis 288.
Jahresbericht des „Comptroller of the Currency" der nordamerikanischen Union Hiland R. Hulburd an den Finanzminister. S. 406—415.
Eingesendete Schriften. S. 415—416.

I.
Die Murgschifferschaft in der Grafschaft Eberstein im unteren Schwarzwalde.

Eine wirthschaftsgeschichtliche Studie

von

A. Emminghaus.

I. Einleitung.

Im September vorigen Jahres feierte der landwirthschaftliche Verein des Grossherzogthums Baden das Fest seines fünfzigjährigen Bestehens mit einer grossen landwirthschaftlichen Ausstellung. Auf dem ausnehmend glücklich gewählten Ausstellungsplatze drängte sich ein reiches und erfreuliches Bild der gesammten landwirthschaftlichen Kultur des gesegneten Landes zusammen. Eine Partie dieses Bildes zog die Aufmerksamkeit der Besucher in ganz besonderem Maase auf sich. Die Abtheilung für Forstkultur erfreute sich während der ganzen achttägigen Dauer des Festes eines zahlreicheren Besuches, als vielleicht jede andere. Mochte nun die Seltenheit einer Ausstellung forstlicher Produkte aller Art sowie der Erzeugnisse ihrer ersten Verarbeitung, oder die Seltenheit der Vorführung der verschiedenartigsten forstlichen Kulturen, Werkzeuge, Geräthe und Vorrichtungen; mochte das sehr übersichtliche und zweckentsprechende Arrangement besonders anziehend wirken — genug, den Forstgarten und die Plätze, wo die Hölzer, Rinden, Faschinen, Sägwaaren, die forstwirthschaftlichen Apparate u. s. w. aufgestellt waren, fand man immer von wissbegierigen Beschauern umstanden. Natürlich fehlte es in dieser Ausstellung nicht an jenen prächtigen Schaustücken, die wir lieber an ihrem natürlichen Standorte und in ihrer gewohnten Umgebung aufsuchen, mächtigen Waldriesen, stummen Zeugen einer mehrhundertjährigen Vergangenheit. Dicht neben der Lagerstätte dieser Kolosse fand man gewaltige Sägklötze, zugeschnittene Balken, Bretter-

und Latten-Sortimente, meist mit eigenthümlichen, Hausmarken ähnlichen Zeichen versehen, und das zusammengefügte Balkengerippe eines ganzen grossen Hauses gar, aus starkem gesägten und gehobelten Holze kunstreich gezimmert. Der Katalog belehrte die Besucher, dass diese Sägewaaren von der »Murgschifferschaft« zu Gernsbach ausgestellt waren. Nicht zwar eine Genossenschaft als solche hatte hier die Produkte genossenschaftlicher Gewerbsthätigkeit vorgeführt; aber das Arrangement dieser Partie der forstlichen Ausstellung war unter den ausstellenden Mitgliedern jener Genossenschaft verabredet, und erschien auf den ersten Blick als das Werk einer Korporation. Bei näherem Zusehen fand man, dass die einzelnen Aussteller auch hier sich genannt hatten; man las Namen, die in der Geschichte des Murgthalgebietes schon längst eine Rolle gespielt hatten, bevor die ältesten unter den neben der Ausstellung der Murgschifferschaft gelagerten Waldriesen zu wachsen begonnen; man fand, dass zwischen jenen Namen und den erwähnten, sonderbaren, den Hölzern eingehauenen Zeichen oder Marken eine gewisse Beziehung bestand.

Dem aufmerksamen Beschauer dieser Abtheilung der forstlichen Ausstellung blieb, wenn er die Schönheit der Ausstellungs-Objekte bewundert, wenn er gelesen hatte, dass diese Dielen oder »Borde« vorzüglich für diesen, jene für jenen fernen Markt bestimmt, dass dieses »Gestör« auf die Verflössung hierhin, jenes auf die Verflössung dorthin vorgerichtet sei, nun noch mancher Anlass zum Nachdenken. Eine Gesellschaft, »die Murgschifferschaft«, war als Ausstellerin von Forstprodukten genannt. Ist die Gesellschaft Waldeigenthümerin und Inhaberin von Sägemühlen? Wie kommt sie dann zu ihrem Namen? An den einzelnen Ausstellungs-Objekten der Kollektion sind je verschiedene Firmen angeheftet und die ersteren sind mit verschiedenen Zeichen versehen. Was bedeuten diese Zeichen, und wie kommt es, dass einzelne Gesellschafter, obwohl unter der Kollektiv-Firma »Murgschifferschaft« sich doch als Einzelunternehmer repräsentiren?

Wir subsumiren, dass einer der Beschauer mit diesen Fragen an uns herangetreten wäre. Was hätten wir ihm antworten sollen?

»Die Murgschifferschaft zu Gernsbach« — so ungefähr würden wir ihn zu verständigen gesucht haben — »ist eine Verbindung, deren Ursprung in die graue Vorzeit zurückreicht; eine Verbindung von durchaus zweifelhaftem Rechtscharakter; Eigenthümerin ausgedehnter Waldungen, welche im Gebiete der Murg belegen sind. Die Mitglieder dieser Verbindung erhalten gewisse Antheile am Natural-Ertrage der gemeinschaftlichen und gemeinsam bewirthschafteten Waldungen in natura.

Diese Bezüge werden ihr Eigenthum und mit dem Eigenthumszeichen versehen, welches jedes Mitglied führt. Bestehen die Bezüge aus Sägeklötzen, so können dieselben auf den gemeinschaftlichen Sägemühlen zu Brettern u. s. w. verarbeitet werden; jedes Mitglied hat das Recht, eine gewisse Anzahl Bretter auf einer oder auf mehreren der gemeinschaftlichen Mühlen schneiden zu lassen. Dieses Recht üben die Mitglieder in einer gewissen Reihenfolge aus. Der Name der Vereinigung hängt zusammen mit gewissen Flossprivilegien, welche der ersteren zustanden, und mit der Ausübung des Flössereigewerbes, welches die Mitglieder in ausgedehntem Maase betreiben«.

Vielleicht hätten wir mit diesen flüchtigen Mittheilungen den Appetit des Fragers nur gereizt. Vielleicht sind auch die Leser dieser Zeilen schon durch diese Mittheilungen zu der Vermuthung veranlasst worden, dass es sich hier um ein Rechtsinstitut von eigenthümlicher Bedeutung handelt.

Ich werde in dieser Voraussetzung im Nachstehenden den Versuch machen, ein Bild von dem Werden und Wesen der »Murgschifferschaft«, eines in der That für den Oekonomisten wie für den Forstmann, für den Rechts- wie für den Kulturhistoriker gleich interessanten Institutes, zu entwerfen. Bevorworten muss ich, dass die Aufgabe, welche ich mir gestellt habe, ihre ganz besonderen Schwierigkeiten hat. Ich habe alle Materialien, welche das zum Zweck meiner Studien mir bereitwilligst geöffnete General-Landes-Archiv zu Karlsruhe in diesem Betreff enthält, geprüft; es galt, ganze Berge von Akten zu bewältigen; ich habe mich in der einheimischen Literatur sorgfältig umgesehen; ich habe Erkundigungen bei noch jetzt an der Schifferschaft Betheiligten eingezogen; aber alle diese Bemühungen haben ebensowenig wie die Prüfung ähnlicher Institute mir völlige Klarheit über gewisse, wichtige Punkte verschafft, über welche kein Zweifel herrschen dürfte, wenn das Bild, welches ich zu entwerfen mich anschicke, vollständig und ganz übersichtlich werden sollte. An Urkunden fehlt es fast ganz; die Akten reichen kaum über das 17. Jahrhundert zurück, sind unvollständig und nicht entsprechend geordnet; die des heutigen Zustandes der Schifferschaft kundigsten Personen, die Mitglieder selbst, sind äusserst zurückhaltend mit Mittheilungen. Kurz — ungeachtet der eifrigsten Bemühungen vermag ich meine Aufgabe nur unvollkommen zu lösen.

In unserer wanderlustigen Zeit darf bei den meisten Lesern eine wenigstens oberflächliche Bekanntschaft mit dem nördlichen Murgthale (neuerdings ist auch im südlichen Schwarzwald ein Murgthal dem Verkehre erschlossen worden), einem der längsten und interessantesten

1*

Schwarzwaldthäler, vorausgesetzt werden. Die meisten werden wenigstens bei Gelegenheit eines Aufenthaltes in Baden-Baden nicht versäumt haben, Schloss Eberstein eines Besuches zu würdigen. Von dieser hohen Warte aus beherrscht das Auge eine ziemliche Strecke jenes Thales murg- auf- und abwärts. Dass Wald und Wasser, jene beiden treuen Gefährden, die einander aus natürlichen und wirthschaftlichen Gründen nicht entbehren können, einen besonderen Reichthum des letzteren bilden, gewahrt man schon von hier aus. Aber man befindet sich hier im Anfange des mittleren Thalgebietes, wo noch die grösste Mischung der Holzarten waltet. Je mehr man murgaufwärts steigt, um so ausschliesslicher sieht man das Nadelholz dominiren; die äussersten Vorberge und die Thalflächen sind vorzugsweise mit Laubhölzern bestanden.

Die Murg entspringt an dem 3145' hohen Kniebis, durcheilt bis zu ihrer Mündung in den Rhein eine Strecke von ungefähr zehn geographischen Meilen, und schneidet das die Wasserscheide zwischen Rhein und Neckar bildende Hauptjoch des Schwarzwaldes in weit mehr nördlicher Richtung als die meisten anderen Gewässer, welche auf der nämlichen Seite der Wasserscheide, weiter südlich, entspringen.

Das Thal der Murg ist schon seit beinahe hundert Jahren durch eine treffliche Fahrstrasse dem grossen Verkehr zugänglich gemacht. Seit vorigem Jahre ist wenigstens der vordere Theil desselben, von Gernsbach aus, auch der Gunst einer Schienenstrasse theilhaftig geworden, welche sich bei Rastatt von der grossen badischen Rheinthalbahn abzweigt, und schon denkt man an eine Fortsetzung dieser Zweigbahn murgaufwärts, sowie an die Herstellung von Nebenbahnen, welche als blosse Güterbahnen in einige Seitenthäler der Murg geführt werden sollen. Denn noch fehlt es dem grossen Thalgebiet an den nöthigen Erleichterungen zur Verwerthung seiner Hauptschätze, die, seit ihre Preise auf dem Weltmarkte mächtig gestiegen sind, einen kostspieligeren Transport vertragen und einen zuverlässigeren und sparsameren Transport fordern, als ihn die Murg vermittelt.

In der Geschichte gewinnt dieses Gebiet erst eine besondere Bedeutung unter Chlodwig. Denn wenigstens der vorderste Theil des Murgthales ward nach der Schlacht bei Zülpich zu dem fränkischen Uffgau geschlagen und dieser Theil bildete hier das östliche Grenzgebiet des Frankenreiches, die Wahlstatt blutiger Kämpfe zwischen Franken und Allemannen, auch nach der erstmaligen grossen Niederlage der letzteren. Die alten Gaugrafen des Uffgaues sassen auf Schloss-Eberstein. Schon zur Zeit der letzten Karolinger machten sie ihre Würde erblich. Aber erst im elften Jahrhundert nahmen die Dynasten von Eberstein den

Namen ihrer Residenz an. Als der erste Graf von Eberstein wird Berthold I. genannt. Seine Besitzungen waren weit umfangreicher, als was bis auf unsere Tage noch unter dem Namen der Grafschaft Eberstein bekannt ist; dieses Gebiet deckt nur ungefähr die obere Hälfte des alten Uffgaues, während Berthold's Lehnsherrlichkeit sich in beinahe ununterbrochenem Zusammenhange über das Waldgebirge zwischen der unteren Murg und dem Rhein bis über die Rench hinaus erstreckte. Dieses immerhin stattliche Gebiet schmolz auf so enge Grenzen, auf eine Grafschaft von etwa $4^1/_2$ Stunden Länge und $2^1/_2$ Stunden Breite, in Folge von Abtretungen zusammen, welche, meist gegen Ende des 13ten und dann des 14ten Jahrhunderts, besonders an Baden-Baden, gemacht wurden.

Die Geschichte des Grafenhauses von Eberstein, welche im Jahre 1836 in G. H. Krieg von Hochfelden einen sorgsamen Bearbeiter gefunden hat, umfasst einen Zeitraum von sechs Jahrhunderten. Im 11. Jahrhundert tritt das Geschlecht reich und mächtig aus dem Dunkel der Vorzeit hervor. »Im 13 Jahrhundert durch ungemessene Schenkungen an die Kirche und widerrechtliche Zugriffe während des Interregnums geschwächt, konnte es im 14., wo die Städte emporkamen, und im 15., wo die Landeshoheit der Fürsten ihre Ausbildung fand, frühere Macht und Ansehen nicht mehr behaupten. Die Fehdelust, die nicht mehr an der Zeit war, führte zur Armuth; nur im Fürstendienste, während des 16. Jahrhunderts, gelang es dem Hause, dem zunehmenden Verfalle einigermaassen zu steuern. Da kam die Reformation und in ihrem Gefolge der dreissigjährige Krieg; das spät gegebene und niemals recht beachtete Erbfolge-Gesetz wurde gänzlich missachtet im Streit der Parteien und die vielfach erschütterte Stütze des Hauses brach endlich zusammen«. Nach vielen schweren Schicksalsschlägen erlosch das Grafengeschlecht der Ebersteiner im Jahre 1660 durch das Aussterben des Mannsstammes. Sein Geschichtsschreiber vermag nur wenig lichte Momente, aus der Masse von gleichgültigen Thatsachen, die er berichten muss, nur wenige einigermaassen bedeutende Träger dieses Namens hervorzuheben und den letzteren nur spärliche Verdienste um die Kultur ihrer Zeit nachzurühmen. Zu diesen Verdiensten rechnet er die **Errichtung der Ordnungen der Murgschiffer und des Holzhandels im Murgthale**. Aber nicht die besten Zeiten der Dynasten von Eberstein sind es, in denen diese den Murgschiffern den grössten Vorschub leisteten. Es wird später zu zeigen sein, dass die Vereinigung der Murgschiffer, die Murgschifferschaft, wahrscheinlich gerade aus dem Verfall des Grafenhauses zu Eberstein einen Theil ihrer Macht und ihres Reichthums schöpfte.

An der Grafschaft Eberstein partizipirten seit geraumer Zeit (1387), in Folge von Erbschaft und kaufweiser Abtretung das markgräflich baden-badische Haus, seit 1624 aber auch in Folge eines reichskammergerichtlichen Urthels und eines darauf geschlossenen Vergleiches (des Ruffacher Vertrags), die Grafen von Kronsfeld und Freiherren von Wolckenstein. Im Jahr 1678 kam der gräflich Kronsfeldische, i. J. 1698 der freiherrlich Wolckenstein'sche Antheil an der Grafschaft Eberstein an das markgräfliche Haus Baden-Baden.

Nach dem Erlöschen des gräflich Ebersteinischen Mannsstammes im Jahr 1660 fiel die Hälfte der Stadt Gernsbach, welche die Grafen von Eberstein zuletzt als Hochstift-Speyrisches Lehn besessen hatten, an das Hochstift Speyer zurück.

Im Jahr 1771 erlosch die markgräflich baden-badische Linie und sukzedirte die markgräflich baden-durlachische in alle, also auch die ebersteinischen, Besitzungen der ersteren. Mit dem Reichsdeputations-Hauptschluss endlich kamen auch die Hochstift-speyrischen Rechte in der Grafschaft Eberstein an das badische Fürstenhaus.

Diese Grafschaft gehörte also seit dem Ende des 14. Jahrhunderts zu einem Theile den Grafen von Eberstein, zum anderen den Markgrafen von Baden-Baden. Von 1624 bis 1660 waren Eberstein, Baden-Baden, Kronsfeld und Wolckenstein, von 1660 bis 1678 Baden-Baden. Speyer, Kronsfeld und Wolckenstein, von 1678 bis 1698 Baden-Baden, Speyer und Wolckenstein, von 1698 bis 1771 Speyer und Baden-Baden, von 1771 bis 1803 Baden-Durlach und Speyer »Gemeins-Herrschaften« in der Grafschaft Eberstein. Der Umfang der Befugnisse dieser Gemeinsherren in und ihrer Antheile an dem Gebiete war sehr verschieden und wechselte häufig; aber beständig währte der Streit unter den ersteren, angefacht namentlich und unterhalten durch die kleinen Tyrannen, welche als Vögte von den Gemeinsherren eingesetzt, die Rechte ihrer Gewaltgeber eifersüchtig zu wahren, und sich gegenseitig in Uebergriffen und Feindseligkeiten zu überbieten suchten. Am heftigsten entbrannte und am seltensten ruhete das Gezänk zwischen den Gemeinsherren Baden und Speyer, von denen der letztere, je kleiner sein hiesiges Territorium und je beschränkter von Haus aus seine Befugnisse waren, um so prätentiöser aufzutreten und um so grössere Uebergriffe sich zu erlauben für gute kirchenfürstliche Politik hielt.

Ich erwähne dieses häufigen Wechsels und dieser zeitweiligen Vielheit der Territorialherren um deswillen, weil erst auf dieser Folie die wichtigsten Momente in der Geschichte des Institutes, welches ich den Lesern vorzuführen habe, verständlich werden.

II. Alter der Murgschifferschaft. Schiffer-Ordnungen. Schifferschaftliche Einrichtungen.

Wald- und Wasser-Reichthum des Murggebietes werden ohne Zweifel schon die Römer bei ihrer mehrhundertjährigen Herrschaft über das rechtsrheinische Land, seit Trajan die dekumatischen Felder genannt, von Tacitus Germania C. XXIX als sinus Imperii bezeichnet, zum Betriebe der Flösserei aufgefordert haben. Und, da die Flösserei eines von denjenigen Gewerben ist, welche beinahe nur in gesellschaftsweisem Betriebe gedeihen können — wegen der Unerlässlichkeit des Vorhandenseins gemeinsamer Anstalten auf dem gemeinsam benutzten Gewässer, — so werden die römischen Ansiedler des Murggebietes auch schon Flössereigesellschaften gekannt haben. In dem Städtchen Ettlingen, beim Ausflusse der Alb in's Rheinthal, nur wenige Stunden unterhalb des Murggebietes gelegen, findet man ein Neptunbild mit der Inschrift: »In honorem Domus Divinae Deo Neptuno Contubernio Nautarum Comelius Aliquantus de suo dedit« in's Rathhaus eingemauert — ein Bild, welches in der Nähe der Alb gefunden wurde und dessen spätere eigenthümliche Schicksale Schneider (Versuch einer medizinalstatist. Topographie von Ettlingen. Karlsruhe und Baden 1818) ausführlich erzählt. Bild und Inschrift, beide trefflich erhalten, werden von Kennern römischer Alterthümer übereinstimmend als ein Weihegeschenk gedeutet, durch welches der Genosse eines Flösserei-Vereins — andere, als Flossschifffahrt, ist auf der Alb nicht denkbar — den Schutzgott dem Vereine günstig stimmen gewollt.

Im ganzen Gebiete des Ober- und Mittelrheines, wo die Spuren der römischen Ansiedelung in so anschaulicher Fülle sich vorfinden, hat es etwas Verführerisches, die Anfänge späterer Kulturthätigkeit, wenn man sie nicht bestimmt nachweisen kann, als Fortsetzung römischer Kulturarbeit zu betrachten und eine gewisse Kontinuität der Entwickelung anzunehmen. Aber, wenn es auch unwiderleglich dargethan werden könnte, dass die Römer im Schwarzwald und insbesondere im Murgthal Flösserei und dass sie dieselbe gesellschaftsweise betrieben haben — irgend ein sicherer Anhalt für die Annahme, dass die nachmalige Murgschifferschaft römischen Ursprunges sei, ist nicht zu finden. Vielmehr wird anzunehmen sein, dass die in die römischen Niederlassungen hereinbrechenden Allemannen das nach römischem Geschmack und Bedarf gestaltete Wirthschaftsleben vielfach nach ihrem Geschmack und Bedarf verändert und dass die dann ausbrechenden, lange andauernden Kämpfe zwischen Franken und Allemannen jeden friedlichen Gewerbebetrieb, namentlich aber einen solchen, der theilweise auf feindlichem Territorium hätte geführt werden müssen, auf Generationen unterbrochen haben.

Das Alter und der Ursprung der Murgschifferschaft sind nicht zu ermitteln. In einer Eingabe der Schifferschaft an den Markgrafen von Baden vom 24. Nov. 1597 heisst es: »Ess haben Vnsere liebe voreltern, die Schifferschafft im Murgenthall, über die 200 Jahr den Rheinstrohm mit Verführung Ihress Holtz vnnd borthen gebraucht«.

Nach einem Vertrage zwischen den Häusern Baden und Eberstein von Laetare 1399 sollen Leute aus dem Ebersteinischen, welche das Flossgewerbe betreiben, von allen Zöllen zu Lande und zu Wasser frei sein, »als dass von Alter herkommen ist ohne alle gefährde«.

Im Jahre 1413 wurde in einem ähnlichen Vertrage des Steinmaurer (Steinmauren liegt am Einfluss der Murg in den Rhein) Zolles Erwähnung gethan. Derselbe soll nicht mehr, wie seit Alters, einen Pfennig, sondern einen Heller für das »Gestörr« (15 Stämme Langholz) betragen.

In einem aus der Mitte des vorigen Jahrhunderts herrührenden Exhibitum des damaligen badischen Vogts zu Gernsbach heisst es: »Dass das Holzgewerbs-Commercium schon in dem 13ten Saeculo in dem Murgthal getrieben, auch einige Holzhändlere oder Schiffere eine Societaet und Vereinigung unter sich gehabt, ist allerdings nicht zu zweifeln«.

Der Tübinger Professor Gottfried Daniel Hoffmann sagt im Jahr 1746 in einem bei den im badischen Generallandes-Archiv verwahrten Akten befindlichen Rechtsgutachten: »Ebendiese Schifferschaft hat ihren Anfang schon in dem vierzehnten Jahrhundert unter der Landesobrigkeit derer alten Herren Graffen von Eberstein genommen, von welchen sie wie ihre privilegia und Freyheiten, also auch ihre Einrichtung und Ordnung bekommen«.

Aber alle diese Aeusserungen, wenn sie auch gleichlautend auf ein hohes Alter der Schifferschaft deuten und, mit Ausnahme des Ausspruches des Professor Hoffmann, den Ursprung der Schifferschaft etwa in das dreizehnte Jahrhundert versetzen, stellen doch weder diesen Punkt völlig klar, noch ersieht man aus ihnen, oder aus irgend welchen anderen Dokumenten, wie denn eigentlich und unter welcher Form die Vereinigung in's Leben getreten sei.

Den Ursprung der Verbindung mindestens in einen so frühen Zeitraum zu versetzen, berechtigt uns auch der Umstand, dass aus einer noch erhaltenen Ordnung der Schiffer-Herren von Wolfach im Kinzigthale vom Jahre 1557 hervorgeht, wie der Gesellschaftsbetrieb der Flösserei in diesem Thale damals schon seit mehreren Jahrhunderten üblich war. (Vergl. Schupp, Hofgüterwesen im Amtsbezirk Wolfach. Heidelberg, A. Emmerling, 1870. S. 47.) Auch auf dem Oberrhein und den Nebenflüssen ist die Flösserei seit uralter Zeit gesellschaftsweise betrieben worden, wie J. Vetter (Die Schifffart, Flötzerei und Fischerei auf dem Oberrhein, sowie Geschichte der alten Schiffergesellschaften genannt »Rheingenossenschaft» und »Caufenknechte«. Karlsruhe 1864) nachweiset. Nur handelte es sich freilich in beiden Fällen um blosse Flössereigesellschaften und bezügl. Flösser-Zünfte, während bei der Murgschifferschaft Waldeigenthum und Flösserei gemeinschaftlich bewirthschaftet wurden.

Es ist mehr als zweifelhaft, ob die Murgschifferschaft gleich bei ihrer ersten Begründung bestimmte Satzungen angenommen oder erhalten hat. Wie ich später näher ausführen werde, mag diese Verbindung naturgemäss aus dem Bedürfnisse benachbarter Waldbesitzer, ihre Waldprodukte zweckmässig zu verwerthen, hervorgegangen sein und erst allmälig werden die Usancen des gemeinschaftlichen Geschäftsbetriebes in statutarische Form gebracht, die erworbenen Privilegien diesen statutarischen Bestimmungen, oder wie man die »Schifferordnungen« nennen will, einverleibt worden sein. — In urkundlich beglaubigter Form existirt nur noch die jüngste dieser Schifferordnungen, die vom Jahre 1626. Aber dass früher solche Ordnungen vorhanden gewesen, geht nicht nur aus dem Texte der Urkunde selbst hervor, sondern ist auch aus den bei den älteren Akten befindlichen vielfachen Hinweisungen auf die alten »Ordnungen des Holzgewerbs« klar ersichtlich. Nur gänzlich dunkel ist es, aus welcher Zeit die erste solche Schifferordnung stammt, wer, insofern sie verliehen ward, sie gegeben hat, welches ihr Inhalt war.

Auf einer Akten-Tektur, zu der die Akten fehlen, finde ich die Aufschrift: »Amt Gernsbach. Gernsbach. Flosswesen. Ordnungen für die Schifferschaft des Murgthales. Von 1498, 1544, 1564, 1615, 1626, 1629.« Diese Jahreszahlen bedeuten nicht die Daten der Verleihung ebenso vieler Schifferordnungen; denn dass im Jahr 1629 z. B. eine solche nicht verliehen worden ist, unterliegt keinem Zweifel. Aber es geht aus der Aufschrift wenigstens so viel hervor, dass in den genannten Jahren, also auch schon im Jahre 1498, Verhandlungen über die Errichtung oder Erneuerung von Schifferordnungen gepflogen wurden.

Es wird angenommen werden dürfen, dass wenigstens von der Zeit ab, wo die Schifferschaft, zunächst von dem Hause Eberstein, Privilegien empfangen hat, theils dann, wenn sich aus der Praxis der Handhabung das Bedürfniss einer Abänderung der Satzungen ergab, theils aber öfters nach eingetretenem Herrschaftswechsel die letzteren erneuert, und also die älteren Privilegien bestätigt wurden. Bei den Akten finden sich die Kopieen von vier solchen Schifferordnungen, welche letzteren sämmtlich aus früherer Zeit stammen, als die im Original vorhandene von 1626. Aber die Zeit der Errichtung ist aus dem Texte keiner derselben genau zu ersehen. Die aufgeschriebenen Jahrzahlen (1509, 1544, 1564, 1615) scheinen auf Konjekturen zu beruhen, und, da in den Akten auf keine dieser Schifferordnungen unter bestimmter Angabe der Jahreszahl, sondern immer nur auf die »bestehenden« Ordnungen verwiesen ist, ist auch von dieser Seite her nicht zu konstatiren, ob jene Kopieen Kopieen von wirklich perfekt gewordenen Ordnungen, oder nur Kopieen von Entwürfen seien.

Das Erstere vorausgesetzt, ist die älteste Ordnung, welche wir in Abschrift besitzen, diejenige, welche äusserlich, wahrscheinlich in Folge einer späteren Konjektur, die Jahrzahl 1509 trägt. Aus dem Eingange ersehen wir, dass sie von den Gemeinsherren Christoph, Markgrafen von Baden, und Bernhard, Grafen zu Eberstein, gegeben wurde. Der erstere (Christoph I.) regierte von 1476—1527, der letztere (Bernhard III.) lebte von 1459—1526 und folgte als Herr zu Eberstein seinem Oheim Bernhard II. i. J. 1502. Wenn die auf der Kopie der fraglichen Ordnung aufgeschriebene Jahreszahl (1509) auf einer Konjektur beruht, so hat diese Konjektur zuvörderst das für sich, dass in dem genannten Jahre die Ordnung von den darin namhaft gemachten Gemeinsherren wirklich errichtet werden konnte; aber sie rechtfertigt sich auch aus anderen Gründen sehr wohl. Z. B. fallen in eben dieses Jahr auch andere gemeinsame organisatorische und legislatorische Akte der beiden fürstlichen Nachbaren (neue Landesordnung für die Grafschaft Eberstein) und beginnt mit diesem Jahre überhaupt eine neue Epoche in der Geschichte dieses kleinen Territoriums. (Vergl. Krieg von Hochfelden a. a. O. S. 134 u. S. 136 ff.)

Ich werde im Nachfolgenden die Kopie der Schifferordnung, welche hiernach wahrscheinlich aus dem Jahre 1509 datirt und wahrscheinlich perfekt gewesen ist, also m. a. W. die älteste bekannte Schifferordnung, und die jüngste (von 1626) einer, wo es angeht, vergleichenden Betrachtung unterziehen. Es lassen sich an diese Betrachtung füglich Bemerkungen knüpfen, welche das Wesen der »Murgschifferschaft« deutlicher veranschaulichen.

Die Schifferordnung von 1509 beginnt folgendermaassen:

»Als vergangener Zitt zu gutt Rychenn vnnd Armenn vnnd zu

Handthabung des Holzgewerbs Im murgenthall durch« . . . (folgen die Namen der markgräflich badischen und gräflich ebersteinischen Beamten, welche die ältere Ordnung verfasst) »Uss bevelch beyder gnaden, Ein Ordnung fürgenomen vnd beyderseidts Zehen Jarlang jetzund all verschinen« (d. h. während der zehn Jahre, die jetzt abgelaufen sind) »zugesagt, vnd die, nach verschinen der Zehen Jaren durch« . . . . . (folgen wieder Namen der betr. Beamten) »uss verwilligung beyd gnaden widerumb zwelff Jar, deren das erst Angangen Ist vff der heilligen drey könig tag Anno (Jahrzahl unleserlich, wahrscheinlich 1499) beyderseits zugesagt Ist: Vnnd aber der Innhaldt gemeltter Ordnung zu Articuln vnnd puncten Ethwass Irrig vnnd vnordenlich geschriben, So haben« . . . (folgen nun die Namen der beiden Vögte, welche die vorliegende Ordnung neu verfasst haben) »uss bevelch beider gnaden mit sampt den vier Hauptschiffern so des Jarss getzogen sind, die gemelt Ordnung erneuwert vnnd von Articuln zu Articuln eigentlicher gesetzt«.

Folgt nun die Bestimmung, dass die Ordnung bis zum Ablauf der zwölfjährigen Periode, für welche sie zunächst errichtet ist, und welche zu Weihnachten 1510 auslaufe (also höchstens zwei Jahre nach der vorgenommenen Revision, wenn diese wirklich, wie oben wahrscheinlich gemacht, im Jahre 1509 — etwa im Beginne dieses Jahres — stattgefunden hat) von beiden Theilen, d. h. von Seiten der Gemeinsherrschaft und von Seiten der Schifferschaft, unverbrüchlich gehalten werden solle; würde die Ordnung aber auch Weihnachten 1510 nicht aufgekündigt, so solle sie weitere zwölf Jahre und so fort in Kraft bleiben, bis sie von einer der Gemeinsherrschaften oder beiden aufgekündigt werde. Wenn die Ordnung einer der Gemeinsherrschaften zu Beschwerden Anlass gebe, so solle zunächst die Beschwerde durch freundliches Uebereinkommen abzustellen versucht werden; gelinge diess nicht, so seien die Gemeinsherrschaften dann zur Aufkündigung der Ordnung befugt. Weiter wird bestimmt, wie es bei der Aufkündigung der Ordnung mit dem bereits unter der Herrschaft der alten Ordnung verflössten Gut gehalten werden soll. Das soll auf den »niederländischen« Märkten noch nach Maasgabe der aufgekündigten Ordnung verkauft; neues Gut aber nach der Aufkündigung, während des »Stillstandes«, nicht mehr verflösst werden.

Die neueste Schifferordnung von 1626 ist weniger ausführlich in der Einleitung. Die letztere lautet folgendermaasen:

»Wir Wilhelm von Gottes Gnaden Margraff zuo Baden vnnd Hochberg Graff zue Sponheim vnnd Eberstein, Herr zue Lohr vnnd Mahlberg, Unnd Wür Johann Jacob Graf zuo Eberstein, Herr zue Frawen-

burg, Werdenstain vnnd Forpach, Auch Wür Paul Andreass Freyherr
zue Wolckhenstain, Herr zue Trostburg vnnd Poltringen Im Nahmnen
der Mitt Interessenten, Thuon Khundt vnnd Offenbahr Hiemitt, Nachdem
von Unssern Vorältern vnnd Antecessorn dem Hoch vnnd Wohllöblichen
Regürenden Fürsten Marggraffen zue Baden vnnd Grafen zue Eberstain,
Vorhergegangener Jahren ain Holzgewerbss-Ordnung zue Nuz vnnd Wohl-
fart Reichen vnnd Armen, Vnuserer Inn der ganzen Grafschafft Eberstain,
gesessenen Vnderthanen gegeben haben, Selbige auch gleichwohl ain
lange Zeitt Inn guten wessen erhalten. vnnd gehandthabt, Aber bey
kurzen Jahren hero, Aines thailss auss fahrlessigkaidt der Vnnsseren,
Andersthailss aber wegen verenderung der Zeitt auch aigenmächtiger
Keuff vnnd Leuffen vnnd Anderes mehr Vrsachen bey maniglichen alsso
auss der Ach gelassen worden, Dass wo wir nitt von Obrigkaidt wegen
(wie Vnnss Zuethun gebührt) Innsehens hetten, Sowohl vnnsser sambt-
licher Schadt, Alss auch der vnderthanen vnd Ihrer Nachkommen endt-
liches verderben darauss ervolgen müsste, Diessem Vnhail nun Zue
begegnen vnd Solch Holzgewerb denn Vnnseren Zue nuz vnnd Wohlfahrt.
Auf dass Reich vnnd Arm Vmb sovil desto besser bey einander Pleiben
können, widerumb Inn Auffuemmen, gutten Trieb vnnd gang Zubringen
vnd solcher massen Zu erhalten: Haben wir dieselbige durch Vnnsere
darzue deputirte Rhät vnnd Ambtleuth Neben denn von der Schifferschaft von neuwen revidiren vnnd wo es die Nothdurfft nach gestalt
jetziger Zeit vnnd Leuffen erfordert endern vnd verbesseren lassen; Wollen
vnnd gebiedten auch hinfüro, biss auff vnnsser, vnnserer Erben vnnd
Nachkommen enderung vnnd widerrüeffung von allen der ganzen Graff-
schaft Eberstain vnderthanen vnnd Zugehörigen Auch andern So solche
Ordnung berüeren möchte, Besonders aber auch Vnnssern Ambtleuthen
vnnd Haubtschiffern, Ob derselben vnuerbrüchlich Streng vnnd Ernstlich
zue halten vnndt Zuehandthaben, bey Ihren Pflichten vnnd Ayden, Auch
vermaidung vnnserer schwehren straff vnnd Vngenadt.«

Eines vor Allem fällt an beiden Eingängen auf. Sie lassen die
nachfolgende Ordnung als eine Art von wirthschaftspolizeilicher Verordnung erscheinen (»zu gutt Rychenn vnnd Armenn«, »zue Nuz vnnd
Wohlfahrt Reichen vnnd Armen»), vor deren Erlass Die. welche die
Bestimmungen zunächst und am meisten angehen, die Schiffer, durch
ihre Vertreter nur vernommen worden sind. Freilich sagt Hoffmann
in dem oben zitirten Rechtsgutachten, dass die Schifferordnung »nicht
allein von denen dreyen ersagten Gemeindsherrschaften, vor sich selbst,
wie ein pures Gesetz, sondern vielmehr zugleich auch von der Schifferschaft selbsten und mit ihrem Zuthun per modum conventionis, inter

condominos territoriales et Corpus hocce atque Collegium privilegiatum initae, vel per modum statuti ab illis deinceps confirmati errichtet worden und folglich auch ohne ihr Vorwissen und in gewisser masse Einwilligung nicht wider auffgehoben werden« könne. Das geht aber wenigstens aus dem Wortlaute der Ordnung von 1626, die Hoffmann allein im Auge hatte, gewiss nicht hervor. Ich werde später, wenn es gilt, die rechtliche Natur der Schifferschaft zu prüfen, auf diesen Punkt zurückkommen.

Die Ordnung von 1509 hat noch eher den Charakter eines Vertrags, wenigstens zwischen den Gemeinsherren. Das geht aus der Vorausbestimmung der Gültigkeitsfrist und der beiderseitigen Zuerkennung des Kündigungsrechtes hervor.

Bei der Revision der Ordnung von 1509 haben vier Hauptschiffer mitgewirkt. Die Ordnung spricht später noch vielfach von dem Amt der Hauptschiffer. Dieses vierköpfige Direktorium scheint aber die Revision der Schifferordnung selbst nicht lange überlebt zu haben. Denn schon in der Mitte des 16. Jahrhunderts ist nur von einem Hauptschiffer die Rede und die spätere Geschichte der Schifferschaft kennt auch nur einen Hauptschiffer.

Das Amt des Hauptschiffers war stets ein sehr wichtiges und mächtiges Amt. Es scheint auch Gelegenheit zu aussergewöhnlicher Bereicherung geboten zu haben.

Einem Schreiben des Grafen Philipp zu Eberstein an den Statthalter zu Baden vom 18. April 1598, in welchem um eine »Inquisition derer Schifferschaftssachen« durch eine gemeinschaftliche Deputation gebeten wird, damit »die elenden und beklagenswerthen« Verhältnisse des Holzgewerbs gebessert werden, entnehme ich die Klage, die vornehmsten Schiffer seien in bedeutende Schulden gerathen »gegen Iren Haupt Schiffer, der gleichsam (wie man pflegt zu sagen:) der Weyden allein geneysst«; die klagenden Rheinschiffer seien zu dieser Zeit »Irem Haupt Schiffer Inn die Achtzehn vnnd mehr Taussent gulden schuldig, mit welchen sie sich Inn angeregter Zeit seiner getragenen Factorey zu seinem merklichen Vnnd augenscheinlichen nuz, aber Irem äussersten Verderben gegen Ihme vonn einen Iar Zum Anderen verhafftet, ohn wass sie sounsten anderer orten Verschuldet«.

Damals war Jacob Kast, der Stammvater eines noch jetzt blühenden Geschlechts, Hauptschiffer, ein Mann, dem einer seiner Nachkommen im Jahr 1811 ein Denkmal gesetzt in der Schrift: »Leben und Thaten der drey Bürger Badens: Jacob Kast, Johann Niclaus von Nidda und Anton Rindenschwender« (Carlsruhe, Macklot). Inwieweit die Beschuldigung unrechtmässiger Bereicherung zutraf, ist weder aus dieser Schrift, in der Jacob Kast nur als sehr reicher und wohlthätiger Mann geschildert wird, noch aus Krieg von Hochfelden, der (S. 289) J. Kast's. als eines sehr reichen Mannes und Stifters eines noch jetzt bestehenden Almosens, gedenkt, zu ersehen. Leicht möglich, dass der Hauptschiffer sein für damalige Verhältnisse sehr grosses Vermögen sich schon früher erworben und dass seine Genossen in der Schifferschaft nur aus Neid gegen ihn aufgebracht wurden.

Freilich häufen sich später und spezialisiren sich die Klagen. In einer Eingabe an den Markgrafen von Baden, die von späterem Datum ist, als die vorhin erwähnte, und deren Verfasser sich, vielleicht wohlweislich, nicht genannt hat, werden u. A. folgende Beschwerdepunkte aufgeführt:

»1. Hat Jacob Kast zu Hördten, Nachdem Ihr, Ew. Gnaden, denn gemeinen Schifferen guedig erlaubt, Selber Ihre bortt auff dem Rhein zu führen, hat aber gemelter Kast sie nicht fahren lassen, er sey dann zuvör bezalt, welches doch gemeine Schiffer von Jahren zue Jahren nach vnd nach von Ihme, Kasten, empfangen, darzue auch denn Zinns ernstlich begeret. Desgleichen auch das guete gellt In die wexel gefürt vnd den Schiffern leichte münz geben, dessen alle Kundtleut mit grossen Schaden vnd verlust haben entgellten müssen vnd dardurch In grosse Schulden kommen.

. . . .

6. Hat er, Kast, gründlich versprochen vnd zuegesagt, er wolle auff ein Handel, das ist 12000 bortt, 500 fl. ohne zins leyhen vnd borgen vnd auff ein Schaar bortt, das ist 900, ehe vnd bevor mann dieselben einbindt, 50 fl. daruff herausgeben vnd Soviel Scharen soviel 50 fl. Jedem Schieffer;

7. Da hat er denn Schieffern zu Steinmauren vmb das Hundert guete bortt nicht mehr als 6 fl. 3 ortt vnd vmb das Hundert mittel bortt 5 fl. 3 ortt, dann vmb das Hundert bösse bortt 3 fl. geben. An dem Hundert bösse bortt hat er abbrochen 7 β. Ferner hat er für das hundert Schwarten geben sollen 2 fl. 7 β., aber die 7 β. auch abbrochen. Alsso hat er, Kast, den gewin vnd die gemeinen Schiffere denn grossen Verlust.

. . . .

21. Ist in gemeiner Graveschafft Eberstein der Münz halber solche grosse Clag, dieweil der Kast allein das geltt ausgiebt. Hats Jedermann nach seinem gefallen von Ime nemmen müssen. Also hat er das böste vnd gewichtigste geldt an goldt vnd Silbermünz In die Messen vnd wexel gefürt. Desgleichen hat auch sein Sohn Hanns Jacob In ver-

schienen 1610 Jahr auf Strassburger Johanni Mess den Bürgern etliche Leichte Ducaten zue Strassburg abgewichselt. Ist wol zu vermutten, er werde sie wieder under den Schiefferen ausgeben haben.«

Als Jacob Kast, der Hauptschiffer, i. J. 1615 gestorben war, setzen sich die Klagen gegen seinen Sohn, Johann Jacob Kast, fort. Da dieser nicht Hauptschiffer war, belehren uns jene Beschwerden, dass in der That der Reichthum der Familie Kast wohl den Hauptanlass zur Unzufriedenheit gegeben hat. Indessen müssen, wenn nicht Jacob Kast, so jedenfalls andere Hauptschiffer, ihre einflussreiche Stellung mehrfach zu ihrem Privatvortheil ausgebeutet haben. Denn[1]) die Schifferordnung von 1626 beginnt gleich in ihrem ersten Artikel mit

»dess Hauptschifferss vnnd der geschwornen Aydt vnd bevelch,« während der entsprechende Artikel in der Sch.-O. von 1509 erst ganz am Ende folgt, und diesem Amte noch nicht so grosses Gewicht beizulegen scheint (s. w. u.). Der Hauptschiffer soll — nach der Sch.-O. von 1626 — von den Gemeinsherren aus den gemeinen (d. h. den vereinigten) Rheinschiffern gewählt werden und vorzüglich die Verpflichtung haben, neben den herrschaftlichen Beamten die Aufrechterhaltung der Schifferordnung zu überwachen. Den Hauptschiffern sollen sechs Geschworene (die »Sechsgeschworenen« auch blos »Sechser« genannt) zur Seite stehen. Diese werden auch aus den gemeinen Rheinschiffern gewählt (»gezogen«). Die Aemter des Hauptschiffers und der Sechsgeschworenen erlöschen, wenn nicht besondere Ursachen frühere Endigung nöthig machen, erst mit dem Tode. Stirbt ein Hauptschiffer, so sollen die Sechsgeschworenen, stirbt einer der letzteren, so sollen die gemeinen Rheinschiffer Einen aus der Schifferschaft für das erledigte Amt denominiren. Die Gemeinsherrschaften haben das Bestätigungsrecht. Wer so gewählt und bestätigt ist, soll »bey schwerer Straff vnd Ungenadt« sich nicht weigern, das Amt anzunehmen. Der Hauptschiffer und die Sechsgeschworenen werden vor Antritt ihrer Aemter beeidigt. Im vorigen Jahrhundert lautete die Eidesformel der letzteren folgendermaasen:

»Ihr erwöhlte 6er und Verrechner sollet Ewer Trew geben und einen leiblichen Aydt zu Gott dem Allmächtigen schwöhren, Gemeine Ohnpartheyliche 6er und VerRechner zu seyn und diesse ordnung So viel Sie alss 6er und VerRechner bindet, Auffrecht und Redlich zu halten, und zu handhaben, auch mit andern gehandhabt zu werden und in solchem Ihrem Ambt keineswegs Ihren Aigenen, sondern vielmehr

---

[1]) Freilich wird jetzt das Amt erblich, während es früher — s. w. u. — nur höchstens zwei Jahr dauerte. Dagegen ist ihm jetzt offiziell das Kollegium der Sechser an die Seite gestellt.

den gemeinen Nutzen, Ansehn und Bedenckh, Sie auch davon nit lassen abwendig machen, weder Gab, geschenckh, Mieth oder Miethlohn, Wed Lieb noch Leydt, Freundschafft oder Feindschaft od auch alles Dasjenig So disser Ordnung und Gemeinen Nutzen letzung oder Abbruch bringen mag, Getrewlich ohne Geföhrte«.

Die Hauptschiffer scheinen in Prozessen der Schifferschaft deren Vertreter gewesen zu sein; es scheint als haben sie die Prozesskosten auslegen müssen. In einem Rechtsstreite gegen Herzog Karl Friedrich von Würtemberg, dem die Schifferschaft die Ausübung der von ihm erkauften Schifferhandelsrechte glaubte weigern zu dürfen, äussert sich (in einem Schreiben vom 16. Oct. 1688) der damalige Hauptschiffer Jacob Kast (man sieht: das Amt des Hauptschiffers ist geraume Zeit hindurch beinahe erblich im Kast'schen Hause) folgendermaasen: »Dass ich aber wider den Herzogen viel Prozess führen, seine erkauffte Gerechtigkeit mit Ausslösen, damit hiesonst grosse Vnkösten anwenden solle, Wirt mir niemand verhofentlich zumuthen. Es mag es thun Wer da Will.«

Die Hauptschiffer empfangen für ihre Mühwaltung Emolumente. Diese bestehen in 18 fl. fixem Lohn pr. Jahr und einem Drittel der im Falle der Uebertretung der Schifferordnung einzuziehenden Geldstrafen, wovon die herrschaftlichen Amtleute die übrigen zwei Drittel erhalten.

Von einer Remuneration der Sechsgeschworenen ist in der Schifferordnung nicht die Rede. Sie haben aber wenigstens später jedenfalls bei Uebertragungen von Schifferschaftsantheilen eine Gebühr bezogen. Denn bei einer solchen Uebertragungs-Urkunde aus dem Jahre 1738 findet sich folgende Quittung:

»Das Benjamin Friedrich Jeger mir unterzogenen wegen eingenommenen vierten Theils an seines Herrn Schwehrs Ludwig Daniel Schickarten führenden Schiffer-Commercio die gnädigst geordnete gebühr mit 2 Goldt-Gulden à 6 Fl. und Weg-Geld 1 Fl., zusammen also Sieben Gulden würckhlich bezahlt habe, ein solches beurkunde mit meiner eigenhändigen Nahmens-Unterschrifft. Den 24. 9bris 1738.
    Johann Jacob Rollwagen, alss
   Sechssgeschwohrener der Schifferschafft«.

Die Hauptschiffer und Sechsgeschworenen sollen — so befiehlt weiter die Schifferordnung von 1626 im ersten Artikel — jährlich auf Nicolai oder am nächsten Werktage die Ordnung, wenn es nöthig sein sollte, öffentlich auf dem Rathhaus »auskünden« und dann alsbald die »Rügung der Ordnung nach eingehen«.

Zur »Ausskündung« sollen berufen werden alle Rhein- und Waldschiffer, Zimmerleute, welche »Baw« (Gebäude) zur Verflössung auf dem Rhein machen, Rheinknechte und Säger. Unentschuldigt bei der Auskündigung Fehlende oder zu spät Erscheinende müssen Geldstrafen erlegen.

Da in diesem Artikel schon von der Rügung die Rede ist, möge gleich hier des Näheren angegeben werden, was die Schifferordnung von 1509 in ihrem zweitvorletzten und die von 1626 in ihrem letzten Artikel über diese Schiffer-Rügung bestimmt.

Nach der Sch.-O. von 1509 sollen die Beamten der Gemeinsherren und die vier Hauptschiffer in der dem zwölften Tage nach Weihnachten folgenden Woche die Schiffer-»Ruogung« halten. Es soll dabei »aller punkt Inn disser ordnung begriffen verhörung than« werden. Zu dieser Rügung sollen alle Waldschiffer, Rheinschiffer, Waldflösser, Säger und Rheinknechte geladen werden. Die Geladenen sollen über Alles, was sie im Betreff der Handhabung der Ordnung und des Holzgewerbs gefragt werden, pflichtmässig Antwort geben, namentlich auch etwaige Verletzungen der Sch.-O. zur Anzeige bringen. Die Sch.-O. giebt nun einzeln an, worüber insbesondere die verschiedenen Geladenen befragt werden müssen. So sollen die Säger befragt werden, wieviel und für welche Schiffer sie im vergangenen Jahre Borde (Bretter) gesägt haben, wieviel Bord eingebunden, im Flosse, oder auf der Axe hinweggeführt, und durch Wen, wieviele noch an der Mühle stehn, und was sie sonst etwa »Ruogpars« (Rügbares) wissen. Auch die Rheinknecht sollen um alles »Ruogpare« gefragt, und die, welche im neuen Jahre wieder auf den Rhein fahren wollen, sollen in ein Register eingetragen werden.

Die Waldschiffer sollen »zuo trew gehen«, d. h. angeben, wieviel sie Holz und Sägwaaren von jeder Gattung gehabt und an wen sie dieselben abgegeben haben. Wer auch im nächsten Jahr wieder Waldschiffer sein will, der soll einen Gulden »Inn die Ordnung geben, sonnst würdet er mit Zuegelassen«. Aehnliche Fragen wie an die Säger und Waldschiffer werden an die Waldflösser und an die Rheinschiffer gerichtet. Allen wird neben den Spezialfragen noch die allgemeine vorgelegt, ob sie etwas Rügbares wissen.

Alle Personen, welche der Rügung beizuwohnen haben, werden in ordentliche Register verzeichnet.

Alle Aussagen sind zu Protokoll zu nehmen. Sind Alle vernommen, so folgt die Entscheidung über alle der Entscheidung bedürfenden Punkte. In zweifelhaften Fällen geht der Entscheidung nochmalige Vernehmung vorher. 'Können sich die Richter (die zwei Beamten und die vier Hauptschiffer) nicht einigen, so sollen sie einen »Abt von Alb« (des Klosters Herren-Alb) zum Obmann nehmen. Wollte oder könnte der Erkorene nicht als Obmann dienen, so soll jeder der Gemeinsherren einen Obmann ernennen. Könnten sich aber beide nicht über den nämlichen Obmann einigen, so soll das Loos entscheiden.

Endlich bestimmt der Artikel noch die Strafen für unentschuldigtes Ausbleiben von der Rügung,. unrichtige Beantwortung der gestellten Fragen u. s. w.

Die Bestimmungen über die Rügung in der Sch.-O. von 1626 sind im Wesentlichen den eben angeführten gleich; nur hat man sich hier viel kürzer gefasst. Natürlich ist von vier Hauptschiffern an der Gerichtstafel nicht mehr die Rede; dagegen hat sich ja die Zahl der Amtleute um einen vermehrt. Es fehlen die Bestimmungen wegen des Obmannes; die den einzelnen Klassen von Schiffern und »Verwandten des Holzgewerbs« vorzulegenden Fragen sind nicht spezifizirt; die Geldstrafen, welche angedroht werden, sind erheblich höher. Wo die alte Sch.-O. »1 Fl. pen« ansetzte, straft die neue um 5 Fl.

Das Rügungsgeschäft wird am ersten anschaulich werden, wenn ich einige Rügungsprotokolle mittheile.

Zuvor aber eine Bemerkung über die verschiedenen Klassen der »Schifferschaftsverwandten«, da diese eben bei den Rügungen eine wichtige Rolle spielen.

In einer bei den Akten befindlichen Denkschrift des markgräflich baden-badischen Vogts Lassolaye zu Gernsbach, welche etwa zu Anfang der zweiten Hälfte des vorigen Jahrhunderts verfasst ist, heisst es, die Schifferordnung erstrecke sich erstlich auf die Schiffer; deren habe es zur Zeit der Errichtung der jüngsten Schifferordnung zwei Klassen gegeben, nämlich Wald- und Rheinschiffer. »Die Waldtschiffere« — heisst es dann weiter — »waren diejenigen Burger und Unterthanen, welche ihre eigenen waldtungen und seegmühlen gehabt, die Bordtwaaren aber nur auf der Murg bis gen Steinmauren geführet, und alle Waaren denen Rheinschifferen verkaufet. Die Rhein-Schiffere hingegen waren diejenige, welche mit diesen erkaufften und ihren eigenen bordtwaaren alsdann auf den Rhein gefahren und solche bis Cölln verflözet, und also kunte kein Rheinschiffer ein Waldtschiffer und vice versa sein. Dieser Unterschied aber« — sagt Lassolaye — »ist heutiges Tages aufgehoben«.

»Zweitens« — fährt er fort — »betrifft diese Ordnung die zu dem Holzgewerb erforderlichen personen, als seegere, kührere, flözere, hauere und fuhrleute, welche schon ehemals und bis dato lauter privative Eberstein'sche Unterthanen seyndt«. Aus einem bei den Akten befindlichen

Pro Memoria aus dem Jahre 1776 erfährt man Näheres über die »Hauer«, die damals auch »Rottmeister« hiessen. »Die Rottmeister oder Hauere« — heisst es da — »sind Waldkundige Männer und in der Grafschaft Eberstein in dem Obersten oder Forbacher Gericht angesessene Bürger, welche von Löbl. Amtswegen in Pflichten genommen werden, auf dass sie das Holz nach eines jeden Schiffers gebührenden Antheil theilen und redlich einzeichnen.

Ein schon aus diesem Jahrhundert stammendes Promemoria lässt sich über die Hauer und zugleich über die Kührer folgendermaassen aus: »Da kein Schiffer ohne Nachtheil des anderen Holz fällen kann, so haben sie geschworene Hauer, die grösstentheils badische Unterthanen sind, und, da ein Schiffer, nachdem er mehr oder weniger Theile hat, mehr oder weniger das Jahr hindurch flössen darf, so haben sie auch geschworene Kührer, ohne welche kein Holz zum Verflössen eingebunden werden darf.«

In einer bei den Akten befindlichen »Explicatio« (einiger in der Schifferschaft gebräuchlichen technischen Ausdrücke) heisst es: »Rottmeister sind die Holzhauer der Schiffer, welche ihre Waldungen besser, als die Schiffer selbsten kennen; dann bisweilen an einem Stück Wald 4,5 Schiffere erster $2/5$, zweiter $1/3$, also verschiedene Theile haben.«

Für die Kührer wurde i. J. 1754 von dem Vogtei-Amt Gernsbach in Folge mehrfach vorgekommener Ungehörigkeiten eine Verpflichtungs-Formel und Instruction aufgestellt. Daraus geht hervor, dass das Hauptgeschäft der Kührer in dem Sortiren der Sägewaaren bei den Sägemühlen bestand. Man unterschied »Guth Bordt«, »Mittel oder Verkohrene Bordt«, »Schwarten-Bordt«. In diese Klassen hatten die Kührer die geschnittenen Bretter zu bringen. Sie durften diese Arbeit nicht für sich von Anderen verrichten lassen. Sie mussten beim Einbinden der Bordtwaaren (bei der Herstellung der Flösse) zugegen sein und darüber wachen, dass nicht andere als die gekührten Waaren mit eingebunden oder mitgeführt wurden. Ueber die gekührten Waaren wurden theils zu Gunsten der Käufer, theils für die Zollstätten Einbindzettel von den Kührern ausgefertigt. Diese mussten alle gekührten Waaren genau spezifiziren und galten als öffentliche Urkunden. Wenn ein Schiffer einen Kührer bestellte, so durfte dieser sich nicht weigern, den Auftrag anzunehmen.

Ueber die Rheinknechte, welche nach den Schifferordnungen in den Rügungen mit zu erscheinen verpflichtet waren, wird es hier am Platze sein, ebenfalls einige Mittheilungen zu machen. Unter Rheinknechten sind theils die eigentlichen Rheinflösser-Knechte, theils die

Tagelöhner, welche bei der Umwandlung der Murgflösse in Rheinflösse bei Steinmauren beschäftigt wurden, zu verstehen.

In einem Schreiben von 1566 beklagen sich die »Hauptschiffher vnnd geschworenen des Holtzgewerbs Im murgenthal« bei dem Markgrafen von Baden, dass die Steuerleute und Knechte auf dem Rhein und auf der Murg mehr Lohn verlangen, als die Schifferordnung ihnen gestatte, und dass die Wirthe in Steinmauren die Tagelöhner der Schifferschaft, von diesen gezwungen, zu gut beköstigen und also zu hohe Zechen machen. Der Markgraf soll durch seine Beamten Wandel schaffen; die Schifferschaft werde sonst gezwungen, die Rheinflösse an einem anderen Platze, als in Steinmauren binden zu lassen; dann entgehe aber der Herrschaft der Steinmaurer Zoll. Die Rheinknechte hätten 1 Gulden Tagelohn (i. J. 1566!) und sehr reichliche Kost gefordert und drohten, die Arbeit einzustellen, wenn ihnen ihre Forderungen nicht gewährt würden. (Ein kompleter Strike! Nichts Neues unter der Sonne!) Wie hoch schon damals der standard of life in unserer Gegend war, geht aus folgender hübschen Stelle der Beschwerdeschrift hervor: »Zudem wöllendt sie (nämlich die strikenden Knechte) sich zum nacht Imbis auch mit einer Suppen, ein gut gemeyss (Gemüse) mit Fleisch kocht, sampt Fleisch genug vnnd Käss vnnd brott auch mit benüegen lassen, sonder wollendt voressen vnnd brottens (Gebratenes) auch darzue haben, (so wir doch Inn vnnsern Häussern zu Zeiten nit Fleisch haben, geschweigen gebrattens oder voressen), das vnns Zuvil bedeucht vnnd schwerlich gefallen will, die Knecht dermassen so Kostlich zu halten.«

Der Beamte, welchem der Markgraf die Beschwerde zu Bericht zufertigte, meinte, die Schiffer hätten vollkommen Recht, sich zu beklagen; die Tagelöhner seien äusserst unmässig; man müsse eine Ordnung aufrichten, um diesen Prätensionen zu steuern und diese Ordnung auf's Strengste handhaben.

Aber auch die Imploraten, »die Stierleuth vnnd gemeine knecht zue Steinmauren« wenden sich mit einer Eingabe an den Markgrafen; es sei in diesen schweren Zeiten unmöglich, bei den in der Schifferordnung gesetzten niedrigen Löhnen zu bestehen.

Man ersieht aus den Akten nicht, wie dieser Strike ausgegangen. Aber die Beschwerde der Schiffer taucht später wieder auf. Zunächst im Jahre 1625. Hier begründen sie dieselbe mit den hohen Preisen aller Lebensmittel und der Blöcher (Stämme), welche sie für ihre Sägemühlen kaufen müssen, während die Preise für die Sägewaaren sehr niedrig seien. »Wann dann gnädiger Fürst vnndt Herr« — heisst es da — »nunmehr (Gott Lob) die Müntzen wieder uff den alten Schrott vnndt Valor gesetzt, Wein vnndt Korn In Zimblichen Preiss vndt Werth, auch allerhandt production Inmassen vor Alters zu erkhauffen, Zugleich vnndt nicht weniger auch vnnssere Holzwahren Höher nit alss vor 10 oder 20 Jahren zue verkhauffen vndt anzubringen, da doch die Blöcher dass 100 noch etlich gulden tewerer bezahlt vndt angenommen werden müssen, als hiebevor geschehn« u. s. w.

Diese Beschwerde scheint keinen Erfolg gehabt zu haben. Denn, als die neue Schifferordnung von 1626 aufgerichtet wurde, wurden die Löhne der Knechte darin doch höher angesetzt, als den Schiffern genehm war. Und doch waren auch diese Löhne den Knechten noch nicht hoch genug. Im Jahr 1627 sehen wir die letzteren wieder in vollständigem Strike bgriffen, ja sie scheinen sich gegenseitig das Wort gegeben zu haben, zu den Löhnen der neuen Schifferordnung nicht mehr zu arbeiten. Denn in einer Eingabe vom 26. Juli 1627 bitten die Schiffer, unter Hinweisung auf die bekannten, Zusammenrottirung von Arbeitern mit hohen Strafen bedrohenden Reichspolizeigesetze, die Knechte zu zwingen, sich bei den in der Schifferordnung gesetzten Löhnen zu begnügen und keine »schädliche pacta« unter sich zu schliessen.

Leider ist auch der Ausgang dieses Strike's aus den Akten nicht zu ersehen, welche nur ergeben, dass ähnliche Lohnstreitigkeiten zwischen Schiffern und Knechten fort und fort sich wiederholen. —

Zu den Schifferschaftsverwandten gehören also **eigentliche Schiffer**, d. h. vollberechtigte Genossen der Verbindung, und **Personen, welche in deren Diensten stehen**. Sie alle, wie gesagt, mussten bei den Schiffer-Rügungen erscheinen.

Wie es da zuging, erhellet am besten aus den Protokollen, deren ich im Nachstehenden einige, allerdings nur aus den Zeiten nach Erlass der neuesten Schifferordnung stammende, wörtlich mittheilen kann:

»Freytag d. 21ten Novembris 1662 Ist die schieffer Ruegung gehalten worden.

Haubtschieffer: Philipps Kast zu Hördten.
Sechss Geschwohrene.«

(Es waren bei dieser Rügung nur vier Sechsgeschworene zugegen; darunter Hans Nicolaus Weiler als „Verrechner", Barthel Krieg als „Verrechner vnd Modelbeschauer".)

»Rheinschiffer«

(folgen die Namen von 8 Rheinschiffern; darunter ist einer auch als „Modelbeschauer" aufgeführt. Unter „Model" versteht man die normalen Maasverhältnisse der Sägwaaren, die vorschriftsmässig eingehalten werden mussten. Im J. 1700 betrug z. B. das Normalmaas — Model — der Borde 14 Werkschuh Länge bei 12" Breite.)

»Hanss Niclaus Weiler der jung ist zu einem schieffer angenommen worden, hat 4000 bortschnit-gerechtigkeit, Zeichen ...«

(Hier sind nun gleich einige Erläuterungen einzuschalten. Hans Weiler jun. wurde zu einem Schiffer aufgenommen. Neu aufgenommene Schiffer mussten einen Schiffereid schwören. Die Formel eines solchen Eides lautet in der Mitte des vor. Jahrhunderts [2]) folgendermaassen:

„„Ihr sollet geloben und einen leiblichen aydt zu Gott dem Allmächtigen schwören, dass ihr dem durchlauchtigsten Fürsten und Herrn Herrn Ludwig Georg, Marggraffen zu Baaden, unserem allerseiths gnädigsten Fürsten und Herrn, qua graffen zu Eberstein, als getreue unterthanen und Schieffer ersagter Graffschafft jederzeit unterthänig, getrew, holdt und gewärtig seyn, die Schiefferordnung in allem getreulich beobachten, auch dem gebott und verbott sowohl eines zeitlichen Voglens der Graffschafft Eberstein, als des Haubt Schieffers, welches sie ihrer gnädigsten Herrschafft wegen und von wegen auffhabenden ihres gewalts auch ankünden werden, in allem gehorsamlich nachleben, auch sonsten thun und lassen wollet, was einem gehorsamen und getreuen Unterthanen und Schiefferen zu thun und zu lassen zukommt und geziemet, alles getreulich und ohne gefährdte."""

Hans Weiler jun. „hat 4000 Bortschnittgerechtigkeiten". Ich muss mir vorbehalten, bei anderer Gelegenheit über die Art der Erwerbung und über die Substanz der schifferschaftlichen Rechte Näheres mitzutheilen. Hier nur zur Erläuterung, dass Hans Weiler als Mitglied der Schifferschaft das Recht hatte, auf gewissen schifferschaftlichen Sägemühlen 4000 Bretter (Borde) für sich schneiden zu lassen.

Hans Weiler führt das oben angegebene Zeichen. Hierzu ist zu bemerken, dass jeder Schiffer sein eigenes Zeichen führte, welches den ihm zufallenden Stämmen sowie den daraus gefertigten Sägewaaren aufgeschlagen wurde und aus einer Kombination von mit der Axt leicht zu bewirkenden Kerben bestand [3]). In einem besonderen Register (dem „gemeinen Zeichenbüchel") waren die sämmtlichen schifferschaftlichen Zeichen eingetragen. Die Schiffer werden oft statt mit ihrem Namen blos mit ihrem Schifferzeichen bezeichnet. Z. B. finde ich gelegentlich folgende Notiz: „Ein Stamm Vierziger, | ▽ | et □ ╱ □ gehörig".

»Alexander Siebert Klagt uf sein Noth, dass Sie Ihme nicht mehr parriren wollen; bit Sie zum gehorsam zu erinnern.

Schultheiss zu Forbach beklagt sich, dass wegen erneuerung der Waldt« (d. h. Neuregistrirung und Abschätzung von Schifferschafts-Waldungen) »4 fl. 2 Xr. und wegen des Kaltenbacherloches« (dort hat zu

---

2) Also freilich in einer Zeit, wo die Schifferschaft von ihrer früheren Selbständigkeit schon sehr viel eingebüsst hatte, und die herrschaftlichen Beamten — die Vögte — sich vielfältige gewaltsame Eingriffe in das „Holzgewerb" erlaubten. Der Eid erscheint beinahe als ein Huldigungseid.

3) Vergl. Jägerschmid, Das Murgthal, besonders in Hinsicht auf Naturgeschichte und Statistik. Nürnberg 1800. S. 171. — Arnsperger, Erneuertes schifferschaftliches Lagerbuch. Karlsruhe 1818.

irgend welchem Zwecke wohl eine Besichtigung stattgefunden) »8 fl. 10 Xr. bey Ihm verzehret worden; bit bezahlung.

Hanss Knapp Klagt uf sein Lohn wegen erneuerung der loche, so sich an Lohn und rechnung uf 21 fl. 1 β 10 Pf. erhebt«.

(Gleich hier muss bemerkt werden, dass die Schifferschaftswaldungen von Zeit zu Zeit begangen, registrirt und abgeschätzt, „gelocht", in ein „Looch-" oder Lager- „Buch" eingetragen wurden. Ich komme noch weiter unten auf diese Einloochung zu sprechen)

Seger beschwehren sich über Ihren lohn; bitten entweder vom 100 bordt 8 β oder aber 7 β Pf. und die Sparren zu bezahlen.

Item Klagen, dass vor 3 Jahren Sie am gemeinen Teuch geschafft« (d. h. an Herstellung eines zu Flosszwecken gegrabenen Teiches gearbeitet) »bitten zu verhelffen, dass sie bezahlt werden mögen.

Die Einbindern Beschwehren sich, dass sie bey jetzigem Lohn nicht schaffen können.

Rauch Andreas Gerstner von Reichenthal hat 25 Blöcher zu führen versprochen, aber im Waldt verfaulen lassen, bit Ihn zur bezahlung anzuhalten.

Weil wegen des Seegens viel streit geben, Als soll das seegen uf allen Mühlen vertheilt werden.

Das Blöcherkauffen zu Reichenbach ist gesteigt« (d. h. der Verkauf ist in der Form der Versteigerung vorgenommen worden), »So wider die Ordnung abzustellen ist.

Weilen viel Kummer Blöcher« (»Kummer« sind durch das Wasser zusammengeführte Klotzhaufen) »in der Murgg seind, sollen der Ordnung gemäss 2 darzu geordnet vnd die Kummer in Zeiten gericht werden.

Die Essel« (d. h. Holzfänge, welche das Verlorengehen des Holzes bei grossem Wasser verhüten sollen. „Essel-Aufbrechen" heisst: den Holzfang öffnen, um die Stämme nach den Sägmühlen zu leiten. Werden die Essel um des Nissel- — Scheiter- und Brenn- — Holzes wegen geöffnet, so muss vorsichtig das Mitdurchgehen des Sägeholzes verhütet werden) »bei zeiten zu brechen.

Uff dem Rhein gehn allerhand ungleiche Käuff vor, derentwegen nöthig ist, dass uff jedem Markt ein gwieser kauff gemacht werde.

Hanss Jacob Krieg, Michel Krieg, Hanss Bechtold Weiler, Barthel Krieg und Bernard Krieg um willen Sie uff fürgebiethen dess Haubtschieffers zu rechter Zeit nit erschienen, solle Jeder 4 β Pf. zu straff erlegen.

Hanss Bechtold Weiler berufft sich uff Bernard Küblern von Reichenthal und Hanss Fritzen zu Oberzuroth, dass die bordt von Reichenthal böss und nit gute borth gewesen.

Wird angebracht, dass Philipp Kast der Jung verursacht, dass unten an der Schillenmühl im Werckh das wasser ein Durchbruch genommen, auch dess Kasten aigenthum seyn, daher er solches selbsten« (nämlich nicht auf Kosten der Schifferschaft) »zu machen schuldig seye.

Michel Grötz soll seine bissher verführte Bäu« (d. h. Zimmerhölzer, zu Gebäuden vorgerichtet) »dem Haubtschieffer angeben und einen schuldigen zoll abrichten, auch sich inskünfftig der Ordnung gemäss verhalten.

Sollen die Baumeister an allen Seegmühlen abgerechnet« (d. h. mit den Baumeistern, welche an den Sägmühlen beschäftigt gewesen, Abrechnung gehalten) »und das Seegen unter den Schieffern, Vermög der Ordnung verlöst werden.

Die Baumeister an der schillenmühl sollen selbe decken und die mühl vor einfallen bewahren«.

Soweit die Beschwerden. Es folgen nun die Erkenntnisse.

»Wird Erkandt, dass mit ernewerung der lochen in den Schiefferwäldten uff künfftigen Frühling bey rechter Zeit fortgefahren werde, und welcher sein schuldigkeit nit abrichtet, solle uff dessen waldt halt genommen und verkaufft werden und sollen die renovatores die wäldt zugleich gegeneinander ästimiren.«

(Die hier beschlossene Loochung ist wirklich vorgenommen worden. Das Loochbuch befindet sich in Abschrift bei den Akten Darin sind auf 45 Blättern sehr viele Waldparzellen nach Lage, Begränzung, Eigenthümer und Blöcherzahl beschrieben, z. B.

„Hanns Jacob Drinckh ein stückh Wald uff dem Schramberg hindenan Herrn Grafen von Kronsfeld vnd Bernhard Nickher vornen an Philipps Kasten den Krummen und an den Clauss Rheinbold.

gibt Blöcher . . . . 2000"

Am Rande findet sich bei jeder Beschreibung ein Schifferzeichen. Am Schlusse des Loochungs-Protokolles folgt ein alphabetischer Index mit Angabe von Walddistrikten und einer Geldrubrik, z B.

„B.

Brittelbach . . . . fl. 4. 5. 6.

Behrewoldt . . . . - 19. —. —."

u. s. w.

Die Geldangaben scheinen die Beiträge zu den Kosten der Einloochung, auf Distrikte repartirt, bedeuten zu sollen.)

»Den Seegern solle hinführo vom 100 borth 7 β Pf. zu lohn gegeben und die Sparren absonderlich bezahlt werden.«

Am »Dienstag d. 25. Novembris« wird die Rügung fortgesetzt, und zwar werden nun ausschliesslich Erkenntnisse gegeben und Beschlüsse gefasst. Es heisst im Protokoll:

»In deliberation ob man dem Haubtschieffer von der gantzen Summ oder Jährlich die Besoldung reichen solle, Ist Erkanth, Solle der Haubtschieffer seine Rechnungen dessen ohnerachtet verfertigen, wegen seiner Besoldung aber solle von allerseits Gnädigster Herrschafften decission vnd erleuterung eingeholt werden.

Weil Jacob Kast der alt allbereits viel Jahr usser dem Handel gewessen vnd seine gehabte gerechtigkeit übergeben vnd verzogen« (d. h. den Ort Gernsbach verlassen), »zu mahlen auch kein Aigen viertel Segmühlen hat, Alss kan derselbe für diessmahlen nit zu keinem Schieffer angenommen werden.

Weilen vmb der Ottenauer Rott viel streit giebt, Alss sollen Hanss Siebert vnd Hanss Hurrle« (wahrscheinlich zwei Holzhauer) »sich unter des Hasenohrs« (wahrscheinlich eines Rottmeisters) »Rott begeben.

Weilen die Einbindern vnd Taglöhnern wegen der Theuren Frucht sich ihres Lohns halben beschwehren, Alss soll Ihnen biss vff Enderung zu lohn geben werden:

Einem Einbinder des Tags . . . . — ,, — ,, 5 β Pf.
,, Tagelöhner ,, ,, ... — ,, — ,, 4 ,, ,,
Vom 100 bort einzubinden unterhalb der Gernspacher Bruck so zu des Schieffers wahl gestellt wird . . . . 4 fl. — ,, — ,, ,,
von der eissenmühl . . . . 4 ,, 3 β 6 Pf.
von der hünmühl . . . . 5 ,, — ,, — ,,

· Weilen bisshero etliche sich unterstanden, deren Blöcher auf ein Reichenthaler Amt zu steigen« (in Versteigerung an einen Reichenthaler Amtsangehörigen zu verkaufen) »Alss soll bey Vermeidung der Straff der Ordnung kein Schieffer mehr alss 20 fl. für das 100 blöcher bezahlen.

Wegen des Kauffs vff dem Rhein sollen der Haubt- vnd Sambtliche Schieffere sich eines gewiessen Kauffs vff den Märckten vergleichen, solchen« (nämlich den »gewiessen Kauff«, d. h. die Verkauffs-Ordnung) »dem Ambt vorlegen vnd confirmiren lassen. Den sambtlichen Schiefferen wird hiemit nochmahlen vferlegt, die angesetzte Umlag zum Esselbaukosten diesse Woch bey Straff 2 ℔ Pf. zu bezahlen.

Die Theilhaber an dess Schillen, Kasten vnd Sandmühl sollen die Baumeister innerhalb 14 Tagen bey Ambtlicher Bestraffung bezahlen«.

(Wie bei der Repartition der Kosten von Neubauten oder Reparaturen an Sägmühlen verfahren wurde, mag gleich hier geschildert werden Am 8. März 1754 brannte eine schifferschaftliche Sägmühle, die Schleifmühle, ab. Bei den Akten befindet sich eine detaillirte Rechnung über die Kosten des vom Juni bis zum November erfolgten Wiederaufbaues dieser Mühle. Bei den einzelnen Posten oder ganzen Gruppen von solchen stehen links Schifferzeichen, rechts die Preise. Hier mit ihren Zeichen benannte Schiffer haben die fraglichen Posten vorausgelegt und eventuell die erforderlichen Baumaterialien beschafft. Später folgt nun die Kostenvertheilung nach den Schifferrechten und unter Berücksichtigung der von den einzelnen Betheiligten schon gemachten Auslagen und bezügl. Lieferungen. Was die einzelnen Betheiligten nach Abzug ihrer Auslagen noch zu decken haben, wird ihnen theils in Form von Naturallieferungen (z. B. „7½ bordt") auferlegt, theils haben sie bis zu dem fraglichen Betrag Zimmerleute, Maurer, Tagelöhner u. s. w. zu bezahlen. Die Letzteren erhalten zur Bezahlung ihrer Rechnungen Anweisungen auf die betheiligten Schiffer. Die ganzen Baukosten der Mühle betrugen 600 fl. 48 Xr. Auf der Mühle ruheten 6400 Bordschnittgerechtigkeiten. Für alle Kategorieen von Kosten wurde nun die Schuld der Betheiligten auf je 100 Gerechtigkeiten ausgeworfen. Ebenso wie Baukosten wurden auch andere gemeinschaftliche Kosten vertheilt. Im J. 1782 waren 25 fl. von Seiten der Schifferschaft an das Gernsbacher Almosenamt zu zahlen. Damals hatten sämmtliche Schiffer — es waren ihrer zehn — zusammen 360,800 Gerechtigkeiten. Jeder hatte für je 100 Gerechtigkeiten $\tfrac{25}{3608}$ fl. zu zahlen.)

Um einen möglichst klaren Einblick in das Geschäft der Rügung und, soweit es auf diesem Wege angeht, die schifferschaftlichen Verhältnisse überhaupt, zu gewähren, lasse ich nun noch einige Auszüge aus späteren Rügungs-Protokollen wörtlich folgen:

»Dienstag d. 17. Aprilis 1663.

Zu besichtigung der Wälden seynd vom löbl. Ambt verordnet worden: Wolf Wunsch« u. s. w. (folgen die anderen Namen). »Martin vnd Caspar Fritz sind darauf beaidiget worden vnd Jedem des Tags neben 1 Viertel Wein, welches Ihne insgsambt alle sontag gereiche soll werden. ahn Geldt versprochen worden — 6 β Pf., worbey angedingt worden, neben anzeigung des Langs die quantitaet vnd qualitaet, dass ist schatz jedes Waldes dem zu geordneten schreiber zu wiessen machen, vnd annotiren lassen.«

»Montag d. 27. Mey 1663.

Ist Hanss Rudolph Helmling alss verordneter Schreiber furgestellt worden, darauf würcklichen Leiblichen aydt praestirt dass Er alles, wass Ihme angezeigt werde, fleissig vnd treu uff zu zeichnen, vnd diesem Schreib-Ambt also fürzustehen, dass Er getraue vor Gott vnd der welt veranthworte« u. s. w.

»Mittwoch den 13. Juny 1663.

Herr Philipps Kast der haubtschieffer klagt gesambte Schieffer ratione der herrschaftl. vmblagen, dass Er die völlige Bezahlung deren von Ihnen nit gehaben möge, pittet die restanten zur Bezahlung Ambtlich anzuhalten.

    Michel Krieg . . . . . . 51 fl. 8 β 7 Pf.
    Hanss Ulrich Weiler . . . 36 - 2 - 1 - «
               u. s. w.

»Specificirten restanten Ist bey herrschaftl. Straff infungiret worden,

Herrn Haubtschieffer zu contentiren vnd in allem klagloss stellen vnd pro termino 14 Tag.«

(Der Hauptschiffer scheint also die Umlagen, überhaupt die Abgaben, welche die Schiffer zu entrichten hatten, vorausgelegt zu haben.)

»Actum Gernspach 7/27 $\frac{\text{Mey}}{\text{April}}$ 1664.

Herr Christian Binninger, Gräfl. Gronsfeldt. Factor zu Hördten, Hanss Jacob Krieg der alt, Jacob Weiler vnd Hanss Martin Krieg um willen sie geclagt nachgehends da das löbl. Amt beysamen gewesen, nit erschienen, sind ob contumaciam Markgräfl. Baad. vnd Fürstl. Speyr. theilss jeder mit 1 ℔ Pf. gestrafft worden. Darwider Gräffl. Wolckhenstein. Rentmeister Herr Lorenz Weckenauen protestirt.«

»Den 20ten Januarii 1865.

Ist in praesentia Allerseiths herrschaftl. Beambten« (folgen die Namen) »die schieffer Ruegung fürgenommen vnd folgendes verhandelt worden.

Haubtschieffer pleibt Herr Philipps Kast der älter. Geschwohrene: obwohlen zween ermangeln, hat man doch darfür gehalten, dass wegen geringer Zahl« (nämlich der damaligen Mitglieder der Schifferschaft) »noch bey Vorigen geplieben, nemblich: Hanss Jacob Krieg der alt« u. s. w. (folgen die Namen der vier Sechsgeschwohrenen). »Rheinschieffer:« (folgen die Namen) »Christian Binniger Ist zum Gräfl. Factor vnd Hanss Philipp König von Hanss Bechtold Weilers Erben vorgestellt worden, welche angelobt sich der Ordnung in allen punkten gemäss zu halten, worüber der Gräfl. Wolckhenstein. Rath vnd Ambtmann anregung gethan, dass Er des Gräffl. Factors halb anderer gestallt alss ohne praejudiz seiner gräffl. Herrschaft an ihrer hohen obrigkeit ahngeben könne vnd möge.

Kührer:« (4 Namen) »Einbinder:« (21 Namen) »Seeger:« (20 Namen).

»Ruegung

Ist Erkanth vnd für gut befunden worden. dass ins Künfftig die waldthauer vnd fuhrleuth auch bey der Ruegung erscheinen sollen, sonderlich jenige puncten wegen dess models vnd hauens zu beobachten.

Dieweilen bisshero der Herr Haubtschieffer vnd geschwohrene auch sitzen plieben wann man durch die Ruegungen gegangen, solches aber vor untauglich anjetzo eracht vnd befunden worden, alss haben sich gemelte gut willig bereden lassen, dass sie so lang auch abtretten biss alle durch die Ruegungen; sobald aber solche vorüber Sollen sie nach lauth vnd Krafft der Schiefferordnung vnd alten Gebrauch bey der gewohnlichen judicatur sein vnd verpleiben«.

Man sieht es diesem Beschlusse, man sieht es allen Rügungen aus dieser Zeit an, dass darin bereits die früher gewissermaassen nur zur grösseren Feierlichkeit des Aktes anwesenden Beamten die Hauptrolle zu spielen anfangen.

Es scheint, dass Rügungen im Sinne der Schifferordnung über die sechziger Jahre des 17. Jahrhunderts kaum hinausgegangen, dass sie, wie so mancher alte schifferschaftliche Brauch und die letzten Reste korporativer Selbständigkeit, welche sich die Schifferschaft durch schwere Zeiten hindurch erhalten hatte, über dem mit dem Jahre 1660 anhebenden und dann nicht endenden Jurisdiktions-Vorrangs-Streit zwischen Baden und Speyer vergessen worden sind.

Eigentliche Rügungs-Protokolle aus späterer Zeit finden sich nicht mehr bei den Akten. Der grosse Jurisdiktionsstreit mit Speyer, auf den ich unten näher zu sprechen kommen werde, begann damit, dass Baden Speyer keinen Antheil an den Rügestrafen zuerkennen wollte. Als Speyer auf seinem Anspruch beharrte, verhinderte Baden die fernerweite Abhaltung von Schiffer-Rugungen. Es traten nun an Stelle derselben die »Amtstage«, die nach einem im Jahre 1701 gefassten Beschlusse alle 4 Wochen durch die gemeinsherrschaftlichen Behörden »vor die Schifferschafft«, wie der Beschluss lautet, thatsächlich aber zur Ausfechtung endloser Zwistigkeiten zwischen den gemeinsherrlichen Vögten, abgehalten wurden. Auf solchen Amtstagen erscheinen die schifferschaftlichen Beamten nicht mehr als Richter und Urkundspersonen, sondern als vorbeschiedene Amtsunterthanen. Zwar ist nachmals, z. B. i. J. 1725, die Abhaltung von eigentlichen Rügungen wohl öfter angeregt worden. Es scheint aber bei den einmal eingeführten Amtstagen sein Verbleiben gehabt zu haben.

So viel über die Rügungen. Kehren wir nach diesem etwas umständlichen Exkurse zu der Betrachtung der Schifferordnungen von 1509 und 1626 zurück!

Der erste Artikel der Sch.-O. von 1509 und der zweite der Sch.-O. von 1626 ist überschrieben: »Bewerb mit Holtz vnd Bortt trybennde«. Dieser Artikel begränzt die Befugniss des Holz- und Bord-Handels. Betrachten wir zuerst die desfallsigen Bestimmungen der alten Sch.-O. Hiernach soll nur Unterthanen der »gemeinen« Grafschaft Eberstein das Bordmachen auf der Murg gestattet sein. Nur den Einwohnern einiger privativ badischer und Klosterherrenalbischer Orte wird dieser Gewerbebetrieb, und auch nur in beschränktem Umfange, noch gestattet. Bord, Blöcher, Balken oder Kleinholz inner- oder ausserhalb der Grafschaft zu kaufen und wieder zu verkaufen, soll Niemanden gestattet sein, ausser er habe denn die dieserhalb gesetzten Abgaben bezahlt. Es soll Niemand, als Verheirathete und in der Grafschaft Eberstein Angesessene (»Er hab sich denn vorhin verenndert zum Sacrament der heilligen Ee vnd sitze Huesslich vnnd häblich hinder vnnseren genedigen Herren Inn der Gemeinen Gravschaft Eberstein«) Gewerb treiben mit Holz, Borden, Blöchern oder Balken. Ausserhalb der Grafschaft ist selbst jede Handthierung bei'm Holzgewerb den in der Ordnung genannten Personen nur insoweit gestattet, als die Ordnung selbst es zulässt, oder die herrschaftlichen Vögte und die »Vierer« (4 Hauptschiffer) es erlauben.

Die Sch.-O. von 1626 wiederholt im Ganzen die Beschränkungen der alten, fasst sich aber in diesem Betreff etwas kürzer und fügt einige neue Verbote hinzu. Z. B. sollen in der Grafschaft Eberstein gesessene Zimmerleute zwar alljährlich je »drey Zimbliche Bäw« (Zimmerholz für drei Häuser) auf der Murg nach dem Rhein hinwegführen dürfen, aber sie sollen das Holz dazu nur entweder ausserhalb der gemeinen Grafschaft oder von den Rheinschiffern einkaufen. Ungezimmertes Holz und gezimmertes Eichenholz dürfen sie gar nicht hinwegführen. Aber auch im Uebrigen wird für Schonung gesunder Eichenholzbestände und Erhaltung derselben für die Grafschaft eifrig Vorsorge getroffen.

In beiden Ordnungen sind diese Beschränkungen und Verbote so unbestimmt und verklausulirt, dass man sich nicht wundern darf, wenn gerade ihr Inhalt fortwährend zu Streitigkeiten Anlass gab.

Der zweite Artikel der Sch.-O. v. 1509 und der dritte der Sch.-O. von 1626 ist überschrieben: »Vnnderschyed Zwyschenn den Holtzgewerbtrybennden«. Auch in diesem Punkte fasst sich die neue Ordnung kürzer, als die alte. Beide verbieten, dass Holzgewerbtreibende im gleichen Jahre zugleich mit verschiedenen solchen Gewerben sich befassen. Z. B. wer ein Waldschiffer sein will, der soll im gleichen Jahre nicht ein Rheinschiffer sein und umgekehrt. Nur Waldschiffer und Waldflösser (Rheder und Kapitain in der Waldflosswirthschaft) darf Jeder zugleich sein; aber in der letzteren Eigenschaft darf er nichts für eigene Rechnung flössen, er finde denn nichts für fremde Rechnung zu flössen, oder der Waldschiffer, für den er flösst, gestatte ihm denn, eigene Waare mit zu verflössen.

Auf diese allgemeinen Bestimmungen folgen nun solche über die einzelnen Holzgewerbe.

Nach der Sch.-O. von 1509 soll zum Rheinschiffer nur angenommen werden, wer sein »zimlich Mannrecht« hat, verheirathet ist und häuslich und hablich in der Grafschaft angesessen ist. Auch die Wittfrau eines solchen Rheinschiffers kann das Geschäft fortsetzen, aber ausüben darf sie es nur durch einen Knecht, der den Amtleuten und Vierern vorgestellt und von ihnen bestätigt ist. Ein Rheinschiffer muss ein Eintrittsgeld von 1 fl. »Inn die Ordnung« und alljährlich 7 β Pf. bei der Rügung zahlen. Zwischen den Rheinschiffern soll ein brüderliches Verhältniss bestehn; sie sollen sich einander helfen und fördern und nicht »hindern oder letzen mit worttenn oder wercklichen«. Wer nicht Rheinschiffer ist, der darf kein Holz oder Bord auf der Murg einbinden oder auf den Rhein verführen. Jeder Rheinschiffer hat bei'm Antritt seines Geschäftes den Amtleuten und Vierern das Schifferzeichen, welches er führen will, anzugeben, und, wenn diese ihm das Zeichen zu führen gestatten, hat er es stets zu führen.

Die Ordnung von 1626 fügt diesen Bestimmungen, die sie im Wesentlichen gleichlautend (der Knecht, der für eine Wittfrau fährt, wird hier »Factor« genannt; das Eintrittsgeld beträgt 3 Goldgulden, die Jahressteuer 1 fl.; für den Rheinschiffer sollen auch Söhne oder Knechte, »die dess Rheinfahrens, Zollens, verrechnens Kundig«, mit Vorwissen der Vögte und des Hauptschiffers auf dem Rheine fahren dürfen) noch Einiges hinzu. So die Bestimmung, dass ein Rheinschiffer ein Viertel Antheil an einer Sägmühle haben müsse, ferner die Verpflichtung des Rheinschiffers, Alles, was er einbindet oder einbinden lässt, sorgfältig aufzunotiren und vor dem Wegfahren dem Hauptschiffer schriftlich anzugeben; ferner die Verpflichtung, am Rügetage »alles dass Jhenig, was er Inn die ordnung schuldig wäre, Ess sey »Zoll, vmblag, Esselbruch, Kummerrichtung, Mühlkosten oder anders« zu bezahlen. Auch sind hier über die Verrechnung dieser Einnahmen der gemeinschaftlichen Kasse Bestimmungen getroffen. Und endlich sollen »Güldene vnnd Silberne Münzen von Rhein- vnd Murgschiffern höher nit dann wie dieselbe Inn der Marggraffschafft Baden gesezt vnnd darinn gäng vnnd gibig sind« ausgegeben und eingenommen werden.

Als Waldschiffer sollen nach der Sch.-O. von 1509, abgesehen von den im Artikel 1 an gewisse Nachbaren gemachten Zugeständnissen, auch nur Verheirathete, in der Grafschaft Angesessene angenommen werden. Sie sollen 1 fl. Eintrittsgeld und jährlich bei der Rügung 4 β Pf. zahlen. Auch die Waldschiffer müssen ein bestimmtes Zeichen annehmen. Könnte ein Waldschiffer sein Gut auf der Murg nicht verkaufen, so darf er nach vorheriger Anzeige es auf den Rhein verführen, muss sich aber dann ganz an die Bestimmungen der Sch.-O. über die Rheinschiffer halten. Verboten ist, »lange Bortt von denen zu Herrenalb« zu kaufen und sonst eine Handthierung zu treiben, die dem gemeinen Holzgewerb zum Nachtheil gereichen möchte.

Hinsichtlich der Waldschiffer stimmt die neue Ordnung mit der alten überein. Nur macht sie den Besitz eines viertel Antheils an einer Sägemühle auch hier zur Bedingung, und erhöht sie die jährliche Abgabe in die Ordnung — das Eintrittsgeld bleibt das alte — auf $^1/_2$ Gulden.

Ueber die **Rheinknechte** hat die neue Ordnung viel ausführlichere Bestimmungen, als die alte. Die letztere beschränkt sich darauf, den Rheinknechten aufzuerlegen, dass sie sich vor Beginn ihres Gewerbs bei den Amtleuten und Vierern als Rheinknechte anmelden, dass sie in der Rügung erscheinen, dass sie auf der Murg nur Schiffergut flössen, so lange ihnen der Schiffer nicht ein Anderes gestattet, dass sie kein Nestelbord (wahrscheinlich unerlaubter Weise für eigene Rechnung angehängtes, »angenesteltes« Bord) führen. Die neue Ordnung dagegen trifft an dieser Stelle ausserdem Bestimmungen, die theils offenbar nicht hierher gehören, theils sich nur auf das dienstliche Verhältniss des Rheinknechtes zum Schiffer, und die Verpflichtungen des Letzteren gegen den Ersteren beziehen. Auch werden schon hier Lohnsätze für gewisse Verrichtungen der Rheinknechte fixirt. Endlich wird geordnet, wie sich die Knechte bei verschiedenen ihnen obliegenden technischen Verrichtungen zu verhalten haben. Ein nicht bestellter Knecht, der nach Steinmauren käme und sich zur Rheinfahrt anböte, muss, wenn ihn der Schiffer auch mitnimmt, seine Zeche selbst bezahlen. Ein jeder Schiffer, der seine Waaren auf den Rhein verführt, soll, wenn möglich, zur Hälfte Murg-, zur Hälfte Steinmaurer Knechte mitnehmen.

In der neuen Ordnung folgt nun gleich ein Abschnitt über »**Belohnung der Rhein- vnnd Murgknecht auff der Murg**« und »**Belohnung der Murg- vnnd Rhein- oder Steinmaurer Knecht auff dem Rhein**«, während die Abschnitte »**Knecht-Zall vnd lon vff der murg**« und »**vff dem Rhynn**« in der alten Ordnung erst viel später folgen. In beiden Ordnungen sind hier umständliche Bestimmungen über die Löhne für die verschiedenen Verrichtungen der Knechte und Steuerleute und über die Art, wie diese Verrichtungen ausgeführt werden müssen, enthalten. Diese Lohntaxen haben für die gegenwärtige Betrachtung kein erhebliches Interesse. (Für andere Zwecke könnte die Vergleichung der Tage- und Akkord-Lohnsätze sehr werthvoll werden, da es sich hier um einen Zwischenraum von über hundert Jahren handelt und der Anfangs- und Endtermin gerade dieses Zeitraumes — Beginn der Reformation, Anfang des dreissigjährigen Krieges — der Vergleichung besonderes Interesse verleihen. Im Ganzen sind die Löhne für diese Art Arbeit, auch von dem Preise des Geldes ganz abgesehen, also nominell, in beiden Zeiträumen erstaunlich hoch, um 1626 aber ziemlich viel höher, als um 1509.)

Umständlich beschäftigt sich die alte Ordnung mit den Sägern und Sägmühlen, dem Sägerlohn und Mühlenzins. Wer als Säger angenommen sein will, muss sich von den Amtleuten und Vierern eigens verpflichten lassen. Keiner soll mehr als eine Sägmühle auf der Murg »besegen, damit auch andere zu Arbeitten finden mögen«. Die Besitzer von Mühlen in der Nachbarschaft der Grafschaft und Auswärtige, welche in der Grafschaft Mühlen besitzen, werden in ihrem Gewerbe gewissen Beschränkungen unterworfen, die Ersteren, sofern sie für Eingesessene der Grafschaft arbeiten wollen, die Letzteren überhaupt. Neue Sägmühlen dürfen auf der Murg oder den Bächen nicht ohne landesherrliche Genehmigung errichtet werden. Folgt eine Reihe von rein technischen Vorschriften, welche die Säger bei ihrem Geschäft einzuhalten verpflichtet sind. Die Vierer sollen Beschauer ernennen, welche die Einhaltung dieser Vorschriften zu kontroliren haben. Kosten, die der Säger beim Neubau oder der Reparatur einer Mühle aufzuwenden hat, sollen ihm von den betheiligten Schiffern binnen 14 Tagen zur Bezahlung an die Handwerksleute erstattet werden. Jeder Säger soll für jeden Schiffer ein ordentliches Kerbholz halten und darauf vermerken, was er für ihn versägt, damit er dann in der Rügung gehörig Bescheid geben könne. Der Säger muss dafür einstehen, dass der Sägerzins stets pünktlich — spätestens 14 Tage nach Martini — entrichtet werde. Kein Säger soll Kinder unter 12 Jahren beim Sägen beschäftigen. Aber auch über zwölfjährige sollen als Lehrlinge nur angenommen werden mit Genehmigung der Amtleute und Vierer. Diejenigen, welche an einer Mühle Antheil haben, müssen einen Baumeister aufstellen, der die Mühle in allen Stücken in baulichem Stande zu erhalten hat. Das Honorar des Baumeisters und die Baukosten werden nach den Antheilen repartirt und müssen pünktlich entrichtet werden. Für die Aufkündigung des Dienstes der Säger ist ein bestimmter Tag (Sanct Bartholomäustag) festgestellt. Ueber die Benutzung der Sägmühlen durch die Betheiligten, »die gemeiner«, soll, wenn nöthig, eine, dann allerseits streng zu beobachtende, Ordnung errichtet werden. Von den Betheiligten an einer Mühle soll nicht jeder einen besonderen Säger für seinen Antheil aufstellen können, sondern es soll über den einen anzustellenden Säger die Mehrheit entscheiden.

In den Bestimmungen über »Segerlon vnd mülizins« wird immer zwischen beiden Posten unterschieden; wer auf einer Mühle schneiden lässt, hat eben Beides zu entrichten, den Sägerlohn als Lohn für den Säger und den Mühlenzins, wie es scheint, als Tilgungsrate für die Baukosten und zur baulichen Erhaltung der schifferschaftlichen Sägmühle. (Es scheint nicht, als wenn, was hier Mühlenzins genannt wird, diejenige Abgabe bedeute, welche, wie weiter unten gezeigt werden soll, von den Mühlen an die herrschaftlichen Kassen zu entrichten war.) Beide Posten sind genau für jede Sorte von Sägwaaren spezifizirt, auch die Termine für die Entrichtung angegeben. Die Säger sollen genau notiren, was sie für die »Herren« (die Schiffer) und für Andere sägen, und den Mühlenzins und Sägerlohn einnehmen. Der Artikel enthält weiter die, eigentlich nicht hierher gehörige, Bestimmung, dass Säger, ausser in bestimmt angegebenen Fällen, nicht einbinden und nicht auf der Murg und auf dem Rhein fahren dürfen.

Dieselben Gegenstände (»Seegmühlen, Seeger Betreffend, Seegerlohn, Mühlzinss«) behandelt die neue Ordnung fast noch umständlicher, als die alte, indess ohne, von den Tarifen abgesehen, wesentliche Neuerungen einzuführen. Es enthält die neue Ordnung vorzüglich umständlichere Vorkehrungen gegen Uebervortheilungen der Theilhaber durch die Säger; es scheinen eben dergleichen Uebervortheilungen, zu denen auch die Versuchung nahe genug lag, häufiger vorgekommen zu sein. Den Mühlenzins haben nach dieser Ordnung nur solche Kunden der schifferschaftlichen Sägemühlen zu zahlen, die nicht »gemainer«, d. h. nicht Theilhaber an der Mühle, nicht Schiffer sind. Die Sägerlöhne sind im Vergleich zu 1509 nicht erheblich gestiegen, zum Theil sind sie sogar niedriger.

Unter dem Titel »Summa bortt segens An yeder Mulin« findet man in der alten Ordnung genaue Bestimmungen über die Zahl der »gewertt« Borde, die auf einer Sägmühle im Jahr höchstens geschnitten werden dürfen. Es spielt hier die Zahl 6400, auf die ich weiter unten noch zu sprechen kommen werde, eine wichtige Rolle. »Gewertt Bortt« sind solche Borde, wie sie im Handel zulässig sind. Die neue Ordnung stimmt mit dieser Beschränkung mit der alten nur hinsichtlich der birkenen, Linden- und Nussbaum-Borde überein. Im Uebrigen gestattet sie dem Säger so viel zu sägen, als er kann — jedenfalls eine Erleichterung für das ganze Holzgewerbe, die sehr hoch angeschlagen werden muss.

Unter dem Titel: »Summa mülin habens vnnd lehnung« beschränkt die alte Ordnung die Rhein- und Waldschiffer in der Zupachtung von Mühlen zu denen, an denen er Eigentheil hat. Diese Beschränkung hält die neue Ordnung, wenn auch unter Modifikationen, aufrecht und dehnt sich auch auf das Hinzukaufen aus.

Der Artikel der alten Ordnung, welcher überschrieben ist: »**Model am Holtz vnnd bortt berierend**« enthält umständliche, der entsprechende Artikel der neuen Ordnung einfachere Vorschriften über das Modell (d. h. die Länge und Breite), welches die in den Handel kommenden Hölzer und Sägwaaren halten müssen. Es wird da zwischen »Kurtzbortt, Lanngebortt, Balckenn, Kurtzblöcher, Langeblöcher, Zweyling, Dreyling, Lauffersparren, Drussigschuhhöltzern, Kürchsparren, Vierzigschuhholtz, Murgsparren, Montzer-Holz, Müssel« unterschieden; jede Sorte hat ihr besonderes Modell; Hölzer oder Waaren, die das vorgeschriebene Modell nicht haben, dürfen bei Strafe nicht geführt werden. Die Modelle und Maase in den Mühlen werden mindestens einmal alljährlich von eigens dazu geordneten Personen (Modelbeschauern) untersucht. Dermaasen ist der Handel mit Holz, welches das Modell nicht hält (»Holtz für onmodell usszuwerffen«) verpönt, auch noch im Jahre 1626, dass selbst kein Schiffer solches Holz geschenkt nehmen darf. Wer Holz, welches das Modell nicht hält, nach dem nächst niedrigen Modell verkaufen will, muss es erst bis auf dieses Modell verkleinern, ehe er es wegführt. Den Waldbauern ist verboten, Holz zu schlagen und zu Wasser zu bringen, welches nicht in das Modell passt.

Ein weiterer Artikel der alten Ordnung führt den Titel: »**Summa bortt vnd Holtz von Im selbs machens vnd von Waldthabens**«. Es ist hier genau angegeben, wie viel Bord, Kleinholz, Laufersparren, Blöcher, Missel u. s. w. ein Schiffer alljährlich von seinem eigenen Holz schneiden lassen darf. Vierzigschuhholz hauen zu lassen, es sei denn Windbruch oder krankes Holz, ist gänzlich verboten.

In dem entsprechenden Artikel der neuen Ordnung (»Summa Holtz vnnd Bortt Machentz vnnd verführens«) sind ähnliche Beschränkungen enthalten. Hier ist aber schon deutlich ausgesprochen, dass jeder Schiffer von »Gemainen bortt« so viel sägen und verführen lassen darf, als er Bordschnittsgerechtigkeiten (s. w. u.) hat. Gewisse Sägwaaren, z. B. Fensterrahmen, Pfähle u. s. w., sollen gar nicht ohne besondere Erlaubniss aus der gemeinen Grafschaft weggeführt werden, sie seien denn ausserhalb angekauft.

Unter dem Titel »**bortt vnnd Holtz kauffenns**« enthält die alte und unter den Titeln »**Blöcherkauff auf der Murg vnnd**

Bächen« und »Bortt vnnd Holtzkhaufs« enthält die neue Ordnung genaue Bestimmungen über den Blöcher-, Bord- und Holzhandel, meist zwischen Wald- und Rheinschiffern. In der alten Ordnung ist das Maximum angegeben, bis zu welchem von jeder Sorte im Jahre gekauft werden darf; die neue Ordnung setzt solche Maxima nur ausnahmsweise fest (wahrscheinlich in Folge der Erfahrung, dass derartige Beschränkungen sich auf keine Weise aufrecht erhalten lassen), beschäftigt sich aber mehr mit den Bedingungen und der Handhabung des Kaufgeschäftes. So z. B. verbietet sie bei Strafe, für Blöcher mehr als gewöhnlich und billig zu geben und so die »Käuffer zu staigern«.

Die alte Ordnung hat einen sehr ausführlichen Artikel mit der Ueberschrift: »Summa Holtz vnd bortt zuverfiern«, während die neue diesen Gegenstand, wie oben bemerkt, kürzlich bei anderer Gelegenheit mit abhandelt. Unter jener Ueberschrift enthält die alte Ordnung ganz detaillirte Bestimmungen über die Maximalsummen, welche jeder Schiffer alljährlich von den verschiedenen Sorten Sägwaaren auf den Rhein bringen darf. Es ist nicht einzusehen, wie es möglich war, die Aufrechterhaltung dieser Vorschriften zu kontroliren.

Von hier an wird es gut sein, jede Ordnung für sich zu betrachten, da sich die verschiedenen Artikel in der Reihenfolge noch weniger, als bisher schon, decken, auch die alte Ordnung viel ausführlicher ist, als die neue.

Also zunächst die alte Ordnung.

Der nächste Artikel ist überschrieben: »Marckt vff der Murg bortt vnd holtzkouffs«. Es werden hier die Preise angegeben, zu welchen die Rheinschiffer die verschiedenen Sorten Holz und Sägwaaren von den Waldschiffern und von den »Schwaben«, d. h. den württembergischen Holzhändlern kaufen, was und wie viel sie ausser dem Kaufpreis (z. B. unter Umständen an Fuhrlohn) bezahlen, unter welchen Bedingungen sie kaufen sollen. Es soll bei Strafe weder minder noch mehr, als hier festgesetzt, gezahlt werden. Es scheint, dass die Preise steigen, jenachdem die Hölzer mehr aus der Nähe oder von weiter her an die Murg zu liefern sind. Es scheint, man hat die Besitzer ferner gelegener Waldungen davor behüten wollen, dass sie allzu sehr unter der Ungunst der Lage ihres Besitzthums zu leiden haben. Die Preise für Blöcher steigen pro Hundert von 9 Gulden 1 Ort bis auf 18 Gulden 1 Ort[4]), jenachdem sie aus näheren oder ferneren

---

[4]) Eine Vergleichung dieser Preise mit den heutigen könnte nur auf Grund einer sehr umständlichen Untersuchung, die hier nicht am Platze wäre, vorgenommen werden. Und für das Ergebniss einer solchen Untersuchung möchte schwerlich Jemand

Waldungen kommen. Freilich scheint bei Feststellung der Taxe auch darauf Rücksicht genommen zu sein, ob der, wie es scheint, für Hölzer verschiedener Herkunft usancemässig verschiedene Verkaufsplatz an der Murg näher oder ferner vom Rhein gelegen ist. Missel, d. i. Scheiterholz, sollten nach der Ordnung »zu Bayerssbrunn am Steg« (Bayersbronn liegt allerdings beinahe im hintersten Winkel des Murgthals) um 18 β Pf. das Hundert gekauft werden. — Es lässt sich nicht besser ein Bild von der Peinlichkeit dieser Kaufsvorschriften geben, als indem man aus dem viele Seiten langen Tenor dieses Artikels einen beliebigen Satz herausgreift, z. B. den Satz:

> »Ein hundert zweyling, lauffersparren, Druschenholtz vnnd kirchsparren soll jegglichs hundert dass uss eigen welden vnnd Bemen Inn die gemein Gravschafft geherig so Im wasser Zu Gernspach gelyvert würt, geben vnd bezaltt werden 1 orts höher denn der margkt (der Preis) bievor gesetzt Ist, Vnnd sollendt die waldtschiffer ein vleyssig vffsehen haben, das sie nit ander holtz, das nit uss obgenannten welden khomme, Inn dissen kouff verrechnen oder geben; pena 10 fl. welcher sich anders hielt.«

Holz und Bord, welche an Personen verkauft werden, welche diese Waaren auf der Axe ausser Landes führen wollen, müssen erheblich höher bezahlt werden, als wenn sie von Waldschiffern an Rheinschiffer verkauft würden. So ist die Flösserei doppelt geschützt — durch niedrigere Frachtkosten und niedrigere Waarenpreise.

Besonders ängstlich behandelt die Ordnung die »vssgeworffenn bortt«, d. h. im Gegensatz zu den »verkoren bortt« wohl solche, die zwar nicht schadhaft sind, aber das Modell nicht halten. Die sollen nur in ganz beschränktem Umfange in den Handel, möglichst gar nicht aus der Grafschaft, möglichst gar nicht auf das Wasser kommen. Ueber-

---

einstehen können. Boeckh hatte, da er seinen Scharfsinn anstrengte, zu ermitteln, wie viel zu Perikles' Zeiten ein Maas Getreide in Athen, in heutigem Gelde ausgedrückt, galt, zuverlässigere Anhaltepunkte, als sie Einem zu Gebote stehen, der ermitteln wollte, was im 16. Jahrhundert 9 fl. 1 Ort, in der Grafschaft Eberstein bezahlt, in heutigem Gelde bedeuten. Um dies zu würdigen, braucht man nur einen Blick in die Arbeit Mone's in Bd. II H. 4 (1851) der Zeitschrift für die Geschichte des Oberrheins „über das Münzwesen vom 13.—17. Jahrhundert" zu werfen. Z. B. nach dem pforzheimer Lagerbuch von 1527 hatte im Amt Pforzheim der Schilling 6 Pfenning und der Gulden 14 Schilling Pfenning. Der Pfenning hatte 4 Ortlin. Vier Stunden von Pforzheim entfernt, in Durlach, gab es zu derselben Zeit drei verschiedene Münzsysteme und keines stimmte mit dem in Pforzheim geltenden überein.

all Eid und Kautelen zur Vorkehr der Uebertretung solcher Vorschriften, als wenn es sich um die heiligsten Interessen des Staates handelte!

Umständlich wird das »Herrennflötz bestellen, kouffen vnnd verfierenn« behandelt. Unter Herrenfloss verstand man ein solches, welches für Rechnung eines Landesfürsten und zollfrei ausser Landes ging, z. B. in Kriegszeiten zu Brückenbauten auf dem Rhein u. s. w. Die hier enthaltenen Bestimmungen haben offenbar die Tendenz, den Gewinn von solchem Handel nicht Einzelnen, sondern der ganzen Schifferschaft zuzuwenden. Die Bestellung von Herrenbord soll bei den Amtleuten und Vierern gemacht werden, welche dann die Lieferung, besonders »der Armen zu gutt«, d. h. so dass die Unbemittelteren auch ihren Vortheil davon geniessen, zu vertheilen haben.

Unter der Ueberschrift: »Gesten vnnd Frembden zu kouffen zu geben vff der Murg« ist das Verbot enthalten, für Fremde in der Grafschaft Bestellungen auszuführen; die Fremden »gäst« sollen selbst kommen; sie müssen sich auch bei den Amtleuten und Vierern melden, ehe sie kaufen dürfen. Es ist ihnen verboten, auf Spekulation zu kaufen (wie man dies ihnen wohl ansehen konnte?); Fremden aus Orten, an denen den Murgschiffern der Handel erschwert wird, soll in der Grafschaft gar nichts verkauft werden.

Der Artikel, betitelt: »Verachtten« regelt die Verfrachtung des von Fremden in der Grafschaft gekauften Guts. Nur Murgschiffer dürfen solche Fracht übernehmen, und zwar wird der Frachtführer durch das Loos bestimmt; aber Keiner soll zweimal hinter einander Frachtführer sein, sondern es soll reiheum gehen. Die Frachtsätze sind genau bestimmt. Bedient sich der fremde Käufer auch auf dem Rheine noch des Murgschiffers als Frachtführers, so soll auch hier der letztere nicht mehr noch minder an Fracht nehmen, als der Tarif ordnet. Wenn ein Schiffer für den anderen Frachtführer auf dem Rhein sein will, so soll der Frachtvertrag vor den Amtleuten und Vierern geschlossen werden.

»Lüfferung, Kyerung vnd vnnderkouff — vff der Murg — vff dem Rhynn« ist ein weiterer Artikel überschrieben. Fremde dürfen in der Grafschaft nur durch ihnen gesetzte und beglaubigte Unterhändler kaufen lassen. Diesen allein steht auch die Kührung der Waare zu. Die Klassen, in welche die Waaren bei der Kührung zu bringen sind, sind genau beschrieben (»gutt bortt«, »mittel bortt«, »Schwarttenbortt« u. s. w.). Die Unterhändler- (Mäkler-) Gebühr ist genau bestimmt. Käufer und Verkäufer haben solche zu zahlen. Einheimische, wenn sie mit einander handeln, sind nur dann gehalten, einen »vnnderkeuffer« anzunehmen, wenn sie über dem Handel »zweytrechttig vnnd spennig« werden; der Mäkler ist dann zugleich Schiedsrichter. Auf dem Rhein soll die Kuhruug bei der Ablieferung an den Käufer nach den auf der Murg üblichen Grundsätzen erfolgen. Könnte sich der Schiffer mit dem Käufer nicht vereinigen, so soll ein anderer gerade auf demselben Markt befindlicher Schiffer als Schiedsrichter zugezogen werden. Dieses Amt zu übernehmen, darf sich bei Strafe Keiner weigern.

Der sehr ausführliche Artikel, welcher nun folgt (»Zytt, Statt vnd mas Ynnbindens vnd vff den Rhynn farens«) regelt sorgfältig die Termine, während deren die Murg für das Flossgewerbe benutzt werden darf. Die Zeit von St. Gallus-Tag bis acht Tage nach Ostern — das ist die Zeit, in der überhaupt Holz oder Bord eingebunden werden darf. Innerhalb dieser Frist können vier nach Anfangs- und Endterminen genau bestimmte Fahrten gemacht werden. Wer innerhalb dieser Termine mit Einbinden nicht fertig geworden, hat sich für diese Fahrt versäumt. Ueber Bingen hinaus soll kein Schiffer für eigene Rechnung fahren. Wer über Germersheim hinaus fahren will, darf in jeder der vier Fahrzeiten nur eine Fahrt machen. Macht er zwei Flösse, so darf das zweite nicht an einen anderen Markt verkauft werden, als das erste, wenn er nicht etwa »beyde zumal vff dem Tryb hett«. Missel (Scheiterholz) sollen von Gernsbach ab nicht eher nach dem Rhein verführt werden, als bis die Amtleute und Vierer »die markt der myssel halb vertheilt vnd gelosst« haben. Vorher soll auch kein Schiffer einem Händler im »Niderland« Missel versprechen. Ausser in Nothfällen soll Niemand an Sonntagen oder gebotenen Feiertagen flössen.

Der legislativpolitische Grund der meisten Bestimmungen dieses Artikels ist selbst für Den dunkel, der sich sonst eifrig in dem Labyrinth dieser Holzgewerbsordnung zurechtzufinden und sich ein deutliches Bild von dem Verlauf der Geschäfte zu machen versucht hat.

Unter der Ueberschrift »Gemeiner Holtz Gewerbs« regelt die Ordnung, indess nur in allgemeinen Zügen, das Verhalten solcher Personen zu einander, welche das Gewerbe in Gemeinschaft mit einander treiben wollen. Sie sollen »ein Zeychenn, ein Holtz, ein betzallung haben«,: sie sollen ihr Gut stets zusammen einbinden und auf dem Trieb haben; sie sollen sich zuschwören, den Geschäftsgewinn gemeinschaftlich zu ziehen, den Schaden gemeinschaftlich zu tragen; sie sollen das ganze Jahr über Gemeinschaft halten; sie sollen auf dem gleichen Markt verkaufen. Diejenigen aber, welche sich nur verbunden haben, gemeinschaftlich Herrenbord zu verführen, brauchen nicht auch in allen übrigen Punkten Gemeinschaft zu halten.

In der Ordnung folgt nun eine Ueberschrift ohne Text. Dieselbe lautet: »Nota. Nachvolgende Marckt des Holtz vnnd der Bortt sollen furtter nit mer verkundt oder gelesen werdenn, biss vff Zulassung beeder vnnser gnedigen Herren, so vff dem Rhin mit den Doppeln Zellen nit Aenderung geschieht«. Es scheint also, dass von Zeit zu Zeit diejenigen Märkte von der Holz- und Bord-Zufuhr aus der Grafschaft ausgeschlossen wurden, auf denen vorher der Zoll erhöht worden war.

Der ausführliche Artikel: »Marckt, holtz vnnd bortt Verkouffens vff dem Rhynn« enthält nun eine ganz detaillirte Markt- und Preis-Ordnung. Für jede Sorte ist der Preis, um welchen sie an jedem Markt oder den zwischenliegenden Orten verkauft werden darf, genau bestimmt. Die Preise scheinen durchweg Minimalpreise zu sein, wenn auch nur an einer Stelle gesagt ist: »heher mag einer wol verkouffen«. Als Hauptmärkte sind genannt: Steinmauren, Germersheim, Speyer, Worms, Dürkheim, Oppenheim, Mainz, Bingen. Was zwischen zweien dieser Plätze ausgethan wird, muss nach dem Tarif des nächsten Marktes verkauft werden. Die Tarife sind nicht unerheblich verschieden. Z. B. dürfen verkauft werden:

	in Germersheim	in Worms	in Bingen
	nicht unter:		
100 Lange gute Bord	7 fl.	8 fl. 2 alb	10 fl. 11 alb
„ Mittelbord	4 „ 2 alb	4 „ 3 „	4 „ 7 „
„ Schwarten	2 „ 1 ort 6 alb	3 „ 3 „	3 „ 6 „
„ Montzer (Mainzer) Holz	3 „ 1 „	4 „ — „	4 „ — „
„ Lauffersparren	7 „ 1 „	9 „ 1 ort	11 „ 3 „

Wie eingehend sich die Ordnung mit dem Verhalten der Schiffer auf den Märkten befasst — dafür nur ein Beispiel: »Zu Worms in der Mess« — heisst es da — »und anderswo soll es von den Schiffern und ihren Knechten also gehalten werden, dass ein Jeglicher bei seinem Gut soll bleiben stehen so die Kaufleute kommen, und sollen keinem Kaufmann zurufen oder den Bauern entgegenlaufen; man soll sie selbst lassen hereinschauen und wann sie zu Eines Gut kommen und das antasten, feilschen oder vorstehen, so mag dann ein Jeglicher sein Bestes fürwenden, Red und Antwort geben. Doch soll er seinem Nachbarn das Seine nicht schelten, pena 10 fl.«

Der Artikel »Styllstand halltten« trifft umständlich Vorkehr dagegen, dass auf den verschiedenen Märkten neugeflösstes Holz verkauft werde, bevor mit früher herangebrachten von derselben Gattung geräumt ist. Es sollen eben die Schiffer mit dem neuherangebrachten Holz Stillstand halten, d. h. keinen Handel eingehen, bis das alte völlig verkauft ist. Doch können sie mit ihrem neuen Holz einen anderen Markt versuchen. Auch auf dem Trieb soll neugeflösstes Holz nur unter der Bedingung verkauft werden, dass es der Käufer nicht nach einem Markt führe, wo noch altgeflösstes Holz derselben Gattung unverkauft lagert.

In einem besonderen Artikel sind Strafen festgesetzt für Den, welcher von einem Anderen Kleinholz oder Bord ohne dessen Wissen und Willen entlehnt oder nimmt.

Unter dem Titel »Kommer Rychtten« ist umständlich beschrieben, wie es bei der Arbeit des Kummer-Richtens[5]) gehalten, wann dieselbe vorgenommen, was den dabei betheiligten Arbeitern gezahlt und wie die Auslage von den Schiffern wieder beigezogen werden soll. Aehnliches ist in dem folgenden Artikel (»Murg-Rummen«, d. h. die Flossstrasse auf der Murg in Ordnung halten) und in dem weiter folgenden (»Esell machen«, d. h. die Holzfänge in der Murg in Ordnung bringen) vorgesehen. Alles muss immer zur rechten Zeit in Stand sein. Zur Aufsicht über die Holzfänge sind besondere »Esellmeister« gesetzt.

Sehr ausführlich sind ferner die Bestimmungen über das »Fliessend Holtz zu lennden«, d. h. wie es zu halten, wenn in Folge Hochwassers Flossholz über das Ziel hinweggeführt wird. Es soll dann Jeder behülflich sein dürfen, das Holz zu landen und es sind die Preise festgesetzt, die für solche Hülfe gefordert werden dürfen. Die Zeichnung und Zutheilung des gelandeten Holzes an Die, denen es gehört, geschieht unter Aufsicht der schifferschaftlichen Behörden. »Vnngezaychnet Holtz«, welches in der Murg gefunden würde, soll, wenn nicht Jemand glaubhaft macht, dass es ihm gehöre, zu Gunsten der St. Jakobs-Kirche in Gernsbach verwerthet werden.

»Brennholtz« oder »Flussholtz«, »das nit nützlich holtz«, welches auf der Murg geht, kann Jeder nehmen und davon so viel, als er auf ein Mal aufmachen und nach Hause führen kann, nach Hause führen. Was Einer mehr zeichnet, als er mit einem Male machen und nach Hause führen kann, darauf hat er kein Recht. Gezeichnetes Holz,

---

5) Unter „Kommer" oder „Kummer" sind durch das Wasser zusammengetriebene Klotzhaufen, die natürlich der Flösserei unter Umständen sehr hinderlich wurden, zu verstehen. „Kummer-Richten" oder „Brechen" heisst die Trennung solcher Haufen. Jägerschmid, Das Murgthal, besonders in Hinsicht auf Naturgeschichte und Statistik. Nürnberg 1800.

es sei welcher Art immer, welches bei Hochwasser in der Murg treibt, hat Niemand ein Recht, für sich zu nehmen.

Folgen dann noch Verbote, zerhauene Balken und Missel, die auf der Murg treiben, sowie »Bletz« (Blötze, Stöcke) an sich zu nehmen, Erlen auf gewissen Stellen an der Murg abzuhauen, Weiden (zum Einbinden der Hölzer in Flösse) zu anderen, als den dazu geordneten Zeiten zu schneiden und an die Schiffer zu verkaufen.

Endlich ein Artikel, überschrieben: »Vierer Wal, Ayde vnd Bevelch« (Wahl, Eid und Pflichten der vier Hauptschiffer). »Allewegen so lang dis Ordnung wert« sollen vier Hauptschiffer zur Handhabung der Ordnung und anderen Geschäften, die ihnen aufgetragen werden, gesetzt sein. Jedoch sollen alle Jahre nach der Rügung die zwei ältesten ausscheiden und zwei andere an ihrer Statt »getzogen« werden. Folgt, was die Vierer im Verpflichtungsakt zu beschwören haben. Sie sollen ihres Amts getreulich warten, nicht auf ihren eigenen, sondern nur auf den gemeinen Nutzen sehen; sie sollen unparteiisch und unbestechlich sein und bei ihren Handlungen sich nicht von Vor- oder Gegen-Eingenommenheit leiten lassen.

Guthaben und Schulden der abtretenden Vierer sollen in die neue Rechnung übertragen und ihnen gewährt werden.

Die Vierer sollen in Gemeinschaft mit den beiden herrschaftlichen Beamten Alles das besorgen, was die Ordnung diesem gesammten Kollegium auferlegt.

Wer von der Ordnung Verwandten, vor dieses Kollegium geladen, ohne Urlaub nicht erscheint, ist straffällig. Zu der Stunde, auf welche die Ladung geschehen, wird »alsbald die Glock geschlagen, ein lichtlin Inn verordnetter lengs Anzindct«. Die Zeit, während das Licht brennt, bildet die Frist, während welcher die Geladenen noch erscheinen dürfen. (Ein viel verbreiteter Brauch! In Bremen werden noch heute Grundstücke meistbietend »bei brennender Kerze« verkauft.)

Die Vierer sollen nach gehaltener Rügung auch mit erkennen, »ob einer schadepar oder nit vnd desshalb föllig oder nit sey«.

Die Vierer sollen auch ein »vleyssig ernstlich vffsehen haben« auf die Sägmühlen, ihr Geschirr, ihre Modelle, die Teichlöcher, die Flosswege.

Jedem von den beiden Vierern, welche die Rechnung führen, soll dafür 1 Gulden gezahlt werden.

Den zwei jungen Vierern, welche beim Murgräumen zugegen sein müssen, soll 3 β Pf. Tagelohn gegeben werden.

Die alten Vierer sollen genau unterrichtet werden, wann diese Arbeit verrichtet wurde und wie lange sie gedauert hat.

Hinter dem Artikel, der von den Vierern handelt, folgen nun, ausser dem schon analysirten, die Rügung betreffenden, zwei Schluss-Artikel. Der eine ist überschrieben: »Kertzen halltten« und legt den Vierern die Pflicht auf, von dem »schiffergelt so an die Ordnung fellt«, acht Standkerzen »Inn Redlicher Form« und »zwo brueder kertzen« fertigen zu lassen, und diese Kerzen, welche den zwei Gernsbacher Kirchen zu stiften, bei gewissen feierlichen Gelegenheiten zu halten und vorzutragen. (Dieser Auflage geschieht in der neuen Sch.-O. keine Erwähnung mehr. Freilich war um diese Zeit wohl die grössere der beiden Gernsbacher Kirchen, die St. Jakobskirche, längst nicht mehr ausschliesslich zum katholischen Gottesdienst verwendet worden; im Jahre 1645 schon wurde sie ausschliesslich der protestantischen Gemeinde überlassen. Im Jahre 1626 waren auch schon viele schifferschaftliche Familien protestantisch. In einem bei den Akten befindlichen Gutachten aus der zweiten Hälfte des 17. Jahrhunderts wird erzählt, dass schon längst die Schiffer sämmtlich ihr Domizil in Gernsbach aufgeschlagen »wegen der allda geduldeten protestantischen Religion«.)

Der andere, der letzte Artikel der ganzen Ordnung, ist überschrieben: »Puncten zu mündern zu mern oder zu Andern«. Veränderungen an der Ordnung vorzunehmen, soll Niemand befugt sein, als die Amtleute und die Vierer. Was die Mehrheit dieses Korpus beschliesst, wird gültig. Bei Stimmengleichheit wird verfahren, wie bei der Rügung für den Fall vorgesehen, dass das Korpus über eine zu entscheidende Angelegenheit nicht schlüssig werden könnte. —

So viel über die alte Schifferordnung!

Die neue Ordnung fasst sich von dem Punkte an, bis zu welchem wir sie Artikel für Artikel neben der alten betrachtet haben, erheblich kürzer, als die letztere. Mag nun die Erfahrung gezeigt haben, dass die zu grosse Spezialisirung eine Quelle vieler Streitigkeiten wurde, mag sich das Bedürfniss einer etwas grösseren Latitüde geltend gemacht haben, oder mögen die Gemeinsherrschaften gewünscht haben, ihrer diskretionären Entscheidung das Meiste von Dem vorzubehalten, was die alte Ordnung unabänderlich regeln wollte. Vielleicht war im Verlaufe der Zeit auch Vieles so sehr zur Gewohnheit geworden, dass man es, als selbstverständlich, nicht mehr in Gesetzesworte fassen zu müssen meinte. So viel ist gewiss, dass die neue Ordnung an und für sich, vielleicht gerade wegen solcher Verschweigungen, weniger leicht verständlich ist, als die alte.

»**Wie ain Rheinschiffer vmb ain**« (von einem) »**Waldschiffer Kauffen soll**« lautet die Ueberschrift des ersten Artikels, dem wir hier begegnen. Ein blosser Preistarif für die verschiedenen Holz- und Bordwaaren, wie sie im Handel zwischen Rhein- und Waldschiffern vorkommen.

Der Artikel: »**Marck der Achss, Holtz vnd Bortt Kauffs**« belehrt uns, dass auch hier, wie in der alten Ordnung, höhere Preise für auf der Axe zu verführende, als für Floss-Waare, angesetzt sind. Wird solche Waare mit Naturalien (»Korn Kraudt«) bezahlt, so sollen diese zu dem Preise angenommen werden, zu welchem sie auf dem nächsten Wochenmarkt ungefähr feil sind.

»**Aussgeworffen bösse Bortt**« dürfen nicht etwa (wie dies vielfach auch jetzt noch vorgekommen sein muss) von den Sägern für ihre Rechnung verkauft werden.

Der Artikel: »**Herren Flötz bestellen Kauffen vnd verführen**« behandelt diesen Gegenstand ähnlich, nur kürzer, als der entsprechende Abschnitt der alten Ordnung. Die Gemeinsherren bedingen sich für den Fall, dass sie selbst Herrenbord kaufen wollen, gewisse Vorrechte aus; aber es ist eine Maximalgrenze für ihre Ansprüche auf Herrenbord festgestellt.

»**Gesten vnd Frembden zuo Kauffen zuegeben zuo Stainmauren**«[6]. Jedem Rheinschiffer ist es erlaubt, sein Holz und Bord zu Steinmauren seinen Mitschiffern oder Fremden in Kauf zu geben, jedoch nur zu dem Preise, »wie die Käuff Jedes Jahrs gemacht werden«. Wer ein Schiffer auf dem Rhein ist, der soll sein Bord auf der Murg keinem anderen Schiffer, als einem Waldschiffer zu kaufen geben.

»**Fracht.**« Die Fracht, welche ein Rheinschiffer auf der Murg oder dem Rhein zu fordern berechtigt ist, soll sich danach richten, was in dieser Beziehung »Vögtt, Haubtschiffer vnnd Geschworne Jeder Zeitt« erkennen würden. (An die Stelle des alten ständigen Tarifs scheint also die Willkür der Vögte, Hauptschiffer und Sechsgeschworenen getreten zu sein.)

»**Liefferung Kierung vnnd Vnder Kauff auf der Murg.**« Die neue Ordnung führt amtliche Unterhändler an. Diese sollen zu

---

6) Die gesperrt gedruckten Satz-Anfänge bedeuten die Ueberschriften der Artikel, welche hier auszugsweise mitgetheilt werden.

drei oder vier für's ganze Jahr »gezogen vnd gewöldt« werden. Die Unterhändler dürfen auch kühren. Der Artikel enthält die Vorschriften, nach denen diese Einschätzung in die verschiedenen Klassen (»guet bortt, mittel oder verkorn bortt« u. s. w.) bewirkt werden soll. Wald- und Rheinschiffer können einander liefern, ohne sich eines Unterhändlers zu bedienen. Werden sie über die Waare mit einander uneins, so sollen die Unterhändler angerufen werden. Die Unterhändler werden jetzt im Zeitlohn (für den Tag 4 β 8 Pf.) bezahlt.

»Zeitt Stett vnnd Mass Einbindenss vnd auff dem Rhein fahren.« Auch in diesem Artikel ist als ausschliessliche Frist für das Holz- und Bord-Einbinden und Verführen die Zeit von St. Gallustag bis Mitfasten festgehalten, dagegen die Eintheilung dieser Frist in vier Fahrten aufgegeben. Die einzige Zeitbeschränkung der neuen Ordnung (von jener Frist abgesehen) liegt in der Vorschrift, dass Niemand länger als zehn Werktage hinter einander einbinden solle. Von jeder Fahrt soll dem Hauptschiffer Anzeige gemacht werden; jeder Schiffer soll, was er einbindet, nach Gattungen gesondert einbinden und verzeichnen; auch über das, was er kauft und verkauft, mit seinen Verkäufern und Käufern genaue Rechnung führen. Folgen noch Bestimmungen im Betreff der Zoll- und Kosten-Verrechnung für den Fall, dass »zween Ihr Guett underschiedlich Eingebunden hetten, vnnd zue Stainmauren aneinanderbenkhten«, also für den Fall, dass Einer für sich und einen Anderen beiden gemeinschaftliches Gut in einem Floss verflösste.

»Gemeiner Holtzgewerb.« Der Artikel enthält, nur in anderer Fassung, die nämlichen Bestimmungen wie der entsprechende der alten Ordnung.

»Hawer Lohn.« Dieser Artikel enthält nicht nur einen Lohntarif, sondern auch andere Vorschriften für die Waldbauer, z. B. die, dass jeder sein Waldzeichen auf Blöcher und Holz schlagen soll. Anlangend den Lohntarif, so sind hier Stück- und Zeitlöhne (wie es scheint zur beliebigen Anwendung) angegeben. Ein Waldhauer soll des Tags 3 β 6 Pf. Fäll-Lohn erhalten; es braucht ihm jedoch keine Zehrung gegeben zu werden, und es heisst dann weiter: »so vier Hawer dess tags nit Baum zue 100 Blöcher fellen, sollen sie obgeschriben Lohn auch nitt verdient haben. (Es scheint also, diese Leute haben entweder eine ausserordentliche Gewandtheit in ihrem Geschäft gehabt, oder für ihre Rechnung Gehülfen angenommen, die sie von ihrem Tagelohn mit bezahlt.)«

»Fuhrlohn.« Damit soll es, wie bisher üblich, gehalten, ein

Schiffer aber, der mehr, als bisher üblich, Lohn gäbe »vnnd also die Löhn ersteigen wollte«, mit 4 fl. gestraft werden. Aber auch für Vernachlässigungen Seitens des Fuhrmanns sind Strafen gesetzt.

»**Waldt Flötzer vnnd andere Flötzer löhn.**« Der wesentliche Theil des Artikels ist mit dem Tarif der Löhne für verschiedene Verrichtungen ausgefüllt. Nur zuletzt folgen einige andere Vorschriften, z. B. dass »kain Waldtflözer kain Kleinholz mehr von der Rinnstatt soll hinwegflözen so den Model nit hat«. Er soll solches Holz auf den rechten Model bringen.

»**Marckht Holtz vnd Bortt Kauffs auf dem Rhein.**« Der Artikel beginnt mit einem Verzeichniss der Preise, um welche »Ain hundert Stückholz« auf den verschiedenen Rheinmärkten — von Steinmauren bis Bingen sind dreizehn Märkte aufgeführt — verkauft werden soll. Die Preise steigen in sechs Stufen von 18 bis auf 28 fl. Dann folgt ein Tarif der Preise, welche auf den verschiedenen Märkten »aussgesessenen«, d. h. nicht ebersteinischen, vielleicht auch nicht schifferschaftlichen, Händlern für die verschiedenen Holz-Schnittwaaren abgefordert werden sollen. Aber der Tarif ist nur für den Markt in Steinmauren ausgefüllt; bei den Namen der anderen Märkte fehlt die Preisangabe und es heisst alsdann: »Weil diesser Zeit wegen dess Kriegswessens noch kain richtige Ordnung kan gemacht, wie es an Jedem Marckh auf dem Rhein zue geben, soll ein Jeder Schiffer dieselbe so guet er kan ahn vorgedachten Marckhten biss auf enderung verkauffen«. Eine solche Aenderung scheint später nicht eingetreten zu sein. Wunderbar nur, dass für »Ain Hundert Stückholtz«, nicht aber für Bordwaaren »ain richtige Ordnung« konnte gemacht werden. Folgen dann noch Vorschriften zur Wahrung der Ehrlichkeit und des Rechts im Handel. Im Ganzen hält sich die neue Ordnung gerade in diesem Artikel ganz erheblich einfacher und allgemeiner, als in dem entsprechenden der alten.

»**Stillstandt hallten.**« Wenn es sich zeigen sollte, dass die Märkte überführt wären, soll kein Schiffer alle Waare, die er überhaupt verführen darf, auf ein Mal einbinden. Wenn dagegen die Nachfrage wieder steigt, soll, was früher innebehalten werden musste, zu der für Jeden bestimmten Summe hiezu eingebunden und verführt werden.

»**Lehenholtz oder Bortt.**« Die Bestimmung der alten Ordnung, nur etwas kürzer gefasst. Einem Anderen klein Holz oder Bord u. dergl. ohne sein Vorwissen zu entlehnen oder zu nehmen, ist bei Strafe verboten.

»**Kommerrichten.**« Ebenfalls im Wesentlichen die nämlichen Bestimmungen wie in dem entsprechenden Abschnitt der alten Ordnung.

Nur dass hier noch besonders vom Kommerrichten in der Raub- und Schmömünzach, Nebenflüssen der Murg, und den dafür gebührenden Löhnen, gehandelt wird.

»**Murgräumen.**« Auch dieser Artikel führt keine wesentliche Aenderung ein.

»**Flotzweg haltten vnd Bawen.**« Auch die Erhaltung der Floss-Strasse ist nicht erheblich anders geregelt, wie früher.

(Die Kosten aller in den vorstehenden drei Artikeln genannten Arbeiten werden »aus dem Geltt, so Jährlich in die Ordnung gefällt«, also aus der gemeinschaftlichen Schifferschafts-Kasse, gedeckt.)

»**Fliessend Holtz zuoländen.**« Wenn in Folge Hochwassers Kleinholz, Bord oder Anderes ungezeichnet hinweggeschwemmt wird, so darf nicht etwa Jeder solches Holz beliebig an sich nehmen, sondern es werden gleich nach »solchen giessen« von dem Hauptschiffer und den Geschworenen zwei Rheinschiffer beauftragt, das hinweggeschwemmte Holz zu sammeln. Ist diess geschehen, so wird das Holz unter Diejenigen, welche nachweisen können, dass ihnen Holz fehle, nach Billigkeit vertheilt, nachdem sie den sie treffenden Kostenantheil entrichtet haben. Wer nachweisen kann, dass gewisse Hölzer unter den aufgefangenen ihm gehören, der erhält das Seinige zurück.

Holz, welches so weit hinabgeschwemmt ist, dass man es nicht wieder murgaufwärts bringen mag, wird für Rechnung derer, denen es gehört, verkauft, oder »zue Cuppenhaim« (schon ausserhalb der Grafschaft Eberstein, nahe am Zusammenfluss der Oos und der Murg gelegen) »Inn gemain verseegt«.

»**Brenholtz.**« Es soll »Inn güessen« (bei Hochwasser) Niemand ungezeichnetes Holz zerhauen und hinwegführen.

»**Zerhawen Blöcher oder zerhawen Holtz.**« Auch soll Niemand sonstiges Holz ohne Erlaubniss des Schiffers aus dem Wasser nehmen. Der Artikel setzt Fristen für die Hinwegräumung des in Folge Hochwassers über Rothenfels (ein Ort, der in dem i. J. 1366 der Markgrafschaft Baden zugefallenen Theile der Grafschaft Eberstein liegt, und wegen einer dort bestehenden herrschaftlichen Sägemühle in den Akten sehr viel genannt wird) hinaus geschwemmtes und auf dem Lande liegen gebliebenes Holz.

»**Holtzbeden Inheben.**« Es ist bei Strafe verboten, einem Schiffer Holzböden oder anderes Kleinholz ohne seine Erlaubniss vorzuenthalten oder aus dem Wasser zu nehmen. Auch das Hinwegnehmen der verschiedenen Hölzer an Mühlen oder Flussbauten, »um darauf Zue fahren oder damit abzueschlagen« (also wohl, um es zur augenblicklichen Wegebesserung oder zu Schutzwehren zu benutzen) ist bei Strafe verboten.

»Ehrlin Abhawen.« Das Abhauen von Erlen und anderen Bäumen an gewissen Stellen des Murgufers ist bei schwerer Strafe untersagt — aus Gründen, die ohne Weiteres klar sind. Bei Hochwasser bildete solches Gehölz treffliche Holzfänge.

»Wiedtmachen.« Das Abhauen der, zum Einbinden der Flösse unentbehrlichen, Weiden wird auf eine gewisse Jahreszeit beschränkt. Der Artikel regelt zugleich den Handel mit Weiden und anderem »Geschürre«, welches bei'm Flössen gebraucht wird. —

Fast bei jedem Artikel der alten wie der neuen Ordnung sind Geldstrafen angesetzt, welche den Uebertreter treffen sollen. In der neuen Ordnung heisst es aber in einem besonderen Absatze: »Wofern ainicher Inn ainem oder mehr Puncten, dieser Ordnung eingeleibt, bussfellig vnnd strafbar wirde, Aber die verfallen pön an Geltt Zue bezahlen nitt vermöchte, der soll dafür Im Thurn nach Innhalts der Landts Ordnung gestrafft werden«.

Folgt nun der schon analysirte Artikel über die Rügung und dann der folgende Schlusssatz:

»Wir behaltten auch vnnss vnnd Vnussern Erben vorauss, dise obgeschribne Ordnung vnnd Articul alle oder ainsthailss zue mindern, Zue mehren vnnd Zue ändern wie vnnd wan vnnss die Künfftiglich zue willen Nuz vnnd nottürfftiglich bedunckhen würdt.

Nicht wenigerss wollen wir auch dass Inn denen Jehnigen puncten derentwegen Inn disser Ordnung nit ausstruckhliche versehung geschehen, voriger Alter Ordnung nachgegangen werde.«

Die Schifferordnungen geben ein ungefähres Bild des Holzgewerbebetriebs. Das von den Waldbauern in schifferschaftlichen oder anderen Waldungen gehauene Holz wurde in ein gewisses Modell gebracht, mit dem Eigenthumszeichen versehen, dann entweder zum Versägen an die schifferschaftlichen Sägemühlen und von da nach Steinmauren, oder gleich vom Platze des Einwerfens unverarbeitet nach Steinmauren geflösst. Hier kam es aus der Hand der Wald- in die der Rheinschiffer. Hier wurden die Murg- in Rhein-Flösse verwandelt. Die Rheinschiffer brachten das Holz an die Rheinmärkte — für eigene Rechnung (wie es scheint) nicht weiter als bis Bingen.

Die Schifferordnungen belehren uns ferner über die Verfassung des Holzgewerbes, wenn von einer solchen überhaupt die Rede sein kann; über das Verhältniss der Gemeinherrschaften zu der Schifferschaft, über das Personal der letzteren, über ihre selbstgewählten Vorstände und deren Funktionen.

Aber wir erfahren aus den Schifferordnungen nichts darüber, welche der darin genannten Personen etwa Antheil an gemeinschaftlichem Vermögen hatten, worin diese Antheile bestanden, wie sie erworben wurden. Die öffentlich rechtlichen Befugnisse der Gewerbsverwandten werden uns aus den Ordnungen klar, nicht aber die privatrechtlichen. Und das ist freilich der Punkt, über welchen auch aus anderen Quellen nicht völlige Klarheit zu erlangen ist. Indess muss, so gut es eben angeht, auch dieser Punkt beleuchtet werden, und das geschieht am besten an dieser Stelle.

Ob und inwieweit etwa einzelne unter den in den Ordnungen genannten Verwandten des Gewerbs, ob und inwieweit etwa die Wald- und die Rheinschiffer an gemeinschaftlichem Eigenthum ausschliesslich betheiligt waren, vermag ich nicht zu ermitteln. Wenn und wo die gemeinen Murgschiffer als eine Art von Korporation gemeinsam auftreten, ist ihrer immer nur eine geringe Zahl; aber unter ihnen findet man solche, deren Namen bald als Wald- bald als Rheinschiffer gleichzeitig auftreten, nicht aber solche, die zugleich Säger, oder Hauer, oder Knechte wären. Das am Gemeingut betheiligte schifferschaftliche Korpus bestand — so kann man annehmen — aus einer kleinen Zahl von Berechtigten. Diese aber verwertheten ihre Antheile bald als Wald-, bald als Rheinschiffer; alles andere in der Ordnung genannte Personal gehörte zu dem Dienst- und Hülfspersonal des Holzgewerbes.

Die Antheile der Berechtigten hiessen **Schifferhändel**. Ein solcher Schifferhandel bestand aus Antheilen an Waldungen, an Sägemühlen und aus Bordschnittsgerechtigkeiten, d. h. dem Rechte, an einer oder mehreren der gemeinschaftlichen Sägemühlen eine gewisse Anzahl Bord schneiden zu lassen.

Die Schifferhändel wurden erworben durch Kauf, Tausch, Erbschaft, Schenkung. Man konnte sie verpfänden, verleihen. Die Schifferhändel war nicht gleich, sondern verschieden gross. Es bestand hinsichtlich der Schifferhändel das Retrakts- oder Loosungsrecht. Lehen waren die Schifferhändel nicht. Schifferhandelsübertragungen mussten amtlich bestätigt und in ein öffentlich geführtes (in Gernsbach im Rathhause aufliegendes) »Gewährbuch« eingetragen werden. Der Ratifikation eines Kaufvertrages folgte ein Weinkauf.

1) **Die Schifferhändel wurden erworben durch Kauf u. s. w.** Es mögen hier einige solche Käufe augeführt und ein Kaufbrief, deren sich viele in den Akten finden, wörtlich mitgetheilt werden.

Am 28. Januar 1692 verkauft Valentin Krieg an Philipp Jacob Kast »all sein bordts- und schiffergerechtigkeit sammt allen waltungen, wie solches in sein — Kriegen — inventario specifice beschrieben, um dreyhundert und zehn gulden«. Verkäufer trägt alle Amtsunkosten.

Am 9. Dezember 1702 verkauft Georg Friedrich Krieg an Johann Jacob Ettlinger »den von sein, Kriegen, Vatter seel., Bernhardt Kriegen, herrührenden schifferhandel lauth newen seegmühl Büchleins bestehendt auffrecht und niedergefallenen in summa in dreyzehntaussend dreyhundert siebenzig und zwey bordtschnittsgerechtigkeiten samt darzu gehörigen Zeichen und Waldtungen (die Käuffer in seinen Kosten »»selbes zu suchen«« und richtig zu machen hat . . . .) . . . . .; darneben übernimmt Käuffer alle vor und nach des Erkäuffers todt bis dato des Kauffs auff den Handel gekommene onera (als bau-, schiffer-, Rugs- und andere Kosten)«.

Im Jahr 1709 verkaufen Heinzmanns Erben an Ludwig Daniel Schickhardt »16347 auffrechte und niedergefallene gerechtigkeiten sammt denen dazu gehörigen waldungen, zeichen, rechten und gerechtigkeiten, gesuchten und ungesuchten,« für 408 fl. 40 Xr.

Am 25. Februar 1719 verkauft Heinrich Friedrich Weiler an Heinrich Jacob Ettlinger »auff dem wassergang der Haaselbacher seegmühlen die noch in besitz gehabte 1350 auffrechte gerechtigkeiten für frey, ledig und eigen« um 135 fl.

Am 30. April 1768 verkauft Franz Anton Dürr, Bürger und Schiffer zu Hördten, an Anton Rindenschwender, herrschaftl. Schultheissen zu Gaggenau und dessen Erben seinen »Eigenthümblichen halben Schifferhandel sambt dem dazu gehörigen halben Theil an Seegmühlen, Waldungen, Zeichen, Recht und Gerechtigkeiten.« Der ganze Schifferhandel besteht aus 93,226 Bordschnittsgerechtigkeiten. Davon bekommt Käufer 14,656 Bordschnittsgerechtigkeiten an aufrechten und 31,957 an niedergefallenen Sägemühlen. Wegen der Waldungen beruft sich der Verkäufer auf das Waldlochbuch von 1663. Der Kaufpreis beträgt 14000 fl. (Dieser Handel giebt zu einem langwierigen Prozess Anlass.)

Am 12. Mai 1775 wird von der Wittwe Tschagkeny deren, in $1/7$ des Schickard'schen Schifferhandels bestehende Gerechtigkeit, welche 1789 aufrechte und 3368 niedergefallene Bordschnittsrechte und zubehörige Waldungen umfasst, für 2330 fl. an den Oberschultheissen Rindenschwender in Gaggenau verkauft.

XV.

Ein Kaufbrief über einen solchen Schifferhandel lautet im Jahr 1722 — die Formen haben sich überhaupt nicht wesentlich verändert — folgendermaasen:

»Kund und zu wissen seye hiermit jedermänniglich, dass Vermög eines am 23. Januar 1721 aufgerichteten und Beederseiths subscribirten interims project zwischen S. T. Herrn Elias Andreas Sprenger u. s. w., als Käuffern ahn einem und S. T. Herrn Johann Adolph Stephani, als Verkäuffern, am anderen Theile ein auffrechter, redlicher und ohnwiderrufflicher schifferhandels- sambt dazu gehörigen Waldungen-Kauffscontract, wie dieser in bester Form Rechtens beschehen und solchem nach vor allen Richtern und gerichten, sonderlich aber dieser gemeinschaftlichen Stadt Gernsbach sowohl in Kauff- als schifferhandels- und schiffergerechtigkeits-Sachen obhandenen Statuten und üblicher observanz am Kräfftigsten und ˙sichersten bestehen kann, soll oder mag, wissentlich, wohlbedächtlich und nach eingenohmener allerseiths nöthiger vollkommenen information verabredet und beschlossen worden sey, wie denn solches alles in allen stücken biehero wiederholet und neben dem was zu ein und anderer näheren information und mehreren sicherheit ferner beygebracht worden, in gegenwärthiges formlich und verbindlich gefertigtes Kauffsinstrument eingetragen worden, diesem nach verkauffet gemelter Herr Stephani ihme Herrn Sprenger Jenig ihme von dem hiesigen Schiffer Philipp Lorenz Kasten vormahls verhypothecirten, nachmahls aber wegen auffgeschwollenen interesse von beeden gnädigsten Herrschafften inhalt derer deswegen vorhandenen decreten in solutum zuerkannt, auch durch amtliche immission in possession genohmenen schifferhandel sambt zugehörigen Waldungen theils von dem Herrn von Gronsfeld, theils aber von sein des Philipp Lorenz Kasten sel. Alt Vatter herrührend sambt denen dazu gehörigen Zeichen, Recht und˙ gerechtigkeiten wie solches gemelter Herr Graff und nach ihme des Herrn Herzogs zu Würtemberg Friedrich Carl Hochfrstl. Durchlaucht, letztens aber gemelter Philipp Lorenz Kast inne gehabt, auch wie dieselbe durch obrigkeitl. autorität wohlgemeltem Herrn Stephani zugesprochen und eingeraumet, von Ihme besessen und benutzt worden, für frey, leedig, ohnverpfändet, ohnbekümmert und Recht eigen. Zu dessen Urkund ist dieser Kauff Brieff von einem wohllöbl. .... gemeinschaftl. Ambt .... Krafft Hochfürstl. Befelchen ratificirt, unterschrieben und corroboriret worden (Jedoch allerseiths ohne Schade) u. s. w.«

Bei den Akten finden sich auch viele Schifferhandels-Uebertragungs- und Zessions-Urkunden, welche andere als Kaufgeschäfte zur Grundlage haben.

So überträgt im Jahre 1738 Ludwig Daniel Schickart seinem Tochtermann, Benjamin Friedrich Jeger zu Eigenthum einen »Viertel Seeggang ad 1600 Gerechtigkeiten sambt zu gebrauchendem Schifferzeichen«. (Wahrscheinlich Schenkung unter Lebenden.)

Markgraf Ludwig Georg von Baden hatte im Jahre 1745 den sog. Goll'schen Schifferhandel der gesammten Schifferschaft und insbesondere dem Schiffer Jäger »ausgelösset« (s. w. u.), dann denselben den Schiffern Anton Mössner und Anton Dürr übertragen, sodann aber ihn wieder übernommen, und zedirt ihn nun, im April 1760 auf den Schiffer Jäger »vor frey ledig und ohnentgeldlich zu Einem wahren Eigenthum«. »Und sezen« — heisst es dann weiter in der Urkunde — »benannten pp. Jäger, Seine Erben und Nachkommen, daran in leibliche Possession ruhig, nuzlich und gewehr, dergestalten und also, dass Er und Seine Erben Solchen Handel mit Waldungen nach dem Lochbuch, aufrecht und Niedergefallenen Seeg Gerechtigkeiten gleichwie Serenissimus und in Höchstdero Namen Anthoni Moessner und Anthoni Dürr Selbigen bis dato inne gehabt, genuzt und genossen, nun fürohin auch geruhiglich innen haben, als Ein wahres Eigenthum nuzen, niessen, verleihen, versezen, verkauffen und in alle anderen Weeg damit handeln, schaffen, walten, thun und lassen sollen und mögen als mit ihrem eigenthümlichen handel und Güthern wie und was sie wollen«.

Im Jahre 1771 zedirt Johann Georg Katz Vater auf Johann Casimir Katz Sohn von seinem Weiler'schen Schifferhandel 3660 aufrechte und 3812 niedergefallene Gerechtigkeiten.

Eine weitere solche Zession, wovon die Akten melden, datirt aus dem Jahre 1801.

Schon aus dem Wortlaute der vorhin zitirten Zessions-Urkunde geht hervor, dass Schifferhändel verliehen, versetzt, verpfändet werden konnten.

In einer aus dem Jahre 1688 datirten an die Regierung des Hochstifts Speyer gerichteten Beschwerde der Schifferschaft erzählen die Beschwerdeführer, dass von einem Grafen von Gronsfeldt erkaufte 9000 Bordschnittsgerechtigkeiten »in das Kastische Allmosen verhypothecirt« gewesen seien, d. h. dass der Kast'sche Almosenfond dem früheren Eigenthümer jenes Handels ein Darlehen gemacht und sich den letzteren dafür habe verpfänden lassen. Von einer Verhypothezirung ist ja auch in dem oben vollständig mitgetheilten Kaufbriefe die Rede.

In einer sehr ausführlichen, von einem badischen Hofrath de Hauer verfassten Prozessschrift, auf die ich noch zu sprechen komme, ist ausgeführt, dass Markgraf Georg Friedrich von Baden dem Jacob Kast seinen Schifferhandel auf die Jahre 1600 bis 1606 gegen einen jährlichen Zins von 1000 fl. verpachtet und diese Verpachtung dann bis 1622 prolongirt habe. —

Es ist im Vorhergehenden vielfach davon die Rede gewesen, dass die Substanz eines Schifferhandels aus Antheilen an Waldungen und aus Bordschnittsgerechtigkeiten bestanden habe. Diese Angabe bedarf einiger Erläuterungen.

In einem bei den Akten befindlichen, trefflich geschriebenen, Rechtsgutachten, welches, wie es scheint, i. J. 1802 verfasst ist, heisst es: »Kein Schiffer hat seinen eigenen Distrikt Wald allein; so hat z. B. an diesem Schifferwald Kast 2 Theil, Weiler 1 Theil, Ettlinger $1/2$ Theil. Diese heissen in der herkömmlichen Benennung ganze, halbe und viertel Schifferhändel, welche von Hand zu Hand als ein eigenthümliches Recht und Nahrungsgewerb verkauft, vertauscht, vererbt und verschenkt werden.«

Ueber denselben Gegenstand lässt sich ein bei den Akten befindliches, schon einmal erwähntes, Promemoria aus dem Jahre 1776 folgendermaassen aus: »Die Schifferschaft in dem Murgthale hat sehr viele gross und weitläufige aigenthümliche Waldungen, welche zwar in den Loochbüchern beschrieben und in 360 Stück getheilet seynd, deren Innhalt aber niemahlen bekannt gewesen. Solche sind mehrestentheils gemeinschafftlich und wird das zu Sägklötzen von Zeit zu Zeit darinnen hauende Holz von denen Rottmeistern pro rata deren Theilhaberen untereinander vertheilet, gehauen und jedem Theilhabenden Schiffer mit seinem führenden Zeichen beschlagen, woran selbes je und aller Zeit erkennet und an die Schneid Mühlen gebracht wird.«

In einem anderen, bei denselben Akten befindlichen Promemoria ist der Plan einer Aenderung der Verfassung der Schifferschaft kritisirt, und es heisst da gelegentlich: »Die grösste Hindernuss dieses Projectes ist wohl die sehr grosse Ungleichheit derer Waldungen, da einige noch ziemlich viele Tannen haben, andere hingegen ausgehauen sind, folglich diese jene indemnisiren müssen. Z. B. haben die »»Weilerische«« Theilhaber 86,000 Gerechtigkeiten und hauen seit langer Zeit her in ihren Waldungen beständig jährlich 4500 Klötz, die »»Dürrische«« hingegen mit ihren 92,000 Gerechtigkeiten hauen jährlich nicht mehr als höchstens 2000 Klötz, folglich weniger, als die Weilerischen, 2500 Klötz.«

Aus dieser Bemerkung geht hervor einmal, dass die Antheile der

Schiffer sehr verschiedenartig, und dann, dass mit den Waldantheilen stets Bordschnittsgerechtigkeiten verbunden waren.

Im Betreff dieser Bordschnittsgerechtigkeiten heisst es in dem vorher zitirten Promemoria: »Die gesammte Schifferschaft besitzt in Summa Summarum 360,800 Gerechtigkeiten. Diese bestehen in 128,000 **Aufrecht** und 232,800 **niedergefallenen**. Eine Gerechtigkeit heisst ein Borth Schnitt. **Aufrecht** seynd die Sägmühlen, welche würklichen stehen; **niedergefallene jene Plätz, worauf eine Schifferschaft praevio consensu Gnädigster Herrschaft mehrere zu erbauen berechtigt ist.** Die Antheil Bortschnittsgerechtigkeitten eines jeden Schiffers auf einen jeden Gang deren Schneid Mühlen seynd in einem Loosszettul beschrieben, wornach die in Pflichten genommene Seegere keinem mehr noch weniger als seine Betrefnus schneiden sollen. Z. B.

Schillen-Mühl Mittelgang hat Gerechtigkeit 6400.
   Davon gebühren:
1) dem Dürr 3765
2) „ Kast 1002
3) „ Kaz 141
4) „ Jäger 234
5) denen Ettlingerschen Erben . . . 545
6) dem Schickard 713
                                    ─────
                                    6400

Auffrechte eigenthümliche Schneid Mühlen der Schifferschafft auf der Murg sind dermahlen« (i. J. 1776) »9, die hiernach bey der Dürrischen Betrefnuss-Beschreibung benennet werden.« Das Gutachten führt dann weiter aus, wo diese Mühlen liegen, wie viele Gänge sie haben, und dass bei ihrer sieben auf jedem Gang 6400 Gerechtigkeiten ruhen, während bei zweien auf jedem Gange nur 3200 Gerechtigkeiten ruhen.

In einer bei den Akten befindlichen Klagschrift aus dem Jahre 1747 finde ich ein diese Angaben näher erläuterndes Dokument, nämlich die Abschrift einer aus dem Jahre 1703 datirenden Aufstellung über die auf den schifferschaftlichen Mühlen gangbaren Bordtschnittsgerechtigkeiten, wie solche nach Maasgabe der Schifferordnung damals verloost worden sind. Die Mühlen und Gänge sowie die Namen der Interessenten und ihre Gerechtigkeiten sind hier einzeln aufgeführt, z. B.
»**Schleiffmühl, 3 Gäng.**
    1. Landgang.
No. 1. Johann Nicl. Weyller d. Jung . . . 2425 ⎫ 6400
 „ 2. Heinr. Fr. Weyller . . . . 3975 ⎭

2. Mittelgang.

No. 1. . . . . ⎫
⋮   ⎬ 6400
„ 7. . . . . ⎭

3. Wassergang.

No. 1. Jacob Rollwagen und Michel Schäffer,
     Jeder zur Hälfte . . . . 150 ⎫
⋮   ⎬ 6400.«
„ 5. Johann Ludw. Dan. Schickardt . . . 471 ⎭

Die Summen rechts betragen bei jedem Gang immer 6400, nur bei zwei Gängen blos 3200. Die Summe aller aufrechten Bordschnittsgerechtigkeiten betrug nach dieser Aufstellung 17 × 6400 = 108,800. Diese vertheilten sich unter 11 Interessenten.

Die verschiedenen an einer Mühle Berechtigten können die ihnen zustehende Zahl Borde nur in einer gewissen Reihenfolge sägen lassen. Erst wenn der Letzte befriedigt ist, hat der Erste wieder Anspruch auf die Mühle; es sei denn, dass die nach der Reihenfolge Nächstberechtigten gerade nichts zu versägen vorräthig hätten.

Die **niedergefallenen Gerechtigkeiten** werden immer mit als Besitz-Objekt aufgeführt, weil, wo die Schifferschaft berechtigt ist, eine Mühle zu errichten, sie eben eine solche jederzeit zu bauen beschliessen kann, und, wenn sie dies beschliesst, die niedergefallenen Gerechtigkeiten der Interessenten an diese Mühle in aufrechte sich verwandeln.

Nach einem bei den Akten befindlichen Protokoll aus dem Jahre 1700 war die Schifferschaft damals eingetheilt in 323,238$^1/_2$ »eigenthümliche Bordschnittsgerechtigkeiten«, 34,478 »Interessenten-Handlungen« (?) und 5527 »prätendirte Handlungen, so aber nicht liquid«.

Das **Waldeigenthum der Schifferschaft** — um hierauf noch einmal zurückzukommen — war weder ganz unbeschränkt, noch ganz gesichert, ebenso wie es weder vermessen, noch auch nur ganz klar der Lage nach gebucht war. (Aus einer oben zitirten Kauf-Urkunde geht ja hervor, dass der Verkäufer dem Käufer überliess, die erkauften Waldungen auf seine Kosten selbst zu suchen.) Schon im Jahre 1738 war badischerseits der Schifferschaft (mit Rücksicht auf »die wildtbann vnd Jägerei«) verboten worden, in ihren eigenen Waldungen Holz zu fällen und zu verkaufen ohne Anweisung eines herrschaftlichen Jägers. Als die Gemeinsherrschaft Speyer hiergegen protestirte, kümmerte sich Baden um diesen Protest nicht. Im Jahre 1745 beschwerte sich die Schifferschaft, dass die herrschaftlichen Jäger in den Schifferwaldungen

Holz anweisen. In dem hierauf erfolgenden Reskript erklärt der Markgraf, diese Holzanweisung erfolge aus forstpolizeilichen Gründen und nach der Forstordnung, die »weit älter sei, als die Schifferordnung und die schifferschaftlichen Privilegien«! Auch ersieht man aus dieser Beschwerde, dass ein fürstl. badischer Kammerrath und Kammerprokurator Kugler »viele 10,000 Missel in schifferschaftlichen Waldungen habe schlagen lassen, dabei der Wald ruinirt und den Schiffern kein Heller bezahlt worden« sei, dass durch das badische Forstamt eingestellte Brenner das Feuer vernachlässigt haben, wodurch viele 100 Morgen Waldungen ruinirt worden; dass auf Ordre des Forstamtes die Tannen angerissen werden zur Harzgewinnung; dass das Oberforstamt Privaten Erlaubniss gebe, in Schifferschaftswaldungen sich Wiesen anzulegen, die man umzäune, mit Grenzsteinen versehe u. s. w.; es haue in den Schifferschaftswaldungen — heisst es dann weiter — beinahe Jeder, wer nur wolle, Misselholz. Auch auf diese Beschwerden wird der Schifferschaft von Seiten der Landesherrschaft nur sehr ungenügender Bescheid. Hatte die letztere doch schon im Jahre 1722 in einem Reskript an ihren Vogt diesen instruirt, »bey arbitrarischer Straffe« den Schiffern zu verbieten, »obschon in ihren eigenen Waldungen ohne Beysein des Herrschaftl. Jägers Holtz abzubauen, weilen bisshero die Erfahrnus gegeben, dass öffters der Wildfuhr und Jagdt (sic!) in dergleichen Holtzfällung schaden geschehe«.

2) **Die Schifferhändel waren nicht gleich, sondern verschieden gross.** Dies ergiebt sich schon aus den bisherigen Ausführungen, erhellt aber auch aus einer Vergleichung der bei den Akten befindlichen Kaufbriefe, und erklärt sich leicht theils aus der grossen Verschiedenheit der Waldeigenthums-Stämme, an denen mehreren meist mehrere Schiffer betheiligt waren, theils aus den unzähligen Theilungen, welche die Antheile durch Erbschaft, Schenkungen, Verkäufe u. s. w. erlitten.

3) **Es bestand hinsichtlich der Schifferhändel das Retrakts- oder Loosungs-Recht**, und wurde — kann man gleich hinzufügen — eine Quelle endloser Streitigkeiten. Bald werden Schifferhändel gelöset per retractum territorialem, bald per retractum consanguinitatis oder hereditatis, bald per retractum posita secunda venditione ejusque validitate. Am häufigsten wurde von einem Loosungsrecht Gebrauch gemacht, welches man Genossenschaftsloosung nennen könnte (eine Art von Ganerbenrecht), und welches der Schifferschaft, nachdem es ihr oft bestritten war, durch einen Vergleich von 1753 ausdrücklich und feierlich zugestanden wurde. Wollte ein Schiffer

Schifferhändel an einen Nichtschiffer verkaufen, so musste von dem
Geschäft erst bei dem Hauptschiffer Anzeige gemacht werden, damit,
wenn ein Schiffer oder ein Verwandter Lust zu kaufen habe, dieser
sich seines Rechtes bedienen könne. In eben diesem Vergleiche verzichtet der Landesherr auf sein Näherrecht, welches wohl als Territorial-Retrakt ausgeübt worden war.

Im Jahre 1797 wird die Schifferschaft mit einer Beschwerde darüber abgewiesen, dass man einem Fremden, der auf einen Schifferhandel in einer Versteigerung das höchste Gebot gethan, ohne Weiteres
den Zuschlag ertheilt habe, während ihr, der Schifferschaft, doch das
Näherrecht zustehe. Der Markgraf von Baden-Durlach entscheidet,
die Schifferschaft habe hier keinen Anspruch; denn bei öffentlichen
Versteigerungen sei ein Retrakt nicht geltend zu machen.

Durch eine fürstliche Verordnung wurde im Jahre 1774 für die
markgräfl. baden-durlachischen Lande die Freundschaftsloosung allgemein aufgehoben. Sie konnte also seitdem auch nicht mehr für
Schifferhändel »anschlagen«. Nur wo sie vorher durch Verträge ausdrücklich gewährt war, gab es Zweifel. Aus solchem Zweifel entstand
in der Schifferschaft schon im Jahre 1775 Streit. Durch einen Vergleich mit dem Schiffer Rindenschwender hatte die Schifferschaft diesem
versprochen, gegen ihn eventuell nur die Freundschaftsloosung anwenden zu wollen. Als nun im Jahre 1775 Rindenschwender einen neuen
Schifferhandel kaufte und von Einigen aus der Schifferschaft die Freundschaftsloosung gegen ihn geltend gemacht werden sollte, berief sich R.
mit Erfolg auf die Verordnung von 1774 und hatte also nun in seinem
Geschäft gar keine Loosung mehr von Seiten der Schifferschaft zu
fürchten.

4) **Lehen waren die Schifferhändel nicht.** Im Jahre
1759 fragt die baden-badische Regierung bei dem Lehenhofe an, ob
die Schifferholzhändel und die Waldungen der Schifferschaft des Murgthals Lehen, und eventuell von welcher Art, gewesen seien. Der
Lehenhof antwortet, dass sich hierüber »gar keine acta vorfinden, noch
die mindeste Spur anzutreffen sei, dass jemals einige Belehnung vorgegangen, wie dann auch dieser Schifferhandel halber immermehr mit
dem Lehnhofe einige Communication gepflogen worden sei; wann also
je bei solchen Schiffer-Händel und Waldtung einige Lehenseigenschafft
obwalten dürffte, so müsste aus den bei H.fürstl. Regierung und denen
in sachen verordneten Commissionen dieserhalben vorhandenen actis
die sicherste Ausskunfft zu erheben seyn«. Aber auch hier fand sich
eben keine Spur von Beweis für die Lebensqualität der Schifferhändel.

5) **Schifferhandels-Uebertragungen mussten amtlich bestätigt und in ein öffentlich geführtes (in Gernsbach im Rathhause aufliegendes) »Gewährbuch« eingetragen werden.** Hierfür sind unzählige Belege in den Akten zu finden. Die amtliche Bestätigung der Kaufbriefe bildete einen der Hauptstreitpunkte zwischen den Gemeinsherrschaften Baden und Speyer, von denen die erstere die Bestätigung durch ihren Beamten für vollständig genügend erklärte, während die letztere Verkäufe, welche nicht auch ihr Vogt bestätigt habe, für nicht perfekt ausgab. Es scheint nicht nur aus formellen, sondern auch aus materiellen Gründen speyerischerseits auf dieses vermeintliche Hoheitsrecht besonderer Werth gelegt worden zu sein. Denn, wie ich wenigstens aus einer Belegstelle schliessen muss, wurden für die Ratifikation von Verkäufen Gebühren von den Beamten berechnet. Nach einer bei den Akten befindlichen Notiz betrug die herrschaftliche Ratifikationsgebühr zu Anfang des vorigen Jahrhunderts für einen damals abgeschlossenen Verkauf 4 fl. 10 Xr. Es folgt dann noch ein ganzes Verzeichniss eingenommener solcher Ratifikationsgebühren; aber, obgleich die Preise der Schifferhändel, von denen sie entrichtet werden mussten, daneben in Gulden angegeben sind, lässt sich doch daraus kein Schluss auf das Vorhandensein eines festen Tarifes ziehen.

Das gernsbacher Gewährbuch ist eine oft zitirte, auch noch, bis auf ziemlich frühe Zeiten zurück, vorhandene Urkunde.

6) **Der Ratifikation eines Kaufvertrages folgte ein Weinkauf.** Ob dies regelmässig der Fall gewesen, vermag ich nicht zu behaupten; aber zwei aus verschiedenen Zeiten stammende Belegstellen der Akten lassen es beinahe vermuthen. In den vierziger Jahren des vorigen Jahrhunderts beschweren sich die Schiffer, dass man zweien von ihnen, als sie nicht zu einem von der Herrschaft, als Käuferin von Schifferhändeln, gebotenen Weinkauf erschienen seien, badischerseits eine Geldstrafe von je 100 Reichsthalern auferlegt habe, und dass speyerischerseits die Entrichtung dieser Strafe Seitens der Verurtheilten wiederum mit einer gleichen Geldstrafe bedroht worden sei. (Verpflichtet, beim Weinkaufe zu erscheinen, war offenbar Niemand; die Verhängung jener Strafe in diesem Falle war eine ganz willkürliche Maasregel des badischen Beamten, der in dem Wegbleiben der zwei Schiffer eine respektwidrige Demonstration erblickte.) Dass die Abhaltung eines Weinkaufes wenigstens nicht immer erfolgen musste, geht aus der Erwiderung des badischen Beamten auf die fragliche Beschwerde hervor. Die Herrschaft habe den Schiffern diesen Weinkauf nicht »aus schuldigkeith, sondern auss gnad vnd zu Ihrer Ergötzlichkeit« gegeben.

Den, schon einmal erwähnten, Schifferhandels-Verkauf, welchen Franz Anton Dürr und Anton Rindenschwender im Jahre 1768 abschlossen, bestätigte die Hochstift Speyerische Regierung nur unter gewissen Bedingungen. Darunter die, dass Rindenschwender sich verpflichte, vier Wochen nach beiderseits erfolgter Ratifikation in Gernsbach »den durch die Schifferordnung festgestellten« (davon steht in der Schifferordnung keine Silbe) Weinkauf zu halten.

Es bedürfen nun noch die Privilegien der Schifferschaft und die Abgaben, welche sie in verschiedenen Zeiten zu zahlen hatte, einer kurzen Erörterung.

Von den Privilegien der Schifferschaft ist in den Akten vor dem vorigen Jahrhundert nicht viel die Rede. Sie waren bis dahin unbestritten und kollidirten nicht mit gerechten Ansprüchen Anderer, weil solche nicht geltend gemacht wurden. Die Schiffer waren die unbeschränkten Beherrscher des Holzgewerbs im Murgthal.

Im Jahre 1730 beschweren sich die Schiffer, dass Unterthanen, die nicht Schifferrechte haben, Holzhandel treiben, und so die Privilegien der Schifferschaft verletzen; auch werden von Nichtschiffern Borde verkauft und für eigene Rechnung verflösst, ohne dass sie zuerst der Schifferschaft zum Kauf angeboten würden; das sei ebenfalls eine Verletzung alter schifferschaftlicher Privilegien. Der badische Vogt, zum Bericht über diese Beschwerden aufgefordert, ist zwar ungehalten über die Schiffer, welche jede kleine Verletzung ihrer Rechte gleich an die grosse Glocke hängen, kann aber nicht leugnen, dass den Klagen in einigen Punkten Abhülfe geschafft werden müsse.

Das Privileg des Misselholz-Flössens hatten die Schiffer nicht. Das verlieh die Herrschaft gegen besondere Gebühren nach Willkür durch Abschliessung von Floss-Akkorden. So ward es im Jahre 1741 z. B. den Schiffern Geickhes und Sprenger verliehen. Die Schifferschaft erblickte darin nicht eine Verletzung ihrer Privilegien, sondern forderte nur von den Akkordanten Ersatz des an den Floss-Einrichtungen angerichteten Schadens.

Selbst aus ihren eigenen Waldungen gewonnenes Missel- und Brennholz war sie zu verflössen an sich nicht berechtigt. Sie musste dieses Recht immer erst erwerben und als ein ausschliessliches Privileg ward es ihr nicht verliehen.

Von solchem Holz und einigen anderen Sorten aber abgesehen durften Holz und Bordwaaren auf der Murg und dem Rhein (auf dem letzteren natürlich sofern es sich um Murgholz und Murgborde handelte) allerdings nur von Schiffern gehandelt und geflösst werden. Als dem vormaligen Schiffer Geickhes zu einer Zeit, wo er keine Schifferrechte mehr besass, dieses Recht von der Herrschaft zugestanden wurde, und die Schifferschaft im Jahre 1746 sich darob beschwerte, wusste man sich landesherrlicherseits hiergegen nicht zu verantworten.

Auch Murgsparren und Rahmschenkel (schwache Balken) zu verflössen, waren die Schiffer nicht unbedingt privilegirt, und ebensowenig scheint ihnen jemals ein Privileg zur Verflössung von sogenannten »Holländer« Stämmen zugestanden zu haben.

Mit solchen Beschränkungen ist das Flossprivileg den Schiffern mehrfach bestätigt worden, besonders ausdrücklich in einem Vergleiche vom Jahre 1753, von welchem weiter unten die Rede sein wird, und in welchem der Schifferschaft auch Deckung für Schäden, welche an den Floss-Einrichtungen durch für einzelne Unternehmungen konzessionirte Nichtschiffer verursacht werden, zugesichert wird.

Als, im Jahre 1758, zwischen dem Markgrafen Ludwig von Baden und dem pforzheimer Rathsverwandten Johann Jakob Fauler & Kons. ein sogenannter »Flotz-Accord« abgeschlossen ward, demzufolge die letzteren auf eine lange Reihe von Jahren das Privilegium, Lang- und insbesondere Holländer Holz auf der Murg und den Nebenbächen zu flössen, erhielten, beschwerte sich die Schifferschaft unter Verweisung auf jenen Vertrag von 1753 gegen diesen angeblichen Eingriff in ihre Rechte. Aber diese Beschwerde hatte keinen Erfolg; denn für das Verflössen von Langholz stand der Schifferschaft eben kein Privileg, und von Haus aus nicht einmal das Recht zu.

Dass die Schifferschaft an sich nicht das Recht hatte, selbst das in den eigenen Waldungen gewonnene Brennholz zu verflössen, geht deutlich aus einem Akkord hervor, welchen sie im Jahre 1773 mit dem Markgrafen wegen Lieferung solchen Holzes auf den herrschaftlichen Holzhof nach Rastatt auf 20 Jahre abschloss. In diesem Vertrage wird der Schifferschaft eben zugleich die Konzession zur Verflössung solchen Holzes ertheilt.

Dass die schifferschaftlichen Flossprivilegien, soweit sie unzweifelhaft bestanden, noch lange mit einer gewissen Rücksicht behandelt wurden, erhellt daraus, dass, als i. J. 1800 die Regierung zu Rastatt einem an der Murg angesessenen Müller zu Liebe, der über Wasser-Entziehung durch die Flösserei geklagt, auf erhebliche Einschränkung der letzteren drang, der Markgraf auf Anrufen der Schifferschaft diese Beschränkung nicht aufrecht erhielt, sondern einen Kompromiss zwischen den Parteien zu Stande zu bringen suchte. Noch im Jahre 1806 wurde bei Verbandlungen über eine Revision des mehrerwähnten 1753er Vergleiches das Privileg der Schifferschaft auf Verflössung von Sägwaaren vollkommen anerkannt; nur dass hier die Herrschaft sich selbst neben der Schifferschaft das gleiche Recht vorbehielt.

Ein weiteres, freilich viel bestrittenes und nicht ganz unzweifelhaftes ausschliessliches Recht der Schifferschaft bestand darin, dass ihr das verkäufliche Holz aus den Gemeinde- und Heiligen (Stiftungs-) Waldungen der Grafschaft Eberstein zuerst zum Kauf angeboten werden musste. Gegen diesen Anspruch hatte wenigstens in dem mehrerwähnten langwierigen Jurisdiktions-Prozess, wo er zur Sprache kam, der Prozessgegner nichts einzuwenden, als dass von Haus aus jedenfalls der Herrschaft das Vorkaufsrecht auf dieses Holz zustehe; ob die Herrschaft der Schifferschaft dieses Vorkaufsrecht abtreten wolle, stehe in ihrem Belieben. Aber es war gewiss mehr, als blos guter Wille, es war das formelle Zugeständniss eines alten Rechtes, wenn in dem 1753er Vergleiche den Schiffern das Holz aus den Gemeinde- und Heiligenwäldern pro futuro einzig und allein (natürlich gegen Bezahlung) »zum benöthigten Gebrauch« überlassen wurde.

In den vorhin berührten Verhandlungen über eine Revision des 1753er Vergleiches, welche i. J. 1806 geführt wurden, wird endlich auf eine, freilich mässige, Beschränkung jenes Privilegs gedrungen. Die Verwaltung der Kommun- und Heiligen-Wälder — so forderte man hier — solle im Betreff des Holzverkaufs unbeschränkt sein. Aber es solle kein solches Holz, weder an In-, noch an Ausländer, verkauft werden, ohne dass die Schifferschaft zuvor zum Kaufe eingeladen worden. Sägholz solle aus solchen Waldungen nur zum inländischen Gebrauch, Bau- und Brennholz nur dann in's Ausland verkauft werden, wenn die Schifferschaft es nicht zu den von den Verwaltern geforderten Preisen haben wolle. —

An diese Bemerkungen über die Privilegien der Schifferschaft schliessen sich zweckmässig einige Notizen über die Abgaben, denen die letztere unterworfen war. Denn einige dieser Abgaben wurden wohl stets als ein Entgeld für die zugestandenen besonderen Rechte betrachtet.

Wie schon bei anderer Gelegenheit gezeigt, sollten nach einem Vertrage zwischen Baden und Eberstein v. J. 1399 Leute aus dem Eberstein'schen, welche das Flossgewerbe treiben, von allen Zöllen zu Wasser und zu Lande frei sein, »als dass von Alter herkommen ist ohn alle gefährde.« Das alte Herkommen ist auch in der Zukunft gewahrt worden. Denn Flosszölle haben im Eberstein'schen nie bestanden. Wohl aber wurde in Steinmauren ein Zoll erhoben. Nach einem Vertrage zwischen

Baden und Eberstein v. J. 1413 sollte dieser Zoll künftig 1 Heller anstatt 1 Pfennig vom »Gestörr« (15 Stämmen) betragen.

Im Jahre 1584 ordnet der Markgraf eine Ermässigung des steinmaurer Zolles an. Aber 1587 wird der Zoll wieder erhöht, und i. J. 1595 sehen wir die Schiffer deh- und wehmüthig um eine Erleichterung dieser schweren Last bitten. Sollten sie so hohen Zoll bezahlen, so müssten sie »mit Weyb vnnd künden landtreimig werden«. Diese Bitte scheint nicht erhört worden zu sein, denn sie wird i. J. 1597 wiederholt.

Aus einer Beschwerdeschrift der Schifferschaft v. J. 1730 ersehen wir, dass damals der steinmaurer Zoll für Schiffeer 1 fl. 9 Xr. (für 100 Bord), dagegen für Nichtschiffer, welche eben keinen Privilegiengenuss hatten, nur 12 Xr. betrug. Dieselbe Beschwerde wiederholt sich im Jahr 1745; man erfährt hier, dass früher (etwa vor 1587?) derselbe Zoll, der jetzt 1 fl. 9 Xr. betrage, nur 24 Xr. betragen habe. Hierauf scheint eine theilweise Zollbefreiung eingetreten zu sein, welche im 1753er Vergleiche bestätigt wird, während in den mehrerwähnten Verhandlungen über die Revision dieses Vergleiches (1806) die Herrschaft den Schiffern Befreiung von dem steinmaurer Zoll bis auf 400 St. Bauholz für jeden Schiffer anbietet.

Die Floss-Akkordanten scheinen keineswegs verhältnissmässig niedrigere Zölle (in Ottenau und Steinmauren) gezahlt zu haben, als die Schiffer. Fauler & Co. z. B. mussten für das Stück Lang-Holz an beiden Zollstätten zusammen je nach den Holzsorten zwischen 4 und 24 Xr. (letztere Summe für eine 80füssige Holländer Tanne) zahlen.

An sonstigen Abgaben hatten die Schiffer früher wegen des »wildt- und Blutbannes« in ihren im Würtembergischen gelegenen Waldungen einen Zins zu zahlen, den sie aber i. J. 1597 mit 200 fl. ablösten.

Ferner ward ein Wald- und Sägemühlenzins und eine sogenannte Schifferschatzung an die Gemeinsherrschaften entrichtet.

In einer Denkschrift aus dem Ende des 17. Jahrhunderts, die ich schon einmal erwähnt habe, ist von einer Summe von 190 fl. die Rede, welche einmal »anstatt der jährlichen Abgabe den gemeinschafftlichen Herrschafften überhaubt« entrichtet worden sei. Ich habe nicht zu ermitteln vermocht, worauf diese Angabe sich gründet, und ob ihr überhaupt ein wirkliches Faktum zum Grunde liege. Ein sorgfältiger Auszug aus den speyrischen Amtsrechnungen, welcher für das Jahrhundert von 1662 bis 1762 gemacht wurde, ergiebt, dass in diesem Zeitraum Schifferschatzung und Sägerzins, ausser in den Jahren, wo diese Abgaben wegen schlimmer Zeiten erlassen werden mussten, alljährlich entrichtet wurden.

Der an Speyer zu zahlende Sägerzins beträgt von 1662 bis 1669 stets 6 fl. 6 Schilling Heller, im Jahr 1670 6 fl. 6 Batzen 2 Xr., von 1671 bis 1687 6 fl. 6 Batzen 8 Xr., von 1699 ab stets 6 fl. 26 Xr. — Die an Speyer zu zahlende Schifferschatzung beträgt terminlich von 1663 bis 1669: 14 fl. 6 Schilling Heller; i. J. 1670: 14 fl. 6 Batzen 2 Xr. und von 1671 bis 1687: 14 fl. 6 Batzen 8 Xr.; von 1708 ab werden stets terminlich 12 fl. 22 Xr. entrichtet. Die Entrichtung erfolgt in 2 Terminen, an Lichtmess und Bartholomäi und zwar durch den Hauptschiffer auf dem Vogtei-Amt.

In dem mehrerwähnten Rechtsgutachtan des Prof. Hoffmann ist ausgeführt, dass die Schifferschaft (also i. J. 1746) zu zahlen habe: einen ewigen Wald- und Sägmühlenzins von 56 fl. 37 Xr. an Baden und von 6 fl. 26 Xr. an Speyer. Ausserdem zahle sie 24 fl. 44 Xr. Schifferschatzung an Speyer und 160 fl. 1 Xr. an Baden. Diese Angaben stimmen hinsichtlich des an Speyer zu Zahlenden mit dem obigen Auszuge und werden jedenfalls auch hinsichtlich der badischen Abgaben richtig sein.

Es scheint, dass diese Abgaben in gleicher Weise forterhoben worden sind, bis das speyrische Kondominium seine Endschaft erreichte.

III. Zur Geschichte der Murgschifferschaft bis auf die neueste Zeit.

Die Geschichte der deutschen Genossenschaften aus dem Mittelalter ist reich an Zügen der Kraft und Grösse, der Tapferkeit und des Gemeingeistes. Oftmals wiederholt sich das Bild kühner Vertheidigung wohlerworbener Rechte, selbstloser, aufopfernder Hingabe an die gemeinsame Aufgabe, straffen Zusammenhaltens in Freud und Leid. Zwei Schritte mussten gethan werden, um dem Gewerbestand zu seiner Ehre und Gleichberechtigung zu verhelfen. Die hofrechtlichen Lasten mussten beseitigt und die Vorrechte der Geburtsstände in den Städten mussten gebrochen werden. Der erste Schritt geschah zu Gunsten des neu aufkommenden Standes, aber ohne seine bewusste Mitwirkung; der andere Schritt war das Werk der gewerblichen Genossenschaften. Hier bedurfte es der Selbsthülfe des Standes, und diese Selbsthülfe ward geschlossenen feindlichen Mächten gegenüber nur wirksam durch genossenschaftlichen Zusammenschluss. In diesen Kämpfen engverbundener Genossen des neu aufkommenden Standes entfalteten sich und bildeten sich aus jene Tugenden, die, wenn sie zum Siege verholfen hatten, auch im Frieden sich schöpferisch bewährten, bald als politische Mannszucht, bald als opferfreudiger Gemeingeist, bald als edler Wetteifer auch in den Alltagswerken des Friedens.

Die Geschichte der mittelalterlichen Verbindung, mit der wir es hier zu thun haben, ist erstaunlich arm an solchen Zügen, arm an erfreulichen Erscheinungen überhaupt, an grossen, erhebenden Momenten. Man kann sagen — und das Nachfolgende wird diese Behauptung rechtfertigen, — es sei wegen Mangels an Quellen nicht möglich, eine Geschichte der Murgschifferschaft zu schreiben; was man von dieser Verbindung wisse, rühre aus einer Zeit her, wo auch andere gewerbliche Genossenschaften ihrem Verfall wieder entgegengegangen seien, und die Nachrichten seien nur Akten zu entnehmen, in denen, da sie von den Behörden geführt worden, ganz selbstverständlich nur von Konflikten innerhalb der Schifferschaft, oder zwischen dieser und den Behörden die Rede sei. Aber die politische Geschichte des Landestheils, in welchem die Schifferschaft ihr Gewerbe trieb, ist doch auch bis in frühe Zeiten hinab gründlich erforscht, und in dieser Geschichte spielt jene Vereinigung nicht früher eine Rolle, als bis wir sie eben aus jenen Akten als Das kennen lernen, was sie war — nämlich als eine Verbindung von auseinanderstrebenden Elementen, die nur durch ein grosses liegenschaftliches Vermögen, vielleicht durch die, niemals aber von den Genossen recht gewürdigte, Gemeinsamkeit gewerblicher Interessen nothdürftig zusammengehalten wurden. Es ist wahr: in der Mitte des sechszehnten Jahrhunderts war auch manche andere, vormals mächtige, Gewerbsgenossenschaft zerfallen und ohnmächtig geworden. Aber dann trat sie eben von der Schaubühne der Geschichte ab, um nachmals, allmälig, durch neue Bildungen ersetzt zu werden. Die Schifferschaft aber konnte wegen des Mangels ächt genossenschaftlichen Geistes, wegen der unglücklichen staatlichen Zwitterherrschaft in ihrem Domizil, nicht zu frischem Leben gelangen und sie konnte nicht sterben wegen ihres untheilbaren Gemeinbesitzes. Es ist wahr: Nur Fragmente einer Geschichte sind es, was ich in diesem Abschnitt zusammenstellen kann, und Fragmente zwar, entstammend einem grossen Haufen eberstein'scher, baden-badischer, baden-durlachischer, speyrischer Regierungs-, Vogtei- und Forstamts-Akten, darunter Prozessakten besonders reichlich vertreten sind. Aber warum sollte aus dieser Sorte von Urkunden, welche noch dazu vielfach ausführliche Darstellungen von einzelnen Perioden der Geschichte der Schifferschaft enthalten, nicht auch einmal ein Lichtstrahl hervorleuchten? Ich habe auf diesen Genuss verzichten müssen. Nichts, als Klagen über Verfall, demüthige Bitten um Abhülfe, Zank und Streit unter den Genossen, Zank und Streit unter den Gemeinsherrschaften, meist Unterwürfigkeit der Genossenschaft unter den Willen derjenigen Herrschaft, welche eben die mächtigere war, höchst selten einmal ein kräftiger, energischer Widerstand, stets kleinliche, eifersüchtige Angst um die verliehenen Privilegien.

Wenn ich von den in die Geschichte der Schifferschaft eingreifenden Schicksalen des ebersteinschen Grafenhauses und der alten Grafschaft Eberstein, die ich im ersten Abschnitte dieses Aufsatzes flüchtig skizzirte, und von den im Anfange des zweiten Abschnittes beigebrachten Zeugnissen für das Alter der Schifferschaft, endlich von Dem absehe, was uns der Eingang der vermuthlich aus dem Jahre 1509 stammenden, eingehend analysirten Schifferordnung lehrt, so tritt mir als frühestes historisches Faktum die in das Jahr 1550 fallende Verhängung einer Geldstrafe über die Schifferschaft entgegen. Das gemeinherrliche Vogteiamt zu Gernsbach legte der letzteren damals wegen Zuwiderhandlung gegen die Schifferordnung eine Geldstrafe von 150 fl. auf. Ob diese Strafe auf der Schifferordnung selbst beruhte (in welchem Falle mehrere Vergehungen gleichzeitig zu bestrafen gewesen sein müssten; denn die Schifferordnung kennt keine so hohe Strafe für eine einzelne Uebertretung) oder ob sie ein reiner Willkür-Akt des Amtes war, ob sie gezahlt, oder erlassen wurde — das ersieht man nicht.

Im Jahre 1556 wird ein Vertrag zwischen der Schifferschaft und dem Kurfürsten Friedrich von der Pfalz (der sog. »Pfedersheimer Vertrag«) errichtet, worin sich die erstere verpflichtet, wie seit Alters gebräuchlich, so auch ferner der kurfürstlichen Pfalz »zue derselben Hoff vnnd allen ander gebawe« auf Ordre der »Ambtleuth zue Germerssheim borth vnnd holtz alss viel man dessen bedürfftig umb ein benannten Kauffschilling« zu liefern.

Durch einen Vertrag vom Jahre 1569 verkauft Graf Philipp zu Eberstein seine Holzhandelsgerechtigkeiten, gewisse Sägmühlen und Waldungen an die gesammte Schifferschaft »um dreydausent vnd fünffhundert Gulden dises Landes Währung, je fünffzehn Batzen oder Sechzig Kreutzer für den Gulden gezehlet« und verpflichtet sich, »hinführo zue ewigen zeiten keinen Holtz-Handel für Sich selbst ferner vffzurichten oder einige andere Seeg Mühlen zu Gebrauch Holtz Handels bawen zu lassen sonder geverde«. Dieser Vertrag ist für die Geschichte der Schifferschaft jedenfalls von der grössten Wichtigkeit, weil er deren liegenschaftliches Vermögen, wie es scheint sehr beträchtlich, vergrössert hat.

Auf die letzterwähnte Verpflichtungsklausel beruft sich nachmals die Schifferschaft häufig, um darzuthun, dass auch der Markgraf von Baden, als Rechtsnachfolger der Grafen zu Eberstein, nicht berechtigt sei, Schifferhändel zu führen. Aber es wird ihr stets mit Erfolg, d. h. mit dem Erfolg, der dem Mächtigen gegen den Ohnmächtigen sicher ist, erwidert, jener Vertrag gehe Baden nichts an; denn es habe dazu nicht konsentirt.

Im Jahre 1576 entsteht in der Schifferschaft Zwiespalt über die Auslegung einer Bestimmung der Sch.-O. Vier von den sechs Geschworenen sind der Ansicht, dass die Rheinschiffer, wenn sie ihr Gut von Steinmauren ab nicht selbst verführen wollen, es an Fremde verkaufen dürfen; die zwei anderen bestreiten dieses Recht; der Streit wird den Gemeinsherren zur Entscheidung vorgetragen. Man ersieht daraus, dass damals die Schifferschaft 27 Mitglieder zählte, von denen nur 7 der ersteren, 20 der anderen Ansicht huldigten. Die Gemeinsherren entscheiden unter Berufung auf »die heuer vffgerichtte ordnung« (von der aus den Akten nichts zu ersehen) zu Gunsten der Mehrheit der Schiffer.

Im Jahre 1584 scheinen schlimme Zeiten für die Schifferschaft hereingebrochen zu sein. Der Markgraf von Baden sinnt darauf, »wie dem gantzen holtzhandel zum besten wider vffgeholffen« und es bewirkt werden könne, »das Rych vnnd Arm beieinander pleiben mögen« (eine oft gebrauchte Formel zur Bezeichnung einer gedeihlichen Entwickelung des Schifferhandels). In einem Reskript vom 28. Januar 1584 erbietet er sich zu der schon an anderer Stelle erwähnten Ermässigung des Zolles in Steinmauren und dazu, allen Schiffern ihre Bordwaaren in Steinmauren auf herrschaftliche Rechnung »Im höchstenn Kauff wie sie jetziger Zeit angeschlagen, Nemblichen das 100 guetter bortt für $6^1/_2$, die verkorene für $5^1/_2$ fl.« abzukaufen. Ganz uneigennützig mag dieses Erbieten nicht gewesen sein; denn im Jahre 1587 bittet die Schifferschaft, ihr Holz in Steinmauren selbst wieder verkaufen zu dürfen. Die Zollermässigung hatte sie natürlich bestens akzeptirt. Aber der Markgraf entzieht ihr diesen Vortheil und schliesst nun — unter'm 20. Juli 1587 — einen Vertrag, wonach ihm, zunächst auf vier Jahre, alle Bordwaaren zu Steinmauren, und zwar zu etwas höheren Preisen, als früher, verkauft werden müssen. Das Geld soll in Münze gezahlt werden »wie solche im Land vnseres Fürstenthumbs der Marg-Graffschafft Baden geng vnd gibig, vnd darunter kein Vortheil zue gebrauchen«. Aber auch dieser Vertrag, und namentlich die Wiedererhöhung des Zolles, befriedigt die Schifferschaft nicht.

Wenn ich sagte, dass es an Lichtpunkten in der Geschichte dieser Verbindung fehle, so habe ich damit natürlich nicht in Abrede stellen wollen, dass das Gewerbe zu Zeiten einzelnen Mitgliedern, ja vielleicht der Mehrzahl unter ihnen, erheblichen Gewinn abgeworfen habe. Reich konnten die Mitglieder fast zu allen Zeiten alle werden, und zwar beinahe ohne eigenes Zuthun; wer sich selbst noch einigermaasen anstrengte, konnte, wie u. A. das Beispiel von Johann Jacob Kast zeigte, auch sehr reich werden. Besonders scheinen im sechszehnten Jahrhundert die Geschäfte grossentheils — von einzelnen Nothperioden abgesehen — günstig verlaufen zu sein. Die Schifferschaft hat in dieser Zeit öfter grossen Herren aus finanziellen Verlegenheiten geholfen. So nahm Markgraf Georg Friedrich im Jahre 1600 ein Darlehen von 19,000 fl. bei der letzteren auf und verpachtete ihr seinen Schifferhandel. Darlehens- und Pachtzins (1000 fl.) wurden kompensirt.

Im Jahre 1607 ist nach einem Reskript desselben Markgrafen d. d. Carlspurg 8. Juli 1609 »über den Flotz- vnd Schiffer Handell vnndt etliche andere demselben anhangende Puncten zue Gernspach ein Abschiedt vff ratification beeder gemeinsherrschafften gemacht worden«. Ueber den Inhalt dieses Abschieds habe ich nichts ermitteln können.

Im Jahre 1622 verkauft Markgraf Wilhelm der gesammten Schifferschaft die an der unteren Murg ausserhalb der Grafschaft Eberstein gelegene rothenfelser Sägemühle nebst gewissen Zubehörungen, Wäldern u. s. w., zunächst auf 10 Jahre.

Im Jahre 1626 verhandeln die Gemeinsherrschaften über die neu aufzurichtende Schifferordnung. Der Graf zu Wolckenstein äusserte mancherlei Bedenken gegen den ihm vorgelegten Entwurf. Allein Baden scheint sich über diese Bedenken leicht hinweggesetzt zu haben. Am 12. August muss die Ordnung bereits allerseits bestätigt gewesen sein. Denn damals erhoben sich die Schiffer, jedoch ohne Erfolg, gegen einige Bestimmungen des schon verkündeten Werkes. Dieses letztere scheint aber den Schiffern noch lange Zeit nicht gefallen zu haben; denn bei den Akten ist gelegentlich von einer im Jahre 1645 abgegebenen und als Vergleich bezeichneten Erklärung die Rede, wodurch die Ordnung »bekräftiget« worden sei. Solcher Bekräftigungen mag es in diesen Zeiten — während des dreissigjährigen Krieges — oft bedurft; sie werden aber nie das Mindeste gefruchtet haben. Von allen Seiten ertönen Klagen über die Verletzung der Ordnung. Alles, was einem Gesetze ähnlich sieht, hält sich in guten Zeiten besser aufrecht, als in schlimmen. Und schlimm, sehr schlimm waren die Zeiten auch für die Schifferschaft, die vor dem Kriege 35, nachher aber nur

7 Mitglieder zählte, damals noch 36, jetzt aber nur noch 6 Sägmühlen aufrecht hatte, damals etwa 400,000 Bord, jetzt aber kaum 100,000 mehr schneiden konnte. Erklärlich genug ist es, dass, wo zeitweise jeder Bordwaaren-Absatz in's Ausland unmöglich war, bei ausnahmsweise sich doch darbietenden Gelegenheiten namentlich die Tarife vielfach überschritten wurden; man wollte sich eben für die allgemeine Niederlage durch einzelne Geschäfte erholen.

Die Zahl der Schiffer konnte sich nicht anders verringern, als so, dass Einzelne durch die Noth gezwungen waren, ihre Händel zu verkaufen. Im Jahre 1655 kommen Eingaben an den Markgrafen von Baden, worin dieser um Maasregeln zur Abstellung des Uebelstandes gebeten wird, dass unter den Schiffern allmälig einige den ganzen Handel an sich reissen. Aber was sollte der Markgraf thun, der ebenfalls Schuldner der Schifferschaft war, da er ihr noch im Jahre 1651 die schon vorhin genannte rothenfelser Sägmühle nebst vielen Waldungen als Unterpfand für ein ihm gegebenes Darlehen von $1666^2/_3$ Reichsthalern = 10,000 fl. zum Niessbrauch hatte überlassen müssen?

Und — wenn auch irgend eine kommunistische Maasregel die wenigen übriggebliebenen Schiffer der in ihren Händen sich aufhäufenden Reichthümer hätte berauben können — die Gemeinsherren, von denen dieselbe hätte ausgehen müssen, genossen gerade damals geringer Autorität. Das Haus Eberstein war auf der tiefsten Stufe seines Verfalles angelangt; das gräfliche Haus zu Gronsfeldt hatte selbst, wie es scheint auf ordnungswidrigem Wege, Schifferhandelsgerechtigkeiten an sich gebracht und sich mannigfache Eingriffe in die Rechte der Schifferschaft erlaubt. Die letztere strengte einen Mandatsprozess gegen das Haus an. Am 19. März 1658 erfolgte Seitens des Reichs-Kammergerichts zu Speyer ein »Mandatum de revocando attentata et nihil amplius renovando sed constitutam ordinem adimplendo sine clausula«. Baden reichte hiergegen, als Vertreter des beklagten Hauses, die »Exceptiones sub- et obreptionis« ein; endlich 1659 wurde der Prozess durch einen Interims-Rezess suspendirt bis auf die Zeit, wo Graf Casimir zu Eberstein, als bei der Sache mitbetheiligt, die venia aetatis erlangt haben würde. Dieser starb aber schon im darauf folgenden Jahre.

Während dieses Prozesses lag das schifferschaftliche Gewerbe vollkommen darnieder. Denn der Markgraf hatte der Schifferschaft das Verflössen von Bordwaaren nach dem Rheine (mit welchem Rechte — mag dahin gestellt bleiben) völlig untersagt, und erlaubte es erst wieder im Juni 1659, salvo processu camerali, unter gewissen Bedingungen und zunächst nur für dieses und das folgende Jahr.

Durch das Aussterben des gräflich Eberstein'schen Hauses und den Anfall des Landerbes an Baden wurde leider die Zahl der Gemeinsherren nicht gemindert; denn nun trat das Hochstift Speyer als Lebnsherr über die Hälfte der Stadt Gernsbach (welche die Grafen von Eberstein von ihm zu Lehen besessen hatten) in den Mitbesitz — statt eines kleinen weltlichen ein Kirchenfürst, statt eines geschwächten Vasallen ein trotz der Kleinheit seines hiesigen Gewaltkreises mächtiger und gefährlicher Nebenbuhler. Von diesem Augenblick bis zum Erlöschen dieses Kondominats (i. J. 1803) ist in der Grafschaft Eberstein und in der Schifferschaft des Streits kein Ende. Schien er einmal zu ruhen, so waren die Vögte der Mitherren eifrig beflissen, ihn durch öffentliche und heimliche Feindseligkeit auf's Neue anzufachen. Die Lebenskraft ganzer Generationen wird an solchen kleinlichen Zänkereien vergeudet, zahllose Riesse Papier werden mit Protesten und Reservationen, mit Prozess-Schriften und Urtheln gefüllt, Hunderttausende werden in solchem Federkrieg vergeudet und schliesslich verlieren immer alle Theile. Ein kläglicheres Bild der jämmerlichsten Kleinstaaterei, als man es aus diesen baden-speyerischen Fehden gewinnt, lässt sich kaum ausdenken.

Der Hauptprozess begann allerdings erst 86 Jahre nach dem Eintritt des speyerischen Kondominates; aber inzwischen ward in kleinen zerstörenden Kämpfen das Mögliche geleistet.

Aus einem kurzen Promemoria vom 18. Juni 1688 ersehen wir, dass »die schieffer Compagni sich in A. 1684 getrennet«, dass »auff des Hauptschieffers Vielfältiges erinnern Keine schiefferordnung mer observiret, sondern ein oder ander nach seinem gefallen gehandelt was er will«.

Es braucht im Jahre 1688 der Friede um deswillen nicht wieder hergestellt gewesen zu sein, weil damals die Schifferschaft sich über eine Beeinträchtigung klagend an Speyer wendet. Denn der Herzog Karl Friedrich von Würtemberg, gegen welchen die Beschwerde gerichtet war, macht gerade geltend, keineswegs alle Schiffer seien ihm aufsässig, sondern nur einige, und es klingt doch verdächtig, wenn die Beschwerdeführer hierauf nichts zu erwidern haben, als, wenn auch »de unanimi consensu gezweyfelt werde«, so könne ja »einiger oder etwelche denen jenigen die am meisten vnd von altem herkommen in der Handlung begriffen, nichts prejudiciren«.

Die Sache war aber folgende: Herzog Karl Friedrich von Würtemberg hatte etwa im Jahre 1686 von dem Grafen von Gronsfeld etliche 30,000 Bordschnittsgerechtigkeiten theils käuflich, theils tauschweise an sich gebracht. Die Schifferschaft wollte nun, unter Berufung auf die Bestimmung der Schifferordnung, der zufolge nur in der Grafschaft Angesessene Schifferrechte ausüben dürfen, nicht dulden, dass der Herzog sich seiner Rechte bediene. Der Herzog wendet sich mit der Bitte, die Schifferschaft zur Duldung zu zwingen, an die Gemeinsherrschaften. Die Schifferschaft aber, oder wie gesagt, ein Theil der Schiffer, protestirt gegen dieses Ansinnen. Ein ganzer Haufen von Gründen stützt diesen Protest. Der Eifer der Gegenwehr erklärt sich leicht, wenn man bedenkt, dass bis dahin die Schifferschaft der monopolisirte Käufer würtembergischen, im Murgthale gewonnenen, Holzes gewesen war; wurde der Herzog selbst Schiffer, so verflösste er natürlich auch sein Holz selber und verkaufte es Wem er wollte.

Es ist aus den Akten nicht zu ersehen, wie der Streit ausgegangen; jedenfalls erscheint der Herzog später nicht auf den Listen der berechtigten Schiffer.

Sehr bemerkenswerth ist es, dass gegen Ende des 17. Jahrhunderts die Beschwerden der Schifferschaft, wenn sie bei Baden kein Gehör finden, schon regelmässig bei Speyer angebracht werden, welches also in dem Korpus, dessen Glieder sich früher alle nach Gernsbach »wegen der allda geduldeten protestantischen Religion« gewendet, bereits grossen Einfluss gewonnen hatte. Sich der »gekränkten Unschuld« anzunehmen, ist immer kirchenfürstliche Politik gewesen.

Die Akten aus dieser Zeit und bis weit in's 18. Jahrhundert hinein sind voll von Beschwerden der Schiffer gegen einander, gegen Dritte, gegen eine oder die andere der Gemeinsherrschaften. Aber, wenn sich auch Speyer mit Vorliebe der Schiffer annimmt — es vermag doch wenig genug auszurichten, und sein ganzer Unwille hierüber wird Jahrzehnte lang aufgespeichert, um sich endlich in dem grossen, mehrerwähnten Jurisdiktionsprozesse Luft zu machen.

Baden lässt sich im Ganzen die Querelen der Schifferschaft nicht sonderlich anfechten. Als, im Jahre 1730, die letztere mit einer ganzen Masse von Klagen, aus denen allerdings hervorgeht, dass die Schifferordnungen nur gegeben zu sein schienen, damit sie übertreten werden können, auf ein Mal kommt, äussert der hierüber zum Bericht aufgeforderte badische Vogt, die Schiffer hätten sich angewöhnt, über jede kleine Verletzung gleich Lärm zu schlagen, während sie selbst sich nicht scheuten, die Ordnung jederzeit zu verletzen; wenn sie einig wären und ordentlich »wie die Alten«, so würde es niemals Grund zu Beschwerden geben. Auch bei diesem Streit, der besonders veranlasst war durch allerdings sehr weit gehende Eingriffe eines badischen Kammerraths und Holzhändlers — im Murgthal war eben Alles offen oder insgeheim Holzhändler — Kugler in die Rechte der Schifferschaft, war Speyer schnell bei der Hand und natürlich auf der Seite der Schifferschaft. Seine Parteinahme reizte Baden zu einer Konfiskation schifferschaftlichen Eigenthums — einer Maasregel, die dann wieder zurückgenommen werden musste. Speyer lachte darob in's Fäustchen.

Mit Recht konnte es wohl, da äussere Gefahren jetzt nicht drohten, der speyerischen Mitkognition und den von dieser Seite gespielten Intriguen zur Last gelegt werden, wenn, wie es in einem badischen Promemoria aus dem Jahre 1743 heisst, damals die ganze Schifferschaft aus den Fugen war, von 1728—1740 kein Hauptschiffer, bis 1743 keine Sechsgeschworenen mehr gewählt waren, die Schifferordnung stets übertreten wurde.

Ich will nicht sagen, dass Baden an diesen Uebelständen unschuldig gewesen wäre; alle Theile waren schuldig, zumeist die Schifferschaft selbst; aber als ein höchst gefährliches Element wirkte in diesen Angelegenheiten doch unzweifelhaft Speyer, welches das: »divide et impera« nie aus den Augen liess.

Speyerische Vogtei-Amts-Rechnungen aus den Jahren von 1662 bis 1762 zeigen uns deutlich, wie oft es in dieser Periode recht herzlich schlecht um die Schifferschaft bestellt war.

Von 1690—1699 wurden gar keine Abgaben entrichtet, »weilen der Schifferhandel still steht, gar darniederliegt« (1690), »weilen vff gernsbacher Markung keine einige Seegemühl mehr steht« (1691), »weilen alle Seegemühlen verbrennt sind« (1692—98), »weilen wegen continuirlichem lermon weder lichtmess noch bartholomei schatzung hat können gezwungen werden« (1694—98).

Von 1699 ab wird freilich das Versäumte nachgefordert, aber es geht nicht ohne Nachlässe ein. Von 1699—1719 finde ich viele Rückstände notirt. Wenn von da ab die Zahlungen ziemlich regelmässig erfolgen (1734 ist »die schifferschaft wegen erlittenen grossen Schaden supplicando vm Erlass des Seegerzinsses eingekommen«), so fragt es sich, ob das in strengerer Beitreibung oder in günstigerem Geschäftsgang seinen Grund hat. Das Erstere ist wahrscheinlicher, als das Letztere. 1710 ist die Schifferschaft 24 fl. 44 Xr. schuldig; »weilen aber wegen extra beitrags zur contribution Baadens auf Deme wie es nach erlangtem Frieden mit übrigen ordinarischatzungen wird gehalten werden, beruhen lasset und das ihrige bis dahin borget, ist gelieffert worden: Nichts«.

Freilich belegt die Nichtzahlung der Abgaben zwar offenbar Noth, keineswegs aber kann die Zahlung derselben für ein Zeichen von Prosperität gelten.

Im Jahre 1747 beginnt nun der grosse Prozess, von dem schon öfter gelegentlich die Rede war.

Baden behauptete, in Schifferschafts-Angelegenheiten allein jurisdiktionsberechtigt zu sein, seit es Alleinbesitzer der Grafschaft Eberstein — mit Ausnahme der Halbschied der Stadt Gernsbach — geworden war, und verrichtete, während es früher allerdings thatsächlich vielfach die speyerische Mitkognition geduldet hatte, seit 1740 viele Jurisdiktions-Akte ohne Zuziehung des speyerischen Amtes. Jedem solchen Akte folgte ein Protest von der anderen Seite und, wenn die beiderseitigen Vögte sich eine Weile an den Haaren herumgezaust hatten, begannen die Vorstellungen der Hochstift speyerischen Regierung zu Bruchsal gegen die hochfürstl. badische zu Rastatt. Endlich, wenn auch das (wie gewöhnlich) nichts fruchtete, wandte sich Se. Hochfürstl. Eminenz selbst unmittelbar an Se. Hochfürstl. Durchlaucht. Vorwürfe und Proteste nahmen immer verbindlichere Formen an, je höher die Regionen waren, in denen sie ausgetauscht wurden. Aber erledigt wurde durch diese verbindliche und geschnörkelte Korrespondenz ebensowenig Etwas wie durch die massiveren Aeusserungen zu Protokoll bei Gelegenheit der Amtstage zu Gernsbach.

Inzwischen war es Speyer gelungen, auch die Schifferschaft gegen Baden aufzubringen. Der Rückgang des Gewerbes, manche badische Gewaltakte, vielfältige Streitigkeiten unter den Schiffern selbst — Alles das wurde den letzteren als eine natürliche Folge der Weigerung Badens, dem Hochstift die volle Mitjurisdiktion zuzugestehen, vorgespiegelt. Die Schiffer erinnerten sich, von Speyer in ihrem Gedächtniss unterstützt, einer Menge von Beeinträchtigungen, die sie von badischer Seite seit einer langen Reihe von Jahren hatten erdulden müssen, und wendeten sich am 20. August 1746 mit einer ellenlangen Beschwerdeschrift an Serenissimum Badensem. Diese Schrift ward dem Hofrath von Hauer zum Referat übergeben. Und dieser arbeitete einen dicken Folianten, betitelt: »Vindiciae Jurium Badensium praecipue Comitatus Ebersteinensis Adversus Invasiones et Violationes Spirenses. Referente Francisco Valerio Nobili de Hauer. Rastadii. Annis 1746. 1747« aus, worin gleichzeitig die schifferschaftlichen Beschwerden und die speyerischen Anmaasungen überaus umständlich widerlegt und bezüglich bekämpft wurden. Die Schifferschaft wurde hierauf mit allen ihren Beschwerden abgewiesen und machte nun mit Speyer gemeinschaftliche

Sache. Beide gemeinschaftlich klagten bei dem Reichs-Hofrath gegen Baden. Im Oktober 1747 wird die Klage übergeben. Das Aktenstück ist betitelt: »Allerunterthänigste Supplica (An die Röm. Kayserl. durch Germanien und zu Jerusalem Königl. Majestät) Pro Clementissimo decernendo Mandato de manutenendo et non turbando in possessione vel quasi condominio fluminis ut et Cognitionis nec non juris Gratiae indeque dependentium jurium, cassatorio, inhibitorio, de non via facti, sed juris procedendo, nec contraveniendo ordinationi communi, juncto restitutorio S. C. cum citatione solita. Impetrantischen Annwaldts. In Sachen zu Speyer Stifft und die gesambte Schifferschafft im Murgthal zu Gernsbach Contra den Herrn Marggraffen Ludwig Georg zu Baaden-Baaden, dessen nachgesetzte Regierung und Vogten zu Gernsbach.«

Darauf folgen — aber freilich erst nach vielen Fristerstreckungen, i. J. 1749 — badischer Seits die »Exceptiones ob- et subreptionis ac respective Imploratio humillima etc., wiederum ein Foliant.

Und so wälzt sich denn in trägem Gange die trübe Fluth dieses Prozesses fort. Im Jahre 1762 erkannte der Reichshofrath Paritoria. »Von da bis zum 24. Januar 1800« — sagt ein fürstl. speyer. Reg.-Rath Sensburg in einem die Prozessgeschichte darstellenden Vortrage — »trat ein förmliches Justitium ein. Da endlich wurde die badische, schon 1762 exhibirte Paritions-Anzeige zur Erklärung communiciret, im übrigen die diesseitigen Attentaten-Anzeigen sowol, als die jenseitige eventuelle interpositio revisionis insoweit ad acta gelegt worden sind.«

Und an einer anderen Stelle sagt der genannte Referent von der Zeit zwischen Klage und Erkenntniss: »Inzwischen sind durch den von Baden absichtlich gewählten und hier unwissend beibehaltenen Weg der Weitläufigkeit die Judizial-Akten so hoch angeschwollen, dass sich kein Referens zu Wien mehr daran machen wollte, und die Sache von 1754 bis 1762 auf sich erliegen blieb, ungeachtet der Herr von Hutten solche selbst zu Wien persönlich betrieben hatte. Der damalige Referens, Herr von Vockel, äusserte sich einmal gegen denselben, dass er doch nicht einsähe, wie man dem Hause Baden den Selbsthandel auf der Murg versagen könne u. s. w.; er ging aber doch zu Gunsten des Hochstifts durch und am 16. Juli 1767 ward erkannt: pp. pp. 2. Rejectis exceptionibus fiat nunc Sententia paritoria cum termino duorum mensium et cum extensione ad nova facta etc.«

Diese Sinnesänderung des Herrn Referens in Wien wird erklärlich, wenn man aus den Akten ersieht, mit welchen Mitteln in Wien von beiden Seiten gearbeitet wurde. Das Hochstift hat eben die Stückfässer edlen Weines und die Dukaten doch wohl etwas weniger angesehen, als Baden. Die ganze Prozessgeschichte ist ein Kulturbild für sich — freilich der widerlichsten Art.

Die von Speyer erwirkte Paritoria kam nicht zum Vollzug. Und, als Baden sich darum gar nicht kümmerte, sondern nach wie vor die Mitjurisdiktion Speyer's in Schifferschaftssachen ausschloss, anwortete letzteres mit Pfändungen und besonders mit Einführung eines »Murg-Rekognitions-Geldes« auf der speyerischen Zollstätte zu Philippsburg.

Gegen diese Willkür gelang es Baden, ein mandatum beim Reichskammergericht zu erwirken.

Dem Markgrafen von Baden lag natürlich mehr am Frieden mit der Schifferschaft, als mit Speyer. Und, während der grosse Prozess beim Reichshofrath schwebte, wurden mit der ersteren insgeheim Verhandlungen angeknüpft, deren Aufgabe es war, die Schiffer von Speyer abwendig, der Landesherrschaft aber zugethan zu machen und den wichtigsten ihrer Beschwerden abzuhelfen.

Das Resultat dieser Verhandlungen war der Vergleich vom 19. Mai 1753. In diesem Vergleiche verzichtet die Schifferschaft in einem Falle, wo dem Markgrafen an einem solchen Verzicht besonders viel gelegen war, auf das Recht der Ausloosung (Retrakt.) Es handelte sich hier um den Erwerb von Schifferhändeln durch die rastatter Bürger Dürr und Mössner. Wenn diese ihre Händel wieder veräussern sollten, dann solle auch das Näherrecht der Schifferschaft wieder aufleben. Die beiden rastatter Bürger sollten der Schifferschaft gewisse Auslagen erstatten und sich durchaus der Schifferordnung unterworfen halten. Der Markgraf will künftig keine Schifferhändel mehr an sich ziehen, und auf das Losungsrecht verzichten. Das Holz der Kommun- und Heiligenwälder soll pro futuro allein der Schifferschaft zur Verfügung stehen. Die Privilegien der Schifferschaft werden bestätigt. Missel- und Brennholz soll die Herrschaft selbst verflössen dürfen; aber sie muss der Schifferschaft allen Schaden ersetzen. Sollten fremde Unternehmer konzessionirt werden, so hat die Schifferschaft gegen dieselben Anspruch auf gewisse Beiträge zu den Kosten der Floss-Anstalten. Weiter enthält der Vergleich noch manche die Schifferordnung theils ergänzende, theils abändernde Bestimmungen, sowie mehrere an sich unbedeutende, aber von der Schifferschaft dringend begehrte Zugeständnisse und endlich die Bestimmung, dass durch den Vergleich alle obschwebenden Prozesse und sonstigen Differenzen zwischen den Paziszenten als beigelegt, die Vergleichsbestimmungen als res judicata gelten sollen.

Das war ein Strich durch die speyrische Rechnung. Wenn auch seinerseits die von den Paziszenten bei dem Reichshofrathe nachgesuchte Bestätigung des Vergleiches vereitelt wurde, so war durch die den Schiffern vom Markgrafen gemachten Zugeständnisse dem Prozess doch die Spitze abgebrochen, und, was Speyer nun noch forderte, konnte es nicht mehr im Namen und angeblich zum Schutze der Schifferschaft fordern, die ja durch den Vergleich völlig befriedigt war.

Freilich ward die Vollgültigkeit dieses letzteren vielfach angezweifelt. Nach dem Aussterben der baden-badischen Linie erkannte ihn Baden-Durlach, wenn sich die Schifferschaft auf ihn berief, nicht an; er sei res inter alios acta. Speyer natürlich liess eine Berufung auf den Vergleich niemals gelten. Aber doch ist er in den wesentlichsten Punkten stets aufrecht erhalten worden. Die Schiffer erkannten in ihm eine Art magna charta oder Bill of rights, und selbst Baden-Durlach hütete sich wohl, die darin gemachten Zugeständnisse offen zu missachten. Auch von dieser Seite wurde der Vergleich mit einer gewissen Vorsicht behandelt. Wusste man doch, dass er das Mittel gewesen war, den speyrischen Einfluss lahm zu legen. Und dieser konnte jedenfalls leicht wieder aufleben. Denn immer gab es, wie sich der badische Hofrath Stösser i. J. 1788 ausdrückte, in der Schifferschaft viele speyrisch Gesinnte, »Eiferer, oder, welches eben so viel ist, Affecti Spirenses«.

Das ihr wohl früher schon zustehende, im Vergleich aber ausdrücklich zugestandene Recht, Private zur Betreibung der Flösserei, insofern dieselbe nicht Privileg der Schifferschaft war, zu konzessioniren, verwerthete die Herrschaft gleich im Jahre 1758 durch den berüchtigten[7]) Flotz-Akkord mit dem pforzheimer Rathsverwandten Johann Jacob Fauler und Consorten. Nach diesem Vertrage sollte die ebengenannte Gesellschaft gegen Flossbarmachung des Murgflusses (für Langholz) und Leistung eines unverzinslichen Vorschusses von 50000 fl. auf die Zollentrichtung, für 30 Jahre das ausschliessliche Privileg, Langholz auf der Murg zu verflössen, erlangen, und jährlich eine gewisse Masse Holz um einen bestimmten Preis aus, im Murggebiet belegenen, herrschaftlichen Waldungen empfangen, auch von dem hierfür zu erlegenden Kaufpreis jährlich 3500 fl. zur Tilgung der obigen Schuld innebehalten dürfen.

Gegen diesen Vertrag, in welchem der Gesellschaft allerdings ganz exorbitante Rechte eingeräumt wurden (z. B. sollen Privatgrundstücke, die zur Errichtung von Einbindestätten erforderlich sein könnten, expro-

---

7) **Jägerschmid** a. a. O. S. 99 schildert die Nachtheile, welche dieser Akkord den Waldbeständen im Murgthale auf Generationen hinaus gebracht hat, in besonders grellen Farben.

priirt werden, wenn die Eigenthümer sie nicht gutwillig gegen mässigen Preis ablassen wollen) protestirte Speyer unter Berufung auf sein Kondominat, die Schifferschaft unter Berufung auf den 1753er Vergleich. Beiden Protesten wurde nicht Statt gegeben.

Die Streitigkeiten mit Speyer leben überhaupt natürlich bei jedem Anlasse wieder auf. So auch i. J. 1772, als der Hauptschiffer Schickardt stirbt, und das speyrische Amt alsbald zur Wahl eines neuen Hauptschiffers schreiten will. Die Forderung war berechtigt; aber, da sie von Speyer ausgeht, tritt Baden ihr entgegen. Ein Hauptschiffer sei gar nicht nöthig. Die Schifferordnung, behaupte Speyer, schreibe die Wahl vor; aber was habe sich Baden-Durlach (die jetzt regierende Linie) um die Schifferordnung zu kümmern, die es nie bestätigt habe? Vergeblich erinnert Speyer, dass gerade Baden-Durlach, als es — von 1688 bis 1707 — den badischen Theil der Gemeinsherrschaft pfandweise innegehabt, die Schifferordnung stets de facto als bindend anerkannt habe, dass, wenn es sich jetzt dessen weigere, doch eine neue Schifferordnung aufgerichtet werden müsse u. s. w. Speyer verlangt die Wahl eines Hauptschiffers — ergo kann Baden diese Wahl nicht wollen. Hätte Baden sie verlangt, so hätte sie vielleicht Speyer nicht gewollt. Es ist mir sehr wahrscheinlich, dass nachmals Baden von sich aus jene Wahl angeordnet und den Hauptschiffer bestätigt habe.

Im Jahr 1773 wird dem Markgrafen der Vorschlag gemacht, mit der Schifferschaft einen Akkord wegen Ankaufs des in schifferschaftlichen Waldungen vorräthigen Brennholzes abzuschliessen. Da die Schifferschaft dieses Holz ohne besondere Konzession nicht selbst verflössen durfte, stand es niedrig im Preise und die Schiffer liessen es lieber verkommen. Jetzt aber hatten die letzteren auf Befragen sich erbötig gezeigt, von »ungefährlichen Orten« Brennholz »zu billigem Preise« abzugeben. Es wurde eine Besichtigung der schifferschaftlichen Waldungen und Taxation des vorhandenen Holzes angeordnet, wobei je die betheiligten Schiffer mit ihren Rottmeistern anwesend sein sollten. Aber der Forstmeister konnte das kaum begonnene Geschäft nicht fortsetzen. Die Schiffer zeigten sich widerspenstig und kamen nicht zur Stelle. Wahrscheinlich wollten sie zurückhaltend thun, um bei dem Akkord höhere Preise zu erzielen. In einem Bericht des Oberforstmeisters von Landsee heisst es: »Es ist beynebens zu erwögen, dass diese Schifferschafft mit ihrer verderblichen Verfassung, mit welcher sie sich jedesmahlen als eine eigenmächtig-freydenkende republique gegen alle Herrschafftliche Verlangen dargestellet, fernerhin fest zu sitzen suchet« u. s. w.

Endlich kam — ich weiss nicht, ob unter Zuthun der Schifferschaft — die Schätzung doch zu Stande. Der Brennholz-Vorrath wurde auf 140—150000 Klaftern (!) angeschlagen. Es kam bei dieser Gelegenheit zu Tage, dass die Schiffer ihre Waldungen und ihren Holzreichthum gar nicht zu kennen schienen, und dass die ersteren forstwirthschaftlich grossentheils auf's Aeusserste vernachlässigt waren.

Der Akkord wurde abgeschlossen. Die Schifferschaft verpflichtet sich, auf 20 Jahre jährlich 4—5000, oder im Ganzen 80—100,000 Klaftern Buchen- und Tannen-Scheitholz aus ihren Waldungen an die Herrschaft abzugeben und nach dem herrschaftl. Holzhof in Rastatt zu liefern. Dabei wird der Preis im Walde auf 40 Xr. und werden die Kosten der Aufmachung und des Transportes bis Rastatt zu 1 fl. 40 Xr. pr. Klafter angenommen.

Als die Schifferschaft, i. J. 1792, 80000 Klaftern geliefert hat, verweigert sie weitere Lieferung; zu Mehrerem sei sie nicht verpflichtet. Nach langem Hin- und Her-Schreiben lässt es die Herrschaft hierbei bewenden.

In dieser Zeit ist es, dass zum ersten Male ernstliche Projekte einer **Umwandlung der schifferschaftlichen Verfassung** auftauchen. Das erste bekannte solche Projekt datirt aus dem Jahre 1776 und entstand im Schoose der Schifferschaft selbst. Bei den Akten findet sich folgende, von 10 Schiffern unterzeichnete, Erklärung:

»Wir Endes unterschriebene Schiffer zu Gernsbach beurkunden Krafft dieses, dass wir wegen vorwaltenden grossen Irrungen und Streitigkeiten in unseren eigenthümlichen Waldungen sowohl, als zu besserer Aufnahme und Betreibung unseres Commerciums mit Gott entschlossen haben, **diesen unseren Handel und Waldungen auf die Zukunfft zusammenzuwerffen und eine Compagnie unter uns zu errichten, nach deren entworffenen und noch zu entwerffenden Regeln in denen Waldungen gleich durchgehauen, das Holz gemeinschafftlich verkaufft, der Erlöss aber nach eines jeden Gerechtigkeiten vertheilt werden solle,** also dass auf die Hinkunfft der allgemeine auch der privat und vice versa Nuzen werde; zugleich aber verpflichten wir uns Krafft dieses u. s. w. . . . Gernsbach, d. 23. Febr. 1776.« Die Unterzeichneten verpflichten sich hier weiter, für den Fall, dass auch die anderen Schiffer noch zum Beitritt zu vermögen seien, und dass die Herrschaft auch dem neuen Verein die »benöthigten Indulgentien und Privilegien« verleihe, von diesem Vereine nicht wieder zurückzutreten.

Leider erfüllte sich weder die eine, noch die andere dieser Bedingungen. Vier Betheiligte protestiren entschieden gegen das Projekt und nach dem Beschluss des Geheimenraths vom 9. August 1776 soll der vorgeschlagene Verein vorderhand für nicht thunlich erklärt, wenn auch das Gesuch nur in schonendster Weise abgewiesen werden. Ja, falls der Verein auf privative badischem Territorium (Speyer war ja noch in der Gemeinschaft; der grosse Jurisdiktions-Prozess schwebte ja noch) Domizil sollte nehmen wollen, sei Genehmigung in entfernte Aussicht zu stellen.

Das Projekt hatte aber viele Federn in Bewegung gesetzt. In den badischen Regierungs-Akten finden sich ausführliche Gutachten pro und contra. Ein Geheime Hofrath Hummel zu Carlsruhe befürwortet den Vorschlag entschieden; ein anderer Gutachter, dessen Name nicht zu entziffern, spricht sich dagegen aus »1. mit Rücksicht auf die Schifferschaft, 2. mit Rücksicht auf die Gemeinden und Unterthanen in der Grafschaft Eberstein und 3. mit Rücksicht auf die Herrschaft selbsten«.

Der Verfasser dieses, übrigens in mehrfacher Beziehung sehr interessanten Gutachtens, führt ganz im Geiste der Zeit, die Phrasen von dem freien Commerce, dem gemeinen Nutzen, dem »Geld im Lande Bleiben«, vielfach im Munde. Er ist dem Projekt abhold; aber hält allerdings auch seinerseits eine Aenderung der Verfassung für dringend nöthig. Die Wälder müssen, meint auch er, zusammengeworfen und gemeinschaftlich bewirthschaftet werden. Nur der Verkauf des Holzes und der Bordwaaren müsse dann lediglich Jedes Sache bleiben.

Bemerkenswerth ist aus dem vorigen Jahrhundert nur noch eine, übrigens gütlich beigelegte, Differenz zwischen der badischen Regierung und der Schifferschaft wegen eines zwischen der ersteren und einer württembergischen Gesellschaft, der »Neuen Württembergischen Enz-, Nagold- und Murg-Kompagnie« im Jahre 1786 verabredeten Vertrages. Diese Kompagnie erhielt die Erlaubniss, von 1788 ab zunächst auf 10 Jahre (der Vertrag wurde dann mehrfach prolongirt) das auf den neuenbürger und altensteiger (Würtemberg) Oberforstamtswaldungen an der Nagold und Enz, desgleichen das aus den oberen und unteren Murgwaldungen erkaufte Holländer und anderes Holz auf dem Murgfluss bis zum Rhein verflössen zu dürfen. Dagegen protestirte die Schifferschaft unter Berufung auf die in der Schifferordnung ihr gewährten und in dem 1753er Vergleiche bestätigten Privilegien. In einem, schon bei anderer Gelegenheit erwähnten, Gutachten, welches ein Hofrath Stösser über diesen Protest abgibt, ist ausgeführt, dass, wenn der Murgschifferschaft ein ausschliessliches Privilegium verliehen sei, dies ihr von dem Verleiher auch wieder entzogen werden könne; Flüsse seien publici juris und »Principis aestimatio est, quem modum sibi beneficii esse velit«. Der Vergleich, auf den sich die Schifferschaft berufe, sei für die jetzt regierende Linie res inter alios acta; übrigens sei die Schifferschaft nur mit äusserster Schonung abzuweisen. Das ist denn wohl auch geschehen, und die Schifferschaft mag sich beruhigt haben.

Anständige Abgaben wurden übrigens der würtembergischen Kompagnie angesonnen. Da war das rastatter Konzessionsgeld mit 1 fl. 30, das karlsruher »geheime« (?) Konzessionsgeld mit 1 fl. für jede Holländer Tanne, da waren der steinmaurer und ottenauer Zoll mit 2 bis 24 Xr. per Stück, je nach den Holzsorten, da war der schrecker Mannszoll mit 57 Xr. für jeden Mann auf dem Floss, da waren Akzidenzien an die Zollbedienten, da waren endlich vom Scheiterholz viererlei verschiedene Abgaben zu entrichten. Freilich kaufte die Kompagnie von der herzogl. würtembergischen Rentkammer ihr Holz auch billig genug. Eine 70, 80 oder mehr Schuh lange Holländer Tanne kostete 12 fl., eine 60er Tanne 11 fl., 1 Holländer Dickbalken, 16zöllig am kleinen Ende, 4 fl. u. s. w.

Die Geschichte der Murgschifferschaft im 19. Jahrhundert ist ärmer an Ereignissen als die jeder früheren Periode. Aber die Schiffer selbst haben sich hierüber am wenigsten zu beklagen. Gleich im dritten Jahre des neuen Jahrhunderts — in Folge des Reichsdeputations-Hauptschlusses — versiechte eine Jahrhunderte lang reichlich fliessende Quelle von Streitigkeiten. Die Grafschaft Eberstein wurde ausschliesslich badisch. Die Schifferschaft war nun nicht mehr ein Gegenstand cifersüchtiger Intrigue für zwei oder mehrere einander bekämpfende Gemeinsherrschaften. Freilich innerhalb des Vereins ruhete der Streit nicht. Die eigenthümliche Verfassung oder sagen wir lieber Verfassungslosigkeit der Verbindung gab dazu immer neuen Anlass. Doch auch die Verhältnisse der Betheiligten zu einander wurden in dem Maase friedlicher, als die alten ausschliessenden Handels-Privilegien an Bedeutung verloren; von dieser Seite her schwand jeder Anlass zum Streit, als endlich diese Privilegien gänzlich in Wegfall kamen.

Der mehrerwähnte Topograph des Murgthals, K. F. V. Jägerschmid, der seine Studien gegen Ausgang des vorigen Jahrhunderts machte, giebt für seine Zeit eine ziemlich ausführliche und klare Darstellung der schifferschaftlichen Einrichtungen und der Technik des Flösserei- sowie des Sägmühlenbetriebs; seine flüchtigen historischen Mittheilungen über die früheren Zeiten interessiren uns wenig; für die Geschichte seiner Zeit erregt besonders die Angabe unser Interesse, dass schon damals die Schifferordnung von 1626 keineswegs mehr als bindende Norm galt, fast in keinem Stücke mehr befolgt wurde, und es überhaupt an einer geschriebenen Norm gänzlich fehlte. Der 1753er Vergleich scheint noch allenfalls für die Gegenstände, welche er behandelt, maasgebendes Gesetz gewesen zu sein. Damals fuhren die Murgschiffer schon nicht mehr bis Bingen hinab; sie fanden bis Oppenheim schon reichliche Abnahme. Das Waldeigenthum der Schifferschaft war sehr unbestimmt und vielfach strittig. Wegen der an der württembergischen Grenze gelegenen schifferschaftlichen Waldungen walteten Grenz- und Jurisdiktions-Streitigkeiten zwischen Baden und Würtemberg. Es gab damals 11 Schiffer, welche den Holzhandel selbst betrieben (»aktive Schiffer« nennt man diese heutzutage) und 9, welche ihre Gerechtsame an einige der vorigen verliehen hatten. Die ersteren hatten zusammen 98,352 aufrechte und 185,959$^1/_2$ niedergefallene, die letzteren 29,648 aufrechte und 46,840$^1/_2$ niedergefallene Gerechtigkeiten. In Summa gab es also noch immer 360,800 Gerechtigkeiten. Die Schifferschaft besass noch 9 Mühlen mit 20 ganzen Gängen. Es kamen also noch immer, wie in alter Zeit, auf 1 Gang 6400 Bordschnitte. Jägerschmid berechnet für seine Zeit den Reingewinn von einem Bordfloss von 15,000 Stück, welches in Mannheim verkauft wird, nach Abzug aller Kosten auf 2100 fl. Wer also, wie einige der aktiven Schiffer, über 15,000 Bordschnittsgerechtigkeiten hatte, und diese vielleicht zwei bis drei Mal im Jahre »besägen« konnte — dem brachte seine Mitgliedschaft, auch nur von dieser Seite her und ganz abgesehen von den anderen Nutzungen der Wälder, in guten Zeiten einen recht anständigen Gewinn. Das 100 Schnittgerechtigkeiten, womit jedesmal ein verhältnissmässiger Waldantheil verbunden ist, kostete damals durchschnittlich etwas über 200 fl. Wer also 150 × 100 Bordschnittsgerechtigkeiten, das 100 zu 210 fl., kaufen konnte, durfte in guten Zeiten eine Rente von pr. pr. 19 % erwarten.

Aus einer ebenfalls schon erwähnten, späteren, offiziellen schifferschaftlichen Publikation (C. F. Arnsperger, Erneuertes Lagerbuch über die schifferschaftlichen Waldungen. Karlsruhe 1818), einem sehr wichtigen Dokument, geht hervor, dass zur Zeit der Aufstellung jenes Lagerbuches, in den Jahren 1815 und 1816, langwierige Rechtsstreitigkeiten über das schifferschaftliche Waldeigenthum, sowie Grenz-Differenzen mit fremden Anstössern, theils durch richterliche Urtheile, theils durch rechtsgültige Vergleiche beigelegt worden waren, und dass bei der Aufstellung des Lagerbuches noch alle übrig gebliebenen Zweifel über Waldeigenthum und Waldantheile solchergestalt erledigt wurden, dass von nun an in diesem Punkte völlige Sicherheit und Klarheit herrschte. Die Instruktion für den Waldinspektor, eben den Herausgeber des Buches, C. F. Arnsperger, überhaupt die Einleitung, welche sich als Beurkundung eines der Aufstellung des Lagerbuches voraufgegangenen Uebereinkommens darstellt, ist von 20 Betheiligten unterschrieben. Es folgt nun die Beschreibung der einzelnen schifferschaftlichen Waldparzellen, nach 5 Walddistrikten (Murg-Waldungen, Schönmünzach-Waldungen u. s. w.) geordnet. Jede einzelne Parzelle hat ihren Namen, die Beschreibung enthält die neue No., die No. des alten Loochbuchs, eine genaue Grenzbezeichnung, eine Flächenangabe nach Schätzung, die Namen und Schifferzeichen der Betheiligten, die Angabe des Hauptschifferstammes, zu welchem die Parzelle gehört.

In dieser Weise sind 307 Parzellen beschrieben.

Nun folgt eine genaue Angabe der Antheile, welche sämmtliche Betheiligte an den Hauptschifferstämmen, deren 7 bestehen, besitzen (nach Bruchtheilen).

Das Buch schliesst mit einer Zusammenstellung der Bordtschnittsgerechtigkeiten, welche damals die einzelnen Betheiligten besassen. An der Summe von 360,800 sind 33 Personen und bezüglich Familien betheiligt. Der Stärkstbetheiligte hat $33,419^{1}/_{4}$ Gerechtigkeiten.

Krieg von Hochfelden (a. a. O.) giebt uns für seine Zeit — das Buch erschien im Jahre 1836 — durchaus keine neuen Daten. Die Schifferschaft bestand genau in derselben Verfassung wie zur Zeit der Abfassung des Lagerbuches. Ihr Holzhandel setzte weit über 400,000 Gulden in Umlauf. Das Hundert Bordschnittsgerechtigkeiten war auf 400 Gulden im Preise gestiegen. Der schifferschaftliche Wald- und Sägemühlen-Besitz hatte sich nicht geändert. Noch immer war der Handel eingetheilt in 128,000 aufrechte und 232,800 niedergefallene Gerechtigkeiten.

Ein neuerer Topograph des Murgthals (von Kettner, Beschreibung des badischen Murg- und Oosthals. Frankfurt a. M. 1843), welcher, wie Jägerschmid, ebenfalls auf die Verhältnisse der Schifferschaft zu sprechen kommt, erwähnt, dass zu seiner Zeit noch manche Bestimmungen des 1753er Vergleiches in Uebung geblieben seien. Nach ihm war damals der Holzhandel im Forstamtsbezirke Gernsbach noch fast ausschliesslich in den Händen der Murgschifferschaft, oder einzelner Mitglieder derselben. Ausser dem aus den eigenen Waldungen gewonnenen Holzquantum kam fast der ganze Holzertrag des Bezirks und der Umgegend in schifferschaftliche Hände. Diese Holzmassen wurden theils als Brennholz in den Holzhof nach Rastatt geliefert, theils als

Sägeholz auf schifferschaftlichen Sägemühlen geschnitten und auf dem Rheine verflösst. Die Klafterholzflösserei auf der Murg gelangte im Jahre 1834 in die Hände der Schifferschaft. Sie kaufte im Wege der Steigerung das Klafterholz aus den Murgwaldungen und liess die Flösserei durch »ihren Bezirksförster und Buchhalter« besorgen und durch »Tagelöhner« betreiben. Sie hatte das alleinige Recht der Murgflösserei und zugleich hatte sie für den Auszug den ärarischen Holzhof in Rastatt gepachtet. Kleinere Unternehmer waren nur auf kurze Strecken zu flössen berechtigt, nachdem das Hauptfloss die Murg passirt hatte. Sie hatten ein Konzessionsgeld mit 2 Xr. pro Klafter für die Stunde zu entrichten; die Murgschifferschaft hatte nur ein Rekognitionsgeld von 12 und bezüglich 18 Xr. pro Klafter für die ganze Fahrt zu zahlen. Die Flosseinrichtungen wurden zum Theil von ihr, zum Theil vom Aerar unterhalten.

Auch beinahe alles Sägeholz gelangte in die Hände der Schifferschaft oder einzelner Mitglieder. Der Verkauf der Sägewaaren wurde von jedem Mitgliede für sich betrieben. Aber sämmtliche Mitglieder vereinigten sich durch schriftliche Reverse über die einzuhaltenden Verkaufspreise. Die Klassifikation der Sägewaaren hatte sich gegen früher geändert. Statt gute, mittel oder verkohren Borde, Schwarten u. s. w. gab es nun »Brennborde«, »Auswürfling«, »Ausschuss«, »Dreikreuz«, »Zweikreuz«, »Einkreuz«, »Holländer Bord«, »Holländer Fracken«, »gute Latten«, »Ausschuss-Latten«. Die Kührung geschah aber im Wesentlichen noch nach den früheren Gesichtspunkten (ob astfrei, ein oder mehrere Aeste haltend, rissig, anbrüchig u. s. w.).

Die Schifferschaft trieb einen grossen Zwischenhandel mit im Auslande erkauften Sägewaaren. Aber derselbe griff nur insoweit in die Verhältnisse der Schifferschaft ein, »als neben dem Staate den Mitgliedern derselben bisher allein das Recht des Bordflössens auf der Murg eingeräumt war, und daher in Anbetracht der Wohlfeilheit des Transportmittels nur von Mitgliedern der Schifferschaft die gegenwärtigen hohen Ankaufspreise bezahlt werden konnten«.

Schifferschaftliche Sägemühlen gab es im Jahre 1842 noch 8 mit 21 Gängen.

Seit jener Zeit ist kein weiteres bedeutungsvolles und in die schifferschaftlichen Verhältnisse tiefer eingreifendes Ereigniss zu verzeichnen, als die zuerst im Jahre 1852 provisorisch und dann im Jahre 1864 definitiv erfolgte polizeiliche Regelung des Flossbetriebs auf der Murg.

Die letztere Verordnung, Flossordnung für die Murg vom 1. Okt. 1864 (Bad. Central-Verordnungs-Blatt. Jahrg. 1864. S. 66 ff.) gewährt insofern besonderes Interesse, als sie die Schifferordnung von 1626 als noch in Kraft befindlich anerkennt und als sie die Flossprivilegien der Schifferschaft mit äusserster Schonung behandelt.

Das Flossrecht auf der Murg wird als ein Hoheitsrecht des Staates bezeichnet, von dessen Behörden die Erlaubniss zum Flössen und zur Benutzung der Flossanstalten ertheilt werden kann. »**Der Murgschifferschaft wird, zu Folge der Flossordnung**« — soll wohl heissen Schifferordnung — »**von 1626 und des Herkommens, auch fernerhin, bis zu gut gefundener Abänderung, zugestanden, nachstehendes Holz ohne besondere Erlaubniss frei auf der Murg zu verflössen: 1. Sämmtliches Sägeholz**, sowohl das aus ihren eigenen Waldungen gewonnene, als das von ihr in anderen Waldungen erkaufte, auf ihre an der Murg gelegene Sägmühlen, sowie das zum Verbauen auf ihren Sägmühlen und Flosseinrichtungen nöthige Langholz an den Ort seiner Bestimmung; 2. **alle Sägwaaren**, und zwar sowohl diejenigen, welche sie auf ihren Sägmühlen schneidet, als die anderwärts von ihr erkauften; 3. durch einen jeden Schiffer jährlich **400 Stück Bauholz** (Schifferstücke).«

Diese Zugeständnisse können entweder »**von der Gesellschaft in ihrer Gesammtheit oder von solchen Mitgliedern ausgeübt werden, welche nach der Schifferordnung vom Jahre 1626 als aktive Schiffer**« (diese Bezeichnung kennt jene Schifferordnung nicht) »**wenigstens 4800 Waldrechte besitzen**«. Aber mit behördlicher Genehmigung können diese Zugeständnisse zeitweise auch solchen Schiffern gewährt werden, die nicht aktive in diesem Sinne sind.

Folgt nun ein Verzeichniss der auf der Murg und ihren Nebenbächen bestehenden **Flosseinrichtungen**. Davon werden einige als ganz und bezüglich theilweise **der Schifferschaft gehörig** anerkannt.

Ueber die sämmtlichen Flosseinrichtungen führt theils die Staatsbehörde allein, theils die **Schifferschaft** allein, theils diese in Gemeinschaft mit der Staatsbehörde, die Aufsicht. Die schifferschaftliche Aufsichtsbehörde ist »**die schifferschaftliche Bezirksforstei Forbach**«.

Ferner wird die Unterhaltungspflicht der Flossanstalten geregelt. Auch hier sind der Murgschifferschaft besondere Verpflichtungen zugetheilt.

Folgen dann Bestimmungen wegen der Flösserei-Abgaben. Diese sind sämmtlich am »**Komptoir der Murgschifferschaft**« zu zahlen; die Erträge werden dann nach einem bestimmten Maasstabe zwischen dieser und dem Fiskus getheilt. Der letztere, wenn er die Flösserei selbst ausübt, hat für die Benutzung der von der Murgschifferschaft unterhalten werdenden Strecke der Flossstrasse keinerlei Entschädigungen zu entrichten.

Endlich eigentlich flosspolizeiliche Bestimmungen, welche die Murgschifferschaft ebenso, wie alle anderen die Murg zum Flössen Benutzenden, zu befolgen hat. —

Ueber die heutigen Zustände der Schifferschaft habe ich Folgendes in Erfahrung bringen können:

Das Waldeigenthum der Schifferschaft besteht aus ungefähr 20,000 Morgen. Vermessen ist dasselbe noch nicht. Einige von diesen Waldungen liegen im Würtembergischen; die meisten aber im badischen Murggebiet. Das Grundsteuerkapital der im Badischen belegenen Waldungen beträgt 996,210 fl., das der im Würtembergischen belegenen schlägt mein Gewährsmann auf 50,000 fl. an; aber er meint, beide Summen dürften kaum den dritten Theil des Waldwerthes repräsentiren, welcher sich sonach auf weit über 3 Millionen Gulden erheben würde.

Die Schifferschaft besitzt zur Zeit noch 7 Sägemühlen. Die Unterscheidung zwischen aufrechten und niedergefallenen Bordschnittsgerechtigkeiten besteht noch zu Recht; die niedergefallenen können an den bestehenden Sägemühlen mit ausgeübt werden.

Ob das als schifferschaftliches bezeichnete Eigenthum wirklich Eigenthum der Gesellschaft als solcher ist, oder den Mitgliedern derselben zu ideellen oder reellen Antheilen gehört, ist durchaus zweifelhaft. Thatsächlich ist das ganze Waldareal noch in 7 Hauptstämme eingetheilt (1. der Nicolaus Weiler'sche, 2. Heinrich Umgelter'sche, 3. Georg Rauch'sche, 4. J. Jacob Kast'sche, 5. Graf Gronsfeld'sche, 6. Georg Heinzmann'sche, 7. Anton Dürr'sche Stamm). Die Waldungen sind ferner in fest bestimmte, aber unter einander gelegene Stücke getheilt, wovon das eine diesem, das andere jenem der sieben Stämme zugehört. An jedem Stammtheile besteht eine bestimmte Anzahl von »Rechten«. Im Ganzen sind deren noch immer 360,800. Der Werth der Stammtheile, und daher auch der Werth der Rechte ist etwas verschieden. Ein Stamm hat etwas bessere Waldungen, ist etwas grösser, als der andere, oder es bestehen an einem Stamm etwas mehr Rechte, als an dem anderen. Bedeutend ist jedoch dieser Unterschied nicht. Manche Stammtheile sind auch als solche wieder an anderen in einem gewissen Verhältnisse betheiligt.

Die schifferschaftlichen Waldungen machen eine besondere Gemarkung aus, worüber der Gemeinderath zu Gernsbach die Grund- und Pfandbücher führt.

Die Schifferschaft als solche hat eine eigene Kasse. Dotirt wird dieselbe aus dem Erlöse des Scheiterholzes und sonstiger Forstnebennutzungen. Aus der Kasse werden bestritten: 1. das Gehalt des schifferschaftlichen Bezirksförsters und des Buchhalters, 2. alle Verwaltungskosten, einschliesslich der Kosten der Unterhaltung der Flossanstalten, Sägemühlen u. s. w. Die Kosten werden auf die 7 Hauptstämme repartirt und sodann wieder auf die einzelnen Rechte jedes Stammes ausgeschlagen. Gewisse Kosten, wie die der Erhaltung der Sägemühlen, trägt der betreffende Stamm allein.

Nach dem Herkommen wird die Kasse verwaltet, und werden die Verwaltungsgeschäfte besorgt durch einen aus 3 aktiven Schiffern bestehenden Verwaltungsrath, den das gesammte Korpus der aktiven Schiffer wählt.

Zur Zeit giebt es 8 aktive Schiffer. Jeder von ihnen muss mindestens 4800 Rechte besitzen. Der Verwaltungsrath hat das ganze Korpus in wichtigen Angelegenheiten, die aber nicht näher bestimmt sind, zu hören.

Die Rechnungsgeschäfte besorgt das schifferschaftliche Komptoir zu Gernsbach, dem ein Buchhalter vorsteht.

Der schifferschaftliche Förster ist der forstwirthschaftliche Betriebs-Dirigent. Er vertheilt auch den Klotzholz-Ertrag. Werden z. B. im Weilerischen Stamm 1000 Klötze gehauen, so berechnet der Förster, auf wie viel Weilerische Rechte ein Klotz fällt. So viel mal nun ein Mitglied solche Rechte besitzt, so viele Klötze fallen ihm zu.

Die nicht aktiven Schiffer verkaufen, »verlehnen« zum Voraus auf einige Jahre ihre Antheile — ihre Rechte — an einen der aktiven Schiffer. Auch steht nichts im Wege, den Antheil — den Anspruch auf Klötze — an einen auswärtigen Holzhändler zu verlehnen. Doch kommt dies so gut wie gar nicht vor.

Jedes Sägmühlrecht repräsentirt eine gewisse Anzahl von »Bordschnitten«. Jeder Entlehner hat das Recht, hiernach die entlehnten neben seinen eigenen Klötzen auf den Sägmühlen zu schneiden.

Die Reihenfolge in der Benutzung der schifferschaftlichen Sägemühlen wird jetzt durch Uebereinkommen der aktiven Schiffer festgestellt. Jeder von ihnen stellt zum Sägen seine eigenen Leute an. Die Kosten der Unterhaltung der Mühlen werden von Denen bestritten, welche Rechte daran besitzen.

Es besteht keine Beschränkung hinsichtlich der Zahl der Antheile, welche Einer erwerben und besitzen darf. Ein Recht wird zur Zeit, je nach dem Stamme, dem es zugehört, und je nach den Konjunkturen des Handels mit 3 fl., 3$^{1}/_{2}$ fl., ja mit 5 und 6 fl. bezahlt.

Hinsichtlich des status der Personen der Mitglieder bestehen ebenfalls keinerlei Beschränkungen. Wer aktiver Schiffer sein will, muss, wie gesagt, auch jetzt noch mindestens 4800 Rechte besitzen (»$^{1}/_{4}$ Sägemühl«. Die Sägemühle zu 3 Gängen, den Gang zu 64,000 Bordschnitten gerechnet, ganz wie früher.).

Ob ein Mitglied, und unter welchen Bedingungen, Ausscheidung seines Antheils aus der Gemeinschaft verlangen kann — das ist eine wohl schon mehrfach zur Sprache gekommene, aber keineswegs entschiedene Frage.

Auch heute noch können Schifferrechte in allen beliebigen Formen veräussert werden; der Erwerber wird als solcher in das schifferschaftliche Grundbuch eingetragen. Ein Auszug aus diesem gilt als Eigenthumsurkunde. Schifferrechte können auch verpfändet, d. h. in der gewöhnlichen Form der Pfandbriefbestellung als Sicherheit gegeben werden.

Der Unterschied zwischen Waldschiffern, Rheinschiffern u. s. w., die Schifferrügungen, die Verkündung der Schifferordnung, die Mitwirkung der Landesbehörde bei schifferschaftlichen Unternehmungen, die Lohntaxen für die schifferschaftlichen Hülfspersonen — alles Dies besteht nicht mehr. Wohl aber haben sich die Schifferzeichen und deren Gebrauch ganz in alter Weise erhalten.

Als vor einigen Jahren die Murgthal-Eisenbahn von einer Aktiengesellschaft in Angriff genommen wurde, betheiligte sich die Schifferschaft mit einer namhaften Summe an diesem Unternehmen. Diese Summe wurde durch Holzverkauf aus den schifferschaftlichen Waldungen aufgebracht. Die erworbenen Aktien wurden an die Betheiligten nach dem Verhältniss ihres Besitzes an Schifferrechten abgegeben. Im Verwaltungsrathe der Bahn-Gesellschaft ist die Schifferschaft vertreten. Dass der Bau dieser Bahn den Kurs der Schifferrechte steigern helfen werde, ist wohl mit ziemlicher Sicherheit anzunehmen. Auch wird die Schifferschaft an den Plänen der Weiterführung der Murgthalbahn über Gernsbach hinaus und der Erstellung von Nebenbahnen in die Seitenthäler jedenfalls vorzugsweise betheiligt sein.

Es fehlt an allen schriftlichen, noch heute unzweifelhaft gültigen Satzungen, nach denen die Geschäfte der

Schifferschaft betrieben und wodurch die Rechte und Pflichten der Mitglieder geregelt würden.

IV. Was war und was ist die Murgschifferschaft?

Eine wohl aufzuwerfende, eine oft aufgeworfene, aber eine ungemein schwer zu entscheidende Frage! Und doch ruhet auf dieser Frage ein gutes Theil des Interesses, welches dieses ehrwürdige Institut beansprucht.

Ich vermag nichts, als einen bescheidenen Beitrag zu ihrer Lösung zu leisten.

Die Schifferschaft erscheint zu allen Zeiten unter verschiedenen Namen. Bald wird sie eine Zunft, Innung oder Gilde, bald eine Kompagnie oder Gewerbsgesellschaft, bald ein Collegium oder eine Korporation genannt.

War die Schifferschaft eine Zunft oder Innung? Wäre sie es gewesen, so könnte sie es auch heute noch sein, da das badische Gewerbegesetz vom 20. September 1862 zwar den Zünften ein Ende gemacht hat, aber im Art. 31 eben dieses Gesetzes die für einige Gewerbe, darunter die Schifffahrt und Flösserei, gegebenen Vorschriften für einstweilen fortbestehend erkannt wurden, woran hinsichtlich der Murgschifferschaft jedenfalls durch die im vorigen Abschnitte erwähnte Flossordnung vom Jahre 1864 nichts geändert worden ist.

Dass aber die Murgschifferschaft beim Erlass des Gewerbegesetzes nicht als eine der nach Art. 31 eod. einstweilen noch zu schonenden Innungen aufgefasst wurde, geht aus einer Vergleichung der Behandlung hervor, welche man nachmals ihr und welche man nachmals den Schifferschaften des Kinzigthales angedeihen liess. In einer Zeit, die auf Beseitigung aller zunftmässigen Beschränkungen hindrängte, bestätigte man jener Gesellschaft — in der Flossordnung von 1864 — ihre Privilegien, und nahm man sie — durch eine Kinzigflossordnung vom 20. Mai 1867, welche die Flösserei auf der Kinzig, unter gewissen Bedingungen, Jedermann freistellt —, diesen Gesellschaften. Die Murgschifferschaft blieb, was sie war, die Kinzigthalgesellschaften hörten auf zu sein, was sie gewesen waren, nämlich anerkannte Innungen. Ueberdies ward durch amtliche Verhandlungen, welche dem Erlasse der Gewerbeordnung vorausgingen, ausdrücklich konstatirt, dass damals der Murgschifferschaft die Innungsqualität nicht beiwohnte.

Aber war die Murgschifferschaft jemals eine Innung? Wenn in einer Korrespondenz zwischen der Markgräfin Franziska Sybille Auguste von Baden und dem Bischof von Speyer aus dem Jahre 1725 mehrfach die Schifferordnung als »Zunfftordnung«, die »Schiffer-Rügung« als »Zunfft- und Schiffer-Rügungstäge« bezeichnet, und wenn da sogar mit Beziehung auf die Schifferschaft von einer »Zunfftlaade« die Rede ist, oder wenn der speyerische Hofrath Sensburg in seinem mehrerwähnten Promemoria, welches etwa aus dem Jahre 1801 oder 1802 stammt, gelegentlich von »der Schifferschaft, die eigentlich eine Flösserinnung heissen sollte«, spricht, so entscheiden diese Aeusserungen die obige Frage gewiss nicht in bejahendem Sinne. Und andererseits — wenn im Jahre 1754 der speyerische Vogt Martinus Keil in einem Bericht an seine Regierung klagt, in der Schifferschaft gebe es unruhige Köpfe, welche die alte Ordnung umwerfen und die »Schiffer«»als zünfftig«« in der Grafschaft« machen wollen, so ist daraus nicht zu schliessen, dass die letzteren nicht damals wirklich zünftig gewesen seien. Denn wer mag wissen, was der Vogt Martinus Keil sich unter jenem Worte gedacht hat? In der Mitte des vorigen Jahrhunderts konnte es für einen herrschsüchtigen Beamten gar keine bequemere Korporation geben, als eine Zunft. Speyer hätte diese Umwandlung nur genehm sein können. Aber der Vogt klagt ja über diese vermeintlichen Reformgelüste!

Bedeutsamer schon für die Beantwortung unserer Frage ist die Angabe Krieg's von Hochfelden (a. a. O. S. 278), dass »die Handwerke und Gewerbe in Gernsbach zwar ihre eigenen Ordnungen hatten, aber sämmtlich nicht zünftig sein durften«. Wüsste man nur, worauf sich diese Angabe stützt!

Und immerhin wäre es denkbar, dass trotz des eben erwähnten Verbotes einzelne Gewerbe doch thatsächlich in vollkommen zünftigen Formen sich bewegt hätten.

Die Schifferschaft hatte offenbar viel von zünftigen Formen an sich: die strenge Abgrenzung der Befugnisse der Schifferschafts-Verwandten, die Bestimmung, dass, wer das Gewerbe ausüben wollte, in der Grafschaft Eberstein angesessen sein musste, die Erwählung von Vorständen aus der Mitte der Korporation, die Verbietungsrechte der letzteren, die Schiffer-Rügungen und Rüge-Strafen — lauter Einrichtungen, die man als zünftige ansprechen könnte.

Aber das eigentliche Wesen der Zunft haftet diesem Institute doch nicht an. Da ist nicht die Rede von einer so engen Begrenzung der persönlichen Qualifikation der Berechtigten, wie sie das Zunftrecht verlangt. Wer häuslich und hablich in der Grafschaft Eberstein sitzt, und verheirathet ist, kann Schifferhändel kaufen, und ist Schiffer, sobald der Eintrag in's Gewährbuch erfolgt ist[8] — er mag nun den Handel mit Holz, die Sägerei, die Flossfahrt gelernt haben, oder nicht, sich darauf verstehen oder nicht. Da ist nicht von Meistern, Gesellen und Lehrlingen, nicht von Wanderzwang und Meisterstück, nicht vom Schelten, noch von Ehrenstrafen die Rede. Nicht das mindeste Gewicht wird auf die technische Befähigung zur Ausübung des Geschäftes gelegt, welches eine solche immer doch dann und insoweit erforderte, wenn und als der Berechtigte seine Bordwaaren selbst verflössen wollte.

Welch' ein anderes Bild eine Holzhandels- und Floss-Korporation, die offenbar zünftig ist, darbietet, das zeigen die Schifferschaften von Wolfach und von Schiltach im Kinzigthale — beide wahrscheinlich nicht jüngeren Ursprunges, als die Murgschifferschaft, beide mit eigentlichen Zunftordnungen begabt, deren heute noch vorhandene Fassungen auf frühere Ordnungen zurückverweisen. Hier in der That werden persönlich-technische Qualifikationen von den aufzunehmenden gefordert, deren Zahl streng geschlossen ist; hier in der That giebt es jene für das Zunftwesen so charakteristische Stufenleiter der Würden, wenn auch angepasst diesem eigenthümlichen Gewerbe der Flösserei, bei welchem vom Wanderzwang, vom Gesellen- und Meisterstück wohl abgesehen werden konnte.

Die Vergleichung zwischen der Murgschifferschaft und den »Schifferthümern« des Kinzigthales bestärkt uns in der Annahme, dass es sich dort nie und nimmermehr, und hier stets bis auf die neueste Zeit um vollkommen und durchaus zunftmässige Einrichtungen gehandelt hat, und giebt uns zugleich die Begründung dieser wesentlichen Verschiedenheit an die Hand. Allem Vermuthen nach entstand bei der Murgschifferschaft die geschriebene Ordnung, welche sich als eine Holzhandels-, Sägerei- und Sägwaarenfloss-Ordnung darstellt, aus dem Bedürfnisse einer vorhandenen Korporation von Wald-Miteigenthümern, welche die Produkte ihrer gemeinschaftlichen Waldungen selbst verwerthen wollten. Die Gemeinschaft des Waldeigenthums war das Ursprüngliche. Eine Zunftordnung aber für die, welche ihre eigenen Produkte verwertheten, hätte so wenig einen Sinn gehabt, wie eine Zunftordnung für die Bauern, welche ihren, vielleicht

---

8) Die Höchstpersönlichkeit und also Unübertragbarkeit des Zunftrechtes ist eines der generellen Grundprinzipien der Zunftverfassung. Gierke, Das deutsche Genossenschaftsrecht. Berlin 1868. I. Band. S. 369.

auf dem Allmendgut gewonnenen, Hanf selbst rösteten, hechelten und zu Markte brachten. Dagegen die »Schifferthümer« des Kinzigthales waren nicht Verbände von Wald-Interessenten; sie trieben wirklich nur das Gewerbe des Holzhandels und der Flösserei; Holzproduzenten, hie und da auch Genossenschaften von solchen, standen ihnen als Verkäufer und Rohstoff-Lieferanten gegenüber; Forstwirthschaft und Flösserei hatten sich hier frühzeitig geschieden; was für Beides widersinnig gewesen wäre, eine Zunftordnung, konnte für die Flösserei allein recht wohl ein- und durchgeführt werden.

Die eben ausgesprochene Vermuthung, dass bei der Murgschifferschaft die Gemeinschaft des Waldeigenthums älter gewesen sei, als die Schifferordnung, führt mich auf eine weitere Betrachtung über das eigentliche Wesen jener Verbindung.

Offenbar erst in einem sehr späten Stadium ihrer Entwickelung tritt die Murgschifferschaft deutlich in unseren Gesichtskreis, und in einer Periode der deutschen Rechtsgeschichte zwar, wo das deutsche Genossenschaftswesen sich mehr und mehr in ein privilegirtes Korporationswesen umwandelt und der Gedanke der Obrigkeit als rechtsverleihender Gewalt bereits tiefe Wurzeln geschlagen hat.

Im Jahre 1569 verkauft Graf Philipp von Eberstein **den sechs Geschworenen der Holzgewerbsordnung des Murgthals für die Summe von 3500 Gulden seinen bisher gebrauchten Holzhandel sammt Mühlen und Waldungen** für sich und seine Nachkommen ewig und unwiderruflich. Die **so von der schon bestehenden Genossenschaft erkauften Waldungen** liegen auf der äussersten würtembergischen Grenze, sind die entlegensten unter den schifferschaftlichen Waldungen. Spätere Kaufbriefe über genossenschaftliche Käufe finden sich nicht vor. Aus der obigen Urkunde geht hervor, dass die Genossenschaft als solche schon damals Waldbesitzerin war. Ich vermuthe, dass sie damals schon alle ihre Waldungen besessen hatte. Es sprechen viele Gründe dafür, dass sie dieselben ursprünglich aus markgenossenschaftlichem Eigenthum zugetheilt erhalten hatte. Ist diese Annahme richtig, so haben wir es hier mit der Rechtsnachfolgerin einer Markgenossenschaft zu thun, welche mit dem Aufkommen der landesherrlichen Gewalt als Korporation bestätigt, mit gewissen, auf die Verwerthung der Produkte der Waldmark bezüglichen Privilegien — theils ein Zugeständniss an die reichsten und mächtigsten Brodherren der Landschaft, theils eine landesherrliche Gegengabe gegen den von den Privilegirten dem Lande gebrachten Nutzen — ausgestattet wurde, und welche das auf die Verwerthung jener Produkte gerichtete Gewerbe nach einer bestimmten, verliehenen Ordnung betrieb. Ist jene Annahme richtig, so besitzt die Murgschifferschaft als Ganzes gedacht noch heute den grössten Theil ihres gemeinschaftlichen Waldeigenthums aus keinem anderen Rechtstitel, als aus dem der Markgenossenschaft. Denn seit der vermuthlichen Theilung der Mark hat nie irgend ein politischer Akt die eigentliche Grundlage ihrer rechtlichen Existenz verändert. Die späteren Schifferordnungen, so viel sie an der ursprünglichen Gewerbsverfassung geändert haben mögen — sie tangiren das gemeinschaftliche Waldeigenthum gar nicht; sie setzen es einfach, und zwar, wenn meine Vermuthung richtig ist, als ursprünglich markgenossenschaftliches, voraus.

Ich vermuthe — auf Vermuthungen ist man angewiesen, denn kein Weisthum giebt von der Murgmark Kunde und erst aus sehr später Zeit datiren, wie das bei einem Gebiete, welches so oft kriegerischen Zerstörungen ausgesetzt war, wohl erklärlich ist, Urkunden, welche auf die Grundbesitzverhältnisse überhaupt einiges Licht werfen — ich vermuthe und schliesse aus analogen Vorgängen, dass der Gang der Rechtsentwickelung der folgende war: Die jetzigen Waldungen der Schifferschaft, ja vielleicht die sämmtlichen Waldungen des Murgthals, bildeten eine Waldmark. Die im Murgthale angesessenen Einwohner — ob alle die, welche da häuslich und hablich waren, oder nur solche, welche ein gewisses Ackermaas besassen, muss dahin gestellt bleiben — bildeten die Markgenossen. Die Mark aber wurde, vielleicht weil der Reichthum der Waldungen und die Fülle des Flosswassers den Nutzen, welchen das Weisthum den Genossen zusprach, zu beschränkt erscheinen liess, und doch die, wenn auch wahrscheinlich dünne, Bevölkerung des Thales grösstentheils für ihre wirthschaftliche Existenz auf die Waldverwerthung angewiesen war, welche die Nähe des Rheines zugleich erleichterte, vielleicht auch unter Einwirkung landesherrlichen Einflusses, aufgetheilt. Verhielt sich das so, so muss es schon früher geschehen sein, als in der Regel andere Marken am Mittel- und Oberrhein aufgetheilt wurden; es muss eben mindestens in einer Zeit geschehen sein, auf welche die ältesten, dunklen Nachrichten über die Schifferschaft hinweisen [9]). Von den Markgenossen wurden die Einen Einzel-Eigen-

---

9) Uebrigens ersieht man aus Maurer, Gesch. d. Markenverf. i. D. (Erlangen 1856) S. 438, dass solche Theilungen am Rhein, in der Schweiz und in Westphalen doch schon im 13. und 14. Jahrhundert häufiger vorkamen.

thümer, Andere, vielleicht ihrer sieben — die Begründer der nachmaligen sieben Schifferstämme, gewiss aber nicht die Träger der Namen, unter welchen später diese Stämme erscheinen —, vielleicht solche, welche ihre Theile in besonders bequemer Lage angewiesen erhielten, sahen den Vortheil gemeinsamer Waldbewirthschaftung und Waldverwerthung, wenn die erstere nur regelmässiger erfolge und die letztere ausgiebiger werde, als das Weisthum gestattete, ein, und vereinigten sich zu einem gemeinsamen Holzgewerb. Jeder von ihnen baute seine Sägmühlen; Flossanstalten wurden von Allen gemeinschaftlich errichtet und unterhalten, und eben diese Gemeinschaft bildete neben der anderen auf die Bewirthschaftung der Waldungen sich beziehenden, den Kern der Korporation. Die gemeinschaftliche Waldwirthschaft und Flösserei verlangte ein neues Weisthum, als welches die erste Schifferordnung sich dargestellt haben mag. Die alten Waldstämme wurden in dem Maase zu gross, als die Wälder durch die gemeinschaftlichen Flossanstalten besser verwerthet werden konnten. Sie wurden getheilt und die Theile veräussert; aber, damit sie verwerthbar blieben, zugleich mit Sägmühl- und Anrechten an den gemeinsamen Flossanstalten. Spätere etwaige Vergrösserungen der Waldmark (als eine solche wird der Ankauf vom Jahre 1569 kaum aufzufassen sein; es scheint vielmehr, dass der Graf zu Eberstein Mitgenosse war, und seinen Antheil an die Anderen, gegen Entgeld, abtrat) fielen der ganzen, nun schon als Korporation bestehenden, Vereinigung zu, und wurden nach Stämmen, wegen der den Stämmen zugehörigen Sägemühlen, innerhalb der Stämme aber wieder nach Rechten, vertheilt, so dass, wer am Weiler'schen Stamm $1/4$ Recht besass, auch an demjenigen Theile des Zugekauften, welcher dem Weiler'schen Stamm zufiel, $1/4$ Recht erhielt.

Wenn nicht auf die Markgenossenschaft, so wüsste man nicht, worauf man das grosse, und schon so frühzeitig vorhandene gemeinsame Waldeigenthum zurückführen sollte. Und wenn man nicht annähme, dass der Markverband hier in einer verhältnissmässig frühen Zeit gelöst wurde, so wäre die frühzeitige, wahrscheinlich doch, wie früher nachgewiesen, im 13. Jahrhundert vorhandene, Betheiligung einer gewissen Zahl der Thalbewohner an einem Theile der überhaupt vorhandenen Waldungen, und eine so viel ausgiebigere Benutzung dieser Waldungen, als sie die Markgenossenschaft gestattete, endlich auch die Veräusserung von Waldrechten, nicht erklärlich.

Auf den markgenossenschaftlichen Ursprung der Schifferschaft weisen eine Menge Einrichtungen hin, welche die späteren Schifferordnungen beibehalten haben, welche überhaupt in der schifferschaftlichen Verfassung gewahrt geblieben sind, so das Institut der Rottmeister oder Waldmeister, so das Einlochen der Waldungen, so die Bedingung der häuslichen und hablichen Angesessenheit in der Grafschaft, so die gekorenen Vorstände, die Rügungen, welche ursprünglich in ganz ähnlichen Formen verliefen, wie die alten Markengerichte, so endlich das Losungsrecht, welches deutlich genug an die alte Marklosung erinnert. Freilich mussten durch das Hinzutreten der Sägerei und Flösserei zu der allein auf dem Boden der Markverfassung ruhenden gemeinschaftlichen Waldwirthschaft ebenso viele markgenossenschaftliche Formen verwischt und beseitigt werden. Das kann aber sehr allmälig geschehen sein, denn, wie bemerkt, erst in einem sehr späten Stadium der Entwickelung der Schifferschaft tritt diese deutlich vor unsere Augen.

Einen ziemlich sicheren Anhalt für die Richtigkeit der obigen Schilderung des Entwickelungsganges in den Rechtsverhältnissen der Schifferschaft bietet die Analogie der Alpmarken in Tirol, Allgäu, Glarus, Appenzell a. Rh., Unterwalden und St. Gallen, über welche uns Maurer a. a. O. S. 36 ff., Heusler, Rechtsverhältniss am Gemeinland in Unterwalden S. 99 ff., Blumer, Rechtsgeschichte der Schweizer. Demokr. I. 1. S. 386 ff., I. 2. S. 369 ff. u. A. belehren. Auch hier haben wir Verbände, an denen jedenfalls nur ein gewisser Theil der früheren Markgenossen betheiligt war; auch hier Verbände, deren Mitglieder ihre Antheile ohne ihre Güter unter gewissen Bedingungen veräussern konnten, Verbände, welche den Mitgliedern sehr ähnliche Rechte am Gemeinland gewähren, wie die, welche den Schiffern an den schifferschaftlichen Waldungen zustehen. Ueberhaupt bis in's Einzelne lässt sich die Parallele zwischen den Alpmarken und der Schifferschaft durchführen, und dass die ersteren aus der Markgenossenschaft hervorgegangen sind (ich sage ausdrücklich nicht: »die alten Markgenossenschaften sind«) — darüber waltet kein Zweifel.

Es ist vielleicht weniger zu verwundern, dass eine jedenfalls in dem Gebiete der Grafschaft Eberstein bestandene Markgenossenschaft als solche verhältnissmässig so früh, wie wir annehmen müssen, untergegangen ist, als dass sich in der Schifferschaft noch so manches markgenossenschaftliche Element, selbst eine gewisse Autonomie, bis auf die neueste Zeit erhalten hat. Doch auch diese Erscheinung erklärt sich leicht. Sie erklärt sich daraus, dass es sich hier um eine Markgenossenschaft gehandelt hat, in der reichsunmittelbare Geschlechter Mitmärker gewesen waren. Wurden durch den Einfluss solcher Elemente, wie Maurer a. a. O. S. 448 ff. zeigt, Markgenossenschaften fast in voller Reinheit über die Zeiten des Mittelalters hinaus erhalten — warum sollte derselbe nicht auch in einem markgenossenschaftsähnlichen Verhältnisse konservirend wirken? Erfolgte nun die Auftheilung der Mark in Folge eines wirthschaftlichen Bedürfnisses, oder erfolgte sie kraft landesherrlicher Willkür — in beiden Fällen konnte dem daraus hervorgehenden Verbande Das, was ihm von markgenossenschaftlichen Einrichtungen zu erhalten wünschbar schien, wirksam vertheidigt werden durch die sauve-garde der reichsunmittelbaren Mitmärker, deren einige ja auch der Schifferschaft noch angehörten.

Ich habe bei den Schriftstellern, welche die Geschichte der Markgenossenschaft behandeln — ich nenne nur v. Löw, v. Haxthausen, J. Grimm (Deutsche Rechtsalterthümer), v. Maurer, Landau (Die Territorien in Beziehung auf Bildung und Entwickelung. 1854.), Gierke (a. a. O.) Nichts gefunden, was meiner Vermuthung widerspräche, aber Vieles, was sie stützt. Möglich, dass Denen, welchen das Studium der deutschen Rechtsgeschichte Lebensberuf ist, alsbald irgend ein Moment auffällt, welches meine Annahme hinfällig macht. Aber auch ihnen werden sich, wenn sie die letztere für unstichhaltig erklären müssten, beim Versuche einer anderweiten Lösung der Frage nach dem Rechtsursprung der Murgschifferschaft Schwierigkeiten genug aufthürmen. Es wäre sehr zu wünschen, dass sich berufenere Kräfte, als die meine, der Aufgabe zuwendeten, für deren Lösung ich wenigstens in den vorhergehenden Abschnitten das erforderliche Material in hinreichender Vollständigkeit glaube dargeboten zu haben.

Was die Murgschifferschaft heute ist? Würden sich die Mitglieder diese Frage einmal gewissenhaft beantworten, so müssten sie — dünkt mich — das dringende Bedürfniss empfinden, sich schnellmöglichst über eine andere, oder überhaupt nur über eine ordentliche Verfassung zu verständigen. Denn es scheint mir nicht zweifelhaft, dass, wie heute die Dinge liegen, jeder von ihnen Theilung des gemeinschaftlichen Eigenthums verlangen kann.

Das Badische Landrecht enthält einen Satz (Satz 6b), welcher folgendermaasen lautet: »Was kein Satz dieses Gesetzes geradezu oder folgenweise sagt, ist in Beziehung auf das bürgerliche Recht nicht Gesetz mehr, möge es nun vorhin aus gemeinen oder Landesgesetzen, aus Gewohnheiten oder Rechtsmeinungen als gesetzlich gegolten haben.« Und weiter schliesst es im Satz 4b das Römische Recht als Rechtsquelle aus; der Richter darf nicht »gesetzliche Entscheidungen daraus treffen oder Berufungen der Parteien darauf zulassen«. Natürlich ist das allgemeine Deutsche Handelsgesetzbuch an die Stelle der handelsrechtlichen Bestimmungen des Landrechts getreten. Aber, dass, wie keine römisch-rechtliche Gesellschaftsform, so auch keine der Handelsgesellschaftsformen des H.-G.-Buchs auf die Schifferschaft passt, bedarf wohl des Beweises nicht. Bleibt also nur die Möglichkeit, dass die Schifferschaft entweder eine landrechtliche Gesellschaft, oder dass sie ein einfaches Miteigenthums-Verhältniss sei. Denn etwas Drittes, was auf ein solches Institut passen könnte, existirt im Landrecht nicht.

Das Landrecht definirt im Satz 1832 den **Gesellschaftsvertrag** als die »Uebereinkunft zweier oder mehrerer Personen, etwas zusammenzuwerfen, damit daraus Gewinn entstehen möge, den sie unter sich theilen«. Nach S. 1834 müssen »alle Gesellschaften **schriftlich** geschlossen werden, sobald das Einbringen den Werth von 75 fl. übersteigt«. Das Landrecht unterscheidet zwischen »**allgemeinen**« und »**besonderen**« Gesellschaften. »**Allgemeine Gesellschaften**« — S. 1836 — »gehen entweder auf alles gegenwärtige Vermögen, oder nur auf allen Gewinn.« »**Eine besondere Gesellschaft**« — S. 1841 — »ist diejenige, die sich nur auf bestimmte Sachen, deren Gebrauch und Ertrag bezieht.« Eine solche Gesellschaft wird aufgelöst (S. 1865 Z. 3) »durch den natürlichen Tod eines der Gesellschafter«. »Die Regeln bei Erbschaftstheilungen« (S. 1872) »für deren Form und für die daraus unter den Miterben entspringenden Verbindlichkeiten **sind auf die Theilungen unter Gesellschaftsgliedern ebenfalls anwendbar.**« Aber bezüglich der Erbtheilungen gilt der Satz (S. 815): »**Niemand kann gezwungen werden, in Gemeinschaft zu bleiben,** sondern man darf auf Erbvertheilung jederzeit dringen, ohne dass Verbote oder Verträge es hindern können.«

Ich denke, es bedarf nur einer einfachen Vergleichung dieser Sätze mit dem am Ende des vorigen Abschnittes geschilderten jetzigen Wesen der Murgschifferschaft, um sofort einzusehen, dass die letztere **eine landrechtliche Gesellschaft nicht ist**, und dass sie nicht wünschen kann, für eine solche gehalten zu werden.

Sonach bleibt nur die Annahme übrig, dass sie sich als ein **Miteigenthumsverhältniss** darstellt[10]). Dass sie, die Richtigkeit

---

10) Ihrem öffentlich-rechtlichen Charakter nach könnte man sie für eines jener Rechtsinstitute anzusehen geneigt sein, welche das II. Bad. Constitutions-Edict vom 14. Juli 1807, die Verfassung der Gemeinheiten, Körperschaften und Staatsanstalten

dieser Annahme vorausgesetzt, dringenden Anlass hat, zu wünschen, dass sie aus diesem Verhältniss herauskomme, leuchtet wohl Jedem ein, der folgende, das Miteigenthum betreffende Sätze des Landrechts sich auch nur oberflächlich ansieht:

»577bb. Ein Miteigenthümer kann gegen den Willen der Uebrigen keine einzelne aus dem Eigenthum fliessende Verfügung gültig treffen ausser jenen, welche zur Erhaltung der Sache unverschieblich nothwendig sind, oder welche das Gesetz für einzelne Gattungen und Fälle erlaubt.«

»577be. Miteigenthümer können den Genuss abtheilen, und in der Gemeinschaft des Eigenthums bleiben; wo dieses geschehen ist, da müssen alle jene Verfügungen, welche bei dem Nutzeigenthum die Mitwirkung des Grundeigenthümers fordern, von den sämmtlichen Miteigenthümern gemeinschaftlich geschehen, die übrigen unternimmt jeder Theilhaber in jedem Antheil für sich.«

»577bf. Jeder Miteigenthümer kann sein Recht nach Belieben an andere Personen veräussern; bei Liegenschaften sind jedoch die Mitgemeiner nicht schuldig, den fremden Erwerber in die Gemeinschaft kommen zu lassen, wenn sie den Erwerb ordnungsmässig loosen wollen und können.«

»577bg. Jeder kann auf Theilung nicht blos des Genusses, sondern auch des Eigenthums in jeder Gemeinschaft dringen, aber auf eine Theilung im Stück nur da, wo die Natur oder ein Gesetz die Sache nicht für untheilbar erklärt hat. Verträge können das Theilungsbegehren für bestimmte Zeiten verschieben, aber nicht für immer beseitigen, wo ein Gesetz nicht alle Theilung verbietet.« —

Es sind der wirthschaftlichen, aber auch der Rechts-Gründe viele vorhanden, welche die Annahme einer festen und zweckmässigen Verfassung für diese ehrwürdige Korporation dringend nothwendig er-

---

betr., regelt. Aber unter diesen Instituten könnte doch nur die „Märkerschaft" oder die „ewige Gesellschaft" in Betracht kommen. Aber die erstere setzt einen umschlossenen Landbezirk voraus, welcher mehreren Gemeinden zusammen angehört; die andere wird definirt als eine Verbindung mehrerer Staatsbürger unter leitenden Obergewalt, „um damit die Erreichung eines Lebenszweckes und den Genuss der davon abquellenden Vortheile zu sichern". Was aber dann im Betreff der ewigen Gesellschaften festgesetzt wird, bezieht sich Alles nur auf eine besondere Form derselben, welche das Edikt als „ewige Staatsgesellschaft" bezeichnet. So vage auch die Definitionen des Ediktes gehalten sind — es ist nicht möglich, die Murgschifferschaft hier unterzubringen.

scheinen lassen. Welche Verfassung die zweckmässigste sei — diese Frage würde sich nur auf dem Grunde einer eingehenden selbständigen Untersuchung, welche ausserhalb des Zweckes dieser Arbeit läge, beantworten lassen.

Den Wunsch, dass dieses einzig in seiner Art dastehende Institut in verjüngter Gestalt der Zukunft erhalten werde, und dann in seiner neuen Gestalt die Keime seiner Macht gedeihlicher, grossartiger zu entfalten vermöge, als dies ihm in den vergangenen Jahrhunderten unter beengenden äusseren Verhältnissen, unter dem Druck vielköpfiger Vielregiererei und unter dem schädlichen Einflusse eines eifersüchtig behüteten Monopols vergönnt war — diesen Wunsch wird der Leser gern mit mir theilen.

Nationalökonomische Gesetzgebung.

I.
Gesetz des Norddeutschen Bundes über die Erwerbung und den Verlust der Bundes- und Staatsangehörigkeit.
Vom 1. Juni 1870.

§. 1. Die Bundesangehörigkeit wird durch die Staatsangehörigkeit in einem Bundesstaate erworben und erlischt mit deren Verlust.

Angehörige des Grossherzogthums Hessen besitzen die Bundesangehörigkeit nur dann, wenn sie in den zum Bunde gehörigen Theilen des Grossherzogthums heimathsberechtigt sind.

§. 2. Die Staatsangehörigkeit in einem Bundesstaate wird fortan nur begründet: 1) durch Abstammung (§. 3), 2) durch Legitimation (§. 4), 3) durch Verheirathung (§. 5), 4) für einen Norddeutschen durch Aufnahme und 5) für einen Ausländer durch Naturalisation (§§. 6 ff.).

Die Adoption hat für sich allein diese Wirkung nicht.

§. 3. Durch die Geburt, auch wenn diese im Auslande erfolgt, erwerben eheliche Kinder eines Norddeutschen die Staatsangehörigkeit des Vaters, uneheliche Kinder einer Norddeutschen die Staatsangehörigkeit der Mutter.

§. 4. Ist der Vater eines unehelichen Kindes ein Norddeutscher und besitzt die Mutter nicht die Staatsangehörigkeit des Vaters, so erwirbt das Kind durch eine den gesetzlichen Bestimmungen gemäss erfolgte Legitimation die Staatsangehörigkeit des Vaters.

§. 5. Die Verheirathung mit einem Norddeutschen begründet für die Ehefrau die Staatsangehörigkeit des Mannes.

§. 6. Die Aufnahme, sowie die Naturalisation (§. 2 Nr. 4 und 5) erfolgt durch eine von der höheren Verwaltungsbehörde ausgefertigte Urkunde.

§. 7. Die Aufnahme-Urkunde wird jedem Angehörigen eines anderen Bundesstaates ertheilt, welcher um dieselbe nachsucht und nachweist, dass er in dem Bundesstaate, in welchem er die Aufnahme nachsucht, sich niedergelassen habe, sofern kein Grund vorliegt, welcher nach den §§. 2 bis 5 des Gesetzes über die Freizügigkeit vom 1. November 1867 (Bundesgesetzbl. S. 55) die Abweisung eines Neuanziehenden oder die Versagung der Fortsetzung des Aufenthalts rechtfertigt.

§. 8. Die Naturalisations-Urkunde darf Ausländern nur dann ertheilt werden, wenn sie 1) nach den Gesetzen ihrer bisherigen Heimath dispositionsfähig sind, es sei denn, dass der Mangel der Dispositionsfähigkeit durch die Zustimmung des Vaters, des Vormundes oder Kurators des Aufzunehmenden ergänzt wird; 2) einen unbescholtenen Lebenswandel geführt haben; 3) an dem Orte, wo sie sich niederlassen wollen, eine eigene Wohnung oder ein Unterkommen finden; 4) an diesem Orte nach den daselbst bestehenden Verhältnissen sich und ihre Angehörigen zu ernähren im Stande sind.

Vor Ertheilung der Naturalisations-Urkunde hat die höhere Verwaltungsbehörde die Gemeinde, beziehungsweise den Armenverband desjenigen Orts, wo der Aufzunehmende sich niederlassen will, in Beziehung auf die Erfordernisse unter Nr. 2, 3 und 4 mit ihrer Erklärung zu hören.

Von Angehörigen der Königreiche Bayern und Württemberg und des Grossherzogthums Baden soll, im Falle der Reziprozität, bevor sie naturalisirt werden, der Nachweis, dass sie die Militärpflicht gegen ihr bisheriges Vaterland erfüllt haben oder davon befreit worden sind, gefordert werden.

§. 9. Eine von der Regierung oder von einer Central- oder höheren Verwaltungsbehörde eines Bundesstaates vollzogene oder bestätigte Bestallung für einen in den unmittelbaren oder mittelbaren Staatsdienst oder in den Kirchen-, Schul- oder Kommunaldienst aufgenommenen Ausländer oder Angehörigen eines anderen Bundesstaates vertritt die Stelle der Naturalisations-Urkunde, beziehungsweise Aufnahme-Urkunde, sofern nicht ein entgegenstehender Vorbehalt in der Bestallung ausgedrückt wird.

Ist die Anstellung eines Ausländers im Bundesdienst erfolgt, so erwirbt der Angestellte die Staatsangehörigkeit in demjenigen Bundesstaate, in welchem er seinen dienstlichen Wohnsitz hat.

§. 10. Die Naturalisationsurkunde, beziehungsweise Aufnahme-Urkunde, begründet mit dem Zeitpunkte der Aushändigung alle mit der Staatsangehörigkeit verbundenen Rechte und Pflichten.

§. 11. Die Verleihung der Staatsangehörigkeit erstreckt sich, insofern nicht dabei eine Ausnahme gemacht wird, zugleich auf die Ehefrau und die noch unter väterlicher Gewalt stehenden minderjährigen Kinder.

§. 12. Der Wohnsitz innerhalb eines Bundesstaates begründet für sich allein die Staatsangehörigkeit nicht.

§. 13. Die Staatsangehörigkeit geht fortan nur verloren: 1) durch Entlassung auf Antrag (§§. 14 ff.); 2) durch Ausspruch der Behörde (§§. 20 und 22); 3) durch zehnjährigen Aufenthalt im Auslande (§. 21); 4) bei unehelichen Kindern durch eine den gesetzlichen Bestimmungen gemäss erfolgte Legitimation, wenn der Vater einem andern Staate angehört, als die Mutter; 5) bei einer Norddeutschen durch Verheirathung mit dem Angehörigen eines anderen Bundesstaates oder mit einem Ausländer.

§. 14. Die Entlassung wird durch eine von der höheren Verwaltungsbehörde des Heimathsstaates ausgefertigte Entlassungsurkunde ertheilt.

§. 15. Die Entlassung wird jedem Staatsangehörigen ertheilt, welcher nachweist, dass er in einem anderen Bundesstaate die Staatsangehörigkeit erworben hat.

In Ermangelung dieses Nachweises darf sie nicht ertheilt werden: 1) Wehrpflichtigen, welche sich in dem Alter vom vollendeten siebenzehnten bis zum vollendeten fünf und zwanzigsten Lebensjahre befinden, bevor sie ein Zeugniss der Kreis-Ersatzkommission darüber beigebracht haben, dass sie die Entlassung nicht blos in der Absicht nachsuchen, um sich der Dienstpflicht im stehenden Heere oder in der Flotte zu entziehen; 2) Militärpersonen, welche zum stehenden Heere oder zur Flotte gehören, Offizieren des Beurlaubtenstandes und Beamten, bevor sie aus dem Dienste entlassen sind; 3) den zur Reserve des stehenden Heeres und zur Landwehr, sowie den zur Reserve der Flotte und zur Seewehr gehörigen und nicht als Offiziere angestellten Personen, nachdem sie zum aktiven Dienste einberufen worden sind.

§. 16. Norddeutschen, welche nach dem Königreich Bayern, dem Königreich Württemberg oder dem Grossherzogthum Baden oder nach den nicht zum Bunde gehörigen Theilen des Grossherzogthums Hessen auswandern wollen, ist im Falle der Reziprozität die Entlassung zu verweigern, so lange sie nicht nachgewiesen haben, dass der betreffende Staat sie aufzunehmen bereit ist.

§. 17. Aus anderen als aus den in den §§. 15 und 16 bezeichneten Gründen darf in Friedenszeiten die Entlassung nicht verweigert werden. Für die Zeit eines Krieges oder einer Kriegsgefahr bleibt dem Bundes-Präsidium der Erlass besonderer Anordnung vorbehalten.

§. 18. Die Entlassungs-Urkunde bewirkt mit dem Zeitpunkte der Aushändigung den Verlust der Staatsangehörigkeit.

Die Entlassung wird unwirksam, wenn der Entlassene nicht binnen sechs Monaten vom Tage der Aushändigung der Entlassungs-Urkunde an seinen Wohnsitz ausserhalb des Bundesgebietes verlegt oder die Staatsangehörigkeit in einem anderen Bundesstaate erwirbt.

§. 19. Die Entlassung erstreckt sich, insofern nicht dabei eine Ausnahme gemacht wird, zugleich auf die Ehefrau und die noch unter väterlicher Gewalt stehenden minderjährigen Kinder.

§. 20. Norddeutsche, welche sich im Auslande aufhalten, können ihrer Staatsangehörigkeit durch einen Beschluss der Centralbehörde ihres Heimathsstaates verlustig erklärt werden, wenn sie im Falle eines Krieges oder einer Kriegsgefahr einer durch das Bundespräsidium für das ganze Bundesgebiet anzuordnenden ausdrücklichen Aufforderung zur Rückkehr binnen der darin bestimmten Frist keine Folge leisten.

§. 21. Norddeutsche, welche das Bundesgebiet verlassen und sich zehn Jahre lang ununterbrochen im Auslande aufhalten, verlieren dadurch ihre Staatsangehörigkeit. Die vorbezeichnete Frist wird von dem Zeitpunkte des Austritts aus dem Bundesgebiete oder, wenn der Austretende sich im Besitz eines Reisepapieres oder Heimathsscheines befindet, von dem Zeitpunkte des Ablaufs dieser Papiere an gerechnet. Sie wird unterbrochen durch die Eintragung in die Matrikel eines Bundeskonsulats. Ihr Lauf beginnt von Neuem mit dem auf die Löschung in der Matrikel folgenden Tage.

Der hiernach eingetretene Verlust der Staatsangehörigkeit erstreckt sich zugleich auf die Ehefrau und die unter väterlicher Gewalt stehenden minderjährigen Kinder, so weit sie sich bei dem Ehemanne, beziehungsweise Vater befinden.

Für Norddeutsche, welche sich in einem Staate des Auslandes mindestens fünf Jahre lang ununterbrochen aufhalten und in demselben zugleich die Staatsangehörigkeit erwerben, kann durch Staatsvertrag die zehnjährige Frist bis auf eine fünfjährige vermindert werden, ohne Unterschied, ob die Betheiligten sich im Besitze eines Reisepapieres oder Heimathsscheines befinden oder nicht.

Norddeutschen, welche ihre Staatsangehörigkeit durch zehnjährigen Aufenthalt im Auslande verloren und keine andere Staatsangehörigkeit erworben haben, kann die Staatsangehörigkeit in dem früheren Heimathsstaate wieder verliehen werden, auch ohne dass sie sich dort niederlassen.

Norddeutsche, welche ihre Staatsangehörigkeit durch zehnjährigen Aufenthalt im Auslande verloren haben und demnächst in das Gebiet des Norddeutschen Bundes zurückkehren, erwerben die Staatsangehörigkeit in demjenigen Bundesstaate, in welchem sie sich niedergelassen haben, durch eine von der höheren Verwaltungsbehörde ausgefertigte Aufnahme-Urkunde, welche auf Nachsuchen ihnen ertheilt werden muss.

§. 22. Tritt ein Norddeutscher ohne Erlaubniss seiner Regierung in fremde Staatsdienste, so kann die Centralbehörde seines Heimathsstaates denselben durch Beschluss seiner Staatsangehörigkeit verlustig erklären, wenn er einer ausdrücklichen Aufforderung zum Austritte binnen der darin bestimmten Frist keine Folge leistet.

§. 23. Wenn ein Norddeutscher mit Erlaubniss seiner Regierung bei einer fremden Macht dient, so verbleibt ihm seine Staatsangehörigkeit.

§. 24. Die Ertheilung von Aufnahme-Urkunden und in den Fällen des §. 15 Absatz 1 von Entlassungsurkunden erfolgt kostenfrei.

Für die Ertheilung von Entlassungsurkunden in anderen als den im §. 15 Absatz 1 bezeichneten Fällen darf an Stempelabgaben und Ausfertigungsgebühren zusammen nicht mehr als höchstens Ein Thaler erhoben werden.

§. 25. Für die beim Erlasse dieses Gesetzes im Auslande sich aufhaltenden Angehörigen derjenigen Bundesstaaten, nach deren Gesetzen die Staatsangehörigkeit durch einen zehnjährigen oder längeren Aufenthalt im Auslande verloren ging, wird der Lauf dieser Frist durch dieses Gesetz nicht unterbrochen.

Für die Angehörigen der übrigen Bundesstaaten beginnt der Lauf der im §. 21 bestimmten Frist mit dem Tage der Wirksamkeit dieses Gesetzes.

§. 26. Alle diesem Gesetze zuwiderlaufenden Vorschriften werden aufgehoben.

§. 27. Dieses Gesetz tritt am 1. Januar 1871 in Kraft.

II.
Gesetz des Norddeutschen Bundes über den Unterstützungswohnsitz.
Vom 6. Juni 1870.

§. 1. (Gleichberechtigung der Bundesangehörigen.) Jeder Norddeutsche ist in jedem Bundesstaate in Bezug a) auf die Art und das Mass der im Falle der Hülfsbedürftigkeit zu gewährenden öffentlichen Unterstützung, b) auf den Erwerb und Verlust des Unterstützungswohnsitzes als Inländer zu behandeln.

Die Bestimmungen in §. 7 des Gesetzes über die Freizügigkeit vom 1. November 1867 (Bundesgesetzbl. S. 55) sind auf Norddeutsche ferner nicht anwendbar.

§. 2. (Organe der öffentlichen Unterstützung Hülfsbedürftiger.) Die öffentliche Unterstützung hülfsbedürftiger Norddeutscher wird, nach näherer Vorschrift dieses Gesetzes, durch Ortsarmenverbände und durch Landarmenverbände geübt.

§. 3. (Ortsarmenverbände.) Ortsarmenverbände können aus einer oder mehreren Gemeinden und, wo die Gutsbezirke ausserhalb der Gemeinden stehen, aus einem oder mehreren Gutsbezirken, beziehungsweise aus Gemeinden und Gutsbezirken zusammengesetzt sein. Alle zu einem Ortsarmenverbande vereinigten Gemeinden und Gutsbezirke gelten in Ansehung der durch dieses Gesetz geregelten Verhältnisse als eine Einheit.

§. 4. Wo räumlich abgegrenzte Ortsarmenverbände noch nicht bestehen, sind dieselben bis zum 1. Juli 1871 einzurichten. Bis zum gleichen Termin muss jedes Grundstuck, welches noch zu keinem Ortsarmenverband gehört, entweder einem angrenzenden Ortsarmenverbande nach Anhörung der Betheiligten durch die zuständige Behörde (§. 8) zugeschlagen, oder selbständig als Ortsarmenverband eingerichtet werden.

§. 5. (Landarmenverbände.) Die öffentliche Unterstützung hülfsbedürftiger Norddeutscher, welche endgültig zu tragen kein Ortsarmenverband verpflichtet ist (der Landarmen), liegt den Landarmenverbänden ob. Zur Erfüllung dieser Obliegenheit hat jeder Bundesstaat bis zum 1. Juli 1871 entweder unmittelbar die Funktionen des Landarmenverbandes zu übernehmen, oder besondere, räumlich abgegrenzte Landarmenverbände, wo solche noch nicht bestehen, einzurichten.

Dieselben umfassen der Regel nach eine Mehrheit von Ortsarmenverbänden, können sich aber ausnahmsweise auf den Bezirk eines einzigen Ortsarmenverbandes beschränken.

§. 6. Armenverbände, deren Mitgliedschaft an ein bestimmtes Glaubensbekenntniss geknüpft ist, gelten nicht als Armenverbände im Sinne des Gesetzes.

§. 7. Die Orts- und Landarmenverbände stehen in Bezug auf die Verfolgung ihrer Rechte einander gleich. Hat ein Bundesstaat unmittelbar die Funktionen des Landarmenverbandes übernommen (§. 5), so steht er in allen durch dieses Gesetz geregelten Verhältnissen den Land-Armenbänden gleich.

§. 8. Die Landesgesetze bestimmen über die Zusammensetzung und Einrichtung der Ortsarmenverbände und Landarmenverbände, über die Art und das Mass der im Falle der Hülfsbedürftigkeit zu gewährenden öffentlichen Unterstützung, über die Beschaffung der erforderlichen Mittel, darüber, in welchen Fällen und in welcher Weise den Ortsarmenverbänden von den Landarmenverbänden oder von anderen Stellen eine Beihülfe zu gewähren ist, und endlich darüber, ob und inwiefern sich die Landarmenverbände der Ortsarmenverbände als ihrer Organe Behufs der öffentlichen Unterstützung Hülfsbedürftiger bedienen dürfen.

§. 9. (Erwerb des Unterstützungswohnsitzes.) Der Unterstützungswohnsitz wird erworben durch a) Aufenthalt, b) Verehelichung, c) Abstammung.

§. 10. (Durch Aufenthalt.) Wer innerhalb eines Ortsarmenverbandes nach zurückgelegtem vier und zwanzigsten Lebensjahre zwei Jahre lang ununterbrochen seinen gewöhnlichen Aufenthalt gehabt hat, erwirbt dadurch in demselben den Unterstützungswohnsitz.

§. 11. Die zweijährige Frist läuft von dem Tage, an welchem der Aufenthalt begonnen ist.

Durch den Eintritt in eine Kranken- Bewahr- oder Heilanstalt wird jedoch der Aufenthalt nicht begonnen.

Wo für ländliches oder städtisches Gesinde, Arbeitsleute, Wirthschaftsbeamte, Pächter oder andere Miethsleute der Wechsel des Wohnortes zu bestimmten, durch Gesetz oder ortsüblichem Herkommen festgesetzten Terminen stattfindet, gilt der übliche Umzugstermin als Anfang des Aufenthalts, sofern nicht zwischen diesem Termine und dem Tage, an welchem der Aufenthalt wirklich beginnt, ein mehr als siebentägiger Zeitraum gelegen hat.

§. 12. Wird der Aufenthalt unter Umständen begonnen, durch welche die Annahme der freien Selbstbestimmung bei der Wahl des Aufenthaltsortes ausgeschlossen wird, so beginnt der Lauf der zweijährigen Frist erst mit dem Tage, an welchem diese Umstände aufgehört haben.

Treten solche Umstände erst nach Beginn des Aufenthalts ein, so ruht während ihrer Dauer der Lauf der zweijährigen Frist.

§. 13. Als Unterbrechung des Aufenthalts wird eine freiwillige Entfernung nicht angesehen, wenn aus den Umständen, unter welchen sie erfolgt, die Absicht erhellt, den Aufenthalt beizuhalten.

§. 14. Der Lauf der zweijährigen Frist (§. 10) ruht während der Dauer der von einem Armenverbande gewährten öffentlichen Unterstützung.

Er wird unterbrochen durch den von einem Armenverbande auf Grund der Bestimmung im §. 5 des Gesetzes über die Freizügigkeit vom 1. November 1867 gestellten Antrag auf Anerkennung der Verpflichtung zur Uebernahme eines Hülfsbedürftigen. Die Unterbrechung erfolgt mit dem Tage, an welchem der also gestellte Antrag an den betreffenden Armenverband oder an die vorgesetzte Behörde eines der betheiligten Armenverbände abgesandt ist.

Die Unterbrechung gilt als nicht erfolgt, wenn der Antrag nicht innerhalb zweier Monate weiter verfolgt oder wenn derselbe erfolglos geblieben ist.

§. 15. (Durch Verehelichung.) Die Ehefrau theilt vom Zeitpunkte der Eheschliessung ab den Unterstützungswohnsitz des Mannes.

§. 16. Wittwen und rechtskräftig geschiedene Ehefrauen behalten den bei Auflösung der Ehe gehabten Unterstützungswohnsitz so lange, bis sie denselben nach den Vorschriften der §§. 22 Nr. 2, 23—27 verloren oder einen anderweitigen Unterstützungswohnsitz nach Vorschrift der §§. 9—14 erworben haben.

§. 17. Als selbstständig in Beziehung auf den Erwerb und Verlust des Unterstützungswohnsitzes gilt die Ehefrau auch während der Dauer der Ehe, wenn und so lange der Ehemann sie böslich verlassen hat, ferner wenn und so lange sie während der Dauer der Haft des Ehemannes oder in Folge ausdrücklicher Einwilligung desselben oder kraft der nach den Landesgesetzen ihr zustehenden Befugniss vom Ehemanne getrennt lebt und ohne dessen Beihülfe ihre Ernährung findet.

§. 18. (Durch Abstammung.) Eheliche und den ehelichen gesetzlich gleichstehende Kinder theilen, vorbehaltlich der Bestimmung des §. 20, den Unterstützungswohnsitz des Vaters so lange, bis sie denselben nach Vorschrift der §§. 22, Nr. 2, 23—27 verloren, oder einen anderweitigen Unterstützungswohnsitz nach Vorschrift der §§. 9—14 erworben haben.

Sie behalten diesen Unterstützungswohnsitz auch nach dem Tode des Vaters bis zu dem vorstehend gedachten Zeitpunkte, vorbehaltlich der Bestimmung des §. 19.

§. 19. Wenn die Mutter den Vater überlebt, so theilen nach Auflösung der Ehe durch den Tod des Vaters die ehelichen und den ehelichen gesetzlich gleichstehenden Kinder den Unterstützungswohnsitz der Mutter in dem Umfange des §. 18.

Gleiches gilt im Falle des §. 17, sofern die Kinder bei der Trennung vom Hausstande des Vaters der Mutter gefolgt sind.

§. 20. Bei der Scheidung der Ehe theilen die ehelichen und den ehelichen gesetzlich gleichstehenden Kinder in dem Umfange des §. 18 den Unterstützungswohnsitz der Mutter, wenn dieser die Erziehung der Kinder zusteht.

§. 21. Uneheliche Kinder theilen in dem Umfange des §. 18 den Unterstützungswohnsitz der Mutter.

§. 22. (Verlust des Unterstützungswohnsitzes.) Der Verlust des Unterstützungswohnsitzes tritt ein durch 1) Erwerbung eines anderweitigen Unterstützungswohnsitzes, 2) zweijährige ununterbrochene Abwesenheit nach zurückgelegtem vier und zwanzigsten Lebensjahre.

§. 23. Die zweijährige Frist läuft von dem Tage, an welchem die Abwesenheit begonnen hat.

Durch den Eintritt in eine Kranken-, Bewahr- oder Heilanstalt wird jedoch die Abwesenheit nicht begonnen.

Wo für ländliches oder städtisches Gesinde, Arbeitsleute, Wirthschaftsbeamte, Pächter oder andere Miethsleute der Wechsel des Wohnortes zu' bestimmten, durch Gesetz oder ortsüblichem Herkommen festgesetzten Terminen stattfindet, gilt der übliche Umzugstermin als Anfang der Abwesenheit, sofern nicht zwischen diesem Termine und dem Tage, an welchem die Abwesenheit wirklich beginnt, ein mehr als siebentägiger Zeitraum gelegen hat.

§. 24. Ist die Abwesenheit durch Umstände veranlasst, durch welche die Annahme der freien Selbstbestimmung bei der Wahl des Aufenthaltsortes ausgeschlossen wird, so beginnt der Lauf der zweijährigen Frist erst mit dem Tage, an welchem diese Umstände aufgehört haben.

Treten solche Umstände erst nach dem Beginn der Abwesenheit ein, so ruht während ihrer Dauer der Lauf der zweijährigen Frist.

§. 25. Als Unterbrechung der Abwesenheit wird die Rückkehr nicht angesehen, wenn aus den Umständen, unter welchen sie erfolgt, die Absicht erhellt, den Aufenthalt nicht dauernd fortzusetzen.

§. 26. Die Anstellung oder Versetzung eines Geistlichen, Lehrers, öffentlichen oder Privat-Beamten, sowie einer nicht blos zur Erfüllung der Militärpflicht im Bundesheere oder in der Bundes-Kriegs-Marine dienenden

Militärperson gilt nicht als ein die freie Selbstbestimmung bei der Wahl des Aufenthaltsortes ausschliessender Umstand.

§. 27. Der Lauf der zweijährigen Frist (§. 22) ruht während der Dauer der von einem Armenverbande gewährten öffentlichen Unterstützung.

Er wird unterbrochen durch den von einem Armenverbande auf Grund der Bestimmung im §. 5 des Gesetzes über die Freizügigkeit vom 1. November 1867 gestellten Antrag auf Anerkennung der Verpflichtung zur Uebernahme eines Hülfsbedürftigen. Die Unterbrechung erfolgt mit dem Tage, an welchem der also gestellte Antrag an den betreffenden Armenverband oder an die vorgesetzte Behörde eines der betheiligten Armenverbände abgesandt ist.

Die Unterbrechung gilt als nicht erfolgt, wenn der Antrag nicht innerhalb zweier Monate weiter erfolgt, oder wenn derselbe erfolglos geblieben ist.

§. 28. (Pflichten und Rechte der Armenverbände.) Jeder hülfsbedürftige Norddeutsche muss vorläufig von demjenigen Ortsarmenverbande unterstützt werden, in dessen Bezirk er sich bei dem Eintritte der Hülfsbedürftigkeit befindet. Die vorläufige Unterstützung erfolgt vorbehaltlich des Anspruches auf Erstattung der Kosten beziehungsweise auf Uebernahme des Hülfsbedürftigen gegen den hierzu verpflichteten Armenverband.

§. 29. Wenn Personen, welche im Gesindedienst stehen, Gesellen, Gewerbegehülfen, Lehrlinge, an dem Orte ihres Dienstverhältnisses erkranken, so hat der Ortsarmenverband des Dienstortes die Verpflichtung, den Erkrankten die erforderliche Kur und Verpflegung zu gewähren. Ein Anspruch auf Erstattung der entstehenden Kur- und Verpflegungskosten, beziehungsweise auf Uebernahme des Hülfsbedürftigen gegen einen anderen Armenverband erwächst nur, wenn die Krankenpflege länger als sechs Wochen fortgesetzt wurde, und nur für den über diese Frist hinausgehenden Zeitraum.

Dem zur Unterstützung an sich verpflichteten Armenverbande muss spätestens sieben Tage vor Ablauf des sechswöchentlichen Zeitraums Nachricht von der Erkrankung gegeben werden, widrigenfalls die Erstattung der Kosten erst von dem, sieben Tage nach dem Eingange der Nachricht beginnenden Zeitraum an gefordert werden kann.

Schwangerschaft an sich ist nicht als eine Krankheit im Sinne der vorstehenden Bestimmung anzusehen.

§. 30. Zur Erstattung der durch die Unterstützung eines hülfsbedürftigen Norddeutschen erwachsenen Kosten, soweit dieselben nicht in Gemässheit des §. 29 dem Ortsarmenverbande des Dienstortes zur Last fallen, sind verpflichtet: a) wenn der Unterstützte einen Unterstützungswohnsitz hat, der Ortsarmenverband seines Unterstützungswohnsitzes; b) wenn der Unterstützte keinen Unterstützungswohnsitz hat, derjenige Landarmenverband, in dessen Bezirk er sich bei dem Eintritte der Hülfsbedürftigkeit befand oder, falls er im hülfsbedürftigen Zustande aus einer Straf-, Kranken-, Bewahr- oder Heilanstalt entlassen wurde, derjenige Landarmenverband, aus welchem seine Einlieferung in die Anstalt erfolgt ist.

Die Höhe der zu erstattenden Kosten richtet sich nach den am Orte der stattgehabten Unterstützung über das Mass der öffentlichen Unterstützung Hülfsbedürftiger geltenden Grundsätzen, ohne dass dabei die allgemeinen

Verwaltungskosten der Armenanstalten, sowie besondere Gebühren für die Hülfeleistung fest remunerirter Armenärzte in Ansatz gebracht werden dürfen.

Für solche bei der öffentlichen Unterstützung häufiger vorkommenden Aufwendungen, deren täglicher oder wöchentlicher Betrag sich in Pauschquanten feststellen lässt (z. B. Verpflegungssätze in Kranken- oder Armenhäusern), kann in jedem Bundesstaate, entweder für das ganze Staatsgebiet gleichmässig, oder bezirksweise verschieden, ein Tarif aufgestellt und öffentlich bekannt gemacht werden, dessen Sätze die Erstattungsforderung nicht übersteigen darf.

§. 31. Der nach der Vorschrift des §. 30 zur Kostenerstattung verpflichtete Armenverband ist zur Uebernahme eines hülfsbedürftigen Norddeutschen verpflichtet, wenn die Unterstützung aus andern Gründen als wegen einer nur vorübergehenden Arbeitsunfähigkeit nothwendig geworden ist (§. 5 des Gesetzes über die Freizügigkeit vom 1. November 1867, Bundesgesetzbl. S. 55).

§. 32. Der zur Uebernahme eines hülfsbedürftigen Norddeutschen verpflichtete Armenverband kann — soweit nicht auf Grund der §§. 55 und 56 etwas Anderes festgestellt worden ist — die Ueberführung desselben in seine unmittelbare Fürsorge verlangen.

Die Kosten der Ueberführung hat der verpflichtete Armenverband zu tragen.

Beantragt hiernach der zur Uebernahme eines Hülfsbedürftigen verpflichtete Armenverband dessen Ueberführung, und diese unterbleibt oder verzögert sich durch die Schuld des Armenverbandes, welcher zur vorläufigen Unterstützung derselben verpflichtet ist, so verwirkt der letztere dadurch für die Folgezeit, beziehungsweise für die Zeit der Verzögerung, den Anspruch auf Erstattung der Kosten.

§. 33. Muss ein Norddeutscher, welcher keinen Unterstützungswohnsitz hat, auf Verlangen ausländischer Staatsbehörden aus dem Auslande übernommen werden und ist bei der Uebernahme der Fall der Hülfsbedürftigkeit vorhanden, oder tritt derselbe innerhalb sieben Tagen nach erfolgter Uebernahme ein, so liegt die Verpflichtung zur Erstattung der Kosten der Unterstützung, beziehungsweise zur Uebernahme des Hulfsbedurftigen, demjenigen Bundesstaate ob, innerhalb dessen der Hulfsbedurftige seinen letzten Unterstutzungswohnsitz gehabt hat, mit der Massgabe, dass es jedem Bundesstaate überlassen bleibt, im Wege der Landesgesetzgebung diese Verpflichtung auf seine Armenverbände zu übertragen.

§. 34. (Verfahren in Streitsachen der Armenverbände: Einleitung.) Muss ein Ortsarmenverband einen hülfsbedürftigen Norddeutschen, welcher innerhalb desselben seinen Unterstützungswohnsitz nicht hat, unterstützen, so hat der Ortsarmenverband zunächst eine vollständige Vernehmung des Unterstützten über seine Heimaths-, Familien- und Aufenthaltsverhältnisse zu bewirken, und sodann den Anspruch auf Erstattung der aufgewendeten beziehungsweise aufzuwendenden Kosten bei Vermeidung des Verlustes dieses Anspruchs binnen sechs Monaten nach begonnener Unterstützung bei dem vermeintlich verpflichteten Armenverbande mit der Anfrage anzumelden, ob der Anspruch anerkannt wird.

Ist der verpflichtete Armenverband nicht zu ermitteln, so hat die Anmeldung Behufs Wahrung des erhobenen Erstattungsanspruchs innerhalb der oben normirten Frist von sechs Monaten bei der zuständigen vorgesetzten Behörde des betheiligten Armenverbandes zu erfolgen.

Ist nach der Ansicht des unterstützenden Ortsarmenverbandes der Fall dazu angethan, dem Unterstützten die Fortsetzung des Aufenthalts nach §. 5 des Gesetzes über die Freizügigkeit vom 1. November 1867 (Bundesgesetzbl. S. 55 ff.) zu versagen, und will der Ortsarmenverband von der bezüglichen Befugniss Gebrauch machen, so ist dies in der Benachrichtigung ausdrücklich zu bemerken.

§. 35. Geht auf die erlassene Anzeige innerhalb vierzehn Tagen nach dem Empfang derselben eine zustimmende Antwort des in Anspruch genommenen Armenverbandes nicht ein, so gilt dies einer Ablehnung des Anspruchs gleich.

§. 36. Jeder Armenverband ist berechtigt, seine Ansprüche gegen einen anderen Armenverband auf dem durch dieses Gesetz bezeichneten Wege selbständig und unmittelbar vor den zur Entscheidung, sowie zur Vollstreckung derselben berufenen Behörden zu verfolgen.

§. 37. Streitigkeiten zwischen verschiedenen Armenverbänden über die öffentliche Unterstützung Hülfsbedürftiger werden, wenn die streitenden Theile einem und demselben Bundesstaate angehören, auf dem durch die Landesgesetze vorgeschriebenen Wege entschieden.

Gehören die streitenden Armenverbände verschiedenen Bundesstaaten an, so finden die nachfolgenden Vorschriften der §§. 38—51 dieses Gesetzes Anwendung.

§. 38. (Entscheidung.) Lehnt ein Armenverband den gegen ihn erhobenen Anspruch auf Erstattung der Kosten oder auf Uebernahme eines Hülfsbedürftigen ab, so wird auf Antrag desjenigen Armenverbandes, welcher die öffentliche Unterstützung vorläufig zu gewähren genöthigt ist, über den erhobenen Anspruch im Verwaltungswege durch diejenige Spruchbehörde entschieden, welche dem in Anspruch genommenen Armenverbande vorgesetzt ist.

Die Zuständigkeit, den Instanzenzug, sowie das Verfahren regelt innerhalb jeden Bundesstaates, vorbehaltlich der Vorschriften dieses Gesetzes, die Landesgesetzgebung.

§. 39. Die zur Entscheidung zuständigen Landesbehörden sind befugt, Untersuchungen an Ort und Stelle zu veranlassen, Zeugen und Sachverständige zu laden und eidlich zu vernehmen, überhaupt den angetretenen Beweis im vollen Umfange zu erheben.

§. 40. Die Entscheidung erfolgt durch schriftlichen, mit Gründen versehenen Beschluss; sofern dabei für den in Anspruch genommenen Armenverband eine Verpflichtung zur Uebernahme eines Hülfsbedürftigen (§. 31) begründet ist, muss dies in dem Beschlusse ausdrücklich ausgesprochen werden.

§. 41. Soweit die Organisation oder örtliche Abgrenzung der einzelnen Armenverbände Gegenstand des Streites ist, bewendet es endgültig bei der Entscheidung der höchsten landesgesetzlichen Instanz. Im Uebrigen findet gegen deren Entscheidung nur die Berufung an das Bundesamt für das Heimathswesen statt.

§. 42. (Bundesamt für das Heimathswesen.) Das Bundesamt für das Heimathswesen ist eine ständige und kollegiale Behörde, welche ihren Sitz in Berlin hat.

Es besteht aus einem Vorsitzenden und mindestens vier Mitgliedern. Der Vorsitzende, sowie die letzteren werden auf Vorschlag des Bundesrathes vom Bundespräsidium auf Lebenszeit ernannt. Der Vorsitzende sowohl, als auch mindestens die Hälfte der Mitglieder muss die Qualifikation zum höheren Richteramte im Staate ihrer Angehörigkeit besitzen.

§. 43. Bezüglich der Rechtsverhältnisse der Mitglieder des Bundesamtes gelten bis zum Erlass besonderer bundesgesetzlicher Vorschriften die Bestimmungen der §§. 23—26 des Gesetzes, betreffend die Errichtung eines obersten Gerichtshofes für Handelssachen, vom 12. Juni 1869 mit der Massgabe, dass 1) an Stelle des Plenum des Ober-Handelsgerichts das Plenum des Bundesamtes tritt, und dass im Falle des §. 25 a. a. O. die Verrichtungen des Staatsanwalts und des Untersuchungsrichters von je einem Mitgliede des Königlich preussischen Kammergerichts zu Berlin, welches der Bundeskanzler ernennt, wahrgenommen werden, 2) bezüglich der Höhe der Pensionen die Vorschriften in Anwendung kommen, welche darüber in demjenigen Bundesstaate gelten, aus dessen Dienste das Mitglied des Bundesamtes berufen ist.

§. 44. Zur Abfassung einer gültigen Entscheidung des Bundesamtes gehört die Anwesenheit von mindestens drei Mitgliedern, von denen mindestens Eines die im §. 42 vorgeschriebene richterliche Qualifikation haben muss.

Die Zahl der Mitglieder, welche bei der Fassung eines Beschlusses eine entscheidende Stimme führen, muss in allen Fällen eine ungerade sein. Ist die Zahl der bei der Erledigung einer Sache mitwirkenden Mitglieder eine gerade, so führt dasjenige Mitglied, welches zuletzt ernannt ist, und bei gleichem Dienstalter dasjenige, welches der Geburt nach das jüngere ist, nur eine berathende Stimme.

§. 45. Der Geschäftsgang bei dem Bundesamte wird durch ein Regulativ geordnet, welches das Bundesamt zu entwerfen und dem Bundesrathe zur Bestätigung einzureichen hat.

In dem Geschäftsregulative sind insbesondere auch die Befugnisse des Vorsitzenden festzustellen.

§. 46. Die Berufung an das Bundesamt ist bei Verlust des Rechtsmittels binnen vierzehn Tagen, von der Behändigung der angefochtenen Entscheidung an gerechnet, bei derjenigen Behörde, gegen deren Entscheidung sie gerichtet ist, schriftlich anzumelden.

Die Angabe der Beschwerden, sowie die Rechtfertigung der Berufung kann entweder zugleich mit der Anmeldung der letzteren oder innerhalb vier Wochen nach diesem Termine derselben Behörde eingereicht werden.

Von sämmtlichen Schriftsätzen, sowie von den etwaigen Anlagen derselben sind Duplikate beizufügen.

§. 47. Die eingegangenen Duplikate werden von der zuständigen Behörde der Gegenpartei zur schriftlichen, binnen vier Wochen nach der Behändigung in zwei Exemplaren einzureichenden Gegenerklärung zugefertigt.

§. 48. Nach Ablauf dieser Frist legt die nämliche Behörde die sämmtlichen Verhandlungen nebst ihren Akten dem Bundesamte vor.

§. 49. Erachtet das Bundesamt vor Fällung der Entscheidung noch eine Aufklärung über das Sach- und Rechtsverhältniss für nöthig, so ist dieselbe unter Vermittelung der zuständigen Landesbehörde vorzunehmen.

§. 50. Die Entscheidung des Bundesamtes erfolgt gebührenfrei in öffentlicher Sitzung nach erfolgter Ladung und Anhörung der Parteien.

Das Erkenntniss wird schriftlich, mit Gründen versehen, den Parteien durch Vermittelung derjenigen Behörde (§. 46) zugefertigt, gegen deren Beschluss es ergangen ist.

§. 51. Gegen die Entscheidung des Bundesamtes ist ein weiteres Rechtsmittel nicht zulässig.

§. 52. Bis zu anderweitiger, von Bundeswegen erfolgender Regelung der Kompetenz des Bundesamtes für das Heimathswesen kann durch die Landesgesetzgebung eines Bundesstaates bestimmt werden, dass die Vorschriften der §§. 38—51, 56, Absatz 2 dieses Gesetzes für die Streitsachen zwischen Armenverbänden des betreffenden Bundesstaates in Wirksamkeit treten sollen.

§. 53. (Exekution der Entscheidung.) In den Streitsachen über die durch dieses Gesetz geregelte öffentliche Unterstützung Hülfsbedürftiger ist die Entscheidung der ersten Instanz, ausgenommen in dem Falle des §. 57, sofort vollstreckbar.

Im Uebrigen findet die Exekution statt: a) auf Grund und in den Grenzen eines von dem in Anspruch genommenen Armenverbande ausgestellten Anerkenntnisses (§. 55); b) auf Grund der endgültigen Entscheidung.

Die Vollstreckung der Exekution liegt der zur Entscheidung in erster Instanz zuständigen Behörde des verpflichteten Armenverbandes ob, und ist bei derselben unter Beifügung der bezüglichen Urkunden zu beantragen.

§. 54. Wird die bereits vollstreckte Entscheidung der ersten landesgesetzlichen Instanz durch endgültige Entscheidungen höherer Landesinstanzen oder in Gemässheit der §§. 38—51 dieses Gesetzes wieder aufgehoben, so hat die zur Entscheidung in erster Instanz zuständige Behörde desjenigen Armenverbandes, welcher die Vollstreckung der Exekution erwirkt hatte, die erforderlichen Anordnungen zu treffen, um die Exekution und deren Folgen wieder rückgängig zu machen.

§. 55. Den zur vorläufigen Unterstützung (§. 28) und beziehungsweise zur Uebernahme (§. 31) eines Hülfsbedürftigen verpflichteten Armenverbänden ist es unbenommen, die thatsächliche Vollstreckung der Ausweisung (§. 5 des Gesetzes über die Freizügigkeit vom 1. November 1867) durch eine unter sich zu treffende Einigung über das Verbleiben der auszuweisenden Person oder Familie in ihrem bisherigen Aufenthaltsorte gegen Gewährung eines bestimmten Unterstützungsbetrages von Seiten des letztgedachten Armenverbandes, dauernd oder zeitweilig auszuschliessen.

Die erstinstanzlichen Behörden (§§. 38. 39. 40) sind verpflichtet, auf Anrufen eines oder des anderen Betheiligten, Zwecks thunlicher Herstellung einer solchen Einigung vermittelnd einzuschreiten.

Ist die Einigung urkundlich in Form eines Anerkenntnisses festgestellt, so findet auf Grund derselben die administrative Exekution statt (§. 53).

§. 56. Wenn mit der Ausweisung Gefahr für Leben oder Gesundheit des Auszuweisenden oder seiner Angehörigen verbunden sein würde, oder wenn die Ursache der Erwerbs- oder Arbeitsunfähigkeit des Auszuweisenden durch eine im Bundeskriegsdienste oder bei Gelegenheit einer That persönlicher Selbstaufopferung erlittene Verwundung oder Krankheit herbeigeführt ist, oder endlich, wenn sonst die Wegweisung vom Aufenthaltsorte mit erheblichen Härten oder Nachtheilen für den Auszuweisenden verbunden sein sollte, kann auch bei nicht erreichter Einigung das Verbleiben der auszuweisenden Person oder Familie in dem Aufenthaltsorte, gegen Festsetzung eines von dem verpflichteten Armenverbande zu zahlenden Unterstützungsbetrages, durch die zur Entscheidung in erster Instanz zuständige Behörde des Ortsarmenverbandes des Aufenthaltsortes angeordnet werden.

Gegen diese Anordnung, welche, wenn die Voraussetzungen fortfallen, unter welchen sie erlassen ist, jederzeit zurückgenommen werden kann, steht innerhalb vierzehn Tagen nach der Zustellung beiden Theilen die Berufung zu. Dieselbe erfolgt, wenn die streitenden Armenverbände einem und demselben Bundesstaate angehören, an die nächst höchste landesgesetzliche Instanz, sofern die streitenden Theile verschiedenen Bundesstaaten angehören, an das Bundesamt für das Heimathswesen. Bei der hierauf ergehenden Entscheidung bewendet es endgültig.

Dasselbe findet statt, wenn der Antrag des verpflichteten Armenverbandes auf Erlass einer solchen Anordnung zurückgewiesen ist.

§. 57. So lange das Verfahren, betreffend den Versuch einer Einigung nach §. 55, oder betreffend den Erlass der im §. 56 bezeichneten Anordnung, schwebt, bleibt die Vollstreckbarkeit der Entscheidung erster Instanz ausgesetzt (§. 53).

§. 58. Ist die Ausweisung durch Transport zu bewerkstelligen, so fallen die Transportkosten als ein Theil der zu erstattenden Kosten der Unterstützung des Hülfsbedürftigen dem hierzu verpflichteten Armenverbande zur Last.

Entsteht über die Nothwendigkeit des Transports oder die Art der Ausführung desselben Streit, so erfolgt die Entscheidung hierüber endgültig durch die in erster Instanz in der Hauptsache zuständige Behörde des Armenverbandes des Aufenthaltsortes (§. 38 Abs. 2).

§. 59. Ist ein Armenverband zur Zahlung der ihm endgültig auferlegten Kosten, laut Bescheinigung der ihm vorgesetzten Behörde, ganz oder theilweise ausser Stande, so hat der Bundesstaat, welchem er angehört, entweder mittelbar oder unmittelbar für die Erstattung zu sorgen.

§. 60. (Oeffentliche Unterstützung hulfsbedürftiger Ausländer.) Ausländer müssen vorläufig von demjenigen Ortsarmenverbande unterstützt werden, in dessen Bezirke sie sich bei dem Eintritte der Hulfsbedürftigkeit befinden. Zur Erstattung der Kosten beziehungsweise zur Uebernahme des hulfsbedürftigen Ausländers ist derjenige Bundesstaat verpflichtet, welchem der Ortsarmenverband der vorläufigen Unterstützung angehört, mit der Massgabe, dass es jedem Bundesstaate überlassen bleibt, im Wege der Landesgesetzgebung diese Verpflichtung auf seine Armenverbände zu übertragen.

§. 61. (Verhältniss der Armenverbände zu einander.) Durch die Bestimmungen dieses Gesetzes werden Rechte und Verbindlichkeiten nur zwischen den zur Gewährung öffentlicher Unterstützung nach Vorschrift dieses Gesetzes verpflichteten Verbänden (Orts-, Landarmenverbände, Bundesstaaten) begründet.

(Zu anderweit Verpflichteten.) Daher werden die auf anderen Titeln (Familien- und Dienstverhältniss, Vertrag, Genossenschaft, Stiftung u. s. w.) beruhenden Verpflichtungen, einen Hülfsbedürftigen zu unterstützen, von den Bestimmungen dieses Gesetzes nicht betroffen.

§. 62. Jeder Armenverband, welcher nach Vorschrift dieses Gesetzes einen Hülfsbedürftigen unterstützt hat, ist befugt, Ersatz derjenigen Leistungen, zu deren Gewährung ein Dritter aus anderen, als den durch dieses Gesetz begründeten Titeln verpflichtet ist, von dem Verpflichteten in demselben Masse und unter denselben Voraussetzungen zu fordern, als dem Unterstützten auf jene Leistungen ein Recht zusteht.

Der Einwand, dass der unterstützende Armenverband den Ersatz von einem anderen Armenverbande zu fordern berechtigt sei, darf demselben hierbei nicht entgegengestellt werden.

§. 63. (Zu den Behörden.) Die Verwaltungs- und Polizeibehörden sind verpflichtet, innerhalb ihres Geschäftskreises den Armenverbänden Behufs der Ermittelung der Heimaths-, Familien- und Aufenthaltsverhältnisse eines Hülfsbedürftigen auf Verlangen behülflich zu sein.

§. 64. Das Eintreten der in den §§. 10 und 22 an den Ablauf einer bestimmten Frist geknüpften Wirkungen kann durch Vertrag oder Verzicht der betheiligten Behörden oder Personen nicht ausgeschlossen werden.

§. 65. (Zeitpunkt der Geltung des Gesetzes.) Dieses Gesetz tritt mit dem 1. Juli 1871 in Kraft. Nach diesem Tage finden die bis dahin innerhalb des Bundesgebietes gültigen Vorschriften über die durch das gegenwärtige Gesetz geregelten Rechtsverhältnisse nur insoweit noch Anwendung, als es sich um die Feststellung des Unterstützungswohnsitzes für die Zeit vor dem 1. Juli 1871 handelte.

Insbesondere kommen hierbei folgende Bestimmungen zur Anwendung:

(Uebergangsbestimmungen.) 1) Diejenigen Norddeutschen, welche am 30. Juni 1871 innerhalb des Bundesgebietes ein Heimathsrecht besitzen, haben kraft desselben am 1. Juli 1871 den Unterstützungswohnsitz in demjenigen Ortsarmenverbande, welchem ihr Heimathsort angehört.

2) Diejenigen Norddeutschen, welche am 30. Juni 1871 innerhalb des Bundesgebietes einen Unterstützungswohnsitz haben, besitzen denselben am 1. Juli 1871 mit den Folgen und Massgaben dieses Gesetzes, gleichviel ob die Voraussetzungen des Erwerbes andere waren, als die durch dieses Gesetz vorgeschriebenen.

3) Wo und insoweit bisher ein Heimathsrecht oder Unterstützungswohnsitz durch blossen Aufenthalt nicht erworben, durch blosse Abwesenheit nicht verloren werden konnte, beginnt der Lauf der durch dieses Gesetz vorgeschriebenen zweijährigen Frist für den Erwerb beziehungsweise Verlust des Unterstützungswohnsitzes mit dem 1. Juli 1871.

4) Wo bisher für den Erwerb beziehungsweise Verlust des Unterstützungswohnsitzes die nämliche oder eine längere, als die durch dieses Gesetz vorgeschriebene Frist galt, kommt bei Berechnung der letzteren die vor dem 1. Juli 1871 abgelaufene Zeitdauer in Ansatz.

5) Wo bisher für den Erwerb beziehungsweise Verlust des Unterstützungswohnsitzes eine kürzere, als die durch dieses Gesetz vorgeschriebene Frist bestand, gilt, sofern die kürzere Frist vor dem 1. Juli 1871 abgelaufen war, die Wirkung des Ablaufs als eingetreten, auch wenn die Entscheidung hierüber erst nach dem 1. Juli 1871 erfolgt. War die kürzere Frist vor dem 1. Juli 1871 noch nicht abgelaufen, so bedarf es zum Eintritt der durch dieses Gesetz vorgeschriebenen Wirkungen des Ablaufs der durch dieses Gesetz vorgeschriebenen Frist, jedoch unter Anrechnung der vor dem 1. Juli 1871 abgelaufenen Zeitdauer.

6) Das durch dieses Gesetz für die Entscheidung der Streitsachen über die öffentliche Unterstützung Hülfsbedürftiger vorgeschriebene Verfahren kommt nach Massgabe der Vorschrift des §. 37 zur Anwendung bei denjenigen Streitsachen der Armenverbände (Armenkommunen, Armenbezirke, Heimathsbezirke), welche nach dem 30. Juni 1871 anhängig gemacht werden.

III.
Erlass, betreffend die Zusammensetzung, Stellung und Geschäftsführung der statistischen Centralkommission im Königreich Preussen.
Vom 21. Februar 1870.

In Gemässheit des Staats-Ministerialbeschlusses vom 2. März 1869 wird hinsichtlich der Zusammensetzung, Stellung und Geschäftsführung der statistischen Centralkommission Nachstehendes bestimmt:

1) Als Mitglieder der gedachten Kommission fungiren: a) der Vorsitzende, welchen der Minister des Innern beruft; b) Kommissarien der einzelnen Ministerien und des Kanzler-Amts des Norddeutschen Bundes; c) der Direktor und noch ein Mitglied des statistischen Bureaus; d) sechs Mitglieder des allgemeinen Landtages, von denen jedes der beiden Häuser drei zu wählen hat; e) solche statistische Sachverständige, welche auf Vorschlag der Centralkommission durch den Minister des Innern zur Theilnahme an deren Arbeiten eingeladen werden.

Die Mitglieder der Kommission versehen ihre Funktionen unentgeltlich.

2) Die statistische Centralkommission hat die Aufgabe, ein einheitliches Zusammenwirken sämmtlicher Zweige der Staatsverwaltung dahin zu vermitteln, dass künftig auf allen der Statistik zugänglichen Gebieten — sowohl für das Bedürfniss der Gesetzgebung, der Verwaltung und des öffentlichen Lebens überhaupt, als auch mit Rücksicht auf die Anforderungen der Wissenschaft — hinsichtlich der Grundlagen, der Ausdehnung und der Art der statistischen Erhebungen nach gleichmässigen Grundsätzen, methodisch und planmässig verfahren, die Ausführung und Zuverlässigkeit der Erhebungen mit den zu Gebote stehenden Mitteln sichergestellt und die Verarbeitung und Verwerthung der gewonnenen Ergebnisse in zwecksentsprechender Weise bewirkt werde.

3) Demzufolge hat die statistische Centralkommission, sowohl vermöge eigener Initiative, als auch auf Erfordern der einzelnen Verwaltungs-Chefs

über alle statistischen Einrichtungen, Erhebungen, Aufstellungen u. s. w., nach Inhalt, Art und Form zu berathen und gutachtlich zu beschliessen.

4) Allgemeine und periodische Erhebungen der vorgedachten Art sollen fernerhin ohne vorgängige Anhörung dieser Kommission weder von den Central-, noch von den Provinzialbehörden veranlasst werden. Ausgenommen hiervon bleiben einzelne Detailerhebungen, hinsichtlich welcher die Behörden keiner Beschränkung unterliegen.

5) Ihren geschäftlichen Anschluss erhält die Centralkommission an das Ministerium der Innern, durch welches auch der Verkehr derselben mit anderen Behörden u. s. w. vermittelt wird.

Der während der Berathungen der Kommission sich als nothwendig ergebende Verkehr mit den einzelnen Ministerien erfolgt, soweit irgend thunlich, kurzer Hand durch die betreffenden Ministerial-Kommissarien. Von den letzteren werden auch solche Gegenstände, über welche das Gutachten der Kommission von den einzelnen Ressort-Chefs gewunscht wird, derselben vorgelegt.

6) Jedem Kommissionsmitgliede steht es frei, bei der Kommission Anträge zu stellen oder derselben Vorschläge zu unterbreiten, welche auf neue oder abzuändernde statistische Einrichtungen, Erhebungen oder Aufstellungen abzwecken.

Alle solche Vorschläge sind schriftlich zu formuliren und des Näheren zu begründen.

Die den Ministerien, dem Bundeskanzler-Amt und dem statistischen Bureau angehörigen Mitglieder der Kommission haben sich zu dergleichen Anträgen oder Vorschlägen vorher der Zustimmung ihrer vorgesetzten Verwaltungschefs zu versichern.

7) Der Vorsitzende leitet die Berathungen und Geschäfte der Centralkommission; vertritt dieselbe nach aussen und vollzieht die von der Kommission ausgehenden Gutachten, Berichte u. s. w.

Nach seiner Bestimmung versammelt sich die Kommission zu regelmässigen und nöthigenfalls zu ausserordentlichen, speziell anzuberaumenden Sitzungen.

8) Die Berathungen erfolgen auf Grund von Tagesordnungen, welche der Vorsitzende feststellt. Der jedesmaligen Tagesordnung, in welcher die einzelnen, zur Berathung bestimmten Gegenstände speziell verzeichnet werden, sind die auf letztere sich beziehenden schriftlichen Vorschläge und Anträge beizufügen.

Die Tagesordnung muss allen in Berlin anwesenden Kommissionsmitgliedern mindestens 8 Tage vor der Sitzung zugestellt werden.

Ueber die Zulässigkeit der sofortigen Berathung solcher Anträge einzelner Kommissionsmitglieder, welche nicht auf der Tagesordnung stehen, entscheidet die Kommission selbst.

9) Der Vorsitzende ernennt für die der Kommission zugehenden Berathungsgegenstände die Referenten bezw. Korreferenten. Besonders wichtige und umfassende Angelegenheiten dürfen auch Subkommissionen, deren Mitglieder die Kommission selbst zu bestimmen hat, zur Vorbereitung und zum Referat in der Kommission überwiesen werden.

10) Die Kommission beschliesst nach Stimmenmehrheit der anwesenden Mitglieder. Bei Stimmengleichheit giebt die Stimme des Vorsitzenden den Ausschlag.

Ueber Gegenstände, bei welchen das Ressort eines Ministeriums speziell interessirt ist, kann in Abwesenheit des Vertreters der bezüglichen Ressorts von der Kommission kein Beschluss gefasst werden.

11) Für jede Sitzung ist ein Protokoll aufzunehmen, in welchem die gefassten Beschlüsse unter kurzer Darlegung der Erwägungsgrunde aufzuzeichnen sind. Dasselbe ist zu Anfang der nächsten Sitzung zu verlesen, nach erfolgter Genehmigung von dem Vorsitzenden zu vollziehen und demnächst jedem Mitgliede abschriftlich zuzustellen.

Der Protokollführer, welcher nicht Mitglied der Kommission zu sein braucht, ist von dem Vorsitzenden zu ernennen.

12) Die Tagesordnungen für die Sitzungen nebst deren Anlagen, sowie die Sitzungs-Protokolle sind bei Zustellung derselben an die Kommissionsmitglieder (§§. 8 und 11) zugleich dem Ministerium des Innern einzureichen.

13) Die Berichte und Gutachten der Kommission, sowie ihre Vorschläge zu neuen oder abzuändernden Einrichtungen, Erhebungen, Aufstellungen u. s. w. sind den betheiligten Verwaltungs-Chefs zur weiteren Veranlassung zuzustellen. Von den auf ihre Anträge gefassten Beschlüssen und getroffenen Entscheidungen ist die Kommission demnächst in Kenntniss zu setzen.

14) Das Nähere in Betreff des inneren Geschäftsbetriebes u. s. w. der Kommission festzustellen, bleibt dem Vorsitzenden nach vorheriger Berathung mit der Kommission selbst überlassen.

XV.

Litteratur.

I.

Dr. **A. Wagner**, o. ö. Prof. der Staatswissenschaft in Freiburg, **Die Abschaffung des privaten Grundeigenthums**. Leipzig, Verlag von Duncker und Humblot, 1870.

Der Verfasser will das Privateigenthum am Boden gegen die Socialisten in Schutz nehmen, insbesondere gegen die im September 1869 zu Basel vom vierten Congress des internationalen Arbeiterbundes gefassten Beschlüsse über die Abschaffung des privaten Grundeigenthums und die Einführung eines Collectiv- oder Gesammteigenthums an demselben. Ist auch gegen diese Absicht des Verfassers Nichts zu erinnern, so muss doch der Inhalt der Schrift vom Standpunkt der Wissenschaft als verfehlt bezeichnet werden. Das Hauptargument des Verf. ist die durch den Fortschritt der Bevölkerung gegebene Steigerung der intensiven Landwirthschaft, weil nur bei »immer schärferer und consequenterer Ausbildung des Privateigenthums an Grund und Boden« der dann eintretende Mehraufwand in der Production sich bezahlt mache. Dies ist eine unzweifelhafte petitio principii; denn von einem Sichbezahlt-machen des einzelnen Besitzers kann eben nur die Rede sein, wenn man von der Voraussetzung des Privateigenthums ausgeht. Das Ungenügende dieses Arguments hätte dem Verf. selbst einleuchten sollen, da er nun consequenter Weise das Privateigenthum bei extensiver Wirthschaft für »entbehrlich« halten muss, obgleich es gerade da seinen Anfang genommen hat. Dass ferner eine sehr dichte Bevölkerung und eine recht intensive Bodencultur bei einem Pachtsystem bestehen kann, beweisen England und die Lombardei mehr als hinreichend, und ob die Pächter Domänenpächter, d. h. also Pächter von Gesammteigenthum oder Pächter grosser Grundherrn sind, ist selbstverständlich ganz gleichgültig. Unstreitig besitzt das Privateigenthum auch seine wirthschaftlichen Motive; allein seine Berechtigung muss weit tiefer und universeller erfasst werden, als es hier geschieht. Unter jener „Ausbildung" des Privateigenthums, auf die übrigens nicht näher eingegangen wird, denkt sich Verf. offenbar jenen mit der allmählichen Lockerung des Obereigenthums und der Grundherrlichkeit beginnenden Entwicklungsprocess, der gegenwärtig bei der Grundentlastung, Ablösung, aber auch Expropriation, Arrondirung u. s. w. angekommen ist. Hier wird aber, was freilich auch anderwärts meist geschieht, das Privateigenthum verwechselt mit der weiteren auf der Grundlage des Privatrechtes sich erhebenden Rechtsordnung, durch welche in wirthschaftlicher Beziehung hauptsächlich das Verhältniss zwischen Besitz und Arbeit geregelt wird und welche früher eine genossenschaftliche und herrschaftliche war, jetzt aber eine gesellschaftliche geworden ist. Diese Rechtsordnung kann nicht dem Privatrechte angehören, denn sie ist die jeweilige Gestaltung des Gemeinzustandes. Wir geben dem Verf. zu erwägen, dass das Privateigenthum nicht ausreicht, um den öffentlichen Zustand aufrecht zu erhalten; dass ferner jener Entwicklungsprocess im tiefsten Grunde ein **Befreiungsprocess der Arbeit** ist; wobei das Recht der Arbeit immer mehr in den Vordergrund tritt, welches aber neuerdings durch die überwuchernde Capitalmacht wesentlich sich gefährdet sieht. Und daher der sociale Kampf der Gegenwart, bei dessen Beurtheilung der Verf. zwischen Schaale und Kern viel zu wenig unterscheidet und nach der Weise der liberalen Oekonomie über leichten Abstractionen die vorwärts drängende geschichtliche Nothwendigkeit der Rechtsbildung, welche gerade das langsam, aber sicher zu Stande bringt, was die Arbeit will, übersieht. Er giebt zwar beiläufig zu, dass der weitere Verlauf „wieder zu einer gewissen Beschränkung des Privateigenthums" führen könnte; das dürfe aber nur als langsame Reform, nicht durch gewaltsame revolutionäre Umwälzung geschehen. Hierauf ist zu erwidern, dass Niemand die Macht hat, eine Revolution zu wollen oder nicht zu wollen, dass sie aber unvermeidlich werden muss, wenn der geschichtliche Fortschritt der Volksentwicklung hartnäckig in Fesseln gehalten wird. Nicht beweisend ist auch die einseitige und für einen liberalen Nationalökonomen inconsequente Berufung auf die sog. „russischen Erfahrungen", d. h. auf die angeblich verderblichen Folgen der russischen Bauernemancipation seit 1861; hier wird der nationale Geist des Rechtes und die tiefe Verschiedenheit germanischer und slawischer Culturzustände verkannt. Ebenso wenig ist der aufreizende Ton zu billigen, mit dem der Verf. besonders im ersten Theile seiner Schrift über die Bestrebungen der Arbeiter abspricht. Er vergisst, dass die Irrthümer und Verkehrtheiten der Tagesbewegung gerade der Theorie entstammen, die jetzt sie verdammen will; und wenn ihre Führer zur Zeit noch — was gar nicht zu verwundern — sich mit unklaren und das Ziel überschiessenden Ideen tragen, so werden sie von der Woge der Zeit bald hinweggespült sein. Der Verf. sieht erfreulicher Weise ein, dass es an der Zeit ist, über **Adam Smith** hinauszugehen; nun wohl, dann muss man sich aber vor Allem von den naturalistischen Abstractionen des Capitalismus lossagen und die Geheimnisse der Volkswirthschaft in den Tiefen der Rechtsgeschichte suchen. Die Gerechtigkeit und Correctheit des Urtheiles über die sociale Frage würde dadurch wesentlich gefördert und Ref. würde sich freuen, mit dem Verf. auf diesem Boden wissenschaftlicher Reform, die vor Allem Noth thut, zusammenzutreffen.   Rr.

II.

Friedrich Albert Lange, Die Arbeiterfrage. Ihre Bedeutung für Gegenwart und Zukunft. Zweite umgearbeitete und vermehrte Auflage. Winterthur 1870. Verlag von Bleuler, Hausheer & Co.

Diese Schrift enthält eine einsichtsvolle und durch Hervorkehrung mancher beachtenswerther Punkte fesselnde Besprechung der zunächst liegenden, auf die Arbeiterfrage bezüglichen Verhältnisse und literarischen Erscheinungen und zeigt, dass ihr Verfasser in verschiedenen Bildungsfächern sich umgesehen hat. Er erkennt die Berechtigung der Reformansprüche der arbeitenden Classe an und ist überzeugt, dass die Lehren der alten Nationalökonomie oder vielmehr des Industrialismus, die er im Unterschied von den „reineren Grundlagen bei **Ricardo** bis auf **Mill**" als gefälscht bezeichnet, mit solchen Reformen unvereinbar sind. Man kann übrigens dem Verfasser wohl in manchen Einzeldingen, nicht aber seiner Gesammtauffassung der Frage beistimmen. Vor Allem neigt er zu sehr nach der socialdemocratischen Seite, insbesondere im Anschluss an den Gedankengang von Lassalle und Marx, die er weitaus überschätzt und deren Einfluss auf die sociale Bewegung vor der Wissenschaft, deren universalen und positiven Geist sie sich nicht angeeignet haben, keineswegs bestehen kann. Denn das wahrhaft gediegene wissenschaftliche Talent schlägt keinen brutalen Lärm auf und zettelt keine Verschwörungen an. Das überschwängliche Lob, welches er namentlich an Marx (z. B. S. 236) spendet, ist daher kein Ausfluss richtigen Urtheils. Ueberhaupt trübt es den Werth der Schrift, dass der Verfasser die neueste Entwicklung der Wissenschaft nicht zu kennen scheint und im Grunde auf den Anschauungen des Malthus und Ricardo, gerade wie Marx und Consorten, stehen geblieben ist, wobei ein steter Conflict zwischen besserer Einsicht und mangelhaftem theoretischem Apparat zum Vorschein kommt. Besonders gilt dies von den Capiteln über die Lebenshaltung und über Capital und Arbeit, in denen ganz gesunde subjective Ansichten mit unfruchtbaren wissenschaftlichen Gesetzen vermischt werden; dann von der Besprechung des Eigenthums und Erbrechts, die auf die Phrase hinausläuft, dass alles Recht sich ändern könne, wenn sich das Rechtsbewusstsein ändere, sowie von der Besprechung der Bodenrente, die beweist, dass das Fundament des Verständnisses, eine richtige Werththeorie, dem Verf. abgeht. Am allerwenigsten aber ist es zu billigen, wenn das neue Modegesetz der Naturwissenschaft, der Kampf um das Dasein, auch zum Urgesetz des menschlichen, ja selbst des socialen Lebens gemacht wird; abgesehen davon, dass jenes angebliche Naturgesetz selbst noch nicht feststeht, halten wir seine Anwendung auf sociale Fragen für den verderblichsten Missgriff, der gemacht werden kann, denn er vernichtet um den Preis eines schimmernden Spieles mit Analogieen den geistigen Inhalt des menschlichen Lebens und das Bewusstsein der Freiheit. Es ist daher nicht zu sehen, mit welchem Rechte der Verf. verächtlich von "Careyschwindel" redet, da Carey eben auch nur, wie er selbst, der Volkswirthschaft Naturgesetze unterschiebt. Von diesem Standpunkt aus ist das Buch, ohne dass es der Verf. selbst will, eine Quelle vieler falscher Vorstellungen, was freilich nicht sowohl ihm, als vielmehr der beispiellosen Zerfahrenheit der socialen Wissenschaft zugeschrieben werden muss, die es Jedem erlaubt, sein subjectives Stückwerk von Irrthum und Wissen in einen Topf zusammenzuwerfen und als socialwissenschaftliche Arbeit dem Publikum aufzutischen. — Interessant ist die Enthüllung (S. 342) von der ihm gewordenen Mittheilung "eines einflussreichen und hochbegabten Parteimannes" über die Parole, Lassalle todtzuschweigen; dass diese feige und hinterlistige Taktik zur Schande der Wissenschaft auch an Anderen geübt wird, ist leider nur zu gewiss. Rr.

III.

Eduard Baltzer, Das Buch von der Arbeit oder die menschliche Arbeit in persönlicher und volkswirthschaftlicher Beziehung. Zweite vermehrte Auflage. Nordhausen 1870. Verlag von Ferd. Förstemann.

Das „Buch von der Arbeit" macht auf den empfänglichen Leser einen bildenden und wohlthuenden Eindruck. Zwar darf man darin nicht neue und tiefere Resultate, die eigentliche schwere Leistung der Fachwissenschaft suchen; sondern es werden darin nur in populärer, aber umfassender Darstellung die elementaren Verhältnisse und das Wesen der Arbeit im Zusammenhang der ganzen Volkswirthschaft besprochen. Die Art, wie der Verf. seine Aufgabe gelöst hat, erwirbt ihm unsere Achtung und Anerkennung; denn er bewährt darin philosophische Bildung, schriftstellerische Uebung und mancherlei schöne Kenntnisse, tiefen Sinn für das Geistige im Menschen, warme Begeisterung für das Gemeinwohl, und einen vortrefflichen Charakter; sein Styl ist klar und rein und bei aller Einfachheit verfällt er nie in's Platte und Breite. Sein Buch ist mithin ein populäres volkswirthschaftliches Lehrbuch im besten Sinne des Wortes, so dass man sich freuen kann, bereits die zweite Auflage vorliegen zu sehen. Besonders empfehlenswerth ist der erste Theil der Schrift, in welchem das persönliche Wesen der Arbeit behandelt und mit Nachdruck auf die sittlich-vernünftigen Erfordernisse derselben hingewiesen wird, wobei wir auf den hübschen Abschnitt über die Zeit besonders aufmerksam machen. Mit Entschiedenheit vertritt der Verf. durchweg den Standpunkt der Solidarität der Menschen unter einander und verlangt die gemeinschaftliche und gleichmässige Hebung aller Volksclassen als ein Recht und Interesse Aller, insbesondere auch im Hinblick auf die nothwendigen Culturfortschritte im weiblichen Geschlechte, „denn die weibliche Selbstständigkeit und Bildung wird der Schutzgeist ächter Weiblichkeit sein". „Diejenige Nationalökonomie", sagt der Verf. (S. 61), „die dieses Capitel nicht zur Hauptsache macht, ist, wissentlich oder nicht, ein Götzendienst, welcher die Materie höher schätzt als den Geist und schliesslich ihren Zweck völlig verfehlt." Ferner: „Wenn die Volkswirthschaft den Reichthum der Nation will, so muss sie, da aller Reichthum zuletzt in der Arbeitskraft besteht, den Geist des Volkes und aller seiner Glieder entwickeln", wobei er die religiöse Reform als das Gesundwerden des nationalen Geistes in seiner innerlichsten Tiefe bezeichnet. Dies möge genügen, um den Geist des Buches und die Vorzüge darzuthun, durch die es sich vor anderen populären Erzeugnissen dieses Faches auszeichnet. Dass der Verf. manchmal mit der Idee zu weit geht und der nüchternen Realität der Dinge nicht immer genügende Rechnung trägt — z. B. bei seiner Besprechung des Militärwesens, oder bei der Berührung des geistigen Eigenthums oder der Fleischnahrung u. dgl., wollen wir ihm nicht zum Vorwurf machen bei einer Arbeit, deren Werth hauptsächlich in der Aufgabe besteht, wieder idealere und reinere Anschauungen zu erwecken auf einem Gebiete, wo die gemeine Utilität und die Leidenschaft des Gewinnes nur zu viel Terrain gewonnen haben. Rr.

IV.

Mémoire explicatif présenté par S. Exc. M. le controleur de l'empire au conseil d'état de Russie sur l'exécution du budget pour l'exercice 1868. St. Petersbourg 1870.

Einer kaiserlichen Verordnung in Betreff des Budgets vom 22. Mai 1862 zufolge ist der Finanzminister verpflichtet, dem Reichsrathe, ehe der letztere zur Berathung über das Budget der nächsten Finanzperiode schreitet, die

Ergebnisse der zuletzt abgeschlossenen Budgetausführung vorzulegen. Die vorliegende, unserer Zeitschrift zugesendete Brochüre, deren Titel wir vorstehend mittheilten, enthält die Angaben und Erläuterungen über die Budgetausführung vom Jahre 1868. Wie es dann seit etwa acht Jahren auch in Russland Sitte geworden ist, alljährlich das Budget zu veröffentlichen, so kommt man in der letzten Zeit mehr und mehr dazu, auch eingehendere Angaben über das Verhältniss zwischen den Voranschlägen und den effectiven Ausgaben und Einnahmen zu publiciren. Erst durch letztere Publication ist eine gründlichere Einsicht in die Finanzlage ermöglicht. — Dem Pessimismus, mit welchem oft Russlands Staatshaushalt von Seiten des Publikums beurtheilt wird, tritt die Regierung mit ihren Berichten entgegen, welche, wenn auch allerdings in optimistischem Tone gehalten, doch durch die Umständlichkeit, durch ein genaueres Eingehen auf die einzelnen Positionen des Budgets, durch sorgfältiges Vergleichen der entsprechenden Zahlen in verschiedenen Finanzperioden, Vertrauen zu erwecken geeignet sind. An den Optimismus solcher officieller Publication ist man denn auch durch die Praxis der Thronreden, Finanzdebatten in Parlamenten und der Auslassungen der officiösen und officiellen Presse in allen Staaten genugsam gewöhnt.

Was nun Russlands Finanzverwaltung betrifft, so gewinnt die Uebersichtlichkeit derselben in der letzten Zeit dadurch, dass das Princip der Centralisation mehr und mehr durchgreift. Hatte früher das Zarthum Polen seine völlig gesonderte Finanzverwaltung, so wird dem Bestreben der Verschmelzung desselben mit Russland, der Verwandlung der Personalunion in eine Realunion zufolge in den letzten zwei Jahren Polen auch in Bezug auf die Finanzverwaltung ebenso behandelt wie alle anderen Gouvernements. Ein ähnliches Verfahren ist in der letzten Zeit in Bezug auf Transkaukasien eingeschlagen worden, dessen Statthalter bisher die Einnahmen dieses Gebiets gesondert von der Finanzverwaltung des Reiches zu den Ausgaben Transkaukasiens verwendet hatte. Auch in der allerletzten Zeit bleibt indessen dem Statthalter in finanzieller Beziehung eine grössere Selbstständigkeit vorbehalten als den Gouverneurs anderer Gebiete des Reiches. Es ist eine Ausnahmestellung, welche durch die besonderen Opfer, die Transkaukasien erheischt, bedingt wird. Sie ist vorübergehend. Die Verschmelzung mit dem Reiche ist auch hier und in Betreff der Kassenverwaltung unausbleiblich. — Finnlands Budget und Finanzverwaltung bleibt naturlich gesondert. —

Die ungeheure Ausdehnung des Reiches erschwert allerdings die Einheit der Centralverwaltung. Es ist fast unmöglich, rechtzeitig aus allen entfernteren Gebieten Angaben über die Ausführung des Budgets zu erhalten. Aus Sibirien, aus Turkestan und anderen entlegenen Gegenden erhält man die betreffenden Nachrichten bisweilen zu spät, um dieselben in die regelmässig zusammengestellten Rechenschaftsberichte aufnehmen zu können. So z. B. fehlen in dem vorliegenden Bericht über die Ausführung des Budgets vom Jahre 1868 die Angaben über das Amurgebiet.

Der Bericht des Finanzministers stellt sich zur Aufgabe, durch Vergleichung 1) der Voranschläge der Einnahmen und Ausgaben mit der wirklich erfolgten Ausführung des Budgets, und 2) der Ausführung des Budgets im Jahre 1868 mit den entsprechenden Ziffern der zwei vorhergehenden

Jahre, einen klaren Einblick in dié Finanzlage des Reiches überhaupt zu gewähren. Es wird gewissermassen ein kurzer Abschnitt der Geschichte jeder einzelnen Finanzposition geliefert, wodurch ein Schluss gestattet wird auf die Richtung der Entwickelung der russischen Finanzen. Die Verschiedenheit der Ergebnisse in den Jahren 1866, 1867 und 1868 werden erläutert. So meint man zu einer richtigen Würdigung der Situation zu gelangen. Die erstrebte Vereinfachung der Rechnungsführung, angemessene Aenderungen in der Anordnung und Ziffergruppirung des Budgets soll die Uebersichtlichkeit und Klarheit erhöhen.

Betrachten wir in Kurzem die drei Abschnitte, in welche der Bericht zerfällt, die Einnahmen, die Ausgaben und die Bilanz zwischen Einnahmen und Ausgaben, so erscheinen uns insbesondere folgende Ausführungen erwähnenswerth. —

Den Voranschlägen zufolge sollten die gewöhnlichen Einnahmen im Jahre 1868 betragen 426 Millionen Rubel (wir erlauben uns die Zahlen ein wenig abzurunden); sie betrugen indessen effectiv $4^1/_2$ Millionen weniger. Hierbei ist ein besonderer für den Bau von Eisenbahnen in Russland creirter Fond nicht mit eingeschlossen. Die Hauptposten sind: die Erträgnisse der Getränkeaccise 133 Mill., also nahezu ein Drittheil aller Einnahmen; die directen Steuern, unter denen die Kopfsteuer die Hauptrolle spielt, 82 Mill.; die Zölle 56 Millionen.

Bei der Vergleichung der effectiven Einnahmen mit den Voranschlägen stellt sich heraus, dass eine Mehreinnahme erzielt wurde: bei den Patent- und Handelssteuern, bei der Getränkeaccise (5 Mill.), bei der Tabaks- und Runkelrübenaccise, bei den Zöllen auf importirte Waaren (3 Mill.), bei Posten und Telegraphen, bei der Verwaltung der Kronforsten u. s. w. — Ausfälle bei den erwarteten Einnahmen ergaben sich u. A. bei den Eisenbahnen, bei der Münze, beim Domainenverkauf u. s. w. Die Mehreinnahmen betrugen zusammen nahezu 18 Mill., die Ausfälle etwas über 22 Mill., so dass sich ein Mehr der Ausfälle von $4^1/_2$ Mill. ergiebt.

Betrachtet man die Ursachen der Ausfälle, so ergiebt sich Folgendes. Der Ausfall der Einnahmen von den Eisenbahnen hatte seinen Grund in dem Umstande, dass die Nikolai-Bahn (St. Petersburg-Moskau) an die grosse Eisenbahngesellschaft verkauft wurde, so dass diese beträchtliche Einnahmequelle vom 1. September an zu fliessen aufhörte; die Einnahmen aus Polen fielen um 1 Mill. geringer, als erwartet wurde, aus, indem einige der zum Verkauf bestimmten confiscirten Güter keine Käufer fanden, andere zu Geschenken an hochstehende Beamte, Militärs u. s. w. verwendet wurden; die Salzminen von Salezky, welche dem Voranschlage zufolge einen Ertrag von 100,000 Rubel liefern sollten, wurden im Laufe des Jahres verkauft. — Das Münzregal wies eine um 1,200,000 R. geringere Einnahme, als erwartet worden war, auf, weil statt der in Aussicht genommenen 6 Mill. nur 4 Mill. R. Scheidemünze geprägt worden waren u. dgl. m. — Somit stellt sich heraus, dass die Ursachen der Ausfälle bei den Einnahmen mehr zufälliger oder vorübergehender Art gewesen sind, so dass aus diesen Umständen keinesweges auf einen ungünstigen Stand der eigentlichen Einnahmequellen geschlossen werden darf. Diese Behauptung wird besonders durch den Umstand bekräftigt, dass die eigentlichen Einnahmequellen: Accise, Zölle,

Forsten, Steuern u. s. w. einen grösseren Ertrag lieferten, als in dem Voranschlage vorgesehen worden war.

Vergleicht man die Einnahmen im Jahre 1868 mit denjenigen der vorhergehenden Jahre, so stellt sich folgende Steigerung heraus:

im Jahre 1866 . . . 353 Mill.
„ „ 1867 . . . 420 „
„ „ 1868 . . . 421$\frac{1}{2}$ „

Es erweist sich ferner, dass die Hauptposten: Steuern, Accise, Zolle, Regalien mit Ausnahme des Münzregals, in dem Jahre 1868 grössere Erträge lieferten als in den zwei vorhergehenden Jahren; die Getränkesteuer, welche, wie bereits bemerkt, ungefähr den dritten Theil des ganzen Einnahmebudgets ausmacht, lieferte in dem Jahre 1868 nur $^1/_2$ Million weniger als im Jahre 1867, dagegen etwa 12 Millionen mehr als im Jahre 1866; nur sehr wenige, nicht belangreiche Einnahmequellen (Chausseegelder, Bergwerke und zufällige Einnahmen) weisen eine stetige Abnahme auf, dagegen ist eine stetige Zunahme wahrzunehmen bei folgenden Positionen und aus folgenden Gründen: bei der Kopfsteuer in Folge der Erhöhung derselben; bei der Patentsteuer in Folge strengerer Controle und der Einführung der für das Reich geltenden Handels- und Industriereglements in dem Zarthum Polen; bei der Tabaksaccise, weil der Consum dieses Artikels im Steigen begriffen ist und eine strengere Controle eingeführt wurde; bei der Runkelrübenzuckeraccise, weil dieselbe erhöht wurde [1]; bei der Stempelsteuer, weil die Zahl der Fälle des Kaufes und Verkaufes von unbeweglichem Vermögen im Steigen begriffen ist; bei den Posten in Folge des sich steigernden Verkehrs [2]; bei dem Telegraphenwesen, weil das Telegraphennetz sich mehr und mehr ausbreitet; bei dem Forstregal, weil der Preis des Holzes ein stetiges Steigen aufweist und die Nachfrage nach Holz durch den Bau vieler Eisenbahnen an Intensität gewinnt; bei der Getränkesteuer, weil die Licenzen für das Branntweinbrennen beschränkt werden. —

Dass die Erträge der Chausseesteuer dagegen im Jahre 1868 im Vergleich zu den vorhergehenden Jahren geringer ausfielen, erklärt sich aus dem Umstande, dass neue Eisenbahnen (namentlich u. a. die Linie Moskau-Kursk) eröffnet wurden; die Bergwerke und Salinen lieferten ein weniger günstiges Resultat, nicht weil weniger producirt worden wäre, sondern weil der Verkauf von gewonnenen Metallen und Mineralien in geringerem Masse stattgefunden hatte. Der Ertrag des Zolles auf ausländische Waaren, welcher in den letzten Jahren durch die gesteigerte Intensität der Handelsbeziehungen mit dem Auslande zugenommen hatte, wies im Jahre 1868 eine etwas kleinere Ziffer auf, weil bei der Zunahme der Runkelrübenproduction

---

[1] Wunderlicherweise wird in dem Mémoire explicatif auf die „diminution dans les dernières années de l'importation du sucre colonial" als Grund des Steigens der Erträge der Runkelrübenzuckeraccise angegeben, während die letztere Erscheinung ebensowohl als jenes Steigen einen gemeinsamen Grund in der durch den Schutzzoll geförderten Steigerung der Production des Rübenzuckers hat.

[2] Wenn das Mémoire explicatif in der „augmentation de la population" eine Ursache des Steigens der Posterträgnisse erblicken will, so ist auch dies seltsam. Selbst die „augmentation des communications sociales" als Ursache eines finanziell sich vortheilhafter gestalteten Postbudgets anzugeben, wie dies hier geschieht, dürfte nicht in jedem Falle richtig sein.

im Inlande der Bedarf an importirtem Rohzucker geringer war. Der Ertrag der Eisenbahnen, welcher im Jahre 1867 besonders in Folge der gesteigerten Frequenz auf der Nikolai-Bahn und der Eröffnung der Linien Moskau-Tula und Odessa-Balta auf $16^{1}/_{2}$ Mill. Rubel (gegen $12^{1}/_{2}$ Mill. im Jahre 1866) gestiegen war, sank im Jahre 1868 auf $15^{1}/_{2}$ Mill. herab. Der durch den Verkauf der Nikolai-Bahn- entstandene Ausfall an Einnahmen wurde nur zum Theil durch die Eröffnung neuer Linien (Tula-Kursk, Odessa-Elisawethgrad) gedeckt.

Was die Ausgaben anbetrifft, so waren in dem Budget 468 Mill. R. Ausgaben vorgesehen; doch mussten noch Supplementarcredite zu dem Belaufe von 42 Mill. bewilligt werden. Von dieser ganzen Summe wurden effectiv nur $458^{1}/_{2}$ Mill. verausgabt; von dem Rest blieb zu verausgaben die Summe von $33^{1}/_{2}$ Mill., so dass noch etwa 18 Mill. zu freier Verfügung nachblieben. — Die wichtigsten Posten des Ausgabeetats waren wie gewöhnlich die Staatsschuld ($71^{1}/_{2}$ Mill.), das Kriegs- und Seeministerium ($146^{1}/_{2}$ Mill. R., also ungefähr $^{1}/_{3}$ aller Ausgaben); der Bau von Eisenbahnen (38 Mill.) u. dgl. — Während die budgetmässigen gewöhnlichen Ausgaben $93^{1}/_{2}\%$ aller Ausgaben betrugen, beliefen sich die Supplementarcredite auf $6^{1}/_{2}\%$ des ganzen Ausgabeetats. Sowohl die Staatsschuld als auch das Kriegsministerium verschlangen den beträchtlicheren Theil der supplementarisch bewilligten Summen.

Als der Hauptgrund für die Nothwendigkeit von Supplementarcrediten wird an mehreren Stellen des Mémoire explicatif die Erhöhung der Gehalte der Beamten, sowie ausserordentliche denselben bewilligte Unterstützungen, Belohnungen, Reisekosten u. dgl., ferner die Steigerung der Arbeitslöhne, der Preise der Lebensmittel, Baumaterialien u. s. f. angeführt. Unerörtert lässt das Mémoire explicatif die Ursache einer solchen allgemeinen Preissteigerung, welche doch wohl in der Entwerthung des russischen Papiergeldes zu suchen ist. Ausserordentliche Ausgaben und Mehrkosten, welche in dem Budget nicht vorgesehen waren, wurden u. A. verursacht durch die wegen des Verkaufes des russisch-amerikanischen Gebietes an die Vereinigten Staaten an die amerikanische Gesellschaft gezahlte Entschädigung ($1^{1}/_{2}$ Mill.); durch die schlechte Ernte, in Folge deren man 1 Mill. an Unterstützungen verausgabte; durch die pariser Industrieausstellung, welche ausserordentliche Ausgaben im Betrage von 40,000 R. veranlasste u. dgl. Das Kriegsministerium verbesserte die Artillerie im grösserem Umfange, als man vorausgesehen hatte, was Mehrkosten im Betrage von 1 Million zur Folge hatte; die Waffenfabriken, die Transporte von Artilleriestücken erforderten ausserordentliche Summen. Die Schwankungen des Wechselcurses (wie in dem Berichte gesagt wird — richtiger hätte es heissen sollen: das stetige Weichen des Wechselcurses), die Anfertigung des neuen Papiergeldes (400,000 R.), die Obligationen der Nikolaibahn u. A. hatten allerlei unvorhergesehene Ausgaben im Finanzministerium zur Folge. — Das Ministerium des Hofes verausgabte statt der budgetmässigen 9 Mill. R. $1^{1}/_{2}$ Mill. mehr in Folge der von dem Kaiser und verschiedenen Mitgliedern des kaiserlichen Hauses unternommenen Reisen im Auslande und im Inlande, in Folge der Niederkunft der Gemahlin des Grossfürsten-Thronfolgers u. dgl. m. Andere durch den Bau von Kirchen in den westlichen Gouvernements, durch die Kolonieen am Schwarzen Meere, durch die Errichtung eines neuen Gerichtshofes in Tiflis, die Einrichtung von Mineralwasseranstalten im Kaukasus u. s. f. entstandenen Mehrkosten sind verhältnissmässig von geringerem Belange.

Vergleicht man die Ausgaben des Jahres 1868 mit denjenigen früherer Jahre, so stellt sich heraus, dass die Ausgaben des Seeministeriums, des Ministeriums der auswärtigen Angelegenheiten und der Reichscontrole stationär geblieben sind; eine übrigens sehr unbeträchtliche Abnahme der Ausgabesummen hat sich nur in dem Ministerium des Hofes und in dem der Wegecommunicationen fühlbar gemacht; eine Steigerung der Ausgaben dagegen in allen übrigen Ressorts. Am fühlbarsten ist die Steigerung der Ausgaben des Militärbudgets (7—9 Mill. R. mehr als in den Jahren 1866 und 1867). — Die Justizreformen erforderten eine Mehrausgabe von über $1^1/_2$ Millionen; das Ministerium der Volksaufklärung verbrauchte im Jahre 1868 $1^1/_2$—2 Mill. mehr als in den zwei vorhergehenden Jahren u. s. f.

Eine besondere Stelle im Budget nehmen die Eisenbahnen ein, deren Bau in den letzten Jahren auch von Seiten der Regierung mit besonderem Eifer in Angriff genommen wird. Um grössere Summen zu dem Baue neuer Linien zu erhalten, entschloss sich die Regierung zu dem Verkaufe der Nikolaibahn. Der Ertrag der Obligationen dieser Eisenbahn, welche sich auf 75 Millionen Nominalwerth beliefen, und zu dem Course von $59,^{27}$ in Paris, $62^1/_4$ in London und 61^{14} in Amsterdam emittirt wurden, bezifferte sich auf nahezu 30 Millionen. Die Ausgaben für den Bau neuer Linien: Kiew-Balta, Moskau-Kursk, Elisawethgrad-Krementschuk, Kursk-Charkow, für die Auszahlung garantirter Zinsen, für den Bau des odessaer Hafens u. s. f. beliefen sich auf $42^1/_2$ Millionen.

Der dritte und letzte Abschnitt des Mémoire explicatif über das Verhältniss der Einnahmen zu den Ausgaben handelt von dem Modus der Deckung des Deficits durch ausserordentliche Ressourcen, durch das Eingehen rückständiger Summen aus früheren Jahren, durch die Summen der holländischen Anleihe vom Jahre 1866. — Es handelt sich hier, wie gewöhnlich bei dergleichen Gelegenheiten, um die Kunst der Ziffergruppirung. Von Interesse ist die Angabe, dass die verzinsliche Schuld Russlands am 1. Januar 1868[3]) die Summe von 1233 Mill. R. betrug; die unverzinsliche Schuld, d. h. die Menge desjenigen im Umlaufe befindlichen Papiergeldes, dem kein Metalleinlösungsfonds entspricht, betrug $568^1/_2$ Mill. Die Schuld des Zarthums Polen ferner $39^1/_2$ Mill. Zusammen 1841 Mill. R. — Davon wurden amortisirt im Jahre 1868 21 Mill., so dass zum 1. Januar 1869 verblieben:

verzinsliche Schuld . . . . . $1212^1/_2$ Mill.
unverzinsliche Schuld . . . . 568 „
polnische Anleihen . . . . . $39^1/_2$ „
1820 Mill.

---

3) In dem Mémoire S. 21 offenbar ein Druckfehler 1869.

A. B.

Miscellen.

I.
Beiträge zur Geschichte der Armenpflege in Thüringen.
Auszug aus einem amtlichen Bericht des Bürgermeisters R. Blochmann über die Entwickelung des Armenwesens der Stadt Jena.

I. Allgemeine öffentliche Armenpflege.

Das Armenwesen in Jena ist durch die für diese Stadt besonders erlassene Regierungs-Verordnung vom 22. April 1760 nach den damals fast überall in Deutschland zur Geltung gekommenen Grundsätzen geregelt worden.

Die wichtigsten Bestimmungen derselben sind folgende:

Die Ausübung der Armenpflege wird einer Commission überwiesen, zu welcher

a) der landesherrliche Oberbeamte,
b) ein Mitglied des Senats der Academie,
c) der Justizbeamte,
d) der Superintendent und pastor primarius und
e) der Amtsbürgermeister gehören sollten.

Bei dieser Commission hatten sich die Armen, welche mit Almosen versehen zu werden verlangten, zu melden.

Den wirklich Bedürftigen sollten wöchentlich Unterstützungen verabreicht werden. Die Kinder armer Eltern sollten den nöthigen Unterricht von den öffentlichen Lehrern unentgeltlich erhalten.

Den Aerzten und Apothekern wird an's Herz gelegt, den Kranken Beistand und Arznei zu gewähren; wenn dies aber in ausreichender Weise nicht geschehen kann, dann sollte die Armencommission die nöthige Aushülfe leisten.

Die Armen sollten gebührenfrei beerdigt und die Kosten des Sarges und des Grabes sollten gleichmässig von dem aerario academico, der Kämmerei und der Almosenkasse getragen werden.

Diese Verpflichtungen erstreckten sich zunächst nur auf die in Jena heimathsberechtigten Armen. Bezüglich der Fremden wird Folgendes verordnet:

„Auswärtige und fremde Bettler werden nach dem Fürstlichen Mandat d. d. Weimar den 16. September 1756 gar nicht in die Stadt gelassen, weil ein jeder Ort seine Armen besonders versorgen muss, als weshalb und dass solche Leute zu den Stadtthoren nicht eingelassen werden, der commandirende Offizier zu Jena der in Thoren und sonst bei Eingängen der Stadt stehenden Wache die erforderlichen Ordres stellen, der Stadtrath aber den Gastwirthen die Aufnahme und Beherbergung dergleichen Bettelvolkes bei namhafter Strafe zu untersagen hat. Sollten sich aber Reisende, Exulanten, Brandbeschädigte, oder dergleichen Arme einfinden, so müssen sie in den äussersten Thoren nicht anders, als nach vorgängiger Examination ihrer bei sich habenden Pässe und Beglaubigungsbriefe eingelassen und die Litterati an den Commissarium von der Universität, die Adeliche, Offiziers und andere von Condition an den Justizbeamten, die Conversi, Kirchen- und Schulbediente oder deren Wittwen an den Superintendenten, die Abgebrannte, Handwerksleute und Geringere aber an den Amtsbürgermeister gewiesen werden, woselbst sie genau examinirt und nach Befinden mit einer Anweisung an die Almosenkasse versehen werden sollen.

Dafern aber solche Fremde und reisende Arme mit einer Krankheit überfallen werden sollten, dass sie nicht weiter kommen können, sind sie in ein Hospital oder nach Befinden in das Pestilentz-Haus zu bringen und allda nach Nothdurft gleich den Einheimischen bis zu erfolgter Genesung, dass sie ihren Stab weiter setzen könnten, aus der Almosenkasse und was gutherzige Personen sonst beitragen möchten, zu verpflegen."

Der Almosenkasse waren bestimmte Einnahmen aus der fürstlichen Renterei zu Jena, aus dem aerario academico und der Stadtkämmerei zugewiesen. Ferner sollten die Einlagen in die Becken an den zwei grossen Buss- und Bettagen und in die Sammelbüchse bei Hochzeiten, Kindtaufen und anderen Ehrengelagen der Armenkasse zufliessen.

Ferner führte die Verordnung eine allgemeine Armensteuer ein.

Es heisst in §. 8 daselbst:

"Insonderheit haben alle und jeder Einwohner der Stadt und in den Vorstädten, welche eigene Haushaltung haben, oder sonst einen ansehnlichen Characteur fuhren als Doctores, Licentiati, Adjuncti, Magistri legentes, wie auch Juris Practici, nebst anderen Civibus, auch Hausgenossen und Schutzverwandte, es wäre denn, dass sie selbst der Almosen bedürftig waren, jeder nach seinem Vermögen ein gewisses monatlich zu den Almosen beizutragen, und ob man gleich hierinnen einem jeden, wenn er sich selbst der Billigkeit bescheidet, seinen freien Willen lässt, so soll es doch auf derer Commissariorum arbitrium ankommen, wie hoch sie solchen Beitrag bei verspürter Unzulänglichkeit gewissenhaft determiniren wollen."

Die Hausbesitzer wurden verpflichtet, alle Fremden, die sich bei ihnen einmietheten, sofort bei der Armen-Commission zu melden. Im Unterlassungsfalle sollten sie nicht nur eine Strafe von 5 Thlrn. zahlen, sondern auch verpflichtet sein, die Fremden im Falle der Verarmung aus eigenen Mitteln zu versorgen und event. beerdigen zu lassen.

Das Betteln wurde streng verboten und bestraft.

Die aus der Armenkasse Unterstützten wurden in eine von Zeit zu Zeit bekannt gemachte Liste eingetragen und hatten an Eidesstatt zu geloben, dass sie sich des Bettelns in der Stadt und in den Vorstädten gänzlich enthalten wollten. Das Almosengeben wurde Jedermann bei 5 Thlr. Strafe untersagt.

Die Absicht der Verordnung war darauf gerichtet, einerseits die Hülflosen wirksam zu unterstützen, andererseits die regellose Bettelei völlig zu unterdrücken. Sie erreichte jedoch ihre gute Absicht in keiner Beziehung, weil das Publikum sich nicht entschliessen konnte die schwärmenden Bettler abzuweisen und die zur Almosenkasse zu zahlenden Beiträge angemessen zu erhöhen.

Der höchste Almosenbeitrag, welchen die Honoratioren Ende des vorigen Jahrhunderts gaben, überstieg der Regel nach monatlich die Summe von 10 Sgr. nicht; die wohlhabenden Bürger zahlten monatlich im Durchschnitt 2 Sgr. 6 Pf.

Die fürstliche Almosencommission wandte sich daher wiederholt in öffentlichen Bekanntmachungen an das Publikum und bat unter Darlegung der Sachlage dringend um Erhöhung der Beiträge und Zurückweisung der Bettler.

In der Bekanntmachung vom 19. September 1789 heisst es wörtlich:

„Jena hat eine solche Menge Armen bisher ernährt, als nur wenige Städte von gleicher Grösse im protestantischen Deutschland.

Aus der Almosenkasse und der sogenannten Montagsbüchse haben zeither ungefähr 140 der ältesten unvermögendsten und bedürftigsten Armen eine Unterstützung erhalten. Die Umstände der Kasse erlaubten aber nicht, dass die gewöhnliche Pension höher als 8 Sgr. monatlich gesetzt werden konnte, und wenn die Zahl derer, die dringendst um Aufnahme baten, weit grösser war, als die Zahl der mit Tode abgegangenen Percipienten, so mussten manche auch mit nur 4 Gr. auf eine Zeitlang verlieb nehmen. Jedermann siehet, dass ein Mensch mit 8 Gr. ganz unmöglich einen Monat lang leben kann. Gleichwohl haben sie alle gelebt, obschon die meisten wenig oder gar nichts durch Arbeiten sich verdienten, gewiss haben also die mehrsten davon noch 3- oder 4mal und vielleicht auch 6mal so viel, als sie aus der Almosenkasse erhielten, durch Betteln zusammengebracht.

Ausser diesen 140 Almosen-Percipienten bleiben noch an 100 übrig, welchen, wenn sie es auch vollkommen würdig gewesen wären, die Kasse doch nichts geben konnte, weil sie es nicht vermochte. Diese hat also das Publikum durch seine milden Gaben allein erhalten müssen. Denn was sie durch ihre Hände Arbeit sich etwa erworben haben mögen, ist nach allen angestellten Nachforschungen schwerlich die Hälfte von dem gewesen, was sie brauchten. Zu allen diesen Einheimischen kommen nun im letztverwichenen Jahre 1788 nach der Almosenkasse-Rechnung noch 3477 fremde durchreisende Bettler, deren jeder 8 Pf. und wenn er gebrechlich und krank 1 Gr. bis 1 Gr. 4 Pf. aus der Kasse empfing. Schwerlich hat einer von diesen die Stadt verlassen, ohne von den Einwohnern noch 2 oder vielleicht 3 Gr. durch Betteln erpresst zu haben.

Endlich wurden die Angesehenern in der Stadt jede Woche wenigstens von einem oder aber auch wohl von 3 oder 4 angeblich vornehmeren Bettlern überlaufen, die man selten mit einem Groschen befriedigen konnte, sondern ihnen 4, 8 und mehr Groschen geben musste, und deren Jeder

der Stadt gewiss mehrere Thaler gekostet hat. Soviel also haben die hiesigen Einwohner wirklich bisher an Almosen jährlich ausgegeben. Hätte jeder sich ein ganzes Jahr lang genau aufgeschrieben, wie viele Pfennige, Dreier und Sechser er einzeln den Armen gereicht hat, so würden zuverlässig die allermeisten selbst darüber erstaunen, dass sie so mildthätig gewesen sein; man berechne nur einmal, wie viel man den Montag, an welchem Tage die Bettelei am ärgsten ist, gewöhnlich hingeben muss und wie viel in den übrigen Tagen der Woche bald Einheimische, bald Handwerksburschen noch erpressen, und man mache dann den Ueberschlag, wie viel dies auf einen Monat beträgt.

Um sich besser in den Stand zu setzen, selbst einzusehen, was für Unterstützung die Almosenkasse bedürfe, theilt man nachstehende ungefähre Berechnung mit, bei welcher jedoch zu bemerken ist, dass man die Zahl der zu versorgenden Nothleidenden, die ohnehin bald grösser bald geringer ist, für jetzt noch nicht genau wisse und daher dermalen nur einen ungefähren Ueberschlag gemacht habe.

Ausgaben der Kasse.

166 Thlr. 16 Gr. für durchreisende Handwerksbursche, als:
    3000 à 1 Gr. beträgt 125 Thlr. — Gr.
     500 à 2 „   „   41 „ 16 „
    3500   166 Thlr. 16 Gr.

78 „ — „ vornehmeren Bettlern, als wöchentlich:
    1 à 12 Gr. macht — Thlr. 12 Gr.
    1 à 8 „   „   — „   8 „
    2 à 6 „   „   — „ 12 „
    1 à 4 „   „   — „   4 „
                  1 Thlr. 12 Gr.

104 „ — „ einheimische Kranke, wöchentlich zu 2 Thlr. gerechnet.
1760 „ — „ einheimische Arme. Von diesen erhalten nach den Verhältnissen ihres gänzlichen oder nicht gänzlichen Vermögens zur Arbeit:
    30 Pers. monatl. 1 Thlr. 8 Gr. jährl. 16 Thlr. macht 480 Thlr.
    40 „   „   1 „ — „   „ 12 „   480 „
    50 „   „ — „ 16 „   „ 8 „   400 „
    100 „   „ — „ 8 „   „ 4 „   400 „
    220 Einheimische bekommen somit . . . 1760 Thlr.

 40 „ 2 „ Besoldung dem Armenkassevorsteher,
 34 „ 16 „ dem Almosensammler,
112 „ 16 „ den 3 Armendienern incl. Montur und Hauszins,
  2 „ — „ Monirung der Rechnung,
  6 „ — „ Schreibmaterialien, Buchbinder- und Druckerlohn,
  3 „ 6 „ Insgemein.
2307 Thlr. 8 Gr. Summa der Ausgabe.

Miscellen.

Einnahme der Kasse.

160 Thlr.	— Gr.	aus öffentlichen Kassen, als	
		100 Thlr. von gnädigster Landesherrschaft,	
		36 „ von der Academie,	
		24 „ aus der Rathskämmerei.	
		uts.	
135 „	— „	ungefähr die neuen Fonds an Stempel- und Decretgeldern, Branntweinabgabe u. s. w.	
45 „	— „	ungefähr die alten Fonds von den Handwerkern aus den Büchsen u. s. w.	
2 „	12 „	Interessen.	
342 Thlr.	12 Gr.	diese Einnahme verglichen mit	
2307 „	8 „	Ausgabe bleiben	
1964 Thlr.	20 Gr.	noch aufzubringen durch monatliche Beiträge.	

Dermalen ist der Stock monatlich . . . . . . 39 Thlr. — Gr.
welches in 12 Monaten beträgt . . . . 468 „ — „
würde nun 4mal so viel gegeben, so beträgt es . . 1874 „ — „
Diese Summe verglichen mit der aufzubringenden . 1964 „ 20 „
fehlen somit noch . . . . 93 Thlr. 20 Gr.
und so viel mag jährlich ungefähr die milde Gabe betragen, welche durch die wöchentliche Büchse einkommt und welche künftig wie bisher zur Unterstützung hiesiger Armen mit verwandt werden soll."

Aus dieser ungefähren Berechnung ergiebt sich, dass alle Bedürfnisse bestritten und die Bettelei wirklich abgestellt werden könnte, wenn die monatlichen Beiträge viermal so viel als bisher betrügen.

Diese und ähnliche Bekanntmachungen blieben ohne wesentlichen Erfolg.

Nach einer für die Jahre 1792 bis 1800 aufgestellten Durchschnittsberechnung betrug die Anzahl der regelmässig unterstützten einheimischen Armen monatlich 117, ausserdem werden monatlich noch 75 einheimische Arme ausserordentlich unterstützt.

Für erstere wurden jährlich 421 Thlr., für letztere 21 Thlr. aus der Almosenkasse verwendet.

Die Zahl der mit Reiseunterstützung versehenen Fremden und Handwerksburschen betrug in dem angegebenen Zeitraume durchschnittlich 3235 im Jahre und die Jahresausgabe für dieselben 158 Thlr.

In den ersten Jahren dieses Jahrhunderts überzeugten sich die Rehörden, dass durch das Almosensammeln und Almosengeben der Noth der Bettler und dem Elend der Armuth überhaupt keine nachhaltige und durchgreifende Abhülfe zu schaffen sei; man richtete nun sein Augenmerk mit Ernst und Nachdruck darauf, die Quellen der Armuth und Lüderlichkeit mehr und mehr zu verstopfen.

In gleichem Sinne war schon im vorigen Jahrhundert eine Armenschule und eine Industrieschule hierselbst errichtet worden, welche die Aufgabe hatten, arme Kinder in den nothwendigsten Kenntnissen zu unterrichten und arme Mädchen in weiblichen Arbeiten zu bilden.

In dem von der Landes-Regierung zu diesem Behufe überlassenen Waisenhause richtete die Armen-Commission im Jahre 1801 ein Arbeitshaus ein, welches den Zweck hatte, Arbeitslosen Arbeit zu verschaffen und die Faulen und Lüderlichen zwangsweise zur Arbeit anzuhalten.

Die Armenschule und die Industrieschule wurden mit der Arbeitshausverwaltung verbunden und ihre Wirksamkeit möglichst ausgedehnt und gefördert.

Um die Kranken angemessener verpflegen und ärztlich behandeln zu lassen, wurden mehrere Krankenstuben im Arbeitshause eingerichtet und unter die Aufsicht der Direction der beiden hier bestehenden klinischen Anstalten gestellt. In dieser Einrichtung bestand das Arbeitshaus bis zum Jahre 1818.

Im Uebrigen wurde das Armenwesen bis zum Jahre 1831 wesentlich nach den Vorschriften der Verordnung vom Jahre 1760 fortverwaltet.

Das Gesetz vom 11. April 1831 über die Heimathsverhältnisse ordnete die dem Heimathsverbande obliegende Verpflichtung zur Unterstützung und Versorgung der Hülfsbedürftigen nach gleichmässigen Grundsätzen für das ganze Land.

Die Armenordnung vom 22. April 1760 musste nunmehr mit dem neuen Landesgesetze in Einklang gebracht werden.

Dies geschah durch die landesherrlich bestätigte Armen-Ordnung für Jena vom 16. October 1838, mit deren Publikation die vorgedachte Verordnung ihre Giltigkeit verlor.

Die erforderliche Unterstützung haben hiernach zunächst die vertragsmässig oder gesetzlich durch den Familienverband verpflichteten Personen oder die Genossenschaften nach den Grundsätzen des damaligen Zunftgesetzes vom 15. März 1821 zu leisten.

Wenn solche zur Unterstützung verpflichtete Personen und Genossenschaften nicht vorhanden sind, oder sich ausser Stande befinden, ihre Verpflichtung zu erfüllen, so tritt die Unterstützung aus der für die Stadt bestehenden Armenkasse ein, insoweit dieselbe nicht von den Wohlthätigkeitsinstituten der Stadt gewährt wird.

Um die Armenkasse zur Leistung ihrer Verbindlichkeiten in den Stand zu setzen, haben sämmtliche in der Stadt heimathsberechtigten Personen nach Vorschrift des Heimathsgesetzes einen vierteljährigen Beitrag nach Verhältniss der Einkommensteuer mit Einschluss der Grundeinkommensteuer zu entrichten.

Ansprüche auf Unterstützung aus der Almosenkasse können nur Personen machen, welche in der Stadt Jena heimathsberechtigt sind. Für nicht heimathsberechtigte Personen kann die Unterstützung der Armenkasse nur in Fällen dringlicher Noth unter Vorbehalt der Erstattung in Anspruch genommen werden.

Die Armenaufsicht hat das Recht und die Pflicht, arbeitsfähige Unterstützung suchende Personen zu Leistung geeigneter Arbeit, nöthigenfalls zwangsweise anzuhalten, zu welchem Zwecke namentlich das von ihr beaufsichtigte und geleitete Arbeitshaus zu benutzen ist.

Falls ein Almosenempfänger durch Erbschaft oder sonst zu einem Vermögen gelangt, welches nicht allein seinen Unterhalt vollkommen sichert, sondern auch einen Ueberschuss gewährt, so ist derselbe verpflichtet, den Beitrag, der ihm während seiner Dürftigkeit erweislich verabreichten Almosen, jedoch ohne Zinsen zu erstatten, soweit jener Ueberschuss dazu ausreicht.

Die Verpflegungsbeiträge, welche eine Gemeinde dargereicht hat, kann sie jedenfalls aus dem etwaigen Nachlasse des Unterstützten ersetzt verlangen, soweit jene Beiträge nicht durch eine Gegenleistung als bereits vergütet sich darstellen.

Die Leitung des Armenwesens wurde der Grossherzoglichen Armenaufsicht anvertraut, welche aus den Mitgliedern der Grossherzoglichen Polizei-Commission und einem Stadtgeistlichen bestehen sollte.

Die Polizei-Commission bestand:
1) aus dem jedesmaligen Grossherzoglichen Stadtrichter und Stadtschuldheissen als Dirigenten;
2) aus einem Mitgliede der Academie, welches vom academischen Senate vorgeschlagen und vom Grossherzog bestätigt wurde;
3) aus dem jedesmaligen Bürgermeister zu Jena;
4) aus Höchsten Orts ernannten ausserordentlichen Mitgliedern.

Die Armenaufsicht war zunächst der Grossherzoglichen Landesdirection als der verfassungsmässigen Oberaufsichtsbehörde für das Armenwesen im Grossherzogthume untergeordnet und sollte in ihren Berathungen und der Ausführung ihrer Beschlüsse durch 12 Armenpfleger unterstützt werden. Zu den Armenpflegern sollten die 6 Bezirksvorsteher als solche gehören, die übrigen 6 sollten von der Armenaufsicht aus der Zahl der geachtetsten Bürger gewählt werden.

In der Regel sind die Unterstützungsgesuche bei dem Armenpfleger der Bezirksabtheilung anzubringen, in welcher der Hülfesuchende wohnt.

Der angesprochene Armenpfleger hat sofort über die Familien-Vermögensverhältnisse und sonstigen Zustände des Bittenden möglichst genaue Erkundigung einzuziehen, das Ergebniss in den gedruckten Abhörbogen einzutragen und sich über das Gesuch gutachtlich zu äussern. Jeder Armenpfleger hat die in seinem Bezirke wohnenden Armen sowohl in Bezug auf den Empfang und die gehörige Verwendung der ihnen verwilligten Unterstützung, als auch hinsichtlich ihres Betragens bezüglich der Verrichtung der ihnen aufgegebenen oder zugewiesenen Arbeiten fortwährend zu beaufsichtigen, sowie in Erkrankungsfällen, wegen Berufung des Armenarztes, Bestellung einer Wärterin und dergleichen, bezüglich nach Einholung des Beschlusses der Armenaufsicht das Nöthige wahrzunehmen und zu besorgen.

Diese Armenordnung vom Jahre 1838 ist für Jena in der Hauptsache heute noch bestehendes Recht.

In Folge der neuen Gemeindeordnung vom 22. Februar 1850 machte sich zwar eine Umarbeitung des Landesgesetzes vom 11. April 1831 über die Heimathsverhältnisse nothwendig. Das neue Heimathsgesetz vom 23. Febr. 1850 hat jedoch die wesentlichen Grundsätze des älteren Gesetzes überall beibehalten. Nur die Bestimmungen über die Zusammensetzung der Armenaufsichtsbehörde sind theils durch die veränderte Gesetzgebung unausführbar geworden, theils aus anderen Gründen ausser Uebung gekommen.

Durch das Gesetz vom 5. März 1850 über die Neugestaltung der Staatsbehörden (§. 8) wurde die Polizei-Commission in Jena aufgehoben. Nach Artikel 111 der revidirten Gemeindeordnung vom Jahre 1854 steht dem

Gemeindevorstande gegenwärtig die Handhabung der Ortspolizei ausschliesslich zu.

Bisher wurde die Kasseführung der Armencommission von der Kämmerei-Verwaltung ganz getrennt gehalten. Vom Jahre 1839 an ist zur Bestreitung der Bedürfnisse der Armenkasse alljährlich ein Betrag von 2 Pfennigen vom Thaler des staatssteuerpflichtigen Einkommens erhoben worden.

Seit Einführung des Gemeinde-Einkommensteuer-Statuts vom 26. Juni 1868 giebt es eine besondere Armenkasse nicht mehr.

Die Einnahmen und Ausgaben der bisherigen Armenkasse werden in der allgemeinen Kämmereirechnung in besonderen Titeln mit verrechnet. Eine allgemeine Armensteuer besteht seit den 1. Januar 1869 nicht mehr.

Die besonderen auf Gesetz, Statut, Stiftung oder Herkommen beruhenden, zur Armenpflege im Allgemeinen zu verwendenden Einnahmen, welche gegenwärtig zur Kämmereikasse fliessen, sind folgende:

1) die Gotteskastenverwaltung hat den Geldwerth von $47^3/_4$ Scheffel Korn jenaisches Gemäss alljährlich zu dem 14 Tage vor Weihnachten gegoltenen mittleren Marktpreise unter Abrechnung von 4 % zu zahlen. Im Jahre 1868/69 sind 305 Thlr. 18 Sgr. zur Armenkasse gekommen.
2) der akademische Fiskus hat 58 Thlr. 16 Sgr. 4 Pf.,
3) die Stadtkämmerei 23 Thlr. 6 Sgr. 6 Pf. und
4) der Staatsfiskus 5 Thlr. 16 Sgr. 4 Pf. zur Armenpflege beizutragen;
5) die Kalenderstempelgelder, welche in Jena durchschnittlich ungefähr 100 Thlr. betragen, fliessen nach dem Gesetz vom 10. April 1821 zur Almosenkasse;
6) dasselbe gilt nach dem Sportelgesetze vom 31. August 1865 von den Gebühren für Tanzerlaubnissscheine, welche jährlich ungefähr 40 Thlr. betragen;
7) ferner sollen die Becken-Collecten am Charfreitage und am Busstage der Armenkasse gehören;
8) die Zinsen von den Activkapitalien der früheren Armenkasse belaufen sich auf 60 Thlr. jährlich. Die Activkapitalien betragen zwar 2529 Thlr. Darauf sind jedoch die Passiva der Armenkasse im Betrage von 1506 Thlrn. 27 Sgr. 1 Pf. abzurechnen, es bleibt daher ein Vermögensbestand von 1022 Thlrn 2 Sgr. 1 Pf.

Die freiwilligen Gaben, welche früher für die Armenkasse bei festlichen Gelegenheiten, als Hochzeiten, Kindtaufen u. s. w., eingesammelt wurden, werden nach Beschluss des Gemeindevorstandes vom 4. Juni 1869 bei der Kasse des Frauenhospitals verrechnet.

Die auf besonderen Rechtsgründen beruhenden Einnahmen für die Armenpflege reichen jedoch zur Deckung des Bedürfnisses bei Weitem nicht aus. Der Mehrbedarf wird durch den Etat gewährt und in der allgemeinen Einkommensteuer mit erhoben. Die von dem Heimathsbezirke zu leistende Unterstützung beschränkt sich auf die Gewährung der nothwendigsten Lebensmittel resp. Bedürfnisse, wie solche im einzelnen Falle zunächst durch die Ortspolizeibehörde nach billigem Ermessen festgestellt werden.

Es besteht das Recht der Behörde fort, arbeitsfähige Unterstützung suchende Personen zu Leistung geeigneter Arbeit nöthigenfalls zwangsweise anzuhalten.

Die Hülfsbedürftigkeit einer Person liegt vor, wenn die wesentlichen unentbehrlichen Bedürfnisse zu ihrem Lebensunterhalte ganz oder theilweise aus eigenen Kräften und Mitteln sich selbst zu verschaffen nicht vermag und wenn, abgesehen von den im einzelnen Falle etwa vorhandenen, auf besonderem Rechtsgrunde beruhenden Unterstützungsansprüchen aus den Familienverhältnissen derselben keine gesetzlichen Ansprüche auf Unterstützungsgewährung hervorgehen und geltend gemacht werden können.

II. Besondere öffentliche Wohlthätigkeitsanstalten.

Ein wesentlicher Theil der öffentlichen Armen-Unterstützung wird geleistet durch die besonderen Wohlthätigkeits-Anstalten des Ortes.

Dahin gehören: das Männerhospital, das Frauenhospital, das Arbeits- und Versorgungshaus und die Kinderbewahranstalt.

A. Das Hospital St. Nicolai oder Brüderhospital.

Das Männerhospital St. Nicolai oder Brüderhospital ist diejenige fromme Stiftung zu Jena, welche in dem besonderen hierzu bestimmten vor dem Saalthore am Mühlbache gelegenen Gebäude altersschwachen, gebrechlichen, kränklichen und sonst hülfsbedürftigen armen Personen aus Jena, Jenalöbnitz und Ossmaritz Wohnung, Wartung und Pflege nebst Unterstützung zum Lebensunterhalte gewährt und hierzu am Pfingstfeste 1319 vom Stadtrathe zu Jena gestiftet und auch von Zeit zu Zeit von Wohlthätern beschenkt worden ist.

Das Vermögen besteht in dem gedachten Hause, 37—38 Acker Holz in der Flur Jenalöbnitz und $297^{1}/_{4}$ Ruthen Artland im Forstgrunde. Ausserdem besitzt das Hospital 1539 Thlr. 13 Sgr. 4 Pf. Activkapital und die Jahresrechnung von 1869 weist einen Verwaltungsvorrath von 914 Thlrn. 25 Sgr. 5 Pf. nach.

Zur Bestreitung des täglichen Unterhaltes der Hospitaliten hat die städtische Brückenmühle die Verpflichtung, sehr erhebliche Quantitäten von Korn, Mehl, Eiern, Käse, Butter, Gemüse und Geld zu regelmässigen Zeiten zu liefern.

In das Hospital dürfen zur Zeit nur 12 Personen aufgenommen werden: ein Hausvogt, eine Köchin und zehn männliche Hospitaliten. Die Hospitaliten müssen das 60. Jahr zurückgelegt haben und in Jena, Jenalöbnitz oder Ossmaritz heimathsberechtigt sein. Bei dem Hospitalvater und der Köchin genügt ein Alter von 55 Jahren.

Die Geld- und Naturalleistungen, welche den Hospitaliten gewährt werden, reichen aus, um ihren Lebensunterhalt zu decken. Die Anstalt besitzt 2 Waschrollen, welche von den Hospitaliten bedient werden. Das Rollgeld wird unter sie vertheilt. Einen Zuschuss zur Unterhaltung des Brüderhospitals braucht die Stadt nicht zu leisten.

Nach einem 10jährigen Durchschnitt betragen die laufenden Einnahmen des Hospitals 274 Thlr. 2 Sgr. 3 Pf., die laufenden Ausgaben 161 Thlr. 21 Sgr. 9 Pf.

B. Das Frauenhospital.

Weniger günstig ist die Lage des Frauenhospitals vor dem Zwätzenthore. Ursprünglich bestanden zwei Hospitäler: St. Jacobi und St. Magdalena, welche seit dem Jahre 1831 zu dem Frauenhospital vereinigt worden sind. Dasselbe hat die Aufgabe, altersschwachen, gebrechlichen, kränklichen oder sonst hülfsbedürftigen armen Frauen aus Jena Wohnung, Wartung und Pflege nebst einiger Unterstützung zu ihrem nothdürftigen Unterhalte zu gewähren.

Das Vermögen des Hospitals besteht im dem Versorgungshause und dabei belegenen $182^1/_4$ ☐Ruthen enthaltenden Garten, $1^1/_3$ Acker $32^1/_1$ ☐Ruthen Artland und Leede und ungefähr 2000 Thlr. Kapital Ausserdem hat das Hospital jährlich 30 Schock Wellen aus den Waldungen der Kirche, 1855 Pfund 24 Loth Brod und einige Geld- und sonstige Bezüge aus dem Gotteskasten, der Kämmerei und Legaten zu erhalten, welche zum Unterhalt des Hospitals und der Hospitaliten verwendet werden.

In das Hospital sollen zur Zeit nur 12 Personen aufgenommen werden, einschliesslich des Hausvaters.

Bei der Besetzung der Hausvaterstelle wird darauf Bedacht genommen, dass derselbe verheirathet und dass seine Frau geeignet ist, ihm bei Erfüllung seiner Verpflichtungen den erforderlichen Beistand zu leisten, welcher bei der Beaufsichtigung, der Zubereitung der Speisen und in Krankheitsfällen in angemessener Weise nur von einer Frau gewährt werden kann.

Dem Hausvater und seiner Frau werden daher zwei Pfründen ausser den sonstigen kleinen Bezügen gewährt, welche das Statut dem Hausvoigt zuweist. Die Hospitalitinnen sollen das 60. Jahr zurückgelegt haben und von unbescholtenem Rufe sein.

Die Pfründe einer Hospitalstelle besteht:
1) in der Wohnung bei freier Beleuchtung und Heizung,
2) einer Suppe täglich,
3) wöchentlich 6 Pfund $16^1/_2$ Loth Brod,
4) monatlich 6 Sgr. Fleischgeld,
5) monatlich 3 Sgr. vom Frauenverein (einschliesslich des Legats von Fräulein Martin),
6) jährlich am Martinitage Antheil am Böttcher'schen Essen,
7) Antheil am Cymbel und der Büchse. Die Gesammteinnahme an dem einmal im Jahre in der Kapelle stattfindenden Gottesdienste in der Hospitalkapelle beträgt $1^1/_2$ bis 2 Thlr.
8) Ausserdem wird den Hospitalitinnen die Wäsche gereinigt und im Bedarfsfalle werden denselben aus den Beständen des Hospitals Hemden, Röcke und Handtücher zum Gebrauche vorgehalten.

Zur Bestreitung ausserordentlicher Bedürfnisse in Krankheitsfällen oder theueren Zeiten gewährt der Frauenverein nicht unerhebliche Unterstützungen. Derselbe erhält das Inventar und bezieht jährlich einen Beitrag dazu aus der Frauenhospitalkasse im Betrage von 22 Thlrn. Darunter befinden sich 7 Thlr. Zinsen von dem Vermächtniss der Frau O.-A.-Räthin Paulsen im Betrage von 200 Thlrn.

Alle diese Zuwendungen und Unterstützungen genügen jedoch noch nicht, um die Altersversorgungsbedürfnisse der Hospitalitinnen in zweckmässiger Weise zu befriedigen. Der Gemeinderath hat deshalb am 31. Januar 1866 beschlossen, dass den Hospitalitinnen täglich einmal Kaffee mit Milch und wöchentlich zweimal Fleisch verabreicht werden solle. Jede Hospitalitin soll jedesmal $1/2$ Pfund Fleisch erhalten.

Der hierdurch entstehende auf 105 Thlr. berechnete jährliche Aufwand wurde dadurch gedeckt, dass der Hospitalkasse ein jährlicher Beitrag von dieser Höhe aus der Kämmereikasse bewilligt wurde. Wegen Erhöhung der Fleischpreise wurde dieser jährliche Beitrag durch Gemeinderathsbeschluss vom 13. April 1870 vom 1. Mai 1870 an um 22 Thlr. erhöht.

Der Gesammtaufwand, welchen die Kämmerei gegenwärtig zur Unterhaltung des Frauenhospitals zu bestreiten hat, beträgt 272 Thlr.

C. Das Arbeits- und Versorgungshaus.

Schon im Jahre 1801 wurde in Jena ein Kranken- und Arbeitshaus eingerichtet. In dasselbe wurden hauptsächlich altersschwache, hülflose, aber auch sittlich herabgekommene Weiber und verlassene und verwahrloste Kinder aufgenommen. Die Hauptbeschäftigung der Bewohner des Arbeitshauses bestand im Wollspinnen.

Der Unterhalt der Anstalt wurde durch Bewilligungen der Regierung und durch freiwillige Beiträge bestritten.

Die Freiheitskriege brachten den Staat und die Stadt in Geldbedrängniss, die Lebensmittel wurden theuer und die Behörden überzeugten sich, dass die Anstalt mit den bisherigen Mitteln nicht zu erhalten war. Dieselbe wurde daher aufgehoben, jedoch im Jahre 1838 nach Ankauf eines neuen Gebäudes wieder hergerichtet.

Nach seinem Statut hat das Arbeitshaus und Versorgungshaus den Zweck:
1) arbeitsscheue oder lüderliche Personen, welche entweder bei der Behörde Unterstützung suchen oder Privatpersonen um solche angehen, nöthigenfalls zwangsweise zur Arbeit anzuhalten, an ein geregeltes Leben zu gewöhnen, und überhaupt sittlich zu bessern;
2) Arbeitsfähigen, denen es an Arbeit und Unterkommen gebricht, Gelegenheit zum Arbeitsverdienste und den nöthigen Unterhalt zu gewähren;
3) arbeitsunfähigen, besonders altersschwachen Armen Aufnahme zu gewähren und versorgen.

Das Arbeitshaus darf weder als Kranken- oder Strafanstalt betrachtet noch in eine solche verwandelt werden.

In das Haus können nur solche Personen aufgenommen werden, die in der Stadt Jena heimathsberechtigt sind.

Für die unmittelbare und ununterbrochene Beaufsichtigung der Pfleglinge sind ein Hausvater und eine Hausmutter bestellt. Unter Leitung des von der Aufsichtsbehörde einzusetzenden Vorstehers handhaben sie die Hausordnung, vertheilen die Arbeiten und besorgen die Oekonomie.

Der Hausvater bezieht ausser freier Wohnung und Beleuchtung jährlich 70 Thlr. baares Geld, 50 Thlr. Aversionalsumme für die Heizung und 5 Scheffel Korn von der Kämmerei als Besoldung.

Die Pfleglinge werden nach ihrer sittlichen Beschaffenheit in drei Klassen eingetheilt. Die erste Klasse umfasst diejenigen, welche sich als fleissig, ordentlich und gehorsam bewährt haben; in die zweite Klasse kommen diejenigen, welche sich in dieser dreifachen Beziehung auf dem Wege der Besserung befinden. Die dritte Klasse enthält die faulen, liederlichen und ungehorsamen Pfleglinge. Bei der Aufnahme in das Arbeitshaus wird nach bestehender Uebung jeder Pflegling in die dritte Klasse eingewiesen. Führt sich ein solcher Pflegling im Allgemeinen 4 Wochen lang zur Zufriedenheit, so wird derselbe alsbald in die zweite Klasse versetzt. Die Behandlung der Pfleglinge ist nach den Klassen verschieden, indem ihnen ein grösserer oder geringerer Grad von Freiheit verstattet wird und verschiedene Strafen nach Massgabe der Hausordnung gegen sie zur Anwendung kommen. Die Unterstützung der Pfleglinge besteht in Wohnung, Kost, Kleidung, Heizung, Licht, sowie in der Darreichung der nöthigen Werkzeuge und Arbeitsmaterialien.

So lange der Pflegling in dem Hause sich befindet, muss derselbe seinen ganzen Arbeitsverdienst zur Einnahme und Berechnung in der Anstalt bringen lassen; ein ihm besonders zufliessender Nebenverdienst wird der Regel nach nicht geduldet. Jeder Pflegling arbeitet für seine Rechnung. Ueber den Arbeitsverdienst und die Unterhaltungskosten jedes Einzelnen wird besonders Buch geführt, ohne dass er jedoch Geld in die Hände bekommt. Reicht der Verdienst zur Deckung der Kosten nicht hin, so wird der Mehrbetrag als Vorschuss angerechnet, den der Empfänger womöglich nach und nach abverdienen soll. Bleibt hingegen ein Ueberschuss, so wird dieser bei der Entlassung aus dem Hause zum Vortheile des Entlassenen nach dem Ermessen der Armenaufsicht verwendet. Für die Verpflegung gilt als allgemeiner Grundsatz, dass dem Pflegling nur der nothdürftige Lebensunterhalt gewährt wird.

Die Beschäftigung der Pfleglinge besteht in Handarbeiten aller Art, Holzzerkleinern, Misttragen, Strassenreinigung, Grubenleerung, Flechten von Strohdecken u. s. w. Den Preis für die Arbeiten bestimmt der Hausvater. Das Tagelohn ist für regelmässige Fälle auf 6 Sgr. festgesetzt. Um die Insassen des Arbeitshauses auch mit Feldarbeit beschäftigen zu können, hat die Stadtgemeinde dem Arbeitshause ein Stück Land zur Bearbeitung überwiesen.

Ausser dem Arbeitsverdienst hat das Arbeitshaus keine regelmässigen Einnahmen von einiger Erheblichkeit. Zu seiner Unterhaltung leistet die Kämmereikasse alljährlich einen Zuschuss von 600—700 Thlrn. Dabei ist jedoch zu berücksichtigen, dass die im Versorgungshaus befindlichen Personen auf Rechnung der Arbeitshauskasse vollständig mit erhalten werden, ohne durch Arbeitsverdienst die Einnahme derselben entsprechend zu vermehren.

Für die altersschwachen und arbeitsunfähigen Personen sind besondere Räumlichkeiten nicht vorbehalten. Die Versorgungsberechtigten leben in Gemeinschaft mit den übrigen Pfleglingen des Arbeitshauses und haben sich der Hausordnung zu unterwerfen.

Nach Inhalt der stattgefundenen Ermittelungen befanden sich in den Jahren von 1860—1869 durchschnittlich 30 Pfleglinge oder 21 während eines vollen Jahres in der Anstalt. Der Gesammtaufwand für einen Pflegling incl. der Versorgungsberechtigten betrug 68 Thlr. 13 Sgr. 1 Pf., der Arbeitsverdienst 34 Thlr. 4 Sgr. 2 Pf., der Mehraufwand mithin 34 Thlr. 8 Sgr. 11 Pf. Rechnet man die eigene Einnahme des Arbeitshauses für die Person mit 2 Thlr. 26 Sgr. 1 Pf. ab, so bleiben 31 Thlr. 12 Sgr. 10 Pf., welche die Kämmerei zur Unterhaltung eines Pfleglings zuzuschiessen hat.

D. Die Kleinkinderbewahranstalt.

Durch Erlass vom 5. Mai 1829 brachte die Grossherzogliche Landes-Direction bei dem Stadtrathe hierselbst die Errichtung einer Kleinkinderbewahranstalt in Anregung, vorläufig jedoch ohne Erfolg. Im Jahre 1842 beschloss jedoch der Stadtrath aus Anlass der Vermählung des damaligen Erbgrossherzogs Karl Alexander mit der Königlich Niederländischen Prinzessin Sophie, eine Kleinkinderbewahranstalt hierselbst in's Leben zu rufen. Die Stiftungsurkunde vom 8. October 1842 sagt über den Zweck derselben:

"Diese Anstalt ist bestimmt zur Aufnahme, Bewahrung und Pflege von Kindern unbemittelter Eltern, welche ihrer Arbeit nachgehen müssen, ohne eine andere Gelegenheit zu haben, ihre noch kleinen Kinder während ihrer Arbeitszeit unter Aufsicht zu stellen."

Aufnahmefähig sollten nur die Kinder sein, welche bereits laufen gelernt, das 6. Lebensjahr aber noch nicht überschritten haben. Im Sommer können die Kinder von früh 4 Uhr und später, im Winter um 6 Uhr früh und später gebracht, müssen aber im Sommer Abends 9 Uhr, im Winter Abends 6 Uhr wieder abgeholt werden. Zur Beaufsichtigung, Bewahrung und zur nöthigen Pflege der Kinder soll eine tüchtige Frau nach dem Ermessen des Stadtrathes bestellt werden, welche für sich resp. auch für ihren Ehemann und ihre Kinder in dem für die Anstalt bestimmten Gebäude Wohnung erhält.

Die Beköstigung der zur Bewahrung überbrachten Kinder hatten die Eltern zu besorgen. Die besondere Aufsicht über die Anstalt steht dem Frauenverein zu. Kasse und Inventarium sollen unter Aufsicht des Stadtrathes kostenfrei verwaltet werden.

Im Januar 1843 wurde die Kleinkinderbewahranstalt eröffnet.

Das Kapitalvermögen der Anstalt bestand Anfangs in einem Kapital von 300 Thlrn., welches ihr der Künstler Dr. Franz Liszt im October 1842 verehrt hatte.

Die Beschränktheit der Mittel, die zu ihrem Zwecke nicht recht geeignete Beschaffenheit der ersten Wohnungsräume, der Umstand, dass die Eltern für Beköstigung der Kinder selbst sorgen sollten und das Misstrauen, mit welchem die unteren Stände neuen gemeinnützigen Anstalten zu begegnen pflegen, erschwerten der Anstalt in den ersten Jahren die Wirksamkeit; sie wurde nur wenig benutzt. Die unermüdliche und werkthätige Fürsorge der Frau Grossherzogin und des Frauenvereins für die Kleinkinderbewahranstalt halfen jedoch nach einigen Jahren die Schwierigkeiten des Anfangs überwinden. Der Stadtrath bewilligte jährlich von Zeit zu Zeit erhöhte Zuschüsse aus der Kämmerei, die Bürgerwehr und der Weinbauverein überwiesen bei der Auflösung ihre Kassenbestände der Anstalt. Die Bürgerschaft nahm lebhaften Antheil an ihrer Entwickelung und so kam es, dass man im Jahre 1851 an den Neubau eines geeigneten Hauses denken konnte.

Die Verhandlungen darüber mit dem Frauenvereine und der Stadtgemeinde führten im Jahre 1852 zu dem erwünschten Resultate.

Nach Inhalt derselben steht das Eigenthum an dem neuen Gebäude der Stadtgemeinde zu. Die Kleinkinderbewahranstalt ist eine städtische Anstalt. Jedoch darf, so lange das Gebäude zum Zweck der Kleinkinderbewahranstalt verwendet wird, die Stadtgemeinde anderweit darüber nicht verfügen.

Im Laufe der Jahre wurden der Kleinkinderbewahranstalt verschiedene Zuwendungen gemacht. Die in der Kämmerei befindlichen Kapitalien betragen zusammen 1400 Thlr. Ungefähr ebensoviel beträgt die Gesammtsumme der für die Kleinkinderbewahranstalt zu Händen des Frauenvereins gezahlten Geschenke. Die Zinsen von den auf der Kämmerei aufbewahrten Kapitalien werden alljährlich an die Kasse des Frauenvereins abgeführt.

Der Frauenverein hat thatsächlich bisher die Verwaltung der Anstalt ohne Mitwirkung der Gemeindebehörde geführt.

Ueber die Verwaltung der Anstalt wird vom Frauenverein alljährlich Rechnung gelegt. Die Rechnung für das Jahr 1869 weist eine Einnahme von 516 Thlrn. 3 Sgr. 3 Pf., eine Ausgabe von 462 Thlrn. 15 Sgr. 7 Pf. und einen Kassenbestand von 53 Thlrn. 17 Sgr. 8 Pf. nach. Im gedachten Jahre wurde die Anstalt von 80 bis 90 Kindern besucht.

Die Kinder werden gegenwärtig im Sommer von früh 6 Uhr, im Winter von früh 7 Uhr in die Anstalt aufgenommen und bis Abends 6 Uhr in derselben bewahrt.

Aufgenommen werden die Kinder in dem Alter von 1 Jahr 5 Wochen bis zu 6 Jahren. Für jedes Kind haben die Eltern täglich ein Stück Brot zum Frühstück und für 2 Pfennige Semmeln zum Vieruhrbrot mitzubringen und ausserdem 5 Pfennige baar zu zahlen. Dafür bekommen die Kinder von der Anstalt täglich des Mittags eine Suppe und um 4 Uhr Nachmittags einen Becher Milch. Die Kinder werden durch angemessene Spiele und Gesang und die älteren durch .Anleitung zum Lesen und Sticken beschäftigt.

Aus der Kämmereikasse werden gegenwärtig 90 Thlr. zur Unterhaltung der Anstalt an den Frauenverein bezahlt; ferner bestreitet die Stadtgemeinde den Heizungsaufwand, welcher durchschnittlich 75 Thlr. beträgt und erhält das Gebäude in Bau und Besserung.

III. Mitwirkung des Staates bei der Armenversorgung.

Der Staat hat von jeher im Grossherzogthume durch Errichtung von Kranken-, Versorgungs- und sonstigen Anstalten, sowie durch Beiträge zu den Ortsarmenkassen einen erheblichen Theil des Aufwandes für die Armenpflege übernommen.

Das Heimathsgesetz vom 11. April 1831 enthält wesentlich dieselben Grundsätze über die vom Staate zu leistenden Beiträge zur Armenversorgung, wie das jetzt noch giltige Gesetz vom 23. Februar 1850, welches folgende Bestimmungen enthält:

§. 50. Eine vollständige, doch billige Vergütung ist dem betroffenen Gemeindebezirke aus Staatsmitteln wegen desjenigen Aufwandes zu leisten, welcher ihm erwachsen ist:

I. in Folge einer Zuweisung in Gemässheit bestehender Verträge und sonstiger Verhältnisse mit anderen Staaten oder wegen fehlender Verpflichtung eines bestimmten inländischen Heimathsbezirks;

II. durch Findlinge und solche Kinder, welche von heimathslosen Eltern oder ausserehelich von einer heimathslosen Mutter abstammen, vorausgesetzt dass ihm keine besondere Verschuldung dabei zur Last fällt;

III. hinsichtlich der Nachgelassenen hingerichteter Verbrecher, insoweit diesen, wären sie noch am Leben, eine Versorgungspflicht gesetzlich obgelegen haben würde.

§. 51. Unterstützungsweise tritt eine Leistung der Staatskasse ein:

I. durch die Staats-Waisenversorgungs- und Pensionsanstalten nach den hierüber geltenden besonderen Vorschriften;

II. durch die Anstellung von Armenärzten und Wundärzten;

III. durch die Uebernahme des ganzen Verpflegungsaufwandes, wenn die Aufnahme hülfsbedürftiger Geisteskranker in einer Landes-Irrenanstalt und anderer hülfsbedürftiger Kranker in ein Landkrankenhaus für nothwendig erachtet wird.

§. 52. In Fällen, wo die Aufnahme einer Person in ein öffentliches Arbeitshaus aus polizeilichen Rücksichten für nothwendig erachtet wird und die im §. 36 bestimmte Voraussetzung dabei eintritt, trägt die Staatskasse die Hälfte des für deren Unterhalt nöthigen Zuschusses. Die andere Hälfte fällt dem betreffenden Heimathsbezirke zu, ohne dass demselben ein Widerspruchsrecht gegen die bezügliche Detention in irgend einer Weise zusteht.

§. 53. In Fällen der Ueberlastung einzelner Heimathsbezirke durch die Armenversorgung sowie wenn ganze Gemeinden durch ausserordentliche Unglücksfälle in hülfsbedürftige Lage versetzt werden, soll eine angemessene Unterstützung aus der Staatskasse zur Aushülfe und Ausgleichung eintreten.

Die unheilbaren Geisteskranken werden in das Landeshospital zu Blankenhain aufgenommen. Den Verpflegungsaufwand für die in diese Anstalt aufgenommenen Kranken hat die Staatskasse nur zur Hälfte zu tragen, während die betreffende Gemeindekasse die andere Hälfte zu übernehmen hat.

Die Mehrzahl der deutschen Bundesstaaten haben sich zu Eisenach im Jahre 1853 verpflichtet, dafür zu sorgen, dass in ihrem Gebiete diejenigen hülfsbedürftigen Angehörigen anderer Staaten, welche der Kur und Verpflegung benöthigt sind, diese nach denselben Grundsätzen wie den eigenen Unterthanen bis dahin zu Theil werde, wo ihre Rückkehr in den zur Uebernahme verpflichteten Staat, ohne Nachtheil für ihre oder Anderer Gesundheit geschehen kann.

Ausnahmsweise dürfen arme Reisende, welche an einer langwierigen, nicht ansteckenden Krankheit leiden, auf ihren Wunsch auf dem Wege nach ihrer Heimath mittelst Fuhre weiter befördert werden, wenn von einer solchen Reise mit Rücksicht auf die ganze Dauer derselben und mit Rücksicht auf die Jahreszeit, in welcher sie zurückgelegt werden soll, eine

Verschlimmerung ihres körperlichen Zustandes in keiner Weise zu befürchten ist.

Unter gleicher Voraussetzung darf dieses auch rücksichtlich solcher Reisenden geschehen, welche nicht durch wirkliche Krankheit, sondern blos durch die in Folge der Reise entstandene Ermüdung oder lediglich durch körperliche Unbeholfenheit oder fehlerhafte Körperbildung oder durch ein äusserliches Körperleiden bei übrigens gesunder Lebensbeschaffenheit an der Fortsetzung ihrer Reise behindert werden.

Die Beförderung geschieht von einer Schubstation zur anderen, die Kosten für dergleichen sogenannte Mitleidsfuhren hat die Gemeindekasse der mit Besorgung der Schubtransporte beauftragten Behörde vorzuschiessen. Der Bezirksdirector hat jedoch die durch Mitleidsfuhren erwachsenen Verlüge am Jahresschlusse von den sämmtlichen Gemeinden seines Verwaltungsbezirkes nach Verhältniss der Seelenzahl wieder beizuziehen und der Gemeinde, welche den Vorschuss geleistet hat, zu erstatten. (Verordnung vom 18. April 1855.)

IV. Privatwohlthätigkeit.

Abgesehen von der durch die Gemeinde und den Staat geübten öffentlichen Armenpflege werden den Hulfsbedurftigen in Jena durch Stiftungen, Vereine und Private nach den verschiedensten Richtungen hin zum Theil sehr reichliche Unterstützungen gewährt.

A. Stiftungen.

1) Konopackstiftung.

Im Jahre 1857 hat die verstorbene Frau Oberappellationsgerichts-Räthin Konopack die hiesige Haupt- und Stadtkirche St. Michaelis zu ihrer Universalerbin mit der Bestimmung eingesetzt, dass das Vermögen gesondert vom Kirchenvermögen verwaltet und den Namen „Konopack-Stiftung" führen solle. Aus dem Abwurfe des Vermögens sollen je nach dem jeweiligen Kassenbestande 5 bis 6 Pfründen für anständige Personen weiblichen Geschlechts aus den gebildeten Ständen, wie Professoren-, Beamten-, Pfarrers-, Schullehrers-Wittwen oder Töchter, welche in hiesiger Stadt wohnen und der Hülfe bedürftig sind, gegrundet werden. Die Pfründen sollen jährlich 25 Thlr. betragen. Bisher sind alljährlich 6 Pfrunden im Betrage von je 25 Thlr. gewährt worden. Das Vermögen der Stiftung besteht in 5065 Thlrn.

2) Karl August-Stiftung.

Am 30. April 1862 hat der S.-W. Erbgrossherzog aus Anlass seiner am 12. desselben Monats erfolgten Confirmation der Gemeindebehörde ein Kapital von 300 Thlrn. zur Verwaltung überwiesen und über die Verwendung des Abwurfes folgende Bestimmungen getroffen: Der jährliche Zinsertrag des Kapitals soll dazu dienen, einem oder mehreren der Stadt Jena angehörigen Knaben die nöthige Confirmationsbekleidung zu beschaffen. Bei der Auswahl der Knaben, welche dem Gemeinde-Vorstande nach Anhörung des bei der Armenaufsichtsbehörde befindlichen Stadt-Geistlichen zusteht, soll auf

Miscellen.

Würdigkeit und Bedurftigkeit gesehen werden. Ausnahmsweise kann auch einem Fremden die Wohlthat der Stiftung zugetheilt werden.

3) Hofjäger Blaufuss-Krauss'sche Stiftung.

Die am 18. November 1866 in Weimar verstorbene Hofjäger-Wittwe Johanne Friederike Blaufuss geb. Krauss hat in ihrem Testamente vom 6. October 1864 der Stadtgemeinde hierselbst ein Kapital von 500 Thlrn. ausgesetzt und dabei bestimmt, dass die Zinsen alljährlich zu Weihnachten vom Gemeindevorstande an vier würdige und bedürftige über 60 Jahr alte Frauen hiesiger Stadt vertheilt werden sollen.

4) Die Eduard Spittel'sche Stiftung.

Der Agent Eduard Spittel von hier hatte durch ein Testament vom 25. Juni 1855 von seinem Nachlasse die Summe von 2000 Thlrn. den Armen der Stadt Jena vermacht.

Im Genusse dieses Legats sind nach der letzten Verwaltungsrechnung acht Personen, so dass sich der jährliche Betrag einer Pfründe, welche zumeist in Naturalien verabreicht wird, auf ungefähr 10 Thlr. beläuft.

5) Das Bohne'sche Legat.

Der Fleischermeister Johann Christoph Bohne aus Jena hat in seinem Testamente vom 16. Juni 1800 ein Kapital von 1000 Thlrn. ausgesetzt und bestimmt, dass von dem Zinsabwurfe Holz zunächst für Arme seiner Verwandtschaft, wenn aber deren keine vorhanden, für andere Arme hiesiger Stadt beschafft werden solle.

Das Kapital ist unter die Activa der Armenkasse aufgenommen.

6) Das Heydenreich'sche Legat.

Die verwittwete Frau Ober-Consistorial-Räthin Heydenreich verordnete in dem Nachtrage zu ihrem Testamente vom 30. April 1779, dass die Interessen eines Kapitals von 500 Thlrn. jährlich an ihrem Sterbetage an Arme der Stadt Jena vertheilt, dabei aber vorzüglich auf bettlägerige Arme und diejenigen Rücksicht genommen werden solle, welche sich scheuen, Andere um milde Gaben anzusprechen, ihrer gleichwohl aber bedürfen. Die Vertheilung soll dem jedesmaligen Superintendenten und Oberpfarrer zustehen, welcher dem Consistorium eine kurze Berechnung über die Verwendung einzureichen hat. Das Kapital ist der Armen-Commission zur Verfügung gestellt und im Betrage von 539 Thlrn. 17 Sgr. 6 Pf. in den Activbestand der Armenkasse aufgenommen.

7) Das Walch'sche Legat.

Die Hofräthin Walch geb. Hallbauer hat durch Testament vom 26. December 1792 der Armenkasse 100 Thlr. mit der Auflage vermacht, die Zinsen dieses Capitals alljährlich an arme alte Wittwen zu vertheilen.

8) Die Frau Regierungsräthin Böttger
hat in ihrem Testamente vom 4. April 1856 ein Kapital von 200 Thlrn. mit der Bestimmung ausgesetzt, dass die Zinsen davon alljährlich 5 Jahre lang an eine arme in Jena lebende Wittwe aus dem Stande der Studirten gezahlt werden solle. Die Verwaltung des Kapitals ist dem Grossherzogl. S. Justizamte in Jena übertragen.

9) Eine Frau von Pottenfels hat in ihrem Testamente verordnet, dass die Nachbesitzer ihres Hauses verpflichtet sein sollen, alljährlich am 30. Mai 15 Gulden an drei in Jena wohnhafte arme Pfarr- oder Schuldiener-Wittwen und zwar jeder mit 5 Gulden zu entrichten. Diese Verpflichtung ist in das Hypothekenbuch eingetragen. Durch Rescript der Landes-Direction vom 8. Juli 1845 ist der Stadtrath beauftragt worden künftig Aufsicht darüber zu führen, dass die jährliche Auszahlung und Vertheilung dieser Gelder richtig und stiftungsgemäss geschieht.

10) Der Hofrath Engau hat ein Kapital von 1000 Thlrn. zur Unterstützung der Armen gestiftet. Die Zinsen des Kapitals werden im Betrage von 49 Thlrn. 24 Sgr. 11 Pf. alljährlich nach altem Herkommen an zwei Sonntagen im Jahre nach Absingung eines geistlichen Liedes in der Kirche durch den die Woche habenden Diaconus und den Stadtkirchner unter die Armen vertheilt, welche sich gerade melden. Die Erwachsenen erhalten 2 bis 3 Sgr., die der Schule entwachsenen Kinder 1 Sgr., die Schulkinder 3 Pf. Zur Empfangnahme der Almosen melden sich regelmässig 120 bis 130 erwachsene Arme und viele Kinder. Ausserdem erhält jeder Diaconus 5 Thlr. 1 Sgr. 2 Pf., der Stadtkirchner als Gotteskastenverwalter 1 Thlr. 8 Sgr. 8 Pf., der Aufsicht führende Polizeisergeant 5 Sgr.

11) Aehnlich verhält es sich mit dem Janson'schen Legat. Das Stiftungskapital beträgt 600 Thlr. Die alljährlich zu zahlenden Zinsen betragen 25 Thlr. 20 Sgr. 10 Pf. Hiervon werden 4 Thlr. 3 Sgr. 4 Pf. an Grossherzogl. Waisenhaus-Institut in Weimar, der Rest mit 21 Thlrn. 17 Sgr. 6 Pf. wird an den Stadtkirchner ausgezahlt, welcher davon 20 Sgr. erhält und die Vertheilung der übrigen Zinsen alljährlich am grünen Donnerstag unter Zuziehung eines Bezirksvorstehers unter die Armen in derselben Weise bewirkt, wie beim Engau'schen Legat. Jeder Arme bekommt 2 Sgr., jedes Kind 2 Pf. Neuerdings sind Schritte gethan, einen zweckmässigeren Vertheilungsmodus einzuführen.

12) Ein Legat der Buchhändlerwittwe Cröker geb. Schulz von 10 Thlrn. jährlich, welches der jedesmalige Superintendent der ärmsten Wittwe Jena's auszuzahlen hat.

B. Privatvereine.

1) Der Frauenverein in Jena.

Dem Frauenvereine sind im Jahre 1828 die Rechte einer milden Stiftung ertheilt worden. Derselbe entfaltet eine umsichtige und allezeit bereite Thätigkeit, mit den ihm zu Gebote stehenden Mitteln die Nothleidenden zu unterstützen und den Armen zu helfen. Er beaufsichtigt das Frauenhospital, verwaltet die Kleinkinderbewahranstalt und Industrieschule und giebt durch Spinnen, Weben, Nähen den Dürftigen Beschäftigung.

Alljährlich wird vom Frauenvereine ein gedruckter Bericht über seine Thätigkeit veröffentlicht. Im Jahre 1869 hat der Frauenverein 60 Spinnerinnen und 8 Weber beschäftigt, 50 alten Frauen Hausmiethe, Holz, Hemden und warme Kleider ausgetheilt und auch sonst noch vielerlei Almosen gewährt.

Seiner Mitwirkung bei der Unterhaltung und Beaufsichtigung des Frauenhospitals und der Kleinkinderbewahranstalt ist schon oben Erwähnung geschehen. Nicht minder gross ist die Fürsorge, welche derselbe der hiesigen Industrieschule widmet. Die Aufsicht über diese Anstalt wurde ihm im Jahre 1816 übertragen. Hiernach steht ihm die Wahl der Lehrerinnen vorbehaltlich der Genehmigung von Seiten der Armencommission, die Festsetzung und Auszahlung der Gehalte derselben und die Leitung des Unterrichts zu, während die Stadt das Schulgebäude stellt und einen festen Beitrag zu den Besoldungen der Lehrerinnen (für die erste 62 Thlr., für die zweite 49 Thlr.) giebt.

Im Jahre 1869 wurde die Industrieschule von 130 Kindern besucht. Der Regel nach werden nur solche Kinder aufgenommen, welche die zweite Bürgerschule besuchen oder in Kürze besuchen werden. Die Kinder werden gegenwärtig hauptsächlich in Stricken, Nähen, Sticken, Zuschneiden und Waschen unterrichtet. Für den Besuch der Industrieschule haben die Eltern der betreffenden Kinder gar nichts zu entrichten. Jedes Kind erhält zu Weihnachten von dem Frauenverein ein Hemd und einen Rock oder statt des Rockes ein anderes Kleidungsstück. Von den in der Strickstunde gefertigten Strümpfen erhält jedes Kind allemal das 4. Paar von den Strümpfen, welches es gestrickt hat, zum Eigenthum.

2) Im Jahre 1855 wurde ein Verein unter den Frauen Jena's gegründet, welcher sich die Aufgabe gestellt hat, arme Wöchnerinnen und Kranke durch Verabreichung von Suppe zu unterstützen. Der Verein zählt gegenwärtig 50 Mitglieder und hat im Jahre 1869 über 500 Suppen vertheilt.

3) Der Verein zur Beaufsichtigung der Erziehung und Pflege sittlich hülfsbedürftiger Kinder wurde im Jahre 1847 gegründet. Sein Zweck ist nach den Statuten: „Beaufsichtigung und Pflege solcher Kinder, welche durch ihre Verhältnisse der Verwahrlosung blossgestellt sind". Er sucht diesen Zweck vorzugsweise durch Unterbringung und Beaufsichtigung solcher Kinder in rechtlichen und in einem guten Rufe stehenden Familien zu bewirken und setzt sich deshalb mit Lehrern, Vormündern und den betreffenden Behörden in die nöthige Beziehung.

Die Einnahme des Vereins besteht aus freiwilligen Beiträgen, aus dem Ertrage von Zeit zu Zeit zu veranstaltender Einsammlungen, in Geschenken, die dem Vereine gemacht und ausserdem aus Zuschüssen der Armenaufsicht, die für einzelne Kinder gewährt werden. Theils durch Vermächtnisse, theils durch zu diesem Zwecke ihm gemachte bedeutende Geschenke einzelner Menschenfreunde ist es ihm gelungen, überdies einen Reservefond zu bilden, dessen Interessenabwurf ebenfalls für seine Zwecke verwendet wird. Derselbe ist gegenwärtig auf die Summe von ungefähr 650 Thlrn. angewachsen.

An der Spitze des Vereins steht ein aus 6 Mitgliedern und einem Kassirer zusammengesetzter Vorstand, der die sämmtlichen Verwaltungsgeschäfte des Vereins besorgt, über die Unterbringung der Kinder verhandelt, Ausgabe und Einnahme überwacht und die alljährlich 1- bis 2mal stattfindenden Hauptversammlungen beruft.

Der Verein gewährt den Pflegeeltern, bei welchen er die Kinder unterbringt, ein jährliches Pensions- und Kleidungsgeld von 18 Thlrn., ausserdem Schulgeld, die nöthigen Schulbücher und Schreibmaterialien, im Falle von Erkrankungen auch ärztliche Behandlung, Arzneien, sowie im Sterbefalle die Beerdigungskosten. Auch die Besorgung der ersten Ausstattung bei der

142   Miscellen.

Uebergabe der Kinder vertritt der Verein, ebenso die Confirmationsbekleidung und, soweit nöthig, die Unterhaltung derer, die nach der Confirmation mit seiner Zustimmung ein Handwerk erlernen. Er fordert aber dagegen, dass die untergebrachten Kinder auch als Kinder der Familie aufgenommen und wie die eigenen behandelt werden.

Im vorigen Rechnungsjahre hatte er, abgesehen von den Zuschüssen der Armenaufsicht über 33 Thlr. 20 Sgr. freiwillige Geschenke, 30 Thlr. 8 Sgr. an Zinsen und Sparkasseinteressen, 63 Thlr. 28 Sgr. in Summe zu

Jhre	Zahl der regelmässigen Unterstützungen	Zahl der ausserordentlichen Unterstützungen	regelmässigen Unterstützungen Brot Pfund	Suppe à 1 Sgr. ₰	Mieths- geld ₰	Geld ₰	Summa ₰	ausserordentlichen Unterstützungen Brot Pfund	Suppe ₰	Holz Korb	Geld ₰	Ins- gemein ₰
59	1)	60	6031	171	25	291	156	643	904	26	6	20	4	27	73
60	1)	68	5115	165	23	268	140	596	566	17	1	595	133	37	96
61	50	113	4965	158	21	254	134	567	806	25	4	262	48	28	101
62	54	102	4876	152	23	219	122	516	859	26	3	222	41	16	41
63	49	53	3935	106	28	220	117	471	624	16	4	435	72	23	26
64	49	123	4144	96	34	179	116	425	697	16	3	603	100	34	41
65	42	109	3294	86	21	183	137	427	318	10	3	441	85	26	53
66	40	51	3810	123	24	208	140	495	744	24	10	548	100	25	13
67	46	91	3324	139	19	233	97	488	1908	85	10	494	90	30	40
69 2)	54	103	2752	88	17	308	66	479	1961	62	21	376	69	41	76
a.	384	873	42246	1284	235	2363	1225	5107	9387	307	65	3996	742	287	560	1.
rch- hnitt	48	87,3	4224,6	128,4	23,5	236,3	122,5	510,7	938,7	30,7	6,5	399,6	74,2	28,7	56,0	19

1) Die Zahl der in den Jahren 1859 und 1860 regelmässig unterstützten Armen lässt mitteln.
2) Das Jahr 1868 ist bei der vorstehenden Berechnung ausser Berücksichtigung gebli(Armenkasse vom 1. Januar 1869 in die Kämmerei aufgenommen worden ist und die A1 :hnung, welche vom 1. April zum 1. April lief, für das Jahr 1868 nur ³⁄₄ Jahr umfasste.

Miscellen.

verfügen. Diese Summe mit den Zuschüssen der Armenaufsicht reichte aus, 6 Knaben, unter denen 2 Lehrlinge in Frauenpriessnitz, Dorndorf, Kunitz und Rothenstein, zu unterhalten.

In der Regel beträgt die durchschnittliche Unterhaltung eines in einer Familie untergebrachten Kindes 22 bis 30 Thlr.

Nachstehende tabellarische Uebersicht wird über die Resultate der jenaischen Armenpflege für die Zeit von 1859 bis 1869 nähere Auskunft geben:

Alimente für unerzogene Kinder		Lehrgeld zur Erlernung von Handwerken	Alimente für Geisteskranke		Begräbnisskosten	Zahlung an das Arbeitshaus in Eisenach		Arbeitshaus in Jena		Frauenhospital	Kleinkinderbewahranstalt	Industrieschule	Gesammt-Summe
Zahl	₰	₰	Zahl	₰	₰	Zahl	₰	Zahl	₰	₰	₰	₰	₰
16	187	—	2	83	15	4	22	33	424	85	152	110	1857
12	177	—	2	47	—	3	27	31	424	85	168	109	1917
15	197	—	1	41	5	2	15	34	424	85	188	109	1837
13	165	—	1	42	3	3	30	31	599	85	190	107	1864
11	119	36	2	103	5	5	46	34	511	85	225	107	1849
12	128	41	2	87	14	6	36	29	729	85	239	109	2087
16	134	24	3	172	2	3	20	31	717	135	233	114	2155
14	153	5	3	168	2	2	16	27	650	190	164	114	2129
23	302	8	3	148	22	—	23	31	500	193	211	111	2261
33	467	—	3	153	30	—	9	23	700	250	178	107	2642
165	2029	114	22	1044	98	—	244	304	5678	1278	1948	1097	20598
16,5	202,9	11,4	2,2	104,4	9,8	—	24,4	30,4	567,8	127,8	194,8	109,7	2059,8

II.

Preisfragen der Fürstlich Jablonowski'schen Gesellschaft in Leipzig aus dem Gebiete der Geschichte und Nationalökonomie für die Jahre 1871, 1872 und 1873.

Für das Jahr 1871. Die Geschichte der landständischen Steuerbewilligung ist unstreitig eine der wichtigsten Seiten der Territorialentwickelung, ebenso bedeutsam für die Ausbildung des Staatsrechtes, wie des Finanzwesens und der Volkswirthschaft. Gleichwohl fehlt es noch sehr an tiefer eingehenden Specialuntersuchungen darüber, obschon jedes geschichtlich weit zurückreichende landständische Archiv Stoff bietet. Man wünscht daher

       die urkundliche Geschichte der landständischen Steuerbewilligung in irgend einem deutschen Territorium,

wobei übrigens die constitutionellen Volksvertretungen des 19. Jahrhunderts ausgeschlossen bleiben. (Preis 60 Ducaten.)

Für das Jahr 1872. Die Geschichte der städtischen Selbständigkeit und Freiheit in Deutschland hat längst die Aufmerksamkeit der Forscher in Anspruch genommen, und mit Erfolg ist der Weg eingeschlagen worden, jene Entwickelung an einzelnen hervorragenden Städten nachzuweisen. Dagegen sind die Eigenthümlichkeiten der städtischen Verwaltung in Jurisdiction, Polizei, Kämmerei- und Rechnungswesen u. s. w. noch wenig oder doch nur beiläufig erörtert worden, so reichen Stoff auch für die ältere Zeit etwanige Urkundenbücher, für die spätere die Acten der städtischen Archive selbst gewähren. Die Gesellschaft stellt daher die Aufgabe, es mögen

> die mittelalterlichen Verwaltungsformen, Verwaltungsbeamten und das Actenwesen einer deutschen Reichs- oder grösseren Landstadt

erläutert werden. Als äusserste Zeitgrenze dürfte die Mitte des 16. Jahrhunderts anzusehen sein. Sonst wird sich die Gestaltung und Begrenzung der Aufgabe natürlich nach den eigenthümlichen Verhältnissen der Stadt und nach dem aufbehaltenen Quellenmaterial richten müssen. (Preis 60 Ducaten.)

Für das Jahr 1873. Die ältesten Schriften über eigentliches Handelsrecht haben ausser ihrer juristischen Bedeutung noch eine, bisher wenig beachtete, nationalökonomische. Nicht bloss insofern, als ihre thatsächlichen Voraussetzungen oft einen tiefern und lebendigern Einblick, als andere Geschichtsquellen, in das Innere der gleichzeitigen Volkswirthschaft, wenigstens der städtischen, gestatten; sondern auch weil die theoretischen Ueberzeugungen ihrer ebenso verkehrserfahrenen als wissenschaftlich gebildeten Verfasser einen wichtigen Beitrag liefern zur Ausfüllung der dogmengeschichtlichen Lücke, welche die Abneigung zumal der vorcolbertischen Zeit gegen alle Systematik der Volkswirthschaftslehre offen gelassen hat. Die Gesellschaft wünscht desshalb

> eine Darlegung der nationalökonomischen Ansichten, welche die vornehmsten Handelsrechts-Schriftsteller des 16. und 17. Jahrhunderts, zumal vor Colbert, ausgesprochen haben. (Preis 60 Ducaten.)

Die Preisbewerbungsschriften sind in deutscher, lateinischer oder französischer Sprache zu verfassen, müssen deutlich geschrieben und paginirt, ferner mit einem Motto versehen und von einem versiegelten Zettel begleitet sein, der auswendig dasselbe Motto trägt, inwendig den Namen und Wohnort des Verfassers angiebt. Die Zeit der Einsendung endet für das Jahr der Preisfrage mit dem Monat November; die Adresse ist an den Secretär der Gesellschaft zu richten. Die Resultate der Prüfung der eingegangenen Schriften werden jederzeit durch die Leipziger Zeitung im März oder April bekannt gemacht.

Berichtigung.

In dem Aufsatz von Rodbertus „Ein Problem für die Freunde der Ricardo'schen Grundrententheorie" (Bd. XIV S. 468) ist ein sinnentstellender Druckfehler stehen geblieben. Es muss dort im 6ten Alinea Zeile 3 statt

> Quantität unmittelbarer Arbeit der nach Massgabe der Abnutzung u. s. w.

heissen:

> Quantität unmittelbarer Arbeit **und** der nach Massgabe der Abnutzung u. s. w.

II.
Deutschland's Uebergang zur Goldwährung vermöge der französischen Kriegs-Entschädigung.

Von
Dr. **Hermann Weibezahn.**

I. Die Sachlage.

Nachdem der Norden und Süden Deutschlands den bedeutendsten Widersacher der deutschen Einheit in gemeinsamem Kampfe vollständig niedergeworfen haben, wird die Errichtung des deutschen Bundesstaates, als allein würdiger Kampfpreis für die schweren Opfer, welche der Krieg gefordert, dem deutschen Volke hoffentlich nicht länger vorenthalten bleiben. Als Minimum der Einigung darf wohl die Gemeinsamkeit derjenigen Einrichtungen und Angelegenheiten angesehen werden, welche in Art. 4 der Verfassung des Norddeutschen Bundes vom 26. Juli 1867 sich aufgeführt finden. Die Ordnung des Münzwesens zählt zu denselben.

Bereits vor dem Ausbruche des französisch-deutschen Krieges hatte der Bundesrath des Norddeutschen Bundes die Reform des Münzwesens in Erwägung gezogen und zunächst die Vernehmung von Sachverständigen über die Ziele und Modalitäten der Münz-Reform in Aussicht genommen. Als sodann in der Sitzung des Deutschen Zollparlaments vom 5. Mai d. J. der Antrag von Bamberger und Genossen: »es möge bei jener Voruntersuchung auch der Süden Deutschlands in Betracht und in Mitthätigkeit gezogen und der Gesetz-Entwurf in solcher Weise vorbereitet werden, dass derselbe die Herstellung der Münz-Einheit im ganzen deutschen Zollgebiete ermögliche« — zur Verhandlung gelangte, gab der Herr Staatsminister Delbrück die Erklärung ab, dass von Seiten des Präsidiums des Norddeutschen Bundes dem vorstehenden Wunsche, falls er die Zustimmung der Versammlung finden sollte, bereitwilligst entsprochen werden würde. Diese Zustimmung ist bekanntlich in derselben Sitzung vom Deutschen Zollparlamente ertheilt worden.

Ueber die Ausführung jener Voruntersuchung hat nun der Bundesrath des Norddeutschen Bundes im Juni d. J. weitere Beschlusse gefasst und insbesondere auch die Fragen formulirt, welche den Sachverständigen vorzulegen sein würden. Die Vernehmung der Letztern sollte im Monate September d. J. stattfinden. Wegen des Krieges ist dieselbe jedoch unterblieben und da durch die Erfolge der deutschen Waffen die Sachlage in sehr wesentlichen Beziehungen eine durchaus veränderte geworden ist, so drängt sich die Frage auf: **ob es nicht geboten erscheine, nunmehr in einer entschlossenern und entschiedenern Weise mit der Reform des deutschen Münzwesens vorzugehen?**

Die hauptsächlichste Veränderung der Sachlage ist nämlich darin zu finden, dass das siegreiche Deutschland von Frankreich eine Kriegs-Entschädigung beanspruchen und voraussichtlich deren Entrichtung in Gold ausbedingen wird. Soll aber diese höchst günstige Gelegenheit, die deutsche Münz-Reform vermöge dieser Kriegs-Entschädigung mit einem Schlage zum gedeihlichen Abschlusse zu bringen, nicht ungenützt vorübergehen und soll jenes Gold nicht wieder aus dem diesseitigen Verkehre verschwinden, so ist es unumgänglich erforderlich, demselben in unserm Münzsysteme dadurch eine bleibende Stätte zu bereiten, **dass Deutschland den sofortigen Uebergang zur Goldwährung beschliesst, zu dem Ende jenes Gold unter deutschem Gepräge mit möglichster Beschleunigung in Umlauf setzt und dafür entsprechende Quantitäten der deutschen silbernen Courantmünzen aus dem Verkehre zieht.**

Bevor ich nun dazu übergehe, darzulegen, in welcher Weise vermöge der von Frankreich an Deutschland zu entrichtenden Gold-Quantitäten die Reform des deutschen Münzwesens auf der Basis der Goldwährung zu einer raschen Durchführung gelangen kann, werde ich mich zunächst mit einer kurzen Erörterung der Fragen beschäftigen, welche, wie oben bereits hervorgehoben wurde, vom Bundesrathe des Norddeutschen Bundes für die Vernehmung der Sachverständigen aufgestellt und durch die Zeitungen der Oeffentlichkeit übergeben worden sind.

II. Die Fragen des Bundesrathes.

Sogenannte »Enquêten« sind mitunter in England mit gutem Erfolge angestellt worden. Oftmals, und die meisten der in Frankreich beliebten Enquêten wurden von diesem Schicksale betroffen, haben dieselben jedoch nur das Resultat gehabt, dass das »schätzbare Material«

zwar ansehnlich vermehrt, die Sache selbst aber zugleich in den Enquêten verkleistert, begraben und der Vergessenheit übergeben wurde. Es dürfte hieraus der Schluss zu ziehen sein, dass nicht jede Angelegenheit für diese Art der Behandlung sich eignet. Kommt es auf Feststellung von Thatsachen an, wie z. B. der: in welchem Verhältnisse Gold-, Silber- und Papiergeld die Umlaufsmittel bilden, so ist die Vernehmung geeigneter Persönlichkeiten ohne Zweifel das zweckmässigste Mittel, um zuverlässige Resultate zu erhalten. Eine jede der vernommenen Personen theilt die in ihrem Kreise gemachten Wahrnehmungen mit und bei richtiger Wahl der Auskunfts-Personen muss aus der Summe der Vernehmlassungen ein vollständiges und genaues Bild der betreffenden thatsächlichen Verhältnisse zu Tage treten. Etwas Anderes ist es jedoch, wenn es sich um Probleme handelt, wenn die den Sachverständigen vorgelegten Fragen Folgerungen zum Gegenstande haben, die nur von Solchen gezogen werden können, welche mit den Lehren der Volkswirthschaft vertraut sind und die ausserdem mit der Sache eingehend sich beschäftigt haben; wenn ferner das von wirklichen oder vermeintlichen Interessen beeinflusste Vorurtheil über die muthmasslichen Erfolge von Neuerungen zu Gericht sitzen soll, die allerdings in manche Verhältnisse tief eingreifen; wenn endlich Fragen vorgelegt werden, wie z. B.: zu welchem Preise unser Silber zu verkaufen und das nöthige Gold voraussichtlich zu kaufen sein werde? — über welche auch nur annähernd zuverlässigen Aufschluss zu ertheilen Niemand im Stande ist. Man erhält dann, wie die in den ersten Monaten dieses Jahres angestellte französische Münz-Enquête ergiebt, eine bunte Menge der verschiedenartigsten, zum Theil einander durchaus widersprechenden Meinungen und — »ist so klug, als wie zuvor!«

Ich vermag mir daher von der Seitens des Bundesrathes in Aussicht genommenen Munz-Enquête um so weniger einen irgend erheblichen Erfolg zu versprechen, als von Denen, welche über die Reform des deutschen Munzwesens gründlich nachgedacht haben, die Resultate ihrer Erwägungen bereits der Oeffentlichkeit übergeben worden sind, während bezüglich der hierbei in Betracht kommenden praktischen Fragen, wie z. B.: ob Gold- oder Silberwährung, Wahl der Rechnungsmünze? u. s. w. — Resolutionen von Vereinen, Versammlungen und Corporationen, in denen die Hauptinteressenten vollständig vertreten sind, bereits zur Genüge vorliegen. An Anhaltspunkten und Material zur Lösung der deutschen Münzreform-Frage fehlt es daher nicht und eine jede weitere Voruntersuchung hierüber, wie sie auch angestellt wird, dürfte wesentlich neue Gesichtspunkte und durchaus neue Vorschläge nicht zu Tage fördern. Dass die Sache wirklich zur Entscheidung reif ist, erhellt allein schon aus der Vollständigkeit der vom Bundesrathe aufgestellten, den Gegenstand allseitig erschöpfenden Fragen. Es kommt daher nur noch darauf an, aus der Menge der in den letzten Jahren über die deutsche Münz-Reform veröffentlichten Schriften und geführten Verhandlungen die gewonnenen Resultate zusammenzustellen, um nach genauer Abwägung der pro und contra vorgebrachten Gründe über die in Betracht kommenden einzelnen Punkte endlich Entschluss und Beschluss zu fassen.

Ich habe mir erlaubt, in der im März d. J. veröffentlichten »Kritischen Umschau auf dem Gebiete der Vorschläge zur deutschen Münz-Reform« in dieser Richtung eine kleine Vorarbeit zu liefern. Obwohl nun in dieser Schrift die vom Bundesrathe für die von ihm beabsichtigte Voruntersuchung aufgestellten Fragen einer meines Erachtens erschöpfenden Erörterung und Beantwortung bereits unterzogen worden sind, so will ich dennoch auf die hauptsächlichsten der formulirten Fragen nochmals insoweit des Näheren eingehen, als nicht ein Hinweis auf die betreffenden Abschnitte der erwähnten Schrift für eine genügende Erwiederung zu halten ist.

a. Reine Silberwährung oder Goldwährung?

Der Bundesrath wünscht in erster Linie die Frage: ob Gold- oder ob die Silberwährung der deutschen Münz-Reform zu Grunde zu legen sei? — sowohl vom Standpunkte des innern, als auch von dem des internationalen Verkehrs erörtert zu sehen.

Was den innern Verkehr anlangt, so kann ein Münzsystem nur dann unter allen Verhältnissen fest und unerschüttert dastehen, welches eine genügende Metallbasis hat und welches durchaus keine Umlaufsmittel besitzt, die nicht auf Verlangen stets gegen eine entsprechende Zahl von Währungs-Münzen eingelöst werden. Zu dem Ende ist es aber erforderlich, dass zur Ausgleichung auch grösserer Beträge geeignete metallene Tauschmittel im wirklichen Umlaufe, d. h. in den Cassen und Taschen des Publikums sich befinden. Dieses ist wiederum nur durch den dauernden Umlauf einer genügenden Menge von Goldmünzen zu erreichen und Goldmünzen sind, wie die Erfahrung lehrt, nur und allein unter Herrschaft der Goldwährung für alle Fälle im freien Verkehre zu erhalten. Papierne Umlaufsmittel in Beträgen bis zu 10 Thalern werden dann ganz überflüssig und im Uebrigen werden dieselben nur in den Appoints und in der Menge im Verkehre bleiben, in denen sie neben den Goldmünzen als wirklich unentbehrlich sich herausstellen. In ihnen, sowie in den Gold-, Silber- und Kupfermünzen besitzt man dann für alle Werth-Ausgleichungen die geeigneten Mittel und es fallen die Unbequemlichkeiten und Verluste weg, welche selbst in friedlichen Zeiten durch die übergrosse und buntscheckige Menge der papiernen Umlaufsmittel, soweit sie gegenwärtig als Surrogat für die fehlenden Goldmünzen den Verkehr beherrschen, herbeigeführt werden. Der Kaufmann, welcher seine Kunden besucht, kann dann die eincassirten Beträge in Gold in der Westentasche heimtragen, während er sich jetzt entweder an der mit Silber in den verschiedensten Sorten gefüllten Reisetasche müde schleppt, oder eine Musterkarte von Papiergeld mit nach Hause bringt, deren Sortirung ihm nicht allein Mühe macht, sondern deren weitere Begebung ihm zum Theil auch noch Verlust verursacht. In ähnlicher Weise geht es in allen Verkehrskreisen zu. Ueberall Unbequemlichkeit, Verlegenheit und Einbusse in Folge der zu grossen Menge der verschiedenartigsten papiernen Umlaufsmittel, von denen manche, da sie den Schmutz einer ganzen Generation an sich tragen, in einem wahrhaft eckelerregenden Zustande sich befinden. Auch die Zinscoupons und die Dividendenscheine würden niemals in dem dermaligen Umfange als Umlaufsmittel in den Verkehr sich eingenistet haben, wenn wir in Deutschland in Beziehung auf unsere Tauschmittel nicht Schimpf und Schande gewohnt wären und wenn nicht jene Zahlungsversprechen vor dem Staats-Papiergelde doch noch den Vorzug hätten, dass sie wenigstens an einer, vielleicht sogar an mehreren Stellen gegen Silber eingelöst werden.

Die eben geschilderten, aus der Silberwährung mit Nothwendigkeit sich ergebenden Unbequemlichkeiten und Nachtheile sind nur die, welche in Zeiten des unerschütterten Vertrauens zu Tage treten. Angenommen jedoch, der nunmehr beendete Krieg sei mit weniger günstigem Erfolge für die deutschen Waffen geführt und es sei nur zeitweilig ein Theil des deutschen Vaterlandes vom Feinde occupirt worden, welche Verwirrung und welche Verluste würden dann wohl die verschiedenen papiernen Umlaufsmittel herbeigeführt haben, die, bevor die Ueberlegenheit der deutschen Wehrkraft so entschieden zu Tage getreten, selbst im eigenen Heimathlande den Paricours schon nicht mehr zu behaupten vermochten.

Doch wozu noch die Nachtheile dieser Zustände schildern, die ein Jeder täglich sieht und empfindet. Nur durch den Uebergang zur reinen Goldwährung sind dieselben sofort und für immer zu beseitigen, da nur unter deren Herrschaft, wie oben bereits angedeutet, Goldmünzen in ausreichender Menge unter allen Umständen im Lande sich zu erhalten vermögen, während auf der anderen Seite bezüglich des inneren Verkehrs auch kein triftiger Grund zu Gunsten der Beibehaltung der Silberwährung geltend gemacht werden kann. Man hat wohl behauptet, die Umsätze in Deutschland umfassten im Ganzen geringere Beträge, als die in England, Frankreich und Nordamerika; Silbermünzen seien daher für unsern internen Verkehr geeigneter und es werde ein Mangel an entsprechendem Silbergelde sich fühlbar machen, wollten wir ebenfalls die Goldwährung einführen. Zunächst ist jene Behauptung insofern eine durchaus irrige, als Waaren und Effecten auch in Deutschland häufig genug in Posten gehandelt werden, deren Werth, würde die Zahlungsleistung in Silber erfolgen, nicht ein halbes Dutzend kräftiger Männer fortzuschaffen vermöchten. Sodann würde aber gerade das Gegentheil von der weiteren Folgerung eintreten, indem gegenwärtig allerdings unsere silbernen Courantmünzen unter Umständen in das Ausland abfliessen, während die unter Herrschaft der reinen Goldwährung als Scheidemünzen in ausreichender Menge auszuprägenden Silbermünzen die Circulationsfähigkeit über unsere Grenzen hinaus einbüssen und sonach unausgesetzt und ausschliesslich dem inneren Verkehre erhalten bleiben.

Was sodann die Vortheile anlangt, welche aus dem Uebergange zur Goldwährung für den internationalen Verkehr Deutschlands sich ergeben, so bedarf es wohl nur des Hinweises, dass, da die bedeutendsten Handelsstaaten der Welt gesetzlich oder factisch die Goldwährung besitzen, im Welthandel Gold als Werthmesser und Tauschmittel betrachtet und benutzt wird. Deutschland ist daher vermöge seiner Silberwährung dazu verurtheilt, sofern es Zahlungen von überseeischen Ländern zu empfangen, oder solche dahin zu leisten hat, im ersteren Falle das ihm gezahlte Gold in England oder bei einem sonstigen Vermittler gegen Silber, beziehungsweise in auf Silber lautende Zahlungsversprechen umzusetzen, im letzteren Falle dagegen sein Silber oder seine auf Silber lautenden Anweisungen gegen Gold umzutauschen. Die Folge davon ist, dass selbst nicht einmal Berlin, von anderen deutschen Binnen-Geldmärkten gar nicht zu reden, als Wechselplatz für das überseeische Geschäft existirt und dass der gesammte transatlantische Handel Deutschlands London, oder einem sonstigen Vermittlungsplatze für alle Werthausgleichungen herüber und hinüber tributär bleibt, da eine jede derartige Vermittlung nur gegen eine entsprechende Vergütung übernommen wird. So wenig nun im überseeischen Geschäfte eine derartige Vermittlung umgangen werden kann, ebensowenig vermag der einzelne deutsche Grosshändler im Verkehre mit seinen Kunden zu London oder zu Paris die Vermittlung eines Banquiers zu entbehren und die Kosten dieser Vermittlung finden nicht in den Transportkosten des Metalles zwischen beiden Orten ihre bei gleicher Währung sich ergebende äusserste Gränze. Durch Annahme der Goldwährung würde nun das Haupthinderniss beseitigt, welches dem directen Verkehre zwischen den deutschen Wechselplätzen und den transatlantischen Märkten in der Silberwährung noch entgegensteht und es würde einerseits hierdurch, sowie andererseits durch die vermöge der gleichen Währung sich bedeutend steigernde Anlage englischer und französischer Kapitalien in deutschen Werthen ein mehr als ausreichender Ersatz für die deutschen Bankgeschäfte sich ergeben, deren Vermittlung im Verkehre mit den Goldwährungs-Ländern Europa's der deutsche Waarenhandel in keinem Falle dermalen umgehen kann.

In richtiger Würdigung der für den internen und internationalen Tauschverkehr Deutschlands aus der Annahme der Goldwährung sich ergebenden Vortheile hat der Berliner Handelstag, obwohl unter dessen Mitgliedern eine grosse Zahl Vertreter von Bankanstalten und Bankgeschäften sich befand, in seiner Sitzung vom 25. October 1868 **gegen** die Beibehaltung der Silberwährung mit seltener Einmüthigkeit sich ausgesprochen. Nur **eine** Stimme war **für** Beibehaltung der reinen Silberwährung, freilich eine sehr gewichtige, wenn man den Platz, von welchem sie abgegeben wurde, in das Auge fasst. Es war der berliner Handelsstand, d. h. das Collegium der Aeltesten der berliner Kaufmannschaft, welches seine Ansicht dahin kund gab: »es sei bei der reinen Silberwährung zu beharren!« Die Gründe, welche von den Vertretern jener Kaufmannschaft für diese Sonderstellung geltend gemacht wurden, habe ich auf S. 67 meiner »Kritischen Umschau« bereits kurz gewürdigt. Objectiv betrachtet können sie keinen Anspruch darauf machen, die entschiedenen Vorzüge der reinen Goldwährung für des gesammten Deutschlands inneren, sowie internationalen Verkehr in den Schatten zu stellen, oder auch selbst nur triftige Bedenken gegen den Uebergang zur Goldwährung zu erregen. Es ist sogar wohl nicht daran zu zweifeln, dass, wenn die Sachen im October 1868 so standen wie heute, wenn also das zur Durchführung der Goldwährung erforderliche Gold schon damals in der französischen Kriegs-Entschädigung in Aussicht gestanden hätte, und die Frage an den Handelstag herangetreten wäre, entweder diese günstige Gelegenheit zur Annahme der Goldwährung zu ergreifen, oder sie unbenutzt vorübergehen zu lassen — selbst das Collegium der Aeltesten der berliner Kaufmannschaft Bedenken getragen haben würde, mit dem **einstimmigen** Verlangen des gesammten

deutschen Handelsstandes durch ein derartiges Votum in Widerspruch
sich zu setzen. Es möchte daher nach der Lage der Sache die Pflicht
der berliner Kaufmannschaft sein, in eine wiederholte Erwägung darüber einzutreten, ob sie auch gegenwärtig noch jene Sonderstellung
billigt, welche ihre Vertreter damals einnahmen, oder ob sie nunmehr
dem allgemeinen Wunsche nach einer gründlichen, das deutsche Münzwesen auf die Höhe der Zeit erhebenden Reform sich anzuschliessen
gesonnen ist!

b. Reine Goldwährung oder Mischwährung?

Einige der vom Bundesrathe formulirten Fragen deuten darauf hin,
dass von demselben die alternirende Mischwährung (sogenannte
Doppelwährung), sei es als Endziel der Reform, sei es als Durchgang
zur reinen Goldwährung, noch immer für möglich gehalten wird. Ich
kann wohl davon Abstand nehmen, nochmals den Beweis zu führen, dass
bei dem jetzigen Werth-Verhältnisse zwischen Gold und Silber die
Doppelwährung durchaus unmöglich ist. Ich verweise in dieser Beziehung auf die Ausführungen Seite 37 bis 47 meiner »Kritischen Umschau«.
Diese Frage hat ohnedies bei der dermaligen Sachlage ihre eigentliche
Bedeutung verloren, insofern das zur Durchführung der Goldwährung
erforderliche Gold, welches man durch die Doppelwährung allmählig in
das Land ziehen zu können hoffte, in der französischen Kriegs-Entschädigung zu unserer Verfügung kommt. Wollte man aber die Doppelwährung
als das Ziel der deutschen Münz-Reform betrachten und zu dem Ende
mit jenem Golde die Doppelwährung einrichten, so würde dieses bei dem
heutigen Werth-Verhältnisse zwischen Gold und Silber lediglich den
Erfolg haben, dass die selbst unter deutschem Gepräge in den Verkehr
gesetzten Goldmünzen sofort wieder aus dem Umlaufe verschwänden, da
das gesetzliche Werthverhältniss zwischen Gold und Silber doch keinenfalls über 1 zu 15,5 hinaus festgesetzt, ja ohne Rechtsverletzung nicht
einmal ein so niedriger, von dem durchschnittlichen Werth-Verhältnisse beider Edelmetalle während der letzten 20 Jahre so wesentlich ab-
weichender Werth des Silbers als Paristand angenommen werden kann.
Auch in Betreff des zuerst vom Herrn Wolowsky betonten, nivelliren-
den Einflusses der alternirenden Mischwährung auf den Preisstand der
beiden genannten Edelmetalle verweise ich auf das Seite 8 und 9 meiner
obigen Schrift Gesagte und beschränke mich darauf, hier nur noch
diejenigen speciellen Fragen kurz zu beantworten, welche in Betreff der
Doppelwährung vom Bundesrathe aufgestellt worden sind.

Man fragt:

1) **Bietet die Goldwährung oder die Doppelwährung die grösseren Garantieen, dass der Preis der Circulationsmittel nicht raschen und erheblichen Schwankungen unterliege?**

In nothwendiger Folge der Schwankungen von Angebot und Nachfrage unterliegt sowohl das Gold, als auch das Silber wie alle anderen Güter steten Werth-Veränderungen. Jede derartige Veränderung in dem Werthe des einen dieser beiden Edelmetalle hat scheinbar auch die des Werthes des anderen und zwar aus dem Grunde zur Folge, weil wir den Werth des Goldes nur durch Silber und den des Silbers nur durch Gold zu messen und auszudrücken vermögen. Nehmen wir an, heute stehe Gold zu Silber am Weltmarkte wie 1 zu 15,5. Nach 4 Wochen trete durch den Ausbruch einer Revolution in Mexico eine plötzliche, sehr wesentliche Verringerung der Silber-Production ein und es stelle sich in Folge dessen jenes Werth-Verhältniss wie 1 zu 15,4, so ist also das Gold sehr empfindlich in Mitleidenschaft gezogen, obwohl diese Veränderung des Werth-Verhältnisses zwischen beiden Metallen eigentlich doch nur von dem Silber ausgegangen ist. Hieraus folgt, dass, da bei der reinen Goldwährung nur Werthschwankungen, welche vom Golde ausgehen, einen Einfluss auf das Werth-Verhältniss des Circulationsmittels zu den übrigen Gütern äussern, während bei der Doppelwährung ausserdem auch noch die Werth-Schwankungen des Silbers in dieser Richtung sich fühlbar machen, die reine Goldwährung eine grössere Garantie für die Stetigkeit des Werthes der Circulationsmittel bietet, als die Doppelwährung.

2) **Wird die einfache Goldwährung, oder die Doppelwährung grössere Verwirrungen veranlassen, wenn das Verhältniss des Marktpreises der beiden Edelmetalle gegen einander sich ändert?**

Auch in der vorstehenden Beziehung verdient die reine Goldwährung vor der Doppelwährung den Vorzug, weil selbst die notorisch vom Golde ausgehenden Veränderungen des Werth-Verhältnisses zwischen beiden Edelmetallen im innern Verkehre des Landes der Goldwährung, sowie in dessen Verkehre mit anderen Staaten der Goldwährung aus dem Grunde sich dem Auge nicht bemerklich machen, weil der reinen Goldwährung die Annahme zu Grunde liegt, dass Gold unveränderlich in seinem Werthe sei. In Folge dessen treten die Werth-Schwankungen des Goldmetalles nur in einer entsprechenden Veränderung der Preise aller Güter zu Tage. Anders bei der Doppelwährung, welche ebenfalls auf einer Fiction basirt und zwar auf der, dass das Werth-Verhältniss zwischen Gold und Silber ein constantes sei und dass im Verkehre allgemein und für immer x Gramme Gold gleich y Grammen Silber im Werthe gleich seien. Zunächst wird nun diese fingirte Grundlage der Doppelwährung sowohl durch die Werth-Schwankungen des Goldes, als auch durch die des Silbers erschüttert, die weitere viel nachtheiligere Folge hiervon ist jedoch die, dass bei einem wesentlichen Steigen des Goldes über die gesetzliche Werth-Relation hinaus die Münzen aus diesem Metalle, beim Hinaufgehen des Silbers dagegen die Silbermünzen aus dem Umlaufe verschwinden, so dass in einem Zeitraume factisch die reine Goldwährung, in einem anderen factisch die reine Silberwährung herrscht, wie der Lauf der Dinge in Frankreich vor und nach dem Jahre 1852 zeigt. Ein derartiger thatsächlicher Wechsel der Währung richtet nun aber die grössten Verwirrungen an, indem beim Anheben der Goldwährung die für den Verkehr unentbehrlichen Silbermünzen aus dem Umlaufe verschwinden, während beim Wiedereintreten der Silberwährung als Surrogat für die verschwindenden Goldmünzen Papiergeld in grosser Menge in Umlauf gesetzt werden muss und überhaupt der unvollkommene Zustand eines auf die reine Silberwährung sich gründenden Münzsystems in allen Beziehungen sich wieder geltend macht. Die Unbequemlichkeiten und die Nachtheile der Silberwährung werden aber in einem Lande, welches factisch längere Zeit hindurch die Goldwährung besessen, viel tiefer empfunden werden, als da, wo man die Vorzüge der Goldwährung zu erproben noch keine Gelegenheit hatte, und die Wirren, welche durch einen derartigen Wechsel der Währung hervorgerufen werden, dürften im Verkehre sich sehr bemerklich machen.

    3) **Bietet die einfache Gold- oder die Doppelwährung die grössere Bequemlichkeit für interne und internationale Zahlungsleistungen?**

Da nur unter Herrschaft der reinen Goldwährung Münzen in Gold und Silber dauernd und in ausreichender Menge im Umlaufe zu erhalten sind, auch bei grösseren Zahlungen Goldmünzen wegen des bei gleichem absoluten Gewichte um das 15fache höheren Werthes, und wegen ihres aus dem bedeutenderen specifischen Gewichte des Goldes sich ergebenden geringeren Volumens vor den Silbermünzen den Vorzug verdienen, so steht die grössere Bequemlichkeit der reinen Goldwährung für den internen Verkehr ausser Zweifel. Aus demselben Grunde, sowie weiter in Rücksicht auf den Umstand, dass im internationalen Verkehre Gold die Hauptrolle spielt, Silber dagegen fast überall nur als Waare betrachtet wird, mithin von einer Zahlungsleistung im internationalen Verkehre vermöge Silbergeldes nur von und nach den wenigen der Silberwährung noch anhangenden Ländern die Rede sein kann, ist jene Frage auch bezüglich des internationalen Handels-Verkehrs zu Gunsten der reinen Goldwährung zu bejahen.

Hiernach liegen die Vorzüge der reinen Goldwährung vor der alternirenden Mischwährung (der sogenanten Doppelwährung) nach allen Richtungen hin klar am Tage. Es kommt jedoch noch folgender Punkt in Betracht, welcher in den Fragen des Bundesrathes keine Berücksichtigung gefunden hat.

Die Hauptsache bei der Doppelwährung ist die Festsetzung des Paristandes zwischen Gold und Silber. Als gesetzliche Werth-Relation zwischen beiden Edelmetallen kann und darf nur das für einen gewissen Zeitraum ermittelte durchschnittliche Werth-Verhältniss in das Münzgesetz aufgenommen werden. Nach der Natur der Sache, bestätigt durch die vorliegenden Erfahrungen, schwankt nun das factische Werthverhältniss der beiden genannten Edelmetalle in längeren Zeitabschnitten über jenen Paristand gleichwie ein Pendel über seinen Ruhepunkt in beiden Richtungen hinaus. Es hat daher die Doppelwährung zur nothwendigen Folge, dass das Land der Doppelwährung seine, in dem momentan höher im Werthe stehenden Metalle geprägten Münzen stets **unter dem Marktpreise** Jedermann zur Verfügung stellt. Bei jeder erheblichen Abweichung des factischen Werthverhältnisses zwischen Gold und Silber von dem gesetzlichen werden daher die aus dem höher im Werthe stehenden Metalle geprägten Münzen aus dem Verkehre gezogen und als Barren-Metall zu dem Weltmarkt-Preise mit Nutzen verkauft werden, da der Verkäufer vermöge der gesetzlich fixirten Menge Münzen des andern, factisch billigeren Währungs-Metalles einen wesentlich niedrigeren Kaufpreis für dasselbe entrichtete. Das Land der Doppelwährung erleidet daher im Laufe der Zeiten mit Nothwendigkeit erhebliche, regelmässig wiederkehrende Einbussen an seinem National-Vermögen. Dasselbe verkauft nämlich seinen Münz-Vorrath aus dem über den Paristand sich erhebenden Metalle **stets unter dem Marktpreise** und es kommt die Einbusse der Differenz gleich, welche zwischen dem gesetzlichen Paristande und dem Durchschnittscourse zwischen dem Paristande und dem beobachteten niedrigsten Stande des betreffenden Währungs-Metalles sich herausstellt.

Wenn endlich in dem Fragebogen des Bundesrathes referirend noch hervorgehoben wird, dass zu Gunsten der Doppelwährung einerseits die **Möglichkeit, die bisherigen Silbermünzen auch in dem neuen Systeme zu verwerthen**, und andererseits die **Möglichkeit einer** genauen Umrechnung der bestehenden Schuldverbindlichkeiten in das neue System — indem diese Umrechnung sich den Silberwerthen, auf welche die Verpflichtungen lauten, anschliesse — geltend gemacht werde, so erlaube ich mir, in Betreff des ersteren Arguments zu bemerken, dass, wenn wir auf Einheit und decimale Gliederung der Silber- und Kupfer-Münzen in ganz Deutschland verzichten, und weiter auch den Vortheil der Ausprägung der Silbermünzen als wirklicher Scheidemünzen uns nicht zu Nutze machen wollen, mit Ausnahme des grössten Theiles der 1- und 2-Thalerstücke, die jetzigen Silber-Münzen auch bei Einführung der reinen Goldwährung beibehalten werden können. Was sodann die zweite Möglichkeit anlangt, so vermag ich, aufrichtig gestanden, den Sinn dieses Arguments nicht zu fassen und ich muss zweifeln, dass dessen unbekannter Urheber über den Sinn seiner Behauptung sich selbst klar geworden ist. Es werden nämlich durch die gesetzliche Werth-Relation zwischen Gold und Silber für alle in Silber ausgedrückten Werthe adäquate Goldwerthe festgesetzt und hiermit ist für sämmtliche bestehende, in Silber eingegangene Zahlungs-Verpflichtungen, will der Schuldner in Gold zahlen, das Quantum der letzteren ganz bestimmt vorgeschrieben. Mit anderen Worten, durch die Aufstellung der gesetzlichen Werth-Relation zwischen Gold und Silber ist die Conversion vollzogen und der Schuldner hat nur die freie Wahl, ob er seine Verpflichtung durch x Silbermünzen, oder durch die denselben gleichgestellten y Goldmünzen erfüllen will. Die Conversion der bestehenden Verbindlichkeiten bei der Einführung der Doppelwährung unterscheidet sich danach in keiner Weise von der bei Annahme der reinen Goldwährung. Der Unterschied ist nur der, dass dort in Silber oder in Gold vom Schuldner gezahlt werden kann, hier dagegen die in Silber eingegangene Schuld in Gold gezahlt werden muss.

c. Die Modalitäten des Uebergangs.

Verschiedene der auf die Modalitäten des Ueberganges zur Goldwährung sich beziehenden Fragen des Bundesrathes werden gegenstandslos, sofern das zur Ausprägung der deutschen Goldmünzen erforderliche Gold in der französsischen Kriegs-Entschädigung zur Verfügung kommt. So die, ohnedies mit Sicherheit nicht zu beantwortende Frage: welcher Preis für das anzukaufende Gold voraussichtlich sich herausstellen dürfte? — sowie die: um welchen Preis das nicht verwendbare Silber wohl werde verkauft werden können? — und endlich: wie hoch würden sich hiernach die Kosten des Uebergangs zur Goldwährung für die Staatscasse stellen? In meiner »Kritischen Umschau« habe ich

Seite 63 bis 73 den Versuch gemacht, die zu der Beantwortung der vorstehenden Fragen nöthigen Anhaltspunkte zu liefern, allein, wie auch dort von mir hervorgehoben wurde, ist überhaupt auf jene Fragen eine bestimmte Antwort nicht zu ertheilen, sondern es lassen sich nur Muthmassungen in den gedachten Beziehungen aufstellen. Um so willkommener muss es uns sein, dass der Kostenpunkt bei der dermaligen Sachlage in den Hintergrund tritt, obwohl allerdings von dem Preise, welchen wir für unser verfügbar werdendes Silber erhalten, es abhängt, ob von der französischen Kriegs-Entschädigung, soweit dieselbe zur Ausprägung von deutschen Goldmünzen und in dieser Gestalt zur Einziehung der silbernen deutschen Courantmünzen benutzt wird, einige Procente mehr oder weniger verloren gehen. Nämlich angenommen, die französische Kriegs-Entschädigung solle nach der Kopfzahl der Bevölkerung unter die einzelnen deutschen Staaten vertheilt werden, so würde in jenem Falle nicht das Gold, welches Frankreich zahlt, zur Vertheilung gelangen, sondern das überschüssige Silber, welches wir gegen jenes Gold in Deutschland aus dem Umlaufe ziehen. Da aber Silber als Geld in Deutschland in dem bisherigen Umfange nicht ferner verwendet werden kann, so gelangte schliesslich das Gold zur Vertheilung, welches auf dem Weltmarkte für jenes Silber gekauft wird. Von besonderer Wichtigkeit in dieser Beziehung erscheint nun der Umstand, dass Frankreich bis heute an der Doppelwährung festgehalten hat und dass es unter den obwaltenden Verhältnissen, wo es vielleicht die Hälfte seines Goldes an Deutschland abzuführen hat, nicht wohl daran denken kann, die Doppelwährung aufzugeben und die reine Goldwährung anzunehmen. Voraussichtlich dürfte daher in der nächsten Zukunft, sobald die Aufhebung des Zwangscourses der Banknoten in Frankreich möglich geworden sein wird, daselbst die Silberwährung factisch die Oberhand gewinnen. In diesem Falle würde unser verfügbar werdendes Silber zur Prägung französischer Silbermünzen eine sehr erwünschte Verwendung finden. Diese Verwendung trägt dann wesentlich dazu bei, dass die Entwerthung des Silbers durch den in Deutschland verfügbar werdenden Bestand nicht den Umfang erreicht, welchen sie sonst und namentlich dann angenommen haben würde, wenn gleichzeitig mit dem Uebergange Deutschlands zur Goldwährung Frankreich die Doppelwährung aufgegeben und die reine Goldwährung angenommen hätte. Unter diesen Umständen würde der auf Seite 69 der »Kritischen Umschau« von mir aufgestellte Voranschlag über die Kosten des Uebergangs zur Goldwährung wesentlich sich ändern und die eigentliche Zubusse, wenn überhaupt von einer solchen noch die Rede sein kann. auf nur wenige Millionen Thaler sich verringern.

Wenn sodann vom Bundesrathe weiter gefragt wird: in welchem Umfange würde das eingetauschte Silbercourant zur Ausmünzung neuer Silbermünzen mit einem — wie hohen — darauf zu legenden Schlagschatze benutzt werden können? — so nehme ich auf die, in der »Kritischen Umschau« jenem Voranschlage vorausgeschickten Erörterungen Bezug und verweise in Betreff der Höhe der Zahlungen, bei denen die Goldzahlung für obligatorisch zu erklären sein würde. auf eine später hierüber anzustellende Erwägung.

Was endlich die Frage anlangt, ob die Conversion der bestehenden Forderungen aus Silber in Gold dem freiwilligen Uebereinkommen von Gläubiger und Schuldner zu überlassen und durch welche Vorkehrungen der Gefahr massenhafter Kündigungen bestehender Schuldverpflichtungen vorzubeugen sein würde? — so ist auf S. 19 bis 24 der »Kritischen Umschau« von mir überzeugend dargethan worden, dass die Conversion aller Zahlungs-Verpflichtungen gesetzlich auszusprechen sei und dass in Folge dessen zu einer Kündigung bestehender Schuld-Verhältnisse sich Niemand veranlasst sehen werde.

Es steht nun noch die eine, aber die sehr wichtige Frage des Bundesrathes zurück: welches Werthverhältniss zwischen Gold und Silber würde der Umrechnung der bestehenden, auf Silber lautenden Schuld-Verpflichtungen in auf Gold lautende zu Grunde zu legen sein?

Die vorstehende Frage ist zuletzt S. 24 — 30 meiner »Kritischen Umschau« einer ausführlichen Beantwortung unterzogen und daselbst der früher bereits von mir aufgestellte, auch von anderer Seite als richtig anerkannte Grundsatz wiederholt vertheidigt worden, dass die Conversion nur in dem, für den Zeitraum von der Steigerung der Gold-Ausbeute bis zur Gegenwart sich ergebenden, durchschnittlichen Werthverhältnisse zwischen Gold und Silber erfolgen könne und erfolgen dürfe. Dieses durchschnittliche oder mittlere Werthverhältniss für die letzten 20 Jahre stellt sich nun nach den an der hamburger Börse notirten Wechselcoursen auf London fast genau auf 1 zu 15,37. Wollte man nun die bestehenden Schuld-Verpflichtungen in diesem Werthverhältnisse convertiren, so würde ein Goldstück von $7{,}258$ Grammen Feingold, dem gesetzlichen Gehalte von 25 Franken, 6 Thlr. 20 Sgr. 9 Pf. nach norddeutschem Gelde gleich sein. Convertiren wir dagegen im Werthverhältnisse zwischen Gold und Silber von annähernd 1 zu 15,32, so hat jenes Goldstück einen Werth von 6 Thlrn. 20 Sgr. Eine Conversion in dem letzteren Werthverhältnisse erscheint aus dem Grunde statthaft, weil unsere Silbervaluta durch das Münzgesetz vom Jahre 1857 fast genau um den gleichen Procentsatz verringert worden ist. Recht und Billigkeit geben daher als Conversions-Massstab für die Umwandlung der bestehenden Verpflichtungen das Werthverhältniss von c. 1 zu 15,32 an die Hand. Hätten sich nun die Zahlungspflichtigen die neuen Goldstücke, welche nach dem augenblicklichen Werthverhältnisse zwischen Gold und Silber etwa 6 Thlr. 22 Sgr. 8 Pf werth sind, aus eignen Mitteln zu verschaffen, um sie dann, nach der im deutschen Münzgesetze vorgeschriebenen Werthrelation zwischen Gold und Silber an ihre Gläubiger nur zu 6 Thlr. 20 Sgr. wieder zu verausgaben, so würde hierin eine grosse Härte für die Zahlungspflichtigen liegen. Zu deren Vermeidung hat ihnen daher der Staat, d. h. die Gesammtheit aller Steuerzahler, in deren Interesse ja die Münzreform stattfindet, jene neuen Zahlungsmittel zu dem gesetzlichen Course von $6^2/_3$ Thlr., resp. von $11^2/_3$ Gulden süddeutsch zur Verfügung zu stellen. Auf diese Weise wickelt sich die deutsche Münzreform innerhalb der von Recht und Billigkeit gezogenen Schranken so glatt ab, wie wir eben nur wünschen können.

Durch die vorstehenden Erörterungen erledigt sich auch die vom Bundesrathe weiter aufgestellte Frage: **ob, wenn man 5 französische silberne Fünffrankenstücke $6^2/_3$ Thlrn. gleichstelle, die am Silbergehalte beider Münzsummen zu Ungunsten der Thaler sich ergebende Differenz von c. $1^1/_4 \%$ ignorirt werden dürfe?** Diese Differenz kann uns in keiner Weise beirren, da sie die nothwendige Folge des Umstandes ist, dass das französische Münzgesetz den Paricours zwischen Gold und Silber auf 1 zu 15,5 festgesetzt hat, während wir einen solchen von 1 zu 15,37 als den, den thatsächlichen Zuständen des durch die veränderten Productionsverhältnisse der beiden Edelmetalle begränzten Zeitraums entsprechenden, durchschnittlichen ermittelt haben. Als man in Frankreich jene mittlere Werthrelation gesetzlich feststellte, ergab sich die Verhältnisszahl von 1 zu 15,5. Heute liegen die Sachen jedoch anders, weil die Zeitperiode von 1851 bis 1860 mit in Betracht kommt, in welcher Silber unausgesetzt und zum Theil beträchtlich höher, als 1 zu 15,5, ja selbst als 1 zu 15,32 stand. Allen in diesem Decennium eingegangenen Zahlungs-Verpflichtungen, von denen die sehr zahlreichen zu Eisenbahn-, Kriegs- und sonstigen Zwecken contrahirten Schulden zum überwiegenden Theile noch heute ungetilgt sind, werden wir nur dadurch gerecht, dass wir die bevorstehende Conversion aus Silber in Gold zu der aus der Vergangenheit sich ergebenden durchschnittlichen Werthrelation und in keinem anderen Werthverhältnisse stattfinden lassen. Ist auch im Augenblicke der Stand des Werthes von Silber zum Golde am Weltmarkte ein anderer, so darf uns dieses vom Wege des Rechtes nicht ablenken. Nicht Muthmassungen, wie das fragliche Werthverhältniss sich zukünftig gestaltet, sondern allein die Thatsache, wie für die in Betracht zu ziehende Vergangenheit, in welcher eine grosse Menge der noch zu erfüllenden Zahlungs-Verpflichtungen eingegangen worden ist, das durchschnittliche Werthverhältniss sich herausstellt, darf hierbei entscheiden. Der in Betracht zu ziehende Zeitraum kann aber nur von da anheben, wo die bis heute noch fortdauernde gesteigerte Goldausbeute eine gegen früher nicht unwesentliche Veränderung der Werthrelation zwischen Gold und Silber herbeizuführen begonnen hat.

In meinen früheren Arbeiten über die Reform des deutschen Münzwesens habe ich nun nachgewiesen, dass von einer **verschiedenartigen Convertirungs-Grundlage** für die Schuld-Verpflichtungen älteren und neueren Datums nicht die Rede sein könne, weil es unmöglich sein würde, zwischen beiden die richtige Gränzscheide aufzurichten und weil ohnedies eine heillose Verwirrung durch eine derartige Anordnung herbeigeführt werden dürfte. Dasselbe würde der Fall sein, wollte man, wie in den Fragen des Bundesrathes angedeutet wird, nach der **Höhe der Schuld-Verpflichtungen** eine **Verschiedenheit der Convertirungs-Grundlage** eintreten lassen. Für eine derartige Unterscheidung wäre schwerlich ein triftiger Grund aufzufinden. Wollte man überhaupt Unterschiede machen, so könnte dieses nur insofern geschehen, als bei jeder einzelnen Zahlungsverpflichtung festgestellt würde, welches Werthverhältniss zwischen Gold und Silber zur Zeit ihrer Eingehung bestanden hat. Dieses ist auch in der That vorgeschlagen worden, allein die Unmöglichkeit der Durchführung dieser Convertirungsmethode möchte eines weiteren Nachweises nicht bedürfen und auch sie würde in Wirklichkeit Rechtsverletzungen nicht ausschliessen, deren sogar mehr zur Folge haben, als jede andere Convertirungs-Grundlage.

Es bleibt daher nur der eine Weg übrig, für **alle Schuld-Verpflichtungen** älteren, neueren und neuesten Datums, einschliesslich der Umwechslung des Silbercourants gegen Gold, **einen und denselben Convertirungs-Massstab** gesetzlich festzustellen und von sämmtlichen Vorschlägen in dieser Beziehung erscheint, selbst abgesehen von der Rechtsfrage, derjenige, welcher die Hauptgoldmünze von annähernd

7,258 Gramm Feingold 6²/₃ Thlrn. norddeutsch, oder 11²/₃ Fl. süddeutsch gleichstellt, als der **alleinige**, bei dem die deutsche Münzreform nach Massgabe der gegenwärtigen Sachlage zu einem raschen und gedeihlichen Abschlusse zu bringen und überhaupt in einer Weise durchzuführen ist, dass der Tauschverkehr durch die Reform nicht empfindlich gestört und belästigt wird.

Wenn gegen die Convertirung der bestehenden Zahlungs-Verpflichtungen aus Silber in Gold auf Grund der sich ergebenden durchschnittlichen Werthrelation und gegen das Auskunftsmittel, den Zahlungspflichtigen die neuen Goldmünzen in diesem Werthverhältnisse zur Verfügung zu stellen von einer Seite (vgl. die Nr. 966 des Bremer Handelsblattes vom 16. April d. J.) noch immer das Bedenken geäussert wird, dass dennoch eine Mehrbelastung der Schuldner hierdurch herbeigeführt werde, so möchte ich hiergegen noch bemerken, dass, wenn Deutschland nach dem Wunsche des Herrn Verfassers jenes Artikels zu der Zeit, als Gold zu Silber im Werthverhältnisse von 1 zu 15,32 stand, zur Goldwährung übergegangen wäre und in jenem Tagescourse alle bestehenden Verpflichtungen convertirt hätte, die Lage der Schuldner eine ganz gleiche sowohl für heute sein, als auch für die Zukunft werden würde. Wir müssen daran festhalten, dass Gold wie Silber schwankend in ihrem Werthe sind und bleiben und dass diese Schwankungen durch Ereignisse bedingt werden, welche sich weder voraussehen, noch deren Einwirkungen mit Erfolg sich paralysiren lassen. Gold und Silber sind zwei neben einander laufenden Dampfschiffen zu vergleichen, von denen bald das eine, bald das andere um Etwas voraus ist. Uns wird nun die Aufgabe gestellt, von dem einen Schiffe auf das andere überzutreten. Da wir den Moment versäumt haben, als beide in den fünfziger Jahren vermöge der Werthrelation von 1 zu 15,32 in gleicher Höhe neben einander sich befanden, unseren Uebertritt zu bewerkstelligen, so muss derselbe nunmehr dadurch ermöglicht werden, dass wir die beiden Schiffe zunächst neben einander auf gleiche Höhe bringen. Preisen wir den Zufall, dass das für die Neuzeit sich ergebende durchschnittliche Werthverhältniss zwischen Gold und Silber diesen Bemühungen so wesentlichen Vorschub leistet. Ob jedoch für die Zukunft der Wechsel des Abstandes zwischen beiden Schiffen derselbe wie bisher, oder ob das eine gegen das andere mehr zurückbleibt, dieses vermag Niemand vorauszusehen. Wir haben die Ueberzeugung gewonnen, dass der Uebertritt von dem einen auf das andere Schiff für uns wünschenswerth, ja nothwendig ist. Der Moment ist günstig, denselben auszuführen, weil einerseits das dermalige **mittlere**

Werthverhältniss zwischen Gold und Silber für die in der deutschen Silbervaluta ausgedrückten Werthe eine sehr glückliche Convertirungs-Grundlage bietet und weil andererseits der Verlauf der Dinge des Jahres 1870 uns voraussichtlich das erforderliche Gold zur Verfügung stellt. Wir vollziehen daher diesen Schritt in der festen Ueberzeugung, dass auch wir, gleichwie andere Nationen, welche vor uns bereits denselben gewagt und die reine Goldwährung angenommen haben, ihn niemals zu bereuen haben werden!

d. Die Rechnungs-Münze.

Die Wahl der Rechnungs-Münze ist aus dem Grunde von einer ganz besonderen Bedeutung, weil dieselbe, je nach deren Wahl, den Uebergang zum neuen Münzsystem möglichst erleichtern und vereinfachen, oder aber denselben auch sehr erschweren kann. Sie bildet die Brücke zwischen dem alten und dem neuen Münzsysteme und sie hat sich daher einerseits an die früheren Rechnungsmünzen in einem thunlichst einfachen, an die Haupt-Goldmünze des neuen Systems aber jedenfalls in einem rein decimalen Verhältnisse anzuschliessen.

Nach dem Voraufgegangenen kann nun wohl ein Zweifel darüber nicht mehr bestehen, dass bei dem für die Gegenwart ermittelten durchschnittlichen Werthverhältnisse zwischen Gold und Silber von 1 zu 15,37 weder das nordamerikanische 5-Dollarstück, noch der englische Sovereign als Haupt-Goldmünze für das deutsche Münzsystem sich eignen, da sie wegen ihres zu grossen Gehaltes an Feingold die Wahl einer Rechnungs-Münze nicht zulassen, welche in einem möglichst einfachen Verhältnisse zum norddeutschen Thaler, sowie zum süddeutschen Gulden stehen. Es bleibt daher von den vorhandenen Gold-Münzsystemen nur das französische für unsere Zwecke übrig und das demselben entstammende 25-Frankenstück stellt sich als die für unser neues Münzsystem am meisten geeignete Haupt-Goldmünze heraus. Als die zweckmässigste und allein rationelle Rechnungs-Münze erhalten wir dann deren zehnten Theil, den Goldgulden. Gegen eine dem 5-Frankenstücke adäquate Rechnungs-Münze machen sich nicht nur die früher bereits von mir hervorgehobenen Bedenken geltend, dass diese Münze in Gold zu klein, in Silber zu gross sein, sowie ferner dass bei den Umwerthungen aus den bisherigen deutschen Rechnungs-Münzen eine grössere Zahl von unbequemeren Bruchtheilen sich ergeben würde, sondern es muss auch ein weiterer und zwar der gewichtigste Einwand darin gefunden werden, dass, eine Goldmünze von annähernd 25 Goldfranken als Haupt-Goldmünze vorausgesetzt, die consequent decimale Gliederung unserer Münzstücke durch den Doppelgulden in empfindlicher Weise gestört wird. Ausserdem verdient aber der Goldgulden auch noch aus dem Grunde den Vorzug, weil er uns mit dem österreichischen Münzsysteme in eine wünschenswerthe annähernde Uebereinstimmung bringt, welche in dem Augenblicke zu einer vollständigen werden wird, wo Oesterreich, in der Lage sich befindend die Metall-Währung wieder aufzunehmen, ebenfalls zur reinen Goldwährung übergeht und dann, was wohl zu erwarten ist, seine Goldmünzen sowohl in Beziehung auf den Gehalt an Feingold, als auch rücksichtlich der Stückelung mit den Goldmünzen Deutschlands in genaue Uebereinstimmung bringt.

Den sodann von verschiedenen Seiten gemachten, auch in dem Fragebogen des Bundesrathes berührten Vorschlag, dem neuen deutschen Münzsysteme die bisherige Goldkrone im gesetzlichen Werthe von 9 Thlrn. 10 Sgr. zu Grunde zu legen und deren zehnten Theil unter der Bezeichnung Goldthaler als Rechnungs-Münze anzunehmen, habe ich bereits auf S. 11—18, sowie auf S. 78 der »Kritischen Umschau« genügend beleuchtet und von der Betretung dieses Weges entschieden abgerathen. Man kann in der That nicht dringend genug vor der Durchführung der deutschen Münz-Reform auf dieser Grundlage warnen, welche nicht nur unser Münzwesen in die unheilvollste Verwirrung stürzen, sondern dasselbe auch voraussichtlich für ewige Zeiten von dem der übrigen Welthandelsstaaten isoliren dürfte. Das Münzwesen eines Staates ist der Lunge im menschlichen Körper zu vergleichen. Verletzungen dieses Organs haben gleichwie Veränderungen im Münzwesen aus dem Grunde stets tief eingreifende und bedenkliche Folgen, weil wie jenes zur Erhaltung des Körpers in unausgesetzter Bewegung sich befindet, dem letzteren eine ähnliche Function in Beziehung auf die Unterhaltung des Tausch-Verkehrs in der menschlichen Gesellschaft obliegt. Bei allen Umgestaltungen im Münzwesen ist daher mit der grössten Vorsicht und Schonung zu verfahren und nur unabweisbare Veränderungen dürfen und zwar allein in solcher Weise an demselben vorgenommen werden, dass im Tauschverkehre und zwar sowohl im internen, als auch im internationalen keinerlei Verwirrungen und Stockungen entstehen. Jede Münz-Reform muss daher an das Vorhandene sich thunlichst anschliessen und ihre Zielpuncte haben nicht über das Nothwendige hinauszugehen. Von diesem Standpuncte aus, und ein umsichtiger Münz-Politiker wird denselben niemals verlassen, kann daher die deutsche Goldkrone als eine zulässige, ja selbst auch nur als eine zweckmässige Basis des neuen deutschen Münzsystems nie und nimmer angesehen werden.

Wenn nun gar in der letzten Session des deutschen Reichstages der Antrag eingebracht wurde, den deutschen Goldkronen einen festen Cassencours von $9^1/_3$ Thalern zu geben und die weitere Entwicklung im deutschen Münzwesen der Zukunft zu überlassen, so nehme ich keinen Anstand, unter Bezugnahme auf die in der »Kritischen Umschau« S. 37—47 jeder Art von Mischwährung gewidmeten Betrachtungen, einer solchen Massregel jeden Erfolg abzusprechen. Durch Annahme und Verwirklichung dieses Antrages würde die deutsche Münz-Reform, vor deren entschiedener, des Zieles sich bewusster Inangriffnahme in massgebenden Kreisen immer noch eine grosse Abneigung zu herrschen scheint, nur in jener bedenklichen, ja unheilvollen Richtung engagirt und, nachdem diese Bahn einmal betreten, in derselben auch wahrscheinlich fortgeführt worden sein. Glücklicher Weise ist in Folge der Annahme des Bamberger'schen Antrages im Schoosse des Zollparlaments jener beim Reichstage eingebrachte Antrag in dessen Verhandlungen nicht wieder zum Vorschein gekommen und weiter hat das Schicksal es gefügt, dass die gegenwärtigen Verhältnisse Deutschland dazu drängen, über die Ziele und Modalitäten seiner Münz-Reform sich klar zu werden, und statt mit halben Massregeln auf diesem Gebiete der Gesetzgebung zu debutiren, sowohl über die zukünftige Währung, als auch über die Rechnungsmünze, sowie auch endlich über den Convertirungs-Massstab und über die sonstigen Modalitäten des Uebergangs in kürzester Frist entscheidenden Beschluss zu fassen.

III. Die Durchführung der deutschen Münz-Reform unter den gegenwärtigen Verhältnissen.

In meinen früheren Erörterungen über die Reform des deutschen Münzwesens bin ich stets dafür eingetreten, dass die Umgestaltung mit der Umprägung der Scheidemünzen in Silber und Kupfer zu beginnen und durch die Einziehung der silbernen Courantmünzen gegen die goldenen Währungsmünzen zum Abschlusse zu bringen sei. Ich wurde zu diesem Vorschlage hauptsächlich durch den Umstand bewogen, dass das erforderliche Gold auf diese Weise allmählich und daher billiger zu beschaffen gewesen sein würde, als wenn man, die Reform mit der Einziehung der Währungs-Münzen beginnend, sofort mit namhaften Kauf-Ordres für Gold hätte an den Markt treten und, um die Vollendung der Reform durch Umprägung der Scheidemünzen nicht gar zu lange zu verzögern, derartige Käufe in kurzen Zwischenräumen hätte wiederholen müssen. Da jedoch durch die Zahlung der französischen Kriegs-Entschädigung in Gold ein ausreichendes Quantum dieses Metalles voraussichtlich zur Verfügung Deutschlands kommen wird, es auch, soll uns dieses Gold wirklich zur Goldwährung führen, als erforderlich sich herausstellt, dasselbe nur unter deutschem, dem neuen Münzsysteme entsprechenden Gepräge wieder in Umlauf zu setzen, so muss die Reform nunmehr mit der Ausprägung und dem Inumlaufsetzen der goldenen Währungs-Münzen gegen Einziehung der silbernen Courant-Münzen begonnen werden.

Auch bei dieser Sachlage haben wir uns über die Ziele und Modalitäten der deutschen Münz-Reform bis in alle Einzelheiten klar zu werden, bevor an die Ausmünzung der neuen Goldstücke gedacht werden kann. Ihr Gewicht, respective ihr Gehalt an Feingold ist ja für alle übrigen Münzen massgebend, da jene die Grundlage des neuen deutschen Münzsystems bilden, an welche die übrigen Münzen in Silber und Kupfer in decimaler Gliederung sich anzuschliessen haben. Wenn ich nun im Hinblicke auf die voraufgegangenen Ausführungen voraussetzen zu dürfen glaube, dass ein Goldstück von annähernd $8{,}_{061}$ Gramm Bruttogewicht. enthaltend annähernd $7{,}_{258}$ Gramm Feingold, als die geeignetste Grundlage des deutschen Goldwährungs-Münzsystems an massgebender Stelle anerkannt und in Aussicht genommen werden wird, so befinde ich mich in der Lage, in Beziehung auf die Stückelung und Ausstattung der Münzen in Gold, Silber und Kupfer lediglich die Vorschläge aufrecht zu erhalten, welche in dem Schriftchen »Der Goldgulden als die demnächstige deutsche Rechnungsmünze« S. 17—22 von mir gemacht worden sind. Nur eine Abweichung von meinen früheren Vorschlägen scheint mir durch die gegenwärtige Sachlage geboten. Es betrifft dieselbe die genaue Fixirung des Gehalts an Feingold und im Zusammenhange hiermit des Bruttogewichts der zu prägenden deutschen Goldmünzen. Ueber diesen Punct werde ich im Anschlusse an die vom Bundesrathe angedeutete Voraussetzung, dass die dem 25-Frankenstücke entsprechenden 10-Guldenstücke $7{,}_{25}$ Gramm Feingold zu enthalten haben würden, in dem nächsten Abschnitte eine besondere Erörterung anstellen. Die in dieser Beziehung in Aussicht genommene Modification meiner früheren Vorschläge ist jedoch keine solche, dass dadurch zugleich alles Uebrige alterirt wird. Sehen wir also zunächst, wie unter Berücksichtigung der dermaligen Sachlage auf den früher aufgestellten Grundlagen vorzugehen sein wird.

Unsere Aufgabe würde zuerst darin zu bestehen haben, dass wir 20-, 10- und 5-Guldenstücke in Gold in einer solchen Menge ausprägen, dass damit der Uebergang zur Goldwährung. d. h. die Einziehung der silbernen Courant-Münzen vorgenommen werden kann. Was die Gesammtsumme der hierzu erforderlichen Goldmünzen anlangt, so hege ich die Ansicht, dass mit einem Vorrathe von 500 Millionen Gulden in Gold diese Massregel durchzuführen sein wird. Von diesen 500 Millionen Gulden würden etwa 100 Millionen in 5-, 50 Millionen in 20- und 350 Millionen in 10-Guldenstücken ausgeprägt werden müssen. Von einer theilweisen Verausgabung dieser Goldmünzen kann übrigens nicht die Rede sein, da keine Macht der Erde die neuen Goldmünzen im Umlaufe zu erhalten vermöchte, so lange die deutsche Silber-Valuta, die nach der heutigen Werth-Relation zwischen Gold und Silber etwas zu hoch gewerthet sein würde, in Kraft steht. Es bleibt mithin nur der eine, früher bereits von mir empfohlene Weg übrig, dass jene Goldmünzen vorläufig in geeigneten Reservoirs untergebracht und erst, ist der oben erwähnte Vorrath von denselben vorhanden, in möglichst kurzer Frist gegen Einziehung der silbernen Courant-Münzen in Umlauf gesetzt werden, auch dass der Tag, an welchem diese Massnahme der Hauptsache nach beendet sein wird, als der des Uebergangs zur Goldwährung festgesetzt werde. Von diesem Tage an wird die deutsche Valuta, obwohl vor der Hand in Norddeutschland noch nach Thalern u. s. w., in Süddeutschland nach süddeutschen Gulden fortgerechnet werden würde, nicht mehr in $16{,}_{666}$ Gramm Feinsilber pro Thaler und $9{,}_{52}$ Gramm Feinsilber pro Gulden süddeutsch bestehen, sondern der erstere wird dann eine ideelle Grundlage von ca. $1{,}_{075}$ Grammen, der letztere eine solche von ca. $0{,}_{622}$ Grammen Feingold haben. Da die nach der gegenwärtigen Werth-Relation zwischen Gold und Silber hieraus sich ergebende Aufbesserung der deutschen Valuta im internationalen Verkehre von dem betreffenden Tage an bei allen Zahlungs-Leistungen herüber und hinüber Berücksichtigung finden wird, so gewährt die Ausführung deutscher Goldmünzen von da an keinen Vortheil und es ist daher deren Abfluss über die deutschen Gränzen hinaus nicht mehr zu befürchten. Vorausgesetzt, das Fortschreiten unserer möglichst zu beschleunigenden Gold-Ausprägungen gewähre die Ueberzeugung, dass die Summe von 500 Millionen Gulden in Gold am 31. December 1871 ausgeprägt sein werde, und dass demnach am 1. Januar 1872 mit der Einziehung der silbernen Courant-Münzen gegen Goldstücke, 10 Goldgulden zu $6^2/_3$ Thalern norddeutsch, oder zu $11^2/_3$ Gulden süddeutsch gerechnet, begonnen werden könne, so würde als Tag des Uebergangs zur Goldwährung etwa der 15. Januar 1872 festzusetzen sein. Während dieser 14tägigen Uebergangs-Periode, in welcher factisch die Doppelwährung herrscht, lässt es sich allerdings nicht vermeiden, dass die vom 1. bis 15. Januar fällig werdenden, nach der alten Silber-Valuta normirten Zahlungs-Leistungen nach dem Auslande mit Vortheil von den Zahlungspflichtigen durch die neuen Goldmünzen bewirkt werden. Mit dem 15. Januar würde jedoch dieser Vortheil schwinden und ein Anreiz zur Ausführung unserer Goldmünzen nicht mehr vorliegen, weil die Wechselcourse von und nach dem Auslande von diesem Tage an einer der neuen Gold-Valuta entsprechende Erhöhung, respective Ermässigung erfahren.

Bei dem Inumlaufsetzen unserer neuen Goldmünzen gegen Einziehung silberner Währungs-Münzen wird von der Miteinziehung der **Staats-Cassenscheine** zunächst Abstand zu nehmen sein. Erst, sobald sich Anzeichen dafür ergeben, dass der Verkehr durch jene 500 Gulden Goldmünzen, beziehungsweise durch fortgesetzte Gold-Ausprägungen nahezu gesättigt ist, wird auch in dieser Richtung vorzugehen und dann mit der grössten Energie auf die baldigste Einziehung des gesammten Staats-Papiergeldes, einschliesslich der Darlehnskassen-Scheine, sowie der etwa von Communen oder Corporationen ausgegebenen Werthzeichen ersterer Gattung, Bedacht zu nehmen sein. Die Durchführung dieser Massregel kann nicht wohl dem guten Willen, beziehungsweise der momentanen finanziellen Leistungsfähigkeit der betreffenden Einzelstaaten, von denen manche im Vergleiche zu der Kopfzahl ihrer Bevölkerung aussergewöhnlich hohe Summen von Papiergeld in Umlauf gesetzt haben, überlassen bleiben. Es möchte sich daher empfehlen, dass vom deutschen Reiche auch diese Angelegenheit in die Hand genommen und der Betrag von c. 60 Millionen Thalern, vorbehaltlich einer nachträglichen Ausgleichung unter den deutschen Einzelstaaten, von der französischen Kriegs-Entschädigung zur Einziehung des gesammten in Umlauf befindlichen Staats-Papiergeldes verwendet werde. Diese Summe würde entweder in Gold und zwar in der Stückelung (20-, 10- oder 5-Guldenstücke), für welche sich noch ein Bedarf im Verkehre haltend macht, oder aber in Silber als neue Scheidemünzen in Umlauf zu setzen sein. Weiter müsste die Berechtigung zur Ausgabe von Staats-Papiergeld in consequenter Fortbildung des Gesetzes vom 16. Juni 1870 über die Ausgabe von Papiergeld im Norddeutschen Bunde, den Einzelstaaten abgesprochen und es kann höchstens für ganz ausserordentliche Fälle die Verausgabung von Reichs-Papiergelde vorbehalten werden. Das Beste wäre freilich, man verzichtete ganz auf einen derartigen Vorbehalt, da, sollten Umstände eintreten, welche zur Deckung eines dringenden

Geld-Bedarfs keinen anderen Ausweg übrig lassen, man so wie so zu diesem Mittel greifen kann und wird.

Was die Banknoten anlangt, so werden dieselben, abgesehen von der, in Folge der Circulation der neuen Goldmünzen voraussichtlich allmählich eintretenden Beschränkung des Umlaufs der Appoints von 10 Thalern und darunter, durch das Münzgesetz nur insoweit berührt, als den in den Banknoten ausgedrückten Zahlungs-Versprechen in Silber, ein solches in Gold und zwar das 10 Guldenstück zu $6^2/_3$ Thalern, respective zu $11^2/_3$ Gulden süddeutsch gerechnet, substituirt wird. Da alle Activa der Banken in einem gleichen Verhältnisse convertirt werden, so wird der Vermögens-Status der Banken hierdurch in keiner Weise alterirt. Was insbesondere die preussische Bank anlangt, so würde für den Fall, dass die obigen 500 Millionen Gulden in Gold zur Einlösung der zur Umwechslung präsentirten silbernen Courant-Münzen nicht ausreichen sollten, mit derselben ein Abkommen dahin zu treffen sein, dass sie gegen Hinterlegung angemessener Sicherheiten der Reichs-Münzverwaltung eine genügende Quantität von Banknoten für diesen Zweck zur Verfügung stellt, welche, nachdem für das eingezogene Silber weiteres Gold beschafft und in 20-, 10- und 5-Guldenstücken ausgemünzt worden ist, gegen letztere wiederum zur Einziehung gelangen.

Läge die Möglichkeit vor, bereits bis zum Vollzuge des Uebergangs zur Goldwährung ausser den hierzu erforderlichen Goldmünzen, auch den Betrag von etwa 100 Millionen Gulden der neuen Scheidemünze und zwar in silbernen 1-Guldenstücken fertig zu stellen, so könnte man wohl daran denken, die jetzigen silbernen 2-Thaler- und 1-Thaler-Stücke, sowie die süddeutschen 2-Guldenstücke sofort vollständig aus dem Umlaufe zu ziehen. Da jedoch die deutschen Münz-Anstalten durch die Anfertigung der Gold-Münzen vollauf in Anspruch genommen sein werden, so dürfte im Interesse des Verkehrs ein Theil der 1-Thalerstücke im Umlaufe zu belassen, beziehungsweise davon nach Bedarf wieder in Cirkel zu setzen sein. Diese Thalerstücke nehmen selbstverständlich die Natur von Scheidemünzen an, welcher durch die Bestimmung im Münz-Gesetze Ausdruck zu geben sein würde, dass Niemand verpflichtet sei, bei Beträgen von 10 Thalern, oder 15 Gulden süddeutsch und mehr (später bei etwa 10 Goldgulden) Zahlung ausschliesslich in Silbermünzen zu empfangen. Was sodann die dermaligen silbernen Courant-Münzen unter 1 Thaler, sowie die Scheidemünzen in Silber und Kupfer betrifft, so bleiben dieselben vor der Hand sämmtlich im Umlaufe und sie werden nur in dem Umfange, wie die Ausprägung der neuen Scheidemünzen vorschreitet, nach und nach aus dem Verkehre gezogen. Ueber die nach dem Bedarfe zu bemessenden Scheidemünz-Ausprägungen, über den Betrag, welcher bei Zahlungs-Leistungen in silbernen und kupfernen Kleingeld zu nehmen, sowie über die Scheidemünz-Beträge, welche von den öffentlichen Cassen jeder Zeit gegen goldene Währungs-Münzen auf Verlangen umzutauschen sind, hat das Münzgesetz Bestimmung zu treffen.

So lange nun die im Vorstehenden bezeichneten Silber- und Kupfer-Münzen als Scheidemünzen im Verkehre bleiben, wird man die Rechnung nach Thalern u. s. w. im Norden, nach Gulden im Süden beibehalten und erst dann die Umwerthung aller Schuld-Verhältnisse in Goldgulden und die Rechnungsführung nach Gulden und Kreuzern als Pflicht auferlegen, wenn die Letzteren factisch in Umlauf getreten und die bisherigen silbernen und kupfernen Scheidemünzen gegen dieselben eingezogen worden sind. Thaler sowohl, als auch Silbergroschen lassen sich nun ohne Bruchtheil, die süddeutschen Gulden wenigstens mit ziemlicher Leichtigkeit in Goldgulden und Neukreuzer umwerthen. Eine Ausnahme hiervon machen nur (abgesehen von dem sächsischen u. s. w.) der norddeutsche Pfennig, sowie die süddeutschen Kreuzer und Heller, da jener $= ^5/_{12}$ Neukreuzer, diese $= ^{10}/_7$, respective $^5/_{14}$ Neukreuzer sein würden. In dem Klein-Verkehre wird insofern eine Ausgleichung sofort statt finden, als die Waaren-Quantitäten, welche bisher für Pfennige, oder Kreuzer und Heller feilgehalten wurden, eine entsprechende Aenderung erfahren. Ein Zwieback z. B., welcher jetzt 2 Pfennige kostet, wird in Zukunft um $^1/_5$ schwerer für einen Neukreuzer zum Verkaufe gestellt werden. Wo es sich dagegen um die Conversion von Zahlungs-Verpflichtungen handelt, welche in Pfennige oder in Kreuzer und Heller auslaufen, hat das Münzgesetz diesen unbedeutenden Knoten dadurch zu durchhauen, dass die sich ergebenden Bruchtheile unter $^1/_2$ Neukreuzer ausser Berechnung bleiben, die von und über $^1/_2$ Neukreuzer für einen ganzen Kreuzer gerechnet werden.

Von einer ganz besonderen Wichtigkeit ist endlich noch der Umstand, dass eine Menge von Silbermünzen benachbarter Staaten, namentlich die Oesterreichs sich vollständig in unseren Geld-Umlauf eingebürgert haben und dass im Süden Deutschlands Silbermünzen, wie z. B. die brabanter Kronenthaler im Umlaufe sich befinden, welche inzwischen vollständig heimathslos geworden sind. Beide Gattungen von fremden Münzen können nach Vollzug des Uebergangs zur Goldwährung nicht ferner im Verkehre belassen werden und zur Erreichung dieses Zieles bleibt kein anderes Auskunftsmittel übrig, als jede Zahlungs-Leistung in österreichischen u. s. w. Silbermünzen mit Strafe zu bedrohen. Hierdurch werden die Silbermünzen noch existirender Nachbarstaaten in ihre Heimath zurückgedrängt, während die Silbermünzen der letzteren Gattung dadurch aus der Welt geschafft werden müssen, dass sie innerhalb eines nicht zu lang zu bemessenden Zeitraums zu einem ihrem Gehalte an Feinsilber entsprechenden Cassencourse von den öffentlichen Cassen angenommen und der Münzanstalt überwiesen werden.

Somit dürften im Vorstehenden die Hauptpuncte angedeutet sein, über welche das deutsche Reichs-Münzgesetz Bestimmung zu treffen hat. Es würde daher nur noch die oben offen gehaltene Frage: **welches Quantum Feingold das 10-Guldenstück zu enthalten habe?** zu erwägen sein.

IV. Ein Vermittlungs-Vorschlag.

Bei meinen Erörterungen und Vorschlägen in Betreff der deutschen Munz-Reform habe ich immer daran festgehalten, dass eine Identität zwischen dem deutschen und dem französischen Goldmünzfusse herzustellen und zu dem Ende das deutsche 10-Guldenstück genau im gesetzlichen Feingehalte von 25 Goldfranken, also im Schrot zu $8{,}061$ Grammen, im Korn zu $7{,}258$ Grammen auszuprägen sei.

Gegen diesen Vorschlag sind drei Einwände von verschiedenen Seiten erhoben worden.

Erstens der factische Mindergehalt der französischen Goldvaluta, herbeigeführt einerseits durch die Ausnutzung der zugelassenen Fehlergränze bei den französischen Gold-Ausmünzungen und andererseits durch den Mangel an Vorschriften in der lateinischen Münz-Convention in Betreff der Einziehung der über das für zulässig erklärte Maass hinaus zu leicht gewordenen Goldstücke.

Zweitens das nach Tausendtheilen eines Gramms sich beziffernde gesetzliche Brutto-Gewicht, beziehungsweise der in derartigen Bruchtheilen normirte Gehalt an Feingold des französischen 25-Frankenstücks.

Drittens die aus der Identität des zu $6^{2}/_{3}$ Thlrn., oder $11^{2}/_{3}$ Gulden süddeutsch tarifirt werdenden 10-Guldenstücks mit dem 25-Frankenstücke sich ergebende, nach dem augenblicklichen Werthverhältnisse zwischen Gold und Silber dem Silber zu günstige Convertirungs-Grundlage.

Wohl in Rücksicht auf diese keineswegs in Abrede zu stellenden Mängel findet sich nun in den Fragen des Bundesrathes die Andeutung, dass das deutsche 10-Goldguldenstück nicht mit einem Gehalte an Feingold von $7{,}258$ Grammen, sondern, wie auch Herr Dr. Grote früher vorgeschlagen, nur mit einem solchen von $7{,}25$ Grammen auszuprägen sein werde.

Eine nochmalige Erwägung jener Einwände möchte gegenwärtig um so mehr geboten sein, als die Voraussetzungen, von denen ich früher ausgegangen, in Folge der wesentlich veränderten Sachlage in Frankreich als zutreffende nicht mehr anzusehen sind. Von einer unveränderten Annahme des französischen Gold-Münzfusses konnte nämlich nur unter der Bedingung die Rede sein, dass gleichzeitig der **Uebergang zur reinen Goldwährung** in den Staaten der lateinischen Münz-Convention zum Vollzuge gelange, da anderenfalls vermöge der dort fortdauernden Doppelwährung auch unsere Goldmünzen bei einer wesentlichen Steigerung des Goldwerthes gegenüber dem Silber über 1 zu 15,5 hinaus mit in die französischen Schmelztiegel wandern würden.

Was nun den ersten der drei obigen Einwände betrifft, dass der französische gesetzliche Goldmünzfuss thatsächlich nicht aufrecht erhalten worden sei und dass es daher bedenklich erscheine, in Beziehung auf unser Münzwesen in eine so enge Verbindung mit den Staaten der lateinischen Münz-Convention einzutreten, so habe ich S. 14 meiner »Kritischen Umschau« Herrn Nothomb gegenüber hervorgehoben, dass in der zwischen Deutschland und jenen Ländern abzuschliessenden Convention, sowohl wegen der genauen Ausprägung, als auch wegen Einziehung der zu leicht gewordenen Goldmünzen das Nöthige vorzusehen sein werde. Wie die Sachen dermalen liegen, kann allerdings an eine der Inangriffnahme der deutschen Münz-Reform voraufgehende bezügliche Uebereinkunft zwischen Deutschland und jenen Staaten nicht gedacht werden. Ja, wollte man auch in dem Friedens-Instrumente das dieserhalb Nöthige vorsehen, so würde hierdurch weder der factische Zustand der französischen Goldvaluta sofort geändert, noch eine Gewähr dafür geschaffen, dass Frankreich selbst bei dem besten Willen zur baldigen Wiederbeseitigung seiner Papiervaluta, zur Annahme der reinen Goldwährung, zur Wiederherstellung einer genauen Uebereinstimmung zwischen dem gesetzlichen und factischen Feingold-Gehalte seiner Goldmünzen, sowie zur strikten Erhaltung dieser Uebereinstimmung für die nächste Zukunft im Stande sein werde. Unter diesen Umständen kann von der Annahme des **gesetzlichen** französischen Goldmünzfusses Seitens Deutschlands nicht mehr die Rede sein, weil, wollte man unsere **vollhaltigen** Goldmünzen im Verkehre 25 Goldfranken gleich stellen, jene mit Vortheil in dem Gebiete der lateinischen Münz-Convention eingeschmolzen werden würden, während, wollte man, um dieses zu vermeiden, einen der durchschnittlichen Differenz an Feingold entsprechenden Werthunterschied zwischen 10 Goldgulden deutscher Währung und 25 Goldfranken französischer Währung eintreten lassen.

die angestrebte Identität beider Valuten nicht herbeigeführt werden würde. Wenn nun aber das letztere Ziel auf diesem Wege, d. h. durch Annahme des gesetzlichen französischen Goldmünzfusses, mit absoluter Genauigkeit nicht erreicht werden kann, wir uns also dazu entschliessen müssen, an dem Feingold-Gehalte unserer Goldmünzen eine angemessene Verringerung eintreten zu lassen, dann dürften wir wohl daran thun, bei den deshalbigen Erwägungen auch andern Rücksichten die verdiente Beachtung zu schenken. Unsere Interessen weisen uns in diesem Falle zunächst darauf hin, unsere Goldvaluta so weit unter die französische zu stellen, dass, die Fortdauer jener Mängel in der französischen Münz-Gesetzgebung und sonach die weitere Verringerung der französischen Goldvaluta durch fernere Abnutzung der im Umlaufe befindlichen Goldmünzen vorausgesetzt, wir selbst in einem längeren Zeitraume nicht Gefahr laufen, die thatsächliche französische Goldvaluta unter die unsrige herabgehen zu sehen.

Sind wir aber zu einem solchen Schritte genöthigt, dann würde auch weiter hierbei zu erwägen sein, ob und wie etwa dem zweiten Einwande, dass nämlich Schrot und Korn des dem gesetzlichen französischen 25-Frankenstücke identischen deutschen 10-Guldenstücks nach Tausendtheilen von Grammen sich beziffern und ohnedies in irrationale Zahlen auslaufen würden, Rechnung getragen werden könne. Wenn auch der vom Bundesrathe betonte Vorschlag, den Feingold-Gehalt der deutschen Haupt-Währungsmünze auf $7,_{25}$ Grammen festzusetzen, in welchem Falle dessen Bruttogewicht $8,_{055}\ldots$ Grammen betragen würde, einen kleinen Fortschritt in jener Beziehung bekundet, so dürfte jedoch der in Rede stehende Einwand in dem Falle noch viel gründlicher beseitigt werden, **wenn man den Feingold-Gehalt des deutschen 10-Guldenstückes auf $7,_2$ Grammen normirte, da dann dessen Bruttogewicht genau 8 Grammen ausmachen würde.**

Auch der dritte Einwand, der Werth des Silbers werde zu hoch angenommen, wenn das genau im gesetzlichen Feingold-Gehalte von 25 Franken ausgeprägte 10-Guldenstück zu $6^2/_3$ Thlrn., oder $11^2/_3$ Gulden süddeutsch tarifirt und in diesem Verhältnisse die Conversion aller bestehenden Zahlungs-Verpflichtungen bewirkt werde, wird auf diese Weise vollständig entkräftet, da, wenn ein nur $7,_2$ Grammen Feingold enthaltendes Goldstück $6^2/_3$ Thlrn., bez. $11^2/_3$ Gulden süddeutsch gleichgestellt wird, die Conversion in einem Werth-Verhältnisse zwischen Gold und Silber von 1 zu 15,43 zum Vollzuge gelangt, welches Werth-Verhältniss den Umstand für sich hat, **dass es als das mittlere** zwischen dem gesetzlichen französischen und dem für die letzten 20 Jahre nach den deutschen Börsen-Notirungen sich ergebenden durchschnittlichen Werth-Verhältnisse sich herausstellt.

Wir erhielten demnach für die grössten Handelsstaaten der Welt die in der nachstehenden Uebersicht näher bezeichneten Haupt-Goldmünzen.

Land.	Münzstück.	Gesetzliches Brutto-Gewicht in Grammen.	Gesetzlicher Gehalt an Feingold in Grammen.	Werth in deutschen Goldgulden und Neukreuzern.	Werth-Abweichung von dem deutschen Goldgulden-Stücke in %.
Deutschland	10 Goldgulden	8	7,2	10 G. — Kr.	0
Frankreich	25 Franken	8,064	7,258	10 „ 8 „	0,8
England	1 Sovereign	7,988	7,322	10 „ 17 „	1,7
Nordamerika	5 Dollar	8,359	7,523	10 „ 45 „	4,5

Gegen den obigen Vermittlungs-Vorschlag kann nun mit Grund nur der Einwand erhoben werden, dass Deutschland, statt eines Anschlusses an den nordamerikanischen, englischen oder französischen Goldmünzfuss — zu deren Verschmelzung auf einer erst noch zu schaffenden Basis bis jetzt freilich nur vergebliche Anstrengungen gemacht worden sind — neben jenen dreien noch einen vierten selbstständigen Goldmünzfuss in das Leben rufen würde. Diesem Einwande gegenüber ist nun zunächst darauf hinzuweisen, dass Deutschlands Hauptaufgabe darin besteht, von der Silberwährung zur Goldwährung zu gelangen und dass die Frage, ob und welcher der bestehenden Goldmünzfüsse als Zielpunct hierbei in das Auge zu fassen sei, erst in zweiter Linie und nur insoweit in Betracht kommen kann, als die Möglichkeit vorhanden ist, die gleichzeitige Erreichung dieses Zieles mit in Aussicht zu nehmen. Ohne die unheilvollste Verwirrung in unserem Münzwesen ist es nun nicht möglich, den nordamerikanischen oder den englischen Goldmünzfuss der deutschen Münz-Reform zu Grunde zu legen, und ausserdem ist keiner derselben von einer Beschaffenheit, welche dessen spätere allseitige Annahme wahrscheinlich macht. Nur der französische Goldmünzfuss könnte unter anderen Umständen, wenn nämlich Frankreich zur Einführung der reinen Goldwährung, sowie zur Uebernahme einer genügenden Garantie für die Wiederherstellung und die Aufrechthaltung seiner gesetzlichen Goldvaluta in der Lage und geneigt sein würde — hierbei aus dem Grunde in Betracht kommen, weil vermöge des für die letzten 20 Jahre sich ergebenden durchschnittlichen Werthes des Silbers, in Verbindung mit dem Wiederausgleiche der im Jahre 1857 vollzogenen willkürlichen Verringerung unserer Valuta, die Differenz balancirt wird, welche zwischen dem deutschen und dem französischen Silber-, respective Gold-Münzfusse besteht. In Rücksicht hierauf könnten wir 10 Goldgulden oder 25 Franken 6 Thlrn. 20 Sgr. oder 11²/₃ Gulden süddeutsch gleichstellen.

Gegenüber der Thatsache jedoch, dass der factische Gehalt an Feingold in den französischen Goldmünzen mit dem gesetzlichen nicht mehr übereinstimmt, dass — abgesehen von der wahrscheinlichen Ausbeutung des für die französischen 25-Frankenstücke auf 1 Tausendtheil, für die 20- und 10-Frankenstücke auf 2 Tausendtheile und für die goldenen 5-Frankenstücke auf 3 Tausendtheile festgesetzten Passirgewichts — auch die um weitere 5 Tausendtheile, also von der Toleranz-Gränze an gerechnet, durch den Umlauf abgenutzter Goldstücke von öffentlichen Cassen nur sollen zurückgewiesen werden dürfen, mithin bei 20- und 10-Frankenstücken ein Manco von 2 + 5, also 7 Tausendtheilen, bei 5-Frankenstücken ein solches von 3 + 5, also 8 Tausendtheilen zugelassen, und selbst einem weiteren Abgange nicht einmal eine feste Gränze gezogen wird — hat es meines Erachtens seine volle Berechtigung, dass Deutschland seinen Goldmünzfuss von vornherein um 8 Tausendtheile unter den in Frankreich gesetzlich angeordneten normirt. Dieses würde der Fall sein, wenn der Feingold-Gehalt des deutschen 10-Guldenstücks auf 7,₂ Grammen festgesetzt wird.

Wir befinden uns dann in der Lage, die weitere Entwicklung der Münz-Verhältnisse in Frankreich ruhig abwarten zu können. Unser Münzwesen wird dadurch allen Störungen entrückt, welche die längere Dauer des Zwangscourses der Banknoten, die fernere Beibehaltung der Doppelwährung, oder die ohne Remedur weiter sich vollziehende Abnutzung der französischen Goldmünzen andernfalls für Deutschland zur Folge haben würde. Bei Zahlung kleiner Summen würde ohnedies der deutsche Goldmünzfuss als identisch mit dem französischen betrachtet werden, bei grösseren allerdings die Differenz Beachtung finden, welche zwischen 7,₂ Grammen Feingold und dem durchschnittlichen Gehalte von 25 Goldfranken aus den im Umlaufe befindlichen französischen Goldmünzen ermittelt wird. Sehr bedeutend kann diese Differenz unter den geschilderten Verhältnissen nicht sein. Vielleicht wird sie als eine so geringe sich ergeben, dass selbst im grossen Verkehre die Identität beider Münzfüsse angenommen wird. Weiter dürfte die rationellere Grundlage unseres Münzsystems die Folge haben, dass Frankreich, sobald es zur Wiederaufnahme der Metall-Valuta, beziehungsweise zur Annahme der reinen Goldwährung in der Lage sich befindet, den deutschen Goldmünzfuss adoptirt, und wir würden dann bei Abschluss des die Ausprägung und die Circulation von 10-Gulden-, respective von 25-Frankenstücken betreffenden Münz-Vertrages unserseits die Bedingungen vorschreiben und insbesondere die genaue Beachtung der im diesseitigen Münzgesetze in Betreff der strikten Aufrechthaltung des Münzfusses zu treffenden Bestimmungen von Frankreich beanspruchen können.

Auch das Verhältniss eines derartigen Münzfusses zu dem Nordamerikas und Englands ist keineswegs ein ungünstigeres, als das des französischen. Zwar vergrössert sich die zwischen dem 25-Frankenstücke einerseits und dem 5-Dollarstücke, sowie dem Sovereign andererseits bestehende Differenz bei dem auf $7{,}2$ Grammen Feingold normirten 10-Guldenstücke um Etwas, allein da eine Münz-Einigung mit jenen Staaten nur durch die Verringerung des Feingoldgehaltes der dortseitigen Goldmünzen möglich, dieselbe aber so wie so nur vermöge eines gesetzlichen Ausgleichs zu Gunsten der Zahlungs-Empfänger durchzuführen ist, so wird nach diesen Seiten hin die Münz-Einigung durchaus nicht schwieriger gemacht, als sie auf der Grundlage des 25-Frankenstückes, dasselbe $7{,}258$ Grammen Feingold gleichgesetzt, sein würde. Im Gegentheile der Umstand, dass das deutsche 10-Guldenstück einen mit Zehntheilen von Grammen abschliessenden Gehalt an Feingold erhält, dessen Rauhgewicht sogar auf ganze Grammen abgerundet wird, dürfte eher noch einen Impuls für England und Nordamerika abgeben, endlich auch ihrerseits den Anschluss an diese, den Umständen nach möglichst rationelle Basis ernstlicher anzustreben, als dieses bisher der Fall gewesen, wo als Grundlage der Einigung nur das französische 25-Frankenstück, dessen gesetzlicher Feingold-Gehalt auf die irrationale Zahl von $7{,}258$ ... Grammen, dessen Rauhgewicht in gleicher Weise auf $8{,}064$ ... Grammen sich beziffert, in Aussicht stand.

Zu Vorverhandlungen mit diesen Staaten, in welche einzutreten in der Nummer 993 des Bremer Handelsblattes vom 22. d. M. empfohlen wird, fehlt es Deutschland jedoch an Zeit, da das Gold, welches die französische Kriegs-Entschädigung in unsere Hand bringen soll, sofort ungeprägt und vor dem Beginne dieser Arbeit über Gehalt, Stückelung und Ausstattung der deutschen Goldmünzen Beschluss gefasst. d. h. gesetzliche Bestimmung getroffen werden muss. Wirksamer aber als alle Verhandlungen ist in solchen Sachen das Beispiel. Der selbstständige und entschiedene Vorgang Deutschlands wird in England und Nordamerika mehr Eindruck machen und eher zur Nachfolge anregen, als alle Erwägungen und Besprechungen über eine internationale Münz-Einigung, — welche auf jeder anderen Grundlage, als auf der eines $6^2/_3$ Thalern gleichzustellenden Goldstückes von 7,2 Grammen, respective von 7,2 bis etwa 7,25 Grammen Feingold, wegen unseres gleichzeitig zu vollziehenden Uebergangs von der Silber- zur Goldwährung die grössten Verwirrungen in unserem Münzwesen anrichten würde — die dieserhalb sich aufdrängenden Bedenken und Schwierigkeiten nicht zu beseitigen vermögen.

Sollte jedoch an massgebender Stelle dennoch der vollständigen sofortigen Uebereinstimmung des deutschen mit dem französischen Goldmünzfusse der Vorzug eingeräumt werden, so bleibt nichts Anderes übrig, als durch genaue Feststellung des Feingold-Gehaltes einer angemessenen Anzahl der im Umlaufe befindlichen verschiedenen französischen Goldstücke den factischen französischen Goldmünzfuss zuvor zu ermitteln und den hieraus für 25 Goldfranken sich ergebenden durchschnittlichen Gehalt an Feingold für unser 10-Goldguldenstück zu adoptiren. Es würde jedoch hierbei weiter auch der durch die fernere Abnutzung der alten französischen Goldmünzen fortschreitenden Verringerung des durchschnittlichen Feingold-Gehaltes derselben Berücksichtigung zu schenken sein.

Im Hinblicke jedoch auf die so äusserst günstigen Gewichts-Verhältnisse der neuen Münzen, wie sich erstere, ausweislich der als Anlage angefügten tabellarischen Uebersicht, aus dem im Vorstehenden entwickelten Vermittlungs-Vorschlage ergeben, zweifle ich nicht daran, dass mein letzter Vorschlag als die zweckmässigste Grundlage für die Reform des deutschen Münzwesens allseitig anerkannt und dass auf derselben das einheitliche, decimal gegliederte deutsche Goldmünzsystem aufgebaut werden wird!

Anlage.
Grösse, Gewicht und Gehalt u. s. w. der zu prägenden deutschen Münzen.

Bezeichnung der Münzstücke.	Durchmesser in Millimetern.	Rauhgewicht in Grammen.	Feingewicht in Grammen.	Edelmetall-Gehalt in Tausendtheilen.	Werth in Münzen des 30-Thalerfusses.	Der Feingehalt entspricht einem Werthverhältnisse von Gold zu Silber von	Minderwerth der Scheidemünzen.
I. Goldmünzen.							
20 Goldgulden	28	16	14,4	900	13 1/3 Thlr.	1 : 15,43	—
10 „	22	8	7,2	900	6 2/3 „	1 : 15,43	—
5 „	19,5	4	3,6	900	3 1/3 „	1 : 15,43	—
II. Silbermünzen.							
1 Goldgulden oder 100 Kreuzer	29	12	10	833,33..	20 Sgr.	1 : 13,88	10 %
50 Kreuzer	25	7,5	5	666,66..	10 „	1 : 13,88	10 „
20 „	21	3	2	666,66..	4 „	1 : 13,88	10 „
10 „	19	2	1	500	2 „	1 : 13,88	10 „
III. Kupfermünzen.							
5 Kreuzer	27	8	—	—	1 Sgr.	—	⎫ Der Centner Kupfer wird hiernach im Durchschnitte zu 250 Goldgulden ausgebracht.
2 „	23	5	—	—	4 Pf. sächsisch	—	
1 „	20	2,5	—	—	2 „	—	
1/2 „	18	1,5	—	—	1 „	—	⎭

Anhang,
enthaltend die Fragen des Bundesrathes nach einer Veröffentlichung der National-Zeitung.

Der bereits erwähnte Bericht des Ausschusses des Bundesraths für Handel und Verkehr über die Münz-Enquête konstatirt zuvörderst den Thatbestand bezüglich der Münzreformbestrebungen in Deutschland. Dieselben sind darauf gerichtet: 1) ein einheitliches nationales Münzsystem mit dezimaler Theilung zu schaffen; 2) umlaufsfähige Goldmünzen zu schaffen, und zwar entweder a. durch Uebergang zur einfachen Goldwährung, dergestalt, dass die Silbermünzen für den kleinen Verkehr über ihren Werth ausgemünzt werden, oder b. durch Einführung einer sog. Doppelwährung mit festem Werthverhältnisse zwischen Gold und Silber, wie es in Frankreich besteht oder c. durch Annahme der Doppelwährung lediglich als Uebergangsstadium zur reinen Goldwährung, mit dem Werthverhältniss entweder von $15^1/_2$ zu 1, oder von $15{,}_{55}$ zu 1 oder von $15^3/_4$ zu 1 zwischen Gold und Silber; 3) die deutsche Münzeinheit in ein einfaches Verhältniss zu den Münzeinheiten anderer Länder zu setzen, und zwar entweder a. durch einfache Annahme des französischen Frankensystems, oder b. durch Einführung einer Goldmünze zum Werthe von 25 Franken als Grundlage mit dezimaler Eintheilung, so dass man zu einer Rechnungseinheit gelangt: α. des Goldthalers zu 5 Franken, oder β. des Goldguldens zu $^2/_3$ Thlr., oder γ. der Mark zu $^1/_3$ Thlr.; c. durch Einführung der Goldkrone, als der dem metrischen Gewichtssystem sich anschliessenden und daher zur Grundlage für ein internationales System geeigneten Münze und Zehntheilung derselben, so dass der Goldthaler $= ^1/_{10}$ Krone $=$ ca. 28 Sgr. die Rechnungseinheit und $^1/_{100}$ Goldthaler als Kreuzer die kleinste dem decimalen System angehörige Einheit bildet. — Auf Grund dieses Thatstandes will der Ausschuss der Enquête folgende Fragen unterbreiten:

I. Ist bei der Ordnung des Münzwesens lediglich an der Silberwährung festzuhalten? Die Bejahung dieser Frage würde die Herstellung der Münzeinheit in Deutschland sehr erleichtern, würde aber einen Verzicht enthalten 1) auf die Einführung eines gesetzlichen Umlaufs von Goldmünzen; 2) auf die Herstellung eines einfachen Verhältnisses zwischen dem deutschen Münzwesen und dem Münzwesen der Nationen, welche die Gold- oder die sog. Doppelwährung haben. — Es wird also festzustellen sein: 1) ob das Festhalten an der einfachen

Silberwährung so grosse Nachtheile mit sich bringt, dass die Einführung eines gesetzlichen Umlaufs der Goldmünzen geboten ist; 2) ob die Herstellung eines einfachen Verhältnisses des deutschen Münzfusses zu dem der Länder der Gold- oder Doppelwährung so grosse Vortheile mit sich führt, dass bei der Ordnung des Münzwesens die Herstellung eines solchen Verhältnisses unerlässlich ist. — Die Vor- und Nachtheile in beiden Beziehungen werden zu erörtern sein vom Standpunkte des **innern und des internationalen Verkehrs.**

II. **Ist zur einfachen Goldwährung sofort überzugehen?** Bei Erörterung dieser Frage handelt es sich um zwei Gesichtspunkte: 1) um die Vorzüge der Goldwährung vor der einfachen Silberwährung und vor der sog. Doppelwährung; 2) um die Schwierigkeiten und die Kosten des Uebergangs. Zu 1 sind folgende Fragen zu erörtern: a. Bietet die Goldwährung oder die Doppelwährung die grösseren Garantien, dass der Preis der Cirkulationsmittel nicht raschen und erheblichen Schwankungen unterliege? b. Wird die einfache Goldwährung oder die Doppelwährung grössere Verwirrungen veranlassen, wenn das Verhältniss des Marktpreises der beiden Edelmetalle gegen einander sich ändert? c. Bietet die einfache Gold- oder die Doppelwährung die grössere Bequemlichkeit für interne und internationale Zahlungsleistungen? Zu 2 handelt es sich um folgende Fragen: a. Welcher Preis des Goldes würde sich voraussichtlich herausstellen, wenn das für diesen Uebergang nöthige Gold gekauft werden müsste? b. Zu welchem Preise müsste das umlaufende Silbercourant gegen die neuen Goldmünzen eingelöst werden, um die nachtheiligen Folgen einer plötzlichen Werthverminderung des cirkulirenden Mediums zu vermeiden? c. Welches Werthverhältniss zwischen Gold und Silber würde der Umrechnung der bestehenden auf Silber lautenden Schuldverpflichtungen in auf Gold lautende zu Grunde zu legen sein? Oder würde d. von einer solchen Umwandlung abzusehen und die Konversion lediglich freiwilligem Uebereinkommen zu überlassen sein? e. Welche Vorkehrungen hätte der Staat bei gesetzlicher Umwandlung der bestehenden Schuldverpflichtungen zu treffen, um der Gefahr massenhafter Kündigung bestehender Schuldverpflichtungen vorzubeugen? f) In welchem Umfange würde das eingetauschte Silbercourant zur Ausmünzung neuer Silbermünzen mit einem — wie hohen — darauf zu legenden Schlagschatz benutzt werden können? Hierbei ist zu erörtern, bei welcher Höhe der Zahlungen die Goldzahlung obligatorisch sein müsste. g) Um welchen Preis würde voraussichtlich das nicht verwendbare Silber verkauft werden müssen? h) Wie hoch würden sich hiernach die Kosten des Ueberganges für die Staatskassen stellen?

III. Ist der Uebergang zur Doppelwährung zu empfehlen? Bei dieser Frage bedarf es nicht der Erörterung darüber, ob die Doppelwährung als letztes Ziel der Münzreform zu betrachten sei, da, auch wenn sie gegenwärtig als letztes Ziel angesehen würde, der Uebergang zur einfachen Goldwährung immer noch offen bliebe. Als Gründe für die Doppelwährung werden angeführt: 1) die Möglichkeit, mit der Beschaffung der nöthigen Goldmünzen allmälig vorzugehen und dadurch die Kosten der Reform zu vermindern; 2) die Möglichkeit, die bisherigen Silbermünzen auch in dem neuen System zu verwenden; 3) die Möglichkeit einer genauen Umrechnung der bestehenden Schuldverbindlichkeiten in das neue System, in dem diese Umrechnung sich den Silberwerthen, auf welche die Verpflichtungen lauten, anschliesst; 4) die Möglichkeit eines solchen Anschlusses an das französische System, dass durch Aufrechthaltung der beiden Doppelwährungssysteme neben einander eine Preisumwälzung auf dem Edelmetallmarkte vermieden würde. Mit Rücksicht auf diese Gesichtspunkte ist in Vorschlag gebracht: A. Die Adoption des in Frankreich geltenden festen Verhältnisses zwischen Gold und Silber unter Annahme des Guldenfusses; hienach wäre: 1 Gulden $= {}^2/_3$ des bisherigen Thalers $= 2^1/_2$ Francs die Rechnungseinheit; ein 25-Frankenstück $= 10$ Gulden $= 6^2/_3$ heutiger Thaler das hauptsächlichste Goldstück; bei Eintheilung des Guldens in 100 Kreuzer, das $^1/_6$ Thalerstück $= 25$ Kreuzer, das $^1/_{12}$ Thalerstück $= 12^1/_2$ Kreuzer, das $^1/_{30}$ Thalerstück $= 5$ Kreuzer. Das 25-Frankenstück würde $7{,}25$ Gramm Feingold enthalten müssen. Entsprechend dem französischen Werthverhältnisse von $1 : 15^1/_2$ müssten also 10 Gulden $= 6^2/_3$ Thaler $15^1/_2 \times 7{,}25$ Gramm $= 112{,}375$ Gramm fein Silber enthalten. $6^2/_3$ Thaler enthalten aber nur $111{,}111$ Gramm fein Silber, also $1{,}264$ Gramm weniger. Sollte also ein Thaler der bisherigen Währung bei der Schuldverpflichtung auf $1^1/_2$ Gulden der neuen Währung ausgedehnt werden, so würden die Schuldner an Silber $1^1/_4$ Prozent mehr schuldig, die Gläubiger also $1^1/_4$ Prozent an Silber mehr gewinnen. — Es fragt sich also: Ist es zulässig, diese Differenz zu ignoriren und zwar a. bei allen Schuldforderungen (Staatssteuern, Gehälter u. s. w. eingeschlossen) oder b. bei Schuldforderungen bis zu einer gewissen Höhe und welcher? — Wenn diese Frage verneint wird, so fragt sich: Empfiehlt sich ein System, dessen Rechnungseinheit bei der Umrechnung der bestehenden Schuldverhältnisse zu der aus dem bisherigen System sich ergebenden analogen Rechnungseinheit (1 fl. österr.) wie $101^1/_4 : 100$ verhält? — Genau dieselben Fragen würden sich ergeben, wenn man statt des Guldens den Franken oder ein Vielfaches desselben (5 Francs) zur Rechnungseinheit machen wollte. Diesen Vorschlägen gegenüber würde es sich um die Vorzüge des Franken- oder Guldensystems handeln, und zwar a. rücksichtlich der Grösse der Rechnungsmünze, b. rücksichtlich der Vorzüge oder Nachtheile einer Uebereinstimmung auch der kleinen Gold- und der Silber- und Scheidemünzen, sowie der Bezeichnungen der Banknoten und des Papiergeldes mit denen der Völker des Franken-Systems. — B. Ein anderes System legt als Hauptgoldmünze die Goldkrone zu Grunde, welche in 10 Thlr. à 100 Xr. zu theilen wäre. Nach dem Verhältniss des Goldes zum Silber gleich $15{,}5:1$ würde ein solcher neuer Thaler $\frac{10 \times 15{,}5}{10} = 15{,}5$ Gramm Silber enthalten; also, da der gegenwärtige Thaler $500/30 = 16{,}666$ Gramm fein Silber enthält, gleich fein $\frac{15{,}5}{16{,}666} = 0{,}93$ Thlr. gleich 27,9 Sgr. Weil dieses Verhältniss ein unbequemes ist, hat man vorgeschlagen, das Verhältniss des Goldes zum Silber gleich $15{,}55$ zu setzen, wonach der neue Thaler sich auf $0{,}933$ des bisherigen Thalers oder auf 28 Sgr., der Kreuzer sich gleich $3{,}36$ Pf. gleich $98/100$ süddeutschen Kreuzer stellen würde. Es fragt sich, ob das Umrechnungsverhältniss von $14:15$ ein günstiges und ob dieses System geeignet ist, durch Anschlüsse anderer Nationen zu einem internationalen zu werden und ob durch diese Feststellung des gegenseitigen Werthes der Edelmetalle unserem Markt hinreichende Goldsendungen zugeführt werden, oder ob es sich, wie ebenfalls vorgeschlagen, mehr empfiehlt, das Werthverhältniss auf $15{,}75:1$ festzustellen. C. Endlich ist vorgeschlagen, die Massnahme auf die eine zu beschränken: den Goldkronen einen festen Cours von 9 Thlrn. 10 Sgr. zu geben und die weitere Entwickelung der Zukunft zu überlassen. Es fragt sich, ob auf diesem Wege zu einer beliebten Goldmünze zu gelangen und ein hinreichender Goldumlauf herbeizuführen und ob zu Gunsten dieser Bequemlichkeit auf die übrigen durch die Münzreform zu erstrebenden Vortheile zunächst zu verzichten sei.

III.
Zur Frage des Sachwerths des Geldes im Alterthum.

Von

Rodbertus.

(Schluss.)

Zu I. Ueber das **Verhältniss der Productionskosten** des Edelmetalls im Alterthum und der Neuzeit kann kein Verfahren besser entscheiden, als das, zu ermitteln, wie gross die Quantität Edelmetall ist, die Ein Arbeiter damals herzustellen vermochte und die Ein Arbeiter heute herstellt. Denn wie verschieden der Arbeitslohn sein mag, er ist noch niemals dauernd so verschieden gewesen, dass nicht zuletzt und im Grossen und Ganzen doch immer die Quantität Arbeit, die erforderlich gewesen, ein bestimmtes Quantum derselben Waare herzustellen, über dies Verhältniss entschieden hätte; und zwar, weil im Grossen und Ganzen der Arbeitslohn heute noch ebenso wie im Alterthum nur den nothwendigen Unterhalt beträgt; im Alterthum gleichsam von Privatwirthschaftswegen, als nothwendige Reparaturkosten des »beseelten Werkzeugs«, das der Sklave vorstellte; in der Neuzeit von Volkswirthschaftswegen, weil Capitalismus und freie Concurrenz die Macht haben, den »freien Lohn« nach jedem längern oder kürzern Aufschwung doch wieder so weit herabzudrücken. — Aber allerdings nur das Verhältniss der damaligen und heutigen Productionskosten kann durch diese Vergleichung herausgestellt werden. Wie gross die Summe Geldes ist, die 1 Pfund Silber im Alterthum resp. der Neuzeit herzustellen kostete, lernen wir daraus nicht kennen. Aber hier, wo es sich nur um eine verhältnissmässige Vergleichung jener Kosten handelt, bedarf es dieser letztern Kenntniss auch nicht. Erfahren wir z. B. durch jene Ermittlung, dass heute Ein Arbeiter 10mal mehr Edelmetall herstellt als im Alterthum, so werden wir, ohne damit zu wissen, wie viel 1 Pfund Silber im Alterthum resp. der Neuzeit herzustellen kostet, doch unter allen Umständen schliessen dürfen, dass auch die in Geld gemessenen Productionskosten des Edelmetalls in der Neuzeit ungefähr 10mal niedriger sind als im Alterthum. Noch weniger wird damit schon über den verhältnissmässigen Sachwerth desselben entschieden, denn das sociale Bedürfniss nach Edelmetall könnte in beiden Zeitaltern von so verschiedener Stärke sein, dass das Verhältniss seines Sachwerths sich nicht mehr an das Verhältniss seiner Productionskosten kehrte, ja, dass das erstere Verhältniss ein dem letzteren entgegengesetztes wäre. Allein, wäre letzteres nicht der Fall, stände auch das Bedürfniss in beiden Zeitaltern gleich, so würde jene grosse Differenz in den Productionskosten sich auch in einer gleichmässigen Differenz des Sachwerths ausdrücken.

Strabo hat nun eine sehr werthvolle Notiz, aus der hervorgeht, wie viel Edelmetall zu Polybius' Zeit in dem reichsten spanischen Silberbergwerk Ein Arbeiter pro Tag oder Jahr lieferte. Es heisst hier: »Wenn aber Polybius die Silberbergwerke bei Neu-Karchedon erwähnt, so sagt er, dass sie die grössten seien, von der Stadt ungefähr 20 Stadien entfernt liegen und einen Umkreis von 400 Stadien umfassen, auf dem 40,000 Menschen arbeiten, welche damals dem römischen Volk täglich 25,000 Drachmen (Denare) lieferten.« Die Ausbeute dieses Bergwerks betrug also jährlich $36^1/_2$ Million Sest., oder höchstens so viel Silber, wie heute in 2 Millionen Thalern enthalten ist. Demnach stellte Ein Arbeiter im Jahre etwa den Silbergehalt von 500 Thlrn. her.

Nach Rentzsch' »Handwörterbuch der Volkswirthschaftslehre« S. 1009 betrug dagegen die Gesammtausbeute des Edelmetalls in unserer Zeit, in der Periode von 1848 bis 1862,

5,250,000 Zollpfund Gold und 30,000,000 Pfund Silber.

Da man das Pfund Gold zu 450 Thlr. Silberwerth rechnen darf und auf 1 Pfund Silber 30 Thlr. kommen, so darf man in jenem Zeitraum die durchschnittliche Jahresproduction von Edelmetall auf nahe an 300 Millionen berechnen. Wir kennen nun freilich nicht die Zahl der Grubenarbeiter, die mit dieser Production in den verschiedenen Welttheilen beschäftigt sind, aber wir können einen andern Weg einschlagen, um uns zu veranschaulichen, dass das Metallquantum, das heute Ein Arbeiter herstellt, mehr als 10mal so gross sein muss als zu Polybius' Zeit. Nach dem Maassstab der Productivität der Minen von N.-Carthago (= 500 Thlr. auf Einen Arbeiter) würden nämlich zur Herstellung des

Productionsquantums in unserer Zeit 6 Millionen Arbeiter Tag aus Tag ein erforderlich sein. So hoch man nun auch in unsern Bergwerksländern den Procentsatz der im Bergbau beschäftigten Arbeiter zu der Zahl der männlichen Arbeiter überhaupt, und so niedrig man dann wieder zu dieser Gesammtarbeiterzahl das Verhältniss der Greise, Weiber und Kinder beiderlei Geschlechts annehmen mag, wenn man sich dabei nur in den Grenzen der Wahrscheinlichkeit hält, so würde die ganze Bevölkerungsziffer der Bergwerksdistricte doch jedenfalls auf mehr als 50 Millionen angenommen werden müssen. In Wirklichkeit werden sie aber nicht den zehnten Theil dieser Bevölkerung haben, und man wird also auch nicht fehlgreifen, wenn man die nach Arbeit berechneten Productionskosten mindestens 10mal höher im Alterthum als heute annimmt [30]).

Eine anderartige Berechnung führt zu einem ähnlichen Resultat. — Der Preis eines Sklaven betrug zur Zeit des ältern Cato, in Italien, ungefähr 6000 Sest. Er wird aber zur Zeit des Polybius auch dort schon niedriger gewesen sein, weil die Menge der Eroberungen, die Rom damals schon gemacht, ihn gedrückt hatten [31]). In der Provinz wird man ihn aber noch niedriger annehmen müssen, als in Italien, denn hier — namentlich in Spanien — hatten die Eroberungen der Carthager resp. Römer ganze Völkerschaften zu Sklaven gemacht. Wir wollen ihn also auf die Hälfte des obigen Preises herabsetzen. Das allein in den Arbeitern steckende Capital betrug also schon 120 Mill. Sest. Auf Werkzeuge, Grubenbauten, Oefen wird man mindestens 50 % des lebendigen Capitals rechnen müssen, denn das stehende und fixirte Capital im Bergbau ist bedeutend und Strabo beschreibt namentlich die Schmelzöfen als grosse und hohe Gebäude. Der in Sklaven und den übrigen fixen Capitalgegenständen steckende Werth betrug also mindestens 180 Millionen. Rechnet man — höchst mässig — 12 % auf Abnutzung, wie auch D. d. l. M. bei anderer Gelegenheit die Abnutzung der Sklaven berechnet, so gehen bereits über 21 $\frac{1}{2}$ Mill. Sest. von dem Bruttoertrag der 36 $\frac{1}{2}$ Mill. ab. Bleiben nur noch 15 Mill. Der arbeitende Sklave erhielt aber monatlich 5 Modius Weizen. Die Unterhaltungskosten der Arbeiter beliefen sich also jährlich auf 2.400,000 Modius. Wollte man nun hier den von Fr. angenommenen Weizenpreis von 4—5 Sest. annehmen, so bliebe für Zins und Gewinn kaum etwas übrig. Allein das wird auch Fr. nicht wollen, da es sich hier

---

30) M. Chevalier, Cours d'Économie politique, Neuviéme Leçon, p. 164.
31) S. meine Abhandlung: „Zur Geschichte der agrarischen Entwicklung Roms" in diesen Jahrbüchern Jahrg. 1864 I. Bd. 3 u. 4. Heft S. 223.

um die Zeit des Polybius und um Preise in der Provinz handelt. P. erzählt nun, dass zu seiner Zeit die Preise im nördlichen Italien oft nur 1$^7/_9$ Ass betragen hätten. Rechnet man nun auch in dem weniger fruchtbaren Theile Spaniens, in welchem N.-Carthago lag und die Häfen zur Zufuhr fehlten, den Modius durchschnittlich zu 4 Ass oder 1 Sest., wie ihn Martial ein Paar Jahrhunderte später als sehr niedrig beschreibt, so gehen abermals 2$^1/_2$ Mill. Sest. vom Rohertrage ab und es bleiben nur 12$^1/_2$ Mill. Reinertrag zu Zins und Gewerbsgewinn für ein Betriebscapital von ca. 182 Mill. übrig, zu einer Zeit, wo der Zinsfuss 10 oder 12 % und der Gewerbsgewinn natürlich noch viel höher war. Nimmt man für die damalige Zeit 2assige Getreidepreise in der Provinz an, was wahrscheinlicher ist, so hebt sich der Reinertrag noch nicht einmal um 1 %, würde also noch immer weit hinter dem damaligen Gewinnsatz zurückbleiben. — Ganz andere Gewinne berechnet aber Humboldt von dem reichsten mexikanischen Silberbergwerk, Valenciana, und der reichsten sächsischen Grube, Himmelsfürst. Jenes lieferte jährlich, bei einem Kostenaufwand von 5 Mill. Livr. Tourn. 360,000 Mark Silber und den Actieninhabern 3 Mill. Livr. Tourn. Reinertrag, gab also einen Gewinn von 60 %; dieses bei einem Kostenaufwande von 240,000 Livr. Tourn. 10,000 Mark Silber und gab also für die Actieninhaber 37$^1/_2$ % Gewinn bei einem halb so hohen Zinsfuss und Gewinnsatz, als wie wir im Alterthum annehmen müssen. Die Goldausbeute der neuesten Zeit in Californien und Australien dürfte aber noch weit grössere Gewinne als die von Humboldt berechneten ergeben. — Genug, die Notiz des Strabo lässt gleicher Maassen auf weit niedrigere Getreidepreise und weit höhere Productionskosten des Edelmetalls als heute schliessen.

Es ist ja auch bekannt, dass die Silberproduction im 17. Jahrhundert nicht sowohl in Folge der Entdeckung der mexikanischen Minen als vielmehr der Erfindung der Amalgamation jenen unerhörten Aufschwung nahm[32]), der gegen das Ende des 17. Jahrhunderts so sehr zur Werthverminderung des Edelmetalls beitrug und dass bis dahin auch die Productionskosten in den amerikanischen Minen ausserordentlich viel höher waren. Wir werden aber, nach den Andeutungen des Strabo, das Productionsverfahren des Alterthums für noch mangelhafter halten dürfen, als das des Mittelalters vor jener Erfindung des Bartholomäus von Medina war.

In der That dürfte es auch von Niemand bestritten werden, dass

---

32) S. M. Chevalier a. a. O.

die Productionskosten des Edelmetalls im Alterthum bedeutend höher als in der Neuzeit waren. Selbst D. d. l. M., der am entschiedensten — und eigentlich nur allein[33]) — die Ansicht vertritt, dass dessenungeachtet der Sachwerth des Geldes im Alterthum ebenso niedrig als heute gewesen, gesteht dies — Liv. I. chap. XV. p. 158 — unbedenklich zu. Allein er meint, durch die aus den Quellen mitgetheilten Thatsachen bis zur Evidenz bewiesen zu haben[34]). »que le rapport des métaux précieux au prix moyen du blé, de la solde et de la journée de travail etait, dans le haut et dans le bas empire romain à peu prés égal à ce qu'il est aujourd'hui en France«. Seine Ueberzeugung, sagt er, stehe in dieser Beziehung felsenfest, allein, im Hinblick auf die auch von ihm zugestandenen bedeutend höheren Productionskosten fügt er hinzu: »mais en expliquer la cause est bien plus difficile. Voici néanmoins une observation, qui peut conduire à la solution de la difficulté. Il est evident, que les métaux précieux se répandent aujourd'hui dans les cinq parties du monde, et que, dans l'antiquité, leur usage était limité au bassin de la Méditerranée et à quelques contrées de l'Asie et de l'Afrique S'il il avait cinq fois moins d'or et d'argent qu'aujourd'hui, il y avait cinq fois moins de besoins. L'industrie des manufactures etait moins perfectionnée, le commerce moins actif, et la valeur relative des métaux peutêtre la même, quoique la quantité mise en circulation ait beaucoup augmenté depuis les siècles de Périclès et de Constantin jusquà l'époque actuelle«[35]). In Folge dessen also, dass einer geringeren Geldmenge eine gleichmässig geringere Waarenmenge gegenübergestanden, soll, nach D. d. l. M.'s Ansicht, das Gesetz, dass der Sachwerth einer Waare nach ihren Productionskosten gravitirt, beim Edelmetall im Alterthum aufgehoben worden sein und soll der Sachwerth des Geldes einen seinen Productionskosten entgegengesetzten — nicht etwa durch ein starkes Bedürfniss nach Geld über die Productionskosten hinausgetriebenen, sondern durch

---

33) Jacob sagt dies nicht Ich komme unten auf dessen Ansicht ausführlich zurück.
34) Wie wenig dies der Fall ist, werde ich ausführlich weiter unten zeigen.
35) Er fügt bald darauf hinzu: Sans cela — nämlich ohne diesen angedeuteten Grund — le haut prix de la production de l'or et de l'argent eût inévitablement augmenté leur valeur relativement au blé, aux salaires et aux deurées de première nécessité dans une proportion beaucoup plus forte, que celle, qui nous est donnée par des lois et des textes précis. — D. d. l M. hätte diese Gesetze und Belegstellen einer erneuten Kritik unterwerfen sollen, ehe er an eine wirthschaftliche Unmöglichkeit geglaubt hätte.

ein schwaches Bedürfniss unter die Productionskosten dauernd hinabgedrückten — Stand eingenommen haben.

Dies führt zu II.

D.-d. l. M. fasst vorstehend nur das Bedürfniss nach Edelmetall, so weit dieses als Circulationsmittel dient, in's Auge und will die Stärke dieses Bedürfnisses lediglich aus dem Verhältniss der Geldmenge zu der Waarenmenge ableiten. Ueberdies nimmt er auch noch an, dass schon eine, der geringeren Geldmenge auch nur gleiche Verringerung der Waarenmenge — »5mal weniger Geld, aber auch nur 5mal weniger Waaren« — das Bedürfniss nach Edelmetall so habe schwächen müssen, dass, ungeachtet seiner weit höheren Productionskosten, doch sein Sachwerth so niedrig wie heute gestanden.

Indessen mittelst einer so dürftigen Andeutung entzieht man sich nicht der grossen Schwierigkeit, die D. d. l. M. selbst anerkennt.

Zunächst kommen zur Beurtheilung der Stärke des Bedürfnisses nach Edelmetall mehr Momente in Betracht, als allein das Verhältniss der Geldmenge zur Waarenmenge, das, wie mir scheint, sogar überhaupt nicht in's Spiel kommt.

Edelmetall ist das einzige Gut, das einen doppelten Gebrauchswerth hat. Es dient, wie jedes andere Verbrauchsgut, zur Befriedigung unmittelbarer menschlicher Genüsse, und dient ausserdem auch als Umsatzmittel. Es müssen also auch beide Gebrauchsarten in Bezug auf die Bedürfnissfrage verfolgt werden.

Als Genussmittel hat Edelmetall zu allen Zeiten die gierigsten Verehrer gefunden und wir haben nicht den geringsten Grund, anzunehmen, dass die Alten weniger von seinem Glanz gefesselt worden wären, als wir heute. Im Gegentheil, weil das antike Leben mehr auf das Aeusserliche gestellt war, als das moderne; weil der Gegensatz von Reich und Arm, der sich auch immer selbst gern zur Schau trägt, grösser war als heute, wo zu der quantitativen Vertheilung des Nationalvermögens und Nationaleinkommens auch noch eine qualitative kommt, welche die erstere mindert und mildert; weil deshalb auch die Leidenschaften der Ostentation im Alterthum stärker waren als heute, aus allen diesen Gründen dürfen wir annehmen, dass grade diejenige Prunksucht, die sich im Besitz von Gold und Silber zu offenbaren sehnt, und die grade der vorliegenden Art des Bedürfnisses nach Edelmetall die Stärke verleiht, entschieden grösser im Alterthum gewesen ist, als heute. Jacob — S. 134 und flg. der Kleinschrod'schen Uebersetzung — will dies zwar in Abrede stellen und bezieht sich deshalb auf die unbedeutenden Silberfunde in Pompeji und Herculanum. Allein schon Kleinschrod widerlegt diese Bemerkung und ausserdem führt J. selbst so viele Beispiele pomphafter Zurschaustellungen von Gold und Silber an, dass das doch nicht fortzuleugnende 33. Buch des Plinius dadurch selbst die grösste Bestätigung erfährt.

Als Geld ist das Edelmetall Verkehrsmaschine, — eine Maschine, die den Gang und die Circulation des Nationalproducts unterhält und regelt; jedem Gut in der Nationalproduction seine Stelle und Jedermann in der Nation seinen ihm dermalen gebührenden Antheil daran anweist.

Zu solcher Maschine kann es dienen, weil es zwei Functionen versieht. Es ist Werthmaass und Umsatzmittel; jenes, weil es gegen alle andern Güter genommen wird, dieses, weil es selbst realer Ersatz des eingetauschten Gutes ist und also auf der Stelle liquidirt.

Bei der Bedürfnissfrage des Edelmetalls als Circulationsmittel handelt es sich also darum, ob im Alterthum der Verkehr so beschaffen gewesen, dass verhältnissmässig dazu weniger Geld nöthig war als in der Neuzeit.

Bei Beantwortung dieser Frage kommen aber drei verschiedene Momente in Betracht: erstens, die Summe des umzusetzenden Tauschwerths des Nationalreichthums; zweitens, die Zahl der dabei vorkommenden Umsätze; drittens, die Menge der zu den Umsätzen erforderlichen Baarzahlungen. — Erst nach Erwägung jedes dieser Momente wird man eine Vorstellung davon gewinnen können, ob wirklich im Alterthum ein so geringes Geldbedürfniss geherrscht habe, dass dadurch dessen Sachwerth unter die Productionskosten herabgedrückt werden konnte.

Was das erste Moment betrifft, so ist es eben die Summe des circulirenden Tauschwerths, aber nicht, wie D. d. l. M. will, die circulirende Productmenge, die in Betracht kommen kann. Denn, bei dem Bedürfniss nach Edelmetall als Genussmittel entscheidet zwar die Quantität der Dinge, zu denen man es als Material bedarf, aber nicht bei dem Bedürfniss nach Edelmetall als Geld. Will ich zwei ganz gleiche silberne Pokale haben, so brauche ich allerdings doppelt so viel Silber, als wenn ich nur einen einzigen haben will, aber wenn eine Nation eine doppelte Quantität Weizen umsetzen will, so braucht sie noch nicht nothwendig doppelt so viel Silber dazu, selbst eine gleiche Zahl von Umsätzen und Baarzahlungen vorausgesetzt. Denn wenn Edelmetall als Circulationsmittel gebraucht wird, ist es zuletzt sein Werth, der gebraucht wird, aber nicht seine Quantität. Hier, bei diesem Gebrauch, hat eben Edelmetall die Eigenschaft, sich dehnen zu können, so dass $1/4$ Thaler so gut einen Scheffel Weizen umsetzen kann, wie ein halber oder ein ganzer. Soll also die Waarenmenge über das Bedürfniss der Geldmenge entscheiden können, so setzt man, ausser einer gleichen Zahl von Umsätzen und Baarzahlungen, auch schon einen gleichen Werth des Edelmetalls voraus. Aber dieser Werth ist es ja grade, der in Frage steht. Wer also, wie D. d. l. M., das nationale Bedürfniss nach Geld von der Grösse der umzusetzenden Waarenmenge abhängig macht, bewegt sich nur in einem Cirkelschluss.

Die Frage kann also nur sein: Wie verhalten sich Nationalvermögen und Nationalproduction im Alterthum und in der Neuzeit in Betreff ihres Tauschwerths, diesen selbst an andern Dingen gemessen als an Gold und Silber?

Ich meine, das Verhältniss der Nationalproductmengen — versteht sich, gleich grosse Länder und Bevölkerungen vorausgesetzt — steht weitaus zu Gunsten der Neuzeit; das Verhältniss des Tauschwerths der Nationalproductmengen neigt sich aber auf die Seite des Alterthums.

Und zwar fallen hier zwei Umstände in's Gewicht: die Sklaverei und die niedrige Stufe der Fabrication in Bezug auf ihre Productivität, nicht auf die Vorzüglichkeit und Schönheit ihres Products.

Die Sklaverei reihte einen Tauschwerthsgegenstand in die Vermögen ein, der heute vollständig darin fehlt, der aber einer der allerbedeutendsten Objecte des antiken Reichthums war, — nämlich die Arbeiter selbst. Fast die ganze arbeitende Classe figurirte mit einer Capitalwerthziffer in dem Nationalvermögenswerth des Alterthums. Zu des ältern Cato Zeit galt bekanntlich ein gewöhnlicher Landbausclave 6000 Sest. Artifices und Lieblingssklaven waren natürlich viel theurer. Wie gross die Sclavenmenge im römischen Reich, Ausgangs der Republik und Eingangs des Kaiserreichs, war, wissen wir nicht, aber wir haben bekanntlich Beispiele, dass einzelne Privatpersonen weit über 5000 Sklaven besassen. In deren Vermögen liefen also schon für Sklaven Millionen auf, die heute in den Vermögen derer, die eben so viel freie Arbeiter beschäftigen, vollständig fehlen würden, — denn unterhalten wollen ja auch noch ausserdem die Sklaven so gut werden, wie die freien Arbeiter durch ihren Lohn. Dieser ganze ungeheure Tauschwerth aber, der in der Sklavenbevölkerung des römischen Reichs steckte und also auch zu so bedeutender Erhöhung des antiken Nationalvermögenswerths beitrug, setzte sich aber eben so gut um, wie alle übrigen Theile desselben und wie heute jeder Theil des Nationalproducts, ja, bildete im Alterthum einen der schwunghaftesten Handelszweige, die es gab[36]) und erforderte also auch Umsatzmittel, die heute ganz fortfallen.

Nicht minder steigerte die geringe Productivität der Fabrication die Summe des Tauschwerths des antiken Nationalproducts. — Setzen wir einmal voraus, dass sich im Alterthum alle Producte — Edelmetalle, Ackerbauproducte, Fabricate — nach ihren Productionskosten gegen einander vertauscht hätten, so würde sich gezeigt haben, dass der Sachwerth des Goldes verhältnissmässig hoch, der Geldwerth der Ackerbauproducte verhältnissmässig niedrig und namentlich weit niedriger als heute, der Geldwerth des Fabrikationsproducts wieder verhältnissmässig hoch und deshalb auch der Geldwerth der vollendeten Waaren wieder höher gestanden, als sich nach dem hohen Sachwerth des Geldes und dem geringen Geldwerth der Ackerbauproducte hätte erwarten lassen. — Der Sachwerth des Geldes würde unter jener Voraussetzung hochgestanden haben, weil, wie gezeigt, die Productionskosten des Edelmetalls sehr hoch haben stehen müssen. — Der Geldwerth der Ackerbauproducte würde weit niedriger gestanden haben als heute, weil, gegen die Neuzeit gehalten, der Unterschied in der Productivität des Ackerbaus keinen Falls gross gewesen ist, der Sachwerth des Geldes aber eben weit höher gestanden haben würde. — Der Geldwerth des Fabrikationsproducts, für sich betrachtet, würde verhältnissmässig wieder hoch gestanden haben, weil, wegen des niedrigen Standes der Technologie, das Fabricationsstadium der Waare weit mehr Arbeit als heute kostete. — Endlich musste hiedurch in dem Geldwerth der vollendeten Waare wieder der hohe Sachwerth des Geldes und der niedrige Geldwerth des Rohproducts einiger Massen aufgewogen und also deren Geldwerth wieder dem heutigen Geldwerth solcher Waaren, ungeachtet des damaligen höheren Sachwerths des Geldes, genähert werden. Dazu liefert eben der oben beleuchtete Brodpreis des Plinius einen schlagenden Beleg. Der Brodpreis steht damals in Rom in der That so hoch, wie in den 20ger Jahren unseres Jahrhunderts in London, aber nicht, weil damals das Getreide eben so theuer gewesen wäre als heute, sondern weil die Mehlfabrication so ausserordentlich viel mehr Arbeit kostete als heute. Bei etlichen ungeheuren Möbelpreisen, die uns überliefert sind, kommt derselbe Grund in's Spiel, und er wird nicht minder bei den meisten Fabrikaten zur Geltung gekommen sein. — Obwohl also der Sachwerth des Geldes ausserordentlich

---

[36] S. B. Hildebrand, „Die sociale Frage der Vertheilung des Grundeigenthums im klassischen Alterthum, Schluss" in diesen Jahrbüchern Jahrg. 1869 I. 2. u. 3. Heft.

viel höher und also der Geldwerth der Ackerbauproducte ausserordentlich viel niedriger gestanden haben könnte als heute, hätte doch wieder der Geldwerth der fertigen Waare ungefähr eben so hoch stehen können als heute.

Wegen dieser beiden Umstände also — der Sklaverei, die ein Tauschwerthsobject von ausserordentlich hohem Betrag in das antike Nationalvermögen einfügte, und der geringen Productivität der Fabrication, die dem geringen Rohproductswerth wieder so viel mehr Fabricationswerth hinzusetzte — wegen dieser beiden Umstände war der **Tauschwerth** der antiken Nationalvermögen, wenn dieselben auch weit geringere **Productmengen** als heute enthielten, doch wieder eher grösser als kleiner wie heute[37]), und der **Tauschwerth** und nicht die Productmenge ist es natürlich, der, unter sonst gleichen Verhältnissen des Umsatzes und der Baarzahlung, über das nationale **Geldbedürfniss** entscheidet.

Dagegen war, was das **zweite** Moment betrifft, wieder die **Zahl der Umsätze** — sei es, gleiche Mengen oder gleiche Tauschwerthe des Nationalproducts vorausgesetzt — entschieden geringer als heute.

Um sich davon zu überzeugen, braucht man nur auf die antike **Oekonomie** hinzuweisen, in Folge deren, der Regel nach, nicht blos der Umsatz vom Rohproducenten zum Fabrikanten und meistens auch zum Kaufmann aufhörte — weil der Oikenherr selbst Fabrikant und Verkäufer seiner Producte war —, sondern auch alle Umsätze beseitigt wurden, die heute die Freiheit der Arbeit nach sich zieht. Der Hauptumsatz entspann sich erst in dem Waarenaustausch von Oikos zu Oikos und von Nation zu Nation, während der ganze lebendige Tauschverkehr, der heute durch den Gegensatz von Grund- und Kapitalbesitz und Besitz und freier Arbeit erzeugt wird, sich gleichsam noch latent im Oikos befand und hier durch die Anordnungen des Herrn ersetzt wurde.

Aber weder die **Summe des Tauschwerths** des Nationalproducts, noch die **Zahl der Umsätze**, die sie erheischt, bilden das ent-

---

37) Dabei konnte — abgesehen von den Gegenden, wo sich Reichthum und Bevölkerung besonders gehäuft hatten, wie in Rom und Italien — das Leben zugleich „wohlfeil" und „theuer" sein. Auf den untern Stufen der Gesellschaft oder in Gegenden, wo die Bedürfnisse einfach waren, d. h. Güter consumirt wurden, die vorzugsweise landwirthschaftliche Arbeit gekostet hatten, **wohlfeil**, weil das Geld einen hohen Sachwerth hatte und die Productionskosten dieser Producte, an denen wenig Fabricationsarbeit haftete, gering waren; auf den obern Stufen, oder in Gegenden, wo Reichthum und Luxus herrschten, und Güter consumirt wurden, die viel Fabricationsarbeit gekostet, **theuer, ungeachtet** das Geld einen hohen Sachwerth hatte, weil dennoch die Productionskosten **dieser** Waaren hoch waren.

scheidende Moment über den Grad des nationalen Bedürfnisses nach Geld. Dies ist vielmehr die Summe der Baarzahlungen, die zu den Umsätzen eines bestimmten Nationalproductwerths erforderlich sind. Und in dieser Beziehung steht das Alterthum sehr weit hinter der Neuzeit zurück, denn es bedurfte zur Bewegung seines Nationalproducts ausserordentlich viel grössere Baarzahlungen als unsere Zeit.

Es ist die Wirksamkeit des heutigen Credits, die diese Verschiedenheit zwischen beiden Zeitaltern hervorbringt.

Man darf diese Verschiedenheit so formuliren: Im Alterthum fielen, bei der damaligen Oekonomie, die kleinen Zahlungen fort, aber dafür mussten fast alle grossen per Comptant gemacht werden; in der Neuzeit müssen grade die Zahlungen des aus der Auflösung des Oikos entstandenen Kleinverkehrs mit Geld abgemacht werden, aber dafür werden die meisten grossen Zahlungen durch die verschiedenen Formen der Abrechnung getilgt. Im Kleinverkehr circulirt aber eine Geldsumme von 1 Thlr. rascher, als im Grossverkehr eine Geldsumme von 1000 Thlrn. Denn der mit kleinen Summen operirende Verkehr ist nach Zeit und Ort zusammengedrängter, als der Grossverkehr. Zur Umsatzvermittlung eines Nationalproductwerths in grossen Summen bedarf es also verhältnissmässig einer grössern Geldmenge, als zur Umsatzvermittlung desselben in kleinen Summen.

Für diese Formel einen stricten Zahlenbeweis zu liefern, ist allerdings unmöglich, aber veranschaulicht man sich nur einige der characteristischen Züge des antiken und modernen Verkehrs, so scheint mir ihre Richtigkeit in die Augen zu springen.

Dass diejenige Güterbewegung, die im Alterthum innerhalb des Oikos, auf Anordnungen des Herrn statt fand, überhaupt keine Zahlungen erforderlich machte, während sie, wenn man sich den Oikos aufgelöst denkt, in die unzähligen kleinen Umsätze zerfällt, die den heutigen Kleinverkehr bilden und grade durch Baarzahlungen vermittelt werden müssen, leuchtet ein.

Aber eben so muss man zugeben, dass im Alterthum fast alle Umsätze, sowohl von Nation zu Nation, als auch von Oikos zu Oikos, also grade die Umsätze, die den Grossverkehr ausmachten, durch Baarzahlungen vermittelt werden mussten, denn es fehlten die Ausgleichungs- und Abrechnungsmittel, die der heutige Verkehr im Wechsel-, Clearinghouse-, Bank-, Noten-, und Chekverkehr erfunden hat. Das einzige Umsatzmittel, welches in dieser Beziehung zu erwähnen wäre, ist die gegenseitige Buchung, resp. Umbuchung einer Geldschuld im cod.

accept. et expens. Indessen beschränkte sich dies Mittel doch nur auf den Darlehnsverkehr, oder auf solche Schulden aus andern Obligationen, die als Darlehen creditirt wurden, ferner nur auf das römische Bürgervolk und auch in diesem, seiner Natur nach, auf einen Kreis mehr oder weniger persönlich Bekannter, und hörte endlich auch, bei der zunehmenden Demoralisation, die der Freihandel mit sich führte, und dem Misstrauen, das man iu Folge dessen in fremde Buchungen setzte, im Kaiserreich ganz auf. So ingeniös also auch diese Darlehnscreditform, namentlich in ihren Umbuchungen, war, sie konnte, nach der Grösse ihres Umsatzgebietes und Umsatzwerthes bemessen, niemals von so beträchtlicher Wirksamkeit sein, wie die obengenannten modernen Creditformen. Aus diesem Mangel flossen aber viele, den antiken Verkehr kennzeichnende Erscheinungen, die aber auf ein verhältnissmässig grosses Geldbedürfniss schliessen lassen. — Aller internationaler Verkehr musste Zug um Zug per Comptant geführt werden, weil der Wechsel noch nicht existirte; wir kennen ja die ungeheuren Summen, die z. B. der Handel über das rothe Meer Rom jährlich kostete. — Der Sklavenimport musste eben so grosse Baarsummen in Anspruch nehmen. — In dem innern Grosshandel, dem Handel von Oikos zu Oikos — auch fast, wie ich schon hervorgehoben habe, eine Art internationaler Handel, da nur die Ueberschüsse der hauswirthschaftlichen Productionen auf den Markt kamen, ähnlich heute wie bei den Nationen, die auch nur ihre Productenüberschüsse auf den Weltmarkt führen, während alle unsere Privatproductionen von vornherein für den Markt arbeiten — auch in dem innern Grosshandel, sage ich, konnte dies nicht anders sein, denn auch für diesen fehlten nicht minder alle Abrechnungsmittel. — Daraus erklärt sich denn auch, weshalb die antike arca ganz andere Baarbestände enthielte als die moderne Casse. Der reiche Caec. Cl. Isidor hinterliess, nach Plinius, ausser seinem andern ungeheuren Vermögen an Aeckern, Sklaven, Vieh u. s. w., noch nahe an 3 Millionen Thaler baar Geld. Aehnlich wird die arca jedes reichen Römers beschaffen gewesen sein. Crassus, sagt Pl. ebendaselbst, besass gegen 10 Millionen Thaler in Ländereien, und das Doppelte an Geld, Sklaven und Hausgeräth. In der That musste jeder grosse Oikos in der arca sich gleichsam »seinen Staatsschatz« sichern. — Aus den grossen Baarbeständen der arca lässt sich dann wieder manches Andre erklären, das uns auffällig ist, z. B. das ungeheure nur nach Gewicht rechnende Geldstrafensystem der spätern Zeit; die Möglichkeit der grossen Congiarien, selbst von Privatpersonen.

Heute hingegen werden fast alle jene grossen internationalen und innernationalen Umsätze durch die genannten Creditmittel bewirkt. Das Geld figurirt dabei nur noch als Werthzeiger; die Umsätze selbst werden durch Abrechnung nach diesem Werthzeiger vermittelt. Was in dieser Beziehung der heutige Wechsel im internationalen Verkehr leistet, ist ja bekannt. Seit 25 Jahren fliesst selbst der Geldstrom aus Asien zurück. Im innern Grossverkehr wirkt der Wechsel nicht anders; hier wird er noch durch den Bank- und Clearinghouse-Verkehr unterstützt. Durch die englische Bank und das City-Clearinghouse werden, nach M. Chevalier in London, täglich blos für 500 Millionen Franken Abrechnungen vermittelt. Deshalb enthält die moderne Casse, abweichend von der arca, auch nur unbedeutende Baarbestände. In London hat bekanntlich der Reichste kein Geld im Hause. Er hat seine Baarschaft in der Bank, — die diese wieder zur Unterlage weiterer Creditvermittlungen gebraucht, — und vermittelt seinen eignen Verkehr durch Cheks.

Es muss aber einleuchten, dass der Mangel oder das Vorhandensein solcher Ausgleichungsmittel von ausserordentlichstem Einfluss auf die Grösse der Geldmenge, die zum Umsatz eines Nationalvermögens erforderlich ist, sein muss.

Dies lässt sich vortrefflich durch folgendes Beispiel aus der heutigen Zeit illustriren.

Es ist ausser allem Zweifel, dass der Sovereign nicht blos ein grösseres Verkehrsgebiet beherrscht, sondern auch eine grössere Productmenge oder Productwerthsumme umsetzt als das Zwanzigfrankenstück. »Wenn ein Kaufmann in St. Francisco — heisst es in einem Aufsatz, Die Weltmünze von E. Nothomb, Pr. Jahrb. Bd. 24 Heft 2 — etwas in Hongkong zu zahlen hat, so kauft er einen Wechsel auf London und dieser lautet auf Pf. St.« Der Grösse dieses Erdenraums, gegen den doch das römische Mittelmeerreich nicht viel zu bedeuten hat, entspricht die Grösse des Productwerthes und die Zahl der Umsätze, die der Sovereign vermittelt. M. Chevalier schätzt den Betrag, der allein in London jährlich von Hand zu Hand geht, auf einen Werth von 250,000 Millionen Franken; alles nach dem Maass des Sovereigns! — Das Verkehrsgebiet des Zwanzigfrankenstücks kommt entschieden weder an Ausdehnung noch an Werthfülle dem des Sovereigns gleich. — Aber die Ausgleichungen, die der Credit in dem Gebiet des Sovereigns anwendet, sind eben so wunderbar gross. Nicht blos, dass von St. Francisco nach Hongkong ein Wechsel gesandt werden kann, — dieser Wechsel ist in St. Francisco vielleicht wieder nur mit einem Wechsel gekauft. Aber wenn auch eine

Baarsumme dafür gezahlt wäre, wie viel Umsätze vermag diese Baarsumme, weil statt ihrer ein Wechsel nach Hongkong geht oder die Schuld in Hongkong in London tilgt, während der Dauer der Sendungszeit, die sie selbst in Anspruch genommen haben würde, noch wieder zu Hause abzumachen! — Welche ungeheuren Abrechnungen die engl. Bank und das City-Clearinghouse vornehmen, habe ich schon oben gezeigt. — So wird es denn möglich gemacht, dass in dem Gebiet des Sovereigns dennoch eine dreimal kleinere Geldquantität zur Circulation genügt, als in dem des Zwanzigfrankenstücks. Chevalier und Nothomb berechnen, dass in Zwanzigfrankenstücken ein Werth von etwa 6000 Millionen Franken, hingegen in Sovereigns nur ein solcher von 2000 Mill. Franken circulirt. Es sind lediglich die Wunder eines besser organisirten Credits, die zu den so viel zahlreicheren Umsätzen eines so viel grösseren Productwerths, dennoch so viel weniger Baarzahlungen und deshalb auch so viel weniger Gold erforderlich machen. — Darf man aus dieser Verschiedenheit der Geldmengen in beiden Verkehrsgebieten, in deren einem eine dreimal geringere Geldmenge einen sicherlich dreimal grösseren Waarenwerth bewegt, auch nur auf eine Verschiedenheit des Sachwerths des Geldes überhaupt schliessen?

Es mag hier noch am Platz sein, eine beiläufige Bemerkung über ein Paar Erscheinungen zu machen, die, wie ich glaube, viel dazu beigetragen haben, falsche Vorstellungen über die Geld- und Reichthumsverhältnisse des Alterthums zu erzeugen. Es sind einer Seits die **colossalen Activ- und Passivvermögen**, und anderer Seits die **grossen Geldsummen in Einer Hand oder auf Einem Fleck**, wie z. B. die Congiarien, — die wir erwähnt finden.

Die erstere Erscheinung hatte hauptsächlich zwei Gründe: erstens, die höhere **Tauschwerthsziffer** des antiken Nationalvermögens, die sich in Folge der Sklaverei und der Unproductivität der Fabrication und Transportation ergab[37a]; zweitens, die Einheit des Grund- und Capitalbesitzes, die natürlich die Aufhäufung des Nationalreichthums bei Wenigen ausserordentlich beförderte. Crassus z. B. besass so viel Ländereien, dass, wenn die Verarbeitung der Rohproducte, die auf denselben erzeugt wurden, ausserhalb der Crassus'schen Oekonomie, auf Rechnung andrer Privaten betrieben worden wäre, noch viele Fabri-

---

[37a] Tauschwerthsziffern entscheiden über den Privatreichthum, aber nicht über den socialen Reichthum. Als die Holländer noch das Monopol des Gewürzhandels hatten, versenkten sie, in ergiebigen Jahren, die Hälfte der Erndte in's Meer. Die andere Hälfte hatte einen grösseren Tauschwerth auf den europäischen Märkten, als wenn sie die ganze Erndte importirt hätten.

kanten und Kaufleute davon hätten reich werden können. Aber Crassus war, nach den volkswirthschaftlichen Verhältnissen des Alterthums, selbst Fabrikant seiner Rohproducte, und Händler mit seinen überflüssigen Waaren[38]). Damit aber nicht genug. Alle seine Arbeiter waren Sklaven und deren Tauschwerth erhöhte die Ziffer seines Vermögens ausserdem noch ausserordentlich. Hätten wir noch Sklaverei und betrüge der Werth eines Arbeiters 500 Thlr., so würde Dr. Stroussberg mindestens dreimal so viel Vermögen besitzen, als ihm der Volksmund heute zuschreibt.

Die Gründe der zweiten Erscheinung — der grossen Baarsummen auf Einem Flecke — habe ich zum Theil schon oben berührt: Die Natur des antiken Verkehrs erforderte grössere Baarsummen und grössere Cassenbestände, als heute[38a]). Aber daraus auf eine grössere nationale Geldmenge zu schliessen, wie, allem Anschein nach, Jacob thut[39]), wäre ganz falsch. Dieselbe Natur des Verkehrs, die grosse Baarzahlungen und Baarsummen erheischte, concentrirte auch die geringere nationale Geldmenge zu einer kleinern Zahl von Summen, aber dafür zu desto grösseren. In dem Crassus'schen oder Isidor'schen Haushalt hatte Einer das Geld. Denkt man sich denselben zu dem heutigen Verkehr aufgelöst, würden es Viele besitzen. Es könnte, in unserem modernen Verkehr, noch dreimal mehr Gold in demselben Verkehrskreise umlaufen, es würde dennoch zu keiner Zeit und nirgends dermassen in Einer so grossen Summe auftreten, wie dort. Auch kehrten immer alle Millionen, die z. B. in Congiarien vertheilt wurden, sehr bald wieder zu den Besitzern dieser grossen Oekonomieen oder auch zu Händen des Staats — im Wege des Verkaufs des jährlichen Staatskorns — zurück[40]). — —

---

38) S. meine Abhandl. Zur Geschichte der röm. Tributsteuern u. s. w., wo ich dies grade in Bezug auf Crassus näher ausgeführt.

38a) S. m. Abhandl. Zur Gesch. der röm. Tributsteuern Anmerk. 21 (3ter Jahrg. dieser Jahrbücher 1. Bd. 5. u. 6. Heft).

39) Ich komme auf die Stelle Sueton. Vespas. 16, mit der er hauptsächlich diese Ansicht begründen will, ausführlich zurück.

40) Mitgetheilt in den Quellen, oder vielmehr uns in die Augen springend, sind nur die grossen und glänzenden Erscheinungen des Alterthums. Wir beachten daher auch nur diese. Die tiefere sociale Erforschung lassen wir uns wenig angelegen sein, selbst da, wo wir die Privatalterthümer behandeln. Denn wir wenden auch bei deren Beurtheilung immer noch zu sehr die Lebensgesetze der modernen Staaten an. Wenn es aber auch gemeinsame Gesetze für alles sociale Leben giebt, Gesetze, die sich auf der denkbar ausgebildetsten Stufe der Gesellschaft noch ebenso wie auf der untergeordnetsten Stufe des blossen Stammlebens derselben wiederfinden,

Wenn man also alle Momente erwägt, die, im Alterthum und heute, auf das Bedürfniss nach Edelmetall von Einfluss sein können; — wenn man erwägt, dass die menschliche Prunksucht, die dies Metall zu ihrer Befriedigung verlangt, damals nicht schwächer gewesen sein wird, als heute; — dass, wenn auch, unter sonst gleichen Umständen, die Nationalproductmenge heute grösser ist, als damals, damals doch gewiss nicht der umzusetzende Nationalvermögenswerth geringer gewesen ist, als heute; — dass zwar wieder die Zahl der Umsätze im Alterthum bedeutend geringer hat sein müssen, als heute, dass aber nicht sowohl die Zahl der Umsätze als vielmehr die Summe der Baarzahlungen über das Bedürfniss nach Geld entscheidet, die letztere aber im Alterthum bedeutend grösser war, als diejenige, die heute zum Umsatz eines gleichen Productwerths erforderlich ist, — wenn man, sage ich, alle diese Momente erwägt, so wird man nicht mehr mit D. d. l. M. behaupten wollen: im Alterthum sei das Bedürfniss nach Edelmetall dermassen schwächer als heute gewesen, dass dadurch die Wirkung, die sonst auch die von D. d. l. M. zugestandenen viel höheren Productionskosten desselben auf seinen Sachwerth hätten haben müssen, vollständig paralysirt worden wäre. —

In der That würde auch noch eine wirthschaftliche Unmöglichkeit damit behauptet werden.

Man beachte wohl — es handelt sich nicht um den Fall, dass das Bedürfniss nach einer Waare so stark ist, dass ihr Werth, fortgesetzt, weit über ihren Productionskosten steht — dieser Fall kommt oft und da immer vor, wo die Production dem Begehr nicht nachzufolgen vermag —, es soll der umgekehrte Fall vorliegen, dass das Bedürfniss einer Waare so schwach ist, dass ihr Werth, fortgesetzt, weit unter ihren Productionskosten steht. Welche Gründe hätten aber die damaligen Bergwerksbesitzer bewegen können, fortgesetzt, mit so bedeutendem Schaden arbeiten zu lassen? Wenn heute einmal in einem Bergwerk die Gewinne nicht so hoch stehen, wie in andern Betrieben, so setzt man noch mitunter den Bau fort, weil das in Maschinen bestehende fixirte oder stehende Capital einen vorwiegend grossen Bestandtheil des angelegten Capitals bildet, indessen schwer oder gar nicht aus dem Betriebe herauszuziehen ist. Aber im Alterthum, wo es wenig oder gar keine Maschinen gab, bestand der grösste Theil auch

---

so hat doch auch jede dieser auf einander folgenden Stamm- oder Staatenordnungen der socialen Welt, ebenso wie jede der verschiedenen animalischen Ordnungen der physischen Welt, ihre besonderen Lebensgesetze und diese charakterisiren sie erst.

des Bergbaucapitals aus Sklaven. Sklaven gehören nun freilich gleichfalls zum stehenden Capital, aber es giebt heute keinen Theil des umlaufenden Capitals, der sich so schnell aus einem Betriebe herausziehen liesse, wie im Alterthum dieser bedeutendste Theil des stehenden Capitals. Was hätte also die Besitzer von Sklaven bewegen können, ihr Capital nicht aus einem Betriebe herauszuziehen, der fortwährend einen Productwerth lieferte, der vielleicht sechsmal weniger als die Productionskosten betrug? Rom hatte ja seinen unermesslichen ager publicus wie Amerika seinen Hinterwald, nur noch unter günstigeren Anbauverhältnissen als Amerika diesen, denn dieser liegt am entferntesten Saume der Civilisation, während Roms Hinterwald eingesprengt in den Territorien der Civitaten zwischen blühenden Stätten der Cultur lag. Wenn die Besitzer ihre 40,000 Bergwerkssklaven fortan ager publicus hätten occupiren lassen, so hätten sie ja in Weizen sechsmal so viel Gold und Silber producirt wie im Bergbau. Und so wie das nur fortgesetzt geschah, hätte auch der Sachwerth des Metalls auf dessen Productionskosten steigen müssen. — Zudem, welches Vermögen der Welt würde es aushalten, immerfort einen unter den Productionskosten stehenden Productwerth zu erzeugen!

Nach Allem dem — nach den grossen Bedenken, die sich, wie mir scheint, gegen die Beweisführung Friedländer's erheben lassen; nach den hohen Productionskosten, die das Edelmetall im Alterthum erforderte; endlich nach der Stärke des Geldbedürfnisses, die dem Alterthum eigen war — nach Allem dem glaube ich also auch zu der Behauptung berechtigt gewesen zu sein, dass damals der Sachwerth des Geldes weit höher als heute gestanden. — —

Allein Fr. scheint noch einen andern Einwand machen zu wollen. Er scheint zu meinen, ich hätte nicht im Allgemeinen sagen sollen: »im Alterthum« sei der Sachwerth des Geldes bedeutend höher gewesen als heute; — denn er legt Gewicht darauf, dass derselbe »im Alterthum in verschiedenen Zeiten und Ländern sehr verschieden gewesen sei«[41]).

Aber auch »Alterthum« im Allgemeinen, glaube ich, darf man sagen.

Zwar versteht es sich, dass auch damals der Sachwerth des Geldes nach Zeit und Ort variirt hat. So kann es möglich sein, dass, wo

---

41) Auch Roscher — Die Grundlagen der N.-O. Erste Ausg. Bd. 1 S. 245 Anm. 3 — setzt zu der Notiz aus Garnier's Histoire d. monnaies etc. „Silber habe im Alterthum sein Gewicht in Korn 6000fach erkauft, bei uns nur 1000fach", hinter „Alterthum" ein Fragezeichen.

er einmal im Alterthum, nach Zeit oder Ort, verhältnissmässig niedrig gestanden, wie z. B. in der ersten Kaiserzeit in Rom, er sich demjenigen Stande genähert, der in der Neuzeit, nach Zeit oder Ort, besonders hoch gewesen. Aber deshalb wird noch nicht die Behauptung, dass er im Alterthum im Allgemeinen weit höher als heute gewesen, unrichtig. Man muss die nach Zeit und Ort wechselnden Schwankungsgründe, die ihm seinen localen und momentanen Stand anweisen, von den stationären Gründen, die ihn in einem weitern Bereich und ein ganzes Zeitalter hindurch bestimmen, unterscheiden. Die Wirkungen von jenen verhalten sich wie die wechselnden Wellenschläge zu der Höhe oder Tiefe des Wasserstandes selbst. Jene gleichen sich örtlich und zeitlich wieder aus. Wenn z. B. in Rom einmal der Sachwerth des Geldes niedriger stand, weil ein siegreicher Consul hier die Schätze einer Provinz zusammengerafft hatte, so stand er in der Provinz gleichzeitig so viel höher. Ebenso dürfte er in Rom und Italien, seit den griechischen und carthagischen Eroberungen bis zu Tiberius, unausgesetzt gefallen sein und ist jedenfalls, wie Jacob ausführt[42]), von da ab wieder gestiegen. — So steht er jetzt auch in Nordamerika[43]) und England niedriger als irgendwo anders und hat überhaupt seit der Entdeckung der Minen von Potosi, abwechselnd, längere Perioden bedeutenden Fallens und dann mitunter wieder kürzere Perioden eines leichten Steigens gehabt, während er jetzt wieder eine längere Periode des Fallens vor sich haben dürfte[44]). Aber, wenn man im Allgemeinen das griechische und römische Zeitalter mit der Neuzeit seit Mitte des 15. Jahrhunderts vergleicht und bei diesem Vergleich auch die analogen örtlichen und zeitlichen Schwankungen gegen einander hält, so scheint es mir gar nicht zweifelhaft zu sein, dass die Neuzeit einen weit niedrigeren Sachwerth des Geldes, als das Alterthum aufzuweisen hat, denn über die örtlichen und zeitlichen Schwankungsgründe dominiren die stationären Bestimmungsgründe, und dies sind die reicheren Minen, das weit productivere Bergbauverfahren und endlich die die Baarzahlungen ersetzenden Abrechnungsmittel der Neuzeit.

Es giebt ein volkswirthschaftliches Verhältniss anderer Art, bei dem dieselbe Behauptung in derselben Allgemeinheit richtig ist, und

---

42) Die von Jacob zum Ausgang genommenen Zahlen sind, wie ich unten zeigen werde, entschieden falsch, aber die Richtung der Bewegung im Allgemeinen ist wohl zweifellos.

43) Geringere Zahlungen als 10 Cents = 4 Sgr. kommen in Californien gar nicht vor. M. s. den oben angeführten Aufsatz „Die Weltmünze" von E. Nothomb.

44) S. M. Chevalier a. a. O.

bei dem ebenfalls ein oder der andere Nationalökonom einwenden könnte, »es sei im Alterthum in verschiedenen Zeiten und Ländern sehr verschieden gewesen«.

Dies ist der Zinsfuss.

Auch der Zinsfuss hat „im Alterthum" weit höher gestanden, als bei uns. Damit ist aber ebenfalls nicht gesagt, dass er nicht nach Zeit und Ort bedeutend geschwankt habe. Wir wissen, dass er mitunter, wenn sich grosse Geldsummen plötzlich über einen Platz ergossen, auch im Alterthum ausserordentlich fiel und natürlich auch fallen musste, denn unter solchen Umständen sind Geldsummen nicht blos Geld, d. h. nur Umsatzmaschine und Werthmesser, so dass sie nur die Preise aller Dinge erhöhten und deshalb, wie Hume meinte, auf den Zinsfuss keinen Einfluss hätten, sondern sind zugleich Leihcapitalien, die ihren Besitzern den Nutzen des Zinses gewähren sollen und also auch durch ihr vermehrtes Ausgebot den Zinsfuss drücken müssen. — Ebenso konnte auch nach Zeit und Ort das Gegentheil eintreten. — Aehnliche Gründe der Schwankungen des Zinsfusses bestehen auch in unserem Zeitalter, was ja bekannt ist. Wollte man nun aus dem Alterthum einen Zinsfuss herausgreifen, der besonders niedrig gestanden, und ihn mit einem Zinsfuss der Neuzeit vergleichen, der besonders hoch gestanden, so würde ebenfalls nicht der Abstand sehr gross erscheinen. Aber dieser Vergleich würde nicht die eigentliche Frage entscheiden; denn dieselben Schwankungsgründe, die ihn im Alterthum an einem Ort und zu einer Zeit so sehr erniedrigt, würden ihn die in unserer Zeit noch weit mehr erniedrigt haben. Auch hier sind die Gründe der Zinsfussschwankungen nicht die seines durchschnittlichen verhältnissmässigen Standes. Auch hier sind die einen beweglicher, die andern stationärer Natur. Auch hier verursachen die einen nur Wellenschläge auf dem durchgängig höheren Stande des Zinsfusses. Jene liegen in dem vorübergehenden Concurrenzverhältniss des Leihcapitals, diese in dem dauerneren Gewinnsatz des productiven Capitals, — was indessen nur in einer besonderen Abhandlung ausgeführt werden könnte. — Auch »Alterthum« im Allgemeinen, scheint mir danach, darf man sagen.

Oder endlich, — hätte ich nach Fr.'s Ansicht nicht sagen sollen, dass »bekanntlich« im Alterthum der Sachwerth des Geldes weit höher als heute gewesen, da doch Jacob und Dureau de la Malle bekannt sind?

Allein auch dazu glaube ich berechtigt gewesen zu sein; denn Jacob ist nach meiner Ansicht anders zu verstehen, als wie Fr. meint;

D. d. l. Malle aber, wie ich glaube nachweisen zu können, ist keine Autorität in dieser Frage; und endlich Fr.'s Ansicht selbst, die mich sonst allerdings bestimmt haben würde, den angefochtenen Satz nicht ohne Begründung zu lassen, kannte ich ja damals noch nicht.

Zuerst zu Jacob.

Dieser hat im 6. Capitel seines Werks[45]), unter andern, folgende für die vorliegende Frage bemerkenswerthe Stellen:

1) »In Plinius finden wir, dass der Weizenpreis von Marius Marcius, einem der Volksädilen um das Jahr 350 v. Chr. auf den Preis eines Ass für den Modius (drei Farthings für das Viertel eines englischen Scheffels, oder zwei Schillinge für den Quarter) herabgebracht war; dagegen hatte der Quarter zu Plinius' Zeit den Preis von 3 Pf. Sterling erreicht.«

2) »Cicero's Anklage gegen Verres bestand darin, dass er duodenos sestertios in modios singulos erpresst habe, welches auf den modius oder ein Viertel eines englischen Scheffels 1 sh. 10 p. 3 farth. oder auf das Quarter 3 Pf. St. 1 sh. beträgt.«

3) »Tacitus erwähnt, dass nach Roms Einäscherung durch Nero das Volk einen grossen Trost darin gefunden, Korn zu 3 Nummi den Modius (gegen 16 sh. das Quarter engl. W.) zu erhalten, was dem alten Preise gleich gekommen sei.« —

4) »Wie lange diese verhältnissmässig niedern Preise währten, ist nicht zu entnehmen, allein lange konnten sie nicht bestehen, denn zur Zeit des Plinius waren die Preise auf's Neue gestiegen, und standen etwas höher als zur Zeit des Augustus, nämlich der englische Quarter zu 3 Pf. St. $3^1/_3$ sh. heutiger Währung.«

5) »Der Preis des Brodes in Rom scheint zu Lebenszeiten des Plinius beiläufig der nämliche oder etwas niedriger gewesen zu sein, als heut zu Tage in London.« —

Zu diesen Stellen ist aber Folgendes zu bemerken.

Zu 1. Der Preis von 1 Ass zur Zeit des Marius Marcius ist aus dem Plinius bekannt und schon oben besprochen, dagegen habe ich keine Stelle im Plinius finden können, aus der klar hervorginge, dass damals der Preis, nach Quarter berechnet, 3 Pf. St. erreicht habe. J. kann nur aus dem von Plinius mitgetheilten oben behandelten Brodpreis auf einen solchen Kornpreis geschlossen haben. Dann muss er aber die damaligen Mehl-

---

[45]) Ich citire nach der Kleinschrod'schen Uebersetzung.

fabricationskosten den heutigen ungefähr gleichgestellt haben, was aber, wie gezeigt, entschieden unzulässig ist.

Zu 2. Dass aus der Erpressung des Verres von 12 Sest. auf den Modius nicht auf einen Marktpreis von 3 Pf. St. 1 sh. pro Quarter geschlossen werden kann, geht aus den betreffenden Stellen zu klar hervor, als dass dies einer weitern Ausführung bedürfte.

Zu 3. Davon, dass das Volk in den Preis von 3 Sest. für den Modius (gegen 16 sh. pro Quarter) einen grossen Trost gefunden und dieser Preis dem alten Preise gleich gekommen sei, davon steht keine Sylbe im Tacitus. Ich habe die betreffende Stelle oben behandelt.

Zu 4. Dass kein Beweis vorliegt, dass der Preis von 3 Sest. unter Verres ein verhältnissmässig **niedriger** Preis gewesen, werde ich unten, wo ich auf die versuchte Beweisführung D. d. l. M.'s näher eingehe, ausführen. Es dürfte aber auch keine Stelle in den Quellen geben, aus der hervorginge, dass zur Zeit des Augustus der Preis pro Quarter nur etwas niedriger als 3 Pf. St. 3^1/$_3$ sh. gestanden, oder dass er zu Plinius' Zeit auf's Neue so hoch gestiegen. Unter diesem Preise könnte aus der »Zeit des Augustus« nur der oben erwähnte Hungerpreis, bei dem A. die Zahl der tesserae verdoppelte, und, aus der vorangehenden Zeit, nur der Erpressungspreis des Verres verstanden sein. Dass man aber zwei so exceptionale Preise nicht zu allgemeiner Charakteristik der damaligen Kornpreise gebrauchen darf, leuchtet ein.

Zu 5. In diesen Worten vergleicht J. nur die **Brod**preise (**bread** im Original), aber nicht die Brod**korn**preise in Rom zu Lebzeiten des Plinius mit denen seiner Zeit in London. Er hat also die oben behandelte Stelle Pl. H. N. XVIII. 12 im Sinn, **und vergleicht also J. an dieser Stelle seines Werks überhaupt nicht die Kornpreise der damaligen und heutigen Zeit mit einander.**

Prüft man demnach genauer, was J. in diesem seinem sechsten Capitel zur Vergleichung der Kornpreise aus der Zeit des Plinius mit denen seiner eignen vorbringt, so kommt man theils zu einem sehr wunderlichen, theils zu einem ganz andern Resultat, als Fr. demselben Capitel entnimmt.

Es zeigt sich, erstens, dass, wenn Jacob die Kornpreise zur Zeit des Augustus und des Plinius auf 60 sh. pro Quarter annimmt und dadurch einen dem Londoner Weizenpreis seiner Zeit ungefähr gleichen Preisstand erhält, dies nur dadurch erreicht wird, dass er für die Zeit des Augustus und des Plinius einen **Durchschnittspreis von beinahe 12 Sest. für den Modius** annimmt, einen Preis, den Fr.

selbst, der ihn für die letztere Zeit nur auf 4 bis 5 Sest. schätzt, entschieden zurückweisen würde und den anch Jacob nur mittelst einer falschen Deduction, die die damaligen weit höheren Mehlfabrikationskosten ausser Acht gelassen, aus einem von Plinius mitgetheilten Brodpreis gefunden haben kann.

Zweitens zeigt sich, dass J. in derjenigen Stelle, auf die sich Fr. (und auch D. d. l. M.) berufen, buchstäblich gar nicht von einer Vergleichung der Brodkornpreise, sondern nur der Brodpreise spricht. Deshalb kann sich auch Fr., schon was die Vergleichung der Geldpreise aus beiden Zeitaltern anbetrifft, keinen Falls auf J. berufen. Denn wenn und wo J. die Kornpreise beider Zeiten für gleiche hält und offenbar in den Preisen des Alterthums irrt, muss auch Fr. die Deduction, die J. zu diesem Resultat verleitet, zurückweisen; und, wenn und wo J. die Brodpreise mit einander vergleicht und nicht in den Preisen des Alterthums irrt, darf Fr. ihn nicht einmal als Autorität dafür anziehen, dass die Kornpreise, und noch viel weniger, dass der Sachwerth des Geldes in beiden Zeiten gleich gewesen, denn Brod ist Fabrikat und nur an Rohproducten, bei denen sich die Productionskosten für längere Zeit wenig verändern, kann der Sachwerth des Geldes ermittelt werden, aber nicht an Fabrikaten, bei denen die Fabrikationskosten sich so ausserordentlich verändert haben, wie bei allen denen, bei welchen der heutige Mühlenmechanismus inzwischen zur Anwendung gekommen. Würde der Kornpreis, den Fr. als den Durchschnittspreis für die Zeit des Plinius annimmt, mit dem Londoner Preise, den J. zur Vergleichung mit dem Preise des Alterthums annimmt, verglichen, so würde, wie ich schon gezeigt, der Sachwerth des Geldes im Alterthum noch immer 2- bis 3mal höher gewesen sein als heute; würde aber der Preis, den Jacob für die Zeit des Plinius annimmt, mit dem Königsberger Preis, den Fr. zum Vergleichungspreis aus unsrer Zeit wählt, verglichen, so würde der Sachwerth des Geldes im Alterthum sogar 2- bis 3mal niedriger als heute gewesen sein und die Edelmetallmassen, die seit dem 16. Jahrhundert Mexico, der Ural, Californien und Australien auf den Markt geworfen, hätten so wenig eine steigende Wirkung auf den Preis der Waaren gehabt, dass dieser, abgesehen von den eignen Productionskosten der Waaren, vielmehr noch unausgesetzt hätte fallen müssen.

Aber noch mehr!

J., wenn er auch in dem angezogenen 6. Capitel die Geldpreise von Korn und Brod in den beiden verglichenen Zeiten für gleich hält, ist damit durchaus nicht der Ansicht, dass damit auch der Beweis geliefert sei, dass der **Sachwerth** des Geldes im Alterthum so hoch wie heute gewesen sei. Dies geht aus dem letzten Capitel seines Werkes deutlich hervor.

Hier sagt J. wörtlich: »Wir haben zwar versucht, aus Vergleichungen zahlreicher Preislisten von den Jahren 1810 und 1830 den Grad des Sinkens der Metallpreise für die verschiedenen Artikel zu bestimmen; allein wir vermochten kein Preisverzeichniss herzustellen, in welchem nicht die offenbare Einwirkung andrer Ursachen als des verminderten Quantums der Circulationsmittel sichtlich hervorgetreten wäre. So unterlag der Artikel Getreide, welcher den höchsten Betrag bildet, so grossen Beschränkungen, dass unmöglich bestimmt werden konnte, welchen natürlichen Preis dasselbe in irgend einem Lande und in irgend einem gegebenen Zeitpunkte behauptet haben würde, wenn der Verkehr hiemit einer vollen Freiheit genossen hätte. Die Einflüsse solcher Beschränkungen lassen sich so wenig einem Calcul unterwerfen, als die Wirkungen des Missjahres von 1816 oder des Eintritts des allgemeinen Friedens im Jahre 1815«.

Hier stellt also auch J. den Begriff des »natürlichen Getreidepreises« auf und setzt ihn dem Geldpreis des Getreides entgegen. In dem ganzen Capitel setzt er aus einander, was auch ich oben auszuführen gesucht habe, dass man den Sachwerth des Geldes nur an diesem natürlichen Preise des Getreides erkennen könne. Der natürliche Preis ist aber, wie gezeigt, nicht einmal immer der durchschnittliche Geldpreis des Markts, sondern der, welcher durch die Productionskosten des Getreides gegeben ist. Auch das sagt J. wenigstens implicite in diesem Capitel. Wenn er nun aber schon für seine Zeit annimmt, dass dieser natürliche Preis durch die Gesetzgebung und viele andre Ursachen alterirt worden und es ihm deshalb nicht möglich scheint, ein einiger Massen befriedigendes Verzeichniss solcher Utensilien herzustellen, welches als richtiges »Kriterion des Gold- und Silberwerths« zu gelten vermöchte, wie viel schärfer würde J. diese Folgerung für das Alterthum gezogen haben, wo der natürliche Preis des Getreides, in Folge des unausgesetzten Staatskornhandels und eben so der Wirkung der penus in den grossen Hauswirthschaften, überhaupt nicht zum Ausdruck gelangen konnte — selbst, wenn davon eben so ununterbrochen Marktpreisverzeichnisse vorgelegen hätten, wie aus der Neuzeit. Aber eine Untersuchung über **den Sachwerth des Geldes** lag überhaupt nicht in seinem Plan, am wenigsten für das

Alterthum; er untersucht lediglich die Metallmengen, die im Alterthum und der Neuzeit circulirt hätten, resp. producirt und consumirt seien und schliesst daraus nur auf die Geldpreise und umgekehrt von diesen auf die Metallmengen. Dabei hält er selbst noch die blosse Schätzung der Zu- oder Abnahme dieser Metallmengen für weit leichter als die Ermittlung, wie viel diese Zu- oder Abnahme auch nur auf die Geldpreise eingewirkt[45a]).

[45a]) J. ist überhaupt nur mit grosser Vorsicht zu gebrauchen.
Was das Alterthum betrifft, halte ich ihn nahezu für unbrauchbar, namentlich in den meisten Ziffern, die sich auf die circulirende Geldmenge oder auch auf die Geldpreise der Dinge im römischen Reich beziehen.
Ich habe dies harte Wort in beiden Beziehungen zu begründen.
Die im röm. R. circulirende Geldmenge anlangend, so schätzt J. sie unter Augustus auf 358 Millionen Pfd. Sterl. — Wie kommt er dazu? — Er versteht die bekannte Stelle Suet. Vespas. 16: Quadringenties millies statim initio sui principatus opus esse professus est, ut respublica stare posset, „von der geprägten Geldmenge, die damals im Reiche umgelaufen sei" und also ungefähr 323 Mill. Pfd. Sterl. betragen habe; berechnet einen jährlichen Abnutzungsverlust von 10% und gelangt auf diese Weise, rückwärts, für den Beginn des Kaiserreichs, zu der Geldmenge von 358 Mill., und, für die Zeit nach Vespasian, nach und nach fallend, zu 83 Mill. um's Jahr 482. Danach würde also zu Vespasian's Zeit die im Reich circulirende Geldmenge grösser gewesen sein, als heute, nachdem alle Welttheile uns so viel Metall gespendet, die Menge beträgt, die in den beiden grossen Verkehrsgebieten des 20-Frankenstücks und des Sovereigns zusammen circulirt. Das will sachlich schon nicht einleuchten. Aber ich behaupte auch, dass es unter den deutschen Gelehrten Niemand giebt, der obige Stelle von der circulirenden Geldmenge würde verstehen wollen. Ist sie aber nicht zu verstehen, so sind eben alle Ziffern falsch, die sich bei J. auf diese seine Auslegung der Stelle gründen, und da J. seine ganze Auffassung von dem Metallreichthum des Alterthums eigentlich auf diese Summe zuspitzt und umgekehrt wieder von ihr aus beleuchtet sein lässt, so wird auch seine ganze Darstellung der Geld- und Preisverhältnisse des Alterthums tendentiös und falsch.
Indessen hat bekanntlich die Stelle ihre grossen Schwierigkeiten. So wenig, wie von der umlaufenden Geldmenge, kann auch das quadringenties millies von den jährlichen Staatseinkünften oder dem Staatsschatz verstanden werden, wie ungeheuer man auch die römischen Reichthümer und die Staatsausgaben des Reichs mag veranschlagen wollen. Man hat daher immer noch keine bessere Auslegung des quadringenties millies, als die J.'s, gefunden. Deshalb hat man quadragies statt quadringenties gesetzt. Höck, Röm. Gesch. I. 2. S. 295 Anm. 3 sagt dazu: „Man darf kein Bedenken tragen, die Lesart quadringenties in quadragies zu ändern: denn jene (2000 Millionen Thaler) würden einen baren Unsinn geben: da diese Summe viel höher ist, als die heutige jährliche Staatseinnahme aus allen den Ländern, welche zu Augustus' Zeit das römische Imperium umfasste und jene im offenbarsten Widerspruch mit allen Geldverhältnissen des Alterthums steht". Quadragies würde also ein Staatseinkommen ergeben, das beinahe der von Lipsius berechneten Staats-

Anders freilich Dureau de la Malle.

einnahmen (225 Millionen Thaler) gleich käme, während es Gibbon's Annahme (90—120 Millionen) fast um das Doppelte überstiege. Aber diese Emendation ist doch wieder nur eine jener willkürlichen Veränderungen, zu denen man nicht so leicht greifen sollte, als es gewöhnlich geschieht.

Um so mehr bin ich verpflichtet, eine Auslegung des quadringenties millies zu liefern, die plausibler erscheint, als die obigen, und eine solche glaube ich auch in der folgenden gefunden zu haben.

Vespasian sagt in der That: Um den Staat in Stand zu setzen, brauche er über 2000 Millionen Thaler. Aber diese Ziffer bezieht sich nicht auf die laufenden Jahresbedürfnisse des Staats allein, auch nicht auf einen Staatsschatz allein, den die tüchtigeren Kaiser immer anzusammeln pflegten, sondern, ausser auf Einkünfte und Staatsschatz, **auch noch auf die nothwendige Aufbesserung des ganzen römischen Staatsvermögens,** welches nämlich unter den vorangehenden Missregierungen in den grössten Verfall gekommen war.

Um dieser Auslegung gerecht zu werden, muss man sich zuvor den Inbegriff eines antiken Staatsvermögens vergegenwärtigen.

Zuerst existirte nicht der Gegensatz von Kirche und Staat, sondern beide, und also auch Kirchen- und Staatsvermögen, waren Eins, waren Staatsvermögen. Alle Tempel der römischen Civitas — und diese erstreckte sich damals über ganz Italien — mit Allem, was zum Dienst derselben daranhing, waren Staatsgut, in demselben Sinne, wie heute Gerichts- und Gefängnissgebäude. Solcher Tempel des römischen Göttercultus nebst Zubehör gab es aber weit mehr und weit Glänzenderes als heute des dreieinigen christlichen Gottes, sammt allen unsern Muttergottesbildern an den Wegen. Es ist eben so. Wenn man die Frömmigkeit in die äusserliche Feier setzt, so ist nicht zu verkennen, dass die orthodoxeste christliche Menschheit weit irreligiöser geworden ist, als die heidnische war. Nun stelle man sich vor, dass auch nur unser ganzes heutiges Kirchengut Staatsgut wäre, — welche ungeheure Ziffer würde dem heutigen Staatsvermögen zuwachsen?

Zweitens waren die Staatssklaven ein ausserordentlich bedeutender Staatsvermögensbestandtheil, der heute ebenfalls nicht in einem Staatsvermögen vorkommt. Wenn diese einmal viele Jahre nicht gehörig ergänzt wurden, so betrug das sofort eine Capitalsumme, die an eine sofortige Aufbesserung dieses Vermögenstheils in einem Jahre gar nicht denken liess.

Drittens kommt in Betracht, was das antike Naturalsteuersystem in seinem Gefolge hatte. Hierher gehört nicht blos das ungeheure Magazinwesen mit seinen nothwendigen Gebäuden in Rom und an allen Etapenörtern des Reichs, sondern auch ein ungeheures Fuhrwesen, dessen Eigenthümer gleichfalls der Staat war, ehe es im Verlauf der Zeit auf die Schultern der Unterthanen gewälzt war und sich „in pestem orbis Romani" gewandelt hatte.

Dies ganze ungeheure Vermögen, das sich bei den modernen Staaten gar nicht findet, das nach unserer Ausdrucksweise Capitalvermögen war, war aber damals zu vollkommener Wirksamkeit des Staats eben so nothwendig, als heute die jährlichen Etatssummen oder ein Staatsschatz. Ein Deficit in jenem Vermögen war also auch eben so fühlbar wie heute ein Deficit in den Einkünften. Zu einem solchen Vermögensdeficit konnte es aber im Alterthum leicht kommen, wenn

Dieser sagt in der That ausdrücklich, dass der Sachwerth des

eine unordentliche Finanzverwaltung mehrere Jahre hinter einander nicht an den Capitalersatz — an die Reparaturen jener Masse öffentlicher Gebäude, an die Erneuerung des öffentlichen Sklaveninventariums u. s. w. u. s. w. — gedacht hatte, und es war, bei V.'s Regierungsantritt, in der That dazu gekommen und zwar zu einem um so grösseren Deficit gekommen, je grösser die Vermögensziffer an sich war und je scheusslicher die dem V. vorangegangenen Missregierungen gewesen waren. Ein solches Deficit, meine ich nun, liegt in Vespasian's Worten mitangedeutet. Nicht blos die Jahreseinkünfte, deren Summe übrigens wohl der Lipsius'schen Ansicht näher kommt als der Gibbon'schen, sind mit den 2000 Millionen gemeint; nicht blos auch noch ein Staatsschatz, der doch unter Tiberius auch 130 Millionen betrug; sondern, ausser diesen beiden Posten, auch noch die ungeheuere Summe, welche die Wiederinstandsetzung und Aufbesserung jenes ungeheueren öffentlichen Capitalvermögens erforderte, einer Summe, die, einleuchtender Weise, auf Ein Mal oder in Einem Jahre gar nicht zu beschaffen war, auch gar nicht beschafft werden sollte, zu deren successiver Verwendung vielmehr die ganze so sparsame und finanziell oft drückende Regierungszeit Vespasian's gehörte.

Ich finde auch, dass diese Auslegung, die doch schon an sich plausibler erscheinen dürfte, als die, die Summe von 2000 Millionen von der circulirenden Goldmenge, oder den jährlichen Einkünften, oder dem Staatsschatz zu verstehen, die auch keine willkürliche Veränderung des Textes erfordert — ich finde auch, dass diese meine Auslegung nicht blos durch die von Vespasian gebrauchten Worte, sondern auch durch die Mittheilungen Sueton's selbst unterstützt wird. Cap. 7 sagt er: „Deformis urbs veteribus incendiis ac ruinis erat"; weiter: „restitutionem Capitolii aggressus"; und: „aerearum tabularum tria millia, quae simul conflagraverant, restituenda suscepit." — C. 9: „Fecit et nova opera, templum Pacis foro proximum. Denique Claudii in Coelio monte coeptum quidem ab Agrippina, sed a Nerone prope funditus destructum; item Amphitheatrum urbe media ut destinasse compererat Augustum." — Dann heisst es C. 16: „Sola est, in qua merito culpetur, pecuniae cupiditas." In der That ist C. 8 von ihm erzählt worden: „Achajam, Lyciam, Rhodum, Byzantium, Somum, libertate ademta, item Thraciam, Ciliciam et Commagenem, ditionis regiae usque ad id tempus, in provinciarum formam redegit". Aber das rechnet ihm, characteristische Weise, Sueton nicht als cupiditas an, sondern nur die neuen civilen Belastungen nach c. 16: „Non enim contentus, omissa sub Galba vectigalia revocasse, nova et gravia addidisse, auxisse tributa provinciis, nonnullis et duplicasse," — denn der Provincialboden war ja zum grossen Theil in den Händen römischer Bürger, die als usufructuarii, wie sie von Rechtswegen nur waren, durch eine Erhöhung des trib. sol. et capit. (letzteres nur in den Köpfen ihrer Sklaven) hart getroffen wurden. — Dann heisst es zum Schluss c. 16: „Sunt contra, qui opinentur, ad manubias et rapinas necessitate compulisas, summa aerarii **fiscique** inopia, de qua testificatus sit initio statim Principatus, professus: Quadringenties millies opus esse, ut respublica stare posset". Hier ist das aerarii fiscique inopia bemerkenswerth. Aerarium und fiscus drücken hier nicht den Gegensatz von Staatskasse und kaiserlicher Casse aus — denn Vespasian war einer der reichsten Römer, die es je gegeben, — sondern eben der laufenden Staatseinkünfte und des Staatsvermögens, wie auch die res fiscales, c. 2 §. 4 D. 43. 8, Capitalvermögen des Staats sind.

Geldes (valeur potentielle) im Alterthum so niedrig als heute gestanden

Aus diesen Mittheilungen Sueton's scheint mir also die Bestätigung hervorzugehen, dass V., beim Beginn seiner Regierung, in Folge der Vernachlässigungen und Verschleuderungen der vorangegangenen Regierungen, viele öffentliche Werke in völligem Verfall oder unvollendet vorfand, Werke, die natürlich zu ihrer Restauration und Vollendung grosse, das gewöhnliche Ausgabebudget übersteigende Capitalauslagen, auch dabei vor Allem Sklaven, erforderten, welche Auslagen wir heute durch Anleihen gedeckt haben würden, die aber im Alterthum nur successive aus dem Einkommen bestritten werden konnten. Vespasian führte auch in der That, im Laufe seiner Regierung, alle diese Restaurationen, Bauten und Aufbesserungen, die, im Beginn seiner Regierung, nebst den laufenden Bedürfnissen und dem erforderlichen Staatsschatz, auf eine Summe von 2000 Millionen zu veranschlagen waren, bei seiner strengen und sparsamen Staatshaushaltung, richtig aus.

Dieser Auslegung scheint mir kaum etwas entgegenzustehen. Namentlich nicht Tac. Hist. IV. 47, wo, gegen dieselbe Zeit, bei völliger Ebbe in den öffentlichen Cassen nur sexcenties Sestertium von Privaten geborgt werden sollen, wozu es aber schliesslich nicht kommt. Sie scheint vielmehr noch anderweitig, als durch Sueton, bestätigt zu werden. So zeigt Tacit. Hist. IV. 9, welche Sorge kurz vorher die öffentlichen Bedürfnisse, und nicht blos die laufenden dem Senat gemacht, denn hier kommt schon eine deutliche Anspielung auf die Finanzverwaltung V.'s und die Wiederherstellung des Capitalvermögens des Staats vor. — Ferner bestätigt Aurel. Vict. Epit. 9 und Caes. 9 diese Auffassung ausdrücklich in den Worten: „Infirmus tamen, uti quidam prave putant, adversus pecuniam, cum satis constat, aerarii inopia et clade urbium novas eum neque postea habitas vectigalium pensiones exquisivisse. In dem clade urbium liegt deutlich genug, dass es sich noch um andere Ausgaben, als die Ausgabeposten des laufenden Ordinariums handelte. Namentlich ist der Pluralis urbium bezeichnend. Man sieht, es kam hier nicht blos Rom in Frage, sondern die römisch-civilen Städte Italiens überhaupt, die sämmtlich unter den der Regierung Vespasian's voraufgegangenen Missregierungen und Bürgerkriegen so furchtbar gelitten hatten. Denn der Begriff der respublica erstreckte sich ja über die gesammte römisch-civile Bürgergemeinschaft und diese umfasste damals das ganze Land Italien, gleichsam wie eine Bürgerstadt, in der Rom selbst nur der centralste Mauerring war. Vespasian fand auch die Mittel, die respublica nach und nach wieder auf die Beine zu bringen. Zum Theil; wie Aur. Vict erzählt, durch Einführung neuer Abgaben, die auch später wieder aufgehoben wurden; dann, dass er, wie wir oben gesehen, so viele Civitaten zu Provinzen machte; endlich auch, dass er die Provinzialtribute überhaupt erhöhte. Den italienischen urbes, die in so grossen Verfall gekommen waren, half er aber noch auf besondere Weise auf. Er fand die Mittel dazu auf deren Territorien selbst, denn er nahm — und zwar mit Recht — die subseciva als Staatsgut in Anspruch und verkaufte sie, — Aggen. Urbic. d. controv. agror. — wobei natürlich die bisherigen Occupanten die Käufer geblieben sein werden, — eine Ressource, der Domitian, wohl aus Hass gegen das Andenken seines Vaters, ein für alle Mal ein Ende machte, indem er sämmtliche übrigen Subsiciven ihren derzeitigen Besitzern, als ersessen, zugestand und damit nicht sowohl „der Wohlthäter" der Städte, wie Savigny irgendwo meint, wurde — denn nicht die Corporation, sondern Private erhielten die Aecker geschenkt — als vielmehr der Verschleuderer von Staatsgut war.

und beruft sich dabei merkwürdiger Weise auch auf Jacob, der

> Auch dass Vespasian in dieser Weise überhaupt die Staatsbedürfnisse aufrechnete, Capitalbedürfnisse und laufende Bedürfnisse zu einer Summe zusammenfasste, braucht nicht bedenklich zu machen, denn eine solche Aufrechnung lag in der antiken Buchführung.
> Die Römer führten allerdings Buch, ja, es gehörte bekanntlich in den bessern Zeiten zur staatsbürgerlichen Ehre, auf das Redlichste und Genaueste Buch zu führen, aber bei der Natur und den Formen der auf den Oikos gegründeten antiken Vermögens- und Einkommensverhältnisse gipfelte diese Buchführung nicht in einem Cassabuch moderner Art, sondern in einem laufenden Vermögensinventarium (Hausbuch), tabulae genannt, von denen der cod. accept. et expens. nur als ein Folium oder eine Abtheilung zu betrachten ist. Diese laufenden Vermögensinventarien wurden, den verschiedenartigen antiken Vermögensbestandtheilen gemäss, auch nach verschiedenen Rubriken geführt. Die wichtigsten, die sich auch nachweisen lassen dürften, waren agri, aedificia, servi, boves, frumentum, aurum et argentum, — wozu in grossen Privatvermögen die kostbare suppellex kam — und endlich auch die nomina des cod. acc. et exp. Man sieht, nach unsern Begriffen laufen in dieser Buchführung Vermögensstock und Vermögenseinkünfte bunt durch einander, aber dies konnte nicht blos nach der Natur des antiken Privat- und Staatshaushalts geschehen, es war sogar natürlich und geboten, denn die grossen zur Consumtion bestimmten Verbrauchsvorräthe, obwohl sie jährliche Erzeugnisse der agri und servi waren, nahmen die Natur von Capitalvermögen im Gegensatz von Einkommen an, gleich wie die nationalen Consumtionsvorräthe, die heute in den Verkaufsmagazinen liegen, für deren Besitzer gleichfalls Capitalvermögen sind. Der antike Staat aber, der nur der grösste Oikenherr war und ausserdem auch noch von allen Privatoikenherrn Naturalien empfing, führte seine Bücher nicht anders, wie ein grosser Privatmann. So wie also beim Beginn seiner Regierung Vespasian die Staatsrechnungen nachsah, sprang ihm auch, was an Capitalvermögen da war, fehlte, resp. bedurft wurde, gleich eben so sehr in die Augen, als was an jährlichen laufenden Einkünften da war, fehlte oder bedurft wurde, und es entsprach durchaus nur den antiken Wirthschafts- und Finanzverhältnissen, wenn er gleich die ganze Summe dieses ungeheuren Bedürfnisses in Einer Ziffer zusammenfasste. — Ich habe hier natürlich nur einen Gedanken klar machen können, der, wie ich glaube, den Kenner des antiken Lebens schon an sich anspricht; — der Beweis seiner Wahrheit würde freilich eine eigene sehr umfängliche, aber desto interessantere Abhandlung über die Buchführung der Alten erfordern, zu der einer oder der andere unserer berühmten Philologen schreiten sollte. —
> So viel gegen die von J. angenommene Menge der Circulationsmittel.
> Was die vermeintlichen Geldpreise der Waaren im Alterthum anbelangt, so überlässt sich J. dabei mitunter einer eben so ausschweifenden Phantasie. In dieser Beziehung ist seine Auffassung des Diokletianschen Preisedicts hervorzuheben. Er berechnet nämlich die Preise dieses Edicts nach einem Münzwerth, nach welchem z. B. 15½ engl. Schillinge als der Maximalpreis des **Tagelohns** eines gewöhnlichen landwirthschaftlichen Arbeiters, und 1 Pfd. St. 11 sh. 8 p. als der eines gewöhnlichen Maurers festgesetzt sein würde. Eine grosse Hungersnoth soll zwar die Festsetzung eines solchen Maximaltagelohns veranlasst haben; — aber, wie kann man überhaupt nur an Maximalpreise

doch, wie ich gezeigt, weit entfernt ist, diese Frage auch nur zu behandeln, für Alterthum und Neuzeit vielmehr nur die Geldpreise vergleicht, und es sogar für unsere Zeit, der Schwierigkeit der Ermittelung wegen, ablehnt, auch nur auf den natürlichen Preis des Getreides einzugehen, der doch erst als Maassstab des Sachwerths des Geldes dienen könnte.

Allein, wenn man prüft, erstens, wie er zu diesem Resultat gelangt, und, zweitens, wie er es zu erklären sucht, so wird man ihm nicht das Gewicht zugestehen können, die entgegenstehende, bis dahin allgemein adoptirte[46]) Ansicht entkräftet zu haben.

---

für Tagelohn in Hungersnöthen denken? Um dann die Arbeiter vor Hunger zu schützen, mussten ja Minimalpreise festgesetzt werden, und um die Arbeitgeber vor Ueberforderungen zu schützen, bedarf es in solchen Nöthen überhaupt keiner gesetzlichen Fürsorge, dafür sorgen Hunger und Arbeitlosigkeit selbst. Das Edict hatte vielmehr einen ganz besonderen Zweck, wie er auch im Eingange desselben ausgesprochen ist, nämlich nur den, die Armeen auf ihren Zügen und in ihren Garnisonen vor übertheuernden Forderungen zu schützen. Dazu dienten allerdings auch Lohnfestsetzungen, denn die höheren Officiere gebrauchten oft auch artifices, wie sie — weil ministeria eine eigene Branche im Sold waren, s. meine Abhandlung Zur Gesch. d. röm. Tributsteuer V. Jahrg. 4. Bd. 6. Heft S. 410 — diese früher selbst in Person (Sklaven) geliefert bekamen. So erhielt z. B. Claudius — Treb. Poll. 14 — einen structor und einen carpentarius; dass der erstere kein blosser Tafeldecker zu sein braucht, bezeugt der carpentarius. Die Preise des Edicts waren also allerdings Maximalpreise, die zu keiner Zeit überschritten werden sollten, aber keine so exorbitante, dass kein Sold zu ihnen herangereicht haben würde. Ich komme auf dies Edict unten noch ausführlicher zurück. Aber auch hier darf ich wohl schon fragen: Giebt es einen deutschen Gelehrten, der solche Preise aus ihm herausliest. Und doch beeinflussen und characterisiren gerade diese beiden Auffassungen — einer solchen circulirenden Goldmenge unter Vespasian und solcher Maximalpreisen unter Diocletian — die ganze Darstellung Jacob's.

Was die Neuzeit betrifft, so bleibt J. allerdings vor so ausschweifenden Ansichten bewahrt. Indessen darf man doch auch für diese Zeit nicht vergessen, dass er im Auftrage des englischen Ministeriums schrieb (Huskisson), eines Ministeriums, welches an der Lostrennung des spanischen Amerika arbeitete, an die Ermässigung der Kornzölle dachte und sich vor dem Drängen derer zu schützen suchte, die in der Wiederaufnahme der Baarzahlungen der Bank den ganzen wirthschaftlichen Druck der 20er Jahre zu erkennen glaubten. — Auch für die Neuzeit scheint mir J.'s Werk mehr eine handelspolitische Schrift, als die objective Untersuchung eines Gelehrten zu sein.

46) D. d. l. M. sagt selbst am Schluss der betreffenden Untersuchung: „Maintenant par la multitude d'exemples et le grand nombre des prix de salaires et de denrées que jai cités, tant dans ce chapitre que dans les précédents, je crois avoir prouvé jusqu'à l'évidence que le rapport des métaux précieux au prix moyen du blé, de la solde et de la journée de travail, était, dans le haut et dans le bas empire romain, à peu prés égal à ce qu'il est aujourd'hui en France, resultat bien contraire à ce

D. d. l. M. gelangt zu seiner Ueberzeugung auf dem Wege folgender Deduction.

1) Gegen das Ende der Republik schlägt er den Durchschnittspreis des Modius Weizen auf 4 Sest. an. Diese Annahme begründet er folgender Massen: »Cicéron, dis je, nous apprend que le prix du médimne de blé en Sicile, au temps de Verrès, flottait entre 15 et 18 sest., ce qui met la valeur du modius entre 2 et 3 sesterces environ, c'est à dire 8 ou 12 as. — Dans cette même harangue nous voyons, que le prix du blé de la dîme, decumanum, etait taxé à 3 sesterces, et celui du blé de requisition, imperatum, à 4 sest. le modius; sans doute il regarde ce dernier prix comme très modéré et même avantageux pour la république. Le prix de la dîme était un maximum imposé aux Siciliens en vertu de la conquête. Du reste une preuve que 4 sest. étaient un prix modéré, c'est, que dans le siècle suivant, en 818 le modius, qui sé vendait à Rome 3 sest., était considéré comme vendu à très vil prix, Tacit. Ann. 15. 39. — En adoptant pour base d'une évaluation moyenne le prix de 4 sest. le modius, nous trouvons que dans les derniers temps de la république romaine le blé était à l'argent : : 124416 : 73 $^1/_7$, ou bien comme 1704 : 1; ce rapport n'est qu'une plus fort que le fois et demie rapport actuel.«

2) Alsdann geht er zu den Hungerpreisen unter den ersten Kaisern über, ohne jedoch einen mittleren Preis für diese Zeit anzugeben und fährt fort: »Pline d'ailleurs nous donne le rapport du blé à la farine et le prix moyen de la farine pour son époque.« »Le modius de froment d'Afrique produit, dit il, en farine $^1/_2$ modius et en pollen ou fleur 5 sextarius. Le prix moyen, pretium huic annonae mediae, est, pour 1 modius de farine, de 40 as (= 10 sesterces) ou 2 fr. 49 cent.; pour un modius de farine blutée 48 as = 12 sest. ou 2 fr. 99 cent.; et le double, c'est à dire 96 as = 24 sest. ou 5 fr. 98 c. pour un modius de fleur de farine.« Ainsi le poids relatif de la farine et du blé étant donné par Pline dans le rapport de 16 à 20, le prix de la livre de farine commune pour le pain de ménage aurait été à peu prés 23 cent., et celui de la fleur de farine pour le pain de greau 55 cent. — On voit déjà, que, pour l'époque comprise entre Claude et Titus, qui est celle de la vie de Pline l'Ancien, la valeur potentielle de l'argent, relativement au prix moyen de la farine et du pain, était à peu prés la meme qu'à Londres au XIX. siècle. M. Jacob

---

qu'avaient avancé les économistes, les anciens érudits et même, en dernier lieu, M. M. Boeckh et Letronne."

est du même avis. »»The price of bread in Rome when Pliny lived seems to have been nearly the same or a little lower than it usually is in our day in London.«« Cet accord entre le résultat de recherches faites en même temps à Paris et à Londres, sans la moindre communication entre les auteurs, doit, ce me semble, inspirer quelque confiance dans l'exactitude de leurs déductions.« —

3) Im folgenden Capitel beleuchtet er das Preisedict Diocletian's. Sowohl aus dessen Eingang, wie auch nach dem Goldwerth, den er, nach Borghesi, der dort angegebenen Münze, dem Denar der damaligen Zeit, beilegt, wie endlich auch nach einer Stelle Lactant. de mort. persecut. 7, glaubt er folgern zu dürfen, dass das Edict des prix modérés enthalten habe, und fasst sein Urtheil über diese in folgenden Worten zusammen: »Les chiffres indiquant le prix du modius de froment, d'orge et de seigle, sont malheureusement effacés dans l'inscription; mais ou y trouve celui du millet en grain ou en farine, du sorgho en grain, de lépeautre ou far, triticum spelta, mondé ou non, de l'avoine, des fèves de marais, des lentilles, des pois, du cicer, du lupin, des horicots secs etc. Or l'epeautre vanné est taxé à 100 deniers, ou 2 fr. 50 c.; l'epeautre en grain à 30 deniers, ou 75 centimes. Ces prix sont moindres que ceux que j'ai donnés, d'aprés Pline, pour l'epoque de Néron à Vespasien; mais il ne fant pas oublier que la production des métaux avait diminué par l'epuisement des mines, les guerres civiles et étrangères, que la quantité du métal monnayé en circulation avait aussi diminué par le frai, les naufrages, et enfin que la tarif de Dioclétian était beaucoup trop bas, et que fut pour ce motif que, malgré les peines les plus sévères, il tomba plus promptement en désuétude.«

4) Zur Vergleichung der Getreidepreise aus der Zeit von Constantin bis Valentinian mit denen der heutigen Zeit nimmt D. d. l. M. dann weiter die von mir oben sub 20, 21 und 22 beleuchteten Preise an, indem er wörtlich von ihnen sagt: »Le prix moyen du blé, sous les règnes de Constantin, de Constance, de Julien et de Valentinien est fixé à 1 sou d'or les 10 modius par les trois empéreurs; ce prix était une moyenne calculée sur un nombre d'années. J. Godefroy l'atteste: »»Eaque stata ferme et ordinaria hoc tempore aestimatio erat inter vilitatem et annonae caritatem.«« Er schliesst: »Comparons maintenant le rapport de l'or ou blé sous l'empire romain au rapport des mêmes valeurs dans les temps modernes. De 1815 à 1830 le prix moyen de blé pesant 75 Kilogrammes, ou 153 livres, poids de marc, a été de 21 fr. 10 c., qui representent

en or un poids de 119 grains. — A Rome, de Constantin à Valentinien, les 10 modius de blé, pesant 140 livres, se vendaient 1 solidus, qui était $^1/_{72}$ de livre d'or et pesait par conséquent 85 grains. A ce compte, pour 119 grains d'or on aurait eu, à cette époque, 182 livres de blé, tandis que pour le même poids en or, dans les temps modernes, on a seulement 153 livres de la même denrie. — Ainsi le rapport du blé à l'or dans cette période de l'empire romain est au même rapport tel qu'il existe de nos jours :: 182 : 153, ou comme 6 : 5, c'est à dire que la valeur de l'or par rapport au blé, depuis Constantin jusqu'à Valentinien, n'excédait guère que de $^1/_6$ cette même valeur en France de 1815 à 1830, ou, ce qui revient ou même le blé, par rapport à l'or, n'a augmenté que de $^1/_6$.«

5) Zu einem ähnlichen Resultat sollen in Bezug auf den Sachwerth des Geldes die Preise von Schweinefleisch und Wein führen, die D. d. l. M. in folgender Stelle behandelt: »L'an 367 Valentien et Valens établissent qu'en Lucanie et dans le Bruttium on pourra échanger à un prix modéré (speciem moderatam) le tribut d'une amphore de vin (26 litres) contre 70 livres de chair de porc et de mouton. Or, dans la loi précédente la livre de cochon a été estimée à 6 follis, c'est à dire 21 francs, ce qui revient à 80 centimes le litre. Le vin commun était plus cher an IVe siècle qu'actuellement en France.«

6) Eine der wichtigsten Stellen aus noch späterer Zeit, die aber D.'s Ansicht diametral widerspricht, sucht er so zu widerlegen: »La novelle de Valentinien III, de l'an 446, de tributis fiscalibus, titr. XXIII, qui etablit un maximum en Mauretanie et fixe à 1 solidus pour les soldats en marche et en guerre, le prix de 40 modius de far ou de triticum (epeautre ou froment) de 170 livres de viande et de 200 sextercios de vin, cette novelle, dis-je, dônt le texte est horriblement mutilé, ne peut servir de base pour l'échelle du prix des denrées. Ces provinces étaient alors ravagées par les Vandales; l'empereur leur remet les $^7/_8$ des tributs, corrige les abuts de la perception et il veut en retour, pour satisfaire ses soldats, pour leur donner du goût à la guerre et ménager leur bourse, que les Africains leur vendent à un taux très bas les denrées de première nécessité. Garnier et M. Letronne n'ont pas, à coup sûr, lu la novelle entière, dont le seus est positiv; sans cela ils n'auraient pas établi la proportion de l'or au blé et le prix moyen du blé dans l'empire romain d'après cette loi, qui ne s'applique qu'à deux provinces épuisées par les dévastations des Barbares, provincialibus publica clade vexatis, et qui entend fixer un maximum exceptionnel pour le prix du blé, de la viande et du vin.«

7) Endlich resumirt D. diese Untersuchung mit den Worten: »Les prix — die des Jahres 389 und des Diocletianschen Edicts — nous le repetons, furent trouvés tellement bas, que les marchands cessèrent de vendre, au péril même de leur vie. Mais on aura beau les augmenter, pourvu qu'on ne sorte pas des bornes de la vraisemblance, on n'arrivera pas à des évaluations plus grandes que les prix actuels des denrées en France. Ils confirment donc cette proposition, que j'avais avancée au début de ce chapitre et qui aurait pu sembler un paradoxe c'est que la valeur potentielle de l'or et de l'argent au IVe siècle de l'ère chrétienne n'était guère moins grande, qu'elle ne l'est aujourd'hui en France. Le signe avait déja diminué en quantité par l'épuisement, l'abandon ou la mauvaise exploitation des mines, et représentait alors plus de salaire et de denrées, qu'au temps de Claude et de Vespasien.«

Auf den vorstehenden Grundlagen gelangt dann D. d. l. M. zu folgenden Schlüssen:

a. dass Ausgangs der Republik, bei einem Durchschnittspreis von 4 sest. für den Modius der Sachwerth des Geldes etwa **anderthalb mal höher als in der Zeit von 1815 bis 1830 in Paris** gestanden.

b. dass zur Zeit des älteren Plinius la valeur potentielle de l'argent relativement au prix moyen de la farine et du pain **ungefähr dieselbe** wie in dem bemerkten Zeitraum **in London** gewesen;

c. dass um die Zeit der Valentiniane der Sachwerth des Geldes wieder etwas gestiegen gewesen und **etwa ein Sechstel höher** gestanden habe, als in dem bemerkten Zeitraum in Paris.

Prüfen wir also jetzt, ob jene Grundlagen zu diesen Schlüssen berechtigen.

Zu 1. Ein Durchschnittspreis von 4 Sest. für den Modius, Ausgangs der Republik, ist durch nichts zu begründen und ist auch nicht von D. d. l. M. durch die angeführten Stellen, — den Staatspreis nach der Neronischen Feuersbrunst Tac. Ann. 15. 39. und die Sicilischen Preise unter Verres — begründet worden.

Den ersteren Preis habe ich schon oben beleuchtet. Weder lässt sich aus irgend einer Andeutung des Tacitus, noch aus den Umständen entnehmen, dass der Modius zu 3 Sest. »etait considéré comme vendu à très vil prix.«

Ebenso durch und durch falsch ist Alles, was D. d. l. M. aus der Verres'schen Rede über einen Durchschnittspreis von 4 Sest. herausgelesen haben will.

Es ist nicht richtig, dass Cicero sagt, der Preis des Getreides hätte zu Verres' Zeit zwischen 15 und 18 Sesterzen für den Medimnus geschwankt. — Erstens ist 18 falsch; es muss 21 heissen[47]). — Dann ist von Marktpreisschwankungen überhaupt nicht die Rede. Allerdings ist 15 ein damaliger Marktpreis, — aber ob hoch oder niedrig, — war gar nicht gesagt.

Dagegen ist 21 der gesetzliche Preis für den Theil des frum. emptum, der nicht in cellam des Gouverneurs, sondern nach Rom gebracht werden sollte, ein Preis, der, wie wir gleich sehen werden, etwas ganz Anderes ist als ein Marktpreis.

Eben so wenig wahr ist es, dass bei Cicero nur die geringste Andeutung vorkäme, dass er den Preis von 3 Sest. für die alterae decumae, von $3^{1}/_{2}$ für das emptum und von 4 für das frum. aestimat. oder in cellam imper. für einen Preis gehalten hätte, der »très modéré et même avantageux pour la république« gewesen sei. Das konnte sogar nicht der Fall sein, da der wirkliche Marktpreis zu derselben Zeit nur $2^{1}/_{2}$ Sest. bis 3 Sest. betrug, wie Verr. III. 74 §. 173 u. 15 §. 174 ausdrücklich gesagt wird, und bis Verres wahrscheinlich nur 2 betragen hatte, wie ich gleich ausführen werde.

Vielmehr lässt sich nach meiner Meinung aus den betreffenden Stellen der Reden der gerade entgegengesetzte Schluss ziehen: Die gegesetzlichen Vergütigungspreise von 3, $3^{1}/_{2}$ und 4 Sesterzen waren nicht sehr billige, sondern ziemlich hohe Preise. Dazu führt, glaube ich, folgende auf die betreffende Rede selbst gestützte Betrachtung. — Ich habe oben die Motive der lex Terentia et Cassia berührt: Getreide musste dann vom Staat als alterae decumae und frum. emt. gekauft werden, wenn bei schlechten Ernten die Naturaleinnahme aus dem Zehnten nicht die Naturalausgaben deckte. Zu solcher Zeit, versteht sich, war aber der Marktpreis an sich ein höherer. — Das antike Staatsrecht, in vollster Strenge angewandt, hätte nun den Römern gestattet, die alterae decumae sogar umsonst zu fordern, denn aller Provinzialboden, der nicht ausdrücklich durch Gesetz in quiritarisches Eigenthum übergegangen war, und also auch das Zehntland — wie ich anderswo gegen Niebuhr und Savigny bewiesen zu haben glaube — ward noch bis über Ulpian's Zeit hinaus als ager publicus, als Staatseigenthum angesehen, das die Behauer nur precärer Weise besassen. Indessen — der eigene Vortheil des röm. Staats und die römische aequitas — welche letztere in der Ent-

---

[47]) Cic. in Verr. III. 77 §. 179 u. Zumpt dazu.

wickelungsgeschichte des röm. Rechts fast die Stelle unseres heutigen Natur- und Vernunftrechts vertrat — liessen doch, mit seltenen Ausnahmen, anders verfahren, und die Römer bezahlten also, wie wir an der lex Terentia et Cassia sehen, das Korn, das sie über den ersten Zehnten hinaus bedurften. — Wie bezahlten sie es? — Ich meine, dieselbe aequitas, die sie bewog, es zu bezahlen, hat sie auch bewogen, es angemessen zu bezahlen. Wenn aber alterae decumae, oder gar noch drüber hinaus frumentum imperat. ausgeschrieben wurden, waren Durchschnitts- oder niedrige Preise keine angemessenen Preise mehr; denn, wenn alterae decumae und frum. imper. nur dann ausgeschrieben wurden, wenn der erste Zehnte wenig gebracht hatte und also die Marktpreise an sich hoch waren, so musste ja die Entnahme eines zweiten Zehnten aus dem Verkehr den Marktpreis um so mehr steigern. — Darauf, meine ich, wird die römische aequitas, wie sie überhaupt, ohne rechtlich verpflichtet zu sein, Vergütungspreise gewährte, auch bei deren Normirung Rücksicht genommen haben: sie gewährte aus den angeführten Gründen schon für die alterae decumae sehr ansehnliche Preise und gewährte, wenn sogar noch darüber hinaus frum. imper. gekauft werden musste, für dieses einen noch höheren Preis, als für die alterae decumae. Deshalb sehen wir denn auch, dass die l. Terent. et Cass. eine solche Preisabstufung zwischen der alterae dec. und dem frum. emtum festsetzt[48]). — So ist es denn auch im höchsten Grade wahrscheinlich, dass die unter Verres durch Gesetz oder Senatsbeschluss festgesetzten Preise von 3, 3½ und 4 Sest. nicht niedrige Preise gewesen sind. Die einzige Stelle, die dafür sprechen könnte, wäre 75 §. 174, wo es von der gesetzlichen Schätzung des frum. emt. auf 3½ Sest. heisst: cum ejusmodi sit, ut ceteris temporibus tolerabilis Siculis, te praetore etiam, grata esse debuerit. Indessen kann sich hier das grata entweder auf den wirthschaftlichen Druck, den Verres, in Vergleich zu andern Prätoren, überhaupt übte, oder auch auf die 2 Sest. beziehen, deren sich — ibid. — ja Verres selbst als des damaligen Marktpreises gerühmt habe. Auch sagt Cic. ibid. 97 §. 226, wenigstens von dem Preise von 4 Sest. für das in cellam imperirte Korn, selbst, es sei damit zu einem hohen Preise — »optima aestimatione« — abgeschätzt gewesen, und sind also 4 Sest. keinen Falls, wie D. d. l. M. will, als ein prix très modéré zu betrachten. Aber noch mehr! —

---

[48]) Dass das ad cellam imperirte Korn noch höher ästimirt war, hatte, wie oben Anmerk. 5 angedeutet, noch einen andern Grund.

Ich möchte selbst bezweifeln, dass die von Cicero mitgetheilten sicilischen Marktpreise, wenigstens von 2½ bis 3 Sest., niedrige Preise gewesen sind, obwohl auch Zumpt zu Verr. III, 70 sagt: »quamvis per illos annos annona vilissima fuisse dicitur.« Ich habe aber keine Stelle finden können, die das unzweifelhaft sagt. Unter dem Plünderungssystem des Verres und nachdem Apronius als decumanus schon auf Grund der prim. decumae so viel genommen, wie er wollte, nachdem dann noch alterae decumae und darüber hinaus auch noch frum. emtum aus dem Markt genommen worden, konnte auch der Marktpreis, selbst nach gesegneten Erndten nicht niedrig bleiben. Nun rühmt sich aber auch noch Verres — 75 §. 174 — eines Marktpreises von nur 2 Sest. Aber selbst das kann noch relativ gemeint sein, wie in der oben angeführten Lobschrift auf den Aedilen, so dass es heissen soll: So viel könne er doch nicht geplündert haben, da der Marktpreis immer noch auf 2 Sest. gestanden. Versteht man aber so, würde man noch eher schliessen können, dass 2 Sest. nicht einmal ein niedriger Preis, sondern ein Durchschnittspreis gewesen. Cicero bestreitet nun aber auch noch, dass er sich dieses Preises rühmen dürfe, indem er sagt: Fuit autem, te praetore ut tu in multis epistolis ad amicos tuos gloriaris, HS II. Sed fuerit HS. II s., quoniam tantum a civitatibus in modios singulos exegisti. — womit doch noch eher gesagt wird, dass der wirkliche Marktpreis von 2½ kein rühmenswerther Preis gewesen sei, als umgekehrt [49]).

---

49) Auch hier braucht man sich durch das vorangehende „cum aestimatio legis ejusmodi sit, ut ceteris temporibus tolerabilis Siculis, te praetore etiam grata esse debuerit. Fuit autem" u. s. w nicht dergestalt irre machen zu lassen, um an eine völlige Umkehrung aller Preisgesetze zu glauben. Wenn den Siculern der Staatspreis von 3½ S eine Wohlthat (grata) war, so musste auch schon dieser Preis eine optima aestimatio, konnte also kein niedriger Preis mehr sein; er wäre ja auch zu andern Zeiten — also wenn die Preise auch nicht 2 oder 2½, sondern sogar 3½ waren — annehmbar (tolerabilis), und selbst bei 3 noch grata gewesen, denn eine Vergütigung, die 16% über den Marktpreis steht, ist immer eine Wohlthat für den Landmann. Aber auch damit wird über die Höhe des Marktpreises an sich gar nichts entschieden, sondern nur über seinen Abstand vom Staatspreis. — Die Stelle ist aber überhaupt nicht ohne Schwierigkeit, wenn auch die Herausgeber, die ich habe einsehen können, nicht darauf aufmerksam machen. Sie dürfte sich nämlich noch anders und noch günstiger für meine Ansicht verstehen lassen. Cicero sagt kurz vorher an zwei Stellen — Ende 74 und Anfang §. 174 — positiv, „der Marktpreis sei 2½ gewesen." Wie kann nun Cicero dem gegenüber gleich darauf fortfahren fuit autem, te praetore, HS II, wenn hier fuit in dem gewöhnlichen Sinn genommen werden soll? Denn wenn er auch die Wichtigkeit dieses fuit gleich darauf in den Worten sed fuerit HS II s., selbst wieder bestreitet,

Wie gelangt also D. d. l. M. zu der Folgerung ad 1? Nur so, dass er einen Preis, den der römische Staat vergütigt, nachdem schon $^2/_{10}$ der Ernte aus dem Markt genommen worden, den Cicero selbst optima aestimatio nennt, der auch den Marktpreis vor Verres um 100 % und den von Cicero selbst unter Verres angegebenen Marktpreis noch um 60 % übersteigt, — einen Preis nämlich von vier Sest. mit dem 15jährigen französischen Durchschnittspreise vergleicht, der der niedrigsten Preisperiode entlehnt ist, die wir in diesem Jahrhundert haben. — Daran lassen sich noch einige bemerkenswerthe Betrachtungen anknüpfen. — Obwohl D. d. l. M. schon für die letzte Zeit der Republik denselben Preis annimmt, den Fr. erst in die Zeit von Nero bis Trajan setzt, gelangt er dennoch, weil er nicht mit dem Weizenspreis der grössten Importstadt, die es je gegeben, den Roggenpreis aus einer der grösste Exportprovinzen, die es je gegeben, vergleicht, sondern ebenfalls den Weizenpreis wenigstens aus einem dicht bevölkerten Lande, wenn auch aus einer sehr niedrigen Preisperiode, abweichend von Fr., zu dem Resultat, dass der Sachwerth des Geldes anderthalbmal höher als bei uns gewesen. Hätte D. den französischen Preis der dem Jahre 1820 vorangehenden 30-

---

so scheint mir doch, er hätte im Hinblick auf die kurz voraufgegangene positive Mittheilung, der Marktpreis wäre 2½ gewesen, sich nicht des fuit in solchem Sinne bedienen dürfen. Diese Schwierigkeit wird aber gehoben, wenn man fuit in dem ungewöhnlicheren Sinn versteht „war gewesen". C. will nämlich das vorangehende tolerabilis und grata begründen und fährt also fort: „denn der gesetzliche Preis ist 3½. Unter Deiner Prätur war aber der Preis, obwohl Du Dich dessen gegen Freunde gerühmt hast, 2 Sest. gewesen. Vielmehr wird er 2½ gewesen sein, denn dieser Betrag" u. s. w. Diese Auslegung erhält, wie mir scheint, auch durch 81 § 189 ihre Bestätigung. Hier ist von dem frum. aestim. oder in cellam imperatum die Rede. Die Ausschreibung dieses Getreides geschah sofort bei Ankunft des Gouverneurs, wie es in der Natur der Sache liegt und auch durch 92 §. 214 — „Sacerdos, ut in provinciam venit, frumentum in cellam imperavit" — bestätigt wird. In Bezug auf dies Getreide heisst es nun 81 §. 189, dass damals „in Sicilia HS binis tritici modius gewesen sei, summum HS ternis," oder, wie es noch einmal 84 §. 194 heisst, „aut etiam ternis quibusvis in locis provinciae". Diese Stelle würde also das fuit in dem letzteren Sinne bestätigen, denn hier wird ja ausdrücklich gesagt, bei Verres' Ankunft sei der allgemeine Marktpreis 2 gewesen und nur hier oder da höchstens 3. Jedenfalls wird aber auch durch diese Stelle bezeugt, dass er vor der Ankunft des Verres niedriger als während seiner Prätur gestanden habe, und da auch nicht einmal von diesem Preise von 2 Sest. gesagt wird, dass er an sich niedrig gewesen, so kann man noch weniger aus der Rede herauslesen wollen, dass der höhere Marktpreis unter Verres ein solcher an sich niedriger Preis gewesen sei, geschweige ein Staatspreis, der diesen noch um 60 % übersteigt.

jährigen Periode von 1790 bis 1820 entnommen, so würde sich dieser Sachwerth auf das Doppelte gesteigert haben, denn in dieser Periode standen die Weizenpreise in Frankreich um $^1/_4$ höher als in den Jahren nach 1820[50]). Hätte er als römischen Preis den von Cicero selbst unter Verres angegebenen Marktpreis angenommen, so hätte sich der Sachwerth des Geldes im Alterthum vom anderthalbfachen fast um noch einmal so viel gesteigert. Hätte er aber den römischen Preis von 4, resp. 2 bis 3 Sest. mit dem 41jährigen — von 1800 bis 1840 — englischen Weizendurchschnittspreis, der 127 Sgr. beträgt, verglichen[51]), so würde sich der Sachwerth des Geldes im Alterthum — den heutigen Metallwerth des Sest. zum Grunde gelegt — um beinahe das Vier- resp. **Siebenfache höher** als heute herausgestellt haben. Hätte er dagegen wieder den römischen Preis von 4 Sest. mit dem 4jährigen — von 1833 bis 1836 — Durchschnittspreise des Roggens der Provinz Preussen, der 30 $^9/_{12}$ Sgr. beträgt[52]), verglichen, so würde — den römischen Münzwerth des Sest. zum Grunde gelegt, wie Fr. will — der Sachwerth des Geldes im Alterthum nicht blos »erheblich niedriger«, sondern **doppelt so niedrig** wie bei uns gestanden haben. — Man kann eben einen Sachwerth des Geldes erhalten, welchen man will, wenn man

    nur eine Vergleichung der Geldpreise des Getreides zu verschiedenen Zeiten anstellt;

    bei dieser Vergleichung auch nicht einmal auf die Richtigkeit der Vergleichungspunkte nach Zeit und Ort der volkswirthschaftlichen Entwickelung etwas giebt;

    und diese Geldpreise des Getreides ohne Weiteres über den Sachwerth des Geldes entscheiden lässt.

Wäre dieser vermeintliche Sachwerth des Geldes sein wirklicher Sachwerth, so würde Metallgeld gar nicht als Weltgeld — als das Geld des ganzen Erdkreises und der Geschichte von Nationen — dienen können, denn es gebräche ihm der zu einem Vermögensmesser und Werthvertheiler in solchem Umkreise nothwendige Grad der Stabilität.

2) Zu der hier ausgesprochenen Folgerung gelangt D. d. l. M. durch eine Reihe von Missverständnissen. — Wir wissen zwar — wie viel der Modius Getreide wog; wir wissen auch aus Plin. H. N. XVIII. 20. 1 u. 2, wie viel Volumen der verschiedenen Sorten

---

    50) Siehe S. 29 des 2. Th. der tabellarischen Uebersichten zu z. Gülich's geschichtlicher Darstellung des Handels u. s. w.

    51) Statist. Uebers. u. s. w. v. Dieterici. Erst. Forts. S 204.

    52) Dieterici, Statist. Uebers. u. s. w. S. 268.

Mehl und der Kleie aus einem Modius — also einem Gewichts-
quantum — Getreide gewonnen wurde, wir erfahren ferner, wie
viel Pfund Brod ein Modius einer bestimmten Sorte Mehl gab, —
aber wir erfahren aus keiner Stelle des Plinius, um wie viel sich
jede der verschiedenen Sorten Mehl, die ein Modius Weizen gab, **auf-
mahlten**, mit andern Worten, wie viel also ein **Modius** jeder Sorte
Mehl **wog**. Wir können auch nicht rückwärts auf dies Mehlgewicht
aus dem Brodgewicht, das uns allerdings von einem Modius einer bestimmten Sorte Mehl mitgetheilt wird, schliessen, weil wir nicht wissen,
um wie viel sich 1 Pfund dieses Mehls bei dem Backverfahren der
Römer an Brodgewicht **aufbuck**. D. sagt zwar in einer Anmerkung:
Pline nous apprend que le **modius de blé de la Gaule**, pesant
20 livres, rendait 22 livres de pain; que le **modius de blé d'Italie**,
pesant 25 livres, rendait 24 ou 25 livres de pain. Le blé ne rendait
donc en pain que son poids. Chez nous au contraire le sac de farine
blanche pesant 157 kilogrammes, sac déduit, doit readre 200 kilogrammes. C'est une preuve de l'imperfection des procédés de mouture
et de panification chez les Romains, que je développorai ailleurs [52a]).
Aber hier ertappt man D. auf seiner Unzuverlässigkeit. **Plinius**

[52a]) Es lässt sich sogar aus Plin. selbst das Gegentheil beweisen. Beim
Commissbrod — also aus Schrodtmehl — sagt er XVIII. 12. 2 wörtlich, dass es sich
um 1/3 seines Mehlgewichts aufbücke, denn das Mehl werde mit 6 Sextaren Wasser
geknetet. Ebenso lässt es sich bei dem feinsten Brod, das die Römer assen, dem
aus Siligomehl unwiderleglich deduciren, dass es sich um mindestens 20 bis 25 %
seines Mehlgewichts aufbuck. Pl. sagt nämlich XVIII. 12. 2 allerdings, dass der
Modius gallischer Weizen 20 Pfund, transpadanisch - italischer 24 bis 25 Pfund wöge.
Dann sagt er aber ibid. 20. 1, wie im Text angeführt, nur: Ein Modius Siligo-
mehl aus gallischem Weizen gäbe 22 Pfund Brod, aus italischem 24 bis 25 Pfund.
Nun wurde aber ein Modius italischer Siligo — wie es dort ebenfalls
heisst — vermahlen: zu **4 Sextarien (1/4 Modius) feinstes Siligomehl**,
**1/2 Modius Flosmehl, 4 Sextarien Mehl 2. Classe und 4 Sextarien
Kleien**. Ein Modius Weizen mahlte sich also im Ganzen — die verschiedenen
Sorten Mehl und die Kleie zusammengerechnet — dem Hohlmaass nach um 1/4 auf.
Zu einem Modius italischem Siligomehl, der 24 bis 25 Pfund Brod gab, gehörten
also 4 Modius Weizen. Nun wog aber natürlich nicht 1 Modius Siligomehl so viel
wie 1 Modius Siligo**korn**, wie D. annimmt, denn 1 Modius Korn gab ja 5/4 Modius
Mehl und Kleien. Nehmen wir also auch das Gewicht der verschiedenen Sorten
Mehl und der Kleie gleich gross an, so würde 1 Modius Siligo**mehl** nur 20 Pfund,
also 5 Pfund weniger als ein Modius Siligokorn gewogen haben, und da der Modius solchen Mehles 24 bis 25 Pfund Brod gegeben, so würde derselbe auch **nicht**
sein blosses Mehlgewicht in Brod wiedergegeben haben, sondern 20 bis 25 % **mehr**.
Siligomehl war aber, wie gesagt, das feinste Mehl, das es gab; das Gewicht des
feinen Mehls ist aber geringer als das des gröberen.

sagt an der Stelle, die D. im Sinne hat, nicht, wie viel Pfund Brod der Modius **Getreide** giebt, sondern wie viel Pfund Brod der Modius **Mehl** giebt, denn er sagt wörtlich: Siligineae **farinae modius Gallicae XXII libras panis reddit, Italicae** duabus tribusve amplius in artopticio pane. Uns fehlen aber, wie gesagt, die Zwischenglieder des **Aufmahlens** des Getreides an **Volumen** in jeder Sorte Mehl und des **Aufbackens** des Mehls, an **Gewicht**. — Aber es ist nicht einmal zu erklären, wozu diese an sich falsche Deduction überhaupt dienen soll. D. sagt, man erkenne daraus, que la **valeur potentielle de l'argent relativement** au prix moyen de la farine et du pain était à peu prés la même qu'à Londres au XIX siècle. Was soll heissen: »Der **Sachwerth des Geldes in Bezug auf den oder im Verhältniss zu dem** mittleren Mehl und Brodpreis[52b])?« Der durchschnittliche Geldpreis von Mehl und Brod soll es entschieden **nicht** heissen, denn einmal hätte sich D. dann nicht so verzwickt ausgedrückt, und, zweitens, ist er doch zu sehr Nationalökonom, um aus Fabricatpreisen, wie Mehl- und Brodpreise sind, auf den Sachwerth des Geldes zu schliessen. Ihn muss also eine dunkle Vorstellung beherrscht haben, dass er aus den Mehlpreisen des Plinius einen mittleren Getreidepreis gefunden habe, aus dem allerdings Folgerungen für den Sachwerth des Geldes zu ziehen gewesen wären. Allein das ist eben nicht möglich, weil wir die Fabricationskosten des Mehls im Alterthum nicht kennen. Auf keinen Fall kann sich deshalb auch D. auf Jacob berufen. Denn der Engländer hütet sich wohl, aus den Mehlpreisen des Plinius auf die valeur potentielle de l'argent zu schliessen. Er sagt einfach: »**The price of bread in Rome when Pliny lived seems to have been nearly the same or a little lower**

[52b]) Von einem **Sachwerth** des Geldes bezüglich **einer** oder der andern **besonderen Waare** sollte man überhaupt nicht sprechen, denn der **Sachwerth** einer Waare und also auch des Geldes ist eben der, der aus dem Qualitätsverhältniss, in welchem diese Waare gegen **alle** übrigen Waaren im Verkehr gegeben wird, abzunehmen sein würde, mit anderen Worten, dessen Grösse allein durch Gründe bestimmt wird, die an und in dieser Waare selbst liegen, Gründe, die sich entweder auf das **sociale** Bedürfniss nach dieser Waare oder deren **Herstellung** beziehen. Wenn wir dennoch die **eine** Waare Getreide benutzen, um den Sackwerth des Geldes zu erkennen und zu messen, so geschieht es nicht solcher **einen** Waare wegen — wenn wir mehrere Waaren hätten, die dazu geeignet wären, so wäre es desto besser — sondern weil dies diejenige Waare unter allen ist, deren Werth sowohl von Seiten des socialen Bedürfnisses, als von Seiten der Herstellung, einen Durchschnitt aus langen Zeitperioden vorausgesetzt, die geringsten Schwankungen erleidet; denn, genau genommen, gäbe nur eine Waare, die in beiden Beziehungen gar keine Schwankungen erlitte, einen solchen Massstab ab.

than it usually is in our dey in London«, spricht also hier nur vom **Geldpreis des Brodes**, nicht einmal vom Geldpreis des **Brodkorns** und am wenigsten vom **Sachwerth des Geldes**.

Zu 3. Zuvörderst ist das allgemeine Urtheil D's über Diocletian's Edict völlig verfehlt.

Die Motive desselben sind in dessen Eingange mit vollster Bestimmtheit angegeben[53]). »Quis ergo nesciat — heisst es hier — utilitatibus publicis insidiatricem audaciam, **quacunque exercitus nostros dirigi communis omnium salus postulat, non per vicos modo aut oppida, sed in omni itinere animo sectionis occurrere, pretia venalium rerum non quadruplo aut octuplo sed ita statuere, ut modum cogitationis et facti explicare humanae linguae ratio non possit? denique interdum distractione unius rei donativo militem stipendioque privari? et omnem totius orbis ad sustinendos exercitus collectionem detestandis quaestibus diripientium cedere?** ut eo praemia militiae suae et emeritos labores milites nostri sectoribus omnium conferre videantur, quo depraedatores sui et ipsius reipublicae tantum in dies rapiant quantum habere statuant. His omnibus quae supra comprehensa sunt, juste ac merito permoti, ut, eam jam ipsa humanitas deprecari videretur, **non praetia venalium rerum** — neque enim fieri id justum putatur, non plurima interdum provinciae felicitate optatae vilitatis et velut quodam affluentiae privilegio glorieatur — sed **modum statuendum esse statuimus;** ut cum vis aliqua caritatis emergeret — quod dic omen averterent! — avaritia, quae velut campis quadam immensitate diffusis teneri non poterat, statuti nostri finibus et moderaturae legis terminis stringeretur. Placet igitur ea pretia, quae subditi brevis scriptura designat, ita totius orbis nostri observantia contineri, ut omnes intelligant egrediendi eadem licentiam sibi esse praecisam; non in pedita utique in his locis, ubi copia rerum perspicietur afluere, vilitatis beatitudine, cui maxime providetur, dum praefinita avaritia compescitur.«

Die **Absicht** des Erlasses wie die **Natur** der festgesetzten Preise können also kaum einem Zweifel unterliegen.

Der Kaiser hat eigentlich nur die Absicht, **seine Heere** auf ihren Zügen vor Uebertheuerungen zu schützen. Schon **Aurel. Vict. Caes. 39. 45** spielt in der flüchtigen Bemerkung »annona urbis ac **stipendiariorum salus anxie solliciteque habita«**[54]), die ja wörtlich

---

53) Ich gebe die Stelle nach **Mommsen** „Das Edict Diocletians" u. s. w.
54) **Mommsen** a. a. S. 51 Anm. 1 weist schon auf diese Stelle hin.

mit dem oben hervorgehobenen Motive im Eingange des Edicts übereinstimmt, darauf an. Diese Absicht war aber auch durch die Verhältnisse geboten. Auch hier muss man sich wieder an die antike Oekonomie erinnern. Der grosse Haushaltungsbedarf, dessen Quantität vorweg vom Markte ausschied, musste, wie ich wiederholt gezeigt, schon an sich nothwendig die grössten Preisschwankungen mit sich führen, und namentlich bei schlechteren Erndten, die Marktpreise, weit über ihr heutiges Verhältniss zum Durchschnittspreis hinaus, steigern. Andererseits muss man sich vergegenwärtigen, wie ausserordentlich dies Missverhältniss dann erhöht werden musste, wenn nun da, wo ohnehin schon annona cara war, noch grosse Truppenmassen, auf ihren Zügen oder in ihren Garnisonen, die Nachfrage plötzlich oder in beträchtlichem Maasse vermehrten. Und wir wissen ja, wie die von Diocletian vorgenommene Armeereorganisation die Truppen vermehrt hatte, wie unausgesetzt sich deren Züge in den Provinzen folgten und wie drückend auch deshalb das allgemeine Hand- und Spanndienstsystem des Reiches ward! Es war dann kein Wunder, dass die Preise nicht blos um das 4- und 8fache stiegen — was schon ohne solche zusätzliche Erhöhung der Nachfrage, unter den gewöhnlichen Marktverhältnissen nach schlechten Erndten geschah — sondern dergestalt, dass, wie Diocletian sagt, »modum cogitationis et facti explicare humanae linguae ratio non possit«. Jene 4- und 8fachen Preise will sich denn auch der Kaiser gefallen lassen. Er ist weit entfernt, ein allgemeines Preisregulirungsgesetz geben zu wollen — »neque enim fieri id justum putatum« — er will nur, »cum vis aliqua caritatis emergeret«, der ausschweifendsten Habsucht einen Zügel anlegen, damit nicht »quacunque exercitus dirigi communis omnium salus postulat«, Preise gefordert würden, die geeignet wären, »distractione unius rei donativo militem stipendioque privari; et omnem totius orbis ad sustinendos exercitus collationem destestandis quaestibus diripientium cedere«. Mit einem Wort: er will das Heer vor Penurien preisen schützen. Deshalb beginnt auch gleich das Edict mit einem Hinweis auf seine Kriege und Siege. Und deshalb wird auch die Strafe nicht blos über die verhängt, welche die festgesetzten Preise überschreiten, sondern, es heisst auch noch: »Idem autem periculo etiam ille subdetur, qui comparandi cupiditate avaritiae distrahentis contra statuta consenserit«; und: »Ab ejusmodi quoque noxa immunis nec ille praestavitur qui habens species victui atque esui necessarias post hoc sivi temperamentum existumaverat subtrahendas; cum poena vel gravior esse debeat inferentis paenuriam[55]), quam contra statuta quatientis«;

---

55) Auch hier wird penuria in der ganzen Schärfe seines Begriffs gebraucht,

— Bestimmungen, unter denen namentlich die letzte nicht zu begreifen wäre, wenn nicht die Rücksicht auf durchziehende Truppen und also eine vorübergehende starke Nachfrage vorgewaltet hätte. Nur der Umfang der Preisfixirungen fällt in dem Edict Diocletian's auf und konnte auch nicht aufrecht erhalten werden. Indessen das Princip, die Preise der Hauptartikel der militärischen annona zu fixiren, behielten auch, wie der Cod. Theod. zeigt, die Nachfolger Diocletian's mit Erfolg bei.

Nach diesen Motiven des Edicts ist denn auch die Natur der festgesetzten Preise zu beurtheilen. Es sind jedenfalls Maximalpreise, die nicht überschritten werden sollen, die aber nicht mässige Preise, »des prix modérés«, wie D. meint, enthalten, sondern Theuerungspreise; zwar nicht Penurienpreise, wie sie leicht entstanden, wenn nach einer schlechten Erndte grosse Heeresmassen eine Provinz durchzogen — denn vor so übermässigen Preisen will eben der Kaiser die »Stipendarier« schützen — aber doch Preise, wie sie in gewöhnlichen Theuerungszeiten, in Folge der antiken Ockonomie, vorkamen, Preise, die, wie der Kaiser selbst sagt, noch immer um das 4- und 8fache wohlfeile Preise übersteigen konnten[56]). Etwas Anderes ist auch aus Lactanz d. mort. pers. 7 nicht herauszulesen. Die Stelle heisst: »Idem (Diocl.) cum variis iniquitatibus immensam faceret caritatem, legem pretiis rerum venalium statuere conatus est. Tunc ob exigua et vilia multus sanguis effusus, nec venale quidquam metu apparebat et caritas multo deterius exarsit, donec lex necessitate ipsa post multorum exitium solveretur«. Mit den variis iniquitatibus hat L. sicherlich, einmal, das neue Jugations- und Capitationssystem im Sinne, das Diocletian einführte[57]) und das allerdings die Handhabe bot, die Gesellschaft wie eine Citrone auszupressen, und, zweitens, die Münzverschlechterung, die er ebenfalls vornahm. Beide Massregeln waren auch geeignet, alle Preise zu steigern, hatten aber mit dem Sachwerth des Geldes nichts zu thun. Auch nahm, bei dem Umfange der Festsetzungen, den zahlreichen Armeen und Garnisonen, und den

---

denn, wenn die Waarenbesitzer über das Maass ihres eigenen Haushaltsbedürfnisses hinaus ihre Vorräthe dem Markt vorenthielten, so brachten sie eine Schein-penuria über's Land.

56) Mommsen nennt sie „höchste für den Fall einer Theuerung und Münzentwerthung berechnete Preise".

57) Ich werde den letzten Abschnitt meiner Abhandlung „Zur Geschichte der römischen Tributsteuern", in welchem ich dies neue Jugations- und Capitationssystem auseinandersetze und begründe, nächstens in diesen Jahrbüchern liefern.

unausgesetzten Zügen der Heere, das Edict leicht den Schein eines allgemeinen Preisregulirungsedicts an, das, weil es die Todesstrafe auf die Uebertretungen setzte, auch leicht zu Blutvergiessen führen konnte; — aber die Wahrheit wird wohl zwischen diesem christlichen Schriftsteller, der dem heidnischen Kaiser — einem der grössten, die es gegeben — überall, wo er kann, in seinen Schriften etwas anhängt, und dem Aurel. Victor, der in derselben Regierungsmassregel nur »stipendiariorum salus anxie et sollicite habita« sein lässt, in der Mitte liegen, — und keinen Falls darf D. deshalb, weil um die Preise Blut geflossen, schliessen, »que le tarif de Dioclétien était beaucoup trop bas«, denn, wenn auch der Tarif keine Penurienpreise enthielt, sondern vor diesen grade schützen sollte, so zeigten doch die Verurtheilungen nur, dass der Eigennutz der Verkäufer sich mit gewöhnlichen Theuerungspreisen nicht begnügen wollte, sondern noch immer grösser war als die Furcht vor der Todesstrafe.

Schwerer als das Motiv des Erlasses und die Natur der darin festgesetzten Preise, ist deren Geldwerth zu erkennen. Die Meinungen gehen hier weit aus einander und zeigen deshalb um so deutlicher, wie schwankend die Grundlagen sind, aus denen man um diese Zeit auf den Sachwerth des Geldes schliessen will. So soll, beispielsweise, nach diesem Edict sein

der Preis eines Pfundes frischen Schweinefleisches:
nach D. d. l. Malle etwa 2 Groschen 6 Pfennige;
„ Mommsen etwa 12 Groschen;
„ Jacob etwa über 4 Thaler;
eines Pfundes Speck:
nach D. d. l. Malle etwa 3 Groschen 8 Pfennige;
„ Mommsen etwa 16 Groschen;
„ Jacob etwa über 5 Thaler. —

Jacob wird hier wohl nicht weiter zu berücksichtigen sein; es kann sich nur darum handeln, ob sich D. d. l. Malle oder Mommsen der Wahrheit mehr nähert. Ohne mich nun auf eine Untersuchung des Werths des Denar's um diese Zeit selbst einlassen zu wollen oder auch hier nur zu können, so scheinen mir doch schon aus allgemeinern Gründen die Werthsätze Dureau's der ausgesprochenen Absicht des Edicts näher zu stehen als die Mommsen's.

Aus dem Eingange des Edicts geht, wie schon ausgeführt, hervor, dass der Kaiser sich wohl 4- und 8fach gesteigerte Preise gefallen lassen will, aber nicht höhere. Deshalb glaubt auch Mommsen mit Recht, dass die Preise im Edict keine solchen sein können, »die« —

wie D. annimmt — »noch unter den gewöhnlichen Marktpreisen bleiben«, sondern hält dafür, »dass darin das 5- und 6fache der gewöhnlichen Marktpreise angesetzt ist«. Aber mir scheint, bei dem Denarwerth, den D. annimmt, kommen schon 5- bis 6fache Preise heraus, während sie bei dem Denarwerth von M. bis in das 20fache steigen würden, was der Kaiser doch grade verhindern will.

Legen wir die Preise von Schweinefleisch und Speck dieser Berechnung zum Grunde!

Schweine wechseln stärker im Preise als alle übrigen Hausthiere, eines Theils, weil sie sich rasch vermehren[58]), andern Theils, weil sie oft verheerenden Krankheiten unterworfen sind. Mommsen führt auch nach Lamprid. Sev. Alex. 22 an, dass das Schweinefleisch schon damals um das 8fache im Preise wechselte, eine Schwankung, die bei uns nicht vorkommt, die aber ebenfalls nur aus den Folgen zu erklären ist, die die antike Oekonomie für die Marktzufuhr hatte. Schweinefleisch und in Folge dessen auch Speck konnte also im Alterthum eben so gut um so tiefer sinken, als um so höher steigen. Nun beleuchte ich gleich unten die Preise von Schweinefleisch und Speck in der Zeit nach Diocletian. Wir finden einen Fleischpreis von 6 follis, nach D. von 30 cent. oder 2 Sgr. 6 Pf., nicht als »ein mässiges Maximum«, wie Mommsen will, sondern als einen Maximalpreis, der in Campanien niemals überschritten werden soll. Wir finden ferner einen Fleischpreis von $1/_{270}$ sol. oder $4/_9$ Groschen, freilich nicht für Schweinefleisch, sondern für das um 33% billigere Rind- und Hammelfleisch. Wir finden ferner einen Speckpreis von nur $1^1/_3$ Gr. und diesen dermalen gewiss nicht niedrig fixirt, da die Lieferanten damit ihre Lieferungen sollen abkaufen können; in der Wirklichkeit muss er also niedriger gestanden haben. Das lässt ebenfalls auf einen Preis des frischen Fleisches von noch nicht 1 Gr. schliessen. Es kann auch in der That in jener Zeit der Fleischpreis an den Productionsorten und in guten Jahren nicht höher gestanden haben. Denn die Fleischpreise werden stets in einem gewissen abhängigen Verhältniss von den Getreidepreisen stehen, wenn auch der Wechsel der Heuerndten dies Verhältniss schwanken lässt. Dies Verhältniss, das sich auf keinen nach Zeitaltern wechselnden

---

58) Alex. Sev. half einmal einer andauernden Theuerung des Schweinefleisches dadurch ab, dass er verbot, Säue zu schlachten. Bei uns sind solche Verbote nicht nöthig, weil unsere Wirthschaften von vornherein für den Markt produciren und also auf den Gelderwerb gestellt sind. Im Alterthum hingegen, wo die Possessoren zunächst nur für's Haus produciren liessen und Gelderwerb nur ein secundärer Zweck war, konnten solche Verbote nöthig und wirksam sein.

Silberwerth, sondern auf den für alle Zeiten, in denen Brod und Fleisch gegessen werden, ungefähren gleichen verhältnissmässigen Nahrungswerth beider Artikel gründet, beträgt, wie es für die neuere Zeit nachweisbar ist, für 1 Pfund Schweinefleisch und 1 Scheffel Weizen 1 : 16 bis 24. Ich verweise deshalb auf die Tabellen, Tooke's Geschichte der Preise übers. von Soetbeer, Th. II S. 522 ff. und auf die eigene heutige überall sich kundgebende Erfahrung. Nun finden sich aber, wie oben gezeigt, in dieser Zeit Weizenpreise von $1/30$, $1/40$, $1/60$ sol. Nach diesen zu urtheilen, muss in der That das Pfund Schweinefleisch **eben so oft unter 1 Gr. gestanden haben**[59]. Nun würde aber einen Preis von etwa 8 Pfennigen für frisches Fleisch und gegen 1 Gr. für ein Pfund Speck der Dureau'sche Edictpreis von 2 Gr. 6 Pf., resp. 3 Gr. 4 Pf. jedenfalls schon beinahe um das **Vier**fache, wie ihn sich der Kaiser gefallen lassen will, der Mommsen'sche hingegen von resp. 12 und 16 Gr. gegen das 20fache übersteigen, was grade der Kaiser nicht will. Ausserdem stimmt auch der Geldwerth, den D. dem Edictpreis für Schweinefleisch beilegt, mit dem Geldwerth des Maximalpreises von 6 foll., den Valentinian später für Schweinefleisch in Campanien festsetzt, überein, während, nach Mommsen, der Maximalpreis des Diocletian, der jedenfalls viele Verurtheilungen veranlasste, um über das 3fache den des Valentinian überstiegen haben würde. — In der That muss man die Geldwerthe, die Dureau den Edictpreisen beilegt, als die annähernd richtigeren annehmen, aber sie rechtfertigen damit noch nicht seine Folgerung ad 3, dass es mässige Preise seien, dass, weil sie von den wirklichen Durchschnittspreisen weit übertroffen würden, einen Schluss auf einen niedrigen Sachwerth des Geldes zuliessen; sie sind vielmehr, auch bei dem von D. angenommenen Geldwerth des Denars, maximale Theuerungspreise, die weit niedrigere

---

[59] Mommsen nimmt freilich den Geldwerth der obigen 6 follis auf 5 Sgr. an. Aber er kann doch nicht den Fleischpreis von $4/9$ Sgr. in Abrede stellen und sagt nur zu diesem: „was ein exorbitant niedriger oder vielmehr **unmöglicher** Preis ist". — Weshalb aber unmöglich? Aus dem deutschen Mittelalter sind noch niedrigere Preise verbürgt Es giebt überhaupt keine „unmöglichen" Geldpreise, denn der Tauschwerth ist eben in's Unendliche elastisch, und, wenn der **Sach**werth des Silbers danach ist, kann schon 1 Gramm Silber in der einen Zeit eine so grosse Quantität Waaren bewegen, als in der andern 1 Pfund. Ausserdem bewegten sich auch noch im Alterthum, aus den oft wiederholten Gründen, die Preise der landwirthschaftlichen Producte meistens nur zwischen vilitas und caritas. Vielleicht ist das der Grund, dass uns keine mittleren oder Durchschnittspreise davon mitgetheilt werden: **man sah sie gar nicht.**

Durchschnittspreise voraussetzen lassen und deshalb einen Schluss auf einen hohen Sachwerth des Geldes rechtfertigen.

Zu 4. Dass um die Zeit der Valentiniane der Weizenpreis von $^1/_{10}$ sol. nicht als ein mittlerer Durchschnittspreis, sondern als ein durch die Staatsgewalt ermässigter Theuerungspreis anzusehen ist, habe ich schon in dem oben mitgetheilten Preisverzeichniss gezeigt, und D. hat es also mit sich selbst auszumachen, wenn er sagt: ce prix était une moyenne calculée sur un bon nombre d'années. In den Quellen berechtigt nichts zu dieser Annahme, so dass auch die Berufung auf Gothofred nur eine Berufung auf Gothofred's Urtheil sein würde. Nun urtheilt aber auch Gothofred gar nicht einmal so, wie D. d. l. M. ihm Schuld giebt. G. sagt mit jenen Worten nicht, $^1/_{10}$ sol. wäre der mittlere Marktpreis, sondern, wäre der gewöhnliche Festsetzungspreis der damaligen Zeit gewesen. Das geht, bei G., aus dem Zusammenhange deutlich hervor. Nach l. 7 C. Theod. 6. 4 sollen nämlich die Senatoren Roms quinquagena millia modiorum tritici Urbis Romae horreis inferre. Davon berechnet Gothofred im Commentar zu der Stelle, nach dem Satz von $^1/_{10}$ sol. für den Modius, den Werth. Er fügt hinzu: Quae sane ingens multa est: quinquagenum, inquam, millium modiorum; quorum sane decem. solido ferme hac tempestate vendebantur. Und fährt fort: »Eaque stata ferme etc.« Zur Unterstützung führt er dann das Beispiel Julian's und der Antiochenser an, denen der Kaiser den Modius zu $^1/_{15}$ sol. verkauft, während der Theuerungspreis $^1/_{10}$ gewesen und wiederholt: »Ergo stata aestimatio erat et ordinaria sub Constantio et Juliano«, vergisst aber nicht hinzuzusetzen: »At caritas haec erat sub Valentiniano«, wobei er sich wieder auf das Beispiel des Hymettius in Afrika bezieht. — Aus den Beispielen dieser Zeit also einen Durchschnittspreis von $^1/_{10}$ sol. für den Modius anzunehmen und diesen mit dem wirklichen Durchschnittspreis in Frankreich aus dem Zeitraum von 1815 bis 1830 zu vergleichen, um das Verhältniss des Sachwerths des Geldes in beiden Zeiten zu ermitteln und Schlüsse wie ad 4 zu ziehen, berechtigt abermals nichts.

Zu 5. Ebenso willkürlich verfährt D. mit den Preisen des Schweinefleisches und, des Weins um diese Zeit. — Es ist nicht wahr, dass aus der Vergleichung von l. 3 und l. 4 C. Th. 14. 4 folgt, dass der Preis von 6 follis oder 30 cent. für das Pfund Schweinefleisch ein prix modéré gewesen und für Wein sich ein Preis, wie der von D. berechnete, ergäbe. — L. 3 lautet: »Ea pretia quae in Campania per singulos annos reperiuntur, Suariis Urbis Romae debent solvi: ita ut periculo

Suariorum populo porcinae species affatim praebeatur. Et quia Officialibus pro omni supplicio sufficit direptorum restitutio, **quidquid ultra senos folles** per singulas libras claruerit flagitatum, id fisci viribus protinus vindicetur«. Und weiterhin: »Per singulos itaque annos juxta pretia, quae reperiuntur in publica conservatione per Campaniam habitantes pecuniam pro singulis libris porcinae praecipiantur exsolvere: ita ut, non ad pretia, quae in Urbe Roma reperiuntur, sed quae apud Campanos in publicis usibus habentur, nummariae exactionis facultas denegatur.« Und l. 4 lautet: »Cui rei illud provisionis accedat, ut Lucanus possessor et Bruttius, quos longae subvectionis damna quatiebant, possent (si velint) speciem **moderatam**, hoc est, septuagenarum librarum compensatione dissolvere: quod ibi debebit inferre, ubi vina fuerit traditurus.« — In der ersten Stelle wird also nur im Allgemeinen verordnet, dass die zu vergütenden Fleischpreise stets nach den provinziellen Marktpreisen normirt werden sollen, und der Preis von 6 foll. wird **nur als ein Maximalpreis festgesetzt, der niemals überschritten werden soll.** Und in der zweiten Stelle ist das speciem **moderatam** nicht als prix modéré oder mässiger Preis zu übersetzen, sondern — wie schon Gothofred will: »Igitur »species« porcinae ad vini modum seu amphoras ita »moderata« seu **proportionata** fuit« — **als einen danach ermässigten Preis zu verstehen.** Das Gesetz fügt ja auch hinzu si velint, woraus ebenfalls hervorgeht, dass es in dem Belieben der Possessoren stand, in dem arbitrirten Verhältniss Fleisch statt Wein zu geben, was sie natürlich thaten, wenn Fleisch billig und Wein theuer war, aber nicht, wenn Wein billig und Fleisch theuer war. Also auch die Folgerungen, die Dureau für die Fleisch- und Weinpreise dieser Zeit zieht, sind falsch.

Zu 6. Dieser Auffassung, Weizenpreise von $1/10$ sol. und Fleischpreise von 6 foll. für mittlere Durchschnittspreise zu nehmen, entspricht denn auch die Zurückweisung der nov. de trib. fiscal., die Gothofred im Anhang zum Cod. Theod. unter den Leges Nov. Theod. mittheilt. »Quia aequum est, aegris provincialibus et publica clade vexatis, humanitatis nostrae beneficiis subveniri« — so erlassen die Kaiser den Possessoren des betreffenden Landestheils $7/8$ des Tributs und sollen diese für das letzte Achtel — »omnibus titulis ad unum redactis, quos possessor vel civis quolibet nomine praestare consueverant — quatuor millia ducentos tantum solidos et mille ducentas militares annonas et ducentum capitum« leisten. Dann heisst es weiterhin: »Has autem militares annonas cum provinciales pro longinqui difficultate itineris in adaeratione persolverint, **unius annonae adaeratio quatuor** per annum solidis aestimetur. Ne vero necessitatis occassione in expeditione milite constituto carioris cuiquam vendere liceat pretia necessiarum rerum, sub hoc modo qua annonam adaeramus, jubemus farris id est tritici ad singulos solidos Italicos modia quadraginta, et carnis pondus CCLXX, vini sextaria Italicos ducentos«. Diese Verordnung nun, »qui ne s'applique qu'à deux provinces épuisées par les dévastations des Barbares, » »provincialibus publica clade vexatis« «, et qui entend fixer un maximum exceptionnel pour le prix du blé, de la viande et du vin«, soll nach D. kein Gewicht haben. Aber die Gründe, die D. mit diesen Worten andeutet, halten vor der klar ausgesprochenen Absicht und dem deutlichen Inhalt des Gesetzes nicht Stich. — Den Pflichtigen $^7/_8$ ihrer Steuern zu erlassen, um sie dann wieder durch ein »maximum exceptionnel« für die Lieferungen des letzten Achtels auf's Aeusserste zu drücken, darf man der Regierungskunst keiner Zeit zutrauen. — Die von D. als »exceptionnel« niedrig angezweifelten Preise sind auch gar nicht so unglaubliche, denn es kommen ja ähnliche Preise um diese Zeit vor, die nicht von der Staatsgewalt festgesetzt sind. Was den Weizenpreis von $^1/_{40}$ sol. betrifft, so war, wie auch Mommsen a. a. O. sub voc. »Weizen« ausführt, um diese Zeit »an den Productionsorten ein Preis von $^1/_{30}$ sol. = 4 Gr. und in besonders guten Jahren selbst ein Preis von $^1/_{60}$ sol. = 2 Gr. nicht unerhört«. Von dem Fleischpreise sagt zwar auch Mommsen a. a. O. s. v. »Schweinefleisch«: »Der Soldat soll das Pfund Fleisch für $^1/_{270}$ sol. = $^4/_9$ Gr. kaufen können, was ein exorbitant niedriger oder vielmehr unmöglicher Preis ist«. — Aber die »Unmöglichkeit« solcher Preise habe ich schon berührt. Zudem lassen sich auch ähnliche Fleischpreise nachweisen. Zuvörderst handelte es sich wohl in dieser Provinz um Rind-, Hammel- und Ziegenfleisch, nicht um das auch nach dem Diokletianschen Edict um die Hälfte theurere Schweinefleisch. Nun führt aber M. selbst l. 17 C. Th. 8. 4 an, wonach der Lieferant das Pfund Speck mit $^1/_{80}$ sol. = $1^1/_2$ Gr. soll ablösen können. Allein Speck ist meistens doppelt so theuer als frisches Schweinefleisch, ist auch im Diokletianschen Edict um $^1/_3$ höher als dieses und doppelt so hoch als frisches Rind-, Hammel- und Ziegenfleisch taxirt. Wir würden danach ebenfalls schon einen Preis von $^3/_4$ Gr. für gewöhnliches Fleisch erhalten. Nun ist freilich $^1/_{270}$ sol. immer noch kaum $^1/_2$ Gr., aber in diesem Fall ($^1/_{270}$ sol.) soll auch der Pflichtige Fleisch für Geld liefern, in dem andern ($^1/_{80}$ sol. für Speck) mit Geld das Fleisch ablösen können und in beiden Fällen wird der Soldat nicht haben zu kurz kommen sollen. Damit wird dann auch der letzte Unterschied zwischen beiden Preisen verwischt und der Preis aus der nov. de trib. fisc. hat ein Seitenstück in dem Preis l. 17 C. Th. 8. 4 gefunden.

Der ganze Inhalt der Verordnung entscheidet auch zu deutlich gegen die Auslegung.

Der Steuerpflichtige soll die **Freiheit** haben, wenn ihn die Entfernung des Lieferungsorts genirt, **die zu liefernde ganze naturale Jahresration eines Soldaten mit 4 sol.** ablösen zu dürfen, **und im Verhältniss dieses Ablösungspreises** — »sub hoc modo quo annonam adaeramus« — werden dann wieder die Lieferungspreise von Getreide, Fleisch und Wein an den Soldaten auf dem Marsch festgesetzt. **Die letztern Preise können also gar nicht so übertrieben niedrig fixirt worden sein**, denn sie sind im Verhältniss jener Ablösungssumme von 4 sol. für eine ganze Jahresration festgesetzt, und der Staat hätte sich also, wenn die Marschpreise bei diesem Verhältniss zum Ablösungspreise, übertrieben niedrig fixirt wären, mit jenem Ablösungsfixum den grössten Schaden zugefügt. Die Marschpreise müssen sogar verhältnissmässig hoch gegriffen sein, denn in dem Ablösungspreis von 4 sol. sind ja Transportkosten mitenthalten. — Wie hätte überhaupt auch, wenn der Landpreis für Weizen nicht $1/40$, sondern, wie D. meint, $1/10$ sol. gewesen wäre, dem Possessor die Befugniss ertheilt werden können, eine ganze Jahresration mit 4 sol. ablösen zu dürfen, noch dazu mit Transportkosten. Der Soldat erhielt in seiner Jahres-annona 50 bis 60 Mod. Weizen, ausserdem — im vorliegenden Fall jedenfalls — noch Fleisch und Wein, in der Regel auch noch Salz und Oel. Aber bei einem Preise von $1/10$ sol. wäre ja nicht einmal der ganze Weizenbedarf aus 4 sol. zu bestreiten gewesen, und für Fleisch, Wein, Oel, Salz wäre nichts übrig geblieben. Hingegen bei einem Preise von $1/40$ sol. wurde der Weizenbedarf mit $1^1/_2$ sol. bestritten; für $1^1/_2$ sol. wären die übrigen Bedürfnisse zu haben gewesen und 1 sol. blieb dann noch für die Vertheuerung durch den Transport übrig, woraus man abermals erkennt, dass die normirten Preise die Possessoren nicht drückten, denn wo und wann der Soldat unmittelbar beim Possessor kaufte oder im Quartier bezahlte, fielen ja die Transportkosten fort •

Noch mag die Bemerkung nicht ohne Interesse sein, dass die 4 sol., mit denen die afrikanischen Possessoren eine vollständige Jahresration sollten ablösen dürfen, eine dem jährlichen Geldbetrag, den nach der Stiftung der Macrina die pueri zu ihrer vollständigen **Alimentation** erhalten, gleiche Summe ausmachen. In beiden Fällen vertheuerten Transportkosten die Preise; in dem Fall der nov. wird dies ausdrücklich gesagt; von der Zeit der Macrina wissen wir es von der Nähe

Roms im Allgemeinen. Wenn dennoch der Soldat mehr Weizen, Fleisch, Oel, Wein und Salz bekommen haben wird, als durchschnittlich die pueri, so wird sich der Soldat dies grössere Quantum für den halben Geldbetrag, in Folge des unzweifelhaft von Trajan bis Theodosius noch höher gestiegenen Sachwerths des Geldes, haben beschaffen können.

Zu 7. Fällt denn auch das Resumé, mit dem D. seine Deduction schliesst, dass die Maximalpreise, namentlich des Diocletianschen Edicts »furent trouvés tellement bas, que les marchands cessèrent de vendre, en péril même de leur vie«, m. a. W. dass diese Preise so tief unter den damaligen Durchschnittspreisen gestanden, dass, wie er sich charakteristisch ausdrückt, »on aura beau les augmenter, pourvu qu'on ne sorte pas des bornes de la vraisemblance, on n'arrivera pas à des évaluations plus grandes que les prix actuels des deurée en France«. — Eine willkürliche Erhöhung der Diocletian'schen Preise gehörte also auch noch dazu, um zu dem Resultat zu gelangen, »que la valeur potentielle de l'or et de l'argent au IV^a siecle de l'ère chrétienne n'était guère moins grande, qu'elle ne l'est aujourd'hui en France«. — —

Natürlich fallen mit diesen Grundlagen auch die Schlussfolgerungen, die D. darauf aufbaut, die Schlussfolgerungen, dass der Sachwerth des Geldes, Ausgangs der Republik, etwa anderthalbmal höher als von 1815—1830 in Paris gestanden; in der Zeit des älteren Plinius ungefähr derselbe, wie in den bemerkten Jahren in London gewesen; um die Zeit der Valentiniane wieder um ein Sechstel höher als in dem angeführten Zeitraum in Paris gestanden.

Im Allgemeinen ist die angegebene Bewegung in der Veränderung des Sachwerths des Geldes, während jenes Abschnitts der römischen Geschichte, in so weit richtig, dass derselbe in **Rom und Italien**, die letzten Jahrhunderte der Republik hindurch bis jedenfalls zu Nero, etwas sank, denn bis dahin strömten die Schätze aus den Provinzen fortgesetzt und in immer höherem Maasse nach Rom und concentrirte sich hier die Geldmenge des ganzen Reichs um so mehr[60]; eben so, dass er von da ab überhaupt wieder und fortgesetzt stieg, denn um diese Zeit fing es an fühlbar zu werden, wie viel Geld jährlich der indische Handel abströmen liess, der Bergbau war bereits sehr eingeschränkt worden, die Abnutzung des Geldes hatte aber natürlich stetig zugenommen, und später nahm auch noch der centralisirende Einfluss Roms auf die Provinzen fortwährend ab. Aber auch jenes Sinken ist

---

[60] Hier sind auch die Zinsen nicht zu vergessen, die aus den Provinzen nach Rom flossen. Denn um diese Zeit war schon das ganze Reich den römischen Föneratoren tributär. Man denke an Seneca und Britannien.

doch nur für Rom und Italien, aber nicht für das ganze römische Reich richtig, denn es erfolgte nur, weil Rom und Italien die andern Theile des Reichs plünderten, aber nicht, weil der Bergbau productiver geworden wäre; in den Provinzen musste also auch um diese Zeit der Sachwerth des Geldes um so viel steigen. — Das Steigen seit Nero ist aber allerdings für das ganze Reich richtig, denn die meisten der angeführten Gründe dieses Steigens waren nicht localer, sondern allgemeiner Natur. Allein, wenn auch die Bewegung im Allgemeinen in so weit von D. richtig wiedergegeben ist, nicht im Entferntesten ist es richtig, dass der damalige Sachwerth des Geldes im Verlauf dieser ganzen Bewegung dem, der in dem bezeichneten Zeitraum für London und Paris anzunehmen ist, so nahe, wie D. will, gekommen sei. Um zu diesem Resultat zu gelangen, bedurfte es noch seiner eigenthümlichen Auslegung der Quellen.

Und wie D. den Quellen Gewalt anthut, um zu diesem ihm selbst verwunderlichen Resultat zu gelangen, so thut er nun auch noch den Gesetzen der Nationalökonomie Gewalt an, um es zu erklären. »Freilich« — sagt er in einer überaus verwirrt construirten Stelle, Tom. 1 p. 158 — »scheint mir die Annahme unmöglich, »que la haute Asie et le monde grec et romain durent avoir des mines d'argent et d'or presque aussi abondantes que celles de l'Amérique; que ces empires durent avoir aussi pour l'exploitation de ces mines une population très abondante, la main-d'oeuvre à très bon marché, et enfin, pour l'extraction de l'argent en filous une mécanique et une métallurgie très perfectionnées«. Die hohen Productionskosten, meint er selbst, hätten also eigentlich nothwendig den Werth von Gold und Silber gegen Getreide, Tagelohn und nothwendigste Lebensbedürfnisse in einer viel stärkeren Proportion steigern müssen, que celle, qui nous est donnée par des lois et de textes précis». Allein, anstatt deshalb diese vermeintlichen Gesetze und klaren Stellen einer erneuten Kritik zu unterwerfen, da er doch selbst die grosse Schwierigkeit zugesteht, »en expliquer la cause«, sagt er: Voici neanmoins une observation, qui peut conduire à la solution de la difficulté, und nun folgt, zur Erklärung dieses nationalökonomischen Wunders — für D. d. l. Malle in der That ein Wunder, da er die hohen Productionskosten des Edelmetalls im Alterthum zugiebt — die bereits oben beleuchtete flüchtige Bemerkung, die nicht blos in sich falsch ist, sondern auch noch das weitere nationalökonomische Wunder einschliessen würde, dass im Alterthum die Bergbauproducenten Jahrhunderte hindurch lieber mit Schaden fortgearbeitet hätten, als dass sie ihre Sklaven zu andern Productionen hätten übergehen lassen.

Also auch Jacob und Dureau de la Malle dürften nicht im Stande gewesen sein, die bis dahin allgemein adoptirte Ansicht — »ce qu'avaient avancé les économistes, les anciens érudites et même, en dernier lieu, M. M. Boeckh et Letronne« — zu erschüttern. — —

Dagegen gestehe ich gern zu, dass, nachdem Friedländer sich für D.'s Ansicht ausgesprochen, diese mehr Gewicht bekommen hat, denn, wenn auch die wenigen Preisnotizen, die Fr. in diesen Jahrbüchern beigebracht, mir nicht geeignet scheinen, diese Ansicht wesentlich zu unterstützen, so wird doch der Verfasser der »Darstellungen aus der Sittengeschichte Roms« auch noch in seiner Gesammtanschauung des wirthschaftlichen Lebens im Alterthum Gründe dafür gefunden haben. Daher mögen immerhin, zum endgültigen Abschluss der Frage, noch eingehendere Untersuchungen erforderlich sein, als ich vorstehend zu liefern versucht habe.

IV.
Zur Geschichte der volkswirthschaftlichen Verhältnisse Oesterreichs.

Von

Dr. **Adalbert Horawitz**,
Docenten der wiener Universität.

II.

In meinem letzten Artikel beklagte ich es noch, dass meine Ausbeute in dem wohlgeordneten Stadtarchive von Krems nicht so bedeutend gewesen, als ich gehofft und gewünscht. Seitdem gelang es mir doch, für das funfzehnte Jahrhundert nicht uninteressante Acten zu finden, deren Benützung mir durch die sehr dankenswerthe Liberalität des Gemeindevorstandes dieser Stadt ermöglicht wurde.

Es sind städtische Quittungen, Briefe von Hubmeistern, Ungeldregister, Maurer- und Baumeisterrechnungen, Ausgaben- und Einnahmen-Verzeichnisse, Wendel-Register aus der zweiten Hälfte des funfzehnten Jahrhunderts, die mir vorlagen, aus denen ich nun — so gut es bei den fragmentarischen, oft unterbrochenen Aufzeichnungen gehen kann — ein für die Geschichte volkswirthschaftlicher Zustände belehrendes Resultat zu gewinnen trachte. Die — wie ich selbst am Besten fühle, — lückenhaften und der Ergänzung bedürftigen Bemerkungen sind aber doch immerhin Beiträge zur Geschichte städtischer Finanzverwaltung im Mittelalter und dürften deshalb auf einiges Interesse Anspruch machen.

Bekanntlich waren die Städte Krems und Stein während des Mittelalters durch Gewerbefleiss, Handel und Reichthum [1]) ausge-

---

[1]) Wie viel z. B. die kleine Mauth von Stein schon im Anfange des 14. Jahrhunderts einbrachte, zeigt eine Verpfändung des Herzogs Friedrich des Schönen vom Jahre 1314, in der es heisst, man könne von ihr nehmen das erste Jahr 1570 Pfund (librae), danach alle Jar 2000 Pfund. cf. Chmel, Zur Geschichte Friedrich des Schönen im Archiv der k. k wiener Akademie der Wissenschaften. II. 1849.

zeichnet, über die Quellen des städtischen Einkommens unterrichten uns die mir vorliegenden Archivalien in erwünschtester Weise; die Stadt bezog ihr »Haben« aus den verschiedenen Zöllen, **Mauthen**, dem **Ungeld**, dem städtischen **Kasten** (Getreidespeichern), den **Kastenpfennigen**, der **Melberichtung**, den **Stegpfennigen**, dem **Kubelrecht** und der **Losung**, den **Wändeln** (Strafgeldern) an den Richter, u. s. w.

Die Einkünfte der Kremser Zölle von 1462—1470 incl, lassen sich genau bestimmen, nur für das Jahr 1468 konnte ich keine Angaben finden; es war diess übrigens ein sehr trauriges Jahr, Stein z. B. war so sehr durch den Krieg, durch Misswachs und Auswanderung herabgekommen, dass es sich an Friedrich III. um Hilfe wenden musste (cf. Kinzl, Chronik von Krems und Stein S. 61). —

Ich lasse eine tabellarische Uebersicht des Zollerträgnisses folgen:

Art des Zolls.	1462.	1463.	1464.	1465.	1466.	1467.	1468.	1469.	1470.
Wochenzoll	15 Pfd. 3 β 7 δ	17 Pfd. — 19 δ 1 Hell.	17 Pfd. — 75½ δ —	15 Pfd. 3 β 4 δ —	15 Pfd. — 19 δ 1 Hell.	9 Pfd. 4 β 11 δ —	— — — —	12 Pfd. 6 β 29 δ 1 obol.	10 Pfd. 5 β 15 δ —
Torzoll	4 Pfd. — 16 δ	3 Pfd 7 β 5½ δ	5 Pfd. 6 β 26 δ	3 Pfd. 4 β 7½ δ	— 18 β 9 δ 1 Hell.	14 β 25 δ	—	4 Pfd. 3 β 7 δ	3 Pfd. — 26 δ 1 Hell.
Die Zölle bei den 2 Jahrmärkten Simonis u. Judä	41 Pfd 15 β 75½ δ	63 Pfd. 3 β 13½ δ	64 Pfd. 7 β 23 δ	24 Pfd. 3 β 22 δ	20 Pfd. 4 β 12 δ	20 Pfd. 6 β 9 δ	—	63 Pfd 6 β 22 δ	58 Pfd. 3 β 3 δ
Weinzoll[2])	6 Pfd. 3 β 9 δ	4 Pfd. 6 β 25 δ	—	5 Pfd. — 8 δ[3])	—	—	—	—	—

Ganz genau stimmt das grösste und geringste Erträgniss der Zölle unter einander, sowie mit den äusseren Verhältnissen der Städte und des Landes zusammen. Bei Wochen-, Thor- und Markt-Zoll stellen sich die Jahre 1463 und 1464 am günstigsten, 1466 und 1467 am ungünstigsten, der Abstand zwischen dem höchsten und niedrigsten Erträgniss ist beim Torzoll bedeutend (5 Pfd. und 14 β).

---

2) Kaiser **Friedrich III.** legte übrigens 1458 (Wien vor Simon und Judae) einen Ausfuhrzoll von 1 Pfund per Fuder auf den Wein. — Auch von einer **Gewant-** und **Honig-Mauth** ist um 1463 die Rede.

3) War sehr schlechter Wein, Reifbeisser genannt.

Der günstigste Stand 1463 und 1464 erklärt sich daraus, dass im ersteren Jahre Kaiser Friedrich seinen getreuen Städten ausser dem Münzrecht die Niederlage von Kaufmannswaaren, den Handel mit Venedig und die Erbauung der Donaubrücke gestattete, was Alles dem Verkehre und dem Handel grossen Aufschwung gab. 1466 nnd 1467 aber ging es mit dem Wohlstande in Folge der fortwährenden Kriege, Fehden, Verwüstungen durch die Söldnerbanden, die Missernten sehr herab und weder Einfuhr noch Durchfuhr fremder Kaufleute dürfte bedeutend gewesen sein. —

Von den Mauthen kann ich nur die kremser Brückenmauth nennen, die jährlich regelmässig (wohl als Pachtschilling) 60 Pfd. trägt.

Bekannt ist es, wie die Abschaffung des Verneuerungsrechtes der Herzoge durch Rudolph den Stifter (um 1360) zu einer andern, beim Volke durchaus unbeliebten, u. A. auch von dem Dichter Suchenwirt angegriffenen Finanzmassregel zur Einführung des Ungeldes (auch ungelt, umgelt), einer Art von Verzehrungssteuer führte [4]). Für die drei Orte Krems, Stein und Weinzierl gelang es mir nun, für einige Jahre die Ungelterträgnisse, die durch einen eigenen, von der Stadt (mit 12 Pfd. jährlich) besoldeten Ungelter eingehoben wurden, zu ermitteln und in der folgenden Tabelle zusammenzustellen.

im Jahre	Krems.	Stein.	Weinzierl.	Totalsumme [5]).
1462	754 Pfd. 85 δ	334 Pfd. 3 β 14 δ	24 Pfd. 73 δ	1113 Pfd. 22 δ
1463	804 Pfd. 5 β 4½ δ	350 Pfd. 53½ δ	26 Pfd. 64 δ	1181 Pfd. 32 δ
1464	622 Pfd. 48 δ	278 Pfd. 22 δ	30 Pfd. 45½ δ	831 Pfd. 4 β 10b (?)
1465	496 Pfd. 68 δ	239 Pfd 4 β 21 δ	41 Pfd. 28 δ	776 Pfd. 7 β 27 δ
1466	500 Pfd. 5 β 12 δ	218 Pfd. 6 β 17 δ 1 Hell.	22 Pfd. 5 β 3 Hell	742 Pfd. 31 δ
1467	444 Pfd. 14 δ 1 Ob.	155 Pfd. 41 δ	15 Pfd. 29 δ	—
1468	—	—	—	—
1469	—	—	—	829 Pfd. 31 δ
1470	556 Pfd. 4 β 18 δ	237 Pfd. 4 δ	18 Pfd. 3 β 10 δ	812 Pfd. 2 δ
1471	—	—	—	—

Auch hier stellt sich das Verhältniss wie früher, 1463 ist sowohl seiner Totalsumme nach, als in allen drei Orten einzeln das einträglichste, 1466 und 1467 sind die schlechtesten Jahre. — Zu den bis-

---

[4]) Ueber Verneuerung und Ungelt vgl. Heinrich Friedrich Sailer, Niederösterreichische Münzwerthe im 14. Jahrhunderte. 1869 und A. Luschin, Niederösterreichische Münzwerthe im IV. Hefte der wiener Numismatischen Zeitschrift. 1870.

[5]) Ich habe zur Controle aus einem anderen, freilich auch unvollständigen Register die Totalsummen herausgehoben, freilich stimmen sie nicht überall.

herigen Einnahmen gehört das Getreide, das in den gemeinen Kasten kam, und von dort aus wenigstens theilweise verkauft ward. In den Jahren 1462—1471 gelangte dahin:

im Jahre	Weizen	An Korn	Haber	Erlös aus dem Verkauf.
1462	8 muth 3½ metze	5 muth 7½ metze	4 muth 23½ metze	—
1463	9 m. 19 m.	6 m. 29½ m.	6 m. 22 m.	—
1464	8 m. 19 m.	10 m. 6 m. 1 drittl	7 m. 5½ m	116 Pfd. 15 δ
1465	11 m. 16½ m. 1 drittl	7 m. 11½ m.	2 m. 25 m.	119 Pfd. 3 β 24 δ
1466	6 m. 12½ m. 2 drittl	3 m. 1 m. 1 drittl	3 m. 1 m. 1 drittl	80 Pfd. 51 δ
1467	—	—	—	—
1468	—	—	—	—
1469	5 m. 11 m. 3 massl	16 m. 29 m. 2 drittl	13 m. 12½ m.	53 Pfd. 5 β 2 δ
1470	—	—	—	—
1471	10 m. 25½ m. 1 drittl	18 m. 15 m. 1 virtl	16 m. 20 m. ½ m.	—

Hierher rechne ich auch gleich die Posten über die Kastenpfennige und die Melberichtung, die ich anbei folgen lasse:

Im Jahre	Kastenpfennige.	Melberichtung.
1462	32 Pfd. 13 δ	4 Pfd. 4 β 13 δ
1463	29 Pfd. 6 β 72 δ	13 Pfd. 6 β 4 δ
1464	39 Pfd. 3 β 1 δ	4 Pfd. 3 β 2 δ
1465	30 Pfd. 6 β 2 δ	4 Pfd. 7 β 9 δ
1466	15 Pfd 4 β 78 δ	4 Pfd. 7 β 1 δ
1467	—	—
1468	—	—
1469	39 Pfd. 5 β 22 δ	5 β 26 δ
1470	32 Pfd. 6 β 86 δ	2 Pfd. 13 δ
1471	46 Pfd. 4 δ	—

Man sieht, dass hier das Verhältniss ein anderes geworden, als dort bei den vom Handel abhängigen Resultaten der Zölle und Mauthen. Für Weizen erscheint das Jahr 1465 als das beste, 1469 als das schlechteste, für Korn 1469 das beste, 1466 das schlechteste, für Haber 1471 das beste, 1465 das schlechteste. Die meisten Kastenpfennige gingen 1471, die wenigsten 1466 ein; 1465 wurde am reichlichsten Getreide verkauft. — An die bisherigen Daten schliesse ich die über Kubelrecht und Losung, Purkrecht und Vogtrecht, die Stegpfennig und das Einnehmen des Grundbuchs, so unvollständig sie auch sein mögen:

Im Jahre	Stegpfennig	Kubelrecht und Losung [6]).	Purkrecht und Voglrecht.	Einnahmen des Grundbuchs.
1462	4 Pfd. 3 β 4 δ	8 Pfd. 10 δ	—	2 Pfd. 5 β 19 δ
1463	10 β	7 Pfd. 7 β 20 δ	—	3 Pfd. 3 δ
1464	—	4 Pfd. 5 β	3 Pfd. 32 δ	—
1465		5 Pfd. 72 δ	13 β 21 δ	
1466		5 Pfd. 3 β 14 δ	3 Pfd. 4 β 3 Hell.	
1467	—	—	—	
1468				
1469	3 Pfd. 6 β 15 δ	—	—	
1470			4½ Pfd. 17½ δ	—
1471	—	17 β	—	—

Einer Vergleichung förderlicher, als diese spärlichen Daten sind die Angaben über die Wändel, die Bussgelder, die an den Richter gezahlt wurden; mit ihnen stelle ich auch die Zahlungen der Kremser und Steiner an das Gericht zusammen:

Im Jahre	Wändel.	Die von Krems in das Gericht.	Die von Stein in das Gericht.
1462	20 Pfd. 5 δ	42 Pfd. 80 δ	37 Pfd. 5 β 10 δ
1463	24 Pfd. 3 β 8 δ	42 Pfd. 80 δ	37 Pfd. 5 β 10 δ
1464	13 Pfd. 58 δ	42 Pfd. 80 δ	37 Pfd. 5 β 10 δ
1465	5 Pfd. 8 δ	42 Pfd. 80 δ	37 Pfd. 5 β 10 δ
1466	20 Pfd. 42 δ	42 Pfd. 80 δ	37 Pfd. 5 β 10 δ
1467	—	—	37 Pfd. 5 β 10 δ
1468	—	—	37 Pfd. 5 β 10 δ
1469	—	—	37 Pfd. 5 β 10 δ
1470	60 Pfd. 7 β 6 δ	42 Pfd. 80 δ	37 Pfd. 5 β 10 δ

Bleibt hier die Summe bei den Gerichten begreiflicherweise constant, so ist doch das Schwanken in der Strafsumme von culturhistorischem Interesse; in den Jahren des Wohlstandes ist sie am Kleinsten, während nach den wilden Jahren 1470 die grösste Busse erscheint. — Ich gehe auf die jährlichen Ausgaben der Städte über, die einen conservativeren Charakter haben. Die Städte bekamen Mauth, Zoll, Gericht und dgl. — wie es scheint — gegen ein bestimntes Bestandgeld, das sie dem Landesfürsten jährlich zu zahlen hatten. Doch würde man irren, wenn man glaubte, diese Summe, die sich stets auf 1550 Pfd. belief [7]), sei auf ein Mal abgezahlt worden. Die Abzahlung wurde in der patriarchalisch-gemüthlichen uud unordentlichen Weise vorgenommen, die überhaupt das Finanzwesen des Mittelalters charakterisirt. Der königliche oder herzogliche Hubmeister oder dessen Stellvertreter cassirte in un-

---

[6]) Die Losung ist die directe Steuer von Capital und Renten; vergl. darüber Hegel, Chroniken der deutschen Städte I. 282.

[7]) Von 1475—1480 ist der Bestand wohl der schlechten Zeiten wegen — Böhmen und Ungarn — Invasionen, Belagerungen · auf 1200 Pfd. herabgesetzt.

regelmässigen Terminen auf Befehl (»Geschefft«) seines Herrn 100 oder mehr Pfd. ein, oder der Landesfürst wies alte Gläubiger oder Beamte — z. B. für die Burghut — an die Städte, die dann so und so viel an die Bezeichneten zahlen mussten, oder die Städte wurden verpflichtet, Söldner im landesfürstlichen Interesse zu halten. Alle diese Posten wurden gegen Quittungen ausgezahlt, mit denen man sich bei der »Jahresraittung« auswies. Gefters geschah es aber auch, dass der Landesfürst selbst in die Städte kam, und ihm baares Geld auf die Hand gegeben werden musste, oder dass er Klöstern und Pfarrern Geschenke machte — in Geld oder meist in Naturalien — deren Auszahlung natürlich die Städte zu besorgen hatten. Alles dieses wurde summirt, dazu kamen dann noch die Hausenpfennige, die man jährlich den Herrn **von Puechaim**, als den obersten Truchsessen, und die Abgabe, die man in das Schenkamt zahlte, sowie die Lieferungen in Weizen, welche man an die Karthause Geming (Gaming, die Stiftung Albrecht des Weisen) und den Frauen (Nonnen) zu Mimpach zu senden verpflichtet war. Alle diese Summen wurden addirt und dann mit dem zu liefernden Bestand verglichen; es kommt vor, dass der Bestand überschritten wird, bleibt man unter derselben stehen, so wird es mit einem »Restat noch gen Hof« notirt, d. h. die Städte waren noch schuldig, an den Hubmeister das Fehlende abzuliefern. Bevor ich nun auch die Ausgaben — über die wir verhältnissmässig, namentlich durch die zahlreichen Quittungen besser berichtet sind, als über die Einnahmen — tabellarisch zusammengestellt folgen lasse, will ich noch im Kurzen von den Steuern sprechen. Im Allgemeinen, finde ich, war um 1402 die Landsteuer Oesterreichs auf 18,620 Pfd. angeschlagen, es kam aber nicht mehr als 16,584 1/2 Pfd. 20 ₰ ein [8]). Aus den kremser Rechnungen durch dreizehn Jahre zeigt sich, dass die gewöhnliche Schatzsteuer von beiden Städten um Weihnachten gezahlt wurde und 100 Pfd. wiener Pfennige betrug. Ebenso viel wird auch die Stadtsteuer ausgemacht haben; alle Leistungen der Städte, für die 6 Jahre 1475—1480 zusammengenommen, finde ich einmal mit 8,400 Pfd. beziffert, was als Jahresleistung 1,400 Pfd beträgt, wie es sich auch wirklich aus der Summe des Ausgerichteten und der Remanenz ergiebt. Ich lasse vor den veränderlichen Ausgaben die constantbleibenden folgen, sie sind:

---

[8] Ridler, Oesterr. Archiv 1832. Urkundenblatt (aus einer Urkunde von 1402).

Zur Geschichte der volkswirthschaftl. Verhältnisse Oesterreichs. 241

Statt der Lieferung von Hausen an das oberste Truchsessamt zahlten die Städte 5 Pfd. den Herren von Puechaim, 2 Pfd. jährlich an das Schenkamt, an die Karthause von Gaming 4 mutt und den Nonnen von Mimpach 1 mutt Weizen. — Zur besseren Uebersicht gebe ich Einnahme, Ausgabe und Remanenz (d. h. Rest der an den Hof abzuführenden Summe) neben einander in der folgenden Tabelle:

Im Jahre:	Einnahme:	Ausgabe:	Remanenz:
1455	—	1520 Pfd. 7 β 3 δ	29 Pfd. 27 δ
1456		1512 Pfd.	38 Pfd.
1457		1555 Pfd. 4 β	
1458		1960 Pfd.	
1459		1206 Pfd. 7 β 7 δ	343 Pfd. 23 δ
1460		1432 Pfd. 6 β 20 δ	117 Pfd. 40 δ
1461	—	1032 Pfd.	
1462	1482 Pfd. 6 β 7 δ 1 Heller	607 Pfd. 3 β 19 δ	875 Pfd. 78 δ 1 Heller
1463	1572 Pfd. 6 β 7 δ 1 Heller	636 Pfd. 6 β 24 δ	935 Pfd. 7 β 13½ δ
1464	1340 Pfd. 3 β 22 δ	810 Pfd. 77 δ	530 Pfd. 35 δ
1465	1127 Pfd. 4 β 15½ δ	810 Pfd. 77 δ	530 Pfd. 35 δ
1466	1050 Pfd. 19 δ 1 Heller	520 Pfd. 5 β	529 Pfd. 3 β 19 δ 1 Heller
1467	—	—	
1468		—	
1469	—	—	
1470	1225 Pfd. 9 δ	663 Pfd. 7 β 6 δ	
1471	—		
1472	—		
1473			
1474		—	
1475		1140 Pfd.	260 Pfd.
1476		1394 Pfd. 12 δ	5 Pfd. 7 β 18 δ
1477		154 Pfd.	1246 Pfd.
1478		999 Pfd. 3 β	400 Pfd. 5 β
1479			
1480		870 Pfd. 30 δ	529 Pfd. 7 β

Wie sich aus der Tabelle zeigt, war das Jahr 1463, das uns als ein in mehreren Beziehungen günstiges Jahr erscheint, auch hinsichtlich der Einnahme das beste; 1466 auch in anderer Hinsicht unvortheilhaft bekannt, erwies sich als das schlechteste. Die Bedeckung für die Ausgaben konnte am leichtesten 1457 und 1458 beschafft werden, die Ausgaben waren damals sehr gross, 1457 wurde die Bestandsumme um 5 Pfd. 4 β, im Jahre 1458 um 460 Pfd. überschritten; am Weitesten unter dem auszurichtenden Betrage blieb man 1460 und 1477. Beim letzten Jahre begreift es sich leicht, es ist ja das Jahr grosser Be-

XV. 16

drängniss durch die böhmischen und ungarischen Invasionen und die Belagerung beider Städte durch Matthias Corvinus. — Was Einkommen und Ausgaben in ihrem Verhältnisse zu einander betrifft, so lässt es sich leider nur für die fünf Jahre 1462—1467 betrachten, 1463 gewährt auch hier die günstigste, 1465 die ungünstigste Bilanz. — Zum Schlusse dieser Mittheilungen mögen einige Notizen über **Preise, Tagelohn** und **Besoldungen** folgen, die ich durch Berechnung aus den Totalsummen und hie und da aus den Registern gewann; ich hoffe, dieselben mit Benutzung des reichhaltigen Sailer'schen Nachlasses in meinem nächsten Aufsatze in bedeutender Weise nach jeder Richtung hin zu vermehren.

Getreidepreise liegen aus den Jahren 1455—1480 vor. Nach ihnen kostete ein Muth **Korn** um 1459: 7 Pfd., um 1462: 4½ Pfd., 1463 sank es gar auf 3½ Pfd., stieg 1464 wieder auf 4½ Pfd., 1465 auf 5 Pfd., 1466 sogar auf 10 Pfd. — man sieht die Folgen der Verwüstung, des stockenden Verkehres und der Unsicherheit — um 1478 kauft man den Metzen um 23 δ. Hafer kostet um 1462 drei Pfd., 1464 fällt er auf 2½ Pfd., erhebt sich 1465 wieder auf 3½ Pfd., um 1466 auf 7½ zu steigen; 1478 kostet er, wie 1464, nur 2½ Pfd. Ein mutt **Weizen** kostet um 1455 fünf Talente (Pfd.), stieg aber schon im nächsten Jahre auf sieben T. und hielt sich in diesem Preise bis 1459, wo er mit acht T. gezahlt wird; dies dauert bis 1461, wo er wieder auf den Preis von 1455 i. e. fünf T. sinkt. 1462 kostet er aber 7½ Pfd., ist dagegen in den guten Jahren 1463 und 1464 um 4 Pfd. 30 δ und 4½ Pfd. zu haben, erhebt sich 1465 auf 6 Pfd. 30 δ, 1466 sogar auf 10 Pfd., 1467 auf 13 Pfd. 30 δ (1 Metzen kostet damals 3½ β, um 1469 aber 62 δ). Bis 1475 ist in den Angaben eine Lücke, in diesem Jahre ward das muth Weizen mit 7 Pfd., im nächsten Jahre mit 6 Pfd., 1477 und 1478 mit 5 Pfd., 1479 mit 4½ Pfd. und 1480 wieder mit 5 τ, also um den Preis von 1455 gekauft. Im Jahre 1478 kostet der Echterin **Wein** 4 δ; leider die einzige Notiz über Wein, die ich fand. — Ziemlich ergiebig für Preise waren die sog. Bauamtsrechnungen, in denen der städtische Baumeister seine Jahres-Raittung ablegt. Ihnen entnehme ich folgende Angaben über die Preise von Materialien. Im Jahre 1457 kostete ein Fass Kalich (Kalk) 10 β, 1459 6 mutt Kalich à 13 β, dann 4½ mutt à 12 β. Tausend »Schinteln« (Schindeln) werden um 1457 sowohl mit 4½ als auch mit 5 β, um 1470 2000 Schinteln mit 11 β 15 δ und 12 β bezahlt. Unter den Ausgaben des Jahres 1457 lesen wir: 100 Nägel um 12 δ, auch um 16 δ, 50

Lattnagl 8 δ, 1000 Stück Lattnagl 15 δ, 1000 Stück Schintnägl 52 δ; im Jahre 1470: 5000 schintlngl. 1 Pfd. 20 δ, 400 lattennägl 64 δ, 1000 verschlagnägl 4 β 10 δ. 1459 kostet ein »eysnslegel« 8, aber auch 28 δ, eine Schaufel 14 δ, ein grosses »Wasserschaff« 14 δ, ein »Mörtelschaff« 6 δ, ein »Handschäfl« 3 δ, ein »Reitter« (Sieb) 4 δ, eine Eisenstange 50 δ; um 1470 ein Rad 75 δ, ein Laden 5 δ, ein Strick 24 δ. — Ich komme nun zu den Besoldungen und dem Tagelohn. Viel kosten in jenen unruhigen Zeiten die Söldner, sowohl 1453 als 1458 legt die Stadt 388 Pfd. für die Fussknechte aus, dann wieder für die »fussknecht und soldner« 416 τ 80 δ, 1467 zahlen beide Städte für sie 218 τ 6 β. Aus den Richter-Raittungen entnehme ich, dass von 1462—1467 der Richter 100 τ (wohl jährlich), der »Ungelter« (Einnehmer der Ungeltabgabe) 12 τ, der »Züchtiger« (Büttel) 10 τ 56 δ oder 12 τ, 12 τ 3 β 5 δ, oder 17 τ 3 β (im Jahre 1466)[9]) erhielten. 1467 sind die Zolleinnehmer mit 2½ τ 20 δ verzeichnet. Die reichhaltigen Baumeisters Rechnungen geben gute Notizen über den Taglohn. Der Taglohn eines Brückenarbeiters um 1457 beträgt 14 δ, aber auch 24 δ, eines Maurers 10 δ und 24 δ, eines Zimmermanns (auch noch um 1470!) 24 δ, eines Steinbrechers 24 δ; 1459 erhält ein Thurmdecker 20 δ, der Lohn des »Mörtelknechtes« schwankt zwischen 4, 6, 8, 10, 11, 12, 13 δ, ein halbes Tagwerk wird mit 7 δ, ein Botendienst mit 14 δ, ein Zimmermann mit 14 δ, ein Steinbrecher mit 28 δ bezahlt. 1470 bekömmt eine Taglöhnerin, die Steine zum Bau herbeiträgt, 10 δ, 1478 Zuträger und Zureicher 20 δ. Zum Schlusse lasse ich die kurze, aber durch die Zahlen laut genug sprechende Specificirung der Ausgaben folgen, welche den Kremsern durch die eilf Wochen und 4 Tage dauernde Belagerung durch König Matthias von Ungarn (1477) erwuchsen [10]). [Aus dem MS. LV. des kremser Stadtarchives.]

Vonerst auf 277 Soldner . . . . 1204 τ
— auf der Sweintzer und faulle khes Rott (13 Knecht) . . . . 19 τ 4 β
— des Lienhart Krepphl Rott (42 Knecht) . . 63 τ
— Abpruch und Schedn und auf aussenden vmb söldner, zerung facit alles . . . . 70 τ 74 δ

---

9) Wochenlohn des Züchtigers um 1478 60 δ.
10) Ueber die Belagerung selbst vergl. Kinzel, Chronik von Krems S. 63 ff.

Vonerst 20 Junkherrn in den Hewsern gespeist 9
    wochen facit . . . .   115 ₮ 6 ₰ 8 ₰
— Ir knecht und gesind gespeist auch 9 wochen
    125 Person Wein, prot, fleisch facit . . .   236 ₮ 80 ₰
Habern zalt und auf Robat und ander leut, so
    in die stat sind geflohen Speis . . . . .   38 ₮ 60 ₰
So gesteen uns zwo new pastein zu machen vnd
    umb Holcz zum versetzen die Maur und andere
    gepaw u. s. w. . . . .   639 ₮ 41 ₰
            Summa alles aussgebens: 2386 ₮ 83 ₰

Nationalökonomische Gesetzgebung.

IV.
Gesetz, betreffend die Kommanditgesellschaften auf Aktien und die Aktiengesellschaften im Norddeutschen Bunde.
Vom 11. Juni 1870.

§. 1. Die Artikel 5. 173 bis 176. 178. 198. 199. 203. 206 bis 212. 214. 215. 217. 222. 225. 239. 240. 242 und 247 bis 249 des Allgemeinen Deutschen Handelsgesetzbuches werden durch nachstehende, den bisherigen Zifferzahlen entsprechende Artikel ersetzt.

Artikel 5. Die in Betreff der Kaufleute gegebenen Bestimmungen gelten in gleicher Weise in Betreff der Handelsgesellschaften, insbesondere auch der Kommanditgesellschaften auf Aktien und der Aktiengesellschaften.

Dieselben gelten auch in Betreff der öffentlichen Banken in den Grenzen ihres Handelsbetriebes, unbeschadet der für sie bestehenden Verordnungen.

Artikel 173. Das Kapital der Kommanditisten kann in Aktien oder Aktienantheile zerlegt werden.

Die Aktien oder Aktienantheile müssen auf Namen lauten. Sie müssen auf einen Betrag von mindestens fünfzig Vereinsthalern gestellt werden, wenn nicht die Landesgesetze nach Maassgabe der besonderen örtlichen Bedürfnisse einen geringeren Betrag gestatten. Aktien oder Aktienantheile, welche auf Inhaber lauten, oder welche auf einen geringeren als den gesetzlich bestimmten Betrag gestellt werden, sind nichtig. Die Ausgeber solcher Aktien oder Aktienantheile sind den Besitzern für allen durch die Ausgabe verursachten Schaden solidarisch verhaftet.

Die vorstehenden Bestimmungen gelten auch von Promessen und Interimsscheinen.

Artikel 174. Eine Kommanditgesellschaft auf Aktien gilt als Handelsgesellschaft, auch wenn der Gegenstand des Unternehmens nicht in Handelsgeschäften besteht.

Ueber die Errichtung und den Inhalt des Gesellschaftsvertrages muss eine gerichtliche oder notarielle Urkunde aufgenommen werden. Zur Aktienzeichnung genügt eine schriftliche Erklärung.

Artikel 175. Der Gesellschaftsvertrag muss enthalten:
1) den Namen, Vornamen, Stand und Wohnort jedes persönlich haftenden Gesellschafters;

2) die Firma der Gesellschaft und den Ort, wo sie ihren Sitz hat;
3) den Gegenstand des Unternehmens;
4) die Zeitdauer des Unternehmens, im Fall dasselbe auf eine bestimmte Zeit beschränkt sein soll;
5) die Zahl und den Betrag der Aktien oder Aktienantheile;
6) die Bestimmung, dass ein Aufsichtsrath von mindestens drei Mitgliedern aus der Zahl der Kommanditisten durch Wahl derselben bestellt werden müsse;
7) die Form, in welcher die Zusammenberufung der Generalversammlung der Kommanditisten geschieht;
8) die Form, in welcher die von der Gesellschaft ausgehenden Bekanntmachungen erfolgen, sowie die öffentlichen Blätter, in welche dieselben aufzunehmen sind.

Artikel 176. Der Gesellschaftsvertrag muss bei dem Handelsgericht, in dessen Bezirk die Gesellschaft ihren Sitz hat, in das Handelsregister eingetragen und im Auszuge veröffentlicht werden.

Der Auszug muss enthalten:
1) das Datum des Gesellschaftsvertrages;
2) den Namen, Vornamen, Stand und Wohnort jedes persönlich haftenden Gesellschafters;
3) die Firma der Gesellschaft und den Ort, wo sie ihren Sitz hat;
4) die Zahl und den Betrag der Aktien und Aktienantheile;
5) die Form, in welcher die von der Gesellschaft ausgehenden Bekanntmachungen erfolgen, sowie die öffentlichen Blätter, in welche dieselben aufzunehmen sind.

Ist in dem Gesellschaftsvertrage bestimmt, dass das Austreten eines oder mehrerer persönlich haftender Gesellschafter die Auflösung der Gesellschaft nicht zur Folge habe (Art. 199), so ist auch diese Bestimmung zu veröffentlichen.

Artikel 178. Vor erfolgter Eintragung in das Handelsregister besteht die Kommanditgesellschaft als solche nicht. Die vor der Eintragung ausgegebenen Aktien oder Aktienantheile sind nichtig. Die Ausgeber sind den Besitzern für allen durch die Ausgabe verursachten Schaden solidarisch verhaftet.

Wenn vor erfolgter Eintragung im Namen der Gesellschaft gehandelt worden ist, so haften die Handelnden persönlich und solidarisch.

Artikel 198. Jede Abänderung des Gesellschaftsvertrages bedarf zu ihrer Gültigkeit der notariellen oder gerichtlichen Abfassung.

Der abändernde Vertrag muss in gleicher Weise, wie der ursprüngliche Vertrag, in das Handelsregister eingetragen und im Auszuge veröffentlicht werden (Art. 176. 179).

Der abändernde Vertrag hat keine rechtliche Wirkung, bevor derselbe bei dem Handelsgericht, in dessen Bezirk die Gesellschaft ihren Sitz hat, in das Handelsregister eingetragen ist.

Artikel 199. Eine Uebereinkunft, durch welche das Austreten eines oder mehrerer persönlich haftender Gesellschafter bestimmt wird, steht der Auflösung der Gesellschaft gleich. Zu derselben bedarf es der Zustimmung einer Generalversammlung der Kommanditisten.

Es kann jedoch durch den Gesellschaftsvertrag oder durch einen denselben abändernden Vertrag (Art. 198) bestimmt werden, dass das Austreten eines oder mehrerer persönlich haftender Gesellschafter die Auflösung der Gesellschaft dann nicht zur Folge habe, wenn mindestens noch ein persönlich haftender Gesellschafter bleibt. In Ansehung der Eintragung in das Handelsregister finden die Bestimmungen des Artikels 129 Anwendung.

Artikel 203. Eine theilweise Zurückzahlung des Kapitals der Kommanditisten kann nur vermöge einer Abänderung des Gesellschaftsvertrages erfolgen.

Die Zurückzahlung kann nur unter Beobachtung derselben Bestimmungen geschehen, welche für die Vertheilung des Geschäftsvermögens im Falle der Auflösung massgebend sind (Art. 201. 202).

Artikel 206. Die persönlich haftenden Mitglieder und die Mitglieder des Aufsichtsrathes werden mit Gefängniss bis zu drei Monaten bestraft:
1) wenn sie vorsätzlich Behufs der Eintragung des Gesellschaftsvertrages in das Handelsregister falsche Angaben über die Zeichnung oder Einzahlung des Kapitals der Kommanditisten machen;
2) wenn durch ihre Schuld länger als drei Monate die Gesellschaft ohne Aufsichtsrath geblieben ist, oder in dem letzteren die zur Beschlussfähigkeit erforderliche Zahl von Mitgliedern gefehlt hat;
3) wenn sie in ihren Darstellungen, in ihren Uebersichten über den Vermögensstand der Gesellschaft oder in den in der Generalversammlung gehaltenen Vorträgen wissentlich den Stand der Verhältnisse der Gesellschaft unwahr darstellen oder verschleiern.

Wird in den Fällen zu 2. und 3. festgestellt, dass mildernde Umstände vorhanden sind, so ist auf Geldstrafe bis zu Eintausend Thalern zu erkennen.

Artikel 207. Eine Gesellschaft ist eine Aktiengesellschaft, wenn sich die sämmtlichen Gesellschafter nur mit Einlagen betheiligen, ohne persönlich für die Verbindlichkeiten der Gesellschaft zu haften.

Das Gesellschaftskapital wird in Aktien oder auch in Aktienantheile zerlegt.

Die Aktien oder Aktienantheile sind untheilbar.

Dieselben können auf Inhaber oder auf Namen lauten.

Artikel 207a. Die Aktien oder Aktienantheile müssen, wenn sie auf Namen lauten, auf einen Betrag von mindestens funfzig Vereinsthalern, wenn sie auf Inhaber lauten, auf einen Betrag von mindestens Einhundert Vereinsthalern gestellt werden. Bei Versicherungsgesellschaften müssen auch solche Aktien oder Aktienantheile, welche auf Namen lauten, auf einen Betrag von mindestens Einhundert Vereinsthalern gestellt werden.

Aktien oder Aktienantheile, welche auf einen geringeren Betrag gestellt werden, sind nichtig. Die Ausgeber solcher Aktien oder Aktienantheile sind den Besitzern für allen durch die Ausgabe verursachten Schaden solidarisch verhaftet.

Der Nominalwerth der Aktien oder Aktienantheile darf während des Bestehens der Gesellschaft weder vermindert noch erhöht werden.

Die vorstehenden Bestimmungen gelten auch von Promessen und Interimsscheinen.

Artikel 208. Eine Aktiengesellschaft gilt als Handelsgesellschaft, auch wenn der Gegenstand des Unternehmens nicht in Handelsgeschäften besteht.

Ueber die Errichtung und den Inhalt des Gesellschaftsvertrages (Statuts) muss eine gerichtliche oder notarielle Urkunde aufgenommen werden.

Zur Aktienzeichnung genügt eine schriftliche Erklärung.

Artikel 209. Der Gesellschaftsvertrag muss insbesondere bestimmen:
1) die Firma und den Sitz der Gesellschaft;
2) den Gegenstand des Unternehmens;
3) die Zeitdauer des Unternehmens, im Falle dasselbe auf eine bestimmte Zeit beschränkt sein soll;
4) die Höhe des Grundkapitals und der einzelnen Aktien oder Aktienantheile;
5) die Eigenschaft der Aktien, ob sie auf Inhaber oder auf Namen gestellt werden sollen, ingleichen die etwa bestimmte Zahl der einen oder der anderen Art, sowie die etwa zugelassene Umwandlung derselben;
6) die Bestellung eines Aufsichtsrathes von mindestens drei, aus der Zahl der Aktionäre zu wählenden Mitgliedern;
7) die Grundsätze, nach welchen die Bilanz aufzunehmen und der Gewinn zu berechnen und auszuzahlen ist, sowie die Art und Weise, wie die Prüfung der Bilanz erfolgt;
8) die Art der Bestellung und Zusammensetzung des Vorstandes und die Formen für die Legitimation der Mitglieder desselben und der Beamten der Gesellschaft;
9) die Form, in welcher die Zusammenberufung der Aktionaire geschieht;
10) die Bedingungen des Stimmrechts der Aktionaire und die Form, in welcher dasselbe ausgeübt wird;
11) die Gegenstände, über welche nicht schon durch einfache Stimmenmehrheit der auf Zusammenberufung erschienenen Aktionaire, sondern nur durch eine grössere Stimmenmehrheit oder nach anderen Erfordernissen Beschluss gefasst werden kann;
12) die Form, in welcher die von der Gesellschaft ausgehenden Bekanntmachungen erfolgen, sowie die öffentlichen Blätter, in welche dieselben aufzunehmen sind.

Artikel 209 a. Nach der Zeichnung des Grundkapitals hat eine Generalversammlung der Aktionaire auf Grund der ihr vorzulegenden Bescheinigungen durch Beschluss festzustellen, dass das Grundkapital vollständig gezeichnet, und dass mindestens zehn Prozent, bei Versicherungsgesellschaften mindestens zwanzig Prozent, auf jede Aktie eingezahlt sind, sofern nicht der Gesellschaftsvertrag zwischen den sämmtlichen Aktionairen abgeschlossen und darin die Erfüllung jener Erfordernisse anerkannt ist.

Ueber den Beschluss ist eine gerichtliche oder notarielle Urkunde aufzunehmen.

Artikel 209 b. Wenn ein Aktionair eine auf das Grundkapital anzurechnende Einlage macht, welche nicht in baarem Gelde besteht, oder wenn Anlagen oder sonstige Vermögensstücke von der zu errichtenden Gesellschaft übernommen werden sollen, so ist in dem Gesellschaftsvertrage der Werth der Einlage oder des Vermögensstücks festzusetzen und die Zahl der Aktien oder der Preis zu bestimmen, welche für dieselben gewährt werden. Jeder zu Gunsten eines Aktionairs bedungene besondere Vortheil ist im Gesellschaftsvertrage gleichfalls festzusetzen.

Nach der Zeichnung des Grundkapitals muss in den Fällen, welche in dem vorstehenden Absatz bezeichnet sind, sofern nicht der Gesellschaftsvertrag zwischen den sämmtlichen Aktionairen abgeschlossen ist, die Genehmigung des Vertrages in einer Generalversammlung der Aktionaire durch Beschluss erfolgen.

Die den Vertrag genehmigende Mehrheit muss mindestens ein Viertheil der sämmtlichen Aktionaire begreifen und der Betrag ihrer Antheile mindestens ein Viertheil des gesammten Grundkapitals darstellen. Der Gesellschafter, welcher die betreffende Einlage macht oder sich besondere Vortheile ausbedingt, hat bei der Beschlussfassung kein Stimmrecht.

Ueber den Beschluss ist eine gerichtliche oder notarielle Urkunde aufzunehmen.

Artikel 209c. Die Zusammenberufung der Generalversammlung erfolgt in den Fällen der Artikel 209a. und 209b. nach den Bestimmungen, welche der Gesellschaftsvertrag über die Zusammenberufung der Generalversammlungen enthält.

Artikel 210. Der Gesellschaftsvertrag muss bei dem Handelsgericht, in dessen Bezirk die Gesellschaft ihren Sitz hat, in das Handelsregister eingetragen und im Auszuge veröffentlicht werden.

Der Auszug muss enthalten:
1) das Datum des Gesellschaftsvertrages;
2) die Firma und den Sitz der Gesellschaft;
3) den Gegenstand und die Zeitdauer des Unternehmens;
4) die Höhe des Grundkapitals und der einzelnen Aktien oder Aktienantheile;
5) die Eigenschaft derselben, ob sie auf Inhaber oder auf Namen gestellt sind;
6) die Form, in welcher die von der Gesellschaft ausgehenden Bekanntmachungen erfolgen, sowie die öffentlichen Blätter, in welche dieselben aufzunehmen sind.

Ist im Gesellschaftsvertrage eine Form bestimmt, in welcher der Vorstand seine Willenserklärungen kundgiebt und für die Gesellschaft zeichnet, so ist auch diese Bestimmung zu veröffentlichen.

Artikel 210a. Der Anmeldung Behufs der Eintragung in das Handelsregister muss beigefügt sein:
1) die Bescheinigung, dass der gesammte Betrag des Grundkapitals durch Unterschriften gedeckt ist;
2) die Bescheinigung, dass mindestens zehn Prozent, bei Versicherungsgesellschaften mindestens zwanzig Prozent, des von jedem Aktionair gezeichneten Betrages eingezahlt sind;
3) der Nachweis, dass der Aufsichtsrath nach Inhalt des Vertrages in einer Generalversammlung der Aktionaire gewählt ist;
4) betreffenden Falls die gerichtliche oder notarielle Urkunde über die in den Artikeln 209a. und 209b. bezeichneten Beschlüsse der Generalversammlung.

Die Anmeldung muss von sämmtlichen Mitgliedern des Vorstandes vor dem Handelsgericht unterzeichnet oder in beglaubigter Form eingereicht werden. Die der Anmeldung beigefügten Schriftstücke werden bei dem Handelsgericht in Urschrift oder in beglaubigter Abschrift aufbewahrt.

Artikel 211. Vor erfolgter Eintragung in das Handelsregister besteht die Aktiengesellschaft als solche nicht. Die vor der Eintragung ausgegebenen Aktien oder Aktienantheile sind nichtig. Die Ausgeber sind den Besitzern für allen durch die Ausgabe verursachten Schaden solidarisch verhaftet.

Wenn vor erfolgter Eintragung in das Handelsregister im Namen der Gesellschaft gehandelt worden ist, so haften die Handelnden persönlich und solidarisch.

Artikel 212. Bei jedem Handelsgericht, in dessen Bezirk die Aktiengesellschaft eine Zweigniederlassung hat, muss dies Behufs der Eintragung in das Handelsregister angemeldet werden.

Die Anmeldung muss von sämmtlichen Mitgliedern des Vorstandes vor dem Handelsgericht unterzeichnet oder in beglaubigter Form eingereicht werden und die in Artikel 210 Absatz 2 und 3 bezeichneten Angaben enthalten. Das Handelsgericht hat die Mitglieder des Vorstandes zur Befolgung dieser Vorschriften von Amtswegen durch Ordnungsstrafen anzuhalten.

Artikel 214. Jeder Beschluss der Generalversammlung, welcher die Fortsetzung der Gesellschaft oder eine Abänderung der Bestimmungen des Gesellschaftsvertrages zum Gegenstande hat, bedarf zu seiner Gültigkeit der notariellen oder gerichtlichen Beurkundung.

Ein solcher Beschluss muss in gleicher Weise wie der ursprüngliche Vertrag in das Handelsregister eingetragen und veröffentlicht werden (Artikel 210. 212).

Der Beschluss hat keine rechtliche Wirkung, bevor derselbe bei dem Handelsgericht, in dessen Bezirk die Gesellschaft ihren Sitz hat, in das Handelsregister eingetragen ist.

Artikel 215. Die Abänderung des Gegenstandes der Unternehmung der Gesellschaft kann nicht durch Stimmenmehrheit beschlossen werden, sofern dies nicht im Gesellschaftsvertrage ausdrücklich gestattet ist.

Dasselbe gilt von dem Falle, wenn die Gesellschaft durch Uebertragung ihres Vermögens und ihrer Schulden an eine andere Aktiengesellschaft gegen Gewährung von Aktien der letzteren aufgelöst werden soll.

Die Aktiengesellschaft darf eigene Aktien nicht erwerben. Sie darf eigene Aktien auch nicht amortisiren, sofern dies nicht durch den ursprünglichen Gesellschaftsvertrag oder durch einen, den letzteren abändernden, vor Ausgabe der Aktien gefassten Beschluss zugelassen ist.

Artikel 217. Zinsen von bestimmter Höhe dürfen für die Aktionaire nicht bedungen, noch ausbezahlt werden; es darf nur dasjenige unter sie vertheilt werden, was sich nach der jährlichen Bilanz und, wenn im Gesellschaftsvertrage die Innehaltung eines Reservekapitals bestimmt ist, nach Abzug desselben als reiner Ueberschuss über die volle Einlage ergiebt. Die Aktionaire können bis zur Wiederergänzung des durch Verlust verminderten Gesammtbetrages der Einlagen Dividenden nicht beziehen.

Jedoch können für den in dem Gesellschaftsvertrage angegebenen Zeitraum, welchen die Vorbereitung des Unternehmens bis zum Anfange des vollen Betriebes erfordert, den Aktionairen Zinsen von bestimmter Höhe bedungen werden.

Artikel 222. Wenn die Aktien oder Aktienantheile auf Inhaber gestellt werden, so kommen folgende Grundsätze zur Anwendung:
1) Die Ausgabe der Aktien darf vor Einzahlung des ganzen Nominalbetrages derselben nicht erfolgen; ebensowenig dürfen über die geleisteten Partialzahlungen Promessen oder Interimsscheine, welche auf Inhaber lauten, ausgestellt werden.
2) Der Zeichner der Aktie ist für die Einzahlung von 40 Prozent des Nominalbetrages der Aktie unbedingt verhaftet; von dieser Verpflichtung kann derselbe weder durch Uebertragung seines Anrechtes auf einen Dritten sich befreien, noch Seitens der Gesellschaft entbunden werden; wird der Zeichner der Aktie, wegen verzögerter Einzahlung, seines Anrechtes aus der Zeichnung verlustig erklärt (Art. 220), so bleibt er dessen ungeachtet zur Einzahlung von 40 Prozent des Nominalbetrages der Aktie verpflichtet.
3) Im Gesellschaftsvertrage kann bestimmt werden, dass und unter welchen Maassgaben nach erfolgter Einzahlung von 40 Prozent die Befreiung des Zeichners von der Haftung für weitere Einzahlungen zulässig sei, und dass im Falle der eingetretenen Befreiung über die geleisteten Einzahlungen Promessen oder Interimsscheine, welche auf Inhaber lauten, ausgestellt werden dürfen.

Diejenigen Landesgesetze, welche die Höhe der Einzahlung (Art. 222 Ziff. 2 und 3) auf 25 Prozent des Nominalbetrages der Aktie herabgesetzt haben, werden hierdurch nicht berührt.

Artikel 225. Die für den Aufsichtsrath einer Kommanditgesellschaft auf Aktien in den Artikeln 191 und 192 gegebenen Bestimmungen finden auch auf den Aufsichtsrath einer Aktiengesellschaft Anwendung.

Artikel 225a. Der Aufsichtsrath überwacht die Geschäftsführung der Gesellschaft in allen Zweigen der Verwaltung; er kann sich von dem Gange der Angelegenheiten der Gesellschaft unterrichten, die Bücher und Schriften derselben jederzeit einsehen und den Bestand der Gesellschaftskasse untersuchen.

Er hat die Jahresrechnungen, die Bilanzen und die Vorschläge zur Gewinnvertheilung zu prüfen und darüber alljährlich der Generalversammlung der Aktionaire Bericht zu erstatten.

Er hat eine Generalversammlung zu berufen, wenn dies im Interesse der Gesellschaft erforderlich ist.

Artikel 225b. Die Mitglieder des Aufsichtsrathes sind persönlich und solidarisch zum Schadenersatz verpflichtet, wenn mit ihrem Wissen und ohne ihr Einschreiten:
1) Einlagen an die Aktionaire zurückgezahlt, oder, der Bestimmung des Artikels 215 Absatz 3 entgegen, eigene Aktien der Gesellschaft erworben oder amortisirt worden sind;
2) Zinsen oder Dividenden gezahlt sind, welche nach Maassgabe der Bestimmungen des Artikels 217 nicht gezahlt werden durften;
3) die Vertheilung des Gesellschaftsvermögens oder eine theilweise Zurückzahlung oder eine Herabsetzung des Grundkapitals ohne Beobachtung der gesetzlichen Bestimmungen (Art. 245 und 248) erfolgt ist.

Artikel 239. Der Vorstand ist verpflichtet, Sorge zu tragen, dass die erforderlichen Bücher der Gesellschaft geführt werden. Er muss den Aktionairen spätestens in den ersten sechs Monaten jedes Geschäftsjahres eine Bilanz des verflossenen Geschäftsjahres vorlegen und solche innerhalb dieser Frist in der Form und in den öffentlichen Blättern, welche für die Bekanntmachungen der Gesellschaft in dem Gesellschaftsvertrage bestimmt sind, veröffentlichen.

Zur Entlastung des Vorstandes bei Legung der Rechnung können Personen nicht bestellt werden, welche auf irgend eine Weise an der Geschäftsführung Theil nehmen.

Dieses Verbot bezieht sich nicht auf die Personen, welchen die Aufsicht über die Geschäftsführung zusteht.

Artikel 239a. Für die Aufstellung der Bilanz sind folgende Vorschriften maassgebend:
1) kurshabende Papiere dürfen höchstens zu dem Kurswerthe, welchen dieselben zur Zeit der Bilanzaufstellung haben, angesetzt werden;
2) die Kosten der Organisation und Verwaltung dürfen nicht unter die Aktiva aufgeführt werden, müssen vielmehr ihrem vollen Betrage nach in der Jahresrechnung als Ausgabe erscheinen;
3) der Betrag des Grundkapitals und des etwa im Gesellschaftsvertrage vorgeschriebenen Reserve- oder Erneuerungsfonds ist unter die Passiva aufzunehmen;
4) der aus der Vergleichung sämmtlicher Aktiva und sämmtlicher Passiva sich ergebende Gewinn oder Verlust muss am Schlusse der Bilanz besonders angegeben werden.

Artikel 240. Ergiebt sich aus der letzten Bilanz, dass sich das Grundkapital um die Hälfte vermindert hat, so muss der Vorstand unverzüglich eine Generalversammlung berufen und dieser davon Anzeige machen.

Ergiebt sich, dass das Vermögen der Gesellschaft nicht mehr die Schulden deckt, so muss der Vorstand hiervon dem Gericht Behufs der Eröffnung des Konkurses Anzeige machen.

Artikel 242. Die Aktiengesellschaft wird aufgelöst:
1) durch Ablauf der im Gesellschaftsvertrage bestimmten Zeit;
2) durch einen notariellen oder gerichtlich beurkundeten Beschluss der Aktionaire;
3) durch Eröffnung des Konkurses.

Wenn die Auflösung einer Aktiengesellschaft aus anderen Gründen erfolgt, so finden die Bestimmungen dieses Abschnitts ebenfalls Anwendung.

Artikel 247. Bei der Auflösung einer Aktiengesellschaft durch Vereinigung derselben mit einer anderen Aktiengesellschaft (Art. 215) kommen folgende Bestimmungen zur Anwendung:
1) Das Vermögen der aufzulösenden Gesellschaft ist so lange getrennt zu verwalten, bis die Befriedigung oder Sicherstellung ihrer Gläubiger erfolgt ist.
2) Der bisherige Gerichtsstand der Gesellschaft bleibt für die Dauer der getrennten Vermögensverwaltung bestehen; dagegen wird die Verwaltung von der anderen Gesellschaft geführt.
3) Der Vorstand der letzteren Gesellschaft ist den Gläubigern für die Ausführung der getrennten Verwaltung persönlich und solidarisch verantwortlich.

4) Die Auflösung der Gesellschaft ist zur Eintragung in das Handelsregister bei Ordnungsstrafe anzumelden.
5) Die öffentliche Aufforderung der Gläubiger der aufgelösten Gesellschaft (Art. 243) kann unterlassen oder auf einen späteren Zeitpunkt verschoben werden. Jedoch ist die Vereinigung der Vermögen der beiden Gesellschaften erst in dem Zeitpunkte zulässig, in welchem eine Vertheilung des Vermögens einer aufgelösten Aktiengesellschaft unter die Aktionaire erfolgen darf (Art. 245).

Artikel 248. Eine theilweise Zurückzahlung des Grundkapitals an die Aktionaire oder eine Herabsetzung desselben kann nur auf Beschluss der Generalversammlung erfolgen.

Die Zurückzahlung oder Herabsetzung kann nur unter Beobachtung derselben Bestimmungen erfolgen, welche für die Vertheilung des Gesellschaftsvermögens im Falle der Auflösung maassgebend sind (Art. 243. 245).

Die Mitglieder des Vorstandes, welche dieser Vorschrift entgegen handeln, sind den Gläubigern der Gesellschaft persönlich und solidarisch verhaftet.

Artikel 249. Die Mitglieder des Aufsichtsrathes und des Vorstandes werden mit Gefängniss bis zu drei Monaten bestraft:
1) wenn sie vorsätzlich Behufs der Eintragung des Gesellschaftsvertrages in das Handelsregister falsche Angaben über die Zeichnung oder Einzahlung des Grundkapitals machen;
2) wenn durch ihre Schuld länger als drei Monate die Gesellschaft ohne Aufsichtsrath geblieben ist, oder in dem letzteren die zur Beschlussfähigkeit erforderliche Zahl von Mitgliedern gefehlt hat;
3) wenn sie in ihren Darstellungen, in ihren Uebersichten über den Vermögensstand der Gesellschaft oder in den in der Generalversammlung gehaltenen Vorträgen wissentlich den Stand der Verhältnisse der Gesellschaft unwahr darstellen oder verschleiern.

Wird in den Fällen zu 2 und 3 festgestellt, dass mildernde Umstände vorhanden sind, so ist auf Geldstrafe bis zu Eintausend Thalern zu erkennen.

Artikel 249a. Die Mitglieder des Vorstandes werden mit Gefängnisss bis zu drei Monaten bestraft: wenn sie der Vorschrift des Artikels 240 zuwider dem Gericht die Anzeige zu machen unterlassen, dass das Vermögen der Gesellschaft nicht mehr die Schulden deckt.

Die Strafe tritt nicht ein, wenn von ihnen nachgewiesen wird, dass die Anzeige ohne ihr Verschulden unterblieben ist.

§. 2. Die Landesgesetze, welche zur Errichtung von Kommanditgesellschaften auf Aktien oder Aktiengesellschaften die staatliche Genehmigung vorschreiben oder eine staatliche Beaufsichtigung dieser Gesellschaft anordnen, werden aufgehoben.

Auch treten für die bereits bestehenden Kommanditgesellschaften auf Aktien und Aktiengesellschaften diejenigen Bestimmungen der Gesellschaftsverträge ausser Kraft, welche die staatliche Genehmigung und Beaufsichtigung betreffen.

§. 3. Die landesgesetzlichen Vorschriften, nach welchen der Gegenstand des Unternehmens der staatlichen Genehmigung bedarf, und das Unternehmen der staatlichen Beaufsichtigung unterliegt, werden durch den §. 2 nicht berührt. Dasselbe gilt für die bereits bestehenden Kommanditgesellschaften auf Aktien und Aktiengesellschaften von denjenigen Bestimmungen der Gesellschaftsverträge, welche sich auf die staatliche Genehmigung und Beaufsichtigung wegen des Gegenstandes des Unternehmens beziehen oder in Verbindung mit besonderen der Gesellschaft bewilligten Privilegien stehen.

§. 4. Für diejenigen bereits bestehenden Kommanditgesellschaften auf Aktien und Aktiengesellschaften, welche nach den bisherigen Vorschriften in das Handelsregister nicht einzutragen waren, gelten folgende Uebergangsbestimmungen:

1) Auf die bezeichneten Gesellschaften finden die Vorschriften des Allgemeinen Deutschen Handelsgesetzbuches, welche die Eintragung in das Handelsregister und die bei dem Handelsgericht zu bewirkende Zeichnung der Firmen und Unterschriften oder die Einreichung der Zeichnungen betreffen, gleichfalls Anwendung.

Die Anmeldungen zur Eintragung in das Handelsregister und die Zeichnung der Firmen und Unterschriften oder die Einreichung der Zeichnungen sind binnen drei Monaten, von dem Tage an gerechnet, an welchem dieses Gesetz in Geltung tritt, zu bewirken. Nach Ablauf dieser Frist sind die Betheiligten zur Befolgung der betreffenden Vorschriften durch Ordnungsstrafen anzuhalten.

2) Ist die Anmeldung einer Gesellschaft zur Eintragung in das Handelsregister binnen der dreimonatlichen Frist bewirkt, so bleibt die Anwendung der Bestimmungen der Artikel 17. 18. 20. 21 Absatz 2. 168 des Allgemeinen Deutschen Handelsgesetzbuches ausgeschlossen.

3) Eine gültig errichtete Gesellschaft ist in das Handelsregister einzutragen, auch wenn die Voraussetzungen nicht vorhanden sind, welche nach diesem Gesetze für die Errichtung der Gesellschaft erforderlich sein würden.

4) Sind die persönlich haftenden Gesellschafter einer Kommanditgesellschaft auf Aktien, oder ist der Vorstand einer Aktiengesellschaft in der Befugniss, die Gesellschaft zu vertreten, beschränkt, so finden die Bestimmungen des Artikels 116 und des Artikels 231 des Allgemeinen Deutschen Handelsgesetzbuches bis zum Ablauf von drei Monaten, von dem Tag an gerechnet, an welchem dieses Gesetz in Geltung tritt, keine Anwendung. Auch bleibt die Anwendung dieser Vorschriften noch während eines Zeitraumes von fünf Jahren, von jenem Tage an gerechnet, ausgeschlossen, wenn die Beschränkung innerhalb der unter Ziffer 1 bezeichneten dreimonatlichen Frist zur Eintragung in das Handelsregister angemeldet ist.

§. 5. Die Bestimmungen des Artikels 199 des Allgemeinen Deutschen Handelsgesetzbuches nach der durch dieses Gesetz festgesetzten neuen Fassung finden auch auf diejenigen zur Zeit der Geltung des Artikels 199 in der früheren Fassung errichteten Kommanditgesellschaften auf Aktien Anwendung, bei welchen in dem Gesellschaftsvertrage oder in einem denselben abändernden Vertrage bestimmt ist, dass das Austreten eines oder mehrerer persönlich haftender Gesellschafter die Auflösung der Gesellschaft nicht zur Folge habe.

Litteratur.

V.

Die soziale und volkswirthschaftliche Gesetzgebung des Alten Testamentes unter Berücksichtigung moderner Anschauungen dargestellt von **Franz Eberhard Kübel**, Pfarrer zu Essingen, Königr. Würtemberg. Wiesbaden, Julius Niedner, Verlagsbuchhandlung, 1870. 100 SS.

Wenige Völker des Alterthums, vollends des Orientes, gestatten eine so klare und vollständige Einsicht in die socialen und volkswirthschaftlichen Normen und Zustände wie die Israeliten. Daher ist es immerhin dankenswerth, wenn dieselben uns in engem Rahmen gründlich und treu vorgeführt werden, mit Benutzung aller wissenschaftlichen Mittel der Gegenwart. Das vorliegende Büchlein erfüllt diese Aufgabe nur in geringem Maasse. Es lehnt sich an die Arbeiten jüdischer Apologeten und Archäologen sehr enge an, ohne Selbständigkeit und unter Beigabe von Raisonnement, das wir gern entbehren. Seine Grundfehler bestehen in der Tendenz, einen Panegyricus des Volkes Israel schreiben zu wollen, und in dem nur zu häufigen Schlusse von den gesetzlichen Normen auf die factischen Zustände, ein Fehlschluss, der natürlich die Darstellung auf's Stärkste trübt. Und gleichwohl muss er die bedeutende Kluft zwischen Normen und Zuständen oft eingestehen, auf Grund der ausdrücklichsten Zeugnisse der Urkunden. Das erzeugt denn sehr störende Widersprüche und wir erhalten w e d e r von den Normen n o c h von den thatsächlichen Zuständen ein klares Bild. Dass das Büchlein dessen ungeachtet viel Interessantes bietet, liegt mithin nicht am Verfasser, sondern an seinem Gegenstande.

Er beginnt damit, „Die staatliche und sociale Gestaltung des Volkes Israel" darzustellen: die nationale Gesammtheit habe auf der natürlichen Basis der Abstammung beruht, aber nach der Anschauung des Gesetzes lediglich „auf der souveränen That des höchsten Gottes". Inwiefern sich dadurch Israel von andern Völkern unterscheide, welche sich auch als Eigenthum eines Gottes bezeichnen, ist nicht dargelegt. Und jene Gleichartigkeit des nationalen Gefüges ist so wenig Ergebniss genauer Forschung, dass die letztere vielmehr längst das Gegentheil constatirt hat, auf Grund der hebräischen Urkunden selbst. Denn die „Fremdlinge" als einen verschwindenden Bruchtheil des Volkes anzusehen, dafür fehlt jede Basis und die Geschichte des salomonischen Tempelbaues, den die zum Frohndienst gezwungenen kanaanitischen

Insassen (denn dies sind die „Fremdlinge") fast ausschliesslich ausfuhrten, spricht für ein wesentlich anderes Verhältniss. Dass das Volk sich als einen gegliederten Organismus betrachtet und in Stämme, Geschlechter und Familien eingetheilt habe, wird denen als Muster vorgehalten, welche im Staate nur „ein Conglomerat von Atomen" oder einen blossen Vertrag erblicken. Hat denn aber die letztere Ansicht jemals in Gesetzen öffentliche Anerkennung gefunden? Und besteht nicht jedes Volk aus „Familien"? Andrerseits ist es mit jener Selbstanschauung Israels nicht gar zum Besten bestellt, da die Gliederung in einzelne Stämme auf das wirkliche Staatsleben weit weniger Einfluss geübt hat als die Theilung in verschiedene Stammesgruppen, in welchen die einzelnen Stämme bald untergingen. Und die Behauptung, dass man als letzte Einheit die Familie betrachtet habe, passt viel eher auf die arabischen Stämme, die nach „Zelten" zählen. Wo aber in Israel Zählungen vorkommen (z. B. 4 Mose 1 bis 4), da werden die waffenfähigen Individuen gezählt, nicht die Familien, so dass grade hier nach des Verfassers Ausdrucke ein „Conglomerat von Atomen" zu Tage tritt. Merkwürdig ist diese Zählungsart grade durch ihre Abweichung von semitischem Brauche und Annäherung an die arische Auffassung des Volkes als einer freien Gaugenossenschaft. — Dass von eigentlichen, gesetzlich fixirten Standesunterschieden nicht die Rede war, darin hat der Verf. zum Theil Recht. Aber sein Ausruf: „Kein Adel, keine Hierarchie, keine erniedrigten Parias, also keine socialen Privilegien überhaupt: Das ist der glückliche Zustand dieses Volkes"! (S. 24) ignorirt die Klagen der Propheten über die habsüchtige Gewaltthätigkeit der Reichen und Grossen des Volkes. Es bildete sich sehr frühe eine Vermögensaristokratie, die ärgeren Unfug trieb als irgend ein privilegirter Adel. Und dass Levi weder als Kaste noch als Stand zu betrachten sei, ist erst durch neuere Forschungen klargestellt, von denen der Autor jedoch nichts weiss. — Im zweiten Kapital ist gut durchgeführt, dass Grund und Boden das Gesammteigenthum des Volkes blieb, unbeschadet der Theilung in Stammes- und Familienbesitz. Den letzteren ungeschmälert zu erhalten, dafür sollte das bekannte Gesetz vom Jobeljahre sorgen. Aber einerseits haben wir keine Spur, dass dieses Gesetz, nach welchem aller Grundbesitz nach 50 Jahren zur Familie zurückkehren sollte, vor dem Exile jemals in Kraft gewesen und ausgeführt worden sei; andrerseits wird grade über Latifundien schwer geklagt. Ueberdies gesteht der Verf. ein, dass das Gesetz nichts darüber stimme, wenn die Familie sich nach und nach in mehrere gliedere und demgemäss eine fortgehende Parcellirung eintreten müsse, mit demselben aber ländliches Proletariat. Die Mittel des Erwerbs waren beschränkt: einen lebhaften Handel gab es nicht, ebensowenig eine eigentliche Industrie. Ueber das Handwerk schweigt er völlig und hat hier eine empfindliche Lücke. Fast lächerlich klingt es, wenn er rühmt, in Israel habe nicht die Geld-, sondern die Feldwirthschaft dominirt, gleich als wenn darin ein bewusstes Urtheil des A. T. zu erblicken sei, während dies nur von den stark elementaren Zuständen zeugt, die das Gesetz im Auge hat. Ein dürftiges Erwerbsmittel blieb das Vermiethen der eignen Arbeit. Sehr gerühmt wird im dritten Kapitel, dass „bei einer gewissenhaften Handhabung der Gesetze" (S. 57) ein starker Gegensatz von Arm und Reich sich nicht bilden konnte, was freilich von vielen Gesetzen gesagt werden kann. Wichtig dagegen ist, dass das Gesetz auf das Wohl der Armen vielfach Rücksicht nimmt und dass es die rücksichtslose Ausnutzung desselben im Privatinteresse lebhaft verurtheilt. Auch über die „Arbeit und die Arbeiter" ist manches Treffende bemerkt. Zwar deute die Sabbathsidee darauf hin, dass das wahre Leben nicht in der Arbeit, sondern in der Ruhe bestehe, indess will der Verf., trotzdem er die Autorität des Schriftwortes sehr hoch hält, „für die jetzige Weltperiode" die fleissige Arbeit als gebotene Pflicht und Gottes Willen ansehen. — Im fünften Kapitel bespricht er „die Abgaben und den öffentlichen Dienst". Der letztere sei ein Ehrendienst gewesen, ohne Bezahlung, worüber wir aber nichts wissen, nur so viel, dass die „Richter" per fas vel nefas nicht zu kurz kamen. Das Heerwesen habe keine öffentlichen Abgaben erfordert, da im Kriege ein allgemeines Aufgebot stattfand, und im Frieden kein Heer gehalten wurde (was schon seit David nicht richtig ist). Dass er mit seinem Worte „der Krieg nährt sich selber" die schlimmste Art der Kriegführung empfehle, wie sie im dreissigjährigen Kriege herrschte, ahnt der gute Mann nicht. Ebensowenig gab es ein Budget für öffentlichen Unterricht, da die Väter und die Priester den nöthigen Unterricht besorgen — sollten: ob darin ein Zeichen hoher Cultur liege, bleibe dahingestellt. Bei den „öffentlichen Arbeiten" erwähnt er nur die Herstellung der Stiftshütte aus freiwilligen Abgaben; über den umfangreichen Frohndienst zu den grossen Bauten Salomo's, bei denen sogar der Unterhalt der Fröhner den Familien derselben überlassen blieb, sagt er kein Wort. Und sehr naiv ist es, die Abgabe des Zehnten an die Leviten (also eine Einkommensteuer von 10 Procent) als eine gar leichte Last hinzustellen, da ja von strenger Controle nichts berichtet werde. Wir wissen sogar nichts über die Durchführung dieses Gesetzes überhaupt und sehen darin mit viel grösserer Wahrscheinlichkeit nur einen frommen Wunsch, zumal das 5. B. Mose die Leviten zu den Armen zählt, deren man beim Anrichten von Festmählern doch nicht vergessen solle.

Was endlich „die Berücksichtigung moderner Anschauungen" betrifft, wie sie der Titel verheisst, so bezieht sich dies nur auf Vorstellungen, wie sie heute eben in der Masse verbreitet sind, keineswegs aber auf die wissenschaftliche Nationalökonomie. Denn es ist nicht richtig, dass dieselbe die Erzeugung und den selbstischen Gebrauch möglichst grosser Privatvermögen als das Ideal hinstelle. Sie weiss sehr wohl, dass der Einzelne nur in der Gesammtheit prosperiren könne, wenn er von dieser geschützt wird, und dass er für diesen Schutz auch zahlen müsse, dass überhaupt die Wohlfahrt der Gemeinde und des Staates zu fördern nicht nur Pflicht, sondern wohlverstandenes Interesse des Einzelnen sei. Dr. D.

VI.

August Meitzen, Dr. phil., königl. Regierungsrath, **Der Boden und die landwirthschaftlichen Verhältnisse des preussischen Staates nach dem Gebietsumfange vor 1866.** Im Auftrage des Ministers der Finanzen und des Ministers für die landwirthschaftlichen Angelegenheiten unter Benutzung der amtlichen Quellen dargestellt. 2 Bände und (bis jetzt) 1 Band Anlagen. Berlin (Wiegandt & Hempel) 18^{68}/$_{69}$. 4.

Das sich auf die ganze Ausdehnung der preussischen Monarchie nach ihrem Bestande vor den Erwerbungen des Jahres 1866 erstreckende neue

Grundsteuerveranlagungswerk, welches die Grundlage für die Bearbeitung einer umfassenden Statistik der agrarischen Zustände darbot, hat den Anlass zu dem vorliegenden Werke gegeben. Der Plan zu demselben wurde von einer aus dem Unterstaatssecretär Bitter, den Geh. Oberregierungsräthen Wehrmann und Engel bestehenden Commission entworfen, die specielle selbstständige Bearbeitung dem Regierungsrathe Dr. Meitzen übertragen. Wie sich die Staatsregierung durch die Herausgabe dieser ausführlichen Darstellung der landwirthschaftlichen Statistik Preussens für die Förderung der Landeskunde und der Statistik ein hohes Verdienst erworben hat, so gebührt dem Verfasser die Anerkennung, die schwierige Aufgabe durch eine präcise, sachkundige Bearbeitung des ausserordentlich umfangreichen Stoffes in vorzüglicher Weise gelöst zu haben. Derselbe hat nicht blos eine Schilderung der heutigen Zustände mit steter Anlehnung an die gesetzgeberischen Bestimmungen, welche darauf Einfluss üben, gegeben, sondern, soweit dies möglich und geboten war, den historischen Entwickelungsgang verfolgt und somit ein culturgeschichtliches Bild der preussischen Agrarverhältnisse vorgeführt.

Die Darstellung zerfällt in vier Hauptabschnitte, deren erster die allgemeine Beschreibung des Staatsgebietes umfasst. Beginnend mit einem Abriss von der statistischen Entwickelung im preussischen Staate mit ihren Anfängen unter dem grossen Kurfürsten, seinem Sohne und Enkel, mit fernerer Berücksichtigung der Wirksamkeit Krug's, Stein's, Hoffmann's und der Errichtung des statistischen Bureaus und dessen Betheiligung an der Statistik und der landwirthschaftlichen Statistik insbesondere einschliesslich der Triangulationen, der Generalstabskarten, giebt der Verfasser eine detaillirte Ausführung des Grund- und Gebäudesteuerveranlagungswerkes, als desjenigen Momentes, welches für die Erforschung der agrarischen Statistik die wichtigste und bedeutsamste Basis abgiebt. Hiernach folgen, um dem Werke eine möglichste Abrundung zu geben, eine Reihe allgemeinerer und ergänzender statistischer Mittheilungen, so über das Staatsterritorium und seine Eintheilung, über die Gestaltung der Oberfläche, der Ebenen, Höhen, Gewässer, über das Klima, über das Auftreten der Gesteine und ihre Beziehung zur Bildung des Culturbodens und über die Bevölkerungsverhältnisse. Selbstverständlich sind alle diese Momente, wo sich speciellere landwirthschaftliche Gesichtspunkte darboten, vorwiegend nach diesen dargestellt worden.

Mit dem zweiten Hauptstücke führt uns der Verfasser nun in die speciell agrarischen Gebiete ein und zwar giebt er uns in diesem eine ganz vorzügliche Schilderung der Agrarverfassung des Landes. Hierdurch erhalten wir nicht nur Kenntniss von den Acten der Staatsgesetzgebung, welche die rechtlichen Gestaltungen des Grundeigenthums bedingen, sondern erfahren gleichzeitig die Quellen, aus welchen die agrarstatistischen Thatsachen zu schöpfen sind. Wie für das richtige Verständniss aller statistischen Thatsachen eine genaue Schilderung der Quellen eine unerlässliche Vorbedingung ist, so muss auch auf die freilich mühsame und schwierige Bearbeitung der Agrarstatistik ein Hauptgewicht gelegt werden. Schon auf dem berliner internationalen Congresse wurde von dem Herrn Herausgeber dieser Jahrbücher die unabweisbare Nothwendigkeit der Erforschung der agrarischen

Rechtszustände der einzelnen Völker und Staaten unter anfänglichem lebhaften Widerspruche, aber mit Erfolg nachgewiesen. Die Meitzen'sche Bearbeitung giebt einen Beleg für die ausserordentliche Wichtigkeit von der Kenntniss dieser Verhältnisse. Wir finden hier — soweit uns bekannt — zum ersten Male eine vollständige Uebersicht über die verschiedenen agrarischen Rechtsnormen auf den einzelnen Gebietstheilen eines grossen Staates, welche uns die lehrreichsten Aufschlüsse zur Beurtheilung der landwirthschaftlichen Verhältnisse gewähren. Der Abschnitt über die Agrarverfassung erstreckt sich auf folgende Momente. Zunächst schildert der Verfasser, und zwar stets unter Berücksichtigung des historischen Processes, die Flureintheilung und die gutsherrlich-bäuerlichen Verhältnisse. Die verschiedenen Systeme der Besiedelung und Flureintheilung sind durch Zeichnungen zum besseren Verständniss gebracht; die Darstellung der grundherrlichen Verhältnisse giebt, gesondert nach den einzelnen Landestheilen, ein präcise gezeichnetes Stuck deutscher Rechtsgeschichte. In dem daran sich schliessenden Abschnitte über die Gemeinheitstheilungen, Zusammenlegungen und Ablösungen wird in erster Linie ein Bild von der grossen Landesculturgesetzgebungsepoche entworfen, welche mit den Besserungsplänen des grossen Friedrich anhebt und in dem Edict vom 9. October 1807, welches bekanntlich seit dem Martinitage 1810 nur noch freie Leute anerkennen wollte, und vom 14. September 1811, die Beförderung der Landescultur und die Regulirung der gutsherrlichen und bäuerlichen Verhältnisse betr., ihren Höhepunkt erreicht. Sodann wird eine umständliche Schilderung des Auseinandersetzungsverfahrens, der Gemeinheitstheilungen und der Reallastenablösung gegeben. Ein weiterer Abschnitt handelt von dem Landesmeliorationswesen, seiner Geschichte, seiner Gesetzgebung und seinen Erfolgen. Aus den letzteren entnehmen wir die Zahl der Meliorationsverbände, der Fläche, auf welche sich die Meliorationen beziehen, das Baucapital, die Art seiner Beschaffung und die bewirkte Amortisation. Hieran reiht sich die Dismembrationsgesetzgebung und die Darstellung der ausgeführten Zerschlagungen.

Zu den wichtigsten Abschnitten des ganzen Werkes rechnen wir den folgenden: den von der Vertheilung des Grundeigenthums, und zwar ist die Vertheilung desselben sowohl nach den Hauptbesitzkategorieen, wie nach den Besitzern, dem Umfange und Werthe der Besitzungen in Betracht gezogen. Die Grundlage zu dieser Untersuchung geben die Flurbücher und Mutterrollen, welche zum Zwecke der Grundsteuerveranlagung zusammengestellt worden sind. Nach der ersteren Richtung hin enthält das Werk eine Darstellung der Besitzungen der Krone, des Staates, der Communen, der Kirchen, der höheren und niederen Lehranstalten, der milden Stiftungen, der Lehns- und Fideicommissguter, wie endlich in besonderer Ausführung der Privatbesitzungen. Die Ermittelung der Besitzer erstreckt sich auf die, welche nur Hauser-, wie auf solche, welche neben den Häusern noch Grundbesitz haben. Unter den zum Gemeindeverbande gehörigen Angesessenen sind die Forensen besonders ermittelt worden. So wichtig es immerhin ist, die Anzahl der Forensen in den einzelnen Bezirken zu kennen, so genügt diese blosse Anzahl doch keineswegs, um bei Untersuchungen über die Vertheilung der Grundbesitzer und des Grundbesitzes zu einem richtigen Resultate zu gelangen. Die Arbeit zeigt hier eine Lücke, welche sich in fast allen bisherigen Untersuchungen über die Vertheilung des Grundbesitzes vorfindet. Diese leiden nämlich an dem Uebelstande, dass sie die Angesessenen so oft in Rechnung bringen, als sie in den einzelnen Fluren Grundbesitz inne haben, so dass sich dadurch natürlich eine gegen die Wirklichkeit sich merklich erhebende Anzahl von Grundbesitzern herausstellt, und dass demgemäss bei einer Berechnung des durchschnittlich auf den einzelnen Besitzer entfallenden Besitzes sich hinwieder ein viel zu kleiner Besitzumfang ergiebt. Um nämlich ein zutreffendes Bild zu erhalten, müsste man, wie dies der Verfasser auch richtig hervorhebt, den einzelnen Forensen durch Vergleichungen mit den Flurbüchern anderer Feldmarken genau verfolgen, um denselben sowohl nur einmal als Besitzer in Ansatz zu bringen, als auch Kenntniss von dem Umfange seines gesammten Besitzes zu erhalten. Obschon eine derartige Ermittelung sehr zeitraubend gewesen wäre, würde sie doch im höchsten Interesse der Wissenschaft gelegen haben. Und wir glauben, dass es bei einer Frage von der weittragenden Bedeutung wie der vorliegenden wohl gerechtfertigt erscheinen musste, wenn auf die exacte Ermittelung der Grundbesitzer Zeit und Kosten gewandt worden wären. Dass sich die entgegenstehenden Schwierigkeiten wenigstens auf mässigem Raume leicht überwinden lassen, davon wird in wenigen Monaten der alsdann erscheinende zweite Band der „Statistik Thuringens", des von dem jenaer statistischen Bureau herausgegebenen Quellenwerks Zeugniss ablegen. Ausser einer solchen den Catastern und Steuerregistern entnommenen Ermittelung der Grundbesitzer würde sich noch eine andere Art ihrer Erhebung als sehr fruchtbar ergeben haben, nämlich die durch die Volkszählung zu erbringenden Resultate über die Angesessenen. In Bayern und in mehreren thüringischen Staaten hat man eine Reihe von Fragen über die einheimischen Grundeigner in die Zählungslisten aufgenommen und dadurch sowohl ein bei jeder Zählung zu erneuerndes und darum leicht die Bewegung darstellendes zuverlässiges Bild von der Ausdehnung der angesessenen Personen und ihrer Angehörigen — mithin der Anzahl aller derer, denen die Vortheile des Grundeigenthums zu gute kommen — wie eine Controle für die aus den Catastern gewonnenen Thatsachen erhalten. Leider lag aber ein derartiges Material für die Meitzen'sche Bearbeitung nicht vor, da bei den preussischen Volkszählungen entsprechende Erhebungen nicht gemacht werden. So interessant nun auch die Mittheilungen dieses Abschnittes, soweit sie vorliegen, sind, so erscheint er uns doch bei der grossen Wichtigkeit, welche Untersuchungen über die Vertheilung des Grundeigenthums haben, als der kärglichste. Hier durfte der Verfasser am allerwenigsten bei der Zeichnung der Hauptumrisse stehen bleiben, hier wäre ein weiteres Eindringen in die Verhältnisse ganz besonders lohnend gewesen. So vermissen wir Angaben über die Grösse des Besitzesumfanges, welches auf die einzelnen Besitzgruppen, die für die Besitzer angenommen sind, fällt, ferner über die Wirthschaftscomplexe u. s. w. Ueberhaupt hätten wir hier auch gern eine weitere Ausführung des den Inhalt der tabellarischen Uebersichten erläuternden Textes und eine grössere Ausdehnung der Verhältnissberechnungen gewünscht.

Das dritte Hauptstück ist der Schilderung des eigentlichen land- und forstwirthschaftlichen Betriebes gewidmet. Derselbe behandelt im Einzelnen die Bodenverwendung, die Culturarten, die Bearbeitung, Düngung, Drainirung des Bodens, die landwirthschaftlichen Geräthe und Maschinen, die ländlichen Arbeiterverhältnisse — Stellung der Tagelöhner und des Gesindes und deren Löhnung — ; ferner die Gehöfte, die Hofräume, überhaupt das ländliche Bauwesen, die Anbau- und Ertragsverhältnisse, die Waldwirthschaft insbesondere und endlich die landwirthschaftlichen Nebengewerbe: die Mühlen, die Brennereien, die Rübenzuckerfabrication, die Stärkefabrication und die Flachsbereitung. Aus den lehrreichen Mittheilungen dieses Abschnittes wollen wir nur kurz ein Gebiet herausgreifen, welches uns für die statistische Darstellung als ein der Vervollkommnung im höchsten Grade bedürftiges erschienen ist. Wir meinen die Thatsachen über die Ernten. Wir erheben hier indessen keinen Vorwurf gegen den Verfasser, unsere Ausstellungen richten sich gegen das bisher in der preussischen Monarchie beliebte Verfahren, Aufschlüsse über die Ernte zu gewinnen. Bekanntlich bedient man sich dort zur Erhebung der Ertragsergebnisse der sog. Erntetabellen, in welchen die landwirthschaftlichen Vereine ihre mehr oder minder richtige Schätzung derart angeben, dass sie das Ernteresultat in Bruchtheilen zu einer lediglich von ihren Auffassungen bedingten „guten Mittelernte" ausdrücken. Ausserdem werden in besonderen Erdruschtabellen Nachrichten über den durchschnittlichen Erdrusch vom Morgen der verschiedenen Kornarten eingezogen. Solche Unterlagen reichen nun aber selbstverständlich nicht aus, auch nur eine annähernde Aufklärung über die Bedeutung des Ernteertrages zu verschaffen. Abgesehen davon, dass der Begriff der Mittelernte ein ganz willkürlicher ist, bietet dieses Verfahren gar keine Auskunft über die zwei wesentlichsten in Betracht kommenden Momente: über den Umfang der von den Hauptfruchtarten bestandenen Flächen und über den Ertrag, der hierauf geerntet wurde. Erst wenn man Beides kennt, kann man weitere Operationen vornehmen und zu richtigen Aufschlüssen über die Fruchtbarkeit und Fähigkeit eines Landes, seiner Bevölkerung Unterhalt zu gewähren, erhalten. Thatsachen aber, wie sie durch das preussische Aufnahmeverfahren erbracht werden, sind für die Wissenschaft und die Praxis werthlos, weil unzureichend und willkürlich gegriffen. Auch an dieser Stelle hat übrigens der Verfasser die Dürftigkeit seines Materials nicht verschwiegen, wenn gleich nicht scharf genug getadelt.

Das vierte und letzte Hauptstück der umfassenden Publication endlich behandelt die Thierhaltung und Viehzucht. Nach einer Einleitung, die von der Theorie der Züchtung, der Viehstatistik und dem Thierarzneiwesen handelt, giebt der Verfasser eine detaillirte Schilderung der einzelnen Thiergattungen nach Zahl, Vertheilung, Nutzung und Zucht und beschliesst den Abschnitt mit einem Abriss über Jagd und Fischerei. So gelehrt und ausführlich dieser ganze Abschnitt namentlich aus dem Gesichtspunkte der Züchtung und Verwerthung des Viehes auch ist, so lässt er doch nach anderen Seiten hin noch wesentliche Lücken. Die speciell nationalökonomische Seite ist mehr oder weniger ganz ausser Acht gelassen. So fehlen alle Angaben über den Viehbesitz, d. h. wie sich das Vieh zu den einzelnen Besitzern verhält, ferner das Verhältniss der Viehhaltung zum landwirthschaftlich benutzten Boden u. s. w. Theilweise trifft auch hier den Bearbeiter nicht die Schuld, sondern das unvollkommene Aufnahmeverfahren.

Zu erwähnen ist noch, dass die Anlagen die ausführlicheren tabellarischen

Aufstellungen enthalten und in diesen sich auch eine sehr specielle Nachweisung der Beträge und der Vertheilung der directen Steuern in den einzelnen Kreisen befindet, welche einer Denkschrift des preussischen Finanzministeriums vom Jahre 1867 entlehnt ist.

Fassen wir unser Urtheil über die vorliegenden Publicationen zusammen, so müssen wir bekennen, dass dieselbe ein dankenswerthes und grossartiges Unternehmen ist, welches der Verfasser nach seinem Theile mit Verständniss ausgeführt hat, dass es aber zur allseitigen Darstellung der einschlagenden Gebiete noch manche und empfindliche Lücken lässt, deren Ausfüllung zum grösseren Theile der Ausbildung der Statistik in Preussen überlassen bleiben muss.　　　　　　　　　　　　　　　　　　　　　　　　　　　　　P. K.

VII.

Prof. **G. Ritter von Rittershain, Rückblick auf die Ergebnisse der königl. böhmischen Landes-Findelanstalt in den Jahren 1865—1869.** Wien 1870. 60 SS.

Unter obigem Titel ist von dem Leiter der betreffenden Anstalt eine sehr verdienstliche Schrift geliefert, in welcher nach dem Vorgange seiner bereits seit einigen Jahren erschienenen Jahrbücher das von ihm gesammelte, äusserst werthvolle, statistische Material übersichtlich zusammengestellt und verarbeitet ist. Die Angaben beziehen sich zunächst auf die Mortalitätsverhältnisse und weisen dabei eine fortdauernde Besserung nach, doch bleibt in der Beziehung noch viel zu wünschen übrig, denn es starben immerhin in den letzten Jahren, zwar nicht wie 1864 77,5 %, aber doch 1865 62 %, 1866 60 %, 1867 54 %, 1868 46,5 und 1869 noch 46 % der eingelieferten Kinder im ersten Lebensjahre theils im Hause theils in auswärtiger Pflege, während, wie der Verf. selbst anführt, in Böhmen überhaupt die Sterblichkeit der ehelichen Kinder im ersten Lebensjahr sich durchschnittlich auf 23,5 %, der unehelichen auf 38,4 % beläuft. —

Von besonderem Interesse für die Mediciner sind die Aufnahmen über Gewichts- und Längenverhältnisse der aufgenommenen Kinder, deren Zunahme und Zusammenhang mit ihrer Sterblichkeit, dem Alter der Mutter u. s. w. —

Es ist hier nicht der Ort, mit dem Verf. darüber zu rechten, ob die vorgeführten Resultate, wie er meint, zur Vertheidigung der Anstalt resp. des Findelwesens überhaupt wesentlich beitragen können. Das aber constatiren wir gern, dass von dem Verf. die Gelegenheit, welche das Institut bietet, statistisches Material zu sammeln, mit Methode benutzt und das Erlangte wissenschaftlich verwerthet ist. —　　　　　　　　　　　　　　　　　　　C.

VIII.

Beiträge zur Statistik des Grossherzogthums Hessen. Herausgegeben von der Grossherzoglichen Centralstelle für die Landesstatistik. Bd. 10. Darmstadt (G. Jonghaus) 1870. 4. 293 SS. Die Bewegung der Bevölkerung in den Jahren 1816 bis 1865 von **C. A. Fabricius**.

Die Aufzeichnungen der Civilstandsverhältnisse in Deutschland haben bisher in den meisten Staaten noch der wünschenswerthen Ausführlichkeit entbehrt, auf welche sie bei der grossen Wichtigkeit ihres Gegenstandes Anspruch machen können. Abgesehen von einzelnen wenigen Ausnahmen werden die Register über die Civilstandsacte bekanntlich durch die Pfarrämter geführt und zwar sind dies die Kirchenbücher, in welche die Vorkommnisse in erster Linie unter Berücksichtigung des in Frage kommenden kirchlichen oder pfarramtlichen Interesses aufgezeichnet werden. Die Momente, welche hier zur Erhebung gelangen, pflegen daher nur in untergeordneter Weise den statistischen Anforderungen Rechnung zu tragen und sich nach dieser Richtung hin auf das äusserste Maass zu beschränken. Ja, sie werden in der Regel auch nicht nach den Bezirken der politischen Gemeinden, sondern der kirchlichen Parochieen in die Bücher eingetragen, wodurch der grosse Uebelstand erwächst, dass man sie überall dort, wo man auf die Details zuruckgeht, nicht mit den Ergebnissen der gemeindeweise erhobenen Volkszählungsresultate, zu deren Verification oder Ergänzung jene Aufzeichnungen doch zum Theil dienen sollten, in Verbindung bringen kann. Es war deshalb dieser Zweig der Statistik in Deutschland in mannigfacher Beziehung einer Vervollkommnung dringend bedürftig, weshalb denn auch derselbe, wie den Fachgenossen bekannt und auch dem weiteren Publicum durch die Tagespresse mitgetheilt ist, von der zu Anfang dieses Jahres in Berlin tagenden „Commission zur weiteren Ausbildung der Statistik des Zollvereins" die Vervollkommnung in der Erhebung der Civilstandsacte besonders in's Auge gefasst wurde. Hier konnten jedoch, da es in erster Linie auf eine überall gleichmässige Methode in der Aufzeichnung ankam, nur die wesentlichsten und unerlässlichsten Momente als für alle Staaten obligatorische bezeichnet werden, während die weitere Ausdehnung der zu erhebenden Thatsachen der Einsicht der einzelnen Landesregierungen überlassen bleiben musste. Ganz im Sinne der von der Commission aufgestellten Principien — nach denen vor Allem die Registrirungen nach dem Grundsatze der factischen Bevölkerung, d. h. also da vorgenommen werden sollten, wo sie wirklich vorgekommen — doch weit über das Minimum hinaus sind nun die Thatsachen erhoben worden, welche uns in dem vorliegenden Werke dargeboten sind.

Die von Fabricius' bewährter Hand bearbeitete Publication der Bewegung der Bevölkerung in Hessen-Darmstadt tritt uns als eine der exactesten und inhaltsreichsten Werke auf diesem Gebiete entgegen. Abgesehen von der Mittheilung älterer und weil auf Durchschnittsberechnungen beruhender meist werthloser Daten erhalten wir in der Mittheilung der Ergebnisse der Jahre 1863—1865, dem Haupttheile der Publication, eine thatsächliche Bereicherung der Wissenschaft, welche uns sowohl über die Trefflichkeit des hessischen Erhebungsverfahrens belehrt wie durch die geschickte Benutzung ihrer Ergebnisse das Material zu einer Reihe von Untersuchungen gewährt, welche bisher wegen der unzulänglichen Unterlagen zu keinem befriedigenden Resultate führen konnten.

Durch die Ministerialverfügung vom 31. October 1862 wurde im Grossherzogthum Hessen ein vollständig neues Verfahren für die Führung der Register über die Bewegung der Bevölkerung geschaffen. Nach demselben haben in den rechtsrheinischen Gebietstheilen die Pfarrämter, in den linksrheinischen die Burgermeistereien die Geburten, Sterbefälle, Eheschliessungen und Scheidungen wie die Zu- und Wegzüge in besondere nach den politischen Gemeindebezirken abgegrenzte Register einzutragen und am Schlusse jedes Jahres den Kreisbehörden einzusenden. Jede Aufzeichnung eines Actes findet nur einmal und zwar am Orte, wo dieser statt hatte, das der Eheschliessungen am Orte der ersten Niederlassung der Vermählten statt. Was nun die Momente der Erhebung betrifft, so sind diese hinsichtlich der Geburten, die specielle Angabe der Zeit, der ehelichen und unehelichen, lebend und todten, einfachen und mehrfachen Geburt, des Geburtsjahres der Eltern, das wievielte Kind, das geboren von derselben Mutter, von denselben Eltern ist, in der wievielten Ehe derselben die Geburt stattfand, der Beruf der Eltern, sowie ferner ob die Geburt eine Zangengeburt war, ob das Kind besondere ersichtliche körperliche Fehler zeigte, ob es ein Findelkind war, ob bei unehelichen Kindern eine Legitimation stattfand und endlich ob die Niederkunft in einem Entbindungshause geschehen. Die Aufzeichnungen der Sterbefälle haben zu enthalten: ausser der Zeit des Todes, dem Berufe, Alter, Geschlecht und Civilstand und der Religion des Verstorbenen, wie viel mal er verheirathet war, wie viel er Kinder hinterlässt und wie viele ihn davon überleben, bei früh verstorbenen Kindern das Alter in Tagen und Stunden, der Stand ihrer Eltern, bei solchen unter 3 Jahren ihre eheliche oder uneheliche Geburt, endlich die Todesursache. Diese soll jedoch nur, „soweit sie nach Angabe eines Arztes bekannt ist, oder sonst bezeichnet werden kann", eingetragen werden. Die letztere Bestimmung bezieht sich vornehmlich auf Unglücksfälle und Verbrechen, welche den Tod herbeigeführt hatten. Bei den Eheschliessungen ist zu erheben der Beruf des Mannes, und wenn die Frau sich vor ihrer Verheirathung aus eigenen Mitteln ernährte, auch deren früheren Erwerbszweig, das Geburtsjahr, die Religion, der Heimathsort, die Zahl der früheren Ehen der beiden Copulirten, ferner die Art der Lösung früherer Ehen, ob durch Tod oder Scheidung, die Zahl der durch die Ehe etwa legitimirten unehelichen Kinder, der etwaige Verwandtschaftsgrad zwischen den Vermählten und schliesslich, ob diese befähigt sind, ihren Namen zu schreiben. Die Gegenstände, welche hiernach im Grossherzogthum Hessen zur Erhebung kommen, überragen, soviel uns bekannt ist, in ihrer Ausdehnung die aller andern deutschen Staaten. Aber nicht allein der Umfang der zu registrirenden Thatsachen, auch die Methode der Erhebung giebt dem hessischen Verfahren einen grossen Vorzug. Durch specielle Vorschriften wird für die Gewinnung zuverlässiger Nachrichten Sorge getragen, die vorzugsweise mit Rücksicht auf die Verwaltung und Statistik erhoben werden, darum von dem Parochialbezirke absehen und die politische Gemeinde zur Grundlage haben. Ja, die rein pfarramtlichen Momente, wie die Aufzeichnung über die Taufe, das Begräbniss, die Tauf- und Trauzeugen, und was sonst in die Kirchenbücher gehört, sind in diese Register nicht mit aufgenommen.

Auf Grund einer solchen ausgedehnten Erhebung gelangt man natürlich auch zu einem reichen und brauchbaren Materiale. Dieses hat der Verfasser uns denn so detaillirt als möglich vorgeführt. Es ist bei der grossen Fülle von Mittheilungen, welche das Werk enthält, nicht möglich, alle, welche unser Interesse beanspruchen, näher zu berühren; wir beschränken uns darauf, die wichtigsten herauszugreifen. Was die Geburten betrifft, so bietet gleich die erste Aufstellung einen reichen Stoff. Sie stellt die Beziehungen der monatsweise abgegrenzten Jahreszeit zu den Geburten und zwar sowohl zu den ehelichen wie unehelichen Knaben und Mädchen und bei beiden Arten wieder zu den Todt- und Lebendgeborenen in den Städten wie auf dem Lande, abgegrenzt nach den drei Provinzen des Staates, dar. Wir gewinnen hieraus neue Anhaltepunkte über eine Reihe interessanter Fragen, z. B. ob die Gunst oder Ungunst der Jahreszeiten auf die lebende oder todte Geburt zurückwirkt, ob Todtgeburten relativ häufiger bei unehelichen Geburten vorkommen u. s. w. Eine weitere Zusammenstellung beschäftigt sich mit den Mehrgeburten. Auch hier dringt die Darstellung wieder möglichst in's Detail ein. Da ist unterschieden bei Zwillingen wie Drillingen und zwar gesondert nach ihrer Zusammensetzung nach den Geschlechtern — also bei blossen Knaben, bei blossen Mädchen, bei Knaben und Mädchen — ob beide lebend oder todt oder ob eins lebend-, eins todtgeboren sei. Und hier ist dann weiter wiederum der Unterschied von ehelichen und unehelichen Geburten, von solchen in den Städten und auf dem Lande festgehalten. Man ist hiernach also im Stande, die Häufigkeit der Todtgeburten bei den Mehrgeburten, je nach den Geschlechtern wie nach der ehelichen und unehelichen Geburt zu ermessen, Untersuchungen, für welche, soviel wir wissen, hier zum ersten Male in Deutschland für ein ganzes Staatsgebiet exactes Material geliefert wird.

Nicht minder eingehend ist die Statistik der Gestorbenen behandelt. Zunächst sind sie in Verbindung mit der Jahreszeit des Todesfalles nach Altersgruppen dargestellt, dann aber werden sie, worauf wir ein besonderes Gericht legen, nach den speciellen Altersklassen und zwar für jedes Geschlecht unter Berücksichtigung der Civilstandsverhältnisse vorgeführt. Die Statistik der Gestorbenen hat nach unserer Auffassung erst einen wissenschaftlichen Werth, wenn sie die einzelnen Jahrgänge oder Alterklassen berücksichtigt, da erst daraus und nur daraus eine richtige Absterbeordnung entwickelt werden kann. Das Zusammenfassen in Altersgruppen hingegen, wie es noch vielfach üblich und worüber hinaus es selbst die preussische Statistik noch immer nicht gebracht hat, gewährt nur Paradezahlen, mit Hülfe deren man zu keinem auch nur annähernd richtigen Resultate zu gelangen vermag. Mittelst einer Aufstellung wie der vorliegenden hessischen aber lassen sich Sterbetafeln berechnen, die für jedes der beiden Geschlechter gleichzeitig den Einflüssen Rechnung tragen, den etwa der Familienstand auf die Lebensdauer ausübt. Unter den Gestorbenen haben nun ferner die Todtgeburten und die Kindersterblichkeit eine ganz besondere Berechtung erfahren. Bei jenen ist erwogen, ob sich dieselben bei einfacher oder mehrfacher Geburt und dann wieder beim wievielten Kinde sie sich ereigneten; bei diesem kam es darauf an, möglichst genau die Zeit, in welcher der Todesfall nach der Geburt stattfand, anschaulich zu machen. Anfangs stunden-, dann tageweise, endlich monatsweise sind die Sterbefälle geordnet. Dabei ist in beiden Fällen auf den gerade hier stark in Betracht kommenden Unterschied der ehelichen und unehelichen Geburt — bei den lebend geborenen Kindern bis zum 24. Monat — die Aufmerksamkeit hingelenkt. Auch in diesen Darstellungen ist wieder eine Fülle von Material zu weiterer Forschung über Verhältnisse, welche noch der Aufklärung bedürfen, geboten. Das heikle Thema der „Todesursache" ist ebenfalls berührt worden. Wie oben gezeigt wurde, sollen die Anlässe, die das Absterben herbeigeführt haben, nur auf Grund ärztlicher Bescheinigung eingetragen werden. Die Angaben müssen jedoch entweder als unvollständig oder unzuverlässig befunden sein, denn man scheint Bedenken getragen zu haben, sie in der Ausführlichkeit, in der sich das Werk uns im Uebrigen präsentirt, wiederzugeben. Und wir glauben, der Verfasser hat Recht daran gethan, Thatsachen, welche nicht auf die grösste Zuverlässigkeit Anspruch machen können, der Oeffentlichkeit zu entziehen. Bekanntlich werden mehrfach die Todesursachen nach den einzelnen speciellen Krankheitserscheinungen gegliedert, publicirt. Diese haben indessen meist wenig Werth, da die Quelle, aus der sie zu stammen pflegen, keine genügedne Garantie für die Sicherheit bietet. So lange nicht eine ärztliche Leichenschau obligatorisch ist, die Vorkommnisse nur auf die oberflächliche Angabe von Laien gemacht werden, kann deren Verzeichnung keine Bedeutung zuerkannt werden, da sie alsdann in ihrer Zusammenstellung, in der sie ein der Wirklichkeit nicht entsprechendes Bild wiedergeben, mehr Verwirrung wie Nutzen anrichten. Dem gegenüber ist die Mässigung anzuerkennen, die sich der Verfasser bei der Bearbeitung dieser Materie auferlegt hat. Ausser den durch Selbstmord, Verunglückung oder Verbrecher herbeigeführten Todesfälle bezeichnet er Epidemieen, „gewöhnliche Krankheiten" und Niederkünfte als Anlässe dazu. Da es füglich erreichbar ist, diese Momente zuverlässig zu erbringen, so ist dadurch doch immerhin schon so viel gewonnen, dass man den Procentantheil, den jeder der genannten Todesarten fordert, mit Sicherheit feststellen kann. Uebrigens ist neben der Angabe der Todesursache auch der Monat des Todesfalles veranschaulicht worden, so dass man den Einfluss der Jahreszeiten, der namentlich bei Selbstmorden eine Rolle spielt, zu ermessen vermag. Eine etwas eingehendere Behandlung ist dann allerdings noch den Epidemieen gezollt, insofern hier in einer besonderen Tabelle die Zahl der von den einzelnen Arten derselben geforderte Opfer mitgetheilt ist. — Eine hervorragende Seite indessen, die hier in Betracht zu ziehen gewesen wäre, die Darstellung der Altersklassen in den einzelnen Berufsarten der Gestorbenen ist in dem sonst so vollständigen Werke leider ganz unbeachtet geblieben. Und doch fehlte es nicht, wie wir aus der voraufgehenden Schilderung über die Beschaffenheit der Erhebungsformulare gesehen haben, an den erforderlichen Unterlagen. Dem Verfasser war es doch so nahe gelegt, auf Grund derselben zum ersten Male gründliches Material zur Untersuchung der wichtigen Frage über den Einfluss des Berufes auf die Sterblichkeit zu liefern.

Ganz besonders eingehend, mehr noch als die beiden voraufgehenden Momente sind die Eheschliessungen bearbeitet. Hier tritt uns zum ersten Male die Berücksichtigung des Berufs und Erwerbszweiges der getrauten Männer entgegen, gewiss eine schätzenswerthe Bereicherung, die jedoch erst ihren wahren Werth erhalten würde, wenn gleichzeitig das Alter, in dem dieselben zur Verehelichung schreiten, in Rechnung gezogen wäre. Denn erst dann erhielten wir Aufschluss über die so folgenschwere sociale Frage, in welchem Alter die einzelnen Berufsstände durchschnittlich befähigt sind, zur Eingehung der Ehe zu gelangen. Ferner ist uns eine sehr in's Einzelne gehende Uebersicht über die Heirathen nach dem Alter und Civilstand der Getrauten dargeboten. Dieselbe stellt je nach den Familienstandskategorieen und den hier möglichen Combinationsfällen für jedes Alter, in denen Männer zur Ehe schritten, die Anzahl der Frauen, die sich mit ihnen verehelichten, geordnet nach ihren einzelnen jährlichen Altersstufen, gegenüber. Zu erwähnen sind noch die Darstellungen der Heirathen nach den früheren Ehen der Copulirten, nach ihren Verwandtschaftsverhältnissen und ihrer Confession.

Der Abschnitt von den Ehescheidungen berücksichtigt den Beruf, Alter, Religion, Dauer der Ehe, Familienstand vor derselben, Kinderzahl und der Scheidungsgrund. Es ist auch dies die vollständigste Aufstellung, die uns zu Gesicht gekommen ist.

So weit über den Inhalt der Publication, der unser Interesse herausforderte. Der Rest des ziemlich starken Bandes enthält die hauptsächlichsten Momente der Bewegung der Bevölkerung für die Kreise, wie für die einzelnen Gemeinden des Landes — sowie einige wenige Berechnungen.

Was die letzteren anbetrifft, so glauben wir auf einen Mangel aufmerksam machen zu müssen, der sich mehr oder weniger in allen hessischen Publicationen findet, hier aber besonders schwer empfunden wird. Die sonst so trefflichen hessischen Arbeiten, namentlich so wie sie sich auf den Stand und die Bewegung der Bevölkerung beziehen, bringen fast ausschliesslich positive Zahlen, oder geben doch nur für die gröbsten oder nahe liegendsten Verhältnisse einzelne Procentberechnungen. Bei Arbeiten aber, welche ein so reiches Material liefern, würde es schon in deren eigenstem Interesse liegen, die einzelnen Gegenstände durch möglichst weit geführte Verhältnissberechnungen klar und verständlich zu machen und die Beziehungen, die zwischen den mitgetheilten Thatsachen und anderen entsprechenden liegen, zu veranschaulichen. Blosse Zusammenstellung der positiven Thatsachen, auch wenn sie noch so eingehend sind, wie die hier gebotenen, können doch für das Publicum erst dann ihren wahren Werth erhalten, wenn es aus den Verhältnisszahlen denselben zu ermessen vermag. Solche Reductionen lassen sich aber weit leichter in den amtlichen Bureaus als in der Arbeitsstube des Einzelnen, der den Inhalt der Publicationen zu Bathe zieht, anfertigen. Sehen wir indessen von diesem Mangel ab, so haben wir in der Arbeit des in der Bevölkerungsstatistik längst geschätzten Verfassers eine musterhafte Darstellung der Civilstandsverhältnisse zu begrüssen, welche hoffentlich zu einem ähnlichen Aufschwunge der statistischen Leistungen auf diesem Gebiete den Anstoss gegeben haben wird. Namentlich wünschen wir, dass es Herrn Fabricius vergönnt sein möge, in seinem neuen Wirkungskreise — derselbe ist seit Kurzem als Geheimer Finanzrath in den preussischen Staatsdienst getreten — auf eine ähnliche gedeihliche Entfaltung der Statistik hinzuwirken, welcher bekanntlich im Bereiche der grossen norddeutschen Monarchie gerade in der hier behandelten Materie noch sehr viel zu leisten übrig bleibt. P. K.

Miscellen.

III.
Ein Wort über den neuen Organisationsplan für die preussischen Provinzial-Gewerbeschulen.

Von

Dr. Gustav Schmoller, Prof. in Halle.

Oft konnte man schon früher von höher stehenden gebildeten Fabrikanten und Ingenieuren die Bemerkung hören, unsere preussischen Provinzialgewerbeschulen taugten nichts. Im Laufe des Jahres 1869 verlautete, der Minister für Handel, Gewerbe und öffentliche Arbeiten habe eine Commission von Sachverständigen berufen, um einen neuen Organisationsplan ausarbeiten zu lassen. Und er erschien, wurde den Regierungen unter'm 21. März 1870 mitgetheilt, mit dem Auftrage, neue Schulen nur nach diesem Plane zuzulassen, mit den Gemeinden, in welchen sich bisher solche befanden, zu unterhandeln, ob sie bei dem alten Plane bleiben oder die neue Organisation annehmen wollten. Auf Grund hievon wurde die Sache hier in Halle in der öffentlichen Stadtverordnetensitzung vom 13. Juni 1870 verhandelt. Sowohl der Magistrat und das Directorium der Provinzialgewerbeschule, als die beiden Referenten der Stadtverordnetenversammlung, Dr. Schrader, jahrelanger früherer Director der Provinzialgewerbeschule, und Dr. Knoblauch, ord. Professor der Physik an der hiesigen Universität, waren unbedingt für Beibehaltung der alten Organisation, waren einstimmig in der Verurtheilung des neuen Planes.

Es kann das überraschen, sofern doch der neue Plan entschieden eine Verbesserung der Schule anstrebt. Dennoch sind die Motive, die zur Verwerfung geführt haben, sehr einfach. Es hat sich mir auf's Schlagendste dabei bestätigt, dass ich vollständig recht hatte in dem Urtheil, das ich in meiner Geschichte der deutschen Kleingewerbe über das gewerbliche Bildungswesen Preussens aussprach [1]). Man denkt in den höheren Kreisen Berlins zu ausschliesslich an die Bildung von Fabrikanten, zu wenig an die der kleinen Handwerker. Der Staat thut für die Bildung der besitzenden Klassen unendlich viel mehr, als für die der nichtbesitzenden. Gerade der Zusammenhang der Massregel mit diesem allgemeinen Gesichtspunkt lässt es mir passend

---

[1]) S. 321, sowie im Arbeiterfreund Bd. VII S. 301 ff.

erscheinen, über die Frage in dieser Zeitschrift einige Worte zu sagen. Eine Erörterung scheint mir um so praktischer, als diese Richtung gewiss nicht einer klar verfolgten Tendenz der preussischen Bureaukratie — seit sie existirt, war sie vielmehr ein Anwalt für die nothleidenden Klassen — sondern mehr zufälligen Ursachen zuzuschreiben ist. Es liegt so nahe, dass man eben im Centrum des grossen Staates zunächst mehr an die grossen Fabrikanten, die Tausende beschäftigen, als an die kleinen Handwerker denkt.

Schon vor 1850 existirten einzelne Provinzialgewerbeschulen in Preussen. In diesem Jahre aber wurde unter'm 5. Juni ein allgemeiner Plan zur Organisation derselben bekannt gemacht[2]); nur diejenigen Städte, welche diesen Plan adoptirten, sollten künftig den Vortheil geniessen, dass der Staat die Hälfte der laufenden Kosten beitrage. Dafür behielt sich der Handelsminister eine gewisse Oberaufsicht, eine Cognition über die anzustellenden Lehrer u. s. w. vor. Es entstanden auf Grund hiervon bis 1866 26 derartige Schulen, welche Ende 1866 1119, Ende 1867 1146 Schüler zählten[3]); auf eine Schule kommen durchschnittlich 44 Schüler; unsere Schule in Halle ist eine der grössten, wenn nicht die grösste; sie zählte in den letzten Jahren regelmässig 60—66 Schüler und war häufig in der Lage, wegen Ueberfüllung weitere Anmeldungen abweisen zu müssen.

Ueber Richtung und Zweck der Schulen nach dem alten Plane nur einige Worte. Jede Schule soll zwei ordentliche Klassen haben, je für ein Jahr berechnet; die erste Klasse hat mehr theoretischen, die zweite mehr praktischen Unterricht. Die Aufnahme der Zöglinge in die untere Klasse ist nur an folgende Bedingungen geknüpft:

1) dass der Aufzunehmende mindestens 14 Jahre alt sei;
2) dass er nicht blos deutsch geläufig lesen, sondern auch durch Lesen eines seinem Gesichtskreise entsprechenden Buches sich unterrichten könne;
3) dass er deutsch ohne grobe orthographische Fehler zu schreiben verstehe und eine leserliche Handschrift besitze;
4) dass er mit ganzen Zahlen und gewöhnlichen Brüchen geläufig rechnen könne und die Anwendung dieser Rechnungen auf die gewöhnlichen arithmetischen Aufgaben kenne, sowie dass er ebene, geradlinige Figuren und prismatische Körper praktisch auszumessen wisse;
5) dass er Uebung im Zeichnen besitze.

Der Besuch einer höheren Bürger- und Stadtschule oder eines Gymnasiums bis Quarta wird als erwünscht bezeichnet; aber es sind auch junge Handwerker zuzulassen, welche keinen andern als Elementarunterricht genossen haben. Es soll möglichst mit jeder Provinzialgewerbeschule eine abendliche Handwerkerfortbildungsschule verbunden werden, die Unterricht im Rechnen, in der Geometrie, in den Anfangsgründen der Naturlehre und im Zeichnen ertheilt und damit junge Handwerker, welche nur die Elementarschule besucht haben, so weit bringt, dass sie den obigen Anforderungen genügen, in die Provinzialgewerbeschule eintreten können. Der

---

2) Verordnungen über die Organisation des Gewerbeschulwesens in Preussen. Berlin, Decker, 1850.
3) Jahrbuch für die amtliche Statistik des preussischen Staates III. S. 230.

Unterricht in der Schule nun ist ein streng technischer; die Lehrfächer sind: Mathematik, Physik, Chemie, Mineralogie, Mechanik, Baukonstruktionslehre, Zeichnen und Modelliren. Drei Lehrer bilden die Regel, einer für Mathematik, einer für Naturwissenschaften, einer für Zeichnen. Die gewonnene Bildung ist eine einseitig technische; aber eben durch die Einseitigkeit ist doch die Möglichkeit gegeben, selbst bei geringen Vorkenntnissen in zwei Jahren viel zu erreichen. Dabei sind die Kosten der Schule sehr mässige;. hier in Halle etwa 3000 Thaler; ein Theil wird durch die Schulgelder, ein Theil durch den Staatszuschuss gedeckt, die Stadt hat etwa 1000 Thaler zuzuschiessen. Die erforderten Räumlichkeiten, welche die Stadt zu stellen hat, können leicht in einem sonstigen städtischen Schulgebäude erübrigt werden — so hier in dem neuen städtischen Gymnasium. Ohne das wäre es auch nicht möglich gewesen, selbst in relativ kleineren Städten wie Saarbrücken, Halberstadt, Stralsund, Graudenz solche Schulen in's Leben zu rufen.

Aus dem Gesagten geht hervor, dass es sich um gewerbliche Mittelschulen handelt; um Schulen, die uber den sog. Fortbildungsschulen stehen; denn sie geben zwei Jahr lang einen systematischen Unterricht, sie beschränken sich nicht darauf, in den Abend- und Sonntagsstunden den jungen Gewerbtreibenden einigen Unterricht zu geben; aber zugleich um Schulen, die wesentlich unter dem Niveau der berliner Gewerbeakademie, der Bauakademie, der hannoverschen höhern Gewerbeschule, der Polytechniken als eigentlich gewerblicher Hochschulen stehen; von den gewerblichen Specialmittelschulen, Winterbaugewerkschulen, Schulen fur Berg- und Hüttenwesen, für Weberei und Posamenterei, für Schifffahrt und Schiffbau, für Kunstgewerbe (wie in Nürnberg) müssen sie sich dadurch unterscheiden, dass sie, nicht an Sitzen ausschliesslichen Gewerbes, nur für dieses erziehen wollen, sondern eine technische mathematisch-naturwissenschaftliche und künstlerische Bildung gehen wollen, die als Vorbereitung für die verschiedensten Arten von Gewerbebetrieben von Nutzen sich erweisen soll. Die Provinzialgewerbeschulen können weder das, was gewerbliche Hochschulen, noch was Specialschulen bieten, leisten; aber sie sollen es auch nicht. Sie sollen jungen Leuten des Mittelstandes, welche weder die Bildung noch die Geldmittel haben, Polytechniken zu besuchen, welche Specialsschulen nicht besuchen können, weil solche fur sie nicht existiren, oder zu theuer oder zu fern sind, wenigstens die technische Bildung geben, ohne welche selbst der kleine Gewerbtreibende heute nicht auskommt. In der Cirkularverfügung des Handelsministers vom 5. Juni 1850 heisst es: „während sich das königliche Gewerbeinstitut, als die höchste technische Lehranstalt des Staates die Ausbildung von eigentlichen Technikern, die zur Einrichtung und Leitung von Fabrikanlagen befähigt sind, zum Ziele setzen muss, sind die Provinzialgewerbeschulen dazu bestimmt, die verschiedenen Handwerker, Maurer- und Zimmermeister, Brunnenmacher, Mühlenbauer, Gerber, Bierbrauer, Destillateure, Färber u. s. w., sowie Werkfuhrer für Fabriken zu unterrichten". Es wird ausdrücklich in der Cirkularverfügung davor gewarnt, dass der Vortrag der reinen Mathematik nicht zu weit ausgedehnt werde. Und mit Recht. Denn nicht eine möglichst hohe individuelle Bildung einzelner Meister, sondern die technische Hebung unseres ganzen Handwerkerstandes thut noth. Von ihm kommen selbst so nur die besten und wohlhabendsten in die Provinzialgewerbeschule. Was heissen 1146 Schüler für den ganzen altpreussischen Staat, wenn wir 1861 534,556 Handwerksmeister mit 558,321 Gesellen und Lehrlingen zählen!

Die Klagen nun, die gegen die Provinzialgewerbeschulen erhoben wurden und die zu dem neuen Organisationsplan führten, sind folgende. Die Aufnahme in die Anstalten sei zu leicht; es fehle zu sehr an allgemeiner Vorbildung; die einzelnen hätten oftmals die Kurse wiederholen müssen, um die Prüfungen zu bestehen; die Abiturienten überragten in ihren mathematischen und naturwissenschaftlichen Kenntnissen die von Gymnasien und Realschulen Abgehenden, aber blieben in allgemeiner Bildung auf gleicher Stufe mit einem Elementarschüler. Auch der Gewerbtreibende bedürfe heute einer gewissen allgemeinen Bildung, wenn er seinen Beruf mit Erfolg ausüben und eine geachtete Stellung in der bürgerlichen Gesellschaft sich sichern wolle.

Wer wollte das Gewicht dieser Klagen, besonders der letzteren verkennen? Besonders in den Kreisen, welche eine Gymnasial- und Universitätsbildung genossen haben, wird der Mangel der humanistischen Bildung in gewerblichen Kreisen immer und immer wieder empfunden. Der nur technisch Gebildete steht immer zuletzt zurück. Auch der kleine Gewerbtreibende ist sicher ein anderer Mann, wenn er neben den technischen geographische und geschichtliche Kenntnisse hat, wenn er des Französischen und Englischen mächtig ist.

Aber folgt daraus, dass die Provinzialgewerbeschulen umzugestalten sind? In erster Linie beziehen sich die Klagen über das Zurückbleiben der Bildung unserer höhern Gewerbtreibenden doch nur auf die, welche gewerbliche Hochschulen absolviren. Sollen sie mit unsern Beamten und Juristen, unsern grossen Grundbesitzern und Offizieren in ihrer Bildung auf einer Linie stehen, so fordere man von jedem Besucher das Abgangszeugniss von Prima eines Gymnasiums, man füge in den Plan der Polytechniken Humaniora ein oder vereinige die Polytechniken mit den Universitäten, wie man die wissenschaftlichen landwirthschaftlichen Institute mit ihnen vereinigt. Jedenfalls ist nur von diesen höhern Gewerbtreibenden eine humanistische Bildung zu verlangen.

An den kleinen Gewerbtreibenden kann man diese Forderung vernünftiger Weise nicht stellen. Die Masse derselben besucht die Elementarschule, höchstens die höhere Bürgerschule oder eine Realschule, nur sehr wenige ein Gymnasium. Will man die menschliche und humane Bildung dieser Kreise heben, so muss man eben diese Schulen, die sie besuchen, auf ein höheres Niveau zu bringen suchen; aber man darf nicht das Minimum von technischer Bildung, das man ihnen im spätern Alter (im 14. bis 17. Jahre) bietet, so mit humanistischen Lehrgegenständen verquicken, dass entweder nur ein Mixtum Compositum aller möglichen Schulen herauskommt oder eine etwas technisch gefärbte Realschule.

Der neue Organisationsplan für die Provinzialgewerbeschulen hält den Gesichtspunkt fest, dass die Schule Fachschule bleibe, aber er fügt dem Lehrplan Deutsch, Französisch, Englisch, Geographie, Geschichte, Comptoirwissenschaft ein; der Kursus wird von zwei auf drei Jahre erstreckt; die

zwei untern Klassen umfassen den Unterricht in Mathematik, Physik, Zeichnen, sowie in den Gegenständen der allgemeinen Bildung. Die dritte soll in vier Fachabtheilungen zerfallen und zwar:
    a. für die Vorbildung der Zöglinge zum Besuch einer höhern technischen Lehranstalt,
    b. für Bautechnik,
    c. für mechanisch-technische und
    d. für chemisch-technische Gewerbe.

Das Ziel der Schule wird mit folgenden Worten bezeichnet: „Der angehende Gewerbtreibende bedarf vor Allem der Fertigkeit, sich in seiner Muttersprache mündlich und schriftlich correkt und logisch auszudrücken. Er muss ferner im Stande sein, die Fortschritte anderer Nationen auf dem Gebiete der Technik und der Industrie prüfen und in seinem sowie im allgemeinen Interesse zu verwerthen; zu diesem Zwecke muss er sich die französische und englische Sprache mindestens so weit angeeignet haben, als zum richtigen Verständniss der darin abgefassten technischen Werke erforderlich ist. Die physischen Verhältnisse der Erdoberfläche, ihre Beziehung zur Wasser-, Pflanzen- und Thierwelt dürfen ihm nicht unbekannt sein. Er bedarf endlich eines Einblickes in die Entwicklungsgeschichte der Völker und Staaten, in ihre Verkehrsverhältnisse und ihre Handelsbeziehungen zu einander."

Die Aufnahme in die untere Klasse soll künftig nur solchen zu Theil werden, welche mindestens 14jährig für Secunda eines Gymnasiums oder einer Realschule erster Ordnung reif sind.

Ganz andere Kosten werden erforderlich; statt dreier sind 7 Lehrer und ein Hülfslehrer vorgesehen; die laufenden jährlichen Kosten einer solchen Schule betragen gegen 7000—8000 Thlr.; ein besonderes Gebäude ist erforderlich, das einen Herstellungsaufwand von 30,000—50,000 Thlrn. erfordert. —

In den Verhandlungen der halle'schen Stadtverordneten wurde von Herrn Direktor Schrader in erster Linie der Widerspruch betont, der in diesem Schulplane liege. Vierzehnjährige Jungen sollen in der kurzen Zeit von 3 Jahren eine abgeschlossene technische Bildung erhalten und daneben doch so viel an allgemeiner Bildung profitiren, dass sie den Realschulern und Gymnasisten nicht wesentlich nachstehen. Das ist eine einfache Unmöglichkeit. Es wird dann allerlei getrieben, aber nichts recht. Direktor Schrader verglich die Zahl der Stunden, die z. B. dem Französischen in der Realschule und in der künftigen Gewerbeschule zugetheilt sind, und bewies schon hieraus die Unmöglichkeit gleicher Leistung nach dieser Richtung.

Das ist besonders wichtig, soweit die Gewerbeschule Vorbereitungsschule für ein Polytechnikum resp. die Gewerbeakademie sein soll. Dass man die Möglichkeit offen hält, an den Polytechniken auch Leute zuzulassen, die gleichsam von der Picke auf gedient haben, die von Provinzialgewerbeschulen kommen, ist gewiss gerechtfertigt. Dass aber die, welche eine solche höhere Fachbildung von Anfang an in Aussicht nehmen, besser thun, Gymnasien oder Realschulen zu durchlaufen und von da erst an den Polytechniken auf das specifisch technische Studium überhaupt überzugehen, das scheint klar. Dadurch allein lässt sich das Niveau allgemeiner Bildung unter den höhern Gewerbtreibenden erhöben.

Ist die Gewerbeschule künftig hauptsächlich Vorbereitungsschule für gewerbliche Hochschulen, so ist sie nur eine verschlechterte Realschule, die etwas weniger allgemeine, etwas mehr naturwissenschaftliche Bildung giebt.

Etwas anders stellt sich die Sache, wenn und soweit die Gewerbeschule nicht Vorbereitungsschule sein will. Für die, deren Bildung sich in ihr abschliesst, hat es eher Vortheil, wenn der Unterricht auf 3 Jahre sich erstreckt, das letzte Jahr in Fachschulen abgetheilt ist, wenn ein Zusatz humanistischer Bildung gegeben wird. Freilich erhebt sich auch hier die Frage, ob nicht das Nultum besser wäre, als die Multa. Der Organisationsplan will nun dafür, dass die Schüler eine gehörige Absorbtionsfähigkeit für das Gebotene haben, in der Weise sorgen, dass er die Aufnahmebedingungen gewaltig in die Höhe schraubt. Früher forderte man Lesen, Schreiben und etwas Rechnen, jetzt soll die Reife für Secunda einer höhern Schule gefordert werden.

Das mag für solche Orte richtig sein, wo der kleine Handwerkerstand, für den die Schulen doch gegründet sind, seine Söhne schon in's Gymnasium oder die Realschule schickt. Für die Orte, wo das nicht der Fall ist, wird einfach durch diese Bestimmung die Schule an sich aufgehoben oder wird die überwiegende Mehrzahl in Hospitanten verwandelt, über welche der Lehrer keine rechte Contiole hat. Es ist das der wichtigste Punkt in der ganzen Frage. Man scheint bei den Berathungen in Berlin sich darüber getäuscht zu haben, wer überhaupt die Schule besuche.

Dass es wesentlich keine Leute sind, an die man so hohe Anforderungen beim Eintritt stellen darf, scheint schon aus der Uebersicht der Besucher hervorzugehen, welche das Jahrbuch für amtliche Statistik mittheilt. Nach ihm waren von den 1146 Schülern Ende 1867:

Ingenieure, Geometer u. dergl. 35
Bau- und andere Handwerker 853
Chemiker, Hütten-Bergleute, Färber u. dergl. . . . 85
Beamte, Kaufleute, Militäis 29
Unbestimmt 144

Hier in Halle — und so wird es überall sein, wo noch ein zahlreicher kleiner Handwerkerstand existirt — sind z. B. in den Jahren 1866—69 47% aller Schüler solche gewesen, welche nur eine Elementarschule besucht haben; es sind das meist Handwerker, die in's praktische Leben schon übergetreten, die Lücken ihrer Bildung einsehen und sich nochmal auf die Schulbank setzen; 65% aller Schüler sind solche, die vor ihrem Eintritt kürzer oder länger schon dem praktischen Leben angehörten. Nur 11,8% der Schüler hatten die Bildung, die jetzt als allgemeines Erforderniss aufgestellt wird. Diese Richtung der Schule spricht sich auch darin aus, dass die Zahl derer, welche freiwillig ein Abiturientenexamen macht, nicht allzu gross ist. Es machten in Halle in derselben Zeit 23,4% der Schüler dieses Examen, von diesen war etwa die Hälfte in Elementarschulen, $1/4$ in Quarta und Tertia, $1/4$ in Secunda eines Gymnasiums oder einer Realschule vorgebildet. Nur etwa die Hälfte der Examinanten ging auf eine höhere technische Lehranstalt über. Die Mehrzahl derer, welche der Prüfung sich unterwarfen, wurde dazu veranlasst, weil sie dadurch das Recht sich erwarben, in der Armee als Einjährig-Freiwillige zu dienen.

Bei diesem Stande der Sache kann man keinen Moment zweifeln, dass der alte Organisationsplan dem neuen vorzuziehen sei, wie denn auch hier in Halle Lehrer, Kuratoren, Magistrat, Stadtverordnetenversammlung und öffentliche Meinung darüber einig war. Der ganze neue Organisationsplan übersicht die Bedürfnisse des kleinen Mannes; er will die Gewerbeschulen für Fabrikanten einrichten und schadet diesen doch wieder, wenn er sie in diese Bildungslaufbahn weist; denn sie werden besser auf Gymnasien, Realschulen und Polytechniken gebildet.

Es könnte nun scheinen, der neue Organisationsplan sei insofern wenigstens nicht schädlich, als es den Städten überlassen sei, ihre Gewerbeschulen in alter oder in der neuen Form fortbestehen zu lassen. Aber ganz so liegt die Sache nicht. Die Absicht des Ministeriums geht darauf hinaus, die Schulen umzugestalten.

Einmal sollen neue Gewerbeschulen, zu denen der Staat einen Zuschuss giebt, nur nach diesem Plan errichtet werden dürfen. Das ist sehr beklagenswerth, besonders wenn man bedenkt, wie wenig zahlreich noch die Schulen sind, wie wünschenswerth die Errichtung weiterer auch in noch kleinern Städten wäre. Die jetzigen Schulen genügen nicht; ich erwähnte schon, dass in Halle häufig Schüler abgewiesen werden mussten. Je kleiner aber die Orte sind, in denen solche Schulen errichtet werden, desto unpassender ist der neue Organisationsplan.

Dann aber scheint der Minister auf die alten Arten der Schulen gar kein Gewicht mehr zu legen; er sagt, wo die Gemeinde auf den neuen Plan nicht eingehe, bleibe es vorerst beim alten Plan, fügt aber hinzu „zieht die Gemeinde vor, die Gewerbeschule überhaupt eingehen zu lassen, so würde dem meinerseits kein Bedenken entgegenstehen". Ausserdem erklärt er, dass er von einem bestimmten Zeitpunkt an die Abiturienten der alten Schulen nicht mehr zu höheren gewerblichen Lehranstalten zulassen werde. Das wäre an sich kein grosses Unglück. Die Gewerbeschulen sind nicht die passenden Vorbereitungsschulen dafür. Aber es würde damit zugleich das Recht für die Abiturienten, als Einjährige zu dienen, verloren gehen. Und das wäre ein harter Schlag für die Schulen, sofern diese Aussicht immer anzieht. Es wäre überdies eine ungerechte und schädliche Massregel. Die Gründe warum, sind zu nahe liegend, als dass sie noch näher ausgeführt zu werden brauchten.

Es wäre sehr im allgemeinen Interesse, wenn das Handelsministerium seine Massregeln dahin änderte, dass es mindestens den alten und neuen Organisationsplan fakultativ neben einander bestehen liesse, den Städten anheimgehend, ob sie für den einen oder andern sich erklären.

Halle, August 1870.

IV.
Die russischen Eisenbahnen.

Es liegt auf der Hand, dass für ein Reich von so colossaler Dimension wie das russische ein ausgedehntes Eisenbahnnetz sowohl in volkswirthschaftlicher wie intellectueller und militärischer Hinsicht von ausserordentlicher Bedeutung sein muss. Und doch bietet gerade die enorme Ausdehnung, welche dasselbe bei einer stellenweise sehr dünnen Bevölkerung hat, der Anlage neuer Linien die grösste Schwierigkeit. Es konnte daher auch bisher nur ein geringfügiger Theil des grossen Czarenreiches durch Schienenstränge mit den Centren des europäischen Verkehrslebens in directe Verbindung gesetzt werden. Nur die westliche Seite desselben erfreut sich — und zwar in ihrer ganzen Ausdehnung von Norden nach Süden — heute dieses Vortheils oder wird sich doch desselben in allernächster Zeit erfreuen, da eine Reihe neuer Linien, welche namentlich das südwestliche Russland der Hauptstadt und dem Norden des Reiches nähern sollen, in der Vorbereitung bez. im Bau begriffen sind. Im ganzen Osten fehlt es noch an jeglicher Bahnanlage. Die nach dieser Seite am weitesten hinausgeschobenen Punkte sind Nischnei-Novgorod und mehr nach Suden Tsaritsyn. Es ist also erst genau die eine Halfte des Reiches in ihrem Längendurchschnitte, d. h. von einem Pole zum anderen betrachtet in das Eisenbahnnetz gezogen. Aber auch auf dieser linken Hälfte erkennt man nur einige wenige Linien, die den Norden mit Süden verbinden, ohne durch Querlinien — oder doch nur vereinzelt — durchschnitten zu werden. Von den Bahnstrecken eingeschlossen liegen noch zum Theil viele hundert Quadratmeilen Landes, welche von aller Theilnahme am Weltverkehre ausgeschlossen sind. So leer aber auch die russische Eisenbahnkarte selbst auf ihrer westlichen Seite noch aussieht, so sind doch bereits colossale Strecken mit Schienen bedeckt worden. Es sind ganz ausserordentliche Anstrengungen gemacht, um dieses östlichste Reich Europa's mehr und mehr mit demselben in nahe Beziehungen durch das wichtigste Verkehrsmittel unserer Zeit zu bringen. Ueber den dermaligen Stand und theilweise auch über die Entwickelung der Eisenbahnen Russlands belehrt uns eine erst neulich erschienene Publication eines hochgestellten russischen Bahnbeamten, welcher wir in den nachstehenden Daten, die ohne Zweifel ein allgemeineres Interesse in Anspruch nehmen, folgen. Diese Arbeit (Statistique des chemins de fer russes au 1er (13) janvier 1869 avec tableaux d'après les documents authentiques et carte explicative à l'appui par J. Hovin de Tranchère, administrateur de la grande société des chemin de fer russes. St. Petersbourg 1869. 4. 61 SS.) bildet den ersten Jahrgang einer Uebersicht über die Ausdehnung und den Betrieb auf den russischen Bahnlinien. Der Verfasser hofft, von Jahr zu Jahr über ein reichhaltigeres Material verfügen und regelmässig der Oeffentlichkeit übergeben zu können. Heute muss er sich — da es ihm darauf ankommt, nur verlässliche Daten zu liefern — darauf beschränken, blos einige Momente über den Etat und Betrieb vorzuführen, so dass wir in unserer Wiedergabe nur einzelne Punkte zu berühren im Stande sind. Durch die stufenweise Vervollständigung dieser Publicationen, die uns ihr Autor in Aussicht stellt, wird er uns schätzenswerthe Beiträge für ein wichtiges Gebiet der Statistik liefern. —

Die russischen Bahnen haben sich erst spät und im Vergleich mit anderen Ländern langsam entwickelt. Im Jahre 1843, als schon in England und Nordamerika viele Meilen mit Dampf durchfahren wurden, hatte Russland erst die einzige Linie von St. Petersburg zum kaiserlichen Lustschlosse Sarkoje-

Selo, d. h. eine Stiecke von 6,469 geographischen Meilen[1]). Die Ausdehnung des Netzes stieg dann im Jahre

1844 auf 134,853 geogr. Meilen
1853 - 443,236 - -
1866 - 940,242 - -

Gegenwärtig, d. h. am Anfang des Jahres 1869 (nach russischem Kalender oder am 13 Januar nach dem unsrigen) belief sich die ganze russische Bahnlänge auf 1597,009 Meilen, welche theils bereits in Betrieb, theils im Bau begriffen sind. Hinzu treten noch 464,370 Meilen Bahnlänge, für welche die Concession bereits ertheilt ist. Mit doppeltem Gleise sind von jener obigen Strecke 131,619 Meilen oder 8,24% der ganzen Bahnlänge versehen. Wirklich im Betriebe stehen zur Zeit und zwar:

an Staatsbahnen 159,798 geogr. Meilen
- Privatbahnen 784,685 - -
zusammen 944,483 geogr. Meilen

Dagegen sind im Bau befindlich und werden demnächst dem Verkehr übergeben:

an Staatsbahnen 168,963 geogr. Meilen
- Privatbahnen 483,563 - -
zusammen 652,526 geogr. Meilen

Wie aus diesen eben mitgetheilten Daten hervorgeht, sind die Bahnen in Russland theils durch die Regierung, theils durch Gesellschaften angelegt worden. Es überwiegen jedoch die letzteren ansehnlich. Es gehören nämlich an Bahnlänge

dem Staate 328,761 geogr. Meilen
den Privaten 1268,248 - -

es kommen demnach auf den ersteren blos 20,58%, auf die Privaten hingegen 79,41% von der Gesammtlänge.

Jene 1597,009 Meilen, welche die volle Länge der russischen Schienenwege ausmachen, vertheilen sich im Ganzen auf 41 Linien, von denen 8 im Eigenthum des Staates, 33 in dem von Gesellschaften stehen. Die durchschnittliche Länge einer Linie beträgt demnach

für die Staatsbahnen 41,095 Meilen
- - Privatbahnen 40,911 -
überhaupt 38,951 -

Die einzelnen Strecken sind, wie ersichtlich, von erheblicher Länge. Es giebt nur 3, welche unter 20 Meilen betragen. Ueber 100 Meilen haben dagegen folgende vier Linien, nämlich die

von Libau nach Dünaburg . . 165,333 Meilen
- Moskau nach Theodosien . 169,646 -
- St. Petersburg nach Warschau 173,527 -
- Moskau nach Sebastopol . . 207,025 -

Von wesentlichem Interesse ist es, das Verhältniss der Bahnstrecken zur Grösse des Landes und zur Stärke der Bevölkerung zu ermitteln. Das Czaren-

---

[1]) Wir haben in dieser Reproduction die russischen Werst in geographische Meilen, wie überhaupt die dort gebräuchlichen Maasse und Werthzeichen in Centner resp. Thaler umgerechnet.

reich hat eine Ausdehnung von 605,7 ☐Meilen und eine Bevölkerung von 67,300,000 Einwohnern. Es kommen demnach an Bahnmeilen:

auf 1 geogr. ☐Meile   auf 10,000 Einwohner
0,38   0,24

Beide Ziffern treten gegen die Mehrzahl der übrigen europäischen Staaten ausserordentlich zurück. Wir lassen hier des Vergleichs wegen die Ergebnisse der übrigen Länder unseres Welttheils folgen, welche wir einer Zusammenstellung von K. v. Scherzer (Welthandel und Verkehrsmittel) in E. Behm's „Geographischem Jahrbuche" (II. Band. Gotha 1868) entnommen haben. Es besass darnach

	Meilen Eisenbahnen	auf 1 ☐Meile des Landes Bahnmeilen	auf 10,000 Einw. Bahnmeilen
England	3318,2	0,58	1,11
Frankreich	2009,2	0,20	0,53
Deutschland	1948,1	0,26	0,50
Oesterreich	849,7	0,08	0,24
Spanien	688,7	0,08	0,12
Italien	652,3	0,12	0,27
Belgien	345,8	0,65	0,69
Schweden und Norwegen	275,8	0,02	0,18
die Schweiz	174,5	0,24	0,70
die Niederlande	141,3	0,24	0,10
Portugal	94,3	0,05	0,24
Dänemark	64,4	0,09	0,10
die Türkei	38,5	0,006	0,03

Der absoluten Grösse seiner Bahnstrecken nach würde Russland in dieser Reihenfolge unmittelbar dem Königreich Belgien vorangehen, d. h. einem Lande, dessen Eisenbahnnetz das dichteste des Continents ist. Mit Bezug auf den Umfang des Landes und die Bevölkerung sehen wir indessen, dass es hier auf einer der untersten Stufen steht.

Werfen wir hiernach noch kurz einen Blick auf das Ergebniss des Betriebes und des Verkehrs, der sich auf den russischen Bahnen vollzogen hat. Im Jahre 1867 — als die wirklich im Betriebe befindlichen Bahnen eine Gesammtlänge von 944,452 Meilen, die Staatsbahnen eine solche von 246,633 und die Privatbahnen von 697,819 Meilen hatten — wurden auf denselben im Ganzen 8,504,399 Passagiere und 103,736,226 Centner Waaren befördert. Die Roheinnahme, welche daraus resultirte, belief sich

für die Staatsbahnen auf 17,857,526 Thlr.
- - Privatbahnen - 25,600,523 -
- sämmtliche Bahnen - 43,458,049 -

Demnach stellten sich diese Erträge für die Meile Bahnstrecke
bei den Staatsbahnen auf 72,297 Thlr.
- - Privatbahnen - 36,677 -
- sämmtlichen Bahnen - 45,988 -

Die Höhe der Betriebskosten betrug
bei den Staatsbahnen 11,886,197 Thlr.
- - Privatbahnen 15,393,786 -
- sämmtlichen Bahnen 27,279,983 -

sie machten nach den obigen Ziffern aus pro Meile
bei den Staatsbahnen   48,194 Thlr.
- - Privatbahnen   22,059 -
- sämmtlichen Bahnen 28,884 -

Der Reinertrag, den die Bahnen abwarfen, erreichte in dem gedachten Jahre 1867 die Höhe von:
bei den Staatsbahnen   5,971,329 Thlrn.
- - Privatbahnen   10,206,737 -
- sämmtlichen Bahnen 16,178,066 -

Derselbe erbrachte mithin pro Meile einen Gewinn
bei den Staatsbahnen von 24,211 Thlrn.
- - Privatbahnen - 14,626 -
- sämmtlichen Bahnen - 17,129 -

Wie hieraus hervorgeht, stellt sich der Reinertrag der Staatsbahnen auf die Meile Bahnlänge bei Weitem günstiger wie der bei den Privatbahnen, eine Erscheinung, die bekanntlich nicht die gewöhnliche zu sein pflegt. Von dem Rohertrage erbrachte der Nettogewinn
bei den Staatsbahnen $33{,}_{82}\%$
- - Privatbahnen $39{,}_{86}$ -
- sämmtlichen Bahnen $39{,}_{59}$ -

Trotzdem der Reinertrag pro Meile sich vortheilhafter für die Staatsbahnen stellt, ist der Procentantheil des Nettogewinns an dem Roheinkommen bei den Privatbahnen ein höherer. —

So weit giebt uns in Bezug auf die wesentlichsten Punkte die oben genannte Zusammenstellung Auskunft, welcher wir einige Thatsachen zur Vergleichung mit anderen Ländern, sowie eine Reihe von Procentberechnungen hinzufügten. Wir hoffen, in Zukunft Gelegenheit zu finden, auf die in den Fortsetzungen dieser interessanten Mittheilungen enthaltenen Daten an dieser Stelle zurückkommen zu können.

Dr. Kollmann.

V.
Die Bierbrauereien in Thüringen von 1867 bis 1869.

Nach den Jahresberichten der Generalinspection des thüringischen Handels- und Zollvereins in Erfurt.

Mittheilung des statistischen Bureaus vereinigter thüringischer Staaten.

Die gegenwärtige Darstellung über den Brauereibetrieb in Thüringen schliesst sich den früheren an dieser Stelle für die Jahre von 1863 bis 1866 (1868. Bd. XI S. 376 bis 378) und von 1854 bis 1862 (1865. Bd. IV. S. 65 bis 75) publicirten an. Wegen der allgemeinen Erläuterungen wird deshalb auf dieselben und namentlich auf die im IV. Bande mitgetheilten specielleren Angaben verwiesen. Hier sollen lediglich die Resultate, welche sich seit der letzten Veröffentlichung ergeben haben, Platz finden.

Miscellen.

Der Ertrag der Braumalzsteuer im Bereich des thüringischen Handels- und Zollvereins ergab

	in den Städten	auf dem Lande	überhaupt
1867	182,141 Thlr.	132,274 Thlr.	314,415 Thlr.
1868	192,380 „	133,504 „	325,884 „
1869	201,056 „	135,906 „	336,962 „

Vergleicht man das Ergebniss dieser drei Jahre mit den drei voraufgehenden, so ist dasselbe sichtlich ungünstig. Gegen 1,409,624 Thlr., die von 1864/6 erhoben wurden, gingen von 1867/9 nur 977,261 Thlr. ein; es liegt also eine absolute Verminderung von $30{,}_{60}$ % vor. Die Ungunst des Jahres 1866 hatte auch im Jahre 1867 noch seinen nachtheiligen Einfluss geäussert. Zwar liessen die beiden folgenden Jahre relativ gut an und brachten auch einen Aufschwung des Brauereibetriebes und demgemäss der Braumalzsteuer, zur Höhe des Jahres 1865 — also vor dem Kriege — erhob sich aber das Steuerergebniss nicht wieder. Und so wie mit dem Ertrage der Steuer verhält es sich natürlich entsprechend mit der Menge des verarbeiteten Braumalzes und der Menge des producirten Bieres.

Das erstere, das Quantum des verarbeiteten Braumalzes belief sich

1867	auf	420,108	Ctr.
1868	„	435,179	„
1869	„	450,323	„

im Durchschnitte der drei Jahre also auf 435,203 Ctr., während es in den der drei voraufgehenden Jahre 459,875 Ctr. oder $5{,}_{36}$ % mehr betrug. Das hieraus producirte Bier ist in den Unterlagen, aus denen wir unsere Thatsachen schöpfen, den Berichten der Generalinspection des thüringischen Zoll- und Handelsvereins, nur indirect zu entnehmen, insofern selbiges nicht geradezu ermittelt, sondern nur nach Massgabe des versteuerten Braumalzes berechnet wird (vgl. die hierauf bezüglichen Mittheilungen im IV. Bande S. 66). Nimmt man nämlich einen durchschnittlichen Steuerbetrag von 20 Sgr. für den Centner Malzschrot an und ferner, dass aus einem Centner 100 Quart Bier erzeugt werden, so hat man hierdurch einen Schlüssel die Quantität des producirten Bieres zu finden. Es ist dies die von der Generalinspection des Zoll- und Handelsvereins beliebte Methode. Aber dieses ergiebt, wie auch jener Behörde nicht entgangen ist, ein unzweifelhaft viel zu niedriges Resultat. Es ist deshalb unserer Seits bereits in den früheren Publicationen (wie dieses an der citirten Stelle im IV. Bande näher erläutert ist) ein Ertrag von 180 Quart Bier auf 1 Centner Malzschrot unserer Berechnung zu Grunde gelegt. Nach diesen beiden Methoden stellt sich nun als die Menge des producirten Bieres heraus und zwar:

	20 Sgr. Steuer = 100 Quart Bier.	1 Ctr. Malzschrot = 180 Quart Bier.
1867	47,162,200 Ctr.	75,619,440 Ctr.
1868	48,632,600 „	78,232,220 „
1869	50,544,300 „	81,058,140 „

Die Zu- resp. Abnahme der Bierproduction nach der letzteren Berechnung beläuft sich gegen das Vorjahr auf

	absolut	in %
1867	− 7,461,180	− 8,08
1868	+ 2,612,780	+ 3,34
1869	+ 2,285,920	+ 3,10

Der Ausfall gegen 1866 ist hiernach ansehnlich. Die beiden folgenden Jahre bekunden einen Aufschwung, welcher indessen, wie dies schon beim Ertrage der Braumalzsteuer hervorgehoben wurde, die frühere Abnahme noch nicht wieder ausgeglichen hat.

Der Werth der bisher mitgetheilten Thatsachen wird sich nun besser ermessen lassen, wenn man sie auf die Bevölkerung reducirt.. Es entfällt nämlich in dem zum thüringischen Handels- und Zollvereine gehörigen Gebiete auf den Kopf eines Einwohners

	Braumalzsteuer Ctr.	Producirtes Bier. 20 Sgr. Steuer = 100 Quart. Quart.	1 Ctr. Malzschrot = 180 Quart. Quart.	Steuerertrag Sgr.
1867	0,38	42,73	68,52	8,55
1868	0,32	43,18	69,96	8,74
1869	0,40	45,22	72,51	9,04

Dieses Bild wird vervollständigt, wenn man den Betrag des versteuerten Bieres und die Höhe der Steuer, welche auf den Kopf eines Einzelnen fallen, mit den Ergebnissen anderer Zollvereinsländer vergleicht. Es kamen nämlich 1867 auf den Kopf der Bevölkerung

	Verst. Bier. Quart.	Steuerertrag. Sgr.
in Preussen	14,21	2,83
„ Luxemburg	12,76	2,50
„ Sachsen	28,10	5,58
„ Braunschweig	24,06	4,83

Nach dieser Zusammenstellung ergiebt sich, dass durchschnittlich in Thüringen das Quantum des producirten Bieres und demgemäss auch die Höhe des Steuerertrages im Verhältniss zur Bevölkerung ein weit ansehnlicheres ist, als in den obigen 4 Staaten Norddeutschlands. Thüringen, welches geographisch an der Grenzscheide des deutschen Nordens und Südens liegt, nähert sich in Bezug auf die Bierproduction weit mehr dem Süden, die bekanntlich hier und ganz besonders in Bayern von grossem Umfange ist. Die Bierproduction ist jedoch in den einzelnen zum thüringischen Handels- und Zollverein gehörigen Staaten und Gebietstheilen sehr verschieden. Es ergiebt sich nämlich als das auf den Kopf der Bevölkerung kommende Quantum:

	1867. Quart.	1868. Quart.	1869. Quart.
in Preussen	40,6	41,9	43,9
„ Weimar	29,5	31,1	31,9
„ Meiningen	52,8	52,3	51,7
„ Altenburg	32,5	34,9	37,5
„ Coburg	147,1	147,8	159,5
„ Gotha	36,6	36,7	37,9
„ Rudolstadt	47,8	44,3	46,8

	1867. Quart.	1868. Quart.	1869. Quart.
„ Sondershausen	43,8	44,4	43,5
„ Reuss ä. L.	29,3	31,6	30,9
„ Reuss j. L.	40,5	40,8	43,1

Hiernach ist in erster Linie das am südlich gelegenste, an Bayern grenzende Coburg, welches von den Ländern des thüringischen Vereins den schwunghaftesten Brauereibetrieb hat. Nächst Coburg sind es Meiningen und Rudolstadt, die das relativ meiste Bier producirt haben. Dahingegen nehmen Reuss ä. L. und Weimar die unterste Stufe ein.

Die Anzahl der Brauereien, welche in den Jahren von 1867 bis 1869 bestanden, ist folgende, und zwar

	gewerbliche.			nicht gewerbliche.			überhaupt.		
	städt.	ländl.	zus.	städt.	ländl.	zus.	städt.	ländl.	zus.
1867	214	1233	1447	7	515	522	221	1748	1969
1868	212	1235	1447	6	487	493	218	1722	1940
1869	217	1208	1425	5	500	505	222	1708	1930

Im Allgemeinen ist hiernach eine Abnahme der Brauereien bemerkbar. Die überwiegend grössere Zahl der Brauereien besteht auf dem Lande und dies ganz besonders bei den nicht gewerblichen. Hier ist bekanntlich mit dem Oekonomiebetrieb die Bereitung von Bier für den eigenen häuslichen Bedarf vielfach verbunden.

Was schliesslich die Ausdehnung des Brauereibetriebes speciell bei den gewerblichen Brauereien anlangt, so haben von diesen an Braumalz versteuert

	unter 100 Ctr.			über 100 bis 1000 Ctr.			über 1000 bis 2000 Ctr.			über 2000 Ctr.		
	städt.	ländl.	zus.	städt.	ländl.	zus.	städt.	ländl.	zus.	städt.	ländl.	zus.
1867	14	634	648	111	428	539	44	13	57	35	8	43
1868	17	627	644	112	412	524	37	16	53	40	8	48
1869	21	597	618	115	426	541	40	16	56	38	9	47

Das Verhältniss, in welchem diese nach dem Umfange des versteuerten Braumalzes abgestuften gewerblichen Brauereien zu deren Gesammtheit stehen, ist im Durchschnitte der drei Jahre

für die unterste Gattung	50,12 %
„ „ zweite „	42,09 „
„ „ dritte „	4,17 „
„ „ oberste „	3,62 „

Die beiden untersten Stufen überwiegen also ganz ausserordentlich und machen mehr als 9/10 sämmtlicher Brauereien aus. Der Kleinbetrieb zeigt sich hier demnach als vorherrschend. Wesentlich anders gestaltet sich aber das Verhältniss, wenn man Städte und Landgemeinden gesondert betrachtet. Alsdann kommen von der Summe der städtischen resp. ländlichen Brauereien auf

	die Städte.	die Landgemeinden.
in der untersten Gattung	8,17 %	58,18 %
„ „ zweiten „	54,33 „	39,66 „
„ „ dritten „	19,23 „	1,41 „
„ „ obersten „	18,27 „	0,75 „

Es zeigt sich mithin in Stadt und Land ein nahezu umgekehrtes Verhältniss. Hiel überwiegen die beiden unteren Stufen, d. h. also die kleineren Brauereien, während dort die unterste Stufe am schwächsten vertreten ist. Man sieht also, dass die grösseren, mehr Capital erfordernden und demnach auf ein grösseres Absatzgebiet, also auf eine dichtere Bevölkerung angewiesenen Brauereien vorzugsweise den Städten angehören und auf dem Lande bedeutend zurücktreten.

In der Bewegung dieser nach ihrem Betriebe abgegrenzten Brauereien nimmt man für die vorliegenden drei Jahre, was sich auch schon in den früheren Jahren bemerkbar machte, wahr, dass nämlich die grösseren Brauereien auf eine verhältnissmässig stärkere Zunahme hinweisen, ein Anzeichen dafür, dass die allgemeine Richtung unserer Zeit mehr nach Grossbetrieb drängt.

Von den gewerblichen Brauereien waren vollständig unthätig

	in den Städten	auf dem Lande	überhaupt
1867	10	150	160
1868	6	172	182
1869	3	160	163

oder im Verhältniss zu deren Gesammtzahl

	in den Städten.	auf dem Lande.	überhaupt.
1867	$4{,}67$ %	$12{,}16$ %	$11{,}06$ %
1868	$2{,}83$ „	$13{,}93$ „	$12{,}65$ „
1869	$1{,}38$ „	$13{,}24$ „	$11{,}13$ „

Die Zahl derer, die ruhten, erscheint somit als nicht ganz unansehnlich. Namentlich ist es das Land, welches auch verhältnissmässig hier ein sehr hohes Contingent stellt.

VI.
Die ökonomischen Zustände des Königreichs Norwegen.

Bekanntlich hat man in den beiden skandinavischen Königreichen Schweden und Norwegen schon seit langer Zeit der Statistik eine besondere Aufmerksamkeit gewidmet. Alljährlich publiciren sie über die verschiedensten Gegenstände des öffentlichen und Verkehrslebens umfängliche Zusammenstellungen, die zum Theil sehr interessante Aufschlüsse über diese nach mancher Seite hin noch wenig bekannten Länder bieten. Auch gegen Ende des vergangenen Jahres sind wieder eine Reihe sehr inhaltreicher Publicationen erfolgt. Unter diesen erscheint uns eine, welche über die ökonomischen Zustände Norwegens detaillirte Nachrichten bringt, besonders bemerkenswerth. Sie ist betitelt: Beretning om Rigets oeconomiske tilstand i aarene 1861—1865. Udgiven af Departementet for det Indre. (Christiania 1869.) Die Arbeit verbreitet sich sowohl über die agrarischen, als commerciellen, industriellen und finanziellen Verhältnisse des Landes nach den verschiedensten Seiten hin. Es bedarf daher wohl keiner Rechtfertigung, wenn wir einige der kennenswerthesten Thatsachen hier wiedergeben. Wir bemerken dabei, dass wir zu dem Ende die norwegischen Maasse auf die geläufigeren französischen reducirt haben.

1. Agrarische Verhältnisse.

Norwegen hat einen Gesammtumfang von 5751,5 geographischen Quadratmeilen und 1865 eine Bevölkerung von 1,701,756 Einwohnern, was die niedrige Ziffer von nur 296 Einwohnern auf eine Quadratmeile ergiebt.

Die nach Umfragen durch die Amtleute gelegentlich der Volkszählung erhobenen Thatsachen über die Anbauverhältnisse der Hauptfruchtgattungen sind folgende. Es waren bestanden im Jahre 1865

mit Weizen	5,045,9	Hectaren.
" Roggen	12,412,7	"
" Gerste	50,944,5	"
" Mengkorn	19,506,2	"
" Hafer	93,198,7	"
" Erbsen	4,036,4	"
" Kartoffeln	32,371,0	"
Total	217,515,4	"

Auf diese Fläche waren ausgesäet:

an Weizen	12,705,9	Hectoliter.
" Roggen	23,899,6	"
" Gerste	176,770,5	"
" Mengkorn	91,634,4	"
" Hafer	496,225,8	"
" Erbsen	12,471,1	"
" Kartoffeln	939,615,0	"

Die damit erzielte Ernte belief sich nach Abzug der Aussaat:

an Weizen	86,043,8	Hectoliter.
" Roggen	213,124,5	"
" Gerste	1,066,059,1	"
" Mengkorn	541,948,5	"
" Hafer	2,371,598,7	"
" Erbsen	55,413,7	"
" Kartoffeln	5,622,989,6	"

Das Verhältniss des ausgesäeten und geeinteten Quantums stellte sich im mittleren Durchschnitt zur Fläche in folgender Weise. Es wurden pro Hectare

	ausgesäet		geerntet	
an Weizen	2,5	Hectoliter	19,5	Hectoliter.
" Roggen	1,9	"	19,3	"
" Gerste	3,5	"	24,5	"
" Mengkorn	4,7	"	32,7	"
" Hafer	5,3	"	30,6	"
" Erbsen	3,0	"	16,7	"
" Kartoffeln	29,0	"	202,8	"

Es betrug demnach die Ernte: beim Weizen das 7,77fache der Aussaat, beim Roggen das 9,92fache, bei der Gerste das 7,03fache, beim Mengkorn das 6,91fache, beim Hafer das 5,78fache, bei den Erbsen das 5,44fache und bei den Kartoffeln das 6,98fache der Aussaat.

Die Mittelpreise dieser Fruchtarten standen pro Hectoliter:

	1861.		1862.		1863.		1864.		1865.		1861/65.	
	fr.	c.	fr.	c.	fr.	c.	fr.	c.	fr.	c.	fr.	c.
für Weizen	36	36	36	36	31	25	29	22	27	65	32	37
„ Roggen	25	96	26	75	25	29	23	32	21	41	24	56
„ Gerste	22	54	21	69	21	30	19	87	19	33	20	68
„ Hafer	13	99	12	81	11	86	11	52	11	41	12	31
„ Erbsen	31	81	31	02	29	56	28	55	26	92	29	56
„ Kartoffeln	8	26	6	69	6	63	6	63	6	24	6	91

Die Viehhaltung weist nach der Zählung vom 31. December 1865 folgende Ziffern auf:

an Pferden	149,167	oder	26 Stück pro ☐Ml.
„ Rindvieh	953,036	„	166 „ „ „
„ Schafen	1,705,394	„	297 „ „ „
„ Ziegen	290,958	„	50 „ „ „
„ Schweinen	96,166	„	17 „ „ „
„ Rennthieren	101,768	„	18 „ „ „

Unter dem Rindvieh wurden 690,777 milchgebende Kühe gezählt, deren jährlicher Milchertrag auf 660,482,591,7 Liter oder 956,4 Liter pro Kuh geschätzt ist. —

Der ländliche Grundbesitz befindet sich in 147,453 Händen, von denen 131,780 ihre Güter selbst bewirthschaften, 15,673 sie verpachtet haben. Der Catasterwerth dieser Grundbesitzungen nach der — freilich schon etwas antiquirten — Ermittelung von 1820 beläuft sich

für die selbstbewirthschafteten Güter auf	1,206,445 Fr. 40 C.
für die verpachteten Güter auf	143,703 „ 40 „
im Ganzen demnach auf	1,350,148 Fr. 80 C.

Gemeinheitstheilungen hatten in folgender Weise statt. Es betrug die

	Anzahl der vorgekommenen Fälle.	Die Anzahl der betheiligten Miteigenthümer.	Die Grösse der getheilten Flächen.
1861	139	992	29137,8
1862	187	1158	22139,6
1863	242	1629	27665,2
1864	300	2151	32069,8
1865	306	1997	38623,6
1861—1865	1147	7927	149636,0

Die Anzahl und der Werth der veräusserten Grundstücke machten aus:

1861	8,331	40,881,959 Frcs.
1862	8,694	40,358,867 „
1863	8,589	40,421,378 „
1864	8,004	38,717,860 „
1865	8,650	40,607,339 „
1861—1865	42,268	200,988,003 „

2. Jagd und Fischerei.

Die Anzahl der erlegten Raubthiere während der Zeit von 1861 bis 1865 belief sich auf:

	1861.	1862.	1863.	1864.	1865.	Im Durchschnitt von 1861—1865
Bären . .	176	158	235	217	195	196
Wölfe . .	109	106	208	98	59	116
Luchse . .	92	82	96	145	132	109
Vielfrasse .	33	39	36	90	44	48
Adler . .	2734	3182	3425	1414	2094	2561
Eulen . .	264	274	589	19	—	229
Habichte .	609	782	1161	2886	4536	1996

Ueber den in grosser Ausdehnung betriebenen Fang des Kahliau belehren uns folgende Ziffern. Es betrug die Zahl der

	verwendeten Schiffe.	der Fischer.	der gefangenen Fische.
1861	9,542	42,165	32,351,100
1862	9,458	41,041	27,370,900
1863	9,414	42,026	27,523,600
1864	10,511	43,586	27,288,700
1865	10,014	45,100	37,130,300
Im Durchschnitte . .	9,793	42,783	30,332,920

Das Ergebniss des Fanges bezifferte sich

	an Leberthran auf Hectoliter.	an Rogen auf Hectoliter.	an Bruttowerth auf Francs.
1861	142,771,$_0$	34,401,$_1$	10,990,286,$_5$
1862	107,993,$_2$	24,751,$_7$	9,257,067,$_3$
1863	100,262,$_0$	25,580,$_2$	11,604,294,$_0$
1864	105,692,$_8$	25,285,$_5$	10,821,731,$_5$
1865	134,351,$_2$	40,094,$_5$	14,154,402,$_7$
Im Durchschnitte . . .	118,414,$_1$	30,822,$_6$	11,365,556,$_0$

Es erbrachten demnach durchschnittlich 1000 Fische einen Werthertrag von 374,$_7$ Frcs.

3. Bergbau und Industrie.

Die Anzahl der Gruben, welche in den Jahren von 1861 bis 1865 in Betrieb waren, und die der darin beschäftigten Arbeiter betrug im Ganzen

	Werke.	Arbeiter.	mithin Arbeiter pro Werk.
1861 .	82	1943	23,$_7$
1862 .	84	1854	22,$_1$
1863 .	83	1840	22,$_2$
1864 .	93	2019	21,$_7$
1865 .	104	2439	23,$_4$

Im Einzelnen ergeben sich:

	1861. Werke Arbeiter	1862. Werke Arbeit.	1863. Werke Arbeit.	1864. Werke Arbeit.	1865. Werke Arbeit.
Silberwerke	12 461	11 443	11 429	9 415	5 368
Kupferwerke	28 931	28 825	28 826	22 779	22 752
Nickelwerke	8 36	11 57	8 100	14 105	14 109
Pyritwerke	2 60	4 117	3 105	5 158	24 543
Chromwerke	2 34	2 37	2 33	2 31	2 33
Cobaltgruben	1 140	1 141	1 140	1 154	1 209
Eisenwerke	30 281	28 244	31 207	41 377	37 425

Die Minen ergaben eine Ausbeute von 1861 bis 1865 von
zusammen im Durchschnitt pro Jahr
Kilogramme.   Kilogramme.

Silber	1,840,807	368,161,4
Kupfer	15,009,720	3,001,944,0
Nickel	3,526,836	705,367,2
Pyrit	13,844,400	2,768,880,0
Chrom	597,600	119,520,0
Cobalt	8,795,569	1,759,113,8
Eisen	32,069,108	6,413,821,6
Total	75,684,048	15,136,809,6

Ueber den Fabrikbetrieb im Königreiche geben nachstehende Zahlen Aufschluss. Dasselbe zählte 3511 Etablissements mit Fabrikbetrieb, in welchen 24,431 Arbeiter, d. h. also etwa 7 Arbeiter pro Etablissement thätig waren. Der Anzahl der Arbeiter nach gab es Etablissements

mit 5 Arbeitern und weniger	2791
„ 6— 10 Arbeitern	310
„ 11— 20 „	182
„ 21— 50 „	156
„ 51—100 „	44
„ 101—200 „	19
„ 201—300 „	4
„ 301—400 „	3
„ 400—500 „	2

Die Angaben über die Handwerker beschränken sich blos auf die Städte. Es gehörten dieser Berufsklasse am Schluss des Jahres 1865 im Ganzen 16,825 selbstthätige Personen an. Davon waren:

Mitglieder einer Gilde	1374
Nichtangehörige einer Gilde	4293
ohne Meisterpatent	1679
Gehülfen und Lehrlinge der Vorstehenden	9479

Von diesen Handwerkern waren:

	Selbständige.	Gehülfen.
Töpfer	12	63
Schlosser und Schmiede	396	711
Klempner	137	198
Kupferschmiede	63	58
Gold- und Silberarbeiter	122	187
Waffenschmiede	14	28
Uhrmacher	156	118
Sonstige Metallarbeiter	49	49
Färber	104	86
Schlächter	254	978
Bäcker	588	893
Reifer	48	367
Schneider	589	893
Schuhmacher	1412	1510
Hutmacher	79	136
Pelzer	100	90

Miscellen.

	Selbständige.	Gehülfen.
Andere Verfertiger von Bekleidungsgegenständen	42	129
Gerber	222	297
Tischler	904	1028
Korbmacher	11	28
Böttcher	621	445
Drechsler	60	41
Blocksdreher	28	46
Sonstige Holzarbeiter	13	14
Maurer	232	469
Zimmerleute	220	249
Maler	396	491
Glaser	98	35
Andere Verfertiger zur Ausstattung von Wohnungen	19	25
Verfertiger v. Wagen u. and. Transportwerkzeugen	208	295
Segelmacher	95	251
Buchdrucker	73	292
Buchbinder	100	180
Lithographen	19	13
Photographen	86	12

4. Handel, Land- und Seeverkehr.

Dem Handels- und Seemannsstand gehörten, und zwar in den Städten, Ausgang 1865 12040 Personen, nämlich 8798 Selbständige und 3242 Gehülfen an. Von diesen sind

	Selbständige.	Gehülfen.
Grosshändler	4444	3082
Kleinhändler	92	12
Händler mit Lebensmitteln	49	19
Händler mit Spirituosen und Bier	1950	87
Gastwirthe, Restaurateure u. s. w.	118	42
Schiffsführer	2145	—

Kaufleute und Schiffsführer auf dem Lande wurden und zwar von jenen 1896, von diesen 1599 gezählt. —

Die Länge der öffentlichen Landstrassen betrug am Schlusse des Jahres 1865 18,880,3 Kilometer. Von diesen waren

	Vicinalwege.	Chausseen.
gute	3366,7 Kilometer	3848,0 Kilometer
genügende	4104,8 „	1969,7 „
mittelmässige	2650,2 „	685,5 „
schlechte	2091,1 „	164,3 „
Im Ganzen	12212,8 Kilometer	6667,5 Kilometer.

Während der Zeit von 1861 bis 1865 betrug die Länge der

	neu angelegten	wesentlich verbesserten
Vicinalwege	519,4 Kilom.	304,1 Kilom.
Chausseen	420,6 „	213,0 „
zusammen	940,0 Kilom.	517,4 Kilom.

Die Anzahl der Poststationen erhebt sich auf 916. —

Die Ausdehnung und der Betrieb der Sparkassen ist folgender. Ende 1865 gab es deren 233. Es belief sich

der Fonds der Sparkassen auf . . . 9,367,658 Frcs.
die Höhe der Depositen auf . . . 95,944,589 „
die Höhe der Administrationskosten . 453,129 „

Die Anzahl der Einleger betrug 168,715 Frcs.

Das Feuerversicherungswesen liegt theils in den Händen einer allgemeinen Landesversicherungssocietät, theils in den von Privatgesellschaften. Während die erstere sich nur mit Immobilien befasst, nehmen die letzteren — deren es 1865 im Ganzen 77 gab — auch Versicherungen auf Mobilien an. Die Höhe der versicherten Beiträge erhob sich am Schlusse des eben genannten Jahres für die Mobilien auf:

bei der Landessocietät
    für die Städte . . . 239,865,534 Frcs.
    für die Landgemeinden . 154,039,535 „
    für das Königreich . . . . 393,905,069 Frcs.
bei den Privatgesellschaften . . . . . . 107,826,841 „
                    im Ganzen demnach . 501,725,910 Frcs.

Die von den Privatanstalten aufgenommenen Mobilien waren zum Werthe von 151,666,147 Frcs. assecurirt. Addirt man hierzu die obige auf die Immobilien Bezug habende Summe, so betrug der ganze bei den Privatgesellschaften versicherte Werth 259,486,988 Frcs.

Die Seeversicherung erstreckte sich theils auf die Schiffe theils auf die Ladung. Die erstere wurde 1865 durch 14, auf Gegenseitigkeit beruhende Gesellschaften bewirkt. Die Zahl der versicherten Schiffe belief sich 1860 auf 3116, 1865 auf 3957; der Versicherungswerth in denselben Jahren auf 106,721,962 resp. auf 75,898,769 Frcs.

Der Gesellschaften, welche Takelage und Fracht in Versicherung nahmen, gab es 1865 zusammen 9. Die versicherten Beträge beliefen sich 1860 auf 142,087,914 und 1865 auf 76,022,808 Frcs. Das nominelle Grundcapital bestand 1865 in 6,210,100 Frcs., von denen 1,404,157 Frcs. wirklich eingezahlt waren. Die Reservefonds fassten 848,642 Frcs.

Weiter gewährt unsere Unterlage noch eine interessante Einsicht in die finanzielle Situation der Gemeinden. Sie theilt nicht nur die Rechnungsschlüsse der Städte wie Landgemeinden mit, sondern bringt auch ganz detaillirte Angaben über die öffentliche Armenpflege, das Schulwesen u. s. w. in Stadt und Land. Leider mussten wir es uns aber versagen, hierauf noch einzugehen, da die blossen Schlusssummen keinen Werth, die speciellen Thatsachen den zu Gebote stehenden Raum jedoch bei Weitem überschritten haben würden. —

Wir haben, da es nicht auf eine Besprechung, sondern blos auf eine kurze Darlegung der norwegischen ökonomischen Zustände im Anschluss an die officielle Publication ankam, in der vorliegenden Skizze nur die absoluten Grössen in entsprechender Umrechnung auf französisches Maass mitgetheilt, Verhältnisszahlen nur hie und da, wo sie in der Unterlage sich vorfanden, beigefügt und erklärende Zusätze ganz fortgelassen.

                                                          Dr. Kollmann.

V.
Die niederösterreichische Escompte-Gesellschaft in Wien, ihre Entwicklung und ihre Wirksamkeit.

Von
Jac. Kautsch.

Der Aufschwung des österreichischen, speciell des Wiener Bankgeschäftes datirt erst seit anfangs der fünfziger Jahre. Bis dorthin waren die österreichische Nationalbank und eine Anzahl Bankiers, die deren Credit benützten, die massgebenden Creditfactoren, und der Kaufmann, Industrielle und Gewerbetreibende war auf sie allein angewiesen. Erst von dieser Zeit an kann man sagen, dass ein geordneteres Creditsystem sich einbürgerte, da nach und nach sich Bankgesellschaften bildeten und den Bankiers das Geschäft aus den Händen nahmen.

Die Abhängigkeit der Wiener Geschäftsleute und des Kaufmannsstandes von den Bankiers, die besonders das Escompte-Geschäft, diesen nervus rerum der Geschäftswelt, betrieben, war so gross, dass sie ganz in den Händen derselben waren. Der Bankier war der Allgewaltige und oft seine subjective Ansicht die entscheidende. Die Nationalbank stand der Geschäftswelt fern, da sie von Geschäftswechseln drei bankfähige Unterschriften forderte, und so dieselbe zwang, sich der Unterschrift eines Bankiers zu bedienen. Es kam so weit, dass der Credit bei der Bank nur von einigen Wiener Bankhäusern: Stametz-Mayer, Arnstein und Eskeles u. s. w. ausgebeutet wurde und der Handelsstand auf diese Herren angewiesen war.

Diese drückenden Verhältnisse konnten sich unmöglich halten, um so mehr, da die Politik des nachmaligen Handelsministers Herrn von Bruck darauf hinausging, der österreichischen Industrie neue Absatzquellen zu eröffnen, sie nicht nur consumtionsfähig, sondern auch productionsfähig zu machen. Von diesem Zeitpunkte an musste man darauf bedacht sein, der österreichischen Industrie, deren Thätigkeit in kurzer Zeit sich fast verdoppelte, auch die nöthigen Hilfsquellen zuzuführen, sie mehr oder minder zu emancipiren von dem Wohlwollen Einzelner. Dieses konnte nur durch billige Capitalbeschaffung geschehen, durch Gründung von Banken, die das allgemeine Interesse mehr im Auge hätten, als die Bankiers oder in weiterem Sinne die Nationalbank. Es war keine leichte Aufgabe für Oesterreich, in Wien, wo die Bevölkerung allen Neuerungen mit einer gewissen Abneigung begegnete und theilweise noch begegnet, ein neues Institut zu gründen, und ohne die Anregung der Regierung, namentlich des damaligen Finanzministers Freiherrn v. Baumgartner wäre es schwerlich dazu gekommen, dem Handels- und Gewerbestand durch Gründung der niederösterreichischen Escompte-Gesellschaft eine neue mächtige Hilfsquelle zu schaffen.

Die niederösterreichische Escompte-Gesellschaft hatte zunächst die Aufgabe, jenen Handels- und Gewerbsleuten, die sich nicht von der Bank durch bankfähige Wechsel Credit verschaffen konnten, sonst aber hinreichende Sicherheiten gewähren, die Creditgewährung zu erleichtern und ihnen so die nöthigen Fonds zur Betreibung und Vergrösserung ihrer Geschäfte zu liefern. Die Gründung der niederösterreichischen Escompte-Gesellschaft fällt somit in eine Zeit, in welcher es zu erproben war, ob überhaupt eine Bank selbständig sich halten könne; denn kurze Zeit darauf brach eine der grössten Krisen, die von 1857 aus, die sich über ganz Europa verbreitete, und die auch dem jungen Gewerbe- und Handelsleben in Oesterreich herbe Wunden schlug.

Früher schon hatte der orientalische Krieg Handel und Gewerbe theilweise lahmgelegt, und erst im letzten Stadium des Jahres 1855 begannen allmählig bessere Verhältnisse Platz zu greifen. Im Jahre 1856 wurde eine bedeutende Anzahl neuer Unternehmungen in's Leben gerufen, und es entwickelte sich ein wildes Spiel an der Börse, ähnlich jenem der Schwindelperiode im vorigen Jahre. Jeder wollte gewinnen, an dem Gewinne theilnehmen, den Einzelne durch kühne Schachzüge machten, bis eine Krisis eintrat, die grossartige Verluste im Gefolge hatte.

»Abgesehen von dieser bedauerlichen Krisis,« sagt der Bericht der Handels- und Gewerbekammer für die Jahre 1854, 1855 und 1856, »deren Rückschläge durch die von der niederösterreichischen Escompte-Gesellschaft dem Handels- und Gewerbestande gebotene wirksame und loyale Unterstützung in höchst dankenswerther Weise grösstentheils hintangehalten wurden, war das Jahr 1856 für den Handel und Verkehr ziemlich günstig, und jedenfalls viel besser als seine beiden Vorgänger.«

Obzwar die niederösterreichische Escompte-Gesellschaft erst Ende 1853 gegründet, konnte sie schon 1856 dem Handel und Gewerbe so nennenswerthe Dienste leisten, hatte sie sich nach zwei Jahren, Dank ihrer vortrefflichen Leitung, so gekräftigt, erweitert, dass sie »trotz grosser Hindernisse, in deren erster Reihe die Restriction ihres Bankcredites stand, durch die rechtzeitig ergriffene Massregel der Erhöhung des Zinsfusses auf Depositen binnen kurzer Zeit von der Bevormundung der Nationalbank sich emancipirte« [1]).

Dieses Depositengeschäft war es, was die Anstalt gross machte, das sie populär machte, wie keine zweite in Wien. — Bei der Besprechung der einzelnen Geschäftsabtheilungen werden wir wieder darauf zurückkommen.

Mit bescheidenen Mitteln, wie wir sie später bei keiner Bank mehr finden, mit Kleinem hatte sie angefangen, und heute steht sie als eine der ersten, solidesten Banken der Monarchie da.

Das Actiencapital bestand anfänglich (1854) aus 4,981,500 Fl. C.-M., wurde im Jahre 1856 auf 5,000,000 Fl. C.-M. und 1857 durch Emission neuer Actien auf 7,000,000 Fl. öst. W. erhöht, aus Actien zu 500 Fl. und halben Actien zu 250 Fl. bestehend.

Die Geschäfte der niederösterreichischen Escompte-Gesellschaft trennen sich in zwei Haupttheile:

A. Geschäfte unter Haftung der Creditinhaber,
B. anderweitige Geschäfte der Gesellschaft [2]).

Zu den Geschäften, für welche die Creditinhaber haften, gehören:
  a) Escomptirung von Wechseln, welche auf gesetzliche Währung lauten, vom Tage der Einreichung an nicht über 6 Monate zu laufen haben, und ausser dem Giro des Creditinhabers mit der Haftung wenigstens Einer als solvent betrachteten Firma versehen sind;
  b) Escomptirung von Wechseln, welche auf gesetzliche Währung lauten, deren noch abzulaufende Verfallsfrist 4 Monate [3]) nicht überschreitet und welche so beschaffen sind, dass sie schon mit

---

1) Schwarzer, Geld und Gut in Neu-Oesterreich.
2) Nach den alten Statuten:
   A. Geschäfte mit den Creditinhabern,
   B. Geschäfte für Rechnung der Actionäre.
3) Früher nur 100 Tage.

Rücksicht auf die Unterschrift Einer der haftenden Firmen für vollkommen sicher erkannt werden (Separatcredit);

c) Escomptirung von Accepten der Creditinhaber, welche in einer vollkommene Sicherheit gewährenden Weise bedeckt sind.

Diese Geschäfte können nur nach Massgabe der jedem einzelnen Creditinhaber zugestandenen Creditbetheiligung besorgt werden.

Anderweitige Geschäfte der Gesellschaft.

Diese sind:

a) Escomptirung und Reescomptirung von Wechseln;
b) Ertheilung von Vorschüssen auf Waaren, Rohproducte und Werthpapiere und commissionsweiser Verkauf dieser belehnten Werthobjecte;
c) Uebernahme von Geldern in laufender Rechnung oder auf längere bestimmte Termine unter den vom Verwaltungsrathe von Zeit zu Zeit zu bestimmenden Bedingungen;
d) Uebernahme von Geldern zur Bildung von Jahresgesellschaften und Versorgungsassociationen, wie auch zu bestimmten Zwecken und Widmungen (Widmungscassa);
e) Contocorrent- und Girogeschäfte mit oder ohne Anwendung des Checksystems;
f) Bank-, Commissions-, Banquier- oder Geldwechslergeschäfte;
g) Betheiligung an der Errichtung und dem Betriebe industrieller, commercieller oder sonstiger das öffentliche Wohl fördernder Unternehmungen und Unterstützung derselben durch Uebernahme von Actien oder Prioritäten auf feste Rechnung, im Wege der Belehnung oder zum commissionsweisen Verkaufe;
h) Betheiligung an öffentlichen und Privat-Anlehen durch gänzliche oder theilweise Uebernahme derselben für eigene Rechnung oder in Commission, und Negocirung solcher Anleihen;
i) Ausgabe von Lagerscheinen (Warrants) für die bei der Anstalt eingelagerten Waaren und Veranstaltung von Waarenauctionen unter Beobachtung der gesetzlichen Vorschriften [4]).

A. Geschäfte unter Haftung der Creditinhaber.

Die Geschäfte der Credittheilnehmer des Creditvereins sind es zunächst, denen wir unsere Aufmerksamkeit zuwenden wollen. Den

---

[4] Punkt g—h sind Bestimmungen neuesten Datums und kommen nur in den neuen Statuten vor.

Creditverein bildet die Gesammtheit der bei der Stammanstalt in Wien oder der bei einer Filiale derselben aufgenommenen Theilnehmer und zwar gesondert, jede für sich, einen eigenen Verein.

Als Mitglieder eines solchen Vereines, deren erste sechzig der Verwaltungsrath aufzunehmen sich vorbehält, können nach den älteren Statuten nur solche Personen aufgenommen werden, die entweder hinsichtlich der Stammanstalt in Niederösterreich, hinsichtlich der Filialen aber in jenem Lande ansässig sind, in welchem sich die Filiale befindet, und zwar die, mit Rücksicht auf Ehrenhaftigkeit ihres Charakters, ihre Erwerbsfähigkeit und Solvenz, als zulässig erkannt werden. — Nach den neueren Statuten sind nicht nur Einzelpersonen und offene Handelsgesellschaften, sondern auch Commandit- und Handelsgesellschaften, Erwerbsgenossenschaften, Vorschuss- und Sparcassen, sowie überhaupt jene Vereine, welche ihre Geschäftsresultate nach ihren Statuten zu veröffentlichen verpflichtet sind, nach vorhergegangener Prüfung ihrer Statuten und Einrichtungen, zur Aufnahme in den Creditverein geeignet.

In den Wiener Creditverein werden Theilnehmer aus dem ganzen Bereiche der österreichisch-ungarischen Monarchie, in den Creditverein einer Filiale nur solche Theilnehmer aufgenommen, welche in dem Lande ansässig sind, in welchem sich die Filiale befindet. Der niederste Betrag, für welchen Credit ertheilt wird, ist 300 Fl., der höchste Betrag darf die Summe von 200,000 Fl. nicht übersteigen. Eine Ausnahme von diesem findet nur dann statt, wenn der Credit auf Grund sichergestellter Accepte (sogenannter bedeckter Credit) oder mittelst Einreichung von Wechseln zum Escompte benützt werden will, welche ohne Berücksichtigung des Giros des Creditinhabers für vollkommen sicher erkannt werden (sogenannter Separatcredit).

Nach den neuen Statuten kann aber für Vorschussbanken, Erwerbsgenossenschaften, überhaupt für Vereine, welche auf dem Principe der Solidarhaftung beruhen, eine Ausnahme gemacht werden, indem denselben Credit als Credittheilnehmer bis zur Höhe von 400,000 Fl. (also nicht 200,000 Fl. wie die andern) gewährt werden kann.

Wenn Jemand schon Mitglied eines Creditvereines ist, kann er dessenungeachtet auch Mitglied eines andern werden. Sein Gesammtcredit aber darf die Summe von 200,000 resp. 400,000 Fl. nie überschreiten.

I*).

	Anzahl der Credittheilnehmer am 31. Dec.	Benützbarer Credit.	Davon in Anspruch genommen.	Disponibel geblieben.	In %.
		Mill. Fl.	Mill. Fl.	Mill. Fl.	
1854	1130	20,321	13,311	6,077	35
1855	1215	21,907	15,557	6,350	27
1856	1547	28,592	19,420	9,172	32
1857	1601	29,746	19,614	10,132	34
1858	1691	32,915	21,257	11,657	35
1859	1648	34,878	15,118	19,760	56
1860	1716	37,907	24,232	13,675	36
1861	1786	41,457	26,813	14,644	35
1862	1742	42,192	25,487	16,705	39½
1863	1747	42,672	24,340	18,331	43
1864	1638	40,170	25,020	15,150	38
1865	1551	38,154	19,957	18,198	48
1866	1339	38,809	12,793	20,016	49
1867	1372	34,480	14,800	19,680	39
1868	1402	36,061	14,508	21,553	59
1869	1473	38,022	19,000	19,022	49

II.

	Angesuchte Credite und Crediterhöhungen.	Davon berücksichtigt.	Zurückgewiesen.	5% Sicherstellungsfondsbeitrag.	Aus dem Creditvereine ausgeschieden.
	Mill. Fl.	Mill. Fl.	Mill. Fl.	Mill. Fl.	Mill. Fl.
1854	33,758	22,373	11,385	1,031	1,527
1855	12,055	5,391	6,664	0,238	1,965
1856	16,301	7,493	8,808	0,401	1,338
1857	15,048	5,564	9,484	0,261	4,074
1858	12,574	4,926	7,648	0,247	1,777
1859	18,609	7,107	11,502	0,340	6,492
1860	12,916	5,461	7,455	0,270	2,378
1861	16,274	5,612	10,662	0,274	1,939
1862	17,700	4,495	13,205	0,219	3,651
1863	11,896	3,618	8,278	0,181	3,111
1864	11,700	3,441	8,259	0,167	5,851
1865	7,349	2,171	5,178	0,104	4,090
1866	6,280	2,110	4,170	0,091	7,157
1867	6,574	2,879	3,695	0,146	1,241
1868	7,593	3,013	4,580	0,145	1,319
1869	9,970	4,363	5,607	0,208	2,208

---

*) Wir bemerken hier ein für alle Mal, dass wir bis zum Jahre 1858 (inclusive) alle Beträge in Gulden Conventionsmünze, von 1859 an aber in Gulden österreichischer Währung anführen. Dies zur Beurtheilung aller Zahlenangaben in den nachfolgenden Tabellen und im Texte. (100 Fl. Conv.-M. = 105 Fl. öst. Währ.)

III.

	Sicherstellungsfond der Creditinhaber.		Reservefond.
	Anzahl der haftenden Mitglieder am 31. Dec.	Eingezahlte 5% Beiträge für bewilligte Credite. Mill. Fl.	Guthaben desselben am 31. Dec. Mill. Fl.
1854	1150	1,016	0,020 *)
1855	1317	1,154	0,009
1856	1627	1,470	0,042
1857	1847	1,572	0,059
1858	1925	1,724	0,071
1859	1978	2,040	0,015
1860	1979	2,135	0,053
1861	2004	2,261	0,107
1862	2041	2,374	0,033
1863	2021	2,401	0,036
1864	1991	2,393	0,052 *)
1865	1772	2,160	0,080 *)
1866	1647	2,017	0,063
1867	1477	1,824	0,284
1868	1505	1,893	0,284
1869	1578	2,026	0,246

Im Jahre 1854 bestand der Creditverein aus 1130 haftungspflichtigen Credittheilnehmern. Die Zahl derselben war im steten Steigen bis zum Jahre 1861. Im Jahre 1862 war die Anstalt bei der grössten Anzahl von Fallimenten seit ihrem Bestande betheiligt und wir sehen auch in diesem Jahre die Theilnehmerzahl sinken, einestheils weil die Anstalt bei der Aufnahme von Mitgliedern sehr streng war, anderentheils weil eine grössere Anzahl von den Nachzahlungen zum Sicherstellungsfond abgeschreckt wurde. Dieses Fallen der Mitgliederzahl dauerte bis 1866, in welchem Jahre die Mitgliederzahl auf 1339 herabsank. Seitdem bemerken wir, trotz der Concurrenz anderer Institute, doch ein Steigen in der Zahl der Credittheilnehmer, was der sicherste Beweis ist, in welch' hohem Ansehen die Anstalt in der Geschäftswelt steht.

Vom Jahre 1854 bis 1863, also in 10 Jahren, hatte sich diejenige Summe, welche die Anstalt den Credittheilnehmern zur Benützung überliess, auf das Doppelte erhöht. Davon wurde in den Kriegsjahren 1859 und 1866 am wenigsten in Anspruch genommen. Nach beiden Jahren

---

*) Belastung.

aber sehen wir ein stetes Steigen des in Anspruch genommenen Credites, ein Aufleben des Geschäftes.

Wieder ist es das Jahr 1861, in welchem der Credit am meisten in Anspruch genommen wurde. Wir sehen dann leider im darauf folgenden Jahre eine Reihe von Fallimenten, die der Anstalt doppelte Vorsicht geboten, ausbrechen, und ein Abnehmen sowohl des benützbaren als des benützten Credites bis zum Jahre 1866, dem Wendepunkte Oesterreichs sowohl in politischer als volkswirthschaftlicher Richtung.

Es ist natürlich, dass in bedrängten Zeiten der Geschäftsmann, der Kaufmann, ein Creditinstitut am nothwendigsten braucht. In solchen Zeiten wird daher das Ansuchen um Credit und Crediterhöhungen am stärksten sein. Wir bemerken dies 1859, in welchem Jahre die Summe der angesuchten Credite die respectable Höhe von 18 Mill. erreichte, wovon aber nur 7 Mill. berücksichtigt und 11 Mill. zurückgewiesen wurden. Und wieder sehen wir in dem verhängnissvollen Jahre 1862 die Geschäftswelt Rettung suchen durch Aufnahme als Credittheilnehmer, von den 17 Mill. Fl. betragenden Ansuchen konnten aber nur 4$^1/_2$ Mill. Fl. berücksichtigt werden, 13 Mill. aber, bei $^3/_4$ des angesuchten Betrages, mussten zurückgewiesen werden. Es ist dies der sicherste Beweis, wie vorsichtig das Institut vorgeht.

Da der Creditverein auf solidarischer Haftung seiner Mitglieder besteht, so ist die Furcht vor Nachzahlungen in den Sicherstellungsfond gross. Besonders aber finden wir nach Kriegszeiten oder nach politisch bewegten Zeiten ein bedeutendes Ausscheiden aus dem Creditvereine. Es ist dies leicht erklärlich. Den Vortheil will Jeder gern benützen; wenn es aber gilt, auch den Schaden mittragen zu helfen, dann tritt eine gewisse Engherzigkeit ein und Viele werden fahnenflüchtig, um ja keine Nachzahlungen leisten zu müssen.

So bemerken wir wieder in den Kriegsjahren 1859, 1864 und 1866 ein bedeutendes Ausscheiden aus dem Vereine, das seinen Grund lediglich in dem oben Angeführten haben mag.

Der Sicherstellungsfond der Creditinhaber wird durch die 5 % Beiträge für bewilligte Credite gebildet und hat den Zweck, in dem Falle, als ein Mitglied des Vereines am Verfallstage seinen Verpflichtungen nicht nachkommen könnte und der Reservefond auch nicht die Mittel hätte, die Zahlung zu leisten, die nöthige Summe zur Erfüllung dieser Verbindlichkeit einstweilen vorzustrecken. Diese Summe muss aber dem Sicherheitsfond allsogleich durch Nachzahlung der Mitglieder ersetzt werden, so dass der Fond immer die statutarische Höhe hat. — Sobald der Reservefond wieder so weit gestärkt ist, dass er seine dem Sicherstellungsfond entnommene Schuld zurückzahlen kann, werden diejenigen Nachzahlungen von Seite der Credittheilnehmer, die zu diesem Zwecke geleistet wurden, wieder denselben zurückersetzt, nach den neuen Statuten aber darf der Reservefond durch solche Rückzahlungen nie unter 10 % derjenigen Summe, die den Sicherstellungsfond bildet, herabgemindert werden. Für die Nachzahlungen werden auch keine Zinsen vergütet, während für den Sicherstellungsfond eine Zinsenvergütung von 4 % stattfindet.

Dieser Reservefond der Credittheilnehmer wurde ursprünglich mit 15 % vom Reingewinne derjenigen Geschäfte, die unter der Haftung der Credittheilnehmer gemacht werden, dotirt. Im Jahre 1864 wurde gemäss einem Uebereinkommen zwischen der Actiengesellschaft und dem Creditvereine bestimmt, dass die Actiengesellschaft zur Stärkung dieses Fonds ausserdem noch jährlich den vierten Theil der 4 % Zinsen des Sicherstellungsfonds beitrage.

Nach den neuen Statuten wird der Reservefond einer Filiale durch 15 % des Reingewinnes aus denjenigen Geschäften, die unter Haftung der Credittheilnehmer der betreffenden Anstalt gemacht werden, gebildet. Bezüglich des Reservefonds des Creditvereines in Wien wurde aber bestimmt, dass der Beitrag aus 40 % derjenigen Summe zu bestehen hat, die sich ergiebt, wenn von dem Reingewinne aus den Geschäften, für welche der Credittheilnehmer haftet, 10 % für die Mitglieder des Comités in Anschlag gebracht worden sind.

Ausserdem wurde aber noch eine bedeutende Concession den Credittheilnehmern gemacht. Bisher hatte der Credittheilnehmer keinen Anspruch auf eine Gewinnquote, die sich allenfalls bei einem günstigem Stande des Reservefondes ergeben könnte, sondern er hatte nur Zuschüsse zu leisten. Ein besonderer Passus in den neuen Statuten bestimmt nun, dass, wenn sich aus dem Bilanzabschlusse eines Jahres ergäbe, dass der Reservefond eines Creditvereins 25 % des Sicherstellungsfondes übersteige, die nächste ordentliche Plenarversammlung dieses Creditvereines über Antrag des Comités beschliessen können, dass:

a) die 4 % Zinsen des Reservefondes und
b) die demselben zugeflossene Gewinnquote an jene Theilnehmer, welche zur Zeit des Bilanzabschlusses in der Haftung waren, und zwar nach dem Verhältnisse ihrer Haftung ganz oder theilweise vertheilt werde.

Der Reservefond kann nur zu statutenmässigen Geschäften verwendet werden und das Guthaben desselben wird mit 4 % verzinst.

298   J. Kautsch,

Dreimal zeigte sich der Reservefond der Credittheilnehmer passiv. Es war diess Ende 1854, dem Beginne der Geschäftsthätigkeit der Gesellschaft, dann Ende 1864 und 1865. In den beiden letzteren Jahren war diese Passivität nicht von grosser Bedeutung. Es war nur eine Folge des buchhalterischen Abschlusses, da demselben Posten zur Last gebucht wurden, die nachträglich meistentheils eingingen.

Vom Jahre 1866 an nahm er wieder zu, so dass den Credittheilnehmern Rückzahlungen geleistet werden konnten, und erreichte am Ende des Jahres 1869 die Höhe von 245,931 Fl. 74 Xr. gegen das Vorjahr zwar eine Abnahme von ca. 38,000 Fl., was aber durch die 20 % Zurückzahlung an die Credittheilnehmer gerechtfertigt ist.

Die Anstalt war seit ihrer Gründung bei der folgenden Anzahl von Fallimenten und mit folgenden Beträgen betheiligt:

	Anzahl der Falliments-Betheiligungen.	Dabei betheiligt mit Credit-Inhaber-Wechseln. Mill. Fl.
1854	112	1,034
1855	133	1,302
1856	134	0,782
1857	443	4,782
1858	284	1,135
1859	477	4,906
1860	185	0,743
1861	299	1,543
1862	702	4,799
1863	393	2,259
1864	608	5,330
1865	612	3,389
1866	550	4,731
1867	126	0,316
1868	192	0,460
1869	305	1,026

Seit ihrem Bestande war die Anstalt am Ende des Jahres 1869 bei 5555 Fallimenten mit 38,966 Mill. Fl. betheiligt.

Die grösste Anzahl hatte das Jahr 1862 mit 702 Fallimenten aufzuweisen, die kleinste Anzahl nach dem Gründungsjahre 1854 das Jahr 1867 mit 126 Fallimenten. Das Jahr 1867 war für den Creditverein überhaupt ausserordentlich günstig, denn auch im Betrage machten die Falliments nur die Summe von 0,316 Mill. aus, während das Jahr 1864 mit dem grossen Betrage von 5,330 Mill. Fl. figurirt. Die Anstalt hatte anfangs der 60er Jahre, zur Zeit des amerikanischen Krieges und der Baumwollcrise bei der grössten Anzahl Fallimenten und mit dem grössten Betrage theilgenommen, als in jeder anderen Zeitepoche.

Während in den 7 vorhergehenden Jahren von 1854—1860 die Anstalt bei 1768 Fallimenten mit dem Betrage von 16,990 Mill. Fl. betheiligt war, betrug die Betheiligung an Fallimenten während der 4 nächstfolgenden Jahre von 1861—64: 2002 mit einem Betrage von 13,931 Mill. Fl.

II.

Wir haben bis nun besprochen, unter welchen Verhältnissen es dem Kaufmanne, dem Industriellen, dem Gewerbsmanne ermöglicht ist, bei der niederösterreichischen Escompte-Gesellschaft Credit zu erlangen, wir haben die Entwicklung der Creditfähigkeit der Kaufleute, die Elastizität der Creditgebung von Seite der Bank beobachten können, wir haben schliesslich die Ursachen dieser Bewegung zwischen angesuchtem und bewilligtem Credit, zwischen Angebot und Nachfrage möchten wir sagen, untersucht, ferner den Sicherstellungsfond und Reservefond der Credittheilnehmer einer genauen Prüfung unterzogen. Wir wollen nun zu den Bankgeschäften der Gesellschaft übergehen. Die Geschäfte der Gesellschaft zerfallen, wie gesagt, in zwei Hauptabtheilungen:

A) **Geschäfte unter Haftung der Credit-Inhaber,**
B) **anderweitige Geschäfte der Gesellschaft.**

Unter A gehört das Escompte-Geschäft, das wichtigste Geschäft der Gesellschaft neben dem Depositengeschäfte. Dieses Geschäft wird in der Ausdehnung nur bei der Nationalbank betrieben.

Beim Escompte-Geschäfte ist der wichtigte Factor der Zinsfuss, unter welchem eben die Wechsel in Escompte gegeben werden. Die Höhe des Zinsfusses richtet sich, je nachdem der Wechsel ein Platz- oder ein Domizil-Wechsel und je nach der Laufzeit desselben, ob sie entweder eine kürzere oder eine längere ist.

Bezüglich des ersteren Punktes ist zu bemerken, dass die Differenz zwischen Platz- und Domizil-Wechsel gebrauchsmässig 1% beträgt, während zeitweise bei Platzwechsel mit längerer Verfallzeit als 3 Monate der Disconto um $1/2$% von denen mit kürzerer Verfallzeit variirt. Wir sagen »zeitweise«, denn nicht immer wurde der Unterschied gemacht.

Separat-Credit-Wechsel und bedeckte Wechsel haben dann wieder ihren aparten Zinsfuss, der nicht bedeutend von dem gewöhnlichen abweicht.

Im Privat-Escompte, dem sogenannten Börsenescompte, so genannt, weil er meistens an der Börse genommen wird, ist zwar der Zinsfuss bei normalem Geldstande niederer, als der im Credit-Inhaber-Geschäfte.

Allein dies erklärt sich schon aus den Bedingungen, die man an solche Wechsel stellt. —

Da werden vor Allem nur diese Wechsel genommen, wenn Geld in Vorrath da ist. Ferner nur das und in den Posten, wie es eben convenirt. Meistens wird darauf gesehen, dass schöne Wechsel, mit längerer oder kürzerer Verfallzeit, je nachdem man sie braucht, gegeben, und dass nur grössere Posten zum Escompte überlassen werden.

Es sind dies eben Bedingungen, die man an diese Wechsel stellt, wofür aber auch weniger an Escompte gerechnet wird. — Wir haben es jetzt nur mit dem sogenannten

Credit-Inhaber-Escompte-Geschäfte

zu thun. Dieses Geschäft nimmt von Jahr zu Jahr zu und ist das Hauptgeschäft der Gesellschaft.

Der Zinsfuss, zu welchem Wechsel escomptirt wurden, war und ist verschieden. Je nachdem die Nationalbank als das tonangebende Institut in diesem Geschäfte ihren Zinsfuss ermässigte oder erhöhte. Gewöhnlich beträgt der Unterschied zwischen dem Zinsfusse dieser beiden Institute nur $1/2\%$, was sich eben aus dem erklärt, dass die Nationalbank mehr Unterschriften, mehr Sicherheiten begehrt, als die niederösterreichische Escompte-Gesellschaft, obwohl die Sicherheit dem Actionär eben so viel werth ist, als die der Nationalbank, da auf dem Wechsel der niederösterreichischen Escompte-Gesellschaft die Haftung der Gesammtheit der Credit-Inhaber — des Creditvereins — das Fehlende ergänzt. Ja, diese Haftung ist noch werthvoller, als die dritte Unterschrift bei der Nationalbank.

Das Escompte-Geschäft hatte die Jahre hindurch, seit der Gründung der Gesellschaft, schon manchen harten Strauss zu bestehen, und immer hat es sich noch als das sicherste, ergiebigste Geschäft der Gesellschaft erwiesen. Die Escomptirung stieg von Jahr zu Jahr und die Durchschnittsziffer der Wechsel zeigt, dass das Escompte-Geschäft, der niederösterreichischen Escompte-Gesellschaft dem mittleren Kaufmannsstande mehr geholfen hat, als jede andere Anstalt. Die Durchschnittsziffer der Wechsel variirt jahrelang zwischen 706 und 610, von Jahr zu Jahr fallend, immer mehr ein Beweis, dass es Geschäftswechsel sind, die da zum Escompte kommen.

Der Escomptesatz für von Credit-Inhabern eingereichte Wechsel war folgender:

	Für Platz-Wechsel.	Für Domicile.	Für Credit-Erweiterungs-Wechsel (Separ.-Credit-Wechsel).	Durchschnittl. Zinsfuss für Credit-Inhaber-Wechsel.	Für Waaren-Vorschüsse.	Provision für letztere.
1854	5 %	6 %	5 %	5,37 %	5 %	pr. 4 Mon. ½ %
1855	5 „	6 „	5 „	5,28 „	5 „	½ „
1856	vom 2. Jänner bis 2. Juni 6 „	6 u. 6½ „	5 „	6,18 „	5 „	½ „
	vom 2. Juni bis 31. December 6 „	7 „	5 „			
1857	vom 1. Jänner bis 23. November 6 „	6½ „	5½ „	6,24 „	5 „	½ „
	vom 23. Novbr. bis 31. December 6 „	7 „	6 „			pr. 3 Mon. 1 %
1858	6 „	7 „	6 „	6,30 „	5 „	1 „
1859	bis 24. October 6 „	7 „	6 „	6,43 „	5 „	1 „
	weiters 5½ „	6½ „	5 „			¾ „
1860	bis 28. Septbr. 5½ „	6½ „	5 „	6,16 „	5 „	¾ „
	weiters 6 % bis 123 Tage / 6½ % b. 184 Tage	7 % b. 123 Tage / 7½ % b. 184 Tage	bis 100 Tage / 6 %			1 „
1861	do.	do.	do.	do.	do.	do.
1862	vom 24. März *) 6 %	7 %	5½ %	6,42 „	5 „	1 „
1863	6 „	7 „	5½ „	6,38 „	5 „	1 „
1864	6 „	7 „	5½ „	6,39 „	5 „	v. 26. Oct. ½ „
1865	6 „	7 „	5½ „	6,42 „	5 „	½ „
1866	bis 10. December 6 „	7 „	5½ „	6,39 „	5 „	b. 10. Dec. ½ „
	weiters 5 „	6 „	4½ „			weiters ¼ „
1867	5 „	6 „	4½ „	5,48 „	5 „	¼ „
1868	5 „	6 „	4½ „	5,50 „	5 „	¼ „
1869	bis 7. Juni 5 „	6 „	4½ „	5,36 „	5 „	¼ „
	bis 28. August 4½ „	5½ „	4 „		4½ „	½ „
	weiters 5½ % b. 124 Tage / 6 % b. 184 Tage	6½ „	5½ % b. 100 T.		5 „	¼ „

*) bis 23. März unverändert.

Escomptirung von Credit-Inhaber-Wechseln:

	Stücke.	Im Betrage von Mill. Fl.	Im Durchschnitte pr. Tag Mill. Fl.	Im Durchschnitte pr. Appoint Fl.
1854	55,350	39,080	0,131	706,03
1855	82,253	57,541	0,193	699,85
1856	93,179	61,795	0,206	663,11
1857	113,238	74,211	0,246	655,21
1858	107,010	66,170	0,221	618,21
1859	105,324	68,203	0,229	647,55
1860	102,959	67,240	0,225	653,07
1861	130,770	87,258	0,291	667,26
1862	133,309	86,547	0,289	649,22
1863	127,560	77,924	0,261	610,88
1864	130,152	79,509	0,286	610,89
1865	117,902	66,474	0,224	563,80
1866	102,618	59,889	0,201	583,61
1867	86,591	45,470	0,152	525,10
1868	98,496	48,650	0,161	493,92
1869	103,853	51,914	0,174	499,88

Der Zinsfuss für Wechselescompte ist bei uns in Oesterreich immer mehr ein stabiler gewesen. Erst neuerer Zeit ändert er sich oft im Jahre ein- bis zweimal. Gegen das Jahr 1859, dem Kriegsjahre, bemerken wir ein allmähliches Steigen des Zinsfusses, welches aber nach dem Friedensschlusse im selben Jahre in einem Fallen desselben einen Abschluss fand.

Ebenso war es 1866, wo die Emission der Staatsnoten nach dem prager Frieden einen Geldüberfluss erzeugte und zur Ermässigung des Zinsfusses beitrug. In diesem Jahre fiel der Zinsfuss rapid um ein volles Procent, und 1869 abermals um $1/2\%$.

Die Krisis von 1857 machte in Oesterreich keine grösseren Wirkungen, als in Hamburg und Norddeutschland überhaupt, weshalb auch kein Grund war, warum sich dieselbe im Disconto eclatant hätte zeigen sollen. Wir finden auch in diesem Jahre keine besondere Veränderung.

Der Zinsfuss für Waarenvorschüsse blieb sich ziemlich constant und zwar bei 5%, nur die Provision änderte sich. Dieselbe schwankte zwischen $1/4$ und 1% und bleibt schliesslich bei $1/4\%$. Das Geld kommt eben dem Kaufmann, Gewerbsmann und Industriellen ein wenig höher zu stehen, als der gewöhnliche Escompte und deshalb zeigt sich keine **besondere Zunahme dieses Geschäftszweiges.**

Der durchschnittliche Zinsfuss des Geldes stellt sich für den Geschäftsmann auf $5^1/_2 - 6^1/_2\%$. Es ist dies immerhin ein annehmbarer Zinsfuss, um so mehr, als die Anstalt bei der Annahme von Wechseln mit der grössten Coulanz vorgeht. Gewöhnlich stellt sich der Unterschied so, dass die niederösterreichische Escompte-Gesellschaft ihren Escompte um $^1/_2\%$ oder höchstens 1% höher stellt als die Nationalbank.

Dabei ist aber, wie schon früher bemerkt, diese bedeutend difficiler als jene, so dass schon wegen der Schwierigkeiten bei der Annahme der Wechsel für den kleineren Geschäftsmann die niederösterreichische Escompte-Gesellschaft ein nützlicheres Institut ist. —

Das Jahr 1861 war für das Escompte-Geschäft das bedeutendste Jahr. In diesem Jahre wurden 130,770 Stück Wechsel mit dem Betrage von 87,258 Mill. Fl. escomptirt. Auf jeden Tag entfiel durchschnittlich eine Escomptirung von 0,289 Mill. Fl. Auf dieses Jahr folgten viele Fallimente im nächsten Jahre und das Escomptegeschäft nahm in Folge dessen, bis zum verflossenen Jahre, in welchem es eine kleine Steigerung erfuhr, immer mehr ab.

Das Jahr 1869, das Gründungsjahr, in welchem viele neue Institute, sogar Concurrenz-Institute, entstanden, brachte keine Schwächung hervor, sondern hatte im Gegentheile eine Steigerung bewirkt.

Merkwürdig ist die Thatsache, dass von Jahr zu Jahr, seit dem Gründungsjahr, die Durchschnittszahl pr. Appoint immer kleiner wird, mit Ausnahme von ein paar unmassgeblichen kleinen Differenzen. Während 1854 dieselbe 706,03 Fl. betrug, hatte das Jahr 1868 nur 493,92 und 1869: 499,88 Fl. aufzuweisen. Es ist dies eine erfreuliche Thatsache. Diese Ziffern zeigen, dass eben immer mehr und mehr die eigentliche Geschäftswelt, der kleine Mann, neben den grösseren Firmen Antheil nimmt, und dass die Anstalt gerade diesen kleineren Mann berücksichtigt. Daher die Sympathie, die man allenthalben für die Escompte-Gesellschaft in der Geschäftswelt verbreitet findet, daher das Ansehen, das die Anstalt geniesst, wie keine zweite.

Stand des Portefeuilles am 31. December:

	Credit-Inhaber-Platzwechsel.	Domicile.	Cred.-Erw.-Wechsel.	Waarenvorschuss-W.	Zusammen.	
	Mill. Fl.	Mill. Fl.	Mill. Fl.	Mill. Fl.	Stücke.	Mill. Fl.
1854	3,543	2,774	0,141	0,099	11,676	6,558
1855	3,593	2,872	0,250	0,030	10,006	6,744
1856	7,161	6,485	0,506	0,083	20,552	14,235
1857	9,185	8,467	0,251	0,248	29,257	18,151
1858	12,266	8,274	0,471	0,215	32,864	21,226

	Credit-Inhaber-Platzwechsel. Mill. Fl.	Domicile. Mill. Fl.	Cred.-Erw.-Wechsel. Mill. Fl.	Waarenvorschuss-W. Mill. Fl.	Zusammen. Stücke.	Mill. Fl.
1859	8,273	6,559	0,077	0,235	25,001	15,246
1860	13,426	8,927	0,518	0,018	33,957	22,890
1861	15,888	10,404	0,521	0,010	38,705	26,823
1862	15,124	9,907	0,455	0,119	37,304	25,607
1863	12,896	9,534	0,353	0,042	37,887	22,825
1864	11,353	10,126	0,370	0,118	37,648	21,968
1865	10,893	8,057	0,165	0,022	33,548	19,137
1866	6,883	5,876	0,034	0,001	22,460	12,794
1867	6,616	7,191	0,031	—	26,920	13,839
1868	5,696	7,461	0,010	—	27,739	13,167
1869	8,353	9,737	0,031	0,001	34,510	18,123

Der Portefeuillestand der Credit-Inhaberwechsel war, wie das Escompte-Geschäft mit dem Creditvereine überhaupt, in den letzten Jahren immer mehr in Abnahme begriffen gewesen. Die Schwächung des Credit-Vereines konnte nicht länger mehr hingenommen werden, und man war nun darauf bedacht, indirekt auf den Credit-Verein damit einzuwirken, dass man Concessionen machte, die das Geschäft wieder auf die frühere Höhe zurückführen sollen.

Wie wir schon früher bemerkt haben, war besonders eine Ursache, warum sowohl die Creditbenutzung als theilweise die Credittheilnehmerzahl abnahm die, dass die Mitglieder des Creditvereines bedeutende Zuschüsse zum Reservefond leisten mussten. Erst neuerer Zeit stellte sich dieser besser und man konnte einen Theil der Zuschüsse zurückzahlen.

Andererseits waren in der Zeit seit dem Jahre 1862 bis heute zwei Kriege, wovon besonders der eine Oesterreich harte Wunden schlug.

In solchen Zeiten entrirt der Kaufmann weniger Geschäfte, als in Friedenszeiten. Dann fiel in diese Jahre der grosse nordamerikanische Krieg, der eine Baumwollenkrisis im Gefolge hatte, und mit dem Jahre 1866, dem Falle des grossen Depositen- und Escomptehauses Overend Guerney & Co. brach eine fürchterliche Krisis über England herein.

So wirkten verschiedene Ursachen in einem kleinen Zeitraume, theilweise direct, wie die Baumwollenkrise und der Krieg von 1866 theilweise indirect, wie die englische Krisis von 1866 auf das Geschäftsleben in Oesterreich ein.

Der Escompte von Credit-Erweiterungswechseln fiel in den letzten Jahren auf ein Minimum herab, ebenso der von Waarenvorschusswechseln. So zeigt der Stand der ersteren 1861: 0,521 Mill. Fl., der von 1869 nur 0,031 Mill. Fl. Ja, im Waarenvorschussgeschäfte wurde die Anstalt ein Paar Jahre fast gar nicht in Anspruch genommen, und am 31. December 1869 hatte sie nur einen Wechsel mit 1200 Fl. im Portefeuille.

Es rührt dies daher, weil dieses Geschäft eben nicht jene Anerkennung seitens des Geschäftsmannes hat, die es verdient, und deshalb auch von der Bank mehr in den Hintergrund gedrängt wird.

Sind einmal die Statuten-Aenderungen in Kraft, die auch erleichternde Bestimmungen hinsichtlich dieser beiden Geschäfte enthalten, und werden Erleichterungen im Zinsfusse und in der Manipulation eingeführt, so hat besonders das Waarenvorschussgeschäft eine grosse Zukunft vor sich.

Die Gesammt-Escomptirung (sowohl Creditinhaber- als Börsen-Escompte) betrug demnach:

Jahr.	Stücke.	Mill. Fl.	Jahr.	Stücke.	Mill. Fl.
1856	101609	73,171	1863	144753	115,779
1857	123830	90,053	1864	152280	122,191
1858	109739	76,227	1865	138531	117,946
1859	123073	112,124	1866	122582	119,492
1860	115725	96,471	1867	141170	128,323
1861	154648	139,158	1868	158518	119,192
1862	153597	126,040	1869	179069	142,612

Im letzten Jahre stieg der Gesammtescompte auf die colossale Summe von 142 Mill. Fl., die Nationalbank escomptirte in Wien 232 Mill. Fl. **Das Escompte-Geschäft der niederösterreichischen Escompte-Gesellschaft hatte demnach die Höhe von fast $^2/_3$ des Escompte-Geschäftes der Nationalbank in Wien erreicht**, ein Erfolg, der sie würdig neben dieses grösste Institut in Oesterreich stellt. —

Die niederösterreichische Escompte-Gesellschaft nimmt ausser im Creditvereine auch privatim an der Börse Escompte.

Dieses Geschäft wurde erst später eingeführt, als die Depositengelder der Anstalt immer reichlicher zuflossen und man trachten musste, für sie eine entsprechende Verwendung zu finden.

B. Anderweitige Geschäfte der Gesellschaft.

Unter diesen nimmt wieder

1) das Escompte-Geschäft

unser hauptsächlichstes Interesse in Anspruch. Es ist dieses Geschäft genau zu unterscheiden von der Escomptirung der Creditinhaber-Wechsel.

Hier haften die Actionäre für allfällige Verluste, dort haftet der Creditverein. Das Geschäft hat seit Jahren eine grosse Entwicklung genommen und unterscheidet sich wesentlich vom Creditinhaber-Geschäfte, da auf privatem Wege oder auf der Börse (Privat- oder Börsenescompte) nur dann genommen wird, wenn überflüssiges Geld vorhanden ist, und meist Wechsel mit kurzer Verfallzeit und grösseren Beträgen bedungen werden. Diese letzten Bestimmungen entsprechen auch den Grundsätzen, die man in der Theorie aufstellt, die Depositengelder auf kurze Zeit leicht realisirbar anzulegen.

Da der Creditverein keine Haftung bei diesem Geschäfte übernimmt, ist es natürlich, dass er an dem Gewinne nicht Theil nimmt.

Welchen Aufschwung dieses Geschäft genommen hat und dass nur Wechsel in grösseren Beträgen escomptirt werden, zeigt uns die folgende Tabelle. Es betrug der Portefeuillestand der Escomptirung:

Jahr.	Portefeuillestand am 31. Dec. Stücke.	Betrag. Mill. Fl.	Escomptirung während des Jahres. Stücke.	Betrag. Mill. Fl.	Durchschnitt pr. Appoint. Fl.
1856	561	0,742	8430	11,376	1349
1857	582	1,018	10592	15,842	1495
1858	72	0,204	2729	10,057	3685
1859	5525	14,360	17749	43,921	2474
1860	3129	5,883	12766	29,231	2290
1861	6578	13,417	23878	51,900	2173
1862	2989	6,266	20288	39,493	1946
1863	3604	7,584	17193	37,855	2201
1864	3573	8,476	22128	42,682	1929
1865	5437	11,270	20629	51,173	2495
1866	5813	16,068	19964	59,602	2979
1867	5005	9,119	26256	53,990	2056
1868	8386	10,628	28097	47,255	1681
1869	5746	10,042	39091	66,903	1711

Wir sehen in der vorliegenden Tabelle die Ziffern der Escomptirung steigen und fallen. Dieses Steigen und Fallen rührt daher, je nachdem die Einlagen im Depositengeschäfte (Cassascheingeschäfte) grösser oder kleiner waren, je nachdem der Creditverein diese disponiblen Capitalien benützte und man daher eine Anlage für dieselben brauchte. Denn die drei Geschäfte: Creditinhaber-Escompte-, Börsenescompte- und Depositengeschäft stehen in innigem Zusammenhange. Als in den

Die niederösterreichische Escompte-Gesellschaft in Wien u. s. w. 307

letzteren Jahren das Creditinhaber-Escomptegeschäft bedenklich abnahm, finden wir das Börsenescomptegeschäft in Zunahme begriffen, da das disponible Capital darin angelegt wurde, ausserdem aber noch ein Geschäft in Flor, das früher weniger cultivirt wurde, das »Vorschuss- und Kostgeschäft auf Staatspapiere und Actien«.

Diese letzteren Geschäfte haben den Vortheil, dass sie das angelegte Capital nicht lange Zeit an ein Object bannen, sondern dass das Capital zu jeder Zeit zurückgezogen werden kann, ohne dass die Anstalt dadurch in Verlust kommen könnte.

Es ist natürlich, dass sich also dieses Darlehensgeschäft vorzüglich für die Anlegung der Depositengelder eignet, da eben die Darlehenszeit eine ganz kurze, meistens mit eintägiger Kündigung ist. —

Der durchschnittliche Zinsfuss für den Börsenwechsel-Escompte war:

1856 . . . $6{,}12$	1863 . . . $5{,}78$
1857 . . . $6{,}20$	1864 . . . $6{,}03$
1858 . . . $5{,}58$	1865 . . . $6{,}11$
1859 . . . $5{,}28$	1866 . . . $5{,}89$
1860 . . . $5{,}14$	1867 . . . $4{,}49$
1861 . . . $5{,}97$	1868 . . . $4{,}62$
1862 . . . $5{,}71$	1869 . . . $4{,}52$

Bis zum Jahre 1866 schwankte der Zinsfuss zwischen 5 und 6%, etwas mehr, etwas weniger, je nachdem die Geschäftsconjuncturen und die politische Lage Oesterreichs waren. Von diesem Jahre an aber bemerken wir ein allmähliges Fallen des Zinsfusses. Diese Erscheinung hat ihren Grund in dem flüssigen Geldstande, der seit der Emission der Staatsnoten herrscht. Die Ueberschwemmung mit Staatsnoten, die in einem Betrage von über 300 Mill. Fl. im Umlaufe sind, konnte natürlich nicht ohne Einfluss auf die Wirthschaft sein. Sie brachte uns in eine ganz neue Bahn, drückte den Zinsfuss herab und regte die Unternehmungslust an. Dieser scheinbare volkswirthschaftliche Aufschwung war nicht von langer Dauer, und nach und nach werden wir erst einsehen, wie schwer es ist, die Wasser zu bannen, die so leicht heraufbeschworen wurden, deren Folgen man nicht voraussah.

2) Das Vorschuss- und Kostgeschäft.

Die Statuten sprechen von »Vorschüssen auf Waaren, Rohproducte und Werthpapiere und commissionsweisem Verkauf dieser belehnten Werthobjecte«. Die Bank cultivirt aber nur das Vorschussgeschäft auf

Werthpapiere. Wir haben schon früher bemerkt, dass dieses Geschäft eines der anwendbarsten zur Anlegung der Depositengelder ist. Die kurze Frist des Darlehens, besonders im Kostgeschäfte, eignet es vor Allem dazu. Natürlich ist es der Vorsorge der Verwaltung überlassen, nur Papiere und in dem Maasse zu belehnen, dass dadurch keine Gefahr bei einem Sturze der Papiere für die Gesellschaft erwächst.

Das Vorschussgeschäft nahm in den letzten Jahren gewaltige Dimensionen an, und ein Saldo von 12 Millionen war durch längere Zeit der gewöhnliche Stand. Erst letztere Zeit schränkte man es wieder ein wenig ein, da eben das Escomptegeschäft die Geldmittel in Anspruch nahm.

Das Vorschuss- und Kostgeschäft wird von mehreren Wiener Banken fast ausschliesslich betrieben und hat sich zu einem der Hauptgeschäfte emporgeschwungen. Seitdem die Nationalbank es zu cultiviren angefangen hat und die Wiener Börse zu einer grösseren Bedeutung gelangt ist, seitdem nahm das Geschäft immer grössere Dimensionen an. Der Zinsfuss für Darlehen auf Effecten ist gewöhnlich höher als der für Wechsel und variirt nach den momentanen Geldverhältnissen. Die Beweglichkeit desselben ist bedeutend stärker als die des Escomptezinsfusses, und dadurch gestaltet sich das Geschäft eben zu einem sehr lucrativen. Als die niederösterreichische Escompte-Gesellschaft ihre disponiblen Capitalien zu diesem Geschäftszweige benützte, war das Geschäft noch in enge Grenzen gewiesen und je nach den Verhältnissen erweitert oder eingeschränkt.

Ja, selbst heute noch wird es nicht in jenem Maassstabe betrieben, dass man einen bestimmten Saldo fixirt, sondern je nach den Geldverhältnissen werden auf kurze Zeit Effecten in Depot genommen und bei Geldbedarf wieder hinausgegeben; denn die niederösterreichische Escompte-Gesellschaft, getreu ihrem Principe von ihrem Anfange an, will sich nicht zur Stütze der Börsenspeculation hergeben, sondern ist die Stütze des Handels und der Industrie und Gewerbe, und ihr Hauptgeschäft ist das Escompte-Geschäft. Der hohe Zinsfuss ist zwar verlockend, allein die Sicherheit ist nicht jene, dass sie über allen Zweifel erhoben oder dass sie jene im Creditvereine aufwiegen würde. Vorsichtig wie in Allem, jedem Schwindel fern, ist sie auch in diesem Geschäfte vorsichtig, und so viel wir wissen, ist, Dank der vorzüglichen und vorsichtigen Leitung, in diesem Geschäfte für die Actionäre noch kein Schaden erwachsen.

Jahr.	Geleistete Vorschüsse. Mill. Fl.	Zurückgezahlte Vorschüsse. Mill. Fl.	Stand am 31. Dec. Mill. Fl.	Bedeckt durch Effecten im Courswerth von Mill. Fl.
1858	1,824	1,436	0,388	0,423
1859	7,635	7,188	0,853	1,037
1860	1,864	2,261	0,455	0,557
1861	1,629	1,808	0,277	0,339
1862	3,433	2,058	1,652	1,804
1863	1,667	2,858	0,461	0,522
1864	1,831	1,378	0,913	1,031
1865	13,752	7,090	7,577	8,192
1866	20,317	25,610	2,283	2,850
1867	9,081	7,282	4,082	4,883
1868	52,056	48,388	7,750	8,967
1869	63,751	67,923	3,579	4,473

Der ungeheure Aufschwung, den das Geschäft in den letzten Jahren nahm, rührt daher, dass erst in letzterer Zeit eine eigene Effecten-Abtheilung besteht und früher das Geschäft nur nebenbei geführt wurde. Mit dem Aufschwunge der Wiener Börse nahm in gleichem Maasse auch das Kost- und Vorschussgeschäft zu, besonders aber von 1867 an, in welchem Jahre und im darauf folgenden viele neue Actienunternehmungen entstanden. Der Rückgang 1867 erklärt sich daraus, dass in diesem Jahre ein besonders flüssiger Geldstand herrschte, in Folge dessen auch leicht und überall Geld zu bekommen war. Dieser flüssige Geldstand erzeugte jene Periode, die auf das Jahr 1867 folgte und die man gewöhnlich die »Gründungsschwindelperiode« nennt, eine Zeit, in der kein Tag verging, wo nicht ein oder mehrere neue Unternehmungen das Licht der Welt erblickten.

Der Zinsfuss richtete sich nach dem jeweiligen Stande der Börse. War Geld flüssig, fiel er, im entgegengesetzten Falle stieg er, 5½%, 6—8% in allen Variationen und einige Male 10%. Ein Nachtheil für das Publikum ist bei diesem Geschäfte der, dass gerade zur Zeit, wo es das Geld am meisten braucht, das Depôt gekündet wird. Es ist dies einestheils vom Standpunkte der Banken richtig, anderentheils ist aber nicht zu läugnen, dass dadurch schon viel Unheil angerichtet wurde. Wir sprechen jetzt nicht von der niederösterreichischen Escompte-Gesellschaft allein, die immer in coulantester Weise das Interesse ihrer Clientel wahrte und rücksichtsvoll vorging, sondern von mehreren anderen Wiener Creditinstituten, die auf diese Weise schon mehmals durch rücksichtslose Depôtverkäufe eine panikartige Stimmung an der Börse erzeugten und einen Fall der Course herbeiführten.

Eines der wichtigsten Bankgeschäfte, um dessen Einführung und Ausbildung in Oesterreich die niederösterreichische Escompte-Gesellschaft unbestreitbare Verdienste hat, ist

3) **die Uebernahme von Geldern in laufender Rechnung (Cassaschein-, Depositen-Geschäft).**

Die Uebernahme von Geldern gegen eine bestimmte Verzinsung mit bestimmten Kündigungsterminen, mit einem Worte, von Geld als Depositum, hat in neuerer Zeit, besonders in Oesterreich, grössere Dimensionen angenommen. Nachdem die niederösterreichische Escompte-Gesellschaft das Publicum gleichsam belehrt hat, auf bequeme und zinsbringende Art, ohne Risico, sein eben disponibles Geld auf kurze Zeit anzulegen, haben die anderen Banken, die dem Beispiele dieser Gesellschaft folgten, schon bebautes Feld und den Boden empfänglich für die Neuerung gefunden. Zwar hält der Stamm des Publicums noch immer an der Escomptebank fest, allein nichtsdestoweniger haben die anderen Banken schon gewusst, sich eine gewisse Clientele für dieses Geschäft zu erwerben. — Die Bank giebt also nicht allein, sondern sie nimmt auch Geld. Bis zum Jahre 1858 gab sie für deponirte Capitalien nur kündigungsfreie Scheine aus. Von diesem Jahre wurde eine zweite Serie mit einer bestimmten Kündigungsfrist in Verkehr gesetzt und 1860 eine weitere dritte Serie. Die Scheine dieser letzten Serie unterlagen einer 2- oder 10tägigen Kündigung oder waren kündigungsfrei, je nachdem der Deponent über sein Geld verfügen wollte, oder einen Zinsfuss beanspruchte. Denn es ist natürlich, dass bei längerer Kündigungsfrist auch der Zinsfuss höher ist, als bei einem kündigungsfreien Cassaschein, für welchen die Anstalt das Geld immer in Bereitschaft halten muss. Mit der Zeit müsste man trachten, die kündigungsfreien Cassascheine zu beschränken und nur Geld auf längere Termine zu erhalten suchen. Denn sobald Geld flüssig ist, was in den letzteren Jahren, besonders seit der Ausgabe der Staatsnoten, der Fall war, ist der Zinsfuss niedrig und sehr schwer das Geld fruchtbringend zu verwenden. Ausserdem aber entfällt mit der Gründung der Giro-Abtheilung für die Gesellschaft die Ausgabe von kündigungsfreien Scheinen, da das Publicum dieselbe benützen soll, durch die kündigungsfreien Scheine aber die Anstalt sich selbst Concurrenz macht.

Jahr.	Emission von Cassascheinen. Mill. Fl.	Rückgezahlt. Mill. Fl.	Stand am 31. Dec. Mill. Fl.
1854	6,712	5,021	0,791
1855	7,640	7,901	0,530
1856	36,507	28,212	8,825
1857	67,176	62,482	13,519
1858	70,570	70,022	14,067
1859	117,382	108,400	23,752
1860	90,939	93,696	20,995
1861	126,577	117,377	30,196
1862	111,679	117,671	24,203
1863	93,303	96,189	21,317
1864	90,420	87,255	24,482
1865	101,329	96,031	29,780
1866	95,602	103,848	21,534
1867	66,443	66,890	21,088
1868	58,877	63,051	16,914
1869	67,282	69,791	14,405

Die Abnahme des Geschäftes in den letzten Jahren ist zwei Ursachen zuzuschreiben:
1) der immer mehr zunehmenden Concurrenz der andern Institute, die sich nun auch mit der Emission von Cassascheinen beschäftigen;
2) dem Umstande, dass in den letzten Jahren, besonders aber 1868 und 1869 das Publicum massenhaft disponibles Geld in Effecten anlegte, und sich an den Gründungen vorübergehend betheiligte, um einen Gewinn zu erzielen, mit einem Worte — spielte. —

Ein weiterer Umstand ist aber noch der, dass das hohe kk. Finanzministerium, obwohl die anderen Cassascheine emittirenden Institute, im Vereine mit der Escompte-Anstalt wiederholt um Befreiung von der schwer drückenden Einkommensteuer von den Zinsen der Cassascheine petitionirten, und darauf aufmerksam machten, wie schwer dieselbe auf den Credit-Instituten lasten, sich nicht bewogen fand, eine so allgemein nützliche Institution zu unterstützen, sondern, wahrscheinlich die Cassascheine als Concurrenten der Partial-Hypothekar-Anweisungen auffassend, eine ablehnende Ansicht kundgab.

Jedenfalls ist es nicht im Interesse der Institute allein, von dieser Steuer, die keineswegs so unbestritten ist, befreit zu werden, sondern auch im volkswirthschaftlichen Interesse, ein Gedeihen des Depositenwesens auf alle mögliche Weise zu unterstützen, nicht zu hemmen. Es ist von allgemeinem Interesse, weil durch günstigere Bedingungen im

Zinsfusse dann auch der Sparsinn gehoben und gekräftigt wird, und gemeinnützig, da viele Millionen Gulden Waisengelder, Gelder für humanitäre Zwecke in Cassascheinen angelegt sind, die Höhe der Steuer aber sich jedenfalls in einer niedrigeren Verzinsung der angelegten Gelder kundgiebt. — .

Der Zinsfuss für die »Gelder in laufender Rechnung« (Depositen) ist immer mehr im Fallen begriffen. Dies bewirkt der flüssige Geldstand, der seit der Ausgabe der Staatsnoten herrscht.

So betrug die Verzinsung im Durchschnitte:

1854 4		1862	$4_{,38}$
1855 4		1863	$4_{,31}$
1856 . . . . $4_{,71}$		1864	$4_{,717}$
1857 . . . . $4_{,83}$		1865	$4_{,915}$
1858 . . . . $4_{,72}$		1866	$4_{,628}$
1859 . . . . $4_{,34}$		1867	$3_{,71}$
1860 . . . . $3_{,93}$		1868	$3_{,47}$
1861 . . . . $4_{,68}$		1869	$3_{,751}$

Im Jahre 1868 war der Zinsfuss auf $3_{,47}\%$ durchschnittlich gefallen, der niedrigste Zinsfuss seit der Ausgabe der Cassascheine. Die Folge war natürlich, dass das Publicum mit den Einlagen zurückhielt und sein Geld theilweise auf andere Weise anlegte. Mit dem Erhöhen des Zinsfusses ist allsogleich auch ein erhöhtes Einlegen zu bemerken.

Der Gesammt-Umsatz in Cassascheinen erreichte:

	Stücke.	Mill. Fl.	Durchschnitt pr. Appoint Fl.
1854	7,357	$12_{,633}$	1718
1855	4,720	$15_{,541}$	3292
1856	30,683	$64_{,720}$	2109
1857	80,058	$129_{,658}$	1619
1858	103,939	$140_{,592}$	1352
1859	207,843	$225_{,781}$	1716
1860	242,720	$184_{,635}$	760
1861	363,817	$243_{,954}$	675
1862	346,680	$229_{,350}$	667
1863	310,129	$189_{,492}$	611
1864	320,806	$177_{,676}$	553
1865	395,173	$197_{,359}$	499
1866	343,964	$199_{,450}$	580
1867	141,118	$133_{,333}$	944
1868	103,325	$121_{,928}$	1180
1869	114,636	$137_{,073}$	1195

Der Grund, warum wir in dieser Tabelle den Durchschnittsbetrag für ein Appoint ermittelten, ist der, weil sich aus dieser Durchschnittszahl sehr lehrreiche Schlüsse ziehen lassen. Der Umsatz allein zeigt nur von der Ausdehnung des Geschäftes, und da bemerken wir, dass die höchste Stückzahl im Jahre 1865, die höchste Umsatzsumme im Jahre 1861 erreicht wurden. Nicht allein der Umsatz aber ist es, der uns interessirt, sondern auch die Frage wollen wir beantwortet haben: Wie gross ist denn der durchschnittliche Betrag eines Cassascheines? Hieraus lässt sich dann auf den gemeinnützigen Werth der Anstalt und selbst auf das Publicum schliessen.

Wir bemerken, dass in den ersten Jahren die Durchschnittsziffer zwischen 1 und 2000 schwankte, dann aber stetig fiel, bis sie 1865: 499 erreichte. Diese Zahlen zeigen uns, wie die Cassascheine immer populärer werden, immer mehr in das Publicum eindringen, das nicht Appoints zu 5000, 10,000 oder 20,000 Gulden nehmen kann, sondern sich bescheiden sein Ersparniss von 50 oder 100 Gulden in den Kasten legt.

Die Cassascheine in der Form, wie sie jetzt gang und gäbe sind, existiren erst seit dem Jahre 1860. Sie sind aber so beliebt, dass man im Publicum sie gern bei Zahlungen annimmt, obwohl die Zinsenberechnung bei längerem Laufe wegen der öfteren Zinsfussänderungen Schwierigkeiten macht.

4) Die Widmungscassa.

Ist nichts Anderes als ein Conto-Correntgeschäft, und hat den Zweck, »Gelder zur Bildung von Jahresgesellschaften und Versorgungsassociationen wie auch zu bestimmten Zwecken und Widmungen zu übernehmen«.

Diese Abtheilung existirt erst seit 1866. War schon das Kriegsjahr selbst nicht besonders günstig für eine fixe, obwohl sichere Anlage von Geldern, so konnte sich nichtsdestoweniger auch in den spätern Jahren dieser Geschäftszweig, der für eine Bank ganz neu ist, wenig entwickeln. Ob der Grund dieser Erscheinung nur das noch mangelnde Verständniss für die Sache oder die wirkliche Unvereinbarkeit dieses Geschäfts mit einem Bankinstitute ist, muss die Zukunft lehren.

Wenn man bedenkt, dass durch Stiftungen, Widmungen u. s. w. Capitalien Jahrzehnte und länger an ein Institut gebunden sind, so gehört allerdings eine grosse Vertrauenswürdigkeit eines Creditinstituts dazu, wenn es in erheblichem Maasse das Publicum zu derartigen Capitalanlagen veranlassen soll, zumal da die schwankende Höhe des Bankzinsfusses auch solche abschrecken muss, welche der Solidität des Instituts volle Gerechtigkeit widerfahren lassen.

Die Anstalt verzinst die in der Widmungscassa angelegten Gelder mit dem höchsten Zinsfuss, den sie für in Cassascheinen angelegte Gelder vergütet. Dieser Zinsfuss war bis jetzt der der 3monatlichen Cassascheine und zu 4, $4^1/_2$ und 5%. Am 1. September 1866 wurde die Widmungscassa eröffnet, und der Stand der Widmungscapitalien betrug am 31. December:

	Fl.
1866	9,608.$_{05}$
1867	9,447,$_{71}$
1868	21,726,$_{31}$
1869	36,752,$_{92}$

5) Das Conto-Corrent- und Giro-Geschäft.

Zur Zeit, als die priv. österreichische Nationalbank, die Baarzahlungen aufnehmen wollte, war man auf alle mögliche Weise bedacht, wie man die Zahlungen vereinfachen und nur den kleinsten Theil in Baarem zu leisten, durchführen könne.

Das Girosystem hatte die Nationalbank zwar schon eingeführt gehabt seit den ersten vierziger Jahren, allein man hatte die Giro-Abtheilung nur wenig benutzt und sie ging immer mehr zurück als vorwärts, da die Bank für Einlagen keine Zinsen vergütete. Nur von einigen grossen Firmen wurde sie benützt. Mit der Gründung neuer Banken anfangs und Mitte der fünfziger Jahre wurde auch dieses Geschäft wieder von denselben aufgenommen und so entstanden nach und nach die Giro-Abtheilungen der Credit-Anstalt, niederösterreichische Escompte-Gesellschaft und anglo-österreichische Bank. Diese neuen Banken verzinsen aber die Guthaben im Contocorrente mit 2—3% und führten das Checksystem ein, ein System, das in andern Ländern, wie England, Nordamerika, zur höchsten Ausbildung gelangt war. Die niederösterreichische Escompte-Gesellschaft eröffnete am 18. April 1864 ihre Giro-Abtheilung und erzielte bis Ende des Jahres 1864 einen Gesammtumsatz von 61 Mill. Fl.

Die Gutschriften betrugen während dieser 8 Monate 31,$_{098}$ Mill. Fl., wofür für 18,$_{784}$ Mill. Fl. Checks und für den Rest, mit Ausnahme des Saldos von 0,$_{789}$ Mill. Fl., Accepte und Domicile eingelöst wurden. Die Zahl der Conto-Inhaber betrug Ende December 242.

	Zahl der Conto-Inhaber.	Eingänge.	Ausgänge.	Saldo am 31. December.	Zinsfuss.	Gesammt-Revirement.
		Mill Fl.	Mill. Fl.	Mill. Fl.	%	Mill. Fl.
1865	420	81,925	81,209	1,485	4	163,133
1866	577	104,500	104,479	1,505	3	208,979
1867	721	121,204	120,811	1,898	2	242,015
1868	810	125,629	124,734	2,793	2	250,362
1869	900	137,778	138,057	2,515	2	275,835

Aus dieser Tabelle ersehen wir zunächst, dass das Giro-Geschäft in fortwährender Zunahme begriffen ist. Diese Zunahme beschränkt sich nicht bloss in Bezug auf die Conto-Inhaber, sondern auch auf alle anderen Theile dieses Geschäftes. Wir geben in Nachstehendem ein klares Bild von der Geschäftsthätigkeit der Abtheilung und führen folgende sprechende Zahlen an:

	Gutschriften aus:				Belastungen aus:	
	Escomptirungen[5]).	baaren Einlagen.	Incassis[6]).		Disponirung über das Guthaben mittels Checks.	Einlösungen[7]) von Wechseln.
	Mill. Fl.	Mill. Fl.	Mill. Fl.	Stücke.	Mill. Fl.	Mill. Fl.
1865	9,727	64,421	7,777	11,369	36,104	45,105
1866	9,439	83,611	11,450	13,266	39,716	64,763
1867	9,818	98,686	12,700	13,453	50,393	70,418
1868	9,544	106,213	9,872	13,077	39,785	84,948
1869	11,118	119,869	6,791	13,569	52,947	85,109

Die Giro-Abtheilung ist in immerwährender Zunahme begriffen, wie wir aus dem Gesammtrevirements der vorstehenden Tabelle entnehmen. Nichtsdestoweniger wird sie noch immer zu wenig benützt. Unter den 900 Conto-Inhabern, die wir im letzten Jahre anführten, sind bloss 291 Nicht-Creditinhaber, d. h. solche, die dem Creditvereine der Anstalt nicht angehören. Und wie lange brauchte es, den Mitgliedern

---

[5]) Viele Credit-Inhaber haben ein Giro-Conto und lassen sich den Escomptebetrag auf denselben gutschreiben, um dann mittelst Checks oder Anweisung ihrer Wechsel zur Zahlung an die Giro-Abtheilung zu verfügen.

[6]) Incassi von Anweisungen, Checks, Wechsel, Coupons zu Gunsten der Conto-Inhaber.

[7]) Die Einlösung von Wechseln ist wohl das Hauptgeschäft der Giro-Abtheilung. Die Wechsel werden einfach von Seite des Conto-Inhabers zur Zahlung an die Giro-Abtheilung gewiesen, wo sie dann zu seinen Lasten eingelöst werden. Die Giro-Abtheilungen der 4 Banken: Nationalbank, Credit-Anstalt, Anglobank und niederösterreichische Escompte-Gesellschaft rechnen dann im sogenannten Saldosaale (Clearinghouse) noch speciell ab, und zahlen nur sich gegenseitig den Saldo aus. Davon später.

des Creditvereines die Vortheile auseinanderzusetzen, die diese Abtheilung ihnen bringe, und einen kleinen Theil zu bewegen, an derselben Theil zu nehmen!

Das Geschäft ist so einfach, so klar als nur irgend Eines:
Der Conto-Inhaber giebt seine:
Baarbestände,
Incassi von Wechseln, Anweisungen, Coupons, Cassascheine u. s. w.
der Anstalt zur Gutschrift und
disponirt dagegen:
mittels Checks (auf beliebige Beträge ausgestellt) oder
durch Anweisung der Wechsel, Anweisungen u. s. w. zur Zahlung an die Giro-Abtheilung.

Der Vortheil ist beiderseits:
Der Conto-Inbaher hat immer sein disponibles Capital verzinslich angelegt, die
Bank dagegen bekommt eine Menge solcher Capitalien zu einem niederen Zinsfusse zur Disposition und beide, sowohl Conto-Inhaber als Bank arbeiten im gemeinnützigen Zwecke, denn sie benützen müssige Capitalien zu fruchtbringenden Zwecken. Denn hat auch A nur 1 Tag sein Capital, das er morgen braucht, bei der Bank liegen, so kann morgen B kommen, er ebenfalls auf einen oder mehrere Tage sein Capital zur Disposition überlässt u. s. w.

Uebertragungen von einem Conto auf den andern, wie es das eigentliche Geschäft der Girobanken ist, kommen bei den wiener Instituten sehr wenig vor. Die niederösterreichische Escompte-Gesellschaft hatte an Uebertragungen im verflossenen Jahre blos 72,315 Fl. 8 Kr. Es kommt dies daher, weil bei uns durch das viele Papiergeld das Zählen und die Manipulation sehr erleichtert wird. Hätten wir Metallgeld vorherrschend, so würden auch die Giro-Abtheilungen mehr benützt und der Nutzen wäre in die Augen springender. —

Eng an die Giro-Abtheilung schliesst sich der Saldo-Saal oder das Clearinghouse an. Es ist dies ein Uebereinkommen zwischen der Nationalbank, Credit-Anstalt, anglo-österreichischen Bank und der niederösterreichischen Escompte-Gesellschaft, ihre bei einem dieser vier Institute zahlbaren Wechsel, Anweisungen, Checks u. s. w. gegenseitig so auszugleichen, dass nur ein kleiner Saldo zur Baarzahlung übrig bleibt.

Die Methode ist die nämliche, wie sie im Londoner und in den amerikanischen Clearinghäusern im Gebrauche ist. Erreichte auch das Wiener Clearinghaus bis jetzt nicht jene Grösse, das ihm bezüglich seines Nutzens für die Volkswirthschaft gebührt, so ist doch nicht zu läugnen, dass schon beträchtliche Summen baares Geld durch die Methode des »clearens« erspart wurden. In Zeiten des Geldmangels tritt dann der Vortheil noch eclatanter hervor.

Das Wiener Clearinghaus wird fast nur zum Clearen der Wechsel benützt und leistet da den verschiedenen daran betheiligten Banken erheblichen Nutzen. Die Nationalbank und niederösterreichische Escompte-Gesellschaft haben wegen ihres Escompte-Geschäftes ein besonderes Interesse an dieser Institution.

Im Monate December 1864, dem ersten Monate des Bestehens, wurden von der niederösterreichischen Escompte-Gesellschaft 2,107 Mill. Fl. mit 1,682 Mill. Fl. baar beglichen, was 79,8 % vom Revirement ausmacht, also ein Ersparniss von 21,2 % an Baarem. 1865 war das Verhältniss schon günstiger. Bei einem Revirement von 34,339 Mill. Fl. wurden 21,748 Mill. Fl. baar beglichen, also 63,3 %, was schon einem Ersparniss von 36,7 % gleichkömmt. Noch günstiger gestaltete sich das Resultat 1866. In diesem Jahre hatte die niederösterreichische Escompte-Gesellschaft ein Revirement von 55,969 Mill. Fl. mit 35,077 Mill. Fl. Noten beglichen, was nur mehr 62,7 % des Revirements ausmacht und schon ein Ersparniss von 43,3 % an Noten bedeutet. Freilich nehmen sich diese Zahlen neben den riesigen englischen und amerikanischen Summen der dortigen Clearinghäuser zwerghaft aus, allein der Anfang ist gemacht und auch wir werden vorwärts kommen. Man muss nur bedenken, wie wir in Oesterreich vor 15 Jahren in Bezug auf Bankwesen noch zurück waren, und welch' riesige Fortschritte das Bankwesen gerade bei uns gemacht hat. Doch kehren wir wieder zu den Geschäften der Escompte-Gesellschaft zurück.

Die Geschäfte, die wir bis jetzt abgehandelt haben, sind alte Geschäfte der Anstalt, von ihr gehegt und gepflegt, in Oesterreich eingeführt und eingebürgert.

Neuester Zeit erst und zwar seit 1867 wandte sich die Anstalt auch dem »Bank-, Commissions- und Banquier- oder Geldwechslergeschäfte«, wie es in den Statuten heisst, zu, und zwar mit einem Erfolge, der eine ganz neue Aera der Bankthätigkeit[8]) in Oesterreich

---

8) Diese Ansicht können wir in keiner Weise theilen. Das Bankgeschäft und das Banquiergeschäft sind so verschiedene Dinge, dass wir die Verbindung derselben, so lucrativ sie momentan sein mag, nur für einen Rückschritt ansehen können und zwar für einen Rückschritt, der die grössten Gefahren für jedes solide Bankgeschäft nothwendig in sich trägt. Eine Bank ist Zahlungsinstitut, deren oberster Grundsatz sein muss, dass sie nie speculirt und die ihr zufliessenden Depositen deshalb nie in Gefahr bringen kann. Die Seele des Banquiergeschäfts ist aber gerade die Specula-

begründete. — Mit der Uebernahme des altrenommirten Geschäftes des Herrn Schnapper begann für die Anstalt die Ueberschreitung der engen Grenzen, die ihr durch ihre Statuten gezogen waren. Der Vortheil, nicht eine neue Geschäftsabtheilung zu gründen, sondern ein schon renommirtes altes Geschäft mit einer ausgedehnten Clientele zu übernehmen, war bedeutend und der Erfolg auf der Hand liegend. Es entstand auf diese Art

6) das Bank- und Wechslergeschäft der niederösterreichischen Escompte-Gesellschaft.

Ueber die Art der Geschäfte dieser Abtheilung zu sprechen, ist wohl überflüssig. Der Titel selbst sagt, in was diese Geschäfte bestehen. Der Erfolg in den letzten Jahren war derart, dass sich die andern Banken bemühten, ältere derartige Geschäfte zu übernehmen, oder neue zu gründen. Ob alle so guten Erfolg hatten, wie die niederösterreichische Escompte-Gesellschaft, wollen wir nicht untersuchen; nur das Eine wollen wir bemerken, dass es fast zur Manie wurde, entweder eine Wechselstube zu übernehmen oder zu eröffnen. Selbst selbständige Actiengesellschaften zum Betriebe von Wechselstuben wurden begründet.

Dass eine Wechselstube, solid geleitet, im Hintergrunde eine der solidesten Banken, prosperirt, ist leicht begreiflich und ist auch durch die erzielten Resultate erwiesen.

Der Gewinn belief sich in diesem Geschäftszweige auf:

Mill. Fl.
1867 0,206
1868 0,439
1869 0,552

Das für diesen Geschäftszweig verwendete Capital betrug am 31. December 1867 2,300 Mill. Fl. Mit der Uebernahme des Bank- und Wechslergeschäftes und der Erweiterung der Statuten war auch die Anstalt im Stande, sich bei verschiedenen Anlehen, Emissionen und Commissionsgeschäften zu betheiligen.

So 1867: bei dem von der Commune Wien ausgegebenen Anlehen, bei der Gründung der allgemeinen ungarischen Creditbank und an der Geldbeschaffung für die k. k. pr. Franz-Josefs-Bahn;

1868: an der 2. Emission der Actien und Prioritäten der k. k. pr. Kronprinz-Rudolfs-Bahn, an der Geldbeschaffung für die Nordwestbahn,

---

tion, die Jahre lang, wie bei dem Credit mobilier in Paris, die glänzendsten Erfolge haben und dann mit einem Schlage den völligen Ruin hervorbringen kann. D. R.

der Gründung der Innerberger Hauptgewerkschaft und k. k. priv. Wiener Handelsbank;

1869: an der Geldbeschaffung für die Actiengesellschaft der Papierfabrik zu Schlögelmühle, der Emission der Prioritäten der ungarischen Ostbahn und der Emission der Actien der Linz-Budweiser Bahn, ferner an dem Syndicate zur Emission der Actien und Prioritäten der Kaschau-Oderberger Bahn.

In dieses Jahr fällt auch die Gründung und die Geldbeschaffung für die »Allgemeine österreichische Bau-Gesellschaft« und die Uebernahme des J. C. Malvieux'schen Bankgeschäftes in Pest und dessen Umwandlung in eine Actiengesellschaft unter der Firma: »Ungarische Escompte- und Wechslerbank in Pest«. Mit der Gründung dieses Institutes sollte der Mangel einer Filiale in dem letzterer Zeit so mächtigen Aufschwung nehmenden Ungarn paralysirt werden, und wir zweifeln nicht, dass auch diese Abtheilung der Geschäftsthätigkeit der niederösterreichischen Escompte-Gesellschaft für die Mutteranstalt gewinnbringend sein wird.

Welche Dimensionen die Geschäfte der niederösterreichischen Escompte-Gesellschaft angenommen haben, erhellt am besten aus der gesammten

Cassabewegung.

In der Cassabewegung drückt sich der Umfang der ganzen Geschäfte aus. Deutlich sieht man hieraus, welche Fortschritte die Anstalt überhaupt gemacht, wie riesig die Summen des Umsatzes angewachsen sind. Der Gesammtumsatz betrug:

	Mill. Fl.		Mill. Fl.
1854 .	110,021	1862 .	618,469
1855 .	133,944	1863 .	530,148
1856 .	209,562	1864 .	636,170
1857 .	325,516	1865 .	824,017
1858 .	410,491	1866 .	972,245
1859 .	551,967	1867 .	1069,205
1860 .	461,485	1868 .	1375,439
1861 .	626,103	1869 .	1912,706

Es ist dies nach der Nationalbank die stärkste Cassabewegung bei den Wiener Creditinstituten; denn

die Creditanstalt weist für 1869 nur 1,323,866 Mill. Fl. und
die anglo-österreichische Bank nur 1,233,486 Mill. Fl.

aus. Die anderen Institute kommen mehr oder minder gar nicht an diese heran. —

Was zunächst die

»Reservefonds«

betrifft, so unterscheiden wir, wie wir schon früher Gelegenheit zu bemerken hatten, zweierlei Gattungen:

a) den Reservefond der Credittheilnehmer,
b) den Reservefond der Actionäre.

Von ersterem haben wir schon bei Betrachtung des Creditvereines gesprochen. Wir wollen nun im Nachfolgenden ein Bild des Wachsens des Reservefonds der Actionäre geben. Wir wollen aber nicht nur die jeweilige Grösse desselben, sondern auch die Zuschüsse vom Gewinne anführen.

	Guthaben des Reservefonds am 31. Dec. Mill. Fl.	5% Zuschüsse vom Gewinne. Mill. Fl.		Guthaben des Reservefonds am 31. Dec. Mill. Fl.	5% Zuschüsse vom Gewinne. Mill. Fl.
1854	0,004	0,004	1862	0,122	0,025
1855	0,001	0,010	1863	0,145	0,023
1856	0,015	0,014	1864	0,061	0,016
1857	0,026	0,016	1865	0,194	0,034
1858	0,037	0,014	1866	0,227	0,033
1859	0,059	0,019	1867	0,260	0,033
1860	0,071	0,018	1868	0,313	0,052
1861	0,096	0,025	1869	0,392	0,079

Wir hätten somit sämmtliche Geschäfte der niederösterreichischen Escompte-Gesellschaft besprochen und es erübrigt uns nur noch die Frage: Welches ist denn die Rentabilität der Actien dieser Gesellschaft?

Wir müssen gestehen, dass die Beantwortung einer solchen Frage: der Rentabilität einer Actie, grossen Schwierigkeiten unterliegt. Die Rentabilität der Actie eines Institutes, wie die Credit-mobiliers sind, ist geradezu gar nicht möglich, denn nicht nur, dass die Geschäfte der Credit-mobiliers mehr oder minder vom Zufalle abhängen, ist das Risico bei diesen Geschäften und die Annahme der im Course so variablen Actienportefeuilles so verschieden, dass eine von früheren Jahren basirte Berechnung fast zur Unmöglichkeit wird. Man kann zwar berechnen, wie viel eine solche Actie im Durchschnitte in den verflossenen Jahren getragen, nie aber, wie viel sie, und wenn nur ein Paar Tage bis zum Schlusse des Jahres fehlen, das laufende oder gar das nächste Jahr tragen wird, weil eben eine Börsenkrisis, wie wir sie in der jetzigen bewegten Zeit so oft erleben, die ganze Berechnung über den Haufen werfen kann [9]).

---

9) Wir wollen nur hier die Brochüre: „Die österreichische Credit-Anstalt für Handel und Gewerbe von N. Löwenick" anführen, die sich damit befasst, den Werth einer Creditactie zu bestimmen. — Wie gesagt, ist die Berechnung und Cal-

Ganz anders bei einer Gesellschaft, deren Hauptgeschäfte so constante Geschäfte wie das Escompte- und Depositengeschäft sind. Da lässt sich leichter eine Berechnung der Rentabilität annähernd bewerkstelligen. Der Creditverein der niederösterreichischen Escompte-Gesellschaft ist der Actiengesellschaft gegenüber gewissermassen der Bürge für die im Escomptegeschäfte anliegenden Capitalien. Die Actionäre können im Creditinhaber-Escomptegeschäfte nie etwas verlieren, da alle Verluste im Creditinhaber-Escomptegeschäfte dem Vereine zur Last fallen. Wir bemerken auch in der nachfolgenden Tabelle bei Angabe der Dividende eine gewisse Stabilität. Bis zum Jahre 1867 war die Verzinsung des Actiencapitales fast immer eine 8—9procentige. Erst von 1867 an stieg die Dividende über 9 %. Der Grund dieser abnormen Erscheinung liegt in den neuen Geschäften, welche die Gesellschaft unternahm. So kam das Bank- und Wechslergeschäft an die Gesellschaft, ferner betheiligte sie sich an verschiedenen Consortialgeschäften. Ueberhaupt aber waren diese beiden Jahre den älteren Banken besonders günstig durch die neuen Gründungen, die gang und gäbe waren. Die Abnormität in der Dividende rührt also nicht von den älteren Geschäften der Gesellschaft, sondern von der günstigen Conjunctur im Allgemeinen und insbesondere im Gründungsgeschäfte her.

	Reingewinn. Tausende Fl.	Davon: 15% für den Reservefond der Cred.-Inhaber. Tausende Fl.	5% Tantième für das Comité. Tausende Fl.	5% für den Reservefond der Actionäre. Tausende Fl.	5% für den Verwaltungsrath. Tausende Fl.	Dividende. %
1854	68,662	12,977	4,326	4,325	4,325	5
1855	191,412	31,444	10,481	10,481	10,481	7
1856	277,173	35,227	11,742	13,858	13,858	8
1857	321,773	38,924	12,974	16,088	16,088	$8\frac{1}{5}$
1858	280,002	36,888	12,296	14,000	14,000	$7\frac{2}{5}$
1859	370,811	39,290	13,096	18,540	18,540	8
1860	374,293	40,979	13,659	18,714	18,714	8
1861	500,668	48,945	16,315	25,033	25,033	$9\frac{1}{2}$
1862	504,994	48,024	16,008	25,250	25,250	$9\frac{3}{5}$
1863	454,038	46,460	15,486	22,702	22,702	9
1864	317,544	32,173	10,724	15,877	15,877	$7\frac{1}{2}$
1865	677,492	30,181	10,060	33,875	33,875	$8\frac{1}{10}$
1866	666,347	27,383	9,127	33,171	33,171	8
1867	659,715	14,653	4,885	32,986	32,986	$8\frac{1}{5}$
1868	1036,813	15,640	5,213	51,840	51,840	13
1869	1574,032	12,015	4,005	78,702	78,702	20

culation auch nur annähernd so schwierig, dass uns das herausgebrachte Resultat einer durchschnittlich über 15 % Verzinsung zu gewagt erscheint.

Die Erträgnisse aus den wichtigsten Geschäftszweigen waren:

	aus dem Esc.-Geschäfte der Credit-Inhaber. Mill. Fl.	aus dem Börsen-Escompte-Geschäfte. Mill. Fl.	aus dem Vorschussgeschäfte. Mill. Fl.
1854	0,481	—	—
1855	0,538	—	—
1856	0,772	0,132	—
1857	1,098	0,263	—
1858	1,282	0,158	0,008
1859	1,319	0,605	0.077
1860	1,221	0,369	0,047
1861	1.659	0,853	0,041
1862	1,618	0,636	0,055
1863	1,467	0,567	0,061
1864	1,457	0,605	0,042
1865	1,282	0,895	0,195
1866	1,079	0,876	0,278
1867	0,742	0,659	0,150
1868	0,780	0,510	0,278
1869	0,869	0,654	0,123

Die Abnahme des Erträgnisses im Escompte-Geschäfte liegt wohl in den allgemeinen Verhältnissen überhaupt, der immer mehr zunehmenden Concurrenz und theilweise in dem niederen Zinsfusse, der in den letzten Jahren herrschte. Die politische Unsicherheit im Innern und die Kriege thaten ihr gutes Theil dazu. Nichtsdestoweniger hielt die Gesellschaft das Escompte-Geschäft mit richtiger Erkenntniss für ihr wichtigstes Geschäft, und unterwarf die Statuten des Credit-Vereines einer Revision, dehnte die Wirksamkeit des Vereines über die ganze Monarchie aus, und suchte so denselben zu stärken. Alle diese Massregeln, von denen wir schon jetzt sagen können, sie seien von dem besten Erfolge gekrönt, haben eine Hebung des Escompte-Geschäfts zur Folge, die bereits in der Bilanz für 1870 in einer bedeutenden Steigerung constatirt werden kann. —

Ein bedeutendes Erträgniss lieferte in den letzten drei Jahren das Bank- und Wechslergeschäft und ihm hat man es vornehmlich zu zuschreiben, ;dass eine bedeutendere Dividende, ein Mehr über die gewöhnliche Dividende von 8—9 %, vertheilt werden konnte. Dem Jahre 1869 kommt aber noch jener ausserordentliche Gewinn zu Gute, der im Effectencourse gemacht wurde. (Bau-Gesellschaft, Innerberger Schlögelmühle u. s. w.)

Dieses aussergewöhnliche Erträgniss erreichte 572,458,09, so dass von diesem allein schon pr. Actie 40 Fl. vertheilt werden konnte.

Der letzte Rechenschaftsbericht erwähnt auch der Prosperität des Bank- und Wechslergeschäftes besonders, »welches durch die allgemein günstige Conjunctur, die einen andauernd lebhaften Verkehr in Werth-effecten zur Folge hatte, im hohen Grade zum Erfolge beitrug« und »des schmeichelhaften Vertrauens des Publikums, das trotz gesteigerter Concurrenz der Anstalt im vollsten Masse sein Vertrauen schenkt«.

Das Programm der Anstalt von ihrem Beginne bis heute, die Norm für alle Geschäfte ist im Rechenschaftsberichte für das verflossene Jahr kurz und richtig angedeutet, wo es heisst: »Im Hinblicke auf die zahlreichen Unternehmungen, welche der mächtige Aufschwung des Vorjahres in's Leben rief, war dem Verwaltungsrathe die Pflicht nahegelegt, im Interesse der Herren Actionäre jene, auch das öffentliche Wohl fördernden Gelegenheiten wahrzunehmen, welche den Zwecken der Anstalt gemäss nützbar zu machen waren, andererseits aber **möglichst jedes Geschäft zu vermeiden, mit welchem eine unverhältnissmässige Gefahr verbunden zu sein schien.**« —

VI.
Ueber die Verbreitung der wichtigsten Social-Krankheiten im Regierungsbezirk Merseburg,

nämlich:

des Armen-, Verbrecher-, Vagabunden- und Ziehkinderwesens.

Von

Dr. **C. F. Koch**,
Regierungs- und Geheimen Medicinalrathe.

In nachstehender Abhandlung übergiebt der Verfasser die statistische Darstellung der verschiedenen Verbreitung der oben gedachten Social-Krankheiten in dem für diese Angelegenheit besonders instructiven Regierungsbezirk Merseburg, indem sich in ihm die verschiedensten socialen Zustände vorfinden. Da Stadt und Land der landräthlichen Kreise sich zu jenen Krankheiten verschieden verhalten, sind beide aus einander gehalten worden.

Auf die Erfahrung hin, dass der menschliche Wille bei all' seiner souverainen Selbstherrlichkeit doch durch eine Menge äusserer Dinge stark beeinflusst wird, behält sich der Verfasser vor, in nächster Zeit unter besonderer Berücksichtigung der den Social-Krankheiten entgegenwirkenden Momente, eine Land und Leute umfassende statistische Beschreibung des Regierungsbezirks zu liefern, der sich Nutzanwendungen anschliessen werden, welche aus beiden Denkschriften zum Zweck der Beschränkung der Social-Krankheiten gezogen werden möchten.

Abschnitt A. Armenwesen.

Unter Armuth ist hier das Unvermögen verstanden: a. an den öffentlichen Lasten den gebührenden Antheil zu nehmen; b. den eigenen Lebensunterhalt ohne fremde Hülfe zu erlangen. Ueber die erste Classe der Armen geben die Regierungs-Acten in den Classensteuer-Tabellen für die der Mahl- und Schlachtsteuer nicht unterworfenen Ortschaften sichere Auskunft, während über die zweite Classe, der Almosengenossen, die Gewerbe-Tabelle von 1858 Angaben enthält, für deren Vollständigkeit nicht eingestanden werden kann, da die Privat-Wohlthätigkeit sich der Kenntniss der Behörden zu entziehen pflegt, doch dürften auch sie einen brauchbaren Anhalt gewähren.

1) Classensteuerfreie wegen Armuth.

In der Stadtreihe fallen Naumburg, Zeitz und Halle aus, weil hier die gesammte Stadtbevölkerung mahl- und schlachtsteuerpflichtig ist.

Ausserdem giebt der Procentsatz der Steuerfreien zur Seelenzahl von 1864 folgende Reihen:

	Städte.	Land.	Ordnungsnummer.
1) Weissenfels	1,28	0,44	1
2) Mansfelder Seekreis .	2,30	1,60	7
3) Saalkreis	2,58	1,17	5
4) Merseburg	2,84	0,83	3
5) Schweinitz	2,86	2,10	14
6) Bitterfeld	3,68	1,72	9
7) Mansfelder Gebirgskreis	3,79	1,73	10
8) Sangerhausen . . .	3,85	1,41	6
9) Querfurt	3,89	1,02	4
10) Eckartsberga . . .	4,38	1,78	11
11) Delitzsch	4,56	1,85	12
12) Torgau	6,40	3,41	16
13) Wittenberg . . .	7,05	2,07	13
14) Liebenwerda . . .	7,09	2,52	15
Naumburg	—	0,74	2
Zeitz	—	1,67	8

In der Stadtreihe haben nur die Kreise Delitzsch, Liebenwerda und der Saalkreis im Jahre 1864 gegen 1858 eine Vermehrung der Steuerfreien um $1/2 - 1\%$ erfahren, ausserdem hat sich deren Zahl überall vermindert, am meisten im Mansfelder Seekreise, Bitterfeld, Mansfelder Gebirgskreise, Querfurt und Sangerhausen in der ansehnlichen Höhe von $1 - 2\%$.

In der Landreihe hat ihre Verminderung durchgängig stattgefunden und zwar in Delitzsch, Wittenberg und Querfurt über $1/2$, ausserdem **unter $1/2\%$.**

Dass die erfreuliche Thatsache der Abnahme der Zahl der Steuerfreien mindestens nicht allein einer verschärften Strenge bei der Einschätzung zuzuschreiben ist, wird dadurch bewiesen, dass im Jahre 1861, wo die Preise der gebräuchlichsten Nahrungsmittel eine erhebliche Steigerung erfahren hatten, in den Kreisen Sangerhausen, Torgau und Wittenberg auch die Zahl der Steuerfreien zugenommen hatte.

2) Almosen-Genossen.

Die Almosen-Genossen betragen an Procenten der Seelenzahl:

	Städte.	Land.	Ordnungsnummer.
1) Saalkreis	1,32	1,00	12
2) Mansfelder Gebirgskreis	1,36	0,90	11
3) Torgau	1,39	1,31	15
4) Schweinitz	1,68	1,90	16
5) Eckartsberga	1,69	0,84	7
6) Liebenwerda	1,69	1,11	14
7) Halle	1,76	—	—
8) Wittenberg	1,80	0,81	5
9) Sangerhausen	1,99	0,66	3
10) Weissenfels	2,12	0,56	1
11) Querfurt	2,48	0,89	7
12) Zeitz	2,49	0,89	9
13) Merseburg	2,66	0,66	2
14) Naumburg	3,01	1,04	13
15) Bitterfeld	3,48	0,90	10
16) Delitzsch	3,78	0,84	6
17) Mansfelder Seekreis	3,86	0,70	4

Die Zahl der Almosen-Genossen auf dem Lande ist hiernach bedeutend geringer, als in den Städten, einmal weil dort Personen mit gebrochener Arbeitskraft noch leichter den nothdürftigen Unterhalt finden, sodann weil es fast allgemeiner Brauch ist, anbrüchige Personen den Städten zuzuschieben.

Die Vergleichung der Procentsätze der Steuerfreien und Almosen-Genossen ergiebt in folgenden Abstufungen ein Mehr der Steuerfreien mit Ausnahme des Stadtkreises Merseburg und des Landkreises Naumburg, wo die Zahl der Almosen-Genossen diejenigen der Steuerfreien etwas überwiegt:

	Städte.	Land.	Ordnungsnummer.
1) Merseburg	— 0,06	+ 0,27	3
2) Weissenfels	+ 0,06	+ 0,13	2
3) Delitzsch	+ 0,31	+ 0,69	7
4) Saalkreis	+ 0,61	+ 0,37	4

Ueber d. Verbreitung d. wichtigsten Social-Krankheiten i. Reg. Merseburg. 327.

	Städte.	Land.	Ordnungsnummer.
5) Mansfelder Seekreis	+ 0,93	+ 1,17	11
6) Bitterfeld	+ 1,87	+ 0,97	10
7) Schweinitz ...	+ 1,91	+ 0,52	5
8) Querfurt	+ 2,80	+ 0,67	6
9) Sangerhausen ..	+ 3,29	+ 0,91	9
10) Eckartsberga ..	+ 3,65	+ 1,21	12
11) Mansf. Gebirgskreis	+ 3,74	+ 1,28	13
12) Liebenwerda...	+ 4,99	+ 1,48	14
13) Torgau	+ 5,80	+ 2,13	16
14) Wittenberg ...	+ 5,85	+ 2,10	15
15) Naumburg ...	—	— 0,04	1
16) Zeitz	—	+ 0,78	8

Dass in ärmeren Kreisen die Zwischenstufen zwischen Personen, die an öffentlichen Lasten Theil zu nehmen unvermögend sind, und denen, welche zu ihrer Existenz fremder Unterstützung bedürfen, zahlreicher ist, liegt in der Natur.

Der Unterschied in den drei letzten Stadtkreisen Liebenwerda, Torgau und Wittenberg ist aber so bedeutend, dass darin eine Aufforderung liegen möchte, nicht sowohl die Zahl der Almosen-Genossen zu vermehren — dadurch würde nur die Gefahr der Verwilderung zunehmen — als vielmehr auf Mittel zu denken, wenigstens einen Theil der Genossen der Zwischenstufe z. B. durch Beförderung von Fabrikanlagen steuerfähig zu machen.

3) Preise der gebräuchlichsten Nahrungsmittel.

Die grössere oder geringere Schwierigkeit für Beschaffung der täglichen Nahrung, die im Arbeiterstande den bei Weitem grössten Aufwand fordert, steht im engsten Zusammenhange mit der Armuth. Jene vergrössert die Zahl der Hülfsbedürftigen und steigert die Noth, sowie sie die Fähigkeit, öffentliche Lasten zu tragen, vermindert.

Wir befinden uns in der glücklichen Lage, dass die tägliche Nahrung sich nirgends von selbst darbietet, sondern durch straffe Arbeit gewonnen werden muss, während die langen und harten Winter, in denen in der Regel wenig verdient werden kann, zur Sparsamkeit und Selbsteinschränkung nöthigen. Arbeit und Sparsamkeit, die beiden wichtigsten Grundlagen der socialen Gesundheit werden durch die Natur in fast unwiderstehlicher Weise abgezwungen.

Nachstehende Notizen sind aus den monatlich der Regierung eingereichten Markt-Berichten entnommen.

Als Marktorte sind hier Liebenwerda, Eisleben, Merseburg, Naumburg, Sangerhausen, Herzberg, Torgau, Weissenfels, Wittenberg, Zeitz und Halle berücksichtigt.

Es sind nur die Preise des Roggens, der beiden gebräuchlichsten Fleischarten, des Rind- und Schweinefleisches, und der Kartoffeln angegeben.

Auffällig ist die Selbstständigkeit der Marktorte, insofern die Preisunterschiede trotz der zahlreichen und guten Verkehrsanstalten wenig zur Ausgleichung gekommen sind.

Der siebenjährige Durchschnittspreis des Scheffels Roggen von 1858 bis 1864 hat sich in nachstehender Reihenfolge der Marktorte gesteigert:

1) Liebenwerda . mit $55\frac{8}{12}$ Sgr.
2) Herzberg. . . „ $56\frac{3}{12}$ „
3) Eisleben . . . „ $57\frac{1}{12}$ „
4) Wittenberg . . „ $57\frac{1}{12}$ „
5) Torgau . . . „ 59 „
6) Merseburg . . „ $59\frac{8}{12}$ „
7) Naumburg . . mit $60\frac{2}{12}$ Sgr.
8) Sangerhausen . „ $60\frac{2}{12}$ „
9) Halle . . . . „ $60\frac{4}{12}$ „
10) Zeitz . . . . „ $60\frac{9}{12}$ „
11) Weissenfels . . „ $62\frac{2}{12}$ „

Der Preis des Rindfleisches hat von 3—5 Sgr. für das Pfund geschwankt, und zwar in nachstehender Reihenfolge:

1) Liebenwerda . . . 3 Sgr.
2) Herzberg . . . . $3\frac{3}{12}$ „
3) Eisleben . . . . $3\frac{1}{2}$ „
4) Torgau . . . . . 4 „
5) Sangerhausen . . $4\frac{1}{12}$ „
6) Zeitz . . . . . $4\frac{2}{12}$ „
7) Weissenfels . . . $4\frac{5}{12}$ Sgr.
8) Wittenberg . . . $4\frac{5}{12}$ „
9) Naumburg. . . . $4\frac{6}{12}$ „
10) Merseburg. . . . $4\frac{7}{12}$ „
11) Halle . . . . . 5 „

Für das Schweinefleisch gilt folgende Reihe:

1) Herzberg . . . . $4\frac{3}{12}$ Sgr.
2) Weissenfels . . . $4\frac{5}{12}$ „
3) Sangerhausen. . . $4\frac{9}{12}$ „
4) Liebenwerda . . . $4\frac{10}{12}$ „
5) Merseburg . . . . $4\frac{11}{12}$ „
6) Eisleben . . . . 5 „
7) Naumburg . . . . 5 Sgr.
8) Torgau . . . . . 5 „
9) Wittenberg . . . 5 „
10) Halle . . . . . 5 „
11) Zeitz . . . . . $5\frac{2}{12}$ „

Für die Kartoffeln:

1) Sangerhausen . . $14\frac{1}{12}$ Sgr.
2) Herzberg. . . . 15 „
3) Liebenwerda . . $15\frac{1}{2}$ „
4) Wittenberg . . . $17\frac{2}{12}$ „
5) Torgau . . . . $17\frac{5}{12}$ „
6) Eisleben . . . . $17\frac{8}{12}$ „
7) Zeitz . . . . . $17\frac{8}{12}$ Sgr.
8) Naumburg . . . $19\frac{7}{12}$ „
9) Merseburg . . . $20\frac{7}{12}$ „
10) Halle . . . . . $20\frac{9}{12}$ „
11) Weissenfels . . . $24\frac{8}{12}$ „

Mit Ausnahme von Sangerhausen harmoniren die Roggenpreise mit denen der Kartoffeln. Dort scheint Production und Angebot der Kartoffeln überwiegend gewesen zu sein. Auffällig ist, dass die höhern Preise sich gerade in den fruchtbareren Landstrichen, und die niedrigen in den minder fruchtbaren finden, vermuthlich wegen der in ersteren stattfindenden verstärkten Nachfrage in Folge des Uebergewichts des Verbrauchs durch den in der Grossindustrie beschäftigten Arbeiterstand.

Bei Vergleichung der Durchschnitte für die einzelnen Jahrgänge zeigt sich in den Jahren 1860—62 allgemein eine Steigerung des Roggenpreises, nicht aber des Fleisches, weil im Arbeiterstande bei knapperem Verdienste, oder höheren Kosten des nothwendigen Unterhalts zuerst der Fleischverbrauch eingeschränkt zu werden pflegt; zweitens weil der Landmann bei der Futtertheuerung das natürliche Bestreben hat, seinen Viehstand zu vermindern, also auch zu geringeren Preisen abzugeben.

Ueber das Armen-Krankenwesen wird in der Abtheilung unter den den socialen Krankheiten entgegenwirkenden Momenten des Weiteren verhandelt werden.

Abschnitt B. Verbrecherwesen.

Als Unterlagen sind benutzt worden:
a. die Uebersichten über die Verbrechen in den 12 Kreisgerichten mit ihren Gerichts-Commissionen, welche das Appellations-Gericht zu Naumburg jährlich an die Regierung sendet, nebst unmittelbaren Mittheilungen des Appellations-Gerichts-Präsidenten Koch, dessen kräftige Unterstützung zur Förderung des Unternehmens ich dankend zu erwähnen habe;
b. die Verbrechen-Repertorien der Kreisgerichte und Gerichts-Commissionen aus den Jahren 1858 und 1864;
c. die Berichterstattungen der Strafanstalten zu Halle, Lichtenburg, Delitzsch und der Correctionsanstalt zu Zeitz an die Regierung.

1) Nachweisungen der Kreisgerichte.

Der Regierungsbezirk ist in 12 Kreisgerichte von sehr verschiedenem Umfang getheilt, leider mit geringer Berücksichtigung der landräthlichen Kreis-Eintheilung.

Die Reihenfolge der Kreisgerichte nach der Gesammtheit der Verbrechen ist folgende:

1) Liebenwerda . mit 3,46 vom Tausend der Seelenzahl
2) Sangerhausen „ 3,50 „ „ „ „
3) Eisleben . . „ 3,51 „ „ „ „
4) Querfurt . . „ 3,54 „ „ „ „
5) Delitzsch . . „ 3,63 „ „ „ „
6) Zeitz . . . „ 4,25 „ „ „ „
7) Wittenberg . „ 4,32 „ „ „ „
8) Naumburg . „ 4,87 „ „ „ „
9) Eilenburg . „ 5,71 „ „ „ „
10) Merseburg . „ 5,79 „ „ „ „
11) Halle . . . „ 5,88 „ „ „ „
12) Torgau . . „ 6,28 „ „ „ „

Die Summen der Verbrechen, sowohl in den verschiedenen Kreisgerichten nach den Jahrgängen von 1858—1864, als auch in den Hauptsummen der Jahrgänge selbst zeigen keine bedeutenden Schwankungen.

In den letztern zeichnet sich die des Jahres 1860 aus, welche für den ganzen Regierungsbezirk $1/_{12}$ Verbrechen über das Mittel hinausgehend enthält, anscheinend in Uebereinstimmung mit der damaligen grösseren Theuerung der Lebensmittel. Indess sind in den Gerichtsbezirken von Eisleben, Naumburg, Sangerhausen und Zeitz andere und namentlich die drei letzten Jahre fruchtbarer an Verbrechen gewesen, es müssen hier also andere mitwirkende Ursachen zur überwiegenden Geltung gekommen sein.

Die Classificirung der Verbrechen in 35 Rubriken nach Anleitung des Strafgesetzbuches, deren sich die Kreisgerichte in ihren tabellarischen Nachweisungen bedienen, konnte ohne Gefahr, die Uebersicht über das Ganze zu verlieren und die vorliegende Arbeit ganz ungeniessbar zu machen, nicht füglich beibehalten werden.

Es war daher nöthig, die Zahl der Kategorieen erheblich zu vermindern, und besonders solche Verbrechen einer ausführlichen Behandlung zu unterziehen, welche durch ihr häufiges Vorkommen sich auszeichnen.

Die Eintheilung hat nun folgendermassen stattgefunden:

1) Diebstahl mit seinen verschiedenen Unterarten.

Die seltenen Fälle von Raub und Erpressung sind in die Kategorie des schweren Diebstahls aufgenommen worden.

2) Betrug und Unterschlagung.

In diese Kategorie sind theils wegen ihrer Verwandtschaft, theils wegen des zu geringen Umfangs, um für sich zu statistischen Folgerungen zu berechtigen, folgende Verbrecherarten zugezählt worden: Hehlerei, Fälschung, Bankerott, falsche Anschuldigung und Meineid.

3) Geschlechtliche Verbrechen.

Bigamie, Vorspiegelung der Heirath, Unzucht mit Pflegebefohlenen oder unreifen Personen, widernatürliche Befriedigung des Geschlechtstriebes, Nothzucht, öffentliche grobe Verletzung der Schaamhaftigkeit, Kuppelei und gewerbmässige Unzucht umfassend.

4) Verbrechen wider das Leben, nämlich Mord, Kindesmord, Abtreibung der Leibesfrucht, Todtschlag, Verletzungen, denen der Tod gefolgt ist, und fahrlässige Tödtung, alle in einer so geringen Zahl von Straffällen, dass sie zusammen nur ½ Procent der gesammten Verbrecherzahl betragen.

5) Körper-Verletzung.

6) Vermögens-Beschädigung.

7) Gemeingefährliche Verbrechen.

8) Widerstand gegen die Staatsgewalt. Dahin ist gezählt: Aufruhr, Widersetzlichkeit gegen die Organe der Staatsgewalt, Beleidigungen der Staatsbeamten in Bezug auf ihren Beruf.

9) Arbeitsscheu, Landstreicherei, Bettelei.

a. Der Diebstahl, 50,18 % der Gesammtheit der Verbrechen ausmachend, ergiebt die nachstehende Reihenfolge der Gerichtsbezirke:

im 3jährigen Durchschnitte von 1858, 1861 und 1864.

1) Querfurt . . mit 10,04 von 10,000 der Seelenzahl
2) Liebenwerda. „ 13,71 „ „ „ „
3) Naumburg . „ 15,35 „ „ „ „
4) Halle . . . „ 15,53 „ „ „ „
5) Sangerhausen „ 17,17 „ „ „ „
6) Eisleben . . „ 18,30 „ „ „ „
7) Wittenberg . „ 18,34 „ „ „ „
8) Delitzsch . . „ 19,48 „ „ „ „
9) Zeitz . . . „ 21,18 „ „ „ „
10) Merseburg . „ 21,59 „ „ „ „
11) Eilenburg . „ 23,68 „ „ „ „
12) Torgau . . „ 24,13 „ „ „ „

b. Betrug, 16,26 % der Gesammtheit der Verbrechen bildend, ist in folgender Reihenfolge hervorgetreten:

1) Liebenwerda. mit 2,92 von 10,000 der Köpfe
2) Querfurt . . „ 3,40 „ „ „ „
3) Sangerhausen „ 4,51 „ „ „ „

4) Delitzsch . . mit 4,55 von 10,000 der Köpfe
5) Wittenberg . „ 5,30 „ „ „ „
6) Eisleben . . „ 5,44 „ „ „ „
7) Zeitz . . . „ 6,15 „ „ „ „
8) Torgau . . „ 6,21 „ „ „ „
9) Naumburg . „ 7,06 „ „ „ „
10) Merseburg . „ 8,32 „ „ „ „
11) Halle . . . „ 8,72 „ „ „ „
12) Eilenburg . „ 9,61 „ „ „ „

c. Geschlechtliche Verbrechen, 3,76%, die Hauptsumme der Verbrechen sind auf 10,000 Seelen vorgekommen in:

1) Querfurt . . . . . 0,16 | 7) Eilenburg 1,04
2) Eisleben . . . . . 0,49 | 8) Merseburg 1,09
3) Wittenberg . . . . 0,59 | 9) Zeitz 1,16
4) Delitzsch . . . . 0,61 | 10) Naumburg 1,84
5) Liebenwerda . . . 0,62 | 11) Torgau 2,03
6) Sangerhausen . . . 0,67 | 12) Halle 4,68

Halle nimmt wegen der grossen Zahl der wegen gewerblicher Unzucht bestraften Frauenzimmer eine Ausnahmestellung ein.

d. Verbrechen wider das Leben, 0,50% der Verbrecherzahl einnehmend, sind in folgender Reihenfolge nach 100,000 der Seelenzahl vorgekommen:

1) Sangerhausen) sind ganz frei | 7) Liebenwerda . . . 1,56
2) Zeitz . . .) geblieben | 8) Querfurt 1,62
3) Wittenberg . . . . 0,38 | 9) Eilenburg 1,97
4) Eisleben . . . . . 0,40 | 10) Naumburg 2,70
5) Delitzsch . . . . 0,46 | 11) Torgau 4,38
6) Merseburg . . . . 0,47 | 12) Halle 4,83

e. Körper-Verletzung, 5,34% von der Summe der Verbrechen, zeigt auf 10,000 Seelen berechnet folgende Reihe:

1) Eisleben . . . . 1,02 | 7) Querfurt 2,16
2) Liebenwerda . . . 1,14 | 8) Merseburg 2,19
3) Delitzsch . . . . 1,33 | 9) Wittenberg 2,70
4) Naumburg . . . . 1,64 | 10) Halle 2,90
5) Eilenburg . . . . 1,78 | 11) Sangerhausen . . . 2,91
6) Zeitz . . . . . . 1,78 | 12) Torgau 3,25

f. Vermögens-Beschädigung, 1,67% der Gesammtsumme einnehmend, bildet folgende Reihe nach 100,000 Seelen berechnet:

1) Eilenburg . . . . 0,84 | 3) Delitzsch 3,06
2) Merseburg . . . . 1,09 | 4) Naumburg 4,12

5) Zeitz 4,37
6) Torgau 4,70
7) Sangerhausen . . . 6,94
8) Querfurt 6,95
9) Wittenberg 7,07
10) Liebenwerda . . . 7,82
11) Eisleben 10,27
12) Halle 13,31

g. Gemeingefährliche Verbrechen, 0,51 % der Gesammtsumme betragend, veranlassen folgende Reihenfolge auf 100,000 Seelen berechnet:

1) Delitzsch 1,07
2) Merseburg 1,09
3) Naumburg 1,49
4) Halle 1,95
5) Liebenwerda . . . 2,03
6) Eisleben 2,26
7) Querfurt 2,31
8) Wittenberg 2,92
9) Sangerhausen . . . 3,08
10) Eilenburg 3,67
11) Zeitz 4,96
12) Torgau 5,22

h. Widerstand gegen die Staatsgewalt, 6,02 % der Hauptsumme betragend, vertheilt sich auf 10,000 Seelen berechnet folgendermassen:

1) Sangerhausen . . . 1,20
2) Eisleben 1,60
3) Torgau 1,69
4) Zeitz 1,83
5) Querfurt 1,85
6) Delitzsch 2,25
7) Halle 2,62
8) Liebenwerda . . . 2,65
9) Naumburg 2,79
10) Merseburg 3,45
11) Wittenberg 3,60
12) Eilenburg 3,95

i. Landstreicherei, 15,76 % der Gesammtsumme betragend, ist unter 10,000 Seelen bestraft worden:

1) Eisleben . . mit 2,66 Straffällen
2) Wittenberg . „ 2,92 „
3) Liebenwerda „ 3,01 „
4) Sangerhausen „ 3,48 „
5) Querfurt . . . „ 3,77 „
6) Halle . . . . „ 5,69 „
7) Naumburg . mit 6,29 Straffällen
8) Delitzsch . . „ 6,85 „
9) Zeitz . . . . „ 8,31 „
10) Torgau . . . „ 9,92 „
11) Eilenburg . . „ 12,83 „
12) Merseburg . „ 13,18 „

2) Auszüge aus den Verbrechen-Repertorien der Kreisgerichte.

Die vorstehende aus den Zahlenangaben der Gerichte hervorgegangene Berechnung enthält auch Untersuchungsfälle, welche zur Freisprechung geführt, ferner Straffälle, welche Ausländer oder nicht zum Regierungsbezirke gehörige Personen betroffen haben.

Es ist aber von nicht geringem anthropologischen Interesse, das abweichende Verhältniss der hier aufgewachsenen Stadt- und Landbevölkerung zu den verschiedenen Verbrechen, ferner der beiden Geschlechter zu einander, des Lebensalters und der gewerblichen Beschäftigung der Sträflinge genauer kennen zu lernen, und zwar unter Zugrundelegung der landräthlichen Kreise, an welchen auch in der Abtheilung zur Ermittelung der die Social-Krankheiten fördernden und ihnen gegenwirkenden Momente hat festgehalten werden müssen.

Hierzu war die Einsicht in die Verbrechen-Repertorien der Kreisgerichte und Gerichts-Commissionen erforderlich, die dem Verfasser gleichfalls durch den Appellations-Gerichts-Präsidenten Koch zugänglich gemacht worden sind.

Die mühsame Sammlung und Vertheilung der Notizen, sowie die Schwierigkeit, manche von den Kreisgerichten zur einstweiligen Ueberlassung der Repertorien zu bewegen, veranlasste die Einschränkung der Untersuchung auf nur zwei Jahre, nämlich 1858 und 1864, obwohl ihre Ergebnisse natürlich sehr an Sicherheit gewonnen haben würden, wenn mehrere Jahrgänge mit einander verglichen worden wären. —

1) Diebstahl.

Der ausserordentliche Umfang des obigen Verbrechens hat eine Sonderung der verschiedenen Arten rathsam gemacht, und zwar a. des einfachen Diebstahls; b. des Diebstahls im Rückfalle; c. im wiederholten Rückfalle; d. des schweren Diebstahls; e. des schweren Diebstahls im Rückfall und f. des wiederholten Holzdiebstahls.

a. Einfacher Diebstahl.

a. Zahl.

Die Vertheilung der jährlichen Straffälle auf die Seelenzahl von 1864 giebt folgende Reihenfolge:

	Städte.	Land.	Ordnungsnummer.
1) Liebenwerda . . . . auf	797	1316	3
2) Mansfelder Seekreis . . „	797	874	12
3) Zeitz . . . . „	762	1242	4
4) Sangerhausen . . . . „	676	665	15
5) Schweinitz . . . . . „	669	1413	1
6) Halle . . . . „	648	—	—
7) Weissenfels . . . . „	635	1064	9
8) Merseburg . . . . . „	624	1141	7
9) Mansfelder Gebirgskreis „	609	1203	6
10) Wittenberg . . . . . „	587	1198	5
11) Naumburg . . . . . „	551	1373	2
12) Saalkreis . . . . . „	514	1123	8
13) Bitterfeld . . . . . „	491	724	13

	Städte.	Land.	Ordnungsnummer.
14) Torgau . . . . . . auf	422	557	16
15) Querfurt . . . . . „	412	986	11
16) Delitzsch . . . . . „	376	1012	10
17) Eckartsberga . . . . „	372	671	14

Während in den Städten schon auf 565 Köpfe 1 Diebstahl fällt, geschieht dies auf dem Lande erst mit 913. Die Häufigkeit der Diebstähle in den Städten verhält sich mithin zu der des Landes wie 1,62 zu 1.

Hierbei dürfte, wie dem Verfasser vom hiesigen Staatsanwalt Steinkopf suppeditirt worden ist, zu berücksichtigen sein, dass auf dem Lande (wegen Abneigung der Bauern gegen Denunciationen) viele Diebstähle gar nicht zur Anzeige kommen; oft auch deshalb nicht, weil sie gleich auf der Stelle br. m. vom Damnificaten selbst oder vom Dorfgerichtspersonal abgestraft werden und endlich die gerade sehr häufigen Felddiebstähle — nach der Feld-Polizei-Ordnung als blosse Uebertretungen ihre Erledigung finden. —

Die Kreise Torgau, Eckartsberga und Bitterfeld stehen für Stadt und Land zugleich in ungünstiger Stelle, Sangerhausen und der Mansfelder Seekreis nur für das Land, Delitzsch und Querfurt nur für die Städte, während Schweinitz, Liebenwerda und Zeitz in Stadt und Land am günstigsten gestellt sind.

β. Geschlecht, Alter.

Von der Gesammtsumme der jedem Geschlecht zur Last fallenden Diebstähle, von denen in den

Städten 64,90 % auf das männliche und
        35,10 „ auf das weibliche treffen, für das
Land 71,23 „ auf das männliche,
        28,77 „ auf das weibliche fallen,

kommen auf das Alter:

	Städte		Land	
	männliche	weibliche	männliche	weibliche
von 8—14 Jahren	16,74 %	11,60 %	6,7 %	5,4 %
„ 15—20 „	18,76 „	24,93 „	16,0 „	16,5 „
„ 21—30 „	23,25 „	28,74 „	28,9 „	35,7 „
„ 31—40 „	20,64 „	16,44 „	22,8 „	17,7 „
„ 41—50 „	11,21 „	10,38 „	15,9 „	12,3 „
„ 51—60 „	6,20 „	6,68 „	5,7 „	7,5 „
„ 61—70 „	2,98 „	1,06 „	3,4 „	4,8 „
„ 71—80 „	0,31 „	— „	0,6 „	— „

Hierbei ist noch zu erwähnen, dass die Mitglieder der verschiedenen Altersstufen mit Hülfe der Bevölkerungs-Tabelle von 1864 ermittelt und nach deren Summe die Procentsätze festgestellt sind.

Auf die Städte kommt demnach eine erheblich grössere Quote an Diebstählen des kindlichen Alters als auf das Land, während die Zahl von den Stufen 15—20 und von 21—30 Jahren in Stadt und Land ziemlich gleichförmig stark ansteigt, um in den späteren Lebensaltern in regelmässigen Abstufungen zu fallen, so dass der Umfang der nach dem 60. Jahre begangenen Verbrechen nur noch gering ist.

Das zu den Diebstählen am meisten disponirende Alter ist mithin von 15—30 Jahren.

Unter den Diebstählen im kindlichen Alter, auf welche im nächsten Abschnitt zurückgekommen wird, interessiren vorzugsweise die der städtischen Jugend, indem im Durchschnitt hier schon auf 454 Knaben und auf 1030 Mädchen ein Straffall kommt, während auf dem Lande dies auf 1583 Knaben und 4957 Mädchen geschieht.

Rücksichtlich der Knaben in den Stadtkreisen ist die Reihenfolge nachstehende:

1) Mansf. Seekreis . . mit 1477	10) Schweinitz . . . mit 520
2) Querfurt . . . . „ 1006	11) Torgau . . . . „ 378
3) Liebenwerda. . . „ 1003	12) Halle . . . . . „ 342
4) Eckartsberga . . „ 900	13) Merseburg . . . „ 303
5) Mansf. Gebirgskreis „ 847	14) Naumburg . . . „ 268
6) Weissenfels . . . „ 806	15) Bitterfeld . . . „ 231
7) Saalkreis . . . . „ 673	16) Delitzsch . . . . „ 214
8) Sangerhausen . . „ 555	17) Wittenberg . . . „ 206
9) Zeitz . . . . . „ 548	

Seitens der Mädchen sind die Kreise 1) Delitzsch, 2) Liebenwerda, 3) Mansf. Gebirgskreis, 4) Sangerhausen und 5) Zeitz von Diebstählen ganz frei geblieben, während die übrigen in folgender Ordnung sich anreihen:

6) Bitterfeld . . . mit 2404	12) Weissenfels . . . mit 826
7) Querfurt . . . „ 2064	13) Naumburg . . . „ 675
8) Saalkreis . . . „ 1892	14) Merseburg . . . „ 520
9) Mansf. Seekreis . „ 1478	15) Torgau . . . . „ 444
10) Halle . . . . . „ 1233	16) Eckartsberga . . „ 413
11) Schweinitz . . . „ 1037	17) Wittenberg . . . „ 412

γ. Strafmass.

Die Höhe der Strafen wird aus zwei verschiedenen Elementen zusammengesetzt, einmal durch die Schwere des Verbrechens, zweitens durch die verschiedene Auffassung der Gerichtshöfe über die gesetzlichen Vorschriften der Strafbemessung, so dass einzelne von ihnen durch milde, andere durch strenge Beurtheilung sich auszeichnen.

Die letztere dürfte bei der Summe der Strafdurchschnitte für die verschiedenen Lebensalter am vollkommensten zur Ausgleichung kommen, da hier Strenge und Milde gleichmässig vertheilt sein werde.

Jene Summen bilden folgende Reihen:

von 8—14 Jahren	15—20	21—30	31—40	41—50	51—60	61—70	71—80
Stadt 100	515	666	445	353	318	175	7
Land 88	425	494	447	410	359	167	21

Die durchschnittliche Höhe der Strafe, vermuthlich auch die Schwere der Verbrechen steigert sich mithin in Stadt und Land schnell bis zu den dreissiger Jahren, um in den spätern Lebensaltern in ziemlich gleichförmiger Progression abzunehmen. Nur auf dem Lande ist die Abnahme langsamer vor sich gegangen.

In den nach den Kreisen zusammengestellten Summen der nachstehend aufgeführten durchschnittlichen Straftage dürfte die grössere oder geringere Strenge des Strafrichters deutlicher erkennbar sein.

	Städte.	Land.	Ordnungsnummer.
1) Naumburg . . . . . mit	12	9	1
2) Schweinitz . . . . . „	12	18	3
3) Torgau . . . . . . „	12	22	7
4) Eckartsberga . . . . „	17	16	2
5) Weissenfels . . . . . „	17	18	4
6) Wittenberg . . . . . „	18	18	5
7) Zeitz . . . . „	18	19	6
8) Liebenwerda . . . . „	19	28	8
9) Mansfelder Gebirgskreis „	23	52	16
10) Bitterfeld . . . . . „	·24	30	11
11) Querfurt . . . . . . „	26	28	10
12) Mansfelder Seekreis . . „	27	32	13
13) Saalkreis . . . . . „	32	25	9
14) Merseburg . . . . . „	33	35	14
15) Sangerhausen . . . . „	36	31	12
16) Delitzsch . . . . . „	44	36	15
17) Halle . . . . „	55	—	—

427
Summa 413 — 55 (Halle) = 358.

Im Allgemeinen sind die Diebstähle auf dem Lande erheblich härter angesehen worden. Uebrigens stehen beide Reihen mit Ausnahme des Mansfelder Gebirgskreises in bester Uebereinstimmung.

Zu den Gerichtshöfen mit milder Praxis werden die Kreisgerichte zu Naumburg, Torgau, Wittenberg, Zeitz und Liebenwerda, mit strenger Praxis zu Halle, Delitzsch, Eilenburg, Eisleben und Merseburg zu zählen sein. Welchen Einfluss Milde und Strenge auf die Rückfälle hat, werden wir später sehen.

Die Bestrafung jugendlicher Verbrecher — hier interessiren nur diejenigen aus den Städten — hat gleichfalls in recht verschiedener Weise stattgehabt, wie nachfolgende Reihe ausweist:

1) Saalkreis . . . . . mit 1 durchschnittlichen Gefängnisstagen
2) Mansf. Gebirgskreis „ $1\frac{1}{2}$ „ „
3) Schweinitz . . . „ 2
4) Weissenfels . . . „ $2\frac{1}{4}$
5) Liebenwerda . . . „ $2\frac{1}{2}$
6) Querfurt . . . . „ $2\frac{2}{3}$
7) Sangerhausen . . „ $2\frac{2}{5}$
8) Wittenberg . . . „ $2\frac{5}{6}$
9) Torgau . . . . . „ $4\frac{1}{5}$
10) Merseburg . . . „ $4\frac{1}{3}$
11) Eckartsberga . . „ $4\frac{5}{6}$ ..
12) Bitterfeld . . . . „ $6\frac{1}{4}$ „
13) Mansf. Seekreis . . „ $7\frac{1}{2}$ ..
14) Zeitz . . . . . „ $7\frac{3}{4}$ „
15) Naumburg . . . „ $10\frac{7}{8}$
16) Delitzsch . . . . „ $11\frac{6}{7}$ „ „
17) Halle . . . . . „ $30\frac{3}{5}$ „ „

Die strafrechtliche Behandlung jugendlicher Diebereien enthält meines Erachtens einen wichtigen anthropologischen Fehler. Abgesehen davon, dass Kinder schon in früher Jugend in die Verbrecher-Laufbahn hineingetrieben werden, dass sie durch das Erleiden der gewöhnlichen Strafe des Diebstahls, ja wohl auch durch öffentliche Bekanntmachung des Verbrechens sich aus der Gemeinschaft ihrer ehrbaren Altersgenossen ausgeschlossen fühlen, und ihre Gesellen unter denen suchen, welche unter dem gleichen Drucke der öffentlichen Meinung stehen: so fehlt den kindlichen Diebereien ein ganz wesentliches Requisit des Verbrechens, nämlich das Bewusstsein der Schwere der Verletzung der socialen Ordnung. Dass die widerrechtliche Aneignung fremden Eigenthums verboten ist, ist den Kindern hinreichend bekannt; das Verbot hat für sie aber kaum ein grösseres Gewicht, als hundert andere, die von ihnen umgangen werden. Wie könnten sie, für die von Andern bisher hinreichend gesorgt ist, die weder unter der Nöthigung stehen, noch im Stande sind, selbst Eigenthum zu erwerben, zu dem Bewusstsein seiner Unantastbarkeit gelangen, das auf keinem andern Wege erworben werden kann, als durch die eigenen Erfahrungen, nachdem sie selbstständig in die bürgerliche Gesellschaft eingetreten sind und ihren Bedarf durch eigene Arbeit erwerben müssen!

Die Gesetzgebung hat auch für Erwachsene gewisse Classen von Diebstählen, Holz- und kleine Felddiebstähle also unter Umständen, wo viel schwächere Entschuldigungsgründe vorliegen, zu den blossen Uebertretungen gezählt, und lässt sie durch den Polizeirichter ahnden, ohne der Rechtsverletzung den Charakter des Verbrechens beizulegen.

Ohne Zweifel müssen jugendliche Diebereien gestraft und empfindlich gestraft werden.

Wäre die öffentliche Meinung mit minderer Leidenschaft gegen die körperliche Züchtigung eingenommen, würde ich eine mässige Zahl von Ruthenstreichen für die kürzeste und passendste Strafe halten. Wenn nun diese nicht zur Anwendung kommen sollen, würde das Einsperren der jungen Verbrecher in eine völlig verdunkelte Zelle bei Wasser und Brod zu empfehlen sein, wo eine Haft von 2—3 Stunden einem Gefängnisstage gleich zu stellen wäre.

Freilich dürfen Strafen von 3 Monaten für jugendliche Diebe nicht ferner vorkommen.

Sollten diese oder ähnliche Erwägungen Anerkennung finden, dann würde das Privilegium jugendlicher Diebereien nicht mit dem 14., sondern mit dem 17. Jahre aufhören müssen.

Die Berufung auf die Schuldisciplin erscheint nicht zulässig, weil dadurch der erzieherische Einfluss der Schullehrer, die ohnehin in keiner günstigen Lage sind, ja wohl das Bedürfniss gar nicht fühlen, sich die Zuneigung der Zöglinge durch Wohlthaten zu erwerben, ohne welche alle Erziehungsbestrebungen fruchtlos bleiben, noch mehr verkümmert werden würde [1]).

---

1) Durch das inzwischen publicirte Strafgesetzbuch für den norddeutschen Bund sind die hier besprochenen Mängel des bisherigen Strafverfahrens gegen jugendliche Verbrecher in mehr als auslänglicher Weise beseitigt.

Im § 55, 56 und 57 ist angeordnet, dass vor Vollendung des 12. Jahres eine strafrechtliche Verfolgung nicht eintreten soll, desgleichen wenn vor dem vollendeten 18. Lebensjahre die zur Erkenntniss der Strafbarkeit der Handlung erforderliche Einsicht nicht vorhanden war. Aber auch bei vorhandener Kenntniss der Strafbarkeit

δ. Gewerbe.

Es konnten hier nur diejenigen Gewerbe in Betrachtung gezogen werden, die einen zahlreicheren Personenstand bilden und vorzugsweise der Versuchung zu Diebereien ausgesetzt sind.

Es ist ferner hier das weibliche, hauptsächlich an die Hausverwaltung als sein Gewerbe gewiesene Geschlecht aufgenommen, und zwar sind die Frauen von Handwerkern nicht besonders aufgeführt, da sie sich in ihrer socialen Stellung in der Mehrzahl von derjenigen der Handarbeiter kaum unterscheiden.

Zur Auffindung des aliquoten Theils der Gewerbsgenossen, welcher wegen Diebstahl bestraft ist, wurde die Gewerbetabelle von 1858 benutzt.

Es kommen hiernach auf 1 Diebstahl:

			Städte.	Land.	Ordn.-Nummer.
1)	bei	Barbieren	59	35	1
2)	„	Kammmachern . . .	78	—	—
3)	„	Müllerknappen . . .	100	165	7
4)	„	Knechten	107	239	9
5)	„	Arbeitern	132	245	10
6)	„	Schiffern	137	371	14
7)	„	Tischler-Gehülfen . .	162	102	4
8)	„	Bäcker-Gehülfen . . .	217	354	13
9)	„	Kutschern	220	—	—
10)	„	Cigarrenmachern . .	222	—	—
11)	„	Schuhmacher-Gehülfen .	232	96	3
12)	„	Maurer-Gehülfen . .	263	287	11
13)	„	Zimmermanns-Gehülfen	275	326	12
14)	„	Zimmermeistern . . .	296	—	—
15)	„	Maurermeistern . . .	324	—	—
16)	„	Jungfern	366	505	15
17)	„	Schneider-Gehülfen . .	374	161	6
18)	„	Schlosser-Gehülfen . .	396	58	2
19)	„	Geschiedenen Frauen .	398	1192	18
20)	„	Knaben	399	1535	20
21)	„	Schmiede-Gehülfen . .	444	161	5

sind für jene Altersstufe die anzuwendenden Strafen sehr erheblich gemildert; namentlich dürfen Ehrenrechte nicht aberkannt oder Polizeiaufsicht verfügt werden.

Die Strafen selbst sind in besondern Anstalten oder Räumen zu vollziehen.

Ob des Guten hier nicht zu viel geschehen ist, wird die Erfahrung lehren.

		Städte.	Land.	Ordn.-Nummer.
22)	bei Tischlermeistern...	498	—	—
23)	„ Lumpensammlern..	512	—	—
24)	„ Frauen......	803	745	16
25)	„ Mägden.....	817	1013	17
26)	„ Schuhmachermeistern.	1173	1275	19
27)	„ Mädchen.....	1201	4697	24
28)	„ Handelsleuten...	1236	190	8
29)	„ Schiff-Eigenthümern.	1593	—	—
30)	„ Wittwen.....	1907	2607	24
31)	„ Schneidermeistern..	1953	1986	21
32)	„ Landwirthen....	—	2067	22
33)	„ Kossathen.....	—	6274	25

Im Allgemeinen sind unter den ländlichen Gewerbetreibenden weniger Diebereien vorgekommen als unter den städtischen.

Eine Ausnahme machen: die Barbiere, Tischler-, Schuhmacher-, Schneider-, Schlosser-, Schmiede-Gehülfen und Handelsleute.

b. Diebstahl im Rückfalle.

α. Zahl.

Die Zahl der Rückfälle unter der Stadtbevölkerung ist erheblich grösser als auf dem Lande und zwar dort 19,76 % Männer,

19,73 „ Weiber,

hier 12,03 „ Männer,

14,16 „ Weiber.

Die Unter-Vertheilung auf die Kreise hat sich folgendermassen gestaltet, und zwar kommen auf 100 einfache Diebstähle solche im Rückfalle:

		Städte.	Land.	Ordn.-Nummer.
1)	Eckartsberga......	7,69	9,55	6
2)	Saalkreis......	12,50	14,12	11
3)	Delitzsch......	13,59	8,44	4
4)	Weissenfels.....	14,49	8,45	5
5)	Sangerhausen....	14,82	16,40	13
6)	Mansf. Seekreis....	14,89	18,18	15
7)	Bitterfeld......	15,87	16,66	14
8)	Querfurt......	17,46	11,22	9
9)	Torgau........	18,39	11,11	8
10)	Schweinitz.....	18,42	15,00	12
11)	Merseburg......	24,32	11,11	7

	Städte.	Land.	Ordn.-Nummer.
12) Liebenwerda	25,00	2,08	1
13) Mansf. Gebirgskreis	25,71	11,76	10
14) Naumburg	26,85	4,76	2
15) Wittenberg	27,94	8,00	3
16) Halle	29,88	—	—
17) Zeitz	38,88	20,00	16
Durchschnitt	20,00	14,31	—

Die Kreise Eckartsberga, Saalkreis, Sangerhausen, Mansf. Seekreis und Bitterfeld haben auf dem Lande mehr Rückfälle gehabt als in den Städten.

Vergleichen wir die Zahl der Rückfälle mit der Strenge oder Milde der Gerichtshöfe, so nehmen unter den milden die Sprengel der Kreisgerichte zu Naumburg und Torgau eine günstige, Zeitz dagegen eine sehr ungünstige Stelle ein; unter den mit strenger Praxis die Kreisgerichte zu Delitzsch, Eilenburg und Eisleben (mit Ausnahme des Landkreises) eine günstige, Merseburg eine mittlere und Halle eine sehr ungünstige.

Immerhin wird man zu dem Schlusse kommen müssen, dass zur Vermehrung oder Verminderung der Rückfälle andere Momente mächtiger sind, als die Strenge oder Milde der Bestrafung des ersten Diebstahls.

β. Geschlecht, Alter.

Bei Vertheilung der Straffälle auf beide Geschlechter kommen in den Städten gerade wie bei dem einfachen Diebstahl 64,90 % auf das männliche und 35,10 auf das weibliche Geschlecht. Auf dem Lande sind die Procentsätze dort 67,76, hier 32,24, also für das weibliche Geschlecht um 3,45 % ungünstiger, als bei dem einfachen Diebstahl.

Von den Summen der Verbrecher und Verbrecherinnen kommen an Procenten auf die Altersstufe:

	Städte		Land	
	männliche	weibliche	männliche	weibliche
von 8—14 Jahren	14,18 %	1,47 %	— %	2,22 %
„ 15—20 „	25,20 „	27,94 „	14,05 „	11,11 „
„ 21—30 „	22,83 „	20,59 „	28,10 „	46,66 „
„ 31—40 „	22,05 „	23,53 „	32,23 „	31,11 „
„ 41—50 „	9,45 „	22,06 „	16,53 „	4,45 „
„ 51—60 „	4,72 „	2,94 „	7,44 „	— „
„ 61—70 „	1,57 „	1,47 „	1,65 „	4,45 „
„ 71—80 „	— „	— „	— „	— „

Ausser einer ansehnlichen Zahl von Knaben, die noch vor zurückgelegtem 14. Jahre als rückfällige Verbrecher bestraft sind, finden sich die meisten Rückfälle im Alter von 15—40 Jahren. Nur bei den Weibern in den Städten und den Männern auf dem Lande zieht sich die Periode bis zum 50. Jahre hin.

γ. Strafmass.

Die nach den Altersstufen geordneten Summen der Straf-Durchschnitte bilden folgende Reihen:

		Städte.	Land.
von	8—14 Jahren	236	7
„	15—20 „	926	684
„	21—30 „	1554	1766
„	31—40 „	787	2834
„	41—50 „	1233	768
„	51—60 „	425	641
„	61—70 „	402	36
	Summa	5563	6736

Die Landbevölkerung hat, vermuthlich doch der Schwere der Verbrechen entsprechend, erheblich höhere Strafe zu erleiden gehabt. Die Differenz zwischen den Generalsummen für Stadt und Land beträgt nicht weniger als 1173.

In den Städten fallen die höchsten Strafen auf Personen von 21—30 und dann wieder von 41—50 Jahren; auf dem Lande von 21—40 Jahren.

Die Straf-Durchschnitte, nach Kreisen berechnet, liefert folgende Tafel:

	Städte.	Land.	Ordnungsnummer.
1) Eckartsberga	30	66	7
2) Mansfelder Seekreis .	32	210	15
3) Saalkreis	38	88	12
4) Liebenwerda	48	210	14
5) Delitzsch	48	59	3
6) Wittenberg	49	59	4
7) Schweinitz	52	61	5
8) Sangerhausen. . . .	60	84	10
9) Mansfelder Gebirgskreis	66	69	8
10) Halle	67	—	—
11) Bitterfeld	69	184	13
12) Merseburg	70	45	2

	Städte.	Land.	Ordnungsnummer.
13) Torgau	72	85	11
14) Querfurt	78	62	6
15) Weissenfels	78	75	9
16) Zeitz	113	252	16
17) Naumburg	173	7	1

δ. Gewerbe.

Die Reihenfolge der Gewerbe, welche die meisten rückfälligen Diebe aufweisen, ist nachstehende:

	Städte.	Land.	Ordnungsnummer.
1) Knechte	367	1448	6
2) Arbeiter	465	1260	3
3) Geschiedene Frauen	596	—	—
4) Schmiedemeister	825	—	—
5) Schmiede-Gehülfen	880	—	—
6) Tischler-Gehülfen	889	713	2
7) Handelsleute	927	—	—
8) Tischlermeister	997	—	—
9) Müller	1122	1319	4
10) Schuhmacher	1625	1344	5
11) Zimmerleute	1698	—	—
12) Jungfern	1866	3694	7
13) Maurer	1926	—	—
14) Frauen	3546	11222	9
15) Mädchen	4150	—	—
16) Knaben	6133	—	—
17) Lumpensammler	—	671	1
18) Schuhmachermeister	—	3826	8
19) Wittwen	—	12806	10

Es sind demnach auch zu den Rückfällen am meisten disponirt: Knechte, Arbeiter, geschiedene Frauen, Schmiede, Lumpensammler, Tischler, Handelsleute, Müller und Schuhmacher.

Es mag ferner hervorgehoben werden, dass die unverheiratheten Frauenzimmer auch hier etwa das doppelte Contingent gestellt haben, als die verheiratheten.

c. Diebstahl in wiederholtem Rückfalle.

α. Zahl.

Die Zahl der wegen Diebstahl im wiederholten Rückfalle Bestraften ist um Weniges niedriger, als diejenige der einfach Rückfälligen.

Auch auf dem Lande ist sie nur um 8 Fälle geringer als die der einfach Rückfälligen.

Obwohl hier den Berechnungen nur zwei Jahrgänge haben zum Grunde gelegt werden können, so wird man sich doch der Vermuthung schwer entschlagen können, dass die Bestrafung der Rückfälle, die doch zum Theil sehr hoch ausgefallen ist, einen sehr geringen Eindruck gemacht hat.

Um nun die Stellung der Kreise zu dieser Classe von Verbrechen deutlich zu machen, hat der Procentsatz gegen die Summe der einfachen Diebstähle und im Rückfalle berechnet werden müssen, und zwar mit nachstehender Reihenfolge:

	Städte.	Land.	Ordnungsnummer.
1) Saalkreis	2,20	13,46	8
2) Eckartsberga	8,38	7,31	4
3) Delitzsch	8,54	7,16	3
4) Querfurt	10,88	13,88	9
5) Schweinitz	11,11	9,09	5
6) Sangerhausen . . .	11,29	22,09	15
7) Mansfelder Gebirgskreis	11,63	24,13	16
8) Bitterfeld	12,33	16,66	13
9) Merseburg	13,04	7,14	2
10) Wittenberg	14,94	19,44	14
11) Torgau	17,77	14,29	10
12) Zeitz	20,00	15,91	12
13) Halle	21,20	—	—
14) Liebenwerda	22,86	24,13	16
15) Weissenfels	24,30	10,66	6
16) Mansfelder Seekreis .	33,33	15,38	11
17) Naumburg	36,54	—	1

Zu den Kreisen, in welchen die Landbevölkerung einen erheblich höhern Procentsatz nachweist, als die städtische, gehören: der Saalkreis, Sangerhausen, Mansf. Gebirgskreis, Querfurt und Bitterfeld; zu den Kreisen, in denen das entgegengesetzte Verhältniss besteht: Naumburg, Merseburg und Weissenfels.

β. Geschlecht, Alter.

In den Städten lieferte das männliche Geschlecht 54,59 %, das weibliche 45,41 Beitrag. Auf dem Lande das männliche 75,18, das weibliche 24,82; dort steht mithin das weibliche Geschlecht um 10,31 % ungünstiger, hier um 7,42 besser, als unter den einfach Rückfälligen.

Von der Summe der männlichen und weiblichen Verbrecher kommen auf die verschiedenen Altersstufen:

	Städte		Land	
	männlich	weiblich	männlich	weiblich
von 8—14 Jahren	6,61 %	1,11 %	0,95 %	— %
„ 15—20 „	10,37 „	12,22 „	13,21 „	3,45 „
„ 21—30 „	30,19 „	30,00 „	22,65 „	62,07 „
„ 31—40 „	21,17 „	28,89 „	29,24 „	24,14 „
„ 41—50 „	22,64 „	16,67 „	20,75 „	3,45 „
„ 51—60 „	8,49 „	11,11 „	8,49 „	3,45 „
„ 61—70 „	— „	— „	4,71 „	3,44 „

In den Städten bei beiden Geschlechtern, und auf dem Lande beim männlichen, haben ziemlich gleichförmig die Altersstufen von 21—50 die stärksten Beiträge geliefert, beim weiblichen Geschlecht auf dem Lande von 21—40, vorzüglich aber von 21—30.

γ. Strafmass.

Die auf jede Altersstufe fallenden Durchschnittsstrafen bilden folgende Reihen:

		Städte.	Land.
von 8—14 Jahren		335	28
„ 15—20 „		2817	2644
„ 21—30 „		5625	7148
„ 31—40 „		5781	5482
„ 41—50 „		3904	6037
„ 51—60 „		3756	1703
„ 61—70 „		280	1850
Summa		22498	24892

Es sind mithin auch hier bei den Landleuten die Strafen etwas höher gegriffen.

Die Höhe der Strafen entspricht ziemlich genau dem Umfange der Theilnahme in den verschiedenen Altersstufen, sie ist mithin von 21 bis 50, auf dem Lande von 21—30 Jahren am höchsten. Eine Ausnahme machen nur die Städte in der Stufe von 51—60, wo bei schwacher Betheiligung doch gleichfalls die Strafen hoch ausgefallen sind.

Die Kreise haben in nachstehender Folge eine Zunahme der Durchschnittsstrafen erfahren:

Ueber d. Verbreitung d. wichtigsten Social-Krankheiten i. Reg. Merseburg. 347

	Städte.	Land.	Ordnungsnummer.
1) Schweinitz	—	480	12
2) Eckartsberga	213	386	7
3) Wittenberg	225	470	10
4) Torgau	226	521	13
5) Mansfelder Seekreis	230	554	15
6) Weissenfels	232	335	5
7) Delitzsch	279	299	3
8) Querfurt	315	433	8
9) Zeitz	326	470	10
10) Merseburg	330	336	6
11) Naumburg	336	—	1
12) Liebenwerda	378	436	9
13) Mansfelder Gebirgskreis	434	333	4
14) Halle	444	—	—
15) Bitterfeld	493	524	14
16) Sangerhausen	570	286	2
17) Saalkreis	730	645	16

Die Kreise Naumburg, Sangerhausen und Mansf. Gebirgskreis haben auf dem Lande verhältnissmässig zu den Städten niedrigere Strafen, das entgegengesetzte Verhältniss besteht in den Kreisen Schweinitz, Wittenberg, Torgau und Mansf. Seekreis.

δ. Gewerbe.

Die verschiedenen Gewerbe haben nach dem aliquoten Theile ihrer Genossen in nachstehender Folge an dem Verbrechen Theil genommen:

	Städte.	Land.	Ordnungsnummer.
1) Geschiedene Frauen	238	—	—
2) Ziegeldecker	364	—	—
3) Knechte	428	2505	6
4) Arbeiter	574	1556	3
5) Tischler-Gehülfen	889	—	—
6) Maurer	1156	1817	4
7) Schuhmacher-Gehülfen	1622	672	2
8) Jungfern	1866	6465	8
9) Tischlermeister	1994	—	—
10) Frauen	2391	20199	10
11) Schuhmachermeister	3520	3826	7
12) Mägde	6002	8738	9
13) Wittwen	8902	38418	11

	Städte.	Land.	Ordnungsnummer.
14) Knaben	12266	—	—
15) Schneider	—	646	1
16) Zimmerleute	—	1836	5

Mit Ausnahme der Schuhmacher-Gehülfen entfällt auf dem Lande durchgängig auf die verschiedenen Gewerbtreibenden eine viel grössere Zahl von Köpfen als in den Städten, der Diebstahl im wiederholten Rückfalle ist mithin in letztern nach demselben Verhältnisse häufiger.

Die verhältnissmässig stärksten Contingente haben geschiedene Frauen, Ziegeldecker, Knechte, Arbeiter, Schneider-, Tischler-, Schuhmacher-, Maurer-Gehülfen und unverheirathete Frauenzimmer geliefert.

d. Schwerer Diebstahl.
a. Zahl.

Wenn der Diebstahl im Rückfall im zweijährigen Durchschnitt unter der Stadtbevölkerung in 104 Fällen zur Bestrafung gelangte, auf dem Lande in 76 und der Diebstahl im wiederholten Rückfalle dort in 105,5, hier in 68,5; so tritt bei dem schweren Diebstahl die eigenthümliche Erscheinung hervor, dass **auf dem Lande die absolute Summe um Weniges grösser ist, als in den Städten,** nämlich 47 gegen 45,5.

In letzteren ist der Beitrag des weiblichen Geschlechts fast noch einmal so hoch als **auf dem Lande**: in den Städten 78,26 % Männer,
21,74 „ Weiber,
auf dem Lande 88,30 „ Männer,
11,70 „ Weiber.

Der schwere Diebstahl trägt schon den Charakter einer gewaltsamen Kriegführung mit der bürgerlichen Ordnung. Die Stellung der Kreise durch Vertheilung der Verbrechen auf die Kopfzahl von 1864 ist folgende:

	Städte.	Land.	Ordnungsnummer.
1) Bitterfeld	30950	10869	10
2) Halle	15243	—	—
3) Liebenwerda . . .	11588	15792	6
4) Eckartsberga . . .	11200	19256	4
5) Torgau	10698	6275	16
6) Sangerhausen . . .	9138	18764	5
7) Schweinitz	8474	20266	3
8) Wittenberg	7970	8505	13
9) Delitzsch	7852	12828	8
10) Saalkreis	7658	11938	9

	Städte.	Land.	Ordnungsnummer.
11) Naumburg	7527	14419	7
12) Zeitz	5485	49702	1
13) Mansf. Gebirgskreis . .	5330	30681	2
14) Mansf. Seekreis . .	4683	7217	15
15) Weissenfels	4382	10801	10
16) Querfurt	4326	9881	12
17) Merseburg	4200	7987	14

β. Altersstufen.

Nachstehende Uebersicht giebt ein Bild der Vertheilung des Verbrechens auf die Altersstufen:

von 8—14 Jahren	15—20	21—30	31—40	41—50	51—60	61—70
Städte 27	23	19	13	4	—	—
Land 7	27	39	9	4	2	3

Die überwiegende Zahl der schweren Diebstähle im jugendlichen Alter in der Stadtreihe wird als schlagender Beweis angenommen werden müssen, dass es an dem Bewusstsein der Schwere des Vergehens hier noch fehlt. Ja, es mag das Spiel der Verschlagenheit und Kühnheit hier noch als besonderer Reiz wirken.

Ausserdem findet sich die grösste Zahl auf dem Lande in den Stufen von 15—30, in den Städten von 15—40 Jahren.

γ. Strafmass.

Die Summen der Straf-Durchschnitte in den Altersstufen sind in nachstehender Tafel ersichtlich:

von 8—14 Jahren	15—20	21—30	31—40	41—50	51—60	61—70
Städte 517	3319	3604	3026	6385	730	—
Land 301	3754	7852	2008	2245	—	200

Wenn auch die jugendlichen Verbrecher von den Gerichtshöfen mit sehr viel geringern Strafen angesehen sind, so ist dies doch in verschiedenem Grade erfolgt. Während in 6 Kreisen die Strafe unter 31 Tagen verbleibt, übersteigt sie in 4 bis zur Höhe von 120 Tagen. Auf dem Lande gehören 4 zur ersten Kategorie und 2 zur letztern.

Uebrigens finden sich auch hier die höchsten Strafen in den Stufen, welche das stärkste Contingent stellen.

Eine Ausnahme macht in der Stadtreihe die Stufe von 41—50 Jahren, welche bei schwacher Theilnahme die höchsten Strafen nachweist.

Bei dem bedeutenden Spielraum, welchen die §§. 218, 231 und 232 des Strafgesetzbuchs dem richterlichen Ermessen gewährt, können starke Unterschiede in den kreisweise zusammengestellten Durchschnittsstrafen nicht unerwartet erscheinen.

Die Steigerung hat folgendermassen stattgefunden:

		Städte.	Land.	Ordnungsnummer.
1)	Mansf. Gebirgskreis	18	380	9
2)	Schweinitz	19	180	5
3)	Delitzsch	29	130	2
4)	Bitterfeld	60	265	8
5)	Naumburg	129	106	2
6)	Eckartsberga	155	549	14
7)	Merseburg	197	445	12
8)	Weissenfels	221	747	15
9)	Mansf. Seekreis	311	748	16
10)	Wittenberg	336	258	7
11)	Halle	338	—	—
12)	Querfurt	429	106	2
13)	Sangerhausen	450	417	11
14)	Saalkreis	470	416	10
15)	Zeitz	693	—	1
16)	Torgau	770	206	6
17)	Liebenwerda	2056	452	13

δ. Gewerbe.

Von der Gesammtsumme der schweren Diebstähle fallen auf die verschiedenen Kategorieen:

		Städte.	Land.	Ordnungsnummer.
1)	Knaben	19,10 %	3,49 %	9
2)	Frauen	14,60 „	2,32 „	12
3)	Arbeiter	14,50 „	18,60 „	2
4)	Knechte	11,23 „	30,23 „	1
5)	Jungfern	9,00 „	5,81 „	4
6)	Schuhmacher	6,74 „	4,65 „	3
7)	Schneider	6,74 „	3,49 „	8
8)	Maurer	3,37 „	3,49 „	7
9)	Schlosser	2,24 „	— „	—
10)	Mädchen	1,12 „	3,49 „	11
11)	Mägde	— „	2,32 „	13
12)	Geschiedene Frauen	— „	1,16 „	14
13)	Landwirthe	— „	3,49 „	10

e. Schwerer Diebstahl im Rückfall.

a. Zahl.

Die Zahl der Rückfälle hat im Vergleich zu der vorigen Kategorie sehr bedeutend abgenommen. In den Städten ist die zweijährige Durchschnittszahl 16,5, auf dem Lande 10.

Es wird gestattet sein, diesen Erfolg wesentlich den hohen Strafen der letztern beizumessen.

Das Verhältniss der Geschlechter ist im Wesentlichen in Stadt und Land gleich. Dort machen die Männer 78,78%, die Weiber 21,22 aus, hier die erstern 80%, die letztern 20.

Bei Vertheilung auf die Altersstufen ergiebt sich:

von 8—14 Jahren	15—20	21—30	31—40	41—50	51—60	61—70
Städte 1	8	8	5	2	1	—
Land 1	3	7	5	2	1	—

Es ist also auch hier das Alter von 15—40 Jahren dem Verbrechen am meisten ausgesetzt.

Uebrigens ist eine erhebliche Zahl von Kreisen davon ganz frei geblieben.

f. Holzdiebstahl.

Der Holzdiebstahl, der erst im dritten Wiederholungsfalle der strafrechtlichen Beurtheilung unterliegt, ist wegen seiner Seltenheit im hiesigen Bezirk ohne anthropologisches Interesse.

Obwohl in andern Kreisen sich gleichfalls bedeutende Waldcomplexe befinden, so sind es doch nur die Kreise Liebenwerda und Torgau, welche in Stadt und Land eine beachtenswerthe Zahl von Straffällen aufweisen.

2) Betrug.

In diese Kategorie sind auch Unterschlagungen, strafbarer Eigennutz, Hehlerei, Fälschungen, Bankerotte, falsche Anschuldigungen und Meineide gebracht worden.

a. Zahl.

Die Zahl der Straffälle hat in den Städten bei zwanzigjährigem Durchschnitt 279,5, auf dem Lande 146 betragen. Bei Vertheilung auf die Seelenzahl von 1864 ist der Durchschnitt dort 1 : 1065, hier 1 : 3762. Das Verhältniss zwischen Stadt und Land ist mithin wie 3,53 : 1.

Die Theilnahme des weiblichen Geschlechts ist auf dem Lande die gewöhnliche mit 21,58%, in den Städten dagegen 28,44%.

Durch Division der Straffälle in die Volkszahl von 1864 entstehen folgende Reihen:

	Städte.	Land.	Ordnungsnummer.
1) Mansf. Gebirgskreis	2982	2867	13
2) Delitzsch	2581	5919	3
3) Bitterfeld	2579	2835	14
4) Saalkreis	1767	2984	12
5) Querfurt	1526	6572	1
6) Sangerhausen	1519	4079	9
7) Weissenfels	1460	4200	7
8) Liebenwerda	1443	5263	6
9) Schweinitz	1412	6280	2
10) Torgau	1302	5377	5
11) Mansf. Seekreis	1248	2474	16
12) Wittenberg	1106	3133	11
13) Naumburg	1068	5766	4
14) Merseburg	984	2576	15
15) Zeitz	857	4141	8
16) Eckartsberga	656	3397	10
17) Halle	431	—	—

Die letzten 8 Nummern der Städtereihe enthalten mit Ausnahme von Eckartsberga die volkreichsten Städte, von welchen ein vorzugsweise starkes Contingent geliefert ist.

In der Landreihe finden sich die meisten Betrugsfälle im Mansfelder See-, Merseburger, Bitterfelder und Mansfelder Gebirgskreise.

β. Alter.

Auf die Altersstufen kommen an Procenten der männlichen und weiblichen Verbrechen:

		8–14 J.	15–20	21–30	31–40	41–50	51–60	61–70	71–80
Städte	Männer	3,52	12,06	29,40	29,14	15,58	9,55	0,50	—
	Weiber	3,08	14,19	26,35	29,05	18,92	4,73	2,03	—
Land	Männer	1,76	14,48	30,27	23,69	16,66	10,96	1,75	0,44
	Weiber	—	11,54	34,62	26,93	21,16	5,66	—	—

Es sind mithin die Altersstufen von 21—40 Jahren in Stadt und Land in wesentlich gleichförmigem Verhältnisse zum Betruge disponirt, mit der Massgabe, dass sowohl in den Städten als auf dem Lande die Stufen von 31—50 durch die Weiber die Zahl der Männer vergleichungsweise überboten wird.

γ. Strafmass.

Die Summen der auf die einzelnen Altersstufen entfallenden Durchschnittsstrafen sind aus folgender Tafel ersichtlich [2]):

	8—14 J.	15—20	21—30	31—40	41—50	51—60	61—70	71—80
Städte	165	350	1565	698	1721	864	294	10
Land	34	724	893	703	606	1095	76	—

Die Höhe der Strafen entspricht viel unvollkommener der auf die Altersstufen fallenden Anzahl, als dies beim Diebstahl der Fall ist. In Stadt und Land ist die Haupt-Verbrecherzeit von 21—60 Jahren, dort mit den höchsten Strafen in der Stufe von 41—50 Jahren, hier von 51—60.

Zieht man nach Kreisen den Durchschnitt, so erhält man die Reihe:

	Städte.	Land.	Ordnungsnummer.
1) Liebenwerda	9	59	10
2) Naumburg	22	26	1
3) Bitterfeld	29	35	7
4) Merseburg	30	146	16
5) Torgau	32	84	14
6) Weissenfels	32	28	3
7) Schweinitz	38	27	2
8) Sangerhausen	48	29	4
9) Wittenberg	48	82	13
10) Querfurt	66	74	12
11) Mansf. Seekreis	71	71	11
12) Zeitz	76	30	5
13) Saalkreis	91	36	8
14) Delitzsch	94	32	6
15) Halle	100	—	—
16) Mansf. Gebirgskreis	142	49	9
17) Eckartsberga	192	91	15

Die Kreise Merseburg, Torgau und Wittenberg haben unter der Landbevölkerung viel höhere Strafdurchschnitte als die Städte, wogegen in Liebenwerda, Sangerhausen, Zeitz, im Saalkreise, in Delitzsch und im Mansf. Gebirgskreise das umgekehrte Verhältniss stattfindet.

δ. Gewerbe.

Die nach der Grösse des Bruchtheiles unter den Genossen geordnete Reihenfolge ist die nachstehende:

---

[2]) Für Geldstrafen ist jeder Thaler einem Tage Gefängniss gleich gesetzt.

	Städte.	Land.	Ordn.-Nummer.
1) Barbiere	88		
2) Fuhrleute	91	98	2
3) Tischler	133	315	7
4) Müller	140	328	8
5) Geschiedene Frauen	150	—	—
6) Ziegeldecker	182	117	3
7) Kaufleute	183	223	6
8) Fleischer	198	185	5
9) Handelsleute	218	373	10
10) Knechte	221	1027	14
11) Schneider	249	—	—
12) Arbeiter	279	1087	15
13) Schmiede-Gehülfen	293	1768	19
14) Commis	303	—	—
15) Schuhmacher	325	336	9
16) Schmiedemeister	410	—	—
17) Schlosser-Gehülfen	526	36	1
18) Maurer	578	1415	18
19) Bäcker	651	177	4
20) Zimmerleute	679	2558	20
21) Schlossermeister	771	—	—
22) Schneidermeister	976	1325	17
23) Landwirthe	793	3997	22
24) Jungfern	1120	3997	—
25) Frauen	1142	8080	23
26) Schuhmachermeister	1173	965	13
27) Knaben	4906	16355	24
28) Mädchen	7608	44628	26
29) Wittwen	8902	—	—
30) Tischlermeister	—	713	11
31) Müllermeister	—	870	12
32) Bergleute in Stadt und Land	2748		—

Der Schutz, welchen die Ehe den unverheiratheten Frauenzimmern gegenüber gewährt, ist für den Betrug namentlich in den Städten weniger wirksam, als für den Diebstahl.

Auffällig ist die grosse Seltenheit beider Verbrechen im Wittwenstande, andererseits ihre Häufigkeit unter geschiedenen Frauen. Mögen hier auch äussere Bedrängnisse nicht ohne Einfluss bleiben, sicher aber auch eine schwächere Gegenwirkung des Ehetriebs, da sie als geschiedene Frauen von der levis notae macula in der öffentlichen Meinung nicht loskommen können.

Der Magd-Dienst gewährt vor beiden Verbrecherarten einen noch kräftigeren Schutz als die Ehe, wogegen die männlichen Dienstboten durch ihren grossen Bruchtheil der Bestraften sich auszeichnen, vermuthlich weil die Mägde hauptsächlich in der Familie leben, während die Knechte dies vorzugsweise in ihrer Genossenschaft thun, in der es häufig für einen Ehrenpunkt gehalten wird, Andere in Rohheit und Völlerei zu überbieten.

Der Betrug führt der Verbrecherliste ein fast neues Publikum in zahlreichen Fällen zu, die Handelsleute in ihren verschiedenen Kategorieen — hier liegt die Versuchung im täglichen Geschäfte — und die grössern Landwirthe, denen kaum ein anderes bewegendes Moment als Habgier zugemessen werden kann, wogegen die kleinen Landwirthe, die Kossathen, trotz ihrer sehr bedeutenden Anzahl sowohl vom Diebstahl als vom Betruge sich fast ganz frei gehalten haben, vermuthlich als ein Segen der Nöthigung zur eigenen straffen Arbeit Jahr aus Jahr ein.

Bemerkungen wegen der übrigen Gewerbtreibenden werden für die zweite Abtheilung vorbehalten.

3) Fleischliche Verbrechen.

a. Zahl.

Hierunter fallen Bigamie, Vorspiegelung der Heirath, Unzucht mit Pflegebefohlenen, mit unreifen Personen, widernatürliche Befriedigung des Geschlechtstriebes, Nothzucht, öffentliche grobe Verletzung der Schamhaftigkeit, Kuppelei und gewerbmässige Unzucht.

Die Zahl der Straffälle in den Städten beträgt im zweijährigen Durchschnitt 60,5, auf dem Lande 25,5. Sie verhalten sich demnach wie 2,37 : 1.

Ob hieraus eine festere Beherrschung des Geschlechtstriebs unter der Landbevölkerung gefolgert werden darf, ist sehr fraglich, vermuthlich ist die durch das Landleben begünstigte leichtere Befriedigung die Hauptveranlassung der viel seltnern Durchbrechung der öffentlichen Ordnung.

Nach der Volkszählung von 1864 kommen auf jeden Straffall Köpfe:

	Städte.	Land.	Ordnungsnummer.
1) Weissenfels	21912	18531	9
2) Wittenberg	13283	59534	4
3) Liebenwerda	11588	21656	7

	Städte.	Land.	Ordnungsnummer.
4) Saalkreis	11488	19100	8
5) Mansf. Gebirgskreis	10661	12271	14
6) Sangerhausen	9138	23455	5
7) Schweinitz	8474	7067	16
8) Delitzsch	6455	12828	13
9) Torgau	6415	15060	11
10) Bitterfeld	5159	—	1
11) Mansf. Seekreis	4685	43203	3
12) Merseburg	4206	15972	10
13) Zeitz	3428	—	2
14) Naumburg	2823	14419	12
15) Halle	2613	—	—
16) Querfurt	2595	78890	3
17) Eckartsberga	2231	9628	15

β. Geschlecht, Alter.

Nach den Geschlechtern theilen sich die Straffälle in den Städten 19,5 männliche und 32 weibliche Personen (1 : 1,12), auf dem Lande 19,5 männliche und 6 weibliche (3,25 : 1), eine Differenz, die wesentlich auf Rechnung der Lohnhuren zu bringen ist, die auf dem Lande kein Geschäft machen können.

Die Vertheilung auf die Altersstufen ergiebt folgende Reihen:

		8—14 J.	15—20	21—30	31—40	41—50	51—60	61—70
Städte	männliche	5	12	13	5	13	2	2
	weibliche	—	10	25	17	3	1	—
Land	männliche	—	3	15	9	3	—	2
	weibliche	—	1	7	4	—	—	—

Das zum Verbrechen am meisten disponirende Alter ist demnach in den Städten von 15—50 Jahren, auf dem Lande von 21—40 Jahren.

γ. Strafmass.

Die nach den Altersstufen berechneten Strafdurchschnitte ergeben folgende Zahlen:

	8—14 J.	15—20	21—30	31—40	41—50	51—60	61—70
Städte	62	173	232	471	204	620	912
Land	—	182	158	98	408	50	730

Bemerkenswerth ist, dass die drei letzten Altersstufen die höchsten Strafen in Stadt und Land aufweisen, hauptsächlich wohl wegen der Schwierigkeit, ohne Gewaltthat zur Befriedigung zu gelangen.

4) Verbrechen wider das Leben.

Hierunter fallen Mord, Kindesmord, Abtreibung der Leibesfrucht, Todtschlag, Verletzungen, denen der Tod gefolgt ist, und fahrlässige Tödtung.

Zahl, Geschlecht, Alter, Strafmass.

Die Zahl der Verbrechen beträgt in den Städten im zweijährigen Durchschnitt 3,5, wovon 3 auf das männliche Geschlecht fallen, auf dem Lande 7, ebenfalls mit 3 vom männlichen Geschlecht.

Die grössere Zahl des weiblichen Geschlechts kommt hauptsächlich auf Kindesmord.

Von den Altersstufen haben beigetragen, wobei zu bevorworten, dass in zwei Fällen (Zeitz, Halle) die Angabe des Alters fehlt:

	8—14 J.	15—20	21—30	31—40	41—50	51—60	61—70
Städte	3	1	1	1	—	—	—
Land	1	—	5	4	2	1	—

Auf lebenslängliche Zuchthausstrafe von der Stadtbevölkerung ist in zwei Fällen (Zeitz, Halle) erkannt, einmal auf 11 Jahre Zuchthaus (Naumburg), vom Lande in Merseburg, Sangerhausen und Weissenfels je einmal lebenslängliche Zuchthausstrafe erkannt, im Saalkreise dreimal lebenslänglich und im Querfurter Kreise einmal auf Tod und zweimal auf lebenslängliche Zuchthausstrafe.

So klein auch diese Zahlen sind, so genügen sie doch, um auf die ungewöhnliche Rohheit eines Theils der Landbevölkerung, namentlich des Arbeiterstandes im Querfurter und Saalkreise zurückzuschliessen, die jederzeit die schwersten Verbrechen gegen das Leben geliefert haben. So selten die Rohheit der Masse auch zu den äussersten Ausschreitungen geführt hat, so wird ihr doch ein Anreiz zu letztern beigemessen werden müssen.

5) Körperverletzung.

Bei dieser Verbrechen-Kategorie sind die verschiedenen Auffassungen der Staatsanwaltschaften von bedeutendem Einflusse, indem Körperverletzungen auf Veranlassung von Schlägereien der häufigste Fall, so lange sie nicht von einer besondern Gefahr begleitet sind, bald auf den Prozessweg verweisen, bald unter Anklage gestellt werden.

a. Zahl.

Die zweijährige Durchschnittszahl beträgt in den Städten 86,5, an dem das weibliche Geschlecht mit 15,61 % Theil nimmt; auf dem Lande 99 mit 14,19 % Weibern.

Durch Vertheilung auf die Seelenzahl von 1864 gewinnt man folgende Reihen:

		Städte.	Land.	Ordnungsnummer.
1)	Liebenwerda	23176	7896	7
2)	Eckartsberga	22308	4414	11
3)	Weissenfels	10156	7560	8
4)	Delitzsch	5532	14242	2
5)	Sangerhausen	3655	3226	16
6)	Schweinitz	3632	14133	3
7)	Bitterfeld	3439	4076	14
8)	Halle	3387	—	—
9)	Saalkreis	3282	3537	15
10)	Merseburg	3085	4436	12
11)	Querfurt	2882	5635	9
12)	Wittenberg	2846	8505	6
13)	Naumburg	2823	14419	1
14)	Zeitz	2742	12425	4
15)	Torgau	2682	4183	13
16)	Mansf. Seekreis . . .	2342	5413	10
17)	Mansf. Gebirgskreis . .	2132	10227	5

β. Altersstufen.

Auf die Altersstufen kommen Procente der Straffälle:

		8–14 J.	15–20	21–30	31–40	41–50	51–60	61–70
Städte	Männer	—	10,08	38,86	26,59	18,71	5,76	—
	Weiber	—	4,55	36,36	31,82	27,37	—	—
Land	Männer	1,14	14,20	36,36	24,43	14,77	6,25	2,85
	Weiber	—	6,66	26,67	26,67	26,67	13,33	—

Es geben mithin die kräftigsten und zu leidenschaftlichen Affecten am meisten disponirte Altersstufen von 21—40 Jahren den stärksten Beitrag.

γ. Strafmass.

Die Durchschnitts-Summen der auf die verschiedenen Altersstufen gefallenen Strafdurchschnitte sind folgende:

	8–14 J.	15–20	21–30	31–40	41–50	51–60	61–70	71–80
Städte	—	14,42	46,00	34,20	35,66	34,43	14,00	—
Land	8,50	31,58	56,66	39,56	34,91	34,55	9,60	1,20

In den Städten kommen die höchsten Strafen auf die Stufen von 21—60, auf dem Lande von 15—60 Jahren.

6) Vermögensbeschädigung.

Ein im Allgemeinen seltenes Verbrechen; in den Städten 29,5, auf dem Lande 32,5. Dort haben sich 14,28 %, hier 10,30 Frauen betheiligt.

Die Stadtkreise Delitzsch, Saalkreis, Schweinitz und Weissenfels sind ganz frei geblieben, während die stärkste Betheiligung in den Kreisen Zeitz (1 : 6856), Merseburg (1 : 6610), Querfurt (1 : 6489), Mansf. Seekreis (1 : 4164) und Halle (1 : 2285) stattfindet.

Auf dem Lande sind der Mansf. Gebirgskreis und Zeitz frei geblieben, während die grösste Zahl sich im Merseburger (1 : 8874), Schweinitz (1 : 7066) und Naumburg (1 : 5768) vorfindet.

Die grösste Zahl von Verbrechen kommen auch hier auf die Altersstufen von 21—40 Jahren (33,33 und 20,51), auf dem Lande 24,56 und 29,82. Die auf die Kreise kommenden Durchschnittsstrafen variiren gleichmässig in Stadt und Land zwischen 3 und 27 Tagen.

Die auf die Altersstufen fallenden höchsten Strafen kommen in den Stufen von 21—50 Jahren vor, sowohl in den Städten als auf dem Lande.

7) Widerstand gegen die Staatsgewalt.

In diese Kategorie fallen Aufruhr, Widersetzlichkeit gegen die Organe der Staatsgewalt, Beleidigungen der Staatsbeamten und Kirchendiener in Bezug auf ihren Beruf.

α. Zahl.

In den Städten sind im zweijährigen Durchschnitt 195,5 Straffälle abgeurtheilt, auf dem Lande 176,5 und zwar mit wesentlich gleicher Betheiligung des weiblichen Geschlechts (19,07 und 19,11 %).

Durch Vertheilung der Straffälle auf die Seelenzahl von 1864 entstehen folgende Reihen:

	Städte.	Land.	Ordn.-Nummer.
1) Delitzsch	3521	3207	8
2) Saalkreis	3282	3316	10
3) Halle	2286	—	—
4) Weissenfels	2191	4447	3
5) Wittenberg	2097	3133	12
6) Querfurt	1800	3586	5
7) Liebenwerda	1649	2106	15
8) Mansf. Seekreis	1561	3331	9
9) Mansf. Gebirgskreis	1421	3492	6

	Städte.	Land.	Ordn.-Nummer.
10) Eckartsberga	1312	3398	8
11) Schweinitz	1305	2458	13
12) Torgau	1233	2428	14
13) Bitterfeld	1190	3432	7
14) Naumburg	1129	5768	2
15) Merseburg	1101	3994	4
16) Zeitz	1055	9940	1
17) Sangerhausen	669	1996	16

β. Alter.

Auf die verschiedenen Altersstufen kommen an Procenten der Gesammtzahl der Straffälle:

		8—14 J.	15—20	21—30	31—40	41—50	51—60	61—70
Städte	Männer	—	6,09	27,94	34,66	19,16	9,42	2,73
	Frauen	—	5,27	29,33	33,14	21,06	10,58	—
Land	Männer	—	5,53	27,34	29,76	20,07	10,20	2,04
	Frauen	—	4,08	12,25	46,94	24,49	3,46	0,35

Die Vertheilung in Stadt und Land ist wesentlich gleichförmig erfolgt, und zwar haben die Altersstufen von 21—40 die meisten Straffälle nachgewiesen. Nur auf dem Lande findet dies beim weiblichen Geschlechte in den Stufen 31—50 Jahren statt.

γ. Strafmass.

Die auf die Altersstufen kommenden Durchschnittsstrafen sind:

	8—14 J.	15—20	21—30	31—40	41—50	51—60	61—70	71—80
Städte	—	34,55	23,12	21,05	19,69	15,93	22,15	—
Land	—	11,62	21,34	15,37	20,13	24,73	14,55	10

Der Durchschnitt der Kreise variirt zwischen 11 und 22. Nur in den Stadtkreisen kommen auf Querfurt 33 und Wittenberg 41 Tage Gefängniss.

δ. Gewerbe.

Im Wesentlichen treten hier dieselben Gewerbe hervor, wie bei den früher abgehandelten Verbrechen, mit Ausnahme der grösseren Landwirthe, denen Pächter und Verwalter beigezählt sind, und Kaufleute, die ein bedeutendes Contingent geliefert haben. Dagegen tritt ausser den Knechten das weibliche Geschlecht, besonders der unverehelichte Theil auffällig zurück.

Die nach dem Masse der Betheiligung geordnete Reihenfolge ist:

Städte.

1) Fuhrleute	1 : 101	13) Maurergesellen	1 : 482
2) Maurermeister	1 : 108	14) Fleischermeister	1 : 495
3) Steinhauer	1 : 127	15) Kaufleute	1 : 590
4) Arbeiter	1 : 238	16) Bäckergesellen	1 : 651
5) Händler	1 : 247	17) Schuhmachergesellen	1 : 695
6) Ziegeldecker	1 : 250	18) Handlungs-Commis	1 : 757
7) Fleischergesellen	1 : 265	19) Zimmergesellen	1 : 770
8) Grössere Landwirthe	1 : 306	20) Tischlermeister	1 : 997
9) Schmiede	1 : 340	21) Schuhmachermeister	1 : 1006
10) Schiffer	1 : 377	22) Bäckermeister	1 : 1586
11) Schneider	1 : 434	23) Frauen	1 : 4208
12) Knechte	1 : 464	24) Unverehelichte	1 : 10345

Land.

1) Fuhrleute	1 : 33	8) Tischlermeister	1 : 713
2) Steinhauer	1 : 108	9) Landwirthe	1 : 908
3) Tischlergesellen	1 : 315	10) Zimmergesellen	1 : 1022
4) Händler	1 : 420	11) Maurergesellen	1 : 1212
5) Arbeiter	1 : 469	12) Knechte	1 : 2512
6) Schuhmachermeister	1 : 638	13) Frauen	1 : 6121
7) Schneidergesellen	1 : 658	14) Unverehelichte	1 : 14777

8) Gemeingefährliche Verbrecher.

Die beschränken sich auf Brandstiftungen und Störungen des Eisenbahnbetriebes.

Ihre Zahl ist eine sehr beschränkte, in der Stadtbevölkerung im zweijährigen Durchschnitt 2, auf dem Lande 5,5.

Dort findet sich nur in Halle ein Straffall von 6 Jahren Zuchthaus, hier im Saalkreise mit 10 Jahren, in Wittenberg mit 3 Jahren und in Merseburg mit 1 Jahre. Uebrigens sind es geringe Fahrlässigkeitsstrafen.

Abschnitt C. Vagabundenwesen.

Dem Vagabundenwesen, dem ziellosen Umherschweifen, Betteln, Mangel eines Unterkommens und gewerbsmässiger Hurerei fehlen, streng genommen, die Merkmale des Verbrechens. Dennoch ist dasselbe ein die gesellschaftliche Ordnung nicht minder gefährdendes Schmarotzergewächs der bürgerlichen Gesellschaft.

Es ist desshalb nicht nur mit Strafe bedroht, sondern es ist der Verwaltungsbehörde die singuläre Befugniss ertheilt worden, hartnäckig Zuwiderhandelnde auf Jahre mit Freiheitsstrafe zu belegen, welche in der Correctionsanstalt mit der gewöhnlichen Hausordnung der Zuchthäuser zu verbüssen ist.

Unüberwindliche Trägheit und Unlust zur Arbeit hat unordentliche und schlechte Ernährung, in der Regel nur von Brod und Branntwein, lüderliche Bekleidung und äusserste Unreinlichkeit mit massenhaftem Ungeziefer zur unvermeidlichen Folge.

Längere Einwirkung dieser Schädlichkeiten erzeugt eine den Vagabunden eigenthümliche Kachexie. Wenn diese deutlicher hervorgetreten ist, pflegt das Vagabundenwesen völlig unheilbar zu sein; daher auch die ausserordentlich grosse Zahl der Rückfälle.

Da es für den vorliegenden Zweck von geringem Interesse ist, wie viele Personen mit 1 oder 3 Tagen Gefängniss wegen Bettelns bestraft sind, und eine Vollständigkeit des Nachweises durch die Verbrechen-Repertorien der zahlreichen Gerichts-Commissionen, welche für Uebertretungen competent sind, nicht zu beschaffen war, so sind für die nachstehenden Ausführungen die wegen Hartnäckigkeit der Arbeitsscheu, Vagabundenwesens und der gewerbsmässigen Unzucht mit Correctionsstrafe belegten Personen aus den Jahren 1858, 1861 und 1864 zum Grunde gelegt worden. Die Materialien hierzu sind mir durch die Gefälligkeit des Directors der Correctionsanstalt zu Zeitz, Grumbach, geliefert worden.

Zu bevorworten ist noch, dass mit der Corrections-Anstalt zugleich eine Erziehungsanstalt für jugendliche Verbrecher verbunden ist.

a. Zahl.

Die Summen der Corrigenden und Zöglinge beträgt durchschnittlich:

		Städte.	Land.
Corrigenden	männliche	101,6	85,3
	weibliche	43,3	38,0
Zöglinge	männliche	70,7	42,7
	weibliche	17,8	12,2

Der Procentsatz der weiblichen Corrigenden beträgt in den Städten 29,7, auf dem Lande 30,8, der jugendlichen Verbrecherinnen dort 20,1, hier 22,2.

Im dreijährigen Durchschnitte kommen auf jeden Corrigenden Seelen von 1864:

	Städte.	Land.	Ordnungsnummer.
1) Mansf. Gebirgskreis	17770	9297	1
2) Schweinitz	12711	7066	6
3) Saalkreis	6758	5373	8
4) Eckartsberga	3380	6145	7
5) Mansf. Seekreis	3346	7732	2
6) Halle	2788	—	—
7) Sangerhausen	2611	7443	3
8) Delitzsch	2548	3406	12
9) Wittenberg	2053	7442	4
10) Querfurt	2011	4066	9
11) Weissenfels	1781	3533	11
12) Naumburg	1613	3068	13
13) Merseburg	1512	3839	10
14) Liebenwerda	1505	7178	5
15) Bitterfeld	1502	2508	15
16) Torgau	1336	3061	14
17) Zeitz	696	2412	16

Der Mansfelder Gebirgs-, Schweinitzer, Mansfelder See-, Hallesche und Sangerhäuser Kreis nehmen in Stadt und Land, der Saal- und Eckartsbergaer nur mit der Stadtbevölkerung die günstigste Stelle, die ungünstigste in Stadt und Land Naumburg, Merseburg, Bitterfeld, Torgau und Zeitz, dagegen Liebenwerda nur mit den Städten.

Die Vertheilung der jugendlichen Verbrecher stellt sich folgendergestalt heraus:

	Städte.	Land.	Ordnungsnummer.
1) Liebenwerda	38627	10528	9
2) Delitzsch	19364	6872	14
3) Mansf. Gebirgskreis	15230	43830	3
4) Querfurt	12978	16435	7
5) Saalkreis	11488	159170	2
6) Schweinitz	9777	—	1
7) Eckartsberga	8580	14133	8
8) Mansfelder Seekreis	7808	33310	5
9) Halle	6269	—	
10) Wittenberg	6038	18604	6
11) Sangerhausen	4939	36084	4
12) Bitterfeld	3095	9055	12
13) Merseburg	3044	9983	11
14) Weissenfels	2435	10217	10

	Städte.	Land.	Ordnungsnummer.
15) Naumburg	1711	7209	13
16) Torgau	1304	3519	15
17) Zeitz	762	1956	16

Die meisten jugendlichen Verbrecher in Stadt und Land befinden sich in denselben Kreisen, welche die meisten Corrigenden geliefert haben: Bitterfeld, Merseburg, Weissenfels, Naumburg, Torgau und Zeitz. Das Gleiche trifft im Allgemeinen auch bei den günstig situirten Kreisen zu. Nur die Städte in Liebenwerda und Delitzsch zeichnen sich durch geringe Zahl der jugendlichen Verbrecher aus, während die Zahl der Corrigenden bedeutend ist.

β. Altersstufen.

Auf die Altersstufen vertheilen sich die Geschlechter der Corrigenden sehr verschieden, und zwar in nachstehenden Procenten:

		15—20 J.	21—30	31—40	41—50	51—60	61—70
Städte	männliche	11,14	19,74	24,21	21,43	18,5	4,78
	weibliche	20,00	48,70	15,65	9,56	6,09	—
Land	männliche	12,27	17,61	22,23	24,14	19,54	4,21
	weibliche	19,65	49,11	19,69	8,03	3,57	—

Bemerkenswerth ist die grosse Uebereinstimmung der Procentsätze in Stadt und Land, ferner das Aufsteigen der Zahl der weiblichen Corrigenden fast bis zur Hälfte der Gesammtzahl in der Stufe von 21—30 Jahren, dem gewöhnlichen Alter der weiblichen Blüthe, und wird die schnelle Abnahme der Zahl in den späteren Stufen weniger dem bessernden Erfolge der Correctionsstrafe als dem Abgeblühtsein des weiblichen Reizes zuzumessen sein.

γ. Rückfälle.

Die dem Vagabundenwesen eigenthümliche grosse Zahl der Rückfälle, gleichviel ob die frühere Bestrafung in Prügel-, Corrections-, Gefängniss- oder Zuchthausstrafe bestanden hat, wird aus folgender, den Durchschnitt der Altersstufen enthaltenden Tabelle ersichtlich:

		15—20 J.	21—30	31—40	41—50	51—60	61—70	71—80
Städte	männliche	3,3	5,7	9,6	11,3	14,3	22,9	25
	weibliche	3	5,8	14	16,7	23	—	—
Land	männliche	3,9	6,3	9,3	9,10	11,2	2,8	—
	weibliche	—	5,9	14	10	—	—	—

Die Zahl der Rückfälle steigert sich im Allgemeinen gleichmässig mit den Altersstufen. Während in den drei ersten Stufen eine fast vollkommene Uebereinstimmung zwischen Stadt- und Landbevölkerung besteht, zeigt die Zahl auf dem Lande von der vierten Stufe an bedeutende Differenzen. In den späteren Altersstufen zeichnen sich die Weiber durch hohe Zahl der Rückfälle aus.

Der nach den Kreisen berechnete Durchschnitt der Rückfälle bildet für die männlichen Corrigenden folgende Reihen:

	Städte.	Land.	Ordnungsnummer.
1) Saalkreis	—	7	7
2) Schweinitz	3	8,7	12
3) Querfurt	6,9	5	2
4) Sangerhausen	7	8,6	11
5) Merseburg	7,5	5,7	4
6) Torgau	8,5	8,5	10
7) Weissenfels	8,7	7	8
8) Liebenwerda	8,6	5,2	3
9) Zeitz	9,8	3,8	1
10) Eckartsberga	10	9	13
11) Mansf. Gebirgskreis	10	10	14
12) Bitterfeld	14,3	8	9
13) Delitzsch	14,8	13	16
14) Halle	15,7	—	—
15) Mansf. Seekreis	16	6,5	6
16) Wittenberg	16	6	5
17) Naumburg	21,3	12,7	15
Summa	178,6	124,4	

Wie aus den Summen der Durchschnitte hervorgeht, ist die Hartnäckigkeit des Vagabundenwesens in den Städten grösser als auf dem Lande.

Kreise, die in dem Umfange des Vagabundenwesens voranstehen, nehmen hier meistens nur die mittlere Stelle ein. Es darf hieraus aber nicht gefolgert werden, dass es an Personen mit zahlreichen Rückfällen fehle. Die grossen Zahlen vermindern sich nur durch Menge der kleinen.

An weiblichen Corrigenden ist die Hälfte der Stadtkreise frei. Nur in Merseburg, Torgau, Zeitz, Halle und Wittenberg variiren die Rückfälle von 10—14.

Die Landkreise sind zu zwei Dritttheilen von weiblichen Corrigenden frei. In den Kreisen Bitterfeld, Torgau, Mansfelder Gebirgskreise und Wittenberg steigt die Zahl der Rückfälle von 7,5 auf 13.

δ. Gewerbe.

Die verschiedene Disposition der Gewerbe zum Vagabundiren bildet folgende Reihen durch Vertheilung auf die Zahl der Genossen:

Städte.

1) Barbier	193	12) Fleischer	1026
2) Sattler	265	13) Knechte	1392
3) Arbeiter	346	14) Maurer	1700
4) Schneider	374	15) Tischler	1806
5) Bäckergehülfen	435	16) Zimmerleute	1935
6) Schmiedegehülfen	446	17) Kaufleute	2131
7) Schmiedemeister	590	18) Bäckermeister	2643
8) Handlungs-Commis	688	19) Weber	6042
9) Musici	699	20) Wittwen	6076
10) Jungfern	825	21) Frauen	11919
11) Müller	864		

Land.

1) Schneider	240	11) Weber	881
2) Arbeiter	305	12) Fleischer	1027
3) Schuhmacher	320	13) Müller	1090
4) Geschiedene Frauen	444	14) Jungfern	1490
5) Kaufleute	636	15) Zimmerleute	1791
6) Bäcker	646	16) Maurer	2370
7) Barbiere	714	17) Knechte	3979
8) Schmiede	725	18) Wittwen	14776
9) Tischler	791	19) Frauen	30605
10) Oekonomen	793		

Im Allgemeinen figuriren hier dieselben Gewerbe wie im Diebstahl. Nur diejenigen Gewerbe, welche eine grössere Körperkraft fordern und üben, treten mehr zurück, am auffälligsten aber die verheiratheten Frauen.

Abschnitt D. Strafanstalten.

Das Pönitenziar-Wesen ist für die socialen Zustände von grösster Bedeutung, namentlich in wie weit die Strafanstalten den wichtigen Zweck der Besserung der Gefangenen wirklich erreichen. Es liegt zu Tage, es müsse, um der unentbehrlichen Mitwirkung der Detinirten sich zu versichern, die Disciplin so geführt werden, dass den Sträflingen nicht mehr und nicht andere Arbeiten zugemuthet werden, als sie leisten können, und dass bei Verletzungen der Hausordnung jedesmal auch die etwaigen Entschuldigungs-Momente sorgfältig ermittelt und bei Abmessung der Strafe die Persönlichkeit des Contravenienten und seine bisherige Führung in Betracht gezogen, kurz, dass den Strafen jedesmal culpa in concreto zum Grunde gelegt wird. Dann wird auch das Anerkenntniss der Bestraften, dass sie mit Recht leiden, nicht ausbleiben. Hierzu bedarf es keineswegs einer höheren sittlichen Bildung. Kinder, ja die der menschlichen Zucht unterworfenen Hausthiere, der Hund und das Pferd, nehmen unverdiente oder übermässige Strafe ganz anders auf als verdiente. Jene pflegt sofort zu den hartnäckigsten Widersetzlichkeiten den stärksten Anreiz zu geben. Einzelne Vorstände — ein glücklicher Weise seltener Fall — sind in den verhängnissvollen Irrthum gefallen, dass der Gerechtigkeit am vollkommensten Genüge geschehe, wenn den Strafen die culpa in abstracto zum Grunde gelegt wird, d. h. dass für jede Contravention eine im Voraus bestimmte Strafe festgestellt und ohne Ansehen der Person zur Ausführung gebracht wird. Hieraus entspringen so grosse Härten, dass in den Detinirten das Gefühl ungerechter Behandlung preisgegeben zu sein dermassen überhand nimmt, dass sie sich unbekümmert um die Folgen gegen die Hausordnung auflehnen, dadurch zu einer ausserordentlichen Häufung der Strafen, besonders der schweren, nöthigen und schliesslich einer tiefen Verwilderung des Gemüthes verfallen.

Unsere Strafanstalten sind aus finanziellen Nöthigungen entweder ausschliesslich oder doch zum grösseren Theile grosse Fabrikanstalten geworden. In neuerer Zeit hat man das überaus glückliche Bestreben zur Ausführung gebracht, die Sträflinge auch zur Feldarbeit zu verwenden. Zur Empfehlung dieses Verfahrens genügt es, auf die glücklichen Erfolge der Corrections-Anstalt zu Zeitz im Betreff des Krankenstandes, der durchschnittlichen Krankheitsdauer, der Sterblichkeit und der Zahl der Straffälle zu verweisen, die in ausgedehntester Weise die Pfleglinge mit Feldarbeit durch Erpachtung einer benachbarten kleinen Domaine beschäftigt. Jenen Erfolgen ist ein um so grösseres Gewicht beizulegen, als das Personal zweifelsohne in körperlicher und sittlicher Beziehung das depravirteste ist. Die mit dem Vagabundenthum erwachsene Rückfälligkeit hat freilich nicht überwunden werden können.

Da die Strafanstalten der Provinz unter der Verwaltung der hiesigen Königlichen Regierung stehen, ist die Gelegenheit, einen weiteren Einblick in das Verbrechen- und Vagabundenwesen zu erhalten, benutzt worden.

Auf Anregung des Verfassers sind die Directionen der Anstalten veranlasst worden, eine Liste der im hiesigen Regierungsbezirke heimathsberechtigten Häuslinge mit besonderer Berücksichtigung der Geburt, Jugenderziehung, körperlichen und geistigen Entwicklung, sowie der religiösen Bildung aufzustellen. Für weitere Bemerkungen haben die Regierungs-Acten als Unterlage gedient.

1) Strafanstalt zu Halle.

Dieselbe ist mit Verschmelzung des Auburn'schen und Pensylvanischen Systems neu erbaut worden, indem sie eine ansehnliche Zahl von Isolir-Zellen enthält, die nach disciplinarischen Rücksichten belegt werden, während die grosse Mehrzahl der Sträflinge in umfänglichen Sälen gemeinschaftlich arbeitet und in isolirten Zellen schläft. Wegen Ueberfüllung der Anstalt hat man in neuerer Zeit auch zu gemeinschaftlichen Schlafsälen seine Zuflucht nehmen müssen. Die Anstalt ist für die schweren Verbrecher bestimmt, die mit 5 und mehr Jahren Zuchthaus belegt worden sind.

a. Zahl.

Die Summe der städtischen Züchtlinge beträgt 98, der ländlichen 114, und zwar vertheilen sie sich folgendergestalt auf die Seelenzahl der Kreise:

		Städte.	Land.	Ordnungsnummer.
1)	Mansf. Gebirgskreis	—	15341	1
2)	Delitzsch	9682	7697	5
3)	Liebenwerda	5794	6317	7
4)	Eckartsberga	5577	2569	14
5)	Weissenfels	5478	6300	8
6)	Mansf. Seekreis	4685	7217	6
7)	Sangerhausen	4569	9382	3
8)	Saalkreis	3829	3411	13
9)	Naumburg	3769	3401	15
10)	Wittenberg	3321	5953	9
11)	Halle	3266	—	—
12)	Torgau	2673	3422	12
13)	Merseburg	2571	3632	10
14)	Schweinitz	2542	14133	2
15)	Bitterfeld	1719	3623	11
16)	Querfurt	1442	7889	4
17)	Zeitz	1156	2259	16
	Durchschnitt	3038	4818	—

In der ersten Hälfte zeichnet sich Eckartsberga durch die grosse Zahl der ländlichen Verbrecher aus, in der zweiten Hälfte Querfurt und Schweinitz durch geringe. Im Gesammtdurchschnitt haben die Städte gegen das Land im Verhältniss zur Seelenzahl fast die doppelte Summe an Verbrechern geliefert (38,7 — 61,3).

b. Altersstufen.

Die verschiedenen Altersstufen nehmen nach Procenten berechnet, Antheil:

	15—20 J.	21—30	31—40	41—50	51—60
Städte	3,0	23,5	38,9	21,1	13,2
Land	1,8	23,7	37,7	21,9	14,9

Die auffällige Uebereinstimmung zwischen Stadt und Land bekundet, dass die Vertheilung aus einem tiefen anthropologischen Grunde hervorgegangen ist. Den bei Weitem stärksten Antheil an den schweren Verbrechen hat das kräftigste Mannesalter, die Stufe von 31—40 Jahren.

c. Arten der Verbrechen.

Wenn die Arten der Verbrechen in folgende 4 Classen zerlegt werden, nämlich Verbrechen gegen das Eigenthum, wider das Leben, fleischliche und gemeingefährliche Verbrechen, so beträgt der Procentsatz

für die erste 78,6 in den Städten,
71,1 auf dem Lande;
für die zweite 13,3 in den Städten,
15,6 auf dem Lande;
für die dritte 3,0 in den Städten,
5,5 auf dem Lande,
und für die vierte 5,1 in den Städten,
8,8 auf dem Lande.

Verbrechen gegen das Eigenthum überwiegen demnach nicht unbedeutend in den Städten, auf dem Lande dagegen die übrigen Kategorieen.

d. Durchschnittliches Strafmass.

Die Ordnung der Kreise nach dem durchschnittlichen Strafmasse ist folgende:

	Städte.	Land.	Ordnungsnummer.
1) Liebenwerda	5	$10\frac{1}{10}$	4
2) Eckartsberga	6	$12\frac{2}{1?}$	10
3) Weissenfels	$7\frac{3}{4}$	$12\frac{5}{6}$	13

	Städte.	Land.	Ordnungsnummer.
4) Mansf. Seekreis	8	$15\frac{1}{4}$	16
5) Sangerhausen	$8\frac{1}{9}$	$8\frac{1}{5}$	1
6) Zeitz	$8\frac{3}{5}$	$13\frac{6}{11}$	14
7) Schweinitz	$8\frac{6}{7}$	$11\frac{1}{2}$	9
8) Wittenberg	$8\frac{3}{4}$	$9\frac{1}{5}$	2
9) Querfurt	$8\frac{1}{5}$	$12\frac{1}{5}$	12
10) Bitterfeld	$9\frac{1}{3}$	$10\frac{1}{3}$	6
11) Mansf. Gebirgskreis . .	$10\frac{1}{5}$	$10\frac{1}{5}$	5
12) Halle	$10\frac{4}{13}$	—	—
13) Merseburg	$12\frac{3}{9}$	$12\frac{3}{11}$	11
14) Naumburg	$13\frac{1}{2}$	$11\frac{1}{6}$	7
15) Saalkreis	16	$14\frac{4}{7}$	15
16) Torgau	16	10	3
17) Delitzsch	19	$11\frac{1}{5}$	8
Summa	$166\frac{17}{23}$	$185\frac{8}{23}$	

Im Allgemeinen sind die ländlichen Verbrecher mit einer höhern Strafe angesehen worden, als die städtischen, am auffälligsten in den Landkreisen Eckartsberga, Weissenfels, Mansfelder Seekreis und Zeitz in der ersten Hälfte der Reihe, während in der zweiten Hälfte die Landkreise Naumburg, Torgau und Delitzsch niedrige Strafsätze aufweisen.

e. Eheliche und uneheliche Geburt.

Das Verhältniss der unehelichen Geburt zur ehelichen beträgt für
Stadtkinder 14,1 : 85,9 %,
Landkinder 13,2 : 86,8 „.

Die Uebereinstimmung von Stadt und Land dürfte für die Richtigkeit der Zahlen Gewähr leisten, obwohl sie schwerlich eine andere Quelle haben, als die eigene Angabe der Sträflinge, und obwohl diese, wenn sie nicht ganz verwildert sind, gern von der Achtbarkeit ihrer Familie zu reden, und in dieser einen nicht unkräftigen Halt des eignen sittlichen Bewusstseins zu finden pflegen.

Das Verhältniss der durch Fremde erzogenen verwaisten ehelichen und unehelichen Kinder zu den durch die Mütter erzogenen ist nicht festzustellen, dennoch ist mit grosser Wahrscheinlichkeit anzunehmen, dass die mütterliche Erziehung ganz überwiegend zu Verbrechen disponirt, vermuthlich doch, weil hier die Kinder am häufigsten zuchtlos aufwachsen, d. h. nicht an eigene Zügelung der Begehrlichkeit und straffe Arbeit gewöhnt werden.

f. Körperliche Entwickelung.

Der scrophulöse Habitus findet sich unter den städtischen Züchtlingen bedeutend häufiger als unter den ländlichen, nämlich 20,4 % gegen 8,8. Aber auch in der übrigen körperlichen Entwickelung haben letztere einigen Vorzug.

Es betragen nämlich nach Procentsätzen Personen mit **sehr guter** körperlicher Entwickelung unter den Stadtkindern 4,1, unter den Landkindern 6,2;

mit **guter** unter Stadtkindern 52,0, unter Landkindern 53,5;

mit **mittelmässiger** unter den Stadtkindern 29,6, unter den Landkindern 25,4;

mit **schlechter** Entwickelung unter den Stadtkindern 14,3, unter den Landkindern 14,9.

g. Geistige und religiöse Bildung.

Leider hat man sich hier mehr auf Aeusserlichkeiten, auf Fähigkeit zu lesen, schreiben und rechnen und auf Religionsunterricht bis zur Einsegnung beschränken müssen.

Die letztere hat bei allen Züchtlingen ohne Ausnahme stattgefunden.

Ausserdem sind mit **sehr guter** geistiger Bildung im obigen Sinne begabt, unter den Stadtkindern 2,0, unter den Landkindern 0,9 %;

mit **guter** unter den Stadtkindern 50,0, unter den Landkindern 48,2;

mit **mittelmässiger** unter den Stadtkindern 42,9, unter den Landkindern 46,5;

mit **schlechter** unter den Stadtkindern 3,1 und unter den Landkindern 4,4 %.

So unentbehrlich auch Schulbildung und religiöse Kenntnisse zur innern Veredlung sind, so liefert doch die Gesellschaft der schwersten Verbrecher, welche genügende religiöse Kenntnisse besitzen und zur grössern Hälfte mit geistigen Fähigkeiten und Schulkenntnissen wohl ausgestattet sind, den handgreiflichen Beweis, dass jene Kenntnisse an sich noch keine Veredlung enthalten, sondern nur Mittel zur Veredelung werden können unter der Bedingung, dass das Individuum in souveräner Freiwilligkeit sie zum Zweck der Selbstveredlung wirklich verwendet.

Sie sind mit dem Brode im Brodbeutel vergleichbar, von dem auch keine vermehrte Kraftäusserung zu erwarten ist, so lange es in diesem verschlossen bleibt.

h. Morbilität und Mortalität.

Die Erkrankungen variiren in den Jahren 1858—1864 von 54,62 bis 86,27, im Durchschnitt 72,01%, und zwar kommen auf jeden Kranken 33,42 Krankheitstage.

Die Sterblichkeit wechselt in den gedachten Jahren von 2,45 zu 3,17, im Durchschnitt 2,87%.

i. Disciplinar-Strafen.

Die Zahl der Strafen schwankt zwischen 70,95 und 86,84, im Durchschnitt 79,29%. Unter ihnen befinden sich 25,74% Lattenstrafe und 2,08% Prügelstrafe, wobei hervorzuheben ist, dass in den letzten 4 Jahren letztere weniger als 1% betragen hat.

In neuester Zeit ist höhern Orts angeordnet, dass die Prügelstrafe nur auf das übereinstimmende Votum sämmtlicher Oberbeamten verhängt werden darf, was in seiner Wirkung wohl dem Verbote dieser Strafart gleichkommen wird.

2) Strafanstalt zu Lichtenburg.

Die Strafanstalt ist in einem der vielen chursächsischen Schlösser untergebracht und mit der erforderlichen Zahl neuerbauter Isolirzellen versehen worden. Ein grosser Vorzug der Anstalt ist, dass ein erheblicher Theil der Sträflinge mit Feldarbeit beschäftigt wird.

Die Anstalt ist für Verbrecher bestimmt, welche bis zu 5 Jahren Zuchthausstrafe zu verbüssen haben.

a. Zahl.

Die Gesammtzahl der Sträflinge aus den Städten beträgt 93, vom Lande 105.

Die Vertheilung auf die Kreise ist aus nachstehender Tabelle ersichtlich:

	Städte.	Land.	Ordnungsnummer.
1) Mansf. Gebirgskreis	—	3835	14
2) Delitzsch	9682	7697	5
3) Liebenwerda	5792	5264	9
4) Eckartsberga	5577	4126	12
5) Weissenfels	5478	12601	2
6) Mansf. Seekreis	4685	4330	10
7) Sangerhausen	4569	11722	3
8) Saalkreis	3829	5970	7
9) Naumburg	3764	—	1
10) Halle	3366	—	—

	Städte.	Land.	Ordnungsnummer.
11) Wittenberg	3321	4252	11
12) Torgau	2673	2700	16
13) Merseburg	2570	2705	8
14) Schweinitz	2542	4039	13
15) Bitterfeld	1719	3261	15
16) Querfurt	1442	6974	6
17) Zeitz	1247	8284	4
Durchschnitt	3202	5234	

Auch hier haben die Städte eine viel grössere, der Hälfte nahekommende Anzahl gegen das Land geliefert.

Die Landkreise Delitzsch, Weissenfels und Sangerhausen nehmen ebenso wie die Stadtkreise eine günstige Stelle ein, Zeitz nur auf dem Lande; während Bitterfeld, Schweinitz und Torgau in Stadt und Land zahlreiche Züchtlinge aufweisen, der Mansf. Gebirgskreis nur vom Lande.

b. Altersstufen.

Nach Procenten bezeichnet nehmen die verschiedenen Altersstufen durch folgende Sätze Antheil:

	15—20 J.	21—30	31—40	41—50	51—60
Städte	10,70	45,2	26,9	12,9	4,3
Land	8,5	36,2	37,2	14,3	3,8

Während unter den Stadtkindern die Stufe von 21—30 Jahren die stärkste Betheiligung zeigt, ist dies auf dem Lande mit der folgenden der Fall. Ausserdem sind die Unterschiede nicht bedeutend.

c. Arten der Verbrechen.

Die Verbrechen gegen das Eigenthum überwiegen hier bedeutend, nämlich von den Städten 81,7, vom Lande 85,8, während in der Strafanstalt zu Halle die Städte einen grössern Antheil geliefert haben;

wider das Leben:
von Städten —
vom Lande 0,9

fleischliche Verbrechen:
von Städten 18,3
vom Lande 11,4

gemeingefährliche Verbrechen:
von Städten —
vom Lande 1,9.

d. Durchschnittliches Strafmass.

Nach dem durchschnittlichen Strafmass rangiren sich die Kreise in folgender Weise:

	Städte.	Land.	Ordnungsnummer.
1) Mansf. Gebirgskreis	—	2,51	5
2) Eckartsberga	2	3,21	14
3) Mansf. Seekreis	2,15	2,33	4
4) Bitterfeld	2,17	3,15	13
5) Weissenfels	2,22	2,43	6
6) Zeitz	2,45	2,16	2
7) Sangerhausen	2,50	3,92	16
8) Saalkreis	2,66	2,56	7
9) Halle	2,81	—	—
10) Wittenberg	2,83	2,43	6
11) Schweinitz	2,94	2,84	9
12) Delitzsch	3	3	12
13) Naumburg	3	—	1
14) Torgau	3,32	2,88	10
15) Querfurt	3,39	2,33	3
16) Merseburg	3,81	2,71	8
17) Liebenwerda	4	2,89	11
Summa ohne Halle	39,77	42,71	

Im Allgemeinen überwiegt die Höhe der Strafen bei der Landbevölkerung nur unbedeutend. In der ersten Hälfte der Reihe zeichnen sich Eckartsberga, Bitterfeld und Sangerhausen durch Höhe, vom Lande in zweiter Naumburg und Querfurt durch niedrige Strafsätze aus.

e. Eheliche und uneheliche Geburt.

Nach dem eingegangenen Berichte beträgt die Zahl der unehelich erzeugten Sträflinge in den Städten nur 6,4 %, auf dem Lande 1,9, Zahlen, deren Glaubwürdigkeit wegen ihrer Geringfügigkeit dahin gestellt werden muss. Uebrigens betragen die von ihrer Mutter erzogenen in der Ehe erzeugten Sträflinge in den Städten 24,9 und auf dem Lande 11,4 %[3]).

---

[3] Auf Anfrage hat der Director der Strafanstalt v. Bosse die im laufenden Jahre 1870 hier heimathberechtigten Detinirten ermitteln lassen mit dem Ergebnisse, dass von 259 nur 4 unehelicher Geburt sind, mithin 1,54 Proc. Zu bemerken ist, dass neuerdings die Gerichte bei der Ueberweisung der Sträflinge die eheliche oder uneheliche Geburt bekunden. Ob die Ortsvorstände darüber befragt sind, constirt nicht.

f. Körperliche Entwickelung.

Der scrophulöse Habitus ist unter den Züchtlingen aus den Städten an 44,1, vom Lande an 34,3 %, bemerkt worden, in starker Abweichung von den Häuslingen zu Halle, die einen kräftigen Körper in die Anstalt mitzubringen pflegen.

Eine sehr gute Körperconstitution ist aus den Städten 3,2, vom Lande 7,6 % zugeschrieben worden;
eine gute aus den Städten 45,2, vom Lande 52,4;
eine mittelmässige aus den Städten 12,9, vom Lande 6,7;
eine schlechte aus den Städten 38,7, vom Lande 33,3 %.

Die letzte Kategorie ist aus den Städten um 2,70mal stärker besetzt als in Halle, vom Lande 2,24mal.

g. Geistige und religiöse Bildung.

Die Einsegnung hat bei allen Züchtlingen mit Ausnahme eines einzigen Falles stattgefunden.

Rücksichtlich der Schulbildung sind in die Kategorieen
der sehr guten aus den Städten 10,7 %, vom Lande 3,8 eingeschätzt worden;
der guten aus den Städten 81,7, vom Lande 78,1;
der mittelmässige aus den Städten 6,5, vom Lande 17,2;
der schlechten aus den Städten 1,1, vom Lande 0,9.

Wenn man auch annimmt, dass hier ein kleinerer Massstab für die Anerkennung guter Schulbildung angelegt ist, so muss doch in den obigen Zahlen ein weiterer unwiderleglicher Beweis gefunden werden, dass auch gute Schulbildung für sich vor Verbrechen nicht schützen kann.

h. Morbilität und Mortalität.

In den 7 Jahren von 1858—1864 wechselt die Zahl der Erkrankungen von 43,54—83,17 % der Gesammtzahl der Sträflinge, im Durchschnitt 66,25 %. Die Sterblichkeit in dem gedachten Zeitraume schwankt zwischen 1,56 und 4,27 %, im Durchschnitt 3,01.

Die Strafanstalt zu Halle hat hiernach eine um 5,76 % höhere Morbilität trotz des mitgebrachten kräftigen Körpers, dagegen eine um 0,14 % geringere Sterblichkeit.

i. Disciplinarstrafen.

Die Disciplinarstrafen schwanken zwischen 115,74 % (1863) und 79,34 (1862), im Durchschnitt 95,00. Hierunter sind im 7jährigen Durchschnitt 54,16 Latten- und 3,31 Prügelstrafen.

3) Strafanstalt für Weiber zu Delitzsch.

Die abgesonderte Strafanstalt für Weiber ist seit 1861 eingerichtet, und zwar in einem alten fiscalischen Gebäude, dessen Baulichkeiten wohl Manches zu wünschen übrig lassen.

a. Zahl.

Die Gesammtsumme der Züchtlinge beträgt aus den Städten 36, vom Lande 38 Köpfe und vertheilen sich folgendergestalt auf die Kreise:

	Städte.	Land.	Ordnungsnummer.
1) Mansf. Gebirgskreis	—	30681	6
2) Querfurt	—	13148	9
3) Sangerhausen	—	23455	8
4) Weissenfels	—	—	3
5) Delitzsch	19364	—	1
6) Zeitz	13712	24851	7
7) Liebenwerda	11588	31584	5
8) Saalkreis	11488	5744	15
9) Halle	11432	—	—
10) Naumburg	11291	—	2
11) Schweinitz	6355	9422	12
12) Mansfelder Seekreis	6247	43303	4
13) Merseburg	5784	7988	13
14) Torgau	5346	4183	16
15) Wittenberg	3321	7442	14
16) Bitterfeld	3095	10869	10
17) Eckartsberga	3788	9629	11

Die Kreise Merseburg, Torgau, Wittenberg, Bitterfeld und Eckartsberga haben aus Stadt und Land das stärkste Contingent geliefert, der Saalkreis nur vom Lande.

Nach den Kategorieen der Weiber lieferten Unverheirathete aus Städten 61,1% und 1 von 1399 Genossen, vom Lande 65,8 und 1 von 2069 Genossen.

Verheirathete aus den Städten 22,2%, von den Genossen 16428, vom Lande 21,1, von den Genossen 12625.

Wittwen aus den Städten 13,8, von den Genossen 2671, vom Lande 7,9, von den Genossen 6403.

Geschiedene Frauen aus den Städten 2,7, von den Genossen 596, vom Lande 5,2, von den Genossen 289,
ein weiterer lautsprechender Beweis für die Schutzkraft der Ehe bei Frauen vor Verbrechen, ganz besonders vor schweren Verbrechen.

Uebrigens ist die Gesammtzahl der städtischen Verbrecherinnen um 1,7 grösser als vom Lande (8,272—14,405).

b. Altersstufen.

Die verschiedenen Altersstufen weisen nachstehende Procentsätze auf:

	15—20 J.	21—30	31—40	41—50	51—60
Städte	2,8	36,1	30,6	22,2	8,3
Land	5,2	44,4	26,3	18,9	5,2

Unter den Stadtkindern haben die Stufen von 21—40 die stärkste Betheiligung, auf dem Lande von 21—30; ausserdem sind die Unterschiede nicht von Belang.

c. Arten der Verbrechen.

Die Verbrechen gegen das Eigenthum betragen aus den Städten 77,7 %, vom Lande 71,0:

wider das Leben aus den Städten 13,8, vom Lande 23,7;
fleischliche Verbrechen aus den Städten 5,6, vom Lande —;
gemeingefährliche Verbrechen aus den Städten 2,7, vom Lande 5,3.

Verbrechen wider Leben und von gemeiner Gefahr sind auf dem Lande in erheblich grösserem Umfange zur Bestrafung gekommen.

d. Durchschnittliches Strafmass.

Das durchschnittliche Strafmass in den Kreisen bildet folgende Reihen:

	Städte.	Land.	Ordnungsnummer.
1) Mansf. Gebirgskreis	—	2	5
2) Querfurt	—	6,53	13
3) Sangerhausen	—	5,50	12
4) Weissenfels	—	—	3
5) Delitzsch	2		1
6) Naumburg	2	—	2
7) Torgau	2	4,09	9
8) Eckartsberga	3	2,19	7
9) Mansf. Seekreis	3	8	15
10) Bitterfeld	3,80	5	10
11) Wittenberg	4,57	10,37	16
12) Halle	6,55	—	—
13) Liebenwerda	7	2	4
14) Merseburg	7	7,60	14

	Städte.	Land.	Ordnungsnummer.
15) Saalkreis	12,50	2,15	6
16) Schweinitz	13,50	5	11
17) Zeitz	15	2,50	8
Summa	81,92	60,18	

Die schwersten Verbrecherinnen sind aus den Städten hervorgegangen, und zwar vom Saal-, Schweinitzer und Zeitzer Kreise, während hier das platte Land eine mittlere Stelle einnimmt. Die schwächste Betheiligung in Stadt und Land findet sich in den Kreisen Weissenfels, Delitzsch, Naumburg und im Mansfelder Gebirgskreise, in Querfurt und Sangerhausen nur Seitens der Städte.

e. Eheliche und uneheliche Geburt.

Die ausser der Ehe gezeugten Züchtlinge betragen 23,7 % in den Städten, vom Lande 11,1. Von den erstern ist der Ueberschuss im Vergleich zu andern Strafanstalten sehr bedeutend.

f. Körperliche Entwickelung.

Ein scrophulöser Habitus ist bei den städtischen Züchtlingen an 43,7, vom Lande an 50 % wahrgenommen worden.

Sehr gute körperliche Entwickelung bekunden aus den Städten 19,3 %, vom Lande 26,3;

gute aus den Städten 41,8, vom Lande 42,2;

mittelmässige aus den Städten 16,7, vom Lande 10,5;

schlechte aus den Städten 22,3, vom Lande 21,0 %.

Man wird annehmen dürfen, dass die Ausbreitung und Grösse der körperlichen Mängel ein erhebliches Moment zur Erzeugung der Verbrechen abgegeben haben.

g. Geistige und religiöse Bildung.

Unter den städtischen Züchtlingen wird die religiöse Bildung bei 36,1 % als sehr mangelhaft angegeben, unter den ländlichen bei 18,4. Vermuthlich hat der Berichterstatter hier unter religiöser Bildung ein Mehreres verstanden, als den Besitz von Religionskenntnissen, die zur Einsegnung berechtigen, wie dies in andern Strafanstalten der Fall gewesen ist.

Sehr gute geistige Bildung ist unter den städtischen Züchtlingen bei 5,6 % bemerkt, vom Lande —;

gute aus den Städten 22,4, vom Lande 15,8;

mittelmässige aus den Städten 52,8, vom Lande 68,4;

schlechte aus den Städten 19,2, vom Lande 15,8.

Auffällig im Gegensatze der übrigen Strafanstalten ist die weit verbreitete Dürftigkeit der geistigen Fähigkeiten und Bildung.

h. Morbilität und Mortalität.

Da die reglementmässigen vierteljährlichen Krankenberichte von der Delitzscher Anstalt nicht eingereicht sind, fehlt es im Betreff der Krankheitsfälle und der Dauer der Krankheit an den nöthigen Unterlagen. Die Sterblichkeit hat im fünfjährigen Durchschnitt 3,33 % betragen (höchster Satz 5,26 % 1864, niedrigster 1,73 % 1862).

i. Disciplinarstrafen.

Im fünfjährigen Durchschnitt hat die Gesammtzahl der Strafen 277,01 (höchster Satz 361,27 1863, niedrigster 222,00 1862) und 7,10 % Peitschenhiebe (höchster Satz 10,64 1863, niedrigster 3,35 1865) betragen.

4) Correctionsanstalt zu Zeitz.

Die Correctionsanstalt ist in der Moritzburg im Elsterthale bei Zeitz der frühern Residenz der Herzöge von Sachsen-Zeitz, welche von 1656 ab bis 1718 als Nebenlinie des Albertinischen Hauses bestand, die aber wegen Mangels eines berechtigten Erben vom Kurhause wieder eingezogen wurde.

Die Anstalt ist eine ständische, während die Verwaltung von der Königlichen Regierung unter Assistenz einer ständischen Deputation geführt wird.

Die Richtung der letztern wird wesentlich durch einen ausgedehnten landwirthschaftlichen Betrieb bestimmt, indem die Anstalt eine benachbarte fiscalische Domäne in Pacht genommen hat.

Ueber a. Zahl, b. Altersstufen und c. Rückfälle ist schon unter dem Abschnitt Vagabundenwesen das Nöthige beigebracht.

Die nachstehenden Notizen sind aus den Berichten der Anstalt über das Jahr 1864 und aus den Regierungsacten entnommen.

d. Arten der Verbrechen.

Unter den städtischen Corrigenden sind wegen Landstreicherei 63,4 %, vom Lande 90,5 bestraft;

wegen Bettelns aus den Städten 13,8, vom Lande 7,9;

wegen Mangel eines Unterkommens aus den Städten 20,8, vom Lande 1,6;

wegen gewerbsmässiger Hurerei aus den Städten 4,0, vom Lande —.

Der Erziehungsanstalt sind aus den Städten wegen Diebstahls überwiesen worden 50,9%, vom Lande 40,0;

wegen Landstreicherei aus den Städten 44,0, vom Lande 26,7;

wegen gemeingefährlicher Verbrechen aus den Städten 3,4, vom Lande 33,3;

wegen Unzucht aus den Städten 3,4, vom Lande —.

Das Land zeichnet sich demnach durch den grossen Umfang der Landstreicherei unter den Corrigenden und der gemeingefährlichen Verbrechen unter den Zöglingen aus.

e. Eheliche und uneheliche Geburt.

Unter den Corrigenden sind aus den Städten 11,8% ausser der Ehe gezeugt, 12,7 vom Lande;

unter den Zöglingen aus den Städten 22,0, vom Lande 46,6.

Bemerkenswerth ist die ausserordentlich grosse Zahl der unehelichen Zöglinge, besonders vom Lande.

f. Körperliche Entwickelung.

Der scrophulöse Habitus ist unter den städtischen Corrigenden an 15,8% bemerkt worden, vom Lande 14,3.

Von sehr guter körperlicher Entwickelung sind aus den Städten 3,0% angegeben, vom Lande —;

von guter aus den Städten 42,5, von Lande 52,8;

von mittelmässiger aus den Städten 29,7, vom Lande 20,6;

von schlechter aus den Städten 25,8, vom Lande 28,6.

Unter den Zöglingen aus den Städten sind scrophulös 10,2%, vom Lande 16,6.

Sehr gute körperliche Entwickelung findet sich aus den Städten bei 1,6%, vom Lande —;

gute aus den Städten 25,4, vom Lande 33,3,

mittelmässige aus den Städten 32,2, vom Lande 33,3;

schlechte aus den Städten bei 40,8, vom Lande 33,3.

Die grosse Zahl der Corrigenden und Zöglinge von schlechter Körperbeschaffenheit beruht wesentlich auf den gesundheitszerstörenden Einflüssen des Vagabundenthums und den ungünstigen Ernährungsverhältnissen der jugendlichen Verbrecher.

g. Geistige und religiöse Bildung.

Die religiöse Bildung wird bei Corrigenden und Zöglingen als genügend angegeben, insofern sie sämmtlich zur Einsegnung zugelassen worden sind.

Die geistige Ausbildung der städtischen Corrigenden ist als sehr gut bezeichnet bei 2,9%, vom Lande —;

gut aus den Städten bei 31,7, vom Lande bei 42,8;

mittelmässig aus den Städten bei 29,8, vom Lande bei 20,6;

schlecht aus den Städten bei 35,6, vom Lande bei 36,6.

Obwohl sich bei dürftigem Körper nicht gar selten eine grössere geistige Begabung findet, so hängt doch der weit verbreitete Mangel an geistiger Bildung in der Regel von der schlechten Körperconstitution ab.

Unter den Zöglingen hat weder unter den städtischen noch unter den ländlichen die Censur sehr gut vertheilt werden können;

gut aus den Städten 27,1%, vom Lande 46,7;

mittelmässig aus den Städten 25,5, vom Lande 13,3;

schlecht aus den Städten 47,2, vom Lande 40,0.

Die obige Bemerkung trifft auch auf die Zöglinge zu. Man wird übrigens in diesen Vorgängen die Bestätigung der Erfahrung zu finden haben, dass nämlich, wenn in der Jugend schlechte Ernährung eine Verkümmerung der Entwickelung zu Stande gebracht hat, später auch die beste und reichlichste Verpflegung nicht im Stande ist, den Schaden wieder auszugleichen.

h. Morbilität und Mortalität.

Im dreijährigen Durchschnitte (1858, 1861 und 1864) hat die Zahl der Erkrankungen 60,32% (höchster Satz 73,44 1860, niedrigster 52,91 1864) bei einer Krankheitsdauer von 20 Tagen betragen; die Sterblichkeit 2,92% (höchster Satz 3,77 1864, niedrigster 1,87 1861).

i. Disciplinarstrafen.

Die Gesammtsumme der Strafen ist in den oben gedachten Jahren durchschnittlich 86,66% (höchster Satz 96,40 1860, niedrigster 81,52 1864) gewesen; darunter 17,93 Latten (höchster Satz 21,23 1864, niedrigster 14,92 1858) und 4,05 Peitschenhiebe (höchster Satz 5,15 1858, niedrigster 2,03 1861). —

Abschnitt E. Ziehkinderwesen.

Die Unterlagen zu dem nachstehenden Abschnitte finden sich in den statistischen Personaltabellen. Unter Ziehkinder begreifen wir hier die Gesammtheit der ausser der Ehe erzeugten Kinder, gleichviel ob sie bei Fremden oder Verwandten der Mutter in Pflege gegeben sind.

Wenn sich auch bei Verwandten in der Regel eine der natürlichen Elternliebe nahe kommende Verwandtenliebe bethätigt, so haben die unehelichen Kinder doch hier dieselbe Schädlichkeit, wenn auch in minderem Grade, als bei der Verpflegung durch Fremde zu überstehen, nämlich unregelmässige Abwartung und unpassende Ernährung. Es ist Gebrauch, nach der Zahl der unehelichen Kinder die Fröhnung der wilden Geschlechtslust zu bemessen. Der Maassstab ist aber mindestens für grössere, besonders Garnisonstädte, nicht richtig, weil sich hier immer Frauenzimmer finden werden, welche aus der Unzucht ein Gewerbe machen und in Folge der anhaltenden Ueberreizung der Geschlechtsorgane erfahrungsmässig vor Schwangerschaft einen fast sicheren Schutz geniessen.

Ausserdem gewährt die Zahl der unehelichen Kinder einen ziemlich sicheren Maassstab für die geschlechtliche Verwilderung des weiblichen Geschlechts des Hauptträgers der bürgerlichen Ordnung.

1) **Zahl der unehelichen Geburten im Verhältniss zu den ehelichen.**

Nach dem Durchschnitte der Jahre von 1858—1864 kamen auf 100 eheliche Kinder uneheliche:

	Städte.	Land.	Ordnungsnummer.
1) Mansf. Gebirgskreis	6,38	6,32	1
2) Saalkreis	8,09	7,89	4
3) Mansf. Seekreis	8,11	6,60	2
4) Sangerhausen	9,38	6,85	3
5) Halle	9,70	—	—
6) Schweinitz	12,31	11,23	8
7) Eckartsberga	13,31	10,47	7
8) Naumburg	13,34	9,92	6
9) Weissenfels	13,79	9,76	5
10) Querfurt	14,16	11,57	9
11) Zeitz	14,82	15,31	15
12) Bitterfeld	14,92	14,00	14
13) Delitzsch	15,00	13,75	13
14) Liebenwerda	15,11	13,60	12
15) Torgau	15,40	17,01	16
16) Merseburg	15,44	12,63	11
17) Wittenberg	16,57	12,22	10
Durchschnittlich	12,26	11,31	—

Trotz der viel stärkeren Versuchung zu geschlechtlicher Vermischung auf dem Lande bei Gelegenheit der landwirthschaftlichen Arbeiten ist der Procentsatz der unehelichen Geburten geringer, vermuthlich doch aus demselben Grunde, welcher den ersten fünf Kreisen die geringe Zahl des wilden Nachwuchses verschafft hat, nämlich wegen grösserer Leichtigkeit der legalen Befriedigung durch Abschluss der Ehe im Arbeiterstande. Im Allgemeinen harmonirt die Stadtreihe mit der Landreihe; nur die beiden letzten Kreise der Stadtreihe nehmen rücksichtlich des Landes eine etwas günstigere Stelle ein.

2) **Verhältniss der Sterbefälle im ersten Lebensjahre zwischen den ehelichen und unehelichen Kindern.**

Im siebenjährigen Durchschnitt sind von den ehelichen Kindern im ersten Jahre gestorben:

	Städte.	Land.	Ordnungsnummer.
1) Mansf. Gebirgskreis	16,09	13,41	1
2) Saalkreis	16,53	18,95	14
3) Wittenberg	19,09	15,36	3
4) Schweinitz	19,20	14,97	2
5) Weissenfels	19,32	18,48	13
6) Mansf. Seekreis	19,32	17,09	11
7) Eckartsberga	19,48	16,08	6
8) Zeitz	19,52	16,83	10
9) Querfurt	20,02	18,30	12
10) Merseburg	20,15	20,04	16
11) Bitterfeld	20,18	16,58	9
12) Sangerhausen	20,48	15,69	4
13) Halle	20,69	—	—
14) Torgau	20,73	19,56	15
15) Liebenwerda	21,24	15,74	5
16) Naumburg	22,80	16,44	8
17) Delitzsch	25,81	16,44	7
Durchschnitt	22,90	19,78	—

Dass die Sterblichkeit unter den Landkindern geringer ist als unter den Stadtkindern, wird darin eine genügende Erklärung finden, dass den ersteren das pabulum vitae, eine gesunde Luft, reichlicher zugemessen wird. Worin aber die zum Theil bedeutenden Unterschiede der Sterblichkeit in den verschiedenen Kreisen beruhen, insbesondere wie es zugeht, dass die Kreise mit der höchsten Sterblichkeit in den Städten Liebenwerda, Naumburg, Delitzsch in den Landkreisen eine sehr mässige Sterblichkeit aufweisen, obwohl Epidemieen sich nicht auf die Städte zu beschränken pflegen; darüber lassen sich zur Zeit auch nicht einmal Vermuthungen aufstellen. Immerhin werden die obigen Zahlen als die Repräsentanten der Summe der auf die Kinderwelt einwirkenden Schädlichkeiten betrachtet werden müssen.

Das Mehr der Sterblichkeit unter den unehelichen Kindern wird daher auf die mit dem Ziehkinderwesen verbundenen besonderen Schädlichkeiten fallen müssen. Vom Hundert der unehelichen Kinder starben im ersten Lebensjahre:

	Städte.	Land.	Ordnungsnummer.
1) Sangerhausen	20,73	19,95	1
2) Mansf. Gebirgskreis	20,90	23,71	3
3) Mansf. Seekreis	23,63	25,12	5
4) Schweinitz	24,54	22,20	2
5) Wittenberg	27,82	32,58	11
6) Eckartsberga	29,18	29,14	13
7) Saalkreis	29,81	37,41	14
8) Querfurt	32,35	31,78	7
9) Zeitz	33,06	33,06	11
10) Bitterfeld	34,39	32,87	9
11) Merseburg	37,29	38,30	15
12) Weissenfels	38,13	26,60	6
13) Liebenwerda	38,37	23,98	4
14) Delitzsch	38,58	33,40	12
15) Naumburg	40,33	39,21	16
16) Torgau	40,47	33,03	10
17) Halle	60,46	—	—

In den Ueberschüssen der Sterblichkeit unter den unehelichen Kindern über diejenigen der ehelichen zeigen sich recht bedeutende Verschiedenheiten und beträgt jenes an Procenten im siebenjährigen Durchschnitt:

	Städte.	Land.	Ordnungsnummer.
1) Sangerhausen	0,25	4,26	1
2) Mansf. Gebirgskreis	4,81	10,30	7
3) Schweinitz	5,34	7,23	2
4) Mansf. Seekreis	6,31	8,03	3
5) Wittenberg	8,73	17,34	14
6) Eckartsberga	9,80	10,06	6
7) Querfurt	12,33	13,48	10
8) Delitzsch	12,77	16,66	13

	Städte.	Land.	Ordnungsnummer.
9) Saalkreis	13,28	18,46	16
10) Bitterfeld	14,21	16,29	12
11) Zeitz	14,54	16,23	11
12) Liebenwerda	17,13	8,24	5
13) Merseburg	17,14	18,26	15
14) Naumburg	17,53	12,77	8
15) Weissenfels	18,81	8,12	4
16) Torgau	19,74	13,47	9
17) Halle	39,77	—	—

In der ersten Hälfte der Reihe zeichnet sich der Landkreis Wittenberg durch zahlreiche, in der zweiten Hälfte Liebenwerda, Weissenfels und Torgau verhältnissmässig zu den Stadtkreisen durch geringe Sterblichkeit aus.

Von den ersten vier Kreisen mit einer auffallend geringen Sterblichkeit der unehelichen Kinder in Stadt und Land, die in manchen Jahren sogar die der ehelichen nicht erreicht, ist wenigstens rücksichtlich der ersten drei ein wesentliches Moment bekannt, dass nämlich die Kinder mit geringer Ausnahme bei Verwandten untergebracht werden, die in Folge der gebirgigen Beschaffenheit des Landes in der Regel im Besitz von Ziegen sind, mit deren Milch die Kinder ernährt werden, eine Bestätigung der ärztlichen Erfahrung im Grossen, dass bei dem künstlichen Aufziehen der Kinder die Milch von Ziegen, welche beim Fressen niemals die Mässigkeit überschreiten, viel günstigere Erfolge erzielt werden, als mit der Milch von gefrässigen Kühen, zumal während der Kleefütterung, welche bei den Kindern leicht lebensgefährliche Durchfälle erzeugt.

Auch vom Liebenwerdaer Landkreise wird berichtet, dass die Kinder bei Verwandten untergebracht zu werden pflegen.

Rückblick.

Die Meinung, dass Noth die wahre Quelle der Verbrechen sei, ist weit verbreitet und wird für unumstösslich gehalten, weil bei ausserordentlicher Theuerung der Lebensmittel die Strafanstalten sich rasch zu füllen pflegen.

Es wird nicht ohne Interesse sein, zu untersuchen, wie weit von den hier gemachten Ermittelungen jene Meinung unterstützt wird.

Im zweiten Abschnitt 1. ist erwähnt worden, dass in dem verhältnissmässigen Theuerungsjahr 1860 in dem Bezirke des Appellations-

Gerichts Naumburg die Summen der Verbrecher um 321 den siebenjährigen Durchschnitt überstiegen habe, mit der Bemerkung, dass in einzelnen Kreisgerichten andere Jahrgänge fruchtbarer an Verbrechen gewesen sind. Auch beträgt jenes Mehr der Verbrechen nur 8,04 °/₀ der Durchschnittssumme.

Blicken wir ferner auf die gewerblichen Klassen, welche einen vorzugsweise starken Beitrag zum Diebstahl und Betrug — um diese beiden Verbrecherarten kann es sich hier nur handeln — stellen, so finden wir ausser dem Arbeiterstande nur einigen nicht in Lohn und Brod stehenden Gewerksgehülfen keine, welche der Regel nach nicht ihr genügendes Auskommen haben, oder durch Nahrungstheuerung besonders empfindlich getroffen werden. Man wird daher zu dem Schlusse kommen müssen, dass die ausserordentliche Theuerung der Nahrungsmittel zwar den nächsten Anreiz zu Verbrechen gegen das Eigenthum abgeben, dass dieser aber wie die Theuerung selbst einen Uebergang hat, während Gerichtsgefängnisse und Strafanstalten Jahr aus Jahr ein mit Verbrechern gefüllt sind, bei denen mindestens in der grossen Mehrzahl andere Beweggründe wirksam gewesen sein müssen.

Es fragt sich nun, ob nicht die anhaltende Knappheit des nöthigsten Unterhalts, wie sie mit der Armuth verbunden zu sein pflegt, zum Diebstahle vorzugsweise anreizt?

Die Gewerbetabellen weisen nach, dass beim einfachen Diebstahle in Stadt und Land Armenhäusler im ganzen Regierungsbezirk mit 1,5 Fällen sich durchschnittlich betheiligt haben: beim Diebstahl im Rückfall aus den Städten mit 0,5 und vom Lande mit 1,5, während sie für den Diebstahl im wiederholten Rückfalle fehlen.

Obwohl die Summe der Armenhäusler nicht bekannt ist, wird man doch jene Betheiligung nicht als eine auffallend häufige ansehen dürfen.

Ebensowenig sind Barbiere, Mühlknappen, -Knechte, Kutscher und die grosse Zahl von Handwerksmeistern und deren Gehülfen, welche die Masse der Verbrecher bilden, für Personen zu halten, denen es an auslänglichem Unterhalt fehlt, vielmehr wird man annehmen müssen, dass in der Eigenthümlichkeit der Berufsarten Etwas liege, was starke Versuchungen herbeiführt, oder was den Verbrechen entgegenwirkt.

Es wird nicht ohne Interesse sein, zu überblicken, wie sich die Kreise mit zahlreichern und minder zahlreichen Armen zum Diebstahl verhalten haben.

Zu den ersteren sind unter Mitberücksichtigung der wegen Armuth von der Klassensteuer Befreiten zu zählen: in der Stadtreihe: der Mansfelder Gebirgskreis, Eckartsberga, Delitzsch, Torgau, Wittenberg und

Liebenwerda; zu den letzteren der Saalkreis, Mansfelder Seekreis, Schweinitz, Halle, Merseburg und Bitterfeld. Unter den ersteren haben Eckartsberga und Liebenwerda für den Diebstahl eine auffallend günstige, unter den letzteren der Mansfelder Seekreis, Merseburg und Bitterfeld eine ebenso auffallend ungünstige Position.

In der Landreihe tritt zur ersten Kategorie noch Schweinitz hinzu, zur zweiten gehören Weissenfels, Merseburg, Sangerhausen, Mansfelder Seekreis, Querfurt, Saalkreis und Naumburg.

Unter den erstern nehmen Eckartsberga, Delitzsch, Liebenwerda und Schweinitz die günstigsten Stellen gegen den Diebstahl ein, unter den letzteren Sangerhausen, Mansfelder Seekreis und Querfurt die ungünstigsten.

Die Erfahrung, dass zuweilen ganze Familien mit allen Gliedern zu den ständigen Pfleglingen der Strafanstalten gehören, hat man wohl dahin verallgemeinert, dass die Mehrzahl der Sträflinge durch Verhängniss in eine Lage gekommen sei, in welcher Widerstand gegen die Versuchung zum Verbrechen gar nicht habe geleistet werden können — eine Auffassung, welche alle Besserungsbestrebungen zu völlig bodenlosen machen würde.

Dass diese Voraussetzung für den einfachen Diebstahl keine Geltung habe, wird durch die Thatsache erwiesen, dass hier nur $^1/_5$ rückfällig wird, während $^4/_5$ die Verbrecherlaufbahn wieder verlässt. — Ferner figuriren unter den Rückfälligen eine ganz erhebliche Zahl von Handwerksmeistern und Gehülfen, die doch schwerlich Zutritt zum Handwerk gefunden haben würden, wenn sie Kinder von bestraften Dieben gewesen wären. —

Zu grösserer Sicherheit ist vom Verfasser bei dem Director der Strafanstalt zu Halle, v. Rohr, mit den schwersten und hartnäckigsten Verbrechern Nachfrage gehalten worden. Auf Grund sorgfältiger Ermittelungen ist der Procentsatz der Züchtlinge, welche von bestraften Verbrechern stammen, auf 1,5 höchstens 2,0 abgeschätzt worden.

In dem Verhältniss der Armuth zum Ziehkinderwesen harmoniren für die Städte im Allgemeinen die beiderseitigen Reihen; nur Halle, Sangerhausen, Naumburg und Delitzsch zeichnen sich durch ungewöhnlich hohen Procentsatz der Sterblichkeit der Kinder im ersten Lebensjahre aus, während Wittenberg und Torgau zahlreiche uneheliche Geburten, aber nur mässige oder geringe Sterblichkeit der Kinder aufweisen.

Für das Land stimmen die Reihen der Armuth und des Ziehkinderwesens viel weniger.

Durch unverhältnissmässig grosse Zahl der unehelichen Geburten zeichnen sich aus: Merseburg, Zeitz, Bitterfeld, durch geringe: die beiden Mansfelder Kreise, Sangerhausen, durch bedeutenden Umfang der Sterblichkeit der Kinder im ersten Jahre: Halle, Merseburg und Saalkreis, durch geringe der Mansfelder Gebirgskreis, Schweinitz, Wittenberg, Sangerhausen und Liebenwerda.

Zum Schlusse folgen die aus den Summen der Ordnungsnummern der Gesammtheit der Social-Krankheiten entstehenden Reihen, welche als Repräsentanten des socialen Gesammtbefindens gelten werden.

Für das Armenwesen ist die Liste der Steuerfreien, als die zuverlässigste zu Grunde gelegt, in welche die Städte Halle, Naumburg und Zeitz nach Massgabe ihrer Almosenempfänger eingefügt sind.

	Städte.	Land.	Ordnungsnummer.
1) Mansf. Gebirgskreis	87	109	2
2) Saalkreis	92	150	13
3) Weissenfels	120	110	3
4) Delitzsch	123	121	6
5) Sangerhausen	123	128	7
6) Liebenwerda	127	129	8
7) Schweinitz	128	113	4
8) Eckartsberga	135	148	12
9) Mansf. Seekreis	147	139	10
10) Halle	159	—	—
11) Querfurt	169	119	5
12) Wittenberg	171	138	9
13) Bitterfeld	179	181	15
14) Merseburg	204	154	14
15) Torgau	205	213	16
16) Naumburg	214	91	1
17) Zeitz	224	140	11

Eine auffällig ungünstigere Stellung hat das Land im Vergleich zu den Städten im Saalkreise, in Eckartsberga und Bitterfeld, eine vergleichungsweise günstige in Schweinitz, Querfurt, Naumburg und Zeitz. In Stadt und Land am ungünstigsten in Merseburg und Torgau. —

(Fortsetzung folgt.)

Litteratur.

IX.

Kapitalismus und Sozialismus; mit besonderer Rücksicht auf Geschäfts- und Vermögensformen. Vorträge zur Versöhnung der Gegensätze von Lohnarbeit und Kapital. Von Dr. **A. E. F. Schäffle.** Tübingen (Laupp) 1870. gr. 8. 792 SS.

Das vorliegende umfangreiche Werk enthält in seinen fünfzehn äusserlich sehr formlosen Vorträgen folgende Untersuchungsreihe: Der erste Vortrag soll zur vorläufigen Orientirung dienen und bezeichnet im Allgemeinen die Art der Angriffe auf die heutige Vermögensordnung und der Reformvorschläge, welche man socialistische zu nennen pflegt, macht die Hauptvertreter dieser Ideen unter Anerkennung ihrer bedeutenden Geistesgaben und ihres glaubensstarken Eifers namhaft, und weist auf die Gewerkvereine als wichtigste Organisation der Sozialisten hin. Die drei folgenden Vorträge sind der Erörterung der wirthschaftlichen Grundbegriffe gewidmet: Der zweite beschäftigt sich mit den Definitionen von Gut, Arbeit („menschliche Lebenskraft, verwendet auf die Erlangung von Mitteln zu leben"), Kapital, Production, Consumtion, Wirthschaftlichkeit, ohne hierbei über den privatwirthschaftlichen Gesichtspunkt hinauszugehen, dessen Festhaltung alle hierauf bezüglichen Untersuchungen für die Entwickelung der Volkswirthschaftslehre bisher so unwirksam gelassen hat. Voll beachtenswerther Gedanken ist dagegen der dritte Vortrag, der von Werth und Conjunctur handelt. Die Begriffsbestimmung des Werthes als: „die Bedeutung, welche der Wirthschafter dem Gute in Rücksicht auf die mit der Anschaffung verbundene Unlust und Lebensaufopferung und in Rücksicht auf die mit der Verzehrung verbundene Lust und Lebenserhaltung beilegt" ist zwar volkswirthschaftlich bedeutungslos und unbrauchbar, — denn was machen wir mit dem Gefühlsleben des Einzelnen in der Volkswirthschaft! — sehr belehrend ist aber, wie Schäffle den Satz auszuführen sucht, dass die Aufgabe der Volkswirthschaft in der Geltendmachung des niedrigsten Kostenwerthes und des höchsten Gebrauchswerthes bestehe; wie sich in der Volkswirthschaft das Streben zeigt, diese Aufgabe zu erfüllen, und gerade die gegenwärtige Volkswirthschaft dieser Erfüllung am nächsten gekommen und immer näher zu kommen geeignet sei. Das Erstere hätten wir freilich gern etwas näher motivirt gesehen, namentlich im Verhältniss zum Arbeitslohn, der auch im

Kostenwerth (von Sch. praktisch = Anschaffungspreis gesetzt) begriffen ist; und für das Letztere scheint auch der Beweis nicht ganz gelungen. Schäffle folgert nämlich so: „Der Kapitalprofit, dieser Leitstern des Unternehmens, ist ja abhängig: erstens von der grösstmöglichen Kostenersparung und zweitens von dem höchstmöglichen Absatzpreis; er besteht in der Differenz beider. Da nun nur bei Erzeugung der begehrtesten, der gebrauchswerthesten Güter ein hoher Marktpreis erzielt werden kann (?), so erscheinen die Kapitalisten als die mit ihrem eigensten Interesse verantwortlich gemachten Organe wirksamster Kostenersparung und richtigster Gebrauchwerthsberechnung". Hier ist nun nicht nur Absatzpreis (= Marktpreis) ohne Weiteres statt Gebrauchswerth gesetzt (wie Sch. auch ausdrücklich zugiebt), sondern auch das Umgekehrte von dem bewiesen, was, wie es scheint, bewiesen werden soll, indem das heissen wurde: dass gerade die nützlichsten Guter zum einseitigen Vortheil der Kapitalisten am theuersten bezahlt werden mussen, denn „gebrauchswerthest" muss man hier mit nützlich übersetzen, weil kein Sinn herauskommen wurde, wenn man nach Analogie von Gebrauchswerth = Absatzpreis „gebrauchswerthest" = zum hochsten Absatzpreis, d. h. am theuersten übersetzen wollte. Will man aber aus dem Satz nichts weiter herauslesen, als: die Kapitalisten würden durch Eigeninteresse gezwungen, die meisten Gebrauchswerthe zu produziren, so würde man wieder über den Preis nichts ausgesagt haben, und dieser ist doch fur die Volkswirthschaft das Entscheidende. Gar nicht scheint uns aber ein zweites, offenbar hierher gehöriges Moment in Betracht gezogen zu sein, nämlich der Umstand, dass die Gebrauchswerthberechnung, eigentlich die Beziehung zwischen Werth und Preis, sehr oft gestört wird durch die Speculation. Diese benutzt nicht nur die Preisschwankungen, sondern ruft sie auch hervor und hat ein Interesse nicht an Ausgleichung, sondern Ungleichheit der Preise. Dies Element der Preisbildung muss doch in seinen Wirkungen auf die Volkswirthschaft auch in Betracht gezogen werden, namentlich wenn man Gebrauchswerth und Absatzpreis identifizirt und der Preisbildung dadurch eine doppelt entscheidende Wirkung beilegt. Was Schäffle über die „Conjunctur" sagt, geht nicht über eine allgemeine Wortumschreibung hinaus. Und noch einen Punkt vermissen wir bei der Erörterung des Werths und der Werthbildung, nämlich die Beziehungen zwischen Werth und Eigenthum, Werthbildung und Eigenthumsrecht. Diese Beziehung ist bisher wohl noch nirgends genügend erörtert, und Ref. gesteht gern ein, dass auch er weit entfernt von einer klaren Erkenntniss derselben ist, aber um so mehr erwartete er, gerade hier etwas darüber zu finden und die offenbar existirende Begriffskette zwischen Werth, Kapital, Vermögen und Eigenthum aufgedeckt zu sehen. Dem Vermögen und Eigenthum ist aber von Schäffle ein besonderer, der vierte Vortrag gewidmet. Leider können wir hier nicht unterlassen, darauf aufmerksam zu machen, dass uns jetzt immer störender und bereits im vollsten Maasse ausgebildet die Schwäche des Buchs entgegentritt, welche ihm viel aufmerksame Leser und unbefangene Beurtheiler rauben wird, nämlich der Mangel an geordnetem Gedankengauge in den einzelnen Untersuchungen. Es ist, als wenn der Verf. einen Hauptgedanken gleichsam an allen Enden gleichzeitig zu denken anfienge, zugleich von Ungeduld befallen würde, Nutzanwendungen daraus zu ziehen und auch oft nicht im Stande wäre, beiläufig sich Aufdrängendes zurückzudrängen. Weil Ref. dem Buch lebhafte Sympathie entgegenbrachte und sich beim ersten Durchblick von der Bedeutung des Inhalts überzeugt hatte, hat er das Buch und einzelne Abschnitte desselben wieder und wieder gelesen; vom grossen Publikum kann aber der Verf. nicht verlangen, dass es sich die vielen guten Gedanken so mühsam zusammensucht, ja selbst die mit der Grundstimmung des Buchs übereinstimmenden Fachmänner werden durch diese Uebelstände, zu denen noch grosse Weitschweifigkeit in Nebendingen und endlose Reproduktionen aus früheren Arbeiten kommen, vielfach abgeschreckt werden, und über Kritiken wie in No. 616 und 618 Jahrg. 1870 der Nationalzeitung und ähnliche darf sich der Verf. wahrhaftig nicht wundern, ja er kann sie von dissentirenden Parteien kaum besser verlangen. Wo er sich freilich grober Fehler in wichtigen Sachen schuldig macht, darf er auch von kritisirenden Verehrern kein Verschweigen erwarten; namentlich wenn es gilt, Philosophen und Juristen gegenüber zu constatiren, dass über Punkte, wo sich deren Wissenschaften mit der unsrigen berühren, nicht alle Nationalökonomen mit Schäffle ein, wie es uns scheint, falches Urtheil haben. Schäffle sucht nämlich in diesem vierten Kapitel auch ein nationalökonomisches Urtheil über die gewöhnlichen philosophischen Begrundungen des Eigenthumsrechts festzustellen. Er verwirft die früheren Theorieen, nämlich 1) die Occupationstheorie, weil sie sich auf eine zufällige Thatsache stutze, 2) die Theorieen von Hobbes und Montesquieu, weil der „Wille des Gesetzes wandelbar" sei, 3) die Theorie des Hugo Grotius, weil der Vertrag als Eigenthumsgrund nicht nachweisbar sei, 4) die von vielen Nationalökonomen adoptirte Ansicht Locke's, der das Eigenthum auf die Arbeit stützen will, weil diese, wie thatsächlich leicht nachzuweisen, in der Wirklichkeit unzutreffend sei, und setzt dagegen folgende Erklärung: „Uns gilt das Privateigenthum für durchaus berechtigt und unerlässlich, weil und in so weit es für eine Menge von Produktionsaufgaben die wirksamste Form gemeinnütziger Verwaltung äusserer nationaler Produktionsfonde und für die Masse der Privatbefriedigungen die wirksamste Form des Vermögens an Genussmitteln ist", d. h. also weiter nichts als die Rechtfertigung des Eigenthums aus der Zweckmässigkeit. Nun ist ausser Frage Folgendes: 1) die Occupations- und die Vertragstheorie reichen nicht einmal hin, um die Entstehung des Eigenthums zu erklären, geschweige dessen heutige Verfassung zu begründen; 2) es ist ein trauriges Zeichen für die bisherige Art der nationalökonomischen Forschung, wenn sie sich dabei beruhigt, das Eigenthum auf die Arbeit zu gründen, denn nicht nur kann jedes Kind durch Hinweis auf das wirkliche Leben diese Behauptung entkräften, sondern die Nationalökonomen, welche ja bei Leibe nicht „Sozialisten" sein wollen, wurden arg vor ihrem eigenen crassen Socialismus erschrecken, wenn sie sich die Consequenzen dieser ihrer Ansicht einigermassen klar machen wollten. Ebenso klar scheint uns aber, dass Schäffle bei seiner Deduktion dreifach gefehlt hat: 1) macht er sich und Anderen den Unterschied nicht klar zwischen einer Eigenthumstheorie, welche den Ursprung des Eigenthums erklären will und einer solchen, die seine gegenwärtige Verfassung a) begründen, b) rechtfertigen will; 2) ist der Einwurf: die Zurückführung des Eigenthums auf Gesetz sei nichtig, weil das Gesetz wandelbar sei, kein Einwurf. Beruhen nicht alle politischen und sozialen Einrichtungen auf dem wandelbaren Grunde des öffentlichen Willens und ist nicht gerade dadurch ihre Vervollkommnungsfähigkeit bedingt? 3) aber ist die Zweckmässigkeit weder eine Erklärung der Entstehung des Eigenthums (dazu gehört eine Thatsache) noch eine philosophische Begründung, sondern nur ein praktischer Gesichtspunkt, aus dem man die gegenwärtige Eigenthumsverfasnng in Ermanglung einer besseren empfehlen kann. Der fünfte Vortrag bereitet uns unmittelbar auf das Hauptthema des Buchs: Die kritische Darstellung der sozialen Reformtheorieen und die Nutzanwendung aus derselben, vor. Er beleuchtet den Begriff der Volkswirthschaft und stellt deren heutige Organisation, den „Kapitalismus", als die nach rein wirthschaftlichen Motiven geordnete Verfassung der Volksgemeinschaft dar. Lorenz Stein hat diese Verfassung schon mit einem sehr treffenden Ausdruck, „industrielle Gesellschaft" genannt. Diese Verfassung ist es ja, gegen die sich die Angriffe der Sozialisten richten, und man kann nicht leugnen, dass Schäffle die Grundzüge derselben gedankenreich, wenn auch nicht klar vorführt.

Und nach diesen Vorbereitungen kommen nun die zwei Hauptabschnitte des Buchs überschrieben: „Die Geschichtskritik des Kapitalismus und seine hauptsächlichen wissenschaftlichen Vertreter" und „Beurtheilung der übereinstimmenden Hauptangriffe des Sozialismus; Vergleichung der wirthschaftlichen Verbindungsformen; Die Stellung des Kapitalismus", woran sich dann „Hauptergebnisse und Schlusswort" knupfen.

Wie objectiv man sich auch der heutigen Volkswirthschaft einerseits, den sozialen Reformtheorieen andrerseits gegenüberzustellen suchen möge, so kann man doch an die Beurtheilung beider und ihres Verhältnisses zu einander nicht herantreten, wenn man nicht eine ganz bestimmte Stellung insofern genommen hat, als man sich über folgende zwei Punkte ganz klar sein muss, nämlich 1) ist die jetzige Organisation der Gesellschaft in ihrem Grundprincip überhaupt reformbedürftig, d. h. giebt es überhaupt eine soziale Frage? und 2) — falls man die erste Frage bejaht — wo liegt die Grundbedingung der Reform, d. h. welches ist der Inhalt der sozialen Frage? — Je weniger scharf Schäffle diese Fragen formulirt und beantwortet, desto mehr sieht sich der Beurtheiler seiner „föderalistischen" Untersuchungen genöthigt, dies selbst zu thun, um einen festen kritischen Standpunkt dem lose geordneten Gedankenstoff gegenüber zu gewinnen. Wir glauben daher, vorerst jene Punkte ohne Rücksicht auf Schäffle in aller Kürze erörtern zu müssen, um dann den Inhalt seiner Erörterungen dagegen zu halten.

Welches sind die maassgebenden Charakterzüge der modernen volkswirthschaftlichen Gesellschaft? Das ist die Grundfrage, aus der sich dann alles Uebrige logisch ergeben muss. — Im Gegensatz zur vorhergehenden Periode, der mittelalterlichen, finden wir hier nicht mehr eine ständisch gegliederte Gesellschaft, sondern Staaten mit starker Zentralgewalt, der alle Staatsmitglieder als Staatsbürger gleichmässig unterworfen sind. Verwirklichung der Gleichheit vor dem Gesetz und der Freiheit jedes Einzelnen, soweit sie mit der Sicherheit und dem Wohl des Ganzen verträglich ist, gilt als der ausgesprochene Zweck der Staatsgemeinschaft. Dieses Streben erstreckt sich auch auf die wirthschaftlichen Verhältnisse, indem einem Jeden die Verwendung seiner Arbeitskraft und seines Vermögens, soweit er dabei nicht mit Recht und Sitte in Collision kommt, völlig frei gegeben sein soll. Bei der Organisation der Volkswirthschaft kommen also nicht mehr politische Herrschaftsverhältnisse, sondern nur noch rein wirthschaftliche Gesichtspunkte in Betracht. Es handelt sich nur noch um die höchstmögliche wirthschaftliche Verwerthung von Arbeit und Kapital, die nur noch durch die Rücksicht auf das eigene Interesse gebunden ist. Danach entsteht Theilung der Beschäftigungen, Anwendung des Kapitals, Wiedervereinigung der Arbeitszweige, Alles nur nach dem Princip der niedrigsten Kostenberechnung und der höchsten Verwerthung auf dem Markt geordnet; Selbstinteresse und Concurrenz geben den Sporn zur höchsten Anspannung aller wirthschaftlichen Kräfte, und die Ausdehnung der wirthschaftlichen Thätigkeit des Volks erscheint nur eingeengt 1) durch den Grad, in welchem man die Naturkräfte zu benutzen gelernt hat, und 2) durch die allgemeinen Gesetze, welche zur Aufrechterhaltung von Ordnung und Sicherheit vom Staat gegeben sind. Die wirthschaftlichen Kräfte können sich also ganz frei zu einem volkswirthschaftlichen Ganzen verbinden, zu einer Volkswirthschaft entwickeln. Nun beginnen aber auch die wirthschaftlichen Kräfte ihren Einfluss auf die Zusammensetzung der Gesellschaft zu äussern. Zwar sind theoretisch alle Mitglieder der Volkswirthschaft gleich gestellt, aber die Unterschiede von Besitz und Nichtbesitz sind geschichtlich mit in die neue Periode hinübergenommen; es ist jedem erlaubt, zu arbeiten, wo, wie und womit er will, aber die Arbeit braucht Stoff, um etwas schaffen zu können, der Stoff unterliegt aber dem Eigenthumsrecht, wie es sich geschichtlich gemacht hat; und das Eigenthum wird nur erworben durch bestimmte Rechtsformen, die mit der Arbeit an sich nichts zu thun haben. Der Arbeiter wird für seine Leistung durch den Arbeitslohn ein- für allemal abgefunden, ohne in ein näheres Verhältniss zum Eigenthümer als solchem und zu dem Productionsganzen, an dem er mitwirkte, zu treten. Somit ordnet sich unter dem Regime dieser modernen Volkswirthschaft die Gesellschaft nunmehr unter Beibehaltung der geschichtlich begründeten Eigenthumsformen nach rein wirthschaftlichen Gesichtspunkten in die zwei grossen Hauptklassen der Besitzenden und Nichtbesitzenden mit den verschiedensten Abstufungen und Schattirungen; und da die letzteren auf die ersteren angewiesen sind, um Existenzmittel von ihnen zu erlangen, so bildet sich ein wirthschaftliches Abhängigkeitsverhältniss zwischen Besitzenden und Nichtbesitzenden, das aber ein rechtliches Abhängigkeitsverhältniss weder zur Voraussetzung noch zur Folge hat. Da nun die volkswirthschaftliche Gesellschaft rein von wirthschaftlichen Rücksichten regirt wird, und ein Jeder so billig wie möglich zu produziren und dem anderen Concurrenz zu machen sucht, so treten zwei Erscheinungen besonders schroff hervor: 1) die grossen Vermögen wachsen schneller und leichter wie die kleinen, und zum Theil auf Kosten derselben, weil sie sowohl billiger produziren, als auch die Chancen des Gewinns sich durch ihre ausgedehntere Herrschaft über wirthschaftliche Kräfte leichter aneignen können; und 2) die Besitzlosen sind nicht nur thatsächlich ebenso wie früher die Benutzung ihrer Kräfte an die Eigenthümer gegen geringe Entschädigung zu überlassen genöthigt, sondern sie sind unter dem System der Abfindung durch Arbeitslohn ausserdem in eine unsichere Lebenslage gekommen; und dazu kommt, dass ihre faktische Abhängigkeit mit ihrer rechtlichen Freiheit in einem gewissen Widerspruch steht. — Was folgt hieraus? Offenbar, dass im wirthschaftlichen Leben die Tendenz zur wachsenden Ungleichheit und Unfreiheit besteht, während im politischen Leben man immer mehr das Princip der Gleichheit und Freiheit zu verwirklichen strebt. Ist dies richtig, so besteht ein Widerspruch zwischen dem wirthschaftlichen und dem politischen Leben den Wirkungen nach, obgleich dem rechtlichen Princip nach in beiden dieselbe Tendenz: die der Freiheit und Gleichheit herrscht, und zwar ist dieser Widerspruch ein eigenthümlicher des modernen Volkslebens, der in früheren Perioden nicht vorkommen konnte, weil damals die wirthschaftliche Gesellschaft von der politischen bedingt und beherrscht war. Sobald dieser Widerspruch zum Bewusstsein kommt, wird aus ihm ein Problem, eine Frage, und da es sich um einen gesellschaftlichen Widerspruch handelt, eine soziale Frage.

Eine Frage kann immer mit mehr oder weniger guten Gründen bejaht oder verneint werden. So auch die soziale Frage. Verneinen kann man sie, wenn man sagt entweder: die jetzige Organisation der Gesellschaft ist die beste denkbare, denn sie verwirklicht die Idee der Freiheit und etwaige einzelne Uebelstände sind einzeln zu heilen; oder: die Bedingungen von Glück und Wohlstand sind zwar in dieser Organisation noch nicht verwirklicht, dies liegt aber nur darin, dass das Princip der Freiheit und der freien Bewegung aller wirthschaftlichen Kräfte noch nicht vollständig durchgeführt ist, man gehe daher auf dem begonnenen Wege bis zu Ende. Ein dritter Gesichtspunkt, der praktisch durchschlagende: der Widerwille der jetzt bevorzugten Klassen gegen eine Aenderung existirt wissenschaftlich nicht. Der erste der oben angeführten wissenschaftlichen Gesichtspunkte leugnet den Fortschritt, leugnet die geschichtlich erwiesene Vervollkommnungsfähigkeit der Gesellschaft; es scheint ebenso wie das zweite widerlegt, wenn man die Formulirung der sozialen Frage, wie sie vorhin gegeben wurde, für richtig hält. In diesem Fall bejaht man also die Frage, und erkennt sie zugleich als lösungsbedürftig an. Zugleich scheint aber damit auch der Zweifel über das allgemeine Princip der Lösung, wenn auch durchaus nicht über die praktischen Mittel dazu, abgeschnitten. Es handelt sich um das Verhältniss der wirthschaftlichen zur politischen Gesellschaft, welcher Ausdruck und Regelung findet in der Rechtsverfassung. Dieser, als eigentlichem Object der Reform, ist daher eine Richtung zu geben, in welcher jener Widerspruch gehoben wird, ohne die Vortheile der jetzigen Organisation aufzugeben. Beherrscher der Rechtsverfassung ist aber der Staat und dieser daher das Werkzeug der Lösung, die er auf dem Wege der Gesetzgebung herbeizuführen hat.

Dies ist der Standpunkt, der nach Meinung des Referenten bei Betrachtung der sozialen Frage eingenommen werden muss und von dem aus alle theoretischen und praktischen Reformversuche auf ihre innere Wahrheit und auf ihren Werth für die Lösung der Frage zu beurtheilen sind. Referent giebt gern zu, dass man über die Formulirung der Frage verschiedener Ansicht sein kann, aber er glaubt, dass sich die mannigfachen Erscheinungen, welche uns in der Gestalt von „sozialen Fragen" entgegentreten, auf ein einfaches Grundprincip, wie hier geschehen, zurückführen lassen und dass man dieses suchen musse, ehe man in die Erörterung über soziale Reformer und Reformen eintritt in der Allgemeinheit, wie in dem vorliegenden Buche von Schäffle. Und nun zurück zu diesem.

In seiner zweiten Hauptabtheilung, dem sechsten bis elften Vortrag, durchmustert er alle sozialpolitischen Richtungen und Theorieen von den Gracchen bis Lasalle. Im sechsten Vortrag die Grundzüge der antiken und mittelalterlichen Volkswirthschaft, zum grössten Theil nach Lasalle, aber mit unzutreffenden Paralellen antiker und moderner Sozialisten, die ja doch auf ganz verschiedenen Grundlagen standen!; der siebente bespricht die Theoretiker der modernen industriellen Gesellschaft: die Mercantilisten als „Altliberale", die Physiocraten und ihre Nachfolger in England, ohne bedeutende neue Gesichtspunkte aufzustellen. Nur ist bemerkenswerth, dass sich Schäffle hier als „Föderalisten" zu erkennen giebt und auf S. 160 ein vorläufiges Glaubensbekenntniss ablegt, wonach „der Staat als Träger der öffentlichen Macht des Ganzen, als Organ der architectonischen Idee des Rechts in der Gesellschaft die Bedingungen der verhältnissmässigen Gesammtentwicklung Aller geltend zu machen hat", ohne Vernichtung des Kapitalismus, mit Anwendung theils des Staats theils der „nichtstaatlichen sozialen Organismen" für soziale Reformen. Der achte und neunte Vortrag ist der Darstellung der speziell so genannten „Communisten und Sozialisten" gewidmet. Nach L. Stein's zwar etwas schwerfälliger, aber bei näherer Betrachtung doch vorzüglich scharfer und tiefblickender genetischer Entwicklung der französischen sozialreformatorischen Ideen, nach B. Hildebrand's und Mill's Kritik wird man hier nichts Neues von Bedeutung finden. Sismondi, der erste wissenschaftliche Kritiker der industriellen Gesellschaft, Saint-Simon, der Erste, welcher die gesellschaftlichen Gegensätze zwischen Kapital und Arbeit grossartig erfasste, L. Blanc, der Vater der Sozialdemokratie, sind von Schäffle keineswegs an den Platz und in das Licht gesetzt, welches sie verdienen; die einzelnen Phasen des Sozialismus, die Bedeutung der einelnen Ideen für die Jetztzeit, sind nur ungenügend oder gar nicht angedeutet. Wie man Fourier den „geistig bedeutendsten unter den Sozialisten" nennen kann, will Referent nicht einleuchten. Des zehnten Vortrags wegen hat Schäffle schon einigen heissenden Spott in der Literatur (Breslauer Zeitung; Neue Freie Presse u. s. w.) ertragen müssen, weil man meint, dass er das alte Blech aus Marlo's „System der Weltökonomie" lieber hätte im Winkel liegen lassen sollen. Referent muss gestehen, dass er sich gefreut hat, die Gedanken Marlo's, deren Darstellung den ganzen 10. Vortrag einnimmt, durch Schäffle so ausführlich kennen zu lernen, dass er sich der Lectüre Marlo's auch ferner überhoben halten darf. Einzelne Gedanken Winkelblech's, wie z. B. über die Frauenfrage, das Recht der unehelichen Kinder, sind sehr beachtenswerth und von Schäffle auch mit Recht adoptirt; dieser scheint aber das, was er aus „unserm deutschen Föderalisten" selbst gelernt hat, zu überschätzen; der soziale Eclectizismus (sit venia verbo) ohne festes Grundprincip ist nicht erst eine Erfindung Marlo's; er fliegt Jedem an, der uber soziale Fragen unbefangen, aber nicht sehr gründlich nachdenkt; ein fruchtbarer Standpunkt ist er nur scheinbar, das sehen wir auch an Schäffle's Buch, das so viel Gutes im Einzelnen enthält und uns doch im Ganzen ohne wesentliche Förderung der Erkenntniss der Gesellschaftsorganisation und ihres Entwicklungsprincips zurücklässt. Der elfte Vortrag stellt Marx und Lasalle dar, wobei wir gern die Entwicklung der sozialdemokratischen

Ideen durch und seit Lasalle in Deutschland näher beleuchtet gesehen hätten.

Wenn wir nun an den oben besprochenen ganzen Abschnitt den Maassstab anlegen, welchen wir oben gaben, so fehlt durchgängig der feste, einheitliche Gesichtspunkt in der Darstellung und Kritik der sozialen Theorieen, die ja doch nur sind ein Forschen nach der sozialen Frage und die man deshalb nicht fruchtbar betrachten kann, wenn die eigene Auffassung der sozialen Frage nicht festgestellt ist. Derselbe Mangel ist's, der dem dritten Hauptabschnitt anzuhaften scheint, wo nun Schäffle in den letzten vier Vorträgen seine Ansichten über die Aufgaben der sozialen Reform an der zusammenfassenden Kritik der bisherigen Vorschläge zu entwickeln sucht. Dieser Hauptabschnitt ist höchst beachtens- und lesenswerth, besonders wegen der Untersuchungen über die verschiedenen Geschäftsformen und deren Anwendbarkeit, worin die Gedanken theils wiederholt, theils weiter ausgeführt werden, welche Schäffle in dem trefflichen Aufsatze über „die Anwendbarkeit der verschiedenen Unternehmungsformen" im Jahrgang 1869 der Tübinger Zeitschrift entwickelt hat. Schäffle wendet diese Erörterungen an, um festzustellen, wie weit die Familie, der Staat, die Produktion für Rechnung kapitalistischer und für Rechnung genossenschaftlicher Unternehmer in der Gesellschaft berechtigt sind und eine Stelle finden können. Wir hoffen, dass Schäffle Zeit finden wird, gerade diese mit Glück begonnenen Untersuchungen weiter zu führen; hier finden wir dieselben noch durchaus nicht abgeschlossen, durch vielfache Excurse gestört, und zudem nicht festgehalten den Gesichtspunkt, welcher nach dem oben Gesagten uns als der principale erscheinen muss, nämlich: welche Rechtsformen müsste der Staat schaffen, um durch die Anwendung der verschiedenen Geschäftsformen auf die Losung der sozialen Frage zu wirken? Dieses Problem befriedigend zu lösen, war für Schäffle nicht möglich, 1) weil, wie gesagt, die Untersuchung der Geschäftsformen selbst noch nicht abgeschlossen erscheint und 2) weil — und diese nothwendigste Erörterung finden wir endlich im letzten Vortrage — das Verhältniss des Staats zur sozialen Frage von Schäffle viel zu unbestimmt gefasst ist, als dass fruchtbare Gedanken daraus entstehen könnten. Wir haben in dem ganzen Buche vergeblich nach einer scharfen Formulirung der sozialen Frage gesucht, nur einzelne Symptome derselben, einzelne soziale Fragen sind als Zielpunkte von Reformbestrebungen hingestellt und so kommt denn Schäffle auch zu keinem andern als dem ganz allgemeinen Ergebnisse: dass die Staatsgewalt und der „Voluntarismus" zusammenwirken müssen, um den allgemein empfundenen sozialen oder wirthschaftlichen (den Unterschied lässt Schäffle nicht genau erkennen) Uebelständen abzuhelfen. — Dass uns nach Alledem auch die im „Hauptergebniss und Schlusswort" zusammengefassten Vorschläge Schäffle's, welche wir dort nachzulesen bitten, nicht befriedigen können, ist selbstverständlich. Ebenso wie wir in dem ganzen Buche durch viele vorzügliche Einzelerörterungen erfreut wurden, so stimmen wir auch hier mit Einzelnem überein, aber das Alles rechtfertigende einheitliche Grundprincip fehlt uns. Der Eclectizismus oder Föderalismus, wie ihn Schäffle nennt, ermangelt der principiellen Begründung und kann uns als wissenschaftlicher Standpunkt nicht gelten.

Schäffle's Buch ist seinem äusseren und inneren Charakter nach sehr danach angethan, leichthin gelobt oder leichthin getadelt zu werden; Viele werden je nach allgemeiner Sympathie oder Antipathie darüber ein Urtheil fertig machen, und Wenige es gründlich lesen. Die äussere Form macht es unverdaulich und der Mangel eines ordnenden Princips wird es wirkungslos lassen. Beachtenswerth ist das Werk aber schon deshalb, weil es die erste umfassende Bearbeitung der „sozialen Frage" von Seiten der, so zu sagen, zünftigen deutschen Nationalökononmie ist; denn Hildebrand's „Nationalökonomie der Gegenwart und Zukunft" ist leider unvollendet bei der Kritik der Theorieen der Vergangenheit stehen geblieben; beachtenswerth ist das Buch ferner deshalb, weil es zeigt, wie wenig die Nationalökonomie mit allen ihren Hilfsmitteln und durch ihre bedeutendsten Vertreter bis jetzt im Stande ist, die Grundprobleme der Gesellschaft zu lösen, wie viel ihr noch fehlt, um eine wahre Gesellschaftswissenschaft auf juristischer und philosophischer Grundlage zu werden; und beachtenswerth ist das Buch endlich wegen der vielen gehaltreichen und anregenden Einzelerörterungen, die es bietet, welche wir aber in diesem ohnehin schon ausgedehnten Referat hervorzuheben unterlassen mussten. — Am Schlusse unseres Referats drängt sich uns die Betrachtung auf, dass es den Einen zu wenig absprechend erscheinen wird, wenn wir uns die vielen schlechthin verurtheilenden Kritiken vergegenwärtigen, welche namentlich seit des Verfassers Ernennung zum östereichischen Handelsminister über das Buch erschienen sind, und dass es bei Anderen für zu absprechend gelten wird, weil unter den Fachgenossen dem Autor und dem Buche viele Sympathieen entgegengetragen worden sind. Dass dies auch von unsrer Seite geschehen ist, haben wir bereits versichert; dass das Referat nicht ohne gewissenhaftes Studium des Buchs geschrieben ist, wird aus ihm selbst hervorgehen; und dass der Referent, ohne die soziale Frage selbst gelöst zu haben, eine Kritik unternommen hat, wird ihm verziehen werden, denn wenn dies Erforderniss wäre, so wurde sich noch unberechenbare Zeit hindurch Niemand an die Kritik des Buchs wagen dürfen. *Dr. H. v. Scheel.*

X.

Die Arbeit, ihre unberechtigten Ansprüche und ihre berechtigten Forderungen, ihre wirkliche Gegenwart und ihre mögliche Zukunft von **William Thomas Thornton,** aus dem Englischen übertragen, sowie durch Anmerkungen erläutert und vermehrt von Dr. **Hugo Schramm.** Leipzig 1870.

Der Arbeitslohn wird, lautet die gewöhnliche Erklärung, durch das Verhältniss von Angebot und Nachfrage bestimmt; er kann nur dann steigen, wenn das Angebot ab- oder die Nachfrage nach Arbeit zugenommen hat. Jedes Mittel zur Besserung der Lage der Arbeiter bleibt ohne Erfolg, wenn dadurch das oben genannte Verhältniss nicht geändert wird. Die Genossenschaften sind daher nicht im Stande, den Arbeitslohn zu erhöben; sollte es aber den Arbeitern gelingen, einen höheren Lohn zu erpressen, so können doch die erungenen Vortheile nicht von Dauer sein; das den Arbeitslohn beherrschende Naturgesetz wird sehr bald wieder zur Geltung kommen.

Will man beweisen, dass die Genossenschaften der Arbeiter ihnen von Nutzen sein können, so muss man zeigen, dass die seit A. Smith sehr verbreitete Lehre der Abhängigkeit des Arbeitslohnes von Angebot und Nachfrage nicht die richtige sei.

Diese Aufgabe stellt sich Thornton in seinem oben genannten Werke. Nachdem im ersten Buche einleitungsweise die herrschende Unzufriedenheit der Arbeiter-Classen erörtert ist, wird im ersten Capitel des II. Buches der Einfluss von Angebot und Nachfrage auf den Arbeitslohn untersucht.

Nicht nur der Arbeitslohn, sondern überhaupt der Preis jeder Waare soll durch die Gleichsetzung der auf dem Markte angebotenen mit der auf demselben begehrten Menge dieser Waare bestimmt werden. Thornton führt aber Beispiele an, aus welchen hervorgeht, dass der Preis verschieden sein kann, wenn auch die Menge der mit einander eingetauschten Waaren auf dem Markte dieselbe ist. So kann bei einer Auction fur dieselbe Waare ein verschiedener Preis bezahlt werden, jenachdem der Verkauf so vor sich geht, dass der Verkäufer einen höhern Preis setzt, als er zu erhalten gedenkt, und dann stufenweise seine Bedingungen herabsetzt, bis er einen Käufer findet, oder die gewöhnliche Auction in plus wählt. Diese beiden Arten von Auctionen kommen unter dem Namen der holländischen und der englischen Auction zur Anwendung beim Verkauf von Fischen in den Hafen Englands. Im ersteren Falle wird der, welcher die Waare zu besitzen wünscht, einen nach seiner Meinung angemessenen Preis anbieten, während er vielleicht in der Auction der letzteren Art auch beim Anbieten eines niedrigeren Preises keine Mitbewerber gehabt und die Waare fur diesen Preis gekauft hätte. — Die Waaren werden ferner nicht ohne Vorbehalt zum Verkauf ausgeboten, man kann also nicht sagen, dass sich Angebot und Nachfrage in's Gleichgewicht setzen mussen. Das Angebot übersteigt immer bei Weitem die Nachfrage. Die Verkäufer sind in den meisten Fällen nicht gezwungen, ihren Vorrath, den sie allerdings verkaufen wollen, auf ein Mal abzusetzen. — Der Vorrath, den jemand hat, wird meistentheils in Partieen zu verschiedenen Zeiten und Preisen verkauft. Der Waarenbesitzer überzeugt sich erst mit der Zeit, zu welchem Preise er verkaufen muss, um am besten dabei wegzukommen; er wird also vorher einen grossen Theil der Waaren zu dem nicht wirklich durch die Verhältnisse des Marktes gebotenen Preise verkauft haben; sollte der Preis durch das Verhältniss des Angebots zur Nachfrage bestimmt werden, so würden doch nur wenig Waaren zu diesem Preise verkauft werden.

Angebot und Nachfrage bestimmen den Preis nicht, wodurch wird er also bestimmt? lautet die weitere Frage, die Thornton aufwirft. Der Bestimmungsgrund wird in der Concurrenz gefunden. Diese wird zwar durch Angebot und Nachfrage regulirt, nicht aber durch Angebot und Nachfrage, wie sie in einem gewissen Augenblicke wirklich stattfinden, sondern auch, wie sie voraussichtlich sich gestalten werden; der Preis wird also von der subjectiven Ansicht abhängen, welche sich die Verkäufer über die Chancen des Marktes bilden. Er ist ein Product psychologischer Processe. In dieser Erklärung wird die naturgesetzliche Nothwendigkeit geleugnet, mit welcher sich nach A. Smith der Preis bestimmt. Die Ansichten, welche sich die einzelnen Verkäufer von der Zukunft bilden, hängen von ihrer Erfahrung und Klugheit ab, ihre individuelle Lage bleibt nicht ohne Einfluss auf diese Berechnungen; bei demselben Zustande und denselben Aussichten des Marktes kann also der Preis sehr verschieden sein. Das vermeintliche Naturgesetz, welches bei der Bestimmung des Arbeitslohnes walten soll, wird deshalb von Thornton auch verworfen. Der Preis der Arbeit, d. h. der Arbeitslohn hängt ebenfalls nur von der Concurrenz ab. Die Verkäufer der Arbeit sind aber in diesem Falle in schlechterer Lage als die Käufer, weil sie den Verkauf ihrer Arbeitskraft nicht aufschieben können. Nicht sie also, sondern die Käufer, d. h. die Arbeitgeber sind die Herren der Lage, ihre Concurrenz bestimmt den Arbeitslohn. Diesem Uebelstande helfen die Gewerkvereine ab.

Alles, was Thornton zur Bekämpfung der von A. Smith aufgestellten und in neuerer Zeit besonders von J. St. Mill vertheidigten Lehre vom Preise sagt, halten wir für ganz richtig. Wenn die Herrschaft der Naturgesetze im wirthschaftlichen Leben der Nationen in der deutschen Literatur schon früher geleugnet wurde, so hat doch Thornton das Verdienst, der erste Vertreter dieser Richtung in England zu sein.

Auch für den aber, welchem die Resultate, zu denen Th. kommt, nicht fremd waren, sind seine Untersuchungen von grossem Interesse. Der Weg, welcher ihn zur Verwerfung der Lehre A. Smith's vom Preise führt, ist der der Beobachtung einzelner practischer Fälle. Er findet, dass viele von denselben der in der Smith'schen Schule angenommenen Theorie widersprechen; deshalb erklärt er die Theorie selbst für falsch. Es ist die Widerlegung durch Induction, welche er anwendet. In der deutschen Literatur wurde die Unhaltbarkeit der Smith'schen Lehre vom Preise von Hildebrand aus der menschlichen Natur deducirt. Die auf einem ganz andern Wege geführte Untersuchung Thornton's ist also eine sehr wichtige Bestätigung des vom Ersteren ausgesprochenen Satzes[1]), dass „die ganze Hypothese von nationalökonomischen, auf den menschlichen Egoismus gegründeten Naturgesetzen, wie sie in der Smith'schen Schule gelehrt werden, nicht aufrecht erhalten werden kann".

Wenn wir im Punkte der Verwerfung der gewöhnlichen Theorie des Preises mit Thornton vollkommen übereinstimmen, so können wir aber seine eigne Auffassung der Bedingungen des Preises nicht für ebenso richtig halten. Den einzigen Bestimmungsgrund des letzteren und dem zufolge auch des Arbeitslohnes sieht er in der durch den Egoismus geleiteten Concurrenz. Ebenso wenig aber, als man die Handlungen des Menschen überhaupt ausschliesslich auf Egoismus zurückführen kann, ist man im Stande, seine wirthschaftliche Thätigkeit allein aus diesem Princip zu erklären. Nach Thornton müsste der Preis derselbe sein, wenn der augenblickliche und der voraussichtliche Zustand des Marktes, die Ansichten, welche sich die Einzelnen darüber bilden, so wie ihre materielle Lage dieselbe wären. An einem von Thornton selbst angeführten Beispiele lässt sich aber zeigen, dass dies nicht richtig ist. Er sagt (S. 137), dass, wenn Matrosen in einem Rettungsboote

---

1) S. diese Jahrbücher Bd. 1 S. 25 ff.

auf eine gestrandete Barke stossen, sie das Recht haben, sich die Hälfte des Werthes der Ladung auszubedingen, ehe sie sich dazu verstehen, sie zu bergen oder die schiffbrüchige Bemannung in Sicherheit zu bringen. In einem civilisirten Lande werden sich wohl sehr wenige finden, die von diesem Rechte einen Gebrauch machen würden. Die Verschiedenheit des Preises in diesem Falle für den geleisteten Dienst wird sich nicht durch die von Th. angegebenen Ursachen erklären lassen. Die Bildung und sittlichen Grundsätze des Einzelnen werden hier den Ausschlag geben. Dasselbe geschieht aber in jedem einzelnen Falle und zeigt sich am klarsten beim Arbeitslohn. Die politischen Institutionen und die öffentliche Moral der Nation werden immer einen grossen Einfluss auf die Höhe des Arbeitslohnes ausüben. Je mehr die individuelle Freiheit und die menschliche Würde im Staate zur Anerkennung kommt, desto mehr Selbstbewusstsein hat auch jeder Arbeiter, desto höher ist seine sociale Stellung, desto höher der Preis, der für seine Arbeitsleistungen gezahlt wird. Deshalb steht in freien Staaten wie in der amerikanischen Union und in der Schweiz der Preis der gemeinen Tagearbeit hoch, in absolutistischen und Polizeistaaten niedrig. Der Egoismus des Einzelnen spielt allerdings bei der Schätzung der Arbeit auch in freien Staaten eine bedeutende Rolle, aber man kann ihn nirgends als den einzigen Bestimmungsgrund auffassen. — Dieselbe Einseitigkeit zeigt sich auch in der Behauptung Thornton's, dass jeder Arbeitslohn gerecht sei; dem Arbeiter steht nichts weiter zu, als das Recht auf die Unverletzlichkeit der Person und des Eigenthums, sowie auf die gewissenhafte Erfüllung der mit ihm eingegangenen Contracte (Bch. II. Cap. 2). Der Uebersetzer des besprochenen Werkes hat schon darauf aufmerksam gemacht, wie hier die rechtliche und sittliche Sphäre vollständig vermengt sind. Wäre der Egoismus das einzige Motiv der menschlichen Handlungen und herrschten demzufolge Naturgesetze im wirthschaftlichen Leben, so hätte der Arbeiter allerdings kein Recht, weitere Ansprüche zu erheben. Sein Recht ginge nur so weit wie seine Macht, und die Unterdrückung oder Vernichtung des Schwächeren durch den Stärkeren wäre eben Naturgesetz.

Die Rechtmässigkeit des Kapitalgewinns ist aus dem Rechte auf den Ertrag der Arbeit abgeleitet (Bch. II. Cap. 3). Die Beweisführung ist durch keine neuen selbstständigen Gründe bekräftigt.

Das bisher Besprochene bildet den theoretischen Theil unseres Buches. Dann wird das Genossenschaftswesen einer Untersuchung unterworfen. Das Thatsächliche wird beschrieben, vor allem England berücksichtigt, Frankreich aber auch in's Auge gefasst (der Uebersetzer hat manches auf Deutschland Bezügliche in Anmerkungen hinzugefügt). Viel anderweitig Bekanntes wird wiederholt, aber auch manches bis jetzt Unbekannte mitgetheilt.

Die Wirkung der Gewerkvereine wird unparteiisch beurtheilt, die Missbräuche werden nicht verschwiegen, die guten Seiten aber auch hervorgehoben. (Bch. III.). Die immer grössere Verbreitung der Consumvereine wird ferner geschildert (Bch. IV. Cap. 2).

Als das einzige Mittel zur allseitig befriedigenden Lösung der Arbeiterfrage wird die Bildung von Productiv-Genossenschaften bezeichnet, die Arbeiter müssen selbst Unternehmer werden können (Bch. IV. Cap. 3), die

Theilhaberschaft der Arbeiter am Reingewinne, d. h. die actionären Genossenschaften zwischen Kapitalisten und Arbeitern sind zwar eine viel höhere Form der Belohnung der Arbeit, als der heut' zu Tage übliche, sie sind aber nur in wenigen Industriezweigen durchführbar und ihre Durchführung hängt von dem guten Willen der Unternehmer ab (Bch. IV. Cap. 1). Die Productiv-Genossenschaften können aber nicht künstlich in's Leben gerufen werden, man muss die Arbeiter gewähren lassen.

Zum Schlusse wird die Ansicht ausgesprochen, dass wir einem Zustande entgegengehen, in dem die Productivgenossenschaften das Gebiet der Industrie vollständig beherrschen werden. St.

XI.

Die Prostitution im neunzehnten Jahrhundert vom sanitätspolizeilichen Standpunkte aus betrachtet. Vorlesungen gehalten an der Universität Leipzig im Wintersemester 1869 bis 1870 von Dr. **Julius Kühn.** Leipzig, Wartig, 1871. 220 SS.

Das soziale Deficit von Berlin in seinem Hauptbestandtheil. Von Dr. **S. E. Huppé.** (Separatabdruck aus dem Berliner Städtischen Jahrbuch IV.) Berlin, Guttentag, 1870. 32 SS.

Die Zeiten, wo man mit Theologie und Moral etwas gegen das Uebel der Prostitution ausrichten zu können vermeinte, sind vorüber; und ebensowenig wird heut' noch ein vernünftiger Mensch meinen, dass polizeiliche Massregeln der Prostitution gegenüber etwas Anderes bezwecken könnten, als zur Verhütung der gesundheitswidrigen Folgen eine gewisse Ordnung in den Betrieb zu bringen. Wissenschaftlich fruchtbar kann das Thema nur von zwei Standpunkten aus angefasst werden: dem der Medizin und dem der Sozialwissenschaft; die letztere forscht nach den Ursachen, die erstere nach den Folgen; die letztere sucht die Ursachen, die erstere die Folgen zu beseitigen; den Umfang des Uebels lehrt beide die Anschauung, und, wenn nöthig, die Statistik kennen; darüber, dass sie ein Uebel sei, sind beide einig; aber auch ein nothwendiges Uebel? darüber hat allein die Sozialwissenschaft zu entscheiden, welche die Frage von einem viel umfassenderen Standpunkte auffasst, als die Medizin. Das ist ja eben der grosse Vorzug der sozialen Wissenschaften vor den Naturwissenschaften, dass sie auch fragen: Was soll sein?, während sich jene mit dem Gegebenen begnügen müssen. Die Sozialwissenschaft wird auch bei dieser Frage wieder zurückverweisen auf die Untersuchung der Organisation der Gesellschaft, auf die grosse soziale Frage. Sie findet, dass die Prostitution ein Ausfluss ist der Organisation der Gesellschaft, dass sie aber so wenig nothwendig und unabänderlich ist, wie diese selbst, dass sie aber in der gegenwärtigen Gesellschaft nothwendig ist, dass sie sich also nicht beseitigen oder umgestalten lässt, ohne eine Umgestaltung dieser Gesellschaft selbst. So ist für die Sozialwissenschaft auch die Prostitution eine unendlich weittragende Frage, deren Lösung zusammen mit der anderer grosser Probleme im Dunkel der Zukunft verborgen ist. Für die Medizin aber formulirt sich die Frage viel einfacher, sie sieht eine Möglichkeit vor sich, ihr Problem auch jetzt schon zu lösen. Von einem Buche, welches die Frage vom medizinischen Standpunkte auffasst, dürfen wir daher auch eine die Frage mehr oder weniger abschliessende Leistung erwarten; während eine sozialwissenschaftliche Untersuchung derselben ohne gleichzeitige Umfassung der ganzen sozialen Frage nicht wohl zu bedeutenden Resultaten kommen kann. Allerdings wollen wir damit nicht gesagt haben, dass sozialwissenschaftliche Spezial-Untersuchungen über Prostitution gegenwärtig zu gar keinem Resultate kommen könnten. Gewiss nicht. Ebenso gut, wie man durch Genossenschaftswesen, Gewerkvereine, Bildungsvereine, Bau von Arbeiterwohnungen u. s. w. einzelne gesellschaftliche Uebelstände mildern und die Lösung der sozialen Frage zwar nicht vollbringen, aber doch vorbereiten kann, indem man die Gesellschaft auf den Weg hinweist, den sie für ihre eigene Umgestaltung einzuschlagen habe; so kann man auch nach spezifischen Mitteln für die Prostitution suchen und sie anwenden; und sofern sie nur nicht aus einer Verkennung des Urgrundes der Erscheinung hervorgehen, können diese auch nützlich sein. Huppé giebt in der vorliegenden kleinen Skizze über die Berliner Prostitution (denn eine solche verbirgt sich unter dem weniger bezeichnenden als schamhaften Titel des „sozialen Deficits in seinem Hauptbestandtheil") einige solcher Mittel an, denen jeder Verständige gern zustimmen wird, und welche die Stadt Berlin längst hätte anwenden müssen, wenn die Grösse ihrer Fürsorge für das soziale Wohl aller Klassen der ihres Rathhauses entspräche; aber wir legen doch das Buch unbefriedigt bei Seite, weil wir uns zweifelnd fragen müssen: Was wird das helfen?! Im Einzelnen viel; zur Ausrottung des Uebels selbst nichts. Anders bei dem Buche von Kühn, wo wir von einer Untersuchung über die Beseitigung des sozialen Uebels als solchen ganz absehen können und nur die praktisch-medizinische Lösung der Frage erwarten; d. h.: eine Angabe der Mittel, wie die gesundheitsschädlichen Folgen der Prostitution für beide Geschlechter am sichersten abzuwenden seien. Der Inhalt der Kühn'schen Vorlesungen scheint uns in dieser Beziehung in hohem Grade befriedigend. Dem Verfasser stehen als Polizeiarzt in Leipzig langjährige Erfahrungen zu Gebote; diese, und die durchaus edle und unbefangene Auffassung des Gegenstandes befähigen ihn ganz vorzüglich zu competenten Urtheilen; und wenn wir hinzunehmen die Wärme und Klarheit der Darstellung, welche der mit echt humaner Gesinnung begabte Gelehrte einem Thema angedeihen lasst, das aus falscher Scheu von Männern der Wissenschaft vielfach vernachlässigt wurde, so müssen wir das Buch als der Beachtung der Gelehrten sowohl als der Behörden, die sich mit dem Gegenstande zu befassen haben, ausgezeichnet würdig finden und empfehlen.

Wenn sich der Verfasser im Anfang etwas mehr als nöthig über den medicinischen Standpunkt hinausbegiebt und mit Berufung auf nationalökonomische und andere Autoritäten die Nothwendigkeit der Prostitution zu allen Zeiten nachzuweisen sucht, so übersehen wir das gern. Uebel genug ist es freilich, wenn man aus der nationalökonomischen Literatur sollte den Beweis holen können, dass, weil die Prostitution zu allen Zeiten gewesen sei, sie auch zu allen Zeiten sein werde. Erstens wäre doch zu untersuchen, ob die Prostitution zu allen Zeiten von gleicher Art gewesen sei, und zweitens hat solch ein Beweis gerade so viel Werth, als wenn man mir sagen wollte, ich könne niemals in der Lotterie gewinnen, weil ich bis jetzt noch nicht gewonnen hätte. Beweise aus der Vergangenheit gelten für die Sozialwissenschaft nichts! Das ist derselbe Irrthum, nur in etwas allgemeinerer Form, wie der: dass die sogenannten statistischen Gesetze bindende Kraft für die Sozialwissenschaft hätten, derselbe Irrthum, welcher die Sozialwissenschaft auf der „rationellen Grundlage der Statistik" oder auf „exacter Forschung" oder wie die mehr oder minder unverständlichen Wendungen sonst heissen, aufbauen will. Doch das ist hier Nebensache. Wir können mit Kühn darin einverstanden sein: für die gegenwärtige Gesellschaftsverfassung ist die Prostitution ein nothwendiges Uebel, verschuldet durch die Gesellschaft. Ihre äusseren Ursachen sind: Noth, Arbeits- resp. Verdienstmangel, Unbildung, Verführung; alles Uebel, welchen die Gesellschaft zu steuern verpflichtet ist. Statt dieses anzuerkennen und danach ihren Standpunkt zu nehmen, ist die Gesellschaft eher geneigt, die Prostitution zu einem Verbrechen zu stempeln, welches die Opfer derselben ausserhalb des Gesetzes stellt. Statt nach Ursachen und Heilmitteln des Uebels zu forschen, ruft der gute Bürger die Polizei zu Hülfe gegen Personen, die zu dem kärglichen Lohn, den er ihnen für solide Arbeit gewährt, eine Zubusse durch Preisgeben an seine Söhne sich zu verschaffen gezwungen sind; die Männer ergehen sich in Schmähungen gegen die Gewissenlosigkeit der Dirnen, auf welche sie selbst ansteckende Krankheiten zu übertragen sich tausendmal nicht scheuen; die Männer der „besseren" Stände rühmen sich der Erfolge ihrer Liebe zu den niederen Ständen, man bildet womöglich Vereine, welche es sich zum Prinzip machen, nur Jungfrauen zu prostituiren; man privilegirt die Verführung, indem man unehelichen Müttern keine oder keine irgendwie ausreichenden Rechte gegen die Schwängerer giebt; man macht uneheliche Kinder für ihre Geburt verantwortlich; man giebt die Prostituirten der rohen Polizeigewalt anheim, welche durch ihre ungeschickten Maassregeln wohl den Rest von Anstand bei den Frauen dieses Gewerbes zu unterdrücken, aber sie gegen ihren völligen Ruin durch Kuppler und Verführer nicht zu schützen weiss. Solches und vieles Andere ist den herrschenden Klassen in diesem Punkte vorzuwerfen; und wir finden das bei Kühn, wenn auch nicht mit diesen Worten, aber deutlich genug ausgesprochen und mit Beweisen belegt. Von diesen Erwägungen ausgehend verlangt Kühn vor Allem eine unbefangenere Anschauung der Prostitution, welche es gestatte, dieselbe rationell zu behandeln. Die Duldung der Prostitution sei unvermeidlich, und darum sowohl die Duldung der Bordelle, welche die sanitätliche Ueberwachung derselben bedeutend erleichtern, als die Duldung der Einzeldirnen, welche neben den Bordellen nicht auszurotten seien. Hierzu müssen wir bemerken, dass man gerade diese Thatsache auch gegen die Bordelle geltend machen kann und geltend gemacht hat; wie das z. B. auch in der vorliegenden Schrift von Huppé geschehen ist. In Bordelle geht ohne gesetzlichen Zwang nur ein kleiner Bruchtheil der Prostituirten; wollte man sie mit solchem hineintreiben, so würde dies nur die Heimlichkeit des Betriebes vermehren, und somit seine Gefährlichkeit. In jedem Fall vernichten aber die Bordelle die moralischen, wirthschaftlichen und physischen Existenzbedingungen der darin Eingefangenen bis auf den letzten Rest: durch die allgemein sichtbare Degradation zur reinen Fleischwaare, durch das Zusammenleben

Vieler, durch die Speculationen der Bordellhälter und die Organisation der Kuppelei. Der Nutzen, den die Bordelle der Gesundheit der Männer bringen, wird unsers Erachtens weit überwogen durch deren Nachtheile für das weibliche Geschlecht; überdies sind sie als elegante und anlockende Zentralstätten der moralischen Ungenirtheit auch den ersteren im Allgemeinen verderblich. Als medizinische Bequemlichkeitsanstalten recht erwunscht, helfen sie doch einem viel zu kleinen Theil des Uebels ab, während sie vom sozialen Standpunkte aus viel zu viel Menschen dem unrettbaren Untergange weihen. Die Rückkehr einer nicht kasernirten Prostituirten zu einem geordneten Leben gehört immer noch zu den Möglichkeiten, namentlich dann, wenn sich die Gesellschaft ihrer Pflichten gegen die Opfer ihrer mangelhaften Einrichtungen und Vorurtheile besser bewusst wird. Wir möchten also nur darin Kuhn bestimmen, dass man die freie Prostitution dulden und rationeller behandeln müsse. Kühn kommt es naturlich hier vor Allem auf die rationelle Behandlung im Hinblick auf die Verhütung der Syphilis an. Dazu fordert er innerhalb der Grenzen einer vorurtheilslosen öffentlichen Sittlichkeit erstens die Vermeidung Alles dessen, was auf den heimlichen Betrieb der Prostitution hindrängen kann, und zweitens Einrichtungen, welche die Entdeckung und Heilung der Syphilis bei beiden Geschlechtern fördern. Hierzu empfiehlt er ein System von regelmässigen und unentgeltlichen ärztlichen Untersuchungen der Prostituirten, begründet dessen Möglichkeit und beschreibt die Erfordernisse dazu. Taktvolle Behörden und gewissenhafte Aerzte, um die Uebelstände der Registrirung und Untersuchung zu verhindern, gehören allerdings zur Ausführung der von Kühn vorgeschlagenen Massregeln. Die Untersuchung der Männer würde sich nur bei einzelnen Klassen, namentlich den Soldaten (K. kennzeichnet die stehenden Heere als die Hauptträger der Syphilis) und Matrosen, streng durchführen lassen. Ausreichende und leicht zugängliche Hospitäler, an denen gegenwärtig ausserordentlicher Mangel besteht, verbunden mit Polikliniken sind weitere Hauptbedingungen für den Schutz gegen Verbreitung der Syphilis. Dies sind die vorgeschlagenen Hauptmaassregeln, deren Wohlthätigkeit und Durchfuhrbarkeit, namentlich in den wichtigsten Punkten, den grossen Städten, uns nach Kühn's Erörterungen unzweifelhaft scheint. Wir bitten, die nähere Begründung dort nachzulesen, und machen ausserdem auf die vielen auf Erfahrung und Forschung beruhenden Ausfuhrungen über einzelne Punkte, z. B. Vererbung, Impfung, sowie auf die vielen sehr schätzbaren praktischen Winke zur Behandlung der Frage aufmerksam.

Somit glauben wir die Kühn'sche Arbeit genugsam der allgemeinen Beachtung empfohlen zu haben; es bleiben nur noch einige Bemerkungen über Huppé's Buch zu machen übrig. Mit dessen Hauptgedanken haben wir uns schon einverstanden erklärt, namentlich mit dessen beachtenswerther Erörterung über die Bordellfrage, S. 24 ff. Diese Frage scheint uns eigentlich keine Frage mehr zu sein, insofern als sie unbedingt verneint werden muss. Dass prostitutionsbedürftige Männer solche Häuser lebhaft wünschen, ist kein Grund für ihre Beibehaltung oder Einrichtung. Was Huppé's übrige Erörterungen betrifft, so beziehen sie sich zwar zunächst nur auf Berlin, sind aber dadurch allgemein interessant, dass die Faktoren der Prostitution in unseren grossen Städten gegenwärtig gleiche oder doch sehr ähnliche sind.

Die einzelnen Abschnitte des Schriftchens sind folgende: Die gesellschaftlichen Elemente der Prostitution; Geschichte und Statistik der berliner Prostitution; die physischen Wirkungen; die einflussubenden Faktoren; die Entstehungsgründe der Prostitution; das Gewerbe und die Zuhälter; und in den folgenden drei Abschnitten Erörterungen uber Prostitutions-Politik. Auf die Unterstützung der Untersuchungen durch statistische Nachweise ist möglichst Bedacht genommen; doch ist leicht einzusehen, wie gerade fur dieses Thema die Zahlenbeläge sehr schwer zu beschaffen sind. Im Einzelnen möchten wir noch zu S. 19 bemerken, dass mit der Zahl der unehelichen Geburten (welche selbstverständlich, wie auch Huppé bemerkt, als Maassstab der Sittlichkeit niemals dienen können) für einzelne Städte um so weniger etwas anzufangen ist, als man nie controliren kann, wie viel Mädchen auf's Land resp. in die Provinz zurückkehren, um ihre Entbindung abzuwarten; und zu Seite 18: dass die Zunahme der Prostitution in den Sommermonaten wohl sehr einfach daraus zu erklären sein dürfte, dass die warme Jahreszeit nicht nur die Lust, sondern auch die Gelegenheit zur Prostitution wesentlich vermehrt, und ausserdem den Aufsichtsorganen mehr Gelegenheit gegeben wird, diesbezügliche Fälle zu constatiren (die Intensivität der behördlichen Thätigkeit darf als wichtiger Faktor der Criminalstatistik nie unbeachtet gelassen werden). Die hierbei bemerkte Nicht-Uebereinstimmung der Prostitutions- und Conceptionsstatistik schliesst einen Widerspruch insofern nicht ein, als 1) Geburtenfrequenz und Prostitution nur in sehr lockerem Zusammenhange stehen möchten und 2) die Prostitutionsarten sich nur auf die Verhältnisse einer Grossstadt beziehen, während die Conceptionsstatistik, auf welche Huppé hindeutet, uns wohl nur für ganze Länder, somit fur städtische und ländliche Bevölkerung zusammen, zur Disposition steht (s. Wappäus, Bevölkerungsstatistik I. S. 234 ff.). Schliesslich unterlassen wir nicht, auch die kleine Skizze von Huppé bestens zu empfehlen.

H. v. Scheel.

Miscellen.

VII.
Jahresbericht des „Comptroller of the Currency" der nordamerikanischen Union Miland R. Hulburd an den Finanzminister.

National-Banken.
Neue Banken.

Seit Ueberreichung meines letzten Jahresberichtes sind 37 neue National-Banken organisirt worden und die Gesammtzahl beläuft sich bis jetzt auf 1731. Von diesen sind folgende 5 Banken, First National-Bank of Utah in Salt Lake City; First National-Bank of Leon, Iowa; First National-Bank of Port Henry, New-York; Howard National-Bank of Burlington, Vermont; Baxter National-Bank of Rutland, Vermont, durch Ruckgabe von Noten existirender National-Banken etablirt worden, haben demnach zur Vermehrung der Banknoten-Circulation nicht beigetragen. Einunddreissig Banken wurden organisirt unter dem Gesetze vom 12. Juli 1870, welches die Emmission von D. 54,000,000 weiterer Banknoten gestattet. Die Namen dieser neuen Banken sind:

	Capital.
National-Bank of Springfield, Missouri	D. 100,000
National-Bank of Maysville, Kentucky	300,000
Merchants' & Planters' National-Bank of Augusta, Ga.	100,000
People's National-Bank of Norfolk, Virginia	100,000
Farmers' National-Bank of Stanford, Kentucky	100,000
Monmouth National-Bank, Illinois	100,000
First National-Bank of Gallatin, Tennessee	51,000
Second National-Bank of Lebanon, Tennessee	50,000
Corn Exchange National-Bank of Chicago, Illinois	250,000
First National-Bank of Brodhead, Wisconsin	50,000
First National-Bank of Shelbina, Missouri	100,000
Moniteau National-Bank of California, Missouri	50,000
First National-Bank of Columbia, Tennessee	100,000
National-Bank of Menasha, Wisconsin	50,000
Salem National-Bank, Illinois	50,000
Citizens' National-Bank of Alexandria, Virginia	125,000

	Capital.
First National-Bank of Sterling, Illinois	D. 100,000
First National-Bank of Ottawa, Kansas	50,000
Jacksonville National-Bank, Illinois	200,000
Fayette National-Bank of Lexington, Kentucky	200,000
First National-Bank of Watseka, Illinois	50,000
First National-Bank of Decatur, Michigan	75,000
First National-Bank of Tuscola, Illinois	113,000
First National-Bank of Chariton, Iowa	50,000
First National-Bank of Schoolcraft, Michigan	50,000
Iowa National-Bank of Ottumwa, Iowa	100,000
National-Bank of Pulaski, Tennessee	100,000
First National-Bank of Richmond, Kentucky	250,000
First National-Bank of Evansville, Wisconsin	50,000
Muskegon National-Bank, Michigan	100,000
First National-Bank of Lapeer, Michigan	75,000

Das Gesammt-Capital genannter Banken beträgt D. 3,239,000 oder durchschnittlich D. 104,500 für jede Bank und ist auf folgende Staaten vertheilt:

	Capital.		Capital.
Illinois, 7 Banken	D. 863,000	Kansas, 1 Bank	D. 50,000
Michigan, 4 Banken	300,000	Kentucky, 4 Banken	850,000
Wisconsin, 3 Banken	150,000	Tennessee, 4 Banken	301,000
Iowa, 2 Banken	150,000	Virginia, 2 Banken	225,000
Missouri, 3 Banken	250,000	Georgia, 1 Bank	100,000

Ausserdem sind folgende **Applicationen** eingereicht:

Staaten.	Applicationen.	Vermuthliches Capital.	Staaten.	Applicationen.	Vermuthliches Capital.
Alabama	14	D. 2,000,000	Michigan	18	D. 1,500,000
Arkansas	7	550,000	Montana	2	150,000
Colorado	2	200,000	Nord-Carolina	3	500,000
Dakota	1	100,000	Nebraska	3	150,000
Florida	4	400,000	Nevada	1	300,000
Georgia	7	1,500,000	New-Mexico	1	150,000
Illinois	23	2,500,000	Ohio	13	1,200,000
Iowa	21	1,300,000	Sud-Carolina	2	350,000
Indiana	13	1,600,000	Tennessee	9	1,000,000
Kansas	13	900,000	Texas	4	400,000
Kentucky	20	3,000,000	Utah	1	50,000
Louisiana	10	2,500,000	Virginia	7	800,000
Missouri	17	1,500,000	West-Virginia	5	300,000
Mississippi	2	150,000	Wyoming	1	50,000
Minnesota	7	500,000	Wisconsin	19	1,400,000

Die eingelaufenen Applicationen erreichten die Zahl von 250 und der Gesammtbetrag der verlangten Summen beläuft sich auf D. 27,000,000. Die Erfahrung hat jedoch gezeigt, dass eine grosse Anzahl dieser Gesuche nur aus dem Grunde eingereicht wird, um andere Parteien an der Etablirung von Banken zu verhindern. Sehr viele waren speculativer Natur und anderen, die bona fide begonnen wurden, fehlte es nachher an dem nöthigen Capital;

wenn man sämmtliche Applicationen berücksichtigt hätte, so wäre es vermuthlich doch nicht mehr als der Hälfte möglich geworden, sich vollständig zu organisiren. Der Betrag des Capitals in den westlichen und südlichen Staaten, der nicht entweder fest angelegt oder thatsächlich in Geschäfts-Operationen engagirt, sondern unmittelbar zur Organisation von National-Banken verwendbar ist, kann nicht sehr bedeutend sein, und die Ansicht, dass Millionen disponiblen Capitals nur auf die Gelegenheit warten, um sich an der Gründung von National-Banken zu betheiligen, hat sich nicht völlig bewahrheitet. Die durch das letzte Gesetz getroffenen Vorkehrungen gewähren ohne Zweifel denjenigen Staaten, welche weniger als ihre verhältnissmässige Quote besitzen, reichliche Circulation, und würden wahrscheinlich ausreichend sein, allen nicht übertriebenen Anforderungen Genüge zu leisten, selbst wenn die Vertheilung beschränkt wäre. Die Zweckmässigkeit für die Aufhebung dieser Beschränkungen nach Verlauf eines Jahres, vom Datum dieses Gesetzes an, wird der Beachtung des Congresses empfohlen.

Gemäss den Bestimmungen von §§ 3, 4 und 5 des Gesetzes vom 12. Juli 1870, welches die Errichtung von National-Banken mit der Verpflichtung autorisirt, ihre circulirenden Noten in Metall einzulösen, hat sich bis jetzt erst eine Bank, die „Kidder National-Bank of Boston", Massachusetts, mit einem Capital von D. 300,000 gebildet. Gemachten Mittheilungen zufolge sind verschiedene andere Institute dieser Gattung in der Organisation begriffen oder in Aussicht genommen, davon zwei bis drei in Californien. Es wurde nicht erwartet, dass in „Gold" zahlende Banken in einer beträchtlichen Anzahl überhaupt errichtet werden würden, wie dies in solchen Theilen des Landes der Fall ist, wo Papiergeld, basirt auf gesetzliches Papiergeld der Regierung, schon die Oberhand hat, wenngleich vorausgesetzt wurde und noch wird, dass eine oder mehrere Gold-Banken errichtet würden und mit Erfolg in denjenigen Städten der atlantischen Küste operiren könnten, wo ein bedeutender auswärtiger Handel stattfindet und gewisse Transactionen sich nur auf einer Goldbasis führen lassen. Wenn alles in New-York, Boston, Philadelphia und Baltimore in dieser Weise betriebene Geschäft auf eine oder zwei Banken in jeder der genannten Städte concentrirt werden könnte, so würde die Ausdehnung dieses Geschäfts zweifellos die Verwendung eines sehr bedeutenden Capitals ausschliesslich für dessen Accommodation garantiren.

In Uebereinstimmung mit dem Congress-Gesetz vom 14. Juli 1870 „National-Banken, welche im Begriff sind zu liquidiren, zur Einlösung ihrer Noten-Circulation zu veranlassen", haben 20 Banken, welche nominell während verschiedener Zeitperioden in Liquidation waren, im Schatzamt der Ver. Staaten gesetzliches Papiergeld deponirt zur Einlösung ihrer ausstehenden Noten-Circulation, und die zu ihrer Sicherstellung verpfändeten Obligationen zurückgezogen. Der Betrag solcher Depositen seit dem Datum meines letzten Berichts stellt sich auf D. 2,401,910, der Pariwerth der auf diese Art frei gewordenen Obligationen beläuft sich auf D. 2,756,000. Alle Banken in Liquidation, mit Ausnahme der im Process der Consolidation mit anderen Banken befindlichen, haben ihre Noten-Circulation zurückgezogen.

Verstümmeltes Papiergeld.

Seit der Einrichtung dieses Bureaus bis zum ersten Tage des Monat October dieses Jahres wurden mehr oder weniger abgenutzte oder verstümmelte Noten von den Banken behufs Vernichtung durch Verbrennung im Belaufe von D. 30,597,518 eingeliefert. Von dieser Summe wurden D. 17,049,119 oder mehr als die Halfte des ganzen Betrages während des letzten Jahres durch neue Noten ersetzt. Die Schnelligkeit, mit welcher die National-Banknoten als untauglich fur Circulation und zur Vernichtung retournirt werden behufs des Ersatzes durch neue Noten ist in beständiger Zunahme begriffen, so dass es nöthig geworden ist, die Anzahl der Angestellten fortwährend zu vermehren, um das Sortiren, Zählen, Registriren und endlich das Verbrennen prompt und in gehöriger Weise besorgen zu können.

Gefälschtes Papiergeld.

Zur Unterstützung der Anstrengungen, die Seitens der zuständigen Behörden gemacht werden, das Publikum vor den Betrügereien von Falschmünzern zu schützen, würde es sehr dienlich sein, wenn die Bevölkerung selbst der Circulation gefälschter Noten jedes mögliche Hinderniss in den Weg legte. Für diesen Zweck wird vorgeschlagen, dass jede National-Bank verpflichtet werde, durch ihre Beamten auf jede National-Banknote, die bei Präsentation in der Bank als ungültig, gefälscht oder nachgemacht erkannt wird, das Wort „Counterfeit" stempeln zu lassen.

Banken, deren Capital durch Verluste u. s. w. Abbruch erlitten hat.

Es würde sehr wünschenswerth sein, den „Comptroller of the Currency" mit hinreichender Machtvollkommenheit zu bekleiden eine Bank, deren Capital durch Verluste oder andere Umstände einen beträchtlichen Abbruch erlitten hat, zu zwingen, entweder zu liquidiren, oder ihr Capital innerhalb eines bestimmten Termins wieder auf dessen ursprüngliche Höhe zu bringen. Unter den bestehenden Gesetzen kann er eine solche Bank nur an der Erklärung von Dividenden hindern, so lange ihr Capital angegriffen bleibt; doch ist den Banken, deren Hulfsmittel derartig ruinirt wurden, dass keinerlei Hoffnung vorliegt, dass sie sich jemals wieder erholen können, dessenungeachtet gestattet, noch für Jahre hinaus eine krankhafte Existenz weiter zu führen. In solchem Falle sollte eine Bank gezwungen werden, entweder ihre Verluste durch eine Auflage auf ihre Actionäre wieder gut zu machen, oder in Liquidation zu treten und ihr Geschäft aufzugeben.

Erfolg des Systems.

Die Operationen der Nationalbanken während des verflossenen Jahres haben sich durch Klugheit und Freisein von Verlusten in ungewöhnlich hohem Maasse ausgezeichnet. Die Ueberschüsse sind nicht ganz so gross gewesen, wie in früheren Jahren, wofür sich verschiedene Gründe anführen lassen, unter diesen vorzüglich die Baisse des Gold-Agio's, der Ausfall in den Transactionen in Bundes-Obligationen und, daraus resultirend, in Provision, sowie der Umstand, dass die Banken in Folge der Werthverringerung, welche Securitäten im Allgemeinen erlitten, ihre Verluste realisirt und den grossten Theil ihrer schlechten Schulden abgestossen haben. Das Resultat kann jedoch im Ganzen als sehr befriedigend angesehen werden. Seitens gewiegter Finanziers, die als Examinatoren bestellt waren, wurden Art und Weise der Geschäftsführung, Charakter der Leitung, Werth und Stand der Activa der Banken im Verlaufe des Jahres einer gründlichen Untersuchung unterzogen und es ergab sich, dass die discontirten Wechsel und Anweisungen zu einem sehr grossen Theil auf bona fide Transactionen basirt, während Vorschüsse durchgängig sicher und gut gedeckt waren. Die vom Gesetz vorgeschriebenen Reserven zur Sicherstellung von Noten-Circulation und Depositen waren in der Regel vorräthig, und im Allgemeinen überstiegen diese Reserven den vorgeschriebenen Betrag um ein Beträchtliches. Die Beschränkung, dass Vorschüsse nur bis zur Höhe von zehn Procent des eingezahlten Capitals gegeben werden dürfen, ist von der grossen Majorität der Banken sorgfältig beobachtet worden, und fast durchgängig waren diese Vorschüsse gut vertheilt. Nur in sehr wenig Fällen war es den Directoren gestattet, die offerirten Facilitäten in irgendwie beträchtlicher Ausdehnung zu monopolisiren.

Zins-Raten.

Von Zeit zu Zeit laufen aus verschiedenen Plätzen Klagen ein, dass Darlehns-Empfänger genöthigt sind, mehr als die gesetzliche Zinsrate zu zahlen, und unzweifelhaft sind diese Klagen wohl begründet. In dieser Beziehung sind ein oder zwei praktische Rathschläge mit Vortheil in Betracht zu ziehen. Falls die Zinsen von den zur Sicherstellung der Noten-Circulation deponirten Obligationen sowie der Gebrauch der Noten-Circulation und der Depositen zum gesetzlichen Zinsfusse Banken bloss in den Stand setzen, Steuern, Verwaltungskosten und Dividenden nur in Hohe des durchschnittlichen Geldwerthes an dem Platze zu zahlen, an welchem die Bank ihr Geschäft betreibt, so wird entweder der legale Zinsfuss überschritten werden oder die Bank ihre Geschäfte abwickeln mussen. Dies kann als erwiesen angesehen werden. Ein Versuch, das Institut zu veranlassen, unter solch' ungunstigen Umständen innerhalb der gesetzlichen Grenzen zu bleiben, würde dasselbe zur Liquidation zwingen. In neun Fällen unter zehn, in denen diese Klagen laut werden, wird der Uebelstand durch die hohe, Seitens des Staates auferlegte Steuerrate verursacht. Steuern erhöhen die Productionskosten und werden vom Consumenten bezahlt; dies gilt in gleichem Grade von Geld wie von irgend einem andern Artikel. Früher, als Banknoten emittirt und das Geschäft des Landes durch unter die Gesetze der Einzelstaaten incorporirte Institute vermittelt wurde, gewährte man werthvolle Immunitäten, z. B. Steuer-Befreiung, um die Banken in den Stand zu setzen, Darlehns-Suchern Gelder zu verhältnissmässig niedrigem Zinsfusse zu uberlassen, und in den meisten dieser Staaten wurde die gesetzliche Zinsrate unter directer Bezugnahme auf die gewährten Privilegien normirt. In Banken angelegtes Capital wurde thatsachlich von Steuern befreit und als Gegenleistung dafür erwartete und forderte man von den Banken, Geld zu einem gewissen normirten Zinsfusse darzuleihen, wahrend es sehr häufig Einzel-Personen gesetzlich gestattet war, unter speciellem Contract Gelder zu einem bedeutend hohern Zinsfusse auszuleihen. Die für Banken unter obigen Vorbedingungen festgestellten Zinsfüsse blieben bestehen und wurden gesetzlich zu erzwingen versucht, doch die Privilegien, welche das Berechnen solcher (niedriger) Zinsraten ermöglichten, wurden entzogen. Das Privilegium, Banknoten zu emittiren, ist unter Bundes-Autorität als verbrieftes Recht nicht werthvoller, als es jemals fruher unter Staats-Autorität war. Der erzielte Nutzen wird gewöhnlich überschätzt. Nach billiger Schätzung wird der aus der Noten-Circulation resultirende Durchschnittsgewinn nicht viel über fünf Procent betragen und dies ist die von den National-Banken gezahlte durchschnittliche Steuer, so dass der aus dem Bankgeschäft zu ziehende Nutzen hauptsächlich von der Höhe der Depositen abhängt, welche schliesslich die wahre Basis fur jedes Bankgeschäft bilden. Die Circulation — d. h. das Geld oder dessen Vertreter — ist ein Machwerk der Regierung und ist nur bei dem ersten rohen Anfang eines Bankgeschafts als eine Quelle des Profits anzusehen. Die Geschichte der Banken in älteren und reicheren Ländern der Erde liefert ausreichende Beweise für die Wahrheit dieser Behauptung.

Die Berichte von 81 Actien-Banken (joint stock banks) Grossbritanniens über deren Geschäfte während des Jahres 1869 beleuchten diese Thatsache auf's Beste. Ohne Rücksicht auf die „Bank of England", welche den grössten Theil der im Ver. Königreich vorhandenen Circulation liefert, ist in den erwähnten 81 Banken ein Betriebs-Capital von zusammen nicht über L. 42,000,000 angelegt, während deren Netto-Gewinn für ein Semester 1869 etwas uber L. 3,700,000 betrug oder durchschnittlich ca. neun Procent per annum. Den Berichten von 62 Banken fur das nächste Semester zufolge betrug deren Betriebs-Capital nicht über L. 30,000,000, die Dividenden durchschnittlich $5^3/_4$ Procent und der unvertheilte Netto-Ueberschuss ca. ein Procent, so dass sich der Netto-Gewinn dieser 62 Banken, deren Berichte vorliegen, auf dreizehn ein halb Procent per annum beläuft.

In den Ver. Staaten ist die Anhäufung müssigen Capitals eine verhältnissmässig geringe. Wie in allen neuen Ländern ist fast das ganze verfügbare Capital fur den thatsächlichen Geschäftsverkehr und die Entwickelung der Hilfsquellen des Landes erforderlich. Demnach ist der Betrag der Depositen oder des müssigen Capitals gering im Vergleich mit dem thatsächlichen Wohlstand des Landes; doch nimmt dasselbe fortwahrend zu und die National-Banken werden mit seiner Hülfe in den Stand gesetzt, ihre Einkünfte auf einer Durchschnittshöhe zu halten, welche bisher eine fur deren Actionäre befriedigende war. Mit Rücksicht auf alle diese Thatsachen scheint es jedoch wunschenswerth, dass das — in fast allen Staaten, in denen es autorisirte Noten-Banken giebt, bestehende und massgebende — alte Verhältniss zwischen Zinsfuss und Besteuerungsrate in Bezug auf National-Banken nicht gänzlich ausser Acht gelassen werde und es würde, insofern die Macht der Einzelstaaten über die National-Banken in diesen zwei Hauptpunkten nur unter Beistimmung der Bundes-Regierung geltend gemacht wird, eine weise Vorsichtsmassregel sein, wenn der Congress derartige Beschränkungen auferlegte, um eine unweise, unfreundliche oder sonst irgendwie schädliche Gesetzgebung zu verhindern.

In früheren Berichten wurde auf das Verzinsen der Depositen seitens der National-Banken hingewiesen. Dies Verfahren wurde längst befolgt, ehe irgend eine National-Bank existirte, und dieselben fahren nur fort, das zu thun, was ihre Vorgänger vor ihnen thaten und was zu thun Banquiers sich uberall für verpflichtet halten.

Der Gebrauch von fremdem Gelde in Gestalt von unverzinslichen Depositen oder zu einer niedrigen Zinsrate wird jetzt als unerlassliche Nothwendigkeit für ein modernes Bankgeschäft betrachtet. Es wird immer Personen geben, welche bereit sind, Gelder zu verwahren und alles Risico zu übernehmen sowie Zinsen für dessen Gebrauch zu bezahlen, falls ihnen als Profit eine Marge von ein bis drei Procent verbleibt. Nicht immer ist es die sicherste oder reichste Bank oder der sicherste oder reichste Banquier, der Willens ist, die höchste Zinsrate für den Gebrauch von fremdem Capital zu zahlen. Gewöhnlich gilt von Banken sowie Individuen, dass die am meisten des Geldes Bedürftigen den Depositoren die grössten Vortheile bieten.

Der Theorie nach ist dieser Usus gefährlich, in der Praxis ist er nicht immer sicher; dessenungeachtet ist er jedoch durch lange Beobachtung so tief eingewurzelt, dass jedes radicale gesetzliche Verbot der Bezahlung von Zinsen auf Depositen Seitens der National-Banken auf irgend eine Weise umgangen werden oder die Banken ihre Depositen einbüssen würden. Es giebt Hunderte von Banken oder Banquiers, welche, einer Controle Seitens des Congresses nicht selbst unterworfen, sich über ein solches Verbot ebenso freuen wurden als über die Niederlage eines Concurrenten. Doch ist dies ein Punkt, welcher wohl zu beachten ist. Das Reserve-Capital des ganzen Landes befindet sich zum grössten Theil in Boston, New-York, Philadelphia und andern grossen Städten. Dieses Reserve-Capital sollte beschützt, betreffs desselben sollten derartige beschränkende Bestimmungen erlassen werden, dass jede Nothwendigkeit, seiner zu bedürfen, für die Depositen-Bank schwindet. Wenn die Institute, in deren Besitz sich dies Reserve-Capital befindet, nicht in der Lage sind, dasselbe unbeschäftigt zu lassen, so dass sie das in der That sind, was sie dem Namen nach zu sein vorgeben, so sollte dem Uebelstand in irgend einer andern Weise abgeholfen werden. Es ist für das Land von höchster Wichtigkeit, dass kein Theil der gesetzlich vorgeschriebenen Reserve für Noten-Circulation und Depositen ausgeliehen und in Folge dessen den Wechselfällen und Fluctuationen des Eigenthums und seiner Besitzer unterworfen werde. Gesegnete und glückliche Zeiten mögen noch Jahre lang dauern; doch es kann ein Tag kommen, an welchem von der Fähigkeit einer einzigen Bank in der Stadt New-York, die Depositen der mit ihr in Geschäftsverbindung stehenden Banken im Innern des Landes — deren Reserven — auszuzahlen, die Wohlfahrt des ganzen Landes abhängt. Die Banken der Stadt New-York haben während des am 30. September beendeten Jahres an Zinsen auf Depositen die Summe von D. 2,546,639 10, die bostoner Banken von D. 588,272 58, die philadelphier Banken von D. 119,001 47 ausgezahlt, während die von allen Banken, welche Zinsen auf Depositen gewähren, gezahlte Gesammtsumme die Höhe von D. 6,486,172 66*) erreichte. Diese bedeutenden Summen lassen die weite Verbreitung des erwähnten Usus erkennen sowie die Schwierigkeiten, mit welchen irgend ein Versuch, denselben gänzlich abzuschaffen, zu kämpfen haben würde. Wenn jedoch durch irgend welche Mittel das in grossen Städten angehäufte Capital, welches die Reserve der Banken im Innern des Landes bildet, von den Wirkungen dieses Verfahrens befreit werden kann,

---

*) 1604 Banken zahlen Zinsen auf Depositen und haben über deren Betrag Bericht erstattet,
540 Banken zahlen keine Zinsen auf Depositen,
6 Banken zahlen Zinsen, haben jedoch über deren Betrag keinen Bericht erstattet;

1610 war die Gesammtzahl der in activem Geschäftsbetrieb befindlichen Banken zur Zeit, als die Erstattung des Berichts verlangt wurde.

Miscellen.

so ist das Hauptziel, an welchem vor allem Andern das Gesammt-Publikum interessirt ist, erreicht.

Die weitere Inbetrachtnahme dieses Gegenstandes wird der Weisheit des Congresses anheimgestellt.

Einlösung der National-Bank-Noten.

Die Nothwendigkeit eines Arrangements, durch welches die Noten von National-Banken sortirt und den verschiedenen emittirenden Banken zur Einlösung zurückgesandt werden, leuchtet mehr und mehr ein, je grössere Schwierigkeiten sich der Handhabung der abgenutzten und verstümmelten Noten, welche jetzt in Circulation sind, entgegenstellen. Die in früheren Berichten enthaltenen Argumente zu Gunsten einer allgemeinen Einlösungs-Agentur in der Stadt New-York soll bei dieser Gelegenheit nicht wiederholt oder weiter ausgeführt werden. Doch sprechen wir die Ueberzeugung aus, dass die Banken, falls man sie autorisirte, selbst ein solches, für diesen Zweck geeignetes, von ihnen selbst controlirtes und in ihrem Interesse verwaltetes Institut zu errichten, sie dabei in hohem Grade ihre Berechnung fänden.

Ein solches Institut würde gleichzeitig als Custos für das in New-York gehaltene Reserve-Capital dienen, dasselbe dadurch von dem Risico, welchem die auf gewöhnlichem Wege deponirten und Zinsen tragenden Capitalien unterworfen sind, befreien und dadurch möglicherweise die Nothwendigkeit einer speciellen Gesetzgebung betreffs Zahlung von Zinsen auf Depositen aufheben, während die aus einer Fiscal-Agentur — welche, wahrhaft national in ihrem Charakter, Papierwährung, Wechselcourse und die Bank-Interessen des Landes unabhängig von der Controle irgend einer Coalition (ring) oder Clique regulirte — für das gesammte Land erwachsenden Wohlthaten von substantiellster und dauerndster Art sein würden.

Tabelle

über Anzahl und Betrag der emittirten, eingelösten und ausstehenden National-Banknoten am 30. September 1870.

In Appoints von: Ein Dollar:	Anzahl der Noten.	Betrag.
Emittirt	10,729,327	D. 10,729,327
Eingelöst	2,568,703	2,568,703
Ausstehend	8,160,624	D. 8,160,624
Zwei Dollars:		
Emittirt	3,590,157	D. 7,180,314
Eingelöst	667,733	1,335,466
Ausstehend	2,922,424	D. 5,844,848
Fünf Dollars:		
Emittirt	24,636,720	D. 123,183,600
Eingelöst	1,737,983	8,689,915
Ausstehend	22,898,737	D. 114,493,685
Zehn Dollars:		
Emittirt	8,413,244	D. 84,132,440
Eingelöst	484,135	4,841,350
Ausstehend	7,929,109	D. 79,291,090

Miscellen.

In Appoints von: Zwanzig Dollars:	Anzahl der Noten.	Betrag.
Emittirt	2,370,056	D. 47,401,120
Eingelöst	129,185	2,583,700
Ausstehend	2,240,871	D. 44,817,420
Fünfzig Dollars:		
Emittirt	378,482	D. 18,924,100
Eingelöst	47,845	2,392,250
Ausstehend	330,637	D. 16,531,850
Hundert Dollars:		
Emittirt	284,460	D. 28,446,000
Eingelöst	43,599	4,359,900
Ausstehend	240,861	D. 24,086,100
Fünfhundert Dollars:		
Emittirt	13,926	D. 6,963,000
Eingelöst	3,952	1,976,000
Ausstehend	9,974	D. 4,987,000
Eintausend Dollars:		
Emittirt	4,779	D. 4,779,000
Eingelöst	3,263	3,263,000
Ausstehend	1,516	D. 1,516,000

Gesammtbetrag aller am 30. September 1870 ausstehenden Noten in sämmtlichen Appoints . . . . . . D. 299,728,617 00

Dazu gerechnet die Fragmente von ausstehenden, verlorenen od. vernichteten Noten, von denen Theile eingelöst wurden 1,262 20

Totalbetrag . . . . D. 299,729,879 20

Tabelle

über die Anzahl der Banken, die Höhe des eingezahlten Capitals, der deponirten Bundes-Obligationen und der Noten-Circulation in jedem Staat und Territorium am 1. October 1870.

Staaten und Territorien.	Anzahl der im Geschäftsbetrieb befindl. Banken.	Eingezahltes Capital.	Deponirt an Bundes-Obligationen.	Thatsächliche Noten-Circulation.
Maine	61	D. 9,155,000	D. 8,406,750	D. 7,505,441
New-Hampshire	41	4,835,000	4,877,000	4,302,535
Vermont	42	7,460,012	6,732,500	5,916,270
Massachusetts	207	87,522,000	65,263,000	56,865,830
Rhode Island	62	20,394,800	14,198,100	12,469,680
Connecticut	81	25,056,820	19,759,100	17,407,181
New-York	292	113,497,741	75,903,800	67,077,668
New-Jersey	54	11,690,350	10,782,150	9,439,065
Pennsylvania	196	50,360,390	44,433,300	38,742,491
Maryland	31	13,240,203	10,015,750	8,904,310
Delaware	11	1,428,185	1,348,200	1,205,225
District of Columbia	3	1,350,000	1,286,000	1,070,639
Virginia	18	2,725,000	2,527,000	2,203,280

Miscellen.

Staaten und Territorien.	Anzahl der im Geschäftsbetrieb befindl. Banken.	Eingezahltes Capital.	Deponirt an Bundes-Obligationen.	Thatsächliche Noten-Circulation.
West-Virginia . .	14	D. 2,216,400	D. 2,245,450	D. 1,990,500
Ohio	130	23,304,700	20,399,200	18,430,164
Indiana	69	13,377,000	12,839,350	11,022,792
Illinois	84	13,095,000	11,610,350	10,079,285
Michigan . . .	41	5,785,010	4,552,100	3,943,305
Wisconsin . . .	34	2,720,000	2,740,050	2,510,478
Iowa	43	4,002,000	3,819,650	3,448,416
Minnesota . . .	17	1,840,000	1,798,200	1,578,450
Kansas	5	410,000	412,000	371,000
Missouri	20	7,860,300	5,033,250	4,398,811
Kentucky . . .	18	3,160,000	4,042,200	2,429,440
Tennessee . . .	16	2,081,300	1,835,300	1,449,976
Louisiana . . .	2	1,300,000	1,258,000	1,071,649
Mississippi . . .	—	—	—	46,804
Nebraska . . .	2	500,000	225,000	170,000
Colorado . . .	3	350,000	297,000	254,000
Georgia	8	1,815,000	1,546,000	1,230,205
Nord-Carolina . .	6	840,000	638,600	530,900
Süd-Carolina . .	3	1,081,100	374,000	333,000
Alabama	2	400,000	310,500	281,697
Nevada	1	250,000	155,000	111,047
Oregon	1	200,000	200,000	88,500
Texas	4	525,000	505,000	435,445
Arkansas . . .	2	200,000	200,000	179,500
Utah	1	250,000	150,000	135,000
Montana	1	100,000	40,000	36,000
Idaho	1	100,000	75,000	63,000
Total .	1,627	D. 436,478,311	D. 342,833,850	D. 299,729,879

Eingesendete Schriften.

Die schon unter „Litteratur" angeführten Schriften sind hier ausgeschlossen; auf die mit einem * bezeichneten werden wir in einem der folgenden Hefte zurückkommen.

Uebersicht der gesammten staats- und rechtswissenschaftlichen Literatur des Jahres 1869 zusammengestellt von Otto Mühlbrecht. II. Jahrg. Berlin (Puttkammer & Mühlbrecht) 1870. 8. 186 SS.

    Die einzelnen in und ausserhalb Deutschlands erschienenen Novitäten sind in Monatsheften nach der alphabetischen Reihenfolge ihrer Titel zusammengestellt. Den hier vorliegenden vereinigten Monatsheften ist ein ausführliches Register beigefügt, welches die Auffindung der einzelnen Werke sehr erleichtert. Jedes Werk ist möglichst vollständig, auch mit Angabe des Ladenpreises angezeigt. Wir glauben, dass das Unternehmen des Herausgebers sich als ein praktisches, ein grosses Bedürfniss befriedigendes erweisen wird.

Eingesendete Schriften.

Zeitschrift des oberschlesischen berg- und hüttenmännischen Vereins. Herausgegeben vom oberschlessischen berg- und hüttenmännischen Verein unter Verantwortung des Vorsitzenden, des fürstl. Berg- und Hüttendirectors Körfer. VIII. Jahrg. Beuthen 1869.
Diese Zeitschrift hat mit dem Jahre 1870 eine veränderte Gestalt und den Titel angenommen:
Zeitschrift für Gewerbe, Handel und Volkswirthschaft mit besonderer Berücksichtigung des Bergbaus und Hüttenwesens. Organ des oberschlesischen berg- und hüttenmännischen Vereins. Von dem Vereine herausgegeben unter Verantwortung des Vorsitzenden General-Director Körfer. Redacteur: Dr. Adolf Frantz. IX. Jahrg. Beuthen 1870.

Entsprechend der erweiterten Aufgabe, welche sich das Blatt gesteckt, hat es in der neuen Folge auch sich bemüht, seinem Inhalte eine grössere Ausdehnung zu geben. Namentlich ist die Zeitschrift reich an statistischen Mittheilungen, doch erstrecken diese sich leider fast ausschliesslich auf Schlesien. Bei der grossen Bedeutung aber, welche regelmässige statistische Uebersichten über die Bergbauproduction haben, wäre es äusserst erwünscht, wenn die Zeitschrift auch die Thatsachen anderer Länder berücksichtigte und deren Endergebnisse von Zeit zu Zeit in übersichtlicher Form zusammenstellte. Da es der Zeitschrift hierzu schwerlich an dem erforderlichen Materiale fehlt, so sind ihr derartige Veröffentlichungen um so mehr anzurathen, als sie dadurch unstreitig an Werth gewinnen und einem fühlbaren Bedürfnisse abhelfen würde.

Wesentlicher Inhalt: A. Frantz, Statistische Illustrationen der Montan-Production Oberschlesiens. — Oberschlesiens Berghau- und Hüttenbetrieb im Jahre 1869. — Ersatz der Explosivstoffe beim Bergbau. — Kriegsvotum der Industrie und des Handels. — Morbidität oder Krankenfälligkeit der Berg- und Hüttenleute.

W. Roscher, Zur Gründungsgeschichte des Zollvereins. Separatabdruck aus Deutschland. Berlin (Stilke & van Muyden) 1870. 8. 71 SS.

Der Verfasser giebt hier eine gedrängte Schilderung der Verdienste von Nebenius, List und der preussischen Regierung um das Zustandekommen des Zollvereins. Wir erhalten darin indessen wenig Neues; meist sind die bekannten Arbeiten von Fischer und Aegidi benutzt. Der Verfasser kommt in einer schliesslichen Ausführung mit dem ersteren der eben genannten Autoren überein, dass er wie dieser Nebenius als den geistigen Vater des Zollvereins bezeichnet.

P. D. Fischer, Die Anfänge der deutschen Auswanderung nach Amerika. Vortrag, gehalten im Berliner Unionsverein. Berlin 1870. 36 SS.

Behandelt in kurzem und klarem Ueberblicke die Anlässe zur Auswanderung im Anfange des 18. Jahrhunderts und die Verhältnisse, unter welchen die Ausgewanderten sich jenseits des Oceans anzusiedeln begannen.

H. v. Poschinger, Die Lehre von der Befugniss zur Ausstellung von Inhaber-Papieren. Rechtsgeschichtlich, gemeinrechtlich und mit besonderer Berücksichtigung der deutschen Particularrechte, der österreichischen und ausländischen Gesetzgebungen unter Benutzung sämmtlicher zu' den einschlägigen Gesetzen erschienenen Motive, Referate und Kammerverhandlungen. München (Lindauer) 1870. 8. 270 SS.